CONFERENCES DES ORDONNANCES DE LOUIS XIV. ROY DE FRANCE ET DE NAVARRE,

AVEC

LES ANCIENNES ORDONNANCES DU ROYAUME, LE DROIT ECRIT ET LES ARRESTS.

ENRICHIES D'ANNOTATIONS ET DE DECISIONS IMPORTANTES.

Par M. PHILIPPE BORNIER, *Lieutenant Particulier en la Sénéchaussée de Montpellier.*

NOUVELLE ÉDITION,

Corrigée & augmentée, tant des Edits, Déclarations & Ordonnances, donnés par LOUIS XV. en Interprétation de celles de LOUIS XIV. que de plusieurs Reglemens pour la procedure du Conseil ; & d'un grand nombre de Notes qui ne sont point dans les Editions précédentes.

*Par Monsieur ***. Avocat au Parlement.*

TOME SECOND.

A PARIS,

Chez les Associez choisis par ordre de SA MAJESTE', pour l'Impression de ses nouvelles Ordonnances.

M. DCC. LV.

AVEC PRIVILEGE DU ROY.

TABLE DES TITRES CONTENUS DANS L'ORDONNANCE DE 1670. POUR LES MATIERES CRIMINELLES.

TABLE DES TITRES.

EDITS ET DECLARATIONS SUR LES DUELS.

TABLE DES TITRES CONTENUS DANS L'ORDONNANCE DU 23 MARS 1673. POUR LE COMMERCE.

REGLEMENS CONCERNANT LA PROCEDURE DU CONSEIL.

TABLE DES TITRES.

CONFERENCES

CONFERENCES
DES
NOUVELLES ORDONNANCES
DE LOUIS XIV.
ROI DE FRANCE ET DE NAVARRE,
POUR LES MATIERES CRIMINELLES.

Avec celles des Rois Prédéceſſeurs de Sa Majeſté, & le Droit Ecrit.

LOUIS, par la grace de Dieu, Roi de France & de Navarre : A tous préſens & à venir, SALUT. Les grands avantages que nos Sujets ont reçus des ſoins que nous avons employés à réformer la Procedure Civile, par nos Ordonnances des mois d'Avril 1667 & d'Août 1669, Nous ont porté à donner une pareille application au Reglement de l'Inſtruction

Criminelle, qui est d'autant plus importante, que non-seulement elle conserve les Particuliers dans la possession paisible de leurs biens, ainsi que la Civile: mais encore elle assure le repos public, & contient par la crainte des châtimens ceux qui ne sont pas retenus par la considération de leur devoir. A CES CAUSES, de l'avis de notre Conseil, & de notre certaine science, pleine puissance & autorité Royale, Nous avons dit, déclaré & ordonné, disons, déclarons & ordonnons, & Nous plaît ce qui ensuit.

TITRE PREMIER.

DE LA COMPÉTENCE DES JUGES.

☞ Il n'y a point dans cette Ordonnance de Titre de Récusations des Juges ; & il faut pour cette Matiere en ce qui concerne le Criminel, avoir recours aux Articles deux & trois du Titre 24 de l'Ordonnance de 1667.]

A qui appartient la connoissance des crimes.

ARTICLE PREMIER.

L*A connoissance des crimes appartiendra aux Juges des lieux où ils auront été commis*, & l'accusé y sera renvoyé, *si le renvoi en est requis ;* même le prisonnier transféré aux frais de la Partie civile, s'il y en a, sinon à nos frais, ou des Seigneurs.

¶ *La connoissance des crimes appartiendra.*] Par Arrêt rapporté au Journal des Audiences, intervenu le 6 Septembre 1694 en la cinquiéme Chambre des Enquêtes, au rapport de Monsieur de Mesgrigny, il a été décidé que le Juge devant lequel une instruction criminelle est renvoyée, ayant prononcé l'absolution de l'accusé, est par le même moyen compétent de prononcer contre les calomniateurs de l'accusé, encore qu'ils ne soient domiciliés dans sa Jurisdiction. Jugé par le même Arrêt, que quoique celui qui a fait les démarches de dénonciateur ne se soit pas inscrit sur le registre du Procureur du Roi, que l'accusé n'est pas exclus d'en faire preuve, tant par actes que par témoins.]

Aux Juges des lieux.] Il y a eu souvent conflit entre les Juges des lieux, & les Officiers des Troupes, pour raison de la connoissance des crimes commis par les Officiers ou Soldats des Troupes d'Infanterie : mais la chose a été si expressément décidée par le Reglement & les Ordonnances, faits par Sa Majesté pour les Gens de guerre, du 13 Mai 1665, art. 43, qu'il suffit de rapporter l'article pour établir le droit d'un chacun. *Lorsque les Officiers & Soldats des Troupes d'Infanterie auront commis quelque crime ou délit à l'endroit des habitans de la garnison, la connoissance desdits crimes ou delits appartiendra au Juge des lieux sans que les Officiers desdites Troupes en puissent connoître en aucune maniere : mais seulement de ceux qui se commettront de Soldat à Soldat : à l'égard desquels, lorsqu'ils auront été constitués prisonniers, Sa Majesté n'entend pas néanmoins que les Officiers de ses Troupes puissent les retirer ou faire retirer des prisons où ils auront été mis, sous prétexte qu'ils devront connoître de leur crime; mais bien qu'ils fassent la réquisition aux Juges, de l'autorité desquels ils auront été emprisonnés, de les leur faire remettre; & qu'en cas de refus, ils se pourvoient vers Sa Majesté.*

Il y a aussi divers cas dont la connoissance est attribuée à des Juges particuliers, dont la Jurisdiction est limitée, à l'exclusion des Juges ordinaires des lieux, comme la connoissance & définition des choses quelconques survenantes sur la Mer, & par les gréves d'icelle, qui appartient aux Juges de l'Amirauté, suivant l'attribution qui leur en a été faite par les Ordonnances Royaux de 1580, 1643 & 1681, nonobstant lesquelles étant intervenu des contestations entre les Juges des Amirautés, & les Juges ordinaires des lieux, Sa Majesté y a pourvu par sa Déclaration du dernier Janvier 1694, par laquelle *interprétant en tant que besoin lesdites Ordonnances, Elle a déclaré, conformément à l'Arrêt du Conseil d'Etat du 31 Décembre 1686, pour le Port de Dunkerque: Que les Juges de l'Amirauté connoîtront des matieres tant civiles que criminelles, contenues en l'Ordonnance du Roi de 1681, ensemble des cas qui pourront arriver sur la mer, les Ports, Havres & Rivages & sur les Quais, même entre particuliers & personnes privées, sans que lesdits Officiers puissent y être troublés par les Juges ordinaires, ni par les Seigneurs Juges des particuliers.* Il faut aussi observer que par l'Edit du Roi, donné à Saint Germain en Laye au mois d'Août 1669, verifié au Parlement de Paris le 13 Août audit an, servant de Reglement général pour les Eaux & Forêts, Tit. I. de la Jurisdiction des Eaux & Forêts, il est porté par l'art. 7, Que les mêmes Siéges connoîtront de toutes Causes, Instances & Procès mûs sur le fait de la Chasse & de la Pêche, prises de bêtes dans les Forêts, & larcins de poissons sur l'eau; même informeront des querelles, excès, assassinats, & meurtres commis à l'occasion de ces choses, instruiront & jugeront les Procès, soit entre les Gentilshommes, Officiers, Marchands, Bourgeois, Ouvriers, Bateliers, Gareniers, Pêcheurs, ou autres, & sans distinction quelconque, leur attribuant toute Cour & Jurisdiction, sans préjudice à la Jurisdiction des Capitaines des Chasses.

Par l'Article 8 dudit Reglement, il est porté, qu'à l'égard des autres crimes qui ne concernent les cas & matieres ci-dessus, comme vols, meurtres, rapts, brigandages & excès sur les personnes qui passent, ils n'en pourront connoître, quoique commis dans les Forêts ou sur les Eaux, sinon qu'ils eussent surpris les coupables en flagrant délit; auquel cas ils en informeront & décreteront seulement, & renvoyeront incessamment le Prisonnier avec les charges en toute sûreté aux Juges, à qui la connoissance en appartient par les Ordonnances.

Et par l'Article 9: Que la compétence des Juges ne se reglera point en fait des Eaux & Forêts par le domicile du Défendeur, ni par aucun privilege des Causes commises, ou autre quel qu'il puisse être, mais par le lieu, s'il s'agit de délits, abus & malversations, ou par la situation de la Forêt & des Eaux, s'il est question d'usage & de proprieté, ou d'exécution des contrats pour marchandises qui en proviennent.

Où ils auront été commis.] Cet article est conforme à l'Ordonnance de Charles IX. à Paris, de l'an 1563, art. 19, par laquelle [si le déliquant est pris au lieu du délit, son Procès sera fait & jugé en la Jurisdiction où le délit aura eté commis, sans que le Juge soit tenu de le renvoyer en une autre Jurisdiction, dont l'Accusé ou Prisonnier prétendra être domicilié: & à celle du même Roi aux Etats de Moulins, art. 35, qui ajoute, que la connoissance appartient aux

Juges des lieux où le délit a été commis, quoique le délinquant n'ait pas été pris au lieu du flagrant délit.] ☞ Dans les Capitulaires de Charles le Chauve, *apud Caritiacum, ibi malum emendet, ubi illud perpetravit.*] Par le Droit Romain, en la Loi 1, *C. ubi de crim. agi oport.* les crimes se pouvoient poursuivre, ou au lieu auquel ils avoient été commis, ou auquel les poursuites avoient été commencées, ou au lieu auquel étoient trouvés ceux qui étoient chargés & prévenus du crime. Et par la Novelle 69: *Ut omnes obed. Jud. Provinc. undè sumpta est Auth. Quæ in Provincia*: & par la Loi 7, §. *pen. & ult. ff. de accus.* les crimes doivent être punis en la Province où ils ont été commis. Et la raison est, *quoniam ipsius Jurisdictio violata est*; & que si l'accusé pouvoit demander son renvoi, ce seroit priver le lieu où le délit a été commis, de l'exemple public qu'il recevroit de la punition qui en sera faite, & rendre les preuves plus difficiles, & de plus grands frais. *Æquum enim est in ea potissimùm regione statui in qua facinus aliquod perpetratum est, Novell. 134, cap. 35. Publica enim criminum ultio, non tàm in rei perniciem, quàm in publici exempli commodum fieri solet, ne quidquam quod pari pœnâ plectatur, audeant, utque inter improbos tutior sit innocentia, ut reatus faciliùs examinetur, & investigentur socii ejusdem criminis.* Math. sur la quest. 104 de G. P. *Jul. Clar. in Prax. quæst. 38. Didac. Covarruv. pract. cap. 11, num. 3, & Jacobus à Bello-visu in cap. Romana, §. contrahentes, num. 110, de for. comp. in 6.* Il est vrai que le Droit Romain exceptoit de cette regle les Senateurs illustrissimes, qui étoient choisis par les Empereurs pour leur servir de Conseil aux affaires d'Etat: mais pour ce qui est des Clarissimes, ils y étoient sujets comme les autres, suivant la Loi *quicumque, C. ubi Senat. vel Clariss. civil. vel crimin. conv.* Il faut entendre pourtant l'article de cette Ordonnance pour le regard des accusés qui sont Sujets du Roi; car pour le regard des criminels étrangers, ils doivent être jugés & punis au lieu où ils sont trouvés, sans les renvoyer aux pays de la domination d'un autre Seigneur, où ils demeuroient lorsqu'ils ont commis le crime: *Leges enim statutæ vetant cives cædem facere, non solùm in civitate, sed & ubivis gentium.* C'est pour cela que les Loix Romaines ont permis d'accuser *reos criminum ubicumque reperiuntur, l. 1, C. ubi de crim. l. non est dubium 11, de Custod. & exhib. reor. idem de inquisitione. l. 3, D. de Offic. Præf.* autrement ce seroit donner lieu à l'impunité des crimes, s'il étoit permis aux coupables *præscriptione fori se tueri.* Ayrault, liv. 1 de l'ordre judiciaire, art. 4, nomb. 8, rapporte un Arrêt donné contre un Italien étant en France, accusé d'avoir tué à Bologne en Italie un Gentilhomme François logé en sa maison; & quoiqu'il allegue diverses raisons contraires, elles ne peuvent pas prévaloir au droit de Souveraineté, que les Souverains ont d'exercer leur Justice sur tous ceux qui se trouvent en leurs Etats. Il y a néanmoins cette distinction à faire, que ou l'étranger est accusé par un naturel du pays dans lequel il se trouve, ou l'accusé & l'accusateur se trouvent tous deux en pays étranger. Au premier cas, il est hors de doute qu'il ne peut y avoir lieu au renvoi: *Ubi te invenero, ibi te judicabo.* Au second cas, il est certain que le renvoi doit avoir lieu. L'Arrêt du Parlement d'Aix du 19 Janvier 1672, rapporté au Journal du Palais de la même année, rendu contre deux Gentilshommes Genois, l'a ainsi jugé expressément. Il pourroit néanmoins y avoir des circonstances qui empêcheroient le renvoi, comme sont celles qui ont donné lieu à l'Arrêt du Parlement de Paris du 13 Février 1671, par lequel deux Siennois accusés par un Venitien, de lui avoir volé une boëte de diamans, furent jugés & condamnés aux Galeres. Matth. sur la quest. 104 de G. P. propose cette difficulté, à qui appartient la connoissance & la punition d'un excès commis dans les extrêmités & dans les confins de deux Jurisdictions, lorsque le délinquant est originaire de l'une d'icelles, & celui qui a été excedé, de l'autre? Et il répond, que comme le délit est censé commis dans l'une & l'autre de ces Jurisdictions, aussi l'un & l'autre Juge de ces terres en peut connoître, *si eodem tempore concurrant*, suivant la Loi *Arbor. ff. de comm. div. d.* Ce qui se trouve encore décidé par *Jul. Clar. d. quæst.* 38, & par le Prestre, 3 cent. chap. 144. Mais lorsqu'il y a deux Seigneurs qui ont leur Jurisdiction divisée, & que l'un d'iceux se trouve accusé de quelque crime par lui commis dans la Jurisdiction de l'autre, il ne peut être jugé par le Juge du lieu du délit, *quia par in parem non habet imperium. Jul. Clar. d. quæst. num.* 3. Il faut encore remarquer que lorsqu'on n'agit pas criminellement, mais civilement, comme en réparation d'injures, qu'en ce cas le Juge du lieu du délit n'en peut pas prendre connoissance, mais bien le Juge du domicile du délinquant, suivant cette regle, par laquelle *actor sequitur forum rei*, *Cap. Thol. quæst.* 320, & Aufrer. comme il a été jugé par Arrêt du Parlement de Dijon, rapporté par Bouvot, tome 2, sous le mot *Competence*, quest. 6; & ce que l'on dit communément, *ubi te invenero, ibi te judicabo*, doit être entendu de Dieu, qui est le Juge souverain, indépendant & universel de toutes les créatures, & de toutes sortes de crimes. Par les Lettres d'Ampliation du 30 Décembre 1679, sur l'Edit contre les Duels, du mois d'Août précedent; il est porté, *que les Cours de Parlement connoîtront en premiere instance des cas portés par cet Edit, lorsqu'ils seront arrivés dans l'enceinte ou aux environs des Villes où lesdites Cours sont séantes, ou bien plus loin, entre les personnes de telle qualité & importance que lesdites Cours jugent y devoir interposer leur autorité.*

Lors de la lecture de cet article dans les Conferences tenues par ordre du Roi par MM. les Commissaires du Roi, & par Messieurs les Députés du Parlement, pour l'examen des nouvelles Ordonnances, on convint que dans les cas dans lesquels on avoit peine à déterminer le véritable lieu où le crime s'étoit commis, comme dans les crimes successifs & continus, par exemple, d'un crime de rapt, dans lequel le ravisseur ayant commencé son enlevement dans une petite Jurisdiction, & continuant son crime dans toutes les autres Jurisdictions où il passoit, s'il vient à être pris bien loin de-là, la connoissance du crime peut être renvoyée devant le Juge où la capture a été faite, sans tomber dans la contravention à l'Ordonnance, parce que ce n'est pas une interprétation, mais une application à l'Ordonnance, par le choix que les Juges peuvent faire en ce cas, & autres semblables, sans y donner aucune atteinte.

Si le renvoi en est requis.] C'est une limitation de cet article, en ce que le Juge du domicile n'est pas tenu de faire le renvoi, s'il n'en est requis.

☞ Tout Juge (cessant la requisition du renvoi) est compétent, encore qu'il ne soit ni le Juge du domicile, ni le Juge du lieu où le délit a été commis: mais le renvoi ne peut être requis que pardevant le Juge du lieu du délit. Ce renvoi ne peut être requis que par l'accusé ou par le Substitut de M. le Procureur Général, ou par le Procureur d'Office du Seigneur du lieu où le délit a été commis.

La preuve s'en tire de ce que par l'article 2 de ce Titre [celui qui a rendu sa plainte ne peut demander le renvoi.] Il y a même plusieurs Docteurs qui tiennent que le Juge du domicile ne peut pas être contraint de faire le renvoi, s'il a prévenu & fait la capture du délinquant; néanmoins l'autre opinion est plus conforme à l'Ordonnance, & la plus universellement reçuë par ceux qui ont traité du renvoi du criminel. Il est vrai qu'il y a diverses conditions & limitations, dont la connoissance est fort nécessaire, comme remarque G. P. dans sa quest. 202, parce que les cas arrivent fort souvent. La premiere, qu'il paroisse que le crime & le délit ait été commis, *ne fortè innocens in vinculis remissus famæ notam incurrat*. La seconde, qu'il ait été commis dans l'étendue de la Jurisdiction du Juge qui en requiert le renvoi. La troisiéme, qu'il n'ait point été commis par des vagabonds, qui n'ayant point de domicile, *omnium subeunt forum, Covarr. de cap.* 11, *num.* 3. La quatriéme, que le prévenu ne soit pas accusé du crime d'héresie, *quia ubique punitur*. La cinquiéme, qu'il n'ait pas commis un autre crime dans la Jurisdiction du Juge où il a été arrêté; parce qu'alors il seroit juste que le Juge le punît avant que de le renvoyer, *Jul. Clar. d. quæst.* 38, *num.* 26. La sixiéme, que le Juge du domicile en soit bien & dûëment requis. Il y a deux autres limitations qui viennent souvent en usage; l'une, qu'il ne soit pas question de délits legers, *sed de gravibus & atrocibus, Covarr. d. cap.* 11, *& Jul. Clar. d. quæst.* 38. Et l'autre, que le renvoi soit demandé entre les Sujets d'un même Empire. Néanmoins l'Ordonnance semble mettre fin à toutes ces questions, en ce qu'elle dit expressément [que l'accusé doit être renvoyé devant le Juge du lieu du délit, si le renvoi en est requis.]

ARTICLE II.

CELUI qui aura rendu sa plainte devant un Juge, *ne pourra demander le renvoi* devant un autre, encore qu'il soit Juge du lieu du délit.

Exception du 1 Article de l'Ordonnance.

Ne pourra demander le renvoi.] ☞ Ce qui prouve que le renvoi ne peut être demandé que par l'accusé, ou par le Procureur du Roi, ou Fiscal du Seigneur Justicier du lieu où le délit a été commis.] La raison est, parce qu'ayant rendu sa plainte devant lui, il a par ce moyen reconnu & approuvé sa Jurisdiction; & cela est conforme au Droit Ecrit, par lequel l'accusé *tres in se sortiebatur Judices*, sçavoir, *delicti, domicilii & litis contestatæ, l.* 1 *Auth. quâ in Provinciâ. C. ubi. de crim. agi oportet.* & qu'il a donné lieu par la plainte à la prévention de la cause en faveur du Juge devant qui il l'a rendue. *Est enim in omnibus causis præventionis locus*, suivant la Loi 7, *ff. de jud. Si quis posteà quàm in jus vocatus est, miles, vel alterius fori esse cœperit, in ea causa jus revocandi forum non habebit quasi præventus. Decian. tract. crimin. lib.* 4, *cap.* 19, *num.* 12. Néanmoins le Juge devant qui la plainte a été rendue, pourra par honnêteté la renvoyer, si bon lui semble, devant le Juge du lieu du délit, bien que le renvoi n'en soit pas demandé, ce qui n'arrive pourtant que fort rarement: *Cùm etiam petitâ remissione, nisi à superiore Judice cogantur, nolint remittere delinquentes, nec remissione utuntur in civilibus, nec in criminalibus. Covarr. pract. quæst.* 11, *num.* 5 *in fin.*

ARTICLE III.

L'ACCUSÉ ne pourra aussi demander son renvoi *après que lecture lui aura été faite* de la déposition d'un témoin, lors de la confrontation.

Après que lecture lui aura été faite.] L'accusé avant que de répondre, doit demander son renvoi, car s'il souffre dans la confrontation la lecture de la déposition d'un témoin sans le demander, il semble y renoncer & acquiescer à la procedure ; & c'est ce qui s'appelle en matiere criminelle, *litiscontestatio*, qui se fait proprement lors de la confrontation, lors de laquelle *nomen rei dicitur positum inter reos, ut tractat Hypolit. de Marsil. in §. nunc videndum, num.* 2 ; mais la litisconte station se fait aussi par la réponse aux interrogatoires, *per affirmationem aut negationem*, suivant la Loi *rem non novam* 14, §. *patroni. C. de jud.* & la Loi 1, *C. de lit. contest. Lis tunc contestatio videtur, cùm Judex per narrationem negotii causam audire cœperit.* Quoique Budée en ses annotations sur les Pandectes, tienne que l'interrogatoire se fait avant la contestation en cause, & qu'il le nomme Ἀνάκρισιν ; il faut pourtant remarquer, que quoique le Sujet d'un Seigneur ait subi l'interrogatoire, & qu'il ait procedé devant le Juge Royal sans demander le renvoi, le Seigneur le pourra vendiquer, comme y ayant le principal interêt, tant pour la punition du délit commis par son Vassal, que pour la conservation de sa Jurisdiction qui lui est patrimoniale, & dont nos Rois ont eu un soin très-particulier, comme on peut recueillir des Ordonnances de Charles V. Charles VII. François I. & autres ; mais lorsque le Sujet d'un Seigneur se trouve décreté par le Juge d'un autre Seigneur, il peut alors demander son renvoi sans la jonction de son Seigneur, & appeller du refus, d'autant que le Roi a prévention universelle sur tous les Sujets ; mais les Justices des Seigneurs sont si fort limitées des bornes de leur Jurisdiction, que hors de leur étendue ils ne sont considerés que comme personnes privées. Il faut encore observer que les fins déclinatoires proposées par les accusés, ne sont proprement qu'une fuite qu'ils affectent pour parvenir à l'impunité, s'il leur est possible, parce que le tems change bien souvent la face des affaires, & qu'il arrive que pendant les délais les preuves dépérissent ; mais si les Parties ne sont pas d'accord des limites de la Jurisdiction où le délit a été commis, il est nécessaire d'informer sur cela pour éclaircir le fait.

Dans quel tems la Cause doit être renvoyée.

ARTICLE IV.

LES premiers Juges *seront tenus de renvoyer les Procès & les accusés* qui ne seront pas de leur compétence, pardevant les Juges qui doivent en connoître, dans trois jours après qu'ils en auront été requis, à peine de nullité des procedures faites depuis la réquisition, d'interdiction de leurs Charges, & des dommages & interêts des Parties qui en auront demandé le renvoi.

Seront tenus de renvoyer.] Cela est conforme au Droit Ecrit en la Novelle 134, cap.

cap. 5. Si reus commisso delicto in aliud profugerit territorium, ejus judex eum comprehendat, & ad locum delicti ejus loci judice id requirente, transmittere teneatur.

Les procès & les accusés.] Cet article sert à établir cette maxime, qu'encore que tous Juges ne soient pas compétens pour juger certains crimes, ils le sont pourtant pour informer en matiere de crime ; & quoique l'affaire soit renvoyée devant les Juges qui en doivent connoître, les actes probatoires doivent toujours être conservés, afin que la preuve du crime ne dépérisse pas, & que le crime ne demeure pas impuni.

Ce qui doit être observé en renvoyant la cause.

ARTICLE V.

LES grosses des informations & autres piéces & procedures qui composent le procès, ou qui auront été jointes, ensemble toutes les informations, piéces & procedures, faites devant tous autres Juges *concernant l'accusation*, *seront portées au Greffe du Juge* pardevant lequel *l'accusé sera traduit*, s'il est ainsi par lui ordonné.

☞ *Concernant l'accusation.*] On n'exclut point par-là le Plaignant de faire joindre d'autres informations faites contre l'accusé, pour parvenir à faire connoître ses mœurs.]

Seront portées au Greffe du Juge.] Nos Docteurs traitent cette question, si lorsqu'un accusé a été renvoyé devant un autre Juge, le Juge devant qui il a été renvoyé, doit s'en tenir aux procedures qui ont été faites devant le Juge du renvoi ; & la plus commune opinion est que l'accusé ne peut pas être puni sur ces procedures, & qu'il faut faire le procès de nouveau, suivant le chapitre *at si Clerici*, & la Loi derniere, *C. Si non competente jud. Et in privatorum causis hujusmodi servetur, ne quemquam litigatorum sententia non à suo Judice dicta constringat. G. P. quæst.* 202 & 419. *Angel. Aret. tract. malef. in Gl. super verb. necnon.* Il est vrai que la confession faite devant le Juge du renvoi opere deux choses devant celui à qui la connoissance a été renvoyée ; l'une, qu'elle sert d'indice pour appliquer à la question ; & l'autre, que l'accusé qui a confessé ne peut pas se retracter devant celui à qui la cause a été renvoyée. G. P. 16.

L'accusé sera traduit.] Lors de la lecture de cet article dans lesdites Conférences tenues par ordre du Roi, il fut relevé qu'il y pouvoit avoir des inconvéniens, non pour ce qui est de la jonction des procedures, parce qu'il y en avoit beaucoup pour séparer les accusations, mais pour la remise d'icelles en la Jurisdiction du Juge qui aura le prisonnier dans les prisons, à cause qu'il faudroit que ce Juge se transportât sur les lieux pour faire l'instruction, ou faire venir les témoins ; qu'il pourroit arriver que les Juges ne seroient pas également capables d'en connoître, ou en égale autorité, ou suspects ; & qu'ainsi il paroissoit plus convenable pour le bien de la Justice, de laisser la chose à l'arbitrage du Juge : & en effet l'Ordonnance laisse la liberté aux Juges de joindre toutes les accusations par les mots suivans : *s'il est ainsi par lui ordonné.*

ARTICLE VI.

LEs frais pour la translation du prisonnier, & le port des informations & procedures, *seront faits par la Partie civile*, s'il y en a ; sinon par le Procureur de notre Domaine, ou du Seigneur de la Jurisdiction qui en devra connoître : & pour cet effet sera délivré exécutoire par le Juge qui en aura ordonné le renvoi ou le port des charges & informations.

☞ Voir les Réglemens & Arrêts du Conseil rapportés ci-après sur l'art. 17 du tit. 25.]

Seront faits par la Partie civile.] Cela est conforme au Droit écrit. *Arg. l. cùm sæpe. Cod. de erog. milit. ann. & l. Mulier. in princ. ff. de captiv.* & l'Ordonnance retranche par-là les questions qu'il y avoit autrefois parmi nos Docteurs sur ce sujet, & regle l'usage qui doit être observé par les Juges, qui avant cette Ordonnance n'étoit pas fort certain ; car on regardoit si l'accusé avoit du bien pour fournir aux frais & aux dépens, & en ce cas il étoit transferé à ses frais & dépens : que s'il n'en avoit pas, & que la Partie civile en eût, c'étoit à ses frais & dépens, suivant l'Ordonnance de François I. de l'an 1536, pour le Pays de Bretagne. Didac. Covar. *cap.* 11. *Pract. quæst. num.* 11. *Matthæus de Affl. in constit. Neapol. lib.* 1, *rubr.* 41, *num.* 13. *Decian. tract. crim. lib.* 4, *num.* 19. & si ni l'accusé ni la partie n'avoient point de quoi, alors on prenoit les frais *ex ærario publico*, suivant l'Ordonnance de Charles IX, de l'an 1565, à Châteaubriant, articles 5 & 6, d'autant que ce seroit une chose injuste de dénier justice faute d'argent.

Cas dans lesquels le Juge supérieur a droit de prévention sur le Juge ordinaire.

ARTICLE VII.

NOs Juges *n'auront aucune prévention entr'eux ; au cas néanmoins que trois jours après* le crime commis, nos Juges ordinaires n'ayent informé & decreté, les Juges supérieurs *pourront en connoître.*

N'auront aucune prévention entr'eux.] La prévention a donné autrefois beaucoup de peine à nos Docteurs, pour sçavoir en quoi elle consistoit. Cette matiere est amplement traitée par Coras. *in pr.* 8. *de vi & eff. præv. Decian. lib.* 4, *cap.* 20. *Damhouder. rer. crimin. cap.* 33. Les uns veulent prendre la prévention dès le jour que l'information a été commencée, & les autres dès le jour du Decret, parce que le Juge entroit par ces moyens en connoissance du délit ; les uns du jour du Decret, & les autres du jour de la capture, à l'exclusion du Juge qui auroit seulement decreté ; *potior enim est Judex, qui primò personaliter delatum cœpit, quàm ille qui verbaliter citari mandavit.* G. P. *Consil.* 30. *& in Decis. quæst.* 202 *&* 562. *& Damhouder. d. cap.* 33. Ainsi jugé par Arrêt du Grand Conseil de l'an 1654. Les autres préferent le Juge qui avoit informé des crimes plus graves & plus atroces, à celui qui le détenoit pour de moindres délits; si bien que l'Ordonnance fait cesser ces difficultés, & beaucoup d'autres qui partageoient nos Docteurs, en abrogeant la prévention; parce que quoiqu'elle ait lieu *in criminibus, ut voluit Bart. in l. sepulchri viol. de sepulchr. viol. & Angel. Aret. tract. de mal. in gl. super verbo Judex commisit*, elle apporte beaucoup de confusion dans la Justice & dans la punition des crimes, donnant même lieu par ces conflits à l'impunité, & interrompant les degrés de Jurisdiction; *& ordo judiciorum perturbatur, si sua cuique Jurisdictio non servatur. Coras. d. loco.* La prévention a cela de propre, qu'elle prive le Juge naturel & compétent, des parties de sa Jurisdiction, *ne quis teneatur litigare & comparere pro eâdem causâ coram diversis Judicibus, ut habetur in cap. proposuisti, ext. de for. comp. & in cap. ut debitus, ext. de appell.*

L'opinion la plus commune & la plus reçue est, qu'un Juge est dit avoir prévenu lorsqu'il a informé le premier, decreté, & que le decret a été exécuté en la personne ou domicile de l'accusé; c'est l'exécution du decret qui fait la prévention, tout ainsi que l'ajournement la fait en matiere civile. *L. si quis posteaquam, D. de Judic. & L. cum quidam 19, ff. de jurisf. om. Jud. Guid. Pap. decis.* 153 & 202. Rebuffe, *tract. de lit. cont. num.* 8. Char. liv. 4 de ses Pand. partie 2, ch. 5. Chenu, tome 2 de ses Réglemens, tit. 42, chap. 1. Comme les préventions causoient bien souvent des démêlés entre les Juges, le Roi qui veille incessamment à établir un ordre parfait dans son Etat, a donné un Arrêt en son Conseil d'enhaut le 7 Septembre 1662, par lequel il a ordonné [qu'à l'avenir celui de ses Juges qui aura decreté & fait emprisonner un délinquant, sera réputé avoir prévenu, quoiqu'il parût un decret beaucoup antérieur à lui, en vertu duquel l'accusé auroit été emprisonné,] parce que par le moyen de l'emprisonnement, la chose n'est plus entiere; outre qu'il n'est pas difficile de se persuader qu'un Juge, pour son interêt particulier ou de sa Jurisdiction, ne manqueroit pas d'avoir un decret du tems que bon lui sembleroit. Les Arrêts de Réglement qui ont été donnés au sujet de la prévention en matiere criminelle, entre les Lieutenans Criminels des Baillifs & Sénéchaux & les Prevôts Royaux, sont différens, comme on peut voir dans le Recueil des Réglemens de Chenu, tit. 12 des Prevôts, ch. 7. & de Filleau, tome 1, partie 2, tit. 5, chap. 33. Mais tous les Arrêts *in eo conveniunt*, qu'ils donnent aux Lieutenans Criminels, privativement & à l'exclusion des Prevôts, Viguiers & Châtelains, la connoissance des crimes de leze-Majesté, fausse monnoie, assemblées illicites, jusqu'au nombre de cinq, avec armes, de propos déliberé pour faire insulte & outrage à autrui, émotions populaires & autres cas royaux: les Arrêts s'accordent aussi pour la prévention sur les Sujets des Hauts-Justiciers, en cas que les Hauts-Justiciers ne les ayent vendiqués, & qu'ils n'ayent demandé le renvoi.

Au cas néanmoins que trois jours après.] C'est à cause de la négligence & connivence des Juges ordinaires, & pour les exciter à s'acquitter de leur devoir en la recherche & punition des crimes; ce qui leur est si expressément recommandé par l'Ordonnance de François I. à Fontainebleau, en Décembre 1540, art. 35, que les Juges qui étoient négligens, ou qui favorisoient les délinquans ou les complices, étoient punis par suspension & privation de leurs Offices, ou autres amendes arbitraires. Et par l'Ordonnance de Charles IX. aux Etats d'Orleans, article 14, & de Henri III. aux Etats de Blois, article 184, il est enjoint à tous Juges d'informer en personne, promptement & diligemment, ſans attendre les plaintes des parties civiles & intéreſſées, à peine de privation de leurs Offices en cas de négligence ou connivence, & de tous dépens, dommages & interêts des parties; ce qui doit être pourtant entendu *in atrocissimis*, dans leſquels les Juges peuvent informer ſans accuſateur, dénonciateur, ou partie civile, & non *in privatis*, dans leſquels il y a une partie intéreſſée. Il faut auſſi obſerver, que par les Lettres d'Ampliation du 30 Décembre 1679, ſur l'Edit contre les Duels, du mois d'Août précédent, il eſt porté, *que celui des Juges commis par ledit Edit pour crime de Duel, lequel aura arrêté les accuſés lui-même ou par ſes Officiers, dans le tems de ſix mois, connoîtra du crime preférablement & privativement aux autres Juges, les procedures deſquels ſeront pareillement portées à ſon Greffe, ſur la premiere ſignification qui ſera faite au Greffier, de l'écroue des accuſés & de l'Ordonnance du Juge qui aura arrêté, ou fait arrêter.* Il eſt néanmoins porté par les mêmes Lettres, *que lorſque les diligences des Juges ſeront égales, & que les Lieutenans Criminels des Bailliages & Sénéchauſſées principales ſe trouveront avoir informé & decreté dans les trois premiers jours, ils feront le procès préférablement aux autres Officiers ordinaires, & les Prevôts des Maréchaux auſſi préférablement aux Lieutenans Criminels de Robe-courte; le tout néanmoins après que les informations faites de part & d'autre auront été vûes par les Cours de Parlement, s'il n'en eſt autrement ordonné.*

Pourront en connoître.] Cela fait voir la différence qu'il y a entre la prévention & la concurrence : cette différence eſt remarquée par Benedictus, Conſeiller au Parlement de Toulouſe, qui écrivoit au tems du Roi Charles VIII. *in Repetit. cap. verbo, uxorem nomine Adelaſiam, fol.* 111, *num.* 17, où parlant des Capitouls de Toulouſe & des matieres criminelles, il dit que *ex uſu Seneſcallus Toloſæ concurrit cum eis & cum Vicario;* & elle eſt exprimée dans cet article, en ce que la prévention eſt ôtée entre les Juges Royaux : & cependant en cas que trois jours après le crime commis ils n'ayent informé & decreté, la concurrence eſt établie entre le Juge Royal ſupérieur & le Juge ordinaire, en telle ſorte qu'on a la liberté de ſe retirer devant l'un ou l'autre de ces Juges; d'où il s'enſuit que la concurrence & la prévention ſont différentes : la concurrence eſt proprement le droit que divers Juges ont de connoître du crime commis; & la prévention, le droit qu'un de ces Juges a d'attirer à ſoi la connoiſſance du crime, parce qu'il en a connu le premier. Procope, dans ſon Hiſtoire, rapporte que l'Empereur Juſtinien donnoit indifféremment à tous Juges le droit de connoître de toutes ſortes de crimes, & que deux Juges ayant connu du même crime, cet Empereur, à qui on s'adreſſa pour ſçavoir à qui la connoiſſance en devoit demeurer, répondit en faveur de celui qui en avoit connu le premier : *les Officiers vigilans ſont comme le Soleil qui prévient les hommes par ſa lumiere, leſquels, quoiqu'ils ſoient prêts de la recevoir, ne peuvent pas dire l'avoir prévenu, s'ils ne ſe ſont levés avant qu'elle parût.* En ce cas, comme le nom de *prévenant* eſt donné au Soleil par la Langue Sainte, de même la prévention doit demeurer au Roi & à ſes Officiers, puiſque le Roi eſt le vrai Soleil de Juſtice, comme il fut jugé par Arrêt du 8 Janvier 1624, conformément aux concluſions de M. Servin, en la cauſe d'entre les Officiers Royaux de Noyon, contre le ſieur Evêque dudit lieu.

ARTICLE VIII.

CE que nous entendons avoir lieu *entre les Juges des Seigneurs*, encore que celui qui auroit prévenu, fût Juge supérieur, & du ressort de l'autre.

Entre les Juges des Seigneurs.] On ne peut user de prévention contre les Juges des Seigneurs Hauts-Justiciers ; car ou le cas est royal & privilégié, ou il ne l'est pas, mais un délit commun. S'il est privilégié, la prévention leur est inutile, parce qu'ils ne sont pas compétens d'en connoître, la connoissance en étant attribuée aux Juges Royaux privativement à ceux des Seigneurs Justiciers, jusques-là que le Haut-Justicier ne peut connoître d'un meurtre commis en sa Jurisdiction sur le chemin royal, fleuves, rivieres navigables & autres choses, *quæ sunt de regalibus, cap. tract. de servit. viæ publ. quæst.* 7 & 10. Ainsi jugé par des Arrêts du Parlement de Paris, rapportés par Bacquet au Traité des droits de Justice, chap. 7, nomb. 15. & ch. 39, nomb. 3. par Guenois sur l'article 55, tit. 4 de la Coutume de Tours, & par Bouteiller, en ces termes : *Au Seigneur souverain appartient le gouvernement & connoissance des grands chemins & des cas qui y aviennent, jaçoit qu'ils passent en & parmi la terre d'un Haut-Justicier ; mais au second cas, les Juges des Seigneurs Justiciers ne sçauroient être privés de la Jurisdiction qui leur en est accordée, & qu'ils tiennent de la libéralité de nos Rois.* Il est vrai que Loyseau dans son Traité des Seigneuries, est d'un sentiment contraire, & qu'il tient qu'un Juge de Seigneur a droit de connoître d'un assassinat, & des excès commis dans un chemin public & royal; par cette raison, qu'en France ce qui concerne l'interêt public est commis en premiere instance aux Seigneurs Hauts-Justiciers, qui ont le premier degré des Seigneuries publiques, & à qui appartient la police & la punition des crimes : mais son opinion doit être suspecte, parce qu'il étoit Juge des Seigneurs, & qu'il en parloit en sa propre cause.

De la prévention des Baillifs & Sénéchaux sur les Juges subalternes non Royaux.

ARTICLE IX.

N*Os Baillifs & Sénéchaux ne pourront prévenir les Juges subalternes* & non Royaux de leur ressort, s'ils ont informé & decreté dans les vingt-quatre heures après le crime commis. N'entendons néanmoins *déroger aux Coutumes à ce contraires, ni à l'usage de notre Châtelet de Paris.*

Nos Baillifs & Sénéchaux.] Les Baillifs & Sénéchaux étoient au commencement Juges Souverains, & voici de quelle maniere l'Histoire remarque qu'ils devinrent par succession de tems subalternes. Le Parlement, qui étoit auparavant comme le Conseil d'Etat du Royaume, & un abregé des Etats Généraux, vint après à s'embarrasser de la connoissance des differends d'entre les Particuliers ; & comme ce Corps étoit très-illustre, que le Roi y prenoit souvent séance, que les Ducs & Pairs & les Prélats du Royaume en faisoient une bonne partie, & qu'on choisissoit les plus habiles gens pour remplir ces places, il mit dans sa dépendance les autres Juges Royaux, & par ce moyen les Baillifs & Sénéchaux devinrent subalternes; & long-tems après, nos Rois pour faire mieux rendre la Justice & plus commodément, ont créé plusieurs Parlemens. En ce tems-là le nombre des Officiers de Justice étoit fort petit, & l'ordre qu'on observoit pour remplir les Charges des Parlemens, étoit parfaitement beau. On avoit accoutumé d'y tenir un Registre de tous les habiles Avocats & Jurisconsultes: quand quelque Office venoit à vaquer, on en choisissoit trois, desquels on présentoit les noms au Roi, qui préféroit celui qui lui plaisoit; mais les Courtisans, qui vouloient profiter de la gratification que celui qui étoit nommé à leur recommandation leur faisoit, firent bientôt changer ce bon ordre, en persuadant aux Rois de nommer des Officiers de leur propre mouvement, & sans se restraindre à ceux qu'on leur présentoit.

Ne pourront prévenir les Juges subalternes.] Cela est conforme aux Ordonnances de S. Louis de l'an 1254, de Philippe le Bel en 1302, de Charles V. en 1437, de Charles VII. en 1490, & de François I. en 1538, par lesquelles [il est défendu aux Baillifs & Sénéchaux d'user de prévention, d'entreprendre sur leur Jurisdiction, les cas royaux & de ressort qui est en cas d'appellation, exceptés] comme il sera démontré ci-après. Néanmoins Chenu, en son Recueil des Réglemens, tit. 12, chap. 61, rapporte un Arrêt du Parlement de Paris, du 15 Novembre 1554, par lequel la Cour, en procedant à l'enregistrement des Lettres Patentes données par Henri II. en 1554 à Laon, il fut déclaré qu'il y auroit prévention entre les Baillifs, Sénéchaux, & les Prevôts & leurs Lieutenans, sur le sujet des Juges subalternes, quand ils ne sont point vendiqués par les Seigneurs Hauts-Justiciers; & que lesdits Sujets pouvoient proroger la Jurisdiction pardevant lesdits Baillifs & Prevôts, même les Juges Présidiaux, à la charge d'en connoître comme Juges ordinaires.

Déroger aux Coutumes à ce contraires.] En France il y a deux sortes de prévention, ainsi qu'il est expliqué dans lesdites Conférences; l'une absolue, qui se fait sans revendication, comme dans les Coutumes de Vermandois, Senlis, Compiegne & autres; & la conditionnelle, qui est à la charge de la revendication, comme dans Anjou, Touraine, le Maine, Poitou, & autres; & même dans aucunes de celles-ci, il faut que le Seigneur revendique lui-même. Et dans les Provinces dont les Coutumes ne parlent point de prévention, elle ne laisse pas d'y être pratiquée; & il y a peu de Lieutenans Criminels qui n'en soient en possession paisible, quelques-uns ayant obtenu des Arrêts par lesquels ce droit leur est confirmé. Comme toutes les Justices sont émanées du Roi, il y a apparence de croire qu'il n'a pas voulu exclure les principaux Officiers de connoître, du moins par prévention & concurrence, des crimes commis dans l'étendue de leur ressort.

Ni à l'usage de notre Châtelet de Paris.] Cet usage du Châtelet, qui étoit de prendre la prévention contre les Seigneurs Hauts-Justiciers, n'étoit que pour la Ville & Fauxbourgs de Paris, dont toutes les hautes Justices sont à présent supprimées, & non pour les Terres & Seigneuries qui sont hors de ladite Ville, dont les Justices subsistent encore.

De quels crimes ne peuvent connoître les Juges Prevôts.

ARTICLE X.

NOs *Juges Prevôts ne pourront connoître* des crimes commis par des Gentilshommes, ou par des Officiers de Judicature, ſans rien innover néanmoins *en ce qui regarde la Juriſdiction des Seigneurs.*

Nos Juges Prevôts ne pourront connoître.] Ce ſont les Juges Royaux ſubalternes des lieux & reſſorts où ils ſont établis, dans les détroits des Bailliages & Sénéchauſſées. Ils ont différens noms ſelon la diverſité des Pays & Provinces où ils ſont établis, étant appellés en quelques-uns Baillifs, & en quelques autres, Prevôts, Châtelains, Viguiers, Vicomtes, Alloués. Ils ſont fondés en ſpéciale Juriſdiction de connoître en premiere inſtance de toutes cauſes, procès & différends entre perſonnes non nobles & non privilégiées, dont les appellations reſſortiſſent pardevant les Baillifs, Sénéchaux, & autres Juges immédiats, & Préſidiaux aux cas de l'Edit; & où il n'y a point de Préſidiaux, les appellations auſdits cas reſſortiſſent nuement en la Cour de Parlement; mais les Baillifs & Sénéchaux ont la Juriſdiction ordinaire & générale, pour connoître de toutes cauſes & matieres, ſingulierement pour le fait de Nobleſſe, & les choſes tenues noblement, tout ainſi que pour le peuple, comme il ſe recueille de l'Edit de Cremieu & des Déclarations faites en conſéquence, qui reglent les Baillifs, Sénéchaux & Siéges Préſidiaux, avec les Prevôts, Châtelains, & autres Juges ordinaires inférieurs, tant en matieres civiles que criminelles.

En ce qui regarde la Juriſdiction des Seigneurs.] Ceci eſt conforme à la premiere Déclaration du Roi François I, du 23 Février 1563, ſur l'Edit de Cremieu, par laquelle il eſt expreſſément déclaré, *que ſes Sujets & Vaſſaux ayant en leurs Terres & Seigneuries, Juriſdiction & Juſtice, ne ſont nullement compris dans leſdites Ordonnances & Edit de Cremieu; mais ſeulement les juſticiables qui ont à ſubir Jugement pardevant les Officiers Royaux: & que ſon intention eſt que tous & chacuns ſes Sujets ayant Juſtice, l'exercent & faſſent exercer entre toutes perſonnes nobles & roturieres, des cauſes dont la connoiſſance leur appartient.* Ainſi jugé par le Sieur de Longvillier contre d'autres Vaſſaux tenant arriere-fief de lui, par Arrêt du Parlement du 7 Mars 1563, à la charge par les Seigneurs Juſticiers d'avoir des Juges qui exercent la Juſtice, avec Greffier, rapporté par Neron ſur l'article 5 de l'Edit de Cremieu.

Des Cas Royaux, & des Juges qui en peuvent connoître.

ARTICLE XI.

NOs Baillifs, Sénéchaux, & Juges Présidiaux *connoîtront privativement à nos autres Juges*, & à ceux des Seigneurs, *des Cas Royaux*, qui sont, *le crime de leze-Majesté en tous ses chefs, sacrilege avec effraction*, rébellion *aux mandemens émanés de Nous ou de nos Officiers, la Police pour le port des armes, assemblées illicites*, séditions, *émotions populaires, force publique*, la fabrication, *l'altération, ou l'exposition de fausse monnoye, correction de nos Officiers, malversations par eux commises dans leurs Charges, crimes d'hérésie, trouble public fait au Service Divin, rapt*, enlevement de personnes par force & violence, *& autres cas expliqués par nos Ordonnances & Réglemens.*

Privativement à nos autres Juges.] Cét article contient deux choses. La premiere, la différence qu'il y a entre la puissance du Juge Royal & celle du Juge du Seigneur Haut-Justicier, pour la connoissance des crimes; car il y a des cas qu'on appelle royaux, dont le Juge Royal est en possession de connoître privativement au Juge du Haut-Justicier, par privilége ancien; & d'autres qui peuvent être appellés communs, dont la connoissance appartient à l'un & à l'autre; & il y a même des cas royaux qui sont dits privilégiés, pour faire la différence de la Justice Royale & de l'Ecclésiastique, en ce qui concerne la connoissance des crimes & délits commis par les Clercs & Gens d'Eglise, dont il sera parlé ci-après sur l'article 13 de ce titre: le cas privilégié appartient au Juge Royal, suivant la Déclaration du mois de Février 1678, registrée au Parlement le 6 Avril ensuivant: mais si le cas privilégié est aussi cas royal, il n'appartient qu'aux Sénéchaux & Présidiaux. Et la seconde contient l'énumération de la plûpart des cas qui sont attribués aux Baillifs & Sénéchaux & Siéges Présidiaux; ce qui est conforme à deux anciennes Ordonnances du Roi Charles V. que la Cour du Parlement de Paris fit extraire, & qui sont rapportées par Chopin, *lib. 2 de doman. tit. 6*, dont l'une est du 8 Mai 1372, pour la cession qu'il fit au Roi de Navarre de la Seigneurie de Montpellier, en échange des Villes de Meulan, Mante, & du Comté de Longueville, lors de laquelle il réserve les cas royaux, dont il fait le dénombrement; & à l'Edit de Cremieu, article 10. Pour ce qui est des autres cas qui peuvent n'être pas compris dans cet article, & qui sont pareillement attribués ausdits Sénéchaux par les Ordonnances & par les Arrêts de Réglement, on peut voir ce qui est rapporté par Chopin, *dicto lib. 2 de doman. tit. 6 & 7.* Bacquet, des Droits de Justice, ch. 7. Ragueau en son Indice, & par le Stile ancien du Parlement de Paris, en la Somme Rurale, au grand Coutumier; & entr'autres l'infraction du sauf-garde, passe-port & sauf-conduit du Roi & des Officiers de la Couronne, chacun au fait de sa Charge, le trouble fait & causé aux Officiers du Roi & de la Gendarmerie, & à tous allans & venans pour le service de Sa Majesté, même à tous Officiers Royaux faisant leur Charge, la fabrication de de la Monnoie bonne, sans permission du Roi, l'altération ou fabrication du Sceau du Roi, ou Contrat royal falsifié, l'imposition sans permission du Roi, & les abus commis au maniement des Finances par les Receveurs de Sa Majesté ou autres, le meurtre de guet-à pens, & autres cas qui arrivent sur les grands chemins & sur les chemins royaux.

Des cas royaux.] C'est-à-dire des cas des Justices Royales, qui sont ceux ausquels le Roi a interêt, comme Roi, pour la conservation de ses droits & pour la manutention de son autorité royale ; & comme il n'est pas juste que le Roi demande justice aux Juges de ses Sujets, c'est avec beaucoup de raison qu'il faut que ces cas soient traités devant les Juges Royaux. C'est pour cela qu'en 1315 le Roi Louis Hutin répondit aux Habitans de Champagne lorsqu'ils furent réduits à la Couronne, sur les plaintes que les Seigneurs du Pays lui firent, que les Juges Royaux entreprenoient la connoissance de toutes causes, & sur ce qu'ils lui demanderent qu'il lui plût de spécifier quels étoient les cas royaux, que c'étoient ceux qui de droit & d'ancienne coutume peuvent competer & appartenir au Prince souverain, & à nul autre, comme remarque Loyseau en son Traité des Seigneuries, chap. 14, nomb. 3. Il faut pourtant prendre garde de ne pas confondre l'interêt du Roi, qui est le fondement des cas royaux, avec l'interêt public ou de Justice, lequel dépend & est annexé à la haute Justice, & dont la poursuite appartient au Procureur d'Office ou Fiscal ; & il faut distinguer les cas royaux & les bailliagers ; car encore qu'un cas soit royal & de la connoissance des Juges Royaux, il ne s'ensuit pas qu'il soit bailliager, c'est-à-dire qu'il dépende de la Jurisdiction des Baillifs, comme on peut colliger de ceux qui en rapportent le dénombrement ; sçavoir, de Ragueau en son Indice, *in verbo* Cas royaux ; de Bacquet en son Traité des Droits de Justice ; & d'Imbert en divers endroits de sa Pratique civile & criminelle, même au chapitre 6 du livre 3, que l'on peut voir, & le Commentaire de Guenois sur icelui. Les Baillifs ou leurs Lieutenans Criminels ne connoissent pas de tous homicides commis par nombre de personnes, & port d'armes ; mais pour rendre le cas royal, il faut que trois choses concourent ; que l'assemblée soit de quatre ou cinq ; qu'elle soit formée avec une préméditation mauvaise, & *pensatis incidiis*, & qu'il y ait port d'armes. Coquille en ses Institutions, chapitre du Droit de Royauté, & Imbert, livre 3 de ses Institutions, chap. 6. Chenu, au chap. 6, tit. 42 de son second Recueil, rapporte un Arrêt par lequel il fut jugé qu'un homicide fait avec armes & par des personnes au nombre de dix, en une assemblée faite pour se recréer & danser, n'étoit point un cas royal & privilégié. Il faut encore observer, qu'aux simples cas royaux la confiscation n'en appartient pas au Roi, mais au Seigneur Haut-Justicier, d'autant que la confiscation ne suit pas la Justice, mais le territoire. On excepte pourtant le crime de fausse monnoie, auquel, à l'égard des fabricateurs de fausse monnoie, la confiscation appartient au Roi, d'autant que c'est une espéce de crime de leze-Majesté.

Le crime de leze-Majesté en tous ses chefs.] L'Ordonnance se doit entendre du crime de leze-Majesté humaine, & non pas de la divine, comme Hérésie, Blasphême, Idolâtrie ; parce que le Roi n'y est point offensé, mais seulement le Public & la Justice. C'est pour cette raison que le crime de leze-Majesté divine n'est pas compté parmi les cas royaux dont les anciennes Ordonnances font mention, & que les Hauts-Justiciers connoissent des Blasphémateurs, Sorciers & Idolâtres.

Néanmoins l'opinion commune & l'usage est, que la connoissance du crime de leze-Majesté au premier chef appartient au Parlement, privativement à tous autres Juges, ou aux Commissaires députés par le Roi pour en connoître souverainement, principalement quand il s'agit d'attentat contre la personne du Roi, ou de trahison contre l'Etat.

Sacrilége avec effraction.] Loyseau, Chopin, Coquille, ni presque pas un autre Auteur ne comptent pas les sacriléges au nombre des cas royaux, parce qu'ils n'offensent point la personne du Roi comme Roi : néanmoins comme c'est un des plus détestables larcins qui se puissent commettre, l'Ordonnance, à cause de son atrocité, l'a mis parmi les cas royaux. Les Jurisconsultes & les Canonistes les divisent en trois espéces. La premiere, lorsque l'on dérobe une chose sacrée en un lieu sacré; ce qui ne s'entend pas seulement des Sacremens, mais aussi des vaisseaux sacrés destinés au Service Divin. La seconde, lorsqu'on dérobe une chose sacrée dans un lieu qui n'est pas sacré. Et la troisiéme, quand on dérobe une chose profane dans un lieu sacré. *C. si quis contumax, c. quisquis 17, quæst. 4.* Au premier cas, ce crime ne peut être expié que par la mort du délinquant & par le feu, suivant la Loi *Sacrilegii pœnam 6, D. ad leg. Jul. pecul.* Pour ce qui est des deux autres espéces, la punition est arbitraire, suivant la qualité de la personne du délinquant, du sexe, de l'âge, ou des circonstances du tems. *L. 4, §. mandatis, ff. eod.* & l'on se contente quelquefois de l'amende honorable, & de faire couper le poing à un sacrilége. Cujas définit tel sacrilége, *furtum rei sacræ è loco sacro, vel religiosæ è loco religioso.*

Aux Mandemens émanés de Nous.] La Commission & le Mandement sont deux choses différentes, comme il se recueille de cet article & de l'article 20 du titre 2 de l'Ordonnance de 1667. Par exemple, l'adresse attachée à un Arrêt est un Mandement; & par conséquent ces termes, *rébellion aux Mandemens*, sont différens de ceux contenus audit article 20, *rébellion à l'exécution des Jugemens.* Il ne peut y avoir d'autre rébellion à un Mandement, que celle qui est faite à l'exécution du Mandement; au lieu que la rébellion à un Jugement peut regarder la simple signification d'icelui. La rébellion à la signification d'un Arrêt, est une rébellion à l'exécution du Mandement. Imbert en sa Pratique Judic. liv. 3, chap. 6, nomb. 3, dit *que la rébellion & l'excès fait à un Sergent Royal, est un cas royal & privilégié.* Cela est confirmé par Ragueau en son Indice des Droits seigneuriaux, lettre C. Loyseau, titre des Offices, pages 64 & 65. Chopin, liv. 2 du Domaine, tit. 8, p. 171. La raison est, parce que l'excès commis contre un Sergent est réputé pour une espéce de crime de leze-Majesté au second chef, à cause qu'on n'a pas tant égard au Sergent, qu'au Juge duquel il exécute le Mandement: *gravior est injuria in Præsidem cùm officia pulsantur, plus læditur ipse qui jussit, quando qui exequitur, excusatur. Tertull.* Cela est encore décidé par l'Ordonnance de Cremieu, art. 10; par celle de Moulins, art. 34; de Blois, art. 190; Edit d'Amboise, art. 1. Filleau, tom. 1, part. 2, p. 160, dit, *que le Lieutenant Criminel connoît des rébellions faites aux exécutions des Arrêts, encore qu'ils ayent été exécutés par le Lieutenant Général.*

Ou de nos Officiers.] La rébellion ou recousse faite au Mandement du Juge Royal, est un cas royal, mais avec distinction; car si c'est contre le Mandement du Prevôt & Châtelain Royal que la rébellion soit faite, c'est à lui d'en connoître.

Lors de la lecture de l'article 14, titre des Decrets, dans les Conférences tenues par ordre du Roi, il fut dit par M. Talon, Avocat Général, que lorsqu'en exécutant une Sentence rendue au Bailliage ou Siége Présidial, en matiere civile, l'on vient à commettre quelque rébellion, ce n'est point le Juge Civil, mais le Lieutenant Criminel qui en doit informer & instruire le procès; & que cela est ainsi nettement décidé par tous les Arrêts de Réglemens qui ont été rendus entre les Lieutenans Généraux & Criminels.

La police pour le port des armes.] Elle comprend l'établissement de la police, & la contravention à cet établissement : l'établissement regarde la faculté ou la défense de porter des armes. L'Ordonnance de Charles VIII. de l'an 1487, & celle de François I. de 1532, sont les plus anciennes qui défendent le port d'armes, à l'exception des Gentilshommes & Officiers : elles défendent pareillement l'amas de gens & les assemblées. Comme il n'y a que le Roi qui ait droit de défendre & de permettre le port d'armes, il n'y a aussi que ses Officiers qui ayent seuls droit de connoître des délits qui sont accompagnés du port d'armes; & il s'ensuit de ce principe, que quiconque porte des armes contre la prohibition des Ordonnances, est dès ce moment justiciable des Baillifs & Sénéchaux, & que toutes les violences que l'on commet avec des armes défendues ne sont qu'un accessoire du premier délit; & que l'on ne se porte au dernier que par la licence du premier, enhardi par les armes qu'on se donne la liberté de porter.

Trois choses sont requises pour faire que le port des armes soit un cas royal; sçavoir, qu'il y ait port d'armes; que ce soit une assemblée; & que cette assemblée soit illicite, c'est-à-dire avec propos déliberé de faire insulte & outrage à autrui, suivant la Loi 5 *& pen. D. ad leg. Jul. de vi pub.* & la Loi 4 *De vi bon. rapt.* Voyez Loyseau en son Traité des Seigneuries, chap. 14, nomb. 31 & 35. *Bened. in verbo uxorem nom. Adelasiam, num.* 145. Coquille en son Institution, chap. du Droit de Royauté.

Assemblées illicites.] Ce sont des assemblées de plusieurs personnes, faites contre les Réglemens, ou seulement à mauvais dessein : le port d'armes n'est pas absolument nécessaire pour faire une assemblée illicite; mais c'est ce qui fait qu'elle est un cas prevôtal, comme il se collige des termes de l'article suivant. La plus commune opinion est, que trois personnes suffisent pour faire une assemblée illicite; s'il y en a plus, c'est un cas prevôtal. Cela a été ainsi jugé par les Arrêts de Sens de 1550, & par celui du Mans.

Emotions populaires.] Godefroy est un peu embarrassé sur la conciliation du paragraphe 3 de la Loi 4, *Digest. de vi bon. rapt.* avec la Loi 85 *De verb. signif.* Il avoue, expliquant l'une & l'autre Loi du nombre des personnes qui est requis pour faire une assemblée, qu'il ne sçait pourquoi la premiere Loi dit qu'il suffit de trois personnes, & la derniere en exige au moins dix : la solution de cette difficulté est fondée sur ce que la Loi du titre *de vi bonor. rapt.* parle de l'assemblée en cas d'émotion populaire, & l'autre de celle qui n'est pas avec cette émotion. A cette émotion se rapporte ce que cette Loi 4 appelle *turbæ* : aussi le §. 2 porte que ce mot, *turbæ*, tire son origine du mot Grec qui signifie *tumulte*; & le §. 3 nous apprend que ce mot Grec suppose multitude de personnes, & de plus *turbationem*.

Force publique.] Justinien dans ses Instituts, appelle force publique celle qui est faite avec armes; & privée, celle qui est faite sans armes; ce qui a donné lieu à plusieurs Juges Royaux de prétendre que tous les délits faits avec armes offensives soient de leur Jurisdiction : néanmoins il faut, pour faire que le port des armes soit cas royal, qu'il soit joint avec l'assemblée illicite, comme il a été dit ci-dessus, & suivant la Loi 5, *D. ad leg. Jul. de vi publ. cùm aliquis cœtu, concursu, turbâ, seditione, quid per violentiam admiserit.*

L'altération ou l'exposition de fausse monnoie.] L'Ordonnance comprend sous ces deux mots les diverses espéces de ce crime, qui se commet non-seulement par ceux *qui nummos adulterinos cadunt, & qui probos adulterant, radunt, exscindunt;* mais encore par ceux *qui monetam adulterinam flant, feriunt, qui nummos aureos radunt, tingunt, fingunt;* ou par ceux *qui nummos stanneos, plumbeos emunt, vendunt dolo malo. L. quicumque 8, & l. seq. §. eadem leg. D. ad legem Corneliam, de falso.* Ciceron appelle la Loi *Cornelie*, qui punit le crime de fausse monnoie, *Legem Corneliam nummariam,* III *Verr.* Le crime de fabrication est beaucoup plus grand que celui de l'exposition; & on joint à celui-ci *emptionem aut venditionem dolo malo*, c'est-à-dire avec cette intention, *ut pretiosioris metali colore tincti, imperitis & simplicioribus pro probis obtrudantur & imponantur.* Pour ce qui est de la peine, *ex constit. 2. C. de fals. mon. adulteratores monetæ flammis subjiciuntur, & ex const. 1. cod. tit. Domus in qua pecunia adulterina facta est, publicatur.* A l'égard des autres, *qui radunt monetam probam*, ils sont sujets à une peine moins rigoureuse, mais capitale, *quoniam in legem Juliam majestatis incidunt.*

Correction de nos Officiers.] Cela regarde leurs mœurs, ou ce qu'ils ont omis de leur devoir dans la fonction de leurs Charges, & entr'autres la malversation, la concussion & la fausseté: il faut que les Magistrats, qui par leur exemple & par leur autorité doivent exciter les Peuples à l'obéissance envers le Prince, & à l'observation de ses Loix, tâchent par leur sage conduite & par la bonne renommée de leur vie & de leurs actions, de s'acquerir le respect & la bienveillance de ceux aux yeux desquels ils sont exposés.

Malversations par eux commises dans leurs Charges.] Cela est conforme aux Ordonnances faites par le Roi Philippe le Bel en 1302 au mois de Mars, par lesquelles il est porté, que *le Juge subalterne ne peut aucunement connoître contre les Officiers Royaux du fait qui concerne leurs Offices, ni les punir du méfait & excès qu'ils auroient fait en exerçant leurs Offices, autrement pour raison de leursdits Offices.* Mais en tous les autres cas, les Officiers Royaux demeurant dans les terres des Seigneurs Hauts-Justiciers, sont justiciables des Seigneurs Hauts-Justiciers comme les autres sujets & justiciables desdites terres; même les Nobles sous ombre de leur noblesse, n'ont pas leurs causes commises pardevant les Juges Royaux, & ils sont tenus de répondre en toutes causes pardevant le Juge subalterne dans le territoire duquel ils demeurent, suivant la Déclaration faite par le Roi François I. sur l'Edit de Cremieu, vérifié le 23 Avril 1537.

Crime d'Hérésie.] Tous crimes d'hérésie ne sont pas des crimes publics. Par la Loi 1, *D. de public. Jud. non omnia judicia, in quibus crimen vertitur, & publica sunt, sed ea tantùm quæ legibus publicorum judiciorum veniunt:* or il n'y a point de Loi dans le corps de Droit Civil, qui ait ordonné, *injuriam omnem numini factam, publicum crimen esse:* l'on ne peut pas opposer la Loi derniere, *C. de Malef. & Mathem.* parce qu'elle parle seulement de *Mathematicis, adjectâ generali ratione, sed non generali dispositione;* ni la Loi 4, *C. de Hæret.* parce qu'elle ne parle que des Manichéens & des Donatistes, ausquels les Apostats sont joints par la Loi 4, *C. de Apost.*

Trouble public fait au Service Divin.] C'est-à-dire fait publiquement. Lorsque le Parlement de Paris proceda à la vérification des Lettres du premier apanage d'Anjou & du Maine, concedé par le Roi S. Louis à Charles son frere, données à Arras l'an 1249, contenant réservation & exception spéciale des cas royaux, ainsi qu'il se voit par l'extrait d'icelles, rapporté par Chopin, *lib.* 2 *de Doman. cap.* 6, il y ajouta ces trois sortes de crimes, le rapt, l'incendie, & le trouble fait au Service Divin.

Rapt & enlevement des personnes par force & violence.] Ce crime se commet par force & violence, lorsqu'on enleve par force, & sans que la personne enlevée soit de concert, une vierge ou une femme, & qu'on attente à leur honneur : mais l'enlevement n'est pas cas royal, si l'on n'a pas fait effort sur la personne enlevée.

Et autres cas expliqués par nos Ordonnances.] Cela fait voir qu'outre les cas royaux contenus dans cet article, il y en a plusieurs autres dont la connoissance appartient aux Baillifs & Sénéchaux privativement aux Juges Prevôts ; toute sorte de rapt, suivant l'Ordonnance de Blois, art. 42, même celui qui est fait par subornation & séduction ; le rapt par force & violence sans enlevement ; l'incendie, le viol, le péculat, les exactions & oppressions publiques, les levées de deniers sans Lettres Patentes, l'usure, les banqueroutes frauduleuses, les excès commis sur les grands chemins & autres lieux publics qui appartiennent au Roi ; les mariages clandestins, ou faits au préjudice des Ordonnances ; le crime de faux non incident ou civil, les contraventions aux Ordonnances & aux Edits de Pacification ; l'adultere, l'inceste, la sodomie, le parricide, le fratricide, le monopole, les différends survenus pour les droits honorifiques & prééminences de l'Eglise. Il y a divers Arrêts de Réglemens qui expliquent les cas royaux attribués aux Baillifs & Sénéchaux : l'Arrêt de Sens du 1 Juin 1556 ; celui de Laval du 16 Mars 1573, rapporté par Raymont, Avocat du Roi de Charolois, dans le Traité qu'il a fait des cas royaux ; celui de Provins du 7 Novembre 1603, rapporté par Filleau, tome 1, partie 2, page 199 ; celui de Sarlat du 4 Juillet 1603, rapporté par Filleau, tom. 1, part. 2, p. 155 ; celui de Crespy du 11 Décembre 1627 ; celui de Tours du 7 Septembre 1638 ; celui du Conseil, entre les Officiers de Lausert ; celui d'Angers du 23 Mai 1667, par lequel la connoissance du crime de faux est attribuée au Lieutenant Criminel privativement au Prevôt. Lancre, en son Livre de l'Inconstance des Démons, page 479, dit que le Parlement de Bordeaux déclara des Prêtres accusés d'adultere, non recevables au renvoi qu'ils demandoient pardevant le Juge d'Eglise, comme ayant commis un cas privilégié, c'est-à-dire un cas royal. Chopin, sur la Coutume d'Anjou, liv. 1, chap. 65, rapporte l'Arrêt de Montpensier, du 2 Mars 1574.

Des cas prevôtaux, & de ceux dont les Prevôts ne connoissent pas, s'ils n'ont été commis hors du lieu de leur résidence.

ARTICLE XII.

LEs Prevôts de nos Cousins les Maréchaux de France, *les Lieutenans Criminels de Robe-courte*, les Vice-Baillifs, Vice-Sénéchaux, *connoîtront en dernier ressort de tous crimes commis par vagabonds, gens sans aveu & sans domicile*, ou qui auront été condamnés à peine corporelle, bannissement ou amende honorable. Connoîtront aussi des oppressions, excès, ou autres *crimes commis par gens de guerre*, tant dans leur marche, lieux d'étape, que d'assemblée & de séjour pendant leur marche; *des déserteurs d'armée, assemblées illicites avec port d'armes, levée de gens de guerre sans Commission* de Nous, & des vols faits sur les grands chemins. Connoîtront aussi *des vols faits avec effraction*, port d'armes *& violence publique*, dans les Villes qui ne seront point celles de leur résidence: Comme aussi *des sacriléges avec effraction*, assassinats prémedités, séditions, *émotions populaires, fabrication, altération ou exposition de monnoye, contre toutes personnes*, en cas toutefois que les crimes ayent été *commis hors de la Ville de leur résidence.*

☞ Voir au sujet de cet article une Déclaration du 29 Mai 1702, qui sera rapportée sur l'article 16 de ce même titre.]

Les Lieutenans Criminels de Robe-courte.] Les Lieutenans Criminels du Châtelet de Paris connoissent aussi des cas prevôtaux, parce qu'ils sont Lieutenans du Prevôt de Paris, qui est le premier de tous les Prevôts. Il a la prévention, & juge avec le nombre de sept Juges par Jugement dernier, sa compétence préalablement jugée: & le Lieutenant Criminel de Robe-courte connoît des captures qu'il fait & des cas privilégiés, qui sont au nombre de sept; incendie, fausse monnoie, crime de leze-Majesté divine & humaine, sédition populaire, vol de nuit & de jour sur les grands chemins & ailleurs, port d'armes des vagabonds & non domiciliés.

Connoîtront en dernier ressort de tous crimes.] Cet article contient l'énumération des cas qui sont attribués aux Prevôts des Maréchaux, qui concernent les cas & les personnes, & il ramasse & joint ensemble ceux qui étoient épars çà & là dans le corps du Droit François, & dont on peut voir la conformité, en conferant cet article avec les Ordonnances de nos Rois concernant le pouvoir & la Jurisdiction des Prevôts, & entr'autres l'Ordonnance de Moulins, article 46; celle de Blois, art. 189; François I. à Paris en Janvier 1536, à Amiens en Octobre 1544; Henri II. à Fontainebleau en Février 1549, & le Réglement du Roi Charles IX. en Octobre 1563, & Roussillon en 1564.

Commis par vagabonds.] Les vagabonds sont ceux qui vaguent & courent par le pays, sans avoir aucun domicile certain où ils habitent, quoiqu'ils ayent le domicile de leur origine: c'est pour cela qu'on les appelle *errones* dans la Loi *quis sit fugitivus* 17, §. *erronem, ff. de Ædilitio Ed.* & qu'Homere dit d'eux, qu'ils sont sans retraite, sans loi, sans maison; & Budée *in Forens.* qu'ils sont *sine lare, sine fide.* Ces sortes de gens peuvent être arrêtés par-tout où on les trouve, & punis selon le mérite des cas dont ils seront convaincus. *Didac. Covarruv. Practicar. quæst. cap.* 39. *Clarus, lib.* 5, §. *ult. quæst.* 39. Et quand ils ne seroient accusés d'autre crime que de celui d'être vagabonds, ils sont pourtant punissables de peine arbitraire, qui est ordinairement celle du fouet & du bannissement, suivant les Ordonnances de Charles VII, art. 37, Louis XII, de l'an 1499, art. 91, & de Charles IX. à Moulins 1566, art. 73.

La Politique Françoise ne souffroit point de vagabonds & gens sans aveu dans l'étendue de sa domination: ceux qui n'avoient point de bien ou de vacation pour vivre & s'entretenir dans leur condition, soit qu'ils fussent originaires ou étrangers, étoient obligés de se donner à quelqu'un qui eût la volonté & les moyens de les nourrir & les faire ſubſiſter, ſinon ils étoient chaſſés ou réduits en ſervitude. *Capit. Caroli Mag. Append.* 2, *lib.* 4, *tit.* 2 *de adventitiis, ut cùm miſſi noſtri ad placitum venerint, habeant ſcriptum quanti adventitii ſunt in illorum miſſatico, aut de quo pago ſunt, & nomina eorum, & qui ſunt eorum ſeniores.*

Gens ſans aveu & ſans domicile.] Ce ſont ceux qui ne ſont point connus & qui n'ont point de domicile, quoiqu'il apparoiſſe du lieu de leur réſidence; car une perſonne peut être réſidente en un lieu, ſans y être pourtant domiciliée: ces ſortes de gens ſont appellés ἀφρήτορες, ἀθέμιστοι, ἀνέστιοι, qui ſont *ſine tribu, ſine lare, ſine domo*; ce que nous diſons *un homme ſans feu & ſans lieu.* Il eſt très-dangereux de les ſouffrir en une République & dans la Cité, ainſi que dit Ariſtote au chapitre 2 du premier livre de ſa Politique: ἅμα γὰρ φύσει τοιοῦτος καὶ πολέμου ἐπιθυμητὴς ἅτε πὲρ ἄζυξ, où par le mot πόλεμος, il faut entendre la guerre, le trouble & la ſédition que les gens ſans aveu excitent dans les Villes où ils ſont.

Crimes commis par gens de guerre.] La raiſon eſt, parce que la Police & la Juſtice qui concerne les gens de guerre, eſt attribuée aux Connétable & Maréchaux de France, qui en ſont les principaux Officiers, & par conſéquent les Prevôts en ſont les vrais & ſeuls Juges. Montarlot, Prevôt Provincial de Sens, en ſon Livre intitulé, *le Prevôt des Maréchaux*, étend leur pouvoir généralement contre tous ceux qui tiennent les camps, ſoit gens de guerre ou autres, quoique par l'article 7 de l'Edit de Rouſſillon, portant réglement de leur Juriſdiction, la connoiſſance ne leur ſoit attribuée que pour les délits commis aux Camps & Armées du Roi par gens de guerre & autres, en ces termes: *Connoîtront les Prevôts des Connétable & Maréchaux de France & leurs Lieutenans, privativement à tous Juges, de tous crimes & délits commis à nos Camps & Armées par gens de guerre & autres.* Il en eſt autrement *lorſqu'ils ont délinqué hors de leur quartier*, ſuivant l'Ordonnance de Rouſſillon & l'Edit du feu Roi Louis XIII. de l'an 1629, & comme il a été jugé en 1637 en faveur du Préſidial de Lannes, contre le Vice-Sénéchal, quoiqu'il fût appuyé des Ordonnances de Monſieur le Duc d'Epernon, Colonel général de l'Infanterie Françoiſe, pour raiſon de quelques Soldats du Régiment de Bearn qui s'étoient débandés du Bourg du Saint-Eſprit de Bayonne, où ils étoient en garniſon, & qui avoient commis quelques excès. Quelquefois les Officiers de guerre prétendent être ſeuls Juges des Soldats délinquans, mais ils n'ont d'autre droit que d'aſſiſter à l'inſtruction & au jugement du procès.

Des déſerteurs d'armée.] Le Soldat qui quitte ſon Capitaine ſans congé, principalement à l'armée, *pro deſertore habetur*, & il eſt puniſſable de mort: mais à proprement parler, celui-là eſt appellé déſerteur, *qui belli tempore à ſignis abeſt*, *L.* 1, *C. de deſertor.*; ou comme rapporte Appien, *lib. de Bellis Punicis*, qui s'éloigne plus loin du Camp que ne porte le ſon de la trompette. Les Lacedemoniens notoient d'infamie tels déſerteurs, qu'ils appelloient *Treſantas*, c'eſt-à-dire ceux qui ont eu peur: ils étoient déclarés inhabiles d'exercer aucun Office ni Charge de Magiſtrature; c'étoit un deshonneur de leur donner femme en mariage, & en prendre d'eux: il étoit permis à ceux qui les rencontroient de les frapper, & il falloit qu'ils l'enduraſſent: ils étoient contraints de porter de vieilles robes rapiécées de drap de couleur, & de ne ſe faire raſer qu'une partie de la barbe, comme on peut voir dans Plutarque *in Ageſilao*, où il remarque que les Lacedemoniens ayant beſoin de troupes, & jugeant qu'il étoit dangereux d'en voir pluſieurs dans la Ville notés du crime d'infamie, il s'en remirent à ce qu'Ageſilaüs en ordonneroit, lequel ſans rien changer aux Loix, déclara en l'aſſemblée de tout le peuple de Lacedemone, que pour ce jour-là il falloit laiſſer dormir les Loix, pourvû qu'à l'avenir elles repriſſent leur autorité. Parmi les François, la plus grande injure qu'on peut faire à un homme de guerre, eſt le reproche qu'on lui fait de s'être enfui & d'avoir abandonné ſon Enſeigne. *Matthæus Paris, in Henrico III.* rapporte, que pendant que le Roi S. Louis faiſoit fortifier la Ville de Céſarée, il y eut un Gentilhomme qui reprocha à un autre, lequel étoit ſorti de l'armée pour charger l'ennemi, que c'étoit qu'il s'étoit enfui; *quod*, dit l'Hiſtorien, *malus miles eſſet;* c'eſt-à-dire en François, méchant Soldat: *& hoc verbum maximè offenſionis inter eos, fugitivus & victus.* Il rapporte auſſi que le Roi ne voulant pas lui permettre de s'en venger, il ſe donna aux Infideles, & fit beaucoup de mal à l'armée du Roi.

Aſſemblées illicites avec port d'armes.] Montarlot explique cela du port d'armes public, quand quelques-uns s'aſſemblant juſqu'au nombre de ſept ou de dix, ou au-deſſus, font des monopoles ou aſſemblées illicites contre le ſervice du Roi, le repos public, la vie & les biens des Particuliers; ce qui eſt conforme aux Ordonnances rapportées par Fontanon & dans le Code Henri. Pour rendre ce cas prevôtal, il faut que l'aſſemblée ſoit faite en intention de mal faire, qu'elle ſoit illicite par la mauvaiſe fin où elle tend, ou par le nombre des perſonnes aſſemblées, à l'égard duquel l'Ordonnance ne détermine rien. Coquille, en ſon Inſtitution, chapitre du Droit de Royauté, dit en ces mêmes termes, que le port d'armes n'eſt pas pour être garni d'arquebuſes, halebardes, cuiraſſes, & autres armes offenſives & défenſives; mais quand aucuns s'aſſemblent au nombre de dix ou plus, étant armés avec propos déliberé pour faire inſulte & outrage à autrui. Auſſi le crime de port d'armes étant un cas royal, implique en ſoi l'aſſemblée illicite d'hommes ou armes.

Levée de gens de guerre ſans commiſſion.] La raiſon en eſt, que comme dans cette Monarchie il n'appartient qu'au Roi de déclarer la guerre, ceux qui font levée de gens de guerre ſans ſa permiſſion, & commiſſion ſignée du Secretaire d'Etat ayant le département de la guerre, & ſcellée du grand Sceau, commettent crime de leze-Majeſté. *L. 3, D. ad Leg. Jul. Majeſt. L. un. C. ut armorum, uſus inſcio Principe; & Nov. de armis.*

Des vols faits avec effraction.] Il y eut conteſtation au mois de Février 1681, entre les Officiers de la Cour des Comptes, Aydes & Finances de Montpellier, ceux du Préſidial, & les Officiers Royaux ordinaires de la même Ville, au ſujet de la connoiſſance que chacune deſdites Cours & Juriſdictions prétendoient avoir du vol domeſtique commis avec effraction par la nommée Catherine Gauberte, ſervante de Jacques Vignal, Collecteur des Tailles des lieux de Mirevaux, Vic & Maurillan. Sa Majeſté en ayant été informée, & conſiderant que cette conteſtation ne pouvoit que donner lieu à l'impunité, Elle ordonna auſdits Officiers de ſe retirer devers le Sieur Dagueſſeau, Commiſſaire départi pour l'exécution de ſes Ordres dans la Province de Languedoc, & de déduire devant lui leurs raiſons, pour en donner avis à Sa Majeſté; & icelui vû & rapporté en ſon Conſeil, y être ordonné ce qu'il appartiendroit.

En conſéquence de cet ordre, les Officiers deſdites Juriſdictions ayant remis leurs mémoires & piéces juſtificatives, ceux de ladite Cour des Aydes auroient ſoutenu que la connoiſſance de ce crime leur appartenoit, du moins par appel des Officiers Royaux ordinaires de ladite Ville, attendu qu'il s'agiſſoit d'un vol fait à un Collecteur, & que les deniers volés faiſoient partie de ſa collecte, dont

dont la connoiſſance leur appartenoit, conformément à l'Edit de l'année 1512. Et les Officiers Royaux ordinaires diſoient, qu'ils avoient droit d'en connoître en premiere inſtance, ſauf l'appel en ladite Cour des Aydes, attendu que quand ledit vol auroit été fait avec effraction, cela ne ſuffiſoit pas pour rendre le cas prevôtal ou préſidial ; qu'il falloit encore qu'il eût été commis avec port d'armes & aſſemblée illicite, ſuivant cet article. Au contraire, les Officiers du Siége Préſidial auroient repréſenté, que la prétention des Officiers de ladite Cour des Aydes étoit ſans fondement, non-ſeulement à cauſe que ledit Vignal avoit retiré ſa quittance des deniers de Sa Majeſté, des mains du Receveur particulier des Tailles du Diocèſe de Montpellier, comme ils en faiſoient apparoir ; mais encore ſur ce que par l'Arrêt de Réglement contradictoirement donné au Conſeil entre les Officiers de ladite Cour des Aydes, ceux du Parlement de Toulouſe, & les Préſidiaux du reſſort dudit Parlement, en l'année 1617, il auroit été expreſſément défendu à la Cour des Aydes de connoître d'autres crimes que de ceux qui ſeroient commis en la levée & perception des deniers de Sa Majeſté : & à l'égard des Officiers Royaux ordinaires, qu'il s'agiſſoit d'un cas attribué par les anciennes & nouvelles Ordonnances aux Prevôts des Maréchaux & Siéges Préſidiaux, pour en juger en dernier reſſort, le vol en queſtion ayant été commis avec effraction : que cette circonſtance ſuffiſoit pour établir la compétence dudit Siége Préſidial, ſans que celle du port d'armes & de la violence publique fuſſent néceſſaires, d'autant que ce ſont d'autres cas particuliers attribués auſdits Prevôts des Maréchaux & Siéges Préſidiaux.

Sur ces conteſtations, ledit Sieur Dagueſſeau ayant donné ſon avis, le Roi étant en ſon Conſeil, tenu à Verſailles le 28 Juin enſuivant, ordonna, *Que le procès criminel commencé contre ladite Gauberte ſeroit continué, fait & parfait, & jugé en dernier reſſort par le Siége Préſidial de Montpellier, conformément à cet article de l'Ordonnance ; & qu'à cet effet l'accuſée ſeroit conduite dans les priſons du Préſidial, & les charges, informations, & autres procedures faites tant en la Cour des Aydes, que Juſtice ordinaire de Montpellier, portées au Greffe dudit Préſidial ; à ce faire les Geoliers & Greffiers contraints par toutes voies dûes & raiſonnables, même par corps, Sa Majeſté en attribuant au Préſidial toute Cour, Juriſdiction & connoiſſance, icelle interdite à tous autres Juges :* lequel Arrêt eut ſon exécution.

Ayant eu depuis la précédente Edition le moyen de recouvrer la Lettre que feu Monſieur le Chancelier, cet illuſtre Chef de la Juſtice, & ce grand Miniſtre d'Etat, écrivit ſur ce ſujet à M. Dagueſſeau, pour lors Intendant en la Province de Languedoc, nous avons eſtimé en devoir faire part au Public, d'autant que cette Lettre peut donner une plus grande lumiere à ce qui a été remarqué, comme n'étant que l'explication de l'intention du Roi.

A Paris, ce 3 Mai 1681.

Monsieur,

J'ai lû le mémoire qui étoit joint à la Lettre que vous m'avez écrite le 15 du paſſé, contenant les différends qui ſont entre le Juge ordinaire de Montpellier, le Préſidial & la Cour des Aydes, ſur la connoiſſance que ces trois Juriſdictions prétendent reſpectivement du vol qui a été commis par la ſervante du Collecteur volontaire des deniers de la Taille.

Le Roi ayant entendu le compte qui lui a été rendu des raisons des uns & des autres, a jugé que tout vol fait avec effraction étoit sans difficulté de la compétence des Prevôts, & par conséquent des Présidiaux; qu'ainsi le Présidial de Montpellier devoit connoître de ce fait-ci préférablement au Juge ordinaire, sans avoir égard au sens que ce Juge ordinaire y a voulu donner, en prétendant que le vol, pour être prevôtal, devoit avoir les circonstances du port d'armes & de la violence publique, outre l'effraction; car ce sont d'autres cas particuliers dont l'Ordonnance a entendu déclarer les Prevôts compétens. Quant à la Cour des Aydes, sa prétention a paru sans aucun fondement; & il faut, s'il vous plaît, faire entendre l'intention du Roi à ces Compagnies-là, afin que le Présidial puisse parachever le procès de cette accusée.

Je suis,

MONSIEUR,

Votre très affectionné serviteur,
LE TELLIER.

Et violence publique.] Une seule personne peut commettre force & violence publique : la force & la violence publique présuppose qu'on se sert des armes pour l'exercer, & c'est ce que l'Ordonnance appelle aussi *force ouverte*, dans l'article 1 du tit. 22 de l'Ordonnance pour les matieres criminelles, & par le Droit, *vis publica fit cum armis, vis privata sine armis.* Menochius dit que la force dans laquelle l'on employe les armes, s'appelle publique, à cause qu'il y eut autrefois une Loi publiée à Rome, par laquelle le port d'armes étoit défendu, & que la publication de cette Loi avoit rendu non-seulement cette défense publique, mais qu'elle lui avoit encore imposé ce nom. Ce qu'il y a encore de plus important à remarquer au sujet de la violence publique, est que *lege Julia de vi publicâ tenentur, qui turbæ seditionisve faciendæ consilium inierint, servosque aut liberos homines in armis habuerint, l. 3 & l. qui cœtu, D. ad leg. Jul. de vi publicâ. Nil autem est exitiosis civitatibus (ut ait Cic. lib. de lege) nil tam contrarium juri & legibus, nil minus civile & humanum, quàm constitutâ & compositâ Republicâ, quidquam agi per vim.*

Des sacriléges avec effraction.] L'Ordonnance en a fait ci-devant un cas royal, & dans cet article elle en fait encore un cas prevôtal; c'est parce qu'il y a des cas royaux qui sont aussi cas prevôtaux, & des cas prevôtaux qui ne sont pourtant pas cas royaux : en ceci l'Ordonnance est conforme à celle de Fontainebleau de l'an 1559, & à l'Edit du Roi Charles IX, portant Réglement de la Jurisdiction des Prevôts des Maréchaux, art. 3. La raison est, parce que *gravius est crimen cùm vi effractis fanis aliquid aufertur*, à cause que cela marque un dessein déliberé & prémédité de le commettre.

Assassinats prémédités.] C'est-à-dire commis avec dessein prémédité de meurtrir avec avantage, quand même on ne se seroit pas servi d'armes. Il y a plusieurs indices & circonstances qui font déclarer l'assassinat prémédité. La premiere, si l'on a vû l'accusé la nuit auprès de la maison du meurtri, ou qu'il le soit allé chercher à une heure suspecte; parce que la Loi présume mal contre ceux qui vont & exécutent quelque chose de nuit. *Gloss. not. in l. furem, D. de siccar.* & suivant le texte de l'Evangile, *qui malè agit, odit lucem*. La seconde, s'il s'est mis en embuscade, ou caché en un lieu propre pour aggresser; si les plaies sont à la tête, dans les reins ou dans l'estomac; si elles sont du tranchant de l'épée. *Abbas in 1 de homicid. C. significasti eod. Marsil. in singul. suis incip. voluntas & propositum* 189. La troisiéme, si le meurtri a reçu diverses blessures. *Alber.*

in l. & si amico, ff. de adult. Marsil. in l. 1, col. 5, ff. de siccar. num. 37. La quatriéme, s'il y a délibération par un traité particulier entre l'accusé & ses complices de commettre le meurtre, & c'est la présomption la plus violente d'un assassinat prémédité. La cinquiéme, les armes dont on s'est servi pour commettre l'assassinat, comme le pistolet, l'arquebuse, ou autres. *Bald. in c.* 1 *de præsumpt. & in l. pen. §. divus, ff. ad leg. Cornel. de siccar.* La sixiéme, si l'accusé a fait transporter ses meubles hors la maison, ou fait vendre de ses biens immeubles avant le meurtre commis. *Salic. in l. fin. col.* 2, *vers. cùm transeuntes, cod. de quæst. Bart. in leg. post contractam, ff. de donat.* où il rapporte six présomptions. La septiéme, la mauvaise renommée ou vie passée de l'accusé, comme s'il est accoutumé à battre & à excéder, & s'il a déja commis quelque meurtre. *L. cui, §.* 1, *ibi qui semel calumniatus, ff. de accus. L. non omnes* 5, *§. à barbaris, ff. de re milit.*

Dans lesdites Conférences tenues par ordre du Roi, il fut dit sur la lecture de cet article, que ce qui donnoit lieu de douter que les assassinats prémédités ou préparés fussent des cas prevôtaux, étoit que nul cas ne peut être réputé prevôtal, s'il n'est pas cas royal, & que les assassinats ne sont pas comptés entre les cas royaux. Néanmoins il y est aussi remarqué, qu'il a été jugé cas prevôtal, suivant l'Arrêt rendu au Conseil en présence du Roi, en l'affaire de Ligneris, Garde-du-Corps, qui fut renvoyé au Châtelet pour y être jugé présidialement, & l'Arrêt du Parlement qui l'avoit jugé cas ordinaire, cassé.

Emotions populaires, fabrication, altération, &c.] Cet article est conforme à l'Ordonnance d'Henri II. à Fontainebleau le 5 Février 1549, & de Charles IX. à Paris en Octobre 1563, art. 22, & à Roussillon en Août 1564, art. 4. Celle d'Henri II *attribue aux Prevôts des Maréchaux par prévention & concurrence cumulativement avec les Juges Presidiaux, la connoissance du crime de fausse monnoie, & des fabricateurs d'icelle, adhérans & complices, pour proceder à l'encontre d'eux nonobstant l'appel, appellant avec eux au jugement de leurs Sentences diffinitives & de torture, le Juge Présidial ou son Lieutenant de Province où seront pris & appréhendés les délinquans, avec six fameux Avocats du Siége.* Et celle de Charles IX. *leur attribue semblable connoissance & sans appel contre toutes personnes, & mêmement contre les domiciliés, des cas attribués aux Prevôts par les Ordonnances, comme de fausse monnoie, séditions & voleries publiques, & ce par prévention des Juges, au cas qu'iceux domiciliés soient par eux pris & appréhendés pour aucuns desdits crimes commis hors les Villes closes.*

Contre toutes personnes.] Les Prevôts des Maréchaux, les Vice-Baillifs, les Vice-Sénéchaux & les Lieutenans Criminels de Robe-courte, qui sont tous Officiers de même pouvoir & fonction, & qui ne different que de nom, ne peuvent pas connoître des cas énoncés dans l'Article XI, qui ne sont point répetés dans cet article, comme, par exemple, du crime de leze-Majesté, des malversations commises par les Officiers Royaux en l'exercice de leurs Charges, du crime d'hérésie, du trouble public fait au Service Divin, & du rapt & enlevement des personnes.

Commis hors des Villes de leur résidence.] Ceci marque la différence qu'il y a entre la Jurisdiction des Prevôts & celle des Présidiaux, qui est que les Présidiaux connoissent des crimes prevôtaux, tant aux Villes qu'aux champs, & que les Prevôts ne connoissent que de ceux qui sont commis aux champs, & non aux Villes de leur résidence. Il est vrai que Montarlot, Prevôt Provincial de Sens, dans le Traité qu'il a fait, prétend qu'ils sont compétens des uns & des autres, attendu que la qualité du crime rend le Juge compétent plutôt que le domicile,

& il rapporte des Arrêts pour appuyer son opinion : néanmoins il se justifie du contraire par les Ordonnances de Paris en Octobre 1563, & de l'Edit de 1564, qui ont dérogé à celle de Fontainebleau, sur laquelle il se fonde, lesquelles y ajoutent cette condition expresse, *au cas qu'ils soient pris ou appréhendés, & le délit commis hors des Villes de leur résidence :* & par un Arrêt notable du 7 Juin 1586, rapporté par Chenu en ses Réglemens, titre 9, sur la fin, par lequel il fut jugé que les Prevôts ne peuvent prendre connoissance des crimes commis dans les Villes par domiciliés. Et la raison est, parce que comme ils n'ont été institués que pour les champs, aussi leur devoir consiste particulierement à faire des chevauchées par les champs & y vaguer continuellement, sans séjourner dans les Villes ni en un lieu plus d'un jour, si ce n'est pour occupations nécessaires & légitimes, afin de purger les Provinces de gens mal vivans, comme il leur est enjoint par les Ordonnances d'Orléans, articles 68 & 69, de Moulins, art. 43, & Blois, art. 186 & 187, & par l'Arrêt du Privé Conseil du 6 Mai 1608, rendu entre les Prevôts des Maréchaux & le Siége Présidial d'Armagnac : & c'est pour cela qu'ils sont appellés *Judices latrunculatores, quoniam persequuntur latrunculos, & grassatoribus occurrunt. L. solemus, §. ult. ff. de jud. & Nov. 28, cap. 12 & 13. Nov. 28, cap. 21. & Nov. 134, cap. 1.* Mais à l'égard des vagabonds, coupeurs de bourses, qui suivent ordinairement les Foires & les Marchés, ils en peuvent connoître, quoique le crime ait été commis dans les Villes de leur résidence ; Chenu, au lieu préallégué ; ce qui doit être entendu *incalescente adhuc maleficio, vel in flagranti delicto.*

Il faut encore observer que les Fauxbourgs ne sont pas compris sous le nom *de la Ville de leur résidence*, suivant les termes de la Loi 2, *ff. de verb. signif. Urbis appellatio muris finitur*, quoiqu'il soit dit ensuite, que Rome comprend encore tous les bâtimens qui sont autour de la Ville ; mais on ne peut pas étendre la Ville jusqu'à la banlieue.

ARTICLE XIII.

Exception du précédent article en faveur des Ecclésiastiques.

N'ENTENDONS déroger par le précédent article aux priviléges *dont les Ecclésiastiques ont accoutumé de jouir.*

Dont les Ecclésiastiques.] Cela est conforme à la Déclaration sur les 41 & 42 articles de l'Ordonnance de Moulins, concernant la Jurisdiction & le pouvoir des Prevôts des Maréchaux, par laquelle il est dit, *qu'il n'est point dérogé au privilége des Ecclésiastiques.*] Or il faut remarquer qu'on fait distinction des cas ou crimes simples, d'avec les communs, ou les mixtes & privilégiés. Pour ce qui est des crimes simples, qui sont ceux qui peuvent être suffisamment réparés par les peines canoniques, sans avoir recours à celles du Droit Civil & des Ordonnances Royaux, la connoissance en appartient au Juge d'Eglise. Novelle 83, Auth. *ut Cler. apud propr. Episc. Collat. 6.* Les communs sont ceux qui dépendent de deux Jurisdictions, & qui sont sujets aux peines établies par les Loix Civiles & Ecclésiastiques, comme l'usure & l'adultere, *quæ utroque jure prohibentur*, le blasphême, le parjure, le maléfice ou le sortilége, & autres ; & les privilégiés qui sont espéces de cas royaux, qui ne peuvent être, à cause de leur atrocité, assez sévérement punis par les peines canoniques, l'interêt public exigeant des punitions exemplaires, qui n'appartiennent pas aux Juges d'Eglise, *quæ non novit sanguinem.*

Ces cas privilégiés ſont, 1. le crime de leze-Majeſté humaine; 2. s'il eſt queſtion de port d'armes avec aſſemblée illicite; 3. d'une force publique; 4. d'infraction ou contravention aux défenſes du Juge; 5. du crime de faux commis par l'Eccléſiaſtique aux Contrats, Obligations, de quelque nature qu'elles ſoient, ou aux Actes judiciaires; 6. d'injure commiſe ou proferée contre le Juge exerçant ſa Charge; 7. d'une déſobéiſſance ou rébellion par lui faite à l'Ordonnance du Juge laïc en matiere qui eſt de ſa juriſdiction & connoiſſance; 8. d'une ſubornation de témoins aux procès pendans pardevant le même Juge; 9. d'excès commis par lui contre ſa Partie pendant le procès & en haine d'icelui; 10. s'il y a infraction de ſauve-garde royal; 11. fabrication de fauſſe monnoie; 12. empêchement de prendre & ſaiſir un priſonnier que le Juge a condamné à quelque peine, ou s'il l'a recouru; 13. s'il a arraché ou laceré une Ordonnance du Juge, attachée dans un lieu public; 14. ſi le fait eſt militaire, & que l'accuſé comme Soldat ait pris la ſolde du Capitaine. Ils ſont appellés privilégiés, à cauſe du privilége qu'ont les Juges Royaux d'en connoître, par l'autorité qu'a le Roi ſur les Eccléſiaſtiques de ſon Royaume, qui ſont ſes Sujets comme les autres, pour les faire vivre ſelon les Loix publiques, & maintenir l'Etat & le repos du Royaume & de la République, dont l'Egliſe fait une partie, & une partie fort conſidérable, *ipſa enim eſt in Republica*: ce qui eſt confirmé par pluſieurs exemples rapportés par Ayrault, livre 2 de l'Ordre judiciaire. G. P. queſtion 138. *Benedict. in cap. Raynutius, verbo, & uxorem, num.* 143 *& ſeq. Boër. deciſ.* 197. Chopin, *lib.* 2 *de doman.* & ailleurs: & Ragueau en ſon Indice, & autres.

Bien que le Juge Laïc ne puiſſe condamner ni abſoudre un Clerc ou perſonne Eccléſiaſtique, ſi ce n'eſt aux cas privilégiés, le Roi ne laiſſe pas de donner des Lettres de grace & de rémiſſion aux Clercs & Gens d'Egliſe, quoiqu'ils ſoient condamnés par leurs Juges, de l'entérinement deſquelles Lettres le Juge Royal eſt en poſſeſſion de connoître: Que s'il arrive que ces Lettres ſoient ſubreptices, obreptices, ou inciviles, le Juge Royal peut débouter les porteurs d'icelles, & les condamner pour le cas privilégié, s'il y en a quelqu'un, & à l'interêt des Parties civiles, & les renvoyer aux Juges Eccléſiaſtiques pour le délit commun. Pour ce qui eſt de l'inſtruction & jugement des cas privilégiés, il faut diſtinguer entre ceux qui ſont conſtitués aux Ordres ſacrés, & les ſimples Clercs. A l'égard des Prêtres, Soudiacres, ou Clercs, actuellement réſidans & ſervans aux Offices, le Juge Royal peut, ſuivant la premiere Déclaration de l'Ordonnance de Moulins, art. 7, inſtruire & juger le délit privilégié avant que de faire délaiſſement au Juge d'Egliſe du délit commun, ſi l'accuſation eſt incidente en un procès pendant pardevant lui, pourvû que le cas ne mérite pas telle peine, qu'il doive être préalablement dégradé: mais quand l'accuſation eſt intentée au commencement, le Juge Royal ne peut pas ſéparément inſtruire & juger le cas privilégié: mais par l'Edit d'Amboiſe, art. 11, & d'Henri III. à Melun, de l'an 1580, art. 22, [l'inſtruction du cas privilégié ſe fera par le Juge Royal, qui eſt tenu d'aller trouver le Juge Eccléſiaſtique, ou en déléguer un autre; & celle du délit commun ſe fera par le Juge Eccléſiaſtique, & chacun donnera ſon Jugement à part, ſelon le pouvoir de ſa Juriſdiction.

Par la Déclaration du Roi du mois de Février 1678, il a été ordonné, que *cet Edit de Melun ſera exécuté dans tout le Royaume; ce faiſant, que l'inſtruction des procès criminels qui ſe ſont aux Eccléſiaſtiques pour les cas privilegiés, ſera faite conjointement, tant par les Juges d'Egliſe que par les Juges Royaux, dans le reſſort desquels sont situés les Officialités ; & que les Juges Royaux seront tenus d'aller au Siége de la Jurisdiction Ecclésiastique, pour y faire rédiger la procedure en des cahiers séparés de ceux des Greffiers des Officiaux, pour être le procès jugé par les Juges Royaux sur les procedures rédigées par leurs Greffiers, sans que lesdits Juges puissent juger les Ecclésiastiques sur les procedures faites par les Officiaux, pour raison du délit commun, sans que les informations faites par les Officiaux auparavant qu'ils ayent été appellés pour le cas privilégié, soient annullées ; & en cas que lesdits Ecclésiastiques accusés devant les Juges Royaux fussent vendiqués ou renvoyés pour le délit commun, les procedures faites par lesdits Juges subsisteront, pour être le procès fait & jugé pour raison du délit commun. Et en cas que le procès s'instruisît en l'une des Cours du Parlement, il est ordonné que les Evêques Supérieurs desdits Ecclésiastiques seront tenus de donner leur Vicariat à un des Conseillers Clercs, pour faire le procès conjointement avec le Conseiller Laïc qui sera commis : & lorsque dans l'instruction les Officiaux connoîtront que les crimes seront de la nature des cas privilégiés, ils seront tenus d'en avertir les Substituts des Procureurs Généraux du ressort où le crime aura été commis.*

☞ La Déclaration du mois de Juillet 1604, donnée en explication de celle de 1678, porte :

LOUIS, par la grace de Dieu, Roi de France & de Navarre : A tous présens & à venir, SALUT. Le soin que Nous avons de maintenir la discipline de l'Eglise, & de conserver à ses Ministres la Jurisdiction qu'ils exercent sous notre protection, Nous ayant obligé d'ordonner entr'autres choses par notre Déclaration donnée à S. Germain-en-Laye au mois de Février 1678, que tous nos Officiers qui assisteroient à l'instruction des procès criminels des Ecclésiastiques accusés des crimes que l'on appelle ordinairement cas privilégiés, garderoient la forme prescrite par l'article 22 de l'Edit de Melun, Nous avons été informés qu'il s'étoit trouvé de la difficulté entre quelques-uns de nosdits Officiers, pour sçavoir si ce seroit le Juge du lieu dans lequel on prétendoit que le crime a été commis, ou celui dans le ressort duquel est situé le Siége de l'Officialité, qui instruiroit lesdits procès & en auroit connoissance ; & comme il est nécessaire pour le bien de la Justice, de prévenir toutes les difficultés qui peuvent retarder l'instruction des procès criminels, & particulierement de ceux des Ecclésiastiques qui scandalisent ainsi par leurs déréglemens ceux qu'ils devroient instruire & édifier par leurs bons exemples. A CES CAUSES, & autres à ce Nous mouvans, de notre propre mouvement, certaine science, pleine puissance & autorité royale, Nous avons dit, statué & ordonné, disons, statuons & ordonnons par ces Présentes signées de notre main, que notre Déclaration du mois de Février 1678, ci-attachée sous le contre-seel de notre Chancellerie, sera exécutée selon sa forme & teneur ; & qu'à cet effet lorsque nos Baillifs, Sénéchaux, ou leurs Lieutenans Criminels instruiront le procès criminel à des Ecclésiastiques, & qu'ils accorderont leur renvoi pardevant l'Official dont ils sont justiciables, pour le délit commun, soit sur la Requête des accusés, soit sur celle du Promoteur en l'Officialité, nos Promoteurs esdits Siéges en donneront avis à l'Official, afin qu'il se transporte sur les lieux pour l'instruction du procès, s'il l'estime à propos pour le bien de la Justice : & en cas qu'il déclare qu'il entend instruire ledit procès dans le Siége de l'Officialité, ordonnons que lesdits accusés seront transferés dans les prisons de l'Officialité dans huitaine après ladite Déclaration, aux frais & à la diligence de la Partie civile, s'il y en a ; & en cas qu'il n'y en ait pas, à la poursuite de nos Procureurs & aux frais de nos

Domaines ; & que le Lieutenant Criminel, & à son défaut un autre Officier dudit Siége dans lequel le procès a été commencé, se transporte dans le même tems de huitaine dans le lieu où est le Siége de l'Officialité, quand même il seroit hors le ressort dudit Siége, pour y achever l'instruction dudit procès conjointement avec l'Official ; attribuant à cet effet à nosdits Officiers toute Cour, Jurisdiction & connoissance, & sans qu'ils soient obligés de demander territoire, ni prendre *Pareatis* des Officiers ordinaires des lieux ; & qu'après que le procès instruit pour le délit commun aura été jugé en ladite Officialité, l'accusé sera ramené dans les prisons dudit Siége Royal où il aura été commencé, pour y être jugé à l'égard du cas privilégié. Et en cas que ledit Lieutenant Criminel, & à son défaut un autre Officier dudit Siége Royal, ne se rende pas dans ledit délai de huitaine au Siége de l'Officialité où l'accusé aura été transferé, Voulons en ce cas que le procès soit instruit conjointement avec ledit Official par le Lieutenant Criminel, ou en son absence ou légitime empêchement, par l'un des Officiers du Bailliage ou Sénéchaussée, suivant l'ordre du Tableau, dans le ressort duquel le Siége de l'Officialité est situé, pour être ensuite jugé au même Siége, auquel Nous en attribuons toute Cour, Jurisdiction & connoissance. Voulons que le même ordre soit observé dans les procès qui auront été commencés dans les Officialités, & que les Officiaux soient tenus d'en avertir les Lieutenans Criminels de nos Baillifs & Sénéchaux, dans le ressort desquels les crimes ou cas privilégiés dont lesdits Ecclésiastiques seront accusés, auront été commis. Enjoignons ausdits Lieutenans Criminels, ou en leur absence & légitime empêchement, aux autres Officiers desdits Siéges, suivant l'ordre du Tableau, de se transporter dans les lieux où sont les Siéges desdites Officialités, dans huitaine après la sommation qui leur en aura été faite à la requête des Promoteurs, pour être par eux procedé à l'instruction & jugement desdits procès, pour le cas privilégié, en la forme expliquée ci-dessus ; & à faute par lesdits Juges de se rendre dans ledit délai dans les lieux où sont lesdites Officialités, lesdits procès seront instruits & jugés par les Officiers du Bailliage ou Sénéchaussée dans le ressort duquel est le Siége de l'Officialité ; le tout sans préjudice à nos Cours de commettre d'autres de nos Officiers pour lesdites instructions, & de renvoyer en d'autres Siéges le jugement desdits procès, lorsqu'elles l'estimeront à propos, pour des raisons que Nous laissons à leur arbitrage.

Par une derniere Déclaration du 4 Février 1711, on a attribué aux Juges d'Eglise dans l'instruction des procès criminels des Ecclésiastiques, à laquelle ils procéderont avec le Juge Royal, d'interroger les accusés, & de prendre leur serment, ainsi que celui des témoins.

LOUIS, par la grace de Dieu, Roi de France & de Navarre : A tous ceux qui ces présentes Lettres verront, SALUT. Nous avons par nos Edits des mois de Février 1678, Juillet 1684, & Avril 1695, ordonné, conformément à l'Article XXII de l'Edit de Melun du mois de Février 1580, que quand l'instruction des procès criminels contre les Ecclésiastiques se feroit conjointement, tant par les Officiaux pour le délit commun, que par nos Juges pour le cas privilégié, nosdits Juges seroient tenus de se transporter à cet effet au Siége de la Jurisdiction Ecclésiastique situé dans leur ressort : Et comme Nous sommes informés que quelques-uns de nosdits Juges contestent aux Officiaux dans ce cas le droit de prendre le serment des accusés & des témoins, de faire subir l'interrogatoire aux accusés, & de récoler & confronter les témoins, sous prétexte que ce droit n'est pas expressément attribué aux Juges d'Eglise par l'Edit de Melun, & par les autres Edits donnés en conséquence, Nous voulons faire cesser tout sujet de contestation entre les Officiaux & nos Juges à cet égard, & empêcher que rien ne retarde l'instruction & le jugement des procès des Ecclésiastiques. A CES CAUSES, & autres à ce Nous mouvans, de notre certaine science, pleine puissance & autorité royale, en interprétant, en tant que besoin seroit, l'Article XXII de l'Edit de Melun, & nos Edits des mois de Février 1678, Juillet 1684, & Avril 1695, Nous avons par ces Présentes signées de notre main, dit, déclaré & ordonné, disons, déclarons & ordonnons, voulons & Nous plaît, que dans l'instruction des procès criminels qui se font aux Ecclésiastiques conjointement par les Juges d'Eglise pour le délit commun, & par nos Juges pour le cas privilégié, lorsque nos Juges se transporteront dans les Siéges des Officialités pour l'instruction desdits procès, les Juges d'Eglise ayent la parole, qu'ils prennent le serment des accusés & des témoins, qu'ils fassent en présence de nosdits Juges les interrogatoires, les récolemens & confrontations, & toutes les autres procedures qui se font par les deux Juges: de sorte néanmoins que nos Juges pourront requerir les Juges d'Eglise d'interpeller les accusés sur tels faits qu'ils jugeront nécessaires, soit dans les interrogatoires, soit lors de la confrontation & du reste de la procedure; lesquelles interpellations, ensemble les réponses des accusés, seront transcrites par les Greffiers, tant des Juges d'Eglise que de nos Juges, dans les cahiers des interrogatoires & des confrontations; & en cas de refus des Juges d'Eglise de faire aux accusés lesdites interpellations, nosdits Juges pourront les faire eux-mêmes directement aux accusés; lesquelles interpellations, ensemble les réponses des accusés, seront transcrites par les Greffiers de nosdits Juges dans les cahiers des interrogatoires & confrontations, & des autres piéces de l'instruction; pour après ladite instruction, faite conjointement par les Juges d'Eglise & par nos Juges, être par eux procedé au Jugement diffinitif desdits Ecclésiastiques, conformément à nosdits Edits des mois de Février 1580, Février 1678, Juillet 1684, & Avril 1695, que Nous voulons être exécutés selon leur forme & teneur. SI DONNONS EN MANDEMENT à nos amés & féaux Conseillers les Gens tenans notre Cour de Parlement à Paris, que ces Présentes ils ayent à faire publier & registrer, & le contenu en icelles exécuter selon leur forme & teneur: CAR tel est notre plaisir. En témoin de quoi Nous avons fait mettre notre Scel à cesdites Présentes. DONNÉ à Versailles le quatriéme jour de Février, l'an de grace mil sept cens onze, & de notre Regne le soixante-huitiéme. *Signé* LOUIS. *Et sur le repli*, Par le Roi, PHELYPEAUX. Et scellé du grand Sceau de cire jaune.

Registrées, oui & ce requerant le Procureur Général du Roi, pour être exécutées selon leur forme & teneur, & copies collationnées envoyées aux Bailliages & Sénéchaussées du ressort, pour y être lûes, publiées & registrées: Enjoint aux Substituts du Procureur Général du Roi d'y tenir la main, & d'en certifier la Cour dans un mois, suivant l'Arrêt de ce jour. A Paris en Parlement, le trois Mars mil sept cens onze. Signé DONGOIS.]

L'Edit de l'année mil six cens quatre-vingt-quinze, concernant la Jurisdiction Ecclésiastique, porte, *Que les Archevêques & Evêques seront obligés de donner des Vicaires pour l'instruction & jugement des procès criminels, si ce n'est que les Cours l'ayent ordonné pour éviter la recousse des accusés durant leur accusation, pour quelques raisons importantes à l'ordre & au bien de la Justice dans les procès qui s'instruiront; & en ce cas lesdits Prélats choisiront tel Conseiller-Clerc*

des

des Cours qu'ils jugeront à propos, pour instruire & juger lesdits procès pour le délit commun.

Il y a pourtant des crimes dont l'énormité & l'atrocité est si grande, que le Juge Royal peut instruire & juger le cas privilégié contre toutes personnes Ecclésiastiques, sans en faire renvoi aux Juges d'Eglise, comme la conspiration, le meurtre d'un autre Religieux, le crime de leze-Majesté; même un Prêtre meurtrier trouvé en habit autre qu'Ecclésiastique, ne peut pas opposer son privilége; jugé par Arrêt de Bordeaux du 22 Août 1554: ou si un Prêtre a commis ou fait commettre un assassinat, bien qu'il soit trouvé en habit de Prêtre ou Tonsuré; ou s'il exerce quelque art sordide ou mécanique, d'autant que tels actes les font réputer pour dégradés. *Bald. in l. non ideò minùs, C. de accus. Boër. q. 69, num. 18. Sunt quædam*, dit le Canon 23, quest. 5, *enormia flagitia, quæ potiùs per mundi Judices, quàm per Antistites Ecclesiarum vindicantur, sicut est, cùm quis interficit Pontificem Apostolicum, Presbyterum sive Diaconum: hujusmodi reos Reges & Principes mundi damnant, nec sine causa gladium ferunt, qui talia scelera dijudicant; sunt enim maximè constituti Principes propter homicidas & raptores, ut illos damnent, & alios suo timore compescant.*

Le crime de rapt commis par force, est aussi un cas privilégié, comme il fut jugé le 27 Mars 1662, par le Parlement de Toulouse en l'Audience de la Grand'-Chambre, contre un Curé de Gueris, accusé d'avoir voulu forcer une de ses Paroissiennes, & de lui avoir mis un mouchoir dans la bouche: ce Curé ayant insisté à son renvoi, il en fut débouté: mais l'adultere, quoique joint au crime d'avoir donné des breuvages pour faire avorter, ni l'inceste, ne sont point des cas privilégiés, suivant le chapitre *& si Clerici, in fin. de Judic.* & le Canon *Clericum, caus.* 11, *quæst.* 1; & un Arrêt du Parlement de Toulouse, par lequel Gommir fut renvoyé devant l'Evêque d'Usez, quoiqu'il fût accusé d'un inceste commis avec sa parente, & de lui avoir donné des potions pour la faire avorter; contre lequel Arrêt ledit Gommir s'étant pourvû par Requête civile, il en fut débouté. Il faut encore remarquer qu'il y a une ancienne Ordonnance de l'an 1413, qui défend aux Juges Bannerets de connoître des causes des Prêtres.

Ont accoutumé de jouir.] Par l'article 42 dudit Edit concernant la Jurisdiction Ecclésiastique, il est porté, *Que les Prevôts des Maréchaux ne pourront connoître des procès criminels des Ecclésiastiques; ni les Juges Présidiaux les juger pour les cas privilégiés, qu'à la charge de l'appel.* A l'égard des Evêques accusés de crime, la connoissance doit en appartenir aux Evêques Diocésains de la Province en premiere instance, en cas que l'Evêque soit accusé d'hérésie, ou qu'il mérite d'être déposé, comme tient le Cardinal de Cambray *de Alliaco*, en son Livre de réformation; d'autant que les Evêques ne peuvent être jugés que par l'Eglise. Cette vérité est établie dans le chapitre sixiéme aux Corinthiens, dans lequel il est défendu aux Ecclésiastiques de reconnoître les Juges Laïcs, & il leur est ordonné d'établir entr'eux quelqu'un qui les juge. L'Empereur Constantin parlant aux Peres du Concile de Nicée, donna des marques de la considération qu'il avoit pour le droit des Evêques: *Il ne m'est pas permis à moi qui suis constitué en condition humaine, de juger des causes des Evêques.* Et lorsque Théodose II. écrit au Concile d'Ephese, il dit, *qu'il étoit illicite que celui qui n'est point de l'Ordre des Evêques, se mêlât de juger leurs affaires.* Charlemagne dans ses Capitulaires, leur adresse les paroles desquelles l'Empereur Valentinien s'étoit servi: *Vous êtes par-dessus nous, c'est pourquoi jugez entre vous de vos causes:* ce qui est confirmé par ceux de Louis le Débonnaire & de Charles le Chauve: *Sancitum est, ut nullus Episcopum, Sacerdotem aut Clericum apud Judices Laïcos accusare præsumat, sed apud Episcopos.* Et par l'article 61 de la Pragmatique-Sanction de S. Louis, & celle de Charles VII. au titre 5, chapitre 1, qui approuve & confirme expressément le Decret du Concile Général de Basle, par lequel est porté, *que les causes majeures & qui sont exprimées dans le Droit, seront traitées en la maniere qui est prescrite.* Et le Concordat passé en 1516 entre Leon X. & François I. au titre des Causes, porte, *que toutes les causes seront renvoyées devant les Juges des lieux, à l'exception des causes majeures & de celles des Evêques.* Et le Concile de Trente, au chapitre 6 de la session 13, défend *d'entendre aucune plainte contre un Prélat, si ce n'est qu'il y ait lieu de le déposer;* & il s'adresse aux Juges d'Eglise: cela est encore confirmé par la Loi *Mansuetudinis*, & la Loi *Clerici* au Code Théodosien, *de Episc. Eccl. & Cler.* Il y a plusieurs exemples des Rois, qui appuient la décision des Canons, des Decrets & des Conciles; mais il suffit de rapporter celui du Roi à présent régnant, si religieux & si zélé pour la conservation des droits de l'Eglise, lequel par Arrêt du Conseil d'en-haut, du 16 Avril 1657, révoqua la Commission qu'il avoit donnée au Parlement de Paris pour instruire le procès contre un Evêque, & fit une Déclaration le même jour, par laquelle [il déclara cette Commission nulle, & ordonna que si les Cardinaux, Archevêques & Evêques sont accusés du crime de leze-Majesté, leur procès doit être instruit & jugé pour leurs personnes par les personnes Ecclésiastiques.] Ce qui a été ainsi pratiqué en la cause fameuse de notre tems de quatre Evêques, dans laquelle le Pape nomma, suivant le desir du Roi, douze Evêques pour faire leur procès. Aussi le Parlement de Toulouse ayant entrepris au mois de Février 1678 d'ordonner que M. l'Evêque de Vabres seroit ajourné à la requête du Procureur Général du Parlement, & y ayant été ensuite assigné, sur la Requête qu'il présenta au Conseil, il fit casser ledit Arrêt, avec défense au Procureur Général & à tous autres de s'en servir.

Défenses aux Prevôts de juger à la charge de l'appel.

ARTICLE XIV.

LES Prevôts des Maréchaux, Vice-Baillifs & Vice-Sénéchaux, ne pourront juger en aucuns cas *à la charge de l'appel.*

A la charge de l'appel.] Cela est conforme aux Ordonnances de François I. en 1533, 1536 & 1544; Henri II. en 1549; Charles IX. 1563, art. 2 & 3; 1564, art. 5 & 7; 1566, art. 42; & 1572, art. 14; à la charge que le procès fait & parfait, ils fassent mener les prisonniers dans les prisons du plus prochain Siége Présidial, ou autres Juges ressortissans sans moyen aux Cours de Parlement, pour y être jugés, au nombre de sept; ce qui doit être entendu des cas étant en leur pouvoir & Jurisdiction. La raison est, d'autant que s'ils étoient obligés de juger à la charge de l'appel, ils ne connoîtroient jamais d'aucuns cas, parce que les prisonniers chargés des cas prevôtaux, pour éluder ou pour differer la punition qu'ils attendent, ne manqueroient pas de se rendre appellans de la procedure, ou de leur Jugement. C'est pour cela que le Roi Charles IX. dérogea au dernier article du Réglement par lui fait au Conseil le 4 Octobre 1563, par lequel il étoit défendu auſdits Prevôts de paſſer outre par-deſſus l'appel, juſqu'à ce qu'il y eût été pourvû; mais il déclara par le même Réglement, qu'il n'entendoit point déroger à l'Edit fait en 1549 par le feu Roi Henri II ſon Pere, permettant aux Parties de l'exécuter, & de recourir au Roi par plainte contre les Jugemens donnés par leſdits Prevôts ou leurs Lieutenans. Par les Lettres Patentes données par le Roi à Fontainebleau le 23 Septembre 1678, il eſt entr'autres choſes défendu au Grand Conſeil, en aucun cas, & ſous quelque prétexte que ce ſoit, même d'avoir par les Prevôts des Maréchaux inſtrumenté hors de leur détroit, ou faire chartre privée des priſonniers, d'accorder des Commiſſions en caſſation des procedures faites par leſdits Prevôts des Maréchaux ou Juges Préſidiaux, avant le jugement de la compétence; ni de connoître auſſi des Jugemens diffinitifs qui ſeront par eux donnés, dont toute Cour & connoiſſance leur eſt défendue, ſi ce n'eſt qu'elle lui ait été renvoyée par le Roi ou par ſon Conſeil.

De la Juriſdiction des Siéges Préſidiaux.

ARTICLE XV.

NOs *Juges Préſidiaux* connoîtront en dernier reſſort des perſonnes & crimes mentionnés aux articles précédens, & *préférablement* aux Prevôts des Maréchaux, Lieutenans Criminels de Robe-courte, Vice-Baillifs, Vice-Sénéchaux, *s'ils ont decreté ou avant eux, ou le même jour.*

☞ Voir ſur la matiere de cet article le Réglement de 1702, rapporté ſur l'article ſuivant.

Nos Juges Préſidiaux.] Il faut entendre le Lieutenant Criminel aſſiſté des Juges Préſidiaux.]

Préférablement.] Le droit de prévention n'a pas lieu entre les Juges Royaux; hors des cas qui ont été expliqués ſur l'article 7. C'eſt pour cela que cet article appelle *préférence* ce qui n'eſt en effet que prévention & concurrence.

S'ils ont decreté ou avant eux, ou le même jour.] Cela eſt conforme aux Ordonnances d'Henri II. à Fontainebleau en 1549, art. 3; d'Orleans, art. 72; de Moulins, art. 46; de Blois, art. 201; & à l'Edit de Réglement de Charles IX. de l'an 1564, art. 13; par leſquelles les Siéges Préſidiaux, par concurrence & prévention, avoient droit de connoître des cas attribués auſdits Prevôts, pour inſtruire les procès & les juger en dernier reſſort. Ce qui a été ainſi jugé par Arrêt du Grand Conſeil, portant Réglement entre le Prevôt des Maréchaux & les Juges Préſidiaux d'Armagnac; laquelle concurrence eſt exprimée dans cet article en ces termes, (*s'ils ont decreté le même jour;*) & la prévention en ceux-ci, (*s'ils ont decreté avant eux.*)

Cas ausquels le Juge du lieu peut informer & decreter, & des Cas royaux & prevôtaux.

ARTICLE XVI.

SI les coupables de l'un des cas royaux ou prevôtaux ci-dessus sont pris en flagrant délit, *le Juge des lieux pourra informer* & decreter contre eux, & les interroger, à la charge d'en avertir incessamment nos Baillifs & Sénéchaux, ou leurs Lieutenans Criminels, par acte signifié à leur Greffe : après quoi ils seront tenus d'envoyer querir le procès & les accusés, qui ne pourront leur être refusés, à peine d'interdiction, & de trois cens livres contre les Juges, Greffiers & Géoliers, applicable moitié à Nous, & l'autre moitié aux pauvres & aux nécessités de l'Auditoire, de nos Baillifs & Sénéchaux, ainsi qu'il sera par eux ordonné.

☞ Le Réglement du 29 Mai 1702, entre les Juges Présidiaux & les Baillifs & Sénéchaux, porte :

LOUIS, par la grace de Dieu, Roi de France & de Navarre : A tous ceux qui ces présentes Lettres verront, SALUT. Quelques avantages que notre Province de Bourgogne ait déja reçus de la création des Siéges Présidiaux que Nous y avons établis par notre Edit du mois de Janvier 1696 ; Nous apprenons néanmoins que le Public ne jouit pas encore de toute l'utilité qu'il doit attendre de ce nouvel établissement, par la multitude de conflits qui se sont formés entre les simples Bailliages & les Présidiaux de cette Province, & qui détournant également les anciens & les nouveaux Officiers de leurs fonctions, ne peuvent être favorables qu'aux criminels, dont ils suspendent toujours, & dont il est à craindre qu'ils n'empêchent quelquefois la punition. Dans le grand nombre de ces conflits qui ont été portés en notre Grand Conseil, Nous avons été informé qu'il y en a un distingué de tous les autres par son importance, dans lequel d'un côté les Officiers du Bailliage de Beaune ont soutenu que toute la Jurisdiction criminelle des Siéges Présidiaux est renfermée dans les bornes des Bailliages & Sénéchaussées dans lesquels ils sont établis ; & qu'à l'égard des crimes prevôtaux qui se commettent dans l'étendue des simples Bailliages, la connoissance en doit appartenir à nos Baillifs & Sénéchaux, concurremment & par prévention avec les Prevôts des Maréchaux, sans que les Présidiaux puissent en connoître en aucun cas, attendu qu'ils ne sont ni Juges ordinaires, ni Juges d'attribution dans le Territoire des simples Bailliages de leur ressort, mais seulement Juges d'appel en matiere civile dans les cas de l'Edit des Présidiaux. D'un autre côté, les Officiers du Présidial de Dijon ont prétendu que leur Jurisdiction, attachée par notre Ordonnance du mois d'Août 1670 à la qualité de Juges Présidiaux, ne devoit avoir d'autres limites que celles de leur Présidial, & que la même Ordonnance leur ayant accordé la préférence sur les Prevôts des Maréchaux, ils devoient à plus forte raison l'obtenir sur les Baillifs & Sénéchaux, qui étoient obligés de ceder aux Prevôts des Maréchaux. En cet état, & au milieu des interprétations absolument opposées, mais presque également apparentes, que les Officiers du Bailliage & ceux du Présidial ont voulu donner de part & d'autre aux Articles IV, XII, XV & XVI du Titre premier de notre Ordonnance du mois d'Août 1670, notre Grand Conseil ne trouvant dans cette Loi aucune disposition précise qui pût être le fondement solide de sa décision, il a cru avec raison être dans le cas où la Loi manquant, il est nécessaire d'avoir recours à la justice & à l'autorité du Législateur; & il Nous a supplié d'expliquer nos intentions sur cette question, qui Nous a paru d'autant plus importante, que Nous avons appris que les usages de nos Siéges Présidiaux sont différens, les uns prétendant être en possession de connoître des cas prevôtaux dans toute l'étendue de leur ressort, & les autres convenant au contraire, qu'ils n'ont pas acquis une semblable possession; & comme rien ne prouve mieux la nécessité de la Loi, que la contrariété ou la diversité des usages dans une matiere où ils devroient être entierement uniformes, Nous avons résolu de fixer la Jurisprudence sur ce point, tant dans notre Province de Bourgogne, que dans le reste de notre Royaume, par une Déclaration générale, qui rétablisse ou qui confirme l'ancien ordre des Jurisdictions, & qui prévenant (autant qu'il est possible) toutes sortes de conflits entre ceux qui sont chargés de la plus pénible & de la plus importante fonction de notre Justice, ne laisse subsister entr'eux qu'une émulation aussi honorable pour eux, qu'avantageuse au Public, qui les excite à se prévenir & à se surpasser les uns les autres dans la découverte, dans la poursuite & dans la vengeance des crimes. A CES CAUSES, de l'avis de notre Conseil, qui a vû l'Arrêt rendu en notre Grand Conseil le 31 Décembre 1701, entre les Officiers du Bailliage de Beaune & ceux du Présidial de Dijon; & de notre certaine science, pleine puissance & autorité royale, Nous avons dit & déclaré, disons & déclarons par ces Présentes signées de notre main, voulons & Nous plaît, que le pouvoir attribué par l'Article XV du Titre premier de notre Ordonnance du mois d'Août 1670, à nos Juges Présidiaux de connoître en dernier ressort des personnes & crimes mentionnés en l'Article XII du même Titre, n'ait lieu que pour les crimes commis dans l'étendue des Bailliages & Sénéchaussées où les Siéges Présidiaux sont établis, sans qu'en aucun cas, même de prévention ou de concurrence avec les Prevôts de nos Cousins les Maréchaux de France, Lieutenans Criminels de Robe-courte, Vice-Baillifs & Vice-Sénéchaux, nos Juges Présidiaux puissent prendre connoissance des crimes commis dans l'étendue des simples Bailliages & Sénéchaussées qui ressortissent par appel en leurs Siéges, dans le cas de l'Edit des Présidiaux; mais seulement connoître de la compétence des Prevôts des Maréchaux, conformément à nos Ordonnances.

Et en conséquence avons ordonné & ordonnons, que suivant la disposition de l'Article LXXII de l'Ordonnance d'Orleans, nos Baillifs & Sénéchaux connoissent chacun dans son ressort, à la charge de l'appel en nos Cours de Parlement, des cas énoncés dans l'Article XII du Titre premier de notre Ordonnance du mois d'Août 1670, concurremment avec les Prevôts des Maréchaux, les Lieutenans Criminels de Robe-courte, les Vice-Baillifs & Vice-Sénéchaux, & préférablement à eux, s'ils ont informé & decreté avant eux, ou le même jour.

Et à l'égard des crimes qui ne sont du nombre des cas royaux ou prevôtaux, mais qui auront été commis par des personnes de qualité exprimée dans le même article, Voulons que conformément à l'Article CXVI de l'Ordonnance d'Orleans, & à l'Art. CCCVI de l'Ordonnance de Blois, nos Prevôts, Châtelains,

& autres nos Juges ordinaires des lieux, même ceux des Hauts-Justiciers, chacun dans l'étendue de sa Justice, puissent en prendre connoissance, à la charge de l'appel en nos Cours de Parlement, concurremment & par prévention avec les Prevôts des Maréchaux, Lieutenans Criminels de Robe-courte, Vice-Baillifs & Vice-Sénéchaux, sans être tenus d'en faire le renvoi, en cas qu'ils ayent informé & decreté avant eux, ou le même jour.

N'entendons au surplus déroger à la Jurisdiction que Nous avons attribuée en dernier ressort aux Prevôts des Maréchaux, Lieutenans Criminels de Robe-courte, Vice-Baillifs & Vice-Sénéchaux, laquelle ils continueront d'exercer conformément à nos Ordonnances; sans néanmoins que sous prétexte de la concurrence établie entr'eux & les Juges ordinaires, ils puissent prendre connoissance des crimes commis dans les Villes de leur résidence, ni pareillement entreprendre sur la Jurisdiction de nos Baillifs & Sénéchaux, ou leurs Lieutenans Criminels, dans le cas de l'Article XVI du Titre premier de notre Ordonnance du mois d'Août 1670, dans lequel la connoissance du crime appartiendra aux Baillifs & Sénéchaux, dans le ressort desquels il aura été commis, préférablement & privativement aux Prevôts des Maréchaux. SI DONNONS EN MANDEMENT à nos amés & féaux Conseillers les Gens tenans notre Cour de Parlement à Paris, que ces Présentes ils ayent à enregistrer, & le contenu en icelles garder & observer selon sa forme & teneur: CAR tel est notre plaisir. En témoin de quoi Nous avons fait mettre notre Scel à cesdites Présentes. DONNÉ à Versailles le vingt-neuviéme jour de Mai, l'an de grace mil sept cens deux, & de notre Regne le soixantiéme. *Signé* LOUIS. *Et plus bas*, Par le Roi, PHELYPEAUX. Et scellée du grand Sceau de cire jaune.

Registrées, oui & ce requerant le Procureur Général du Roi, pour être exécutées selon leur forme & teneur, & copies collationnées envoyées aux Bailliages & Sénéchaussées du ressort, pour y être lûes, publiées & registrées; Enjoint aux Substituts du Procureur Général du Roi d'y tenir la main, & d'en certifier la Cour dans un mois, suivant l'Arrêt de ce jour. A Paris en Parlement, le seiziéme Juin mil sept cens deux. Signé DONGOIS.

Le Juge des lieux, &c.] Cela doit s'entendre en cas qu'il soit incompétent pour les cas royaux & prevôtaux, & indépendamment du défaut de requisition de la part des Juges compétens.

Ce qui doit être observé pour faire juger la compétence.

ARTICLE XVII.

LES *Lieutenans Criminels des Siéges* où il y a Présidial, seront tenus dans les cas énoncés dans l'article 12 ci-dessus, de *faire juger leur compétence* par Jugement en dernier ressort; & pour cet effet, porter à la Chambre du Conseil du Présidial les charges & informations, & y faire conduire les accusés, pour être ouis en présence de tous les Juges, dont ils seront tenus de faire mention dans leurs Jugemens, ensemble des motifs sur lesquels ils seront fondés pour juger la compétence.

Les Lieutenans Criminels des Siéges.] Cela s'entend des Lieutenans Criminels de Robe-courte, comme il eſt exprimé dans l'Article I. ci-deſſus, créés par le Roi Henri II. en Novembre 1554, qui, à cauſe des différends qui ſurvenoient ordinairement ſur le ſujet de la compétence ou incompétence des Prevôts des Maréchaux, les ſupprima, à la réſerve de quelques-uns, & attribua les fonctions de ces Charges aux Lieutenans Criminels des Bailliages, Siéges Préſidiaux & Royaux, & à des Lieutenans de Robe-courte qu'il établit par ſes Edits; & depuis on a été contraint de rétablir leſdits Prevôts, ou du moins la plus grande partie d'iceux, pour la ſûreté publique, & pour purger la Province de vagabonds. De-là vient qu'en beaucoup de Villes il ſe voit des Prevôts des Maréchaux, ou de leurs Lieutenans, & des Lieutenans Criminels de Robe-courte, deſquels la fonction étant à peu près ſemblable & égale, cauſe de la jalouſie, & empêche qu'ils ne puiſſent pas rendre au Public le même ſervice qu'ils lui rendroient s'ils étoient tous réunis, & qu'ils ne connuſſent tous qu'un même chef.

Faire juger leur compétence.] Cela eſt conforme à l'Ordonnance de Moulins, art. 42, à l'Edit d'Amboiſe, art. 12 & 13, à la ſeconde Déclaration ſur ladite Ordonnance de Moulins, & à l'Edit d'ampliation des Préſidiaux; par leſquels, au cas qu'il y ait difficulté ſur leur compétence & incompétence, les prévenus ſe doivent pourvoir par Requête de renvoi, qui ſera jugée par les Officiers du Siége Préſidial de la Province plus prochaine du lieu de la capture & inſtruction, & non ailleurs, par l'avis & jugement des principaux Officiers au nombre de ſept pour le moins. Ce qui eſt confirmé par l'Arrêt de Réglement rendu entre le Vice-Sénéchal & les Officiers du Comté d'Armagnac, & autres rapportés par Neron. Mais quoique la compétence doive être ſeulement jugée par les Siéges Préſidiaux, il ne s'enſuit pas de là qu'ils doivent avoir connoiſſance de l'inſtruction & jugement, qu'entre leurs juſticiables: jugé par Arrêt pour les Officiers de Clermont, rapporté par Charondas, livre 7 de ſes Réponſes, réponſe 148. Il faut encore remarquer, que quand les Prevôts ſont en procès & différend pour le fait de leurs Charges, il leur eſt permis de faire juger leur compétence, & les procès dont ils ſont déclarés compétens, ailleurs qu'audit Siége, ſuivant l'Arrêt du Grand Conſeil du 10 Juin 1662, rendu entre Montarlot, Prevôt Provincial, & les Officiers du Siége Préſidial de Sens, par lui rapporté dans ſon Recueil.

Par Arrêt du Conſeil Privé du 19 Juillet 1678, donné au rapport de Monſieur Paget, il a été ordonné, *que les Lieutenans Criminels des Siéges où il y a Préſidial, même ceux de l'ancien & du nouveau Châtelet de Paris, ſeront tenus dans les cas énoncés dans l'article 12 de ce titre, de faire juger leur compétence par Jugement en dernier reſſort; & pour cet effet, de porter à la Chambre du Conſeil du Préſidial les charges & informations, & y faire conduire les accuſés, pour y être ouis en préſence de tous les Juges.* Et par autre Arrêt dudit Conſeil du 2 Septembre audit an, il a été ordonné, *que les compétences des Lieutenans Criminels de Robe-courte & Prevôts de l'Iſle, ſeront jugées comme il a été pratiqué par le paſſé.*

ARTICLE XVIII.

LES Jugemens ſeront prononcés auſſi-tôt aux accuſés, & baillé copie, *& procedé enſuite à leur interrogatoire*, au commencement duquel ſera encore déclaré, que le procès leur ſera fait en dernier reſſort.

Et procedé ensuite à leur interrogatoire.] Cela est conforme aux Arrêts de Réglement donnés entre les Prevôts des Maréchaux & les Siéges Présidiaux d'Armagnac & d'Orleans, par lesquels les Prevôts & leurs Lieutenans sont tenus, dès qu'ils ont été déclarés compétens, de proceder en toute diligence à la confection des procès en la Chambre des Interrogatoires des Prisons, & non ailleurs.

De l'usage du Châtelet.

Article XIX.

N'Entendons néanmoins *rien innover à l'usage de notre Châtelet* de Paris, dont les Juges pourront déclarer aux accusés dans leur dernier interrogatoire sur la sellette, qu'ils seront jugés en dernier ressort, si par la suite des preuves survenues au procès, ou par la confession des accusés, il paroît qu'ils ayent été repris de Justice, ou soient vagabonds & gens sans aveu.

Rien innover à l'égard de notre Châtelet.] Lors de la lecture de cet article dans lesdites Conférences tenues par ordre du Roi, il fut dit qu'autrefois au Châtelet, on opinoit sur la qualité du Jugement après que le procès avoit été vû, & que l'on ne déclaroit point aux accusés qu'ils seroient jugés en Jugement dernier; mais que ce désordre a été réformé par les Arrêts. Et depuis que l'on a obligé le Lieutenant Criminel de déclarer à l'accusé à la fin du premier Interrogatoire, qu'il prétend le juger par Jugement dernier, il n'en est point arrivé d'inconvénient; & que rien ne paroît plus dangereux, que d'instruire un procès à un accusé qui croit avoir le bénéfice de l'appel; & à l'instant de sa condamnation, lorsqu'il ne peut plus reclamer, lui prononcer qu'il va être jugé en dernier ressort.

Quels Juges sont compétens de l'inscription de faux incidente.

Article XX.

Tous Juges, *à la réserve des Juge & Consuls*, & des Bas & Moyens-Justiciers, pourront connoître *des inscriptions de faux incidentes* aux affaires pendantes pardevant eux, *& des rébellions* commises à l'exécution de leurs Jugemens.

A la réserve des Juge & Consuls.] Cet article prouve bien clairement, que les Juge & Consuls ne peuvent plus connoître des matieres criminelles, dont ils connoissoient auparavant, puisqu'ils sont même exclus de la connoissance *des Inscriptions de faux incidentes, & des rébellions commises à l'exécution de leurs Jugemens.* Mais aussi, quoiqu'ils soient obligés de renvoyer ces cas pardevant les Juges naturels des accusés, ils ne sont pas pourtant dépouillés de la connoissance du fond, & ils sont en droit de le juger, après que les autres Juges auront prononcé sur l'inscription en faux, ou la rébellion.

Des inscriptions de faux incidentes.] L'Ordonnance vuide la question qui s'est souvent présentée, qui est de sçavoir, si les Juges des Seigneurs Hauts-Justiciers

ciers peuvent connoître du crime de faux, & les restraint fort justement aux inscriptions incidentes (*a*); car s'il s'agissoit originairement de la falsification des Contrats passés sous scel royal, il n'y auroit que le Juge Royal qui seroit compétent d'en connoître, comme s'agissant d'un crime royal, par lequel la Majesté du Roi se trouve offensée : mais lorsqu'il est intenté incidemment en une Instance civile, alors n'étant qu'un accessoire & une dépendance de l'Instance principale, il peut être proposé devant le même Juge, qui autrement ne seroit pas compétent d'en connoître directement. *L. si lis pecuniaria*, *C. de fals. L. quoties*, *C. de Jud.* Car quoique les Juges inférieurs ne puissent ordonner les peines de faux portées par la Loi Cornelienne, toutefois ils peuvent connoître de l'interêt pécuniaire, & ils ne sont pas tenus d'en faire renvoi devant le Juge Royal, ou devant le Supérieur. Ainsi jugé par un Arrêt rapporté par Chopin, *lib.* 2 *de Doman. tit.* 7, *num.* 5.

☞ (*a*) On ne voit pas ce qui a pû déterminer M. Philippe Bornier à tenir, que cet Article restraigne les Hauts-Justiciers à la connoissance du faux incident, & les exclue de connoître en aucun cas du faux principal. Son exemple, tiré de la falsification des Contrats sous Scel royal, ne contribue en rien à cette décision, puisque lorsqu'il sera question de falsification d'un acte passé sous scel du Seigneur, il n'y aura plus de crime royal, & par consequent rien qui empêche le Juge du Seigneur Haut-Justicier d'en connoître Ce qui résulte de cet article est, à la vérité, que les Moyens & Bas-Justiciers ne peuvent pas connoître du crime de faux, même incident : mais de ce que ce même article autorise tous autres Juges à connoître du faux incident, il ne s'ensuit pas que le Haut-Justicier soit exclus de connoître du faux principal.]

☞ *Et des rébellions.*] Si cependant la rébellion arrivoit dans l'Auditoire même des Consuls, il semble qu'en ce cas ils en pourroient connoître par forme de police, & pour maintenir l'ordre & la discipline dans leur Auditoire, par une sommaire condamnation d'amende, mais sans instruction reglée & sans prononcer d'autre peine, pas même de réparation aux Officiers qui ont souffert la rébellion ; pour raison de quoi les Juges-Consuls seroient tenus de renvoyer aux Juges ordinaires & naturels.]

Du Privilége de la Jurisdiction des Ecclésiastiques, Gentilshommes, & Officiers de Justice.

ARTICLE XXI.

LES Ecclésiastiques, les Gentilshommes, & nos Secretaires, pourront demander en tout état de cause, *d'être jugés, toute la Grand'Chambre du Parlement* où le procès sera pendant, assemblée, pourvû toutefois que les opinions ne soient pas commencées ; & s'ils ont requis d'être jugés à la Grand'Chambre, ils ne pourront demander d'être renvoyés à la Tournelle. *Ce qui aura lieu à l'égard des Officiers de Justice*, dont les procès criminels ont accoutumé d'être jugés aux Grandes Chambres de nos Parlemens.

D'être jugés, toute la Grand'Chambre du Parlement, &c.] Cela se doit entendre pour d'autres crimes que ceux qui sont prevôtaux, à l'égard desquels les Gentilshommes, aussi-bien que les Ecclésiastiques, peuvent être jugés par les

Prevôts des Maréchaux, ou par les Présidiaux en dernier ressort, & sans appel.

Ce qui aura lieu à l'égard des Officiers de Justice.] On comprend parmi les Officiers de Justice, les Lieutenans Généraux, & les Substituts de Monsieur le Procureur Général, dans les grands Siéges & dans les Bailliages.

☞ Le privilége des Conseillers du Parlement est encore plus considérable, car ils ne peuvent être jugés que toutes les Chambres du Parlement assemblées.] M. le Prêtre en sa centurie 1, chapitre 80, traite fort doctement du privilége que les Conseillers du Parlement ont de n'être jugés que les Chambres assemblées; & il rapporte sur ce sujet des choses fort curieuses. Il est vrai qu'il prétend qu'il ne s'en trouve aucune Ordonnance écrite, & qu'il n'y a que la pratique qui a établi & autorisé cet usage. Néanmoins, outre la pratique, nous avons remarqué qu'il est établi par l'art. 38 de l'Ordonnance de Moulins, qui a beaucoup de conformité avec le présent article; & lorsque cette Ordonnance dit, *que cela a lieu à l'égard des Officiers*, &c. il le faut entendre des Officiers du Parlement, des Gens du Roi, & des Greffiers, qui ont ce privilége de n'être jugés en criminel que par le Parlement même en corps. L'une des principales nullités qui donna lieu à l'Arrêt des Requêtes de l'Hôtel, Juges souverains en cette partie, du 2 Août 1679, portant cassation de la procedure faite de l'autorité du Parlement de Bordeaux en la Chambre de la Tournelle, contre Maître Claude Chevalier, à la requête du Procureur Général du même Parlement, en conséquence de l'Arrêt du Conseil d'Etat du 23 Novembre 1678, qui renvoye aux Requêtes de l'Hôtel le procès criminel fait & instruit audit Chevalier en ladite Tournelle, pour y être jugé souverainement, étoit fondé sur cet article, quoique ledit Chevalier ne fût que Commis à l'exercice du Greffe : il est vrai que la commission portoit, *pour en jouir aux mêmes honneurs, prééminences, prérogatives & entrées, dont les Titulaires & Engagistes du Greffe avoient joui ou dû jouir.* Il y eut encore ceci de particulier, que l'Arrêt du renvoi aux Requêtes de l'Hôtel arriva si à propos, que le Courier qui fut envoyé exprès pour le porter, n'arriva à la Réole que six ou sept heures avant l'Arrêt de condamnation, que la Chambre de la Tournelle étoit en état de prononcer contre ledit Chevalier. *Tertium est*, disoit Mecenas à l'Empereur Auguste chez Dion Cassius, au 52e chapitre de son Histoire, *ut Senatores, liberosque & uxores eorum, si quod crimen contraxerint, nullo facto præjudicio in curiam deducas, integramque de re cognitionem permittas Senatui, ut & sontes citrà tuam invidiam rei peracti criminis coram suæ sortis hominibus puniantur.* Ce qui est confirmé par divers Arrêts rapportés par la Roche en ses Parlemens, liv. 10, chap. 32; & par Mornac, *ad L. 2 & 3, ff. de Senat. & ad L. 1, C. ubi Senat. vel Clar.* Et la raison que M. le Prêtre en rend parmi les belles autorités qu'il rapporte, est qu'il ne seroit pas raisonnable ni décent, qu'un Juge inférieur en puissance connût de l'honneur & de la vie de son supérieur, & de celui auquel il est lui-même tenu de rendre compte de ses actions.

☞ On a cherché des exemples, sçavoir si les femmes des Conseillers du Parlement jouissoient de ce privilége, & on n'en a point trouvé.] La Roche même au lieu préallégué, rapporte quelques Arrêts par lesquels ce privilége a été étendu aux serviteurs & domestiques des Présidens & Conseillers, avec cette différence, qu'ils ne seront jugés qu'en une des Chambres, *& non consultis classibus.* Il n'est pas même permis d'informer contre lesdits Officiers que par autorité du Parlement, les Chambres assemblées.

☞ Les Conseillers du Grand Conseil ont aussi le privilége de ne pouvoir être jugés criminellement que par leur Compagnie : c'est pourquoi au mois de

Février 1681, intervint Arrêt du Conseil d'Etat, qui leur renvoya le procès criminel du Sieur * * * l'un d'eux, accusé de vol, & emprisonné au Châtelet en vertu d'un decret du Lieutenant Criminel, qui l'ayant interrogé, avoit refusé de lui accorder son renvoi, lequel renvoi il n'avoit demandé qu'après avoir répondu sur plusieurs articles.

Le Parlement soutenoit le Lieutenant Criminel, afin de se conserver la Jurisdiction sur Messieurs du Grand Conseil. Monsieur le Chancelier, qui présidoit au Conseil d'Etat lorsque l'Arrêt fut rendu en faveur du Grand Conseil, dit qu'il se souvenoit qu'en 1636 le Grand Conseil fit le procès criminel à un de ses Conseillers, qui ayant trouvé sa femme sur le chemin d'Orleans dans un carrosse, la fit descendre & la poignarda : les Prevôts des Maréchaux des lieux circonvoisins informerent, mais le procès fut instruit & jugé au Grand Conseil.]

ARTICLE XXII.

NE pourront les Présidens, Maîtres ordinaires, Correcteurs, Auditeurs, nos Avocats & Procureurs Généraux de notre Chambre des Comptes à Paris, être poursuivis aux causes & matieres criminelles, ailleurs qu'en la Grand'Chambre de notre Cour de Parlement à Paris. Pourront néanmoins pour crimes commis hors la Ville, Prevôté & Vicomté de Paris, nos *Baillifs* & Sénéchaux informer ; & s'ils sont capitaux, decreter à l'encontre d'eux, à la charge de renvoyer les procedures à la Grand'Chambre, pour être instruites & jugées : & au cas que les Parties ayent volontairement procedé pardevant eux, elles ne se pourront pourvoir à la Grand'Chambre que par appel.

☞ Il doit paroître extraordinaire que l'Ordonnance qui s'est expliquée par cet article à l'égard des Officiers de la Chambre des Comptes, n'ait fait aucune mention du privilége de Messieurs du Parlement, qui ne se trouve cependant, ainsi qu'on l'a observé sur l'article précédent, porté dans aucune Ordonnance.]

TITRE II.

DES PROCEDURES PARTICULIERES aux Prevôts des Maréchaux de France, Vice-Baillifs, Vice-Sénéchaux, & Lieutenans Criminels de Robe-courte.

De la Jurisdiction des Prevôts.

ARTICLE PREMIER.

LES Prevôts de nos Cousins les Maréchaux de France ne connoîtront d'autres cas *que de ceux énoncés dans l'art.* 12 du titre de la compétence des Juges, à peine d'interdiction, de dépens, dommages & interêts, & de trois cens livres d'amende, applicable moitié envers Nous, & l'autre moitié envers la Partie.

Que de ceux énoncés dans l'article 12.] L'Ordonnance répete fort à propos l'article qui regarde les cas dont la connoissance est attribuée aux Prevôts, & leur défend de connoître d'aucuns autres, pour les détromper des prétentions qu'ils pourroient avoir d'étendre leur Jurisdiction au-delà des bornes qui leur sont prescrites, & entr'autres de connoître du rapt & incendie, qui avoient été attribués au Prevôt du Languedoc par la Déclaration du Roi Henri III. à Paris en Janvier 1585, qui n'étoit que locale pour le Languedoc, & que les autres Prevôts se vouloient approprier. Il y a même des Prevôts qui ont si fort présumé de leur pouvoir, qu'ils ont entrepris de connoître des contraventions faites aux Ordonnances, prohibitions des Chasses, sur le prétexte des Ordonnances de Paris en 1538, d'Henri II. à Fontainebleau en 1549, & à Villiers-Cotterets en 1542, quoique cependant ils ne puissent pas désavouer que ces Ordonnances n'ont jamais été observées, & qu'ils n'en ont pas joui. Il est vrai qu'ils peuvent connoître des contraventions à l'Edit des Duels. Bouvot, tom. 2, *in verbo* Prevôts des Maréchaux, *quæst.* 9; mais ce n'est que dans la voie de la Jurisdiction ordinaire, à la charge de l'appel au Parlement, chacun en droit soi, suivant l'article 18 de l'Edit des Duels & rencontres, fait par le Roi en Septembre 1651. Ils peuvent encore informer, decreter & appréhender en tous lieux, contre toutes personnes, & pour tous délits, à la charge de rendre les prisonniers aux Juges ordinaires Royaux & autres, hors des cas à eux attribués, suivant l'article 41 de l'Ordonnance de Moulins, & le 6 de l'Edit de Réglement de Charles IX. de l'an 1563.

ARTICLE II.

NE pourront aussi recevoir aucune plainte, ni informer hors leur ressort, *si ce n'est pour rébellion* à l'exécution de leurs Decrets.

Si ce n'est pour rébellion.] La raison est, parce que l'excès commis à l'exécution du mandement ou decret doit être puni, non par le Juge du lieu où l'excès a été commis, mais par celui qui a donné la commission ou le decret, comme étant l'offensé; ainsi qu'il a été jugé par des Arrêts rapportés par Ferrer. sur la question 328 de G. P. Papon en ses Arrêts, livre 5, titre 8 des Jurisdictions Royales, art. 2 & 49; & par Boër. décis. 9; & encore parce que cette rébellion est un accessoire & une dépendance du premier crime.

Du devoir des Prevôts.

ARTICLE III.

SERONT tenus de *mettre à exécution les decrets* & mandemens de Justice, lorsqu'ils en seront requis par nos Juges, & sommés par nos Procureurs, ou par les Parties, à peine d'interdiction, & de trois cens livres d'amende, moitié vers Nous, moitié vers la Partie.

Mettre à exécution les decrets.] Cet article est conforme à l'Ordonnance de Charles IX. 1560, art. 71, 1564, art. 6, 1566, art. 24 & 45, d'Henri III. 1579, aux Etats de Blois, art. 185; par lesquelles les Prevôts sont tenus d'exécuter les decrets & mandemens de Justice, qui leur seront délivrés par les Juges & Procureurs du Roi, & à l'Arrêt de Réglement général donné par le Privé Conseil entre les Prevôts & les Siéges Présidiaux d'Armagnac, & à celui du Grand Conseil, donné entre le Prevôt Provincial & les Officiers du Siége Présidial de Soissons, rapportés par Neron. Il faut remarquer pourtant, que la capture ne leur donne pas droit de prendre connoissance des crimes qui ne leur appartiennent pas, & qu'ils doivent faire conduire les accusés aux prisons ordinaires, pour leur procès leur être fait par les Juges qui auront decreté.

ARTICLE IV.

LEUR enjoignons d'arrêter les Criminels pris en flagrant délit, à la clameur publique.

ARTICLE V.

DÉFENDONS aux Prevôts de donner des Commissions pour informer, *à leurs Archers*, à des Notaires, Tabellions, ou aucunes autres personnes, à peine de nullité de la procedure, & d'interdiction contre le Prevôt.

A leurs Archers.] Comme l'information est le fondement du procès criminel,

& qu'il s'agit de l'honneur & de la vie des personnes, il est bien important qu'elle ne soit pas commise à toutes sortes de personnes. D'ailleurs, par l'Arrêt de Réglement du Grand Conseil, entre les Prevôts & les Officiers du Siége Présidial d'Orleans, il est défendu aux Prevôts de subroger ni commettre aucun pour l'instruction du procès, ni autres choses dépendantes de leur Charge, autres que leurs Lieutenans & Assesseurs, sinon pour les captures, lesquelles ils pourront commettre à aucuns de leurs Archers. ☞ Cet Arrêt est du dernier Juin 1618; il est rapporté par Neron, page 188 de l'édition de 1685.]

Des Archers.

ARTICLE VI.

POURRONT leurs Archers *écrouer les prisonniers* arrêtés *en vertu de leurs decrets.*

Ecrouer les prisonniers.] Cet article est conforme à l'Arrêt du Grand Conseil, donné entre le Prevôt Provincial & les Officiers du Siége Présidial du Maine au Mans, recueilli par Neron.

En vertu de leurs decrets.] Il faut pourtant remarquer que les Archers peuvent arrêter les délinquans en flagrant délit ou émotion populaire, & les mener & conduire devant ledit Prevôt ou son Lieutenant, pour y être par eux pourvû, encore qu'ils n'ayent point de Decret ni d'Ordonnance dudit Prevôt, à la charge d'informer, decreter, & bailler copie des exploits dans les vingt-quatre heures.

ARTICLE VII.

SERONT tenus de laisser aux prisonniers qu'ils auront arrêtés, *copie du procès-verbal de capture*, & de l'écroue, sous les peines portées par le premier article.

Copie du procès-verbal de capture.] Cela est conforme à l'Arrêt de Réglement du Conseil Privé, rendu entre les Prevôts des Maréchaux & les Siéges Présidiaux d'Armagnac, & à celui du Grand Conseil, entre le Prevôt Provincial & les Officiers du Siége Présidial de Soissons, par lesquels les Archers sont tenus de bailler copie de l'emprisonnement aux accusés, à peine de suspension de leurs Charges, & ce afin qu'ils sçachent à la requête de qui, & par quelle autorité ils sont arrêtés.

☞ L'Ordonnance ne demande point qu'on leur donne copie du decret, & il faut éviter de le faire, parce que cette copie leur découvriroit les noms des autres accusés.]

Si celui qui est poursuivi pour cas prevôtal, se peut remettre aux prisons du Présidial.

ARTICLE VIII.

LEs accusés contre lesquels le Prevôt des Maréchaux aura reçu plainte, informé & decreté, pourront se remettre dans les prisons *du Présidial du lieu du délit*, pour y faire juger la compétence; & à cet effet faire porter au Greffe les charges & informations, en vertu du Jugement du Présidial : ce que le Prevôt sera tenu de faire incessamment.

Du Présidial du lieu du délit.] Cela est conforme à l'Arrêt de Réglement du Grand Conseil, entre les Prevôts des Maréchaux & les Officiers du Siége Présidial d'Orleans; à celui donné entre le Prevôt Provincial & les Officiers du Siége Présidial du Maine au Mans, & à celui du Prevôt Provincial & des Officiers du Siége Présidial de Soissons; par lesquels il est ordonné, que les accusés contre lesquels ledit Prevôt ou ses Lieutenans auront decreté, seront tenus de se présenter pardevant eux pour proposer leur déclinatoire, si mieux ils n'aiment se rendre aux prisons du plus prochain Siége Présidial du lieu où le délit aura été commis, auquel Présidial ils pourront présenter leur Requête; & ledit Prevôt & ses Lieutenans tenus d'y faire porter ou renvoyer les informations dans trois jours, pour être fait droit sur la compétence ou incompétence, pendant lequel tems lesdits prisonniers ne pourront être élargis par lesdits Présidiaux.

Ce qui doit être observé par les Prevôts en arrêtant les accusés.

ARTICLE IX.

LEs Prevôts des Maréchaux, en arrêtant un accusé, seront tenus de *faire inventaire* de l'argent, hardes, chevaux & papiers dont il se trouvera saisi, en présence de deux habitans des plus proches du lieu de la capture, qui signeront l'inventaire; sinon déclareront la cause de leur refus, dont sera fait mention : pour être le tout remis dans trois jours au plus tard au Greffe du lieu de la capture, à peine d'interdiction contre le Prevôt pour deux ans, dépens, dommages & interêts des Parties, & de cinq cens livres d'amende, applicable comme dessus.

Faire inventaire.] Cet article est conforme aux Ordonnances d'Henri II. en 1554, art. 33; Charles IX. 1564, art. 7, & 1566, art. 10 & 44; Henri III. 1579, art. 186; par lesquelles ils doivent appeller à la confection de l'inventaire deux proches voisins de la maison où le prévenu aura été arrêté, ou bien l'un des Officiers pour y assister, & leur faire signer l'inventaire, déposer les biens saisis entre les mains d'un voisin resséant & solvable qui s'en chargera, & délivrer ledit inventaire ou procès-verbal au Receveur ordinaire, pour s'en charger & en rendre compte. Ce qui est encore confirmé par lesdits Arrêts de Réglement compilés par Neron. Et le motif de ces Ordonnances & Réglement, est pour empêcher que les Archers, sous prétexte de la capture, ne commettent des malversations en entrant dans les maisons, & qu'ils ne mettent pas une main sur le colet, & l'autre à la bourse, les voleurs trouvant quelquefois leurs maitres. C'est ce qui a fait dire à Ausone, Epit. 4 *ad Theonom.* parlant d'un Prevôt qui partageoit le butin avec les voleurs :

An majora gerunt totâ regione vagantes ?
Persequeris fures, qui te postrema timentes
In partem prædamque vocent ? tu mitis & osor
Sanguinis humani, condonas crimina nummis,
Erroremque vocas, pretiumque imponis abactis
Bobus, & in partem scelerum de judice transis.

Nos Loix pourtant sont si séveres pour ce regard, qu'elles punissent de mort ceux qui s'amusent à ce trafic. *Synt. jur. verb. divisio, fol. 139, col. 1.*

ARTICLE X.

A L'INSTANT de la capture, l'accusé sera conduit *aux prisons du lieu*, s'il y en a ; sinon aux plus prochaines, dans vingt-quatre heures au plus tard. Défendons aux Prevôts de faire *chartre privée* dans leurs maisons ni ailleurs, à peine de privation de leurs Charges.

Aux prisons du lieu.] Cet article est conforme aux Arrêts de Réglement des Prevôts d'Armagnac & d'Orleans, du Prevôt Provincial du Maine au Mans, & de Soissons, par lesquels il leur est défendu de faire chartre privée des accusés, ni de les détenir prisonniers dans leurs maisons, ni en celles de leurs Archers, sur peine de la vie ; mais de les mettre aux prisons royales, du moins dans vingt-quatre heures après la capture ; & à faute de le faire, après les réquisitions faites audit Prevôt, ou son Lieutenant par le Substitut du Procureur Général du Roi, ou par les Parties, en cas de refus ou de déni de Justice, ledit Substitut ou les Parties pourront s'adresser & présenter leurs Requêtes aux Siéges Présidiaux, pour leur être pourvû.

Chartre privée.] La raison est, parce que c'est violer l'autorité du Prince ; *nam carcer est meri Imperii, secundùm Castrens. in Leg. cùm proponas 9, C. de auctor. Jud. poss. Marsil. in sua praxi criminali, §. attingam, num. 77, & qui privatum carcerem usurpant, merum imperium usurpare dicuntur, ut per Bald. in L. un. vers. in text. ibi custodiam, &c. & per text. in L. 3, ff. ad L. Jul. Majest. & plenè Gigas, tit. de crim. læsæ-Majest. qu. 2 & 35, n. 1.* Il n'est pas pourtant défendu aux peres ou aux Maîtres de faire des chartres privées à l'égard de leurs serfs & de leurs enfans, lorsqu'ils sont accusés, *secundùm Gloss. in L. 1, C. de privat. carcer. & non incidunt in pœnam privati carceris, per text. in L. ex facto, §. proinde, digest. de hæred. instit. Angel. Salic. in d. Leg. 1.*

☞ On peut voir sur cette matiere de chartre privée, la Loi 4, au digeste *de fugitivis*, la Loi premiere au Code *de Cohortalibus*, & Godefroy sur ces Loix.

Cette

Cette Loi 4 *de fugitivis*, contient une exception à la regle, qui ne veut pas que les Exempts & autres retiennent les personnes arrêtées en chartre privée. *Liminarchæ*, c'est à-dire les Gardes-porte, *& Stationarii fugitivos deprehensos rectè in custodia retinent.*]

ARTICLE XI.

DÉFENDONS à tous Officiers de Maréchaussée *de retenir aucuns meubles*, armes ou chevaux saisis ou appartenans aux accusés, ni de s'en rendre adjudicataires sous leur nom ou celui d'autres personnes, à peine de privation de leurs Offices, cinq cens livres d'amende, & de restitution du quadruple.

De retenir aucuns meubles.] Cela est conforme aux Réglemens des Prevôts des Maréchaux d'Armagnac & d'Orléans, ci dessus allégués, & à celui du Prevôt de Normandie & des Présidiaux d'Evreux, du 28 Septembre 1612, rapportés par Montarlot; & c'est pour cela que nos Ordonnances ont voulu qu'il en fût fait inventaire, & qu'elles y ont requis tant de formalités, parce que c'est le moyen le plus sûr pour empêcher la soustraction & l'enlevement des choses saisies. *Steph. Ranch. lib. 5, concl.* 23. Aussi par un Arrêt du Parlement de Paris, donné à la Tournelle le 11 Janvier 1561, rapporté au Cod. des Décis. for. liv. 1, tit. 61, décis. 1, un Prevôt des Maréchaux, pour avoir pris des meubles & autres choses à celui qu'il avoit fait arrêter, sans en faire l'inventaire, dont il fut convaincu par les informations, fut condamné, par emprisonnement de sa personne, à rendre les meubles & autres choses qu'il avoit prises, & ordonné qu'il comparoîtroit en personne, & jusqu'à ce interdit de l'exercice de sa Charge.

Ce qui doit être observé après les avoir arrêtés.

ARTICLE XII.

LES accusés seront interrogés par le Prevôt en présence de l'Assesseur, *dans les vingt-quatre heures de la capture*, à peine de deux cens livres d'amende envers Nous. Pourra néanmoins les interroger sans Assesseur au moment de la capture.

Dans les vingt quatre heures de la capture.] Cet article est conforme à l'Edit de Charles IX. de l'an 1564, au Roussillon, art. 9; & à un Arrêt donné par la Cour de Parlement, séant au Châtelet de Paris pour la visitation des prisonniers, du 30 Octobre 1565, rapporté par Chenu en son Recueil des Réglemens, tit. 9, chap. 44, par lequel, sur la plainte faite par le Lieutenant Criminel, que les Prevôts ayant pris quelques prisonniers, après les avoir interrogés & reconnu qu'ils n'étoient pas de leur gibier, les renvoyoient à l'ordinaire, & ensuite les détenoient un mois ou environ, faute de leur prononcer leur renvoi, la Cour enjoignit aux Prevôts d'interroger les prisonniers dans les vingt-quatre heures de la capture; & s'ils n'étoient pas de leur gibier, de les renvoyer & faire conduire le même jour dans les prisons de l'ordinaire, à peine de suspension de leur Charge, & que les prisonniers demeureroient aux dépens desdits Prevôts à raison de soixante sols parisis par jour, dont il leur seroit délivré exécutoire, nonobstant oppositions ou appellations quelconques; ce qui est confirmé encore par lesdits Arrêts de Réglemens des Prevôts des Maréchaux d'Armagnac & d'Orléans.

Forme de l'Interrogatoire des Prevôts.

ARTICLE XIII.

ENJOIGNONS aux Prevôts des Maréchaux de déclarer à l'accusé au commencement du premier interrogatoire, & d'en faire mention, *qu'ils entendent le juger prevôtalement*, à peine de nullité de la procédure, & de tous dépens, dommages & intérêts.

Qu'ils entendent le juger prevôtalement.] Lorsque la compétence a été jugée, & qu'il a été ordonné que le procès seroit fait à l'accusé par Jugement en dernier ressort & sans appel, & qu'on lui fait le procès, le Juge lui doit déclarer qu'on le juge prevôtalement & sans appel, soit en l'interrogeant derechef, soit en lui récollant & confrontant les témoins, & lors du Jugement diffinitif de son procès, & de l'interrogatoire qu'il prêtera sur la sellette, avant que d'être jugé diffinitivement en dernier ressort, & sans appel.

ARTICLE XIV.

SI le crime *n'est pas de leur compétence*, ils seront tenus *d'en laisser la connoissance* dans les vingt-quatre heures au Juge du lieu du délit; après quoi ils ne pourront le faire que par l'avis des Présidiaux.

N'est pas de leur compétence.] Comme plusieurs de ceux qui étoient poursuivis pardevant les Prevôts des Maréchaux ou les Juges Présidiaux, pour crimes sujets aux Jugemens en dernier ressort, s'adressoient au Grand Conseil, sous prétexte de contravention aux Ordonnances, & y obtenoient des Commissions en cassation, par le moyen desquelles l'instruction & le jugement des crimes se trouvoient retardés, & les preuves dépérissoient, & que ces cassations demeuroient sans poursuite; le Roi par ses Lettres Patentes données à Fontainebleau le 23 Septembre 1678. a entr'autres choses ordonné, *que les accusés contre lesquels les Prevôts des Maréchaux auront reçu plainte, informé & decreté, ne pourront se pourvoir auparavant le Jugement de la compétence: mais d'autant que dans les Jugemens de compétence & dans l'instruction des procédures, il pourroit y avoir des contraventions aux Ordonnances, Sa Majesté, pour donner moyen à ses Sujets de se pourvoir, a par provision permis au Grand Conseil de recevoir les Requêtes en cassation des Jugemens de compétence des autres procedures faites depuis par lesdits Prevôts des Maréchaux ou Juges Présidiaux, & accorder des Commissaires sur icelles; à la charge que les accusés qui présenteront lesdites Requêtes, rapporteront les copies qui leur auront été signifiées desdits Jugemens de compétence; que lesdits accusés seront effectivement prisonniers dans les prisons des Siéges où le procès criminel sera pendant, & qu'ils rapporteront les écroues dûement attestés, & signifiés aux Parties ou à leurs Procureurs sur les lieux, dont sera fait mention dans la Commission; qu'il sera en outre porté expressément dans la Commission, que la procédure sera continuée par le Juge où le procès est pendant jusqu'à Jugement diffinitif exclusivement; & que le demandeur en cassation, en la faisant signifier, fera donner les assignations par un seul & même exploit; les délais desquelles assignations seront énoncés dans la Commission, & reglés suivant la derniere Ordonnance; & qu'à faute de ce faire, les défenses de passer outre au Jugement diffinitif soient levées & ôtées, sans qu'il soit besoin d'autre Arrêt ni Lettres.*

D'en laisser la connoissance.] Cela est conforme à l'Ordonnance de Charles IX, Etats d'Orleans, de l'an 1570; à un Arrêt du Parlement de Paris, du 24 Mars 1592, rapporté par Chenu en son Recueil, tit. 9, chap. 45, par lequel il fut défendu aux Prevôts de decreter hors des cas qui leur sont attribués par les Ordonnances, & enjoint de renvoyer les domiciliés, quoiqu'ils ne le requierent pas; & ausdits Réglemens des Prevôts d'Armagnac & de Normandie.

Ce qui doit être observé dans le Jugement de la compétence.

ARTICLE XV.

LA compétence *sera jugée au Présidial*, dans le ressort duquel la capture aura été faite, dans trois jours au plus tard, encore que l'accusé *n'ait point proposé de déclinatoire.*

Sera jugé au Présidial.] Cet art. est conforme à l'Ordonnance de Charles IX. 1564, art. 5; 1566, art. 42; & 1572, art. 14. ☞ La différence qui me paroît se rencontrer entre cet article, & ceux des Ordonnances de Moulins & d'Amboise, ici cottées, est que suivant ces anciennes Ordonnances, les Prevôts n'étoient tenus de faire juger leur compétence, qu'en cas qu'elle fût en dispute & contestée; au lieu que la nouvelle Ordonnance impose cette nécessité, encore que l'accusé n'ait point proposé de déclinatoire.]

Cet article est aussi conforme à l'Arrêt de Réglement général des Prevôts des Maréchaux d'Armagnac, par lequel il est porté, *que les incompétences des Prevôts ne pourront être jugées par autres Juges que lesdits Présidiaux, & que lesdits Prevôts ou leurs Lieutenans ne se pourront entremettre du Jugement d'icelles, ni en solliciter les Juges de quelque maniere que ce soit*: à celui du Prevôt d'Orleans, & du Vice-Sénéchal de Lannes, & des Officiers du Siége Présidial d'Acqs; & à un Arrêt du Parlement de Paris du 19 Février 1575, rapporté au Code des Décis. for. liv. 1, tit. 58, décis. 8. Il faut remarquer pourtant que par l'art. 67 de l'Edit de Nantes; ceux de la R. P. R. domiciliés, qui se trouvent chargés ou accusés d'un crime prevôtal, des Provinces de Guyenne, Languedoc, Provence & Dauphiné, peuvent requerir que leur compétence soit jugée aux Chambres de l'Edit, & qu'en ce cas les Substituts des Procureurs Généraux doivent faire apporter en icelles les charges & informations faites sur iceux, pour après, selon la qualité des crimes, être par icelles Chambres renvoyés à l'Ordinaire, ou jugés prevôtalement. Et par le même article il est aussi porté, *qu'en ce cas, & lorsque lesdits Prevôts ou Lieutenans sont Catholiques, ils sont tenus d'appeller à l'instruction des procès un Adjoint de la R. P. R. qui doit assister à la compétence & au jugement diffinitif du procès.* Ce qui est encore confirmé par la Conférence de Nerac, art. 8; & de Flex, art. 26. Et quoique par la Déclaration du Roi du 2 Avril 1666, art. 26, il soit porté, *que quand les Présidiaux font le procès à des domiciliés de ladite Religion pour cas prevôtal, par prevention sur le Prevôt, la compétence ne doit pas être jugée par les Chambres de l'Edit, bien que les prévenus le requierent, mais par les Présidiaux, auquel cas ils pourront récuser trois Juges sans expression de cause*, suivant l'art. 66 dudit

Edit ; le Roi y a dérogé par sa derniere Déclaration du 1 Février 1669, art. 24 ; en ces termes : *Quant à ce qui regarde les procès pour cas prevôtaux, sera l'article 67 de l'Edit de Nantes exécuté selon sa forme & teneur, & suivant l'usage pratiqué jusqu'à présent.* Et en effet, si la précedente Déclaration n'eût pas été révoquée, ce seroit renverser entierement l'Edit de Nantes, en ce qui concerne la liberté que les domiciliés de ladite Religion ont de faire juger leur compétence aux Chambres de l'Edit, & ne changer que le terme ; c'est-à-dire, de la juger présidialement, & non pas prevôtalement, n'y ayant rien de plus aisé que de faire prévenir en tels cas les Officiers dudit Siége, puisque la plupart des Prevôts ou leurs Lieutenans résident près des Siéges Présidiaux ; outre qu'à bien considerer l'intention de l'Edit, les mêmes raisons qui ont obligé le Roi Henri le Grand à accorder ce privilége à ceux de ladite Religion à l'égard des Prevôts, ont mû aussi Sa Majesté à le leur conserver & maintenir par cette Déclaration. Du depuis il a été donné une nouvelle Déclaration du 18 Novembre 1679, vérifiée au Parlement de Toulouse le 3 Janvier 1680, au sujet de l'envoi de neuf Officiers du Présidial de Nîmes dans la Ville de Marvejols, pour pendant le tems de six semaines, y administrer la Justice criminelle aux Sujets du Roi, des pays des hautes Cevennes & Gevaudan ; par laquelle il est donné pouvoir, entr'autres choses, ausdits Officiers de juger la compétence sur le déclinatoire, sans que les domiciliés accusés faisant profession de la Religion Prétendue Réformée, puissent à raison de l'article 67 de l'Edit de Nantes, confirmé par le 24 de ladite Déclaration de 1669, empêcher sous ce prétexte que lesdits Officiers du Présidial jugent leur compétence, attendu la suppression qui a été faite des Chambres de l'Edit.

Et par autre Déclaration de Sa Majesté, donnée à Saint Germain-en-Laye le 10 Avril 1681, *sur ce que les Sujets de la Religion Prétendue Réformée auroient pû prétendre d'être renvoyés aux Cours du Parlement, pour y faire juger leur compétence, comme ils pouvoient requerir par l'article 67 de l'Edit de Nantes, & le 24 de la Déclaration de 1669, qu'elle fût jugée aux Chambres mi-parties établies par l'Edit de Nantes ; & ce sous prétexte que les Officiers de ladite Religion ausdites Chambres, avoient été incorporés dans les Cours des Parlemens près desquelles elles étoient établies : Sa Majesté, pour prévenir tout sujet de difficulté, a permis aux Présidiaux & autres Juges royaux, ausquels elle a donné la faculté de juger la compétence des Prevôts, de juger ladite compétence, sans qu'au moyen desdits articles les domiciliés de ladite Religion, chargés & accusés des crimes prevôtaux, puissent demander le renvoi aux Parlemens ausquels lesdites Chambres ont été réunies : lesdits articles au surplus, quant à l'usage des Adjoints, sortant leur plein & entier effet.*

N'ait point proposé de déclinatoire.] La raison est, parce que les prévenus ne sçachant pas le plus souvent les degrés de Jurisdiction, & les raisons & moyens d'incompétence, il est juste que les Prevôts ne se prévalent pas de leur ignorance, & que les Juges y suppléent, comme s'agissant d'un droit public, auquel les Particuliers ne peuvent pas déroger : les accusés même sont relevés du désistement qu'ils pourroient faire du déclinatoire par eux proposé ; car s'il arrive que les prisonniers qui au commencement ont décliné la Jurisdiction des Prevôts, soient après induits ou contraints à s'en départir, & les reconnoître pour Juges, les Prevôts sont tenus de faire juger ladite compétence, si elle a été proposée par les prisonniers, nonobstant le désistement par eux fait ; & ils ne peuvent passer outre jusqu'à ce qu'elle ait été jugée, suivant ledit Arrêt de Réglement des Prevôts des Maréchaux d'Armagnac, ci-dessus rapporté.

ARTICLE XVI.

LES récusations qui seront proposées contre les Prevôts des Maréchaux avant le Jugement de la compétence, *seront jugées* au Présidial, au rapport de l'Assesseur en la Maréchaussée, ou d'un Conseiller du Siége, au choix de la Partie qui les présentera; & celles contre l'Assesseur, aussi par l'un des Officiers dudit Siége; & les récusations qui seront proposées depuis le Jugement de la compétence, seront reglées au Siége où le procès criminel devra être jugé.

Seront jugées.] Cet article est conforme à l'Arrêt de Réglement du Grand Conseil, donné entre le Prevôt Provincial & le Siége Présidial du Maine au Mans, par lequel il est porté, *qu'en cas de récusation contre les Officiers de la Maréchaussée, ou qu'il survienne des contestations incidentes dans l'instruction des procès, elles seront jugées au Siége Présidial ou Royal où se doit rendre le Jugement du procès, & que ledit Prevôt & son Assesseur y auront voix déliberative, sauf au Jugement des récusations contre eux proposées.* Il faut encore remarquer que par ledit Arrêt de Réglement des Prevôts des Maréchaux d'Orléans, il est porté, *que les Prevôts ou leurs Lieutenans qui sçauront cause de suspicion & récusation, seront tenus de le déclarer pardevant les Juges Présidiaux ou Royaux où les procès se jugeront, sans attendre qu'on les propose contre eux; & que les Officiers du Siége Présidial, ou autres, ne pourront répondre les Requêtes de récusation, jusqu'à ce qu'elles ayent été présentées aux Prevôts.* Depuis il y a eu des Lettres Patentes données à Fontainebleau le 23 Septembre 1678, par lesquelles il est porté entr'autres choses, *qu'au cas que les Présidiaux en jugeant les récusations, trouvent que les Prevôts ayent contrevenu à l'Ordonnance, pour avoir instrumenté hors leur ressort, ou pour avoir fait chartre privée; & que par la qualité du crime, ou celle de la personne, les accusés soient sujets au Jugement en dernier ressort, il est ordonné ausdits Présidiaux de renvoyer les accusés & les charges & informations au Présidial, dans le ressort duquel le délit aura été commis, pour y être le procès instruit & jugé par Jugement dernier, sans que le Prevôt des Maréchaux ainsi récusé en puisse plus connoître.*

ARTICLE XVII.

L'ACCUSÉ ne pourra être élargi, pour quelque cause que ce soit, avant le Jugement de la compétence, *& ne pourra l'être après que par Sentence* du Présidial ou Siége qui devra juger diffinitivement le procès.

Et ne pourra l'être après que par Sentence.] Cet article est conforme à un Arrêt du Parlement de Paris, séant au Châtelet pour la visitation des prisonniers, du 30 Octobre 1565, rapporté par Chenu en son Recueil des Réglemens, titre 9, chap. 47, par lequel il *fut défendu aux Prevôts d'élargir les prisonniers, sans ouir le Procureur du Roi, & en avoir communiqué au Lieutenant Criminel & Conseil; & au Géolier, de laisser sortir les prisonniers, qu'il ne lui eût apparu que le Procureur du Roi eût été oui, & que la Sentence fût signée du Conseil avec ledit Prevôt, sur peine d'en répondre.* Ce qui est encore confirmé par ledit Arrêt de Réglement général des Prevôts d'Armagnac, qui porte encore, *qu'ils ne pourront bailler main-levée des biens saisis aux prisonniers qu'en la même forme.* Et par celui du Vice-Sénéchal de Lannes & des Présidiaux d'Acqs, par lequel (il est défendu ausdits Présidiaux d'élargir les prisonniers pendant le Jugement de la compétence.)

ARTICLE XVIII.

LES Jugemens de compétence ne pourront être rendus *que par sept Juges au moins*, & ceux qui y assisteront seront tenus d'en signer la minute; à quoi nous enjoignons à celui qui présidera, & au Prevôt, d'y tenir la main, à peine contre chacun d'interdiction, de cinq cens livres d'amende envers Nous, & des dommages & interêts des Parties.

Que par sept Juges au moins.] Cet article est conforme à l'Ordonnance de Charles IX. de l'an 1564, art. 8; 1562, art. 42; & 1572, art. 14; & à un Arrêt du Parlement de Paris, rendu à la Tournelle le 19 Février 1575, par lequel il fut jugé que les Prevôts ne peuvent juger de leur compétence & incompétence, sinon avec conseil, & par l'avis des Présidiaux.

ARTICLE XIX.

LA compétence ne pourra être jugée, *que l'accusé n'ait été oui* en la Chambre en présence de tous les Juges, dont sera fait mention dans le Jugement, ensemble *du motif de la compétence*, sur les peines portées par l'article précedent contre le Président, & de nullité de la procedure qui sera faite depuis le Jugement de compétence.

Que l'accusé n'ait été oui.] Afin qu'il puisse déduire les raisons qu'il prétend avoir pour décliner la Jurisdiction du Prevôt. C'est pour cela qu'un Lieutenant du Prevôt du Bailliage de Senlis fut fort repris, avec les Officiers du Présidial de Laon, pour avoir jugé une compétence sans ouir le prisonnier, par Arrêt du Parlement de Paris du 7 Avril 1576, rapporté au Code des Décis. for. liv. 1, tit. 58, décis. 9.

Du motif de la compétence.] La raison, afin que les Prevôts se contiennent dans les termes des Edits, sans y contrevenir, comme il se recueille de l'Edit d'Amboise, art. 14. *Voulons qu'ès Sentences qui seront données sur le fait de la compétence, soient inserées les raisons, tant pour la qualité du délit, que des personnes des accusés.* Ce qui est confirmé par l'Arrêt de Réglement donné contre le Vice-Sénéchal de Lannes & les Présidiaux d'Acqs; par celui du Prevôt Provincial de Soissons, qui porte encore, *que les Présidiaux seront tenus de proceder, toutes affaires cessantes, au Jugement de la compétence;* & par celui du Prevôt Provincial du Maine au Mans, ci-dessus allégué.

ARTICLE XX.

LE Jugement de compétence sera prononcé, *signifié, & copie baillée sur le champ à l'accusé*, à peine de nullité des procedures, & de tous dépens, dommages & interêts contre le Prevôt & le Greffier du Siége où la compétence aura été jugée.

☞ Voir les articles 17 & 18 du titre précedent.]

Signifié, & copie baillée sur le champ à l'accusé.] ☞ On ne doit point appréhender que par ces significations l'accusé découvre le secret des charges; car les motifs de la compétence se tirent du dehors du crime, & non de ses preuves.] Par Lettres Patentes du Roi, données à Fontainebleau le 23 Septembre 1678, il est porté entr'autres choses, *que pour donner moyen aux accusés qui auront à se plaindre des Jugemens de compétence, ou procedures faites en conséquence par les Prevôts des Maréchaux & Juges Présidiaux, de rapporter les Jugemens de compétence, conformément à cet article, que lesdits Jugemens seront prononcés & signifiés, & d'iceux baillé copie sur le champ aux accusés, à la diligence des Procureurs du Roi esdits Siéges, dont ils sont expressément chargés, à peine de répondre en leurs propres & privés noms des dommages & interêts que souffriront les accusés, faute de pouvoir rapporter les Sentences de compétence, & d'interdiction de leurs Charges.*

ARTICLE XXI.

SI le Prevôt est déclaré incompétent, *l'accusé sera transferé* aux prisons du Juge du lieu où le délit aura été commis, & les charges & informations, procès-verbal de capture, l'interrogatoire de l'accusé, & autres piéces & procedures remises à son Greffe : ce que Nous voulons être exécuté dans les deux jours pour le plus tard après le Jugement d'incompétence, à peine d'interdiction pour trois ans contre le Prevôt, de cinq cens livres d'amende envers Nous, & des dépens, dommages & interêts des Parties.

L'accusé sera transferé.] Par l'article 10 dudit Edit de Charles IX. de l'an 1569, [il leur est enjoint, à peine de privation de leurs Offices, de renvoyer incontinent & sans délai ceux dont ils auront été déclarés incompétens, nonobstant le dernier article du Réglement de la Justice du 4 Octobre 1593.]

ARTICLE XXII.

LE Prevôt qui aura été déclaré compétent, sera tenu de proceder incessamment à la confection du procès avec son Assesseur, sinon *avec un Conseiller du Siége* où il devra être jugé, suivant la distribution qui en sera faite par le Président.

Avec un Conseiller du Siége.] Cet article est conforme à l'Ordonnance de Charles IX, donnée à Roussillon en 1564, art. 5; & à l'Arrêt de Réglement des Prevôts & du Siége Préfidial d'Armagnac, qui porte par exprès, *sans qu'il soit loisible au Vice Sénéchal de prendre tels Juges que bon lui semblera pour l'instruction;* & audit Arrêt de Réglement du Prevôt Provincial du Maine au Mans. Il faut pourtant remarquer que le Roi Henri IV. déchargea les Prevôts de l'obligation dans laquelle ils étoient de prendre pour l'instruction des procès un Officier Royal du Siége plus prochain, par la création qu'il fit au mois de Décembre 1594 d'un Conseiller Assesseur en chacune Jurisdiction des Prevôts des Maréchaux.

Forme d'instruire & de juger les cas non prevôtaux qui surviennent en un procès prevôtal.

ARTICLE XXIII.

SI après le procès commencé pour un crime prevôtal, il survient de nouvelles accusations *dont il n'y ait point eu de plainte en Justice*, pour crimes non prevôtaux, elles *seront instruites conjointement*, & jugées prevôtalement.

Dont il n'y ait point eu de plainte en Justice.] Il en est autrement, lorsqu'il s'agit des cas portés par l'Edit du Roi contre les Duels, du mois d'Août 1679; car par les Lettres d'ampliation du 30 Décembre suivant, il est dit, *que lorsqu'il sera procedé pour crime de duel, soit d'office, ou à la requête des parens de celui qui aura été tué, il sera sursis à toutes autres procedures faites & commencées par quelques Juges que ce soit, pour d'autres actions qui se seroient passées entre les mêmes Parties, & qui auroient rapport à celle de duel; & que les procedures seront portées au Greffe du Juge qui instruira le procès pour duel, sauf à être renvoyées auxdits Juges, pour y être entierement pourvu, après le Jugement du procès instruit pour duel.* Le motif exprimé dans ces Lettres, est pour éviter les conflits qui pourroient arriver entre les Juges commis pour le crime de duel, sous prétexte de prévention, ou des cas autres que ceux du duel; ce qui retarderoit l'instruction des procès, & feroit dépérir les preuves.

Seront instruites conjointement.] Par ledit Arrêt de Réglement du Prevôt de Normandie, il est porté, *qu'où ledit Prevôt ou ses Lieutenans auront informé & decreté à l'encontre d'aucuns accusés de crime prevôtal, & que lesdits accusés eussent été prévenus par lesdits Presidiaux pour autre crime, lesdits Presidiaux seront tenus laisser instruire audit Prevôt ou ses Lieutenans ledit procès prevôtal pour raison duquel l'accusé aura été constitué prisonnier, sans le leur pouvoir ôter, sous prétexte de prévention pour autre crime moins atroce, en faisant toutefois par ledit Prevôt juger la compétence au plus prochain Siége Présidial.* Cet Arrêt & le présent article favorisent beaucoup la Jurisdiction Prevôtale; mais c'est sans doute parce que les crimes qui tombent sous la connoissance des Prevôts, sont plus atroces, & dignes d'une plus grande punition, *L. cum reis, C. de pœn.* comme il a été jugé par un Arrêt du Senat de Savoye, rapporté par Faber en son Code, *lib. 9, titul. 1, defin. 3*, où il dit que, *pendente accusatione de graviori crimine, nihil interim pronuntiandum est de leviore;* comme si, par exemple, pour le moindre crime, quelqu'un méritoit d'être relegué; & pour l'autre, de perdre la vie, *absurdum esset in exilium mitti qui capite puniri debet*, & ce seroit introduire l'impunité des crimes. Néanmoins Chenu en son Recueil des Réglemens, titre 9, chapitre 50, remarque un Arrêt du Parlement

Parlement du 7 Février 1598, dont la publication fut ordonnée par tous les Siéges du ressort, afin qu'il servît de Réglement général, par lequel il fut fait défenses aux Prevôts, leurs Lieutenans, & Siéges Présidiaux, en concurrence de deux crimes, l'un prevôtal, & l'autre non, conjointement instruits, de proceder au Jugement des procès en dernier ressort, & exécuter les Sentences nonobstant l'appel; lequel Arrêt fut rendu sur le fondement de la Loi *Si Præses* 32, *ff. de pœn.* où il se voit par une conséquence nécessaire, que le crime qui n'est point prevôtal, doit attirer le prevôtal, lorsqu'ils se trouvent en concurrence. *Quid si non distinxerit Præses utrum Juliâ privatorum? tunc ex crimine erit æstimandum; sed si utriusque legis crimina objecta sunt, mitior lex, id est, privatorum, erit sequenda. Alciat. præsumpt.* 6. Aussi l'article de cette Ordonnance restraint la préférence du crime prevôtal, & requiert deux conditions absolument nécessaires, afin qu'il l'emporte par-dessus l'autre Jurisdiction. La premiere, que le procès ait commencé pour crime prevôtal; & la deuxiéme, que l'accusation pour le non prevôtal soit survenue depuis, & qu'il n'y ait point eu de plainte en Justice, ce qui établit la prévention du Prevôt, & lui donne droit d'en connoître préférablement, *ne continentia causæ dividatur.*

Lors de la lecture de cet article dans les Conférences tenues par ordre du Roi, il fut dit que cet article étoit d'une dangereuse conséquence; qu'un homme, par exemple, qui sera faussement accusé d'un cas prevôtal, ne laissera pas d'être jugé en dernier ressort, pour d'autres accusations qui ne sont point sujettes au Jugement dernier; & que les Prevôts en pourroient abuser, soit pour favoriser les Parties civiles, ou pour prévenir l'impunité d'un accusé; & que par Arrêt de Réglement rendu au Conseil, entre les Juges ordinaires & les Officiers de la Vice-Sénéchaussée d'Armagnac, il fut dit que s'il y a des accusations pour les crimes ordinaires & prevôtaux, elles seront instruites & jugées conjointement; mais que l'on déclarera dans le Jugement, si la condamnation intervient pour le cas prevôtal, auquel cas elle s'exécutera en dernier ressort; autrement l'on sera tenu de déferer à l'appel.

Du nombre des Juges requis aux Sentences prevôtales.

ARTICLE XXIV.

AUCUNE Sentence prevôtale, préparatoire, interlocutoire, ou diffinitive, ne pourra être rendue *qu'au nombre de sept* au moins, Officiers ou Gradués, en cas qu'il ne se trouve au Siége nombre suffisant de Juges; & seront tenus ceux qui y auront assisté, de signer la minute, à peine de nullité; & au Greffier de les interpeller, à peine de cinq cens livres d'amende contre lui, & contre chacun des refusans.

Qu'au nombre de sept.] Cet article est conforme à l'Ordonnance d'Henri II. 1549, art. 5; Charles IX. 1563, art. 3; 1564, art. 4; 1566, art. 42, & 1572, art. 14. Ce nombre de Juges doit encore être observé dans le Jugement des récusations en matiere criminelle, suivant l'Arrêt du Parlement de Paris du 31 Janvier 1598, rapporté par Chenu au lieu préallegué sur l'article précédent, par lequel les Juges du Siége Royal de Niort furent condamnés aux dépens en leur propre & privé nom, pour avoir jugé les causes de récusation en matiere criminelle au nombre de cinq. Le motif de ces Ordonnances est, d'autant que si le nombre de sept Juges est requis dans les Siéges Présidiaux pour juger *in causâ pecuniariâ* en dernier ressort, à plus forte raison l'est-il en matiere criminelle, comme s'agissant de causes d'une plus grande conséquence.

Qu'il faut dresser deux minutes des Jugemens prevôtaux.

ARTICLE XXV.

SERA *dressé deux minutes* des Jugemens prevôtaux, qui seront signées par les Juges, dont l'une demeurera au Greffe du Siége où le procès aura été jugé, & l'autre au Greffe de la Maréchaussée, à peine d'interdiction pour trois ans contre le Prevôt, & de cinq cens livres d'amende. Défendons sous pareilles peines aux deux Greffiers, de prendre aucuns droits pour l'enregistrement & réception des minutes.

Sera dressé deux minutes.] Cet article est conforme à l'Ordonnance de Charles IX. de l'an 1573, art. 5; & il a lieu aussi à l'égard des Jugemens présidiaux : & jusqu'à ce que le dictum en ait été lû en présence des Juges qui ont assisté au Jugement, & par eux signé, les Prevôts ni leurs Lieutenans ne peuvent pas proceder à aucune exécution de leurs Sentences & Jugemens, à peine de privation de leurs états, suivant l'article 12 de l'Ordonnance de Charles IX. de l'an 1564.

Que le Prevôt a droit d'assister au procès-verbal de torture.

ARTICLE XXVI.

SI l'accusé est appliqué à la question, le procès-verbal de torture se fera par le Rapporteur, en présence *d'un Conseiller du Siége & du Prevôt.*

D'un Conseiller du Siége & du Prevôt.] Le Prevôt a droit d'y assister par les Arrêts de Réglement, & entr'autres par celui du Grand Conseil, rendu entre les Prevôts des Maréchaux & les Juges Présidiaux d'Orleans : mais l'Officier prend le serment, & dicte les interrogatoires & réponses.

Il a aussi droit de taxer les dépens, sauf l'appel au Siége qui a jugé.

ARTICLE XXVII.

LES dépens adjugés par le Jugement prevôtal, seront *taxés par le Prevôt*, en présence du Rapporteur, qui n'en pourra prétendre aucuns droits; & s'il en est interjetté appel, le Siége qui aura rendu le Jugement, en connoîtra en dernier ressort.

Taxés par le Prevôt.] Cet article est conforme en tout ausdits Arrêts de Réglement des Prevôts d'Orleans, du Maine au Mans, & de Soissons, par lesquels le Prevôt peut encore adjuger en la même forme, provision d'alimens & médicamens, & liquider les dommages & interêts en exécution des Jugemens prevôtaux ; mais par lesdits Arrêts de Réglement, les épices des Jugemens donnés au Siége Présidial d'autorité des Prevôts, doivent être taxés par les Officiers du Siége Présidial.

Que le contenu en cette Ordonnance doit être observé par les Vice-Baillifs, Vice-Sénéchaux, & Lieutenans de Robe-courte, à la reserve de celui du Châtelet.

ARTICLE XXVIII.

ENJOIGNONS aux *Vice-Baillifs, Vice-Sénéchaux, & Lieutenans Criminels de Robe-courte*, d'observer ce qui est prescrit pour les Prevôts ; & au surplus des procedures, seront par eux nos autres Ordonnances observées : N'entendons néanmoins rien innover aux fonctions & droits du Lieutenant Criminel de Robe-courte de notre Châtelet.

Vice-Baillifs, Vice-Sénéchaux.] Ainsi appellés, *quia vicem gerunt* des Baillifs & Sénéchaux, & qu'ils exercent une partie de la Charge & autorité qu'ils avoient auparavant, qui consistoit autrefois en l'Intendance des Armes, de la Justice & des Finances : ceux qui furent depuis établis pour les armes, ne pouvant veiller sur les désordres & les entreprises qui se commettoient dans leurs départemens, ils offrirent d'entretenir à leurs dépens des Prevôts des Maréchaux & des Archers, pour demeurer dans les Provinces, avec pareil pouvoir & Jurisdiction que les Prevôts qui sont à la suite de Messieurs les Maréchaux de France, qui ont été de là appellés Provinciaux ou Subsidiaires, comme étant créés *in subsidium* des autres ; & en certains lieux Vice-Baillifs ou Vice-Sénéchaux, comme a remarqué Montarlot dans son Traité.

Et Lieutenans Criminels de Robe-courte.] Le Lieutenant Criminel de Robe-courte connoît des captures qu'il fait, & des cas privilégiés, qui sont au nombre de sept. 1. Incendie ; 2. Fausse-monnoie ; 3. Crime de leze-Majesté divine & humaine ; 4. Sédition populaire ; 5. Vol de nuit & de jour sur les grands chemins & ailleurs ; 6. Port d'armes ; 7. Des vagabonds & non domiciliés.

TITRE III.

DES PLAINTES, DENONCIATIONS, & Accusations.

De la forme en laquelle les Plaintes doivent être faites.

ARTICLE PREMIER.

LEs plaintes pourront se faire par Requête, & auront date du jour seulement que le Juge, ou en son absence le plus ancien Praticien du lieu, les aura répondues.

ARTICLE II.

POURRONT aussi les plaintes être écrites par le Greffier en présence du Juge. *Défendons aux Huissiers*, Sergens, Archers & Notaires, de les recevoir, à peine de nullité; & aux Juges de les leur adresser, à peine d'interdiction.

Défendons aux Huissiers.] Comme la plainte est le principal fondement du procès criminel, il est bien juste & bien raisonnable qu'elle soit faite exactement par le Juge, & qu'on ne la commette pas à ceux qui sont exclus par cet article, principalement en choses graves, qui sont dites telles, eu égard à l'atrocité & importance des crimes, ou à la qualité des personnes.

☞ Les Huissiers du Châtelet & du Parlement, ainsi qu'il fut observé dans les Conférences tenues par ordre du Roi, se prétendoient fondés en titre & possession de recevoir les plaintes, & faire les informations lorsqu'ils étoient commis; on y déroge par cet article.]

ARTICLE III.

N'ENTENDONS néanmoins rien innover dans la fonction des Commissaires *de notre Châtelet de Paris*, pour la réception des plaintes qu'ils seront tenus de remettre au Greffe, ensemble toutes les informations & procedures par eux faites dans les vingt-quatre heures, dont ils feront faire mention par le Greffier au bas de leur expédition, & si c'est avant ou après midi, *à peine de cent livres d'amende*, moitié vers Nous, & moitié vers la Partie qui s'en plaindra.

De notre Châtelet de Paris.] En la Ville de Paris les plaintes sont faites le plus ſouvent pardevant les Commiſſaires du Châtelet, qui les reçoivent, & enſuite informent du fait, ſans qu'il ſoit beſoin de permiſſion du Lieutenant Criminel.

☞ *A peine de cent livres d'amende.*] Encourent-ils l'amende par le ſeul retardement, indépendamment des plaintes qu'en pourroient faire les Parties? La lettre de l'Ordonnance y paroît formelle, mais cela ne s'obſerve pas.

Si la plainte n'eſt point ſuivie d'information, leur uſage n'eſt point de la porter au Greffe. Cela paroîtroit cependant néceſſaire, pour mettre le Subſtitut de Monſieur le Procureur Général en état d'examiner & de connoître celles qui méritent d'être pourſuivies.]

ARTICLE IV.

TOus les feuillets des plaintes *ſeront ſignés par le Juge & par le Complaignant*, s'il ſçait ou peut ſigner, ou par ſon Procureur fondé de procuration ſpéciale; & ſera fait mention expreſſe ſur la minute & ſur la groſſe, de ſa ſignature ou de ſon refus: ce que Nous voulons être obſervé par les Commiſſaires du Châtelet de Paris.

Seront ſignés par le Juge.] C'eſt afin d'empêcher qu'on ne puiſſe rien alterer, ajouter ni diminuer aux plaintes qui ſeront rédigées par écrit; ce qui ſe pouvoit faire facilement avant que l'uſage fût établi de les faire ſigner au Juge & à la Partie, n'y ayant rien de plus aiſé que de changer la plainte, ou d'en ſupprimer la plus grande partie, lorſque le plaignant, ou à ſon défaut les témoins & le Juge, ſignoient à la fin de la plainte. C'eſt pour cela que par le Droit Romain, dans la pourſuite qui s'appelloit *extra ordinem*, parce qu'elle s'exerçoit par accuſation criminelle, il ſe falloit inſcrire ou ſouſcrire, comme il ſe recueille de la Loi derniere, *ff. de priv. del.* & de la Loi derniere, *ff. de furt.*

Et par le complaignant.] Il y a différence entre le complaignant, le dénonciateur, & la Partie civile. Le complaignant eſt celui qui ſe plaint ſeulement, & qui ne ſe rend pas Partie; le dénonciateur, celui qui s'inſcrit ſur le Regiſtre du Procureur Général ou de ſon Subſtitut; la Partie civile, celui qui eſt l'offenſé, & qui ſe rend Partie.

En quel cas les plaignans ſont réputés Parties.

ARTICLE V.

L*Es plaignans* ne ſeront réputés Parties civiles, *s'ils ne déclarent formellement*, ou par la plainte, ou par acte ſubſéquent, qui ſe pourra faire *en tout état de cauſe, dont ils pourront ſe départir* dans les vingt-quatre heures, *& non après*. Et en cas de déſiſtement, *ne ſeront tenus des frais faits depuis qu'il aura été ſignifié, ſans préjudice néanmoins des dommages* & interêts des Parties.

Les plaignans.] Il y a différence entre le plaignant & l'accuſateur. Le plaignant eſt celui qui demeure aux termes de la plainte qu'il fait aux Juges, & qui l'affirme ſans ſe rendre Partie, ſans demander délai pour informer, ni conclure à aucune peine ni réparation, ſe contentant d'en faire plainte à la Juſtice pour l'interêt public, & ainſi il n'eſt pas tenu d'en faire les frais; mais l'accuſateur eſt celui qui ſe rend Partie, qui fait informer, adminiſtre témoins, & inſtruit en ſon nom l'accuſation : ce que Ciceron diſtingue, *in Oratione pro Cælio*, par ces deux mots, *quæri & agere*. Cette différence eſt traitée fort au long par Ayrault, en ſon Inſtruction judiciaire, liv. 3, art. 4, nomb. 5 & ſuivans; & c'eſt à quoi les Juges doivent exactement prendre garde en recevant les plaintes, afin qu'on ne rende pas Partie celui qui n'a pas intention de l'être, & qu'on ne rejette pas les frais ſur celui qui n'a recours à la Juſtice que pour implorer ſon autorité; & en ce cas, il eſt du devoir du Procureur du Roi ou Procureur Fiſcal, d'en faire la pourſuite pour l'interêt public; *illud enim vigor publicæ diſciplinæ poſtulat*, comme il eſt dit *in L. locatio*, §. *quod illicitè*, *ff. de public. & vectigal.*

S'ils ne déclarent formellement.] Par les Ordonnances du Roi François I. de l'an 1536, chap. 2; 1539, art. 145; Charles IX. aux États d'Orleans, art. 63; & Henri III. 1579, aux Etats de Blois, art. 184, *il eſt enjoint aux Juges, ſur la plainte & dénonciation des Parties intéreſſées, d'informer promptement & diligemment, vaquer & proceder, toutes choſes ceſſantes, à la confection des procès criminels, ſans contraindre les plaignans à ſe rendre Parties, s'ils ne le veulent faire : & lorſqu'ils ſe rendent Parties, ils doivent faire les frais, s'ils en ont le moyen*, ſuivant l'art. 4 de l'Ordonnance de François I. de l'an 1536. pour le Pays de Bretagne, chapitre 2 : mais s'ils étoient dans l'impuiſſance de les faire, ce ſeroit une choſe indigne & reprochable à des Juges de leur dénier juſtice, parce qu'ils n'auroient pas de quoi les payer. D'ailleurs perſonne n'eſt contraint de déferer en Juſtice ceux qui l'ont offenſé; c'eſt un acte qui dépend purement de la volonté des Parties, qui peuvent remettre l'offenſe, ou en pourſuivre la vengeance, comme bon leur ſemble. Il eſt vrai que le Juge peut d'office s'adreſſer pour l'interêt public à l'offenſé, & l'enquerir ſur la qualité du fait; & que l'offenſé eſt tenu de répondre, ſans que pour cela il ſoit pris à partie. *Synt. Jur. verb. accuſare, fol.* 8, *col.* 2. C'eſt pour cela que les Juges ſont appellés *Quæſitores, ab inquirendis criminibus*; ce qui n'a pourtant lieu que dans les crimes atroces & publics, *& non in privatis*, & en ceux eſquels il y a une Partie intéreſſée.

En tout état de cauſe.] C'eſt-à-dire avant l'inſtruction, au milieu de l'inſtruction, ou après l'inſtruction parfaite du procès criminel, pourvû que ce ſoit avant le Jugement : mais cette déclaration oblige aux frais faits auparavant, même aux gîtes & géolages depuis le commencement de la priſon.

Dont ils pourront ſe départir.] Par le Droit Romain il n'étoit point permis à l'accuſateur de ſe déſiſter de ſon accuſation, ſans encourir les peines du Senatuſconſulte Turpilien; *toto tit. ff. ad Senatuſconſ. Turpil.* Mais aujourd'hui il eſt permis à la Partie civile de ſe déſiſter impunément de la pourſuite, d'autant qu'elle ne pourſuit que ſon interêt civil, & qu'il eſt permis à un chacun de renoncer à ce qui a été introduit en ſa faveur. *L. Si Judex* 41, *ff. de min.* Et cela étoit même permis parmi les anciens Romains, dont Ayrault rapporte divers exemples, livre 2, art. 4, nombre 68, par leſquels il prouve que ceux qui avoient commencé une accuſation, pouvoient s'en départir librement, ſans le vouloir & conſentement du peuple. Il faut pourtant remarquer que celui qui s'eſt déſiſté de ſon accuſation, n'y peut plus revenir de nouveau, comme il eſt décidé par la Loi 2, *ff. ad Senat. Turpil. Qui deſtiterit agere ampliùs & accuſare prohibetur*; & par l'Eccl. I. περὶ συκοφαντῶν, *cap.* 10, ὁ ἀποστὰς οὐ δύναται περαιτέρω κατηγορεῖν, ſi ce n'eſt *ex novâ emergente cauſâ.*

☞ *Et non après.*] C'eſt-à-dire que faute de déſiſtement ſignifié dans les vingt-quatre heures, les plaignans qui se seront déclarés Parties civiles, le demeureront pour les frais, soit envers l'accusé, soit envers le Domaine.

Ne seront tenus des frais faits, &c.] Le 12 Décembre 1691, Cheneau rend plainte d'un vol à lui fait au Lieutenant Criminel de Loudun, obtient permission d'informer & decret de prise de corps, & fait emprisonner le coupable le même jour. Le 13 il fait un désistement sur le registre du Procureur du Roi, & convertit sa plainte en dénonciation : il signifie cet acte à la Partie. Le 14, l'instruction se continue à la requête du Procureur du Roi. Addition d'information. Récollement & confrontation. Sentence diffinitive dans laquelle est visé le désistement de Cheneau, & qui lui adjuge des dommages & interêts, comme Partie dénonciatrice. Cheneau averti, réitere son désistement, déclare qu'il ne veut point de dommages & interêts, & signifie le tout à l'accusé & au Procureur du Roi : ceux-ci en appellent; l'accusé est transferé, & le procès envoyé à la requête du Procureur du Roi. Arrêt qui ordonne un plus amplement informé, à la requête du Procureur du Roi. Deux Exécutoires contre Cheneau, l'un de 86 liv. au Greffier pour le gros du procès, l'autre de 100 liv. au Messager pour le transport. Cheneau s'oppose à ces Exécutoires. Me le Cœur pour Cheneau, Gobert pour le Messager, Me Arrault pour Monsieur le Duc de la Tremoille, Engagiste du Domaine de Loudun. Arrêt à la Tournelle Criminelle le Mercredi 17 Mars 1694. Cheneau reçu opposant aux Exécutoires, Monsieur de la Tremoille condamné envers le Messager.]

Sans préjudice néanmoins des dommages.] Cela doit être ainsi entendu, si la plainte se trouve injuste & calomnieuse, comme il résulte de ce qui est dit à la fin de l'article 5, & si l'accusé en conséquence de ce que le complaignant se seroit porté pour partie, a été arrêté ou constitué prisonnier, & ses biens saisis & confisqués. Et quoiqu'après les vingt-quatre heures, celui qui s'est déclaré Partie civile, ne soit pas recevable à se désister de cette qualité, il peut néanmoins transiger avec l'accusé, & se désister de sa poursuite.

De la forme en laquelle les dénonciations doivent être faites & reçues.

ARTICLE VI.

NOS Procureurs & ceux des Seigneurs auront un Registre pour *recevoir & faire écrire* les dénonciations, qui seront circonstanciées, & *signées par les dénonciateurs*, s'ils sçavent signer; sinon elles seront écrites en leur présence par le Greffier du Siége qui en fera mention.

Recevoir & faire écrire.] La raison est, parce qu'il arrivoit d'ordinaire qu'un dénonciateur dénioit d'avoir dénoncé.

Signées par les dénonciateurs.] Cet article est conforme à l'Ordonnance de Philippe IV. de l'an 1304. *Accusatoris vel denunciatoris nomen in inscriptione ponatur, & si calumniator reperiatur, ad cognitionem Seneschalli, vel Judicis puniatur;* & à un Arrêt donné par la Chambre de l'Edit de Paris le premier Mars 1604, rapporté par le Prêtre en ses Arrêts célébres, page 916, par lequel il fut enjoint à tous Substituts de faire inscrire & soussigner en leurs Registres les dénonciateurs, à peine d'en répondre. Il est encore conforme au Droit, *L. 2, C. de exhib. & transmitt. reis, L. 3, §. item suscribere, L. 7 in pr. & §. 1 de Accus.* Ordonnance de Philippe VI. de 1328. *Denunciator non admittatur, nisi priùs de damnis refundendis idoneam cautionem dederit.* Cela n'est pas observé : mais si la Partie publique recevoit un dénonciateur insolvable non domicilié, en ce cas elle est tenue subsidiairement des dommages & interêts.] Anciennement il étoit permis à des délateurs d'accuser en secret ; ils déferoient le nom d'autrui, & cependant ils celoient le leur ; *horum tacita erat delatio,* comme dit l'Empereur Constantin en la Loi 4 *de Delatoribus*, au Code Théodosien : mais comme c'étoit une espéce de trahison & un libelle diffamatoire, sans nom, sans auteur & sans caution, & que ces sortes d'accusations étoient d'autant plus mauvaises qu'elles paroissoient tout à coup, sans sçavoir d'où elles procedoient, ce fut pour cela que ce sage Empereur en défendit l'usage, comme a remarqué Ayrault, au lieu préallegué, nombre 15 : ce qui fut pareillement désapprouvé par Théodoric Roi d'Italie, comme il se voit dans Cassiodore, en ces termes : *Occultis secretisque delationibus nil credi debet ; sed cum aliquis defert, ad judicium venire convenit, ut si quod detulit, non potuerit probare, capitali subjaceat ultioni.* Mais par notre usage, quoique les dénonciateurs soient tenus de signer leur dénonciation, on ne peut pas contraindre le Procureur du Roi de les nommer qu'en fin de cause, après que l'accusé aura obtenu Jugement ou Arrêt d'absolution, afin de recouvrer les dépens, dommages & interêts, suivant l'Ordonnance de Charles IX. donnée aux Etats d'Orleans l'an 1560, art. 73, conçue en ces termes : *Nos Procureurs, ou ceux des Hauts Justiciers, seront tenus de nommer les dénonciateurs, s'ils en sont requis après que l'accusé aura obtenu Jugement & Arrêt d'absolution, afin de recours des dépens, dommages & interêts contre qui il appartiendra.* Il est vrai qu'elle dit seulement, *seront tenus de nommer,* & qu'elle n'établit point de peine contre ceux qui ne les nommeront pas ; néanmoins le sentiment des Docteurs, la décision des Loix & des Arrêts est telle, qu'ils sont obligés sous les mêmes peines que le dénonciateur. Cela a été ainsi jugé par un Arrêt du Parlement de Metz du 13 Août 1672, rapporté dans le second tome du Journal, page 69. Par les Loix Romaines il n'étoit pas permis à l'Avocat du Fisc d'intenter aucune accusation sans délateur, comme il est décidé par la Loi derniere, au Code *de Delatoribus*, tirée des Basiliques : *Ne liceat*, dit cette Loi, *Advocatis Fisci dicere sibi esse relatum detinere quædam bona ad Fiscum pertinentia, & propter hanc occultam accusationem insidias aliis agere ; sed delator adsit, ejusque qualitas consideretur.* Néanmoins l'Ordonnance de Philippe le Bel n'est pas suivie, & il est constant que les Procureurs Généraux & leurs Substituts sur les lieux peuvent agir sans dénonciateurs, parce qu'ils sont *rei & disciplinæ publicæ vindices & assertores*, suivant la disposition de l'art. 8 de ce titre.

De la peine contre les accusateurs & dénonciateurs qui se trouveront mal fondes.

Article VII.

Les *accusateurs & dénonciateurs* qui se trouveront mal fondés, *seront condamnés* aux dépens, dommages & interêts des accusés, & à plus grande peine, s'il y échet. Ce qui aura aussi lieu à l'égard de ceux *qui ne se seront point rendus Parties*, ou qui s'étant rendus

rendus Parties, se seront désistés, si leurs plaintes sont jugées calomnieuses.

Les accusateurs & dénonciateurs.] En France il n'y a point d'autres accusateurs que ceux qui ont un interêt particulier, ou qui ont droit par transport & cession; tous les autres sont délateurs & dénonciateurs, & ce sont eux proprement qui accusent, quoiqu'ils n'ayent point d'interêt particulier qui les obligent à le faire; & quoiqu'on admette indifféremment toutes sortes de dénonciateurs, on a corrigé & adouci ce qu'il y avoit d'odieux en cela en trois manieres. La premiere, en offrant au délateur la principale charge de l'accusation, comme s'étant rendu suspect en accusant sans interêt, & en laissant la fonction au Procureur du Roi, qui doit rejetter & supprimer tout ce qu'il reconnoît être trop affecté & passionné de la part du délateur. La seconde, en le soumettant à caution, ou à l'événement de la condamnation. Et la troisiéme, en le privant de tout le profit & émolument qui pourroit revenir de son accusation, & le soumettant, en cas qu'il succombe, à toutes les amendes, peines & condamnations d'un faux accusateur.

Seront condamnés.] Cet article est conforme à l'Ordonnance de Philippe IV. de l'an 1303, conçue en ces termes: *Denunciator vel instructor resarciat denunciato damna & expensas, quas idem denunciatus sustinuerit, nisi de dicto delicto denunciatus fuerit diffamatus, vel ad minus per unum testem idoneum convictus, vel alias appareat probabilis suspicio, ita ut in testimonium non admittatur:* à celle de Philippe VI. de l'an 1326, Charles IX. 1565, art. 2. Et cela est encore confirmé par l'opinion de nos Docteurs, & par les Arrêts qui sont encore rapportés par G. P. quest. 265. *Steph. Aufrer. in decis. Tholos. quæst.* 7. *Faber*, en son Code, *lib* 9, *tit.* 2, *definit.* 2. & *Damhouder, in Prax. cap.* 5 & 6. Mais il faut qu'il apparoisse *de vera & manifesta calumnia:* même le Procureur du Roi, ou du Seigneur Justicier, peut être pris à partie, & être responsable des dommages & interêts, s'il paroît qu'il n'ait pas procedé sincerement, & avec l'intégrité requise à un bon accusateur, & qu'il y ait quelque animosité de sa part. *Non facilè tamen de calumnia Fisci quæritur, sed non debet impunè ferre improbam & evidentem calumniam, arg. L. pen. C. de Advocat. fiscal. L.* 5, *& L. universi* 9, *C. ubi causæ fiscal. Sueton. in Domit. fiscales calumnias magna calumniantium pœna repressit: ferebaturque vox ejus, Princeps qui delatores non castigat, irritat.* Et la raison pour laquelle il est fort juste & équitable que le dénonciateur & le Procureur du Roi en soient tenus en tels cas, est afin que les ennemis des Parties ne puissent pas les susciter si facilement, dans cette espérance que venant à perdre ou à gagner, ils ne baillent ni ne prennent aucuns dépens, *neque dant, neque accipiunt.*

Qui ne se seront pas rendus Parties.] D'autant que bien que la plainte ne soit ni délation ni accusation, *attamen nota & insimulatio est;* & conséquemment qui la propose doit la soutenir, & répondre de l'événement.

¶ Par Arrêt du 14 Décembre 1703, intervenu en la premiere Chambre de la Cour des Aydes, sur les conclusions de M. l'Avocat Général Guillaume-François Joly de Fleury, & rapporté au Journal des Audiences, il a été jugé que le dénonciateur ne peut obliger les héritiers d'un accusé à reprendre le procès criminel.

Le Sieur Thomas, Président en l'Election de Mauleat, avoit fait une dénonciation contre le Sieur Angevin du Coudray, Receveur des Tailles du même lieu, qui étoit mort pendant l'instruction.

Thomas avoit fait assigner les héritiers de du Coudray en la Cour des Aydes ou reprise d'instance, & ceux-ci l'avoient soutenu non recevable, ce qui a été jugé par l'Arrêt, n'y ayant que la Partie civile qui puisse avoir ce droit pour ses dommages-interêts, dont l'action passe contre les héritiers, le dénonciateur au contraire n'ayant d'autre interêt que ce qui regarde le Public, qui cesse par le décès de l'accusé pendant l'instruction.]

ARTICLE VIII.

S'*IL n'y a point de Partie civile*, les procès seront poursuivis à la diligence *& sous le nom des Procureurs*, ou des Procureurs des Justices Seigneuriales.

S'il n'y a point de Partie civile.] De tout crime, soit public ou privé, compétent deux actions; l'une criminelle, dont la fin n'est autre que l'interêt public; & l'autre civile, appellée *mixte*, d'autant que, bien qu'elle descende de crime, elle ne s'intente que civilement, & pour l'interêt de la Partie; car en matiere de délits, la vengeance qui en résulte est la peine envers le Fisc, & la réparation du tort & du dommage envers la Partie; *alterum utilitas privatorum, alterum vigor publicæ disciplinæ postulat.* Comme il y a deux actions qui descendent des crimes, il y a aussi deux sortes d'accusateurs. L'un est le Public, sçavoir le Procureur du Roi, ou celui des Seigneurs, qui poursuit l'interêt public. C'est pour cela que Faber, §. *fin. Inst. de Except.* dit que *in Curiâ Franciæ Procurator Regius est magnus Magister.* Par le Droit Romain, *Procurator Fisci neque accusabat, neque causam Fisci perorabat; sed id fiebat à Fisci Advocatis.* L'autre est l'accusateur privé, qui est la Partie offensée, ou son plus prochain héritier: la différence qu'il y a entre ces accusateurs, est la même que nous avons remarquée entre les deux actions criminelles; l'accusateur public conclut à punition corporelle ou pécuniaire, selon l'exigence du cas, & le privé demande réparation de l'interêt civil qu'il a souffert en sa personne ou en ses biens: ces deux accusateurs sont ordinairement joints ensemble; mais s'il n'y a Partie civile, les Procureurs du Roi ou ceux des Seigneurs en font la poursuite; & si l'accusé est absous, ils ne doivent pas pour cela être condamnés aux dépens, d'autant qu'ils y sont obligés par la nécessité de leur Office: *Qui jure publico utitur, non videtur injuriæ faciendæ causa id facere, & ideò à pœna calumniæ excusatur deficiente probatione, juris enim executio non habet injuriam.* Si toutefois il y avoit dol, concussion, ou calomnie évidente, ou s'il l'avoit fait par un esprit de vengeance, il pourroit être condamné aux dépens, dommages & interêts, non pas au nom du Fisc, mais en son propre & privé nom, parce qu'en ce cas, *ad instar privati redigeretur, L. 2, nisi eundem, C. de his qui accus. non poss. L. tutorem 2, ff. de his quibus ut indign. & L. univers. 9, C. ubi causæ Fisc. ut docet Joan. Fab. in Leg. non est ignotum, C. de admin. tut. nam Fisci Procurator tenetur pro veritate & justitia causam defendere, nullamque causam calumniosè promovere debet.* Et s'il reconnoît que l'accusé est innocent, il doit se désister. *Boër. decis. 324, in pr. Guid. Pap. quæst. 269.*

Sous le nom de nos Procureurs.] C'est le vrai office du Procureur du Roi ou du Procureur Fiscal, d'embrasser la plainte de celui qui a recours à la Justice, principalement s'il ne s'offre aucun délateur ni accusateur; ou pour mieux dire, c'est à lui seul qu'appartient en ce cas l'accusation & la poursuite de la cause publique, *ut testatur Bened. in repet. cap. Raynut. verbo mortuo itaque testatore 1, de testam. num.* 159: même le Juge qui informe & procede d'office, peut dire qu'il procede à sa requête, & le Procureur ne peut le désavouer, si ce n'est qu'il y ait de l'animosité, ou autre abus & malversation de la part du Juge.

Néanmoins l'usage de ce Royaume est que les Procureurs du Roi & ceux des Justices Seigneuriales ne peuvent accuser, qu'ils n'ayent quelque particulier instigateur, suivant l'Ordonnance de Charles IX. faite aux Etats d'Orleans, 1560, art. 73; & à la Loi 5 *post legatum*, §. *Advocatum Fisci*, *ff. de his quæ ut indignis*, où il est dit: *Advocatum Fisci, qui intentionem delatoris exequitur, in omnibus officii necessitas satis excusat;* & ils n'encourent pas par cette raison la peine de la calomnie par le défaut de preuve, d'autant que *qui jure publico utitur, nemini injuriam facit*, *L. injuriarum* 13, §. 15 *qui jure*, *ff. de injur.* & que *subvenitur alicui ratione officii in eo quod non illicitum fit. L. qui restituere* 68, *ff. de rei vindic. L. continet*, *ff. met. caus.* même lorsqu'ils ont eu juste raison d'agir, quoiqu'ils viennent à succomber, & que l'accusé soit renvoyé absous, ils ne sont pas pourtant condamnés aux dépens, de même qu'ils n'en obtiennent point. *Boër. decis.* 324, *n.* 1. Néanmoins ils ne doivent pas employer leur ministere, *nisi aliquibus præcedentibus judiciis aut saltem famâ.*

¶ Le Procureur du Roi ou Fiscal peut informer sur le bruit public; & en ce cas n'ayant point de dénonciateur, il n'est pas responsable des dommages & interêts, s'il arrive que l'accusé soit renvoyé absous, pourvû qu'il ne paroisse point avoir agi par animosité: ainsi jugé par Arrêt rapporté au Journal des Audiences, intervenu en la Tournelle Criminelle le 26 Mai 1691, sur les conclusions de Monseigneur le Chancelier Daguesseau, pour lors Avocat Général. Pareil Arrêt du 28 Juin 1693, au même Journal des Audiences, rendu en la Cour des Monnoies.]

Cependant les Procureurs du Roi, non plus que les Procureurs Fiscaux, ne doivent pas poursuivre indifféremment toutes sortes d'affaires criminelles, quand les Parties se désistent; mais seulement celles qui sont graves & importantes, & dans lesquelles le Public est offensé. ☞ Et l'on peut voir dans le chapitre *qualiter & quando, extra, de accusationibus*, une belle leçon pour la conduite des Procureurs du Roi dans la vengeance des crimes, *ut non ex odii fomite, sed ex charitatis affectu officii sui debitum exequantur.* Le Juge même d'Eglise ne peut prononcer de peine extraordinaire contre un accusé sur la simple Requête de la Partie civile, & sans qu'il y ait une Partie publique. Arrêt à l'Audience de la Tournelle le Samedi 7 Janvier 1708, qui a déclaré sur ce fondement, qu'il y avoit abus dans un Jugement de l'Official de Poitiers.]

TITRE IV.

DES PROCÈS VERBAUX DES JUGES.

Des circonstances qui doivent être énoncées dans les Procès-verbaux.

Article Premier.

Les Juges dresseront sur le champ & sans déplacer, procès-verbal *de l'etat auquel seront trouvées* les personnes blessées, ou le corps mort, ensemble du lieu où le délit aura été commis, & de tout ce qui peut servir pour la décharge ou conviction.

De l'état auquel seront trouvées.] C'est ce qu'on dit communément, *de re priùs quàm de reo inquirendum est ;* & la raison est, parce que *priùs constare debet de crimine, an scilicet commissum sit. L. inde Neratius, §. ult. ff. ad Leg. Aquil. L. 1, §. item illud, ff. de Senat. Sillaniano.* Cette regle est si importante dans la procedure criminelle, qu'il est arrivé que des Juges, pour ne l'avoir pas exactement observée, ont fait mourir injustement des innocens, pour venger le meurtre de personnes qui ont été après exhibées vivantes ; comme on peut voir par les exemples qui sont rapportés par Charondas en ses Pandectes, liv. 4, chap. 3 ; & par Quintilien en sa Déclam. 313.

Dans quel tems ils doivent être remis au Greffe avec les hardes.

ARTICLE II.

LEs procès-verbaux seront remis au Greffe dans les vingt-quatre heures, ensemble les armes, meubles & hardes qui pourront servir à la preuve, & feront ensuite partie du procès.

TITRE V.

DES RAPPORTS DES MEDECINS ET CHIRURGIENS.

Qu'il est permis aux blessés, & à ceux qui agissent pour eux ; de les faire visiter.

ARTICLE PREMIER.

LEs personnes blessées pourront se faire *visiter par Médecins & Chirurgiens, qui affirmeront leur rapport véritable : ce qui aura lieu à l'égard des personnes qui agiront* pour ceux qui seront décedés ; & sera le rapport joint au procès.

Visiter par Médecins & Chirurgiens. ☞ Il y a présentement des Chirurgiens Jurés créés à l'effet de dresser ces sortes de rapports. Voir l'Edit de création, il est de Février 1692 ; le contenu en est rapporté sur l'article suivant.] Par l'Ordonnance de François I, donnée à Valence pour Bretagne, en Août 1536, chap. 2, il est porté, *Que quand il y a excès, battures & navrures, sera incontinent après icelles avenues, soit que mort s'en soit ensuivie, ou non, fait visitation desdits excès, battures & navrures, par Barbiers, Chirurgiens, & gens expérimentés, qui en feront bon, loyal & entier rapport par serment, pour être mis pardevers la Justice, & y avoir tel égard que faire se devra pour la vérification & justification desdits cas.* Cette instruction est d'autant plus essentielle dans la procedure criminelle, que si le blessé étoit décedé pour autre cause que celle de la blessure qu'il a reçue, en ce cas celui qui auroit commis l'excès, seroit seulement responsable de la blessure, mais non pas de sa mort. *L. qui occidit, §. fin. & L. si ex plagis, ff. ad Legem Aquil. C. significasti de homicid. Damhouder, in Prax. cap.* 75. *Battand. reg.* 105. Or c'est une chose qui est du fait & de la connoissance des Médecins & Chirurgiens, de juger si la blessure est mortelle, ou non. *L. semel, C. de re mil. & de cap. num.* 10, *an vulnus lethale sit, debet probari per Medicos.* C'est pour cela qu'ils doivent rapporter au vrai l'état de la blessure, l'instrument qui l'a causée, le lieu de la situation de la plaie, le danger où est le malade, l'état auquel il est, s'ils l'ont trouvé debout dans sa chambre, ou vaquant à ses affaires; & ils doivent rapporter le tout en termes intelligibles, sans affectation de vouloir paroître doctes : car les Chirurgiens, pour la plûpart, cachent ou dissimulent le mal sous l'enveloppe de termes arabes & barbares, dont ils se servent le plus souvent, & qui sont plus capables de faire méconnoître l'état du blessé, que d'enseigner quel il est. Les rapports en Chirurgie concernant les femmes qui sont en âge d'avoir des enfans, & les contre-visites se font de même, à l'exception que les visitations se font non-seulement par un Médecin ou Chirurgien, mais par une Matrone & Sage-femme Jurée, lesquels font leur rapport séparé, les Médecins & Chirurgiens des blessures & des contusions, & la Matrone & Sage-femme du fait de la grossesse, & des accidens de la blessée.

Qui affirmeront leur rapport véritable.] Cela s'entend lorsque les visitations ont été faites sans autorité de Justice : *virtus enim testimonii consistit in juramento, & ad ipsum trahitur :* mais si les rapports sont faits en vertu d'une Ordonnance de Juge, & après le serment des Médecins & Chirurgiens, il n'est pas nécessaire qu'ils affirment de nouveau que leur rapport est véritable; *dummodò sint semel jurati, & ad hoc destinati & commissi in officium, sufficit eorum testimonium de credulitate, L.* 1, *ff. de ventr. inspic. non enim sunt propriè testes, sed magis ut Judices assumuntur ad illum causæ articulum judicandum.*

Ce qui aura lieu à l'égard des personnes qui agiront.] Le défendeur qui veut empêcher l'adjudication de la provision, peut aussi requerir que le demandeur soit visité; & à ces fins qu'il ait à convenir d'un ou de deux Chirurgiens, pour proceder à ladite visitation. Imbert en ses Institut. liv. 3, chap. 3.

Qu'il est permis aux Juges d'ordonner une seconde visite : & comment.

ARTICLE II.

POURRONT néanmoins les Juges ordonner une seconde visite par Médecins *ou Chirurgiens nommés d'office*, lesquels prêteront le serment, dont sera expedié acte : & après leur visite, en dresseront & signeront sur le champ leur rapport, pour être remis au Greffe, & joint au procès, sans qu'il puisse être dressé aucun-

procès-verbal, à peine de cent livres d'amende contre le Juge; moitié vers Nous, & moitié vers la Partie.

Ou Chirurgiens nommés d'office.] Depuis cette Ordonnance, le Roi par son Edit du mois de Février 1692, créa deux Chirurgiens Jurés dans chacune des grandes Villes, & un dans les autres du Royaume; & un Médecin ordinaire du Roi en chacun Ressort: ausquels Chirurgiens Jurés il a entr'autres droits, attribué la faculté de faire à l'exclusion de tous autres Chirurgiens, conjointement ou séparément, les rapports des visitations, qui seront faits tant par Ordonnance de Justice, que dénonciatifs de corps morts, blessés, mutilés, prisonniers ou autrement, en la même forme & maniere que les Chirurgiens, qui étoient ci-devant nommés & commis par le premier Médecin du Roi, faisoient; avec défenses à tous autres Chirurgiens de les troubler, & aux Juges & autres d'avoir aucun égard aux rapports qui leur seroient présentés, ni d'adjuger aucune provision alimentaire ou autre, si lesdits rapports ne sont signés desdits Chirurgiens Jurés, ou de l'un d'eux, en la maniere portée par les Ordonnances & Réglemens sur ce faits. Cet Edit est d'autant plus juste, que la provision pour alimens & médicamens, est la chose la plus délicate à juger de tout le procès criminel, & qu'en cette rencontre il eût été à desirer que les Juges Criminels entendissent la Chirurgie rationnelle, pour n'être pas obligés de se fier aux rapports des Chirurgiens, qui étoient auparavant le plus souvent apostés par les Parties, & pour ne pas adjuger de grandes sommes pour une legere blessure, & de petites sommes pour de grandes blessures. Il faut avoir à cet effet, égard à toutes les circonstances & particularités possibles, & principalement à ce qu'un pere estropié pouvoit gagner pour ses enfans. *& juxta operas quas ipso tempore vitæ suæ exercere ac facere poterat, L. ex hac, ff. si quadru. pauper. fec. dic.*

Qu'un des Commis du premier Médecin du Roi doit assister aux rapports, aux lieux où il y en a

ARTICLE III.

VOULONS qu'à tous les rapports qui seront ordonnés en Justice, assiste au moins un des Chirurgiens commis de notre premier Médecin, aux lieux où il y en a, à peine de nullité des rapports.

TITRE VI.

DES INFORMATIONS.

§ PAR Arrêt du 9 Août 1702, rapporté au Journal des Audiences dans l'ordre de sa date, rendu en la Tournelle Criminelle sur les conclusions de M. l'Avocat Général Joseph-Omer Joly de Fleury, il a été décidé que les Juges subalternes ne peuvent informer ni decreter contre les Commissaires du Châtelet, faisant leurs fonctions.

Les Parties étoient un nommé Milache, Marchand de vin à Paris, & Reversé, qui après beaucoup de liaisons ensemble, s'étant brouillés, Milache avoit fait informer contre Reversé : un incident s'étant formé entr'eux à Pantin, Milache y avoit fait transporter M. le Commissaire Tourton, contre lequel Reversé avoit exercé des violences dont il avoit été fait des informations au Châtelet, & Reversé de sa part avoit fait informer devant le Juge de Pantin, qui avoit decreté entr'autres le Commissaire Tourton d'ajournement personnel.

Sur les appellations respectives, & l'intervention des Commissaires, les procédures ayant été déclarées nulles, & les Parties renvoyées au Bailliage du Palais, la Cour fit défenses au Juge de Pantin & à tous autres, de decreter contre les Commissaires en fonction, & cela fondé sur le caractere de Juges dont ils remplissent les fonctions, & sur ce que tout Juge doit être respecté.

Par autre Arrêt rapporté au même Journal, & intervenu le 27 Janvier 1703 en la Tournelle Criminelle, jugé que l'on n'est pas recevable à demander permission d'informer, de ce que l'on prétend que l'on a supposé un autre homme qui a été enterré sous le nom d'un accusé condamné par contumace, quand on ne s'inscrit point en faux contre l'Extrait-mortuaire.

Matthieu Duval étoit accusé d'avoir exercé sa brutalité sur Elisabeth Vale, âgée de neuf ans ; on lui avoit fait son procès, il avoit disparu, & par contumace il avoit été condamné à être pendu en effigie par Sentence du Châtelet du 23 Octobre 1677.

On prétendit que Matthieu Duval revenu secretement chez son pere à Saint-Leu-Taverny, y étant tombé malade, qu'il y étoit mort le 27 Décembre suivant, & on en rapportoit un Extrait-mortuaire.

Du côté de la fille, on prétendoit qu'il étoit vivant, & qu'on avoit supposé qu'il étoit mort, en faisant enterrer sous son nom un Savoyard décedé chez le pere de Duval, & on opposoit au pere débiteur par un accommodement, une information faite pour prouver l'existence du fils, & une autre pour prouver la supposition, & on demandoit encore permission d'informer par addition de la supposition du décès de Matthieu Duval : mais le pere étant mort, ses héritiers ont soutenu qu'il y avoit fin de non recevoir contre une telle procedure, n'y ayant que l'inscription de faux qui pouvoit détruire l'Extrait-mortuaire rapporté ; ce qui a été ainsi jugé contre les conclusions de M. l'Avocat Général.]

De ceux qui peuvent administrer témoins.

ARTICLE PREMIER.

LES témoins seront administrés *par nos Procureurs*, ou ceux des Seigneurs, *comme aussi par les Parties civiles.*

Par nos Procureurs.] Par l'Ordonnance de Philippe VI. de l'an 1344, il étoit porté, que les informations ne pourroient être faites sous le nom du Procureur Général, s'il n'y avoit Lettres expresses pour cet effet de Sa Majesté, ou du Procureur Général. *Ordinamus ut de cætero virtute Litterarum quæ sub nomine Procuratoris nostri impetrantur, informationes non fiant. nec Litteræ sub nomine Procuratoris concedantur, nisi de nostra expressa scientia, vel nostro Procuratore Generali in sua persona petente.* Néanmoins comme les Procureurs du Roi & ceux des Seigneurs sont établis autant pour l'interêt public, que pour celui du Roi & des Seigneurs, il est juste de leur donner ce pouvoir, comme à ceux qui sont *vindices publici*, *hoc etiam illis conceditur, ut privatis se jungere possint :* mais s'il y a une Partie qui s'offre de faire la poursuite, elle doit être préferée : *quò enim propiùs dolor & injuria contingit, eò magis verus accusator futurus est ; hoc enim fine inventa inquisitio, ut quibus accusator deest, ii Fiscum experiantur scelerum vindicem.*

Comme aussi par les Parties civiles.] Il y a une inquisition simple, par laquelle le Juge peut informer d'office sans accusateur ou dénonciateur : *quasi denunciante famâ, vel deferente clamore officii sui*, comme il est dit *in C. qualiter & quando, de accus.* où est allegué ce qui est dit dans la Genese, *cap.* 18 : *Descendam & videbo utrùm clamorem qui venit ad me, opere compleverint.* Et de cette inquisition générale, le Juge descend à la spéciale contre celui qui est trouvé avoir délinqué : c'est un devoir qui est recommandé à tout bon Juge; *congruit enim bono & gravi Præsidi, curare ut pacata atque quieta sit Provincia quam regit, quòd non difficilè obtinebit, si sollicitè agat, ut malis hominibus Provincia careat, eosque conquirat :* mais cela ne doit être entendu que des crimes publics, desquels le Juge doit informer d'office dès qu'il en est averti, bien qu'il n'y ait autre plainte ni dénonciation, suivant l'Ordonnance de 1560 aux Etats d'Orleans, art. 63. Mais aux simples délits qui n'intéressent pas le Public, il ne doit pas informer sans qu'il y ait plainte de la Partie civile ; & aux autres crimes il se doit donner garde d'informer contre personne en particulier, s'il n'est malfamé par bruit public, parce qu'en ces cas la commune renommée & la voix publique tient lieu de dénonciation : *Inquisitio enim est extraordinarius peragendi reos modus, inde dictum, neminem sine accusatore damnandum, L. rescripto 6, §. si quis accusatorem, ff. de mun. & honor. L. si adulterium 38, §. incestum, ff. ad Leg. Jul. de adult. & in Epist. D. Marci, Non possumus reum facere quem nullus accusat.*

Cet article est pareillement conforme ausdites Ordonnances de Philippe VI, & décide qu'en aucun cas les accusés ne peuvent administrer les témoins, non pas même quand il s'agit de leur enquête d'office, suivant l'art. 6 du titre des faits justificatifs, qui porte que les Juges les doivent administrer d'office, lorsque les Procureurs Généraux ou leurs Substituts ne peuvent les administrer ; & cette doctrine est fondée sur cette maxime, qu'il n'est pas permis à l'accusé de produire des témoins en matiere criminelle pour la justification de son innocence ; autrement ce seroit un piége, & il n'y auroit point d'accusé qui n'eût l'adresse de susciter lui-même des témoins, & de se procurer par ce moyen une justification anticipée.

Que les impuberes peuvent être reçus à déposer.

ARTICLE II.

LES *enfans* de l'un & de l'autre sexe, quoiqu'au dessous de l'âge de puberté, *pourront etre reçus à deposer*, sauf en jugeant d'avoir par les Juges tel égard que de raison à la nécessité & à la solidité de leur témoignage.

☞ *Les enfans, &c.*] Ils ne sont admis que comme témoins nécessaires, sauf à examiner la solidité de leur témoignage.]

Pourront être reçus à deposer.] Pourvû qu'on ne puisse pas avoir d'ailleurs des preuves

preuves pour découvrir la vérité du fait ; car s'il y en avoit d'autres, il faudroit s'en tenir à la disposition commune du Droit, qui ne veut pas que le témoignage, non-seulement des impuberes, mais même des mineurs de vingt-cinq ans, soit admis en matiere criminelle, *ut habetur in L. testium, L. Juliam, & L. invito* 19, *ff. de test. & in cap.* 14, *quæst.* 3. La raison est, parce que, *propter lubricum consilii*, ils ne peuvent pas avoir assez de jugement pour bien considerer ce qu'ils voyent ou entendent, ni assez de constance pour en déposer avec certitude ; *Leg. cùm Prætor*, §. *non autem, ff. de jud.* §. *prætereà, Inst. quibus non est perm. fac. test. cùm infirmum sit impuberum judicium, à testimonio repelluntur. Accac. de test. num.* 127. Platon, *lib.* 7 *de Legib.* dit d'eux, *pueros, quoniam pudentiæ fontem nondùm perfectum habent, non solùm acerrimos & petulantissimos, sed & insidiosissimos omnium bestiarum esse.* Mais au défaut de toute autre preuve, & *quando veritas aliter sciri non potest*, leur témoignage est reçu, *ne delicta probationum defectu impunita remaneant ;* & s'il ne peut pas être suffisant pour operer une pleine & entiere condamnation, il vaut indice, & sert du moins pour infliger quelque peine, ou pour ordonner la question. C'est le sentiment de nos Docteurs, & particulierement de *Hyppolitus de Marsil.* en sa Pratique criminelle, §. *diligenter, num.* 80 ; de *Jul. Clar. in Prax. quæst.* 24, *num.* 19. *Sic judicatum Burdigalæ, an.* 1526, *testatur Boërius, decis.* 260 ; Charondas en ses Pandectes, liv. 4, tit. des récollemens & confrontations ; *Angel. consil.* 367 ; & *Grav. consil.* 35, *num.* 7.

Les affaires criminelles sont beaucoup plus importantes que les civiles ; c'est pour cela que la Loi, dans le choix des personnes qui peuvent être ouies en témoignage, fait différence des matieres criminelles d'avec les civiles : ceux dont le témoignage n'est pas recevable en matiere civile, ne peuvent pas aussi être ouis en témoignage dans les affaires criminelles ; mais des personnes peuvent être ouies en matiere civile, & ne le peuvent pas être en matiere criminelle. Par exemple, les puberes pouvoient par la Loi être ouis en témoignage aux causes civiles, *L.* 3, §. *lege, ff. de testib.* & ils ne le pouvoient pas être aux causes criminelles, à moins qu'ils ne fussent majeurs de vingt-cinq ans, *L. in testimonium* 20, *ff. eod.* Il est vrai que Seneque, 3. contr. 20, dit, *nihil puero teste certius esse ;* mais cette opinion *declamatorem magis quàm jurisperitum decet.*

Que les Laïcs & les Ecclésiastiques peuvent être contraints à déposer.

ARTICLE III.

TOUTES personnes assignées pour être ouies en témoignage, récollées ou confrontées, seront tenues de comparoir pour satisfaire aux assignations ; & pourront y *être les Laïcs contraints par amende* sur le premier défaut, & par emprisonnement de leurs personnes en cas de contumace ; *même les Ecclésiastiques* par amende, au payement de laquelle ils seront contraints par saisie de leur temporel. Enjoignons aux Supérieurs réguliers d'y faire comparoir leurs Religieux, à peine de saisie de leur temporel, & de suspension des priviléges à eux par Nous accordés.

Les Laïcs être contraints par amende.] Il est juste que le témoin qui n'a point d'excuse valable qui le puisse dispenser de porter témoignage, soit contraint de venir dépoſer, par amende, ſaiſie & vente de ſes biens, ſuivant la Loi *certum*, *ff. de reb. cred.* C'étoit la voie dont on ſe ſervoit anciennement pour contraindre ceux qui n'obéiſſoient pas aux Mandemens & Ordonnances des Magiſtrats. *Excipe tamen conſanguineos & affinitate conjunctos, qui favore conjunctionis cogi nequeunt, modò ſint proximi uſque ad tertium gradum incluſivè. Azon. in tit. Cod. de teſtib. verſ. in causâ tamen criminali. Bart. in tract. an frater poſſit eſſe teſtis in causâ criminali fratris.* Les Procureurs & les Avocats ne peuvent pas non plus être contraints à dépoſer contre leurs cliens, *quoniam eis tanquam Confeſſoribus veritas aperitur, L. 1, ff. de prævar. Spec. in tit. de Advocat. §. nunc tractemus, col. fin. verſ. caveant & ſeq.* En Grece, l'amende étoit de mille drachmes; & ils avoient une accuſation particuliere pour cela, qu'ils appelloient λιποµαρτυρίου, Ayrault en ſon Inſtruction judiciaire, liv. 3, art. 2, n. 26: même on procedoit contre eux extraordinairement, comme ſujets à la peine *Legis Cornel. de falſ. Bart. reg. 45, num. 1, 2, 3, 9; & Jacobus de Bellioviſu, lib. 2, cap. 6, num. 35.*

Et quoique les témoins ſoient ainſi contraints à dépoſer, leur dépoſition n'eſt pas pour cela cenſée être faite par force & contrainte, mais volontairement; d'autant que la force qui leur eſt faite n'eſt que pour les contraindre à comparoir, & non pour dépoſer à l'encontre de la Partie, ſuivant la doctrine de Bald. *in L. ſi quando, ff. de teſtibus, ne defectu probationis crimina remaneant impunita, ut not. Felin. C. delictorum 10, num. 3 de teſtib. cog. Quòd ſi admoniti ſe non excuſent, tunc eſt præſumpta malitia, ſecundùm Gloſ. dict. cap. & in cap. pervenit, eod.* Il faut pourtant excepter les proches parens, leſquels ne peuvent pas être contraints à dépoſer. *L. 4 & 5, ff. de teſtib. Lege enim Juliâ cavetur ne invito teſtimonium denuncietur adverſus eos qui ſunt in priore gradu.* Il eſt vrai que les Auteurs des Baſiliques ont reſtraint *hoc caput Legis Juliæ* aux cauſes criminelles, *ut colligitur ex Eclog. Baſilic. lib. 21, tit. 1, verſ.* ἄκων οὐδεὶς μαρτυρεῖ ἐπὶ ἐγκληματικῷ δικαστηρίῳ, *&c.*

Néanmoins l'Empereur Juſtinien ordonna, que les témoins pourroient être contraints à dépoſer, tant aux cauſes pécuniaires qu'aux criminelles, *Conſt. 16 & pen. C de teſt.* Ce qui eſt confirmé par Accurſe, *ad L. 4 denuncietur, ff. de teſt.* excepté les perſonnes *quæ Legibus cogi vetantur, ut apparet ex L. libertorum 12, C. de teſtib. L. 1, §. 9. L. 10, §. nec debet, ff. de quæſt. L. pridem G, C. eodem Gomeſ. 3, reſol. 12, num. 14; & ex ſententiâ Azonis in tit. de teſtib. C. verſic. in causâ tamen criminali; & Bart. in tract. an frater poſſit eſſe teſtis in causâ criminali fratris.* L'Avocat, le Médecin & le Procureur ne peuvent auſſi être contraints à dépoſer, *ne propter eorum munus prævaricatores habeantur, L. 1 de Procur. Spec. in tit. de Advoc. §. nunc tractemus, col. fin. verſ. caveant.* La raiſon eſt, parce qu'on découvre la vérité ſous le ſceau de la confeſſion. Il faut encore obſerver qu'un témoin qui s'abſente, ou qui s'écarte pour ne pas porter témoignage, eſt non-ſeulement tenu de tous les dépens, dommages & interêts, mais encore il tombe dans le crime de faux. *Innocent. in c. 1, ext. de crim. falſ.*

Même les Eccléſiaſtiques.] Cette queſtion eſt amplement traitée par Guy Pape & ſes Commentateurs, en ſa queſtion 65, où il rapporte un Arrêt par lequel il fut jugé, qu'un Prêtre ou un Religieux ne doit être contraint à porter témoignage en matiere criminelle, ſans l'autorité de ſon Evêque, Abbé ou Prieur, d'autant qu'il n'a point de volonté que celle de ſon Supérieur, *Can. non dicatis 12, quæſt. 1*: mais s'ils dépoſent ſans l'autorité de leur Supérieur, leur dépoſition eſt valable, & ce à cauſe de la faveur des crimes qui ne doivent pas demeurer impunis faute de preuve, *L. item vulneratus, ff. ad Leg. Aquil. Faber in ſuo Cod. lib. 4, tit. 15, defin. 10.*

De la forme qu'on doit observer en l'audition des témoins.

ARTICLE IV.

LEs témoins avant que d'être ouis, *feront apparoir de l'exploit* qui leur aura été donné pour dépoſer, dont ſera fait mention dans leurs dépoſitions. Pourront néanmoins les Juges entendre les témoins d'office & ſans aſſignation, en cas de flagrant délit.

Feront apparoir de l'exploit.] Cela eſt ainſi requis, parce que ſi un témoin, ſans être ajourné, s'ingeroit de lui-même à dépoſer, il ſe déclareroit ſuſpect, & il témoigneroit par-là avoir plutôt affection de condamner que de dépoſer. Il y va même de l'honneur & de l'interêt des témoins, *ne cupidi teſtimonium dicant*, d'autant que par ce moyen les accuſés n'ont point de ſujet de rien entreprendre contr'eux, & que la préſomption eſt que celui qui vient dépoſer, parce qu'il eſt aſſigné & contraint par le Juge, le fait avec plus de retenue que s'il s'offroit & ſe produiſoit lui-même pour dépoſer.

Mais le principal motif de l'Ordonnance eſt, afin que le Juge ne reçoive point d'autre témoin que celui qui lui ſera adminiſtré par les Procureurs Généraux & par les Parties civiles, ſuivant la Loi *qui accuſare*, *C. de edendo*, qui donne la liberté à l'accuſateur de ſe choiſir ſes témoins, ſans que l'accuſé ait droit de les lui indiquer, ni de le forcer à les faire ouir, de même que l'accuſé a le choix de ceux qu'il veut faire ouir pour ſa juſtification. Tel eſt le ſentiment des Docteurs, & particulierement de Loces, en ſon Traité *de teſtibus*, *num.* 111, & d'Urſillus ſur la déciſion 216 de *Matth. de Afflict.* & même l'accuſateur a la faculté de déclarer qu'il ne veut point produire le témoin, quoiqu'aſſigné, comme remarque Capic. en ſa déciſ. 39, à moins que le témoin n'ait été préſenté au Magiſtrat, & qu'il ait juré, parce qu'en ce cas le témoin eſt rendu commun à l'accuſé : c'eſt ce que Boërius rapporte en ſa queſt. 245. *Si teſtes*, dit il, *producti ſint & jurati in judicio, & poſteà pars producens velit renunciare illis teſtibus, & eorum productioni, ut non examinentur, non poteſt facere alterâ parte invitâ, quia per productiones illi teſtes ſunt facti communes ;* & alors quand les témoins ſont produits par l'accuſé, ils ne peuvent plus être reprochés.

ARTICLE V.

LEs témoins *prêteront ſerment*, & ſeront enquis de leur nom, ſurnom, âge, qualité, demeure, & *s'ils ſont ſerviteurs ou domeſtiques*, parens ou alliés des Parties, & en quel degré ; & du tout ſera fait mention, à peine de nullité de la dépoſition, & des dépens, dommages & interêts des Parties contre le Juge.

Prêteront ſerment.] C'eſt pour empêcher que les témoins ne ſe laiſſent pas ſi facilement corrompre pour dépoſer faux, qu'on les oblige à jurer de dire & dépoſer la vérité, *L. jurisjurandi*, *C. de teſtib. & ut ſcribitur*, *lib.* 5, *cap.* 162, *& lib.* 7, *cap.* 107. *Capitular. Carol. Magn. teſtes priuſquàm interrogentur, ſacramento debent conſtringi, ut jurent ſe nihil falsò dicturos.* Car, comme dit Simmachus, *plurimùm* *valet ad metum delinquendi, etiam præsentia religionis urgeri.* Aussi cela est si fort requis, que si le témoin déposoit sans prêter le serment, son examen seroit nul, comme fait & reçu contre la forme & solemnité du Droit, *arg. L. non dubium, C. de Leg.* Dailleurs, *non creditur injuratis, L. jurisjurandi 9, L. testium 18, C. de testib.* Le serment des témoins est si fort de l'essence de leur déposition, qu'aux matieres civiles & criminelles les Juges ne peuvent pas les dispenser de jurer, d'autant que *necessitatem Lex imponit, non voluntatem permittit* : de sorte que quand Xenocrate, duquel les Atheniens ne voulurent pas exiger le serment, reviendroit au monde, il ne pourroit pas en être exempt. Cela a lieu aux matieres criminelles, lorsque le crime est capital, quand même les Parties auroient convenu de le faire autrement ; mais aux affaires pécuniaires ce pacte est valable, *quoniam quisque fortunarum suarum moderator est & arbiter, L. liber homo 13, ff. ad Leg. Aquil. Leg. ult. ff. de his qui effud. vel dejec. L. in re mandata 21, Cod. mandat. Mas. vol. 1 de Prob. quæst. 5, num. 108. Farin. quæst. 74, num. 84 & seq. Gail. 1, obs. 101, num. 2.*

S'ils sont serviteurs ou domestiques.] Cela est conforme à l'Ordonnance de Blois, art. 203, & ce afin qu'on puisse plus facilement découvrir les faits des reproches contre les témoins, *& ut ex responso testium magis pateat utrùm testimonii dictionem habeant necne.*

☞ C'est présentement une Jurisprudence certaine, que l'omission d'un de ces deux termes, *serviteurs* ou *domestiques*, emporte la nullité de la déposition ; il ne suffit pas d'enquerir les témoins s'ils sont *serviteurs*, il faut aussi exprimer le mot *domestique.* Je l'ai vû ainsi juger plusieurs fois à la Tournelle, notamment le Vendredi 8 Avril 1702, sur les conclusions de M. le Premier Président Portail, lors Avocat Général, plaidant M. Tartarin pour le nommé le Maistre, Chanoine de Boulogne, & M. le Coeur pour le Chapitre. Cette Jurisprudence est fondée sur ce que les termes, *serviteurs & domestiques*, ne sont point synonimes, & que celui de *domestiques* s'entend de ceux qui demeurent dans une même maison.]

Que les Juges ne peuvent commettre pour écrire les informations, si ce n'est en cas de légitime empêchement des Greffiers ou Commis.

ARTICLE VI.

LEs Juges, même ceux de nos Cours, ne pourront *commettre leurs Clercs* ou autres personnes, *pour écrire les informations* qu'ils feront dedans *ou dehors leur Siége*, s'il y a un Greffier ou un Commis à l'exercice du Greffe, si ce n'est qu'ils fussent absens, malades, ou qu'ils eussent quelqu'autre légitime empêchement.

Commettre leurs Clercs.] Papon dans son Recueil d'Arrêts, liv. 4, article 2, rapporte cinq Arrêts du Parlement de Bordeaux, par lesquels il fut défendu aux Juges Royaux de prendre pour Scribes leurs Clercs, au préjudice des Greffiers, *quibus*, dit Ciceron, *pericula Magistratuum committuntur.* La raison est, d'autant que les Greffiers doivent être personnes publiques, sans qu'il dépende des Juges de les prendre à leur dévotion, suivant l'Ordonnance d'Innocent III. *in cap. cum P. Tabellio. de fide instrum.* & à cause que les Parties compulsent plus facilement un Greffier, que s'il falloit s'adresser au Clerc domestique du Juge.

☞ *Pour écrire les informations.*] Il n'en est pas de même des Enquêtes, pour lesquelles les Conseillers des Cours commettent leurs Clercs. Cela se pratique ainsi au Palais.

Au reste, le Greffier-Commis doit prêter serment, sinon la procedure est nulle.]

Ou dehors leur Siége.] Lors de la lecture de cet article dans les Conférences tenues par ordre du Roi, il fut observé par M. le Premier Président, qu'au Parlement on avoit déclaré des informations nulles, pour n'avoir pas été reçues par un Greffier ou par un Commis au Greffe, mais par un Clerc d'un Conseiller qui étoit en commission; parce que les Commis du Greffe Criminel sont établis, & sont personnes connues, & ont serment en Justice. L'usage pourtant au Grand Conseil est contraire.

ARTICLE VII.

POURRONT néanmoins ceux qui exécuteront des commissions émanées de Nous, *commettre telles personnes* qu'ils aviseront, ausquelles ils feront prêter le serment. Exception du précedent article.

Commettre telles personnes.] La raison est, parce que ce sont des Jurisdictions différentes, celle du Commettant où ledit Greffier n'a que faire, & celle du Commis, *Salicet. in L. fin. C. ubi & apud quem*: mais en ce cas les Greffiers commis doivent avoir la commission signée du Juge. Jugé par Arrêt de Grenoble de l'an 1461, rapporté par *Matth. de Afflict.* décis. 317. Papon, *d. L.* art. 2 & 6.

Abrogation des Adjoints hors des cas de l'Edit.

ARTICLE VIII.

DÉFENDONS l'usage des Adjoints dans les informations; sinon aux cas *portés par l'Edit de Nantes.*

Portés par l'Edit de Nantes.] Le Lecteur pourra voir ce que j'ai remarqué sur l'art. 12 du tit. 31 des Enquêtes de l'Ordonnance civile. J'ajouterai seulement qu'il est prétendu par Filleau, en ses Décis. cath. décis. 85, que par un Arrêt rendu par la Chambre de l'Edit de Paris du 3 Août 1629, en interprétation des articles 65 & 66 de l'Edit de Nantes, les Juges ne sont pas obligés de prendre un Adjoint, sinon aux procès de ceux de la R. P. R. qui seront jugés prevôtalement; mais que cette prétention ne peut avoir lieu dans la Sénéchaussée de Montpellier, & autres qui sont expressément dénommées dans l'Edit, par un privilége spécial, auquel cet Arrêt ne peut déroger, comme le même Auteur explique ensuite dans l'addition à la décision 141, sur le sujet du pouvoir que Sa Majesté donna à Monsieur le Président Barentin, Commissaire départi dans la Généralité de Poitiers, de proceder sans Adjoint, tant à l'instruction qu'au Jugement souverain des Ministres, Anciens & autres de la R. P. R. du Poitou. Cela est encore confirmé par la Déclaration du Roi, donnée à S. Germain-en-Laye le 18 Novembre 1679, vérifiée au Parlement de Toulouse le 3 Janvier 1680, qui ordonne au Présidial de Nîmes d'envoyer neuf Officiers dans la Ville de Marvejols, pour y administrer la Justice aux Sujets du Roi des Pays des hautes

Cevenes & Gevaudan, pendant le tems de six semaines ; par laquelle il est porté entr'autres choses, *que pour ôter tout sujet de difficulté en ce qui pourra concerner les procès qui seront à faire à ceux de la R. P. R. lorsqu'il échoira de juger un accusé de ladite Religion, il soit pris un Adjoint de la même Religion pour assister à l'instruction ; Jugement de compétence & Jugement diffinitif, si ce n'est que parmi le nombre des huit Officiers du Présidial il s'en trouvât un faisant profession de la R. P. R. non accusé, auquel cas il servira d'Adjoint, sans qu'à raison de l'article 67 de l'Edit de Nantes, confirmé par le 24 de la Déclaration de 1669, suivant lesquels les domiciliés de la R. P. R. pouvoient demander d'être renvoyés aux Chambres de l'Edit, pour le Jugement de la compétence aux cas prevôtaux, les domiciliés de ladite Religion puissent, sous ce prétexte, empêcher que lesdits Officiers du Présidial jugent leur compétence.*

Il y a eu trois Arrêts donnés par la Chambre de l'Edit de Languedoc, sur le sujet des Adjoints, qui méritent d'être remarqués. Le premier, au procès criminel d'entre Rosier & Pellet, par lequel il fut jugé, que quand toutes les deux Parties étoient de la R. P. R. le Commissaire, quel qu'il fût, pouvoit prononcer valablement sans Adjoint, singulierement en matiere de confrontemens, parce que le prévenu étoit confronté au témoin, & que le Commissaire l'examinoit en sa présence. Le second, du 3 Mars 1651, au procès de Sernolles contre la Demoiselle de Fournes, par lequel elle cassa une enquête faite de son autorité par le Juge de Castres, pour avoir procedé sans Adjoint, quoique les deux Parties & le Commissaire fussent de la R. P. R. & que l'article 61 de l'Edit de Nantes ne se doive rapporter qu'aux causes où les Parties sont de différente Religion. Le motif de cet Arrêt fut l'usage que le Parlement de Toulouse avoit accoutumé d'observer de prendre un Adjoint en toutes les enquêtes, même entre les Catholiques. Voyez Maynard, liv. 4, ch. 71 ; Imbert, liv. 1, ch. 39. Et le troisiéme, le 15 Avril 1673, par lequel il fut jugé qu'une Partie de la R. P. R. qui avoit choisi un Commissaire Catholique pour l'exécution d'un Arrêt, ne nécessitoit pas sa Partie Catholique à prendre un Adjoint de la R. P. R. d'autant que ce seroit un moyen pour se rendre favorables les deux Commissaires, l'un à raison du choix qu'il en auroit fait, & l'autre à cause de la Religion. Il est vrai que l'Arrêt réserva à celui de la R. P. R. de prendre un Commissaire de sa Religion, si bon lui sembloit. L'usage des Adjoints dans les informations & instructions des procès criminels, *ès cas portes par l'Edit de Nantes*, est abrogé, aussi-bien que dans les autres cas, comme nous avons remarqué sur l'art. 12 du tit. 31 des Enquêtes.

Formalités qui doivent être observées en recevant la déposition.

ARTICLE IX.

L*A déposition sera écrite par le Greffier en présence du Juge, & signée par lui, par le Greffier & par le témoin*, s'il sçait ou peut signer, sinon en sera fait mention ; & chaque page sera cottée & signée par le Juge, à peine de tous dépens, dommages & interêts.

La déposition sera écrite par le Greffier.] Ces mots sont très-remarquables pour servir d'avertissement aux Juges qu'ils doivent eux-mêmes proceder à rédiger les dépositions, & les dicter aux Greffiers, sans s'en remettre à eux pour toutes les choses qui regardent la procedure criminelle, qui ne peut pas être déléguée ni commise à autre personne qu'au Juge, qui est indispensablement obligé d'y vaquer lui-même ; suivant l'Authent. *apud eloquentissimum*, *C. de fide instrum. Clement. Judices*, *de Offic. deleg.* & la Loi 3, §. 3, *versic. nam ipsos interrogare soleo*, *ff. de testib.* & l'Ordonnance de 1539, art. 144 & 145, & l'article 64 de l'Ordonnance d'Orleans. ☞ Mais le Juge ne pourroit pas rédiger lui-même par écrit la déposition, quand ce seroit un Prevôt des Maréchaux qui se trouveroit par cas fortuit à l'endroit du délit.

¶ Le Juge qui procede à l'audition des témoins venus à révelation, en conséquence des Monitoires publiés, doit rédiger mot à mot tous les faits desquels chacun des témoins peut avoir connoissance, & ne peut se servir desdites révelations que comme mémoires seulement. Ainsi jugé par Arrêt rapporté au Journal des Audiences, intervenu en la Tournelle Criminelle le 18 Février 1699.]

En présence du Juge.] L'information est un véritable crayon du crime, & le Juge s'en sert comme d'un tableau, dans lequel il découvre toutes les circonstances, sur lesquelles, après la procedure instruite, il prononce la peine que mérite le criminel, ou son absolution : c'est pour cela que le Juge la doit faire lui-même, & ne la pas commettre à un autre, à moins d'une excuse légitime ou d'une nécessité indispensable, *arg. c.* 1 *de testib. cog. Farin. quæst.* 77, *num.* 178 & 196 ; *Costal. in L.* 15, *ff. de jurej. Gail.* 1, *observ.* 96. On a douté si un Notaire pouvoit être commis, d'autant que la Loi 3, *C. de Tabul.* semble les en exclure ; mais il n'y a pas lieu d'en douter, puisqu'il résulte de la Loi 3, §. dernier, *ff. de offic. ej. cui mand. est Jurisd.* que *Prætor potest privato mandare Jurisdictionem*, & par conséquent l'audition & examen des témoins, tant aux causes civiles que criminelles. Le Juge & ceux qui sont commis, doivent bien examiner les témoins, & prendre garde que l'information soit faite selon les formes & les regles prescrites par la Loi, par l'Ordonnance & par l'usage, pour pouvoir juger ensuite *secundùm allegata & probata. L. illicitum*, §. *veritas*, *ff. de offic. Præs.*

Par Arrêt de la Cour des Aydes de Montpellier, donné en l'Audience le 22 Septembre 1698, entre Pierre Dorier, Receveur au Grenier à Sel de Bagnols, appellant du Lieutenant des Gabelles du Saint-Esprit, contre Joseph Portal, intimé ; & encore ledit Dorier, demandeur par Requête du 20 dudit mois, en cassation, par contravention à l'Ordonnance, de l'enquête faite devant Notaire à la requête dudit Portal, en se départant aussi de celle faite à sa requête devant autre Notaire : ladite Cour, sans avoir égard aux enquêtes faites par les Parties, mit l'appellation & ce au néant ; & en la cause retenue, admit ledit Dorier à vérifier, tant par actes que par témoins, que les précedens Fermiers des Gabelles ne payoient le louage de l'entrepôt dont il s'agissoit, qu'à raison de trente livres l'année, & ledit Portal la convention par lui alléguée sur le pied de cinquante-cinq livres, & ce pardevant un des Sieurs Conseillers en la Cour, qui se trouvoit sur les lieux, ou en son absence pardevant autre Commissaire de la qualité requise, plaidant Eustache & Saunier.

Néanmoins dans le procès-verbal desdites Conférences tenues par ordre du Roi, tit. 3 des plaintes, &c. lors de la lecture de l'article 2, Monsieur Talon, cet illustre Avocat Général, qui a été l'oracle du Palais, dit que les Huissiers du Châtelet sont fondés en titre & possession de faire des informations, lorsqu'ils sont commis par les Juges ; & que si on abolissoit cet usage, les Parties en souffriroient, parce que les frais seroient plus grands ; & que bien qu'il y eût des abus dans les commissions qui se donnent dans les Provinces aux Sergens, Archers & Notaires, le même inconvénient ne se rencontroit pas à Paris : d'où l'on peut tirer cette conséquence, que n'étant pas défendu par l'Ordonnance aux Notaires de faire des informations quand ils sont commis, ainsi qu'il leur est défendu de recevoir les plaintes, ils peuvent se maintenir dans cette possession, parce que cela leur eût été sans doute défendu, si le Roi avoit voulu réformer cet usage.

Et signée par lui, par le Greffier & par le témoin.] C'est pour empêcher qu'on ne puisse rien alterer dans la déposition, & pour éviter par ces précautions la soustraction & l'enlevement de quelques feuillets de l'information, qui emporteroit nécessairement la déposition de quelque témoin.

ARTICLE X.

LA déposition de chacun témoin sera rédigée *à charge ou à décharge.*

A charge ou à décharge.] Il est du devoir d'un bon Juge qui procede à une information, d'informer soigneusement du fait, de celui qui l'a commis, de la qualité & circonstances qui s'y rencontrent. Ces circonstances regardent tant la personne que la chose. Celles qui regardent la personne, sont la qualité, l'âge, le sexe, les moeurs & les déportemens; & celles qui regardent la chose, sont la maniere en laquelle le fait a été commis, la cause, le tems, le lieu, l'instrument, & autres semblables; & si les témoins déposent du fait, il faut remarquer si c'est pour avoir vû ou oui & entendu, & comment: car la science des témoins est réduite à ces deux articles, *vidi, audivi; alterutrum qui expressit, officio suo functus est*; & s'ils parlent des indices, les examiner exactement, & leur en demander la raison: *circumstantiæ enim (ut dicebat Hilarius Episcopus) illuminant dicta.*

Il y a bien des Juges & des Commissaires-Examinateurs qui tombent dans cette faute, d'omettre les circonstances qui vont à la décharge, s'imaginant qu'au lieu de se montrer neutres en qualité de Juges, ils doivent bâtir les procedures à l'avantage & au gré de ceux à la requête de qui ils les font; mais cette Ordonnance leur apprend ce qu'ils doivent faire pour ce regard, & en ceci elle est conforme à l'Ordonnance d'Henri III. de l'an 1579, art. 203, des Etats de Blois, par laquelle *il leur est enjoint d'examiner les témoins sur la pleine vérité du fait dont sera question, tant pour ce qui concerne la charge que la décharge des accusés.* La raison est, *quia sunt culpæ in quibus culpa est relaxare vindictam; quærenda est igitur veritas ut inquiri valeat utrum accusatum noxa condemnet, an à pœna innocentia patefacta subducat. Ivo Carnot. lib. 9 Decret. cap.* 126.

ARTICLE XI.

LES témoins *seront ouis secretement* & séparément, & signeront leur déposition, *après que lecture leur en aura été faite*, & qu'ils auront déclaré qu'ils y persistent, dont mention sera faite par le Greffier, sous les peines portées par l'article 5 ci-dessus.

Seront ouis secretement.] La raison est, parce qu'on croit que le témoin dépose plus véritablement lorsqu'il est oui en secret, que s'il venoit à déposer en présence

ſence des Parties, dont la crainte ou la conſidération pourroit retenir ou corrompre leur témoignage, ſuivant le chapitre *Venerabilis*, *extra de teſtib.* & la Loi *Si quando*, *C. eod.* qui ſont rapportés par Faber en ſon Code, liv. 4, tit. 15, défin. 52. Et c'eſt pour cette même raiſon, que lors de l'audition des témoins, les Parties qui les adminiſtrent ne peuvent être préſentes à leur dépoſition, & que par Ordonnance du Roi François I, chap. 1, art. 10, les informations peuvent être faites, ſans qu'il ſoit beſoin d'appeller les délinquans, & ceux que l'on prétend être chargés de la pourſuite des crimes & délits publics.

Il faut pourtant obſerver que ce qu'on pratique, d'ouir & d'examiner les témoins, eſt contraire à la pratique des Romains, leſquels avoient accoutumé de les ouir *præſentibus litigatoribus*, & de permettre aux accuſateurs de les interroger, & aux témoins de répondre. *Cic. in Orat. pro Flac. Ubi eſt, inquit, illa laus Oratoris quæ vel in accuſante anteà, vel in patrono ſpectari ſolebat? Benè teſtem interrogavit, callidè acceſſit, reprehendit, quò noluit adduxit, convicit & elinguem reddidit. Aſcon.* III. *Verr. loqui niſi interrogato teſti non licebat, interrogatur autem & ab eo contrà quem productus.* Il eſt vrai qu'on avoit accoutumé d'en demander la permiſſion au Juge, comme il ſe recueille de *Cic.* II *Orat. Licet, inquit, rogare, Philippus? Tum quæſitor properans, modo breviter.* Il y en a pluſieurs autres exemples rapportés par le docte Briſſon, 5 formul.

Cet uſage ſe trouve encore dans le Droit, Nov. 90, *cap. ult. L.* 16 & *pen. C. de Teſtib. L.* 18, *C. de fide inſtrum.* Ce que quelques-uns ont voulu mal à propos expliquer du ſerment du témoin, lors duquel ils ont requis la préſence de la Partie; mais cela doit être entendu de l'audition des témoins ſuivant les Loix préallé-guées. Ce qui donne lieu à cet uſage, ou, pour mieux dire, à cet abus, d'ouir les témoins ſecrettement, eſt qu'on a cru que ce qui eſt dit dans la Loi *Nullum* 14 *de Teſtib. teſtes intrare Judicis ſecretum*, vouloit dire que *in ſecreto & remotis arbitris interrogarentur*; mais c'eſt une erreur, car ce *ſecretum* ne ſignifie autre choſe *quàm ſecretarium, id eſt, Judicii locus, ut in L. pen. C. ub. Sen. vel Clariſ. L.* 3, *C. de offic. div. Jud. L.* 2, *C. de proxim. ſacr. ſcrin. L. pen. C. de accuſ.* comme remarque *Matthæus, de crimin. ad lib.* 48, *ff. tit.* 15 *de Probat. num.* 9.

Après que lecture leur en aura été faite.] C'eſt afin qu'ils ſoient par-là plus particulierement avertis de bien penſer à ce qu'ils ont dépoſé, & après que les dépoſitions leur ont été répétées, de ne pas ſe dédire ni varier; car s'il arrive que lors du récollement fait par le Juge, le témoin retracte ſa premiere dépoſition, non-ſeulement on n'y doit point avoir égard, mais de plus il eſt ſujet à une peine, ſuivant la Loi *qui falſò* 16, *ff. de Teſtib.* la Loi *Corneliâ falſ.* & *cap. cùm in tua, ext. de Teſtib. Fab. in ſuo Cod. lib.* 4, *tit.* 15, *deſin.* 55. *Jul. Clar. in prax. quæſt.* 25. Néanmoins on doit conſiderer les diverſes circonſtances qui s'y peuvent rencontrer; ſçavoir, celui qui a fait l'information, de quelle maniere il a procedé, en quel tems ou en quel lieu le témoin a dépoſé, & quelle eſt ſa perſonne, s'il ſe dédit en tout, & dénie avoir dépoſé ce qui eſt écrit, & qu'il a ſigné, ou ſi ſeulement il varie, & en quoi eſt la variation; s'il y a eu du dol de la part du témoin, ou de l'imprudence & ſimplicité ſeulement: & ſuivant les diverſes circonſtances, le Juge pourra ſe déterminer s'il doit recevoir la variation du témoin, ou le punir pour avoir varié; car le témoin eſt puniſſable, *ſi vacillet in teſtimonio*, c'eſt-à-dire ſi tantôt il affirme ou nie une même choſe: *L. ex libero* 15, *pr. L. unius* 28, §. *teſtes* 3, *ff. de quæſt.* juſques-là que ſi en matiere de crime le témoin *vacillavit circa caput & ſubſtantiam ſceleris*, & non pas ſeulement ſur les circonſtances, *torqueri poteſt. Plautus in Trucul. Callicles, vide quæſo, homini ne facias injuriam, unus solus causam dicit, testes vinctos attinet.* Or le témoin est dit *variet, qui modò ait, modò negat, cujus vox, vultus, color, pedes suspectum falsi testimonium faciunt.*

ARTICLE XII.

AUCUNE interligne ne pourra être faite; & sera tenu le Greffier faire approuver les ratures, & signer les renvois par le témoin & par le Juge, sous les mêmes peines.

De la taxe des frais & salaires des témoins.

ARTICLE XIII.

LA taxe pour *les frais & salaires des témoins* sera faite par le Juge. Défendons à nos Procureurs & à ceux des Seigneurs, *& aux Parties, de donner aucunes choses aux témoins*, s'il n'est ainsi ordonné.

Les frais & salaires des témoins.] Il n'y a rien de plus raisonnable, si ce n'est que le témoin soit payé de ses frais, suivant la Loi *Quoniam* 11, *C. de Testibus.* Même ils n'étoient pas tenus de partir de leur maison, qu'on ne leur eût baillé un homme qui les conduisît pour les défrayer, comme Ciceron, *pro Flacco*, rapporte: *Adjunxit illa ut eos qui domo exire nolebant, testimonii denunciatione terreret; qui domi stare non poterant, largo & liberali viatico commoveret.* Et *Jacobus de Bellovisu, lib.* 2, *cap.* 3, tient que lorsque les témoins ne veulent pas partir de la maison sans être payés, ils doivent répondre à l'Exploit qui leur est donné, qu'ils sont si pauvres, qu'ils n'ont pas de quoi fournir aux frais & à la dépense du voyage: mais à l'égard de leurs journées & vacations, qui est ce que cet article appelle *salaires*, on n'a pas accoutumé de les payer aux témoins outre leurs frais, à moins que ce ne soit un homme de métier, Laboureur, Vigneron, Artisan, ou autre, *qui manibus victum quærat.* Papon en ses Arrêts, liv. 6, tit. 12, art. 6. La raison est, *quia officium his non debet esse damnosum. L. sed & si quis, ff. quemadm. testam. aper.* Voyez ce que j'ai remarqué sur l'article 19 du titre des Enquêtes de l'Ordonnance civile.

Et aux Parties, de donner aucunes choses aux témoins.] Lors de la lecture de cet article dans les Conférences tenues par ordre du Roi, il fut dit: Qu'il n'est pas juste que les témoins viennent de loin pour déposer, sans que la Partie civile leur donne quelque argent pour leur subsistance, & pour les frais de leur voyage. Quoique le reproche le plus ordinaire qu'on propose contre un témoin, soit qu'il a reçu de l'argent, & qu'il dise que c'est pour les frais du voyage, cela laisse quelque soupçon dans l'esprit des Juges, qu'ils l'ont reçu pour déposer. Néanmoins ce reproche ne donna jamais aucune atteinte à la déposition du témoin, parce que pour le rendre valable, il faudroit qu'il avouât avoir reçu de l'argent pour déposer faux, ou que l'excès de la somme fût une preuve évidente de la corruption. Aussi l'article ne contient pas une prohibition absolue par la restriction qu'il y a, *s'il n'est ainsi ordonné par le Juge.*

Qu'une déposition nulle par défaut de formalité, peut être réiterée par le Juge.

ARTICLE XIV.

LES dépositions *qui auront été déclarées nulles* par défaut de formalité, *pourront être réiterées*, s'il est ainsi ordonné par le Juge.

Qui auront été déclarées nulles.] Cet article décide formellement, que bien que les dépositions soient nulles, la procedure n'est pas pour cela cassée, mais la déposition des témoins rejettée. On a pourtant douté s'il ne falloit pas casser toute la procedure & information, lorsqu'il y avoit quelque nullité dans les dépositions, d'autant que les procedures en Justice sont indivisibles, & que la nullité en une partie emporte la nullité du tout. Néanmoins, suivant la maxime du Droit, par laquelle *utile per inutile non vitiatur*, l'Ordonnance veut qu'on rejette les dépositions nulles, & qu'on reçoive les autres; & c'est sur ces fondemens, que par Arrêt du Parlement de Provence de l'année 1605, recueilli par Boniface, tom. 2, part. 3, chap. 4, il fut jugé que l'information n'étoit pas nulle pour avoir été oui partie des témoins sans avoir prêté serment; ni la continuation d'information, pour avoir été oui de nouveau quelques témoins de l'information; mais que la déposition de ces témoins devoit être rejettée.

Pourront être réiterées.] Cette question est traitée par Faber en son Code, *lib.* 4, *tit.* 15, *defin.* 47, & il tient que lorsqu'on n'a pas observé les formalités requises, les témoins doivent être ouis tout de nouveau (comme s'ils ne l'avoient pas été) pardevant un autre Commissaire-Examinateur que celui qui a procedé la premiere fois; *ne iterùm peccet, qui jam semel peccavit.* Et *Jacobus de Bellovisu*, en sa Pratique criminelle, *lib.* 2, *n.* 46 & 47, rapporte neuf cas dans lesquels *testes possunt iterari*: & pour ce qui est des formalités qui peuvent donner lieu à la disposition de cet article, l'Ordonnance s'entend de celles qui sont requises par les articles 4, 5, 9, 10, 11 & 12.

§ Mais s'il n'a pas été ordonné que les dépositions qui auront été déclarées nulles par défaut de formalité, pourront être réiterées, c'est une nullité de faire entendre de nouveau ces mêmes témoins; ainsi qu'il a été jugé par Arrêt rapporté au Journal des Audiences dans l'ordre de sa date, rendu en la Tournelle Criminelle le 30 Décembre 1702, sur les conclusions de M. l'Avocat Général Joseph-Omer Joly de Fleury.

L'Official de Lyon, à la requête du Promoteur, avoit informé contre un Curé nommé Valla, qui ayant interjetté appel de la procedure, avoit obtenu Arrêt qui l'avoit déclarée abusive, sans dire qu'elle seroit refaite par un autre Official, & que les mêmes témoins pourroient être entendus de nouveau.

Cependant le Vice-Gérent, qui avoit assisté au Jugement déclaré abusif, avoit fait une nouvelle procedure, & entendu les mêmes témoins.

Appel comme d'abus par Valla: jugé qu'il y avoit abus, comme l'a dit M. l'Avocat Général; 1°. Parce qu'il n'étoit point nécessaire que l'Arrêt prononçât que la nouvelle procedure seroit faite par un autre Juge, d'autant que l'Edit de 1695 y pourvoit en l'article 37.

2°. Parce qu'il y a plusieurs dispositions canoniques qui défendent d'entendre les mêmes témoins; mais que l'article 14 de ce titre 6 a temperé cette rigueur, & a fait dépendre ce point de la prudence des Juges supérieurs, qui, s'ils ne le disent pas, on ne peut pas entendre de nouveau les mêmes témoins; pourquoi il fut dit par l'Arrêt qu'il y avoit abus.]

Défenses de communiquer les informations qu'aux Procureurs du Roi, ou à ceux des Seigneurs.

ARTICLE XV.

DEFENDONS aux Greffiers *de communiquer les informations*, & autres piéces secrettes du procès, ni de se désaisir des minutes, *sinon entre les mains de nos Procureurs*, ou de ceux des Seigneurs, qui s'en chargeront sur le registre, & marqueront le jour & l'heure, pour les remettre incessamment & au plus tard dans trois jours, à peine d'interdiction contre le Greffier, & de cent livres d'amende, moitié vers Nous, & moitié vers la Partie.

De communiquer les informations.] Cela est conforme à l'Ordonnance de François I, donnée à Valence pour Bretagne, en Août 1536, par laquelle *il est défendu à tous Officiers de bailler aux Parties chargées & accusées, & contre lesquelles auroit été procedé par information, la communication ou copie desdites informations, soit à eux, ou à autre pour eux, sur peine de privation de leurs Offices, & de peine corporelle:* & à un Arrêt de Réglement du Parlement de Toulouse, rapporté par la Roche, livre 2 de ses Arrêts, tit. 8, art. 1.

Sinon entre les mains de nos Procureurs.] Cet article est conforme aux Ordonnances de Charles VII. de l'an 1446; de Charles VIII. 1493, art. 92; de Louis XII. 1497, art. 171 & 172; & de François I. 1535, chap. 2, art. 9 & 10; par lesquels il est porté, *que toutes informations seront premierement apportées au Greffe, & par le Greffier baillées au Procureur du Roi pour les voir, & faire tels requisitoires qu'il lui plaira.*

Que les Rapporteurs peuvent prendre la minute.

ARTICLE XVI.

POURRONT aussi les Rapporteurs retirer les minutes, pour s'en servir dans la visite du procès, & seront tenus de les remettre vingt-quatre heures après le Jugement, sous les mêmes peines.

Dans quel tems le Greffier commis d'office est tenu de remettre la minute au Greffe, & comment il doit être payé.

ARTICLE XVII.

LEs Greffiers commis par les Officiers de nos Cours, seront tenus de remettre leurs minutes, *ès Cours qui les auront commis*, dans trois jours après la procedure achevée, si elle s'est faite au lieu de la Jurisdiction, ou dans les dix lieues, & sera le délai augmenté d'un jour pour la distance de chaque dix lieues; à peine de quatre cens livres d'amende, moitié vers Nous, & moitié vers la Partie. Ce qui sera exécuté par le Greffier commis, quoiqu'il n'eût encore reçu les salaires, dont en ce cas lui sera délivré exécutoire par le Greffier ordinaire, suivant la taxe du Commissaire, qui n'en pourra prendre aucuns frais.

Es Cours qui les auront commis.] Ceux qui travaillent en vertu d'une commission, se rendent sujets à la Jurisdiction dont leur commission émane, tant ès matieres civiles que criminelles; & s'ils commettent quelque faute, ils en doivent être punis par le Juge qui a donné la commission, suivant la doctrine de Jean Fab. *ad L. quod promulgatis 2, C. de offic. Præfect. urb. juxta. L. militibus, ff. de custod. reor. L. inofficiales, C. de offic. rect. provinc. Masuer. in prax. tit. de pœn. Rebuffe ad Constit. Reg. Tract. de Citat.* Il faut encore observer que le Commissaire ne peut pas retenir pardevers lui la copie de la procedure qu'il a faite, afin que l'accusé, par la corruption du Greffier qui a écrit sous lui, ou des Clercs, n'en découvre le secret, & que par la subornation des témoins il n'évite la peine qu'il a méritée.

Que les Greffiers en toutes Cours Royales & Seigneuriales, sont obligés de tenir un Registre de toutes les procedures faites ou apportées au Greffe.

ARTICLE XVIII.

ENJOIGNONS aux Greffiers, Gardes-sacs de nos Cours, Grand Conseil & Cours des Aydes, de *tenir un Registre particulier*, relié & chiffré, contenant au premier feuillet le nombre de ceux dont il sera composé: Ce qui aura lieu aux Siéges Présidiaux, Bailliages, Sénéchaussées, Maréchaussées, Prevôtés, & de toutes les autres Justices Royales & Seigneuriales, dont le Registre sera paraphé en tous les feuillets par le Juge Criminel, pour y être par les Greffiers, tant de nos Cours que les autres, enregistrées toutes les procedures qui seront faites ou apportées, & leur date, ensemble le nom & la qualité du Juge & de la Partie, de suite, & sans aucun blanc : pour raison de quoi le Greffier ne pourra prendre aucuns droits ni frais, & seront tenus de se charger & décharger sur le Registre, les Officiers qui doivent prendre communication des piéces.

Tenir un Registre particulier.] C'est afin que l'intégrité & la fidélité y soit observée, & que les procedures criminelles soient plus soigneusement gardées. Cassiodore écrivant au Greffier de Ravenne, parle en ces termes : *Apud cunctos Præsides de tua cura litigatur, Jus omnium sollicitudine tuâ custoditur.*

☞ Il résulte de cet article une différence qui n'est pas sensible au premier coup d'œil, entre les Registres ici prescrits aux Greffiers des Cours, & ceux des Greffiers des autres Siéges & Juges. Les Registres des Greffiers des Cours seront seulement chiffrés, & contiendront au premier feuillet le nombre de ceux dont ils seront composés ; mais les Registres de tous autres Juges seront paraphés en tous les feuillets par le Juge criminel.]

Du devoir des Greffiers pour l'envoi de l'extrait du Registre aux Greffes où les appellations ressortissent.

ARTICLE XIX.

LES Greffiers des Prevôtés & Châtellenies Royales, & ceux des Seigneurs, seront tenus *d'envoyer par chacun an*, au mois de Juin & de Décembre, au Greffe du Bailliage & Sénéchaussée où ressortissent leurs appellations médiatement ou immédiatement, un extrait de leur Registre criminel, dont leur sera baillé décharge sans frais. Et ceux des Bailliages, Sénéchaussées & Maréchaussées seront tenus au commencement de chacune année, d'envoyer à notre Procureur Général, chacun dans son ressort, un extrait de leur dépôt, même l'état des Lettres de grace ou d'abolition entérinées en leurs Siéges, avec les procedures & Sentences d'entérinement, & la copie des extraits qui leur auront été remis par les Greffiers des Justices inférieures l'année précédente.

D'envoyer par chacun an.] Cela est conforme à l'Ordonnance d'Henri III. aux Etats de Blois, art. 184 ; & la raison est, afin que les Supérieurs puissent être informés du devoir & de la diligence que les inférieurs qui ressortissent à eux, ont faite pour la poursuite & recherche des crimes, & proceder contr'eux, en cas de connivence & négligence, comme il est porté par l'article 21 de l'Ordonnance de Cremieu, l'article 63 de l'Ordonnance d'Orleans, & les articles 139, 140, 145, 146 de ladite Ordonnance de Blois, par lesquels il est enjoint aux Juges de vaquer diligemment à l'expédition des procès criminels.

TITRE VII.

DES MONITOIRES.

Que tous Juges peuvent permettre d'obtenir Monitoires.

ARTICLE PREMIER.

TOUS Juges, même Eccléſiaſtiques, & ceux des Seigneurs, pourront permettre *d'obtenir Monitoire, encore qu'il n'y ait aucun commencement de preuve*, ni refus de dépoſer par les témoins.

D'obtenir Monitoire.] Même en matiere civile. Comme les Eccléſiaſtiques n'ont point d'autre voie pour contraindre, ils uſent de cenſure & d'excommunication; & il n'y a rien de ſi ordinaire aujourd'hui, pour avoir preuve & révélation du crime pourſuivi ou à pourſuivre devant le Juge Laïc ou Eccléſiaſtique, que d'avoir recours aux Monitoires & Cenſures, & de s'aider de ce remede que la diſcipline eccléſiaſtique a propoſé, a cauſe de la crainte & de la terreur que les Chrétiens ont d'être bannis & ſéparés de la communion de l'Egliſe par le foudre de l'excommunication: *Excommunicatio enim eſt animadverſione gladii ſpiritualis Eccleſiæ communione Sacramentorum & Fidelium ſeparatio. Bonav. par.* 1. *Centiloquii, ſect.* 27, *p.* 67, *col.* 1, *tom.* 6. C'eſt pour cela que *dicitur excommunicatio quaſi excluſio à communione.* Les Anciens, plus jaloux de leur Religion & de leurs cérémonies, n'avoient accoutumé d'en uſer que contre les coupables qui étoient convaincus & condamnés, contre leſquels ils demandoient à leurs Pontifes des imprécations & des malédictions, comme remarque Ayrault en ſon Inſtruct. judic. l. 3, art. 2, nomb. 31. Et Appien & Plutarque rapportent dans la vie de Craſſus, qu'afin qu'on en fit plus de cas, & qu'elles donnaſſent plus de crainte, on n'en uſoit que de cent ans en cent ans une fois: & à l'égard de notre uſage, quoique l'article de l'Ordonnance qui prohiboit de décerner des cenſures eccléſiaſtiques, ſinon en cas de crime & ſcandale public, ait été abrogé par l'Edit du 16 Avril 1571, art. 18, & celui d'Henri III. de l'an 1586, qui permettent d'octroyer Monitions aux cas permis par les Conciles & Decrets; c'eſt avec cette modification que les Eccléſiaſtiques ne pourroient être excommuniés pour argent par eux dû, ſauf à leurs créanciers à proceder par voie d'exécution ſur leurs biens meubles & immeubles: auſſi ne ſeroit-il pas à propos d'en uſer pour des cauſes légeres, ſuivant le Canon *Nullus* 11, *quæſt.* 3, & la Novelle 123, comme pour de petites ſommes, des injures verbales, des excès peu conſidérables, & autres choſes de cette nature, afin que le glaive de la cenſure ne ſoit pas mépriſé; ce qui a été même obſervé par les Payens: car Plutarque rapporte, que quand on ordonna à la Religieuſe de Minerve à Athenes de maudire Alcibiade, elle répondit très-pieuſement, *que ſa profeſſion étoit de benir, & non pas de maudire.* Il faut pourtant remarquer, que l'intention de ces Ordonnances n'est autre, que d'empêcher qu'on n'use d'excommunication que pour de grands crimes & pour de grandes considérations; mais qu'elles n'entendent pas réprouver les Censures & les Monitions obtenues *ad fines revelationis*, parce qu'autrement ce seroit ôter les moyens de découvrir la vérité des choses, & offenser Dieu en la celant, & la société humaine, *quæ nullâ aliâ re continetur.* Et c'est aussi de cette maniere qu'il faut entendre le Concile de Trente, au chap. 3 de la 25e Session *de reform.* quand il parle du recouvrement des choses perdues & dérobées, que c'est seulement pour en avoir preuve & révélation.

☞ Si l'on demande au Juge, en conséquence de la plainte, permission d'informer & d'obtenir Monitoire, en ce cas le Monitoire fait partie de l'information.]

Encore qu'il n'y ait aucun commencement de preuve.] La raison est, parce que les Monitoires ne sont concedés, sinon *in subsidium, & quando veritas alio modo haberi non potest.* Et ainsi le tient Sotus, *in* 4, *dist.* 22, *quæst.* 1, *art.* 2. *& Navar. tit. de restit. lib.* 3. Même on pouvoit faire publier des Monitions avant la contestation de la cause, d'autant que la Monition est un interrogatoire de conscience, & qu'on peut en tout état de cause, après l'ajournement donné, faire interroger la Partie, comme il a été jugé par un Arrêt rapporté par Bacquet en son Traité des Droits de Justice, chap. 7, nombre 30.

Que la permission accordée par le Juge, oblige les Officiaux à les accorder.

ARTICLE II.

ENJOIGNONS aux Officiaux, à peine de saisie de leur temporel, d'accorder les Monitoires que *le Juge aura permis d'obtenir.*

Le Juge aura permis d'obtenir.] C'est-à-dire le Juge Ecclésiastique entre personnes ecclésiastiques, & le Laïc entre personnes laïques, d'autant qu'il n'est pas juste qu'on entreprenne rien contre les personnes séculieres sans la permission & congé du Juge qui a Jurisdiction sur elles; autrement le Monitoire ne se doit ni ne se peut légitimement obtenir, suivant la Nov. 123, & le titre *de Sentent. excomm. cap. nemo* 11, *quæst.* 3, non pas même d'autorité de l'Official ni de l'Evêque, qui ne peuvent pas accorder cette permission, comme il a été jugé par deux Arrêts de la Cour des Aydes, rapportés par Desp. tom. 2, tit. 10, sect. 2, art. 2 des témoins, nomb. 26, *versic.* 5, si ce n'est qu'il s'agit de l'exécution des Jugemens ou contumaces par eux donnés, auquel cas les Juges Ecclésiastiques peuvent proceder par censures ecclésiastiques, suivant l'Edit du Roi Henri III. de l'an 1586. Il faut remarquer encore, que quoique la publication du Monitoire ne puisse être déniée à la Partie requerante, de quelque qualité qu'elle soit, il a été jugé en la Chambre de l'Edit de Normandie, le 28 Mai 1603, qu'une personne qui fait profession de la R. P. R. ne peut user des Monitions ou Censures ecclésiastiques, & qu'il faut qu'elle se serve du ministere du Procureur du Roi, n'étant pas juste que ceux qui n'ajoutent pas foi aux cérémonies de l'Eglise, en profitent, suivant le chapitre *Uti de immunitate Ecclesiæ*, & le chapitre 2 *ne Cler. vel Monach. Ext.* & le Canon *Frater & Coëpiscopus* 17, *quæst.* 4.

Voyez

Voyez Forget en son livre 1, chapitre 12. A l'égard du crime de duel & de rencontre, il n'est pas nécessaire d'avoir la permission du Juge. Il est porté par l'Edit du Roi de Réglement général sur les duels, de l'année 1679, article 23, *que sur la simple requisition qui sera faite par les Procureurs Généraux ou leurs Substituts, il sera décerné des Monitoires par les Officiers des Evêques des lieux, lesquels seront publiés & fulminés selon les formes canoniques, contre ceux qui refuseront de venir à reclamation de ce qu'ils sçauront touchant les duels & rencontres arrivés.*

Formalités qui doivent être observées dans la concession des Monitoires.

ARTICLE III.

LES Monitoires ne contiendront autres faits *que ceux compris au Jugement* qui aura permis de les obtenir, à peine de nullité, tant des Monitoires, que de ce qui aura été fait en conséquence.

Que ceux compris au Jugement.] Avant cette nouvelle Ordonnance, il falloit présenter Requête à la Cour où le procès étoit pendant, avec les articles sur lesquels on vouloit avoir Monitoire, & faire accorder les faits & articles à l'Avocat ou Procureur contraire, & au Procureur du Roi, quand le Roi ou le Public y avoit interêt.

☞ Du Jeudi 17 Décembre 1705, en la Grand'Chambre, sur les conclusions de M. Portail, Avocat Général, Arrêt qui enjoint à l'Official & au Greffier de l'Officialité de Langres, de garder à l'avenir des minutes des Monitoires que l'Official accorde. Le motif de l'Arrêt est, afin que l'on puisse connoître si le Monitoire ne contient point d'autres faits que ceux compris au Jugement qui a permis de l'obtenir; connoissance à laquelle on ne pouvoit parvenir sans cette minute, parce que la Partie qui obtient le Monitoire, après la publication, le retirant des mains des Curés, il étoit aisé d'éluder la prévoyance de cet article.]

§ En conséquence de cet article & de cet Arrêt du 17 Décembre 1705, il a été jugé en la Grand'Chambre, sur les conclusions de M. le Nain, Avocat Général, par Arrêt du 26 Février 1707, rapporté au Journal des Audiences, que le Monitoire dont étoit question étoit abusif, ne s'étant pas trouvé conforme aux faits exposés dans la Requête à fin de permission d'informer.

La contestation étoit entre François Santus & Marie-Anne Perigon sa femme, & autres Perigon; sur quoi M. l'Avocat Général ayant dit que les maximes étoient bien constantes à cet égard, la Cour a dit qu'il y avoit abus dans le Monitoire.]

ARTICLE IV.

LES personnes *ne pourront être nommées ni désignées* par les Monitoires, *à peine de cent livres d'amende* contre la Partie, & de plus grande, s'il y échet.

Ne pourront être nommées.] Il faut que la Monition soit conçue en termes généraux, sans dénomination d'aucune personne par nom ou surnom de l'accusé, ou soupçonné; autrement il y auroit abus en la procedure, & il faudroit y proceder de nouveau par censures ecclésiastiques en forme de droit; & la raison eſt, parce qu'on bleſſeroit par ce moyen l'honneur & la réputation d'un homme, bien qu'il n'y eût point de révelation contre lui, & qu'il n'eſt pas permis de rechercher la vérité aux dépens de l'honneur d'une perſonne. C'eſt pour cela que Notre Seigneur avertiſſant ſes Diſciples de la trahiſon qu'on tramoit contre lui, ne voulut nommer ni montrer perſonne au doigt; mais il ſe contenta de dire indéfiniment, *unus veſtrûm me traditurus eſt*, ſans déſigner ni nommer Judas, quoiqu'il ſçût bien que ce devoit être lui. *Dominus noſter*, dit Tertullien, diſcourant de la patience & équanimité chrétienne, *inſidiatoribus ceſſit; parùm hoc, ſi non etiam & proditorem habuit ſecum, neque tamen conſtanter denotavit:* & il obſerve auſſi dans le même endroit, que l'incertitude des Apôtres ſur le fait de la trahiſon de leur Maître, ne proceda que de l'expreſſion douteuſe qu'il en fit, par une douceur toutefois imitable à tous ceux de la ſuite. Et au livre 4 contre Marcion, le même Auteur dit, que Notre Sauveur ne voulut pas nommer le mauvais riche dans l'Evangile, parce qu'il en parloit avec opprobre, bien qu'il ſçût que c'étoit Hérode; & au contraire il nomma le Lazare, parce qu'il parloit de lui avec éloge. Saint Paul, à ſon exemple, en la 1re aux Corinthiens, ch. 5, écrit qu'il y avoit un Quidam déféré pour cas d'inceſte avec ſa belle-mere; mais c'eſt en des termes ſi obſcurs, qu'il ſemble enveloper le crime de ce Particulier ſous le nom général d'une Communauté: *Omninò*, dit-il, *auditur inter vos ſtuprum, & hujuſmodi ſtuprum, quod nec inter gentes nominatur, ut uxorem quis patris habeat.*

Voyez les autorités & Arrêts qui ſont rapportés par Deſp. tit. 10, ſect. 2, art. 2 des témoins, nomb. 26. Il y a encore cette raiſon, que ſi l'on nommoit ou déſignoit ceux que l'on ſoupçonne, ils ſe pourroient valablement oppoſer à la publication des Monitoires & Réaggraves, prendre les Lettres pour un libelle diffamatoire; & n'étant point nommés ni déſignés, nul ne peut empêcher la publication qu'il ne s'accuſe; & lorſque les oppoſans qui ne ſont point nommés ni déſignés, y forment oppoſition, on les prend à partie, on informe contr'eux, & la publication du Monitoire ſe continue toujours.

Ni déſignés.] Il n'eſt pas permis non plus d'uſer dans les Monitoires de démonſtration ni de déſignation de la perſonne accuſée ou ſoupçonnée, par ſa profeſſion, ſes vêtemens, ſa ſtature, & des habitudes qui la puiſſent faire connoître, *can.* 1, *quæſt.* 5, 1 *cap. ſi Sacerdos, de Offic. ordin.* parce que la déſignation *vice nominis fungitur;* enſorte que la perſonne peut être auſſi facilement connue, que ſi elle étoit nommée par nom & ſurnom, *L. nominatim* 34, *ff. de cond. & dem. & L. certum, ff. ſi certum pet.* Par la même raiſon, l'on ne doit comprendre dans les Lettres Monitoires les choſes apparentes par titre, parce que tel remede n'eſt inventé que pour les choſes cachées, & celles qu'on ignore; comme il a été jugé par deux Arrêts rapportés par Papon en ſon Recueil d'Arrêts, liv. 18, tit. 7, art. 12.

Lors de la lecture de cet article dans leſdites Conférences tenues par ordre du Roi, il fut dit par M. Talon, Avocat Général, qu'il y a des cas auſquels il eſt impoſſible de ne pas déſigner les Parties contre leſquelles les Monitoires ſont obtenus. Dans l'accuſation de l'adultere, le nom du mari complaignant étant en tête du Monitoire, l'on met enſuite tous ceux & celles qui ſçavent qu'une certaine perſonne, femme du complaignant, &c. Peut-on une déſignation plus formelle? Cependant il eſt impoſſible d'en uſer autrement; & autant de fois que l'on a interjetté appel comme d'abus de ces Monitoires, ils ont été confirmés par Arrêt du Parlement.

A peine de cent livres d'amende.] L'Ordonnance ne dit pas, *à peine d'être déchu de faire proceder de nouveau à la publication des Monitoires*, ce qui vuide la difficulté qu'on a fait autrefois, & sur laquelle il fut donné Arrêt par le Parlement de Paris, recueilli par Peleus, liv. 3 de ses Actions forenses, art. 92, par lequel il fut jugé, que quoique les témoins d'une enquête nulle ne puissent pas être ouis derechef, *propter semel obstrictam fidem*, il n'y avoit pas apparence que pour la faute de celui qui avoit fait dresser les Lettres Monitoires, le demandeur fût privé de découvrir la vérité du crime.

Peine contre les Curés & Vicaires qui refusent de publier les Monitoires.

ARTICLE V.

LES Curés & leurs Vicaires *seront tenus à peine de saisie* de leur temporel, à la premiere requisition, *faire la publication du Monitoire*, qui pourra néanmoins, en cas de refus, être faite par un autre Prêtre nommé d'office par le Juge.

Seront tenus à peine de saisie.] Le pouvoir que les Juges ont de permettre la publication des Monitoires, & l'obligation dans laquelle les Prêtres & Gens d'Eglise sont d'exécuter leurs Sentences & Ordonnances sans difficulté, est confirmé par l'article 21 de l'Ordonnance de Blois, dont voici les termes : *Pour duquel crime avoir révelation, pourront lesdits Évêques & nos Officiers faire publier Monitions, au tems qu'ils verront propre & opportun, par toutes les Paroisses.* Comme les Empereurs & les Rois ont de tout tems usé eux-mêmes des excommunications, ainsi que les Loix de Justinien, de Charlemagne, de Charles IX, & autres reçues par les Ecclésiastiques, en font foi, *L. cùm recta, L. cùm velimus, C. de sum. Trinit. & fid. Cath. ex Nov. de sanctissimis Episc. cap.* 11; *Carolus Magnus, Capitul. lib.* 1, *cap.* 36; il n'y a nul doute qu'ils n'ayent pû aussi communiquer en cela leur pouvoir à leurs Officiers.

Faire la publication du Monitoire.] Sa Majesté ayant été informée qu'au Parlement de Guyenne, lorsqu'il y avoit un Monitoire publié, on le faisoit signifier par un Prêtre à ceux que l'on croyoit pouvoir déposer, a par Arrêt du Conseil d'en-haut du 10 Août 1679, *défendu les significations des Monitoires, soit par des Prêtres ou d'autres personnes que ce soit.* Le motif de cet Arrêt est, d'autant que c'est contre l'ordre qu'un Prêtre fasse une signification comme un Sergent, n'ayant point de serment à Justice, ni de pouvoir émané d'icelle.

ARTICLE VI.

SI après la saisie du temporel des Officiaux, Curés ou Vicaires, à eux signifiée, *ils refusent d'accorder* & de publier le Monitoire, nos Juges pourront ordonner la distribution de leurs revenus aux Hôpitaux ou pauvres des lieux.

Ils refusent d'accorder.] Le Concile de Trente, sess. 25, chap. 3, défend aux Magistrats séculiers, *ne Episcopos adducant, ut hujusmodi litteras inviti concedant*, & en laisse la disposition à l'arbitrage des Evêques; mais l'Ordonnance a permis la saisie du temporel des Officiaux, des Curés & de leurs Vicaires, en cas de refus de les accorder & publier, & la distribution de leurs revenus aux pauvres, par cette raison que *publicè interest non manere impunita delicta. L. ita vulneratus 51, §. ult. ff. ad Leg. Aquil. L. locatio 9, §. quod illicito, ff. de public. & vectig.*

De la taxe des droits de la publication.

ARTICLE VII.

LES Officiaux ne pourront prendre ni recevoir pour chacun Monitoire plus de trente sols, leurs Greffiers dix, y compris les droits du sceau, & les Curés ou Vicaires dix sols, à peine de restitution du quadruple ; sans néanmoins qu'aux lieux où l'usage est de donner moins, les droits puissent être augmentés.

De l'opposition à la publication des Monitoires.

ARTICLE VIII.

LES opposans à la publication du Monitoire, seront tenus élire domicile dans le lieu de la Jurisdiction du Juge *qui en aura permis l'obtention*, à peine de nullité de leur *opposition* ; & pourront sans Commission ni Mandement y être assignés, pour comparoir à certain jour & heure dans les trois jours pour le plus tard, si ce n'est *qu'il y eût appel comme d'abus.*

Qui en aura permis l'obtention.] Quand les opposans aux Monitions & Censures ecclésiastiques qu'on publie, sont personnes laïques, il les faut ajourner devant le Juge séculier, qui est leur Juge, pour dire les causes d'opposition, parce qu'une Monition ne peut faire qu'un homme laïc opposant à icelle, *mutet forum ;* & si la Monition portoit cette clause, *& in casu oppositionis citetis ad certum diem coram nobis opponentes fori nostri*, sans distinguer les Clercs d'avec les Laïcs, elle seroit abusive, & entreprendroit sur la Jurisdiction laïque, parce que par les Ordonnances de nos Rois, & entr'autres par celles du Roi Louis XII, publiées en l'an 1512, & de François I. de 1539, art. 4, *les Laïcs ne peuvent être convenus ni appellés pardevant les Juges d'Eglise, sinon en matiere pure spirituelle & ecclésiastique, comme en matiere de mariages, des dixmes, des Sacremens, ou autres semblables ;* & à cette fin il est enjoint aux Juges ecclésiastiques d'exprimer aux citations qu'ils décernent contre les Laïcs, les causes d'icelles, pour voir si la connoissance leur en appartient, ou non.

§ *Oppositions.*] Ne peuvent être jugées que par le Juge laïc, par la permission duquel les Lettres monitoires ont été obtenues, publiées, pour avoir preuve des faits articulés pardevant lui ; ainsi qu'il a été jugé par Arrêt du 8 Janvier 1556, rapporté par Chopin, *L. 2 de sacra Politia, tit. 3, num. 4 ;* & si l'Official dans ses Lettres monitoires avoit inseré la clause, qu'en cas d'opposition, les Parties seroient assignées pardevant lui, cette clause seroit abusive, & l'appel comme d'abus seroit indubitable.]

Qu'il y eût appel comme d'abus.] C'est-à-dire, que le Monitoire ait été publié pour un fait dont la preuve ne puisse être reçue par témoins, suivant la disposition des Ordonnances Royaux. Ce fut par ce moyen que Vacher se pourvut au Parlement de Dijon, contre la concession & expédition d'un Monitoire octroyé à Sicier, pour avoir des révelans sur ce qu'il prétendoit que Vacher avoit dit en divers endroits, qu'il s'étoit servi de l'argent que Sicier lui avoit donné en garde, & que cette preuve n'étoit aucunement contraire à l'Ordonnance de 1667, art. 2, tit. des faits qui gissent en preuve, lequel exclut la preuve par témoins en un dépôt volontaire qui excede la somme de cent livres; & par l'Arrêt qui intervint le 5 Juillet 1670, il fut jugé, que le Monitoire dont étoit question avoit été mal concedé, expédié & fulminé; sur le tout les Parties mises hors de Cour & de procès. Cet appel peut être fondé sur le défaut du Monitoire en la forme, comme si on y avoit nommé & désigné des personnes, ou inseré d'autres faits que ceux qui sont contenus dans le Jugement; ou sur la qualité de la matiere, comme si le Monitoire étoit obtenu pour un fait dont la preuve n'est pas recevable; ou sur la qualité de la personne, comme si on prétendoit informer de l'adultere commis par une femme du vivant de son mari, qui ne se plaint point de sa conduite.

Les appels comme d'abus ont tiré leur origine de ce que les Ecclésiastiques de France étant maltraités par les Papes Clement VII, Benoît XIII. & Jean XXIII, refugiés en Avignon, ils eurent recours au Roi Charles VI. pour être déchargés des subsides extraordinaires qu'ils leur imposoient très-souvent; & le Roi donna une Ordonnance, par laquelle il défendit l'exécution des Rescrits, Mandats & Bulles que les Papes pourroient donner à l'avenir, au préjudice des franchises & libertés de l'Eglise Gallicane; mais comme ils craignirent qu'elle leur fût préjudiciable, ils en poursuivirent & obtinrent la suppression: & enfin, le redoublement des exactions les ayant obligés de former une Pragmatique des Decrets du Concile de Basle, & à demander au Roi lors regnant d'en être le protecteur, le Roi enjoignit aux Juges Royaux de la faire exactement observer: d'où les Parlemens ont pris occasion de s'attirer la connoissance de ce qui dépend de la Jurisdiction de l'Eglise, au moyen des appels comme d'abus, quoiqu'ils ne doivent pas être admis que dans les cas ci-dessus exprimés, qui n'ont rien de commun avec la puissance spirituelle de l'Eglise.

A quel jour l'opposition doit être plaidée, & l'exécution de la Sentence rendue sur icelle.

ARTICLE IX.

L'OPPOSITION sera plaidée au jour de l'assignation, & le Jugement qui interviendra, exécuté nonobstant opposition ou appellation, *même comme d'abus.* Défendons à nos Cours & à tous Juges de donner des défenses ou surséances de les exécuter, si ce n'est après avoir vû les Informations & le Monitoire, & ce, sur les conclusions de nos Procureurs. Déclarons nulles toutes celles qui pourroient être obtenues. Voulons, sans qu'il soit besoin d'en demander main-levée, que les Arrêts, Jugemens & Sentences soient exécutés ; & les Parties qui auront présenté Requête à fin de défenses ou surséances, & les Procureurs qui y auront occupé, condamnés chacun en cent livres d'amende, qui ne pourra être remise ni moderée, applicable moitié à Nous, & l'autre moitié à la Partie.

Même comme d'abus.] ☞ Il sera donc plus expédient d'interjetter d'abord appel comme d'abus, puisque si on forme opposition, & qu'il intervienne Sentence qui en déboute, le Monitoire sera publié nonobstant l'appel comme d'abus qui pourroit être alors interjetté. Il est vrai que quand l'appel comme d'abus est interjetté d'abord, on ne laisse pas à la Tournelle de donner Arrêt, portant, qu'il sera passé outre à la publication du Monitoire, nonobstant l'appel.] Papon dans son Recueil d'Arrêts, liv. 19, tit. 2, art. 1, rapporte cinq cas ausquels consiste l'abus dont on peut appeller. Le premier, si les Prélats ou Juges d'Eglise ordonnent ou entreprennent quelque chose au préjudice de la Jurisdiction Royale ou Laïque. Le second, s'ils ordonnent quelque chose contre l'ancienne immunité & liberté des Sujets du Roi en ce Royaume. Le troisiéme, contre les Ordonnances du Roi & Arrêts des Cours Supérieures. Le quatriéme, contre les Decrets & Conciles, & particulierement de celui de Basle, Canons des Papes & Constitutions des Prélats. Le cinquiéme, si les Juges & Officiers Royaux, ou ceux des Seigneurs, ordonnent ou entreprennent quelque chose au préjudice de la Jurisdiction Ecclésiastique, & de la liberté, privilége & autorité du Clergé.

Il faut encore observer, que par l'Edit du Roi donné à Versailles au mois d'Avril 1695, concernant la Jurisdiction Ecclésiastique, contenant divers articles, il est porté par le 36 : *Que les appellations comme d'abus seront interjettées des Ordonnances & Jugemens rendus par les Archevêques, Evêques & Juges d'Eglise, pour la célébration du Service divin, réparation des Eglises, achat d'ornemens, subsistance des Curés & autres Ecclésiastiques qui desservent les Cures, rétablissement, conservation ou clôture des Religieuses, correction des mœurs des personnes ecclésiastiques, & toutes autres choses qui concernent la discipline ecclésiastique : & celles qui seront interjettées des Réglemens faits & Ordonnances rendues par lesdits Prélats dans le cours de leurs visites, n'auront effet suspensif, mais seulement dévolutif ; & seront lesdites Ordonnances & Jugemens exécutés nonobstant lesdites appellations, & sans y préjudicier.*

Et par l'article 37 : *Que les Cours en jugeant les appellations comme d'abus, prononceront qu'il n'y a abus, & condamneront en ce cas les appellans en soixante & quinze livres d'amende, lesquelles ne pourront être moderées ; diront qu'il a été mal, nullement & abusivement procedé & ordonné en ce cas. Si la cause est de Jurisdiction Ecclésiastique, ils renvoyeront à l'Archevêque ou Evêque dont l'Official aura rendu le Jugement ou l'Ordonnance abusive, afin d'en nommer un autre ; ou au Supérieur ecclésiastique, si ladite Ordonnance & Jugement sont émanés de l'Archevêque ou Evêque, ou s'il y a des raisons d'une suspicion légitime contre lui ; ce que Sa Majesté charge ses Officiers & ladite Cour d'examiner avec tout le soin & exactitude nécessaire.*

De la forme en laquelle le Curé ou Vicaire doit envoyer les révelations.

ARTICLE X.

LES *révelations* qui auront été reçues par les Curés ou Vicaires, seront envoyées par eux *cachetées au Greffe de la Jurisdiction* où le procès sera pendant, & pourvu par le Juge aux frais du voyage, s'il y échet.

☞ *Les révelations.*] Si le témoin ne veut pas faire connoître sa déposition au Curé, il peut se contenter de donner son nom & sa demeure : il semble que cet usage, suivi en quelques endroits, ne puisse & ne doive pas être aboli.

Par Arrêt du Vendredi 29 Mars 1697, en la Tournelle, il a été jugé que le dépôt en l'Etude d'un Notaire, de révelation faite en conséquence de la publication d'un Monitoire, ne pouvoit être autorisé.]

Cachetées au Greffe de la Jurisdiction.] Les Clercs ont prétendu autrefois, en procedant aux censures en vertu du mandement du Juge Royal, de pouvoir prendre connoissance des révelations faites en conséquence d'icelles ; mais par la pratique & par l'usage de ce Royaume, la connoissance des monitions & censures appartient au Juge séculier : car autrement il n'y auroit point d'affaire dont ils ne connussent, & qu'ils ne pussent soustraire à la connoissance & jurisdiction des Juges Royaux, & cela à peine d'excommunication, comme il se peut voir clairement *per articulos Laïcorum propositos per M. Petrum de Cugneriis*, qui sont imprimés à la fin du Traité des Régales de Monsieur Rusé.

De la communication des révelations.

ARTICLE XI.

EN matiere criminelle, nos Procureurs & ceux des Seigneurs, & les Promoteurs aux Officialités, auront *communication des révelations des témoins* ; & les Parties civiles, *de leur nom & domicile seulement.*

Communication des révelations des témoins.] Ce n'est pas pour connoître la foi des révelations, mais simplement pour s'en servir d'indication & d'instruction, & pour apprendre le nom de ceux qu'ils peuvent faire ouir. C'est ce que Faber a remarqué en sa définition 16, *C. de testibus. Per Monitorias*, dit-il, *quas vocant Judices Ecclesiastici Litteras, testimonium dicere jussus, licèt testationem suam propria suscriptione firmaverit, repelli debet ; quoniam ad fines, ut aiunt, revelationis tantùm non etiam ad fidem plenæ probationis hujusmodi testationis genus permittitur ;* & il rend cette raison, *quia nihil probant hujusmodi revelationes, ne actus operentur citra intentionem agentium.*

De leur nom & domicile seulement.] La différence faite dans cet article à l'égard de cette communication, est d'autant qu'il n'est pas juste que les Parties sçachent le secret des révelations, afin qu'elles ne s'en puissent pas prévaloir pour détourner la vérité.

On ne peut pas induire de cet article, que la Partie civile soit obligée de faire recenser tous ceux qui viennent à révelation. Si c'eût été l'esprit de l'Ordonnance, elle n'eût pas oublié un point si important. Il n'est pas aussi permis à l'accusé, faute par la Partie civile d'y proceder, de les faire ouir à sa requête, sauf à l'accusé à nommer les témoins ouis en la procedure de révelation, pour déposer en son enquête d'office, lorsqu'il sera admis à la preuve des faits justificatifs; comme il a été jugé par un Arrêt d'Audience donné en la Grand'Chambre du Parlement de Grenoble le 8 Avril 1680, en faveur du Sieur Baron du Molard, contre la Demoiselle d'Yseran, au sujet du Testament fait par le Sieur Desloges aux eaux de Vichy, contre lequel ledit Sieur du Molard s'étoit inscrit en faux, & pour la preuve du faux avoit fulminé un Monitoire. Cet Arrêt est rapporté dans la dixiéme partie du Journal du Palais, & il a été donné sur le fondement des précedens Arrêts du même Parlement des années 1669 & 1677, par lesquels l'accusé qui vouloit forcer celui qui avoit obtenu un Monitoire, à faire recenser tous ceux qui avoient révelé, avoit été débouté de sa demande.

TITRE VIII.

DE LA RECONNOISSANCE DES ÉCRITURES & Signatures en matieres criminelles.

☞ *Le Titre XII. des Compulsoires & Collations de Piéces de l'Ordonnance de 1667, traite de la reconnoissance & vérification d'Ecritures en matiere civile.*]

De la Procedure qui doit être observée en la reconnoissance des Ecritures.

ARTICLE PREMIER.

LEs écritures & signatures privées qui pourront servir à la preuve, *seront représentées aux accusés*, après serment par eux prêté; & ils seront interpellés de reconnoître s'ils les ont écrites ou signées: après quoi elles seront paraphées par le Juge & par l'accusé, s'il veut & peut les parapher; sinon en sera fait mention, & les piéces demeureront jointes aux informations.

Seront représentées aux accusés.] En fait de reconnoissance des piéces, il faut que les Parties conviennent premierement des écritures & signatures desquelles on demande la reconnoissance; & faute de ce faire, il faut ordonner qu'elle sera faite

faite par comparaiſon de Lettres. La raiſon eſt, parce qu'autrement on pourroit faire reconnoître des écritures ſuppoſées. La vérité de cette maxime eſt conſtante par la Loi *Comparationes*, *C. de fide inſtrum.* par la Nov. 49, *cap.* 2, & la 73, *cap.* 7; & confirmée par l'autorité de Theſaur. *Quæſt. for. lib.* 1, *quæſt.* 24, *fol.* 46, & par Henrys, *tom.* 1, *lib.* 1, *quæſt.* 26 & *quæſt.* 94.

ARTICLE II.

SI l'accuſé a reconnu avoir écrit ou ſigné les piéces, *elles feront foi contre lui*, & n'en ſera faite aucune vérification.

Elles feront foi contre lui.] Cette maniere de reconnoître ſon ſeing, eſt conforme à ce qui eſt dit en la Loi *cùm ad. ab initio* 4, & la ſuivante, *ff. quemad. Teſtam. aper.* & dès qu'elle eſt reconnue ou vérifiée, l'écriture privée, *quæ Græcis* ἰδιόχειρα *appellatur*, fait autant de foi contre celui qui l'a écrite ou ſignée, que ſi elle étoit publique. *L. ſcripturas* 11, *C. qui potior. in pig. hab.* Ciceron même *in* 3 *Catilinaria*, les met entre les preuves les plus aſſurées: *At mihi quidem cùm illa certiſſima viſa ſunt argumenta, atque indicia, ſceleris, tabellæ, ſigna, manus.* Et ailleurs: *Cognovit & Statilius mãnum ſuam.* La raiſon eſt, parce que perſonne n'eſt préſumé écrire rien à faux contre ſoi-même. *L. fin. C. arbitr. tut.*

ARTICLE III.

FERONT *pareillement foi* les écritures & ſignatures de main étrangere, qui ſeront reconnues par l'accuſé.

☞ *Feront pareillement foi, &c.*] C'eſt au Juge à faire le diſcernement du degré de preuve qu'une pareille reconnoiſſance d'écriture & ſignature de main étrangere peut operer: cette reconnoiſſance peut bien diſpenſer de la vérification, & rendre la preuve conſtante; mais il ne s'enſuit pas qu'elle faſſe contre l'accuſé la même preuve que celles qu'il reconnoîtroit être écrites de ſa main, puiſqu'il eſt évident qu'il peut plus aiſément ſe méprendre ſur la reconnoiſſance d'une écriture étrangere que ſur la ſienne.]

ARTICLE IV.

SI l'accuſé refuſe de reconnoître les piéces, ou déclare ne les avoir pas écrites ou ſignées, les Juges ordonneront qu'elles ſeront *verifiees ſur pieces de comparaiſon.*

Vérifiées ſur piéces de comparaiſon.] Cela eſt conforme à la diſpoſition du Droit, en la Loi *Comparationes*, *C. de fide inſtrum.* où il eſt dit, que ſi on dénie une écriture privée, on eſt reçu à la prouver & vérifier par comparaiſon des lettres & ſeings; ce qui n'eſt autre choſe que prouver une choſe par ſon ſemblable, ou ſon vraiſemblable; & cette reſſemblance eſt de deux ſortes, interne, ou externe. L'interne ſe fait par l'application de l'entendement aux piéces de comparaiſon; & l'externe, par la conſidération du corps de l'écriture, ou du ſeing, & des traits & caracteres qui la compoſent, comme remarque Balde, qui a traité cette matiere doctement en ſon Commentaire ſur cette Loi *Comparationes.*

De la procedure qui doit être observée en la vérification.

ARTICLE V.

LEs piéces de comparaison *seront autentiques*, ou reconnues par l'accusé.

Seront autentiques.] Cela est conforme au chapitre *cùm P. Tabellio, ext. de fide instrum.* à ladite Loi *Comparationes*, à l'Auth. *ad hæc*, & à l'Auth. *ac si contractus, C. de fide instrum.* qui décident expressément, que la comparaison faite avec une autre écriture n'est point valable, si l'écriture, qui est la piéce de comparaison, n'est ou publique, ou rendue notoire par un sceau public & autentique, ou tirée des Archives, ou judiciaire, ou que lesdits témoins en déposent; car autrement la comparaison en seroit défectueuse, & par la comparaison des piéces inconnues, l'écriture de laquelle on est en contestation en seroit moins connue; à quoi les Juges doivent prendre garde, suivant l'Aut. *de Testib.* §. *si verò ignoti, collat.* 7. Il faut pourtant remarquer qu'on ne doit recevoir aucune preuve sur les seings & sceaux des écritures publiques, & qui sont en forme autentique, mais que l'on y doit ajouter pleine foi, à moins qu'on s'inscrivît en faux, suivant la disposition de l'Ordonnance du Roi François I. 1536, pour le Pays de Bretagne, chap. 1, art. 22.

ARTICLE VI.

NOs *Procureurs* ou *ceux des Seigneurs*, & *les Parties civiles*, pourront fournir de piéces de comparaison.

☞ *Nos Procureurs*, &c.] Mais les défendeurs en faux ne sont pas recevables à en fournir. Arrêt du 22 Juin 1696 en la quatriéme des Enquêtes, sur procès-verbal de M. Portail de Chatou, par lequel M. le Procureur Général fut admis opposant à un Arrêt, qui avoit reçu pour piéces de comparaison quatre piéces fournies par le Sieur Marquis de Lignieres, défendeur en faux, & ordonné qu'il seroit passé outre à la vérification sur les seules piéces de comparaison fournies par la Dame Amelot de Luxembourg-Beon.

Du Samedi 17 Février 1703, Arrêt en la Troisiéme, pour Fillieux, Demandeur en inscription de faux contre Jacques Pierre, Marchand de vin à Chablis, qui demandoit que les signatures de comparaison par lui fournies en premiere instance pour la vérification de la signature contentieuse, fussent rapportées au Greffe de la Cour pour servir à la nouvelle vérification sur l'inscription de faux: cet Arrêt intervenu sur le referé de M. Lescalopier.]

ARTICLE VII.

LEs piéces de comparaison seront représentées par le Juge à l'accusé, pour en convenir ou les contester, sans qu'il lui soit donné, pour raison de ce, délai ni conseil: & *s'il en convient*, elles seront paraphées par lui, & par le Juge qui en ordonnera la réception.

S'il en convient.] Il suffit que ceux qui sont en procès conviennent des seings

& des contrats ſur leſquels on veut faire la comparaiſon, & qu'ils demeurent d'accord que ceux qui ſont repréſentés pour ſervir de piéces de comparaiſon, ont été écrits de la main de celui qui a dénié le ſeing, de quelque ſorte & eſpéce qu'ils ſoient, ſelon l'avis de Balde ſur ladite Loi *Comparationes*.

ARTICLE VIII.

SI les piéces ſont conteſtées par l'accuſé, ou s'il refuſe d'en convenir, le Juge en dreſſera ſon procès-verbal, pour y pourvoir après qu'il aura été *communiqué à notre Procureur*, ou celui des Seigneurs, & à la Partie civile.

Communiqué à notre Procureur.] Cette communication eſt abſolument néceſſaire, afin qu'il puiſſe répondre aux moyens & contredits allégués par l'accuſé contre les piéces de comparaiſon.

ARTICLE IX.

LA vérification ſera faite ſur les piéces de comparaiſon, *par Experts & Maîtres Ecrivains* nommés d'office par le Juge.

Par Experts & Maîtres Ecrivains.] Voyez ce que j'ai remarqué ſur l'article dernier du titre de l'Ordonnance civile. Il faut ſur-tout que le Juge prenne garde que les Experts qu'il nomme d'office, ne ſoient ſuſpects à aucune des Parties, *ut notat Baldus* ſur ladite Loi *Comparationes*, *num.* 18; & en cas de ſuſpicion, ils peuvent être récuſés.

ARTICLE X.

SI le Juge ordonne le rejet des piéces de comparaiſon, nos Procureurs ou ceux des Seigneurs, & les Parties civiles, ſeront tenus d'en rapporter d'autres dans le délai qui ſera preſcrit; autrement les piéces dont la vérification aura été ordonnée, ſeront rejettées du procès.

ARTICLE XI.

LEs piéces de comparaiſon, & celles qui devront être vérifiées, ſeront données ſéparément à chacun Expert, *pour les voir* & examiner à loiſir.

Pour les voir.] Si les Experts ont vû les piéces à vérifier, ailleurs qu'entre les mains des Juges devant leſquels ils ſont aſſignés, ils doivent le déclarer, & ils ne peuvent dépoſer ſans une injonction particuliere: l'accuſé peut récuſer les Experts nommés d'office; & ſi les cauſes de récuſation ſont admiſſibles, le Juge doit nommer d'autres Experts d'office. Il faut auſſi obſerver que ſi ces Experts refuſent de faire la vérification, ou s'ils ne comparent, ils ne peuvent y être contraints, comme les témoins pour dépoſer; mais que le Juge en doit nommer d'autres.

ARTICLE XII.

LES Experts seront ouis, récollés & confrontés séparément; *ainsi que les autres témoins.*

Ainsi que les autres témoins.] Au lieu du rapport que les Experts doivent dresser de la vérification par eux faite, l'Ordonnance veut qu'ils soient ouis en la même forme que les autres témoins, afin que leur témoignage puisse établir la preuve de la piéce à la vérification de laquelle ils ont procedé, & que les Experts soient d'autant plus obligés d'y proceder consciencieusement. La Roche, dans ses Arrêts notables, liv. 3, tit. 4, Arrêt 6, remarque qu'un Expert accordé par une des Parties en un procès, peut néanmoins être oui comme témoin pour l'une ou l'autre des Parties au même procès, bien qu'il semble affidé, & avoir été Juge: & la raison qu'il en rend est, que les Experts ne sont ni Juges ni Arbitres, mais comme des témoins subsidiaires de ce qui n'est pas de la connoissance des Juges.

ARTICLE XIII.

EN procedant au récollement des Experts, les piéces de comparaison, & celles qui devront être vérifiées, leur seront représentées; & à la confrontation, elles le seront aux Experts *& aux accusés.*

Et aux accusés.] La raison est, parce que ces écritures reconnues ou dûement vérifiées, n'ont pas moins de force & d'autorité que les témoins, pour convaincre les accusés: l'Empereur Constantin le dit expressément dans la Loi *ubi falsi* 22, *C. ad Leg. Cornel. de falsis, ubi ad probandum falsi crimen etiam scripturarum collationem aliaque vestigia veritatis adhiberi jubet:* & dans la Loi *in exercendis* 15, *C. de fide instrum. Idem Imperator rescripsit in exercendis litibus, eandem vim obtinere tam fidem instrumentorum, quàm depositiones testium.* Cela étoit ainsi pratiqué parmi les Anciens, parmi lesquels l'écriture & signature servoit de preuve, *ut Paulus testatur, L. 1, ff. de fide instrum. & Cic. in Bruto: Memini,* dit-il, *cùm M. Callidius accusatione suâ G. Gallio crimini dedisset, sibi eum venenum paravisse, idque à se deprehensum, seseque chirographa, testificationes, indicia, quæstiones manifestam rem deferre dicere, &c.*

ARTICLE XIV.

POURRONT être ouis *comme témoins ceux qui auront vû écrire* ou signer les piéces qui pourront servir à la conviction des accusés, ou qui en auront connoissance en quelque autre maniere.

Comme témoins ceux qui auront vû écrire.] L'Auteur des formules sur cet article, dit que l'Ordonnance joint des témoins aux Experts, & que cela peut être exécuté ou d'office par le Juge, ou à la requête de la Partie. Et le motif de cette Ordonnance est sans doute, *ut clariùs appareat;* parce qu'en matiere de preuves, *quæ non prosunt singula, cumulata juvant.* Il faut pourtant remarquer, que cette preuve par témoins peut être faite en deux manieres: l'une, quand les témoins déposent avoir été présens, & vû faire le seing ou écriture dont est question à celui qui l'a faite de sa propre main; & en ce cas la preuve est certaine & indubitable, comme étant oculaire & confirmée par la présence des témoins : l'autre, quand les témoins affirment qu'ils reconnoissent parfaitement le seing de celui dont il s'agit, parce qu'ils l'ont vû souvent signer & souscrire, ou qu'ils ont signé dans un même acte, & qu'ils témoignent que le seing dont est question a été fait de sa main, parce qu'il a toujours usé des mêmes figures & caracteres dont est composé le seing dont il s'agit.

TITRE IX.

DU CRIME DE FAUX, TANT PRINCIPAL QU'INCIDENT.

☞ *Les Articles 5, 6 & suivans, jusqu'au dernier du Titre précédent, appartiennent aussi à la matiere de ce Titre, & il en faut consulter les dispositions dans l'instruction du faux.*]

De la procedure en matiere de crime de faux principal.

ARTICLE PREMIER.

LEs plaintes, dénonciations & accusations *du crime de faux*, & les autres procedures, se feront *en la même forme & maniere que celles de tous les autres crimes*; & les informations seront faites, tant par témoins, que par Experts, qui seront nommés d'office *par le Juge*.

Du crime de faux.] L'Empereur Justinien, dans ses Institutes, au titre *de public. jud.* §. *item Lex Cornelia*, met le crime de faux *inter publica judicia capitalia*. Or ce crime se peut commettre en diverses manieres, dont il y a des exemples infinis dans le Droit. Néanmoins le Docteur François, liv. 4 de ses Pandectes, chap. 2, les réduit à trois chefs principaux ; sçavoir, à l'interêt du Roi, à celui du Public, & aux Actes & Contrats des Particuliers. Celles qui regardent l'interêt du Roi, sont les fausses fabrications, altérations, corruptions & déguisemens des monnoies, qui doivent être forgées sous le nom & l'autorité du Roi ; les falsifications des Patentes & autres Lettres de Sa Majesté, & de ses Sceaux. Celles qui concernent l'interêt public, sont les faux poids & les fausses mesures ; & celles qui regardent les Particuliers, sont les faux contrats, fausses écritures ou signatures, faux actes, & les faux témoignages.

En la même forme & maniere que celles des autres crimes.] ☞ Avoir recours au titre troisiéme ci-dessus, qui traite de la forme des plaintes, dénonciations &

accusations.] Par le Droit Romain on pouvoit agir civilement & criminellement pour raison du crime de faux. *L. Damus*, §. *pen. & C. ad Legem Cornel. de fals. Damus licentiam litigantibus, si apud Judicem proferatur scriptura, de quâ oritur aliqua disputatio, profitendum utrùm de falso criminaliter statuat qui dubitat de instrumenti fide experiri, an civiliter.* Mais par le Droit François on ne reçoit que l'accusation criminelle par inscription, après laquelle il faut bailler les moyens de faux. Et la raison qui en est rapportée par Faber en son Code, liv. 9, tit. 13, défin. 1, est, *ne nulla sit satis certa veritatis probatio : si unicuique liceat tam facilè scripturæ publicæ fidem convellere, quod passim contingeret, si non plerosque calumniatores, aut tergiversatores solemnis inscriptionis periculum deterreret.* C'est pour cela que Monsieur le Président Liset dit, qu'en crime de faux, l'accusation est sujette à inscription, sur peine du Talion. Néanmoins aujourd'hui nous regardons plus le nom d'inscription que l'effet, comme remarque Ayrault en son Instruction judiciaire, liv. 2, art. 4, n. 38. Il faut encore remarquer qu'après avoir déclaré de vouloir agir en inscription de faux civilement, on peut entreprendre l'action criminelle. Baff. liv. 6, tit. 15, chap. 9. Car c'est un principe, qu'on peut agir civilement & criminellement, *L.* 5, 9, 11, 16, 17, 23, *C. de accus.* en telle sorte qu'une action ne nuit pas à l'autre, parce que l'une *ad vindictas*, & l'autre *ad rei familiaris persecutionem pertinet. L.* 3, §. *si quis dolor*, *ff. de Tab. exhib. L. un. C. quando civiliter act. crim. præjud.* Javolenus semble être d'un sentiment contraire en la Loi derniere, *ff. de Tab. exhib.* où il dit : *De Tabulis proferendis interdictum competere non oportet, si hæreditatis controversia ex his dependet, aut si ad publicam quæstionem pertinet. Itaque in æde sacrâ interim deponendæ sunt, aut apud virum idoneum.* Il semble qu'il veut dire, *non posse cum accusatione falsi concurrere interdictum de Tabulis exhibendis :* néanmoins le véritable sens de cette Loi est, que quoique tous les légataires puissent former l'interdit *de Tabulis exhibendis*, *L.* 3, §. *solent*, *ff. eod. L.* 2 *in pr. ff. Testam. quemadm. aper.* néanmoins lorsqu'il y a contestation au sujet de l'héritage ou inscription en faux, on n'est pas reçu à se les faire représenter, mais il faut les déposer *in æde sacrâ vel apud virum bonum*, de crainte que ceux à qui on les représenteroit ne trouvassent quelque chose au préjudice de ceux avec qui ils sont en différend.

☞ *Par le Juge.*] L'article 20 du titre premier de la présente Ordonnance indique les Juges qui sont compétens de connoître des inscriptions de faux incidentes, & ceux qui ne le sont pas.]

ARTICLE II.

LEs piéces prétendues avoir été falsifiées seront remises au Juge, pour dresser *procès-verbal de leur état*, les présenter à la Partie civile, pour les parapher en sa présence, si la Partie veut ou peut les parapher ; sinon en sera fait mention : & après avoir été paraphées par le Juge, *elles seront remises au Greffe.*

Procès-verbal de leur état.] La raison est, parce que la piéce exhibée & représentée fait souvent paroître le faux. *Inspectio ipsa falsum sæpè deprehendit*, *L.* 28 *inspectio*, *& seq. ff. quemadm. testam. aper. D. D. in cap.* 3, 4 *&* 6, *ext. de fide inst.* Comme, par exemple, le faux se peut découvrir & vérifier, suivant la remarque de Char. en ses Observations, sous le mot de *Faux*, par l'effaçure, rature, regratement, repolissement ou déguisement des lettres, & comparaison d'icelles, par ancienneté ou nouveauté du papier ou parchemin, écriture ou encre, par la diversité, différence ou contrariété des traits de plume, par additions en marge ou interlignes, par incertitude & chancellement d'écriture, dont on peut appercevoir qu'on auroit voulu imiter & contrefaire la main d'autrui. Et c'est à quoi les Experts doivent soigneusement prendre garde, pour se bien acquitter de la vérification d'un acte impugné, quand elle leur est commise.

Elles seront remises au Greffe.] Personne n'est reçu à s'inscrire en faux contre une piéce, qu'elle ne soit remise devers le Greffe, parce que dès que la cause *ad publicam quæstionem pertinet, in æde sacrâ Tabulæ sunt deponendæ, ut ait Javol. in d. L. 6, ff. de Tabul. exhib.* & faute par le demandeur d'y satisfaire dans les délais, elle est rejettée, & le demandeur condamné en tous les dépens, dommages & interêts. Il faut observer que dès-lors qu'une piéce a été communiquée, ou que l'on en a baillé copie à la Partie contraire, elle peut requerir en tout état de cause, que l'original soit remis devers le Greffe, pour le voir & s'inscrire en faux, si bon lui semble.

ARTICLE III.

ELLES seront aussi *présentées aux témoins* qui auront eu connoissance de la falsification.

Présentées aux témoins.] C'est-à-dire après que les moyens auront été déclarés admissibles, & les Parties reçues à la preuve d'iceux, tant par titres que par témoins, on fait assigner les témoins à qui l'on veut représenter les piéces falsifiées, devant le Juge, comme nous l'enseigne l'Auteur des Formules.

ARTICLE IV.

LA *forme prescrite* pour la reconnoissance des écritures & signatures en matiere criminelle, sera observée dans l'instruction qui se fera par la déposition des Experts, pour la preuve du faux principal, *ou incident*.

☞ Cette forme est prescrite par le titre 8, qui précede immédiatement celui-ci. *Ou incident.*] Le faux incident est, lorsqu'en une instance civile il survient incidemment une inscription en faux contre les piéces qui sont produites, ou contre la déposition des témoins. Et il y a cette différence entre le faux principal & l'incident, que dans le faux incident le défendeur est reçu à prouver ses soutenemens, parce que ce n'est qu'un accessoire de l'instance civile; au lieu que lorsque l'instance de faux est principale, en ce cas le seul demandeur doit prouver ses moyens de faux, suivant la Loi 22 *de fals.* Automne sur cette Loi, & Char. en ses Observations sur le mot *Faux*. Sur le sujet du mot *incident*, il se présente cette question, si le faux doit faire cesser ou surseoir l'instance civile, & en ce cas on y apporte cette distinction: ou le procès est fondé sur la piéce maintenue fausse, ou il se peut juger sans cette piéce. S'il est fondé sur la piéce impugnée de faux, il faut alors surseoir, suivant la regle commune du Droit, par laquelle *priùs de crimine quàm de causa civili agitur, L. ult. C. de ordine cognit.*

L. adulterii, C. ad Legem Juliam, de adult. L. 5, §. si de vi. ff. ad Legem Juliam, de vi publ. en telle ſorte que la pourſuite civile ceſſe abſolument, juſqu'à ce que l'inſtance de faux ſoit terminée; mais ſi le procès ſe peut juger ſans la piéce maintenue de faux, il va ſon train, & le Juge peut juger les deux cauſes, la civile & la criminelle, *juxta L. pen. C. de ordin. cognit.* le faux commis en une piéce produite au procès ne faiſant point perdre la cauſe à celui qui s'en eſt ſervi, ſi d'ailleurs ſon droit eſt ſoutenu d'autres preuves vraies & certaines, & lorſque l'inſcription en faux eſt faite contre les témoins, ce qui ne peut être fait qu'au cas qu'ils ſoient accuſés de corruption & de ſubornation. *Bart. in L. ſi teſtamentum, ff. de petit. hæred.* y apporte cette diſtinction, qu'il faut ſurſeoir au principal, ſi les témoins & la Partie qui les a produits ſont accuſés de faux: que ſi les témoins ſeuls en étoient accuſés, & non pas la Partie, en ce cas la cauſe principale ne pourroit être retardée. Papon en ſon Recueil d'Arrêts, liv. 22, tit. 12, Arrêt 4. Il faut encore remarquer que l'exception de faux n'empêche pas l'exécution par proviſion du contrat qu'on impugne de faux, parce qu'on préſume toujours pour l'acte, ſuivant la Loi 2, *C. ad Leg. Cornel.* pourvû que la minute autentique ſoit ſans aucun vice viſible; car s'il y avoit des ratures, additions, ou autres vices qui fiſſent ſoupçonner de faux, alors il n'y auroit lieu de proviſion, *juxta L. fin. C. de Edict. Divi Adria. toll.* Elle n'a pas lieu encore à l'égard de l'accuſateur en faux, qui eſt exclus de demander par proviſion les legs contenus à ſon profit dans le teſtament qu'il impugne, parce que ſi le teſtament eſt déclaré faux, le legs ne peut pas ſubſiſter; & s'il eſt déclaré bon, il le perd par ſon indignité, ſuivant la Loi *poſt. ff. de his quæ ut indign.* comme remarque Papon en ſon ſecond Notaire, livre 7, fol. 484.

ARTICLE V.

LE demandeur en inſcription de faux *ſera tenu de conſigner*, & d'en attacher l'acte à ſa Requête; ſçavoir *en nos Cours la ſomme de cent livres*; aux Siéges qui y reſſortiſſent immédiatement, ſoixante livres; & aux autres, vingt livres: leſquelles ſommes ſeront délivrées à qui le Juge ordonnera, par le Receveur des amendes, s'il y en a; ſinon par les Greffiers des Juriſdictions, qui s'en chargeront comme dépoſitaires, ſans droits ni frais, & ſans qu'ils puiſſent les employer en recette, ni s'en déſaiſir, qu'elles n'ayent été diffinitivement adjugées, pour être après le jugement de l'inſcription de faux, rendues ou délivrées auſſi ſans frais à qui il appartiendra.

Sera tenu de conſigner.] C'eſt afin qu'on ne s'engage pas témérairement dans une inſcription en faux: car l'expérience des ſiécles paſſés a fait voir que les inſcriptions en faux étoient ſi fréquentes, & ſe faiſoient ſi légérement, qu'on s'en ſervoit comme d'un moyen pour chicaner & prolonger le jugement du procès, ou pour éviter le payement, *morandæ ſolutionis gratiâ:* ſi bien que cet abus ſe trouve corrigé par la néceſſité de cette conſignation, qui d'ailleurs fait appréhender à ceux qui s'inſcrivent en faux une peine plus griéve, dont ils ſont menacés en cas qu'ils viennent à ſuccomber.

En nos Cours la ſomme de cent livres.] Par une Déclaration du 31 Janvier 1683, il

Il est permis à Messieurs du Parlement d'obliger ceux qui forment une inscription en faux, depuis le 15 Juillet jusqu'à la fin du Parlement, dans la vûe de retarder le jugement de leur procès, de consigner une plus grande somme, telle qu'ils jugeront à propos.

☞ LOUIS, par la grace de Dieu, Roi de France & de Navarre: A tous ceux qui ces présentes Lettres verront, Salut. Bien que par notre Ordonnance de l'année 1670, titre 9, Nous ayons statué des peines pécuniaires contre les demandeurs en inscription de faux qui succomberoient & se trouveroient mal fondés, & que notre intention ait été en cela d'empêcher les Plaideurs de faire de méchantes procedures; néanmoins l'artifice des chicaneurs est à un tel point, qu'on se sert utilement de cette même Ordonnance pour éloigner le jugement des affaires, en ce que lorsque les procès sont en état d'être jugés, particulierement dans la fin de la tenue de notre Cour de Parlement de Paris, on prend son tems pour s'inscrire en faux contre des piéces du procès; & les demandeurs n'étant tenus de consigner qu'une somme de cent livres, une peine si légere ne peut être capable de les empêcher de se servir de ces pratiques si contraires à la Justice: à quoi étant important de remedier, & pourvoir par tous moyens à ce qui peut retarder l'expédition des procès. Sçavoir faisons, que Nous, pour ces causes & autres à ce Nous mouvans, & de notre propre mouvement, pleine puissance & autorité royale, en confirmant notre Ordonnance du mois d'Août 1670, & y ajoutant, avons dit, déclaré & ordonné, disons, déclarons & ordonnons par ces Présentes signées de notre main, voulons & Nous plaît, que la somme de cent livres, que les demandeurs en inscription de faux seront obligés de consigner suivant l'article 5 du titre 9 de notredite Ordonnance, puisse être augmentée par notredite Cour de Parlement, selon & ainsi qu'elle estimera être à faire par raison, & ce depuis le 15 Juillet jusqu'à la fin du Parlement. Si donnons en mandement à nos amés & féaux les Gens tenans notre Cour de Parlement à Paris, que ces Présentes ils ayent à faire lire, publier & enregistrer, & le contenu en icelles entretenir, garder & observer selon leur forme & teneur: CAR tel est notre plaisir; en témoin de quoi Nous avons fait mettre notre Scel à cesdites Présentes. DONNÉ à Versailles le trente-uniéme jour de Janvier, l'an de grace 1683, & de notre Regne le quarantiéme. *Signé* LOUIS. *Et sur le repli*, Par le Roi, COLBERT. Et scellé du grand Sceau de cire jaune.

Registrées, oui & ce requerant le Procureur Géneral du Roi, pour être exécutées selon leur forme & teneur, suivant l'Arrêt de ce jour. A Paris en Parlement, le 19 *Février* 1683. Signé JACQUES.

La même chose a lieu au Parlement de Bretagne, pour les inscriptions de faux formées depuis le 8 Juin pour le semestre d'été, & depuis le 8 Décembre pour le semestre d'hiver.]

De la procedure qui doit être observée dans le faux incident.

ARTICLE VI.

DANS le faux incident, la Requête du demandeur sera *signée de lui, ou de son Procureur*, fondé du pouvoir spécial attaché à la Requête, aux fins de faire déclarer par le défendeur, *s'il veut se servir de la piéce* maintenue fausse.

Signée de lui ou de son Procureur.] Cet article est conforme à l'Ordonnance de François I. à Ys sur Thille, en Octobre 1535, chap. 5, art. 23, & chap. 19, art. 10; de l'an 1539, chap. 1, art. 17, *par lesquelles l'inscription en faux se doit faire en personne, ou par Procureur spécialement fondé.*

S'il veut se servir de la piéce.] C'est une des singularités qui se rencontrent dans l'instance de faux, qu'encore qu'une Partie ait produit un faux instrument, si est-ce qu'avant que d'engager plus avant l'instance, l'on commence par faire déclarer au produisant s'il veut s'en servir, & soutenir la piéce par lui produite, ou non; & s'il déclare s'en vouloir servir, alors commence l'instance de faux, & il s'oblige par telle déclaration de prouver l'acte véritable, se soumettant à la Loi Cornelienne en cas qu'elle soit trouvée fausse; ainsi appellée, d'autant que Cornelius fut le premier qui en fit dresser & publier la Loi, aussi-bien que celle de l'homicide & du parricide, comme remarque Pomponius en la Loi 2, §. *deinde Cornelius Sylla, ff. de orig. jur.* Elle étoit même appellée testamentaire, parce qu'elle fut premierement introduite à l'occasion des testamens, dont la fausseté étoit plus fréquente. *In testamentis falsum committitur, si quis testamentum falsum amoverit, celaverit, eripuerit, deleverit, interleverit, subjecerit, resignaverit, sive id aperuerit vivo testatore; aut si quis falsum scripserit, signaverit, recitaverit dolo malo, cujusque dolo malo id factum erit. L. 1, §. 5, L. 7, L. 16, §. ad Leg. Cornel. de fals. L. eum qui 14, C. de Leg. Cornel. de fals. signare est signum adulterinum facere, sculpere, exprimere, §. item Lex Cornel. de falsis, Inst. de publ. Jud. L. 30, ff. ad L. Cornel. de fals.* La disposition de cette Loi fut après étendue par les Senatusconsultes & par les Constitutions aux autres contrats & actes, *ad litteras, nomen, testimonia, accusationes, obligationes, mensuras, pondera;* ce que nos Loix appellent *quasi falsum, L. 1 & 2, ad Leg. Cornel. de fals.* pour les distinguer du faux, *quod ipsâ Lege Corneliâ vindicatur.* Si la Partie déclare ne s'en vouloir pas servir, il ne peut pas être accusé de faux. Papon en son second Notaire, au lieu préallégué, & en ses Arrêts, liv. 22, tit. 12, Arrêt 8.

ARTICLE VII.

LE Juge ordonnera au pied de la Requête, *que l'inscription sera faite au Greffe;* & le défendeur tenu de déclarer dans un délai compétent, suivant la distance de son domicile, *s'il veut se servir de la piéce inscrite de faux.*

Que l'inscription sera faite au Greffe.] Deux choses sont requises au Conseil Privé du Roi, pour se pouvoir valablement inscrire en faux; la premiere, l'Ordonnance du Conseil; la deuxiéme, avant que de former l'inscription en faux, de sommer par acte l'Avocat de la Partie qui aura produit la piéce suspecte de fausseté, de déclarer s'il entend s'en aider; laquelle déclaration il sera tenu de faire dans le lendemain, autrement non-recevable sans payer les frais comme préjudiciaux. Cela est expressément porté par l'article 52 du Réglement, en ces termes: *Nul ne pourra s'inscrire en faux sans Ordonnance du Conseil, signée du Rapporteur, laquelle sera expédiée par les Greffiers dudit Conseil; & sera tenu celui qui formera l'inscription en faux, le jour précedent, faire sommer par acte l'Avocat de la Partie qui aura produit la piéce suspecte de fausseté, de déclarer s'il entend s'en aider; laquelle déclaration ledit Avocat sera tenu de faire dans le lendemain, autrement sera formée ladite inscription, après laquelle sera non-recevable à faire ladite déclaration, sans payer les frais, qui seront taxés comme frais préjudiciaux.*

Il faut aussi observer, que quoiqu'il semble qu'on ne soit point recevable à s'inscrire en faux contre une partie de l'acte, ou une seule signature d'icelui, suivant la Loi penultiéme *si ex falsis*, *C. de transact.* & Mornac sur icelle; néanmoins comme l'acte n'est parfait que par la signature & souscription des Parties, *L. contractus*, *C. de fide instrum.* l'inscription en faux est reçue contre la signature de la Partie, sans s'inscrire contre tout l'acte. Ainsi jugé par un Arrêt du Parlement de Provence, rapporté par Boniface, partie 3, liv. 1, tit. 10, chap. 2. Il a été aussi jugé par un Arrêt du Parlement de Bordeaux du 6 Septembre 1663, recueilli par Lapeirere en ses Décisions sommaires du Palais, qu'un contrat doit être entierement rejetté sur ce que le seing du Notaire est faux, bien que l'acte soit signé par les Parties, parce que le faux est comme l'usure, qui infecte toutes les parties d'un contrat.

☞ Il a été jugé que l'inscription de faux étoit recevable contre une piéce vérifiée en Justice.]

S'il veut se servir de la piéce inscrite en faux.] Nos Loix entendent par le mot *recitare*, ceux qui se servent des piéces fausses, comme il se recueille de la Loi 2, *ff. tit. L. si falsos* 8, *C. eod. L.* 4, *si reus vel accus. mort. fuer.* La réponse du Jurisconsulte Papinien en la Loi *falsi nominis* 13, §. 1, *ff. d. tit.* a fait naître de grandes difficultés, d'autant qu'il dit que *in Corneliam falso recitato, non facto non incidit.* Haloander pour les résoudre, a cru qu'il falloit ôter la particule négative, & au lieu de *non incidit*, lire *incidit*; néanmoins *Libri Florentini* retiennent la négative, & d'ailleurs en l'ôtant on tomberoit dans cet inconvénient, que Papinien auroit répondu que la peine n'étoit qu'une relégation à tems, au lieu que la peine ordinaire de la Loi Cornelienne est la déportation. Accurse a voulu encore apporter quelque distinction entre la peine ordinaire & extraordinaire; mais comme par la Loi 2 du titre du Digeste *ad Leg. Cornel. de fals.* ceux qui se servent d'une piéce maintenue de faux, sont joints avec ceux qui l'ont fabriquée, il faut conclure que tous ceux qui tombent dans le cas de la Loi Cornelienne doivent être sujets à la même peine. Le sentiment de ceux qui, pour concilier les Loix qui sont opposées à la réponse de Papinien, ont eu recours *ad juris incrementum*, & qui ont dit que depuis cette réponse *receptum & constitutum fuit, ut recitator quoque Lege Cornelia teneretur*, me paroît le plus raisonnable: à quoi se rapporte *Ambrosii locus ex lib. 3 Offic. De eo, quid loquar, inquit, qui ex eo testamento, quod ab aliis licet factum, falsum tamen cognoverit hæreditatem sibi aut legatum vindicet ut lucrum quærat alieno crimine, cùm etiam Leges publicæ eum, qui sciens falso utitur, tanquam reum abstringant facinoris.*

ARTICLE VIII.

SI le défendeur déclare qu'il ne veut point se servir de la piéce, *elle sera rejettée du procès, sauf à pourvoir aux dommages & interêts de la Partie*, & à poursuivre le faux extraordinairement par nos Procureurs ou ceux des Seigneurs. *Et en matiere bénéficiale, de priver* le défendeur du Bénéfice contesté, s'il a fait ou fait faire la piéce fausse, ou connu sa fausseté.

Elle sera rejettée du procès.] C'est-à-dire, que le Juge ne prononce pas sur la fausseté de la piéce dont on a déclaré ne se vouloir point servir ; mais il la rejette comme nulle, suivant la doctrine de Faber en son Code, *lib.* 9, *tit.* 13, *defin.* 10, pourvû que la déclaration soit précise & sans condition, Bass. liv. 61, tit. 15, chap. 1, & qu'elle soit faite en tems & lieu, c'est-à-dire, *ante Sententiam interlocutoriam*, comme l'a remarqué Balde sur la Loi *si falsos*, *C. ad Leg. Cornel. de fals.* & que M. le Prêtre en sa troisiéme centurie, chap. 157, explique, avant qu'il y ait Jugement portant que les témoins seront récollés & confrontés, à cause de l'opiniâtreté de la Partie qui l'a souffert, qui mérite punition, quoique moindre, & qui fait que l'accusé n'est pas sans malice. Il est vrai que le Droit y apporte cette distinction, pourvû que celui qui l'a produite, & qui a déclaré ne s'en vouloir point servir, n'en soit pas le fabricateur, suivant la Loi 8, *C. de fals. Illis prodest instrumenti usu abstinere, qui non ipsi falsi machinatores dicuntur, & quos periculo solus usus adstringebat : cæteri autem qui per scelus in severitatem Corneliæ inciderunt, non possunt defensionem recusando crimen evitare.* Mais aujourd'hui par l'usage il est permis en France à tous ceux qui ont produit des piéces fausses, quoiqu'ils en ayent été les fabricateurs, ou non, de s'en départir, sans en pouvoir être recherchés ; ce qui est confirmé par Scevola en la Loi 24 *de fals.* & par Callistratus en la Loi *Divus Pius* 31, au même titre, comme remarque Papon en son second Notaire, liv. 7. Seulement ceux qui l'ont produite sont, nonobstant leur déclaration, responsables des dommages & interêts soufferts par l'impugnant, comme il a été jugé par divers Arrêts rapportés par Papon en son Recueil d'Arrêts, liv. 9, tit. 10 des moyens de faux, Arrêt 2, & liv. 22, tit. 12 du crime de faux, Arrêts 5, 6 & 7. Il faut encore remarquer, que lorsque la piéce est fausse sans le sçu ni la participation de la Partie qui l'a produite, pour l'avoir trouvée parmi les papiers de son prédecesseur, en ce cas elle n'est pas déclarée fausse, parce que le Jugement noteroit l'héritier qui en est innocent ; mais déclarée nulle, & la Partie condamnée aux dépens, dommages & interêts, pour s'en être servie, Papon audit titre du crime de faux, Arrêt 9. Et que dès qu'on a déclaré ne s'en vouloir pas servir, l'on ne peut par après s'en servir au même procès, parce que celui qui a fait la déclaration, en a par-là tacitement avoué la fausseté, suivant la Loi *si adversarius* 3, *C. de fide instrum.*

Sauf à pourvoir aux dommages & interêts de la Partie.] Ceci doit être entendu contre tout autre que celui qui a fait la déclaration de ne se vouloir point servir de la piéce, à moins qu'on ne veuille soutenir contre lui qu'il est auteur ou complice de la fausseté. Il faut observer, qu'après cette déclaration l'amende doit être rendue, parce qu'à son égard le rejet de la piéce est de pareil effet, que si par le Jugement elle étoit déclarée fausse.

Et en matiere bénéficiale, de priver.] Cet article est conforme à l'Ordonnance du Roi Henri II. de l'an 1550, art. 16, par laquelle *celui qui a usé de faux titres & instrumens en matiere bénéficiale, est privé de son droit ;* & à un Arrêt du 14 Août 1540, rapporté par Rebuffe, tome 3, titre *de mater. dispositionis, art.* 12, *gl. un. num.* 9 ; Dumoulin, sur la fin du stile du Parlement, art. 148. Et cela est encore confirmé par Boërius, quest. 82 & 291 ; Guy Pape, question 155 ; & *Menoch. præf.* 20, *lib.* 5, *de præsumpt.* Et la raison est, parce que *majus est facinus quod committitur in rescriptis*, suivant le chap. *olim* 25, *ext. de rescript.*

☞ M^e. Charles Dumoulin, sur l'Edit ou Ordonnance de 1550, tient que cette déchéance & privation se doit entendre du faux commis, tant dans les actes qui concernent le titre, que dans ceux qui servent de disposition & préparation pour y parvenir, & même dans ceux qui concernent la possession & la conservation du Bénéfice.

ARTICLE IX.

S*I le défendeur déclare se vouloir servir de la piéce*, elle *sera mise au Greffe*, & l'acte du mis signifié au demandeur, *pour former l'inscription* dans les vingt-quatre heures; & le Juge ordonnera que *la minute sera apportée au Greffe* dans le délai qui sera reglé suivant la distance des lieux, *sinon la piéce rejettée du procès.*

☞ *Si le défendeur déclare vouloir se servir de la piéce.*] Il s'est présenté le 2 Juin 1704, à l'Audience de sept heures en la Grand'Chambre, une espéce dans laquelle un défendeur ayant fait déclaration qu'il vouloit se servir de la piéce, l'inscription de faux ayant été formée en conséquence, les moyens admis par Arrêt, & l'instruction commencée, ce même défendeur en faux déclare qu'il abandonne la piéce. Jugé qu'il étoit recevable à faire sa déclaration de ne vouloir se servir de la piéce, sauf à faire droit sur les dommages & interêts.]

Sera mise au Greffe.] Par l'Ordonnance ci-dessus alléguée de François I. de l'an 1535, chap. 19, art. 10, & d'Henri III. 1585, il est porté, *que celui qui s'aidera d'aucune piéce maintenue fausse, sera tenu mettre au Greffe la grosse, pour contre icelle s'inscrire en faux par sa Partie adverse, sauf par après à ordonner de l'exhibition & représentation de la schede & minute originale, ainsi que les Juges verront être à faire par raison;* mais aujourd'hui on a accoutumé de s'inscrire en faux contre la piéce, avant que la Partie la mette au Greffe.

Pour former l'inscription.] Après que la piéce a été mise au Greffe, que l'acte du mis a été signifié au demandeur en faux, il faut que dans vingt-quatre heures le demandeur compare devers le Greffe assisté de son Procureur, & qu'il déclare qu'il s'inscrit en faux contre la minute & grosse de telle obligation & contrat, *& offre de donner ses moyens de faux dans trois jours*, avec élection de domicile en la personne & maison de tel son Procureur, dont il requiert acte. Cette inscription ainsi formée, si l'impugnant, après que la vérification de l'acte a été ordonnée, déclare que l'acte est véritable, les dépens frustratoires exposés par celui qui a soutenu l'acte, sont solidaires, comme il a été jugé par un Arrêt de la Grand'Chambre du Parlement de Toulouse, donné le 9 Septembre 1661, en faveur de Louis Gillet, Notaire, contre François Vaquier, du lieu de Sainte-Gabelle, & confirmé par autre Arrêt rendu sur la Requête civile, recueillis par Mᵉ. Graverol, Avocat de la Ville de Nîmes, qui a illustré le Recueil de la Roche de remarques très-curieuses, dans le liv. 6, tit. 4, art. 6: d'où ce Commentateur tire cette conséquence, qu'à plus forte raison la condamnation des dépens doit être solidaire, lorsque l'acte débattu de faux a été déclaré bon par le rapport des Experts, parce que les dépens qui procedent du désistement de l'inscription en faux, ne doivent être considerés que comme civils, au lieu que ceux-ci descendent *ex delicto*, celui qui s'inscrit en faux pouvant être consideré comme coupable, pour avoir témerairement formé l'inscription de faux.

☞ Jugé à l'Audience de la Tournelle Criminelle le 15 Décembre 1703, qu'une Partie n'étoit plus recevable à former son inscription de faux, après que les Gens du Roi ont pris leurs conclusions dans une cause d'Audience. Les Parties plaidantes étoient Monsieur l'Archevêque de Lyon, contre le Sieur Pauze,

Prêtre du Diocèse de Lyon. Voici ce qui donna lieu à l'incident sur lequel intervint l'Arrêt. L'appel comme d'abus d'une Sentence de l'Officialité de Lyon ayant été porté par le Sieur Pauze à la Tournelle Criminelle, & la cause plaidée pendant trois Audiences, Monsieur l'Avocat Général Joly de Fleury, qui portoit la parole, conclut à ce qu'il fût dit qu'il n'y avoit abus. Pauze avoit prétendu & fait plaider dans sa cause, que lors du procès-verbal de récollement & confrontation des témoins en l'Officialité de Lyon, on n'avoit point fait les interpellations aux Parties, conformément à l'Ordonnance; & que si elles s'y trouvoient, elles avoient été ajoutées après coup & en interligne. Il fit en conséquence demander par son Avocat, avant que l'on allât aux opinions, acte de ce qu'il s'inscrivoit en faux contre ce procès-verbal, déclarant qu'il venoit de consigner l'amende, dont il représentoit la quittance. L'Arrêt, comme je le viens d'observer, le déclara non-recevable à s'inscrire en faux.]

La minute sera portée au Greffe.] Non par l'accusateur, mais seulement par celui qui produit la piéce, qui est obligé de remettre la schede ou l'original lorsque l'instrument est impugné de faux, bien qu'il en produise un extrait signé par le Notaire qui l'a reçu; d'autant que comme par l'inscription en faux il est tenu pour suspect, c'est à celui qui s'en veut servir à ôter ce soupçon: & d'ailleurs ce seroit ôter le moyen de vérifier la fausseté, si l'accusateur se trouvoit obligé à ladite remise, d'autant que celui qui s'en sert retiendroit chez lui la schede. Papon en son Recueil d'Arrêts, tit. du crime de faux, Arrêt 8; & Desp. en son Traité des causes criminelles, part. 1, tit. 12, sect. 2, art. 9 du faux, n. 4. ☞ Si la minute ne se trouve pas, & que ce soit un acte ancien, on n'est pas obligé de la faire rapporter, il suffit d'un procès-verbal de perquisition. Ainsi jugé par Arrêt du 11 Mars 1709 en la Grand'Chambre.] Si la grosse & la minute se trouvent différentes, on présumera toujours pour la vérité de la minute, *ut not. Gl. in cap. ut veterum, in Gl. Magna, ad finem quæst.* parce que *Protocollum est fons & origo unde sumitur instrumentum; L. pen. & Auth. si quis, C. de ed. & sic magis origini & fronti quam rivulis; Bart. in L. Sempronius* 48, *ff. de leg.* 2. C'est pour cela que l'on retient la minute, *ad majorem fidem & veritatis conservationem.* Que si le Notaire allégue qu'il a perdu la minute par cas fortuit, il doit être oui en serment, & sur cela il est chargé de la nécessité de la remettre, *per text. in Leg. cùm quidam* 20, *C. de fide instrum.* mais cela doit être entendu, pourvû qu'il y ait quelques indices qui fassent présumer que la minute est perdue, & qu'il n'y ait point de dol de sa part.

On ne peut pas dire qu'avant le rapport de la schede l'inscription ait été vraiment formée, parce que c'est contre la minute originale qu'elle doit être dirigée, & non contre la grosse & expédition, qui peut quelquefois par erreur & vice du Clerc, ou par omission, se trouver différente ou contraire; ainsi qu'il a été jugé par des Arrêts du Parlement de Paris, rapportés par Charondas sur le Code Henri, au titre du crime de faux. On oblige la Partie à faire l'inscription au Greffe, par cette raison que comme il y a beaucoup du civil dans les inscriptions de faux, la Partie civile est comme accusatrice; au lieu que dans les autres crimes, encore que l'on qualifie souvent celui qui rend sa plainte du nom d'accusateur, toutefois c'est improprement qu'on l'appelle ainsi, d'autant que nous n'avons en France que le Procureur Général du Roi ou son Substitut qui puisse dans chaque Siége accuser & conclure la peine des crimes; & au cas que le Registre ne se trouve pas, le contrat n'est pas pour cela déclaré faux, comme remarque Ferriere sur la quest. 19 de Guy-Pape.

☞ *Sinon la piéce rejettée du procès.*] Est-ce faute de la rapporter dans le délai, ou faute de la rapporter absolument ? Car si le défendeur en faux, après des perquisitions sinceres & exactes, ne peut recouvrer la minute, n'aura-t-on aucun égard aux circonstances des faits qui prouvent l'existence de la minute, ou qui en établissent la perte ? On y aura sans doute égard. Cela a été jugé par Sentence des Requêtes du Palais, en l'ordre du prix .... au rapport de M. de Pinoy, le premier Mars 1689, où l'on a ordonné que la grosse du contrat de constitution de 43000 livres en principal, signée Parque & Vautier, Notaires au Châtelet, sera mise au rang des minutes dudit Vautier, entre les mains de Denost son successeur, pour valoir minute & en être délivré des grosses ; & sans s'arrêter au faux, rétabli le Sieur Danquitard dans le rang naturel de sa collocation, interloquée par la Sentence d'ordre du 16 Décembre 1690.

Arrêt du 21 Avril 1693, au rapport de M. Robert, en la seconde des Enquêtes, pour les Ursulines de Crepy, contre Cheronet, dans l'espéce duquel la minute n'étoit point rapportée.

Un Arrêt du Conseil du 15 Février 1701 a jugé, que le Traitant de la recherche de la Noblesse étoit non-recevable à s'inscrire en faux contre deux grosses anciennes de partages, sur le fondement que les minutes n'en étoient pas rapportées. Pour que l'on puisse juger dans quelles circonstances il a été rendu, on l'inserera en cet endroit.

Sur la Requête présentée au Roi en son Conseil par Julien Guyet, Ecuyer, Sieur du Teil ; & Jean Guyet, Ecuyer, Sieur du Plessis ; contenant qu'encore que leur Noblesse soit ancienne, & connue telle dans la Province de Bretagne, néanmoins ayant été assignés pardevant le Sieur de Nointel, ils auroient été déclarés usurpateurs du titre de Noblesse, par son Ordonnance du 24 Juillet 1699, dont ayant interjetté appel pardevant les Sieurs Commissaires généraux, le Traitant, après avoir mis en usage inutilement tout ce qu'il auroit pû imaginer pour les faire succomber, n'auroit point trouvé de moyen plus sûr pour perpétuer la procedure, que de rendre suspectes les grosses de deux partages produits par les Supplians de 1538 & 1561, contre lesquelles s'étant inscrit en faux, Messieurs les Commissaires auroient rendu leur Ordonnance le 11 Février 1700, par laquelle ils ont enjoint aux Supplians d'en faire apporter les minutes ; les Supplians, pour satisfaire à ce Jugement, ont fait toutes les perquisitions nécessaires, & ont fait assigner les représentans des Notaires qui ont passé ces actes ; mais le peu d'ordre qu'il y a eu dans tous les Notariats, & des actes aussi anciens surpassant toute la connoissance des héritiers de ces Notaires, les Supplians se voyent dans l'impossibilité de satisfaire à l'Ordonnance de Messieurs les Commissaires, pour rapporter les minutes, qui doivent d'ailleurs être inutiles pour justifier la validité de ces deux partages, puisqu'ils sont réferés dans d'autres actes postérieurs : ce qui donne lieu aux Supplians d'avoir recours à Sa Majesté, de la supplier très-humblement d'ordonner qu'il sera procedé au Jugement de l'instance sur le fait de leur Noblesse, sur les grosses desdits partages de 1538 & 1561, par eux produits, & qu'ils seront dispensés d'en rapporter les minutes. Vû ladite Requête, l'Ordonnance du Sieur de Nointel ci-dessus énoncée, du 4 Juillet 1699, celle des Sieurs Commissaires Généraux du 11 Février 1700, les procedures faites par les Supplians pour faire représenter les minutes en question ; & tout consideré. Oui le rapport du Sieur Chamillart, Conseiller ordinaire au Conseil Royal, Controlleur Général des Finances : LE ROI EN SON CONSEIL, a ordonné & ordonne qu'il sera procedé au Jugement de l'instance sur le fait de la Noblesse desdits Sieurs Guyet, sur les grosses des partages de 1538 & 1561, comme auparavant l'Ordonnance des Sieurs Commissaires Généraux du 11 Février 1700; & en conséquence Sa Majesté les a dispensés & déchargés de la représentation des minutes desdits partages, sauf à la Cour de Beauval à proposer tels moyens de faux qu'il avisera contre lesdites grosses. Fait au Conseil d'Etat du Roi, tenu à Versailles le quinziéme jour de Février mil sept cent un. Collationné. *Signé* GOUJON.]

ARTICLE X.

LE demandeur, ou son conseil, prendra *communication de la piéce* par les mains du Greffier, sans déplacer.

Communication de la piéce.] Il peut même demander, si bon lui semble, que la piéce maintenue fausse soit paraphée, *ne varietur.*

Des moyens de faux.

ARTICLE XI.

LES moyens de faux seront mis au Greffe *dans trois jours* au plus tard, & n'en sera donné copie *ni communication au défendeur.*

Dans trois jours.] Cela est conforme à l'Ordonnance de François I. de l'an 1535, chap. 19, art. 10.

Ni communication au défendeur.] Par les Ordonnances du Roi François I. de l'an 1535, chap. 19, art. 20, & 1536 pour Bretagne, chap. 2, article 24, *les moyens de faux baillés par l'une des Parties, ne doivent être communiqués à la Partie accusée, mais seulement aux Avocats & Procureurs du Roi, pour être par après mis ès mains du Juge, qui les déclarera admissibles & pertinens, ou non, pour y être procedé extraordinairement.* Et Ayrault en son Instruction judiciaire, au lieu préallégué, dit que les moyens de faux ne se communiquent pas à la Partie pour y répondre. Cet usage est encore confirmé par un Arrêt du Parlement de Paris du 25 Septembre 1568, rapporté par Papon en la sixiéme édition de ses Arrêts, liv. 22, tit. 12, Arrêt 8.

☞ Le défendeur pourra néanmoins dônner une Requête, dans laquelle il expliquera les fins de non-recevoir contre l'inscription de faux. Cet usage n'est point aboli par l'Ordonnance.]

ARTICLE XII.

LES Juges pourront *les joindre*, selon leur qualité *& l'état du procès.*

Les joindre.] C'est-à-dire à l'instance principale, pour y faire droit préalablement en jugeant le procès; & c'est afin que si le procès se pouvoit juger nonobstant l'incident en faux, le jugement du principal ne fût pas retardé par le moyen de cette inscription accessoire au principal. Que si au contraire le Juge voit

que

que le faux soit décisif du principal, & que le principal ne se puisse juger sans que le faux soit préalablement vuidé, il procede comme en matiere criminelle, & surseoit au principal jusqu'à ce que le faux soit décidé. Imbert en ses Institutions for. liv. 1, chap. 48, nomb. 5 & 6.

Et l'état du procès.] On ne doit avoir aucun égard au faux, s'il n'y a dol, & que le demandeur en faux n'y ait aucun interêt, suivant la Loi *nec exemplum* 20, *C. ad Leg. Cornel. de fals.* & comme il a été jugé par un Arrêt rapporté par Charondas, liv. 4 de ses Réponses, rép. 30.

ARTICLE XIII.

SI *les moyens sont pertinens* ou admissibles, la preuve en sera ordonnée par titres, *par témoins & par comparaison d'écritures* & signatures, par Experts qui seront nommés d'office par le même Jugement, sauf à les récuser.

Si les moyens sont pertinens.] Voyez Papon en son Recueil d'Arrêts, livre 9, titre 10 des moyens de faux, Arrêt 1, où il parle amplement des moyens de faux notables. Si le Juge voit que les moyens de faux ne sont pas recevables, il doit condamner celui qui a maintenu la piéce fausse aux dépens, dommages & interêts, & en quelque peine ou amende; & en cas que la Partie ait quelque piéce contraire à celle qu'il maintient fausse, il la doit produire, afin que par le même Jugement on la déclare fausse.

Par témoins & par comparaison d'écritures.] Cela est conforme à la disposition du Droit, en la Loi 22, *C. ad Leg. Cornel. de fals.* par laquelle il est porté que quand il se présentera une question de faux, le Juge doit examiner diligemment la vérité, par argumens, par témoins, par comparaison d'écritures, & la rechercher par tous les vestiges qu'on peut trouver: *ubi falsi crimen inciderit, tunc acerrima fiat indago argumentis, testibus, scripturarum collatione, aliisque vestigiis veritatis.* Cette Loi pourtant ne dit pas que la preuve par comparaison d'écritures soit absolument une preuve, & elle n'est tout au plus qu'un indice, comme nous l'apprenons de Balde, *ad Leg. comparationes*, *num.* 34, *Cod. de fide instrument. Scriptura ex quâ fit comparatio, nihil aliud est nisi argumentum à simili & verisimili:* d'ailleurs les Juges, les Particuliers & les Experts sont sujets à s'abuser par la ressemblance des écritures, qui est infiniment plus trompeuse que celle du visage. C'est pour cela que Theveneau, pages 31 & 32, dit qu'une écriture ou une signature qui sera reconnue & avouée par un Particulier avoir été par lui faite, est une comparaison plus certaine que si tous les Experts du monde disoient le contraire par les regles de leur art, qui ne se rencontrent pas toujours certaines.

Il faut encore observer qu'en matiere de faux, la déclaration des témoins numeraires de l'acte doit prévaloir à la comparaison des lettres faite par les Experts, suivant la Novelle 73, *cap.* 3.

ARTICLE XIV.

LE Jugement contiendra aussi les moyens & faits qui auront été déclarés admissibles, *& n'en sera fait preuve d'aucun autre.*

☞ *Et n'en sera fait preuve d'aucun autre.*] Il arrive cependant très-souvent que les Experts par leurs rapports font des observations nouvelles, capables par leur importance de déterminer les Juges pour la fausseté de la piéce.]

ARTICLE XV.

LES piéces inscrites de faux & celles de comparaison seront mises entre les mains *des Experts*, après avoir prêté serment, & leur rapport délivré au Juge, suivant qu'il est prescrit par l'art. 13 du titre de la descente sur les lieux, dans notre Ordonnance du mois d'Avril 1667.

Des Experts.] Les Experts doivent être, comme remarque l'Auteur des Formules, ou des Maîtres Ecrivains, ou des Praticiens experts & entendus au fait d'écritures, (aux lieux où il n'y a pas de Maîtres Ecrivains,) comme Notaires, Greffiers & telle espéce de gens.

Ce qui doit être ordonné par le Juge dans le Jugement du faux.

ARTICLE XVI.

S'IL y a charge, les Juges *pourront decreter*, & ordonner que les Experts seront répétés séparément en leur rapport, récollés & confrontés, ainsi que les autres témoins.

Pourront decreter.] Cet article est conforme à ladite Ordonnance de François I. à Ys sur Thille, en Octobre 1532, chap. 5, art. 32, par laquelle il est porté, *que les moyens de faux étant déclarés admissibles, il sera permis à l'accusateur d'informer d'iceux, pour l'information faite & rapportée, être décerné ajournement personnel ou prise de corps, soit contre la Partie, Notaires ou autres, selon que la matiere s'y trouvera disposée ;* mais afin qu'il y ait charge, il faut que trois choses concourent, sçavoir dol en la personne, alteration de la vérité de l'acte, & dommages à celui qui s'est inscrit en faux, *juxta not. per Host. & Azo. in suis Summis, & per text in L. quid sit falsum, ff. ad Leg. Cornel. de fals. & Lege nec exemplum, C. eod. Petr. de Anchar. consil. 23. Paul. Castrens. consil. 49.* Il faut encore que celui qui a produit la piéce, ait déclaré s'en vouloir servir, selon l'article 9 de ce titre ; car autrement *excusatur à crimine pœnâ falsi*, comme j'ai remarqué sur l'article 8 du même titre. Il faut encore observer, qu'à l'égard de ceux qui seront atteints & convaincus par Justice d'avoir fait & passé de faux contrats, & porté faux témoignage, ils doivent être punis de mort, selon l'Edit du Roi François I. de l'an 1531. Cet Edit a été confirmé par autre Edit de Louis XIV. de glorieuse mémoire, du mois de Mars 1680 ; & d'autant que quelques-uns des Juges étoient persuadés que l'Ordonnance de François I. comprenoit seulement les Notaires, & que cela causoit beaucoup de diversité dans leurs Jugemens, Sa Majesté y a ajouté par cet Edit, *que tous Juges, Greffiers, Ministres de Justice & de Police & de Finances de toutes les Cours & Jurisdictions, comme aussi des Officialités & des Justices des Seigneurs, les Officiers & Ministres des Chancelleries, les Gardes des Livres & des Registres des Chambres des Comptes & des Bureaux des Fi-*

nances, & ceux des Hôtels-de-Ville, les Archiviers, & généralement toutes personnes faisant fonction publique, par office, commission ou subdélégation, leurs Clercs ou Commis, qui seront atteints & convaincus d'avoir commis faussété dans la fonction de leurs Offices, Commissions & Emplois, seront punis de mort, telle que les Juges l'arbitreront, selon l'exigence des cas. Et à l'égard de ceux qui n'étant Officiers, & qui n'ayant aucune fonction ou ministere public, commission ou emploi de la qualité ci-dessus, auront commis quelques faussetés, ou qui étant Officiers, les auront commises hors de la fonction de leurs Offices, Commissions ou Emplois, les Juges pourront les condamner à telles peines qu'ils jugeront, même de mort, selon l'exigence des cas & la qualité des crimes. Il est encore statué par cet Edit, *que tous ceux qui auront falsifié les Lettres de la grande Chancellerie, & celles qui sont établies près des Cours de Parlement, imité, contrefait, appliqué ou supposé les grands & petits Sceaux du Roi, soit qu'ils soient Officiers, Ministres ou Commis desdites Chancelleries, ou non, seront punis de mort.*

☞ Et par Déclaration du 20 Août 1699, il est porté, que tous ceux qui auront contrefait les signatures des Secretaires d'Etat, & choses qui concernent la fonction de leurs Charges, seront à l'avenir punis de mort.]

ARTICLE XVII.

LE demandeur en faux qui succombera, sera condamné *en trois cens livres d'amende* en nos Cours, cent vingt livres aux Siéges qui y ressortissent immédiatement, & aux autres soixante livres, applicables les deux tiers à Nous ou aux Seigneurs à qui il appartiendra, & l'autre à la Partie, sur lesquelles seront déduites les sommes consignées; & pourront les Juges condamner en plus grande amende, s'il y échet.

En trois cens livres d'amende.] C'est pour cela que celui qui dispute un instrument de faux, n'est pas tenu de se mettre en prison lors de l'inscription, parce que la peine du Talion n'est plus en usage, & que lorsque les accusateurs ne peuvent pas prouver le fait de leur accusation, *non nisi pecuniariam pœnam subire solent. Fab. in suo Cod. lib. 9, tit. 13, defin. 9.*

☞ Ce n'est pas la qualité du Siége ou Jurisdiction dans laquelle le demandeur en faux succombe, mais celle où a été originairement formée l'inscription de faux, quoique le faux n'y ait été admis ni instruit, qui détermine & fixe la quotité de l'amende : de sorte que si une inscription de faux a été incidemment formée dans une instance, en un Bailliage ressortissant nuement en la Cour ; que par Sentence de ce Bailliage on ait prononcé sur le fond des contestations, sans avoir ordonné la preuve des moyens de faux, & que sur l'appel au Parlement cette preuve ait été ordonnée, après laquelle on ait par Arrêt prononcé sans avoir égard au faux, le demandeur qui succombe ne devra point l'amende de trois cens livres, mais seulement celle de cent vingt livres. Ainsi jugé par Arrêt en la Grand'Chambre le 12 Mars 1704. Les Parties étoient Me. François le Royer, ancien Curé de la Paroisse de S. Denis de la Ville d'Angers, demandeur, contre le Receveur des amendes de la Cour, défendeur; plaidant Me. de Richebourg pour le demandeur, & Me. Millin pour le défendeur.

Deux Déclarations, l'une du 6 Janvier, & l'autre du 14 Avril 1699, qui concernent les inscriptions de faux contre les procès-verbaux des Commis aux

Aydes, ajoutent de nouvelles formalités à celles introduites par la présente Ordonnance.

On a cru par cette raison devoir en rapporter ici le contenu.

LOUIS, par la grace de Dieu, Roi de France & de Navarre : A tous ceux qui ces présentes Lettres verront, Salut. Les Fermiers de nos Aydes de la Généralité d'Amiens Nous ont très-humblement remontré, que depuis le premier Octobre 1697 qu'ils sont entrés en possession de leur Ferme, ils ont eu une attention particuliere à tous les moyens dont ils pouvoient régulierement se servir pour la pouvoir soutenir : ils ont remarqué que l'un des principaux étoit de veiller aux fraudes qui se commettent en ladite Province dans le débit des boissons. En effet, les Commis qu'ils y ont employés en ont découvert un grand nombre, dont ils ont rendu des procès-verbaux, & entr'autres contre plusieurs Cabaretiers de la Ville d'Amiens, lesquels ils auroient fait assigner en l'Election, pour s'y voir condamner à la confiscation de leurs boissons, & à l'amende portée par l'Ordonnance : mais la plupart desdits Cabaretiers se voyant prêts de succomber, se seroient avisés, après trois ou quatre mois de procedures, & à la veille du Jugement des procès, de s'inscrire en faux contre les procès verbaux desdits Commis ; & les Elus qui ont eu la facilité de les recevoir en cet état, ont encore decreté contre lesdits Commis ; en sorte que lesdits Cabaretiers, qui ont eu le temps de fabriquer de faux témoins, se sont persuadés qu'ils pourroient par ce moyen trouver l'impunité de leurs fraudes, ce qui n'arriveroit pas, si les Elus d'Amiens avoient, dans l'instruction desdits procès, suivi les mêmes formalités que celles qui s'observent en notre Province de Normandie à l'égard desdites inscriptions de faux, depuis notre Déclaration du 14 Janvier 1693, registrée en notre Cour des Aydes de Rouen, par laquelle nous avons limité le tems, & reglé la maniere de faire lesdites inscriptions, de les recevoir & juger : ce qui oblige lesdits Exposans de Nous supplier de vouloir leur accorder une pareille Déclaration, qui puisse prévenir en la Province de Picardie les mêmes abus qu'elle a réprimés dans celle de Normandie. A CES CAUSES, & autres à ce Nous mouvans, & de notre certaine science, pleine puissance & autorité royale, Nous avons dit, déclaré, ordonné, & par ces Présentes signées de notre main, disons, déclarons, ordonnons, voulons & Nous plaît.

ARTICLE PREMIER.

Que ceux qui voudront s'inscrire en faux contre les procès-verbaux des Commis aux exercices de nos Aydes, pour fraudes prétendues dans le débit des vins & autres boissons, dans l'étendue de la Généralité d'Amiens, seront tenus dans le jour de l'échéance des assignations qui leur seront données pour répondre sur lesdits procès verbaux, de le déclarer à l'Audience ou par écrit ; faute de quoi ledit tems passé, ils ne seront plus reçus.

II.

Nul ne sera reçu à l'inscription de faux, qu'en consignant préalablement en deniers, ès mains du Receveur des amendes ou des Fermiers de nos Domaines, l'amende de soixante livres pour les Elections, & de cent livres en cas d'appel en notre Cour des Aydes.

III.

Aussi-tôt que les inscriptions de faux auront été reçues, & le même jour, les Inscrivans seront pareillement tenus de passer & signer leurs inscriptions, & de déclarer par le même acte les noms, surnoms, qualités & demeures des témoins dont ils entendront se servir, lequel acte sera signifié à nos Fermiers.

I V.

En cas d'inscription de faux reçue dans la forme ci-dessus prescrite, les moyens en seront fournis par lesdits Inscrivans, & mis au Greffe dans les vingt-quatre heures de leurs inscriptions; faute de quoi faire dans ledit tems, lesdits moyens ne pourront être admis.

V.

Défendons à nos Elus d'accorder aux accusés de fraudes, d'autres ni plus grands délais que ceux ci-dessus exprimés, à peine de répondre en leurs noms des dommages & interêts de nos Fermiers. Voulons que notre présente Déclaration soit exécutée dans toute l'étendue du ressort de notre Cour des Aydes de Paris, & qu'au surplus nos Ordonnances, Arrêts & Réglemens sur le fait de nos Aydes, concernant lesdites fraudes & inscriptions de faux, soient exécutées. SI DONNONS en mandement à nos amés & féaux Conseillers les Gens tenans notre Cour des Aydes de Paris, que ces Présentes ils fassent lire, publier & enregistrer, & le contenu en icelles faire exécuter, garder & observer de point en point selon leur forme & teneur, nonobstant toutes Déclarations, Réglemens, Arrêts & usages à ce contraires, ausquels Nous avons dérogé & dérogeons par ces Présentes: CAR tel est notre plaisir. En témoin de quoi Nous avons fait mettre notre Scel à cesdites Présentes. DONNÉ à Versailles le sixiéme jour de Janvier, l'an de grace mil six cens quatre-vingt-dix-neuf, & de notre Regne le cinquante-sixiéme. *Signé* LOUIS. *Et plus bas*, par le Roi, PHELYPEAUX. Et scellée du grand Sceau de cire jaune.

Registrées en la Cour des Aydes, oui & ce requerant le Procureur Général du Roi, pour y être executées selon leur forme & teneur, & ordonné que copies collationnées des présentes Lettres seront incessamment envoyées ès Siéges des Elections du ressort de ladite Cour, pour y être lûës, publiées & registrées l'Audience tenante: Enjoint aux Substituts du Procureur Général du Roi d'y tenir la main, & de certifier la Cour de leurs diligences au mois. A Paris le vingt-deuxiéme Janvier mil six cens quatre-vingt-dix-neuf. Signé PERRET.

Celle du 14 Avril est conçue en ces termes.

LOUIS, par la grace de Dieu, Roi de France & de Navarre: A tous ceux qui ces présentes Lettres verront, Salut. Les fréquens abus qui se commettoient ci-devant dans le débit des vins & boissons dans notre Province de Normandie, & l'impunité que les fraudeurs se procuroient par le mauvais usage qui s'y faisoit de l'inscription de faux permise par nos Ordonnances contre les procès-verbaux des Commis aux exercices de nos Aydes, Nous auroient déterminé à rendre notre Déclaration du 14 Janvier 1693, registrée en notre Cour des Aydes de Normandie, par laquelle Nous avons reglé le tems & la maniere de faire instruire & juger lesdites inscriptions de faux; & comme ces mêmes abus s'étoient depuis quelque tems introduits dans notre Province de Picardie, Nous aurions, pour les réprimer, fait un pareil Réglement pour ladite Province par notre Déclaration du sixiéme Janvier, pour y être exécuté, & même dans tout le ressort de notredite Cour des Aydes de Paris; mais ayant été informé qu'il y a peu d'inscriptions de faux formées par les fraudeurs dans l'étendue de notre Cour des Aydes de Paris, & que jusqu'à présent il ne s'en est fait aucun mauvais usage; desirant d'ailleurs procurer à nos Sujets les moyens d'obtenir justice par les voies que nos Ordonnances & celles des Rois nos Prédecesseurs ont autorisées, en renfermant néanmoins les procedures qui se font pour les inscriptions de faux, dans les délais plus courts que ceux qui sont permis dans les affaires qui ne concernent pas la perception de nos droits. A CES CAUSES, & autres à ce Nous mouvant, interprétant en tant que besoin seroit notredite Déclaration du sixiéme Janvier dernier, Nous avons par ces Présentes signées de notre main, déclaré & ordonné, déclarons & ordonnons, voulons & Nous plaît.

ARTICLE PREMIER.

Que ceux qui voudront s'inscrire en faux contre les procès-verbaux des Commis aux exercices de nos Aydes, pour fraudes prétendues commises dans le débit des vins & autres boissons, dans l'étendue du ressort de notre Cour des Aydes de Paris, seront tenus, dans les trois jours après l'échéance des assignations qui leur seront données pour répondre sur lesdits procès-verbaux, de le déclarer à l'Audience ou par écrit; faute de quoi ledit tems passé, ils n'y seront plus reçus.

II.

Aucune personne ne sera reçue à l'inscription de faux, sans avoir consigné préalablement en deniers, ès mains du Recéveur des amendes ou des Fermiers de nos Domaines, l'amende de soixante livres, pour les inscriptions de faux qui seront formées dans les Elections, & celle de cent livres, pour celles qui seront formées en notredite Cour des Aydes.

III.

Aussi-tôt que les inscriptions de faux auront été reçues, & le même jour, les Inscrivans seront tenus de passer & signer lesdites inscriptions; faute de quoi, ils en demeureront déchus.

IV.

En cas d'inscription de faux reçue dans la forme ci-dessus prescrite, les moyens en seront fournis par les Inscrivans, & mis au Greffe trois jours après leur inscription; faute de quoi faire dans ledit tems, lesdits moyens de faux ne pourront être admis.

V.

Après que les moyens de faux auront été déclarés pertinens & admissibles, les Inscrivans seront tenus, dans le jour suivant, de prendre l'Ordonnance du Juge pour faire entendre les témoins, & de lui déclarer dans le même jour les noms, surnoms, qualités & demeures de ceux dont ils voudront se servir, sans qu'ils puissent dans la suite en faire entendre d'autres.

VI.

Défendons aux Officiers des Elections, & à ceux de notredite Cour des Aydes de Paris, d'accorder aux accusés de fraudes, qui s'inscriront en faux contre les procès-verbaux des Commis aux exercices de nos Aydes, d'autres ni plus grands délais que ceux ci-dessus ordonnés, à peine de nullité, dérogeant à tous Edits, Déclarations, Arrêts & Réglemens à ce contraires: voulons au surplus qu'ils soient exécutés.

SI DONNONS EN MANDEMENT à nos amés & féaux Conseillers les Gens tenans notre Cour des Aydes à Paris, que ces Présentes ils fassent lire, publier & enregistrer, & le contenu en icelles faire exécuter, garder & observer de point en point selon leur forme & teneur, nonobstant toutes Déclarations, Réglemens, Arrêts & usages à ce contraires, ausquels Nous avons dérogé &

dérogeons par ces Présentes: CAR tel est notre plaisir. En témoin de quoi Nous avons fait mettre notre Scel à cesdites Présentes. DONNÉ à Versailles le quatorziéme jour d'Avril, l'an de grace mil six cens quatre-vingt-dix-neuf, & de notre Regne le cinquante-sixiéme. *Signé* LOUIS. *Et plus bas*, par le Roi, PHELYPEAUX. Et scellée de cire jaune.

Registrée en la Cour des Aydes, oui & ce requerant le Procureur Général du Roi, pour être exécutée selon sa forme & teneur, & ordonné que copies collationnées des présentes Lettres seront incessamment envoyées ès Siéges des Elections du ressort, pour y être lûes, publiées & registrées l'Audience tenante: Enjoint aux Substituts dudit Procureur Général esdits Siéges d'y tenir la main, & de certifier la Cour de leurs diligences au mois. A Paris, les Chambres assemblées, le trentiéme jour d'Avril mil six cens quatre-vingt-dix-neuf. Signé PERRET.

TITRE X.

DES DECRETS, DE LEUR EXECUTION, ET DES ELARGISSEMENS.

De la nécessité des Conclusions du Procureur du Roi, ou de ceux des Seigneurs.

ARTICLE PREMIER.

TOUS decrets *seront rendus sur les conclusions de nos Procureurs*, ou de ceux des Seigneurs.

Seront rendus.] Par Arrêt du Conseil d'en-haut du 13 Janvier 1684, conformément à d'autres Arrêts du Conseil, *il a été ordonné aux Lieutenans Criminels des Bailliages & Sénéchaussées de la Province de Languedoc, de decreter sur les informations, sans en donner connoissance à qui que ce soit qu'au Procureur de Sa Majesté, pour prendre conclusion; de s'assurer des coupables, les interroger incessamment avant qu'ils puissent avoir pris conseil.* Et par ce même Arrêt il est porté, *qu'après l'interrogatoire il sera ordonné sur l'élargissement ou réglement de la procedure, par avis de Conseil, à peine d'interdiction.* Le motif de cet Arrêt est, afin que les coupables ne puissent être avertis des dépositions & qualité des témoins, & qu'au premier interrogatoire ils ne soient pas préparés par un conseil du Palais, ou autrement.

Sur les conclusions de nos Procureurs.] Cet article est conforme à l'Ordonnance de Louis XII. de l'an 1498, article 107; & de François I. de l'an 1535, chapitre 13, article 22; & de l'an 1539, article 145, par lesquelles l'information doit être remise ès mains des Gens du Roi ou du Procureur Fiscal, qui mettent au bas d'icelles leurs conclusions. Elles desirent encore qu'ils prennent telles conclusions qu'ils aviseront bon être dans trois jours, ou le plutôt qu'ils pourront, afin de donner au Public la satisfaction qu'il attend de la punition des crimes. Il est vrai que par l'Ordonnance d'Orleans, article 64, il étoit permis aux Juges Royaux, ou des Hauts-Justiciers, de proceder eux-mêmes à l'instruction des procès criminels, sans être astraints de les communiquer aux Procureurs du Roi ou Fiscaux; néanmoins le Docteur François en ses Pandectes, liv. 16, chap. 4 sur la fin, en rapportant cette Ordonnance, dit qu'il conseilleroit toujours au Juge, avant que de decreter, de faire voir les informations, & faire conclure par le Procureur du Roi ou Fiscal, tant pour sa sûreté, afin d'avoir par ce moyen un accusateur public qui soit obligé d'en faire la poursuite, que pour donner un meilleur & plus solide commencement à la procedure criminelle. Il faut remarquer pourtant, que si le délinquant est surpris en flagrant délit, ἐπαυτοφώρῳ καὶ ἐνέργῳ, *ut dicitur in L. si quis, L. interdum, §. qui furem, ff. de furt. item ubi est periculum, arg. L. ait Prætor, §. si debitorem, ff. de accus.* ou lorsque le cas est si énorme, qu'il requiert un prompt decret, ou même quand les informations sont faites aux champs, hors le lieu où le Procureur est demeurant, comme celles qui sont faites par les Prevôts des Maréchaux, & autres semblables, on peut se dispenser de cette formalité, & autres requises, même commencer par la capture. Il est important de sçavoir en quel cas l'accusé est dit *deprehendi in ipso facto*, parce que cela sert non-seulement pour faire déclarer la capture bien faite, mais pour l'instruction & le jugement. En fait de larcin, lorsque l'accusé a été surpris dérobant, ou dans le lieu dans lequel le larcin a été commis, ou avec la chose dérobée; en fait d'assassinat, celui qui a été pris dans l'action, ou qui a été vû dans le lieu où le crime a été commis avec l'épée & ensanglanté; & l'adultere, non-seulement celui qui a été surpris sur le fait, comme on feint que Vulcain surprit Mars & Venus, mais sur le lieu, *quæritante adhuc puellâ & recentibus libidinis notis.*

De diverses sortes de Decrets.

ARTICLE II.

SELON *la qualité des crimes, des preuves & des personnes*, sera ordonné que la Partie *sera assignée pour être ouie, ajournée à comparoir en personne, ou prise au corps.*

La qualité des crimes.] Ces trois circonstances constituent la différence que les Juges doivent faire dans leurs decrets. Elles étoient marquées par ladite Ordonnance de François I. de l'an 1539, art. 145, par ces mots, *selon l'exigence des cas.* Et dans le Droit écrit, en la Loi *Prætor ait* 4, §. *prætereà, ibi & ex qualitate injuriæ, ff. de injur. L. atrocem* 4, *C. eod. tit. & in §. atroc. Inst. eod. Leg. Prætor edixit* 7, §. *atrocem, ff. eod. tit.* & en la Loi 1, *ff. de custod. reor.* il est dit que *Proconsul æstimare solet, utrùm in carcerem recipienda sit persona, an militi tradenda, vel fideijussoribus committenda, pro criminis qualitate, vel propter honorem, aut facultates.* Or c'est en ceci que le Juge doit user d'une grande prudence, & avoir tous les égards nécessaires: car il y a des crimes publics, desquels l'atrocité mérite, pour l'exemple public, une prompte & sévere punition & poursuite; & en ceux-ci il est du devoir des Juges de décerner decret de prise de corps, sans distinction de la qualité des personnes, & sans s'arrêter aux preuves qui résultent de l'information, nation, telles considérations se pouvant réserver lors de l'instruction & jugement des procès : mais cependant il importe que le criminel soit constitué prisonnier ; ce qu'on peut recueillir de l'Ordonnance de François I, de l'an 1536, chap. 2, pour le Pays de Bretagne. Mais il y a d'autres crimes publics, & délits que le Droit Romain tient pour privés, ausquels le Juge doit avoir égard à la qualité des personnes & des preuves, c'est-à-dire si les témoins déposent pertinemment du fait, ou seulement par des indices, & quels sont les indices, pour décerner tel decret que de raison : car pour de legers indices, il ne doit pas decreter prise de corps contre des personnes d'honneur ou d'honnête qualité : mais pour le regard des personnes de vile condition, ou des vagabonds & inconnus, ou de mauvaise renommée, il pourra plus facilement decreter prise de corps, selon la qualité du crime & du délit, comme il est remarqué par Charondas, au lieu préallégué ; Imbert en ses Instit. Forens. en sa Pratique criminelle, *lib.* 4, *cap.* 2, *num.* 4 ; & Papon en son Recueil d'Arrêts, liv. 24, tit. 3 des Decrets, Arrêt 5. Le Juge doit aussi considerer les circonstances du crime, comme s'il a été commis de nuit, dans un grand chemin ou autre lieu public ; si en un lieu sacré ; parce que ces circonstances aggravent le crime. Il doit encore examiner l'état & la condition des témoins ouis ès informations, s'ils sont hors de soupçon, s'ils ont pertinemment déposé du fait, afin qu'il ne decrete pas légerement contre les Parties, & qu'il ne les engage pas mal-à-propos dans des dépens, dommages & interêts ; & parmi les diverses sortes de decrets, il y doit proceder modérément, plutôt qu'avec sévérité, suivant le sentiment de nos Docteurs sur la Loi *Hodie*, *ff. de pœn.* & *L. in factum* 155, §. *ult. ff. de re jud.* où il est dit : *in pœnalibus causis benigniùs interpretandum esse.*

Il faut encore observer une chose qui méritoit bien d'être réformée par l'Ordonnance, à cause de l'abus qui se commet souvent par les Juges inférieurs, de faire des procès par écrit en matiere de simples injures verbales ; au lieu qu'on ne doit venir que par aveu ou désaveu, & non par information, si ce n'est que les injures soient atroces, proferées en Jugement, ou contre l'honneur des maris, ou l'honneur de la famille : à l'égard des autres, il suffit d'assigner celui dont on se plaint, pour répondre sur la Requête en réparation d'injures ; & en cas de reconnoissance, la contention est sommaire, & doit être jugée sur le champ ; & en cas de dénégation après l'audition de quelques témoins, le Juge doit pareillement prononcer, la Loi ne voulant pas que pour des injures verbales, qui sont crimes légers, les Parties se consomment en frais, & que la justice, dont l'expédition est nécessaire, soit par information tirée en longueur. *Lævia crimina*, dit le Jurisconsulte en la Loi 6, *de accus. audire & discutere de plano Proconsulem oportet, & vel liberare eos quibus objiciuntur, vel fustigare, castigare, vel flagellis verberare servos* : ce qui est représenté en la Nov. 17, c. 3. Il suffit que celui qui a dit les injures, déclare qu'il en est marri, & qu'il reconnoît celui qu'il a injurié, pour homme d'honneur & de bien, & le Juge doit ordonner que la Sentence vaudra acte de cette déclaration, à moins que les personnes ne soient d'éminente qualité : à quoi on peut rapporter cette belle sentence de S. Augustin : *Qui convitio aut criminis objectu aliquem lædit, studeat ex eodem ore proferre medicamenta unde intulit vulnera.* Les Empereurs mêmes ont méprisé les injures verbales par une raison fort chrétienne : *Si ex levitate processit, contemnendum est ; si ex infamiâ, miseratione dignissimum ; si ab injuria, remittendum. L.* 1, *C. si quis Imper. maled.* Voyez Boniface, part. 3, liv. 1, tit. 3, chap. 1, où il rapporte un Arrêt du Parlement de Provence, par lequel sur ce qu'en un procès criminel entre deux femmes qui s'étoient injuriées réciproquement & battues, dans lequel il y avoit eu une Ordonnance de procès extraordinaire, & après Sentence & condamnation d'amende, frais & dépens de Justice, l'Ordonnance de procès extraordinaire fut infirmée, nonobstant l'acquiescement fait à icelle par l'Appellante, & le Juge & le Greffier condamnés de remettre devers le Greffe du Parlement, les frais du procès extraordinaire.

Des preuves.] Cela n'exclut pas ce que nous avons déja dit, qu'on peut decreter sur des indices, puisque les indices sont une espéce de preuve; comme il se recueille de la Loi derniere, *C. de probat, in quâ apertè rescriptum est, posse crimina vel idoneis testibus, vel apertissimis documentis, vel indiciis indubitatis, & luce clarioribus probari*, & de la Loi 2, *C. quorum appell. non recip.* La question est de sçavoir de quelle qualité les indices doivent être, & comme *ad tormenta indicia & argumenta verisimilia sufficiunt*, *L. militis* 8, §. 1, *C. de quæst.* Il faut conclure de là, que les indices moins pressans peuvent donner lieu à decerner un decret, comme la fuite, les menaces, les inimitiés, les embuscades, la déposition d'un seul témoin, & la confession *extra judicium*, & telles choses semblables, lesquelles n'étant pas assez fortes pour établir la preuve d'un crime, le sont assez pour le decret & pour la capture, sur-tout en matiere de crimes qui peuvent mériter une peine afflictive : car à l'égard de ceux qui ne mériteroient qu'une peine pécuniaire, il ne faudroit pas user de capture, parce que l'accusé *per Procuratorem respondere potest.*

Et des personnes.] A l'égard des personnes, *sexus considerandus est, dignitas, & innocentia.*

Il faut pourtant observer qu'on ne fait distinction des personnes, & on ne considere leur qualité ou le sexe, que dans les délits & crimes plus légers, privés & non capitaux; parce qu'à l'égard des hommes nobles, ou constitués en dignité, riches, ou d'honnête qualité, & à l'égard des femmes d'honneur & de bonne réputation, ou d'honnêtes filles, l'ajournement personnel ne leur est pas moins fâcheux & ne les deshonore pas moins, que la capture ou le decret de prise de corps aux personnes de basse & vile condition : mais lorsqu'il s'agit de crimes graves, publics & capitaux, en ce cas on ne fait point distinction ni différence des personnes, & on a accoutumé de decreter prise de corps sans considerer leur qualité ou le sexe.

Sera assignée pour être ouie.] La différence qu'il y a entre ces trois sortes de decrets est, que si l'accusé est Officier, le decret de prise de corps & celui d'ajournement personnel emportent de droit l'interdiction des fonctions de sa Charge, & non pas l'assignation pour être oui sur les charges & informations.

Ajournée à comparoir en personne.] Sa Majesté a par son Edit du mois de Décembre 1680, *défendu aux Cours de donner à l'avenir aucuns Arrêts de défenses d'exécuter les decrets d'ajournement personnel, qu'après avoir vû les informations, lorsque les decrets auront été décernés par les Juges Ecclésiastiques, & par les Juges ordinaires Royaux & des Seigneurs, pour faussetés, pour malversations d'Officiers dans l'exercice de leurs Charges, ou lorsqu'il y aura d'autres coaccusés contre lesquels il aura été decreté de prise de corps.* Et afin que son intention puisse être exécutée sans difficulté, Elle a ordonné par le même Edit, *que les Juges seront tenus d'exprimer à l'avenir dans les decrets d'ajournement personnel qu'ils décerneront, le titre de l'accusation pour laquelle ils decreteront, à peine contre lesdits Juges ordinaires & des Seigneurs, d'interdiction de leurs Charges; & que toutes Requêtes tendantes à fin de défenses d'exécuter les decrets d'ajournement personnel, soient communiquées au Procureur Général,*

Et afin que les accusés qui auront été decretés d'ajournement personnel pour d'autres cas que pour ceux ci-dessus exprimés, ne puissent pas prétendre que les Cours soient obligées de leur donner des Arrêts de défenses lorsqu'ils les en requerroient, Elle déclare par le même Edit, *qu'Elle veut & entend que les Cours puissent refuser des Arrêts de défenses, selon que par le titre de l'accusation il leur paroîtra convenable au bien de la Justice.* Le principal motif de cet Edit est, que les Juges Ecclésiastiques du Parlement de Toulouse se servant simplement de ces sortes de decrets, sans décerner des decrets de prise de corps, il arrivoit que sans aucune connoissance de cause & sur toutes sortes d'affaires, les procedures des Juges Ecclésiastiques étoient sursises, & que par cette surséance les coupables demeuroient sans châtiment.

Ou prise de corps.] La forme de decreter de prise de corps sur informations prend son autorité du Droit Romain, par lequel nul ne pouvoit être constitué prisonnier s'il n'étoit convaincu, & s'il n'étoit ordonné par le Juge qu'il seroit pris & emprisonné. *L. 3 & 4, C. Theodos. de exhib. vel transmitt. L. 2 & 3, C. Justin. eod.* Maintenant il suffit que l'accusé soit chargé par les informations: cela ne s'observe pas même exactement, de ne faire emprisonner sans decret, bien que ce soit l'usage le plus juste & le plus ordinaire, *ut testatur Jul. Clar. §. fin. quæst. 25.* Quelquefois on commence par l'emprisonnement, comme en flagrant délit, ou s'il y a des indices qui apportent grande suspicion aux crimes atroces & capitaux, & qu'il y ait danger que celui qui est soupçonné ne s'évade & prenne la fuite. *Jul. Cl. d. loco, & Farinac. de carcer. lib. 1, tit. 4, quæst. 27.*

De l'utilité des défauts, lorsque les Parties ne comparent point.

ARTICLE III.

L'*ASSIGNATION pour être oui* sera convertie en decret d'ajournement personnel, si la Partie ne compare.

☞ *L'assignation pour être oui.*] Cette forme de decret ne se trouvoit introduite par aucune Ordonnance avant celle-ci. Il est vrai que l'usage y avoit donné lieu, pour laisser aux Juges la liberté de sauver l'interdiction, selon la nature des affaires, à un Officier qu'ils obligeoient de venir rendre raison de sa conduite. Monsieur Talon, dans le procès-verbal des Conférences sur l'article 2 de ce titre, en a fait l'observation.]

ARTICLE IV.

L'AJOURNEMENT personnel *sera converti en decret de prise de corps*, si l'accusé ne compare dans le délai, qui sera reglé par le decret d'ajournement personnel, selon la distance des lieux, ainsi qu'aux ajournemens en matiere civile.

Sera converti en decret de prise de corps.] Avant cette nouvelle Ordonnance, si du commencement il n'y avoit eu qu'ajournement personnel, il falloit deux défauts pour ordonner prise de corps, suivant l'Ordonnance de 1539, art. 25, desquels le premier portoit, que l'accusé viendroit de main-mise à ses dépens. (*a*) Papon en son Recueil d'Arrêts, liv. 24, tit. 3 des decrets & ajournemens, Arrêt 1, rapporte un Arrêt par lequel l'emprisonnement ou decret de prise de corps fut converti en ajournement personnel; mais il dit que c'est lorsqu'il n'y a pas grande charge. Il est vrai que si l'Ordonnance, sur un seul défaut, veut que l'ajournement personnel soit converti en un decret de prise de corps, elle pourvoit en même tems à ce que l'accusé puisse comparoir, en lui donnant un délai compétent, lequel elle regle selon la distance des lieux, ainsi que les ajournemens en matiere civile.

☞ (*a*) Cette Ordonnance de 1539 ne demande point deux défauts pour la conversion de l'ajournement personnel en prise de corps. L'Article 25 porte au contraire, *qu'ès matieres criminelles par vertu du premier défaut donné sur ajournement personnel, sera décerné prise de corps.*]

ARTICLE V.

LEs procès-verbaux des Présidens & Conseillers de nos Cours pourront être decretés de prise de corps; & ceux de nos autres Juges, d'ajournement personnel seulement, sinon après que leurs assistans auront été répetés.

Quels decrets il y a lieu d'ordonner sur les procès-verbaux.

ARTICLE VI.

LEs procès-verbaux des Sergens ou Huissiers, même de nos Cours, ne pourront être decretés, *sinon en cas de rebellion* à Justice, d'ajournement personnel seulement; mais après qu'ils auront été répetés *& leurs Records*, les Juges pourront décerner prise de corps, si le cas y échet. N'entendons néanmoins rien innover à l'usage des Maîtrises de nos Eaux & Forêts, dans lesquelles les procès-verbaux *des Verdiers*, Gardes *& Sergens* sont decretés, même de prise de corps.

Sinon en cas de rebellion.] Cet article est conforme à l'Ordonnance de Charles IX. à Amboise en Janvier 1572, art. 4, par laquelle *on pouvoit, en cas de résistance & voie de fait, decreter d'ajournement personnel sur le rapport d'un Sergent ou Huissier exécuteur de Justice, de lui signé & certifié, & de ses assistans, sans attendre autre information; sauf après avoir informé, de proceder par decret de prise de corps, ainsi que le Juge verra être à faire:* & le motif qui est exprimé dans l'Ordonnance d'Amboise, est afin qu'il soit procedé plus sommairement & exemplairement à la punition desdites voies de fait. Mais avant que d'avoir informé, on ne peut pas decreter de prise de corps, comme il a été jugé par un Arrêt du 21 Janvier 1577, rapporté par Char. sur le Code Henri, liv. 7, tit. 4, art. 1; & Theveneau dans l'annotation qu'il a faite sur ledit article, tient qu'il faut qu'outre ledit rapport, il y ait plainte de la Partie, & qu'elle soit vraisemblable au contenu d'icelui, parce qu'on ne doit pas ajouter foi à tels rapports de Sergens, *etiamsi nuncii aut birroarii essent plures.* Et il rapporte pour le fondement de son opinion diverses autorités des Docteurs, & entr'autres celle du subtil *Alciat, in Tract. de Præsumpt. reg. 3, præsumpt. 14, n. 7.* Papon dans son Recueil d'Arrêts, liv. 6, tit. 7 des Huissiers, Arrêt 6, rapporte un Arrêt par lequel il fut jugé que les Huissiers & Sergens ne doivent faire leurs rapports en forme de procès-verbaux, mais de ſimples rapports & exploits. L'Auteur des Formules explique ſi nettement cet article & le précédent, que pour ne pas uſer de répétition, nous nous contenterons d'y renvoyer ceux qui pourroient avoir quelque doute ſur ces articles.

Et leurs Records.] La raiſon eſt, parce que ſi un Sergent eſt cru de ce qu'il a exploité en choſe qui concerne ſon Office, il faut pourtant qu'il ſoit fortifié des témoins, lorſqu'il s'agit de la force & violence qu'il prétend avoir été commiſe contre lui. Papon en ſon Recueil d'Arrêts, livre 6, titre 7 des Huiſſiers, article 9.

Des Verdiers.] Ce ſont des Officiers des Bois & Forêts, qui ſont inférieurs aux Maîtres, & qui ont juriſdiction juſqu'à ſoixante ſols pour les forfaitures; qui commandent aux Sergens & aux Gardes, & qui connoiſſent des amendes coutumieres deſquelles l'appel eſt pardevant les Maîtres des Eaux & Forêts: ils ſont en plus grande Charge que les Maîtres Sergens & Gardes des Bois, & que les ſimples Sergens. Ils ont encore la garde du Marteau qu'on appelle *Gouge*, pour marquer par l'Ordonnance des Maîtres, ou Commiſſaires députés par le Roi, les étalons, balliveaux & pieds corniers des ventes, les arbres délivrés pour bâtir ou ardoir & chauffer, & faire les autres martelages qu'il convient faire, tant aux Forêts du Roi, que Bois de Grurie, comme on peut recueillir des Ordonnances des Forêts, & particulierement de celles de Charles V. 1376, art. 36; François I. à Lyon, en Mai 1515, art. 51; Henri II. à Paris, en Février 1554, art. 1 & 9. Ces Officiers s'appellent en quelques Provinces *Gruyers*, du mot Grec δρῦς, c'eſt-à-dire cheſne, comme ſi on diſoit Druier, comme remarque Char. ſur le Code Henri, liv. 16, tit. 5, art. 1. Et comme ils ſont commis pour la conſervation des Forêts du Roi, dont nos Rois ont toujours été fort ſoigneux, & pour punir les délits & forfaitures, cette Ordonnance leur a voulu donner ce privilége, qu'au lieu que les autres procès-verbaux ſont ſujets à répétition des Records avant que de decreter priſe de corps, les Maîtres des Eaux & Forêts decretent ſur les procès-verbaux des Verdiers ou Gardes, ſans les répéter, à cauſe de la difficulté qu'il y a qu'ils ayent toujours des témoins pour en dépoſer; & que ne s'agiſſant que d'amendes & confiſcations pécuniaires, il n'eſt pas à préſumer que le Verdier ou Sergent, qui ſont des perſonnes publiques, vouluſſent en charger & accuſer ceux qui n'en ſeroient pas coupables. Et c'eſt pour cette raiſon qu'un Garde-Forêt pouvoit exploiter ſans Records; Papon, liv. 6, tit. 7, Arrêt 9; & que par les Ordonnances de François I. à Lyon en 1515, art. 73, & Henri II. à Paris, en Février 1554, art. 26, les Sergens & Gardes-Forêts ſont crus à leur ſerment des priſes par eux faites dans les Bois & Forêts du Roi, même des bêtes trouvées en méfait. Il eſt vrai que ces Ordonnances y apportent ce tempérament, pourvû que le Sergent ne ſoit pas reprochable pour cauſe d'inimitié qu'il ait avec celui contre lequel il a fait l'exploit, ou pour avoir uſé de menaces contre lui.

Et Sergens.] Aux Forêts il y a des Sergens de deux ſortes; les uns ordinaires, qui ſont départis par gardes, ayant leurs détroits limités; & les autres Chevaucheurs, Rachaſſeurs, & Traverſiers, ainſi appellés, parce qu'ils traverſent toute la Forêt, ſans avoir certaines gardes aſſignées, ni de détroit limité.

Cas dans lesquels on peut arrêter prisonniers ceux contre lesquels il n'y a eu qu'un assigné pour être oui, ou un ajournement personnel.

ARTICLE VII.

CELUI contre lequel il y aura Ordonnance d'assigné pour être oui, ou decret d'ajournement personnel, ne pourra être arrêté prisonnier, s'il ne survient *de nouvelles charges*, ou que par délibération secrette de nos Cours il ait été résolu, qu'en comparoissant il sera arrêté; ce qui ne pourra être ordonné *par aucun de nos Juges.*

De nouvelles charges.] Ou pour raison du même cas, ou d'un autre qui rende le cas plus grave & plus atroce. Le Juge doit pourtant prendre garde, *ne mutetur criminis jam impositi qualitas; & sequatur indè mutatio facti vel actionis.*

Par aucun de nos Juges.] Cet article est conforme à l'Ordonnance d'Henri II. à Fontainebleau, en Mars 1549, art. 10, par laquelle *il est défendu à tous Juges Presidiaux, & aux Justiciers, en décernant ajournemens personnels, de retenir* in mente; *qu'en comparoissant, les ajournés seront retenus prisonniers;* & la raison est, comme remarque Theveneau sur cet article; pour corriger cette mauvaise procedure dont les Juges usoient avant l'Ordonnance, qui n'est qu'une Justice rusée.

Cas dans lesquels on décerne prise de corps sur la notoriété.

ARTICLE VIII.

POURRA être décerné prise de corps *sur la seule notoriété pour crime de duel*, sur la plainte de nos Procureurs contre les vagabonds, & *sur celle des Maîtres* pour crimes & délits domestiques.

Sur la seule notoriété.] La raison est, parce que *notorium non indiget probatione, cùm de actore ejus publicè constet.* Un crime est notoire lorsqu'il a été commis publiquement à la vûe de tout le peuple, qu'il demeure vérifié par les actes publics ou par la déposition des témoins, ou par la confession faite par l'accusé en jugement; mais ici la notoriété s'entend pour le bruit public; or il seroit très-dangereux dans la punition des crimes, de s'arrêter à ce bruit, parce que *fama tam ficti pravique tenax, quam nuncia veri.* Il n'y a proprement de crime notoire que celui qui est commis *palam & inspectante populo, vel in conspectu Judicis & circumstantis coronæ.*

Pour crime de duel.] Cet article est conforme au saint Edit fait par le Roi, pour la punition des duels & rencontres, en Juin 1643, la premiere année de son Regne, art. 26 & 28, qui a été plus religieusement observé que les autres qui avoient été faits par Philippe le Bel & S. Louis, en telle sorte qu'il semble que l'exécution en étoit réservée à Sa Majesté. Il ne faut que voir le Réglement général qu'elle a fait en 1679, pour juger des soins qu'elle prend pour abolir ce crime: & pour maintenir les défenses que Sa Majesté a faites, elle a même voulu le sceller & le confirmer de son serment & promesse en foi & parole de Roi, de n'exempter à l'avenir aucune personne de la rigueur de cet Edit, & de n'accorder aucune rémission, pardon ni abolition à ceux qui se trouveront prévenus du crime des duels & rencontres : & par l'article 28 du même Edit, il est porté, *que faute de pouvoir appréhender ceux contre lesquels il aura été décerné prise de corps, sur la simple notoriété, que leurs biens soient saisis, & qu'ils soient ajournés à trois briefs jours consécutifs, & sur iceux les défauts mis aux mains de ses Procureurs Généraux ou leurs Substituts, pour en être le profit adjugé sans autre forme ni figure de procès, huitaine après le crime commis, & sans qu'ils soient obligés d'informer & faire preuve de la notoriété.* Et par l'Edit d'ampliation du 14 Décembre de la même année, il est porté, *que faute de pouvoir appréhender les absens en vertu du decret, tous leurs biens seront saisis, & qu'il sera procedé contre eux suivant ce qui est porté par l'Ordonnance du mois d'Août 1670, titre des défauts & contumaces.*

Sur celle des Maîtres.] La rigueur de cette Ordonnance est fondée sur ce que les domestiques n'étant plus avoués par leurs Maîtres, ils sont censés vagabonds, & que la confiance que l'on a en eux fait aussi qu'on doit les traiter avec plus de sévérité, quand ils viennent à commettre quelque crime ou délit domestique : *qui ignotos lædit, latro appellatur; sed qui familiares, paulò minùs quàm parricida.* Les Maîtres pourtant ne doivent pas abuser du privilége qui leur est accordé par cette Ordonnance ; car s'ils ne prouvoient pas le fait pour lequel ils auroient obtenu decret contre leurs domestiques, ils seroient absous & relaxés avec tous dépens, dommages & interêts contre eux, & ils doivent prendre garde de n'être pas en arrérages des gages, afin que cette plainte non justifiée ne passe pour un prétexte pour ne leur pas payer ce qu'ils leur doivent légitimement : *Cavendum ne quis virum pauperem mercede suâ defraudet. Non procrastinanda solutio, cùm Deus nolit ut operarius sui laboris fructu careat. Joseph. lib. 4 Antiq. cap. 8.*

Cas dans lesquels on commence par la capture.

ARTICLE IX.

APRÉS qu'un accusé pris *en flagrant délit, ou à la clameur publique*, aura été conduit prisonnier, le Juge ordonnera qu'il sera arrêté & écroué, & *l'écroue lui sera signifié* parlant à sa personne.

En flagrant délit, ou à la clameur publique.] Cet article est conforme à l'Ordonnance de Philippe IV. de l'an 1328, par laquelle *il est défendu de décerner prise de corps sans information précédente, sinon en certains cas,* sçavoir *in facto præsenti, vel nisi priùs de commisso delicto fuerit Judex legitimè informatus & maturè, aut de delicto esset fama publica & præsumptio vehemens, seu verisimilis, & teneantur de fuga ;* & à l'Ordonnance d'Henri III, de l'an 1586. La raison est, d'autant que la flagrance du délit tient lieu de l'information ; qu'alors *quilibet homo miles est*, comme dit Tertullien, & qu'il faut quelquefois ceder aux cris d'une populace, pour appaiser sa fureur. Char. sur le Code Henri, livre 7, titre 4, Arrêt 1. Papon en son Recueil d'Arrêts, liv. 24, tit. 3, art. 5. Imbert en ses Institutions, liv. 3, chap. 2, nombre 5. *Jul. Clar. in Prax.* §. *fin. quæst.* 25. *Prosper Farinac. de carcer. lib.* 1, *tit.* 4, *quæst.* 27 ; & Ayrault en son Instruction judiciaire, liv. 3, art. 1, nomb. 16. On peut aussi emprisonner avant l'information celui qui a été accusé par le blessé à mort. Char. en ses Pandectes, liv. 4, chap. 4. Il faut encore remarquer qu'il y a différence entre crime & délit; que l'un a une signification plus étendue que l'autre. Le crime est un délit, *quod publicæ vindictæ gratiâ accusatur apud eum qui potestatem habet animadvertendi in facinorosos homines.* Le délit pris dans son étroite signification, *est peccatum de quo civili potissimùm actione agunt ii ad quos ea res pertinet*, & dans ce sens, *opponitur crimini. L. 2, §. septimus, C. de vet. jur. enucl. L. quis sit fugitivus 17, §. noxas, ff. de Ædil. Ed.* Néanmoins crime & délit signifient la même chose, & c'est de cette maniere qu'il faut entendre le texte de cette Ordonnance. Ciceron, *lib. 2 de invent.* dit: *Non est mirum si nunc primùm deliquerit; nam necesse est eum qui velit peccare, aliquando primùm delinquere.* Le Jurisconsulte Modèstin en la Loi *obligamur 52, §. ex peccato, ff. de oblig. & act.* constitue le péché pour le genre, sous lequel il met ses espéces; *quasi delicta, delicta crimina.*

☞ *L'écroue lui sera signifié.*] On ne signifie à l'accusé que l'écroue, & non le decret entier, afin qu'il n'ait pas connoissance dès ce moment de ceux qui sont accusés d'être ses complices.]

Quel decret emporte interdiction contre un Officier.

Article X.

L'Ordonnance d'assigné pour être oui, contre un Juge ou Officier de Justice, *n'emportera point interdiction.*

N'emportera point interdiction.] La raison est, d'autant que l'Ordonnance d'assigné pour être oui, présuppose qu'il n'y a pas de preuves ni de charges suffisantes, & qu'ainsi il ne seroit pas juste que l'Officier fût interdit des fonctions de sa Charge sur de légers indices.

☞ On a remarqué sur l'article troisiéme de ce titre, que l'assigné pour être oui n'avoit, avant cette Ordonnance, été introduit que par l'usage, & non par aucune autre Ordonnance précédente.]

Article XI.

Le decret d'ajournement personnel, ou de prise de corps, *emportera de droit interdiction.*

Emportera de droit interdiction.] *Aliud*, s'il n'y a point de decret, bien qu'il y ait une accusation & une information antécédente. Brodeau sur Louet, lettre O, chapitre 1, rapporte des Arrêts du Parlement de Paris, par lesquels il fut jugé que les Officiers accusés de quelque crime peuvent, pendant l'instruction du procès, exercer leur Charge par provision *usque ad condemnationem, arg. L. libertus 17, §. in quæstionibus ad municipalem, ibi dignitatem pristinam interim retinent, Gl. un. de reis postulandis, C. lib. 10*; & il le confirme par le texte sacré de la Genese, chap. 2, par lequel il se voit que bien qu'Adam eût péché, néanmoins Dieu ne voulut pas le déposséder ni le chasser du Paradis terrestre, qu'il ne lui eût premierement fait son procès, & tiré de sa propre bouche la confession de sa faute. Mais lorsque les Officiers sont accusés de crimes atroces, & que les charges sont grandes, bien qu'il n'y ait decret, on leur peut faire défenses d'exer-

cer,

cer, jusqu'à ce qu'ils se soient purgés des crimes dont ils sont prévenus. Bouvot, tom. 2, sous le mot *Juges compétens*, quest. 10. Il faut pourtant observer, que lorsque l'Officier a obéi au decret, & qu'il a répondu sur les charges & informations, il peut reprendre les fonctions de sa Charge ; mais il est plus sûr qu'il se pourvoie par Requête pour obtenir cette permission, & que lorsqu'il est originairement decreté de prise de corps, il obtienne l'ampliation d'Arrêt.

De l'exécution des Decrets.

ARTICLE XII.

SERA procedé à l'exécution de tous decrets, *même de prise de corps, nonobstant toutes appellations, même comme de Juge incompétent ou récusé*, & toutes autres, *sans demander permission ni pareatis.*

Même de prise de corps.] C'est une maxime, que le Juge Ecclésiastique qui n'a ni territoire ni Jurisdiction, ne peut hors de son Siége ou Auditoire proceder par prise de corps ni saisie des biens, contre un Prêtre ou autre personne qui est de sa Jurisdiction, & qu'il doit implorer le bras séculier, qui ne lui est jamais refusé, vû son decret. Il peut néanmoins décerner prise de corps contre un Prêtre, & le Prêtre est non-recevable d'appeller du decret comme d'abus, ce qu'il faut entendre si le decret est justement ordonné ; car s'il n'y avoit ni sujet ni preuve qui résultât des informations pour decreter de prise de corps, l'appel comme d'abus seroit recevable. Voyez Bugnion, des Loix abrogées, section 210.

Il faut encore observer, que cette question s'étant présentée au Parlement de Toulouse, sur un appel comme d'abus d'une Ordonnance rendue par l'Evêque de Cahors en 1640, par laquelle il avoit décerné decret lui-même, & non pas par son Official, contre un Curé, il fut jugé qu'il n'y avoit point d'abus, d'autant que quoique la Pragmatique Sanction, *tit. de probat.* §. *statuimus*, semble ne donner pas droit à l'Evêque de decreter *per se ipsum*, & qu'il y ait de l'analogie entre les Officiaux & les Juges des Seigneurs Justiciers, les Seigneurs ne pouvant rendre la Justice par eux-mêmes, néanmoins par le Concile de Trente, *sess.* 14, *cap.* 6, l'Evêque peut *per se ipsum visitare, corrigere & emendare.*

Nonobstant toutes appellations.] Par l'article 40 de l'Edit de l'année 1695, concernant la Jurisdiction ecclésiastique, il est porté, *que les Cours ne pourront faire défenses d'executer les decrets, même ceux d'ajournement personnel, décernés par les Juges d'Eglise, ni élargir les prisonniers, sans avoir vû les charges & informations sur lesquelles ils auront eté rendus ; & les Ecclesiastiques qui seront appellans des decrets de prise de corps, ne pourront faire aucune fonction de leurs Benefices & ministere en conséquence des Arrêts de défense qu'ils auront obtenus, jusqu'à ce que les appellations ayent ete jugees définitivement, ou que par les Archevêques, Evêques, ou leurs Officiaux, il en ait eté autrement ordonné.*

Et par l'article 41 du même Edit il est porté, *que lorsque les Cours, après avoir vû les charges & informations faites contre les Ecclesiastiques, estimeront juste qu'ils soient absous à cautelle elles les renvoyeront aux Archevêques & Evêques qui auront procede contr'eux ; & en cas de refus, à leur Supérieur dans l'ordre de l'Eglise, pour en recevoir l'absolution, sans que lesdits Ecclesiastiques puissent en consequence faire aucune fonction, ni pretendre d'autre fait que d'ester à droit.*

Même comme de Juge incompétent.] Cet article est conforme à l'Ordonnance de Charles VII. de l'an 1443 & 1453, art. 14; François I. 1535, chap. 16, art. 8; & à Fontainebleau 1540, art. 4; Henri II. 1549, art. 10; Charles IX. 1563, art. 18; & Henri III. 1585. Et la raison est, parce que le decret ne sert de rien, s'il n'est mis à exécution, & que le Sergent ne doit pas entrer en connoissance de cause, mais seulement l'exécuter sans violence & sans injures; en telle sorte que si sur le prétexte de l'appellation, il laissoit aller le prisonnier, il seroit tenu de le représenter, comme il a été jugé par un Arrêt rapporté par Char. sur le Code Henri, liv. 7, tit. 4, Arrêt 2. Seulement ledit appel d'incompétence empêchoit, suivant l'Ordonnance de Roussillon de l'an 1563, que les Juges ordinaires ne fissent le procès jusqu'à ce que cet appel eût été vuidé: néanmoins le Juge ordinaire y peut déferer, si bon lui semble; & après y avoir déferé, il ne peut proceder plus avant; & en cas que nonobstant l'appel d'incompétence, il ne laisse de passer outre, le Juge d'appel examine après s'il y a compétence, ou non; & si elle est notoire, il casse les procedures, & renvoie les Parties pardevant un autre; & s'il n'y en a point, il renvoie pardevant lui. Or ce n'est pas de l'incompétence notoire qu'il faut entendre cet article, mais de celle qui n'est pas même articulée; & il est très-juste que le Juge *à quo* ne s'y arrête point, parce qu'il n'y auroit point d'accusé qui n'interjettât appel comme de Juge incompétent, pour arrêter le cours des procedures.

Ou récusé.] Parce qu'en ce cas l'office du Juge cesse, mais non pas la Jurisdiction, les Parties pouvant proceder pardevant un autre Juge du même Siége, selon l'ordre du tableau; & ainsi la récusation s'arrêtant à la personne, il n'est pas juste que la Jurisdiction en soit blessée, & il suffit que celui contre lequel elle est proposée, s'abstienne jusqu'à ce que la récusation ait été jugée.

Sans demander permission ni pareatis.] Papon en ses Arrêts, livre 24, titre 3, art. 6, rapporte un Arrêt du Parlement de Paris, par lequel il fut jugé qu'un Official ne peut faire prendre au corps un Prêtre ou Clerc hors le circuit de son Auditoire, sans le congé des Laïcs, & sans implorer le bras séculier, bien que ce soit dans l'étendue du Diocèse, suivant le chapitre *cum ab homine, de Judic. & ut famæ, de Sentent. excomm.*

Par l'Edit de l'année 1695, concernant la Jurisdiction Ecclésiastique, art. 44, il est porté *que les Sentences & Jugemens sujets à exécution, & les decrets decernés par les Juges d'Eglise, seront exécutés en vertu de l'Edit, sans qu'il soit besoin de prendre pour cet effet aucun pareatis des Juges Royaux, ni de ceux des Seigneurs ayant Justice, leur enjoignant de donner main-forte, & toute l'aide & secours dont ils seront requis, sans prendre aucune connoissance desdits Jugemens.*

ARTICLE XIII.

SERONT néanmoins tenus ceux à la requête desquels les decrets seront exécutés, *élire domicile dans le lieu où se fera l'exécution*, sans attribuer toutefois aucune Jurisdiction au Juge du domicile élu.

Elire domicile dans le lieu où se fera l'exécution.] Cela doit être entendu lorsqu'on fait exécuter un decret hors le ressort du Juge qui l'a décerné. Il est nécessaire que celui qui fait exécuter le decret, fasse élection de domicile dans le lieu où se fait l'emprisonnement, afin que le prisonnier puisse sçavoir à qui s'adresser pour faire les sommations & significations des actes qu'il jugera à propos; & que si la Partie laisse écouler bien du tems sans faire la translation, le prisonnier puisse s'adresser au Juge du délit, lequel par la connoissance qu'il aura de la qualité de l'accusation & de l'accusé, ordonnera ce qu'il jugera à propos. ☞ Car en ce cas le Juge des prisons où il est retenu, quoique ce fût celui de son domicile, ne seroit pas compétent de statuer sur sa Requête.]

Ce qu'il faut faire en cas de rébellion à l'exécution d'un Decret.

ARTICLE XIV.

LEs Huissiers, Sergens, Archers, ou autres Officiers chargés de l'exécution de quelque decret ou mandement de Justice, ausquels on aura fait rébellion, excès ou violence, en dresseront procès-verbal, qu'ils remettront incontinent *entre les mains du Juge*, pour y être pourvu, & en être envoyé une expédition *à notre Procureur Général*, sans néanmoins que l'instruction & le jugement puissent être retardés.

Entre les mains du Juge.] C'est-à-dire du Juge qui a décerné le decret.

A notre Procureur Général.] La raison est, d'autant que la rébellion, excès & violence commis contre les Officiers & Ministres de Justice, exerçans & exécutans actes & exploits de Justice, est un crime de leze-Majesté, suivant l'opinion de nos Docteurs sur la Loi 1, *ff. ad Legem Jul. Maj.* Imol. sur la Clement. *Pastoral. de Sentent. & de re jud.* Il y en a même qui tiennent que c'est un crime au premier chef; mais l'opinion commune des Docteurs le met au second chef. Aussi ce crime est-il puni de mort par les Ordonnances de Charles IX. à Moulins, en Février 1566, art. 34; & Henri III. aux Etats de Blois, art. 190. Par Arrêt du Grand Conseil, donné en plaidant le Vendredi 25 Novembre 1650, les Archers de Poitiers furent déclarés absous de la mort de Theroneau, tué en exécutant un decret, l'un d'eux blessé, le défunt saisi d'armes, nulle inimitié précedente, nul butin par eux pris; mais il faut apporter de la distinction, *nam ferrum non modò conditum, sed & constrictum esse debet;* Papon, livre 6, titre 7, Arrêt 10. Pompée envoyant des Soldats aux champs, scelloit leurs épées de son cachet, pour leur apprendre qu'ils ne les devoient déguainer qu'à l'extrêmité. Les distinctions que nos Docteurs apportent sur cette question, sont que pour faire que ceux qui sont chargés de l'exécution d'un decret, puissent tuer impunément ceux qui résistent à l'exécution du decret, il faut que l'évasion du coupable soit très-dangereuse à la République, qu'il ait été surpris en crime flagrant, ou qu'il se serve de ses armes contre ceux qui le veulent saisir, c'est-à dire, qu'il leur résiste avec violence, *si expediens arma necem lictoribus minitatur & intentat*, *arg. L. 4, C. de his qui ad Eccles. confug. quâ constitutum est, ut si servus ad Ecclesiam confugerit, dominoque abducere eum volenti vi restiterit, impunè occidi possit.* Que si le coupable avoit seulement pris la fuite, & qu'il ne se défendit point par les armes, ce seroit une inhumanité de le tuer, parce que c'est une chose naturelle, non-seulement à ceux qui se sentent coupables, mais encore aux innocens, d'appréhender de comparoir devant le Juge: *Res est meticulosa*, dit Plaute, *in Mostel. ire ad Judicem, & Cic. pro Quint. Non minùs, inquit, sæpè in mentem his venit potes-*

tatis, quàm æquitatis, propterea quòd omnes, quorum in alterius manu vita posita est, sæpiùs illud cogitant, quid possit is, cujus in ditione ac potestate sunt quàm-quid debeat facere.

Du devoir des Officiers pour l'exécution des Decrets.

ARTICLE XV.

ENJOIGNONS à tous Gouverneurs, nos Lieutenans Généraux des Provinces & Villes, Baillifs, Sénéchaux, Maires & Echevins, *de preter main-forte à l'exécution des decrets*, & de toutes les Ordonnances de Justice, même aux Prevôts des Maréchaux, Vice-Baillifs, Vice-Sénéchaux, leurs Lieutenans & Archers, à peine de radiation de leurs gages en cas de refus, dont il sera dressé procès-verbal par les Juges, Huissiers ou Sergens, pour être envoyé à nos Procureurs Généraux, chacun dans leur ressort, & pour y être par Nous pourvu.

De prêter main-forte à l'exécution des decrets.] Cet article est conforme à l'Ordonnance de Charles IX. aux Etats d'Orleans, de l'an 1560, art. 63; & d'Henri III. 1579, aux Etats de Blois, art. 185 & 266; par lesquelles il leur est enjoint, à peine de privation de leurs Etats & Offices, de prêter main-forte à la Justice, afin que les crimes ne demeurent pas impunis, & que les Arrêts, Jugemens. Sentences & Decrets soient exécutés, suivant la Loi *congruit*, *ff. de Offic. Præs. ipsi enim Præsidibus Provinciarum comparantur.*

Du devoir des Huissiers & autres en la conduite des prisonniers.

ARTICLE XVI.

LES accusés qui auront été arrêtés, seront incessamment conduits dans les prisons, sans pouvoir être détenus *en maison particuliere*, si ce n'est pendant leur conduite, & en cas de péril d'enlevement, dont sera fait mention dans le procès-verbal de capture & conduite, à peine d'interdiction contre les Prevôts, Huissiers ou Sergens, de mille livres d'amende envers Nous, & des dommages & interêts des Parties.

En maison particuliere.] D'autant que les prisons privées sont défendues par le Droit, *L. privatas 23, C. de Episcop. audient. & toto tit. de priv. carcer. inhib.* & que *si quis privatum carcerem habuerit, vexandi tamen inimici, potiùs quàm invadendi imperii causâ, ideòque id primum caput læsæ Majestatis incidet, ut ii qui privati cùm essent, pro magistratu & imperio quid fecerunt, L. 3 in fin. ff. de læsâ Majestate; L. 1 & 2, C. de priv. carcer. inhib.* Néanmoins si le débiteur ou le prévenu s'enfuit ou se cache, & qu'il n'y ait point de prisons publiques dans le lieu où il est arrêté, il est permis au créancier ou à l'accusateur de le mettre dans les prisons privées, pourvû qu'au plutôt ils le fassent traduire dans les publiques, ou qu'ils le remettent entre les mains des Officiers. *Fab. in suo Cod. lib. 9, tit. de priv. carcer. inhib. defin. un.* Il faut encore remarquer, que les prisonniers étant arrivés aux Villes où leur procès doit être jugé, doivent être conduits en droiture dans les prisons, & non pas aux Hôtelleries, sur peine de l'amende, suivant l'Ordonnance de Charles VII. de l'an 1457, art. 36; de Charles VIII. de l'an 1493, art. 102; & de Louis XII. de l'an 1507, à Blois en Novembre.

Les amenés sans scandale, abrogés.

Article XVII.

Défendons à tous Juges, même des Officialités, d'ordonner qu'aucune Partie soit *amenée sans scandale.*

Amenée sans scandale.] Par Arrêt du Parlement de Paris du 5 Décembre 1637, il fut fait défenses aux Juges des Officialités de connoître du Réglement des mariages, sinon en certains cas, & de décerner en ces cas contre quelque personne que ce soit, avec défenses à tous Huissiers & Sergens d'exécuter les amenés sans scandale par eux donnés. L'amené sans scandale se donnoit contre un accusé contre lequel il n'y avoit pas de grandes charges, & dont le crime n'étoit pas énorme; en ce cas le Juge l'envoyoit querir sans scandale par un Huissier, pour l'interroger, & après le renvoyoit chez lui. Il faut encore observer, que les Huissiers, Sergens, Archers, & autres chargés de l'exécution des decrets, s'y doivent comporter modestement, & respecter la personne ecclésiastique étant en priere & dévotion; autrement ils pourroient être pris à partie, comme il fut jugé par un Arrêt rapporté par Char. en ses Réponses, liv. 67, rép. 79. Et Papon en ses Arrêts, liv. 6, tit. 7 des Huissiers, Arrêt 5, rapporte un Arrêt, par lequel un Sergent qui avoit pris & mené prisonnier un Prêtre venant de chanter, tout revêtu, avec opprobre, fut condamné à dix livres parisis envers le Roi, & huit livres envers la Partie, & aux dépens. Et pareillement en toute capture & exécution ils doivent proceder selon les formes de la Justice, & comme il leur est ordonné par l'Edit d'Amboise, article 6; c'est-à-dire, avec toute modestie, sans user de paroles arrogantes & insolentes, ou de voies inciviles, qui ressentent plutôt la force & la violence, que le devoir de la Justice.

Qu'on peut decreter contre un inconnu, sur la seule indication ou désignation.

Article XVIII.

Pourra, si le cas le requiert, être rendu decret de prise de corps contre des personnes non connues, *& sous les designations* de l'habit de la personne, *& autres suffisantes*, comme *à l'indication* qui en sera faite.

☞ *Sous les désignations.*] On trouvera dans le procès-verbal une espéce de dissertation sur la différence de l'indication & de la désignation. On les a jointes dans cet article, afin que la Partie réponde des dommages & interêts, si elle indique aux Huissiers une autre personne que celle qui est indiquée par le decret.]

Et autres suffisantes.] Il est juste que les désignations ou indications soient suffisantes, lorsqu'on decrete contre un inconnu, afin qu'on ne fasse pas affront & injure à un honnête homme, non prévenu d'aucun crime, en l'emprisonnant sur une fausse désignation, en le prenant pour un autre, *cùm sola prehensio ignominiosa sit.* Et c'est pour cette même raison que les Juges doivent déclarer dans les decrets le nom & surnom de ceux contre lesquels ils sont donnés, sans pouvoir les y comprendre sous ces termes, *& autres habitans*, & sans que le Juge déclare les accusés délinquans, comme homicides, larrons ou autrement; d'autant que l'information ne faisant preuve que pour le decret seulement, il ne seroit pas juste de noter d'infamie sur un acte informe ceux qui sont accusés, avant qu'ils soient condamnés. Desp. en son Traité des crimes, part. 1, tit. 5, nombre 2 & 3. Ayrault en son Instruction judiciaire, liv. 3, art. 1, nomb. 17, rapporte qu'il a appris de feu Monsieur Lesrat, Président au Parlement de Bretagne, que s'étant présenté à Paris pour être reçu en l'état de Président au Présidial, feu Monsieur le Président de Thou lui demanda ce que c'étoit qu'information, & pourquoi on l'appelloit ainsi; qu'enfin ledit Sieur de Thou lui dit, que la particule *in* signifioit une privation, parce que la preuve qu'on en tire est une preuve sans forme, qui n'a pas toutes ses parties entieres, pour y asseoir un bon Jugement. *Vide Yvon. Carnot. lib. 9 Decret. cap.* 126. Corbin, Loix de la France, Arrêt 6. Imbert, liv. 3 de ses Instit. chap. 2. Chenu, tom. 1 de ses Réglemens, tit. 2, chap. 2, & tome 2, tit. 7, chap. 25.

Cas dans lequel on peut decreter de prise de corps contre un domicilié.

ARTICLE XIX.

NE sera décernée prise de corps *contre les domiciliés*, si ce n'est pour crime qui doive être puni de peine afflictive ou infamante.

Contre les domiciliés.] Le Juge, en decretant les informations, doit avoir égard aux qualités des personnes accusées. Il peut plus facilement décerner prise de corps contre ceux qui sont étrangers & inconnus, & de basse & vile condition, ou quoiqu'ils fussent de qualité notable, s'ils sont de mauvaise renommée, que contre ceux qui sont domiciliés, d'honnête vie & noble condition, & qui ont toujours vêcu sans blâme & sans reproche; d'autant qu'à l'égard de ceux-ci, l'ajournement personnel est autant que la capture & prise de corps contre les autres. Aussi anciennement à Rome, avant qu'elle fût réduite sous la puissance d'un Empereur, & même du tems des bons Empereurs, la coutume n'étoit pas de constituer prisonniers les accusés qui étoient d'honorable qualité, bien qu'ils fussent accusés de conjuration contre la République; mais jusqu'à la condamnation, & pendant l'instruction des procès, si c'étoient d'illustres Citoyens, constitués en Charge ou Dignité, on les bailloit en garde à quelques Magistrats ou Senateurs; & telle garde s'appelloit *libera custodia*, dont on peut voir les exemples qui sont rapportés par Char. liv. 4 de ses Pand. chap. 4. *Qui militibus adservandi tradebantur, erant etiam in liberâ custodiâ, L. 2, C. de exact. Trib.* Ce qui doit être entendu pourvû que *vincula absint; ita Paulum Biennium in liberâ custodiâ fuisse Hyeronimus scribit in Catal. Script. Eccles. licèt eundem à milite custoditum fuisse tradat Lucas,*

Act. Apost. ult. v. 16. Ce qui n'est sans doute que parce que la main de Saint Paul n'étoit pas liée de chaînes. Voyez aussi sur cet article Monsieur le Président Liset, en sa Pratique criminelle, livre 2. L'on arrêtoit néanmoins quelquefois des personnes illustres du tems de la République, quoiqu'ils ne fussent pas condamnés, comme l'on peut voir dans Ciceron en ses Oraisons *in Catil.* & dans Saluste, où il se voit que Ciceron fit arrêter Lentulus, quoiqu'il fût Prêteur, Cethegus & plusieurs autres, quoiqu'ils ne fussent qu'accusés, & non condamnés. *Sal. in conjur. Catil.*

Que les Juges inférieurs doivent envoyer de six mois en six mois à leurs Supérieurs un état des procedures criminelles.

ARTICLE XX.

NOs Procureurs aux Justices ordinaires seront *tenus d'envoyer* à nos Procureurs Généraux, chacun dans leur ressort, aux mois de Janvier & de Juillet de chacune année, un état signé par les Lieutenans Criminels & par eux, des écroues & recommandations faites pendant les six mois précedens aux prisons de leurs Siéges, & qui n'auront point été suivies de Jugemens définitifs, contenant la date des decrets, écroues & recommandations, le nom, surnom, qualité & demeure des accusés, & sommairement le titre de l'accusation & l'état de la procedure : à l'effet de quoi tous actes & écroues seront par les Greffiers & Géoliers délivrés gratuitement, & l'état porté par les Messagers sans frais, à peine d'interdiction contre les Greffiers & Géoliers, & de cent livres d'amende envers Nous, & de pareille amende contre les Messagers. Ce qui aura lieu, & sous pareille peine, pour les Procureurs des Justices Seigneuriales, à l'égard de nos Procureurs des Siéges où elles ressortissent.

Tenus d'envoyer.] Voyez ce que j'ai remarqué sur l'article 19 du titre 6 des informations.

De l'élargissement des prisonniers.

ARTICLE XXI.

LEs accusés contre lesquels il n'y aura eu originairement decret de prise de corps, seront élargis après l'interrogatoire, s'il ne survient de nouvelles charges, ou par leur reconnoissance, ou par la déposition de nouveaux témoins.

ARTICLE XXII.

AUCUN prisonnier pour crime *ne pourra être élargi par nos Cours & autres Juges*, encore qu'il se fût rendu volontairement prisonnier, *sans avoir vû les informations*, l'interrogatoire, *les conclusions de nos Procureurs*, ou de ceux des Seigneurs, & les réponses de la Partie civile, s'il y en a, ou sommations de répondre.

Ne pourra être élargi par nos Cours.] En France, l'élargissement que l'accusé requiert pendant l'instruction du procès, en baillant caution, est arbitraire, & on ne sçauroit en donner de regles certaines : néanmoins les Cours & les autres Juges doivent avoir égard à deux choses, à la qualité du crime & délit, & à la personne de l'accusé. Si le crime est grave, & de la qualité de ceux qu'on appelle crimes publics, qui emportent peine de sang ou autre peine corporelle, l'accusé ne doit être élargi, *L. Divus in pr. ff. de custod. & exhib. reor. Jul. Clar.* §. *fin. quæst.* 46. Et la raison est, parce que le fidejusseur & caution n'est tenu de la peine corporelle en laquelle l'accusé peut être condamné, d'autant qu'il n'est pas présumé qu'il s'y soit soumis & obligé, *cùm membrorum suorum nemo sit dominus, L. liber homo, ff. ad Leg. Aquil.* Mais si le crime n'est pas capital, & si l'accusé est homme d'honneur, riche ou de notable qualité, ou s'il s'agit d'une honnête femme, ou qu'il n'y ait point suspicion de fuite, le Juge peut, oui le Procureur du Roi ou le Procureur Fiscal, commuer la prison en la garde d'un Sergent, en baillant par le prisonnier caution ; & il est plus sûr de recevoir la caution avec la Partie civile, s'il y en a, pour l'interêt qu'elle y peut avoir. Cette commutation ne se doit pas légerement ordonner, *Jul. Clar. d.* §. *fin. quæst.* 46.

Et autres Juges.] L'Official ne peut élargir un homme d'Eglise pour un délit commun, qu'il n'ait fait signifier la Sentence au Procureur du Roi ; & s'il l'a fait, l'élargi peut être derechef emprisonné par l'autorité du Roi, pour le cas privilégié. Jugé par Arrêt de la Grand'Chambre du Parlement de Paris, recueilli par Peleus, livre 2 des Actions forenses, art. 68.

Sans avoir vû les informations.] Il est même défendu aux Officiaux Métropolitains d'élargir les prisonniers détenus dans les prisons des Officialités de la Métropole, qu'avec connoissance de cause, & après avoir vû les informations faites contr'eux, & si bien ou mal a été appellé de l'Official, comme il a été jugé par un Arrêt de Paris du 10 Mai 1070, entre Messire Gilbert de Veny d'Arbouze, Evêque de Clermont, ayant pris le fait & cause de M^e^. Pierre Guerin, Prêtre, Chantre & Chanoine en l'Eglise Collégiale de Saint Genest, & son Promoteur en l'Officialité dudit Clermont, appellant comme d'abus ; & M^e^. Pierre Raynaud, Prêtre, Curé de Lorigas, & Consorts, intimés.

Les conclusions de nos Procureurs.] Cet article est conforme à l'Ordonnance de Charles VII. de l'an 1446, article 16 ; de François I. de l'an 1535, chap. 2, art. 11 ; & à l'art. 64 de l'Ordonnance d'Orleans ; par lesquelles (ceux contre lesquels il y a eu originairement prise de corps, ou bien ajournement personnel, & qui après ont été constitués prisonniers, ou par déliberation secrette des Cours, ou par nouvelles charges survenues, ne peuvent pas être élargis par le Juge, sans que le Procureur du Roi ou le Procureur Fiscal ait été oui.) Et la raison est, afin de sçavoir ce qu'ils ont à dire pour empêcher l'élargissement, &

& il a été ainsi jugé par Arrêt de Réglement du Parlement de Toulouse, du 3 Avril 1598.

ARTICLE XXIII.

LEs prisonniers pour crime ne pourront être élargis, *s'il n'est ordonné par le Juge*, encore que nos Procureurs, ou ceux des Seigneurs, & les Parties civiles, y consentent.

S'il n'est ordonné par le Juge.] Par Arrêt du Parlement de Toulouse, du 8 Juin 1559, rapporté par la Roche en ses Arrêts not. liv. 2, tit. 1, Arrêt 7, il fut fait inhibitions & défenses, tant au Sénéchal de Toulouse, qu'autres Sénéchaux du Parlement, d'élargir aucun prisonnier sans préalable délibération du Conseil. Il faut encore observer, que si l'accusé est détenu pour crime qui mérite peine afflictive, il ne doit point être élargi, quoiqu'il offre de bailler caution; *Card. Alex. in cap. quisquis 2, quæst.* 8. Mais si c'est pour un cas qui n'emporte qu'une peine pécuniaire, il le peut être en baillant bonnes & suffisantes cautions; *text. est in L. Divus 3, ff. de custod. reor. & in Leg.* 1, *& ibi Gl. in verbo Fidejussoribus, eod. tit. Clar. in §. fin. quæst.* 46, *versic. in hâc autem materiâ.* Voyez ce que j'ai remarqué touchant les decrets décernés par le Juge d'Eglise, sur l'article 12 de ce titre, sur ces mots, *nonobstant toutes appellations.*

ARTICLE XXIV.

NE pourront aussi les accusés être élargis *après le Jugement*, s'il porte *condamnation de peine afflictive*, ou que nos Procureurs ou ceux des Seigneurs en appellent, encore que les Parties civiles y consentent, & que les amendes, aumônes & réparations ayent été consignées.

Après le Jugement.] L'élargissement d'un accusé par-tout après le procès extraordinairement fait, bien qu'il soit chargé de bailler caution, vaut absolution; & il peut, sans attendre le Jugement définitif, poursuivre ses dommages & interêts contre les instigateurs, comme il fut jugé par Arrêt de Paris, rapporté par Papon en son Recueil d'Arrêts, liv. 24, tit. 5, Arrêt 4; sur lequel Arrêt Bergeron son Apostillateur remarque, qu'un prisonnier chargé ne doit être élargi qu'après le récollement & confrontation, à moins que ce ne soit sous la garde d'un Huissier ou de quelque personne notable, selon les circonstances.

Condamnation de peine afflictive.] Parce qu'alors *recepti sunt inter reos*, & que les prisonniers condamnés à des peines afflictives de corps, doivent être incontinent menés aux prisons des Cours où leurs appellations ressortissent; & qu'autrement si on les élargissoit, ce seroit donner lieu à l'impunité, & rendre illusoire la peine ordonnée contr'eux.

TITRE XI.

DES EXCUSES OU EXOINES DES ACCUSÉS.

Ce qu'un Accusé doit observer pour s'excuser.

ARTICLE PREMIER.

L'ACCUSÉ qui ne pourra comparoir en Justice pour cause *de maladie ou blessure*, fera présenter ses excuses *par procuration spéciale* passée pardevant Notaire, qui contiendra le nom de la Ville, Bourg ou Village, Paroisse, rue & maison où il sera détenu.

De maladie ou blessure.] Les accusés, pour s'excuser de comparoir en personne & de se mettre en état, avoient accoutumé de se servir de diverses excuses, qui n'étoient le plus souvent que des artifices pour faire naître des incidens sur le sujet de l'exoine, comme *absentiæ*, *exilii*, *funeris familiaris*, *timoris insidiarum*, *carcerationis*, *inundationis*, *tempestatum*, & autres semblables. C'est pourquoi l'Ordonnance exprime fort justement les causes pour lesquelles les excuses peuvent être reçues, & les restraint à la maladie ou blessure ; encore faut-il, comme il est dit dans l'article suivant, que l'accusé ne puisse se mettre en chemin sans péril de la vie. Cela est conforme à la disposition du Droit, en la Loi 53, §. *pœnam*, *ff. de re jud. pœnam contumacis non patitur, quem adversa valetudo, vel majoris causæ occupatio deffendit* ; à la Loi 60 au même titre, & à la Loi 2, §. *si quis cautionibus. Si vero tantùm sit vitium*, c'est-à-dire, qu'il s'agisse d'une maladie & légere indisposition, il est certain que telle excuse ne seroit pas admise ; Damhoud. *in Prax. cap.* 25, *num.* 9 & 10 ; *Jul. Clar. in Prax.* §. *fin. quæst.* 34 ; *Rebuff. Tract. de excus. sive exoniis*, *num.* 24 & 25 ; & Imbert en ses Institut. forens. liv. 3, chap. 4, nomb. 1. Il semble pourtant que l'excuse devroit être reçue pour cause de grossesse, ou parce qu'une femme decretée seroit en couche, & que cela se peut rapporter à ces maladies dangereuses qui servent d'une légitime excuse, suivant la Loi 2, §. 4, *ff. si quis cautionibus*, & la doctrine de Damhoud. *d. c.* 25, *num.* 4, & de plusieurs autres Auteurs cités par Desp. en son Traité des crimes, part. 1, tit. 9 de la contumace, nomb. 15. L'excuse se propose aussi en matiere civile.

Par procuration spéciale.] Par l'Ordonnance de François I. de l'an 1525, chap. 5, article 24, & d'Henri III. 1585, (les Procureurs ne pouvoient être reçus à alléguer aucune exoine pour excuser leurs Parties ; mais les exoines devoient être proposées par un homme envoyé exprès, & ayant charge spéciale d'affirmer l'indisposition de leurs Parties :) mais comme l'expérience a fait voir que d'une infinité d'exoinateurs, il n'y en avoit presque aucun qui dît vrai, & qui ne prêtât cet office à un accusé, & que cela même faisoit naître diverses questions sur le sujet de ceux qui pouvoient être reçus à porter l'exoine, l'Ordonnance a très-à-propos supprimé cet usage, qui dégeneroit en abus, & y a suppléé par le moyen de la procuration spéciale, que quelques Auteurs même jugeoient nécessaire en la personne du porteur d'exoine, pour affirmer en l'âge du constituant que son excuse étoit véritable, & entr'autres Ayrault en son Instruction judiciaire, liv. 3, art. 1, nomb. 6 & suivans; Damhoud. *dicto cap.* 25, *num.* 4; *Jul. Clar. quæst.* 33, *num.* 3; Rebuffe, *Tract. de excus. sive exoniis*, *num.* 24. Et parce que l'artifice étoit parvenu à ce point, que pendant que l'accusé s'excusoit sur une maladie feinte, il se cachoit ou changeoit de maison & de quartier, se faisant transporter d'un lieu à un autre, en telle sorte que les Juges ignoroient en quel lieu & en quelle maison étoit le malade, l'Ordonnance y a pourvu par les précautions qu'elle a apportées à ces procurations. C'est pour cela aussi qu'à cause des artifices qu'on pratiquoit, Monsieur le Président Liset dans sa Pratique criminelle, dit que le Juge devoit, nonobstant la maladie de l'accusé, considerer s'il lui bailleroit des gardes dans sa maison, ou s'il le feroit mener aux plus proches prisons, ou devant lui, selon qu'il y avoit plus ou moins de danger, ou lui faire bailler caution de se rendre en état. Mais Char. dans ses Pand. liv. 4, chap. 5 sur la fin, dit que ces conditions sont si rudes, qu'il ne conseilleroit à personne de les pratiquer, tant à cause de la terreur que le malade auroit, que pour les faits & les accidens qui pourroient empirer sa maladie.

ARTICLE II.

LA procuration ne sera point reçue *sans rapport d'un Médecin* de Faculté approuvé, qui déclarera la qualité & les accidens de la maladie ou blessure, & que l'accusé ne peut se mettre en chemin sans péril de la vie, dont la vérité sera attestée par serment du Médecin pardevant le Juge du lieu, dont sera dressé procès-verbal, qui sera aussi joint à la procuration.

Sans rapport d'un Médecin.] L'Ordonnance joint encore fort à propos à cette procuration le rapport d'un Médecin approuvé, & affirmé avec serment devant le Juge du lieu, parce qu'il arrivoit souvent que les Médecins, ou autres personnes, étoient bien aises de rendre cet office aux accusés, *suis verbis magis quàm factis eos valetudinarios reddentes, ut notat* Rebuff. *Tract. de excus. sive exon. n.* 26. Outre qu'il n'y a personne qui puisse déposer avec plus de certitude de la maladie & du danger, que ceux de cette profession, *L. semel, C. de re milit. lib.* 12; & afin que leur déposition soit plus autentique & digne de foi, il a été nécessaire d'y ajouter le serment que les Grecs appellent ὑπωμοσίαν, & de-là quelques-uns ont voulu que l'exoine dérivât du verbe grec ἐξομνύσαι, qui est l'excuse faite par serment, quoique pourtant ce ne soit pas l'origine la plus vraisemblable, & que ce mot soit originairement François. Nous n'en dirons pas pourtant davantage, parce que *frustra de verbis litigatur, si de re constat*, & renvoyerons les curieux à ce que rapporte Ragueau en son Indice, sur le mot *Exoine*. Avant les formalités requises par cette Ordonnance, les certificats & attestations des Médecins & Chirurgiens ne tournoient plus qu'en stile, & n'étoient que des moyens pratiqués pour differer la punition des crimes, & faire dépérir les preuves, *favorem clientum potiùs quàm animas respicientes.* Rebuff. *dicto loco*, &

num. 101 ; & *Jul. Clar. in Prax.* §. *fin. quæst.* 35, *num.* 5, où il tient que *aliàs excusatio non admittitur.*

De la procedure qui doit être observée dans le jugement de l'exoine.

ARTICLE III.

L'EXOINE sera *montrée à notre Procureur ou à celui des Seigneurs*, & communiquée à la Partie civile, s'il y en a ; qui sera tenue sur un simple acte de se trouver à l'Audience *où l'exoine sera présentée* & reçue, sans que le porteur des piéces soit tenu de déclarer qu'il est envoyé exprès pour les présenter, & qu'il a vû l'accusé.

Montrée à notre Procureur ou à celui des Seigneurs.] Afin qu'ils la débattent, & qu'ils requierent défaut, suivant l'article 6 du chapitre 1 de l'Ordonnance de François I. de l'an 1536.

Où l'exoine sera présentée.] Par l'Edit du Roi du mois de Février 1682, donné à Saint Germain-en-Laye, Sa Majesté a ordonné, *que les exoines des accusés seront portées en ladite Chambre Tournelle, & que les instructions aux matieres criminelles seront faites en ladite Chambre Tournelle, fors les cas où il s'agit de rébellion à l'exécution des Arrêts de la Grand'Chambre, de la police générale des duels, des procès des Gentilshommes & Ecclésiastiques qui auront demandé & obtenu leur renvoi en la Grand'Chambre, des crimes ou rixes qui arrivent dans l'enceinte du Palais, des matieres qui sont edictales, conformément à ce qui est porté par la Déclaration du mois de Novembre 1679, & des affaires qui concernent les Collèges.*

ARTICLE IV.

SI les causes de l'exoine *paroissent légitimes*, sera ordonné que nos Procureurs, ou ceux des Seigneurs, & les Parties, *informeront respectivement* dans un bref délai de la vérité de l'exoine & du contraire.

Paroissent légitimes.] C'est-à-dire, pourvû que celui qui a proposé l'exoine, affirme par serment qu'elle est véritable, & qu'elle soit telle qu'au moyen d'icelle, l'ajourné & celui qui étoit tenu de comparoir personnellement, n'a pû comparoir, & n'eût pû venir à pied ni à cheval sans danger de sa personne, en ce cas sera baillé défaut, sauf à l'exoine, & l'exoiné renvoyé ajourné en la personne de son exoinateur à certain jour & compétent, à l'arbitrage du Juge.

Informerent respectivement.] Cela est conforme auxdites Ordonnances de François I. de l'an 1525, chap. 5, art. 39, & d'Henri III. de l'an 1585, par lesquelles (le Juge octroyoit défaut, sauf l'exoine & commission au Procureur du Roi, & à la Partie, pour informer du contraire ;) mais on ne pratique guéres l'usage d'en informer, comme remarque Char. liv. 4 de ses Pand. chap. 5 sur la fin.

ARTICLE V.

LE délai pour informer étant expiré, *sera fait droit sur l'incident de l'exoine*, sur ce qui se trouvera produit.

Sera fait droit sur l'incident de l'exoine.] Si par l'information faite il se trouve que la cause de l'exoine soit fausse, l'information doit être jointe à la contumace, & le Juge peut sans aucun délai ni surséance continuer l'instruction & le jugement du procès, *Clar. in Prax. quæst.* 34, *num.* 3; mais s'il est justifié que l'accusé soit indisposé, il faut attendre qu'il soit guéri, pour exécuter le decret & juger la contumace : & à cet effet on ordonne qu'il sera sursis au jugement de la contumace pendant tel tems, pendant lequel l'accusé sera dans la maison où il est malade, comme en une géole, & le propriétaire ou autre personne en demeureront chargés, & feront leurs soumissions de le représenter. Cette excuse est conforme au Droit, en la Loi *si Prætor*, *ff. de Judic.* à la Loi 2, §. *si quis in judicio*, *ff. si quis caution.* La raison est, parce que *incivile & inhumanum esset reum inauditum condemnare, maximè si nec sit, nec dici queat contumax, ut qui propter justum impedimentum comparere nequit; text. est in L. pen.* §. *ad crimen*, *& ibi Gl. ff. de Judic. & in L. servum quoque* 33, §. *publicæ*, *de Procur.* autrement le procès seroit nul; Jason, *in L.* 2, *ff. si quis caut. & Bart. in d. L. servum.* Mais si l'accusé est extrêmement malade, & si l'on croit que son interrogatoire peut servir de preuve contre d'autres accusés, le Juge doit se transporter à la maison du malade pour y proceder. Il faut encore observer, que les saisies & annotations des biens faites en vertu du decret, tiennent pendant le délai de l'exoine, & jusqu'à ce que l'accusé ait subi l'interrogatoire.

TITRE XII.

DES SENTENCES DE PROVISION.

Ce que les Juges doivent pratiquer en l'adjudication d'une Provision.

ARTICLE PREMIER.

LEs Juges pourront, s'il y échet, adjuger à une Partie quelques sommes de deniers, pour *pourvoir aux alimens & médicamens*; ce qui sera fait sans conclusions de nos Procureurs ou de ceux des Seigneurs.

Pourvoir aux alimens & médicamens.] Sous ce nom on comprend tout ce qui est nécessaire pour faire traiter & panser le blessé, les frais du Médecin, Apoticaire, Chirurgien, & autres personnes qui le servent, comme il est expressément décidé par le texte de la Loi finale, *ff. de his qui effud. vel dejec. Judex computat mercedes Medicis præstitas, cæteraque impendia quæ in curatione facta sunt.* Et par l'Authent. *de mand. princ.* §. *quod si delinquentes, coll.* 3; *L. Cornelia,* §. *fin. ff. de injur. & L. fin. C. de ord. cognit.* Ce qui est encore confirmé dans l'Exode, chap. 21. *Si surrexerit & ambulaverit foràs percussus super baculum suum, innocens erit qui percusserit, ita tamen ut operas ejus & impensas in Medicos restituat.* C'est pour cela qu'on a accoutumé d'adjuger par provision une certaine somme, eu égard à la qualité du blessé & des facultés de l'accusé; même on ordonnoit quelquefois que les Parties conviendroient d'un ou deux Chirurgiens pour proceder à la vérification, & arbitrer la somme requise pour les alimens & les médicamens, Rebuff. *Tract. de Sent. provis. art.* 1, *gl. num.* 7; mais à présent c'est au Juge à adjuger telle somme que bon lui semble, comme devant pourvoir au blessé. Il y a un passage de Ciceron, *lib.* 2 *de Divin.* qui convient fort bien à ce sujet, & qu'on peut appeller *textum aureum. Medicus morbum ingravescentem ratione providet, insidias Imperator, tempestates gubernator, sic & Judex debet providere ut alimenta distribuantur & necessaria, lite durante.* Il importe même à l'accusé que le Juge fasse droit sur la provision, de peur que le blessé n'ayant pas de quoi se faire traiter, ne vînt à mourir, & qu'il ne fût tenu de sa mort, *tanquam de lethaliter vulnerato, L. si vulnerato* 46, *ff. ad Leg. Aquil. Boër. in decis. Burdig. quæst.* 323. Ou bien il seroit chargé de prouver qu'il n'est pas mort de la blessure, mais d'une autre cause, ce qui seroit très-difficile, suivant la Loi *item Mela,* §. *& si servum, ff. ad Leg. Aquil.* Mais afin qu'il y ait lieu d'adjuger la provision, il faut que le délit soit constant, qu'il paroisse par qui il a été commis, qu'il y ait une relation de Médecins ou Chirurgiens, & que la provision soit demandée par la Partie, ou en cas de mort, par ses héritiers ou successeurs qui en font la poursuite; & c'est ce que notre article entend par ces mots, *si le cas y échet.* Voyez Rebuff. *in Tract. de Sent. provis. gl.* 4. Il faut encore remarquer, que s'il y a plusieurs accusés & complices, ils sont tenus solidairement au payement de la provision, suivant la Loi *si familia, ff. de Jurisd. omn. Jud. L. item Mela,* §. *sed & si servum, ff. ad Leg. Aquil. si multi de publica,* sauf le recours à celui qui a payé contre les complices pour leur part & portion, à moins qu'ils ne fussent tous condamnés, sans que le Juge exprimât dans la condamnation la clause de la solidité; car alors ils ne seroient tenus que pour leur part & portion, *L. Paulus, ff. de re judic. & L. legatorum, ff. de Leg.* 2; autrement la clause solidaire seroit frustratoire, *L.* 1, *C. si plures una Sentent.* Rebuff. *d. loco, vers.* 7; & ce qui a été adjugé par provision, ne s'impute pas sur les sommes & condamnations pécuniaires adjugées en définitive, ni l'accusateur condamné n'est pas tenu de rendre ce qu'il a eu par provision, s'il n'est expressément ordonné, comme il a été jugé par des Arrêts rapportés par Papon en son Recueil, liv. 18, tit. des provisions, Arrêts 38 & 39; & Boër. *in decis. Burdig. quæst.* 324, *num.* 3.

Il faut encore observer, que bien que la provision s'adjuge pour les alimens & médicamens, néanmoins la veuve ou les héritiers du défunt homicidé peuvent après sa mort demander provision, parce qu'elle s'adjuge non-seulement pour pourvoir aux alimens & médicamens, mais aussi *post mortem,* pour les frais funéraires & pour la poursuite du procès, comme il a été jugé par Arrêt rapporté par Charondas, liv. 6 de ses Réponses, rép. 75.

Article II.

NE pourront *les mêmes Juges* accorder des provisions *à l'une & l'autre des Parties*, à peine de suspension de leurs Charges, & de tous dépens, dommages & interêts.

Les mêmes Juges.] En Cour Souveraine, quand il y a appel de deux Sentences de provision, rendues par divers Juges pardevant lesquels les Parties se sont pourvues, on peut compenser les provisions pour le tout, si elles sont égales, ou jusqu'à concurrence, si elles sont inégales.

A l'une & l'autre des Parties.] C'est pour corriger l'abus qui s'étoit glissé dans les Jurisdictions, qui étoit si grand, que les Juges accordoient des provisions à toutes les deux Parties, & qu'on en faisoit une espéce de commerce dans la Justice, au lieu de l'accorder à celle des deux Parties qui étoit la plus offensée, & dont le rapport étoit plus fort. Il est vrai que quand chacune d'elles prétend avoir été excedée & blessée, qu'elles ont obtenu respectivement decret, & qu'il n'appert pas clairement qui est l'aggresseur ou l'injuriant, les Juges réservent quelquefois à faire droit sur l'adjudication de la provision, après les récollemens & confrontations des témoins, en cas de procès extraordinaire, ou en cas de réglement des contraires lors du rapport des enquêtes, & alors ils l'adjugent à celui qui prouve avoir été attaqué & injurié.

Article III.

NE pourront aussi donner *qu'une seconde provision*, si elle est jugée nécessaire, pourvû *qu'il y ait quinzaine au moins* entre la premiere & la seconde, sans qu'ils puissent recevoir aucuns émolumens de l'une ni de l'autre, ni de tous les incidens qui naîtront en conséquence.

Qu'une seconde provision.] En cas que la premiere qui a été adjugée soit insuffisante pour fournir aux alimens, médicamens & frais de la poursuite ; & encore les Juges doivent avoir égard aux biens & facultés des accusés, & à la qualité de l'accusateur, *pro modo substantiæ, accusatæ personæ æstimatione, Judices pretium constituent, d. §. fin. L. 5, Lex Cornelia, ff. de injur.* & lorsque le défendeur s'oppose à ladite provision, il peut requerir que le demandeur soit visité par un Chirurgien, & qu'à cette fin ils en conviennent. On donne aussi aux femmes & aux filles qui sont grosses deux provisions ; la premiere pour les couches & frais de gesine, & l'autre pour leurs alimens & nourriture, & de l'enfant, en observant pourtant l'intervale du tems entre la premiere & la seconde, comme il est porté par cet article.

Qu'il y ait quinzaine au moins.] Cela est conforme à un Arrêt de Réglement rendu le 22 Juin 1665 par la Chambre de la Tournelle du Parlement de Paris, sur les plaintes qui furent portées des fréquens abus qui se commettoient en l'adjudication des provisions, & de ce qu'on les donnoit trop légerement ; que les Juges prenoient de grands droits sur les Sentences de provision, qu'ils en prenoient encore pour recevoir les cautions, & que souvent après avoir accordé une provision, ils en surseoient l'exécution ; souvent ils la faisoient consigner, & il survenoit des oppositions & des appellations, par le moyen desquels incidens les provisions adjugées aux blessés étoient entierement consommées par les Juges, sans que les Parties en retirassent aucun avantage.

Faveur & privilége des Sentences de provision.

ARTICLE IV.

LES Sentences de provision ne pourront être sursises, *ni jointes au procès* par les Juges qui les auront données, sous pareille peine.

Ni jointes au procès.] Lors même qu'il y a contestation sur l'adjudication de la provision, & que sur la demande ou opposition du défendeur, le Juge ordonne que les piéces ou informations seront remises pardevers lui, l'instance de provision doit être séparée du principal ; Imbert en ses Instit. liv. 3, ch. 3. Et la raison est, parce que *præjudicia & quæstiones incidentes*, comme les provisions, doivent être jugées avant le procès principal, & qu'elles ne requierent qu'une sommaire connoissance. *L.* 1, *& per totum C. de ord. cogn.*

ARTICLE V.

LES deniers adjugés par provision, *ne pourront être saisis* pour frais de Justice, ou quelqu'autre cause ou prétexte que ce soit, ni consignés au Greffe ou ailleurs, à peine de nullité des consignations, d'interdiction contre les Greffiers & leurs Commis qui les auront reçues : & pourront, nonobstant les saisies & prétendues consignations, les Parties condamnées *être contraintes au payement.*

Ne pourront être saisis.] L'Ordonnance, par une sage & sainte dispensation, va au-devant de tous les moyens & artifices qu'on pratiquoit pour rendre inutile & illusoire l'adjudication des provisions, les accusés suscitant, dès qu'elles étoient ordonnées, des saisies de divers créanciers, & faisant quelquefois des consignations feintes, en telle sorte que l'incident qui en naissoit devenoit un procès aussi grand que le principal ; & cependant il pouvoit arriver que le blessé souffrît, ou qu'il vînt à mourir, faute d'avoir de quoi se faire traiter & médicamenter ; *arg. L. longiùs, ff. de judic. Futurum sit, ut impunè fraudem patiantur, & egestate laborent, viaticulo suo non recepto ;* ou que les crimes demeurassent impunis, pour n'avoir pas moyen de fournir aux frais de la poursuite ; *L. item vulneratus, ff. ad Leg. Aquil.* Si bien que l'Ordonnance a fort justement pourvu à tous ces inconvéniens, en faisant toucher réellement les deniers aux demandeurs en excès, & les affranchissant, par un privilége particulier, de toutes les saisies qui pourroient être faites, comme s'agissant de la cause d'alimens & de médicamens, qui est si favorable & si privilégiée, que pourvû que le fait soit apparent, les Jugemens qui sont rendus sur ce sujet sont soutenables, bien qu'ils soient contre le Droit commun, suivant le texte de la Loi *si Judex* 10, *ff. de his qui sui vel alieni. Si Judex nutriri vel ali oportere pronunciaverit, dicendum est de veritate, quærendum*

dum filius sit an non, neque enim alimentorum causæ veritati facit præjudicium.

☞ *Etre contraintes au payement.*] Mais si plusieurs sont condamnés sans expression ni exclusion de solidité, pourront-ils être contraints solidairement? Voir l'art. 23 du tit. 13 de la présente Ordonnance.]

ARTICLE VI.

LEs Sentences de provision seront exécutées *par saisie de biens & emprisonnement* de la personne du condamné, *sans donner caution.*

Par saisie de biens & emprisonnement.] C'est pour la même raison que l'Ordonnance permet d'en user avec cette rigueur. Le Droit canon même le permet, *c. pessimum 23, quæst. ult. gl. in C. ex parte, de verb. sign.* par lesquels il est porté que les condamnés qui auront été contraints par emprisonnement, ne pourront être élargis, qu'ils n'ayent préalablement satisfait au payement de la provision. Rebuff. *d. loco, num.* 10, dit que *condemnati possunt cogi, tam per bonorum venditionem, quàm personæ præhensionem;* quoique pourtant Papon en son Recueil d'Arrêts, liv. 18, tit. 1, Arrêt 37, en l'addition, rapporte un Arrêt de la Chambre de l'Edit du 3 Juin 1539, par lequel il fut jugé que la provision des médicamens ou nourriture, n'est pas sujette à la contrainte par corps, ni à la rigueur des quatre mois. C'est pour cela que les Juges ne devroient pas donner si légerement des Sentences de provision; cependant il n'y a rien de si ordinaire : si peu qu'il y ait lieu d'en demander, on l'accorde; mais aussi bien souvent le Parlement en ordonne la restitution.

Sans donner caution.] Avant cette nouvelle Ordonnance, il falloit bailler caution de rendre la provision adjugée, *ad calumniam evitandam.* Cette pratique étoit fondée sur le Droit, en la Loi 3, §. *emancipatus, ff. de coll. bon. L. sed & si is, §. an autem, ff. de Carbon. Ed. L.* 12, *C. eod. tit.* & sur les Ordonnances de François I. 1539, art. 19; & de Charles IX. 1563, art. 22; par lesquelles il est porté, *que les Sentences de provision, d'alimens & médicamens, données par les Juges subalternes, jusqu'à la somme de vingt livres parisis, seront exécutées nonobstant l'appel & sans préjudice d'icelui, en baillant caution, comme celles des Juges Royaux.* Il est vrai que lorsque le demandeur en excès étoit pauvre, on se contentoit de sa caution juratoire, Rebuff. *tom.* 1, *Tract. de Sent. provis. art.* 1, *gl.* 4, *num.* 11; mais maintenant cette nouvelle Ordonnance décharge fort justement de bailler caution, d'autant que la provision demeuroit souvent inutile & frustratoire, par la difficulté qu'on avoit de trouver des cautions, ou pour les incidens qui naissoient pour les faire recevoir.

ARTICLE VII.

LEs Sentences de provision rendues par nos Baillifs, Sénéchaux, *& autres Juges ressortissans* nuement en nos Cours, qui n'excederont la somme de deux cens livres; celles des autres Juges Royaux, qui n'excederont six-vingt livres; & des Juges des Seigneurs, qui n'excederont cent livres, seront exécutées *nonobstant & sans préjudice de l'appel.*

☞ *Et autres Juges, &c.*] L'article ne dit pas, & autres nos Juges; mais

& autres Juges ressortissans nuement en nos Cours. Ainsi tout Juge ressortissant nuement ès Cours, quoiqu'il ne soit pas Juge Royal, est dans le cas de cet article.]

Nonobstant & sans préjudice de l'appel.] Cet article est conforme aux Ordonnances de Charles VIII. 1493, art. 51; Louis XII. 1498, art. 80; François I. 1535, chap. 12, art. 13, 16 & 24; & d'Henri II. 1559, art. 14; & les motifs de ces Ordonnances sont, qu'il est juste que celui qui est accusé fournisse aux frais qu'il convient faire pour la guérison de celui qu'il a blessé, *L. si servus 27, §. rupisse in fin. ff. ad Leg. Aquil.* & qu'il pourroit arriver que le procès principal seroit aussi-tôt prêt à juger que celui de la provision, & que pendant les longueurs de l'instance de l'appel le blessé viendroit à mourir, faute de médicamens : néanmoins on ne peut pas opposer à l'accusé qu'il a acquiescé à la Sentence, & renoncé à son appellation par le moyen du payement qu'il a fait de la provision, d'autant qu'il l'a fait par l'autorité de l'Ordonnance, qui lui réserve par exprès l'effet de son appel, lequel ne laisse pas d'être reçu.

ARTICLE VIII.

NE pourront nos Cours surseoir ni défendre l'exécution des Sentences de provision, sans avoir vû les charges & informations, & les rapports des Médecins & Chirurgiens, & que le tout n'ait été communiqué à nos Procureurs Généraux: & les défenses ou surséances n'auront aucun effet à l'égard de la provision, si elles ne sont expressément ordonnées par l'Arrêt, pour lequel ne seront prises aucunes épices.

TITRE XIII.

DES PRISONS, GREFFIERS DES GEOLES, GEOLIERS ET GUICHETIERS.

De quelle maniere les Prisons doivent être.

ARTICLE PREMIER.

VOULONS que les prisons soient *sûres, & disposées en sorte que la santé* des prisonniers n'en puisse être incommodée.

Sûres, & disposées en sorte que la santé, &c.] Par l'Ordonnance de Charles IX. aux Etats d'Orleans 1560, art. 55, il est porté : *Enjoignons à tous Hauts-Justiciers d'avoir prisons sûres, lesquelles, d'autant qu'elles ne doivent servir que pour la garde des prisonniers, Nous défendons être faites plus basses que le rez de-chaussée, c'est-à dire, le sol de l'étage.* Ce qui fut ensuite confirmé par un Arrêt du 15 Janvier 1563, par lequel il fut enjoint au Substitut du Procureur du Roi de faire saisir le revenu temporel de l'Abbé & Religieux de S. Magloire, pour faire bâtir des prisons à rez-de-chaussée. Et par autre Arrêt du 22 Février 1578, il fut enjoint à un Gentilhomme de tenir prison séparée de son Château, en lieu propre & commode pour le Juge. Et la raison qui est exprimée dans ladite Ordonnance de Charles IX. est conforme à celle de la Loi 1 & *fin. C. de custod. reor.* & de la Loi *aut damnum*, §. *solent*, *ff. de pœn. carcer. enim ad continendos homines, non ad puniendos haberi debet.* Bouteiller en sa Somme rurale, dit que la prison ne doit pas être griéve, en sorte qu'elle puisse ou doive empirer les corps des prisonniers, d'autant que ce seroit une chose dure, que le corps d'aucun fût par prison empiré, & après le cas enquis qu'il s'en allât innocent: mais il faut sur-tout qu'elles soient sûres, d'autant que si les prisonniers venoient à s'évader par le défaut de la prison, pour n'être pas assez forte ni bien préparée, les Seigneurs Hauts-Justiciers en seroient responsables, soit en matiere civile ou criminelle; comme il a été jugé par un Arrêt rapporté par Papon en ses Arrêts, liv. 24, tit. 4, Arrêt dernier. *Arg. L. debet 7 in princ. ff. nautæ, caupones & stabul.* Les prisons sont ce qu'on appelloit autrefois *latumiæ*, c'est-à-dire des cachots, *quoniam erant sæpè è saxo in altitudinem depresso, & multorum operis exciso, velut illa latumiæ Syracusanæ, quas describit Cicero, 7 Verr.* C'est ainsi que ce mot de *latumiæ* se prend en la Loi 1, §. *ult. ff. de aleat. ubi Prætor minatur se vel mulctam dicturum, vel in latumias, aut vincula publica ducturum*: ce qui fait voir l'erreur de ceux qui ont entendu *latumias, metalli pœnam*, puisqu'il est certain que le Préteur, qui n'avoit que le mixte impair, ne pouvoit pas ordonner cette peine.

Du devoir des Concierges.

ARTICLE II.

TOUS Concierges & Géoliers exerceront en personne, & *non par aucuns Commis*, & sçauront lire & écrire; & dans les lieux où ils ne le sçavent, en sera nommé d'autres dans six semaines, à peine contre les Seigneurs de privation de leur droit.

Non par aucuns Commis.] Avant cette Ordonnance, le Géolier pouvoit commettre à la garde des prisons une personne capable, à la charge de répondre des fautes & de la négligence de celui qu'il avoit commis. Cela a été préjugé par un Arrêt du Parlement de Grenoble du 15 Avril 1550, rapporté par Basset, liv. 6, tit. 4, chap. 5, qui porte cette condition, *à la charge que le Commis seroit vû par Monsieur le Procureur Général, & reçu par la Cour, & que le Géolier en seroit responsable.* Néanmoins c'est avec beaucoup de justice que l'Ordonnance le défend, d'autant que l'abus étoit si grand, que les Géoliers laissoient souvent évader, par l'entremise de leurs Commis, les prisonniers, & après ils avoient accoutumé de se décharger, & de rejetter leur faute sur des Commis qui n'avoient pas de quoi en répondre, suivant ce beau texte de la Loi *ad Commentariensem* 4, *C. de custod. reor.* & la Loi 14, *ff. eod. Non est facile tyroni custodia credenda, nam et prodita, is culpæ reus est, qui eam ei commisit.* Mais il leur sera permis d'avoir des aides, & de préposer des personnes à la garde des prisonniers. L'Ordonnance veut encore, que ceux qui ne sçavent lire ni écrire, soient destitués, parce qu'ils ne sçauroient tenir les Registres en la forme prescrite par les articles suivans, s'ils étoient illettrés. Damhouder en sa Pratique criminelle, chap. 27, requiert tant de conditions & de perfections dans le choix des Géoliers, qu'il seroit bien difficile d'en trouver aucun qui les possedât toutes, & qu'il ne seroit pas juste de le borner à cette Charge, s'il les possedoit; car après avoir décrit les vices & les défauts ausquels quelques-uns peuvent être sujets, il dit *num.* 4: *Quin potiùs eligant viros bonos, cordatos, humanos, mites, misericordes, benignos, affabiles, pios, bonæ conscientiæ, timentes Deum; qui suis captivis diligenter necessaria subministrent, eos subindè consolentur, & ut pii patres-familias in quibusvis necessitatibus juvamen & solatium præbeant afflictis; nihil piaculi, nihil spurcitiæ, nihil exactionis, nihil imposturæ, nihil fraudis, nihil criminis, nihil denique maleficii, aut per se, aut per alios, in suos carceres irripere sinant.*

De ceux qui ne peuvent exercer cette Charge.

ARTICLE III.

AUCUN Huissier, Sergent, Archer, ou autre Officier de Justice, ne pourra être Greffier de géoles, Concierge, Géolier ni Guichetier, à peine de cinq cens livres d'amende envers Nous, & de peine corporelle, s'il y échet.

Des gages des préposés à la garde.

ARTICLE IV.

ENJOIGNONS aux Géoliers de donner des gages raisonnables aux Guichetiers, & autres personnes par eux préposées à la garde des prisonniers.

Des Greffiers de géoles, & qu'il n'en doit point être établi dans les prisons des Seigneurs, ni dans les Royales, s'il n'y en a point.

ARTICLE V.

IL n'y aura aucun Greffier de géole dans les prisons seigneuriales, & n'en sera établi aucun de nouveau dans les royales.

De la forme des Registres de la géole.

ARTICLE VI.

LES Greffiers des géoles, où il y en a, ou les Géoliers-Concierges, seront *tenus d'avoir un Registre* relié, cotté & paraphé par le Juge dans tous ses feuillets, qui seront séparés en deux colonnes, pour les écroues & recommandations, & pour les élargissemens & décharges.

Tenus d'avoir un Registre, &c.] Cet article est conforme à l'Ordonnance de

Louis XII. de l'an 1498, art. 103 & 104; de François I. à Ys sur Thille, en 1525, chap. 13, art. 19 & 20, chap. 21, art. 12, & à Blois en 1507, article 182; & d'Henri II. à Fontainebleau en 1549, art. 3; & à un Arrêt du Conseil Privé, de Réglement fait pour le Siége Présidial de Bourg en Bresse, & autres. Et par ladite Ordonnance de François I. à Ys sur Thille, chap. 21, art. 2, il est porté, *que toute maniere de prisonniers qui seront dans les prisons, seront visités, sçavoir s'ils sont Clercs, ou non; & sera enregistré l'habit & l'état où ils sont, & seront croisés & signés au papier ceux qui seront Clercs, à peine de quarante sols d'amende.* C'est pour cela que les Géoliers sont appellés dans le Droit *Commentarienses, L. 6, §. de bon. damnator. lib. 4 & ult. C. de custod. reor. & Leg. 5, Cod. Theodos. de pœnis; eò quòd in Commentarium custodias referunt, id est, nomina eorum qui in carcerem detruduntur. Budæus, ad L. abesse, ff. quib. caus. majores, ut notat Ferrer.* sur la question 448 de Guy-Pape. L'Ordonnance de Louis XII. ci-devant alléguée, prescrit fort exactement la forme du Registre que les Géoliers & Gardes des prisons sont tenus d'avoir, en ces termes: *Que le Géolier & Garde des prisons sera tenu de faire un Papier ou Registre de grand volume, dont chacun feuillet sera ployé par le milieu, & d'un côté seront écrits les noms & surnoms des prisonniers qui seront amenés ausdites prisons, à la requête de qui, & en vertu de quelle Ordonnance, & si c'est pour dette, & qu'il y ait obligation sous scel royal, la date de l'obligation, & le domicile du créancier; & de l'autre côté de la marge dudit feuillet, sera enregistré l'écroue, l'élargissement ou décharge desdits prisonniers, telle qu'elle lui sera baillée ou envoyée par le Greffier sur le Registre dudit emprisonnement, sans qu'il puisse mettre hors ni délivrer aucun prisonnier absous ou condamné, ou autrement, sans l'écroue du Greffier, sur peine de l'amende envers le Roi, & d'être contraint de remettre le prisonnier, ou de satisfaire pour lui.*

ARTICLE VII.

ILS auront encore un autre Registre cotté & paraphé aussi par le Juge, pour mettre *par forme d'inventaire les papiers, hardes & meubles*, desquels le prisonnier aura été trouvé saisi, & dont sera dressé procès-verbal par l'Huissier, Archer ou Sergent qui aura fait l'emprisonnement, qui sera assisté de deux témoins qui signeront avec lui son procès-verbal; & seront les papiers, hardes & meubles qui pourront servir à la preuve du procès, remis au Greffe sur le champ, & le surplus sera rendu à l'accusé, qui signera l'inventaire & le procès-verbal; sinon sur l'un & sur l'autre sera fait mention de son refus.

Par forme d'inventaire les papiers, hardes & meubles.] Cet article est conforme à l'Ordonnance de Charles VIII. 1485, chap. 14, art. 5 & 9; François I. à Ys sur Thille, en Octobre 1425, chap. 21, art. 4; Henri II. à Fontainebleau, en Mars l'an 1549, art. 9; par lesquelles il est porté, *que les Géoliers auront un Livre, auquel sera mis & enregistré par forme d'inventaire tout ce qui sera trouvé sur les prisonniers criminels lorsqu'ils seront amenés aux prisons, soit or, argent, ou autre chose, pour être gardé & conservé à ceux qu'il appartiendra; & défendu aux Sergens qui les auront pris & amenés prisonniers, de les fouiller, que préalablement ils ne les ayent mis entre les mains des Greffiers.*

ARTICLE VIII.

LEs Greffiers-Géoliers ne pourront *laisser aucun blanc* dans leurs Registres.

Laisser aucun blanc.] C'est afin qu'on ne puisse corrompre & alterer la vérité des choses qui doivent être enregistrées. Comme ce Livre fait foi, & pour des choses de grande conséquence, il est juste qu'on y apporte toute l'exactitude & la fidélité que l'on doit aux Registres publics. C'est à ce propos que Ciceron, 7 *in Verr.* parlant de ces Registres, les appelle *rationes carceris, quæ diligentissimè conficiuntur, quo quisque die datus in custodiam, quo mortuus, quo necatus sit.*

Des Ecroues & des Recommandations.

ARTICLE IX.

LEUR défendons, à peine des galeres, de délivrer des écroues à des personnes qui ne seront point actuellement prisonnieres, ni faire *des écroues ou décharges sur feuilles volantes*, cahiers, ni autrement que sur le Registre cotté & paraphé par le Juge.

Des écroues ou décharges sur feuilles volantes.] En vain les Ordonnances auroient obligé les Géoliers à faire & tenir un Registre exact des écroues & emprisonnemens, des décharges & élargissemens, s'il leur étoit permis de faire des écroues ou décharges sur des feuilles volantes. Par les Ordonnances de Louis XII. 1498, art. 104, & à Blois en 1507, art. 183; & de François I. à Ys sur Thille, en Octobre, chap. 13, art. 20, & chap. 21, art. 12, (les Géoliers ne doivent délivrer aucun prisonnier sans écroue.) Il est vrai que si le prisonnier est écroué & écrit sur le Registre, il peut être élargi, parce que c'est l'écroue & enregistrement qui fait le prisonnier de Justice, & non pas la simple capture. C'est pour cela que Guenois, dans les doctes Annotations qu'il a faites sur les Ordonnances, remarque que l'écroue est le brevet ou le registre de l'emprisonnement, délivrance ou élargissement du prisonnier, & qu'il vient du verbe Grec ἐκκρούειν, *quod est contrudere vel dejicere in carcerem.*

ARTICLE X.

LEUR défendons de prendre aucuns droits pour emprisonnemens, recommandations & décharges; mais pourront seulement, *pour les extraits qu'ils délivreront*, recevoir ceux qui seront taxés par le Juge, & qui pourront exceder; sçavoir, en toutes nos Cours & Justices, dix sols, & la moitié en celles des Seigneurs, sans néanmoins pouvoir augmenter aux lieux où l'usage est de donner moins.

Pour les extraits qu'ils délivreront.] Par les Ordonnances de Louis XII. à Blois, en Mars 1498, art. 105, & 1507, art. 156; & de François I. à Ys sur Thille, en Octobre 1535, chap. 31, art. 21, & chap. 18, art. 10, (le Greffier, qui incontinent après l'expédition faite, étoit obligé d'envoyer au Géolier ou Garde des prisons un écroue ou brevet, contenant le jour & forme de l'expédition, avoit pour chacun écroue & expédition quinze deniers tournois, & ni plus ni moins, selon la coutume des lieux.)

ARTICLE XI.

LES Juges *regleront les droits* appartenans aux Géoliers, Greffiers des géoles, Guichetiers, pour vivres, denrées, gîtes, géolages, extraits d'élargissemens ou décharges, dont sera fait un tableau ou tarif, qui sera posé au lieu le plus apparent de la prison, & le plus exposé à la vûe.

Regleront les droits.] Il est fort important que ces droits soient reglés, pour empêcher les exactions des Concierges, qui leur sont d'autant plus aisées, qu'il n'est rien que les pauvres prisonniers ne leur donnent pour être traités humainement, & pour se les rendre favorables. Ainsi par ladite Ordonnance de François I. à Ys sur Thille, chap. 21, art. 10; & d'Henri II. à Fontainebleau l'an 1549, art. 10, le taux des vivres des prisonniers devoit être fait d'année en année au commencement du Parlement, qui étoit à la Saint Remi, par informations, attestations & sommaires à prise, par gens qui étoient appellés pour cet effet par la Cour, lequel taux tenoit pour le tems qui étoit reglé, ou jusqu'à ce qu'il y eût quelque changement.

ARTICLE XII.

LES recommandations des prisonniers seront nulles, *si elles ne sont signifiées* parlant à leurs personnes, & copie baillée, dont sera fait mention dans le procès-verbal de l'Huissier qui fera la recommandation.

Si elles ne sont signifiées.] C'est afin que les prisonniers ne puissent pas les ignorer, & qu'ils ayent moyen de se pourvoir. Il faut remarquer pourtant que, suivant l'opinion de nos Docteurs, les recommandations pour cause de crime ne peuvent être valablement faites un jour de Fête. *Hypolit. de Marsil.* §. *attingam, num.* 35.

ARTICLE XIII.

LES écroues & *recommandations* feront mention des Arrêts, Jugemens & autres Actes en vertu desquels ils seront faits, du nom, surnom & qualité du prisonnier, de ceux de la Partie qui les fera faire, comme aussi du domicile, qui sera par lui élu au lieu où la prison est située, sous pareille peine de nullité; & ne pourra être fait qu'un écroue, encore qu'il y eut plusieurs causes de l'emprisonnement.

Recommandations.] C'est lorsqu'on renferme un débiteur ou un prévenu pour autre cause que celle pour laquelle il est détenu ; car comme plusieurs & divers créanciers se peuvent mettre en possession des biens de leur débiteur commun, aussi rien n'empêche qu'un débiteur ne puisse être recommandé par plusieurs créanciers, & qu'un prévenu ne puisse être accusé de divers crimes. C'est la raison qui est alléguée par Bart. *in L.* 2, *ff. de in jus vocando ;* & sur la Loi 2, *de custodia reorum.* Même le débiteur du fisc peut être renfermé pour une autre dette particuliere, *Hypolit. de Marsil.* §. *attingam, num.* 32. Et un prévenu accusé d'un crime ne peut être recommandé par un autre ; mais on préfere toujours la recommandation qui est faite pour le crime qui se trouve le plus grave & le plus capital, *ut notat* Bart. sur ladite Loi 2, *ff. de custod. reor.* Mais la plus grande difficulté est de sçavoir si un homme qui est emprisonné pour cause criminelle, peut être recommandé & renfermé pour une dette civile ; & *Joseph Ludovic. Decis. Perus. cap.* 70, tient qu'il ne le peut pas être, comme s'agissant de diverses causes, ni empêcher qu'il ne soit élargi des prisons. Il y a pourtant cette limitation, qu'un prisonnier qui a eu quelque administration ou procuration, se trouvant condamné pour crime capital, s'il est recommandé pour une dette descendante du fait de son administration, on differe l'exécution jusqu'à ce qu'il aît rendu compte de son administration, *Ludovic. Hypolit. de Marsil.* Barthole, aux lieux préallégués ; & *Zazius, in L.* 2, *ff. de in jus voc.*

Défenses de prendre la bien-venue des prisonniers.

ARTICLE XIV.

DÉFENDONS à tous Géoliers, Greffiers & Guichetiers, & à l'ancien des prisonniers, appellé Doyen ou Prevôt, sous prétexte de *bien-venue*, de rien prendre des prisonniers en argent ou vivres, quand même il seroit volontairement offert, ni de cacher leurs hardes, ou les maltraiter & exceder, à peine de punition exemplaire.

Bien-venue.] C'est une mauvaise coutume de faire payer l'entrée de la prison à ceux qui voudroient bien en être dehors, & qui néanmoins est bien difficile à corriger. Budée, *in Forens.* l'appelle *Isagogicon dependere ;* & dans la Nov. 123, on appelloit le *Bec-jaune*, ce que les nouveaux Clercs étoient obligés de payer aux Doyens dans l'Eglise Métropolitaine de Constantinople ; Nov. 56, *insinuationes, sive* ἐμφανιστικα.

Du devoir du Géolier de communiquer l'écroue au Procureur du Roi.

ARTICLE XV.

LE Géolier ou Greffier de la géole sera tenu de porter incessamment, & dans les vingt-quatre heures pour le plus tard, à nos Procureurs ou à ceux des Seigneurs, *copie des écroues & recommandations* qui seront faites pour crimes.

Copie des écroues & recommandations.] Par ledit Arrêt de Réglement du Conseil

seil privé du Roi, rendu pour le Bailliage & Siége Présidial de Bourg en Bresse & autres, du 24 Mai 1603, art. 127, il est porté, que le Géolier de la Conciergerie du Présidial représentera tous les jours de Dimanche ou Lundi matin le rolle des prisonniers qui seront dans la Conciergerie, avec l'état au vrai de leurs procès & personnes, & le tems de leur emprisonnement, pour y être ordonné par ledit Président & Lieutenant ce qu'il appartiendra. Et cela est encore confirmé par la doctrine de *Jul. Clar. §. fin. quæst. 46, num. 4*, qui tient que, suivant l'usage inviolablement observé à Milan, le Géolier représente tous les mois au Juge le rolle des prisonniers, leur âge & qualité, & celle du crime pour lequel ils sont détenus, qu'il appelle *titulus delictorum*, à peine de vingt livres d'or contre le Géolier; & que si le Juge est négligent à expédier les procès, il est condamné en dix livres d'or, suivant la Loi finale, *C. de custod. reor.* & la doctrine de Damhouder, *in Prax. cap. 16, num. 15.*

Du devoir des Guichetiers pour empêcher la communication des prisonniers.

ARTICLE XVI.

DÉFENDONS aux Géoliers & Guichetiers de *permettre la communication* de quelque personne que ce soit avec les prisonniers détenus pour crimes, avant leur interrogatoire, ni même après, s'il est ainsi ordonné par le Juge.

Permettre la communication.] Cet article est conforme à l'Ordonnance de Charles VII. 1452, art. 32; Charles VIII. 1485, chap. 14, art. 4; par lesquelles il est porté, *que quand aucuns prisonniers seront amenés pour cas criminels, le Géolier sera tenu les mettre en prison fermée, en telle maniere que nuls ne parlent à eux, & en ce point les tenir tant qu'il y ait autre mandement des Juges.* Et par celles de Charles VIII. de ladite année 1485, chap. 11, art. 9; & de François I. à Ys sur Thille, chap. 21, art. 6, il est dit, *que le Géolier ni ses gens ne pourront demander ni prendre argent d'aucuns prisonniers, ni de leurs amis, pour les faire parler à eux sur les carreaux, ni autre part.* Et par la même Ordonnance de François I. art. 8, il est défendu aux prisonniers *de faire faire ni écrire lettres closes ni autres en la géole ou prisons, si ce n'est par licence & congé de la Cour, ou des Juges qui les auront constitués prisonniers, & qu'elles soient montrées à la Cour & ausdits Juges.* Les motifs de ces Ordonnances sont, afin qu'on ne les instruise pas, & qu'on ne leur donne pas des moyens pour se sauver, ou des instrumens pour se faire voie & ouverture; à quoi lesdits Géoliers doivent, pour leur interêt propre, prendre soigneusement garde, d'autant que s'il y a de leur dol, corruption, faute ou négligence, ils sont punis de mort, suivant la Loi 8, la Loi *milites*, la Loi *non est facile, ff. de custod. reor.* & la Loi 4, *C. eod.* & ils sont tenus de payer ce pourquoi ils étoient détenus, *L. quoties, C. de exact. tribut. Hypolitus, dicto §. attingam, num. 36. Et dicitur 3 Regum, cap. 20, custodi virum istum; quod si lapsus fuerit, erit anima tua pro anima ejus, aut talentum argenti appendes.* C'est pour cela que le Géolier est plus chargé d'un prisonnier détenu pour dette civile que pour cause de crime, d'autant qu'il est déchargé en représentant le criminel, & il ne l'est pas en représentant le débiteur, si depuis son évasion il est devenu insolvable; Papon en ses Arrêts, livre

24, tit. 4, Arrêt 4. Ils sont même tenus *ex levissimâ culpâ*, parce qu'étant stipendiés & salariés pour la garde des prisonniers, *tenentur exactissimam præstare diligentiam*, à cause de la conséquence & de l'interêt public, qui fait qu'on présume contr'eux, si cette présomption n'est détruite par une autre preuve.

ARTICLE XVII.

NE sera permise *aucune communication* aux prisonniers *enfermés dans les cachots*, ni souffert qu'il leur soit donné aucunes lettres ou billets.

Aucune communication.] Cela n'exclut pas l'entrée aux Médecins & autres personnes dont le service est nécessaire lorsque les prisonniers sont malades; car quoiqu'ils fussent serrés étroitement & enfermés dans les cachots, *valetudinem sanè suam curare inclusi possunt.*

Enfermés dans les cachots.] Parmi les Anciens, il y avoit divers lieux souterreins, dans lesquels on enfermoit les criminels, *ut latumiæ apud Syracusanos, Cic. in Præt. urb. act. ult. domicilium cineribus plenum apud Persas, Suidas & Cajada, apud Spartanos, Thucidid. 1, Pausanias in Messanicis, Barathrum apud Athenienses, Tullianus locus & scalæ Gemoniæ, apud Romanos.* Et Tite-Live écrit, *carcerem ad terrorem crescentis audaciæ in mediâ urbe ædificatum, & foro conjectum.* Et Platon, *lib.* 10 *de Leg.* remarque qu'il y avoit trois sortes de prisons, *custodiæ, correctionis & supplicii* : mais les dernieres Constitutions des Empereurs, en la Loi 1, *C. de custod. reor.* traitent les criminels avec plus d'humanité, ayant plus d'égard à l'homme, qu'au crime dont il est accusé : *Nec verò sedis infimæ tenebras pati debet inclusus, sed usurpatâ Lege vegetari ac sublevari, & ubi nox geminans sit, custodiam in vestibulis carcerem & salubribus locis recipi, ac revertente iterum die ad primum solis ortum illico ad publicum lumen educi, ne pœnis carceris perimatur*, comme remarque Theven. en son docte Commentaire de l'instruction des procès criminels, tit. 15. *Vide Petrum Greg. 31, Syntagm. 33. Tamen quod innocentibus miserum, noxiis non satis severum esse dignoscitur, d. L. 1, C. de custod. reor.*

Défenses aux Géoliers de tirer les prisonniers des cachots, sans Ordonnance du Juge.

ARTICLE XVIII.

NE pourront aussi les prisonniers être tirés des cachots, s'il n'est ainsi ordonné par le Juge; auquel cas ils le seront incessamment, & sans user de remise par les Géoliers & Guichetiers, ni prendre & recevoir aucuns droits ou salaires, encore même qu'ils leur fussent volontairement offerts.

☞ Les fers & les cachots sont une espéce de peine dans la prison même; ainsi les Géoliers ne peuvent l'imposer de leur autorité, ni refuser d'en décharger le prisonnier.]

Défenses de laisser vaguer les prisonniers, ni de les mettre dans les cachots & dans les fers sans Ordonnance du Juge.

ARTICLE XIX.

DÉFENDONS aux Géoliers *de laisser vaguer les prisonniers* pour dettes ou pour crimes, sur peine de galeres, ni de les mettre dans les cachots, *ou leur attacher les fers aux pieds*, s'il n'est ainsi ordonné par mandement signé du Juge, à peine de punition exemplaire.

De laisser vaguer les prisonniers.] Par ledit Arrêt de Réglement du Conseil cidessus allégué, il est défendu aux Géoliers d'élargir ni laisser vaguer les prisonniers sans congé du Juge, sur peine de privation de leurs Offices, & d'en répondre ; & par ladite Ordonnance de François I. à Ys sur Thille, chap. 21, art. 9. (il leur est défendu de muer ni changer les prisonniers d'une prison à l'autre, si ce n'est pour cas de maladie, ou autre cause nécessaire, laquelle sera premierement rapportée à la Cour, ou Juge de l'autorité duquel ils ont été constitués prisonniers, qui en ordonneront, & en feront sçavoir la vérité, si bon leur semble.)

Ou leur attacher les fers aux pieds.] Avant cette nouvelle Ordonnance, il étoit permis aux Géoliers d'attacher les fers aux pieds, d'autant qu'ils sont responsables de leur garde & évasion, & que tout Géolier *custodiens captivatum cum ligamine, intelligitur diligenter custodire;* ce qui fut même pratiqué contre Saint Paul & Silus, lorsqu'ils furent faits prisonniers à Macedoine ; car on lit, 16 Act. que *Magistratibus præcipientibus custodi carcerum, ut eos diligenter custodiret, cum tale præceptum accepisset, misit in interiorem carcerem, & pedes eorum strinxit ligno, ut notat Boër. part. 1, quæst. 216, num. 3;* & c'est pour cela que les Géoliers sont appellés *Cheppiers, à cippo*, qui étoit une piéce de bois double, dont les pieds des criminels étoient enclos & serrés, & que le droit de géole est appellé *Catenatium, à catenis.* Mais comme les fers ne sont pas absolument nécessaires pour la garde, & que c'est plutôt une peine qui est ordonnée aux criminels, c'est fort à propos que l'Ordonnance veut que cela dépende de l'autorité des Juges, qui en cela doivent avoir égard à la qualité des personnes & du délit, & empêcher qu'on n'en use pas avec la derniere sévérité, suivant ce texte de la Loi 1, *C. de custod. reor. Intereà verò reum exhibitum non per ferreas manicas & inhærentes ossibus mitti oportet : sed prolixiores catenas, & si criminis qualitas etiam catenarum acerbitatem requirat, hoc fiat ut cruciatus desit, & permaneat sub fidâ custodiâ.*

Que les hommes & les femmes doivent avoir des prisons séparées.

ARTICLE XX.

LES hommes prisonniers & les femmes seront mis *en des chambres séparées.*

En des chambres séparées.] Cet article est conforme à la disposition du Droit, en la Loi 3, *C. de custod. reor. sexu tamen dispares diversa claustrorum habere tutamina jubeantur*; & en l'Authent. suivante, *Card. in Clement.* 1, §. 2, *de hæret. ut notat Damhoud. in Prax. cap.* 17, *num.* 19; & c'est pour éviter le sale commerce qu'il y pourroit avoir entr'eux, & les inconvéniens qui en pourroient arriver; à quoi les Géoliers doivent prendre garde d'autant plus soigneusement, que si elles devenoient enceintes, & qu'il n'y eût point de preuve, ils en seroient présumés coupables, & ce crime mériteroit la mort: *tenentur enim diligenter ac honestè custodire & alere mulierem incarceratam, atque illam illæsam innocentiæ, vel supplicio conservare; L.* 1 *& fin. C. de custod. reor. Joannes Fab. in* §. *item Lex Julia, Inst. de publ. jud. Chass. in rubr.* des Justices & des droits d'icelles, fol. 17, col. 3. Et cela a lieu bien qu'elle fût putain publique, *ne fiat injuria castitati carceratorum ratione loci qui est publicus; L.* 1, *C. de offic. civ. jud.* Voyez Boër. quest. 317, où cette question est amplement traitée; Guy-Pape, *quæst.* 448, *num.* 3; *& Fab. in suo Cod. lib.* 9, *tit.* 4, *defin.* 2. D'ailleurs, si pour garder & défendre l'honneur des femmes, les Concierges sont obligés de les séparer des hommes, à plus forte raison s'en doivent-ils défendre eux-mêmes.

Du devoir des Géoliers & Guichetiers de visiter les prisonniers qui sont dans les cachots,

ARTICLE XXI.

ENJOIGNONS aux Géoliers & Guichetiers de *visiter les prisonniers* enfermés dans les cachots, au moins une fois chacun jour, & de donner avis à nos Procureurs, & à ceux des Seigneurs, de ceux qui seront malades, pour être visités par les Médecins & Chirurgiens ordinaires des prisons, s'il y en a, sinon par ceux qui seront nommés par le Juge, pour être, s'il est besoin, transferés dans les chambres; & après leur convalescence, seront renfermés dans les cachots.

Visiter les prisonniers.] Comme les Géoliers sont responsables de l'évasion des prisonniers, si elle arrive par leur dol ou par leur négligence, comme il a été ci-dessus remarqué sur l'article 16, il est de leur devoir de les visiter tous les jours, comme dit fort bien *Colum. lib.* 1. *Nam illa communia sunt omnibus circumspectis, ut ergastuli mancipia recognoscant, ut explorent an diligenter vincta sint, an ipsæ sedes custodiæ satis tutæ munitæque sint.*

Défenses aux Géoliers de recevoir aucunes avances des prisonniers, pour leur nourriture, gîte ou géolage.

ARTICLE XXII.

LES Géoliers & Guichetiers ne pourront recevoir des prisonniers aucunes avances pour leur nourriture, gîte *& géolage*; & seront tenus de donner quittance de tout ce qui leur sera payé.

Et géolage.] Il est important de remarquer, que le droit de la géole n'est point dû au Concierge ou Guichetier, si le prisonnier n'est effectivement dans la prison, quoiqu'il soit sous l'écroue. Il est vrai que les Concierges ont prétendu le contraire, sur ce que le droit de géole n'est pas dû seulement pour la garde du prisonnier, mais encore parce que les Concierges sont obligés de répondre des événemens du prisonnier, comme de son insolvabilité, ou autres choses arrivées pendant qu'il en est chargé : néanmoins le contraire a été jugé par divers Arrêts du Parlement de Provence, rapportés par Boniface, tom. 2, part. 3, liv. 1, tit. 13, chap. 1, sur ce fondement que le droit de géole n'est dû qu'à cause de la garde ; & que si les Concierges donnent la permission aux prisonniers de sortir de la prison, c'est parce qu'ils prennent des assurances de leur personne, & se font donner plus d'argent pour les laisser sortir, que le droit de géole ne vaut.

Aux frais de qui doit être fournie la nourriture des prisonniers détenus pour dettes.

ARTICLE XXIII.

LES créanciers qui auront *fait arrêter ou recommander leur débiteur*, seront tenus de *lui fournir la nourriture, suivant la taxe qui en sera faite par le Juge, & contraints solidairement*, sauf leur recours entr'eux : ce que nous voulons avoir lieu *à l'égard des prisonniers pour crimes*, qui après le Jugement ne seront détenus que pour interêts civils. Sera néanmoins délivré exécutoire aux créanciers & à la Partie civile, pour être remboursés sur les biens du prisonnier *par préférence à tous créanciers.*

Fait arrêter ou recommander leur débiteur.] Il y a une Déclaration donnée sur cette matiere à Saint Germain en-Laye, le dixiéme jour de Janvier 1680.

☞ LOUIS, par la grace de Dieu, Roi de France & de Navarre : A tous ceux qui ces présentes Lettres verront, Salut. Par notre Ordonnance du mois d'Août 1670, titre 13, article 23, Nous avons ordonné que les créanciers qui auront fait arrêter & constituer prisonniers, ou recommander leurs débiteurs, seront tenus leur fournir la nourriture, suivant la taxe qui en sera faite par le Juge, & contraints solidairement, sauf leur recours entr'eux ; ce qui auroit lieu à l'égard des prisonniers pour crimes, détenus seulement pour interêts civils après le Jugement ; & qu'il seroit délivré exécutoire aux créanciers & à la Partie civile, pour être remboursés sur les biens du prisonnier par préférence à tous créanciers : & par l'article 24, Nous avons ordonné que sur deux sommations faites à différens jours aux créanciers qui seront en demeure de fournir la nourriture au prisonnier, & trois jours après la derniere, il seroit fait droit sur l'élargissement, Partie présente ou dûement appellée. Mais l'expérience Nous a fait connoître que les prisonniers ne tirent pas de notre Ordonnance l'avantage que Nous leur avons voulu procurer, parce qu'ils sont pour la plupart dans l'impuissance de fournir aux frais nécessaires pour faire les sommations, & obtenir en connoissance de cause leur élargissement ; à quoi étant nécessaire de pourvoir. A CES CAUSES, de notre certaine science, pleine puissance & autorité royale, Nous avons dit & déclaré, disons & déclarons, en ajoutant à notredite Ordonnance par ces Présentes signées de notre main, voulons & Nous plaît ce qui ensuit.

ARTICLE PREMIER.

Défendons à tous Huissiers & autres Officiers de Justice, d'emprisonner aucuns de nos Sujets pour dettes, de quelque qualité & nature qu'elles soient, sans consigner entre les mains du Greffier de la prison ou du Géolier la somme nécessaire pour la nourriture du prisonnier pendant un mois, suivant les Réglemens qui ont été ou seront faits par les Juges des lieux, à peine d'interdiction.

II.

Leur défendons sur même peine de recommander aucun prisonnier sans consigner pareille somme, en cas toutefois qu'elle n'ait été consignée par celui qui aura fait emprisonner, ou par ceux qui auront précedemment fait recommander le prisonnier.

III.

Faisons pareilles défenses aux Greffiers des prisons & aux Géoliers, de recevoir aucun prisonnier pour dettes, ni aucune recommandation, que les sommes mentionnées ès articles précedens ne leur ayent été délivrées, à peine d'être contraints en leur nom de les payer au prisonnier, comme s'ils les avoient reçues, sauf leur recours contre les créanciers; & se chargeront les Greffiers & Géoliers desdites sommes sur un Registre particulier qu'ils tiendront à cet effet, lesquelles sommes ils remettront tous les deux jours entre les mains des prisonniers, pour être employées à l'achat des alimens nécessaires pour leur nourriture, ainsi qu'ils aviseront.

IV.

Enjoignons sous pareilles peines aux Huissiers & autres Officiers qui feront les emprisonnemens & les recommandations, d'avertir ceux à la requête desquels ils seront faits, de continuer à payer par chacun mois pareille somme par avance; duquel avertissement & du payement de la somme ils feront mention dans le procès-verbal d'emprisonnement, ou dans l'acte de recommandation.

V.

Après l'expiration des premiers quinze jours du mois pour lequel la somme nécessaire aux alimens du prisonnier n'aura point été payée, les Conseillers de nos Cours commis pour la visite des prisonniers, ou les Juges des lieux, ordonneront l'élargissement du prisonnier, sur sa simple requisition, sans autre procedure, en rapportant le certificat du Greffier ou Géolier, que la somme pour la continuation des alimens n'a point été payée, & qu'il ne lui reste aucun fonds entre les mains pour lesdits alimens, pourvû, & non autrement, que les causes de l'emprisonnement & des recommandations n'excedent point la somme de deux mille livres; & en cas que la somme soit plus grande, le prisonnier se pourvoira par Requête, qui sera rapportée dans les Cours & Siéges, sur laquelle les Cours ou Juges prononceront son élargissement; & dans l'un & l'autre cas, mention sera faite du certificat dans l'Ordonnance de décharge, Sentence ou Arrêt d'élargissement.

VI.

Le prisonnier qui aura été une fois élargi à faute de payer les sommes nécessaires pour ses alimens, ne pourra être une seconde fois emprisonné ou recommandé à la requête des mêmes créanciers, pour les mêmes causes, qu'en payant par eux les alimens par avance pour six mois, sinon qu'il en soit autrement ordonné par Jugement contradictoire.

VII.

Enjoignons aux Greffiers des prisons & aux Géoliers, de délivrer gratuitement les certificats de la cessation des payemens, à la premiere requisition qui leur en sera faite par le prisonnier, comme aussi de délivrer les quittances des payemens aux créanciers, en payant par lesdits créanciers cinq sols seulement pour chaque quittance, de quelque somme qu'elle puisse être, sans que lesdits Greffiers & Géoliers puissent exiger plus grands droits, ni retenir aucune somme sur celles qui seront consignées pour les alimens des prisonniers.

VIII.

Seront tenus les Greffiers ou Géoliers de rendre compte des sommes consignées en leurs mains pour lesdits alimens, toutes les fois qu'ils en seront requis par le prisonnier, ou ses créanciers qui les auront payées; & en cas de décès ou d'élargissement du prisonnier, de rendre ce qui en restera à ceux qui les auront avancées.

IX.

Les sommes consignées seront rendues aux créanciers un mois après la consignation, en cas que le prisonnier déclare sur le Registre qui sera tenu par lesdits Greffiers ou Géoliers, qu'il n'entend recevoir de ses créanciers aucuns deniers pour alimens: pourra néanmoins le prisonnier révoquer dans la suite la déclaration par lui faite, & demander ses alimens par une seule sommation, qu'il sera tenu de faire à ses créanciers au domicile élu par l'écroue, dont mention sera faite sur ledit Registre; & en cas de refus ou de demeure de la part des créanciers, il sera pourvu à son élargissement, ainsi qu'il est porté par les articles précedens.

X.

Ceux qui auront été condamnés, en matiere criminelle, en des amendes envers Nous, ou envers les Seigneurs Hauts-Justiciers, & en des dommages & interêts, & réparations civiles envers les Parties civiles, seront mis hors des prisons en la maniere ci-devant prescrite, à faute de fournir les alimens par les Receveurs des amendes, Seigneurs Hauts-Justiciers & Parties civiles, chacun à leur égard, huit jours après la sommation qui en sera faite à personne ou domicile; & à cet effet seront tenus lesdits Receveurs des amendes, Seigneurs Hauts-Justiciers & Parties civiles, en cas d'appel des Sentences sur procès criminels, d'élire domicile en la maison d'un Procureur de la Jurisdiction où l'appel ressortit, dont sera fait mention par la prononciation ou signification desdites Sentences aux accusés; & à faute d'élire domicile, il sera pourvu à leur élargissement par les Juges des lieux où ils seront détenus. SI DONNONS en mandement à nos amés & féaux Conseillers les Gens tenans nos Cours de Parlement, Chambre des Comptes & Cour des Aydes à Paris, Baillifs, Sénéchaux, & à tous autres nos Justiciers & Officiers qu'il appartiendrà, que ces Présentes ils ayent à faire lire, publier, registrer, & le contenu en icelles garder & observer selon leur forme & teneur, nonobstant tous Edits, Ordonnances & Réglemens à ce contraires: CAR tel est notre plaisir. En témoin de quoi Nous avons fait mettre notre Scel à cesdites Présentes. DONNÉ à Saint Germain-en-Laye le dixiéme jour de Janvier, l'an de grace mil six cens quatre-vingt, & de notre Regne le trente-septiéme. *Signé* LOUIS. *Et plus bas*, par le Roi, COLBERT.

Registrée, oui & ce requerant le Procureur Général du Roi, pour être exécutée selon sa forme & teneur, suivant l'Arrêt de ce jour. Fait en Parlement, le dix-neuvième jour de Janvier 1680. Signé JACQUES.

Registrée au Grand Conseil le 25 Janvier 1680.
Et à la Cour des Aydes le 17 desdits mois & an.]

Quoique cette Déclaration soit générale, il y a pourtant des dettes d'une nature qu'on n'est pas obligé à faire aux prisonniers provision d'alimens dans la prison, comme aux tuteurs qui sont redevables des deniers pupillaires, aux dépositaires des biens par autorité de Justice, aux Receveurs & Administrateurs publics des Hôpitaux, & autres semblables. La raison est, parce que ces débiteurs sont en mauvaise foi de ne rendre pas ce qu'ils doivent de reste, & qu'en le retenant ils commettent dol & larcin. Ainsi jugé par Arrêt du Parlement de Paris, recueilli par Charondas, livre 4 de ses Réponses, rép. 6.

☞ La disposition de la Déclaration de 1680 étant souvent éludée, cela donna lieu à un Arrêt de Réglement du Parlement de Paris du premier Juillet 1681, dont voici la teneur.

Vû par la Cour la Requête à elle présentée par le Procureur Général du Roi, contenant, qu'encore que le Roi ait fait défenses à tous Huissiers, Sergens & Archers, d'emprisonner ni de recommander aucuns prisonniers, sans consigner leur nourriture pour un mois entre les mains du Géolier ou du Greffier de la prison où ils seront menés; néanmoins quelques Huissiers & Sergens ayant inseré faussement dans leurs procès-verbaux, que certains Particuliers qu'ils constituoient prisonniers, & qui ne sçavoient pas signer, ne vouloient pas recevoir les sommes délivrées pour leurs alimens, les pauvres prisonniers s'étoient trouvés frustrés par ce moyen de la grace qu'il a plu au Roi de leur faire par cette Déclaration; à quoi il étoit nécessaire de pourvoir, requerant qu'il fût ordonné que ladite Déclaration du 10 Janvier 1680 sera exécutée; & en conséquence défenses être faites à tous Huissiers, Sergens & Archers, d'emprisonner ni de recommander aucuns prisonniers pour dettes, sans consigner entre les mains des Greffiers & Géoliers la somme nécessaire pour leurs alimens d'un mois, nonobstant tous les prétendus refus que lesdits prisonniers pourroient faire de les recevoir, à moins qu'ils ne le déclarent par acte passé pardevant un Notaire du lieu où leur emprisonnement sera fait, sous peine contre lesdits Huissiers, Sergens & Archers, d'interdiction pour six mois pour la premiere contravention, & de plus grande en cas de récidive; & que l'Arrêt qui interviendroit sur la présente Requête, seroit lû & publié par-tout où besoin seroit. Oui le rapport de M^e^. Estienne Baudouin, Conseiller, tout consideré: LA COUR, faisant droit sur la Requête du Procureur Général du Roi, ordonne que la Déclaration du 10 Janvier 1680 sera exécutée selon sa forme & teneur; & en conséquence fait défenses à tous Huissiers, Sergens & Archers, d'emprisonner ni recommander aucunes personnes pour dettes, sans consigner entre les mains des Greffiers ou Géoliers la somme nécessaire pour leurs alimens d'un mois, nonobstant le refus que lesdits prisonniers pourroient faire de les recevoir, à moins qu'ils ne le déclarent par acte passé pardevant un Notaire du lieu où l'emprisonnement sera fait, à peine contre lesdits Huissiers, Sergens & Archers, d'interdiction pour six mois pour la premiere contravention, & de plus grande peine en cas de récidive: & sera le présent Arrêt lû & publié par-tout où besoin sera. Fait en Parlement, le premier jour de Juillet 1681.]

De lui fournir la nourriture.] Cet article est conforme à l'Ordonnance de François

François I. de l'an 1515, chap. 21; & d'Henri III. de l'an 1585; & au Droit civil, par lequel le créancier est tenu de fournir les alimens à son débiteur, s'il est si pauvre qu'il n'ait pas de quoi se nourrir, *per Glossam singularem in L. fin. de erog. milit. ann. L.* 12, afin qu'il ne périsse pas de faim dans la prison. Ce qui est confirmé par le sentiment de plusieurs Décisionnaires, & particulierement de Guy-Pape, quest. 211, où il est dit que cela s'observe généralement dans la Province du Dauphiné; de Ferrer. sur ladite question; de *Matthæus de Afflict. decis.* 71; *Boër. decis.* 203, *num.* 2; *& Hypolitus de Marsil.* §. *attingam, num.* 71. Et on allégue sur ce sujet la Loi des douze Tables, en ces mots: *Æris confessi, rebusque judicatis, 30 dies justi sunto, & deinde adjicitur, si volet suo vivito, ni suo vivit, qui eum vinctum habebit, libras farris in dies dato*, lequel texte a été corrigé par Forner. *Selectior. L.* 1, *cap.* 6, qui dit qu'il faut lire ainsi au lieu de *libras, libra s. id est, selibram*; & il allégue encore la raillerie d'un parasite, qui se moquant de ce que le créancier étoit tenu de nourrir son débiteur, dit dans Terence, *in Phormio, act.* 11, *scena* 1.

Dices, ducent damnatum domum,
Alere nolunt hominem edacem.

☞ Le débiteur prisonnier qui a reçu les alimens de son créancier, ne seroit pas recevable à la cession des biens, pour se dispenser de les restituer. Arrêt du 26 Février 1605, rapporté par M. le Prêtre cent. 1, chap. 99, où il en cite un autre qui a jugé la même chose, au rapport de M. Portail, le 11 Décembre 1606.]

Suivant la taxe qui en sera faite par le Juge.] L'Ordonnance ne regle point la taxe de ce qui doit être fourni aux prisonniers, par ceux à la requête desquels ils sont arrêtés ou retenus; mais elle a été faite par un Arrêt du Parlement de Paris, en forme de Réglement, du 9 Mars 1667, rapporté au troisiéme volume du Journal des Audiences, liv. 10, chap. 18, par lequel il est ordonné, qu'*aux prisonniers* détenus pour dettes ou pour réparations civiles, il sera payé quatre sols par jour pour leur nourriture, par ceux qui les ont fait emprisonner, & qu'ils seront tenus de payer un mois par avance; autrement, après une sommation d'y satisfaire, élargis: ce qui rend à présent la contrainte par corps inutile à l'égard des personnes d'une médiocre condition.

☞ *Et contraints solidairement.*] D'où il résulte que dette pour aliment emporte solidité.]

A l'égard des prisonniers pour crime.] Si le prisonnier a de quoi se nourrir, il le doit être à ses frais & dépens, suivant ce que dit Ulpien en la Loi 6, *ff. de bon. damn. in pannicularia computari nummulos, quos damnatos in ventrali habuit ventris sui causâ.* Mais s'il est si pauvre qu'il n'ait pas de quoi se nourrir, la Partie civile est tenue de lui fournir la nourriture, *L. victum* 34, *ff. de re jud. ubi Rufinus scribit: Si quis victum vel stratum judicato inferri non patiatur, injuriarum cum eo agi posse.* Et s'il n'y a que le Procureur du Roi qui en fasse la poursuite, le pain du Roi lui doit être donné; *nam si ob æs alienum condemnatus vinctusque de suo vivere jubetur, quantò magis ob crimen in carcerem detrusus?* C'est la doctrine de Barthole, *in L. sanctum, ff. de rer. divis.* de *Boër. decis.* 303, *num.* 2; de *Coler. decis.* 281; & de *Chassan. p.* 265, *verb. additio.* Néanmoins l'Ordonnance restraint par cet article l'obligation dans laquelle la Partie civile est de leur fournir la nourriture, *lorsqu'après le Jugement ils ne seront détenus que pour interêts* civils; & par l'article 25 de ce titre, il est dit, *que les prisonniers pour crimes ne pourront prétendre d'être nourris par la Partie civile.*

☞ *Par préférence à tous créanciers.*] La raison de cette préférence est, que la vie du débiteur est préférable à ses biens, & fondée sur l'interêt public; & c'est par ce même principe que l'on accorde des provisions alimentaires aux Parties saisies.]

ARTICLE XXIV.

SUR *deux sommations faites* à différens jours aux créanciers qui seront en demeure de fournir la nourriture au prisonnier, & trois jours après la derniere, le Juge pourra *ordonner son elargissement*, Partie présente ou dûement appellée.

☞ *Sur deux sommations faites.*] L'article 5 de la Déclaration du 10 Janvier 1680 a changé cet ordre; elle est rapportée sur l'article précedent. Il en résulte que si les causes de l'emprisonnement n'excedent pas 2000 livres, il n'est pas besoin de sommation; mais une simple Requête au Commissaire des prisons, après la quinzaine du défaut de consignation, suffit pour l'autoriser à accorder l'élargissement. Si elles excedent 2000 livres, il n'est pas non plus besoin de sommation; mais le Commissaire ne peut élargir de son autorité: il faut rapporter la Requête à la Chambre, où il interviendra Arrêt en connoissance de cause.

Et les termes dans lesquels s'explique cette Déclaration dans son préambule, *en ajoutant*, manifestent que c'est en faveur du prisonnier, & qu'ainsi il peut demander sa liberté avant les quinze jours, en faisant deux sommations conformes à l'Ordonnance.]

Ordonner son élargissement.] Cette question est traitée par les Auteurs que nous avons allégués en l'article précedent; & la plus commune opinion est, que si le créancier refuse de fournir les alimens à son débiteur détenu prisonnier, le Juge le peut élargir simplement. Il est vrai que *Matthæus de Afflictis, decis.* 71, propose ce remede, que le débiteur demande d'être reçu à faire cession de biens, & qu'ainsi cette question fut décidée d'une commune voix. Philippes, en ses Arrêts de conséquence, art. 112, dit que cette doctrine n'a pas lieu lorsque le prisonnier est détenu pour deniers royaux; auquel cas on ne l'élargit pas, bien que sa Partie ne veuille pas le nourrir. Il faut encore remarquer, qu'il a été jugé par Arrêt du Grand Conseil du 4 Août 1672, prononcé par M. le Président de Barentin, & recueilli dans le premier tome du Journal du Palais, page 186, qu'un débiteur emprisonné en vertu d'exécutoire pour dommages & interêts civils, & élargi faute d'alimens fournis par son créancier, ne peut être emprisonné de nouveau pour la même dette, quoique le créancier eût consigné deux mois d'avance d'alimens, & offert de continuer à l'avenir. Le motif de cet Arrêt fut, que l'Ordonnance avoit voulu punir avec effet la dureté du créancier, & que ce seroit la rendre illusoire, aussi bien que les Arrêts.

ARTICLE XXV.

LES prisonniers *pour crime* ne pourront prétendre d'*être nourris par la Partie civile*; & leur sera fourni *par le Géolier, du pain, de l'eau* & de la paille bien conditionnés, suivant les Réglemens.

☞ *Pour crime.*] Cet article s'entend seulement avant le Jugement ; car après le Jugement, lorsque le prisonnier pour crime n'est plus détenu que pour interêts civils, l'article 23 ci-dessus y a pourvu.

Que doit-on décider à l'égard des stellionataires condamnés comme tels ? C'est une espéce de crime, mais il n'interesse que le Particulier, & non le Public : il se poursuit civilement, & la contrainte par corps n'est qu'une voie pour faire payer une somme purement civile : d'ailleurs l'Ordonnance, art. 23, ne les exclut pas ; donc il faut consigner leur nourriture.]

Etre nourris par la Partie civile.] La raison est, parce que le crime qu'ils ont commis les rend indignes de la grace que l'équité fait aux misérables détenus pour dettes, de les faire nourrir ; *L. Judices, & ibi D. D. de Episcop. audient.* Il est néanmoins porté par la même Déclaration du Roi du 10 Janvier 1680, article dernier, *que ceux qui auront été condamnés en matiere criminelle en des amendes envers le Roi, ou envers les Seigneurs Hauts-Justiciers, & en des dommages & interêts, & réparations civiles envers les Parties civiles, seront mis hors des prisons, à faute de fournir les alimens par les Receveurs des amendes, Seigneurs Hauts-Justiciers & Parties civiles, chacun à leur égard, huit jours après la sommation qui en sera faite à personne ou domicile ; & à cet effet qu'ils seront tenus, en cas d'appel des Sentences sur procès criminels, d'élire domicile en la maison d'un Procureur de la Jurisdiction où l'appel ressortit, dont sera fait mention par la prononciation ou signification desdites Sentences aux accusés : faute de laquelle élection, il sera pourvu à leur élargissement par les Juges des lieux où ils seront détenus.*

Par le Géolier, du pain, de l'eau, &c.] Cet article est conforme à l'Ordonnance de Charles VIII. de l'an 1485, chap. 14, art. 30 ; François I. à Ys sur Thille, en Octobre 1525, chap. 21 ; d'Henri III. 1585 ; par lesquelles il est porté, *que le Géolier sera tenu de bailler & délivrer à ses dépens pain & eau aux prisonniers qui n'auront de quoi vivre, au cas qu'ils ne soient pas emprisonnés pour dettes.* Dans le chapitre dernier du troisiéme Livre des Rois : *Dixit Rex Israel, mitte virum istum (scilicet Micheam) in carcerem, & sustentate eum pane tribulationis & aquâ angustiæ, donec revertatur in pace.* Et dans la Loi *Judices, C. de Episc. audient.* il est dit, que le Géolier est tenu de donner *duas aut tres diurnas libellas pro alimentis ; & libella* étoit une piéce d'argent qui revenoit à peu près à un sol, & qui étoit la dixiéme partie d'un denier Romain, comme Varron a remarqué, *lib. 5 de Linguâ Latinâ*, rapporté par Theveneau au lieu préallégué, article 7. Voyez Godefroy sur cette Loi *Judices*, où il rapporte divers sentimens sur l'explication de ce mot, sans se déterminer à aucun. *Quid enim commune habet causa alimentorum cum causâ criminis ? nam & iniquum est reum criminis, pendente accusatione, necessario sumptu egere. L. reo criminis 41, ff. de solut.*

Du remboursement de ceux qui sont commis pour fournir le pain aux prisonniers.

ARTICLE XXVI.

CELUI qui sera commis par notre Procureur, ou ceux des Seigneurs, pour fournir le pain des prisonniers, sera remboursé sur le fonds des amendes, s'il est suffisant, sinon *sur le revenu de nos Domaines* ; & où notre Domaine se trouvera engagé, les Engagistes y seront contraints, & ailleurs les Seigneurs Hauts-Justiciers; même les Receveurs & Fermiers de nos Domaines, ceux des Engagistes & des Hauts-Justiciers respectivement, nonobstant oppositions ou appellations, prétendus manques de fonds, & payemens faits par avance, & toutes saisies; sauf à être pourvu de fonds aux Receveurs sur l'année suivante, & faire déduction aux Fermiers sur le prix de leurs baux.

Sur le revenu de nos Domaines.] Le Roi se charge de nourrir les prisonniers lorsqu'ils sont détenus de l'autorité de ses Juges, & leur fournir pour le moins du pain & de l'eau; & les Seigneurs Hauts-Justiciers sont aussi tenus de le faire, lorsqu'ils sont détenus de l'autorité de leurs Juges, d'autant que les amendes & confiscations cedent à leur profit. Bacquet, en son Traité des Droits de Justice, chap. 18, nomb. dernier; Chenu, cent. 2, quest. 39; Bouvot, tom. 2, sous le mot *Emprisonnement*, quest. 18; & *Matthæus de Afflictis, dicta decis.* 71, où il dit, que *carcerati pauperes pro crimine à Fisco aluntur.* Voyez ce que j'ai remarqué sur l'article 23 de ce titre.

Défenses aux Géoliers de fournir de la viande aux jours défendus, sinon en cas de nécessité.

ARTICLE XXVII.

LES Géoliers ne pourront vendre de la viande aux prisonniers aux jours qui sont défendus par l'Eglise, ni permettre qu'il en soit apporté de dehors, *même à ceux de la Religion Prétendue Réformée*, si ce n'est en cas de maladie, & par ordonnance de Médecin.

Même à ceux de la Religion Prétendue Réformée.] D'autant que la géole est un lieu public, *L. succurritur 9 in fin. ff. ex quibus caus. maj. & L. vinculum 224, ff. de verb. signif.* & que les prisonniers, ou autres personnes Catholiques, pourroient en recevoir quelque scandale, s'il étoit permis à ceux de ladite Religion de manger de la viande aux jours ausquels l'Eglise Catholique en ordonne l'abstinence. Et c'est pour cette même raison que par l'Arrêt du Conseil d'Etat, intervenu sur le partage de Messieurs les Commissaires en la Province du Languedoc, du 5 Octobre 1693, art. 27, il est porté, *que ceux de ladite Religion ne pourront vendre ou étaler de la chair aux jours ausquels l'usage en est défendu par l'Eglise.* Et par celui rendu sur le partage des Commissaires en la Généralité de Soissons, art. 8, *ne pourront lesdits de la Religion Prétendue Réformée étaler ou débiter publiquement de la viande aux jours que l'Eglise Catholique en ordonne l'abstinence; mais en pourront acheter pendant le Carême pour leur nourriture & celle de leur famille, sans neanmoins en pouvoir administrer aux Catholiques.*

Permission à ceux qui ne sont pas dans les cachots de faire apporter ce qui leur est nécessaire, & aux Géoliers de le visiter.

ARTICLE XXVIII.

LES prisonniers qui ne seront enfermés dans les cachots, pourront *faire apporter de dehors les vivres*, bois, charbon, & toutes choses nécessaires, sans être contraints d'en prendre des Géoliers, Cabaretiers & autres. Pourra néanmoins ce qui leur sera apporté être visité, sans être diminué ni gâté.

Faire apporter de dehors les vivres.] Cet article est conforme à l'Ordonnance de François I. à Ys sur Thille, en Octobre 1525, chap. 21 ; & d'Henri III. 1585; par lesquelles il est porté, *que le Géolier ne pourra contraindre aucuns prisonniers à être à sa table, mais qu'il sera tenu de laisser passer ceux qui apporteront leurs vivres, s'ils ne sont renfermés pour cas criminels, & par commandement; lesquels vivres il pourra visiter, pour sçavoir s'il n'y aura quelque chose qui soit préjudiciable.* Même par ladite Ordonnance de François I, art. 14, *un prisonnier peut se faire apporter un lit de sa maison par Ordonnance du Juge.* Et cela est conforme à la Loi *si victum* 34. *ff. de re jud.* par laquelle *pœnali judicio coercebatur, qui victum vel stratum reo inferri non pateretur.* Et la raison est, parce que *carcer non ad macerandos, vexandosque, sed continendos homines habetur. L.* 8 *aut damnum, ff. de pœn.*

Lors de la lecture de cet article dans les Conférences tenues par ordre du Roi pour l'examen des Ordonnances, il fut dit par Monsieur l'Avocat Général, qu'il falloit excepter les prisonniers enfermés dans les cachots, ausquels il ne devoit pas être permis d'apporter des vivres de dehors, crainte du poison, les visites que les Géoliers en pourroient faire n'étant pas suffisantes pour empêcher cet inconvénient. Cette observation parut bonne, cependant il ne fut pas retouché à cet article.

De la prononciation & effet des Arrêts, Sentences ou Jugemens d'absolution ou d'elargissement.

ARTICLE XXIX.

TOUS Greffiers, même de nos Cours, & ceux des Seigneurs, *seront tenus de prononcer* aux accusés les Arrêts, Sentences & Jugemens d'absolution ou d'élargissement, le même jour qu'ils auront été rendus ; & s'il n'y a point d'appel par nos Procureurs, ou ceux des Seigneurs, dans les vingt-quatre heures, mettre les accusés hors des prisons, & l'écrire sur le Registre de géole : comme aussi ceux qui n'auront été condamnés qu'en des peines & *reparations pécuniaires*, en consignant entre les mains du Greffier *les sommes adjugées pour amendes*, aumônes *& interets civils*, sans que faute de payement d'épices, ou d'avoir levé les Arrêts, Sentences & Jugemens, les prononciations ou les élargissemens puissent être differés ; à peine contre le Greffier d'interdiction, de trois cens livres d'amende, dépens, dommages & interêts des Parties. Ne pourront néanmoins les prisonniers être élargis, s'ils sont détenus pour autre cause.

Seront tenus de prononcer.] Cet article est conforme à l'Ordonnance du feu Roi d'heureuse mémoire, article 3. Il faut pourtant remarquer, que *s'il y a des opposans à la délivrance & élargissement des prisonniers, les Géoliers peuvent recevoir leurs oppositions, pourvû que les opposans, de même que les saisissans, élisent domicile dans la Ville*, suivant l'Ordonnance d'Henri III. 1585.

☞ *Réparations pécuniaires.*] L'usage du Palais distingue en matiere criminelle les dommages & interêts des réparations civiles : les dommages & interêts ne produisent la contrainte par corps qu'après les quatre mois, & s'ils excedent 200 livres, Ordonnance de 1667, article 2, titre 34; les réparations civiles au contraire la produisent de plein droit, & indépendamment de la somme à laquelle elles peuvent monter.]

Les sommes adjugées pour amendes.] La raison est, parce que comme l'amende est la peine du délit, il est juste que le condamné soit retenu en prison jusqu'à ce qu'il y ait satisfait, même encore qu'il vînt à faire cession de biens, pour n'avoir de quoi y satisfaire. *Beneficium enim cedendi bonis non competit ratione obligationis descendentis ex delicto, aut quasi delicto; sed qui pœnas pecuniarias solvere non potest, in corpore luere debet; Covarruvias, lib. 2 variar. Resol. cap.* 1, *num.* 8, où il étend cette résolution aux dommages & interêts adjugés à la Partie, *juxta text. egreg. cap. fin. de dolo & contum.* Ce qui est confirmé par un Arrêt donné sur les conclusions de Monsieur l'Avocat Général Talon, en l'Audience de la petite Tournelle, recueilli par J. Ricard en ses Arrêts notables, Arrêt 50, jusques-là que la peine pécuniaire peut être convertie en une peine corporelle, s'il est question d'un crime grave, si la somme est notable, & si le condamné est de vile & basse extraction, *ne moriatur in carceribus, Paul. de Castr. in L. fin. ff. de in jus voc.* même quoique l'amende soit adjugée au Roi, suivant l'Ordonnance d'Henri II. de l'an 1549, article 7, qui porte en termes exprès, *qu'après perquisition dans les six mois des biens des prisonniers, pour les amendes adjugées au Roi, à la diligence tant du Procureur de Sa Majesté que du Receveur, en cas d'insolvabilité, sera procedé à la commutation de la peine pécuniaire en corporelle, selon la qualité du délit, & que les Cours verront être à faire.* Ce qui est confirmé par la Loi 1, §. *generaliter, ff. de pœn.* qui décide que les Juges, en cas d'insolvabilité de l'amende, *debent ex delicto inducere coercitionem extraordinariam;* & par la Loi *fin. ff. de in jus voc.* & la Loi 35, *ff. de injur. Robert. rer. jud. lib.* 2, *cap.* 15 : mais le Procureur du Roi ou Fiscal, ni la Partie civile, ne peuvent demander telle commutation; *nam illi quidam licet severitatem sententiæ aliquatenùs minuere, sed augere non licet. L. eos qui, C. de modo mulct.* Et si ensuite le condamné vient à obtenir des Lettres de grace, l'on n'en peut pas empêcher l'entérinement, sous prétexte que les Lettres du Prince n'ôtent pas le droit acquis à un tiers, & que celui qui fait la poursuite seroit privé de son amende subrogée par commutation à la peine corporelle, d'autant que le Roi est le maître du corps & de la vie de ses Sujets, & qu'il a plein pouvoir de remettre toutes sortes de peines corporelles & pécuniaires. *Fab. tit. de pœn. decis.* 1. Il faut pourtant remarquer, que lorsque ceux qui sont détenus pour amendes ou réparations pécuniaires, n'ont pas de quoi payer, les Cours par leur équité ordonnent quelquefois que les prisonniers seront élargis en baillant telles cautions qu'ils pourront, Papon, liv. 24, tit. 10, Arrêt 10 ; même sous leur caution juratoire, suivant la qualité des Parties, Corbin, quest. 217 *in fin.* Theveneau, en son Traité des Peines. L'amende est si privilégiée, que quoiqu'on ne puisse pas faire exécution pour les dépens sur les biens dotaux, on peut néanmoins les faire saisir pour le payement de l'amende ; comme il a été jugé par un Arrêt d'Audience de la Chambre de l'Edit de Languedoc, du 23 Janvier 1651, nonobstant l'insistance du mari, qui soutenoit qu'il étoit maître des fruits pendant sa vie. *L. sed & si, ff. de jur. dot.*

Et interêts civils.] L'interêt civil adjugé à la Partie par un même Arrêt que l'amende, se prend par préférence à l'amende, d'autant que quoiqu'ils ayent un même titre pour hypotéque, l'amende est une dette de la succession du condamné, dûe à la veuve ou héritiers de l'homicidé pour leurs dommages & interêts, & que *pœnis fiscalibus creditores præponuntur*, suivant la Loi 17, *ff. de jur. fisc.* & la Loi *quod placuit* 37 du même titre. Ainsi jugé par Arrêt de la Grand'-Chambre du Parlement de Paris en 1600, recueilli par J. Ricard en ses Arrêts notoires, Arrêt 41. *Mulcta fisco applicatur, L. mulctarum 5, C. de modo mulct. C. un. Quæ sunt regal. læso autem utilis actio pro consequenda damni æstimatione competit, nec adversatur, L. ult. ff. de litig. quæ in dubio actori mulctam assignare videtur, tanquam solatium injuriæ*, d'autant qu'elle ne parle pas de l'amende, mais de la peine du double à laquelle est tenu celui qui *rem litigiosam in sacrum dedicavit.* Les prisonniers ne peuvent pas être retenus pour les dépens, d'autant que quoiqu'ils soient l'accessoire de l'interêt civil, ils ne sont pourtant adjugés que pour les frais de la poursuite du procès ; Maynard, liv. 3 de ses Quest. ch. 47 ; & Bart. *in Leg. sentent. ff. de alim. & cib. leg.*

Que les prisonniers ne peuvent être retenus pour frais, nourriture & autres choses.

ARTICLE XXX.

NE pourront les Géoliers, Greffiers des géoles, Guichetiers & Cabaretiers, ou autres, *empêcher l'élargissement* des prisonniers, pour frais, *nourriture*, *gîte*, *géolage*, ou aucune autre dépense.

Empêcher l'élargissement.] Cet article est conforme à l'Ordonnance d'Henri II. 1549 & 1550, art. 6, & de Louis XII, par lesquelles *le Géolier ne peut retenir un prisonnier absous ou condamné, pour les dépens qu'il a fait dans la géole.* Papon en ses Arrêts, liv. 24, tit. 4, Arrêt 1 ; Ranchin & Boneton sur la question 448 de Guy-Pape ; Basset, liv. 6, tit. 4, chap. 4, où il rapporte un Arrêt donné les Chambres assemblées, le 12 Juillet 1660, par lequel il fut jugé, qu'un Géolier ne peut retenir pour droit de géole celui qui a été mis hors de Cour & de procès. Il est vrai qu'avant l'Ordonnance d'Henri II. *ils avoient droit de retention*, suivant ces deux maximes du Droit ; l'une, que *utilius est prospicere sibi per retentionem, quàm per actionem, L. minor. 40. ff. de minor. L. 1 & L. si necessarias* ? *ff. de pignor.* & l'autre, que *nemini officium debet esse damnosum, L. videlicet ex quib. caus. major.* & suivant la doctrine de Faber en son Code, *lib. 5, tit. 4, defin. 7* ; Guy-Pape, *dicta quæst.* 448 ; *Jul. Clar. in Prax. quæst. 62, num.* 10. Mais au lieu de cette rigueur, on réserve au Géolier son action sur les biens du prisonnier, & subsidiairement sur les biens de celui qui l'a fait arrêter, contre lesquels il peut prendre exécutoire pour ce qui lui est dû, soit en matiere civile ou criminelle; Ranchin, *in d. quæst.* 448 de Guy-Pape. Néanmoins Peleus, liv. 7 de ses Actions for. rapporte un Arrêt du 22 Juin 1602, par lequel il fut jugé, qu'un créancier n'étoit point tenu de payer le géolage du débiteur qui avoit fait cession, bien qu'il lui eût administré les alimens, sur ces fondemens qu'il n'étoit pas raisonnable qu'il payât les dettes de son débiteur, & qu'il perdît ce qui lui étoit dû, & l'entretenement qu'il lui avoit administré pendant sa prison. Il faut observer qu'il fut rendu par le Parlement de Paris, le 5 Février 1597, un Arrêt de Réglement par provision, entre les prisonniers de la Conciergerie & le Géolier, portant que le Géolier se contenteroit de prendre obligation des prisonniers pour gîte & géolage.

☞ On pourroit demander si les Géoliers n'ont qu'une simple action sans privilége? Il ne paroît pas qu'on doive leur accorder de privilége, puisque l'Ordonnance ne le dit pas, & que dans le principe nul privilége sans texte de Loi. Voir la note que j'ai placée sur l'art. 33 ci-après.]

Nourriture, gîte & géolage.] Il a été jugé par Arrêt du Parlement de Grenoble, du 3 Juin 1680, rapporté dans la septiéme partie du Journal du Palais, plaidans Mes. Verduci & Duclot l'aîné, avec les raisons par eux alléguées, qu'un Géolier n'est point obligé de discuter le débiteur emprisonné, pour le droit de géole & nourriture; mais qu'il a droit de s'en prendre directement contre le créancier qui l'a fait emprisonner, sauf à lui son recours contre son débiteur; sur ces fondemens qu'un Géolier, dont le ministere l'assujettit à la garde des prisonniers, fait la fonction de sequestre & de dépositaire, étant appellé pour cette raison *Custos* par les Loix, c'est-à-dire gardien & dépositaire, & que le dépositaire peut agir directement contre le saisissant, pour la répétition de la nourriture qu'il a fournie, & des dépenses qu'il a faites pour la garde des choses déposées, suivant la décision des Loix 12 & 23, au Digeste *depositi*, où il est dit: *Actione depositi conventus cibariorum nomine apud eundem Judicem utiliter experitur*, parce que les dépenses que fait un dépositaire pour la chose déposée, n'ont pour objet que l'utilité du déposant, *depositum contrahitur dantis gratiâ, non accipientis.*

Que ceux qui sont détenus pour dettes doivent être élargis sur le seul consentement des creanciers.

ARTICLE XXXI.

LES prisonniers détenus pour dettes seront élargis sur le consentement des Parties qui les auront fait arrêter ou recommander, passé pardevant Notaire, qui sera signifié aux Géoliers ou Greffiers des géoles, sans qu'il soit besoin *d'obtenir aucun Jugement.*

D'obtenir aucun Jugement.] Avant cette nouvelle Ordonnance, il falloit que l'autorité du Juge y intervînt; & quelque consentement que le créancier prêtât à l'élargissement de celui qu'il avoit fait arrêter ou recommander, le Géolier ne pouvoit point l'élargir sans la permission du Juge; comme il est décidé par Vigius, *decis.* 202, *lib.* 2; & par Boër. *part.* 1, *quæst.* 217, *num.* 24, suivant la Loi *Stipulatus*,

Stipulatus 81, §. *si lancem*, où le Jurisconsulte dit: *Optimum autem est id per Magistratum facere.* Néanmoins comme c'est le créancier qui y a seul interêt, il semble aussi qu'il doit lui seul disposer de la liberté de son débiteur, comme ayant le pouvoir de se départir de la rigueur de l'obligation contractée à son profit; mais si le Géolier venoit à l'élargir sans permission du Juge, ni consentement du créancier, il seroit tenu de lui payer la somme pour laquelle il l'auroit fait emprisonner. Bouvot, sous le mot *Géolier*, quest. 5.

Qu'ils sont aussi élargis en consignant.

ARTICLE XXXII.

LE même sera observé *à l'égard de ceux qui auront consigné* ès mains du Géolier ou Greffier de la géole, les sommes pour lesquelles ils seront détenus. Voulons qu'ils soient mis hors des prisons, sans qu'il soit besoin de le faire ordonner.

A l'égard de ceux qui auront consigné.] *Carcer enim non solvit debitum, sed bursa. Anton. Sola, in Constit. antiq. Sab. rubr. de capturâ, num.* 19. D'ailleurs, la consignation tient lieu de payement, lorsqu'elle est suffisante. *L. si per te non stat* 7; *L. acceptam* 19, *C. de usur. L. obsignatione* 9, *C. de solut.*

Défense aux Géoliers de prendre aucun droit de consignation.

ARTICLE XXXIII.

NE pourront les Greffiers des géoles, & les Géoliers de nos prisons & de celles des Seigneurs, prendre ni recevoir aucun droit de consignation, encore qu'il leur fût volontairement offert; & les deniers consignés seront délivrés entierement aux Parties, sans en rien retenir sous prétexte de droits de recette, de consignation ou de garde, ou pour épices, frais & expédition des Jugemens, nourritures, gîtes & géolages, & toute autre dépense des prisonniers, à peine de concussion.

☞ Cet article, qui ne permet pas aux Géoliers des prisons de rien retenir sur les sommes consignées par le prisonnier pour dettes, à l'effet d'obtenir élargissement de sa personne, & ce même sous prétexte de dépense du prisonnier, confirme ce que j'ai cru pouvoir avancer sur l'art. 30 de ce même titre, que pour gîte, géolage & dépense, les Géoliers n'ont qu'une simple action sans privilége.]

Injonction aux Juges de faire observer les Réglemens ci-dessus.

ARTICLE XXXIV.

ENJOIGNONS aux Lieutenans Criminels, & à tous autres Juges, d'observer & faire observer les Réglemens ci-dessus; leur défendons d'ordonner aucun élargissement, sinon en la forme par Nous prescrite, à peine d'interdiction, & de tous dépens, dommages & interêts des Parties.

Devoirs des Procureurs du Roi, & de ceux des Seigneurs, à visiter les prisons.

ARTICLE XXXV.

NOs Procureurs, & ceux des Seigneurs, seront tenus *visiter les prisons* une fois chacune semaine, pour y recevoir les plaintes des prisonniers.

Visiter les prisons.] C'est afin de prendre garde que les prisonniers ne soient pas inhumainement traités par les Géoliers; & qu'ils ne soient pas aussi trop longtems détenus dans les prisons sans leur faire leur procès. *De his quos tenet carcer inclusos, id aperta definitione sancimus, ut aut convictos velox pœna subducat, aut liberandos custodia diuturna non maceret*, suivant le texte de la Loi 5, *C. de custod. reor.* Le soin de visiter les prisonniers regarde non-seulement les Procureurs du Roi, ou ceux des Seigneurs, mais encore les Evêques, qui y sont obligés, & qui sont tenus d'en donner avis au Prince, suivant la Loi derniere au même titre, dont l'original est en Grec, & qui a été traduit en Latin; & il regarde aussi les Juges, suivant l'Ordonnance d'Henri II. à Fontainebleau en 1549, art. 4, & de Saint Germain-en-Laye, du 26 Décembre 1558, par lesquelles *les Présidens & les Conseillers étoient obligés de visiter les prisons trois fois l'an, & allant par le pays, ils avoient pouvoir de les élargir, si le cas le requeroit*; & suivant le beau texte de la Loi derniere, *C. Theodos. de custod. reor. Judices omnibus dominicis diebus productos reos è custodiâ carcerali videant, interrogent, ne his humanitas clausis per corruptos custodes carcerum denegetur, victualem substantiam non habentibus faciant subministrari, &c.*

De la peine contre les Greffiers des géoles & autres qui n'observeront pas les articles de l'Ordonnance qui les concernent.

ARTICLE XXXVI.

LEs Greffiers des géoles, Géoliers & Guichetiers, seront pareillement *tenus d'executer* notre présent Réglement, à peine contre les Greffiers d'interdiction, de trois cens livres d'amende, moitié vers Nous, & moitié aux nécessités des prisonniers, & de plus grande s'il y échet; & contre les Géoliers & Guichetiers, de destitution, de trois cens livres d'amende applicable comme dessus, & de punition corporelle.

Tenus d'exécuter.] Cet article est conforme à l'Ordonnance de François I. à Ys sur Thille, art. 16, en ces termes : *Le Géolier, ses Clercs & serviteurs, seront tenus de jurer de tenir & garder les Ordonnances dessusdites ; & s'ils se meprennent en aucun des points, ils en seront punis selon que les cas les desserviront & les peines.*

Injonction aux Juges d'informer des exactions.

ARTICLE XXXVII.

ENJOIGNONS aux Juges d'informer des actions, *des excès, violences, mauvais traitemens* & contraventions à notre présent Réglement, qui seront commises par les Greffiers des géoles, les Géoliers & Guichetiers, dont la preuve sera complette, *s'il y a six témoins*, quoiqu'ils déposent chacun de faits singuliers & séparés, & qu'ils y soient intéressés.

Des excès, violences & mauvais traitemens.] Comme la prison n'est introduite que pour la garde des criminels, & non pour peine & supplice, les Juges doivent tenir la main qu'ils ne soient pas cruellement & inhumainement traités par les Géoliers, & à cette fin ils doivent être soigneux de les visiter souvent dans la prison, suivant la Loi premiere & derniere ; *C. de cust. reor.* où il est dit, *ad continendos homines, non ad puniendos, haberi debet* ; & la Loi *aut damnum*, §. *solent*, *ff. de pœn.* & la Loi *nemo carcerem*, *C. de exact. carcer. pœnalium*, *carcer. hominum noxiorum est, & officialium*, (*sic enim legendum existimatur.*) Il y a encore une belle Loi à ce propos, qui est la derniere du Code Théodosien *de custod. reor.* où il est dit : *Judices omnibus Dominicis diebus productos reos è custodiâ carcerali videant, interrogent, ne his humanitas clausis per corruptos carcerum custodes denegetur : victualem substantiam non habentibus faciant ministrari, &c.*

☞ *S'il y a six témoins.*] On en demandoit dix par le Réglement du Parlement, & avant cette Ordonnance.]

De la traduction des prisonniers mis en des prisons empruntées.

ARTICLE XXXVIII.

LES prisonniers mis en des prisons empruntées seront incessamment transferés.

Des baux à ferme des prisons seigneuriales, & de la taxe de la redevance annuelle.

ARTICLE XXXIX.

LES baux à ferme des prisons seigneuriales seront faits en présence de nos Juges, chacun dans leur ressort ; & ils en taxeront la redevance annuelle, qui ne pourra être excedée par les Seigneurs, ni affermée à d'autres, à peine de déchoir entierement de leur droit de haute Justice.

☞ Le Parlement par différens nouveaux Arrêts de Réglement des 18 Juin & 1 Septembre 1717, a pourvu à la police des prisons.

Celui du 18 Juin 1717 paroissant n'avoir eu pour objet que les prisons de Paris, on en donna un second le premier Septembre suivant, qui regle la police de toutes les prisons du ressort du Parlement.

On les donnera ici tous deux au Public, comme appartenans à ce Titre, & renfermant le commentaire le plus complet sur la matiere.

VEU par la Cour les Arrêts d'icelle des 6 Juillet 1663, 20 Décembre 1666, 5 Février 1672, 28 Mars 1684, 11 Février 1690, & 11 Décembre 1697; Conclusions du Procureur Général du Roi : Oui le rapport de Me. Louis de Vienne, Conseiller; tout considéré. LA COUR ordonne que les Ordonnances, Edits & Déclarations du Roi, Arrêts & Réglemens de la Cour, seront exécutés. Ce faisant :

Service Divin dans les Prisons.

I. On dira tous les jours la Messe dans les Chapelles des prisons, depuis la Saint Remy jusqu'à Pâques, à neuf heures, & la Priere du soir à quatre heures; & depuis Pâques jusqu'à la Saint Remy, la Messe à huit heures, & la Priere du soir à cinq heures : les prisonniers, tant hommes que femmes, même de la pension, & de quelque condition qu'ils soient, seront tenus d'y assister tous les jours, à peine contre ceux qui n'iront point à la Messe, d'être privés pendant trois jours de parler aux personnes qui les viendront voir, pour la premiere contravention; & du cachot pour la seconde, pendant trois jours au moins, & plus en cas de récidive : Enjoint aux Géoliers de les y faire assister, & d'empêcher qu'ils vaguent ou se promenent pendant le Service divin : Fait défenses aux Géoliers & Cabaretiers des prisons, de recevoir dans leurs cabarets qui que ce soit durant ce tems, à peine de dix livres d'amende, à laquelle ils seront condamnés par le Commissaire de la prison, & ce sur un simple procès-verbal contenant la déclaration de deux témoins au moins.

II. Les Dimanches & Fêtes, durant la Messe, le Sermon & les Vêpres, les Géoliers feront fermer toutes les chambres & cachots, même celles de la pension, & ne laisseront entrer aucune personne dans la prison pendant ce tems; leur fait défenses, & ausdits Cabaretiers, de vendre ou fournir aucuns vivres ou boissons aux prisonniers avant la Messe & durant tout le Service divin desdits jours, sous pareille peine.

Police des Prisons.

III. Les chambres & cachots clairs seront ouverts à sept heures du matin depuis la Toussaint jusqu'à Pâques, & à six heures depuis Pâques jusqu'à la Toussaint; & les prisonniers seront renfermés à six heures du soir depuis la Toussaint jusqu'à Pâques, & à sept heures depuis Pâques jusqu'à la Toussaint, à l'exception néanmoins des prisonniers de la pension, lesquels ne seront renfermés qu'à sept heures du soir depuis la Toussaint jusqu'à Pâques, & à huit heures depuis Pâques jusqu'à la Toussaint; ce que les Géoliers feront observer sous pareille peine.

IV. Lorsqu'un prisonnier arrivera dans la prison, ou sera tiré des cachots noirs, il ne pourra être gardé à la morgue pendant plus de deux heures; fait défenses aux Géoliers & Guichetiers de les y garder plus long-tems, sous prétexte de droits d'entrée, gîtes & géolages, ou autrement, à peine de dix livres d'amende.

V. Les Géoliers auront ſoin de mettre enſemble les priſonniers d'honnête condition, & d'obſerver que chacun, ſuivant ſon ancienneté, ait la chambre ou la place la plus commode : déſenſes à eux de recevoir de l'argent des priſonniers pour les mettre dans une chambre plutôt que dans une autre, le tout à peine de reſtitution du quadruple, & de deſtitution s'il y échet ; & après qu'un priſonnier aura été mis dans une des chambres ou cachots, il ſera tenu de la balayer & tenir propre juſqu'à ce qu'il y ſurvienne un autre priſonnier.

VI. Les femmes & filles priſonnieres ſeront miſes dans des chambres ſéparées & éloignées de celles des hommes priſonniers, & ne pourront parler aux hommes que par la fenêtre de leur chambre, ou à la morgue en préſence du Géolier; elles auront la liberté d'aller ſur le préau ou dans la cour de la priſon tous les jours depuis midi juſqu'à deux heures, & pendant ce tems les hommes priſonniers ſeront renfermés.

VII. Fait défenſes aux Géoliers & Guichetiers, à peine de deſtitution, de laiſſer entrer dans les priſons aucunes femmes ou filles autres que les meres, femmes, filles ou ſœurs des priſonniers, leſquelles ne pourront leur parler dans leur chambre ou cachot, même dans les chambres de la penſion, ni en aucun autre endroit & lieu, que ſur le préau ou dans la cour, en préſence du Guichetier, à l'exception des femmes des priſonniers, leſquelles pourront entrer dans la chambre de leur mari ſeulement; & à l'égard des autres femmes & filles, elles ne pourront parler aux priſonniers qu'à la morgue & en préſence d'un Guichetier, non ſur le préau.

VIII. Fait défenſes aux Prevôts & autres anciens priſonniers d'exiger ou de prendre aucune choſe des nouveaux venus, en argent, vivres ou autrement, ſous prétexte de bien-venue, chandelles, balais, & généralement ſous quelque prétexte que ce puiſſe être, quand même il leur ſeroit volontairement offert, ni de cacher leurs hardes ou les maltraiter, à peine d'être enfermés dans un cachot noir pendant quinze jours, & d'être mis enſuite dans une autre chambre ou cabinet que celui où ils étoient Prevôts, pour y ſervir comme les derniers venus, & même de punition corporelle s'il y échet, à l'effet de quoi leur procès ſera fait & parfait extraordinairement.

IX. Enjoint auſdits Prevôts & autres priſonniers de dénoncer ceux de leur chambre ou cachot qui auront juré le ſaint nom de Dieu, ou fait des exactions ou violences, à peine d'être punis comme complices; & aux Géoliers & Guichetiers, de s'en enquerir ſoigneuſement, & en donner avis à l'inſtant au Procureur Général du Roi, ou à ſes Subſtituts, à peine de deſtitution.

X. Les Géoliers conduiront les perſonnes qui viendront faire des charités dans les lieux de la priſon où elles déſireront les diſtribuer, ce qu'elles pourront faire elles-mêmes ſur le préau ou dans la cour; mais les aumônes ne pourront être diſtribuées dans les cachots noirs que par les mains du Géolier, en préſence des perſonnes qui les porteront.

XI. Les priſonniers qui couchent ſur la paille ne payeront aucun droit d'entrée ni de ſortie de la priſon, mais payeront ſeulement un ſol par jour aux Géoliers, qui ſeront tenus de fournir par jour à chacun deſdits priſonniers un pain de bonne qualité de bled, & du poids au moins d'une livre & demie; & ſeront auſſi tenus de leur fournir de la paille fraiche, & de vuider & brûler toute la vieille tous les premiers jours de chaque mois, pour ce qui eſt des cachots clairs; Tarif des droits des Géoliers.

& à l'égard des cachots noirs, tous les premier & quinziéme jours de chaque mois.

XII. Ceux qui voudront coucher dans les chambres & dans les lits, payeront dix sols pour l'entrée en la prison, dix sols pour la sortie, & cinq sols par jour s'ils couchent seuls, & chacun trois sols s'ils couchent deux dans un même lit, en leur fournissant par les Géoliers des draps blancs de trois semaines en trois semaines pendant l'été, & tous les mois en hiver.

XIII. Les prisonniers qui seront à la pension ou table des Géoliers, ou coucheront seuls dans un lit, payeront au plus trois livres par jour, sans aucun droit d'entrée & sortie; & s'ils veulent avoir une chambre à eux seuls, ils payeront vingt sols de plus si elle est à cheminée, & quinze sols si elle est sans cheminée.

XIV. Si toutes les chambres de la pension ne sont pas occupées par des pensionnaires, les prisonniers qui voudront y loger sans être à la table du Géolier, payeront quinze sols par jour s'ils couchent seuls, ou cinq sols de moins s'ils couchent deux dans un même lit; & si quelqu'un d'eux veut occuper seul une chambre, trente sols par jour pour une chambre à cheminée, & vingt sols pour une chambre sans cheminée, & y pourront rester jusqu'à ce qu'il survienne des pensionnaires.

XV. Ceux qui seront à la pension, ou qui logeront dans les chambres destinées à la pension, seront servis par les domestiques du Géolier, lequel sera tenu de leur fournir des draps blancs de quinzaine en quinzaine en été, & de trois semaines en trois semaines en hiver, & une chandelle des huit à la livre par jour pour chaque chambre, depuis la Toussaint jusqu'à Pâques, & une des dix à la livre depuis Pâques jusqu'à la Toussaint, & de l'eau, sans qu'il puisse faire payer ausdits prisonniers les droits d'entrée & de sortie, ni exiger aucune chose pour ses domestiques.

Devoirs des Géoliers & Guichetiers.

XVI. Fait défenses ausdits Géoliers de recevoir aucune desdites sommes par avance, ou au cas qu'on leur en ait ci-devant avancé aucune, de retenir plus que ce qui leur sera légitimement dû lorsque le prisonnier sortira, à proportion des jours qu'il aura demeuré dans la prison; de prendre de plus grandes sommes que celles marquées dans les articles précedens, sous prétexte de demi-pension, ou de donner au prisonnier la chambre destinée au Géolier, & sous quelqu'autre prétexte que ce soit, & de faire d'autres conventions avec les prisonniers, à peine de concussion.

XVII. Enjoint ausdits Géoliers d'avoir un Registre particulier, relié, cotté & paraphé par le Commissaire de la prison, dans lequel ils écriront de leur main, sans y laisser aucun blanc, les jours d'entrées & sorties des prisonniers, & tout ce qu'ils recevront chaque jour de chacun, pour gîtes, géolages & nourritures, dont ils donneront leur quittance; le tout à peine de dix livres d'amende pour chacune contravention.

XVIII. Permet ausdits Géoliers de faire passer à la paille les prisonniers de la pension & des chambres, huit jours après qu'ils seront en demeure de payer leur gîte & nourriture.

XIX. Tous les Géoliers seront tenus de nourrir leurs Guichetiers, & de leur payer à chacun au moins cent livres de gages par an, aux quatre termes accoutumés, en présence des Substituts du Procureur Général du Roi, qui viseront les quittances desdits gages, à peine de nullité desdites quittances. Fait défenses ausdits Guichetiers, à peine de restitution du double, & d'être privés pour toujours de leur emploi, même de punition corporelle s'il y échet, d'exiger, demander ou accepter aucune chose, en quelque maniere & sous quelque prétexte que ce soit, tant des prisonniers, lorsqu'ils entrent en la prison & qu'ils sont à la morgue, ou montent pour l'instruction ou le jugement de leur procès, que de ceux qui les amenent, écrouent, recommandent ou déchargent, les viennent visiter, leur font des aumônes, ou les délivrent par charité.

XX. Fait défenses ausdits Géoliers, Guichetiers ou Cabaretiers des prisons, d'injurier, battre ou maltraiter les prisonniers, de leur laisser prendre du vin ou de l'eau-de-vie par excès, à peine d'en répondre en leur propre & privé nom; & de leur vendre aucune marchandise ou denrée, qu'elle ne soit des poids, mesure & qualité requises par les Ordonnances de Police.

XXI. Les Greffiers des géoles, ou les Géoliers & Concierges dans les prisons où il n'y a point de Greffiers établis, se tiendront dans leur Greffe, entre la S. Remi & Pâques, depuis sept heures du matin jusqu'à midi, & depuis deux heures de relevée jusqu'à cinq; & entre Pâques & la S. Remi, depuis six heures du matin jusqu'à midi, & depuis deux heures jusqu'à six heures du soir; ils exerceront leur emploi en personne, écriront eux-mêmes leurs expéditions, & n'auront aucuns Commis, à peine d'interdiction & de dix livres d'amende.

Devoirs des Greffiers des géoles, & des Géoliers où il n'y a point de Greffiers.

XXII. Lesdits Greffiers & Géoliers seront tenus d'avoir un Registre relié, cotté & paraphé par premier & dernier dans tous les feuillets par le Commissaire de la prison: tous les feuillets dudit Registre seront séparés en deux colonnes, l'une pour les écroues & recommandations, & l'autre pour les élargissemens & décharges; & ils ne pourront laisser aucun blanc dans ledit Registre.

XXIII. Les écroues, recommandations & décharges feront mention des Arrêts, Jugemens & Actes en vertu desquels ils seront faits, & de leurs dates, de la Jurisdiction dont ils seront émanés, ou des Notaires qui les auront reçus; comme aussi du nom, surnom & qualité du prisonnier, de ceux de la Partie qui fera faire les écroues & recommandations, & du domicile qui sera par elle élu au lieu où la prison est située, à peine de nullité; & ne pourra être fait qu'un écroue, encore qu'il y ait plusieurs causes de l'emprisonnement.

XXIV. Lesdits Officiers & Huissiers donneront eux-mêmes en main propre à ceux qu'ils constitueront prisonniers, ou qu'ils recommanderont, des copies lisibles & en bonne forme de leurs écroues & recommandations; à l'effet de quoi lesdits prisonniers seront amenés entre les deux guichets en présence desdits Greffiers ou Géoliers, qui seront tenus d'en mettre leur certificat sur leur Registre à la fin de chacun desdits écroues & recommandations, à peine d'interdiction contre les Huissiers pour la premiere fois, & de privation de leurs Charges pour la seconde; & contre lesdits Greffiers & Géoliers, de vingt livres d'amende pour chacune contravention, & de tous dépens, dommages & interêts, même de plus grande peine s'il y échet.

XXV. Fait défenses ausdits Greffiers & Géoliers de faire passer aucun prisonnier à la morgue, ou dans les chambres & cachots de leurs prisons, qu'ils n'ayent été premierement écroués en la maniere portée par les deux articles précedens, & que la date des écroues, le nom, qualité & demeure de l'Officier qui les aura faits, n'ayent été écrits sur le Registre de la géole, & copie du tout laissée au prisonnier.

XXVI. Sera payé au Greffier des géoles vingt sols pour l'écroue des prisonniers appellans & la décharge des conducteurs, & pour l'écroue des autres prisonniers quinze sols, & dix sols pour chaque recommandation, le tout en donnant un extrait de l'un & de l'autre aux Parties qui les feront faire, & dix sols

Tarif des droits des Greffiers des géoles.

pour chacun extrait desdits écroues & recommandations qui sera levé dans la suite.

XXVII. Ils auront pareillement vingt sols pour les décharges des écroues, dix sols pour celles des recommandations, & dix sols pour les extraits qu'ils en délivreront : leur fait défenses de prendre plus d'un droit d'écroue, recommandation, décharge, quoiqu'il y ait plusieurs prisonniers lorsqu'ils seront arrêtés, recommandés ou élargis par même Jugement ou pour même cause.

XXVIII. Ils ne pourront recevoir plus de cinq sols pour chaque quittance des sommes qui seront mises entre leurs mains, pour les alimens d'un ou de plusieurs prisonniers arrêtés pour même cause & par même Jugement, quand même la consignation seroit faite pour un ou plusieurs mois; pour les enregistremens des saisies & oppositions, acte d'élection & révocation de domicile, certificat du décès des prisonniers, ou qu'un accusé en decret de prise de corps n'est point prisonnier, & de tous autres certificats, à l'exception de ceux de cessation de payement des alimens, lesquels ils délivreront gratuitement à la premiere requisition qui leur en sera faite par les prisonniers.

XXIX. Les Géoliers des prisons où il n'y a point de Greffier établi, ne pourront prendre plus de dix sols pour chaque écroue, cinq sols pour chaque recommandation, en donnant un extrait de l'un & de l'autre aux Parties qui les feront faire, & cinq sols pour chaque extrait desdits écroues & recommandations qui sera levé dans la suite : ne pourront pareillement prendre pour la décharge des écroues plus de dix sols, cinq sols pour celle des recommandations, & cinq sols pour les extraits desdites décharges.

XXX. Fait défenses ausdits Greffiers & Géoliers faisant fonction de Greffier, de prendre aucuns autres & plus grands droits que ceux mentionnés ci-dessus, & portés par le Tarif ci-joint, sous prétexte de vacations & d'autres heures que celles portées ci-dessus, d'enregistrement des Jugemens qui ordonnent l'élargissement des prisonniers, consignations de deniers, droits de recherche, & généralement sous quelque prétexte que ce puisse être.

XXXI. Leur enjoint en outre d'écrire de leur main, sans chiffre ou abréviation, tant sur le Registre de la géole, à côté de chaque acte, qu'au bas de toutes les expéditions qu'ils délivreront, les sommes qu'ils auront reçues pour leurs droits, en présence de ceux qui les payeront, & de leur en donner quittance, ou d'écrire que le droit leur est dû & qu'ils n'en ont rien reçu, à peine d'interdiction pendant trois mois pour la premiere contravention, & d'être obligés de se défaire de leur Charge pour la seconde, sans que lesdites peines puissent être moderées.

XXXII. Le Registre des Greffiers de la géole, & des Géoliers s'il n'y a point de Greffier établi, & le Registre particulier du Géolier, contenant ce qu'il a reçu des prisonniers, pour gîtes, géolages & nourritures, seront par eux représentés lors de chacune visite & séance qui sera faite dans les prisons.

XXXIII. Fait défenses à tous Huissiers de rien exiger de ceux qu'ils arrêteront, soit pour crime ou pour cause civile, même sous prétexte d'avoir fourni un carrosse pour les avoir amenés dans la prison, à peine de restitution du quadruple de ce qu'ils auront reçu, & de vingt livres d'amende en la maniere portée par le premier article ci-dessus, sauf à eux de s'en faire payer par la Partie à la requête de laquelle l'emprisonnement aura été fait.

XXXIV. Fait pareillement défenses, sous les mêmes peines, ausdits Huissiers, même aux Exempts du Lieutenant Criminel de Robe-courte, & autres Officiers

Officiers de Justice, & aux Guichetiers, sous la même peine, de rien exiger des prisonniers qu'ils transferent d'une prison dans une autre pour l'instruction des Procès & autre cause, soit dans la même Ville ou ailleurs, sauf à se faire payer par les Parties, à la requête desquelles ils les transfereront; & néanmoins en cas que les prisonniers pour dettes demandent d'être transferés d'une prison dans une autre, ils seront tenus de payer les frais de leur translation, qui seront reglés par la même Ordonnance par laquelle la translation aura été ordonnée.

XXXV. Lorsqu'un prisonnier sera obligé de faire des significations, ou d'obtenir des Jugemens ou Arrêts contre ses créanciers, pour être payé de ses alimens, les Greffiers des géoles ou Géoliers ne recevront les créanciers à consigner les alimens pour l'avenir, qu'en consignant en même-tems ceux qui n'ont point été payés, & en remboursant le prisonnier des frais desdites significations & Jugemens, qui seront liquidés sans procédures par les Conseillers de la Cour commis pour la visite des prisons, à peine contre lesdits Greffiers ou Géoliers de payer de leurs deniers ce qui pourra être dû au prisonnier, tant pour ses alimens, que pour les frais qu'il aura faits pour en être payé.

XXXVI. Lesdits Greffiers & Géoliers n'exigeront des prisonniers pour crimes qui n'ont point de Partie civile, aucuns des droits à eux attribués pour l'entrée ou pour la sortie desdits prisonniers, ni pareillement pour la décharge des écroues & recommandations faits en vertu de décret de prise de corps, sans préjudice à eux de recevoir les droits ci-dessus marqués, pour les décharges des recommandations qui pourront être faites pour causes civiles, ou à la requête des Parties civiles, sans qu'en aucuns cas ils puissent appliquer au payement de ce qui leur est dû les sommes données par charité pour la délivrance des prisonniers, ni retenir les hardes des prisonniers pour leurs droits, nourriture & autres frais qu'ils leur pourront devoir; mais seront tenus de se contenter d'une obligation pour se pourvoir sur leurs biens seulement, laquelle ne pourra leur être refusée par le prisonnier.

XXXVII. L'article vingt-neuf du titre treize de l'Ordonnance du mois d'Août 1670, registrée en la Cour le 26 desdits mois & an, sera exécuté; & en conséquence les Greffiers de la Jurisdiction où le procès criminel aura été jugé, seront tenus de leur prononcer les Arrêts, Sentences & Jugemens d'élargissement le même jour qu'ils auront été rendus; & s'il n'y a point d'appel par les Substituts du Procureur Général du Roi dans les vingt-quatre heures, de mettre les accusés hors des prisons, & l'écrire sur le Registre de la Géole; comme aussi ceux qui n'auront été condamnés qu'en des peines & réparations pécuniaires, en consignant entre les mains du Greffier les sommes adjugées pour amendes, aumônes & interêts civils, sans que faute de payement des épices, ou d'avoir levé les Arrêts, les prononciations ou les élargissemens puissent être differés, à peine contre lesdits Greffiers d'interdiction, de trois cens livres d'amende, & de tous dépens, dommages & interêts des Parties, sans néanmoins que lesdits prisonniers puissent être mis hors des prisons, s'ils sont détenus pour autre cause: seront aussi tenus lesdits Greffiers de transcrire le dispositif desdits Arrêts, Sentences & Jugemens sur le registre de la Géole le même jour qu'ils auront été rendus, & d'en délivrer des Extraits lorsqu'ils en seront requis par les prisonniers, en payant quinze sols par chacun Extrait.

XXXVIII. Les visites & séances seront faites par les Conseillers commis par la Cour avec les Substituts du Procureur Général du Roi par lui nommés, dans les prisons ordinaires de cette ville de Paris, & même en celles de l'Hôtel de Ville, & dans les Maisons de S. Lazare & des Freres de la Charité de Charenton, & autres lieux, où il y aura des Prisonniers détenus par correction; sçavoir, avant les Fêtes de Noël, Pâques & Pentecôte, & de S. Simon & S. Jude, & en outre avant la Notre-Dame d'Août, sans préjudice des visites particulieres qui seront faites dans lesdites Prisons & Maisons par le Procureur Général du Roi, ou ses Substituts par lui commis.

XXXIX. Seront au surplus les articles du titre 13 de ladite Ordonnance du mois d'Août 1670, touchant les Prisons, Greffiers des Géoles, Géoliers & Guichetiers, la Déclaration du mois de Janvier 1680, registrée en la Cour le 19 dudit mois de Janvier, concernant les alimens des Prisonniers, exécutés, lesquels ensemble le présent Arrêt seront lûs dans les Chapelles des Prisons tous les premiers Dimanches de chaque mois, en présence de tous les Prisonniers, & affichés à la porte desdites Chapelles, à celles des prisons, dans les Greffes des Géoles, à la Morgue, sur le Préau, & dans les lieux les plus apparens desdites Prisons, & les affiches renouvellées tous les ans à la Saint Martin & à Pâques, même plus souvent s'il est nécessaire, le tout à la diligence des Chapelains, Greffiers & Géoliers conjointement, ausquels à cet effet, ou à l'un d'eux, seront données des copies imprimées du présent Arrêt; & ne pourront les Payeurs & Receveurs, à peine de radiation dans leur compte, leur payer aucuns honoraires, gages, salaires ou gratifications, qu'ils ne leur ayent fait apparoir qu'ils ont satisfait à ce que dessus par un certificat signé d'eux tous & de six témoins, visé par les Substituts du Procureur Général du Roi: Fait défenses aux Prisonniers, & à toutes autres personnes, d'enlever ou déchirer lesdites affiches, à peine de punition corporelle; & aux Greffiers, Géoliers & Guichetiers de le souffrir, à peine de vingt livres d'amende contre les Greffiers & Géoliers; & contre les Guichetiers, d'être congédiés. FAIT en Parlement, le dix-huitiéme Juin mil sept cent dix-sept. *Signé* DONGOIS.

TARIF

DES DROITS DES GEOLIERS.

	liv.	*sols.*
LES Prisonniers à la paille payeront pour gîte & géolage par jour, sans aucun droit d'entrée ni de sortie, un sol, ci . . .	0	1
Les Prisonniers aux lits.		
Pour l'entrée en la Prison, dix sols, ci		10
Pour la sortie de la Prison, dix sols, ci . . .		10
Ceux qui couchent seuls dans un lit, par jour, cinq sols, ci . .		5
Ceux qui couchent deux dans un lit, chacun trois sols, ci . .		3
Les Pensionnaires.		
Pour nourriture, gîte & géolage, au plus par jour, trois livres, ci	3	
S'ils veulent être seuls dans une chambre à cheminée, ils payeront de surplus par jour, une livre, ci . . .	1	

	liv.	*sols.*
S'ils veulent être seuls dans une chambre sans cheminée, quinze sols, ci		15
Et ne payeront droit d'entrée ni de sortie.		
Les Prisonniers des chambres destinées à la Pension, quand il n'y aura point de Pensionnaire, pour un lit où ils coucheront seuls, gîte & géolage, par jour, quinze sols, ci		15
S'ils couchent deux dans un lit, chacun dix sols, ci . . .		10
S'ils veulent être seuls dans une chambre à cheminée, par jour, une livre dix sols, ci	1	10
Pour une chambre sans cheminée, une livre, ci	1	
Sans payer aucun droit d'entrée ni de sortie.		

Droits des Greffiers.

Pour l'écroue des Appellans, & décharge des conducteurs, une livre, ci	1	
Pour l'écroue des autres Prisonniers, & extrait à la Partie, quinze sols, ci		15
Pour chaque recommandation & extrait, dix sols, ci . .		10
Pour chacun extrait des écroues & recommandations, dix sols, ci		10
Pour les décharges des écroues, une livre, ci	1	
Pour les décharges des recommandations, dix sols, ci . .		10
Pour les extraits desdites décharges, dix sols, ci . . .		10
Pour les quittances des sommes consignées pour alimens, cinq sols, ci		5
Pour enregistrement des saisies & oppositions, cinq sols, ci . .		5
Pour Actes d'élection & révocation de domicile, cinq sols, ci .		5
Pour Certificat qu'un accusé n'est point Prisonnier, ou est décédé, cinq sols, ci		5
Pour tous autres Certificats, (à l'exception de ceux de cessation de payement des alimens, qui seront délivrés gratuitement) cinq sols, ci		5
Pour chaque extrait des dispositifs des Jugemens transcrits sur les Registres du Greffe de la géole, quinze sols, ci		15
Les Géoliers des Prisons où il n'y a point de Greffiers établis, ne prendront pour chaque écroue & premier extrait délivré, que dix sols, ci		10
Pour chacune recommandation & premier extrait délivré, cinq sols, ci		5
Pour chaque extrait des écroues & recommandations levé dans la suite, cinq sols, ci		5
Pour la décharge des écroues, dix sols, ci		10
Pour celle de chacune recommandation, cinq sols, ci . .		5
Pour les extraits des décharges, cinq sols, ci . . .		5
Pour les quittances des sommes consignées pour alimens, trois sols, ci		3
Pour enregistrement des saisies & oppositions, trois sols, ci . .		3
Pour Actes d'élection & révocation de domicile, trois sols, ci .		3
Pour Certificat qu'un accusé n'est point Prisonnier, trois sols, ci		3
Pour tous autres Certificats, (à l'exception de ceux de cessation de payement des alimens, qui seront donnés gratuitement) trois sols, ci		3

Pour chaque extrait des dispositifs des Jugemens transcrits sur les Registres de la géole, dix sols, ci . . . . *liv.* *sols.* 10

Les Guichetiers ne prendront aucuns droits, & auront seulement leur nourriture outre leurs gages, qui seront au moins de cent livres.

VEU par la Cour la Requête à elle présentée par le Procureur Général du Roi, contenant que la Cour a pourvû par plusieurs Arrêts de Réglement à la police des prisons, notamment par l'Arrêt du 18 Juin de la présente année; mais que la plus grande partie de ces Arrêts n'ayant eu pour objet que les prisons de cette Ville, n'ont point été envoyés ni connus dans les Provinces, ce qui donne lieu à des plaintes fréquentes qu'il reçoit tous les jours du peu d'ordre & de discipline qui s'observe dans les prisons du Ressort de la Cour; & que comme ces prisons qui ne sont point sous l'inspection directe & immédiate des premiers Magistrats, ont un besoin encore plus grand & plus pressant de quelque Réglement qui puisse établir ou conserver le bon ordre qui doit régner dans des lieux où le relâchement n'est que trop à craindre, il a cru qu'il étoit du devoir de son ministere de proposer à la Cour quelques articles de Réglement pour les prisons du Ressort situées hors de la ville de Paris, dans lesquels en conservant le même esprit qui a régné dans les précédens Arrêts, il a cru devoir ajouter seulement ce qui peut être plus particulierement nécessaire pour les prisons des Provinces, & retrancher aussi ce qui dans les premiers Arrêts ne pouvoit y être appliqué, ou ne pouvoit pas y être observé, requerant qu'il plût à la Cour y pourvoir, suivant les conclusions prises par ladite Requête signée de lui Procureur Général du Roi. Vû aussi les Arrêts des 6 Juillet 1663, 20 Février 1666, 5 Février 1672, 28 Mai 1684, 11 Février 1690, 11 Décembre 1697, & 18 Juin dernier: Oui le rapport de Maître Louis de Vienne Conseiller, la matiere mise en déliberation.

LA COUR faisant droit sur la Requête du Procureur Général du Roi, ordonne que les Ordonnances, Edits & Déclarations du Roi, Arrêts & Réglemens de la Cour, seront exécutés. Ce faisant:

Service Divin dans les Prisons.

I. On dira la Messe dans les prisons depuis la Saint Remy jusqu'à Pâques à neuf heures, & la Priere du soir à quatre heures; & depuis Pâques jusqu'à la Saint Remy, la Messe à huit heures, & la Priere du soir à cinq heures: tous les prisonniers, tant hommes que femmes, de quelque condition qu'ils soient, seront tenus d'y assister, à peine contre ceux qui n'y assisteront pas, d'être privés pendant trois jours de parler aux personnes qui les viendront voir, pour la premiere contravention; & du cachot pour la seconde, pendant trois jours au moins, & plus en cas de récidive: Enjoint aux Géoliers de les y faire assister, & d'empêcher qu'ils vaguent ou se promenent durant le Service Divin: Fait défenses aux Géoliers & autres, de donner à boire & manger à qui que ce soit durant ce tems, à peine de dix livres d'amende, à laquelle ils seront condamnés par le Lieutenant Général ou autre premier Officier du Siége, & ce sur un simple procès verbal contenant la déclaration de deux témoins au moins.

II. Les Dimanches & Fêtes durant la Messe & Service Divin, les Géoliers feront fermer les chambres & cachots, & ne laisseront entrer aucune personne dans les Prisons pendant ledit tems; leur fait défenses & à tous autres de vendre ou fournir aucuns vivres & boissons aux prisonniers avant la Messe & durant tout le Service Divin.

Police des Prisons.

III. Les chambres seront ouvertes à sept heures du matin depuis la Toussaint jusqu'à Pâques, & à six heures depuis Pâques jusqu'à la Toussaint; & les prisonniers seront renfermés à six heures du soir depuis la Toussaint jusqu'à Pâques, & à sept heures depuis Pâques jusqu'à la Toussaint; ce que les Géoliers feront observer sous pareille peine.

IV. Lorsqu'un prisonnier arrivera dans la prison, ou sera tiré des cachots, il ne pourra être gardé à la morgue ou autre lieu étant à l'entrée de la prison, pendant plus de deux heures; défenses aux Géoliers & Guichetiers de les y garder plus long-tems, sous prétexte de droits d'entrées, gîtes ou géolages, ou autrement, à peine de dix livres d'amende.

V. Les Géoliers auront soin de mettre ensemble les prisonniers d'honnête condition, & d'observer que chacun suivant son ancienneté ait la chambre ou la place la plus commode; défenses à eux de recevoir de l'argent des prisonniers pour les mettre dans une chambre plutôt que dans une autre; le tout à peine de restitution du quadruple, & de destitution s'il y échet: & après qu'un prisonnier aura été mis dans une des chambres, il sera tenu de la balayer & tenir propre jusqu'à ce qu'il y survienne un autre prisonnier.

VI. Les femmes & filles prisonnieres seront mises dans des chambres séparées & éloignées de celles des hommes prisonniers, & ne pourront parler aux hommes que par la fenêtre de leur chambre, ou à la morgue ou entrée de la prison, en présence du Géolier; elles auront la liberté d'aller sur le préau ou dans la cour de la prison tous les jours depuis midi jusqu'à deux heures, & pendant ce tems les hommes prisonniers seront renfermés.

VII. Fait défenses aux Géoliers & Guichetiers, à peine de destitution, de laisser entrer dans les Prisons aucunes femmes ou filles, autres que les meres, femmes, filles, ou sœurs des prisonniers, lesquelles ne pourront leur parler dans leur chambre ou cachot, ni en aucun lieu que sur le préau ou dans la cour, en présence du Géolier ou d'un Guichetier, à l'exception des femmes des prisonniers, lesquelles pourront entrer dans la chambre de leur mari seulement; & à l'égard des autres femmes ou filles, elles ne pourront parler aux prisonniers ou autres, qu'à la morgue ou entrée de la prison, & en présence d'un Géolier ou d'un Guichetier, & non sur le préau.

VIII. Fait défenses au Prevôt ou ancien prisonnier de la prison ou de chaque chambre, d'exiger ou de prendre aucune chose des nouveaux venus, en argent, vivres ou autrement, sous prétexte de bien-venue, chandelles, balais, & généralement sous quelque prétexte que ce puisse être, quand même il leur seroit volontairement offert, ni de cacher leurs hardes ou les maltraiter, à peine d'être renfermés dans un cachot pendant quinze jours, & d'être mis ensuite dans une autre chambre ou cachot que celui où ils étoient Prevôts ou anciens, pour y servir comme les derniers venus, & même de punition corporelle s'il y échet, à l'effet de quoi leur procès leur sera fait & parfait extraordinairement.

IX. Enjoint ausdits Prevôts ou anciens prisonniers de dénoncer ceux de leur chambre ou cachot qui auront juré le Saint Nom de Dieu, ou fait des exactions & violences, à peine d'être punis comme complices; & aux Géoliers & Guichetiers de s'en enquerir soigneusement, & en donner avis à l'instant aux Substituts du Procureur Général du Roi, ou Procureur des Hauts-Justiciers, à peine de destitution.

X. Les Géoliers conduiront les personnes qui voudront faire des charités dans les lieux de la prison où elles désireront les distribuer, ce qu'elles pourront faire elles mêmes sur le préau ou dans la cour; mais les aumônes ne pourront être distribuées dans les cachots que par les mains du Géolier, & en présence des personnes qui les porteront.

Tarif des Droits des Géoliers.

XI. Les prisonniers qui couchent sur la paille, ne payeront aucun droit d'entrée ni de sortie de la prison, mais payeront seulement un sol par jour aux Géoliers, qui seront tenus de leur fournir de la paille fraîche, & de vuider & brûler toute la vieille, tous les premiers & quinziémes jours de chaque mois; & à l'égard des autres Prisonniers, les Lieutenans Généraux ou autres premiers Officiers des Bailliages & Sénéchaussées du Ressort, & des Justices Seigneuriales ressortissantes en la Cour, ensemble les Substituts du Procureur Général ausdits Siéges, & Procureurs Fiscaux desdites Justices, envoyeront au Greffe de la Cour dans trois mois au plus tard, des mémoires des sommes que les Géoliers sont en usage de prendre pour les chambres & nourriture des prisonniers, & y joindront leur avis, pour y être fait droit par la Cour ainsi qu'il appartiendra.

XII. Fait défenses ausdits Géoliers de recevoir aucunes sommes par avance, pour nourriture, gîte, géolage ou autrement; ou au cas qu'on leur en ait ci-devant avancé aucune, de retenir plus que ce qui leur sera légitimement dû lorsque le prisonnier sortira, à proportion des jours qu'il aura demeuré dans la prison; de prendre de plus grande somme que celle marquée dans l'article précédent pour les prisonniers à la paille, ou qui seront fixés à l'avenir pour les autres, sous aucun prétexte, même sous celui de donner aux prisonniers la chambre destinée au Géolier, & sous quelqu'autre prétexte que ce soit, & faire d'autres conventions avec les prisonniers, à peine de concussion.

XIII. Enjoint ausdits Géoliers d'avoir un Registre relié, cotté & paraphé par le Lieutenant Général, ou autre premier Officier du Siége, dans lequel ils écriront de leur main, sans y laisser aucun blanc, les jours d'entrée & sortie des prisonniers, & tout ce qu'ils recevront de chacun chaque jour, pour gîtes, géolages & nourritures, dont ils donneront leur quittance, le tout à peine de dix livres d'amende pour chacune contravention.

XIV. Seront tenus tous les Géoliers de nourrir leurs Guichetiers, & de leur payer à chacun les gages accoutumés, en présence des Substituts du Procureur Général du Roi, ou des Procureurs des Hauts-Justiciers, qui viseront les quittances desdits gages, à peine de nullité desdites quittances: Fait défenses ausdits Guichetiers, à peine de restitution du double, & d'être privés pour toujours de leur emploi, même de punition corporelle s'il y échet, d'exiger, demander ou accepter aucune chose en quelque maniere & sous quelque prétexte que ce soit, tant des prisonniers lorsqu'ils entrent en la prison, & qu'ils sont à la morgue ou entrée de ladite prison, lorsqu'ils montent pour l'instruction ou le jugement de leur procès, que de ceux qui les amenent, écrouent, recommandent ou déchargent, les viennent visiter, leur font des aumônes, ou les délivrent par charité.

XV. Fait défenses ausdits Géoliers, Guichetiers des prisons, & autres, d'injurier, battre ou maltraiter les prisonniers, de leur laisser prendre du vin ou de l'eau-de-vie par excès, à peine d'en répondre en leur propre & privé nom, & de leur vendre aucune marchandise ou denrée qu'elle ne soit des poids, mesures & qualités requises par les Ordonnances de Police.

Devoir des Greffiers des Géoles, & des Géoliers où il n'y a point de Greffiers.

XVI. Les Greffiers des géoles, ou les Géoliers & Concierges dans les prison où il n'y a point de Greffiers établis, se tiendront dans leurs Greffes entre la S. Remy & Pâques, depuis sept heures du matin jusqu'a midi, & depuis deux heures de relevée jusqu'à cinq; & entre Pâques & la S. Remy, depuis six heures du matin jusqu'à midi, & depuis deux heures jusqu'à six heures du soir. Ils exerceront leur emploi en personne, écriront eux-mêmes leurs expéditions, & n'auront aucun Commis, à peine d'interdiction & de dix livres d'amende.

XVII. Lesdits Greffiers ou Géoliers seront tenus d'avoir un Registre relié, cotté & paraphé par premier & dernier dans tous ses feuillets par le Lieutenant Général, ou autre premier Officier du Siége; tous les feuillets dudit Registre seront séparés en deux colonnes, l'une pour les écroues & recommandations, & l'autre pour les élargissemens & décharges, & ils ne pourront laisser aucun blanc dans ledit Registre.

XVIII. Les écroues, recommandations & décharges feront mention des Arrêts, Jugemens & Actes, en vertu desquels ils seront faits, & de leurs dates, de la Jurisdiction dont ils seront émanés, ou des Notaires qui les auront reçus; comme aussi du nom, surnom & qualité du prisonnier, de ceux de la Partie qui fera faire les écroues & recommandations, & du domicile qui sera par elle élû au lieu où la prison est située, à peine de nullité; & ne pourra être fait qu'un écroue, encore qu'il y ait plusieurs causes de l'emprisonnement.

XIX. Les Officiers & Huissiers donneront eux-mêmes en main propre à ceux qu'ils constitueront prisonniers, ou qu'ils recommanderont, des copies lisibles & en bonne forme de leurs écroues & recommandations, à l'effet de quoi lesdits prisonniers seront amenés entre lesdits guichets en présence desdits Greffiers ou Géoliers, qui seront tenus d'en mettre leur certificat sur leur Registre à la fin de chacun desdits écroues & recommandations, & de les signer sur le champ ensuite desdits Actes d'écroues & recommandations, à peine d'interdiction contre les Huissiers pour la premiere fois, & de privation de leurs Charges pour la seconde; & contre lesdits Greffiers & Géoliers, de vingt livres d'amende pour chacune contravention, & de tous dépens, dommages & interêts, même de plus grande peine s'il y échet.

XX. Fait défenses ausdits Greffiers ou Géoliers de faire passer aucun prisonnier à la morgue ou entrée de la prison, ou dans les chambres & cachots, qu'ils n'ayent été premierement écroués en la maniere portée par les deux articles précédens, & que la date des écroues, le nom, qualité & demeure de l'Officier qui les aura faits, n'ayent été écrits sur le Registre de la géole, & copie du tout laissée au prisonnier.

XXI. Enjoint aux Greffiers, & Géoliers faisant fonction de Greffiers, d'écrire de leur main, sans chiffre ou abréviation, tant sur le Registre de la géole, à côté de chaque acte, qu'au bas de toutes les expéditions qu'ils délivreront, les sommes qu'ils auront reçues pour leurs droits, en présence de ceux qui les payeront, & de leur en donner quittances, ou d'écrire que leur droit leur est dû, & qu'ils n'en ont rien reçu, à peine d'interdiction pendant trois mois pour la premiere contravention, & d'être obligés de se défaire de leurs Charges pour la seconde, sans que lesdites peines puissent être moderées.

XXII. Le Registre des Greffiers de la géole, ou des Géoliers, s'il n'y a point de Greffiers établis, & le Registre particulier du Géolier, contenant ce qu'il a reçu des prisonniers pour gîtes, géolages & nourritures, seront par eux représentés lors de chacune visite qui sera faite dans les prisons par les Substituts du Procureur Général, & Procureurs des Hauts-Justiciers.

XXIII. Fait défenses à tous Huissiers de rien exiger de ceux qu'ils arrêteront, soit pour crime, ou pour cause civile, sous quelque prétexte que ce puisse être, à peine de restitution du quadruple de ce qu'ils auront reçu, & de vingt livres d'amende, en laquelle ils seront condamnés en la forme & maniere portée par le premier article ci-dessus, sauf à eux de s'en faire payer par la Partie, à la requête de laquelle l'emprisonnement aura été fait.

XXIV. Fait pareillement défenses, sous les mêmes peines, ausdits Huissiers,

Prevôts des Maréchaux, Archers & autres Officiers de Justice, & aux Guichetiers, de rien exiger des prisonniers qu'ils transfereront d'une prison dans une autre, pour l'instruction des procès & autres causes, soit dans la même Ville ou ailleurs, sauf à se faire payer par les Parties, à la requête desquelles ils les transfereront; & néanmoins en cas que les prisonniers pour dettes demandent d'être transferés d'une prison dans une autre, ils seront tenus de payer les frais de leur translation, qui seront réglés par la même Ordonnance par laquelle la translation aura été ordonnée.

XXV. Lorsqu'un prisonnier sera obligé de faire des significations, ou obtenir des Jugemens & Arrêts contre ses créanciers pour être payé de ses alimens, les Greffiers des géoles ou Géoliers ne recevront les créanciers à consigner les alimens pour l'avenir, qu'en consignant en même tems ceux qui n'avoient point été payés, & en remboursant le prisonnier des frais desdites significations & Jugemens, qui seront liquidés sans procédures par le Lieutenant Général, ou autre premier Officier du Siége ordinaire des lieux où les prisons sont situées, à peine contre lesdits Greffiers ou Géoliers de payer de leurs deniers ce qui pourra être dû au prisonnier, tant pour ses alimens, que pour les frais qu'il aura faits pour en être payé.

XXVI. Lesdits Greffiers & Géoliers n'exigeront des prisonniers pour crimes qui n'ont point de Partie civile, aucuns droits, sous quelque prétexte que ce puisse être, pour raison de leur emprisonnement, ou autre acte regardant ledit crime, sans préjudice de ce qui pourroit leur être dû pour autre cause, & sans qu'en aucun cas ils puissent appliquer au payement de ce qui leur est dû les sommes données par charité pour la délivrance des prisonniers, ni retenir les hardes desdits prisonniers pour leurs droits, nourritures & autres frais qu'ils leur pourroient devoir; mais seront tenus de se contenter d'une obligation pour se pourvoir sur leurs biens seulement, laquelle ne pourra leur être refusée par le prisonnier.

XXVII. L'Article XXIX du Titre XIII de l'Ordonnance du mois d'Août 1670, registrée en la Cour le 26 desdits mois & an, sera exécuté; & en conséquence les Greffiers de la Jurisdiction où le procès criminel aura été jugé, seront tenus de leur prononcer les Sentences & Jugemens d'élargissement le même jour qu'ils auront été rendus; & s'il n'y a point d'appel par les Substituts du Procureur Général, ou les Procureurs des Hauts-Justiciers, dans les vingt-quatre heures après la prononciation qui leur en aura été faite, lesdits Géoliers seront tenus de mettre les accusés hors des prisons, & l'écrire sur le registre de la géole; comme aussi ceux qui n'auront été condamnés qu'en des peines & réparations pécuniaires, en consignant entre les mains du Greffier de la géole, ou du Géolier pour les prisons où il n'y a point de Greffier, les sommes adjugées pour amendes, aumônes & interêts civils, sans que faute de payement des épices, ou d'avoir levé les Jugemens, les prononciations desdits Jugemens ou les élargissemens puissent être differés, à peine contre les Greffiers des Jurisdictions, les Greffiers des géoles ou Géoliers, d'interdiction, de trois cens livres d'amende, de tous dépens, dommages & interêts des Parties, sans néanmoins que lesdits prisonniers puissent être mis hors des prisons, s'ils sont détenus pour autre cause: seront aussi tenus les Greffiers des Jurisdictions de transcrire le dispositif desdites Sentences & Jugemens sur le registre de la géole le même jour qu'ils auront été rendus, & les Greffiers des géoles ou Géoliers d'en délivrer des extraits lorsqu'ils en seront requis par les prisonniers.

XXVIII. Enjoint aux Substituts du Procureur Général, & aux Procureurs

des

des Sieurs Hauts-Justiciers, d'avoir attention à ce que le pain soit fourni aux prisonniers de bonne qualité, & du poids d'une livre & demie au moins par jour; de visiter leurs prisons au moins une fois chaque semaine, & d'entendre lesdits prisonniers, sans que lesdits Greffiers, Géoliers & Guichetiers soient présens, pour sçavoir si les Ordonnances, Arrêts & Réglemens de la Cour sont exécutés: leur enjoint pareillement de se faire représenter les Registres du Greffier de la géole & du Géolier, de recevoir les plaintes des prisonniers, faire visiter les malades par les Médecin & Chirurgien ordinaires de la prison, & faire transferer sur leur avis dans les infirmeries les malades qui en auront besoin.

XXIX. Les Lieutenans Généraux, ou autres premiers Officiers des Siéges Royaux & des Justices Seigneuriales, seront tenus de regler tous les ans, le dernier jour du mois de Décembre, sur les conclusions des Substituts du Procureur Général, ou des Procureurs Fiscaux, la somme à laquelle devront être fixés les alimens qui seront fournis par mois aux prisonniers détenus pour causes civiles, eu égard au prix courant des vivres & denrées; & seront les Ordonnances rendues à cet égard, publiées le deux Janvier de chacune année à l'Audience desdits Siéges & Justices, & affichées dans les prisons, pour être exécutées pendant le tems d'une année, sauf à y être pourvu extraordinairement dans les cas imprévûs qui pourront mériter quelque changement.

XXX. Seront aussi tenus lesdits Juges, ensemble les Substituts du Procureur Général des Bailliages & Sénéchaussées, & les Procureurs Fiscaux des Justices Seigneuriales ressortissantes en la Cour, d'envoyer au Greffe de la Cour, dans trois mois au plus tard, des mémoires exacts des droits, de quelque nature qu'ils soient, que les Greffiers des géoles, ou Géoliers dans les prisons où il n'y a point de Greffiers, ont perçus jusqu'à présent, sur lesquels ils donneront leur avis, pour sur ledit avis & lesdits mémoires, y être pourvu par la Cour ainsi qu'il appartiendra.

XXXI. Les Lieutenans Généraux des Sénéchaussées & Bailliages Royaux, & autres premiers Juges des autres Justices ordinaires du ressort de la Cour, chacun en ce qui concerne les prisons dépendantes de sa Jurisdiction, procederont à l'avenir, le cas échéant, à la reception des Géoliers préposés ausdites prisons, & des Greffiers d'icelles, où il y en a d'établis, même cotteront & parapheront sans frais, par premiere & derniere, les Registres desdites prisons, que lesdits Greffiers & Géoliers sont obligés de tenir, chacun en droit soi, en la forme prescrite par l'Ordonnance du mois d'Août 1670, & par les Articles XIII. & XVII. du présent Arrêt. Et au défaut des Lieutenans Généraux & premiers Juges, ces mêmes fonctions touchant la reception des Greffiers & Géoliers, & le paraphe desdits Registres, seront faites & remplies par les Lieutenans Criminels, ou autres premiers Officiers de chaque Jurisdiction dont dépendent lesdites prisons, à commencer par le plus ancien selon l'ordre du tableau, sans au surplus préjudicier aux droits & jurisdictions des Juges pour ce qui peut regarder les bruits des prisons, les évasions des prisonniers, & les crimes commis par les prisonniers dans les prisons pour quoi en sera usé dans chaque Siége comme par le passé, sans rien innover à cet égard, non plus qu'à la jurisdiction particuliere, civile & criminelle, telle que peuvent & doivent avoir les Juges sur les prisonniers détenus de leur ordonnance, soit pour empêcher leur communication avec d'autres personnes, ou leur donner un conseil dans les cas portés par l'Ordonnance, soit pour statuer sur leur liberté & réintegrande, radiation ou décharge de leurs écroues, ou pour les faire recommander de nouveau, & pourvoir ausdits prisonniers arrêtés de leur ordonnance, ainsi qu'il appartiendra par raison; sans toutefois qu'à l'occasion de la détention des prisonniers, les Juges de l'ordonnance desquels ils sont détenus, puissent prendre aucune connoissance de ce qui concerne la police des prisons en général, au préjudice des Lieutenans Généraux & autres premiers Officiers des Siéges, ausquels il appartient d'en connoître.

XXXII. Les Sieurs Hauts Justiciers du ressort de la Cour seront tenus d'avoir des prisons au rez-de-chaussée en bon & suffisant état, & d'y mettre des Géoliers de la qualité requise par l'Ordonnance, si fait n'a été, dans trois mois; autrement seront construites & rétablies à la diligence des Substituts du Procureur Général du Roi des Siéges Royaux où les appellations des Justices desdits Hauts-Justiciers ressortissent médiatement ou immédiatement; & à l'égard des hautes Justices ressortissantes nuement en la Cour, à la diligence des Substituts du Procureur Général des Siéges Royaux les plus prochains, qui sont en droit de connoître des cas royaux dans l'étendue desdites hautes Justices, dont sera délivré exécutoire, de l'autorité des Juges desdits Siéges Royaux, contre les Receveurs des Terres & Seigneuries d'où dépendent lesdites hautes Justices.

XXXIII. Seront au surplus exécutés les articles du Titre XIII. de ladite Ordonnance du mois d'Août 1670, touchant les prisons, Greffiers des géoles, Géoliers & Guichetiers; la Déclaration du mois de Janvier 1680, registrée en la Cour le 19 du même mois, concernant les alimens des prisonniers; lesquels, ensemble le présent Arrêt, seront lûs dans les prisons tous les premiers Dimanches de chaque mois, en présence de tous les Prisonniers, & affichés à la porte de la prison, dans les Greffes des géoles, à la morgue ou entrée de la prison, sur le préau, & dans les lieux les plus apparens desdites prisons, & les affiches renouvellées tous les ans à la Saint Martin & à Pâques, même plus souvent s'il est nécessaire; le tout à la diligence des Chapelains, Greffiers & Géoliers conjointement, ausquels à cet effet, ou à l'un d'eux, seront données des copies imprimées du présent Arrêt; & ne pourront les Payeurs & Receveurs, à peine de radiation dans leur compte, leur payer aucuns honoraires, gages, salaires ou gratifications, qu'ils ne leur ayent fait apparoir qu'ils ont satisfait à ce que dessus par un certificat signé d'eux tous & de quatre témoins, visé par les Substituts du Procureur Général ou des Procureurs Fiscaux: Fait défenses aux prisonniers, & à toutes autres personnes, d'enlever ou déchirer lesdites affiches, à peine de punition corporelle; & aux Greffiers, Géoliers & Guichetiers de le souffrir, à peine de vingt livres d'amende contre les Greffiers & Géoliers; & contre les Guichetiers, d'être congediés; & copies du présent Arrêt seront envoyées aux Bailliages & Sénéchaussées du ressort, pour y être lûes, publiées & registrées: enjoint aux Substituts du Procureur Général du Roi d'y tenir la main, & d'en certifier la Cour dans un mois. FAIT en Parlement le premier Septembre mil sept cent dix-sept. *Signé* GILBERT.

L'Arrêt du 11 Décembre 1697, dont il est fait mention dans ces deux Réglemens, porte:

Tous les prisonniers, même ceux de la pension, seront tenus d'assister tous les jours à la Messe & à la Priere; & les Dimanches & Fêtes, à tout le Service divin dans la Chapelle; & défenses à eux faites de se tenir à la porte, sous les galleries ou sur le préau durant le Service, Prône, Sermon & Prieres, à peine d'être enfermés dans un cachot noir.

Ils seront obligés de laisser fermer les portes de leurs chambres & cachots aux heures marquées dans l'Arrêt du 11 Février 1690, à peine contre ceux de la pension & des chambres, d'être mis sur le préau; & contre ceux du préau, d'être mis aux cachots noirs.

Défenses faites aux Géoliers de faire payer aucun droit d'entrée & sortie aux prisonniers du côté de la pension, à peine de concussion.

L'Arrêt du 11 Février 1690 sera ponctuellement exécuté, & les Articles du Titre XIII. de l'Ordonnance du mois d'Août 1670, la Déclaration du mois de Janvier 1680, ensemble ledit Arrêt du 11 Février 1690, celui du 11 Décembre 1697, publiés & affichés, conformément ausdits Arrêts. Fait en Parlement le 11 Décembre 1697. *Signé* DONGOIS.

TITRE XIV.

DES INTERROGATOIRES DES ACCUSÉS.

Du devoir des Juges, & de ce qu'ils doivent observer en procedant aux Interrogatoires.

ARTICLE PREMIER.

LES prisonniers pour crimes *seront interrogés* incessamment, & les interrogatoires *commencés au plus tard dans les vingt-quatre heures* après leur emprisonnement., à peine de tous dépens, dommages & interêts contre le Juge qui doit faire l'interrogatoire; & à faute par lui d'y satisfaire, il y sera procedé par un autre Officier, suivant l'ordre du Tableau.

☞ *Seront interrogés.*] Arrêt du 22 Août 1709 en la Grand'Chambre, qui fait défenses au Juge Royal de Calais de proceder à l'avenir à aucun interrogatoire d'accusé, sinon en conséquence de decret auparavant décerné, ou en cas que le criminel fût pris en flagrant délit.]

Commencés au plus tard dans les vingt-quatre heures.] ☞ L'Ordonnance n'exige pas qu'ils soient achevés dans ce délai, mais commencés.] Cet article est conforme à l'Ordonnance de François I. à Ys sur Thille, chap. 13, art. 41; & à celle de Charles IX. en la premiere Déclaration de l'Ordonnance de Moulins 1566, art. 6; par lesquelles *il est enjoint aux Juges d'interroger incontinent les prisonniers, à peine de suspension de leurs états, & de privation en cas de negligence; & aux Géoliers & Concierges, de notifier à cet effet aux Juges & Greffiers les emprisonnemens, sur peine d'amende arbitraire;* & à la Constitution de Constantin, au titre du Code *de custod. reor. Statim*, dit il, *debet fieri quæstio, ut noxius puniatur, innocens absolvatur*: jusques-là que (le Juge ne peut pas donner aucun délai à l'accusé pour répondre) suivant l'Ordonnance de Charles VIII. de l'an 1493, article 99, & les autorités du Droit rapportées par *Jul. Clar. in Prax. quæst.* 45, *num.* 7. Les raisons & les motifs de ces Ordonnances sont, que l'accusé doit être certain de son fait, confesser ou nier le crime ; & que l'interroger à l'instant, c'est le moyen le plus sûr, tant pour empêcher le conseil & instruction qu'on lui peut donner pour faire retarder le jugement du procès, que pour parvenir plutôt par sa propre confession à la vérité du fait, sans qu'il ait le loisir de former & d'inventer des ruses & des subtilités pour celer la vérité & se défendre de l'accusation, ou bien afin que par la longueur du tems ils ne trouvent pas des moyens d'évader des prisons, & d'éviter la peine qu'ils méritent. Cette Ordonnance est très-belle & très-utile au Public ; mais elle est mal observée. Il est fait mention de l'interrogatoire des accusés dans le Droit écrit, *in L. Divus 6, ff. de custod. & exhib. reor.* & dans le Texte sacré, *ubi Salvatorem nostrum à Pilato, Paulum à Chiliarcha interrogatos legimus ; Matth.* 27, *vers.* 11 ; *Marc.* 15, *vers.* 2 ; *Luc.* 23, *vers.* 3 ; *Joan.* 18, *vers.* 29 *& seq. Actor.* 22, *vers.* 24, *& c.* 23, *vers.* 34.

☞ L'interrogatoire des accusés est de conséquence pour avoir la preuve entiere du crime, qui sera complette par sa confession ; cette confession seroit cependant inutile, si elle n'étoit accompagnée d'autres preuves & adminicules, par la maxime *non auditur perire volens.* La confession de l'accusé peut aussi servir pour avoir révelation des complices, mais elle n'a force que de demi-preuve.]

Article II.

Le Juge sera tenu *vaquer en personne* à l'interrogatoire, qui ne pourra en aucun cas être fait par le Greffier, à peine de nullité & d'interdiction contre le Juge & le Greffier, & de cinq cens livres d'amende envers Nous contre chacun d'eux, dont ils ne pourront être déchargés.

Vaquer en personne.] Cet article est conforme à l'Ordonnance de François I. à Villiers-Cotterets, art. 144. Il est vrai qu'en la procedure criminelle des Anciens, cette action d'interroger les Parties dépendoit d'eux-mêmes, ou de leurs Avocats, & non pas des Juges. C'étoit l'accusateur qui interrogeoit l'accusé, & l'accusé l'accusateur, comme remarque Ayrault, liv. 3 de son Instruction judiciaire, art. 3, nomb. 19 & suiv. C'est pour cela que l'interrogation & réponse de l'accusé *dicebatur fieri* παρ' ἀνάκρισιν ; *L. Divus Adria, ff. de custod. reor.* Mais la formalité qu'on pratique aujourd'hui est si fort opposée & différente, qu'il n'est pas permis aux Juges de s'en décharger sur les Greffiers ; & comme l'interrogatoire est l'entrée de l'instruction du procès criminel, & le moyen pour tirer la vérité du fait duquel il est question, il est juste qu'il y vaque lui-même parce que le Juge a plus de lumiere & d'autorité pour séparer le vrai d'avec le faux, la vérité & la justice se mêlant facilement l'une avec l'autre par le ministere du Juge, qui exerce l'une, & recherche l'autre. D'ailleurs, il est requis pour cela beaucoup de prudence, de discretion & de dexterité, sur-tout ès crimes graves & atroces, pour interroger les accusés subtilement & exactement, dont le Juge est plus capable que tout autre. En un mot, il faut qu'il tienne le milieu entre l'accusateur & l'accusé, & qu'il ne regarde pas tant la condamnation, que la justification & absolution. Néanmoins l'abus est si ordinaire, que la plupart des Juges s'en remettent à leurs Greffiers ; & c'est pour cela que quoique quelques-uns vaquent eux-mêmes aux interrogatoires ou autres actes judiciaires, ils ont accoutumé de dire plutôt pardevant nous, que par nous, comme remarque Ayrault, en son Instruction judiciaire, au lieu préallégué, nombre 20.

ARTICLE III.

NOs Procureurs, ceux des Seigneurs, & les Parties civiles, *pourront donner des mémoires* au Juge pour interroger l'accusé, tant sur les faits portés par l'information, *qu'autres*, pour s'en servir par le Juge ainsi qu'il avisera.

Pourront donner des mémoires.] C'est afin de rechercher & de découvrir plus exactement la vérité, d'autant qu'il y a souvent des circonstances qui servent d'indice & de présomption pour tirer quelque confession & quelque éclaircissement du fait principal par les réponses des accusés. Il faut pourtant remarquer, que les Juges & autres Officiers doivent prendre garde à ne pas passer au-delà des bornes de leur Office, ni se servir de ruses captieuses pour surprendre les accusés, parce qu'en cela ils paroîtroient plutôt poussés de passion, qu'animés de l'ordre & du zéle de la Justice. C'est pour cela que le Juge ne doit point promettre l'impunité à l'accusé, pour l'obliger sur cette espérance de confesser le crime, parce qu'il y en pourroit avoir, lesquels flattés de la promesse que le Juge leur auroit faite, se déclareroient coupables, quoiqu'ils fussent innocens, *etenim talis simulata promissio fraude miseros reos illaqueat.* Il leur est bien permis de se servir de toutes sortes de moyens pour découvrir la vérité; mais il faut qu'ils soient justes & légitimes, sans dol ni fraude : c'est le conseil que *Jul. Clar.* donne aux Juges dans sa Pratique criminelle, §. *fin. quæst.* 55, *num.* 7; & *Cynus in Tract. de quæst. Imbert. in Inst. for. lib.* 3, *cap. utrùm Judex impunitatem promittere debeat* : & si l'accusé a confessé sous la promesse d'impunité qui lui a été faite, il ne peut pas être condamné sur sa confession, s'il n'est convaincu d'ailleurs, *ut ait Joan. de Imol. consil.* 109, *incipit visa inquisitione; Jason, in Leg. error.* 7, *in* 3 *col. Cod. de jur. & fact. ignor. Par. de Put. in Tract. Synd. fol.* 108, *vers. sequitur quotidiana quæstio Marsil. singul.* 201, *incip. in confessum & in L.* §. *quæstioni, col. ult. ff. de qu.*

☞ On peut ici observer une différence entre la déposition du présent article, & celle de l'article 7 du titre 10 de l'Ordonnance de 1667 : elle consiste en ce que la Partie civile, en matiere d'instruction criminelle, peut donner des mémoires au Commissaire ou Juge, & que celui qui provoque l'interrogatoire en matiere civile, semble ne le pouvoir pas, du moins l'Ordonnance ne l'y autorise pas.]

Qu'autres.] Mais le Juge ne doit pas interroger l'accusé sur d'autres crimes dont il n'y a point de preuves ni d'indices. La raison est, parce que *id suggerentis potiùs officium est quam interrogantis, ut ait Angel. in Tract. de malefic. verbo, fama publica, vers. ult. & Alex. consil.* 175, *incipit viso themate, col.* 2, *& consil.* 133, *incipit stantibus, col.* 5, *vol.* 7; *& latè Marsil. in L. repetita* 16, *in pen. & ult. col. ff. de quæst. Cepoll. consil.* 39; *Lucius, col.* 2.

En quel lieu se doit faire l'interrogatoire.

ARTICLE IV.

IL sera procedé à l'interrogatoire *au lieu où se rend la Justice*, dans la Chambre du Conseil ou de la Géole. *Défendons aux Juges de les faire dans leurs maisons.*

Au lieu où se rend la Justice.] Cet article est conforme à la Constitution de l'Empereur Justinien, Nov. 15, où il est dit, que *confessiones debent fieri* ἐν βήματι; & à la Loi 4, §. *pen. ff. ad Leg. Jul. Maj.* où il est dit qu'elles doivent être faites *in judicio.* La raison est, parce que le lieu imprime plus de respect, & a plus d'efficace pour tirer la vérité de la bouche de l'accusé.

§ *Défendons aux Juges de les faire dans leurs maisons.*] Par Arrêt rapporté au Journal des Audiences, intervenu le 19 Décembre 1708 en l'Audience de la Grand'Chambre, sur les conclusions de M. l'Avocat Général Guillaume-François Joly de Fleury, il a été fait défenses au Lieutenant Général de Police d'Angers de faire des procès verbaux en sa maison, & ensuite de prononcer comme si l'affaire avoit été à l'Audience.

Il y avoit contestation devant le Juge de Police d'Angers, entre les Cordonniers & Savetiers de la Ville, sur quoi le Lieutenant Général avoit le 10 Mars 1708, en son Hôtel, dressé procès-verbal des dires & requisitions des Parties, & avoit en même tems prononcé dessus définitivement ; il avoit même mis des épices au bas de ce procès-verbal, tant pour lui, que pour les autres Officiers. Sur l'appel interjetté par les Savetiers, Arrêt par lequel en émandant, le Réglement ci-dessus a été prononcé ; & en outre, il a été fait défenses aux Officiers de Police d'Angers de prendre des épices dans les affaires de Police, & ordonné qu'ils restitueroient celles par eux prises.

Cela est conforme à l'article 17 de l'Arrêt de Réglement du Parlement du 10 Juillet 1665, par lequel il est dit, que tous Juges seront tenus faire toutes expéditions dans le Siége, à l'Audience ou Chambre du Conseil, où ils travailleront conjointement en un seul Bureau, & non en plusieurs, sans exercer aucun acte de Jurisdiction en leurs maisons, sinon pour les élections de tuteurs & curateurs, avis de parens, partages, enquêtes, informations, interrogatoires en matiere civile, compulsoire, reddition de comptes, rapports de visitation, appréciations, extraits, collations, comparaison de seings & écritures, vérifications d'icelles, reception de cautions, taxe de dépens, liquidations de dommages & interêts, pour lesquels actes en particulier lesdits Juges ne prendront que les taxes ci-après déclarées.

Pareil Arrêt rapporté au même Journal, rendu en la Tournelle Criminelle le 13 Février 1712, portant défenses à l'Official de Lyon de faire des interrogatoires en matiere criminelle dans sa maison, & qui a déclaré abusif l'interrogatoire en la cause d'Antoine Croymerieu, Curé de Brezolles.

ARTICLE V.

POURRONT néanmoins les accusés pris en flagrant délit, être interrogés dans le premier lieu qui sera trouvé commode. Exception.

Forme qui doit être observée dans l'Interrogatoire.

ARTICLE VI.

ENCORE qu'il y ait plusieurs accusés, ils seront interrogés *séparément, sans assistance d'autre personne* que du Juge & du Greffier.

Séparément, sans assistance d'autre personne, &c.] Cet article est conforme à l'Ordonnance de Louis XII. de l'an 1498, art. 110, & de l'an 1507, art. 188; & de François I. 1535, chap. 13, art. 23, & 1539, art. 162; par lesquelles il est porté, *que les accusés seront ouis & interrogés séparément, secretement, & à part; & que les procès criminels seront faits & instruits le plus diligemment & secretement que faire se pourra, en la présence du Greffier ou de son Commis, sans y appeller le Géolier, Sergent, Clercs, Serviteurs, & tous autres qui n'auront serment à Justice.* Même les Gens du Roi n'y peuvent être présens, parce qu'ils sont Parties; comme il fut jugé par Arrêt rapporté par Guenois en ses Annotations sur Imb. liv. 3 de ses Inst. for. chap. 10, nomb. 4. En quoi le Droit François a corrigé l'usage qui se pratiquoit anciennement, lorsque les accusations se faisoient publiquement; auquel tems les accusés étoient ouis en leurs défenses & exceptions pour refuter les crimes, & se justifioient même par Avocat & Orateur, comme Demosthene, Ciceron & Quintilien l'ont remarqué; *& Lege Imperiali cautum erat, ut Judex rerum coram viris probis interrogaret. Bald. in L. 2, C. de exhib. & transmit. reis; & Clar. quæst.* 45, *num.* 12.

ARTICLE VII.

L'ACCUSÉ *prêtera le serment* avant que d'être interrogé, & en sera fait mention, à peine de nullité.

Prêtera le serment.] Cette question a été autrefois agitée parmi nos Docteurs; de sçavoir si l'on doit exiger le serment de l'accusé en procedant à son interrogatoire. Les raisons de la négative étoient fondées sur la regle commune du Droit, par laquelle nul n'est contraint de découvrir sa turpitude, *L. alias, ff. de jurejur. Dec. in L. fin. num. 6, C. de Ed.* & sur l'expérience, qui apprend tous les jours aux Juges, que la crainte & la terreur que la religion du serment peut imprimer dans l'esprit des accusés, n'est pas si forte que celle qu'ils ont d'être punis, s'ils confessent leur crime; & que ces sermens ne produisent que fort rarement la confession de la vérité. Néanmoins la pratique & l'usage a prévalu au contraire; & quoique les accusés soient convaincus d'avoir juré à faux, ils ne sont pas pourtant punis pour le crime de parjure, parce qu'on en laisse la vengeance à Dieu, comme se l'étant réservée. *Jusjurandi contempta religio satis Deum ultorem habet, L. 2, C. de reb. cred.*

☞ Le procès-verbal des Conférences tenues pour la composition de l'Ordonnance de 1670, contient sur l'article 7 des réfléxions & recherches très-curieuses en général sur la matiere *du serment*, & en particulier sur la question de sçavoir s'il convenoit d'obliger l'accusé de le prêter avant que d'être interrogé.

M. le Premier Président représentoit que par cet article on vouloit faire une Loi de ce qui n'avoit été jusqu'alors qu'un simple usage. Qu'à la vérité cet usage étoit fort ancien, & qu'il avoit jetté de profondes racines dans l'esprit de la plupart des Juges, par une longue habitude; mais qu'il n'avoit eu encore d'autre fondement que cette pratique autorisée par le tems, & qu'il étoit nouveau d'en vouloir faire un article d'Ordonnance, & lui donner force de Loi. Qu'ainsi l'ancienneté de cet usage n'empêchoit pas qu'on ne dût examiner s'il étoit à propos d'en faire une Loi, vû qu'aucune Ordonnance ni aucune Loi précedente n'en avoit parlé, & que cela s'étoit introduit comme ces choses dont on ne connoît pas bien ni l'origine, ni la raison : c'est pourquoi il croyoit qu'il n'étoit pas inutile d'en observer les conséquences.

Qu'on pourroit dire sur cette matiere bien des choses qui paroîtroient d'abord extraordinaires, parce qu'elles étoient contraires à un usage reçu; mais qu'il n'en avanceroit aucune qui ne fût appuyée sur de grands Auteurs, & particulierement sur le sentiment de plusieurs Premiers Présidens; de sorte même qu'il sembloit que ces pensées fussent comme attachées à la place où il avoit l'honneur d'être. Que Monsieur le Chancelier jugeroit si elles doivent être représentées au Roi, & si elles méritoient que Sa Majesté y fît quelque réfléxion.

Qu'il étoit bien éloigné de vouloir dire que ce fût une chose inutile d'interroger les accusés; au contraire, cela étoit absolument nécessaire, parce que c'étoit particulierement dans l'interrogatoire que l'accusé pouvoit employer les moyens naturels de sa défense, & parce que c'étoit en cette occasion principalement que le Juge, par sa prudence & par son autorité, pouvoit découvrir la vérité, & pénétrer dans les déguisemens d'un criminel : mais qu'il vouloit parler du serment qu'on lui faisoit prêter dans cet interrogatoire.

Qu'il n'y avoit pas un seul Juge qui pût présumer que de bonne foi, & par la religion du serment, un accusé eût été porté à déclarer des choses capables de lui faire perdre la vie, & que l'expérience avoit toujours montré le contraire. Qu'il étoit bien étrange de voir que les Docteurs, même ceux du plus grand nom, formassent en cette rencontre une espéce de combat entre les deux plus saintes obligations qui soient au monde; sçavoir, entre *le droit naturel*, qui oblige l'homme à conserver sa vie; & *la religion du serment*, qui l'engage a dire la vérité. Que dans l'opposition de ces deux principaux devoirs, ils fissent ceder la religion à la nature, & qu'ils décidassent qu'on pouvoit nier la vérité pour sauver sa vie.

Qu'il seroit aisé de rapporter les passages d'une foule de ces Docteurs, qui disent expressément que l'accusé n'est point obligé de reconnoître la vérité devant son Juge, même après avoir prêté le serment, quand cette confession doit être la cause de sa mort, lesquels Docteurs sont tous contraires à l'opinion de Saint Thomas sur ce sujet. Mais qu'enfin, ou le serment est obligatoire, ou il ne l'est pas. S'il est obligatoire, c'est engager infailliblement l'accusé à commettre un nouveau crime, & ajouter au mensonge, qui est inévitable en ces rencontres, un parjure inutile qui se pourroit éviter. Que s'il n'est pas obligatoire, c'est prendre le nom de Dieu en vain, outre que c'est un moyen de faire mépriser la religion du serment dans tous les autres actes où elle est d'une obligation indispensable;

pensables; parce que s'il est nécessaire, suivant cet usage, & même permis, selon l'opinion de tant de Docteurs, de se parjurer pour sauver sa vie, on croira qu'il n'est pas défendu de le faire pour sauver son honneur, ensuite pour un moindre interêt, quoique cette conséquence ne soit pas véritable.

Que néanmoins en France, par un usage singulier, on présuppose qu'il faut faire prêter serment aux accusés quand on les interroge, & cela sans considerer quel est le fondement & la raison de cet usage, & que tout le monde dit qu'il le faut faire ainsi, sans examiner pourquoi on le fait : car il n'y a aucun des Peuples dont nous avons tiré toutes nos bonnes maximes, qui l'ayent pratiqué de la sorte. Qu'il disoit plus; qu'aucune Loi, aucune Ordonnance, aucune Coutume, ni parmi nous, ni parmi les Nations que nous voulons imiter, ne l'avoient établi; qu'ainsi la présente Ordonnance seroit la premiere qui auroit obligé les Juges à faire prêter ce serment; que ce qu'il avançoit surprenoit peut-être, mais qu'au fond il étoit très-véritable.

Que l'Ordonnance de 1539, article 147, qui prescrit aux Juges la forme d'interroger les criminels, ne parle point de leur faire prêter le serment, & par conséquent c'est une marque certaine qu'elle n'a point voulu obliger les Juges à le recevoir : car on ne peut pas présumer raisonnablement qu'une chose si importante ait été omise, ou par mégarde, ou parce qu'elle étoit déja établie par l'usage; d'autant plus que la même Ordonnance, article 154, oblige les Juges de faire prêter le serment aux accusés lors de la confrontation, laquelle n'étoit pas moins établie auparavant, ni plus importante que l'interrogatoire : ce qui fait voir que l'Ordonnance a spécifié le cas où elle a voulu que l'accusé prêtât le serment..

Cependant il y a une grande différence entre ce serment de la confrontation, & celui de l'interrogatoire; que le premier n'induit pas nécessairement l'autre, parce que le serment de la confrontation ne regarde que ce que l'accusé doit dire contre les témoins, & n'est qu'une espécé de serment que les Anciens appelloient *de calomnie*, par lequel l'accusé jure qu'il ne dira rien que de véritable dans les reproches qu'il alléguera contre les témoins. Or il y a souvent des moyens de détruire un témoignage, sans faire de faux reproches à un témoin; mais dans l'interrogatoire, où il n'est pas question du témoignage d'autrui, lorsqu'un Juge demande à un accusé l'aveu de son propre crime, lorsqu'il le presse, & le veut contraindre enfin de confesser la vérité, dans le tems même que la nature l'avertit en secret de n'en rien faire, il n'a d'autre parti à prendre que le parjure ou la mort.

Que les autres Ordonnances ne font pas plus de mention que celle de 1539 de ce serment des accusés dans leur interrogatoire; & parce qu'on doit être très-réservé à établir une négative absolue comme celle-ci, il avoit prié Messieurs avec lesquels il avoit examiné l'article proposé, de lui dire s'ils en sçavoient quelqu'une, & qu'il n'avoit pû apprendre d'eux qu'il y en eût jamais eu en France : de sorte qu'on pouvoit dire que cet usage, quoiqu'ancien, n'étoit appuyé sur aucune de nos Ordonnances, & qu'il restoit à voir quels étoient les sentimens des plus grands Personnages sur cette matiere.

Qu'il venoit de dire qu'il avoit des Premiers Présidens pour garants de sa pensée; & que celui qu'il devoit alléguer le premier, selon l'ordre des tems, étoit Monsieur le Premier Président Lizet, qui décrit bien amplement dans sa Pratique criminelle la forme d'instruire le procès aux accusés; qu'en cet endroit il avertit expressément les Juges de faire prêter le serment aux témoins, & même aux accusés dans la confrontation : mais quand il traite de l'interrogatoire au titre 5, il ne fait aucune mention du serment de l'accusé, ce qu'il n'auroit pas omis s'il eût été nécessaire. Que Monsieur le Premier Président le Maître remarque dans ses Décisions, que *nul n'est tenu de se condamner soi-même par sa bouche.* C'est pourquoi, dit-il, autrefois dans les Monitoires on exceptoit toujours la Partie & son conseil, & même les témoins déja ouis dans l'information, de peur qu'ils ne se parjurassent s'ils étoient ouis une seconde fois ; que de-là on pouvoit inferer quel étoit le sentiment de ce Premier Président.

Mais qu'il y avoit un exemple bien plus formel de Monsieur le Premier Président de Thou, dont la mémoire est en grande vénération au Palais, & partout ailleurs. Que Pasquier, au quatriéme livre de ses *Recherches*, chapitre 3, rapporte, que ce grand Magistrat interrogeant un accusé de crime qualifié, il ne voulut jamais lui faire prêter le serment, parce qu'il sçavoit qu'aucune Ordonnance n'obligeoit les Juges de l'exiger de l'accusé, & qu'il ne vouloit pas l'engager à un parjure manifeste. Que cet Auteur louoit fort la retenue de Monsieur le Premier Président de Thou, pour n'avoir pas voulu employer en vain la religion du serment.

Qu'il pouvoit encore ajouter à ces exemples celui de Monsieur le Premier Président de Harlay, gendre de Monsieur le Premier Président de Thou. Que la tradition du Palais apprenoit qu'en une Audience où il présidoit, une Partie ayant la preuve par écrit d'un fait avancé, ne laissa pas d'obliger la Partie adverse à prêter le serment en pleine Audience, sur quoi l'autre le convainquit aussi-tôt de parjure en faisant lecture de la piéce. Monsieur le Premier Président de Harlay se tourna contre celui qui, sans besoin, avoit induit son adversaire à un parjure si public, & le reprit très-sévérement : après cela ayant été aux opinions, il le condamna encore plus rigoureusement que celui qui s'étoit parjuré.

Que sur cet exemple il ne pouvoit s'empêcher de faire réfléxion que le crime de faire parjurer un homme, & le faire parjurer inutilement, étoit fort grand, & que les Juges le punissoient toujours avec beaucoup de sévérité ; cependant, que c'étoit en quelque façon ce qu'ils faisoient eux-mêmes, lorsqu'ils exigeoient les sermens des accusés, & qu'ils interposoient en cela l'autorité de la Justice, sans espérance que ce serment pût rien contribuer à découvrir la vérité.

Que c'est proprement ce que dit la Loi : *Inhumanum est, per Leges quæ parjuria puniunt, perjurii vitam aperire.* Il y a de l'inhumanité d'ouvrir le chemin au parjure, par les Loix mêmes qui le punissent.

Qu'outre que les Ordonnances de nos Rois n'ont point établi cet usage, & que le sentiment de plusieurs grands Magistrats y est opposé, on peut dire certainement que le Droit civil, bien loin de l'autoriser, y étoit entierement contraire ; & que même dans le Droit canonique, avant qu'il fût embrouillé des formalités de l'Inquisition, il n'y en avoit pas la moindre trace.

Que l'autorité de Cujas suffisoit seule pour prouver l'un & l'autre. Qu'à la vérité le Droit des Romains admettoit le *serment de calomnie*, par lequel les deux Parties juroient au commencement de la cause d'y proceder de bonne foi, & sans dessein de se calomnier l'un l'autre ; mais que ce grand Docteur observe en plusieurs endroits, & particulierement sur le titre des Decretales *de juramento calumniæ*, qu'on ne pratiquoit point à Rome ce serment dans les causes criminelles.

Qu'il dit au même lieu, que le Droit Ecclésiastique ne l'a jamais reçu, ni dans les causes civiles, ni dans les criminelles, & que nous l'avons ôté de notre Pratique Françoise. Qu'en cela il croyoit que nous avions suivi le sentiment de plusieurs de nos Conciles, & entr'autres celui de Lyon, qui ne peuvent souffrir ce *serment de calomnie*.

Qu'encore qu'il ne fallût pas confondre ce serment avec celui que prête l'accusé dans son interrogatoire, il étoit vrai de dire que les Romains n'ont pas voulu pratiquer dans les causes criminelles ce serment qu'ils admettoient dans les causes civiles, & que c'est un argument certain qu'ils n'exigeoient aucun serment de l'accusé.

Que la Pratique criminelle observée par les Romains étoit assez connue, & qu'on n'y voyoit point qu'ils eussent jamais fait jurer les accusés lorsqu'on les interrogeoit ; mais que s'il falloit remonter jusqu'au Droit des Athéniens, que l'on regarde comme la source des Loix Romaines, bien qu'il eût introduit ce serment respectif qu'ils appelloient .... qui est l'origine du *serment de calomnie* parmi les Romains, il seroit aisé de montrer que les Athéniens même n'exigeoient point de serment dans l'interrogatoire des accusés.

Qu'après cela si les Docteurs d'Italie méritoient d'être cités, on en trouveroit plusieurs qui se plaignent de l'abus de ce serment, & qui disent que la coutume, non pas le Droit, l'a introduit ; *non de jure, sed de consuetudine.*

Qu'un des principaux, nommé *Julius Clarus*, qui avoit une des premieres Charges du Senat de Milan sous Philippe II, parlant de cet usage, dit que cette pratique ne lui avoit jamais plu, parce qu'elle est une occasion évidente de parjurer : *Mihi certè hæc practica nunquam placuit, quia est manifesta occasio parjurii.*

Qu'à l'égard de l'Allemagne & de l'Empire, il y a une Ordonnance générale d'un des plus illustres Empereurs qui ayent jamais été, dont la mémoire ne pouvoit être assez honorée à cause de ses grandes qualités, & parce qu'il est un des Ayeuls maternels du Roi. Que cette Ordonnance, qui fut faite par Charles V. à Ausbourg en 1532 avec tous les Ordres de l'Empire, pour l'instruction des procès criminels, contient tout le détail de la procedure, & le formulaire des sermens que les Juges, les Assesseurs & les Greffiers mêmes doivent prêter ou faire prêter ; mais qu'elle ne fait point mention qu'on fasse prêter aucun serment aux accusés dans l'interrogatoire, bien qu'il y ait quatorze ou quinze articles entiers qui parlent des interrogatoires, soit simples, soit accompagnés de torture.

Qu'en effet il croyoit qu'on en usoit encore de la sorte dans tout l'Empire, & qu'il sçavoit certainement que tous les Pays-Bas l'observoient aussi ; & qu'à présent encore, dans cette grande partie que le Roi a conquise, quand on interroge les accusés, on ne leur fait point prêter de serment. Qu'à la vérité le Duc d'Albe étant Gouverneur de Flandres en 1570, avoit voulu introduire cet usage de faire prêter le serment aux accusés, mais que son Ordonnance n'avoit jamais été reçue parmi ces Peuples.

Qu'enfin l'Archiduchesse Isabelle leur permit en 1611 de suivre leur pratique ancienne, qu'ils gardent encore aujourd'hui.

Qu'il étoit marri de parler si long-tems sur une même chose ; mais qu'ayant à examiner un usage si ancien, que l'habitude avoit fait passer dans l'esprit de la plupart des Juges comme une pratique nécessaire, il ne pouvoit pas dire en peu de paroles toutes les raisons qui se présentoient sur ce sujet. Que par cette considération il croyoit être encore obligé de rechercher quel avoit été le principe de cet abus, & ce qui l'avoit introduit parmi nous ; mais qu'il falloit avoir plus de lumiere qu'il n'en avoit pour pénétrer dans une origine si obscure. Qu'après le soin qu'il avoit pris de s'en éclaircir, ne l'ayant point trouvé dans tous les lieux d'où nous avons tiré ce qu'il y a de meilleur dans nos formes ordinaires, il n'avoit pû s'empêcher de croire que l'Inquisition, fertile en chicanes & en formalités, avoit introduit cet abus, elle qui bien souvent a plus d'égard à l'observation rigoureuse des formes qu'elle a inventées, qu'à la pureté des consciences, qui semble être le premier motif de son établissement.

Qu'un des plus anciens Auteurs qui eût parlé de ce serment, étoit *Emericus*, dans son *Directoire des Inquisiteurs*, composé environ l'an 1360. Qu'il seroit aisé de prouver que ce serment des accusés étoit inconnu auparavant; & qu'un de nos Auteurs, nommé Imbert, avoit parlé dans ses Institutions de ce serment, comme d'une chose qui étoit en usage, sans alléguer pourtant aucune Ordonnance pour soutenir son avis; mais qu'il avoit cherché à l'appuyer par l'opinion de Barthole: *Prout*, dit-il, *suadet Bartholus, ad L. Marcellus, ff. rerum amotarum.* Mais qu'il avoit eu peine à trouver dans Barthole ce qu'Imbert prétend y avoir remarqué, à moins que de le tirer de fort loin, & par des inductions ambigues.

Que si l'usage de ce serment n'est point établi par le Droit civil, ni par le Droit canonique, s'il est contraire aux Loix de toutes les Nations desquelles nous pouvons prendre des exemples, s'il n'est autorisé d'aucune Ordonnance de nos Rois, ni d'aucune Coutume, enfin l'expérience nous fait connoître qu'il ne sert jamais à découvrir la vérité; il semble qu'on ne doit pas tant donner à l'ancienneté de cet usage. Que cela empêche d'en bien peser tous les inconvéniens, avant que de faire tout ce qui n'avoit point été fait par toutes les Ordonnances précedentes, qui est de l'établir expressément par une nouvelle Loi.

Qu'il y a un exemple fort semblable, dans lequel Justinien s'est acquis beaucoup de gloire, en abolissant l'usage du serment dans un cas où le parjure étoit fréquent, quoique moins ordinaire que dans celui-ci.

On ne donnoit point aux veuves la tutelle de leurs enfans, qu'elles ne jurassent de ne se point remarier; elles juroient toutes pour avoir la tutelle, mais peu gardoient leur serment. Justinien, par sa Novelle 94, défendoit de prendre aucun serment d'elles en cette occasion; *parce que*, dit cet Empereur, *la force & la religion du serment ne veulent pas que nous endurions qu'on fasse jurer le nom de Dieu avec tant de témérité, pour violer ensuite la foi de ce serment; car nous sçavons qu'on a presque toujours prevariqué contre cette Loi, & qu'elle fait faire presque autant de parjures que de sermens: de sorte que* (continue cet Empereur) *c'est un péché évident d'exiger un serment qu'on sçait qui doit être violé; car quand il se trouveroit quelques personnes qui le gardent, cela ne doit pas donner occasion d'en exposer d'autres à commettre une pareille impiété contre la majesté de Dieu, puisque les Législateurs ne doivent pas se regler sur ce qui se fait rarement, mais sur ce qui se fait presque toujours, afin d'arrêter le cours d'un mal ordinaire, & d'y apporter soigneusement le remede.*

Que les termes de cette Novelle sont si forts, qu'ils méritent d'être rapportés. *Quia vero multam habemus formidinem, ne facilè jusjurandum per magnum Deum detur, & hoc prævaricetur; propterea credimus oportere & hanc emendare Legem, quæ vult matres, dum suorum filiorum curam gesturæ sunt, jusjurandum jurare quod ad secundas nuptias non venient; & toties scimus prævaricatam Legem, jusjurandum perjurum datum, quoties penè datum est, ut peccatum apertissimum esset, quia hoc intulimus jusjurandum ad prævaricandum. Non enim ad quod aliquæ servaverunt jusjurandum, propterea oportet & eas quæ exhonorant eum, habere occasionem impietatis in Deum. Non quod raro fit (sicut etiam vetus sapientia docet) non observant Legislatores, sed quod fit plerumque, & respiciunt & medentur.*

Que ces raisons sembloient même aller au-devant des objections qu'on y pouvoit faire, & à la pensée qu'on avoit que ces sermens peuvent aider à découvrir quelquefois la vérité. Qu'il croyoit qu'il n'y avoit plus qu'à les appliquer à la question présente, où elles convenoient encore mieux qu'aux secondes noces des veuves; car quelque pente que les femmes puissent avoir à se marier, elle n'égale point la passion qu'a un accusé d'éviter la mort.

Monsieur Pussot a dit, que la proposition faite par Monsieur le Premier Président, de recevoir les interrogatoires des accusés sans leur faire prêter serment, est fort grande, soutenue de fortes raisons, & appuyée sur des autorités de grand poids, & sur des recherches fort curieuses; qu'il en avoit été touché: car en effet il semble que par la prestation du serment on réduisoit un accusé à l'une de ces deux fâcheuses extrémités, de commettre un parjure en déniant la vérité, ou de devenir homicide de soi-même en la reconnoissant, & qu'en Justice on n'en avoit jamais reçu aucune utilité.

Mais qu'ayant depuis communiqué cette ouverture à Messieurs les Commissaires du Roi qui travaillent à la réformation de la Justice, elle leur avoit paru de dangereuse conséquence, parce que si l'on retranche le serment des interrogatoires, il y aura la même raison de l'ôter de la confrontation; car puisque les témoins sont les Juges des accusés, si celui qui répond ne propose point de cause de reproche valable, il expose autant sa vie que s'il reconnoissoit lui-même par sa bouche la vérité du fait dont il est accusé: & comme tous les moyens de garantir sa vie sont honnêtes, & que la Loi naturelle doit prévaloir à toute autre, la religion du serment n'empêchera pas qu'un accusé ne propose des reproches, quoique calomnieux, en toute sûreté de conscience, selon les maximes des Casuistes, lorsqu'il connoîtra qu'ils peuvent servir à mettre sa vie en sûreté.

Mais que l'on peut répondre à ces objections, que l'on ne convient pas des principes qui ont été avancés, n'étant pas permis en aucun cas de faire un mal afin qu'il en arrive un plus grand bien; & que la Loi naturelle se trouvant combattue par celle du Christianisme, elle lui doit incontestablement ceder, personne ne révoquant en doute que la mort ne soit préférable à un péché mortel.

Que d'ailleurs cette abolition du serment auroit de dangereuses gradations, parce que s'il est permis de faire un faux serment pour sauver sa vie, l'on croira qu'il sera aussi licite d'en faire un autre pour mettre son honneur à couvert, celui de ses amis, son bien, & ainsi successivement pour la conservation d'un interêt le moins considérable; & l'habitude de ces maximes pourroit passer jusqu'à la matiere civile.

Que l'usage du serment est très-ancien, & s'observoit avant l'Ordonnance de 1539. Cela se voit dans les grands procès qui sont dans les Bibliotéques; & l'usage en est d'autant plus solemnel, qu'il a été établi sans Loi. L'article n'introduit rien de nouveau, & met seulement en Loi ce qui n'est que d'usage. Que cette formalité est si essentielle dans la matiere criminelle, que l'omission de la prendre dans un interrogatoire, fait une nullité dans la procedure.

Qu'il n'est pas même entierement inutile; car encore que généralement le serment ne persuade pas davantage les Juges de la vérité des réponses d'un accusé, néanmoins il se trouvoit des consciences timorées, que la crainte du parjure pouvoit engager à reconnoître la vérité, particulierement quand cela pouvoit aller à la charge ou décharge d'une personne tierce. Que l'exemple de

Lamiere étoit exprès & remarquable, & qu'il ne croyoit pas qu'il y eût inconvenient à confirmer cet usage ; mais qu'il pouvoit y en avoir de très-grands de l'abolir.

M. Talon a dit, que la difficulté de sçavoir si l'on doit obliger un accusé de prêter le serment lorsqu'il est interrogé, peut être la matiere d'un problême & d'une question curieuse ; mais que bien qu'il n'y ait point d'Ordonnance qui prescrive ce serment, & qu'il ne soit point établi par la Jurisprudence Romaine, l'usage néanmoins l'ayant autorisé, il n'y a point (ce semble) de raison pour s'en dispenser. Que si l'on prétend qu'un accusé n'est point obligé d'avouer la vérité par son interrogatoire, parce que l'obligation de conserver sa vie est plus forte que le lien & l'engagement du serment, l'on peut répondre en un mot, que cette proposition avancée par les nouveaux Casuistes est très-dangereuse, & absolument contraire à l'esprit de l'Evangile. Les Chrétiens doivent la vérité par-tout, & ne la peuvent dissimuler sans manquer à leur devoir ; & si quelque chose pouvoit dispenser de prêter serment, c'est qu'en tout tems, en toutes rencontres, on doit expliquer les choses conformément à la vérité, & qu'il n'est jamais permis de la déguiser. Mais comme les hommes sont souvent retenus par la religion du serment, il ne faut pas se persuader que l'on ne tire jamais d'éclaircissement de leur confession ; & il seroit périlleux d'abroger l'usage de faire prêter serment aux accusés, parce que ce seroit approuver les opinions scandaleuses & erronées des Casuistes qui leur permettent de mentir en sûreté de conscience ; & bien que l'obligation de conserver sa vie fasse partie du droit naturel, & que même la Religion nous y oblige, cela se doit entendre pourtant par des moyens justes & légitimes, & non pas par le secours du mensonge & de l'imposture.

Que si ce serment engage souvent à des parjures, on n'en fait pas moins tous les jours dans les affaires civiles pour des interêts pécuniaires, étant rare qu'un homme interrogé sur faits & articles, ou auquel on défere le serment, reconnoisse de bonne foi la vérité : & d'ailleurs étant constant qu'en Italie & en Espagne (& l'on peut dire parmi toutes les Nations de l'Europe) l'on fait prêter le serment aux accusés avant que de les interroger, la même chose se pratiquoit en France depuis plus d'un siécle avec telle exactitude, que si l'on y avoit manqué, la procedure seroit déclarée nulle.]

Cette difficulté ayant été relevée, il est absolument nécessaire d'en faire un article d'Ordonnance ; & cela reçoit d'autant moins de doute, que l'on demeure d'accord que l'accusé doit prêter le serment à la confrontation. Que cela est établi par les anciennes Ordonnances, & que l'on ne sçauroit trouver de véritable différence entre le serment de l'interrogatoire & celui de la confrontation.

Article VIII.

Les accusés, *de quelque qualité qu'ils soient*, seront tenus de répondre *par leur bouche*, *sans le ministere du conseil*, qui ne pourra leur être donné, même après la confrontation, nonobstant tous usages contraires, que Nous abrogeons, *si ce n'est pour crime de péculat*, concussion, banqueroute frauduleuse, vol des Commis ou Associés en affaires de finances ou de banque, fausseté de piéces, supposition de part, & autres crimes où il s'agira de l'état des personnes, à l'égard desquels les Juges pourront ordonner, si la matiere le requiert, que les accusés après l'interrogatoire communiqueront avec leur conseil ou leurs commis. *Laissons au devoir & à la religion des Juges, d'examiner avant le Jugement s'il n'y a point de nullité dans la procedure.*

De quelque qualité qu'ils soient.] Les pupilles & mineurs ne peuvent pas même se servir du ministere de leurs tuteurs & curateurs ; il faut qu'ils se défendent eux-mêmes, & qu'ils répondent de leur propre bouche ; mais à l'égard des Corps, Communautés & Compagnies, on les reçoit à répondre par leur Syndic, Député ou Curateur, *quia propter multitudinem difficulter congregari atque judicio interesse possunt*, comme nous avons remarqué sur le titre 21 de cette Ordonnance.

Par leur bouche, sans le ministere du conseil.] Cet article est conforme à l'Ordonnance de François I. de l'an 1535, chap. 3, art. 11, & de 1536, chap. 162 ; à la Loi 13, §. 1, *ff. de pub. jud.* & à la Loi 1, *ff. an per alium caus. appel. red. poss. Masuer. in Prax. tit. de procur. Faber, in L. cùm oportet, §. non solùm, C. de bonis quæ lib. In criminalibus enim unusquisque personaliter, & non per Procuratorem comparere debet. Speculator, tit. de Procur. §. 1, versic. regulariter, & verbo procedens.* La raison est, parce que la vérité se découvre mieux, & est plus pure dans la bouche des accusés, que s'ils se servoient du ministere d'autrui, qui la pourroit alterer ; & qu'il faut que la principale instruction des procès criminels vienne d'eux, comme étant celle qui satisfait plus la conscience des Juges ; ce qui même est observé contre les mineurs, qui ne peuvent être assistés de leurs tuteurs & curateurs, quoique cela soit permis par la Loi *clarum, C. de author. præst.* laquelle n'est plus en usage *ex stylo Curiarum Franciæ*, comme remarque Boër. décis. 63, suivant le canon *in criminalibus* 2, *& can. seq. caus.* 5, *quæst.* 3. *In criminalibus causis nec accusator, nisi per se, aliquem accusare potest ; nec accusatus per aliam personam se defendere permittit.* D'ailleurs, celui qui est capable du crime, l'est pareillement pour répondre d'icelui de sa propre bouche. *Boër. d. L. & d. Jul. Clar. §. ult. quæst.* 50 ; *Damhoud. c.* 32, *num.* 2. *In principali rerum cardine, planè oportet reum ipsum respondere, proprio ore confiteri, aut diffiteri.*

On peut ajouter à ces raisons, qu'il n'est pas permis aux accusés, avant qu'ils ayent prêté l'interrogatoire, de se servir du ministere des Avocats, d'autant que les Avocats suggerent ce qui est du Droit, & que les accusés ne sont pas interrogés touchant le Droit, mais seulement sur le fait de l'accusation, lequel fait peut être expliqué par l'accusé, quelque ignorant qu'il soit. Il faut remarquer pourtant, que l'article de cette Ordonnance leur permet, seulement aux crimes capitaux dans lesquels il s'agit de l'état des personnes, après avoir subi l'interrogatoire, pour débrouiller les circonstances des accusations, & expliquer ce que la matiere requiert, de demander, ou après l'interrogatoire, *in ipso actu*, ou s'il ne l'a pas fait en ce tems, par Requête, de communiquer, ou avec son Commis, s'il s'agit de maniment ou de négoce, ou avec son conseil, pour le diriger dans la procedure ; & outre la représentation des choses servant à la preuve, d'avoir communication après que l'interrogatoire aura été achevé, suivant l'article 10 de cette Ordonnance qui suit après, & cela pour mieux assurer & établir la défense des accusés, comme l'explique l'Auteur des Formules sur cet article.

Cet usage d'obliger les accusés de répondre par leur bouche est si ancien, qu'il étoit reçu parmi les Juifs, comme il se voit par le chapitre 26 des Actes des Apôtres, où on lit que le Roi Agrippa parla en ces termes à l'Apôtre Saint Paul, accusé & emprisonné: *Permittitur tibi loqui pro te ipso. Tunc Paulus, Rex Agrippa, existimo me beatum apud te, cùm sim me defensurus hodie.* Il est vrai que si l'accusé d'un crime étoit détenu pour un autre crime dans les prisons d'un autre Juge, en ce cas il seroit reçu à comparoir par Procureur, ou le procès demeureroit suspendu, *cùm sit ἀδύνατον, ut quis in pluribus locis eodem tempore compareat. Marsil. in Pract. crimin. §. sequitur, num.* 31.

Si ce n'est pour crime de péculat, &c.] La raison est, parce qu'en ces sortes de crimes la défense des accusés peut dépendre des comptes, registres & autres piéces qui ne se trouvent point en la possession des accusés lorsqu'ils sont interrogés; & que pour le recouvrement & l'examen d'iceux, ils peuvent avoir besoin de conferer & communiquer avec leur conseil & leurs commis.

Laissons au devoir & à la religion des Juges, d'examiner avant le Jugement s'il n'y a pas de nullité dans la procedure.] Les parens des accusés peuvent pareillement faire les observations sur la nullité de la procedure, & les représenter par une Requête.

§ Par Arrêt rendu en l'Audience de la Tournelle Criminelle le 7 Juin 1709, sur les conclusions de Monsieur l'Avocat Général Guillaume-François Joly de Fleury, il a été jugé que les frais d'une procedure criminelle seroient supportés par moitié par le Juge qui auroit fait une mauvaise procedure, & par celui qui en auroit fait une bonne à la suite de cette mauvaise.

Cet Arrêt, qui est rapporté au Journal des Audiences, a été rendu contre le Juge Châtelain de Saint Amand & le Lieutenant Criminel de Riom; le premier avoit fait une mauvaise procedure; & le second, qui devoit la déclarer nulle, avoit suivi, & n'avoit point fait de nullité dans la sienne: cependant ils ont été condamnés de supporter par moitié les frais de la nouvelle procedure ordonnée être faite à leurs dépens, lesquels frais ont été considérables, y ayant entr'autres choses des translations & retours de prisonniers, & le coût de l'Arrêt à payer.]

ARTICLE IX.

POURRONT les Juges, *après l'interrogatoire*, permettre aux accusés de conferer avec qui bon leur semblera, si le crime n'est pas capital.

Après l'interrogatoire.] Parce qu'il s'agit alors du droit & du fait, *adventus negari non debet.* On leur permet même en cet état de se servir d'un Procureur, si le crime est tel qu'il puisse être défendu par un Procureur; mais on ne permet pas aux accusés, avant qu'ils ayent été interrogés, de communiquer avec leurs amis & leurs parens. *Far.* quest. 2, nomb. 13 & 14; *Clar. quæst.* 45, *num.* 12.

☞ L'article 16 du titre précedent semble indiquer que cette faculté & permission appartient de plein droit aux accusés après l'interrogatoire, puisqu'il ne veut pas qu'elle leur soit interdite en ce cas, que lorsqu'il est ainsi ordonné par le Juge.

Celui-ci renferme donc quelque chose de contraire.

Quoi qu'il en soit, dès-lors que le Juge refuse la permission, il préjuge que le crime est capital.]

ART. X.

De la représentation des hardes, & autres choses servant à la preuve, qui doit être faite aux accusés.

Article X.

Les hardes, meubles & piéces servant à la preuve, seront représentées à l'accusé lors de son interrogatoire, & les papiers & écritures paraphées par le Juge & l'accusé; sinon sera fait mention de la cause de son refus: & sera l'interrogatoire continué sur les faits & inductions résultantes des hardes, meubles & piéces, & l'accusé tenu d'y répondre sur le champ, sans qu'il lui en soit donné autre communication, *si ce n'est aux cas mentionnés* en l'article huitiéme ci-dessus, après néanmoins que l'interrogatoire aura été achevé.

☞ *Si ce n'est aux cas mentionnés, &c.*] C'est-à-dire, en cas de crime de péculat, concussion, banqueroute, &c.]

Ce qui doit être observé lorsque les accusés n'entendent pas la Langue Françoise.

Article XI.

Si l'accusé n'entend pas la Langue Françoise, l'Interpréte ordinaire, ou s'il n'y en a point, celui qui sera nommé d'office par le Juge, *après avoir prêté serment, expliquera à l'accusé les interrogatoires* qui lui seront faits par le Juge, *& au Juge les réponses de l'accusé*; & sera le tout écrit en Langue Françoise, signé par le Juge, l'Interpréte & l'accusé; sinon mention sera faite de son refus de signer.

Après avoir prêté serment.] Il est bien nécessaire d'y apporter cette solemnité; car l'Interpréte judiciaire se peut facilement jouer de la mort ou de la vie des accusés; au lieu de demander à l'accusé ce qui lui seroit proposé pour l'interroger, il peut l'avertir & l'instruire de ses réponses. Il faut encore, s'il se peut, qu'il soit vrai Interpréte, comme dit Ulpien; c'est-à-dire, que s'il est en Charge publique, il ne doit appartenir en rien aux deux Parties, mais il doit être choisi d'office par le Juge. Ayrault, au lieu préallégué, où il donne avis aux Juges, que s'il y avoit moyen d'avoir plusieurs Interprétes, ce seroit le plus sûr, parce qu'ils pourroient interroger l'accusé, tantôt en la présence d'un Truchement, tantôt de l'autre, & s'ils vouloient, de tous ensemble.

Expliquera à l'accusé les interrogatoires.] Par l'Ordonnance de Louis XII. 1510, art. 47, & de François I. à Ys sur Thille, en Octobre 1535, chap. 13, article 57, qui corrigent l'ancien usage, il est porté: *Que tous procès criminels & enquêts, en quelque maniere que ce soit, seront faits en François, ou à tout le moins en Langue vulgaire du pays où seront faits lesdits procès criminels & enquêts; autrement ils ne seront d'aucun effet.* Mais il faut entendre ces Ordonnances en l'article présent, des procès faits entre François, & de l'accusé qui n'a l'intelligence que de sa Langue, laquelle est inconnue aux Juges & aux témoins; car si c'étoit des procès faits à des Etrangers, il n'y a rien qui empêche, s'ils ont la connoissance d'une autre Langue qui soit familiere aux Juges & aux témoins, que le procès fait en cette Langue ne soit valable (*a*). Mais au premier cas l'Interpréte est nécessaire, & il sert comme d'un organe, pour expliquer au Juge & à l'accusé ce qui est nécessaire pour la confection du procès, tout ainsi que la stipulation est bonne, *si uterque alterius Linguam intelligat, sive per se, sive per verum Interpretem.* Et telles instructions se voyent souvent à Rome, devant le Préteur qui s'appelloit Peregrin; néanmoins les anciens Romains, bien qu'ils entendissent la Langue Grecque, pour conserver la majesté & la magnificence de leur Empire, ne donnoient jamais réponse aux Grecs qu'en Latin, & ne les admettoient de parler, ni de proposer rien pardevant eux, soit à Rome, soit aux Provinces, que par Interprétes. Ayrault en son Instruction judiciaire, liv. 3, art. 3 nombre 6, où il traite du procès fait par Interprétes, & rapporte plusieurs exemples fort remarquables.

Et au Juge les réponses de l'accusé.] Comme il n'y a point de titre dans cette nouvelle Ordonnance qui regle la maniere de faire le procès à un Etranger qui ne sçait ni la Langue Françoise ni la Latine, quoiqu'il y en ait de la maniere de faire le procès aux muets & sourds, & à ceux qui refusent de répondre, qui sont des muets volontaires, il est à propos d'ajouter à ce que nous avons remarqué, que le Lieutenant Criminel doit dire à l'Etranger accusé, parlant à lui-même en l'interrogatoire, ces mots: *Interrogé par la bouche d'un tel, son Interpréte, si telle chose est, ou non*, l'accusé, par la bouche dudit Interpréte, a répondu *oui* ou *non*, & dira les choses comme elles sont; & ainsi des autres demandes & réponses, jusqu'à ce que l'interrogatoire soit fini. Puis il lui doit demander s'il veut s'en rapporter aux réponses; & à cet effet il lui sera fait lecture de son interrogatoire, & ensuite le fera signer à l'accusé & à l'Interpréte, s'ils sçavent signer; ou s'ils ne le sçavent, ils le déclareront. Il semble pourtant qu'il est en quelque sorte nécessaire que l'Interpréte sçache signer, si l'Etranger ne le sçait pas.

Sur cet interrogatoire, le Lieutenant Criminel met son Ordonnance de *soit montré au Procureur du Roi, & communiqué à Partie civile*; & le procès extraordinaire se fait en la forme portée par l'Ordonnance, dans le titre des récollemens & confrontations.

L'Interpréte sera toujours avec l'accusé, pour répondre pour lui pendant toute l'instruction du procès, même au Jugement d'icelui; & par la bouche de l'Interpréte, l'Etranger sera interrogé, & on recevra ses confessions, dénégations, reproches des témoins, & ce qu'il voudra dire, par la bouche dudit Interpréte.

Et si l'accusé Etranger a commis un crime qui mérite la mort, on le fera mettre sur la sellette lors du Jugement de son procès, & son Interpréte se tiendra debout, nue tête, au côté de l'accusé. Le nom de l'Interpréte ne sera point mis dans le Jugement de condamnation à mort, non plus que dans aucun appointement, mais seulement dans l'instruction & procedures du procès.

(*a*) ☞ Ce qu'avance ici M. Philippe Bornier, est directement contraire au titre de l'Ordonnance, qui porte: *Sera le tout écrit en Langue Françoise*, & ne laisse pas même au Juge la liberté d'interroger en une autre Langue.

De la minute de l'Interrogatoire.

ARTICLE XII.

NE sera fait *aucune rature* ni interligne dans la minute des interrogatoires ; & si l'accusé y fait aucun changement, il en sera fait mention dans la suite de l'interrogatoire.

☞ *Aucune rature.*] L'Ordonnance ne s'est pas expliquée de quelles ratures elle entend parler ; car si le Greffier met un mot pour l'autre, & qu'il le raye, contreviendra-t-il à cet article, quoique la rature soit approuvée sur le champ à la fin de l'interrogatoire ? On ne peut pas présumer que l'Ordonnance l'ait ainsi entendu.]

De la lecture qui doit être faite à l'accusé.

ARTICLE XIII.

L'INTERROGATOIRE sera lû à l'accusé *à la fin de chacune séance*, cotté & paraphé en toutes les pages, & signé par le Juge & par l'accusé, s'il sçait ou veut signer, sinon sera fait mention de son refus ; *le tout à peine de nullité*, & de tous dépens, dommages & interêts contre le Juge.

☞ *A la fin de chaque séance.*] L'accusé pourroit-il demander à l'entrée & commencement de chaque séance la lecture de ce qu'il a répondu dans la précedente ? On ne l'estime pas.

Le tout à peine de nullité.] Cette peine de nullité influe-t-elle sur la disposition des articles précedens ?

En quels cas les Commissaires du Châtelet peuvent interroger les prisonniers.

ARTICLE XIV.

LES *Commissaires de notre Châtelet de Paris* pourront interroger pour la premiere fois les accusés pris en flagrant délit, les domestiques accusés par leurs maîtres, & ceux contre lesquels il y aura *decret d'ajournement personnel* seulement.

Les Commissaires de notre Châtelet de Paris.] Par l'Edit du Roi Henri III. à Saint-Maur-des-Fossés, au mois de Juin 1586, il fut créé huit Commissaires au Châtelet de Paris, quatre aux Villes où il y a Parlement, deux aux Siéges Présidiaux, & un en tous les Bailliages & Sénéchaussées ; *lesquels avoient pouvoir, entr'autres choses, de prendre & mener prisonniers les oiseux & vagabonds, & autres qui se trouvoient chargés, & ausquels il y avoit soupçon de suite, pour de tout ce qu'ils auroient trouvé en faire rapport aux Lieutenans Generaux, Civils, & Prevôts desdits Bailliages & Sénéchaussées, aux lieux où le reglement de la police lui appartient.* Cet Edit fut révoqué par l'Ordonnance de Chartres 1588, articles 4 & 5, &

après rétabli par l'Edit d'Henri IV. du mois de Mars 1596. Voyez le Code Henri, liv. 3, tit. 12, articles 23 & 24. Les Commissaires-Enquêteurs & Examinateurs au Châtelet sont ainsi nommés, à cause de leurs Charges & de leurs fonctions, parce qu'en récompense des soins qu'ils donnent au Public, l'audition & examen des témoins, soit par enquête, information, audition & examen des comptes, réformation & clôture d'iceux, les interrogatoires & auditions des Parties, en matiere civile & criminelle, leur appartiennent; & ils sont appellés les Commissaires, parce qu'ils sont commis pour avoir soin de faire observer ce qui regarde la police de la Ville & Fauxbourgs, & le Public, sans gages ni espérance de salaire.

Decret d'ajournement personnel.] L'audition des emprisonnés faute d'être comparus en personne, appartient ausdits Commissaires; & ces interrogatoires se distribuent par les Lieutenans Civil & Criminel: les informations, scellés, descriptions de biens, & autres casuels, ne se distribuent pas.

Que l'Interrogatoire peut être réiteré.

ARTICLE XV.

L'INTERROGATOIRE *pourra être réiteré* toutes les fois que le cas le requerra, & sera chacun interrogatoire *mis en cahier separé.*

Pourra être réiteré.] Cet article est conforme à l'Ordonnance de François I. à Villiers-Cotterets, en Août 1539, art. 146 & 162; & au Droit écrit, en la Loi *Judices*, *C. de judic.* & à la Loi 1, *ff. de quæst. Potest quidem uti crebris interrogationibus, sed tantùm ad veritatem eruendam, non ad transfigendum reum.* Et il y a deux raisons principales; l'une, pour voir s'il y a de la persévérance dans la réponse de l'accusé, parce que selon la glose sur la Loi unique, *C. de conf.* & sur la Loi 2, *C. de custod. reor. confessio spontanea non sufficit ad condemnandum, nisi confitens in ea perseveret, Guid. Pap. quæst.* 339; & il faut encore qu'elle soit confirmée & appuyée par d'autres preuves ou indices violens & manifestes: *Confessiones reorum pro exploratis facinoribus haberi non oportet, si nulla probatio religionem cognoscentis instruat, d. L.* 1, *ff. de quæst.* & l'autre pour tirer la vérité du fait à la conviction de l'accusé; & s'il le dénie, pour le recevoir en ses faits justificatifs, qui doivent être proposés lors de l'interrogatoire.

Mis en cahier séparé.] Cela est conforme à l'Ordonnance de François I. à Valence, en Août 1536, pour Bretagne, chap. 2, art. 43.

Defense aux Juges de prendre aucun droit des prisonniers pour l'Interrogatoire.

ARTICLE XVI.

DÉFENDONS à nos Juges, & à ceux des Seigneurs, de prendre, recevoir, ni se faire avancer aucune chose par les prisonniers *pour leur interrogatoire*, ou pour aucuns autres droits par eux prétendus; sauf à se faire payer de leurs droits par la Partie civile, s'il y en a.

Pour leur interrogatoire.] Cet article est conforme à l'Ordonnance de Charles VII. de l'an 1446, article 15, par laquelle *le Juge ne doit prendre aucuns émolumens pour l'audition du prévenu.*

A qui les Interrogatoires doivent être communiqués.

ARTICLE XVII.

LES interrogatoires seront incessamment *communiqués à nos Procureurs*, ou à ceux des Seigneurs, pour prendre droit par eux, ou requerir ce qu'ils aviseront.

Communiqués à nos Procureurs.] Cet article est conforme aux Ordonnances de Louis XII. 1498, art. 107; François I. à Ys sur Thille, en Octobre 1525, art. 22; par lesquelles *les interrogatoires doivent être incontinent communiqués au Procureur du Roi, qui sera tenu de les voir en toute diligence, pour, avec le conseil de son Avocat, y prendre les conclusions pertinentes.* Or ces conclusions se doivent regler selon la qualité des crimes & des délits, c'est-à-dire, plus sévérement, ou plus légerement; car s'il s'agit d'injures légeres, ausquelles il n'échet que peine pécuniaire, qui ne sont point aggravées par les circonstances qui s'y rencontrent, ou de légers excès, après les interrogatoires de l'accusé, s'il confesse à peu près le fait, & qu'il ait lieu de prendre droit sur les confessions de l'accusé, il les communique à la Partie civile, pour sçavoir si elle veut prendre droit par icelles; & soit qu'elle le veuille, ou non, il prend conclusions en définitive; & selon la qualité de la matiere, il convertit le procès en procès ordinaire, c'est-à-dire, de criminel qu'il étoit, en civil: mais s'il s'agit de crimes publics, ausquels échet peine de mort ou d'infamie, il faut que la preuve soit instruite, sans s'arrêter à la seule confession de l'accusé; ce qui ne se peut faire qu'extraordinairement par récollement & confrontation. *Tertul. in Apolog. Non statim confesso reo Judices contenti sunt ad pronunciandum, nisi, & consequentia exigant, qualitatem facti, numerum, locum, tempus, conscios, socios.* Et en la Loi 1, §. *si quis ultrà, ff. de quæst. Si quis ultrà maleficium confiteatur non semper ei fides adhibenda est.*

ARTICLE XVIII.

SERA aussi donné communication *des interrogatoires* à la Partie civile *en toutes sortes de crimes.*

Des interrogatoires.] La communication est restrainte aux interrogatoires, parce que tous actes publics, tant criminels que civils, qui se font en jugement, sont communs; mais les piéces secrettes du procès criminel, comme sont les informations, les récollemens, confrontations, & autres de cette sorte, ne doivent pas être communiquées à la Partie civile, mais seulement au Procureur du Roi, excepté la confession de l'accusé, (laquelle doit être communiquée à l'accusateur, si le Procureur du Roi trouve la matiere disposée pour prendre droit de la confession,) suivant l'Ordonnance de 1539, art. 148.

En toutes sortes de crimes.] Par l'Ordonnance de Louis XII. 1498, art. 117, & de François I. 1535, chap. 13, art. 46, *la communication ne devoit être faite à la Partie, que quand il n'écheoit pas de peine corporelle, & ce par les mains des Avocats & Procureurs du Roi.*

En quel cas l'accusé peut prendre droit par les charges.

ARTICLE XIX.

L'ACCUSÉ de crime *auquel il n'échera point de peine afflictive*, pourra prendre droit par les charges, après avoir subi l'interrogatoire.

Auquel il n'échera point de peine afflictive.] ☞ Voir la note sur l'art. 17. L'accusé ne peut en cas de crime capital prendre droit par les charges, pour deux raisons ; la premiere, qu'il importe au Public que l'instruction soit achevée, afin que la preuve qui n'est pas complette le devienne ; la seconde, que *non auditur perire volens.*]

De la forme en laquelle les Procureurs du Roi & autres prennent droit par les charges.

ARTICLE XX.

SI nos Procureurs, ou ceux des Seigneurs, & la Partie civile, *sont reçus à prendre droit* par l'interrogatoire, & l'accusé par les charges, la Partie civile pourra donner sa Requête contenant ses demandes, & l'accusé ses réponses dans le délai qui sera ordonné ; passé lequel sera procedé au jugement, encore que les Requêtes ou les réponses n'ayent point été fournies.

Sont reçus à prendre droit.] C'est-à-dire, *si les confessions de l'accusé sont suffisantes, & que la qualite de la matiere soit telle qu'il puisse & doive prendre droit par l'interrogatoire*, suivant l'art. 148 de l'Ordonnance de 1539. Or ces confessions ne doivent pas être divisées, c'est-à-dire prises en partie, & rejettées en partie ; mais le Juge les doit prendre toutes entieres en la forme en laquelle elles sont conçues ; autrement ce seroit incliner plutôt à la condamnation qu'à la justification du criminel ; & si cela est ainsi observé en matiere civile, il le doit bien être à plus forte raison en matiere criminelle, qui est de la plus grande importance, comme il se recueille de la Loi 1, *C. ad L. Cornel. de fals.* & c'est l'opinion de Faber, *ad* §. *item*, *Inst. de act.* de Boër. *dec.* 239 & 243, & de Tiraq. *de pœn. caus.* 27. Et la raison est, d'autant que la qualité ou circonstance que l'accusé ajoute à sa confession, fait partie d'icelle ; & que si elle ne sert pas pour le décharger entierement, elle servira du moins pour moderer & adoucir sa peine. M. Colombet en ses Paratitles, sur le tit. du Digeste *de confess.* semble être d'un avis tout différent : *In criminalibus scinditur confessio, eique statur quatenus facit contra confitentem, non quatenus pro eo.* Il faut aussi remarquer, que la confession faite pardevant le Juge incompétent, ne fait pas pleine preuve devant le Juge compétent, d'autant que le Juge compétent fait de nouveau le procès, & interroge l'accusé, & que l'accusé peut pardevant lui faire telles réponses qu'il avisera pour sa justification, Char. en ses Pand. liv. 4, tit. 7 : car si aux affaires civiles ce qui a été fait devant un Juge incompétent est nul, *L.* 1, & *tot. tit. C. si à non comp.*

'*Judic.* à plus forte raison cela doit avoir lieu aux affaires criminelles, qui sont beaucoup plus importantes, & dans lesquelles on doit apporter plus d'exactitude.

Cas dans lesquels l'accusé doit être oui sur la sellette.

ARTICLE XXI.

SI pardevant les premiers Juges, les conclusions de nos Procureurs ou de ceux des Seigneurs, & en nos Cours, les Sentences dont est appel, ou les conclusions de nos Procureurs Généraux, portent condamnation de peine afflictive, les accusés *seront interrogés sur la sellette.*

Seront interrogés sur la sellette.] Par Déclaration de Sa Majesté, donnée à Versailles le 10 Septembre 1682, il est porté : *Qu'en tous les procès criminels qui se poursuivront, soit pardevant les Juges Royaux subalternes, ou dans les Cours, lesquels auront été reglés à l'extraordinaire instruits par récollement & confrontation, les accusés seront entendus par leur bouche, dans la Chambre du Conseil, derriere le Barreau, lorsqu'il n'y aura point de conclusions ou condamnations à peine afflictive, & abroge tous usages à ce contraires, le présent article sortant au surplus son plein & entier effet.* Le motif de cette Déclaration est, *pour ne priver pas les accusés d'autres cas, à raison desquels il n'échet pas de peine afflictive, du secours qu'ils peuvent tirer en se défendant par leur bouche, ni ôter aux Juges les moyens de s'éclaircir par ces voies des circonstances des actions pour lesquelles on procede contre lesdits accusés.*

☞ La même disposition a été renouvellée par une autre Déclaration du 13 Avril 1703. Les motifs de cette nouvelle Déclaration sont expliqués dans sa préface.

LOUIS, par la grace de Dieu, Roi de France & de Navarre : A tous ceux qui ces présentes Lettres verront, Salut. Nous avons ordonné par notre Déclaration du 12 Janvier 1681, qu'en tous les procès criminels qui se poursuivroient pardevant les Juges des Seigneurs, ou les Juges Royaux subalternes, ou dans nos Cours, qui auroient été reglés à l'extraordinaire, & instruits par récollement & confrontation, les accusés seroient entendus par leur bouche, dans la Chambre du Conseil, derriere le Barreau, lorsqu'il n'y auroit pas de conclusions à peine afflictive ; ce que Nous aurions principalement ordonné pour remedier à un abus qui s'étoit introduit dans notre Parlement de Grenoble, & dans les Siéges de son ressort, de ne pas entendre les accusés, lorsqu'il n'y avoit pas de condamnations des premiers Juges, ou de conclusions à peine afflictive : ayant été depuis informés que le même abus s'est introduit dans quelques autres de nos Cours, & dans les Jurisdictions en dépendantes, ce qui auroit donné lieu à plusieurs instances en cassation en notre Conseil contre différens Arrêts, par lesquels sur le fondement d'usages aussi abusifs, ou sous prétexte que notre Déclaration de 1681 ne regardoit que le Parlement de Grenoble & les Siéges de son ressort, on auroit condamné des accusés sans les entendre ; & comme rien n'est plus contraire à notre intention, & même à l'esprit de notre Ordonnance de 1670, qui n'a jamais été de priver les accusés dans aucun cas du droit naturel qu'ils ont de se défendre par leur bouche, ni d'ôter aux Juges les moyens de s'éclaircir par ces voies des circonstances des actions qui se poursuivent extraordinairement, Nous avons résolu de remedier à ce désordre, par une Déclaration générale qui soit exécutée dans toute l'étendue de notre Royaume. A CES CAUSES, & autres à ce Nous mouvans, de notre certaine science, pleine puissance & autorité royale, Nous avons dit, déclaré & ordonné, disons, déclarons & ordonnons par ces Présentes signées de notre main, voulons & Nous plaît, que notre Déclaration du 12 Janvier 1681 soit exécutée suivant sa forme & teneur dans tout notre Royaume; & en conséquence, en expliquant & interprétant en tant que de besoin seroit l'art. 21 du titre 14 de notre Ordonnance de 1670, que tous les procès qui se poursuivront, soit pardevant les Juges des Seigneurs, ou les Juges Royaux subalternes, ou dans nos Cours, qui auront été reglés à l'extraordinaire, & instruits par récollement & confrontation, les accusés seront entendus par leur bouche, dans la Chambre du Conseil, derriere le Barreau, lorsqu'il n'y aura pas de conclusions ou de condamnations à peine afflictive; ce faisant, avons abrogé & abrogeons tous usages à ce contraires, ledit article 21 du titre 15 de notre Ordonnance de 1670 sortissant au surplus son plein & entier effet. SI DONNONS EN MANDEMENT à nos amés & féaux Conseillers les Gens tenans notre Cour de Parlement & Cour des Aydes à Paris, Baillifs, Sénéchaux, & autres nos Officiers qu'il appartiendra, que ces Présentes ils ayent à faire lire, publier, registrer, & le contenu en icelles garder & observer, sans y contrevenir, ni permettre qu'il y soit contrevenu en quelque sorte & maniere que ce puisse être: CAR tel est notre plaisir. En témoin de quoi Nous avons fait mettre notre Scel à cesdites Présentes. DONNÉ à Versailles le treiziéme jour d'Avril, l'an de grace mil sept cens trois, & de notre Regne le soixantiéme. *Signé* LOUIS. *Et sur le repli*, par le Roi, PHELYPEAUX.

Registrées en la Cour des Aydes, oui & ce requerant le Procureur Général du Roi, pour être exécutées selon leur forme & teneur, & ordonné que copies collationnées des Présentes seront incessamment envoyées, à la diligence dudit Procureur Général, ès Sieges des Elections & Greniers à Sel, Bureaux des Traites foraines, entrées & sorties & dépôts, pour y être lûes, publiées & registrées l'Audience tenant: Enjoint aux Substituts dudit Procureur Général desdits Siéges d'y tenir la main, & de certifier la Cour de leurs diligences au mois. Fait à Paris, les Chambres assemblées, le 7 *Mai* 1703. Signé ROBERT.

¶ Par Arrêt rapporté au Journal des Audiences, rendu en la Tournelle Criminelle, sur les conclusions de M. de Lamoignon, Avocat Général, il a été enjoint aux Officiaux de Rheims & d'Amiens d'interroger les accusés derriere le Barreau avant le Jugement définitif des procès, conformément à l'Ordonnance de 1670, & aux Déclarations du Roi des 12 Janvier 1681 & 13 Avril 1703.

Cet Arrêt, qui a jugé qu'il y avoit abus dans le Jugement de ces deux Officiaux, faute d'avoir observé cette formalité de l'Ordonnance, est un préjugé certain qu'il y auroit nullité dans une pareille omission, si elle étoit faite par un Juge laïc.]

Que l'interrogatoire sur la sellette fait partie de la procedure d'appel.

ARTICLE XXII.

L'INTERROGATOIRE prêté sur la sellette pardevant le Juge des lieux, sera envoyé en nos Cours avec le procès, quand il y aura appel, à peine de cent livres d'amende contre le Greffier.

Comment les Curateurs & Interprétes doivent être interrogés.

ARTICLE XXIII.

LEs Curateurs *& les Interprétes* seront interrogés derriere le Barreau, encore que les conclusions & la Sentence portent peine afflictive contre l'accusé.

Et les Interprétes.] Le nom de l'Interpréte ne se doit point mettre dans le Jugement de condamnation, non plus que dans aucun appointement, mais seulement dans l'instruction & procedure dans laquelle on interroge l'étranger par la bouche de l'Interpréte; & on reçoit ses confessions, ses dénégations, les reproches des témoins, & ce qu'il veut dire, après avoir par un préalable fait prêter serment à l'Interpréte, & lui avoir dit de faire entendre à l'accusé étranger les demandes & les questions qu'on lui fera par lui, & de répondre fidélement & en conscience ce que l'étranger lui aura dit; mais il n'est pas juste que l'Interpréte, pour avoir rendu cet office à un accusé, reçoive quelque note d'infamie.

☞ Ce que cet article dit des Curateurs & Interprétes, doit aussi être étendu aux Syndics des Communautés, dans le cas où on fait le procès à des Communautés, pour rébellion, violence ou autres crimes, aux termes du titre 21 de cette même Ordonnance, puisque dans ces cas il n'y a point de peine afflictive contre les Communautés.]

TITRE XV.

DES RECOLLEMENS ET CONFRONTATIONS DES TÉMOINS.

Du Récollement, & de la forme du Jugement qui l'ordonne.

ARTICLE PREMIER.

SI l'accusation *mérite d'être instruite*, le Juge ordonnera que les témoins ouis aux informations, & autres qui pourront être ouis de nouveau, *seront récollés en leurs dépositions, & si besoin est*, *confrontés* à l'accusé, & pour cet effet *assignés dans un délai compétent*, suivant la distance des lieux, la qualité des personnes & de la matiere.

☞ *Mérite d'être instruite.*] Elle ne mérite pas d'être instruite, quand il ne s'agit que d'injures, rixes & autres matieres légeres; & en ce cas l'accusation est jugée à l'Audience sur le récit des charges, ou sur déliberé, sans épices, prononcé ensuite à l'Audience : & il y a Arrêt en la Tournelle, du 28 Novembre 1695, qui fait défenses au Lieutenant Criminel d'Abbeville d'informer pour simples injures, & de proceder extraordinairement pour matieres légeres.]

Seront récollés en leurs dépositions.] Le récollement des témoins n'étoit pas en usage par le Droit Romain; mais le Droit François l'a fort justement introduit, d'autant que lorsque les témoins sont récollés par les Juges en leurs dépositions, secretement & en l'absence des Parties, ils ont plus de liberté de penser à ce qu'ils ont déposé, d'interpréter leurs dépositions, y ajouter & diminuer, selon qu'ils estiment être plus véritable, moyennant le serment que le Juge leur fait faire; & de plus ils sont liés par leur répétition, en telle sorte qu'ils ne peuvent plus varier en la confrontation; *& dici possunt testes alligati, ut interpretatur Isidorus.* Cela a lieu, quoique les informations ayent été faites par le Magistrat & Juge ordinaire de la cause, nonobstant ce qui est dit en la Loi *Divus Adrianus, ff. de custod. & exhib. reor.* laquelle Loi se rapporte plutôt aux interrogatoires des criminels, qui se doivent faire de nouveau, qu'aux récollemens des témoins.

Et si besoin est, confrontés.] Cet article est conforme aux Ordonnances de François I. de l'an 1536, chap. 3, art. 18, & de l'an 1539, art. 153; & ce n'est pas sans cause que l'Ordonnance dit, *si besoin est*, d'autant que si le témoin au récollement retracte entierement sa premiere déposition, ou s'il la varie & change si fort en ce qui concerne le fait principal, qu'il ne reste plus de charge contre l'accusé, il ne sera pas nécessaire de le confronter; & c'est ainsi qu'il faut entendre l'art. 153 de l'Ordonnance de 1539, en ces termes, (*& ceux qui persisteront en ce qui sert à la charge de l'accusé;*) ce qui est confirmé par un Arrêt du Parlement de Paris, rapporté par Charondas en ses Pandectes, liv. 4, tit. 8 des récollemens, dont l'exécution fut renvoyée devant lui. Et la raison est, *ne inanibus sumptibus litigatores vexentur;* car ce seroit une chose vaine & inutile de confronter au prévenu les témoins qui ne le chargent pas. Il faut pourtant remarquer, que ceux qui ont été récollés, quoiqu'ils ne déposent que du bruit public, peuvent pourtant être confrontés; ce que nos Docteurs appellent *committi reo*, parce qu'il peut arriver que dans la confrontation ils ajouteront quelque circonstance qui servira à la charge de l'accusé. Faber en son Code, *lib.* 4, *tit.* 15, *defin.* 28, *& in Alleg.*

Assignés dans un délai compétent.] Si l'accusé est prisonnier, l'assignation pour le récollement & confrontation se peut donner aux témoins pour comparoître le même jour qu'elle est faite; & s'il n'est pas en prison, il faut que l'assignation soit donnée d'un jour à un autre, même les jours de Dimanches & Fêtes. Il faut encore observer, que si l'accusateur étant en voie d'accommodement avec l'accusé, ou que pour lui faire souffrir plus longuement la prison, il differe de produire les témoins pour être récollés & confrontés, le Juge doit ordonner qu'il les fera venir dans un tems limité, sauf après à les faire venir à la requête & poursuite du Procureur du Roi, aux dépens de la Partie civile, laquelle ordonnance est exécutée si la Partie ne satisfait dans le tems; & pour cet effet elle est contrainte de consigner au Greffe la somme qui est ordonnée pour amener les témoins, eu égard au nombre des témoins, & à la distance des lieux de leur demeure.

Peine contre les témoins, en cas de défaut ou de contumace.

ARTICLE II.

LES témoins défaillans seront, pour le premier défaut, *condamnés à l'amende; & en cas de contumace, contraints par corps*, suivant qu'il sera ordonné par le Juge.

Condamnés à l'amende.] Si les témoins s'absentent pour ne pas obéir, en ce cas leurs biens doivent être saisis & annotés, & la main-levée n'en doit être ordonnée qu'après qu'ils auront obéi; & s'ils se présentent après pour obéir, ils doivent être néanmoins condamnés à l'amende, & aux dépens, dommages & interêts de la Partie poursuivante. L'Empereur Justinien est le premier qui a ordonné que les témoins seront contraints à déposer, comme il se recueille de sa Constitution 16 & pénultiéme, *C. de testib.* Il est vrai que par la Loi Julienne on n'étoit pas contraint de déposer contre le beau-pere, le gendre, le parâtre, le beau-fils, & autres personnes proches, ni contre le patron & l'affranchi, en un mot, contre les personnes *quibus reverentia debetur*, *L.* 4 & 5, *ff. de testib.* & que cela avoit lieu non-seulement dans les affaires criminelles, ausquelles les Auteurs des Basiliques avoient restraint cet article de la Loi Julienne, *aut colligitur ex Eglog. Basilic. lib.* 21, *tit.* 1, *vers.* ἄκων οὐδεὶς μαρτυρεῖ ἐπὶ ἐγκληματικοῦ δικαστηρίου. Mais Accurse sur la Loi 4, *verb. Denuncietur*, *ff. de testib.* dit, que cette Loi s'étend tant aux causes pécuniaires que criminelles; ce que l'Empereur déclare expressément, *dict. Const.* 16, lorsqu'il dit: *Velle se in pecuniariis causis unumquemque cogi ad testimonium dicendum, exceptis tamen his personis quæ Legibus cogi vetantur.* Ces personnes sont comprises dans la Loi Julienne, ci-devant alléguée.

En cas de contumace, contraints par corps.] Les témoins peuvent être contraints à déposer en matieres criminelles, excepté quelques personnes, *ut Lege Juliâ, de public. jud. Lege Juliâ, ff. de testibus, Leg.* 10, & *Leg.* 16, *quæ est scripta Græcè, C. eod. cap.* 3, & *al. de testib. cog. vel non*; & comme dit Quintilien, *lib.* 5, *cap.* 7: *Eis invitis in publicis judiciis testimonium denunciari potest*, comme j'ai fait voir ci devant sur l'art. 3 du tit. 6 des informations. Or cela doit être à plus forte raison observé lors du récollement & confrontation, parce qu'en déposant lors de l'information, ils se sont par là obligés à comparoître pour être récollés & confrontés: *Tanquam alligati testes, quorum meminit Cic. in Orat. pro Cluentio, & in Epist. ad Q. fratrem.* Aussi ils peuvent être contraints par mulctes, amendes & saisie des biens, même par corps, à cause de leur contumace & du mépris qu'ils font de la Justice, suivant le Droit, en la Loi 1, §. *quid ego, ff. de vent. inspic. Speculator, tit. in eam rem speciali, in* 2 *parte operis.* Ce qui a lieu *si les témoins sont vivans, ou s'ils ne se font pas excuser pour juste absence, maladie, ou autre légitime empêchement; & s'ils ne comparent, quelques contumaces qu'il y ait contr'eux, le procès ne laissera pas d'être jugé en l'état qu'il sera*, suivant l'article 151 de l'Ordonnance de 1539. Mais le Juge n'aura point égard aux dépositions des témoins non récollés ni confrontés, & il ne restera à la Partie civile que le remede de la Loi des douze Tables; *cui testimonium desugerit, is tertiis diebus ob portum obvagulatum ito.*

☞ Voir l'article 3 du tit. 6 de cette même Ordonnance.]

Cas dans lesquels le récollement des témoins se peut faire avant qu'il soit ordonné par Jugement.

ARTICLE III.

NE pourra être procedé au récollement des témoins, *qu'il n'ait été ordonné par Jugement.* Pourront néanmoins *les témoins fort âgés, malades*, valetudinaires, prêts à faire voyage, ou pour quelqu'autre urgente nécessité, être répétés avant qu'il y ait aucun Jugement qui l'ordonne; *& ne vaudra la répétition du témoin pour confrontation* contre le contumax, qu'après qu'il aura été ainsi ordonné par le Jugement de défaut & contumace.

Qu'il n'ait été ordonné par Jugement.] Le Roi a dérogé à cet article par l'Edit de 1679, portant réglement général sur les duels, article 26, par lequel il est porté, *que pour éviter que pendant le tems de l'instruction des défauts & contumaces, les prévenus ne puissent se servir des moyens pour détourner les preuves de leurs crimes, il sera procedé, dans les crimes de duel seulement, par les Officiers des Cours, & les Lieutenans Criminels des Bailliages où il y a Siége Présidial, au récollement des témoins dans les vingt quatre heures, & le plutôt qu'il se pourra, après qu'ils auront été entendus dans les informations, & avant qu'il y ait aucun Jugement qui l'ordonne, sans toutefois que les récollemens puissent valoir confrontation, qu'après qu'il aura été ainsi ordonné par le Jugement de defaut & contumace.*

☞ L'accusé ne doit être présent ni appellé au récollement.]

Les témoins fort âgés, malades.] La raison est, parce que la preuve pourroit dépérir par la maladie, vieillesse, ou longue absence des témoins; & cela tient lieu de l'examen à futur, qui étoit autrefois en usage. Les Anciens en tels cas avoient accoutumé d'observer cette formalité, qui est, que le témoin appelloit nombre de gens de bien & d'honneur, en présence desquels il prononçoit ce qu'il sçavoit du fait; & après, quand il étoit question d'instruire la procedure, on les faisoit ajourner pour déposer & être confrontés à l'accusé. Il est vrai que cela étoit très-dangereux, d'autant que telles gens pouvoient errer en rapportant l'attestation & déclaration d'autrui; & il semble que si la preuve venoit à dépérir, on le devoit imputer à l'accusateur, pour n'avoir pas plutôt intenté son accusation. Ayrault, liv. 3 de son Instruction judiciaire, art. 2, nomb. 2. Il faut encore remarquer, que le Juge peut d'office, avant qu'il soit ordonné, répéter les témoins divers & contraires, ainsi qu il fut fait au procès de Susanne, accusée d'impudicité par les Vieillards.

☞ *Et ne vaudra la répétition du témoin pour confrontation, &c.*] Voir pour l'intelligence de cette derniere partie de l'article, le 13 du titre des Défauts & Contumaces, ci-après, où il est expliqué dans quel cas les Juges ordonnent que le récollement vaudra confrontation; & l'article 20 du même titre, qui veut que dans le cas où le contumax a été arrêté prisonnier, ou s'est représenté, il soit procedé à la confrontation, encore qu'il eût été ordonné que le récollement vaudroit confrontation.]

Que le récollement doit être fait, encore que le témoin ait été oui par un Conseiller d'une Cour.

ARTICLE IV.

LES *témoins seront récollés*, encore qu'ils ayent été *ouis pardevant un des Conseillers de nos Cours*, & que le récollement se fasse pardevant lui.

☞ *Les témoins seront récollés.*] La confrontation faite sans répétition préalable des témoins, seroit nulle.]

Ouis pardevant un des Conseillers de nos Cours.] A Rome, les témoins ne venoient qu'une fois, parce qu'ils ne déposoient qu'à l'instant qu'ils étoient présentés aux accusés. Les Romains tenoient que tant de dépositions étoient matiere de variation, de subornation & de fausseté, & que la premiere étoit la plus vraie & la plus naïve : il n'y avoit que ce que faisoit l'Irenarque (lequel peut se rapporter à nos Prevôts des Maréchaux) qui fût sujet à répétition & récollement, suivant la Loi *Divus Adrianus*, *ff. de custod. reor.* parce que leurs Charges ne requeroient pas qu'ils fussent gens de lettres, & que la plupart en informant ne tendoient, de même que les Prevôts, qu'à établir leur Jurisdiction : mais suivant la pratique & l'usage reçu en France, il faut récoller les témoins ; en telle sorte que quoiqu'ils ayent été ouis & examinés par le Juge même qui doit proceder au récollement, il ne faut pas les tenir pour récollés, comme explique très-bien cet article, mais il faut proceder au récollement : ce qui a lieu, non-seulement pour le regard des informations faites par un Commissaire-Examinateur, ou autre qui n'est pas Juge ordinaire, *Faber in suo Cod. lib.* 4, *tit.* 15, *defin.* 9, mais même pour le regard de celles qui ont été faites pardevant un Conseiller des Cours.

Formalités qui doivent être observées dans le récollement.

ARTICLE V.

LES témoins *seront récollés séparément*, & seront, après serment *& lecture faite de leur déposition*, interpellés de déclarer s'ils y veulent ajouter ou diminuer ; & *s'ils y persistent*, *sera écrit ce qu'ils y voudront ajouter ou diminuer*, & lecture à eux faite du récollement, qui sera paraphé & signé dans toutes ses pages par le Juge & par le témoin, s'il sçait ou veut signer, sinon sera fait mention de son refus.

Seront récollés séparément.] ☞ L'art. 11 du titre des Informations, porte que les témoins seront ouis *secretement & séparément.*] Cet article est conforme à l'Ordonnance du Roi François I. de l'an 1530, pour Bretagne, ch. 2, art. 18, & de 1539, art. 153 ; & cette répétition des témoins se fait afin que le Juge examine les témoins, pour sçavoir s'ils veulent persister en leurs dépositions, & pour éclaircir plus particulierement les circonstances de leur déposition, s'il est nécessaire ; & c'est pour cela que cet acte est distinct & séparé de celui de la confrontation, & qu'il doit être fait secretement & hors la présence de l'accusé, pour en lui confrontant les témoins, lui faire lecture & des récollemens & de leur déposition, en l'absence du Procureur du Roi & de ceux des Seigneurs, comme étant Parties. Or dans cet acte est requise la probité & prudence du Juge, auquel seul appartient de proceder aux récollemens & confrontations, tant pour sçavoir la vérité & les circonstances du fait, que pour connoître si les témoins persistent en leur déposition sans varier ni chanceler ; & il est du devoir d'un bon Juge en procedant aux récollemens, si le témoin chancele en sa déposition, de l'admonester de songer à sa conscience, & de se représenter la religion du serment qu'il a prêté. Et en deuxiéme lieu, d'ouir benignement le témoin qui au récollement varie, change, ajoute ou diminue de la premiere déposition, & faire rédiger par écrit par son Greffier ce qu'il dit, sans user d'aucunes menaces, comme font les Juges iniques, qui poussés de passion ou à l'interêt de ceux à la requête de qui ils procedent, par un esprit mercenaire, ne veulent ouir ni faire écrire ce que les témoins déclarent par leur récollement pour la décharge & la justification de l'accusé.

Et lecture faite de leur déposition.] Lorsque les récollemens ne sont faits que quelque tems après l'information, comme un ou deux mois après, il est nécessaire de répéter aux témoins les généraux interrogatoires de l'Ordonnance. La raison en est, que depuis leur déposition ils ont pû devenir suspects à l'accusé, pour quelqu'une des causes des généraux interrogatoires, survenue de nouveau & inconnue à l'accusé, capable de faire rejetter la déposition. C'est sur ce fondement qu'en l'affaire du Sieur Baron de Fourques la procedure du récollement fut cassée par Jugement des Requêtes du Palais à Paris, quoique cet usage ne soit pas observé par le Parlement de Toulouse, dont les Parties étoient ressortables.

☞ *Et s'ils y persistent.*] La variation est permise au témoin jusqu'après le récollement. Les termes suivans, *sera écrit ce qu'ils y voudront ajouter ou diminuer*, l'indiquent d'une maniere assez sensible.]

Sera écrit ce qu'ils y voudront ajouter ou diminuer.] Par l'Arrêt du Conseil d'Etat donné à Versailles le 1 Septembre 1684, *il est enjoint aux Officiers qui seront commis pour l'instruction des procès criminels, de se servir des Greffiers, & non de leurs Clercs, pour les recollemens & confrontations des témoins pour les informations.*

ARTICLE VI.

LE récollement ne sera réiteré, encore qu'il ait été fait *pendant l'absence de l'accusé*, & que le procès ait été instruit en différens tems, ou qu'il y ait plusieurs accusés.

Pendant l'absence de l'accusé.] ☞ Parce que le récollement ne se fait que pour le témoin, & pour rendre sa déposition certaine ; aussi l'accusé n'est-il pas présent ni même appellé au récollement.] Cet article est conforme à l'Ordonnance de François I. de l'an 1536, art. 31 ; & la raison est, parce que les témoins sont censés avoir été bien examinés, & les récollemens bien & dûement faits *in odium contumaciæ, Jul. Clar. lib. 5 Sentent. §. fin. quæst. 45, num. 13* ; ce qui a lieu, encore que le récollement ait été fait par défaut.

Mais encore que par Jugement rendu sur la contumace de l'accusé, il ait été ordonné que le récollement vaudroit confrontation, néanmoins l'accusé s'étant rendu ou ayant été constitué prisonnier, il faut lui confronter les témoins, quoique le récollement ne doive pas être réiteré.

ARTICLE VII.

LE récollement des témoins sera mis *dans un cahier séparé* des autres procedures.

Dans un cahier séparé.] Cet article est conforme à ladite Ordonnance de François I. de 1536, pour Bretagne, chap. 2, art. 41, en ces termes : *Et après se fera un cahier de récollemens & confrontations, qui seront faites en brief sans aucune chose répéter ; mais quant au récollement, sera seulement mis que le témoin après le serment prêté a perseveré, ou s'il a augmenté ou diminué sa déposition, dont sera fait mention.* Il faut aussi remarquer, que chacun des cahiers doit être cotté au dos de la main du Greffier, qui les mettra au net avant que de les remettre devers le Juge, & que le Greffier doit retenir les minutes pardevers lui, pour y avoir recours en cas de besoin.

Cas dans lequel les témoins récollés & non confrontés font preuve.

ARTICLE VIII.

S'IL est ordonné que les témoins seront récollés & confrontés, la déposition de ceux *qui n'auront point été confrontés ne fera point de preuve, s'ils ne sont decedés pendant la contumace.*

Qui n'auront point été confrontés.] ☞ Dans la fameuse instruction du procès de Messieurs de Cinq-Marc & de Thou, faite par Monsieur le Chancelier Seguier, accompagné de nombre de Commissaires, partie de Messieurs les Conseillers d'Etat & Messieurs des Requêtes, & partie de Présidens & Conseillers du Parlement de Grenoble, la principale difficulté, ainsi qu'on le trouve rapporté dans le Journal de Monsieur le Cardinal de Richelieu, page 201, fut de faire valoir la déclaration de Monsieur, Frere du Roi, sans qu'il fût confronté, ayant exigé & obtenu du Roi qu'il ne le seroit pas.

Cette déclaration fut reçue par Monsieur le Chancelier, avec les mêmes formes avec lesquelles l'on a accoutumé de prendre la déposition des autres témoins, mais avec cette particuliere précaution qu'elle fut relue à Monsieur en présence de Monsieur le Chancelier, de sept ou huit Conseillers d'Etat ou Maîtres des Requêtes, qui la signerent avec lui, après qu'il eut persisté avec serment à ce qu'elle contenoit.

Et parce que le Droit & les Ordonnances veulent sans exception que tout témoin soit confronté, le Procureur Général du Roi crut, nonobstant l'usage de la confrontation figurative pratiquée en certains cas, & les avis de Messieurs les Avocats Généraux du Parlement de Paris, fondé sur les priviléges & prérogatives de Messieurs les Enfans de France, & appuyé de quelques exemples, que si l'on exemptoit Monsieur de la confrontation, il falloit user de quelque formalité qui valût autant, & qui donnât les mêmes moyens & facilités aux prévenus de se justifier.

Il demanda donc pour cet effet, que la déclaration de Monsieur lui fût lûe, après que les prévenus auroient déclaré s'ils avoient des reproches à donner contre lui, ce qu'il croyoit qu'ils pourroient faire avec plus de liberté en l'absence de son Altesse Royale, que si elle eût été présente, & qu'ensuite les reproches & réponses des prévenus fussent communiquées à Monsieur, ce qui fut ordonné par Arrêt, & exécuté par Monsieur le Chancelier.]

Lorsqu'en procedant au récollement les témoins ont déclaré qu'ils ne connoissoient point le prévenu, le Juge ne doit pas proceder à la confrontation de ces témoins; c'est une procedure inutile & de nul effet & valeur, avec restitution des émolumens; comme il fut jugé par Arrêt de la Chambre de l'Edit de Languedoc du 24 Mai 1662, donné en faveur de Jean Salvaire & Jean Calvin, contre le Commissaire qui avoit procedé à leurs confrontations; & par cet Arrêt défenses furent faites aux Officiers du ressort de confronter les témoins aux accusés, si les témoins ont déclaré dans le récollement qu'ils ne connoissent point les accusés, & ce à peine de suspension de leurs Charges.

☞ *Ne sera point de preuve.*] Quand même ils auroient été récollés.

Le témoin non confronté ne fait charge que dans le concours de ce qui est marqué sur la fin de l'article 3 du présent titre, & ce qui est dit ici, c'est-à-dire, après qu'il a été ordonné contre le contumax que le récollement vaudra confrontation, & lorsque les témoins sont morts pendant la contumace.

Mais il fait preuve pour la décharge, même sans récollement, ainsi qu'il résulte de l'art. 10 de ce titre, & de l'art. 21 du tit. 17.]

S'ils ne sont décedés pendant la contumace.] ☞ Il faut ajouter, ou s'ils ne sont morts civilement pendant la contumace, ou qu'à cause d'une longue absence, d'une condamnation aux galeres, au bannissement à tems, ils ne pussent être confrontés, ainsi qu'il est porté aux art. 22 & 23 du tit. 17.] Cet article est conforme à ladite Ordonnance de François I. de l'an 1536, art. 31, & 1539, art. 165; & cela a lieu encore, si pour quelque empêchement les témoins n'ont pû être confrontés aux prévenus qui se sont remis; car en ce cas les récollemens faits auparavant contre les défaillans sont valables, & on y ajoute foi comme s'ils avoient été confrontés, sans préjudice de leurs reproches, Ayrault, liv. 3 de son Instruction judiciaire, art. 2; & telle confrontation s'appelle littérale ou figurative, & elle vaut *in odium contumaciæ;* car autrement il seroit en la puissance de l'accusé de n'obéir point jusqu'à ce qu'il sçût que la principale charge qui est contre lui fût perdue & évanouie. Que si au contraire l'accusateur gardoit les informations pardevers lui jusqu'à ce que les témoins fussent décedés, leur déposition ne serviroit plus de rien; autrement il seroit aussi en sa puissance de rendre pire la condition de l'accusé, en attendant de le mettre en Justice quand ces témoins ne seroient plus, & que néanmoins leur déposition servît, parce que depuis que le témoin est mort, sa déposition demeure fixe en ses termes, & il ne peut rien survenir par cette confrontation littérale, qui aide à la décharge & innocence de l'accusé. Aussi parmi les Anciens il ne se trouve pas qu'ils ayent jamais reçu le témoignage d'un homme qui n'étoit pas vivant; & s'ils admettoient quelquefois le témoignage en papier, c'étoit des absens, non pas des morts, parce qu'ils pouvoient tôt ou tard rendre raison de leur témoignage, au lieu que le papier ne rougit ni ne tremble point. Ce qu'ils pratiquoient lorsque le témoin venoit à déceder avant ou durant l'accusation, étoit qu'ils recevoient le témoignage par oui-dire, comme remarque Ciceron, *contra Verrem. Mustius dixisset, si viveret; sed pro Mustio recenter auditum dixit L. Domitius.* Ayrault, au lieu préallegué, nombres 40 & 43.

ART. IX.

Des crimes ausquels il doit être procedé par récollement & confrontation.

ARTICLE IX.

DANS les crimes ausquels il échet peine afflictive, *les Juges* pourront ordonner *le récollement & la confrontation des témoins, qui n'aura été faite*, si leurs dépositions font charge considérable.

☞ *Les Juges.*] En voyant & visitant le procès, soit en premiere instance, ou en cause d'appel.]

Le récollement & la confrontation des témoins, qui n'aura été faite.] Par Lettres Patentes du Roi, données en forme d'Edit, au mois de Février 1682, vérifiées au Parlement de Toulouse le 14 Mars ensuivant, il est porté : *Que les Requêtes civiles que l'on prendra dorénavant contre les Arrêts rendus en la Chambre Tournelle dudit Parlement, seront plaidées & jugées en la Chambre Tournelle, sans que la Grand'Chambre en puisse prendre connoissance; que les exoines des accusés seront portées en ladite Chambre, & les instructions en matieres criminelles y seront faites, fors les cas où il s'agira de rébellion à l'exécution des Arrêts de la Grand'-Chambre, de la Police générale, Duels, des Procès des Gentilshommes & Ecclésiastiques, qui auront demandé & obtenu leur renvoi en la Grand'Chambre; des crimes & rixes qui arrivent dans l'enceinte du Palais, des matieres qui sont édictales, conformément à la Déclaration du mois de Novembre 1670, & des affaires qui concernent les Colléges, en la même maniere que ladite Grand'Chambre a accoutumé d'en connoître.*

Quel est l'effet de la déposition d'un témoin non récollé ni confronté.

ARTICLE X.

DANS la visite du procès, sera fait lecture de la déposition des témoins, *qui vont à la décharge, quoiqu'ils n'ayent été récollés* ni confrontés, pour y avoir égard par les Juges.

Qui vont à la décharge.] L'on en peut alléguer deux raisons; l'une, que les Juges doivent avoir plus de penchant pour la décharge & pour l'absolution que pour la condamnation; *levius enim est nocentem absolvere, quàm innocentem condemnare; L. 5, ff. de pœn.* & l'autre, que l'accusé est beaucoup moins instruit des charges & des preuves que l'accusateur; *& ideò magis est huic quàm illi favendum.*

☞ *Quoiqu'ils n'ayent été récollés.*] Voir l'article 21 du titre 17 ci-après.

De la peine contre les témoins qui se rétractent.

ARTICLE XI.

LES témoins qui *depuis le récollement* rétracteront leurs dépositions, ou les changeront dans des circonstances essentielles, seront *poursuivis & punis comme faux témoins.*

Depuis le récollement.] Il est permis aux témoins lors du récollement d'interpréter leurs dépositions, même de les corriger, & de n'y persister pas s'ils sont en doute de la vérité du fait; *L. Divus, ff. de custod. reor. Auth. de san. Episc.* §. *si quis contrà, vers. si verò crimen.* La raison est, parce que ceux qui procedent à la confection des informations peuvent s'être mal comportés, & avoir changé ou exageré les dépositions des témoins par malice ou par ignorance. Il faut pourtant remarquer, que les témoins ne peuvent pas se départir beaucoup de ce qu'ils ont dit, sans tomber dans le soupçon du crime de faux. *Dyn. in cap. sine culpa, ff. de reg. jur. in 6*, sur-tout s'ils ont été examinés par le Juge, s'ils ont signé leur déposition, ou s'ils ne rendent pas quelque raison de ce qu'ils ne persistent point. Les Juges doivent bien prendre garde à la maniere en laquelle le témoin corrige sa premiere déposition, & la cause qu'il en allégue: *Testes enim qui adversùs fidem suæ testationis vacillant, non sunt audiendi.*, *L.* 11, *ff. de testib.* Le témoin qui est convaincu de subornation ou de corruption, ne peut plus être confronté à l'accusé, quoique l'accusé l'eût corrompu pour l'obliger à le décharger lors du récollement de ce dont il l'avoit chargé par sa déposition.

Poursuivis & punis comme faux témoins.] Cet article est conforme au Droit écrit, par lequel le témoin qui révoque sa premiere déposition qu'il a signée, *pœna falsi tenetur*; comme il est décidé par la Loi *Cornelia*, §. 1, *ff. ad Leg. Corn. de falsf. cap. cùm in tua, de test.* & suivant cette maxime, plusieurs témoins pour leurs variations ont été punis de diverses peines, jusques-là que le Juge pouvoit appliquer le témoin qui varioit à la question, s'il étoit de vile condition, *ut constat ex L. ex libero, & L. unius*, §. *testes, ff. de quæst.* ce qui pourtant n'est pas reçu par le Droit François, s'il n'y a d'autres indices pour l'arguer de faux, comme d'avoir par dol, corruption & subornation retracté sa premiere déposition. *Nec enim falsum est sine dolo. L. nec exemplum* 26, *C. ad L. Corn. de fals.*

Mais il y a diverses choses que le Juge doit bien balancer & considerer dans ces occasions; sçavoir, celui qui a fait l'information, comment il y a procedé, en quel tems ou en quel lieu le témoin a déposé, & quelle est sa personne; s'il se dédit en tout, & dénie avoir déposé ce qui est écrit & ce qu'il a signé; s'il y a dol de la part du témoin, ou de l'imprudence & simplicité seulement. Il doit encore distinguer les diverses espéces & manieres de variations; si c'est en la substance & principale charge du fait, ou *aux circonstances essentielles* (comme s'explique cet article) ou seulement aux accessoires & circonstances; & si par leur variation la charge résultant de leurs dépositions est du tout renversée, ou seulement diminuée. Char. en ses Pand. liv. 4, ch. 8.

Car il est constant que le témoin peut éclaircir sa déposition, y ajouter & diminuer, autrement ce seroit en vain qu'on procederoit aux récollemens; mais lorsque le témoin prête deux dépositions contraires l'une à l'autre, on ne s'arrête ni à l'une ni à l'autre, à cause de la variation du témoin, qui est suspecte de faux, parce que les preuves des crimes publics doivent être *luce meridianâ clariores. L. ult. C. de prob. Jul. Clar. in Prax. quæst.* 53, *num.* 10; *G. P. quæst.* 593; *& Matth.* sur cette question; *Faber in suo Cod. lib.* 4, *tit.* 15, *defin.* 34. S'il arrive que le témoin soit suborné par la Partie civile, il sera condamné pour la corruption, & la Partie civile pour la subornation; & de plus, la Partie civile sera condamnée en tous les dommages & interêts, & l'accusé absous. Si c'est l'accusé qui ait corrompu le témoin pour l'obliger à le décharger, la subornation étant prouvée, le témoin sera condamné en une peine, & l'accusé renvoyé absous, supposé que ce témoin fût nécessaire pour la preuve, parce que le témoin qui est convaincu de corruption, ne peut plus être suborné, & la Partie civile condamnée en ses dommages & interêts, sauf son recours contre le témoin, sur la foi duquel il s'est engagé à la poursuite du procès, *juxtà c. aqua de consacr. Eccles. facit Glos. in Clement. 1, de offic. deleg.*

¶ Par Arrêt rapporté au Journal des Audiences, rendu en la Tournelle Criminelle en forme de Réglement le 6 Avril 1675, il a été fait défenses aux Lieutenans Criminels du Châtelet, d'arrêter les témoins après le récollement & confrontation, si ce n'est qu'il y eût des variations essentielles dans les principales circonstances de leur déposition, récollement & confrontation, & preuve de la corruption.]

De la Confrontation des Témoins.

Cas dans lesquels les Accusés doivent tenir prison, ou qu'ils en peuvent être dispensés.

ARTICLE XII.

LES accusés contre lesquels il y a originairement decret de prise de corps, *seront en prison pendant le tems de la confrontation*, & en sera fait mention dans la procedure; si ce n'est que par nos Cours, en jugeant les appellations, *il en ait été autrement ordonné.*

En prison pendant le tems de la confrontation.] Cet article est conforme à l'Ordonnance de 1539, article 152, par laquelle il est porté, *qu'aux matieres sujettes à confrontation, les accusés ne seront élargis pendant les delais qui seront baillés pour la faire.* Ce qui est confirmé par divers Arrêts rapportés par Guenois sur Imbert, liv. 3 de ses Instit. Forenses, chapitre 13, lettre A; même si les accusés avoient été auparavant élargis, ou qu'on leur eût donné la Ville pour prison, on les restraint pendant les confrontations; & lorsque la Cour renvoye quelques accusés venant en personne pardevant quelque Juge Royal, elle leur baille le chemin pour prison avec la clause, *sauf à les restraindre pendant les confrontations*: Imbert & Charondas, aux lieux ci-devant allégués. La raison est, afin qu'ils ne puissent pas si facilement corrompre & suborner les témoins. Aussi lorsque la Cour baille aux accusés le chemin pour prison, elle leur fait défenses de communiquer avec les témoins par eux ni par personnes interposées, directement ou indirectement, à peine de mille livres, & d'être atteints & convaincus des cas à eux imposés. Sous le mot de *prison*, il faut aussi entendre la garde en laquelle ont été constituées les personnes de qualité & les femmes honnêtes sans passer le guichet, sur-tout quand le crime n'est pas capital; & après les confrontations faites & parfaites, l'accusé peut être élargi, si la qualité des excès & des Parties y est disposée.

Il en ait été autrement ordonné.] Le Roi a voulu par cette exception laisser la liberté aux Cours de renvoyer un accusé, contre lequel il y aura eu decret de prise de corps, en état d'ajournement personnel, pour subir la confrontation pardevant les premiers Juges; mais il n'est pas permis aux premiers Juges de convertir les decrets de prise de corps en ajournement personnel.

Formalités qui doivent être observées dans les confrontations.

ARTICLE XIII.

LES confrontations seront écrites *dans un cahier séparé*, & chacune en particulier paraphée & signée du Juge dans toutes les pages, par l'accusé & par le témoin, s'ils sçavent ou veulent signer; sinon sera fait mention de la cause de leur refus.

☞ Il faut ici rappeller, pour ce qui est des ratures & interlignes, tout ce qui est repris dans l'article 12 du titre 6 des Informations, & dans le 12 du titre des Interrogatoires des Accusés.]

Dans un cahier séparé.] Cet article est conforme à ladite Ordonnance de François I, donnée à Valence pour Bretagne en Août 1536, chap. 2, article 41, en ces termes. *Et après se fera un cahier de récollemens & confrontations, qui seront faits en brief sans aucune chose répéter. Et quant à la confrontation, ne contiendra autre chose que le reproche & l'interrogatoire qui aura été sur ce fait par le Juge, avec la réponse du prisonnier; & elle se fait avec le serment du prisonnier & du témoin auparavant la lecture de sa déposition, & en tête des témoins examinés ausdites informations, où il sera fait mention que le témoin aura été récollé & confronté, & sera dit davantage, folio tali verso & non verso.* Il faut aussi remarquer que s'il y a plusieurs accusés & chargés d'un même crime, les confrontations se doivent faire séparément, c'est-à-dire qu'il n'y ait qu'un des coupables & un des témoins à la fois, si ce n'est qu'il s'agît d'une Communauté ou Université accusée de crime, auquel cas elles répondent par un Syndic qui est interrogé au nom de la Communauté, comme on peut voir par l'Arrêt donné par les Juges délégués par le Roi contre la Communauté de Bordeaux en 1548. Cet Arrêt fait mention des interrogatoires & réponses de Guillaume le Blanc, l'un des Jurats de Bordeaux, Auteur & Syndic constitué pour répondre pour la Communauté, lesquelles réponses furent faites en présence & par déliberation prise à chacun interrogatoire des autres Jurats.

ARTICLE XIV.

POUR proceder à la confrontation du témoin, l'accusé sera mandé; & après le serment prêté par le témoin & par l'accusé, en présence l'un de l'autre, le Juge les interpellera *de déclarer s'ils se connoissent.*

De déclarer s'ils se connoissent.] Cet article & les suivans jusqu'au 29, sont conformes à l'Ordonnance de François I. de l'an 1536, article 17, & de l'an 1539, articles 154 & 155; & ils contiennent si clairement la forme qui doit être observée dans les confrontations, que ce seroit une chose vaine & inutile de s'y arrêter. Il sera seulement remarqué que la fin principale pour laquelle la confrontation a été introduite, est afin que les témoins voyent & reconnoissent celui contre lequel ils ont déposé, afin qu'ils ne le prennent point pour un autre, comme il est souvent arrivé; car ce qu'il y a de plus important, est de sçavoir qui est l'accusé : *Priùs enim sciendum est an sit commissum crimen & à quo* : & c'est pour cela que si le témoin dans la déposition ou récollement témoigne n'être pas bien certain de reconnoître l'accusé, le Juge peut d'office faire comparoir devant lui une autre personne que l'accusé, pour voir s'il le reconnoîtra, comme nous lisons en Dion, *lib.* 60 de *Valerius Asiaticus*, pour lequel le témoin à la confrontation prit un pauvre homme tout chauve : & lorsque le témoin qu'on veut confronter est aveugle, on fait venir dix ou douze hommes les uns après les autres, les faisant parler comme si c'étoit le prévenu; & à mesure qu'ils se taisent, on demande à l'aveugle s'il reconnoît la voix; & s'il répond que ce n'est aucun d'eux, on fait parler le prévenu, la voix duquel étant reconnue par le témoin, cela vaut autant que s'il l'avoit vû. Desp. en son Traité des Crimes, part. 1, tit. 8, nomb. 8, où il remarque que si le Patriarche Isaac après avoir perdu la vûe eût jugé par la voix, il ne se seroit point mépris en donnant sa bénédiction à son fils Jacob pour Esaü. Et en second lieu, la confrontation a été introduite pour faire connoître à l'accusé ceux qui ont déposé contre lui, afin de les reprocher, si bon lui semble, & pour lui faire entendre ce qu'ils ont déposé, afin qu'il les puisse contredire & alléguer ses faits justificatifs : *Ut enim dicebat Gordianus Imperator, Judex non minus accusatorem ad docenda, quàm reum ad purganda quæ negat, urgere debet.*

ARTICLE XV.

SERA fait ensuite lecture à l'accusé *des premiers articles de la déposition* du témoin, contenant son nom, âge, qualité & demeure, la connoissance qu'il aura dit avoir des Parties, & s'il est leur parent ou allié.

Des premiers articles de la déposition.] Quand l'accusé remontre qu'il ne connoît pas le témoin, il est bien juste qu'on lui fasse lecture de son nom, de son âge, qualité & demeure : il est même recevable à lui demander d'où il le connoît, où il l'a vû, & depuis quand, afin qu'il puisse penser aux reproches qu'il a à proposer contre le témoin; & il n'y a rien en cela qui choque les anciennes Ordonnances, parce que ce n'est pas sçavoir la déposition, que d'être informé quel est le témoin qu'on produit. C'est pour cela qu'anciennement à Rome, lorsqu'on procedoit à l'information, les accusateurs & les accusés, ou leurs Procureurs, y étoient présens; & ils apprenoient dès-lors de quels témoins on les vouloit combattre au jour que la cause devoit être plaidée, & ils avoient tout ce tems-là pour s'enquerir de leurs qualités, mœurs & conditions.

ARTICLE XVI.

L'ACCUSÉ sera ensuite interpellé par le Juge *de fournir sur le champ ses reproches contre le témoin*, si aucuns il a; & averti qu'il n'y sera plus reçu après avoir entendu la lecture de sa déposition, dont sera fait mention.

De fournir sur le champ ses reproches contre le témoin.] Cela est conforme à l'Ordonnance de 1539, art. 154. L'Ordonnance peut paroître à quelques-uns trop rigoureuse, de contraindre si promptement l'accusé à proposer ses reproches contre les témoins qui lui sont confrontés, lesquels le plus souvent lui sont inconnus, sans lui donner un brief délai pour y penser & s'informer des témoins :

mais l'Ordonnance est fondée sur la régle générale de Pratique, par laquelle, après la publication des témoins, on n'est pas reçu à les reprocher, & pour éviter que les accusés n'ayent le tems de suborner les témoins, ce qui est fort dangereux aux affaires criminelles : néanmoins cet article ne s'observe pas si étroitement, que si après la confrontation, quelques reproches viennent à la connoissance de l'accusé, il ne puisse les proposer par Requête présentée aux Juges, & principalement s'il les justifie par écrit. Bourdin, sur ladite Ordonnance de François I, art. 154 & 155.

ARTICLE XVII.

LES témoins seront enquis de la vérité des reproches; *& ce que le témoin & l'accuse diront*, sera écrit.

Ce que le témoin & l'accusé diront.] Entre plusieurs complices & coaccusés, les reproches donnés par l'un d'iceux contre un ou plusieurs témoins, servent aux autres, bien qu'ils ne les ayent pas proposés, à cause de la liaison & connexité du crime ; mais cela ne sert point aux coaccusés défaillans & contumaces en haine de la contumace, qui les fait décheoir de toute exception & bénéfice de droit.

ARTICLE XVIII.

APRÈS que l'accusé aura *fourni ses reproches*, ou déclaré qu'il n'en veut point fournir, lecture lui sera faite de la déposition & du récollement du témoin, *avec interpellation de déclarer s'ils contiennent verité*, & si l'accusé est celui dont il a entendu parler dans ses déposition & récollement ; & ce qui sera dit par l'accusé & le témoin, sera aussi rédigé par écrit.

Fournir ses reproches.] Il y a différence entre reprocher les témoins, & contredire leur déposition ; l'une regarde leurs personnes, & l'autre les crimes d'iceux ; & bien que l'un & l'autre ait lieu en matiere civile, il n'y a point de contredit en matiere criminelle ; & l'Ordonnance *enjoint à l'accusé de proposer ses reproches après le récollement des témoins, avant que lecture soit faite en sa présence de la déposition, en telle sorte que ce qu'il objecte après l'avoir entendue, n'est plus considérable* Le même a lieu au civil ; *les reproches doivent être fournis avant la publication de l'enquête ; autrement ils doivent être rejettés, & ils ne peuvent plus être insérés dans les contredits*, suivant l'Ordonnance de Louis XII. 1512, article 38, & de François I. 1539, article 155.

☞ *Avec interpellation de déclarer s'ils contiennent vérité.*] Quoique l'article, par les termes qui précédent, semble appliquer cette interpellation à l'accusé, elle doit cependant s'entendre du témoin, suivant ceux qui se lisent après, *& si l'accusé est celui dont il a entendu parler dans ses déposition & récollement.*

Cas dans lequel l'accusé est forclos de bailler des reproches.

ARTICLE XIX.

L'ACCUSÉ ne sera *plus reçu à fournir des reproches* contre le témoin, après qu'il aura entendu la lecture de sa déposition.

Plus reçu à fournir des reproches.] Cet article est conforme aux Ordonnances d'Abbeville, articles 335, 336 & 357, à ladite Ordonnance de François I. de l'an 1536, article 17, & de Villiers-Cotterets, articles 54, 55 & 58, qui portent, *que les objets seront fournis par les accusés sur le champ, & avant la lecture de la déposition ; autrement, qu'ils n'y seront point reçus :* & au chap. *præsentium* 31, *ext. de test.* Néanmoins cette Ordonnance fut introduite par Monsieur le Chancelier Poyet, qui en souffrit le premier : ce qui donna lieu à lui dire,

Patere legem quam tuleris,
Necis artifices arte perire suâ.

Cette Ordonnance, dis-je, semble à quelques-uns trop rigoureuse, de contraindre si promptement, & pour ainsi dire, au pied-levé, l'accusé de fournir ses reproches sur le champ, & de l'en exclure après la lecture de la déposition : il falloit par même moyen ordonner qu'on n'ameneroit jamais de témoins, que les parens, voisins & concitoyens de l'accusé, parce qu'on ne peut rien alléguer contre celui qu'on ne connoît point, ni même le plus souvent contre ceux qu'on connoît seulement de nom & de vûe, parce qu'on ne sçait pas leurs mœurs & leurs déportemens. Ayrault, liv. 3 de son Instruction Judiciaire, article 2, nomb. 44. Expilly en ses Arrêts, ch. 30. Bourdin en son Commentaire sur ladite Ordonnance de 1539. D'ailleurs, comme le seul remede qui reste à l'accusé pour justifier son innocence, est d'objecter les demandes, il ne seroit pas juste que le tems momentané prescrit par cette Ordonnance, lui fût préjudiciable dans une occasion dans laquelle *agitur de summa rerum*, de la vie & de l'honneur de l'accusé, d'autant plus que l'étonnement dans lequel est ordinairement l'accusé lors de la confrontation, lui fait perdre bien souvent la mémoire & la connoissance de ce qu'il a à proposer contre les témoins. Mais nonobstant toutes ces raisons, l'Ordonnance ne manqué pas d'en avoir pour appuyer sa disposition : car premierement elle est fondée sur la régle générale de Pratique, par laquelle, après la publication de la déposition des témoins, on n'est pas reçu à les proposer. Et en second lieu, sur ce qu'elle évite par ce moyen la subornation des témoins, qui est fort à craindre dans le procès criminel.

ARTICLE XX.

Limitation du précedent Article.

POURRA néanmoins en tout état de cause proposer des reproches, *s'ils sont justifiés par écrit.*

S'ils sont justifiés par écrit.] C'est un tempérament que l'Ordonnance a trouvé, qui est hors de soupçon de toute subornation, étant justifié par écrit, pour donner le moyen à l'accusé de reprocher les témoins, & pour favoriser son innocence. L'accusé ne doit pas découvrir ses reproches avant le tems, pour ne pas donner lieu au témoin d'empêcher que les piéces justificatives ne paroissent pas en Justice : c'est pour cela qu'en tout état de cause ils peuvent être proposés, s'ils sont justifiés par écrit, comme par Sentences, compositions de crimes, transactions ou autrement. Ce moyen l'exclut de pouvoir alléguer un fait nouveau de reproche, pour le vérifier par témoins. Guenois sur l'art. 17 de ladite Ordonnance de 1536, Bourdin au lieu préallegué, & Ayrault, tiennent que c'est une douce interprétation & moderation de l'Ordonnance. Il y a même d'autres circonstances dans lesquelles il semble qu'il est de l'équité de se relâcher de la rigueur de cette Ordonnance : comme si lors de la confrontation, l'accusé avoit dit ne connoître pas le témoin, ou s'il rapportoit la vérité de ses reproches au serment des témoins ; si après la confrontation, quelques reproches venoient à la connoissance de l'accusé ; & si un même témoin venoit à déposer deux fois en une même cause, & qu'à la seconde il alléguât des reproches qu'il n'auroit pas allégués à la premiere, pour servir contre les deux ; en tels cas il y auroit quelque apparence de les y admettre : car la cause des accusés est si favorable, que par le Droit il est permis au Juge de suppléer d'office les objets omis par l'accusé par ignorance ou par oubli ; *quia ipsius est pro accusati laborare innocentia*, *L. si non deffendatur*, *ff. de pœn. ubi rectè Ulpianus : Et qui cognoscit, debebit de innocentia eorum quærere :* même il doit avoir plus de soin de l'innocence que du crime, *L. absentem*, *ff. eodem*, parce qu'il vaut mieux absoudre dix coupables, que de condamner un innocent.

☞ On avoit, lors des Conférences tenues par Messieurs les Commissaires pour la rédaction de cette Ordonnance, proposé un titre particulier du jugement des reproches, dans la vûe de les faire juger séparément & préalablement, & d'empêcher par-là la lecture des témoins valablement reprochés ; mais ce titre n'a point été inseré dans l'Ordonnance, vraisemblablement parce que les inconvéniens relevés par Monsieur le Premier Président ont prévalu, & ont fait sentir que cet usage qui étoit celui du Grand Conseil & du Parlement de Toulouse, où il est encore suivi, ne pouvoit être rendu général. Ce titre particulier *du jugement des reproches*, étoit le 19 *dans le Procès verbal.*]

De la nullité des déclarations des Témoins, & de la peine qu'ils encourent.

Article XXI.

Défendons aux Juges d'avoir égard aux déclarations faites par les témoins depuis l'information, lesquelles nous déclarons nulles. Voulons *qu'elles soient rejettées du procès.* Et néanmoins le témoin qui les aura faites, & la Partie qui les aura produites, condamnés chacun en quatre cens livres d'amende envers Nous, *& autre plus grande, s'il y échet.*

Qu'elles soient rejettées du procès.] C'est la commune opinion de nos Docteurs, que le Juge ne doit pas ajouter foi à la déclaration du témoin faite hors le Jugement, si elle est contraire à sa déposition faite en Justice avec serment, non pas même quand elle seroit faite *in articulo mortis : Bart. in L. si quis in gravi*, §. *si quis moriens*, *ff. ad Sylan. Alex. in L. sciendum* 33, *ff. de V. O.* & autres Auteurs cités par *Jul. Clar. lib.* 5 *Sentent.* §. *fin. qu.* 53, *num.* 12. Ce qu'il faut entendre, *nisi de falsitate & corruptione aliàs appareat.* Que si au contraire la premiere déposition a été faite hors Jugement, & l'autre judiciellement, la derniere l'emporte. *Jul Clar.* §. *falsum* 9. *& d.* §. *fin. qu.* 53, *num.* 11. Mais si toutes deux sont judiciaires & directement contraires, alors *nihil valent, & testis tanquam falsarius puniri potest. Jul. Clar. d. qu.* 53. *Guid. Pap. qu.* 546 *&* 573, *ibi Gl. Aufrer. Dec. Tolos. qu.* 280. *D. D. in L. generaliter* 13, *C. de non numer. pec. ubi rectè Justinianus Imperator : Nimis indignum esse judicamus, quod suâ quisque*

voce

voce dilucide protestatus est, id in eundem casum infirmare, proprioque testimonio resistere.

Et autre plus grande peine, s'il y échet.] D'autant que le témoin est pour lors suspect de faux, & que ces déclarations témoignent qu'il a été corrompu ou gagné par quelqu'une des Parties, il n'y a pourtant point de doute que la déposition ne l'emporte, & qu'elle ne soit valable.

Ce qui doit être observé par l'accusé, quand il remarque quelque variation ou contradiction en la déposition.

ARTICLE XXII.

SI l'accusé remarque dans la déposition du témoin quelque contrarieté ou circonstance qui puisse éclaircir le fait, & justifier son innocence, il pourra *requerir le Juge d'interpeller le témoin* de les reconnoître, sans pouvoir lui-même faire interpellation du témoin; & seront les remarques, interpellations, reconnoissances & réponses aussi rédigées par écrit.

Requerir le Juge d'interpeller le témoin.] La raison est, d'autant qu'il n'y a rien qui serve plus à la défense & à la justification de l'accusé, que la variation ou discordance du témoin dans la déposition; & d'ailleurs *testimonium quod à contradicente sibi & variante excipitur, ineptissimum est & facilè corruit:* parce que le témoin par-là devient suspect & parjure, puisqu'il a promis avec serment de dire la vérité, & qu'il n'est pas possible qu'une déposition dans laquelle il y a quelque contrarieté essentielle, puisse être vraie. Anciennement il étoit permis, non-seulement aux Juges, mais encore aux Parties & à leurs Avocats, d'interroger les témoins en présence du Juge, comme remarque Ciceron, *in orat. pro Flacco*, où il est dit, à la louange d'un Avocat, *ubi enim est illa laus Patroni, benè testem interrogavit, callidè accessit, reprehendit, quo voluit adduxit, convixit, & elinguem reddidit.* Ce que Budée estime avoir été observé par l'Empereur Justinien, *in L. si quando, C. de Testib.* mais cela n'a jamais été reçu ni pratiqué en France aux procès civils. Il est seulement permis par cet article à la Partie aux procès criminels de demander au Juge qu'il lui plaise interroger le témoin en sa présence sur quelque contrarieté ou circonstance qu'il a remarquée en la déposition, afin qu'on puisse découvrir la vérité, & justifier l'innocence: l'accusé requiert même quelquefois qu'en procedant à la confrontation, on présente avec lui d'autres hommes au témoin, ce qu'on appelle confronter en tourbe, pour voir si le témoin reconnoîtra l'accusé, ou s'il accusera faussement l'un pour l'autre. Ces choses pourtant peuvent être permises ou déniées par les Juges, ainsi qu'ils verront bon être, selon la qualité du crime & des témoins; car il y a grande différence entre les témoins: Budée appelloit les uns *Classicos*, les autres *Proletarios*, & les autres *Capite censos, & Diabolares*; & l'Empereur Adrien écrivant à Varus, Lieutenant en la Cilicie, *L. Testium*, §. 1, *ff. de Testibus*, lui disoit: *Tum magis scire potes, quanta fides habenda sit testibus, qui & cujus dignitatis & existimationis sint, & qui simpliciter visi sunt dicere, utrùm unum eundemque præmeditatum sermonem attulerint, an ad ea quæ interrogaveris, ex tempore verisimilia responderint.*

Quelles formalités doivent être observées dans les autres confrontations.

ARTICLE XXIII.

TOUT ce que dessus aura lieu dans les confrontations qui seront faites *des accusés les uns aux autres.*

Des accusés les uns aux autres.] Quand il y a plusieurs accusés d'un même crime, ils doivent être confrontés les uns aux autres, sur-tout quand dans leurs interrogatoires ils ont dit quelque chose à la décharge les uns des autres. Il faut faire comparoir les deux accusés ensemble; prendre d'eux le serment en présence l'un de l'autre; les interpeller respectivement de fournir de reproches l'un contre l'autre; écrire les reproches qu'ils donneront, ou leur déclaration de n'en vouloir point donner. Ensuite leur faire lecture des articles de leurs interrogatoires, par lesquels ils seront chargés; & les interpeller de déclarer si le contenu en ces articles est véritable; faire écrire ce qu'ils diront sur cette interpellation, & les faire signer leur confrontation avec le Juge, s'ils sçavent signer, ou faire mention qu'ils n'ont pû ou n'ont point voulu signer.

S'il y a nullité dans la procedure, le Juge est obligé de la refaire à ses frais & depens.

ARTICLE XXIV.

S'IL est ordonné que les témoins seront ouis une seconde fois, ou le procès fait de nouveau, à cause de quelque nullité dans la procedure, le Juge qui l'aura commise, *sera condamné d'en faire les frais*, & payer les vacations de celui qui y procedera, & encore les dommages & interêts de toutes les Parties.

Sera condamné d'en faire les frais.] Par l'Ordonnance de François I. à Villiers-Cotterets en Août 1539. articles 142, 143 & 144. *Les Juges qui seront trouvés avoir fait des fautes notables en l'expédition des procès criminels, seront condamnés en de grosses amendes envers le Roi, pour la premiere fois; pour la seconde, seront suspendus de leurs Offices pour un an; & pour la troisiéme, privés de leursdits Offices, & déclarés inhabiles de tenir Offices Royaux: & néanmoins condamnés en tous les dommages & interêts des Parties, qui seront taxés & moderés selon les qualités des matieres.* Mais il faut qu'il s'agisse de fautes notables, parce qu'on n'entre pas en examen & considération contre le Juge pour une faute legere; & il faut d'ailleurs qu'elle soit justifiée par la procedure, parce qu'elle n'est pas présumée de droit contre le Juge, suivant la disposition de la Loi *Dolum 6, C. de dolo, Dolum ex indiciis perspicuis probari convenit.*

☞ L'Ordonnance de Blois art. 130, porte, que *les procès faits & instruits ès Cours de Parlement en premiere instance, ne pourront être rapportés par celui qui aura fait le recollement & confrontation, & instruit lesdits procès.*]

TITRE XVI.

DES LETTRES D'ABOLITION, REMISSION, Pardon, pour ester à droit, Rappel de Ban ou de Galeres, Commutation de peine, Réhabilitation, & Revision de procès.

☞ Ces différentes espéces de Lettres, dont ce titre ou rubrique contient l'énumeration, ne sont point soumises aux mêmes Loix; elles ont chacune leurs régles particulieres expliquées dans différens articles du titre, qu'il est important de ne point confondre, parce que ce qui appartient à quelques-unes de ces Lettres en particulier, n'est point commun aux autres.]

De l'obligation dans laquelle les Juges sont d'entériner les Lettres d'Abolition.

ARTICLE PREMIER.

ENJOIGNONS à nos Cours & autres Juges, ausquels l'adresse des Lettres d'abolition sera faite, *de les entériner incessamment, si elles sont conformes aux charges* & informations. *Pourront néanmoins nos Cours nous faire remontrances*, & nos autres Juges représenter à notre Chancelier *ce qu'ils trouveront à propos sur l'atrocité du crime.*

☞ Voir les articles 4 & 27 de ce titre.]

De les entériner incessamment.] Le Roi a droit de donner dans son Royaume des Lettres de grace & de rémission des crimes commis par ses Sujets, & le Seigneur Justicier n'est pas recevable à empêcher l'entérinement d'icelles, sous prétexte de ce que par ce crime les biens du délinquant lui sont acquis; d'autant qu'il ne peut prétendre qu'une amende sur les biens de l'impétrant, & que le Roi la peut remettre, comme il a été jugé par plusieurs Arrêts du Parlement de Paris, rapportés par *Joannes Galli*, *quæst.* 284, 312 & 381. Bacquet, au Traité des Droits de Justice, chap. 16, n. 1. Mais lorsque l'entérinement est fait après le jugement portant confiscation des biens, il ne nuit pas au Seigneur auquel par le jugement le droit est acquis sur les biens du condamné; Chop. *de Doman. lib.* 1, *tit.* 8, *n.* 13; Le Bret, liv. 3 de la Souveraineté, chap. 13; excepté s'il s'agissoit des Lettres accordées en considération des services, ou d'une abolition accordée pour le bien de la paix, ou que l'entérinement des Lettres fût fondé en Juſtice, pour avoir le condamné juſtifié de ſon innocence : Bacquet, audit Traité, chap. 16, nomb. 4. Il faut auſſi obſerver, que le Seigneur ne peut rien prendre pour l'entérinement, ni compoſer avec l'impétrant, comme il a été jugé par un Arrêt recueilli par Papon, liv. 34 de ſes Arrêts, tit. 17, art. 3, par lequel un Seigneur qui avoit compoſé avec l'impétrant, & reçu de lui trente écus, fut condamné à les reſtituer, & en l'amende de deux cens livres.

☞ Quelqu'étendue de pouvoir que nos Rois accordent par les apanages aux Enfans de la Maiſon Royale, jamais le droit de donner grace & abolition des crimes n'y eſt compris.

Louiſe de Savoye, ainſi que le rapporte Bodin, liv. premier, chap. 10 de ſa République, ayant obtenu ce privilége de donner des Lettres de grace dans le Duché d'Anjou, s'en départit, ayant appris que le Parlement de Paris avoit déliberé que remontrances très-humbles ſeroient faites au Roi ſur l'importance de cet article.

Il eſt quelquefois arrivé que dans les facultés de Légats envoyés en France par la Cour de Rome, s'eſt trouvée inſerée la clauſe d'abolir le crime d'héréſie, dont les accuſés pourroient être prévenus ; & dans ces occaſions les Parlemens ont rejetté ſemblables clauſes. Le Cardinal de Plaiſance, Légat, ayant en l'année 1547 donné des Lettres de grace à un Clerc qui avoit tué un Soldat, par Arrêt du 5 Janvier 1548 il fut dit, qu'il avoit été nullement & abuſivement procedé à l'entérinement de ſemblables Lettres par le Juge Eccléſiaſtique, & que nonobſtant les Lettres, le procès ſeroit fait & parfait à l'accuſé.

Si donc un Eccléſiaſtique eſt accuſé & condamné d'un crime capital & privilegié, il doit obtenir doubles Lettres : Premierement de rémiſſion & pardon, qui ſeront entérinées en la Juriſdiction ſéculiere, & des Lettres ou Bref de réhabilitation & reſtitution en Cour de Rome, pour pouvoir poſſeder des Bénéfices, parce que les anciens Canons & Decrets de l'Egliſe privent les homicides & autres convaincus de crimes graves & atroces, *à beneficiis non tantum obtentis, ſed etiam ab obtinendis.*

Fevret, en ſon Traité de l'Abus, dit, que le Pape en ce cas peut ſeulement donner des Brefs d'abſolution *quoad ſpiritualia*, deſquels Brefs l'adreſſe doit être faite *in partibus* au Juge Eccléſiaſtique qui a connu du délit, pour être par lui procedé à la fulmination ; autrement il y auroit abus.

Avant le Régne de Louis XII, pluſieurs Seigneurs s'étoient arrogé le pouvoir de donner des Lettres de pardon & rémiſſion ; mais par Ordonnance du même Prince de l'an 1499, défenſes furent faites à toutes ſortes de perſonnes d'entreprendre de donner grace, pardon & rémiſſion aux criminels.]

Si elles ſont conformes aux charges.] ☞ Quand le crime ſe trouve dans les charges autres que dans les Lettres d'abolition, c'eſt-à-dire quand ces Lettres ne ſont pas conformes aux charges, l'impétrant en peut être débouté, ſans que les remontrances ou repréſentations ſoient néceſſaires ; que ſi ces Lettres ſont conformes aux charges, mais que pour l'atrocité le crime ne ſoit pas rémiſſible, c'eſt le cas des remontrances & repréſentations permiſes par l'article : & c'eſt en quoi il faut obſerver que les Lettres d'abolition different des Lettres de rémiſſion ; car dans le cas des Lettres de rémiſſion, encore qu'elles ſoient conformes aux charges, ſi le crime n'eſt pas rémiſſible, on déboute l'impétrant, aux termes de l'article 27 ci-après, ce qui ne ſe fait point à l'égard des Lettres d'abolition. Voir la Déclaration rapportée ſur l'article ſuivant.]

Les Lettres d'abolition ne peuvent pas être disputées d'incivilité, parce qu'elles procedent du propre mouvement de Sa Majesté & de sa pure grace, en quelque maniere que le crime ait été commis. *Abolitio enim accusatio est, absolutio indulgentia delicti; Fab. in suo Cod. lib. 9, tit. 22, defin. 1.* Mais elles le peuvent être d'obreption & de subreption, *L. 2 & 4, C. si cont. jus vel util.* parce que c'est une des conditions essentielles dans les Rescrits du Prince, *ut preces veritate nitantur*, suivant la Loi derniere, *C. de rescript. Princ.* Or par la subreption on entend, lorsque l'impétrant a exposé faux dans les Lettres, *L. & si legibus 5, C. si contra jus;* & par l'obreption, lorsqu'on a celé & omis de dire la vérité, *L. 1, C. eod.* Ce que Faber explique en ces termes dans son Code au lieu préallegué, *defin. 2. Sufficit ut neque obrepserit neque subrepserit Principi, hoc est, ut nihil tacuerit eorum quæ ex actis probata reperiuntur, nihil rursùm expresserit ad se exonerandum, contra quàm testationibus probatio inveniatur.* Et par l'Ordonnance de François I, donnée à Valence, pour Bretagne, de 1536, chap. 2, art. 25, il est porté, *que si les Lettres de grace, rémission, pardon ou abolition, sont trouvées différentes & discrepantes aux informations, le porteur doit être interrogé sur les charges, & procedé contre lui par récollemens & confrontations.*

C'est pour cela que l'impétrant doit être soigneux d'exprimer non seulement le crime qu'il a commis, mais encore toutes les circonstances & qualités d'icelui, & celles qui eussent pû vraisemblablement empêcher le Prince de donner grace, s'il les eût sçues. Il y en a même qui tiennent qu'elles sont subreptices, si l'impétrant n'a fait mention des autres homicides par lui commis, suivant le texte de la Loi 3, *C. de Episc. Audient. Remissionem veniæ crimina nisi semel admissa non habeant, nec in eos liberalitatis Augustæ reseratur humanitas, qui impunitatem veteris admissi, non emandationi potiùs quàm consuetudini deputarunt.* Ce qui n'a lieu pourtant lorsque le premier crime qu'il a commis, est différent de celui pour lequel il a impétré les Lettres; comme s'il avoit auparavant commis quelque crime de faux, il n'est pas obligé d'en faire mention dans les Lettres qu'il a impétrées pour cas d'homicide. *Dec. cons. 541. Didacus Covarruv. var. resol. l. 1, cap. 20. Menoch. arbit. cas. 201. Jul. Clar. §. fin. quæst. 59, n. 10.* Il faut encore observer qu'il n'est pas absolument nécessaire d'énoncer le fait dans les Lettres d'abolition, de même que dans les autres, & qu'il suffiroit de dire que Sa Majesté étant pleinement informée du fait, elle impose silence perpétuel à ses Procureurs Généraux; d'autant que le Roi abolit & éteint le crime par la plénitude de sa puissance, & par le droit de vie & de mort qu'il a sur ses Sujets, & qu'il n'est pas obligé de rendre compte d'une chose de laquelle il ne veut pas que les Juges prennent aucune connoissance, en quoi il fait paroître sa grandeur & son autorité.

Pourront néanmoins nos Cours nous faire remontrances.] ☞ Ces remontrances ou représentations ne se doivent faire qu'après l'entérinement, sur tout depuis la Déclaration de 1683, dont on parlera sur l'art. suivant. Mais une autre Déclaration de 1686, qui est aussi transcrite sur le même article, y a apporté quelque changement.] Plusieurs tiennent pour régle constante & certaine, que le Prince peut par la plénitude de sa puissance & de son autorité, faire grace de toutes sortes de crimes, & que sa volonté seule est une cause légitime de la grace. *Indulgentia Principis perimit crimen*, suivant la Loi *pen. C. de calumn. & C. de Precib. Imper. offer.* la Loi 1, *ff. de Constit. Princip.* & le §. *sed & quod Principi, Inst. de jure nat. gen. & civ.*

Néanmoins cette Ordonnance est si juste & si équitable, que Sa Majesté fait ceder en quelque maniere ce qui est de sa puissance & de son autorité, à la justice & à l'interêt que le public a que les crimes ne demeurent pas impunis : elle a consideré que si elle n'est point sujette aux Loix civiles, elle ne doit point s'affranchir ni se dispenser des Loix Divines & naturelles, qui ont ordonné les peines pour la punition des crimes, comme il se recueille de la Gen. 9, vers. 5 & 6, de l'Exode 26, vers. 12 & 14, du Levit. 18, vers. 25, 20, vers. 4, 27, vers. 19, des Nombres 35, vers. 31, du Deuteron. 13, vers. 8, & 19, vers. 12 & 13, & d'Isaïe, vers. *ult.* & qu'il est expressément recommandé par la Loi Divine au peuple d'Israël, que s'il vient à se créer un Roi, que celui qui sera élû soit soigneux d'observer religieusement les deux Tables de la Loi. *Deut.* 17, *vers.* 14 *& seq.*

Il est vrai que l'Ordonnance restraint fort justement aux crimes atroces les remontrances qu'elle permet aux Cours & autres Juges de faire. Ces crimes sont, par exemple, le parricide, le meurtre de guet-à-pens, la sodomie, l'assassinat, le sacrilége & semblables, suivant la Loi 3, *C. de Abolit.* C'est le même tempérament que quelques Docteurs ont apporté à cette étendue de puissance que les autres donnoient à l'indulgence du Prince, & entr'autres *Jul. Clar.* §. *homicidium, num.* 8. *Farinac. quæst.* 6, *num.* 18. *& Gomes.* 3, *resol.* 13, *num.* 38. C'est aussi le sentiment de Bodin, 1 *de Republ.* 10. *Ego vero, inquit, nec Principibus ullis, nec mortalium cuiquam veniam largiri licere statuo, si scelus divinâ lege capitale fuerit, ac siquidem judex infamiam contrahit capitalem, qui privatos legibus civilibus solvit ; quis parricidam ac incestibus omnibus delibatum hominem legibus divinis jure solvi confidat ? Quod soli Principi quidem fas est, quod alterius vel minimum intersit, aut injuriam alteri illatam condonare ; quonam modo contumeliam Deo illatam, aut parricidium consulto perpetratum, quod lege divinâ capitale est, dissimulare poterit ?* Et puis après il ajoute une chose qui est très-belle, & qui n'arrive que trop souvent : *Inde pestes, bella, sterelitates, clades Rerumpub. consequuntur : at lex divina sceleratorum ultione divinam ultionem arceri testatur ; vix enim centesimum scelus magistratibus innotescit ; & eorum qui accusantur, magnam partem probationum ac testium inopiniâ dilabi videmus : quod si rei veritate perspectâ, scelerati Principum beneficio effugiant, quæ tandem peccatorum ultio in Republica futura est ?*

Ce qu'ils trouveront à propos sur l'atrocité du crime.] Ce qui est dit dans cet article & dans le 4, semble contredire ce qui a été ci-dessus remarqué, que les Lettres d'abolition ne sont sujettes à aucune connoissance de cause, comme procedantes du propre mouvement du Roi ; parce que pour sçavoir si les Lettres sont conformes aux charges & informations, il faut entrer en connoissance de cause, & que le Roi permet aux Cours de lui faire des remontrances, & aux autres Juges à Monsieur le Chancelier. Ces remontrances ne se peuvent faire qu'en deux cas : Le premier, si des Lettres d'abolition ont été obtenues par surprise pour l'un des crimes exceptés par l'article 4. L'autre, si le crime pour lequel l'abolition a été accordée, est trop atroce. Depuis par une Déclaration du 22 Novembre 1683, il a été enjoint aux Juges d'entériner les rémissions scellées en commandement, pourvû que les Lettres soient conformes aux informations, encore que le cas ne soit pas rémissible aux termes de l'Ordonnance, & l'on ne donne pas d'autres abolitions.

Cas dans lesquels les Lettres de rémission peuvent être accordées.

ARTICLE II.

LES *Lettres de rémission seront accordées pour les homicides involontaires seulement*, ou qui seront commis *dans la nécessité d'une légitime défense de la vie.*

Les Lettres de rémission.] C'est ce que les anciens Romains appelloient Déprécations, qui ne se pouvoient obtenir que devant le Sénat, qui pouvoit user de grace & de miséricorde ; au lieu que les Juges inférieurs ne le pouvoient pas, & qu'ils étoient obligés de suivre la rigueur de la Loi *Auctor Rhetoricum, ad Herennium, lib.* 1 *&* 2 *in Partit. Deprecatio est, si imprudenter, aut necessitate, aut casu quippiam fecerit, quod non concederetur iis qui suâ sponte & voluntate fecissent ; ad ejus facti deprecationem ignoscendi petenda venia est.* Mais aujourd'hui elle n'est plus en usage par le Droit François, parce qu'il n'appartient qu'au Roi de faire grace. On en fait seulement deux espéces, à sçavoir de justice & de grace. De justice, qui sont celles mentionnées en cet article, qui se peuvent obtenir aux petites Chancelleries aux cas de droit, (comme si les homicidiaires avoient été forcés & contraints à faire les homicides pour le salut & défense de leurs personnes ; si par imprudence ou cas fortuit ils les avoient commis) suivant les Ordonnances de François I. à Villiers-Côtterets, en Août 1536, art. 168 169. Charles IX. de l'an 1560. Etats d'Orléans, art. 75.

Et si cela n'étoit expressément prescrit par les Ordonnances, les Lettres de rémission sembleroient superflues à ceux qui pour leur salut & défense ont commis homicide ; car puisque le droit divin, naturel & civil permettent la défense à un chacun, il n'est pas besoin d'avoir recours au Prince, ou du moins il suffiroit d'avoir des Lettres de pardon ou d'innocence : *Nam jure hoc evenit, ut quod quisque ob tutelam sui corporis fecerit, jure fecisse existimetur ; L. Vim. ff. de justit. & jure ; & L. 4, ff. ad legem Aquil. Adversus periculum, naturalis ratio permittit se defendere.* Celles de grace, comme aussi les abolitions spéciales, procedent de la pleine & souveraine puissance du Roi, & ne s'expédient qu'en la grande Chancellerie ; & on n'y met pas le jour de l'impétration, mais seulement le mois & l'an, & le scel d'icelles est de cire verte, pendu à lacs de soie verte & rouge : au lieu que les Lettres de justice & de pardon s'expédient à simple queue & de cire jaune, & on y met le jour de l'impétration : Imbert en ses Institutions Forenses, liv. 3, chap. 13, nomb. 3 & 4. Il faut encore remarquer que les Lettres de rémission ne s'obtiennent que pour les crimes capitaux, dont le supplice est de mort ou de peine corporelle.

Seront accordées.] Il y a eu depuis une Déclaration donnée à Versailles le 22 Novembre 1683, & registrée au Parlement le 3 Décembre suivant, qui porte :

☞ LOUIS, par la grace de Dieu, Roi de France & de Navarre : A tous ceux qui ces présentes Lettres verront, Salut. Nous avons été informés qu'en procedant par nos Cours au Jugement des rémissions que nous estimons à propos d'accorder à nos Sujets, & qui sont signées de Nous, contresignées par l'un de nos Secretaires d'Etat & de nos Commandemens, & scellées de notre grand Sceau, nosdites Cours non-seulement déboutent les impétrans de l'entérinement desdites Lettres, mais les condamnent en des peines afflictives, quand les cas énoncés dans lesdites Lettres ne sont pas des homicides involontaires, ou commis dans une légitime défense de la vie, bien même que l'exposé desdites Lettres se trouve conforme aux charges & informations, nosdites Cours étant persuadées qu'elles se conforment, en ce faisant, à ce qui est porté par les articles 2 & 27 du titre 16 de notre Ordonnance criminelle du mois d'Août 1670. Et d'ailleurs, parce que le terme d'abolition (au moyen duquel nosdites Cours estiment qu'il n'y a pas lieu d'examiner les charges) ne se trouvant pas énoncé dans lesdites Lettres, il n'y a pas lieu aussi d'avoir égard aux rémissions dans lesquelles ces termes n'ont pas été employés. Et comme lesdits articles 2 & 27 ne doivent s'entendre que pour les rémissions qui s'expédient ès Chancelleries près nos Cours seulement; que notre intention n'a point été non plus d'affoiblir les graces que nous faisons à nos Sujets, en n'usant pas des termes d'abolition, lesquels même n'ôtent pas à nos Cours & Juges la liberté d'examiner si l'exposé des Lettres est conforme aux charges & informations : à quoi étant nécessaire de pourvoir, ensorte que la puissance que Dieu a mise en nos mains ne soit pas inutile à nos Sujets, envers lesquels Nous voulons bien user de clémence. Sçavoir faisons, que pour ces causes & autres à ce Nous mouvans, de notre propre mouvement, pleine puissance & autorité royale. Nous avons par ces Présentes signées de notre main, dit, déclaré & ordonné, disons, déclarons & ordonnons, voulons & Nous plaît, que les articles 2 & 27 du titre 16 de notre Ordonnance criminelle du mois d'Août 1670, soient exécutés selon leur forme & teneur, & ayent lieu seulement pour les Chancelleries étant près nos Cours; & ce faisant, défendons aux Maîtres des Requêtes & Garde-Scels desdites Chancelleries, de sceller aucune rémission, si ce n'est pour les homicides involontaires, ou pour ceux qui seront commis dans une légitime défense de la vie, & quand l'impétrant aura couru risque de la perdre, sans qu'en autre cas il en puisse être expédié, à peine de nullité : & en conséquence défendons à nos Cours & Juges de proceder à l'entérinement des Lettres de rémission expédiées esdites Chancelleries, pour autres cas que ceux exprimés ci dessus, quand même l'exposé se trouveroit conforme aux charges. Et quant aux rémissions que Nous aurons estimé à propos d'accorder pour d'autres crimes, & qu'à cet effet Nous en aurons signé & fait contresigner les Lettres par un de nos Secretaires d'Etat & de nos Commandemens, & sceller de notre grand Sceau, Voulons & ordonnons que nos Cours & Juges ausquels il échera d'en faire l'adresse, ayent à proceder à l'entérinement d'icelles, quand l'exposé que l'impétrant Nous aura fait par lesdites Lettres se trouvera conforme aux charges & informations, ou que les circonstances ne seront pas tellement différentes, qu'elles changent la qualité de l'action, & ce suivant ce qui est porté par l'article 1 du titre 16 de notre Ordonnance de 1670, & nonobstant qu'en nosdites Lettres le mot d'abolition n'y soit pas employé, ce que Nous ne voulons pouvoir nuire ni préjudicier ausdits impétrans, nonobstant aussi tous usages à ce contraires, sauf à nosdites Cours (après ledit entérinement fait) à Nous faire des remontrances, & à nos autres Juges à représenter à notre Chancelier ce qu'ils trouveront à propos sur l'atrocité des crimes, pour y faire pour l'avenir la considération convenable. SI DONNONS EN MANDEMENT à nos amés & féaux Conseillers, les Gens tenans notre Cour de Parlement à Paris, que ces Présentes ils ayent à faire lire, publier & enregistrer, & le contenu en icelles entretenir & faire entretenir, garder & observer selon leur forme & teneur, sans y contrevenir, ni souffrir

qu'il

qu'il y ſoit contrevenu en quelque ſorte & maniere que ce ſoit. CAR tel eſt notre plaiſir : en témoin de quoi Nous avons fait mettre notre Scel à ceſdites Préſentes. DONNÉ à Verſailles le vingt-deuxiéme Novembre, l'an de grace mil ſix cens quatre-vingt-trois, & de notre Régne le quarante-uniéme. *Signé* LOUIS. *Et ſur le repli*, par le Roi, COLBERT. Et ſcellé du grand Sceau de cire jaune.

Regiſtrée, oui & ce requerant le Procureur Général du Roi, pour être exécutées ſelon leur forme & teneur, ſuivant l'Arrêt de ce jour. A Paris en Parlement, le troiſiéme jour de Décembre mil ſix cens quatre-vingt-trois. Signé DONGOIS.

Mais le feu Roi, *inſtruit que par une mauvaiſe interprétation donnée à cette Déclaration, en procedant par les Cours au Jugement de quelques rémiſſions, il en auroit été regiſtré, dont les circonſtances changeoient tout-à-fait, non-ſeulement la qualité de l'action, mais la nature du crime, dont par ce moyen pluſieurs ſont demeurés impunis*, a donné une autre Déclaration le 10 Août 1686, par laquelle *il veut que dans les rémiſſions qui auront été ſcellées du grand Sceau, ſi les circonſtances réſultantes des charges & informations, ſe trouvent differentes de celles portées par l'expoſé des Lettres, enſorte qu'elles changent la qualité de l'action, ou la nature du crime; en ce cas, les Cours & Juges auſquels l'adreſſe en aura été faite, ayent à en ſurſeoir le Jugement & enterinement, juſqu'à ce qu'ils ayent reçu de nouveaux ordres ſur les informations qui ſeront inceſſamment envoyées à Monſieur le Chancelier par les Procureurs Généraux ou leurs Subſtituts, avec les Lettres qui auroient été accordées; pendant lequel tems, défenſes ſont faites aux Cours & Juges de faire aucune procedure, ni d'élargir les impétrans. La Déclaration du mois d'Octobre 1683 au ſurplus exécutée en ce qui n'y eſt dérogé.*]

Pour les homicides involontaires ſeulement.] En matiere de meurtre & homicide, on conſidere le deſſein de celui qui l'a commis : *Animus & propoſitum delinquentis maximè attenditur, cùm de Lege Corneliâ agitur. L. Divus, §. ad Leg. Cornel. de Sicar.* En effet, il eſt juſte de faire différence entre les fautes qui naiſſent de notre foibleſſe, & celles qui procedent de notre malice ; parce qu'en celles-ci nous avons conſpiré à deſſein contre les régles de la raiſon que la nature a gravée en nous ; & en celles-là il ſemble que nous avons droit d'appeller à garant cette même nature, pour nous avoir laiſſé dans une telle imperfection. C'eſt ſur ce fondement que les Juriſconſultes & les Philoſophes moraux diſtinguent les actions volontaires d'avec les involontaires. Si une cauſe étrangere à laquelle il eſt impoſſible de réſiſter, nous contraint de faire ce que notre volonté déteſte, l'action en ce cas eſt violente ; & ſi l'imprudence trouble notre jugement, & nous empêche par un aveuglement imperceptible de connoître ce que nous faiſons, cette action eſt caſuelle, & en l'un & l'autre cas elle eſt involontaire, d'autant que pour faire qu'une action ſoit purement libre, il eſt néceſſaire que l'entendement & la volonté y concourent ; & on regarde les autres actions, que le hazard ou quelqu'autre action extérieure produit ſans l'intention de celui qui la fait, ou contre ſon intention, ou au-delà de ſon intention & de ſa penſée, comme des effets étrangers, qui ne procedent pas tant de l'homme, que des autres cauſes qui ſont hors de lui, qui le rendent plus malheureux que coupable.

Cette diſtinction d'actions volontaires & involontaires a été ſuivie par tous les peuples bien policés ; & à Athenes il y avoit trois différens Tribunaux où les homicides étoient jugés. L'Aréopage, pour ceux qui étoient abſolument criminels, ayant été commis avec déliberation & avec deſſein ; le Palladium, pour les fortuits; & le Delphinium, pour ceux qui avoient été faits volontairement, mais que ceux qui les avoient commis, avouoient & soutenoient légitimes. Et nous lisons dans les Nombres, chap. 15, v. 6, que Dieu avoit établi pour les homicides involontaires, six Villes de refuge & d'asyle parmi son peuple, des deux côtés du Jourdain, dans lesquelles ils demeuroient jusqu'à la mort du Grand-Prêtre, après laquelle ils retournoient au lieu de leur demeure, & jouissoient d'une pleine liberté. Ceux qui ont traité des meurtres involontaires & pardonnables, ont principalement requis trois circonstances pour rendre l'homicide purement fortuit; l'une, que celui qui le commet contre son intention, s'occupe à une œuvre licite; l'autre, que faisant ce qu'il doit, il y apporte toute la diligence qui se peut; & la troisiéme, que le tems & le lieu soient convenables à l'action: & les marques par lesquelles les Loix jugent qu'un homme a eu véritablement la volonté de tuer, ou ne l'a pas eue, sont la qualité de l'action, & la nature des armes & des instrumens dont il s'est servi. C'est la décision expresse d'un Decret célébre de l'Empereur Adrien, en la Loi 1, §. *Divus Adrianus*, *ff. ad Leg. Cornel. de Sicar.*

Dans la nécessité d'une légitime défense de la vie.] L'Empereur Gordien disoit, que celui-là ne devoit point être puni comme homicide, qui avoit tué celui qui le vouloit tuer; *quia defensor propriæ salutis in nullo peccasse videtur. L. 3, C. ad Leg. Cornel. de Sicar.* Néanmoins s'il pouvoit autrement se garantir, les Docteurs tiennent qu'en ce cas il seroit punissable, non pas de la peine ordinaire, mais d'une autre peine à l'arbitrage du Juge: la raison est, parce que s'il pouvoit sauver sa vie, *non ad defensionem, sed ad vindictam homicidium perpetratum censetur. Roman. Consil.* 28. *Bald. in L.* 1, *C. de confess. Felin. in cap. significasti de homicid.* Cette opinion est fondée sur la disposition du Droit, en la Loi *Scientiam* 45, §. 4, *ff. ad Leg. Aquil.* où il est dit: *Qui cùm aliter tueri se non possent, damni culpam dederunt, innoxii sunt; ergò si aliter se defendere possunt, noxii sunt:* en la Loi *Is qui aggressorem, C. ad Leg. Cornel. de Sicar.* en ces termes. *Is qui aggressorem, vel quemcumque alium in dubio vitæ discrimine constitutus occiderit, nullam ob id factum calumniam metuere debere:* & sur la Clementine 1 *de Homicid.* par laquelle il est porté, que celui-là n'est pas sujet à la peine de l'homicide, *qui mortem aliter vitare non valens, suum occiderit, vel mutilat invasorem.*

Il faut encore observer que le meurtre commis pour la défense de son bien qu'on veut emporter par force & par violence, est rémissible, parce que *bona & res vitæ æquiparantur. Gloss. in L. Advocati, C. de Advoc. divers. Jud. Jul. Clar.* §. *homicidium, n.* 25. Il est vrai qu'il y apporte cette distinction, *n.* 45, qu'ou il s'agit d'un vol nocturne, ou commis de jour. Au premier cas, l'homicide est rémissible, suivant la Loi 9, *ff. ad Leg. Cornel. de Sicar.* pourvû qu'il y ait ces circonstances: 1°. Que le voleur soit trouvé saisi du bien, & qu'il l'emporte: 2°. Que le maître crie, parce que *talis clamor tollit clandestini homicidii suspicionem*: 3°. Qu'il ait été impossible au maître de s'en saisir. Et à l'égard du larcin commis de jour, trois circonstances rendent l'homicide rémissible: 1°. Si le voleur se défend avec des armes offensives: 2°. S'il emporte le bien, s'il s'enfuit & refuse de le rendre: 3°. Que les choses dérobées ne soient pas de vil prix. *Valent. de homicid. quæst.* 8. Et à plus forte raison l'homicide commis pour la défense de l'honneur est rémissible, pourvû qu'il ait été fait *cum moderamine inculpatæ tutelæ honoris*, & qu'il y ait preuve par témoins de la force. *Corbin. qu.* 319.

Cas dans lesquels celles de pardon sont scellées.

ARTICLE III.

LES *Lettres de pardon* seront scellées, pour les cas ausquels il n'échet peine de mort, & qui néanmoins *ne peuvent être accusés.*

Les Lettres de pardon.] C'est ce que les anciens Romains appelloient purgation, qui s'obtenoit d'autorité des Magistrats & Juges inférieurs : *L.* 1, §. *abolitio, ff. ad Senat. Turpill.* Et dans l'impétration d'icelles le délinquant confessoit avoir délinqué par cas fortuit ou par ignorance, & non pas sciemment : *Cic. ad Herennium, lib.* 1 *&* 2. *Purgatio est cùm consultò se negat reus fecisse, & ea dividitur in necessitatem, fortunam & imprudentiam :* & c'est de là que nous les appellons Lettres d'Innocence, & qu'elles n'ont lieu que dans les crimes où il n'échet pas peine corporelle, comme amputation de membre, fouet, fleur-de lys, ou mort civile ou naturelle, suivant cet article qui est conforme à l'article 172 de ladite Ordonnance de 1539 ; autrement l'impétrant en doit être démis, & condamné en l'amende : Imbert, liv. 3 de ses Inst. Forens. chap. 17, nomb. 17 ; Charondas en ses Pand. liv. 4, part. 2, ch. 15 ; & Papon en ses Arrêts, liv. 24, tit. 17, art. 12, où il employe un Arrêt contraire, portant entérinement d'une grace pour être déchargé d'une amende honorable, qu'il avoit déja compilé au titre des Injures verbales, art. 1.

Ne peuvent être excusés.] Par exemple, si quelqu'un s'est trouvé dans une querelle où un homme a été tué, bien qu'il n'ait pas frappé le défunt, il est inexcusable de ce qu'il ne s'est pas mis en devoir de l'empêcher, & il est obligé d'avoir recours au pardon. Les Lettres de pardon se datent du jour de l'expédition, & sont scellées en cire jaune ; au lieu que celles de rémission se datent du mois, & sont scellées en cire verte, & s'intitulent par ces mots *A tous ceux qui ces présentes Lettres verront ;* & les Rémissions, *à tous présens & avenir*, parce qu'elles sont *ad perpetuam rei memoriam.*

Cas auquel il n'est pas permis de donner des Lettres d'Abolition ou de Rémission.

ARTICLE IV.

NE *seront données aucunes Lettres d'Abolition pour les duels*, ni *pour les assassinats prémédités*, tant aux principaux auteurs, *qu'à ceux qui les auront assistés*, pour quelque occasion ou prétexte qu'ils puissent avoir été commis, soit pour venger les querelles, ou autrement ; *ni à ceux qui à prix d'argent ou autrement se louent ou s'engagent pour tuer*, outrager, exceder, ou recourre des mains de la Justice les prisonniers pour crimes ; *ni à ceux qui les auront loués ou induits pour ce faire, encore qu'il n'y ait eu que la seule machination ou attentat, & que l'effet n'en soit ensuivi, pour crime de rapt commis par violence; ni à ceux qui auront excedé ou outragé aucuns de nos Magiſtrats* ou Officiers, Huiſſiers & Sergens, exerçant, faiſant ou *exécutant quelque acte de Juſtice.* Et ſi aucunes Lettres d'abolition ou rémiſſion étoient expédiées pour les cas ci-deſſus, *nos Cours pourront nous en faire leurs remontrances*, & nos autres Juges repréſenter à notre Chancelier ce qu'ils eſtimeront à propos.

Ne ſeront données aucunes Lettres d'abolition.] Cet article expoſe les cas auſquels il ne doit être accordé aucunes Lettres d'abolition, & le droit même excepte divers crimes de la grace & de la rémiſſion, à cauſe de leur énormité & de leur atrocité, violement, guet-à-pens, concuſſion, péculat, fauſſetés & autres, ſuivant la Loi 34 & *ſeq. C. Theodoſ. de indulg. crim. L. ult. C. Juſtinian. de abolit.* Le Prêtre, en ſes Arrêts célébres, p. 929, rapporte un Arrêt du Parlement de Paris du 30 Août 1610, portant que les accuſés de tels crimes ne jouiroient pas du privilége & faveur de l'entrée de la Reine. Néanmoins la puiſſance du Roi eſt ſi grande & ſi abſolue en France, qu'il peut pardonner & abolir tous crimes, parce que la punition publique dépend de ſon autorité, s'étant retenu à lui cette ſouveraineté comme inſéparable de ſa Couronne, de diſpenſer de la rigueur de la Loi, d'amollir la ſévérité de la Juſtice, & d'uſer de plus ample miſéricorde.

Et quand cet article dit (qu'on ne peut accorder des Lettres d'abolition des cas y mentionnés) il le faut entendre, comme l'explique fort bien Damhouder en ſa Pratique criminelle, chap. 147, nomb. 6, qu'elles ne ſeront pas données *ex poteſtate Principis ordinariâ;* mais qu'il n'y a point de cas irrémiſſible, *ex ſuâ poteſtate extraordinariâ*, non pas même le crime de leze-Majeſté. *Rebuff. in proœm. conſtit. Reg. gl.* 5, *n.* 106. *Jul. Clar. §. fin. quæſt.* 59. *Nam, ut ait Caſſiodorus, lib.* 1 *Variar. Epiſt.* 30, *benigni Principis eſt, non tàm delicta punire quàm tollere, ne aut acriter vindicando æſtimetur nimius, aut leniter agendo putetur improbus. Et lib.* 2, *Ep.* 9, Théodoric parle en ces termes: *Inclinari precibus noſtra novit humanitas, nec pro affectu pietatis fines poteſt juſtitia cuſtodire. Benigni quippe Principis eſt, ad clementiæ commodum tranſilire terminos æquitatis, quando ſola eſt miſericordia cui omnes virtutes cedere honorabiliter non recuſant.* Auſſi cet article ne dit pas que ſi le Roi en accorde l'abolition, elle ſoit nulle, mais ſeulement (qu'on pourra remontrer ou repréſenter à Monſieur le Chancelier ce qui ſera trouvé à propos ſur l'atrocité du crime.) Il convient quelquefois que le Roi parle, & que ce ſoit par un exprès commandement de Sa Majeſté, à cauſe de l'énormité du crime, comme ſont celles qu'il accorde le jour du Vendredi Saint; & *tunc Secretarius in litteris remiſſionis tantùm ſubſcribit, per Regem; atque poſt ſigilli munitionem & appenſionem, Secretarius ſuper plicâ ſcribit; Sigillata per expreſſum mandatum Domini Regis.* Damhouder, au lieu préallegué.

Pour les Duels.] Par l'art. 30 de l'Edit du Roi, portant Réglement général ſur les duels, de l'année 1569, il eſt porté, *que nul ne pourra pourſuivre au ſceau l'expedition d'aucune grace, au cas où il y aura ſoupçon de duel, ou rencontre préméditée, qu'il ne ſoit actuellement priſonnier à la ſuite du Roi, ou bien dans la principale priſon du Parlement, dans le reſſort duquel le combat aura été fait; & après qu'il aura été vérifié qu'il n'a contrevenu en aucune ſorte audit Edit, & avoir pris ſur ce l'avis de Meſſieurs les Maréchaux de France, Sa Majeſté ſe réſerve d'accorder des Lettres de rémiſſion en connoiſſance de cauſe.* La raiſon de cet article eſt, afin d'empêcher les surprises de ceux qui pour obtenir des graces, déguiseroient à Sa Majesté la vérité des combats arrivés, & mettroient en avant de faux faits, pour faire croire que lesdits combats seroient survenus inopinément, & ensuite de querelle prise sur le champ.

Il faut encore observer que les François se battant hors le Royaume, n'évitent pas la peine des Edits contre les duels, parce que la Loi du Prince suit le Sujet hors l'étendue de ses Etats, suivant la Loi *Mercatores*, *C. de commerc. & mercat.* où les Empereurs Honorius & Théodose le jeune défendent aux Marchands sujets de leur Empire, d'aller négocier en Perse, *ultra Nisibim, Callinicum & Artaxatam*; & en cas de contravention, confisquent les marchandises qu'ils se trouveront avoir en ces quartiers-là, & les condamnent à un exil perpétuel. Cela est si vrai, que quoique le Prince du lieu du délit donne grace, cela n'empêche pas que le Prince naturel n'ait droit de punir son sujet, nonobstant la grace donnée par l'autre Prince; *quia gratia facta per Principem loci delicti, non suffragatur in loco domicilii seu originis. Boss. de foro compet. num. 85. Farinac. lib. 1, tit. 1, quæst. 7, num. 26. Jul. Clar. in §. fin. Pract. Crimin. quæst. 39, num. 4, versic. sic enim.*

Ni pour les assassinats prémedités.] Les Assassins étoient une secte particuliere de Mahometans, qui parut vers Antioche & Damas; ils étoient instruits à tuer de sang froid un Chrétien, & en faisoient un point de leur Religion. Ils obéissoient à un Prince appellé le Vieux de la Montagne, qui les envoyoit dans tous les endroits de la Chrétienté, où ils se louoient à ceux qui se vouloient défaire de leurs ennemis. C'est ce qui donna lieu au Decret du Concile général tenu à Lyon environ l'an 1248, qui prononce excommunication *ipso facto* contre tous Ecclésiastiques ou Séculiers qui se serviroient d'Assassins pour commettre des meurtres, ou qui leur donneroient retraite, bien que l'attentat n'eût pas eu son effet. De là est venu qu'on appelle depuis ce tems-là *assassinat* tout homicide prémédité & attentat contre la vie d'un homme, par dol, par surprise, & par embuche; ce qu'on appelle aussi guet-à-pens, lequel mot est dérivé de cette vieille façon de parler, *aguet-à-pensée*, c'est-à-dire, *manifestis insidiis*, qu'on a traduit par *manifestes aguets*, lesquels termes signifient délibéré, résolu, comme l'a observé M. Cujas sur la Loi 6 du Code *de dolo malo*. Nous trouvons la définition du meurtre & de l'homicide dans Philippe de Beaumanoir, dans le livre qu'il a fait des Us & Coutumes de son tems. Voici les propres termes dont il se sert: *Meurtre ci est-ce quand aucun tue ou fait tuer autrui en guet-à pensée, puis Soleil couchant jusqu'au Soleil levant; & nul meurtre*, ajoute-t-il, *n'est sans trahison.* A l'égard de l'homicide, il le définit ainsi: *Homicide ci est, quand aucun tue autrui en chaude mêlée;* par où l'on connoît la distinction de l'un d'avec l'autre, en ce qui s'appelle chaude mêlée, & qui fait la différence essentielle du simple homicide, est directement opposé à ce qui s'appelle guet-à-pens & trahison, qui est le caractere spécifique du meurtre & de l'assassinat. Les asiles furent fermés par le Concile de Lyon aux assassins; au lieu qu'auparavant les Evêques ouvroient les Eglises à tous criminels indifféremment, sans excepter les homicides de guet-à-pens.

Qu'à ceux qui les auront assistés.] Cet article est conforme à l'art. 194 de l'Ordonnance d'Henri III. aux Etats de Blois, par lequel il est dit, *que les Edits & Ordonnances faits par les Rois ses Prédécesseurs, seront entierement gardés & observés, tant contre les principaux auteurs, que ceux qui les accompagneront, pour quelque occasion ou prétexte que lesdits meurtres puissent être commis, soit pour venger querelle ou autrement, ſans qu'il en puiſſe être expedié Lettre de grace ou rémiſſion : Et où aucunes par importunité ſeront octroyées, il eſt défendu aux Juges d'y avoir égard, encore qu'elles fuſſent ſignées de ſa main, & contreſignées par un des Secretaires d'Etat.* Dans lequel article il faut entendre par ces mots, *ceux qui les accompagneront*, ceux qui les aſſiſteront à faire le meurtre, ou qui donneront main-forte, leſquels il ſoumet à la même peine.

Il eſt vrai qu'il y a des Docteurs qui ont été de ce ſentiment, ſur la Loi 15 *qui opem, ff. de furt.* que ceux qui n'ont donné que la ſimple aſſiſtance & faveur, ſans laquelle le meurtre ou délit n'eût pas été moins commis, ne doivent pas être punis de la même peine que ceux qui l'ont commis, mais ſeulement d'une peine arbitraire. Il y en a d'autres qui diſtinguent *inter auxilium cooperativum, & non cooperativum, inter auxilium quod eſt cauſa proxima delicti, & id quod eſt remota :* mais l'Ordonnance a rejetté toutes ces diſtinctions ; & quoique ceux qui ont aſſiſté n'ayent pas enſanglanté leurs mains, & qu'ils ne ſe ſoient pas ſervi des armes offenſives, elle a conſideré que ceux qui ſciemment ont accompagné ou aſſiſté le meurtrier, ont eu deſſein de faire le meurtre, & qu'ils y ont cooperé, en ce que leur préſence *reddidit audaciorem.*

Ni à ceux qui à prix d'argent ſe louent ou s'engagent pour tuer.] Cela eſt conforme à la diſpoſition de l'art. 195 de la même Ordonnance d'Henri III. aux Etats de Blois, en ces termes : *Pour le regard des aſſaſſins, & ceux qui pour prix d'argent ou autrement, ſe louent pour tuer, outrager, exceder aucuns, ou recourre priſonniers criminels des mains de Juſtice, enſemble ceux qui les auront loués ou induits pour ce faire : Nous voulons la ſeule machination & attentat être puni de peine de mort à tous, encore que l'effet n'en ſoit pas enſuivi, dont Nous n'entendons donner aucune grace ni rémiſſion : Et où aucune par importunité ſeroit octroyée, defendons à nos Juges y avoir aucun égard, encore qu'elle fût ſignée de notre main, & contreſignée par un de nos Secretaires d'Etat.* Pour qualifier un homicide d'aſſaſſinat, il faut qu'il y ait *pretium acceptum ;* & c'eſt la raiſon pour laquelle, aux termes de l'ancienne définition tirée de l'intelligence du chap. 1 *de Homicid. in 6*, *Aſſaſſinus eſt ille qui aliquem Chriſtianum occidi pretio mandat alteri. Capyc. deciſ.* 155 ; mais il faut qu'il y ait quelque choſe de certain & ſpécifique dans la convention, la promeſſe en termes généraux ou incertains ne faiſant pas l'aſſaſſinat ; & *Pariſ.* en ſon conſeil 166, réſout que *ſine pecunia aſſaſſinii nomen & illius pœna ceſſat.*

Ni à ceux qui les auront loués ou induits pour ce faire.] L'Ordonnance ne fait point de différence de la peine que méritent ceux qui tuent à prix d'argent, & ceux qui les louent & les induiſent pour le faire ; & elle regarde les uns & les autres comme également aſſaſſins, & ſujets à la même peine. Les Loix n'en mettent point auſſi *inter occidentem, & mortis cauſam præbentem. L. Nihil intereſt, ff. ad Leg. Cor. de Sicar. Menoc. caſ.* 352. Les Criminaliſtes prennent pareillement pour aſſaſſins ceux qui tuent, ou qui commandent de tuer, *dato aut recepto pretio ;* & ceux qui commettent des meurtres à la priere & recommandation d'autrui : car il arrive ſouvent que ceux qui ont deſſein de tuer quelqu'un, ne veulent pas paroître dans l'action ni en être tenus les auteurs, & qu'ils le font exécuter par des perſonnes qu'ils louent à prix d'argent, ou ſous quelque promeſſe ; & c'eſt proprement l'aſſaſſinat. Il eſt vrai que l'Ordonnance entend par l'aſſaſſinat, non-ſeulement ceux qui tuent, mais encore ceux qui outragent, excedent, ou recourrent les priſonniers des mains de la Juſtice. *Acac. de Privileg. Cleric.* ajoute : *Aſſaſſinii crimen tunc dici, quando committitur cum proditione in incautum, & non ſibi proſpicientem.*

Encore qu'il n'y ait eu que la ſeule machination ou attentat.] ☞ L'Ordonnance de

Blois, art. 195, portoit la conjonctive *machination & attentat*; de sorte qu'il falloit que la machination & attentat concourussent pour qu'il y eût lieu à la peine de mort; mais au moyen de la disjonctive *ou*, placée dans cet article, l'un ou l'autre emporte cette peine : & il a été ainsi jugé contre un homme qui s'étoit loué, quoiqu'il n'y eût point eu d'attentat. C'est ce qui porte à croire que M^e. Philippe Bornier dans la dissertation qu'il a placée sur cet endroit de l'article, s'est éloigné de son véritable esprit, puisqu'il ne veut pas que le terme de machination s'entende du cas où l'on a été vû *cum telo* en lieu suspect, ce qui est cependant une véritable machination; l'attentat étant lorsqu'il y a eu attaque, & que *deventum est ad actum proximum*, quoique la mort ne s'en soit pas ensuivie.]

Ces mots ne doivent pas être entendus, lorsqu'il y a eu quelque menace, ostentation, & quelqu'acte de volonté, sans être suivi de l'effet, ou qu'on a été vû *cum telo* en lieu suspect, parce que ce sont des actes qu'on appelle *remotos*, qui ne sont pas sujets à la peine ordinaire contre les assassins; mais quand il y a eu attaque, encore que la mort ne s'en soit pas ensuivie, *cùm deventum est ad actum proximum*, suivant la disposition de la Loi *Cornelia*, *de Sicar.* C'est pour cela que *Decian. in Tract. Crimin. lib. 9, cap. 30*, dit, que pour établir la peine des assassins, il faut que trois choses concourent; la premiere, *quòd deventum sit ad actum proximum*; la seconde, *quòd non poterit per assassinum quin consumaretur delictum*; la troisiéme, *quòd occidendus fortuito casu evaserit.* Il faut pourtant observer que l'Ordonnance parlant non-seulement de la machination, mais encore de l'attentat, il semble qu'elle veut du moins que la personne ait été assaillie; & lorsqu'elle dit ensuite, *encore que l'effet ne s'en soit pas ensuivi*, cela s'entend de la consommation de l'acte & non de l'action, laquelle est imparfaite, parce qu'elle tend à la consommation de l'acte.

Et que l'effet n'en soit ensuivi.] Aux termes de cet article, les meurtres & guet-à-pens ne sont pas irrémissibles comme les assassinats prémedités. La raison de la diversité peut être, parce qu'en l'assassinat il y a marché fait d'ôter la vie à un autre, ce qui ne se rencontre pas en fait de meurtre; c'est pour cela que dans le meurtre on considere le crime & l'effet seulement; & dans l'assassinat, la paction & convention par laquelle on a mis à prix la vie d'un homme, laquelle est inestimable: néanmoins aux crimes atroces, la pensée est punie aussi bien que l'effet, *L. quoniam, C. de vi publ. L. si quis non dicam, C. de Episc. & Cleric. L. 1, ff. de extraordin. crim.* sans qu'on puisse excuser la pensée du crime, par la raison que l'homme n'est pas maître de ses premiers mouvemens, & que *cogitationis pœnam nemo patitur, C. cogitationis 18 de pœn. can. eod. 14 de Pœnitentia, distinct. 1*; d'autant que s'il est prouvé que la pensée soit parvenue jusqu'à la volonté, & qu'il y ait eu perséverance & quelque effort, quoiqu'il ne s'en soit ensuivi aucun meurtre ni outrage, le crime est censé commis & la peine encourue, suivant le Decret de l'Empereur Adrien, par lequel il est dit que dans les crimes on doit avoir plus d'égard à la volonté & à l'intention, qu'à l'évenement: *In maleficiis voluntas spectatur, non exitus. L. 14, ff. ad Leg. Cornel. de Sicar.*

Pour crime de rapt commis par violence.] Cette Ordonnance ne parle que du rapt & enlevement commis par violence exercée sur le corps, ou par l'enlevement de la personne qui le souffre, & non pas de celui qui se fait par subornation & persuasion qui surprend tant de filles. Néanmoins le Jurisconsulte, en la Loi 1, §. *persuadere, ff. de servo corrupto*, dit qu'en celui-ci *vis inest*, & que *persuadere magis est, quàm cogere ac compelli parere* : même cette derniere espéce de rapt semble plus griéve & plus punissable que celle qui se commet par la force;

d'autant que la force venant à donner atteinte ſur le corps, peut laiſſer l'ame innocente : *Corpus violatum*, diſoit Lucrece à ſon mari, *anima inſons, mors teſtis erit ;* mais la perſuaſion qui extorque un tacite conſentement de la perſonne ravie, engage au crime l'ame & le corps tout enſemble. C'eſt pour cette conſidération que le ſage Légiſlateur d'Athenes uſoit d'un plus ſévere châtiment contre le rapt qui avoit été pratiqué par perſuaſion : Ἡγούμενος, dit Lyſias en ſon oraiſon contre Eratoſthenes, τὰς μὲν διαπραξαμένους βίᾳ ὑπὸ τῶν βιασθέντων μισεῖσθαι, τὰς δ' ἐπείσαντας οὕτως αὐτῶν τὰς ψυχὰς διαφθείρειν ; & à ſon exemple, Juſtinien amplifiant la Conſtitution de l'Empereur Conſtantin, inſerée au Code Théodoſien, ſous le titre *de Raptoribus*, par la Loi & l'Authentique poſtérieure de la même rubrique, déclare qu'il faut tenir pour rapt ce qui eſt fait du prétendu conſentement de la fille.

Penè rogans, blando vis latet imperio.

Ce qui a animé les Légiſlateurs contre ce crime, eſt que la Juſtice eſt offenſée par les voies de fait, le public bleſſé par le ſcandale, & la perſonne ravie deshonorée ; & qu'au défaut de la juſtice des hommes, Dieu s'en rend le vengeur, ayant puni pour le crime d'un particulier toute une Ville, même tout un Royaume, comme nous voyons dans l'Hiſtoire Sainte, du rapt de Dina, & de l'attentat fait à la femme du Lévite. Les Parlemens font diſtinction par leurs Arrêts, de ceux qui enlevent des filles mineures à main armée & par force, d'avec ceux qui les gagnent ou ſubornent par les charmes des perſuaſions, en puniſſant les uns de mort, & non pas les autres, lorſqu'il n'y a point eu de force ; & que celui qui a ſuborné & ſéduit, eſt d'une condition égale ou approchante, & non pas ſerviteur ou domeſtique. C'eſt la diſtinction qui avoit été déja faite par les dernieres Conſtitutions Orientales, compilées par Leonclavius : ἤτοι ξίφει ἢ ῥοπάλῳ τὴν ἁρπαγὴν ἐποιήσατο, μὲν τὴν ἁρπαγὴν ἐποιήσας χειροκοπεῖσθαι.

Ni à ceux qui auront excedé ou outragé aucuns de nos Magiſtrats.] Par l'article 34 de l'Ordonnance du Roi Charles IX. à Moulins, en Février 1566, & par celle d'Henri III. aux Etats de Blois, art. 190, *il eſt défendu ſur peine de la vie, à tous les Sujets, de quelque qualité qu'ils ſoient, d'exceder ni outrager aucuns Magiſtrats, Officiers, Huiſſiers ou Sergens, faiſant, exerçant & exécutant actes ou exploits de Juſtice ; & ordonné que les coupables de tels crimes ſeront rigoureuſement châtiés, ſans eſpoir de miſéricorde, comme ayant directement attenté contre l'autorité & puiſſance du Roi, ſans qu'aucunes Lettres de grace ou rémiſſion en puiſſent être expediées.* La raiſon eſt, d'autant que les Rois étant autoriſés ſur les Peuples par la Juſtice, qui eſt la vertu & la puiſſance de Dieu, & les Magiſtrats l'étant par eux, ils ne peuvent pas recevoir injure, que l'autorité royale ne ſoit offenſée ; & ce qu'on commet contre les Magiſtrats ou autres Miniſtres de Juſtice, exerçant, faiſant ou exécutant quelque acte de Juſtice, eſt réputé fait contre le Prince. Tertullien, l'un des premiers Ecrivains de l'Egliſe, le reconnoît en ces termes : *Gravior eſt invidia in Præſidem, cùm officia pulſantur ; plus læditur ipſe qui juſſit, quando qui obſequitur, excuſatur.* Dans lequel paſſage il eſt digne de remarquer que Tertullien, qui étoit un grand Docteur en Juriſprudence, a emprunté de nos Juriſconſultes ce qu'il dit, *cùm officia pulſantur*, pour dire, *cùm Officiales Præſidis, vel ejus Apparitores injuriâ afficiuntur, major fit injuria Præſidi qui juſſit.*

L'Hiſtoire remarque qu'un de nos Rois porta ſon bras en écharpe après l'excès commis contre un Miniſtre de Juſtice, pour témoigner par-là qu'il avoit été bleſſé en ſa propre perſonne. C'eſt pour cela que la commune opinion de nos Docteurs

Docteurs est, que l'excès & outrage fait en ce cas aux Officiers & Sergens, est un crime de leze-Majesté au second chef. Il y en a même plusieurs qui l'ont mis dans le rang des crimes de leze-Majesté au premier chef; mais par les Ordonnances, ce dernier crime est restreint à la personne, enfans, & postérité des Rois, ou à la République du Royaume. Du tems de Charles VI, le Duc de Lorraine, pour avoir empêché l'exécution faite par quelques Huissiers, *fut déclaré par Arrêt du Parlement de Paris, avoir confisqué corps & biens; & étant venu trouver le Roi à Paris pour s'excuser, sous la faveur du Duc de Bourgogne, sur les remontrances de Jean Juvenal des Ursins, lors Avocat du Roi, qui accourut en Cour pour s'y opposer, il fut contraint de demander pardon à genoux.* La Duchesse de Valentinois, l'an 1300, au rapport de *Joannes Galli, aussi Avocat du Roi, en sa quest.* 204. *fut pour de simples rébellions commises contre les Officiers de Justice, condamnée en de grosses amendes envers le Roi & la Partie civile, & les portes de sa Ville & de son Château furent abbatues.*

Exécutant quelque acte de Justice.] Autrement ce n'est pas un crime de leze-Majesté : & toutes les fois que le Magistrat, Juge, ou autre Officier, fait autre chose que sa Charge, ou qu'il veut étendre son pouvoir au-delà de ses bornes, il est réputé homme privé.

☞ *Nos Cours pourront Nous en faire leurs remontrances, &c.*] Les remontrances ou représentations ne se devoient faire qu'après l'enregistrement, dans le cas des Lettres d'abolition. Voir la Déclaration de 1683, rapportée sur l'article 2, & le changement qui y a été apporté par celle de 1686, mentionnée au même endroit.]

Des Lettres qui doivent être scellées dans la Grande Chancellerie.

Article V.

Les Lettres d'abolition, *celles pour ester à droit après les cinq années de la contumace, de rappel de ban ou de galeres, commutation de peine, réhabilitation du condamné en ses biens*, & bonne renommée, & de révision de procès, ne pourront être scellées *qu'en notre Grande Chancellerie.*

Celles pour ester à droit.] Ce sont des Lettres qui sont accordées par le Roi à ceux qui étoient absens & dans le service du Roi, comme ils sont obligés de justifier par le certificat de service, & qui ont laissé écouler les cinq années sans se présenter & purger leur contumace, pour avoir toujours actuellement servi; par le bénéfice desquelles le Roi les releve du tems qui s'est passé, & les reçoit à ester à droit, & à se purger des cas à eux imposés, quoiqu'il y ait plus de cinq ans passés, tout ainsi qu'ils auroient pû faire avant le Jugement de contumace, à la charge de se mettre en état, dans trois mois du jour de l'obtention lors de la présentation des Lettres, de refonder les frais de contumace, de consigner les amendes & sommes, si aucunes ont été adjugées aux Parties civiles, & à la charge que foi sera ajoutée aux témoins récollés & décedés, ou morts civilement pendant la contumace.

Quelquefois il y a clause dans les Lettres, par laquelle le Roi dispense le Demandeur pour ester à droit, de la consignation des amendes adjugées à Sa Majesté, en considération de l'Impétrant, & sur l'exposition de sa pauvreté. Par Arrêt du Conseil d'en-haut, donné à S. Cloud le 19 Avril 1681, Sa Majesté *cassa*

& annulla l'Arrêt rendu en la Grand'Chambre du Parlement de Toulouse le 27 Avril 1681, par lequel Antoine de Lavaur, Sieur de Bellot, avoit été remis en l'état qu'il étoit avant l'Arrêt de mort de ladite Cour de Parlement, contre lui rendu par contumace le 27 Mai 1664, sauf audit Lavaur à se pourvoir pardevant Sa Majesté, pour obtenir Lettres d'ester à droit en la maniere accoutumée.

Après les cinq années de la contumace.] Quelquefois on prend des Lettres dans les cinq années même de la contumace (qui est un tems de grace) à la seule fin d'être reçu à ester à droit, sans consigner les amendes adjugées au Roi ; & d'autres avec clause d'attribution de Jurisdiction souveraine, lorsque celui qui est condamné par défaut & contumace, se trouve pour l'interêt de l'Eglise ou du Public, engagé dans quelque Charge dont il ne peut s'éloigner, comme remarque l'Auteur des Formules.

De rappel de ban.] Ce sont des Lettres que le Roi accorde, par lesquelles il rappelle & décharge celui qui avoit été condamné au bannissement à tems, ou perpétuel, du bannissement perpétuel, ou pour le tems qui restoit à expirer ; & remet & restitue l'Impétrant en sa bonne renommée & en ses biens non d'ailleurs confisqués, à la charge de satisfaire aux autres condamnations portées par la Sentence. Ces Lettres doivent être entérinées par les Juges à qui l'adresse en est faite, sans examiner si elles sont conformes aux charges & informations, sauf à faire les remontrances portées par l'article. Le rappel de ban est appellé dans le Droit *Remeatus*, comme il se recueille de la Loi *Relegati*, *ff. de pœn.*

Ou de Galeres.] Ce sont des Lettres que le Prince accorde, par lesquelles il rappelle & décharge des Galeres celui qui y est, ou de la peine des Galeres à laquelle il avoit été condamné, s'il n'y est pas effectivement, & le remet & restitue en sa bonne renommée. Cette peine n'étoit point ordinaire parmi les Romains. Le Jurisconsulte Paulus, *lib. 5 Sentent.* met entre les peines ordinaires, *ludum*, *deportationem*, *metallum*, & non pas *remum*, parce que la mer n'étoit pas si fréquentée qu'elle a été depuis, ce qui a été cause qu'on a rendu cette peine ordinaire, pour avoir des forçats. Néanmoins *Valerius* fait mention d'un homme qu'Auguste condamna aux Galeres, parce qu'il se disoit être fils de sa sœur Octavia.

Commutation de peine.] C'est lorsque le Roi en considération des services que le Demandeur lui a rendus, le rappelle & décharge des Galeres (s'il y est) ou de la peine desdites Galeres ausquelles il a été condamné (s'il n'y est pas effectivement) qu'il commue cette peine en celle de le servir à ses dépens dans son armée ; & qu'en rapportant par lui bon & valable certificat du Lieutenant Général de l'Armée, Intendant de Justice, & du Secretaire de ses Commandemens ayant charge de la Guerre ; ou s'il sert dans une garnison, du Gouverneur de la Place & de l'Officier subalterne, il le remet & restitue en sa bonne renommée, & en ses biens non d'ailleurs confisqués, à la charge de satisfaire aux autres condamnations portées par les Jugemens ; & les années du service expirées, il est suivant la clause des Lettres déchargé absolument. Quelquefois l'accusé ou condamné, lorsque le Roi fait sa premiere entrée dans une Ville, se tenant prisonnier, obtient un simple Brevet de commutation de peine en un service de tant d'années, à la charge après les services rendus d'en rapporter les certificats, & sur iceux prendre des Lettres, en faveur duquel Brevet il est élargi ; & après avoir rendu les services, il prend des Lettres qui lui sont accordées en justifiant du tems du service.

Réhabilitation du condamné en ses biens.] C'est lorsque le condamné a satisfait à la peine, amende & interêts civils, & que la tache & note d'infamie & l'incapacité d'agir civilement qui lui reste, lui ôtant les moyens de se nourrir, il a recours à la clémence du Prince, & qu'il le remet, rétablit & réhabilite en sa bonne renommée & biens non d'ailleurs confisqués, tout ainsi qu'il étoit avant ladite Sentence, sans que par icelle il lui puisse être imputé aucune incapacité ni aucune note d'infamie, lesquelles demeurent ôtées & effacées, avec pouvoir de contracter & faire tous actes civils. Cela est conforme au Droit Romain, en la Loi *Princeps, ff. de verb. signif. L.* 1, 3, 5 *& ult. C. de sentent. pass.* ce que *Julianus Imperator, Zenonem medicum exulantem revocans declarat.* On a douté si le Roi pouvoit ôter la confiscation acquise au Seigneur Haut-Justicier. *Faber in §. cùm autem, Inst. quib. mod. jus patr. pot. Chassan. in Consuetud. Burgund. tit. de Confisc. Chop. lib.* 1 *de Doman. tit.* 8. Mais soit que ce soient des Lettres de rémission, de Justice, de grace ou d'abolition, si elles contiennent la restitution du Rémissionnaire en ses biens, il y doit rentrer, encore qu'ils ayent été confisqués au Seigneur Haut-Justicier, pourvû que le Jugement ait été donné par contumace. Car comme il ne peut empêcher l'entérinement des Lettres de rémission, sous prétexte de la confiscation qu'il espere, aussi il ne peut empêcher l'effet d'icelles; autrement ce seroit diminuer la puissance du Roi. L'Impétrant est reçu à présenter ses Lettres de réhabilitation sans être prisonnier & écroué.

Qu'en notre grande Chancellerie.] Ces diverses sortes de Lettres sont si bien expliquées par l'Auteur des Formules, avec ce qu'elles ont de commun ou de propre dans la disposition de cette Ordonnance, qu'il seroit tout-à-fait inutile de vouloir traiter de chacune en particulier. Il faut remarquer seulement sur cet article, que la raison pour laquelle elles ne peuvent être scellées qu'en la Grande Chancellerie, est parce qu'elles émanent de la pleine & souveraine puissance du Roi, & qu'il n'y a que le Roi seul qui ait le droit de les accorder. Aussi par l'Ordonnance de Villiers-Cotterets de l'an 1539, art. 170, *il est défendu aux Gardes des Sceaux des petites Chancelleries de bailler aucun rappel de ban, & si aucuns en étoient baillés, il est défendu aux Juges d'y avoir égard, & enjoint d'en démettre les Impétrans.* On peut obtenir grace sans obtenir des Lettres de Chancellerie. Quand les Rois font leur entrée pour la premiere fois après leur avénement à la Couronne, ils ont accoutumé de donner grace à tous les criminels qui sont détenus dans les prisons de la Ville où ils font leur entrée; mais s'ils ne levent leurs Lettres dans six mois après la date du Brevet du grand Aumônier, ils en sont déchus : elles s'accordent pareillement à la naissance des Fils de France.

De la forme en laquelle les Lettres de rappel, de commutation de peine, ou de réhabilitation, doivent être obtenues.

ARTICLE VI.

L'ARREST ou le Jugement de condamnation *sera attaché* sous le contre-scel des Lettres de rappel de ban ou de galeres, de commutation de peine, ou de réhabilitation; à faute de quoi les Impétrans ne pourront s'en aider, & défendons aux Juges d'y avoir égard.

Sera attaché.] Par l'Ordonnance d'Henri III. aux Etats de Blois, article 200, il est porté : *Ne sera par Nous accordé aucun rappel de ban ou de galeres à ceux qui auront été condamnés par Arrêts de nos Cours ; & où par importunité ou autrement il seroit par Nous accordé avec leur adresse à tous autres Juges, leur défendons d'y avoir aucun égard, ni d'en prendre connoissance, quelque attribution de Jurisdiction qui leur en puisse être faite.* Néanmoins, soit qu'il y ait condamnation par Arrêt ou non, le Prince peut accorder rappel de ban, suivant la Loi *Relegati, ff. de pœn. & nemo potest commeatum remeatumve dare exuli, nisi Imperator ex aliquâ causâ ;* par où l'on voit que comme cette cause dépend absolument de lui, le Prince n'est lié que par sa propre volonté.

De leur Entérinement.

ARTICLE VII.

ENJOIGNONS à nos Juges, même à nos Cours, d'entériner les Lettres de rappel de ban ou de galeres, de commutation de peine & de réhabilitation, qui leur seront adressées, sans examiner *si elles sont conformes* aux charges & informations, sauf à nous représenter par nos Cours ce qu'elles jugeront à propos.

Si elles sont conformes.] Celles-ci ne peuvent pas être débattues, comme les autres, d'obreption ou de subreption, dont il a été parlé sur l'article premier, d'autant qu'il y a différence à faire entre les Lettres accordées après le Jugement de l'accusé, & celles qui précedent le Jugement.

☞ Cet examen paroît en effet inutile, puisque le Jugement est attaché sous le contre-scel, & le Roi ne rendant point raison de sa volonté, si ce n'est dans le cas de commutation de peine des Galeres pour cause d'invalidité.]

Procedure qui doit être observée dans les Lettres de révision de Procès.

ARTICLE VIII.

POUR obtenir *des Lettres de révision de Procès*, le condamné *sera tenu d'exposer le fait* avec ses circonstances, *par Requête qui sera rapportée en notre Conseil*, & renvoyée, s'il est jugé à propos, aux Maîtres des Requêtes de notre Hôtel, pour avoir leur avis, que nous voulons ensuite être rapporté en notre Conseil. Et si les Lettres sont justes, il sera ordonné par Arrêt qu'elles seront expédiées & scellées ; & pour cet effet elles seront signées par un Secretaire de nos Commandemens.

Des Lettres de révision de Procès.] Cet article avec les 9, 10, 11, 18 & 28, reglent la procedure qui doit être observée dans la révision de Procès. C'est un remede pour revenir contre la procedure qui a été tenue dans l'instruction de l'affaire qui a été jugée, à cause des défauts & des nullités qui peuvent avoir été commises, qui sont comme les moyens de rescision ou restitution dans les Lettres de Requête civile. Ce moyen étoit autrefois pratiqué par le Droit Romain, & il étoit permis aux Parties qui avoient été grevées par Sentence *Præfecti Prætorio*, de s'adresser par Requête devant le même Juge, *ut is causam, sive acta revideat & litem attentiùs inspiciat*; & il y avoit un terme préfix pour cela, qui étoit de dix jours, dans lequel le libelle devoit être présenté, suivant la Novelle 119, chap. 5; & telle impétration étoit comme l'appel du Juge devant le même Juge, *per Glos. singularem, in L. un. C. de sentent. Præf. Prætor. Baldus in L. ult. C. de temp. appell. & Speculator, tit. de supplicat. §. supplicari. Mynf. Observ. cent. 6, observ. 15. Gaill. lib. 1 pract. observ.* 139; & les Grecs appelloient les Jugemens qui étoient rendus sur le rétractement, παλινδικίαν, qui vaut autant dire que révision de Procès. Mais ce remede ne peut pas avoir lieu contre les Arrêts donnés par les Cours qui jugent en dernier ressort, *quia sententia sacri Concilii non suspenditur per reclamationem, imò mandatur executioni nonobstante reclamatione; L. 1 de sentent. Præf. Prat. & Auth. quæ supplicatio, C. de Prec. Imp. offer. Matthæus de Afflictis, dec.* 321. C'est pourquoi l'Ordonnance a trouvé ce moyen qui participe de la Requête civile; & pour maintenir l'autorité de la chose jugée, & éviter que les Parties n'en pussent plus abuser, elle a voulu que ces Lettres passassent par l'avis des Maîtres des Requêtes, avant que d'en renvoyer la connoissance aux Cours où le Procès avoit été jugé; & que les Impétrans qui y seroient mal fondés, encourussent la même peine qu'encourent ceux qui viennent à succomber dans les Requêtes civiles.

Sera tenu d'exposer le fait.] Si un condamné par Arrêt ou Jugement en dernier ressort prétend qu'il a été injustement condamné, & s'il a recouvré des piéces suffisantes pour vérifier son innocence, ou s'il articule des faits décisifs non examinés lors du Jugement, il faut qu'il obtienne des Lettres de révision, qui sont en matiere criminelle ce que sont les Requêtes civiles en matiere civile. Il y a pourtant cette différence, qu'encore que dans les matieres civiles on ne rétracte pas les Arrêts, sous prétexte de mal jugé au fond, s'il n'y a des ouvertures en la forme, & qu'il ne soit pas permis en plaidant d'entrer dans les moyens du fond; en matiere criminelle, la faveur de l'innocence est si grande, que s'il paroissoit évidemment qu'un innocent eût été condamné, il y auroit nécessité de revoir son Procès, & en le renvoyant l'absoudre. Il y a encore cette différence, qu'en entérinant les Lettres de révision, on peut juger le rescindant & le rescisoire, & par un même Arrêt révoquer la condamnation, & adjuger au condamné ses dommages & interêts, si le cas y échet, ce qu'on ne peut pas en matiere civile. C'est pour cela que les Lettres de révision sont beaucoup plus difficiles à obtenir, & qu'il faut qu'elles soient signées par un Secretaire des Commandemens.

Par Requête qui sera rapportée en notre Conseil.] A l'égard des Habitans de la Franche-Comté, il n'est pas nécessaire d'observer cette formalité: le Roi après la juste & glorieuse conquête de cette Province, a conservé les Habitans dans le privilége de pouvoir demander la révision des Arrêts de leur Parlement transféré à Besançon; & depuis Sa Majesté a fait une Déclaration au mois de Février 1679, par laquelle elle a choisi les trente plus anciens Conseillers du Parlement de Dijon pour Juges des révisions des Arrêts du Parlement de Besançon, dont dix composent chaque année la Chambre où l'on porte ces sortes de Procès. Les formalités qu'on observe sont de consigner une somme de six vingt livres; de prendre dans l'année que l'Arrêt a été rendu, une Ordonnance des Commissaires Réviseurs, pour apporter le Procès; & faire venir deux des Messieurs les Conseillers de Besançon, sçavoir le Rapporteur qui doit être du nombre des Commissaires Réviseurs, & celui qui le premier a ouvert l'avis contraire à celui du Rapporteur; & dans le Jugement de révision l'on ne peut être parti en opinions, parce que lorsqu'il y a partage, le premier Arrêt subsiste, comme remarquent les Auteurs du Journal du Palais, en la septiéme partie, page 51.

☞ Ce qu'observe ici Me Philippe Bornier, étoit vrai avant l'Edit du mois d'Août 1692; mais par cet Edit le style a changé au Parlement de Besançon sur la matiere des révisions. Cet Edit porte : *Voulons & Nous plaît, que notre Parlement de notre Comté de Bourgogne demeure établi dans notre Ville de Besançon, aux mêmes honneurs, autorités, &c..... pour y rendre & administrer la Justice en dernier ressort, en la forme & maniere prescrite par nos Ordonnances civiles & criminelles des années 1667 & 1670, & autres que Nous avons envoyées & fait publier en notredit Parlement, que Nous voulons y être suivies & observées, & l'usage des rémissions ou propositions d'erreur contre les Arrêts aboli, comme Nous l'abolissons par le present Edit, ensemble les anciennes Ordonnances de ladite Comté à cet égard; sauf néanmoins à se pourvoir par Lettres en forme de Requête civile, & autres voies de droit portées par notredite Ordonnance de 1667.*]

ARTICLE IX.

L'AVIS des Maîtres des Requêtes de notre Hôtel, & l'Arrêt de notre Conseil, seront attachés sous le contre-scel des Lettres de révision, & l'adresse faite *à celle de nos Cours où le Procès aura été jugé.*

A celle de nos Cours où le Procès aura été jugé.] Si ce n'est qu'il se trouve quelque cause de suspicion, auquel cas on renvoye au Grand Conseil, ou en quelque autre Compagnie supérieure, à l'exclusion des autres Juges, parce que les condamnés par des autres Juges ont la voie de droit, qui est celle de l'appel.

☞ La révision des Procès jugés en dernier ressort par les Présidiaux ou les Prevôts des Maréchaux, est ordinairement renvoyée au Parlement ou au Grand Conseil, & jamais aux Juges qui ont rendu le Jugement. En ce cas ce n'est pas tant révision, que c'est appel des Jugemens, quoique rendus en dernier ressort, qui est reçu par le Roi, lequel renvoye le Procès, & les Parties au Parlement ou au Grand Conseil pour en connoître : c'est ainsi que s'en explique M. le Premier Président, sur l'art. 12 de ce titre, dans les Conférences.]

Les Lettres de révision sont en matiere criminelle ce que les propositions d'erreur sont en matiere civile, plutôt que des Requêtes civiles, comme il avoit été dit; avec cette différence pourtant, que les propositions d'erreur doivent être jugées dans la même Chambre & par les mêmes Juges qui ont jugé le Procès; & les Lettres de rescision sont bien adressées ordinairement à la même Chambre, mais il n'y a pas de nécessité que les mêmes Juges qui ont donné l'Arrêt contre lequel on s'est pourvû, s'y trouvent.

ARTICLE X.

LES Parties pourront produire *devant les Juges ausquels elles seront renvoyées*, de nouvelles Piéces qui seront attachées à une Requête, de laquelle sera baillé copie à la Partie, ensemble des Piéces, pour y répondre aussi par Requête, dont sera pareillement baillé copie dans le délai qui sera ordonné ; passé lequel, & après que le tout aura été communiqué à nos Procureurs, sera procedé au Jugement des Lettres sur ce qui se trouvera produit.

☞ *Devant les Juges ausquels elles seront renvoyées.*] C'est-à-dire dans les Cours où les Parties auront été renvoyées ; car on vient de remarquer que ce renvoi ne peut être fait à d'autres Juges.]

ARTICLE XI.

DANS les Lettres de rémission, pardon, pour ester à droit, rappel de ban & de galeres, commutation de peine, de réhabilitation & révision de Procès, obtenues par les Gentilshommes, ils *seront tenus d'exprimer nommément leur qualité*, à peine de nullité.

Seront tenus d'exprimer nommément leur qualité.] C'est-à-dire, que les Impétrans s'intitulent Nobles. L'Ordonnance de Moulins de l'an 1566, art. 35, vouloit *que les Lettres de grace & rémission fussent adressées aux Siéges Présidiaux ; & aux lieux ausquels il n'y auroit point de Siége Présidial, aux Juges ressortissans nuement aux Cours, & non à autres : & si le délit étoit commis ailleurs, que les Présidiaux ne pussent enteriner les Lettres sans avertir les Juges du délit, & faire apporter pardevers eux les informations & procedures faites sur les lieux du délit.* Cet article fut ensuite corrigé par l'article 9 de l'Édit d'Amboise, en Janvier 1572, par lequel, *pour obvier aux plaintes que plusieurs Sujets faisoient de la facilité dont les Juges usoient à l'endroit des Gentilshommes & des Officiers du Roi, à l'enterinement des rémissions par eux présentées, il fut ordonné que toutes Lettres de rémission par eux obtenues, seroient présentées par eux en personne, tête nue & à genoux, suivant l'Ordonnance, & adressées aux Cours de Parlement, au ressort desquelles les excès seront commis : sauf après d'ordonner, si la Partie civile le requeroit, & si par les Cours étoit avisé, ou autrement par elles ordonné, de renvoyer lesdits Rémissionnaires sur les lieux.* Ce que l'Edit d'Amboise & la nouvelle Ordonnance veulent, *qu'à l'égard des Nobles, l'adresse desdites Lettres & autres par eux obtenues, & l'enterinement d'icelles, soit fait aux Parlemens, & non pardevant les Juges des lieux*, n'est pas pour favoriser les Gentilshommes, mais en haine de ce que le plus souvent ils usurpent dans leurs Provinces & dans leur voisinage une si grande autorité, que beaucoup de Juges craignent, n'osent & ne veulent rien entreprendre sur eux, ce qui leur seroit un moyen de rendre leurs crimes impunis.

A qui les Lettres doivent être adressées.

ARTICLE XII.

LES Lettres obtenues *par les Gentilshommes*, ne pourront être adressées *qu'à nos Cours, chacune suivant sa Jurisdiction, & la qualité de la matiere*, qui pourront néanmoins, si la Partie civile le requiert, & qu'elles le jugent à propos, renvoyer l'instruction sur les lieux.

☞ *Par les Gentilshommes.*] Il n'eſt point ici parlé des Officiers du Roi, dont l'Ordonnance d'Amboiſe de 1572, art. 9, & l'Ordonnance de Blois, art. 199, font mention, & qu'elles égalent en cette occaſion aux Gentilshommes; mais le motif qui eſt le crédit des Gentilshommes auprès des Juges inférieurs, militant également dans le cas des Officiers, la même diſpoſition doit s'y étendre.]

Qu'à nos Cours.] Cet article eſt conforme à l'Édit d'Amboiſe de l'an 1572, article 9, répeté en l'Ordonnance de 1579, Etats de Blois, article 199, & à celle de 1585, par leſquelles *les Lettres de rémiſſion, grace ou pardon, pour le regard des Gentilshommes & Officiers du Roi, doivent être adreſſées aux Cours de Parlement, au reſſort deſquelles les crimes ont été commis, ſauf après de renvoyer le Remiſſionnaire pardevant le Juge du lieu.* Ce qui eſt confirmé par divers Arrêts, & entr'autres par celui que la Cour des Grands-Jours de Lyon donna le 29 Novembre 1596, par lequel il fut enjoint aux Lieutenans Criminels & Officiers des Préſidiaux, de renvoyer à la Conciergerie du Palais à Paris, les Gentilshommes & autres perſonnes tenues pour Nobles, portant les armes, qui leur préſenteront des Lettres de grace, encore que par icelles il y eût clauſe portant dérogation à l'Ordonnance prohibitive d'adreſſer leſdites Lettres ailleurs qu'à la Cour; & le motif qui eſt exprimé dans cet Arrêt, & qui eſt peut-être celui que l'Ordonnance a eu, eſt afin de réprimer l'audace & l'entrepriſe des Nobles, & leur ôter les moyens de faire indirectement entériner leurs Lettres de grace pardevant les Juges où ils obtiennent l'adreſſe par faveur. Il faut pourtant remarquer que les Gentilshommes peuvent faire adreſſer telles Lettres au Prevôt de l'Hôtel, quand les crimes ont été commis à la ſuite de la Cour.

Chacune ſuivant ſa Juriſdiction.] L'adreſſe des Lettres obtenues en Chancellerie, n'eſt pas attributive de Juriſdiction, parce qu'il peut y avoir eu de la ſurpriſe, & qu'il eſt facile aux Impétrans de faire faire telle adreſſe qu'ils déſirent, ce qui eſt de mauvaiſe conſéquence & tend à l'impunité des crimes. Il eſt juſte & raiſonnable que les Lettres ſoient adreſſées aux Juges dans le détroit deſquels l'homicide a été commis, & qui peuvent avoir plus de connoiſſance de la vérité du fait, & il ne doit pas être au choix des Parties impétrantes d'affecter un Juge qui leur ſoit favorable, & d'en faire choix. Notre Droit auſſi s'y oppoſe dans le titre du Code *ubi de criminibus agi oporteat*, dans lequel les Empereurs établiſſent pour régle, que la recherche & punition s'en faſſe où ils ont été commis. Ce que Juſtinien confirme en ſa Novelle 69, où il eſt dit que, *ubi de qualibet re fuerit reus, illic etiam juri ſubjaceat, quod jus perpetuum eſt.*

Et la qualité de la matiere.] Les Officiers de la Connétablie & Maréchauſſée de France à la Table de Marbre, connoiſſent des Lettres de rémiſſion, de pardon ou d'innocence, pour crimes commis par les Gens de Guerre, tant de pied que de cheval, au camp ou en leurs garniſons, y allant & revenant, ou tenant les champs, Tréſoriers, Payeurs, Prevôts des Maréchaux, leurs Lieutenans ou Archers, & autres ſemblables perſonnes étant aux champs, en garniſon, y allant ou revenant, & exerçant leurs Charges: & les Lieutenans Généraux de l'Amirauté connoiſſent des Lettres de rémiſſion obtenues par gens roturiers dans les Vaiſſeaux ſur la Mer, ou dans les Ports; & celles qui ſont obtenues par les Gentilshommes, doivent être adreſſées au Parlement. Le Grand Prevôt de l'Hôtel ou ſes Lieutenans peuvent entériner des Lettres d'abolition, de grace & de rémiſſion pour crimes commis à la ſuite de la Cour.

Art. XIII.

ARTICLE XIII.

L'*Adresse des Lettres* obtenues par des personnes de qualité roturiere, sera faite *à nos Baillifs & Sénéchaux* des lieux où il y a Siége Présidial; & dans les Provinces où il n'y a point de Siége Présidial, l'adresse se fera aux Juges ressortissans nuement en nos Cours, *& non autres*, à peine de nullité des Jugemens.

☞ *L'adresse des Lettres.*] Cela s'entend des Lettres autres que celles de révision, qui ne peuvent, comme on l'a observé sur l'art. 9 & 10 de ce même titre, être adressées qu'aux Cours; car les Baillifs & Sénéchaux ne jugent point en dernier ressort.]

A nos Baillifs & Sénéchaux.] Cet article est conforme à l'Ordonnance de François I, faite à Cremieu en 1536, art. 11; de Charles IX. en 1566, Etats de Moulins, art. 35; d'Henri III, Etats de Blois, art. 199; & à celle de 1585. Et sur le prétexte de ce qu'en l'Ordonnance de Moulins il y a, *à nos Juges Présidiaux; & aux lieux ausquels il n'y a Siége Présidial, à nos Juges ressortissans en nos Cours*, quelques Présidiaux ayant prétendu qu'ils étoient en droit d'en connoître, à l'exclusion des Lieutenans des autres Siéges des Bailliages & Sénéchaussées, ils en ont été exclus par les Arrêts de Réglement, qui ont jugé que l'adresse n'étoit faite aux Juges Présidiaux, que comme Conseillers ordinaires du Bailliage & Sénéchaussée, & que le Greffier ordinaire devoit vaquer & prendre les émolumens, comme il est remarqué par Charondas sur le Code Henri, liv. 7, tit. 13, Arrêt 4. Il faut encore remarquer, que lorsque les Lettres sont adressées aux Juges Présidiaux, si le délit étoit commis ailleurs, & le procès commencé en un autre Siége, les Juges Présidiaux ne peuvent entériner les Lettres, sans faire remettre pardevers eux les informations & procedures qui ont été faites, suivant ledit article 11 de l'Edit de Cremieu.

Et non autres.] Il n'appartient qu'au Roi seul en France d'octroyer des Lettres de grace. Ce pouvoir a été ôté non-seulement aux Reines Régentes (comme il arriva sous le regne de François I. à la Reine sa Mere, qui vouloit jouir de ce privilége en conséquence de la vérification de son apanage du Duché d'Anjou) mais encore à tous autres, comme aux Gouverneurs du Dauphiné, à cause du droit de souveraineté, que le Roi ne peut séparer de sa Couronne: c'est pour cela que l'adresse de ces Lettres ne peut être faite qu'aux Juges Royaux, *cap. 4, part. 2. Styl. Parlam.* Ragueau en son Indice, *in verbo* Cas royaux; *Gallus, quæst.* 152; *Bened. in cap. Raynutius, in verbo Uxorem nomine Adelasiam, num.* 441; *Chopin. lib. 2 de Doman. tit. 7, art.* 12. Que si les Juges Ecclésiastiques pouvoient connoître desdites Lettres, il arriveroit deux inconvéniens notables; l'un, que les Sujets du Roi seroient tenus d'aller proceder en Cour de Rome, ou pardevant les Juges délégués par le Pape, en cas d'appel; & l'autre, que le Pape seroit supérieur au Roi en matiere de rescrits de grace, qui ne se peuvent octroyer en France par une coutume générale, aux Prêtres même, que par le Roi. Voyez ce que j'ai remarqué sur l'art. 13 du tit. 1 de cette Ordonnance. Les Juges extraordinaires ne peuvent pas être Juges des Lettres de rémission, & autres de cette qualité. Terrien en ses Commentaires sur les Coutumes de Normandie, liv. 12, ch. 41, en ses Annotations, remarque que par Arrêt du Parlement de

Normandie, de l'an 1558, tout ce qui avoit été fait par le Lieutenant du Siége de l'Amirauté à Dieppe, sur des Lettres de rémission qui lui avoient été adressées pour un homicide commis sur la mer, fut cassé, & le prisonnier & sa partie renvoyés au Baillif de Caux, ou son Lieutenant. Elles ne peuvent aussi être adressées aux Prevôts des Maréchaux, pour raison des cas prevôtaux, bien que les impétrans fussent leurs prisonniers.

☞ L'exécution de cet article avoit fait naître des contestations entre les simples Bailliages & Sénéchaussées ressortissans nuement aux Cours de Parlement, & les Bailliages & Sénéchaussées ausquelles les Siéges Présidiaux sont unis; & ces contestations donnerent lieu à une Déclaration du 27 Février 1703, registrée en Parlement le 7 Mars suivant. Comme le préambule ou préface de cette Déclaration explique avec beaucoup de netteté le fondement des prétentions respectives, & les motifs de la décision, on a cru devoir l'inserer ici toute entiere, & non par extrait.

LOUIS, par la grace de Dieu, Roi de France & de Navarre : A tous ceux qui ces présentes Lettres verront, Salut. Par notre Déclaration du 29 Mai 1702 (*a*), Nous avons entr'autres choses ordonné, que le pouvoir attribué aux Juges Présidiaux, de connoître en dernier ressort des cas prevôtaux, n'auroit lieu que pour les crimes commis dans l'étendue des Bailliages & Sénéchaussées où les Siéges Présidiaux sont établis. Mais nous apprenons que cette Déclaration a fait naître une nouvelle contestation entre les simples Bailliages & Sénéchaussées ressortissans nuement en nos Cours de Parlement, & les Bailliages & Sénéchaussées ausquelles les Siéges Présidiaux sont unis; les uns soutenant que la Jurisdiction des Présidiaux en matiere criminelle étant à présent renfermée dans ses anciennes & véritables bornes, les Bailliages & Sénéchaussées des lieux où il y a Siége Présidial, ne doivent plus connoître de l'entérinement des Lettres de rémission, de pardon, & autres de semblable qualité, obtenues par des personnes de condition roturiere, que lorsque le crime pour lequel elles sont obtenues, a été commis dans le ressort desdits Bailliages & Sénéchaussées; & les autres prétendant au contraire que l'article 13 du titre 16 de notre Ordonnance du mois d'Août 1670 leur attribuant purement & simplement la connoissance de l'entérinement des Lettres obtenues par des personnes de qualité roturiere, on ne peut admettre la nouvelle distinction proposée par les simples Bailliages & Sénéchaussées, sans attaquer la disposition de notre Ordonnance; & quoiqu'en effet la lettre de cet article semble favoriser la prétention des Bailliages & Sénéchaussées ausquelles les Juges Présidiaux sont unis, nous avons cru néanmoins que ces Juges ne pouvant plus exercer aucune Jurisdiction en matiere criminelle hors le ressort de leur Bailliage ou Sénéchaussée, ils n'avoient plus aucun prétexte de demander que les Lettres de rémission leur fussent adressées, lorsqu'il s'agit de crimes commis dans le ressort d'un autre Bailliage ou Sénéchaussée, parce qu'en ce cas ils ne sont ni Juges naturels du crime, de quelque qualité qu'il soit, ni Juges supérieurs en cette partie de ceux ausquels la connoissance en appartient. Nous avons d'ailleurs considéré que l'ordre public & le bien de la Justice demandent également que le Juge du crime soit aussi, autant qu'il est possible, le Juge de l'entérinement de la grace qu'il nous plaît d'accorder au criminel; & que cette régle ne doit jamais souffrir d'exception, que lorsque le caractere du Juge n'est pas assez élevé pour recevoir l'adresse de nos Lettres de rémission, ou que celui de l'accusé l'exempte en ce cas de la Jurisdiction des premiers Juges, pour le soumettre à celle de nos Cours de Parlement. Ainsi nous avons

(*a*) Cette Déclaration se trouvera sur l'art. 16 du tit. 1 de cette Ordonnance.

jugé à propos, en nous conformant à l'esprit de l'Ordonnance de Moulins, & à la disposition expresse de celle de Blois, de rétablir l'ancien ordre des Jurisdictions, & de ne pas priver de la connoissance d'un cas royal des Officiers qui, suivant la régle établie par les anciennes & par les nouvelles Ordonnances de notre Royaume, sont Juges de tous les cas royaux sans aucune distinction. A CES CAUSES, de notre certaine science, pleine puissance & autorité royale, Nous avons par ces Présentes signées de notre main, dit, déclaré, disons, déclarons, voulons & Nous plaît, que l'article 35 de l'Ordonnance de Moulins, & l'article 199 de l'Ordonnance de Blois, soient exécutés selon leur forme & teneur; & en conséquence, que conformément ausdits articles, l'adresse des Lettres de rémission, pardon, & autres de semblable qualité, obtenues par des personnes de condition roturiere, soit faite à nos Baillifs & Sénéchaux ressortissans nuement en nos Cours de Parlement, dans le ressort desquels le crime aura été commis, sans que nos Baillifs & Sénéchaux des lieux où il y a Siége Présidial puissent prétendre que l'adresse leur en doive être faite, si ce n'est lorsque le crime aura été commis dans le ressort de leur Bailliage ou Sénéchaussée, dérogeant à cet égard, en tant que besoin seroit, à la disposition de l'article 13 du titre 16 de notre Ordonnance du mois d'Août 1670, & de tous autres Edits & Déclarations à ce contraires. Voulons néanmoins que dans les cas où le crédit des accusés seroit à craindre dans le Bailliage dans le ressort duquel le crime aura été commis, les Lettres de rémission, & autres de semblable nature, puissent être adressées au Bailliage ou à la Sénéchaussée la plus prochaine non suspecte; ce que nous n'entendons avoir lieu qu'à l'égard des Lettres qui doivent être scellées en notre grande Chancellerie. SI DONNONS EN MANDEMENT à nos amés & féaux Conseillers les Gens tenans notre Cour de Parlement à Paris, que ces Présentes nos Lettres en forme de Réglement ils ayent à faire lire, publier & registrer, & le contenu en icelles garder & exécuter selon leur forme & teneur, nonobstant tous Edits, Déclarations, Ordonnances, Réglemens & autres choses à ce contraires, ausquelles Nous avons, comme dit est, dérogé & dérogeons par cesdites Présentes. Voulons qu'aux copies d'icelles, dûement collationnées par l'un de nos amés & féaux Conseillers-Secretaires, Maison, Couronne de France & de nos Finances, foi soit ajoutée comme au présent original: CAR tel est notre plaisir. En témoin de quoi Nous avons fait mettre notre Scel à cesdites Présentes. DONNÉ à Versailles le vingt-septiéme jour de Février, l'an de grace mil sept cens trois, & de notre Regne le soixantiéme. *Signé* LOUIS. *Et plus bas*, par le Roi, PHELYPEAUX. Et scellé du grand Sceau de cire jaune.

Registrée en Parlement le 7 Mars 1703.]

ARTICLE XIV.

POURRONT néanmoins les Lettres obtenues par les Gentilshommes, être adressées aux Présidiaux, *si leur competence y a été jugée.*

Si leur compétence y a été jugée.] La raison est, parce que le Jugement rendu sur la compétence, a revêtu le Siége Présidial où elle a été jugée, du pouvoir & de l'autorité de connoître du crime; & qu'étant Juge de l'absolution ou de la condamnation, il le doit être aussi de l'enterinement des Lettres de grace, *arg. L. est receptum 14, ff. de Juris. L. 2 in pr. §. 1; L. 33 & pen. ff. de Judic. L. ubi cœptum 30, ff. eod. L. 4, C. de Jurisd.* autrement il se trouveroit que le Siége Présidial seroit Juge du crime en dernier ressort, & que le Parlement pourroit cependant connoître de la grace accordée pour le même crime, ce qui diminueroit l'effet de la grace. En ce cas, il est sans doute que les Lettres doivent être présentées en l'Audience du Siége Présidial, & qu'il y doit être procedé au Jugement d'icelles en dernier ressort, comme il l'a été à celui du crime duquel il a été déclaré compétent.

Depuis par Edit du Roi du mois de Décembre 1680, donné à Saint Germain-en-Laye, il a été ordonné, *que l'adresse d'aucune rémission ne pourra à l'avenir être faite aux Siéges Présidiaux où la compétence aura été jugée, que l'accusé n'ait été oui lors du Jugement de la competence, & qu'il ne soit actuellement prisonnier; & à cet effet, que le Jugement de compétence & l'écroue seront attachés sous le contrescel des Lettres.*

Formalités qui doivent être observées dans la présentation des Lettres de grace ou d'abolition, & entérinement d'icelles.

Article XV.

Ne pourront les Lettres d'abolition, rémission, pardon, & pour ester à droit, être présentées par ceux qui les auront obtenues, *s'ils ne sont effectivement prisonniers* & écroués; & seront les écroues attachés aux Lettres, & eux contraints *de demeurer en prison pendant toute l'instruction*, & jusqu'au Jugement définitif des Lettres. Défendons à tous Juges de les élargir à caution, ou autrement, à peine de suspension de leurs Charges, & de payer par eux les condamnations qui interviendront contre les accusés.

S'ils ne sont effectivement prisonniers.] Cet article est conforme à l'Ordonnance de Louis XII. 1498, art. 126; à celle de Blois en Novembre 1507, art. 202; de François I. à Ys sur Thille, en Octobre 1525, chap. 13, art. 33; & d'Henri III. de l'an 1585; par lesquelles il est porté, *qu'après que le porteur des Lettres aura été interrogé, si elles contiennent vérité, s'il en demande l'entérinement, & s'en veut aider, il sera incontinent renvoyé en prison, pour être plus amplement interrogé sur les cas, mêmement sur les informations, si aucunes il y en a;* lesquelles Ordonnances s'observent inviolablement dans ce Royaume, *inconcussæ servantur*, comme remarque *Boër. quæst. 65, num.* 10. Damhouder en sa Pratique criminelle, chap. 147, nomb. 16, dit qu'il doit demeurer actuellement prisonnier, jusqu'à ce que les Lettres ayent été entérinées, à moins qu'il ne donne caution de se remettre, auquel cas il pourra être élargi; ce qui est abrogé par cet article. Cela est encore confirmé par un Arrêt du 23 Juillet 1575, par lequel il fut décidé que les Lettres de rémission ne se peuvent ni doivent entériner, sans que le rémissionnaire soit prisonnier actuellement; jusques-là qu'un impétrant ayant été élargi pendant l'entérinement de ses Lettres, du consentement des Gens du Roi, la Partie civile s'en étant rendue appellante, l'appellant obtint gain de cause par Arrêt du dernier Décembre 1515, rapporté par Imbert en ses Instit. forenses, liv. 3, chap. 18 sur la fin. Même si quelqu'un se rend volontairement prisonnier, sous espoir d'avoir grace à l'entrée d'un Prince, il est contraint de demeurer en prison, après avoir présenté les Lettres de rémission & demandé l'entérinement d'icelles, jusqu'à ce qu'il ait été fait droit sur les Lettres, *sive absolvendo. sive condemnando.* Papon en son Recueil d'Arrêts, livre 27, titre 4, Arrêt 7, où il rapporte que cela fut ainsi jugé contre un Gentilhomme, bien que la Reine eût envoyé à la Cour un de ses Maîtres des Requêtes, pour faire ouvrir la porte de la Conciergerie.

De demeurer en prison pendant l'instruction.] Cela a lieu à l'égard des rémissionnaires d'entrée, qui vont se rendre volontairement prisonniers où le Roi doit entrer, & où ils n'ont commis aucun délit. Après la présentation des Lettres, ils sont contraints de demeurer en prison jusqu'à ce que l'on ait connu de la vérité d'icelles, & prononcé sur l'entérinement. La raison est, parce qu'au moyen de la présentation des Lettres, ils reconnoissent la Jurisdiction du lieu où ils se sont volontairement remis; mais avant la présentation, s'ils le requierent, les prisons leur sont ouvertes, & on leur permet l'issue franche & libre.

ARTICLE XVI.

LES Lettres seront présentées *dans trois mois du jour de l'obtention;* passé lequel tems, *défendons aux Juges d'y avoir égard.* Et ne pourront les impétrans en obtenir de nouvelles, ni être relevés du laps de tems.

Dans trois mois du jour de l'obtention.] Cet article est conforme à l'Ordonnance de Moulins de l'an 1566, art. 35, par laquelle, *après les trois mois de la date des Lettres, les remissionnaires ne pouvoient pas s'en aider, encore qu'elles eussent été données aux entrées des Villes, & nonobstant les Lettres de surannation qui seroient par eux impétrées:* car bien que par le Droit Civil, en la Loi *Falsum* 2, *Cod. de divers. Rescript.* les Lettres du Prince ne se surannent point; néanmoins par le Droit Canon elles sont sujettes à surannation, *cap. plerumque* 23, *de Rescript.* & comme on n'obtenoit que trop facilement & ordinairement des Lettres de dispense & relief de surannation, & que cela étoit cause que les impétrans ne se servoient de leurs Lettres que lorsque le tems leur étoit plus favorable; l'Ordonnance, pour corriger ces abus, a voulu déclarer nulles & de nul effet celles qu'ils pourroient obtenir une seconde fois, ou pour être relevés du laps de tems.

Défendons aux Juges d'y avoir égard.] Néanmoins les Lettres de grace présentées par un des impétrans, peuvent être présentées par un autre des impétrans, quoique surannées, comme il a été jugé par Arrêt du Parlement de Provence de 1667, recueilli par Boniface, tom. 2, part. 3, liv. 1, tit. 16, chap. 3, sur le fondement de la Loi finale, *C. de judic.* par laquelle un Rescrit ayant été une fois enregistré, fait une foi perpétuelle.

ARTICLE XVII.

L'OBSERVATION & *la signification des Lettres* ne pourront empêcher l'exécution des decrets, ni l'instruction, jugement & exécution de la contumace, jusqu'à ce que l'accusé soit actuellement en état dans les prisons du Juge auquel l'adresse en aura été faite.

☞ *Et la signification des Lettres.*] L'article 19 ci-après explique le cas où la signification des Lettres se pratique ; & cette formalité de signification ne peut être nécessaire que dans le cas qui y est spécifié.]

ARTICLE XVIII.

LES charges & informations, & toutes les autres piéces du procès, même les procedures faites depuis l'obtention des Lettres, seront *incessamment portées aux Greffes des Juges* ausquels l'adresse en sera faite : ce que Nous voulons avoir lieu à l'égard des Lettres de révision.

Incessamment portées aux Greffes des Juges.] Si le délit a été commis ailleurs, & le procès commencé en un autre Siége & Jurisdiction, les Juges Présidiaux, ou autres ausquels l'adresse des Lettres aura été faite, ne pourront proceder à l'entérinement sans en avertir les Juges du délit, & faire remettre pardevers eux les informations & procedures qui ont été faites dans le lieu du délit, suivant l'Ordonnance de François I, faite à Cremieu en 1536, art. 11 ; celle de Charles IX, aux Etats de Moulins en 1566, art. 35 ; & d'Henri III, aux Etats de Blois en 1579, art. 199.

ARTICLE XIX.

LES Lettres seront *signifiées à la Partie civile*, & copie baillée avec assignation, en vertu de l'Ordonnance du Juge, pour fournir ses moyens d'opposition, & proceder à l'entérinement. Et seront les formes & délais prescrits par notre Ordonnance du mois d'Avril 1667 observés, si ce n'est que la Partie civile consente de proceder avant l'échéance des délais, par acte signé & dûement signifié.

Signifiées à la Partie civile.] Autrement l'entérinement seroit nul. Jugé à Grenoble en 1631, & censé clandestin & frauduleux. *L. fin. Cod. si per vim, & arg. c. si Episcopus, de Præb. lib. 6. Damhoud. in Praxis, dict. cap.* 147, *num.* 17, où il dit que toutes les Parties intéressées doivent être ajournées, pour voir proceder sur l'entérinement des Lettres. Et la raison en est, parce que telles Lettres sont octroyées à la charge de satisfaire la Partie civile, si fait n'a été, & que la Partie a droit de fournir des moyens d'obreption & subreption ; ce qui ne peut être séparé de la cause de la rémission, non plus que l'interêt civil de la Partie d'avec l'interêt public. Aussi les Juges à qui les Lettres sont adressées, ne doivent point proceder avec précipitation à l'entérinement d'icelles, ni faire droit en même tems sur l'interêt de la Partie civile, à cause de la liaison & connexité qu'il y a entre ces deux interêts, & que c'est la Partie civile qui en a fait la poursuite. Charondas en ses Pandectes, liv. 4, part. 2, chap. 15.

ARTICLE XX.

NE pourra être procedé au jugement des Lettres, qu'elles n'ayent été, ensemble le procès, *communiquées à nos Procureurs.* Joignez à cet art. le 25.

Communiquées à nos Procureurs.] Cet article est conforme à l'Ordonnance de Louis XII. de l'an 1498, art. 127; à celle de Blois en 1507, article 2; & de François I. à Ys sur Thille, chap. 13, art. 34, par lesquelles il est porté: *Si l'on trouve les Lettres de rémission ou pardon, la confession du prisonnier & les informations, consonnantes & conformes, nos Avocats & Procureur, avec les Parties, seront ouis, pour au surplus être procedé à l'entérinement desdites Lettres, ainsi qu'il appartiendra par raison.* Ce qui a lieu encore que les Lettres de rémission ayent été octroyées *de plenitudine potestatis, aut ex certa scientia*, contre ce que *Ludovicus Romanus* tient *in suis Cons. cons.* 196.

ARTICLE XXI.

LES demandeurs en Lettres d'abolition, rémission & pardon, seront tenus de les *présenter à l'Audience, tête nue & à genoux*, & affirmeront, après qu'elles auront été lûes en leur présence, qu'elles contiennent vérité, qu'ils ont donné charge de les obtenir, *& qu'ils s'en veulent servir*, après quoi seront renvoyés en prison.

Présenter à l'Audience, tête nue & à genoux.] Cet article est conforme aux Ordonnances de Louis XII. de l'an 1498, art. 118 & 126; de Blois en 1507, art. 197 & 202; de François I. à Ys sur Thille, chap. 13, articles 33 & 47; de Charles IX. à Amboise, en Janvier 1571, art. 9; & d'Henri III. 1585. Et cela a lieu, *de quelque qualité que soient les porteurs de rémission ou pardon, Gentilshommes ou Officiers, suivant lesdites Ordonnances.* Cela se trouve encore décidé par les Arrêts par lesquels les Gentilshommes ont été démis de la Requête par eux présentée, pour être reçus à faire entériner les Lettres sans se présenter en Justice, rapportés par Guenois sur le chap. 18 du livre 3; par Imbert en ses Institut. for. lettre A; par la Roche, livre 1 de ses Arrêts, titre 2, Arrêt unique, & liv. 2, tit. 5, Arrêt 61, où il rapporte l'Arrêt donné contre Messire Guillaume Chevalier, Sieur de Clermont; & par Papon en son Recueil d'Arrêts, liv. 24, tit. 17 des Graces, Arrêt 4, qui contient ceci de particulier, que l'impétrant avoit obtenu des Lettres pour être reçu à les présenter par Procureur. Et cela doit être si exactement observé, qu'Ayrault, liv. 3 de son Instruc. judic. art. 3, nomb. 3, tient que si le porteur les présentoit autrement, la présentation seroit nulle, & tout ce qui s'ensuivroit seroit cassé & annullé; & il dit qu'il seroit d'un porteur de Lettres de rémission ou pardon qui les présenteroit debout & la tête couverte, comme si l'accusé ou l'accusateur, au lieu de s'asseoir en bas & *sub rostris*, s'alloit placer auprès des Juges. La raison est, parce que cela marque le respect & la soumission que le porteur témoigne à la Justice. Néanmoins Despeisses en son Traité des Crimes, part. 1, tit. 12, sect. 2, n. 12, rapporte que le Sieur Vulson, Conseiller à Grenoble, fut reçu à présenter ses Lettres de grace debout, comme Officier en Compagnie supérieure.

Et qu'ils s'en veulent servir.] On leur doit encore demander s'ils veulent prendre droit par les charges. Si le demandeur en Lettres répond qu'il veut prendre droit, on le doit interroger dans la Chambre du Conseil, tant sur les informations, que sur le contenu aux Lettres ; que s'il ne veut pas prendre droit des charges, on doit ordonner qu'auparavant faire droit, il sera plus amplement informé, & l'on doit proceder au récollement & confrontation, après quoi il y a lieu à l'entérinement des Lettres : le Juge rend la Sentence, & met tout au long la teneur des Lettres.

Ce qui est permis aux Parties, nonobstant la présentation des Lettres.

ARTICLE XXII.

NOS Procureurs, & la Partie civile s'il y en a, pourront, *nonobstant la présentation des Lettres de rémission* & pardon, *informer par addition*, & *faire récoller & confronter les témoins.*

Nonobstant la présentation des Lettres de rémission.] Il faut entendre l'Ordonnance *ex bono & æquo* ; & si elle permet d'informer après la présentation des Lettres, c'est dans le tems même que l'accusé les a présentées, & qui commence de les instruire, & non pas lorsque le Jugement des Lettres est tout en état, & que les instructions sont achevées. La raison est, parce que les Loix & les Ordonnances ne doivent jamais servir d'instrument ni de motif aux Juges pour favoriser la malice des plaideurs, & se rendre indulgent à leurs chicanes, comme il a été jugé par Arrêt du Parlement de Bordeaux du 19 Janvier 1672.

Informer par addition.] Cela est conforme ausdites Ordonnances de Louis XII. de l'an 1498, art. 126 ; de Blois en 1507, art. 202 ; & de François I. à Ys sur Thille, art. 33 ; par lesquelles il est dit, *que le porteur sera incontinent renvoyé en prison, pour être plus amplement interrogé sur le cas, même sur les informations, si aucunes y en a ; & si par lesdites informations précedentes ou subséquentes des Lettres, il se trouve plus chargé que le contenu en ses Lettres ne porte, & que la matiere y soit disposée, l'on procedera contre lui extraordinairement sur la subreption & obreption desdites Lettres, par récollemens & confrontations des témoins.* Il faut pourtant observer que cela n'a pas lieu contre un impétrant Lettre d'abolition, parce qu'elle efface tout, & éteint le crime tel qu'il est arrivé : elle ne gît point en connoissance de cause, il n'y a qu'à proceder à l'entérinement, sans déliberer si le fait a pû être aboli ou non ; au lieu que les Lettres de rémission & de grace dépendent de sçavoir si le fait est rémissible ; & si elles ne contiennent vérité, la présentation d'icelles n'empêche pas qu'il ne soit permis au Procureur du Roi & à la Partie civile de faire venir les témoins par lesquels ils entendent vérifier les faits d'obreption & subreption. La Partie civile est tenue de nommer les témoins ; & lorsqu'il n'y a point de Partie, ils doivent être cités à la requête du Procureur Fiscal, aux dépens du Fisc.

Faire récoller & confronter les témoins.] Bien que l'impétrant prenne droit des charges, l'usage en plusieurs lieux est de faire récoller & confronter les témoins, si on ne l'a fait, ce qui est le plus souvent à l'avantage de l'accusé, d'autant qu'après que l'on a satisfait à la Partie, ils détruisent ordinairement la force de leurs premieres dépositions par quelque explication concertée. Par un Arrêt du Parlement de Bordeaux du 19 Janvier 1672, rapporté dans la seconde partie du Journal

Journal du Palais, il a été jugé que la Partie civile devoit faire informer par addition, peu de tems après la présentation des Lettres, sans retarder long-tems le Jugement après les instructions faites.

Défenses aux Juges de prendre ni recevoir aucune chose pour la présentation des Lettres.

ARTICLE XXIII.

DEFENDONS aux Lieutenans Criminels, & tous autres Juges, *aux Greffiers* & Huissiers, *de prendre ni recevoir aucune chose*, encore qu'elle leur fût volontairement offerte, pour l'attache, lecture ou publication des Lettres, ou pour conduire & faire entrer l'impétrant à l'Audience, & sous quelque autre prétexte que ce soit, à peine de concussion & de restitution du quadruple.

Aux Greffiers.] Les Greffiers de l'Ordinaire doivent prendre le profit des Lettres de rémission, à l'exclusion de ceux des Présidiaux, comme il a été jugé au Parlement de Paris le 7 Décembre 1575, rapporté par Bergeron sur Papon, liv. 6, tit. 5 des Greffiers, art. 1.

De prendre ni recevoir aucune chose.] Cet article est conforme à l'Ordonnance de Louis XII. 1498, art. 128, & à celle de Blois en 1507, art. 204, de François I. à Ys sur Thille, chap. 13, art. 35, & d'Henri III. 1585; par lesquelles *il est défendu à tous Officiers, pour l'enterinement des Lettres de rémission & pardon, de prendre aucune chose par eux ni par personnes interposées, sur peine de suspension ou privation de leurs Offices, sinon ce qui sera taxé pour les épices de la visitation du procès:* sur laquelle Ordonnance Theveneau remarque qu'il y a eu des Réglemens pour défendre aux Juges de rien prendre, & que néanmoins plusieurs Juges ne laissent pas de prendre.

☞ On peut voir sur cette matiere de défenses de prendre & recevoir, les articles 14 & 33 du titre 13 de cette même Ordonnance.]

De l'Interrogatoire du Demandeur en Lettres dans la prison.

ARTICLE XXIV.

LE Demandeur en Lettres sera *interrogé dans la prison*, par le Rapporteur du procès, sur les faits résultans des charges & informations.

Interrogé dans la prison.] Faber en son Code, *lib.* 9, *tit.* 22 *de Abolit. defin.* 1. *Ex integro tamen & amplius interrogandus est qui abolitionem impetravit, à Commissario & Recuperatore in eam rem dato.* Et Imbert, liv. 3 de ses Instit. For. nombre 1, dit, qu'après qu'il a été ordonné que l'impétrant sera ramené en la prison, & oui sur les charges & informations, le Juge le doit faire promptement, afin qu'on ne lui fasse pas le bec.

Il faut pourtant observer, que le porteur des Lettres de grace doit refonder les dépens de contumace avant que de répondre, si ce n'est en deux cas; lorsque le porteur est appellant de la procédure, ou qu'il est dans la pauvreté : la raison est, d'autant que le contumax ne peut pas être oui en ses défenses, qu'il n'ait refondu les dépens, suivant la Loi *Sancimus*, *C. de judic.* & la définition 18 de Faber, *C. de sentent. & interloc.* & suivant l'Ordonnance de Charles VIII. & Charles IX. Autrement si cette refusion de dépens n'étoit ordonnée, il pourroit arriver que les Parties qui auroient fait de grands frais en la poursuite de la Sentence ou Arrêt de contumace, ne pourroient plus subvenir aux autres frais qu'il faudroit faire pour débattre les Lettres d'obreption & de subreption. Cela a été ainsi jugé par des Arrêts du Parlement de Provence, recueillis par Boniface, tom. 2, part. 3, liv. 1, tit. 16, chap. 1.

ARTICLE XXV.

Ampliation de l'art. 20 de ce Titre.

DEFENDONS à tous Juges, même à nos Cours, de proceder à l'entérinement des Lettres, que toutes les informations & charges n'ayent été apportées & communiquées à nos Procureurs, vues & examinées par les Juges, *nonobstant toutes sommations* qui pourroient avoir été faites aux Greffiers de les apporter, & les diligences dont les demandeurs en Lettres pourroient faire apparoir, sauf à décerner des exécutoires, & ordonner d'autres peines contre les Greffiers qui seront en demeure.

Nonobstant toutes sommations.] C'est afin d'empêcher l'abus qui se pourroit commettre de la part des Parties & des Greffiers, lesquels par intelligence pourroient éluder la preuve de la subreption ou obreption des Lettres sur les charges & informations, se contentant de rapporter quelques diligences pour justifier du refus des Greffiers : & l'Ordonnance veut non-seulement *qu'on ne s'arrête pas à ces sommations, mais qu'on décerne des exécutoires & des contraintes, même par corps contr'eux, pour l'exécution de cet article*, comme il est expliqué dans les Formules, *Ne si tacita fieret hujusmodi interinatio, quispiam hinc læderetur, & in alicujus grave præjudicium aut damnum fieri posset. Arg. L. ita Divus, ff.* de adopt. *L.* de *unoquoque, ff.* de re jud.

De l'Interrogatoire dans la Chambre du Conseil.

ARTICLE XXVI.

LES *Impétrans* seront interrogés dans la Chambre, *sur la sellette*, avant le Jugement; & l'interrogatoire rédigé par écrit par le Greffier, *& envoyé avec le procès en nos Cours, en cas d'appel.*

☞ *Les Impétrans seront interrogés.*] Cela s'entend des impétrans de toutes Lettres, soit d'abolition, de pardon, de rémission, pour ester à droit, de rappel de ban ou de galeres, de commutation de peine, de réhabilitation, ou de révision de procès. Ces différentes espéces de Lettres sont désignées dans les articles 1, 2, 3 & 5 de ce titre.]

Sur la sellette.] La raison est, parce que quoiqu'ils ayent obtenu les Lettres de grace du Prince, jusqu'à ce qu'il ait été fait droit sur l'entérinement d'icelles, *numerantur inter reos*; & que si les Lettres ne se trouvoient pas conformes aux charges, ou que le cas ne fût pas du nombre de ceux qui sont rémissibles, il faudroit proceder extraordinairement par interrogatoire & confrontation des témoins, sur la subreption & obreption des Lettres, & punir les impétrans selon la qualité du crime & délit, suivant les Ordonnances ci-dessus alleguées sur l'article 22. Cela a lieu, quoique les conclusions ne tendent à aucune peine afflictive; tout rémissionnaire doit être oui sur la sellette.

Et envoyés avec le procès en nos Cours, en cas d'appel.] L'appel ne peut être interjetté par le Procureur Général ou ses Substituts, de la Sentence d'entérinement rendue par les Juges à qui l'adresse des Lettres a été faite. Ceux qui tiennent l'opinion contraire, se fondent sur ce que par la même raison que l'impétrant peut appeller, s'il est débouté de ces Lettres, & condamné en quelque peine afflictive, le Procureur Général peut pareillement appeller de ce qu'on les a entérinées, & que les Baillifs & Sénéchaux ne connoissent de l'entérinement que comme premiers Juges & à la charge de l'appel, suivant la disposition de cet article. Néanmoins il semble que nonobstant ce que les Parlemens prétendent, ils ne peuvent connoître par appel que de ce qui regarde l'interêt civil, & non pas la punition du crime, pour lequel silence perpétuel est imposé par les Lettres aux Procureurs Généraux : & si bien il est porté par cet article que l'interrogatoire sera envoyé avec le procès aux Cours, en cas d'appel, il n'en faut pas pourtant conclure que c'est pour connoître du fait de l'entérinement des Lettres, & non pas des dommages & interêts ; parce que les dommages & interêts se devant regler sur la nature du crime, sur la qualité de la Partie civile & de l'accusé, & sur les preuves, l'envoi du procès est nécessaire, en cas d'appel. Cette question a été ainsi décidée en faveur d'Audifret, Habitant d'Aniane, Diocèse de Beziers. Il avoit fait entériner pardevant le Sénéchal de Montpellier des Lettres de grace qu'il avoit obtenues : se trouvant long-tems après inquieté pour le même fait par le Procureur Général de Toulouse, lequel interjetta appel de la Sentence d'entérinement, & obtint Arrêt audit Parlement, portant que les charges & informations seroient apportées au Greffe, & ledit Audifret tenu de se représenter; ledit Audifret s'étant pourvû au Conseil, & ayant apparu qu'il avoit satisfait la Partie civile, par Arrêt donné au mois de Mars 1680, celui du Parlement de Toulouse a été cassé, & la Sentence d'entérinement confirmée.

Cas dans lesquels les Lettres de rémission & pardon sont nulles.

ARTICLE XXVII.

SI les Lettres de rémission & pardon sont obtenues *pour des cas qui ne soient pas rémissibles*, ou *si elles ne sont pas conformes aux charges, les impétrans en seront deboutés.*

☞ *Pour des cas qui ne soient pas rémissibles.*] Les impétrans seront déboutés des Lettres de rémission & pardon, si les cas ne sont pas rémissibles : mais il n'en seroit pas de même des impétrans Lettres d'abolition ; car l'article premier de ce titre enjoint aux Cours & Juges de les entériner incessamment, pourvû que la conformité aux charges & informations s'y rencontre, réservant seulement la liberté aux Cours de faire des remontrances au Roi, & aux autres Juges de repréſenter à Monſieur le Chancelier ce qu'ils trouveront à propos ſur l'atrocité du crime, ſans que la liberté de débouter les impétrans leur ſoit en ce cas laiſſée.]

Si elles ne ſont pas conformes aux charges.] Cela eſt ainſi décidé par la Loi 5, *C. ſi contra jus vel util. publ. vel per mendac. &c.* où il eſt dit, que quand même les Lettres du Prince ſeroient très-juſtes & ſuivant les régles, l'impétrant ne s'en pourroit prévaloir, s'il ſe trouvoit y avoir expoſé faux : *Et ſi legibus conſentaneum ſacrum oraculum mendax peccator attulerit, careat penitùs impetratis.* Sur quoi Mornac a remarqué après Balde & autres Docteurs, *mendacium vitiare privilegium, id eſt, gratiam quæ confertur à Principe;* & qu'en ce cas le menſonge eſt toujours ſuivi de cette peine, que celui qui a obtenu une choſe ſur un faux expoſé, en eſt privé : *Ea pœna eſt mendacii, ut quis mulctetur amiſſione rei cujus causâ mentitur.*

Les impétrans en ſeront déboutés.] Lorſqu'un Clerc ayant décliné la Juriſdiction du Juge laïc, vient à obtenir des Lettres de rémiſſion du crime dont il eſt accuſé, & qu'il en requiert l'entérinement ; ſi le cas eſt rémiſſible, le Juge ſéculier peut le renvoyer devant ſon Juge, entériner les Lettres & l'abſoudre : mais ſi la rémiſſion eſt ſubreptice ou obreptice, alors en le déboutant d'icelles il doit le renvoyer au Juge d'Egliſe, comme il a été jugé par un Arrêt du Parlement de Paris, recueilli par Papon, liv. 24 de ſes Arrêts, tit. 17 des Graces & Rémiſſions, art. 8. Le Roi peut ſeul octroyer grace aux Clercs, & non autre, ſinon par privilége ſpécial, & ſes Juges en avoir connoiſſance : *Bened. in ſua repetit. cap. Raynutius, in verbo & uxorem nomine Adelaſiam, fol. 89.*

En ſeront déboutés.] Le Roi défunt, par ſa Déclaration du 22 Novembre 1683, a déclaré que cet article, enſemble le 2 de ce titre, auront lieu ſeulement pour les Chancelleries qui ſont auprès de ſes Cours ; & a défendu aux Maîtres des Requêtes & aux Gardes-ſcels de ſes Chancelleries, de ſceller aucune rémiſſion, ſi ce n'eſt pour les homicides involontaires, ou pour ceux qui ſeront commis dans une légitime défenſe de la vie, quand l'impétrant aura couru riſque de perdre la vie ; & aux Juges de proceder à l'entérinement des Lettres de rémiſſion expédiées aux Chancelleries, pour autres cas que ceux exprimés ci-deſſus, quand même l'expoſé ſeroit conforme aux charges. Et quant aux rémiſſions accordées par Sa Majeſté pour d'autres crimes, qu'elle aura ſignées, & fait contreſigner les Lettres par un de ſes Secretaires d'Etat, & ſcellées du grand Sceau, Sa Majeſté a ordonné que les Juges auſquels l'adreſſe en ſera faite, procederont à l'entérinement d'icelles, quand l'expoſé que l'impétrant aura fait au Roi ſe trouvera conforme aux charges & informations, ou que les circonſtances ne ſeront pas tellement différentes, qu'elles changent la qualité de l'action, ſuivant l'art. 1 de ce titre, & nonobſtant qu'auſdites Lettres le mot d'*abolition* n'y ſoit pas employé ; ſauf auſdites Cours, après ledit entérinement fait, à faire remontrances à Sa Majeſté, & à ſes autres Juges de repréſenter à Monſieur le Chancelier ce qu'ils trouveront à propos ſur l'atrocité des crimes, pour y faire pour l'avenir *la conſideration convenable.*

De la peine contre ceux qui succombent aux Lettres de révision.

ARTICLE XXVIII.

LES impétrans des Lettres de révision, qui succomberont, *seront condamnés* en trois cens livres d'amende envers Nous, & cent cinquante livres envers la Partie.

Seront condamnés.] Voyez ce que j'ai ci-devant remarqué sur l'art. 8 de ce titre, & sur l'article 39 du titre dernier de l'Ordonnance pour les matieres civiles.

TITRE XVII.

DES DEFAUTS ET CONTUMACES.

☞ L'article 4 du titre 25 ci-après, est relatif à ce titre.]

De la Procedure qui doit être observée, lorsque le Decret ne peut être exécuté.

ARTICLE PREMIER.

SI le decret de prise de corps ne peut être exécuté contre l'accusé, il en sera fait *perquisition*, & *ses biens seront saisis & annotés*, sans que pour raison de ce il soit obtenu aucun Jugement.

Perquisition.] Quoique ce soit une chose dure & dangereuse d'avoir la permission d'entrer & de fouiller dans les maisons des accusés, néanmoins il est permis d'y faire perquisition, sceller, inventorier & saisir tout ce qui pourroit servir à l'accusation; en quoi il faut apporter beaucoup de considération & de discrétion, & ne pas étendre la perquisition jusqu'aux choses qui peuvent être secrettes, comme les lettres d'entre mari & femme, ou entre amis, ou des affaires particulieres: comme remarque Ayrault, liv. 3 de son Instruction Judiciaire, article 2, nombre 11, où il rapporte ce que dit Plutarque, que les Atheniens ayant ordonné qu'on visitât par toutes les maisons de la Ville, pour voir si on y trouveroit l'or & l'argent d'Harpalus, ils ne voulurent pas qu'on entrât ni qu'on fouillât dans la maison d'un nouveau marié. Festus dans son livre 18, & Alciat en ses Parergues, parlant de la perquisition que l'Huissier ou Sergent faisoit de la chose dérobée, remarquent qu'il devoit être ceint d'une piéce de toile qu'on appelloit *Licium*, pour marque de l'autorité publique qui lui donnoit droit d'entrer dans les maisons les plus considérables de Rome avec toute sorte de liberté;

& qu'un autre Législateur voulut encore *licio lancem addere*, qui étoit une espéce de bassin dont l'Huissier devoit couvrir son visage, pour ne pas voir les Dames du logis en faisant la recherche; ce qui fut aboli par l'Empereur Justinien. Mais la perquisition dont il est parlé en cet article, ne regarde pas celle des meubles, papiers & autres choses appartenantes à l'accusé; mais celle de sa personne, pour tâcher de le prendre & arrêter prisonnier, dont la perquisition doit préceder la saisie.

Ses biens seront saisis & annotés.] L'annotation des biens du criminel absent, est tirée de la Loi derniere, *ff. de requir. vel absent. dam. L. 1, C. de requir. reis, & L. 6 de accus.* Néanmoins annoter les biens, n'est pas proprement saisir les biens du criminel absent : *Annotare reum est ex interlocutione Præsidis pronuntiare illum requiri oportere.* Ainsi parce que le criminel n'étoit annoté que lorsqu'il étoit absent, & qu'au cas de cette annotation on saisissoit ses biens, suivant la Loi derniere, *ff. de requir. reis;* on a appellé en France annotation de biens, la saisie qui se fait des biens du prévenu contumax. Il faut encore remarquer que *Jul. Clar. quæst.* 44, rapporte que lorsqu'il étoit Juge de Milan, il ne permettoit pas la saisie & annotation, que dans les cas ausquels il échet confiscation, suivant l'opinion d'*Angel.* sur la Loi 1, *C. de requir. reis.* Néanmoins on use de l'annotation contre le criminel absent, afin de le contraindre par ce moyen à se représenter; *& ut si fortè pecuniaria pœna reo infligenda sit, ea facilè bonis adnotatis redigi possit.* On use de la saisie non-seulement des meubles & fruits, qu'on appelle *Obsignationem;* mais même des biens immeubles. Et si les biens de l'accusé ne sont pas situés dans la Jurisdiction où il est accusé ou détenu prisonnier, le Juge de l'autorité duquel le procès lui est fait, peut mander aux Officiers du lieu où sont les biens, de les saisir & les mettre entre les mains du Receveur ordinaire du lieu où les biens sont assis, pour en rendre compte à qui il appartiendra, suivant l'Ordonnance de François I. donnée à Châteaubriant en 1535. Les Docteurs, sur ladite Loi 1, *C. de requir. reis*, ont disputé, si avant que de proceder à la saisie & annotation des biens, il ne falloit pas attendre que l'accusé eût été ajourné à trois briefs jours, c'est-à-dire, aux termes de cette Ordonnance, assigné par cri public : mais comme l'Ordonnance vuide & tranche cette difficulté, & qu'elle ne veut pas même qu'on attende un second Jugement, nous ne nous y arrêterons pas.

☞ Ce n'est au reste que contre le criminel absent que l'on peut user d'annotation, & on ne le pourroit faire si l'accusé étoit actuellement dans les prisons du Juge.]

De la forme de la perquisition.

ARTICLE II.

LA perquisition *sera faite à son domicile ordinaire, ou au lieu de sa résidence*, si aucune il a dans le lieu où s'instruit le procès, & copie laissée du Procès verbal de perquisition.

Sera faite à son domicile ordinaire.] Ceci est conforme au Droit écrit, en la Loi *Ad peremptorium cum novum, L. seq.* & à la Loi *Inter accusatorem, ff. de publ. jud.* & quoique par cet article la perquisition faite dans le lieu de la résidence de l'accusé, où le procès s'instruit, soit valable, même l'assignation pour compavoir ensuite de la perquisition, donnée dans le lieu de la Jurisdiction, s'il y est domicilié, ou s'il y réside, suivant l'art. 7 de ce titre, & le cri à son de trompe, art. 9; il est pourtant constant par le Droit, que les ajournemens faits au domicile de l'accusé, sont les plus naturels & d'un plus grand poids que les autres pour operer la condamnation par défaut, & le faire déclarer vrai contumax, suivant l'Authentique *Quâ in Provinciâ, ubi de crimine agi oportet.* Il faut encore remarquer que l'Ordonnance ne permet ces exploits au lieu de la résidence, si ce n'est que lorsque l'accusé réside actuellement dans le lieu où s'instruit le procès, ou dans le lieu de la Jurisdiction, c'est-à-dire, dans le tems que le procès s'instruit.

☞ *Ou au lieu de sa résidence.*] Domicile & résidence ne sont point ici synonimes; & l'Edit du mois de Décembre 1680, rapporté sur l'art. 7 du présent titre, le fait assez sentir, lorsqu'il veut que si l'accusé est decreté & poursuivi dans les trois mois du crime commis, la perquisition se fasse au lieu de sa résidence au jour du crime; & que s'il n'est decreté qu'après trois mois, la perquisition soit faite au domicile ordinaire.]

ARTICLE III.

SI l'accusé n'a point de domicile, ou ne réside au lieu de la Jurisdiction, la copie du decret sera *affichée à la porte de l'Auditoire.*

Affichée à la porte de l'Auditoire.] Comme cet article n'a lieu qu'à l'égard de ceux qui n'ont point de domicile, on ne peut aussi en faire la perquisition, & il suffit de faire mention au bas de l'exploit, que la copie du decret a été mise & affichée à la porte de l'Auditoire, afin qu'on ne se puisse pas prévaloir de l'absence de l'accusé, dans un tems dans lequel il n'en peut être averti, & commettre une fausseté en gagnant celui qui seroit chargé de l'exécution du decret.

☞ Il faut pour l'interprétation de cet article, voir l'Edit du mois de Décembre 1680, transcrit sur l'art. 7 ci-après.]

De la forme de la saisie après la perquisition.

ARTICLE IV.

LA saisie *des meubles de l'accusé sera faite en la maniere prescrite* au titre des Saisies & Exécutions de notre Ordonnance du mois d'Avril 1667.

Des meubles de l'accusé.] Si parmi les meubles saisis il se trouve des choses *quæ servando servari non possunt*, c'est-à-dire sujettes à se corrompre, ou d'inutile dépense, comme denrées, bétail, ou chose semblable, l'Huissier ou Sergent exécuteur les doit faire vendre au plus prochain marché, au jour ordinaire, au plus offrant & dernier encherisseur, sans y faire aucune enchere par lui ou autre personne interposée; & faire mettre les deniers qui proviendront de la vente, entre les mains d'un gardien solvable, pour les rendre à qui il sera ordonné par Justice. Il peut aussi saisir les dettes & créances entre les mains des débiteurs de l'accusé, *L. un. C. de requir. reis*; & si l'accusé a femme & enfans, il doit leur laisser sous l'ordonnance de Justice, provision compétente des meubles & choses nécessaires à leur vie & entretenement pendant l'absence de l'accusé, en faisant inventaire de ce qu'il leur aura laissé, suivant la Loi 3 *si deportatus*, & la Loi *si quis posthac*, *C. de bon. proscript.*

Sera faite en la maniere prescrite.] Cet article & les deux suivans concernent la saisie qui doit être faite des biens meubles & immeubles de l'accusé, dans laquelle on doit observer ce qui est prescrit par l'Ordonnance pour les Matieres civiles, aux titres *des Saisies & Executions*, *des Sequestres & Commissaires*, tit. 19 & 22, où le Lecteur pourra voir ce qui est requis pour la forme de ces saisies, & ce que nous avons remarqué. La forme qu'on doit observer est aussi amplement décrite par M. Liset, en sa Pratique criminelle, liv. 2, chap. 2; & elle est semblable à celle que les Prevôts des Maréchaux, Vice-Baillifs, Sénéchaux, & Lieutenans Criminels de Robe-courte, doivent observer quand ils font des captures, saisies & annotations de biens, suivant les Ordonnances d'Henri II. de l'an 1554, art. 33; de Charles IX. 1563, art. 25, 1564, art. 11, à Moulins 1566, art. 44, & la premiere Déclaration, art. 10, & d'Henri III. 1579. Etats de Blois, art. 186. Il faut aussi remarquer que l'Huissier ou Sergent qui procede à la saisie des biens de l'accusé, doit non-seulement faire description & inventaire des meubles saisis, mais les faire priser & estimer par prud'hommes, s'il se peut, & faire signer l'inventaire à ceux qui y auront assisté, & les déposer entre les mains d'un homme resseant & solvable, lequel s'en chargera en bonne forme. *L. si quis intra Provinciam, C. de bon. proscript.*

Article V.

Les fruits des immeubles seront saisis, *& Commissaires établis* à leur garde, avec les formalités prescrites par notre Ordonnance pour les Sequestres & Commissaires.

Et Commissaires établis.] Il faut que l'Huissier ou Sergent exécuteur fasse une sommaire & exacte description dans l'exploit d'annotation, des confins, tenans & aboutissans, & qu'il signifie au Commissaire son établissement pour le régime des biens compris dans l'annotation, & qu'il lui expédie en bonne forme sa Commission, afin qu'il puisse exercer sa charge. *L. si quis intra Provinciam, C. de bon. proscript.*

Article VI.

Défendons à tous Juges d'établir pour Gardiens ou Commissaires, les parens ou domestiques des Fermiers & Receveurs de notre Domaine, ou des Seigneurs à qui la confiscation appartient.

De

De la forme qui doit être observée ensuite de la perquisition & saisie pour assigner un contumax.

ARTICLE VII.

SI l'accusé est domicilié, *ou réside dans le lieu de la Jurisdiction*, il sera assigné à comparoir *dans quinzaine*, sinon l'exploit d'assignation sera affiché à la porte de l'Auditoire.

Ou réside dans le lieu de la Jurisdiction.] Il y a eu depuis un Edit du mois de Décembre 1680, donné à Saint Germain-en-Laye, concernant les procedures à faire pour l'instruction des défauts & contumaces, qui est conçu en ces termes.

☞ LOUIS, par la grace de Dieu, Roi de France & de Navarre: A tous présens & à venir, SALUT. Nous avons été informés qu'aucuns de nos Officiers procedant au Jugement des défauts & contumaces contre les accusés de crimes, ont trouvé quelque difficulté dans l'explication des art. 2, 3, 7 & 9 de notre Ordonnance du mois d'Août 1670, au tit. 17 des Défauts & Contumaces, en ce qui regarde les lieux où la perquisition des accusés doit être faite, & les assignations données. Nous avons aussi vû en plusieurs occasions divers inconvéniens qui sont arrivés dans les procedures de contumace faites par les Prevôts des Maréchaux & Officiers de Robe-courte, faute d'avoir fait juger leur compétence: & étant important au bien de la Justice, que ces difficultés & inconvéniens ne puissent différer la punition des crimes, Nous avons résolu d'expliquer bien particulierement nos intentions, ensorte qu'il n'en puisse plus arriver à l'avenir. Sçavoir faisons, que Nous, pour ces causes & autres à ce Nous mouvans, de notre propre mouvement, certaine science, pleine puissance & autorité royale, en interprétant & ajoutant ausdits art. 2, 3, 7 & 9 du titre 17 de l'Ordonnance criminelle du mois d'Août 1670, avons dit & ordonné, disons & ordonnons par ces Présentes signées de notre main, voulons & Nous plaît, que dans les trois mois du jour qu'un crime aura été commis, l'accusateur en voudra poursuivre & faire instruire la contumace, la perquisition de l'accusé pourra être valablement faite dans la maison où résidoit l'accusé, dans l'étendue de la Jurisdiction où le crime aura été commis, & sera laissé copie du procès-verbal de perquisition. Qu'il en sera usé de même pour l'assignation à comparoir à la quinzaine, laquelle sera aussi valablement donnée à l'accusé en la maison où il résidoit, ainsi que dit est; & copie aussi laissée de l'exploit d'assignation. Et si ledit accusé n'a point résidé dans l'étendue de la Jurisdiction où le crime aura été commis, la perquisition sera faite & les assignations données suivant l'article 3 de ladite Ordonnance, titre 17, sans qu'il soit nécessaire de faire lesdites perquisitions, & ordonner les assignations au lieu où demeuroit l'accusé avant qu'il eût commis le crime: A faute de comparoir dans ladite quinzaine, l'assignation à huitaine, laquelle doit être donnée par un seul cri public, conformément à l'article 8 du même titre, sera faite & donnée à son de trompe, suivant l'usage, à la Place publique, & à la porte de la Jurisdiction où se fera l'instruction du procès. Si après les trois mois échus depuis que le crime aura été commis, l'accusateur veut poursuivre & faire instruire la contumace, la perquisition de l'accusé faite, & les assignations données au domicile ordinaire de l'accusé, laquelle assignation sera à quinzaine; & outre ce, lui sera donné le délai d'un jour pour chaque dix lieues de distance de son domicile, jusqu'au lieu de la Jurisdiction où il sera assigné: A faute de comparoir dans les délais ci-dessus, il sera crié à son de trompe, par un cri public, à huitaine, dans le lieu de la Jurisdiction où se fera le procès; & ledit cri & proclamation affiché à la porte de l'Auditoire de ladite Jurisdiction. A l'égard de l'accusé qui n'aura pas de domicile, soit qu'il soit poursuivi avant ou depuis les trois mois échus, à compter du jour que le crime aura été commis, la copie du decret, ensemble de l'exploit d'assignation, seront seulement affichés à la porte de l'Auditoire de la Jurisdiction. Les Prevôts des Maréchaux voulant instruire la contumace des accusés contre lesquels ils auront decreté, pour quelque crime que ce soit, seront tenus avant que de commencer aucune procedure pour cet effet, de faire juger la compétence au Siége Présidial dans le ressort duquel lesdits crimes auront été commis; & en cas que lesdits accusés soient arrêtés avant ou depuis le Jugement de contumace, ou qu'ils se représentent volontairement pour purger ladite contumace, lesdits Prevôts des Maréchaux seront tenus de faire juger de nouveau leur compétence, après que lesdits accusés auront été ouis en la forme portée par l'article 19 du titre 2 de l'Ordonnance de 1670. Et ne pourra à l'avenir l'adresse d'aucune rémission être faite aux Siéges Présidiaux où la compétence aura été jugée, suivant ce qui est porté par l'article 19 de ladite Ordonnance de 1670, au titre des Rémissions, que l'accusé n'ait été oui lors du Jugement de la compétence, & qu'il ne soit actuellement prisonnier; & à cet effet, seront le Jugement de compétence & l'écroue attachés sous le contre-scel desdites Lettres. SI DONNONS EN MANDEMENT à nos amés & féaux les Gens tenans notre Cour de Parlement à Paris, que ces Présentes ils ayent à faire lire, publier & enregistrer, & le contenu en icelles entretenir & faire entretenir, garder & observer selon leur forme & teneur, sans souffrir qu'il y soit contrevenu en quelque sorte & maniere que ce soit: CAR tel est notre plaisir. Et afin que ce soit chose ferme & stable à toujours, Nous avons fait mettre notre Scel à cesdites Présentes. DONNÉ à S. Germain-en-Laye au mois de Décembre, l'an de grace 1680, & de notre Regne le trente-huitiéme. *Signé* LOUIS. *Et plus bas*, Par le Roi, COLBERT. Et scellée du grand Sceau de cire verte, sur lacs de soie rouge & verte.

Lûes, publiées, registrées, oui & ce requerant le Procureur Général du Roi, pour être exécutées selon leur forme & teneur. A Paris en Parlement, le dixiéme Janvier mil six cens quatre-vingt-un. Signé JACQUES.

Dans quinzaine.] Les jours de l'assignation & de l'échéance ne sont point compris dans la quinzaine; l'article suivant le désigne assez.]

ARTICLE VIII.

A FAUTE de comparoir dans la quinzaine, il sera assigné *par un seul cri public, à la huitaine*; mais les jours de l'assignation & de l'échéance ne seront compris dans les délais.

Par un seul cri public, à la huitaine.] Cette proclamation tient lieu de l'ajournement à trois briefs jours, dont est fait mention dans l'Ordonnance de François I. à Ys sur-Thille, ch. 13, art. 39; & à Villiers-Cotterets en Août 1539, art. 25; & c'est un défaut qui est octroyé contre l'accusé, faute d'avoir comparu dans la quinzaine, & obéi au decret; comme il falloit aussi, avant qu'ordonner l'ajournement à trois briefs jours, qu'il parût par l'exploit du Sergent, qu'il n'avoit pû trouver, ni appréhender au corps l'accusé, & des diligences qu'il avoit faites pour cela. Ces ajournemens ne se faisoient pas comme ils se font présentement, par un seul exploit, mais par trois diverses significations, avec intimation de comparoir; ce qui approchoit plus du Droit Romain, *ut constat ex L. ad peremptorium 68 & seq. ff. de jud. L. contumacia 53, ff. de re jud. & L. inter accusatorem 10, ff. de pub. jud.* & à l'issue des plaids on appelloit le défaillant; & s'il ne comparoissoit au troisiéme ajournement, il étoit tenu pour contumax. *L.* 8 & *L.* 9, *C. quomodo & quando judex*. Or comme il est dit dans cet article, & comme il étoit pratiqué dans les ajournemens à trois briefs jours, il faut que le délai de huitaine soit franc, c'est-à-dire qu'on n'y comprenne pas le jour de l'assignation & celui de l'échéance; autrement la procedure seroit nulle, & le Jugement de contumace aussi; ce que *Julius Clarus* dit avoir pratiqué quand il étoit Juge de Milan, *quæst.* 31. La raison est, parce qu'en matieres criminelles les formalités sont très-importantes, & qu'établissant une vérité présomptive, faute de comparoir, il est juste qu'il n'y ait point de défaut dans la forme qui doit être observée, la vérité ne pouvant résulter d'une forme imparfaite; outre que le délai des ajournemens est si fort de l'essence des procedures qu'on fait par défaut, que s'il n'est pas fait ainsi qu'il est requis, on ne peut pas dire qu'il y ait contumace. Thev. sur l'article 2 du titre 7 des Défauts & Contumaces.

ARTICLE IX.

LE cri sera fait *à son de trompe*, suivant l'usage, à la Place publique, & à la porte de la Jurisdiction; & encore au devant du domicile ou résidence de l'accusé, s'il en a.

A son de trompe.] ☞ Il faut de plus, suivant l'Edit de 1680, afficher le procès-verbal à la porte de l'Auditoire de la Jurisdiction.] La forme de cet ajournement est empruntée de la Jurisprudence Romaine. La plus ancienne se faisoit au son de la voix; mais depuis il a été pratiqué à son de trompe. *Cujac. lib.* 1, *cap.* 11 *Observ.* dit: *Ex more Romano, & unaquaque vice ter repetito nomine absentis, voce præconis, quæ vox legis dicitur, ut interpretatur Jul. in Nov.* 69, *vel à Demosthene, vox patriæ communis, ut notat* Charondas en ses Pandectes, liv. 4, ch. 6: & Plutarque, *in Bruto*: λέγεται δὲ τοῦ κήρυκος ὥσπερ εἰώθει, ἀπὸ τοῦ βήματος τὸν Βροῦτον ἐπὶ τὴν δίκην καλοῦντος, τὸ μὲν πλῆθος ἐπιδήλως στενάξαι. *Sueton. in Tiber. Citatumque pro Tribunali voce præconis convitiatorem rapi jussit in carcerem. Apul.* 1. *Florid. Præco cum Proconsule & ipse Tribunal ascendit, & ipse togatus illic videtur, & quidem perdiù stat, aut ambulat, aut plerumque contentissimè clamat.*

ARTICLE X.

SI l'accusé qui a pour prison la suite de notre Conseil, ou de notre Grand Conseil, le lieu de la Jurisdiction où s'instruit son procès, ou les chemins de celle où il aura été renvoyé, ne se représente pas, il sera assigné par une seule proclamation à la porte de l'Auditoire, & le procès-verbal de proclamation affiché au même endroit, *& procedé, sans autres formalités*, au reste de l'instruction & Jugement du procès.

Procedé sans autres formalités.] La raison est, parce que celui qui a une fois comparu & répondu sur les charges, & qui vient se retirer & s'absenter sans permission du Juge, est censé n'avoir jamais comparu ni répondu, & est tenu comme vrai contumax & défaillant, *quia illicentiatus recessit.* Il en est de même de celui qui viendroit à se présenter dans l'an, pour purger le défaut & contumace, & qui après se cacheroit & se représenteroit. Boër. *part.* 1, *quæst.* 64, *num.* 5 & 6. L'Ordonnance est conforme en ceci au Droit écrit, comme nous le recueillons de la Loi 5, *ff. de pœn. Adversus contumaces verò qui neque denunciationibus, neque Edictis Principum obtemperassent, etiam absentes pronuntiari oportet, secundùm morem privatorum judiciorum.*

Mais lorsqu'un accusé qui n'a pas été interrogé, & n'a point rempli le decret, a obtenu un Arrêt de défenses du Parlement, ou Grand Conseil, qui arrête le cours de la procedure, s'il vient à s'absenter le decret étant confirmé, il ne suffit pas d'une simple proclamation, & il faut instruire contre lui une contumace.

ARTICLE XI.

DÉFENDONS aux Juges d'ordonner autre assignation ou proclamation *que celle ci-dessus*, à peine d'interdiction, & des dommages & interêts des Parties.

Que celle ci-dessus.] Comme il n'y avoit point de forme certaine pour les ajournemens à trois briefs jours, les uns faisoient le premier de huitaine ou quinzaine, & les deux autres de trois en trois jours : les uns vouloient que le premier fût de huitaine, le second de quinzaine, & le troisiéme d'un mois ; & les autres, de neuf en neuf jours, ce qu'ils appelloient *Trinundinum*, qu'Imbert, par erreur, avoit au livre troisiéme de ses Institutes forens. chap. 3, nomb. 6, expliqué de l'ajournement de trois en trois jours, dont Cujas le reprend, *lib.* 2 *Observ. cap.* 11. C'est pour cela que l'Ordonnance, pour rendre la procedure uniforme, a voulu au lieu de ces ajournemens, *que le défaillant fût assigné par un seul cri public de huitaine.*

ARTICLE XII.

APRÈS le délai des assignations, la procedure sera remise au Parquet de nos Procureurs, ou de ceux des Seigneurs, pour y prendre leurs conclusions.

☞ Voir l'article 17 du titre 14 ci-dessus.]

Article XIII.

SI la procedure est valablement faite, les Juges ordonneront que *les témoins seront récollés* en leurs dépositions, & que le récollement vaudra confrontation.

Les témoins seront récollés.] Cet article est conforme à l'Ordonnance de François I. à Ys-sur-Thille, chap. 13; par laquelle, *avant qu'adjuger les défauts, les témoins qui font charge devoient être récollés.*] La raison est, parce que bien que la contumace soit un grand indice contre l'accusé, néanmoins il n'est pas juste de condamner définitivement l'absent pour sa seule contumace; mais il faut proceder à l'instruction du procès criminel, comme s'il étoit présent, afin de le convaincre du crime dont il est accusé, avant que de le condamner; ce qui ne pourroit être si le procès ne lui étoit fait en la forme prescrite par les Ordonnances : car si le défendeur en matiere civile peut, quoique défaillant, gagner sa cause, à plus forte raison l'accusé peut être absous nonobstant la contumace, suivant la Loi 1, *C. quomodo & quando jud.* la contumace ne prouvant autre chose, si ce n'est que l'accusé ne veut pas se défendre & justifier: Ayrault, liv. 4 de son Instruction Judiciaire, art. 2, nomb. 19, où il allegue divers exemples de l'Histoire Romaine & Ecclésiastique, pour faire voir que des accusés contumax ont été absous à pur & à plein; & entr'autres celui du Pape Innocent, qui déclare nulle la condamnation faite *in Synodo ad quercum*, de S. Jean Chrysostome, pour n'avoir comparu aux jours qui lui avoient été donnés par le Concile; & celui du Concile de Calcedoine, qui cassa la condamnation d'Athanase, faite au Concile d'Antioche, sur ce fondement, qu'il avoit été cité & appellé par trois fois, & qu'il avoit fait refus d'y obéir. Il faut encore remarquer, que quoique cet article porte (que le récollement des témoins bien & dûement fait, vaudra confrontation,) néanmoins si l'accusé se représente pour purger la contumace, il lui faudra confronter les témoins qui sont vivans, suivant l'article 20 de ce titre.

Article XIV.

APRE's le récollement, le procès sera derechef communiqué à nos Procureurs, ou à ceux des Seigneurs, pour prendre leurs conclusions définitives.

De la forme du Jugement de contumace.

Article XV.

LE même Jugement *déclarera la contumace bien instruite*, en adjugera le profit, contiendra *la condamnation de l'accusé. Défendons d'y insérer la clause*, si pris & appréhendé peut être, dont Nous abrogeons l'usage.

Déclarera la contumace bien instruite.] Quoiqu'un contumax *habeatur pro convicto*

& *confesso*, il ne suffit pas pourtant que les défauts ayent été bien entretenus, il faut encore qu'il y ait déclaration dans le Jugement, que la contumace a été bien instruite, *ut ex text. in L. ejus qui dilatorem, de jur. fisc & ibi Bart. Anton. in cap. cum dilecti, de dolo & contum. ibi reputavimus contumac. & text. cum Glos. in cap. cum secundùm leges, de Hæret. lib. 6.*

La condamnation de l'accusé.] Cet article est conforme à l'Ordonnance de François I, de l'an 1536, chap. 2, art. 25; & 1539, art. 25: & par le Droit Romain, ceux qui étoient absens avant qu'ils fussent accusés, ne pouvoient être accusés ni condamnés, s'il étoit question d'un crime capital, suivant la Loi 1, *ff. de requir. reis, nec absentibus damnandis* (*sic enim legendum est, non ut habet vulgata lectio;*) *hoc enim jure utetur, ne absentes damnentur; neque enim in auditâ causâ quemquam damnari æquitatis ratio patitur:* ce qui est confirmé par la Loi *absentem, ff. de pœn.* la Loi 1, *C. de requir. reis;* & la Loi *absentem, C. de accus.* Ils pouvoient seulement être condamnés en des peines pécuniaires & infamantes, même jusqu'à la relégation, au-delà desquelles peines il n'étoit pas permis de les condamner. De là vient qu'en ladite Loi *absentem, C. de accus.* il est dit, que quoique la contumace eût été bien requise contre Avidien, (ce qui n'étoit pas toutefois *novo more*, & contre la forme des Constitutions & Ordonnances, il avoit été condamné *in metallum:* mais aujourd'hui en France la contumace est telle, que si quelqu'un est accusé d'un crime qui mérite la mort, après le récollement fait, il peut y être condamné, non-seulement pour le mépris qu'il fait de la Justice, mais aussi parce que la contumace fait présumer qu'il est coupable.

Il faut pourtant que le délit soit constant, *saltem aliqualiter & semiplenè;* & la contumace ne suffit pas seule pour la condamnation à mort, s'il n'y a preuve. *Fab. in suo Cod. lib. 7, tit. 24, defin. 7. Jul. Clar. quæst. 44, num. 8 & 10. Hyppolitus de Marsil. §. postquàm num. 40. Francisc. Marc. quæst. 184;* & Bass. l. 6, tit. 5, ch. 3. Que si l'accusé ne se trouve pas dûement atteint, il doit être absous nonobstant sa contumace; & l'on compense quelquefois les dépens, à cause de la présomption qu'il y a que s'il se fût présenté, & qu'il eût proposé sa justification, l'accusateur eût moins obtenu contre lui qu'il n'a fait par contumace, puisqu'il ne se trouve pas coupable, quoiqu'il ne se soit pas défendu; & c'est pour cela que la Partie civile ne doit pas être remboursée des dépens qu'elle a exposés. Il faut encore exprimer dans le Jugement la cause de la condamnation. Voyez ce que nous avons remarqué sur l'article 14 du titre 25 des Sentences, &c.

Défendons d'y inserer la clause.] La raison pourquoi cette clause a été abrogée, c'est que vraisemblablement elle étoit du style ancien, parce qu'anciennement on exécutoit les Sentences données par contumace sur les personnes des condamnés, s'ils se trouvoient; & depuis qu'on les a exécutées par effigie, on insera, lorsqu'on en usa au commencement, une condamnation sans retour, & une proscription publique, & mandement à toutes personnes, si elles pouvoient se saisir du condamné, de l'arrêter & l'amener pour être puni. De là vient qu'on n'exécute pas en figure ceux à qui on fait le procès après la mort; & ainsi comme cette clause, *& appréhendé peut être*, n'étoit introduite que *ad terrorem*, & qu'elle n'étoit pas pratiquée en France, l'Ordonnance l'a fort à propos abrogée.

On peut encore ajouter que cette clause étoit inutile, parce que tant s'en faut qu'un condamné par contumace soit exécuté à mort, quand il est pris & appréhendé, qu'au contraire dès le moment qu'il est constitué prisonnier, tous les défauts & contumaces obtenus contre lui, & la Sentence de condamnation rendue fur iceux, font de droit mis au néant, fans qu'il foit befoin de le faire ordonner par aucun Jugement, ni d'interjetter appel de la Sentence de condamnation.

De l'exécution du Jugement de contumace.

ARTICLE XVI.

LES feules condamnations de mort naturelle *feront exécutées par effigie*; & celles des galeres, amende honorable, *banniffement perpétuel*, *flétriffure*, & du fouet, écrites feulement dans un tableau, fans aucune effigie. Et feront les effigies, comme auffi les tableaux, attachés dans la Place publique: Et toutes les autres condamnations par contumace feront feulement fignifiées, & *baillé copie au domicile* ou réfidence du condamné, fi aucune il a dans le lieu de la Jurifdiction; *finon*, *affichée à la porte de l'Auditoire.*

Seront exécutées par effigie.] Par l'Ordonnance de François I. à Valence, en Août 1536, pour Bretagne, ch. 2, art. 29, il eft porté: *Et la condamnation faite par contumace, & le forban donné, l'on fera attacher aux portes & entrées des lieux les tableaux & cordeaux, au defir de la Coutume, &c.* Et par celle de Charles IX. 1566, art. 25, il eft dit, *que les noms des appellés & ajournés à ban, & pourfuivis & condamnés par contumace, feront infcrits aux tableaux qui feront affichés aux portes des Villes & des Siéges des Auditoires des lieux d'où les decrets feront émanés, à ce qu'aucun n'en prétende caufe d'ignorance.* Et celle-ci diftingue trois fortes de condamnations; fçavoir celles de mort naturelle, qui doivent feules être exécutées avec la repréfentation en effigie: celles de mort civile, flétriffure, ou fouet, dont l'exécution confifte à expofer dans un tableau, fans aucune effigie, les noms des condamnés; & la derniere des autres condamnations par défaut, dont l'exécution ne confifte qu'en une fimple fignification.

A Rome les exécutions figuratives, ou en effigie, n'étoient pas en ufage; & l'on n'avoit pas accoutumé de condamner les contumax & les abfens en une peine corporelle, parce qu'il leur fembloit ridicule de pendre ou trancher la tête en effigie; & quoique Trebellius Pollio rapporte de Celfus le Tyran, qu'il fut pendu en effigie, *cujus imago fufpenfa eft, quafi Celfus ipfe videretur*; ce n'eft pas un exemple qui prouve le contraire; parce que l'Auteur qui le récite, remarque que cela fut fait *novo injuriæ genere*: mais cette forte de punition a pris fon origine de la Jurifprudence Grecque, en laquelle on exécutoit les abfens en effigie; ou bien on écrivoit leurs noms avec la condamnation en des colomnes; ce que depuis les Romains pratiquerent. Les Grecs confideroient l'exemple; & bien qu'ils ne puffent toucher ni appréhender les corps, ils vouloient par ces cérémonies & formalités, donner jufqu'aux ames & confciences des hommes, comme remarque Ayrault, liv. 2 de fon Inftruction Judiciaire, art. 1, nomb. 23. Et cette exécution par effigie eft tirée des facrifices & triomphes anciens, dans lefquels au lieu de facrifier l'homme, on facrifioit quelquefois fon effigie, comme rapporte Plutarque, en la 32 & 86e demande des chofes Romaines.

Banniffement perpétuel.] Il y a diverfes efpéces de banniffement dans le Droit Romain; fçavoir, *bannum*, *interdictio*, *relegatio & deportatio*: *Bannum cùm quis amiffis bonis patriâ per annum exulabat, donec à tali crimine expiatus reverteretur*:

Interdictio, cùm alicui interdictum erat certi loci aditu commercioque: Relegatio duplex est; una, cùm aliquis amandatur in aliquem locum remotum ab hominibus, amicis & notis; altera, cùm includitur & quasi circumscribitur certum in locum, ut ne domo prodeat. aut cùm quis in patriâ excedere vetatur & jubetur certis in locis morari: Deportatio est, cùm quis in civitate sua ita mulctabatur, ut vinctus nervo aut compedibus in navim aliquam imponeretur, servisque publicis ut eum in insulam certam transferrent, traderetur. L. 1, §. 2, ff. de Leg. 3. Hæc pœna in locum aquæ & ignis interdictionis successit; & à présent c'est la peine du bannissement perpétuel.

Fletrissure.] La flétrissure dont il est fait mention dans cet article, ne peut avoir lieu que dans le concours d'une autre peine afflictive. Ragueau, dans son Indice des Droits Royaux & Seigneuriaux, dit que flétrir, est quand l'Exécuteur de la Haute-Justice imprime sur la peau du criminel la marque de la fleur-de-lys, ou quelqu'autre marque en signe de ce qu'il a été atteint & convaincu de crime; ce qui s'appelle *cautere liliato inurere*; & il rapporte l'autorité de Cujas, *lib. 7 Observ. cap. 13*, où il remarque que *fugitivi solebant compurgi notis.*

Autrefois on faisoit essoriller & flétrir en lieu évident du corps ceux qui avoient été fouettés; mais depuis on n'use plus de cette peine, & on ne flétrit que sur l'épaule. C'est une peine qui se pratiquoit par le Droit Romain contre ceux qui avoient été condamnés aux mines: l'Empereur Constantin défendit aux Juges d'imprimer sur le visage quelque lettre qui marquât leur peine, & il leur permit de la graver sur la main ou sur la jambe; afin, dit-il, que la face qui est formée à l'image de la beauté céleste, ne soit pas deshonorée, comme nous lisons dans la Loi *si quis in metallum* 17, *C. de pœn. Si quis in metallum fuerit pro criminum deprehensorum qualitate damnatus, minimè in ejus facie scribatur, cùm & in manibus & in suris possit pœna damnationis unâ inscriptione comprehendi, quò facies quæ ad similitudinem pulchritudinis est cœlestis figurata, minimè maculetur.* Et le Jurisconsulte en la Loi 44, *ff. de Religios.* dit, que la face est la principale partie de l'homme; que c'est ce qu'on représente dans les portraits, & ce qui fait connoître chaque personne: *Mihi videtur illum locum religiosum esse, ubi quod est principale conditum est, id est caput, cujus imago fit; inde cognoscimur.*

☞ *Et baille copie, &c.*] La signification au domicile suffit sans afficher: la signification au lieu de la résidence dans la Jurisdiction suffit encore sans afficher la condamnation par contumace; mais la signification qui en seroit faite hors le lieu de la résidence, ne seroit suffisante sans afficher. Voir les art. 3 & 7 de ce même titre.]

ARTICLE XVII.

LE Procès-verbal d'exécution *sera mis au pied du Jugement*, signé du Greffier seulement.

Sera mis au pied du Jugement.] Lorsqu'il apparoît du procès-verbal d'exécution par effigie, la prescription de 20 ans a lieu en matiere criminelle, & est, suivant la décision de la Loi *querela*, *C. ad Leg. Cornel. de fals. L. 3 de requir. reis*, & de Cujas, *lib. 4 Obs. cap. 14*, prorogée jusqu'à trente ans, comme il a été jugé par Arrêt du 26 Avril 1623, rapporté par Brodeau sur M. Louet, *lit. C. num.* 47, par Dufresne en son Journal des Audiences; & par un autre Arrêt rendu en la Tournelle, sur les conclusions de feu M. l'Avocat Général Talon, du 4 Mars 1623, rapporté par M. Louet au même endroit, il a été jugé que la condamnation de mort n'interrompt point la prescription: cela a été décidé tout récemment par un Arrêt du Parlement de Paris, confirmé par un Arrêt du Conseil, en la cause du au Sieur de Gondin, Seigneur de Boisseron, contre les Demoiselles de la Marck & Sauvan, de l'année 1679.

La prescription des crimes est si favorable, que les procedures intermédiaires faites par l'accusé ou l'accusateur ne peuvent pas l'interrompre, non pas même les informations, quoique decretées, & qu'elle court contre les mineurs, comme le Parlement de Paris l'a décidé par un Arrêt célébre du 18 Décemb. 1599, rapporté par M. le Prêtre, cent. 2, chap. 4, où il a puisé cette matiere; & le Parlement de Grenoble par Arrêt du 8 Mai 1607, recueilli par Expilly, plaidoyé 22. On opposoit audit Sieur de Boisseron qu'il avoit interrompu la prescription, au moyen des Lettres de rémission qu'il avoit obtenues en 1671, pour raison d'un crime commencé en 1651, & qu'on soutenoit avoir été continuée jusqu'en 1653 qu'il remit le Château d'Aramon; mais cela ne pouvoit empêcher le cours de la prescription, d'autant que la grace du Prince ne peut pas détruire celle que la Loi octroye, ni être retorquée contre celui qui l'a obtenue, & qui peut s'en désister si bon lui semble, & que depuis la grace de la Loi avoit succedé à celle du Prince. On lui opposoit encore un Arrêt du Conseil sur Requête, obtenu par Sauvan le dernier Août 1672; mais cet Arrêt n'avoit point eu de suite ni d'exécution, il ne se trouvoit point d'assignation, & il n'avoit été signifié qu'après la prescription acquise.

A l'égard de la prescription du crime de faux, on a douté si elle commençoit à courir du jour que le crime a été commis, ou que le faux a été découvert. Plusieurs Docteurs n'ont été de ce sentiment, qu'à cause que le crime de faux se faisant secretement, elle ne commençoit à courir que *à die detectæ fraudis;* autrement il ne faudroit que dater l'acte faux de vingt ans auparavant, pour exposer un homme à l'action civile, qui en dure trente, & mettre le faussaire à couvert du crime. *L. annus, ff. calumniator; L. cum Lex 55, ff. de Ædilit. Ed.* Dumoulin sur les Coutumes d'Anjou, art. 429; Brodeau sur Louet, lett. R, nomb. 53 *in fine.* Néanmoins il est constant que la prescription du crime de faux commence à courir du jour qu'il a été commis, & qu'il est sujet comme les autres à la prescription de vingt ans, suivant la Loi *Quærela, C. ad L. Cornel de fals.* Il en est de même de l'action civile descendante du crime, elle ne dure pas davantage que l'action criminelle, suivant les autorités rapportées par Louet, lettre C, somm. 47, où il rapporte quantité d'Arrêts. Mais pour ce qui est du fisc, la confiscation d'une chose est prescrite par le laps de cinq ans, suivant la Loi *neque commissum, C. de vectigal.* faite par l'Empereur Sévere, qui ne faisoit jamais de Loi que de l'avis de vingt-quatre Jurisconsultes.

Ce qui doit être observé pour purger la Contumace.

ARTICLE XVIII.

SI le contumax est arrêté prisonnier, ou se représente après le Jugement, ou même après les cinq années, *dans les prisons du Juge qui l'aura condamné*, les défauts & contumaces *seront mises au néant* en vertu de notre présente Ordonnance, sans qu'il soit besoin de Jugement & d'interjetter appel de la Sentence de contumace.

☞ *Dans les prisons du Juge qui l'aura condamné.*] On doit tenir que quand le contumax se présenteroit ailleurs, c'est-à-dire dans d'autres prisons que dans celle du Juge qui l'a condamné, la contumace n'en seroit pas moins au néant, (c'est une disposition favorable, à laquelle il convient de donner extension) sauf à le faire transferer dans les prisons du Juge qui a prononcé la condamnation.

Autrefois les Sentences de condamnation par contumace s'exécutoient réellement contre le condamné, dès qu'il étoit pris: dans la suite on a distingué, s'il se représentoit volontairement, ou s'il étoit arrêté malgré lui; dans le dernier cas on l'exécutoit, & non dans le premier. Enfin, la représentation forcée ou volontaire, avant ou après les cinq ans, anéantit aujourd'hui la contumace.]

Seront mises au néant.] C'est-à-dire, que les procedures sont anéanties, & *resolvuntur in simplicem citationem*, suivant l'Ordonnance de Charles IX. à Amboise, en Juillet 1572, art. 10, par laquelle il est dit (que les procès se feront de nouveau contre les défaillans) *juxta opinionem Gl. in L. 2, C. de requir. reis; & Alber. 1, ff. eod. tit.* La raison est, d'autant que les Sentences rendues sur défauts en matieres criminelles ne sont qu'interlocutoires. *L. quod jus, ff. de re jud. C. cùm cessante. extr. de Judic.* Il ne faut pas entendre pourtant que le Procureur du Roi & la Partie civile soient astraints à recommencer le procès, & qu'il suffise au condamné de se tenir sur la défensive; mais le condamné est chargé de prouver & justifier son innocence; car autrement ceux qui sont condamnés ne se présenteroient que le plus tard qu'ils pourroient, pour faire dépérir les preuves.

ARTICLE XIX.

LES frais de la contumace *seront payés par l'accusé*, après avoir été taxés en vertu de notre présente Ordonnance, sans néanmoins que par faute de payement il puisse être sursis à l'instruction & jugement du procès.

Seront payés par l'accusé.] Cet article est conforme à l'Ordonnance de Charles VIII, art. 57; & par celle de Charles IX. à Amboise, de l'an 1572, art. 10, *les condamnés par Arrêt en premiere instance, ou par Sentence confirmée par Arrêt, n'étoient pas reçus à purger la contumace, qu'en consignant l'amende & l'interêt civil envers la Partie:* en quoi elle distinguoit ceux qui étoient condamnés par Sentence sans qu'elle fût confirmée par Arrêt, à l'égard desquels on faisoit cette différence, que si l'accusé se présentoit dans les cinq ans, il n'étoit tenu que de payer les dépens des défauts & contumaces; & après les cinq ans il devoit, non-seulement réfonder les dépens, mais encore consigner les amendes & réparations, avant que d'être reçu à proposer ses défenses. Mais la nouvelle Ordonnance ne fait point de différence; elle dit distinctement que les frais de la contumace seront payés, & qu'ils seront taxés sans que la Partie le requiere ni le fasse prononcer: ce qui est conforme au Droit, par lequel la contumace ne peut être purgée qu'en réfondant les dépens contumaciaux. *L. properandum 13, L. sancimus 15, Cod. de judic.* La raison est, parce que tels dépens sont préjudiciables *ex parte rei, qui non admittitur procedere in causâ, nisi priùs refusis expensis. Rebuff. de Expens. art. 5, gl. 1, n. 38; Fab. in suo Cod. lib. 7, tit. 15, defin. 18.* Il faut remarquer sur cet article, que la rigueur de cette Ordonnance a lieu même contre les héritiers défaillans, qui ne sont pas reçus à purger la mémoire du défunt sans consigner, étant tenus civilement de ce à quoi le défunt étoit obligé pénalement ; & quoique la peine soit éteinte par la mort, cela n'a pas lieu quand il y a condamnation, d'autant que les amendes ne viennent pas tant de la contumace que du délit. Mais si l'accusé allégue son privilége ecclésiastique, il ne peut être contraint au payement des frais & dépens de la contumace, d'autant qu'elle ne peut avoir plus de force que le consentement, lequel ne peut être valablement prêté par un Ecclésiastique, contre les priviléges introduits en sa faveur, *text. in cap. at si Clerici & si diligenti, de Judic.* ou bien d'autant que la contumace ne peut proroger la Jurisdiction du Juge Laïc, au préjudice du privilége ecclésiastique. C'est une question parmi les Criminalistes, si la Jurisdiction peut être prorogée ès matieres criminelles. Balde tient la négative, *in L. si quis ex consensu, C. de Episc. aud.* Néanmoins la plus commune opinion est qu'elle peut être prorogée, suivant la Loi 4, *C. de Jurisd. omn. Jud. quæ de utriusque causis loqui videtur ;* & la Loi 2, §. *convenire, ff. de Judic.* Cette Loi cite *Legem Juliam judiciorum ;* & par conséquent, *tam publica quàm privata judicia complectitur.*

☞ Cet article ne parle que des frais de contumace, & non des amendes & des réparations, dont il est parlé dans l'art. 28 de ce même titre.]

ARTICLE XX.

IL sera ensuite interrogé & procedé *à la confrontation des témoins*, encore qu'il eût été ordonné que le récollement *vaudroit confrontation.*

A la confrontation des témoins.] Par la Déclaration du Roi du 18 Novembre 1679, vérifiée au Parlement de Toulouse le 3 Janvier 1680, qui ordonne au Présidial de Nîmes d'envoyer des Officiers dans sa Ville de Marvejols, pour administrer la Justice criminelle, pendant le tems de six semaines, aux Sujets du Roi des pays des hautes Cevenes & Gevaudan, il est porté entr'autres choses, *qu'à l'avenir lorsqu'un accusé condamné par contumace se représentera, & que le Procureur du Roi ou la Partie civile ne fera point comparoir les témoins dans les délais qui lui seront prescrits, à l'effet de la confrontation aux procès ausquels ladite confrontation aura été ordonnée, les Juges ne pourront prononcer l'absolution dudit accusé ; mais seulement qu'il sera mis hors des prisons, à sa caution juratoire de se représenter toutes fois & quantes qu'il lui sera ordonné, pour subir ladite confrontation, & être ensuite procedé au jugement définitif de son procès, sans que l'Arrêt ou Sentence qu'aura obtenu l'accusé puisse lui servir de justification ou d'absolution définitive, quand ledit Arrêt ou Sentence seront intervenus lorsque ladite confrontation aura été ordonnée, & sans aussi qu'aucun accusé contumacé pendant la tenue du Parlement, puisse poursuivre sa justification ou absolution en la Chambre des Vacations, à peine de nullité.* Le motif de ce qui a été ordonné pour ce regard par cette Déclaration, est pour empêcher la collusion d'entre les Parties civiles & les accusés, tant dans l'étendue desdits pays, que dans les autres du ressort du Parlement de Toulouse.

Vaudroit confrontation.] La raison est, parce que le récollement ne vaut confrontation, qu'en cas que la contumace ne soit point purgée. Voir ce que j'ai remarqué sur l'article 12 de ce titre.

Article XXI.

LA déposition des témoins décedés avant le récollement, *sera rejettée*, & ne sera point lûe lors de la visite du procès, si ce n'est qu'ils aillent à la décharge, auquel cas leur déposition *sera lûe.*

Sera rejettée.] Les témoins qui n'ont pas été récollés, ne peuvent ni ne doivent être confrontés figurativement, comme il fut jugé par un Arrêt de la Cour & Chambre de l'Edit de Grenoble, du 2 Juillet 1635, rapporté par Basset en la seconde partie, liv. 6, tit. 10, chap. 4. La raison est, parce que le témoin auroit pû, s'il eût été récollé avant son décès, retracter ou diminuer sa déposition. C'est pourquoi le récollement des témoins est fort nécessaire pour l'instruction du procès criminel contre l'accusé absent, afin que s'il arrive que les témoins meurent auparavant qu'il se présente, leurs dépositions subsistent en leur entier, comme s'ils lui avoient été confrontés, à la charge des reproches : à quoi se doit rapporter *quod traditur in L. ult. C. de testib. & cap. præsentium, eod. tit.* Néanmoins le contraire se pratiquoit au Châtelet, où la lecture de la déposition d'un témoin mort valoit récollement & confrontation.

☞ *Sera lûe.*] Il faut ajouter, comme dans l'article 10 du titre 15 ci-dessus, pour y avoir égard par les Juges.]

Article XXII.

SI le témoin qui a été récollé est décedé ou mort civilement pendant la contumace, *sa déposition subsistera*, & en sera faite confrontation litterale à l'accusé, dans les formes prescrites pour la confrontation des témoins. *Et n'auront en ce cas les Juges aucun égard aux reproches*, s'ils ne sont justifiés par piéces.

☞ Voir les articles 19 & 20 du titre 15.]

Sa déposition subsistera.] Cet article est conforme à l'Ordonnance de Villiers-Cotterets de l'an 1539, art. 165, par laquelle *il est ordonné, que contre les délinquans & contumax fugitifs qui n'auront voulu obéir à Justice, foi soit ajoutée aux dépositions des témoins contenus aux informations faites contr'eux, & récollés par autorité de Justice, tout ainsi que s'ils avoient été confrontés, & sans prejudice de leurs reproches ; & ce quant aux témoins qui seroient décedés, ou autres qui n'auroient pû être confrontés, lorsque lesdits délinquans se présenteront à Justice :* autrement les accusés contumax & défaillans seroient de meilleure condition que ceux qui se présenteroient actuellement en Justice, si la déposition des témoins qui ont été récollés, décedés ou morts civilement pendant la contumace, ne subsistoit plus, à cause que la preuve viendroit à dépérir pendant la fuite & contumace des accusés : mais bien que le procès ait été fait par contumace, si est-ce que toutes & quantes fois qu'ils viendront à se représenter, il leur faudra faire le procès de nouveau, les interroger & leur confronter les témoins vivans ; & à l'égard de ceux qui seront décedés, leur demander s'ils veulent proposer reproches contr'eux, & les justifier par écrit ; & ce fait, leur faire lire les dépositions des témoins distinctement & séparément. Par l'Ordonnance de François I. de l'année 1536, art 31, le récollement des témoins encore vivans pendant la contumace de l'accusé, valoit, sans qu'il fût besoin de le répeter quand l'accusé se représentoit.

N'auront en ce cas les Juges aucun égard aux reproches.] Le Commissaire néanmoins est tenu de rédiger le reproche, quoique fourni contre un témoin décedé après le récollement, & qu'il ne soit pas justifié par piéces.

ARTICLE XXIII.

LE même aura lieu à l'égard des témoins qui ne pourront être confrontés *à cause d'une longue absence*, d'une condamnation aux galeres, au bannissement à tems, ou quelqu'autre empêchement légitime pendant le tems de la contumace.

A cause d'une longue absence.] Lors de la lecture de cet article dans les Conférences tenues par ordre du Roi, on convint, suivant l'observation de Monsieur Talon, Avocat Général, que pour justifier l'absence du témoin, à l'effet de le confronter figurativement à l'accusé, il suffisoit, suivant l'usage ordinaire, d'un procès-verbal de perquisition, attesté par les principaux habitans du lieu de la demeure du témoin, sans qu'il fût nécessaire de faire pour raison de ce un nouveau procès en procedant par information.

Comment on procede contre l'accusé qui s'évade des prisons.

ARTICLE XXIV.

S*I l'accusé s'évade des prisons depuis son interrogatoire*, il ne sera ni ajourné, ni proclamé à cri public; & le Juge ordonnera *que les témoins seront ouis*, & ceux qui l'auront été, récollés, & que le récollement vaudra confrontation.

Si l'accusé s'évade des prisons.] Cet article & le suivant portent, que si l'accusé s'évade ou brise la prison, il doit être procedé contre lui en la même forme que contre les autres contumax dont il a été parlé ci-dessus, sans que cela retarde l'instruction du procès, qui est toujours continuée, dont on peut voir Boër. décis. 215, nombre 22 & 216, où il traite la question à fond; Papon en ses Arrêts, liv. 23, tit. 2, art. 1; & la formule qui régle la procedure qui doit être faite. Or la peine doit être plus grande contre ceux qui ont brisé la prison, suivant le texte formel de la Loi *in eos* 13, *ff. de custod. & exhib. reor.*

Il faut aussi remarquer qu'il doit être procedé en la même forme que s'ils étoient contumax, à l'égard de ceux qui ayant été élargis, s'absentent avant l'instruction du procès, parce qu'on a accoutumé quand on élargit un prisonnier, de l'élargir à la charge de se remettre en état, sur peine d'être atteint & convaincu des cas à lui imposés, comme on le pratique quand on lui défend de partir de la ville, ou du lieu où on lui fait le procès, s'il s'absente du lieu où on lui a constitué les arrêts, d'autant qu'il les doit garder comme s'il étoit emprisonné, quoiqu'on l'ait laissé sous sa bonne foi. Basset dans ses Arrêts, part. 2, liv. 6, chap. 2, rapporte un Arrêt de la Chambre de l'Edit de Grenoble du 16 Juin 1640, par lequel il fut jugé, qu'à l'égard d'un contumax comparant, depuis élargi, & ne voulant derechef comparoir, l'on ne se devoit point pourvoir par congés, mais qu'il falloit commencer par prise de corps : *Contumacia enim ejus qui sine licentiâ recessit, major est quàm ejus qui nunquam comparuit. Boër. decis.* 64, *num.* 5 & 6.

Depuis son interrogatoire.] Si l'accusé n'a pas subi l'interrogatoire avant son évasion, il doit être ajourné, trompeté & crié à cri public ; & le procès lui est fait par contumace, non-seulement pour le bris des prisons, mais encore pour le crime pour lequel il étoit arrêté. Pour cet effet, il faut que le Lieutenant Criminel se transporte incontinent aux prisons, qu'il visite l'endroit par lequel le prisonnier s'est sauvé, & qu'il examine si c'est par la participation du Géolier & Garde des prisons ; qu'il dresse tout son procès-verbal, & qu'au bas il mette son ordonnance portant permission d'informer du contenu en icelui.

Que les témoins seront ouis.] Il est juste avant que de proceder à la condamnation de l'accusé qui s'est évadé des prisons, qu'on informe sur l'évasion, comme étant un nouveau crime, & qu'on considere le premier dont il étoit accusé, parce que s'il étoit injustement emprisonné, la peine n'est pas capitale : néanmoins *ampliùs quàm causâ ex quâ recepti sunt reposci, constituendum est, quamvis innocentes inveniantur ex eo crimine propter quod impacti sunt in carcerem, tamen puniendi sunt. L.* 13, *ff. de custod. & exhib. reor.*

Comment on procede contre celui qui brise les prisons.

ARTICLE XXV.

LE procès sera fait à l'accusé, *pour le crime du bris des prisons, par défaut & contumace.*

Pour le crime du bris des prisons.] On procede contre ceux qui ont brisé les prisons, de même que contre ceux qui ont confessé le crime de leur propre bouche, d'autant que le bris des prisons vaut confession, *fictione Juris ; L.* 1, *C. de confes. L. confessus, ff. de custod. reor. L. qui Sententiam* 16, *C. de pœn. L. ad Commentariensem* 4, *C. de custod. reor.* C'est pour cela qu'ils sont condamnés en telle peine que le delit mérite, *secundùm delictorum, ob quæ detinebantur, discrimina. L.* 1, *de effract. L.* 13, *ff. de cust. reor. L.* 38, *§. penul. ff. de pœn. L.* 13, *§. pen. ff. de re milit.*

Il faut pourtant remarquer, qu'il semble que par la Loi 1, *de effract.* déja alléguée, le Jurisconsulte n'entend pas la mort naturelle, mais une peine plus douce. Il dit au commencement, *supplicium sumendum :* or *supplicii vox latiùs accipitur pro pœnâ, ut apud Festum & Nonium,* in verbo *Supplicium ; necnon apud Terent. Andr. cùm dicit, pro magno peccato paululum supplicii satis esse patri ; & apud Paulum V. Sentent.* 16. Il est vrai que le Jurisconsulte Ulpien ajoute ensuite, *& capite puniendos ;* mais la peine de mort est de trois sortes, *maxima, media vel minima,* & il ne se déclare point pour quelle des trois. Voici les termes de la Loi : *De his qui carcere effracto evaserunt, sumendum supplicium Divi fratres Æmilio Tironi rescripserunt. Saturnius etiam probat, eos qui de carcere eruperunt, sive effractis foribus, sive conspirati, nec cum cæteris qui in eadem custodia erant, capite puniendos ; quod si per negligentiam custodum evaserunt, leniùs puniendos.* Lorsque les Jurisconsultes parlent de la mort naturelle, ils ont accoutumé de s'expliquer *per ultimum supplicium, aut gravissimum, seu amarissimum :* cependant la plus commune opinion est, que les Jurisconsultes, dans les Loix ci-devant alléguées, entendent la mort naturelle. Non-seulement ceux qui ont brisé les prisons, *extra ordinem puniuntur*, mais encore ceux qui leur ont aidé, & les Géoliers & Gardes des prisons qui se trouveront coupables de fraude & de négligence. *L.* 8, 10, 12, *ult. ff. de custod. & exhib. reor. L.* 4, *C. eod.*

Par défaut & contumace.] Les Docteurs ont été partagés, pour sçavoir si la citation étoit nécessaire contre l'absent qui avoit brisé les prisons. *Joan. Andr. in addit. ad spec. tit. de præsumpt.* §. *si species*, *num.* 3, *in verbo Lex unica*, est d'avis qu'elle ne l'est pas; mais Boër. dit que par le Style des Cours de ce Royaume, la citation est nécessaire, *decis.* 215, *versic. contrarium tamen, & versic. sed dicamus, juxta L. si apparitor, C. de cohort. Principum; L.* 12 *& hoc DD. tutius arbitrantur, ut saltem edictis citetur, juxta L. properandum* 11, *C. de Judic. & Glos. in dict. L. si apparitor.* Il faut entretenir les défauts contre l'accusé qui a brisé les prisons, comme s'il n'avoit jamais comparu, conformément à la Loi *in eos, ff. de custod. reor.*

De la main-levée au profit de celui qui se représente, ou qui est arrêté dans l'année de l'exécution du Jugement.

ARTICLE XXVI.

SI le condamné se représente, ou est mis prisonnier *dans l'année* de l'exécution du Jugement de contumace, *main-levée lui sera donnée* de ses meubles & immeubles; & le prix provenant de la vente de ses meubles, à lui rendu, les frais déduits, *en consignant l'amende à laquelle il aura été condamné.*

☞ *Dans l'année.*] S'il ne se représente pas dans l'année, mais dans les cinq ans, l'art. 20 de l'Ordonnance de Roussillon y a pourvu; & celle-ci, non plus que celle de Moulins, n'y dérogent pas. Voir ce qui est porté dans le Procès-verbal sur cet article.]

Main-levée lui sera donnée.] Cet article est conforme à l'Ordonnance de Charles IX. à Paris, en Janvier 1563, art. 20, par laquelle, *si les accusés contre lesquels il y avoit decret de Justice, pour crime, saisie & annotation des biens, faute de pouvoir être appréhendés, ou de se représenter, ne comparoissent dans l'an après la saisie, les fruits de leurs héritages annotés & saisis étoient acquis en pure propriété à qui ils appartenoient, & ausquels avoit été ordonné par le Juge, sans que par le moyen de la comparution qui se fera par après, il y eût lieu de répetition des fruits.* De laquelle Ordonnance l'on peut tirer cette conséquence infaillible, que l'accusé comparoissant dans l'an après la saisie, il aura main-levée de ses biens, & des fruits d'iceux. Elle est aussi conforme au Droit Civil, en la Loi 1, §. dernier; la Loi derniere, *ff. de requir. nec absent. damn.* la Loi 1 & 2, *eod. tit.* & la Loi 2, *C. si pend. appel. mors inter.* & quoique la Loi 1, *C. de requir. reis*, exige non-seulement que l'accusé comparoisse, mais encore qu'il obtienne Sentence d'absolution, *si redierit intra annum, & se purgaverit*, néanmoins la glose sur la Loi *fin. ff. de requir. reis*, qui ne veut pas qu'on attende la Sentence d'absolution, est passée en usage.

Aussi nos Loix donnoient une année entiere aux accusés pour venir répondre; & venant à se représenter dans l'année, ils reprenoient leurs biens. *L.* 4, §. *ult. ff. de requir. reis; & L.* 2, *C. eod. tit.* Et la raison est, parce que ceux qui sont condamnés à mort par contumace, ne sont point réputés morts civilement, que les cinq ans de l'Ordonnance ne soient passés. Brodeau sur M. Louet, lettre C, ch. 25. Néanmoins Ayrault, liv. 4 de son Instr. judic. art. 2, nomb. 23, dit que c'est le plus grand abus qui se puisse commettre, & qu'il n'est rien qui cause tant de crimes, que la facilité qu'on a de mettre les condamnations au néant, parce que le coupable n'a qu'à laisser passer la chaleur & l'ardeur des premiers Jugemens, la colere & la premiere douleur de ceux qui accusent, & il est tout assuré qu'un ou deux ans lui apporteront la liberation & l'impunité, & que cependant il aura moyen de découvrir les preuves qu'il y aura contre lui; de les détourner, & de gagner les Parties ou le Juge. Aussi avant cette Ordonnance on faisoit différence des crimes où il n'y avoit que saisie & annotation, d'avec ceux ausquels on avoit souffert une condamnation par défaut, auquel cas il falloit obtenir une Sentence d'absolution avant qu'être réintegré aux biens saisis.

Il faut encore remarquer que M. Liset en sa Pratique criminelle, liv. 2, ch. 3, rapporte, qu'en cas de crime de léze-majesté humaine au premier chef, les biens saisis doivent demeurer sous la main du Roi, bien que le délinquant se fût rendu volontairement prisonnier, jusqu'à ce que le procès soit fait & parfait, & le Jugement donné, en ordonnant provision sur les biens pour la nourriture du prisonnier, alimens & entretenement de sa femme & enfans, selon la qualité du prisonnier, valeur & revenu de ses biens meubles & immeubles. La raison pour laquelle l'Ordonnance donne la main-levée à celui qui se présente dans l'année de l'exécution du Jugement, est, *quia quod contumacia abstulit, restituit obedientia, ut ait Bald. in Cod. fin. col.* 1, *tit. per qu. fiat investig. & in Leg.* 1, *propè medium, vers. extrà apponitur, Cod. de postul. ubi ex dictis colligit, bannum quod fertur ex contumacia : bannito comparente intra legitimum tempus, ad simplicem citationem reduci*; ce qui est confirmé par Bart. *in L.* 1, §. *fin. ff.* de *requir. reis; & Tiraquell. in tract. cessante causâ, part.* 1, *num.* 57 *& seq.* Il a été encore jugé par Arrêt du mois de Juin 1633, rapporté dans le Journal des Audiences, que le condamné à mort par contumace, s'il se présente, éteint la contumace *ipso facto*.

En consignant l'amende.] La saisie générale des biens d'un condamné à mort par défaut, ne doit pas tenir lieu de la consignation de l'amende, quoiqu'il semble qu'il y ait quelque raison d'équité qu'un homme de qui tous les biens sont *sub hasta Prætoris*, ne soit pas privé de se justifier par le défaut de la consignation; & s'il y a plusieurs condamnés en des amendes, la condamnation est solidaire, si ce n'est que l'Arrêt spécifie la portion de chaque condamné, auquel cas il suffit que chacun consigne l'amende en laquelle il a été condamné : la Roche, titre des Consignations, Arrêt 6; & lorsqu'un des complices condamnés a payé le demandeur en excès des entieres condamnations qui lui ont été adjugées, il entre en sa place & privilége, pour son recours contre les condamnés, & a même droit que lui pour les obliger à la consignation. Il a été jugé par Arrêt de la Chambre de l'Edit de Languedoc, du 2 Décembre 1635, donné en faveur de certains Habitans de Roquecourbe, accusés d'avoir brûlé pendant la guerre la métairie de Pierre Martin, Procureur, que quoique l'Ordonnance qui requeroit la consignation, ne parlât point des dommages & interêts au profit de la Partie civile, qu'elle n'eût été faite qu'en faveur du Fisc & des demandeurs en excès, & non des condamnés & complices, desquels il s'agissoit lors de cet Arrêt, & qu'il y eût lieu de la restraindre, comme odieuse & contraire à la justification, néanmoins les impétrans consigneroient leur portion de la condamnation des dommages & interêts.

A

A laquelle il aura été condamné.] Cela a lieu pareillement à l'égard des héritiers des défaillans & contumax ; ils sont obligés de consigner l'amende avant que de pouvoir être reçus à purger la mémoire de celui auquel ils ont succedé ; & quoique la contumace soit un délit, & que la peine doive être éteinte par la mort du condamné dans les cinq ans, cela n'a lieu que lorsqu'il n'y a que la simple accusation, laquelle ne rend pas le délit notoire & public : mais lorsqu'il y a condamnation, il en est autrement, d'autant que les amendes ne procedent pas tant de la contumace que du délit, & que la consignation étant desirée par l'Ordonnance comme une condition sans laquelle le défunt ne sera pas reçu à proposer ses défenses, il est raisonnable que son héritier qui veut rétablir l'honneur du défunt, satisfasse à cette consignation, comme tenu civilement de ce dont le défunt étoit tenu pénalement. Néanmoins s'il y a des considérations pressantes qui empêchent de consigner, comme l'impuissance d'y satisfaire à cause de la pauvreté, il semble que les Cours pourroient dispenser de la consignation celui qui s'est représenté en Justice, ou ses héritiers, suivant les anciens Arrêts rendus avant l'Ordonnance.

Défenses à tous Officiers de prendre les meubles appartenans aux condamnés.

ARTICLE XXVII.

DEFENDONS à tous Juges, Greffiers, Huissiers, Archers, ou autres Officiers de Justice, *de prendre ou faire transporter* à leurs logis, ni même au Greffe, aucuns deniers, meubles, hardes, ou fruits appartenans aux condamnés, ou à ceux même contre lesquels il n'y avoit point decret ; ni de s'en rendre adjudicataires sous leur nom, ou sous noms interposés, sous quelque prétexte que ce soit, à peine d'interdiction, & du double de la valeur.

De prendre ou faire transporter.] La raison est, *ne non deportandi, sed asportandi animo moveantur.* Or, selon l'usage des anciens Romains, il y avoit des choses qui pouvoient être transportées, & d'autres qui ne le pouvoient pas être. L'accusateur pouvoit transporter les choses qu'il avoit trouvées dans la maison de l'accusé, dont il prétendoit s'aider dans son accusation, comme les tablettes, les papiers journaux, les registres, à la charge, si l'accusé en avoit besoin, de les lui représenter, & lui en laisser retenir des copies : mais il ne pouvoit transporter les meubles & hardes ; il lui étoit seulement permis de les sceller, & en constituer l'accusé dépositaire de Justice, si ce n'est que ce fût chose qui servît au procès, & qui pût facilement être changée. Il ne lui étoit pas permis aussi de déplacer les livres d'une banque ou societé exercée dans les Provinces, pour ne pas arrêter le cours du trafic & du négoce, comme remarque Ayrault, livre 3 de son Instruction Judiciaire, article 2, nombre 9.

De l'effet de la contumace après les cinq années.

Article XXVIII.

SI ceux qui auront été condamnés ne se représentent, ou ne sont constitués prisonniers *dans les cinq années de l'exécution* de la Sentence de contumace, *les condamnations pécuniaires*, amendes & confiscations *seront réputées contradictoires*, & vaudront comme ordonnées par Arrêt : Nous réservant néanmoins la faculté de les recevoir à ester à droit, & *leur accorder nos Lettres pour se purger.* Et si le Jugement qui interviendra porte absolution, ou n'emporte point de confiscation, les meubles & immeubles sur eux confisqués, *leur seront rendus en l'état qu'ils se trouveront*, sans pouvoir prétendre néanmoins aucune restitution des amendes, interêts civils, ni des fruits des immeubles.

Dans les cinq années de l'exécution.] Par l'article 23 de l'Edit du Roi, heureusement regnant, de l'année 1679, portant Réglement général sur les duels, *il est défendu à toutes les Cours de Parlement & aux autres Juges, de recevoir ceux qui auront été par contumace déclarés atteints & convaincus du crime de duel & rencontre, en leur justification, après les Arrêts de condamnation, même pendant les cinq années de la contumace, qu'auparavant ils n'ayent obtenu Lettres du Roi, portant permission de se representer ; & qu'ils n'ayent payé les amendes ausquelles ils auront été condamnés, nonobstant cet article, auquel il est dérogé pour ce regard, & sans tirer à consequence.*

Les condamnations pécuniaires.] La Jurisprudence du Parlement de Paris est, que le payement des condamnations pécuniaires prononcées par contumace, ne doit être ordonné, avant que les cinq ans que l'Ordonnance donne pour se présenter soient expirés, qu'en donnant caution, dont la Partie demeure déchargée après l'expiration des cinq années de la contumace. La raison est, d'autant que les condamnés par contumace pouvant se représenter dans les cinq ans, la contumace & toutes les peines afflictives & pécuniaires sont au néant ; & que pouvant être renvoyés absous de l'accusation avec dommages & interêts, il est juste qu'ils ayent leurs sûretés en cas de répétition : cela a été ainsi jugé par un Arrêt de la Cour des Aydes de Paris, le 7 Août 1683, recueilli dans la 9e Partie du Journal du Palais, page 247, par lequel le Traitant fut déclaré responsable civilement du délit fait par son Commis dans l'exercice de la commission, & ordonné qu'il payeroit la somme de trois mille livres pour les dommages & interêts qui avoient été adjugés en lui donnant caution, pour la restitution, en cas que dans les cinq ans de la contumace, le contumax se représente & se justifie.

Seront réputées contradictoires.] Par l'article 10 de l'Edit d'Amboise, il est porté, *que tous contumax & defaillans en matiere criminelle, & tels déclarés par Arrêt donné en premiere instance, ou par Sentence confirmée par Arrêt, ne seront reçus à purger la contumace, ni élargis après leur comparution, que la consignation de l'amende envers la Partie civile ne soit préalablement faite ; & en outre qu'ils consigneront une somme de deniers telle que par les Juges, eu égard à la qualité du fait & du procès, sera avisé, pour fournir aux frais de l'instruction du procès.* Et par l'Ordonnance de Moulins, 1566, art. 28, *les condamnés par défauts & contumaces, pour crimes emportans confiscation, ou amende au lieu d'icelle, outre la réparation civile, ayant ete en contumace de se representer en Justice par le tems & espace de cinq ans, à compter du jour de la condamnation contr'eux faite, perdent non-seulement les fruits des heritages saisis, mais aussi la proprieté de tous leurs biens adjuges par Justice, & demeurent aux Parties civiles leurs adjudications, sans pouvoir être repetées, & au Roi & aux Seigneurs Hauts-Justiciers, ce qui leur aura ete adjugé par amende.* Toutefois le Roi se réserve selon les causes, personnes, tems, & autres considérations, de les recevoir à ester à droit & se purger après ledit tems, en leur accordant des Lettres pour les relever des défauts & contumaces, comme il se pratique ordinairement; & cela est conforme au Droit Romain, en la Loi 4, §. dernier, *ff. de requir. reis. In summâ sciendum est nullâ temporis præscriptione, causæ defensione summoveri eum qui requirendus adnotatus est.* Et la Loi *unius* 18, §. *pen. ff. de quæst. Quamvis defensionem quocumque tempore, postulante reo negari non oportet.*

Il faut pourtant qu'il y ait des causes & des considérations bien pressantes, prises de la personne & du tems, pour donner lieu à l'obreption de ces Lettres, qui est le tempérament que le Roi a voulu apporter à la disposition de cette Ordonnance, qui veut *qu'après les cinq ans les choses adjugées demeurent aux Parties civiles, & les confiscations au Roi & aux Seigneurs Hauts-Justiciers, sans pouvoir être repetées.* Comme si par exemple celui qui a été condamné par défaut, eût été réellement empêché de comparoir, alors il y a bien lieu de restitution, parce que la disposition du Droit en la Loi 1, *ff. de dilat. impedito ex legitimâ causâ, tempora legis vel hominis non currunt.* Comme aussi les héritiers de celui qui est décedé dans les cinq ans, peuvent purger sa mémoire, *semper enim hæredis interest defuncti existimationem purgare*, 1 *quoties*, *ff. de injur.* Et cela a été ainsi jugé par divers Arrêts rapportés par le Docteur François, liv. 4 de ses Pandectes, ch. 6 sur la fin. Par le Droit Romain, après l'an les biens étoient confisqués, & ceux qui avoient été condamnés n'y pouvoient plus rentrer, suivant la Loi 2 & 3, *C. de requir. reis. Quod semel cecidit in fiscum, vix unquàm restituitur, L.* 4, *C. de bon. proscript.* Mais ladite Ordonnance de Moulins proroge le tems jusqu'à cinq ans, (après lesquels les condamnés par défaut & contumace sont réputés morts civilement, ni plus ni moins que s'ils avoient été condamnés contradictoirement,) & *efficiuntur servi pœnæ*, incapables de tous actes, tant du droit des gens que du droit civil, & par conséquent de succession. M. Louet & Brodeau, lettre C, ch. 25. Dolive, liv. 5 de ses Questions, ch. 7. Mais si le contumax condamné à mort décede dans les cinq ans, il peut succeder à ses proches mourans *medio tempore*, Bass. part. 2, liv. 6, tit. 6, chap. 1.

Et leur accorder nos Lettres pour se purger.] Les Peres Grecs parlant des Lettres de restitution, que les Empereurs accordoient à ceux qui avoient été condamnés à des peines capitales, en parlent comme d'une grace de résurrection qui rendoit aux condamnés la vie civile qu'ils avoient perdue.

Leur seront rendus en l'état qu'ils se trouveront.] Il y a deux sortes de restitution, l'une *restitutio justitiæ*, & l'autre *restitutio gratiæ.* La premiere qui est celle dont il est fait mention dans cet article, est quand la Sentence ou Arrêt est donné contre un mineur, ou contre un absent, *Reipubl. causâ*, ou par défaut & contumace, & qu'on obtient Lettres pour la purger; ou bien quand les Lettres contiennent pardon & rémission du délit commis en se défendant : en ces cas les biens confisqués doivent être entierement rendus à l'Impétrant, d'autant que se représentant à Justice, *extinguit judicatum.* La seconde est, quand le Prince de son autorité & pleine puissance donne abolition, pardon ou rémission après un Arrêt ou Jugement en dernier ressort, portant confiscation de biens : en ce cas si par les Lettres la peine est remise, l'Impétrant rétabli en ses biens, & les Lettres entérinées par le Juge, non seulement le Roi, mais aussi le Haut-Justicier, sont tenus de rendre les biens qui leur avoient été adjugés par confiscation, *quia non habent jus nisi ex condemnatione qua extincta fuit*, par l'entérinement des Lettres, suivant la Loi 2, *C. de sentent. pass.*

ARTICLE XXIX.

CELUI qui aura été condamné par contumace à mort, aux galeres perpétuelles, ou qui aura été *banni à perpétuité du Royaume*, qui décedera *après les cinq années, sans s'être représenté*, ou avoir été constitué prisonnier, *sera réputé mort civilement du jour de l'exécution de la Sentence de contumace.*

Banni à perpétuité du Royaume.] Nos Loix faisoient cette distinction à l'égard des effets de la mort civile, entre la déportation, qui est parmi nous le bannissement perpétuel, & la condamnation aux minieres, qui est la peine des galeres perpétuelles : que la déportation ne donnoit point d'ouverture au fideicommis que le condamné devoit recueillir, mais bien la condamnation aux minieres, à cause de la déportation, dans la perte de la cité, conserve la liberté naturelle, & que la condamnation aux minieres emporte la liberté & la cité. Cette distinction se recueille de la Loi *Statius Florus*, §. *Cornel. Felici*, *de jure Fisc. L. cùm pater*, §. *hæreditatem de leg.* 2. *L. intercidit*, *de condit. & dem.* & de la Loi *res uxoris*, *C. de don. inter vir. & uxor.* où l'Empereur rend cette belle raison, *quia in hoc casu maritum natura non pœna subduxisse videtur. De hac quæst. vide Annæum Robert. lib. 4 rer. judicat. cap. 16. Ferrer. ad quæst. 547 G. P.* Chopin, *de morib. Paris. tit. 4, num. 7.* Louet, *lit. C. num. 25.* Néanmoins au Parlement de Toulouse, l'on ne suit pas cette distinction, & l'on considere également les bannis à perpétuité, & les condamnés aux mines, parce que l'une & l'autre de ces deux peines ne réduit pas les hommes dans la servitude : Dolive, liv. 4 de ses Questions, chapitre 8. Mais un bannissement pendant neuf ans n'opere point la mort civile. *Fernand. cap. 9 ad Morganat.* & le pere condamné à ce bannissement ne perd pas les droits de la puissance paternelle.

Après les cinq années, sans s'être représenté.] ☞ Si donc le condamné meurt pendant les cinq ans, la condamnation sera-t-elle sans effet en ce qui concerne la mort civile, puisqu'il semble qu'elle ne doive produire cet effet que par la contumace du condamné qui demeure cinq années sans comparoître ? Voir Daumat, des Loix civiles, tom. 3 de l'édition *in-quarto*, liv. 1, tit. 1, sect. 1, art. 36, dans les Dissertations ou Remarques, & le titre 27 ci-après des Procedures, à l'effet de purger la mémoire du défunt.] A l'égard de ceux qui ont été condamnés par contumace pour crime de duel ou de rencontre, ils sont déclarés par l'article 27 de l'Edit du Roi, de Réglement général sur les Duels, de l'an 1679, incapables & indignes de toutes successions qui pourroient leur écheoir depuis la condamnation, encore qu'ils soient dans les cinq années, & qu'ils ayent été restitués contre la contumace.

Sera réputé mort civilement.] C'est-à-dire, que ceux qui auront été condamnés par contumace à quelqu'une des peines énoncées dans cet article, sont inhabiles à succeder & à faire testament, incapables de tous actes, tant du droit des gens, que du Droit civil, *tanquam servi pœnæ effecti*, *Robert. L.* 4 *rerum judic. c.* 16, même de recueillir une succession à eux-échue pendant la Sentence de mort, suivant la Loi *ex Edicto*, *ff. de honor. poss.* & un Arrêt du 10 Janvier 1630, rapporté dans le Journal des Audiences. Mais à l'égard de l'ouverture du fideicommis, ou du droit de retour, ces condamnations rendues par défaut ne donnent pas cet avantage à ceux qui doivent recueillir quelque succession par la mort du condamné, d'en recueillir le fruit avant la mort naturelle, jusqu'à ce qu'elle soit arrivée, il n'y a point de lieu à l'ouverture du fideicommis, ni au droit de retour; ensorte que si le substitué ou le donateur venoient à mourir avant l'héritier ou le donataire qui ont souffert ces condamnations par défaut, la substitution devient caduque, le droit de retour cesse, les biens sujets au fideicommis ou à la reversion demeurent irrévocablement acquis au Fisc, ou à ceux qui ont droit & cause de lui. Cela n'a pas lieu en la Profession Religieuse, quoiqu'on la compare à la mort naturelle, d'autant que la renonciation volontaire que les Religieux ont faite en faisant leurs vœux, est une restitution des fideicommis & des biens donnés, & qu'on ne considere pas les Religieux comme pouvant être remis en leur premier état, de même que les condamnés par défaut, à cause que la raison civile & naturelle désavoue la pensée de ce changement qui choque la piété & les bonnes mœurs. Ces deux questions sont décidées par des Arrêts rapportés par Dolive, liv. 5 de ses Questions, chap. 8. Il faut encore observer que la condamnation du pere aux galeres perpétuelles fait consolider l'usufruit qu'il a sur les biens adventifs de son fils avec la propriété; en telle sorte que quoique la jouissance en appartienne par le droit au pere, comme il est mort civilement, la Partie ni le Fisc n'y peuvent rien prétendre. *Peregr.* 5, *cap.* 1, *num.* 73 & 116. *Par. quæst.* 24, *num.* 29 & *seq.* *Guid. Pap. qu.* 547, & la nouvelle addition sur la question 413. Ferriere, sur la question 27 de Duranti.

A l'égard des biens qui ont été acquis aux condamnés depuis l'exécution de la Sentence, quelques-uns ont estimé qu'ils appartenoient à leurs hoirs & successeurs, & non pas au Fisc. Ils se fondent sur ce que Gaïus dit dans la Loi 8, *ff. qui testam. fac. poss. bona quæ reus habuit cùm damnaretur publicari;* & Paulus, en la Loi 22, §. *is cujus*, *ff. mand. Publicatis bonis, quidquid postea acquiritur non sequitur Fiscum.* Néanmoins l'opinion la plus reçue est qu'ils appartiennent au Fisc, suivant la Loi 2, *C. de bon. proscript. ubi Alexander rescribit, Deportati nec earum quidem rerum quas post pœnam irrogatam habuerint, hæredem habere possunt; sed & hæ publicabuntur;* & si bien le Jurisconsulte Marcien, en la Loi *Deportatus* 15, *ff. de interd. & releg.* dit qu'il peut vendre, acheter, échanger, & prêter à interêt. Il ajoute, *in fraudem tamen Fisci qui ei mortuo successurus est, alienare post quæsita non posse:* la raison est, parce que n'étant plus citoyen, il ne peut pas avoir d'héritier.

Il faut encore observer, que le Roi peut de sa puissance ordinaire & reglée, donner grace aux héritiers du condamné par contumace, qui ne l'a point demandée pendant sa vie, & qui est mort dans les cinq ans sans s'être présenté, comme il l'eût pû faire à lui-même; & encore peut-on dire qu'il y a plus de raison de l'accorder aux héritiers, d'autant qu'ils n'ont point de part au crime, qu'à celui qui en étoit coupable, & qui avoit méprisé l'autorité du Prince en méprisant les Loix dont il étoit protecteur. Il est vrai que dans le grand nombre des Loix qui sont dans le titre *de sent. pass. & restit.* on n'y voit point d'exemple d'une grace ou restitution accordée aux héritiers après la mort du condamné, ni dans les Ordonnances de ce Royaume, ni dans le Recueil des Arrêts : mais il n'y a rien aussi dans les Loix de ce Royaume, ni dans les Décisions du Droit Romain, qui soit opposé à cette grace.

La principale question est de sçavoir, si la grace octroyée aux héritiers doit comprendre la confiscation adjugée au Seigneur féodal, aussi-bien que celle du Roi : la difficulté consiste en ce que selon les maximes, le Roi peut faire grace de son interêt, mais non pas de celui d'un tiers, ni par conséquent du droit acquis au Seigneur féodal par un Arrêt diffinitif, puisqu'aujourd'hui la Justice des Seigneurs Justiciers faisant partie de leur patrimoine, tous les droits qui en dépendent sont aussi patrimoniaux. Néanmoins l'interêt du Seigneur ne doit pas être absolument consideré comme le droit d'un tiers, parce qu'en inféodant au Seigneur ou ses Auteurs, & leur remettant la haute Justice, le Roi est toujours censé s'être tacitement réservé cette suprême puissance de faire grace aux criminels, ou à leurs successeurs, & par conséquent de la faire entiere, même pour les droits qui dépendent de cette même Justice, qui est la raison pour laquelle on ne révoque plus en doute que les Lettres de grace, pour quelque crime que ce soit, ne puissent être enterinées sans ouir le haut-Justicier, pour l'interêt qu'il peut avoir aux amendes ou en la confiscation, comme il a été jugé par des Arrêts du Parlement de Paris, rapportés par *Joan. Gal. quæst.* 381. Charondas en ses Pandectes du Droit François, ch. 15, & Loiseau en son Traité des Seigneuries, chap. 10, nomb. 7. *Vide Gomes. 3, resol. 14, num. 1, & ad L. T. 4, num. 4. Costal.* & Morn. *in dict. L. 22. §. is cujus mand. Farin. qu. 25, n. 138.* Le docte Cujas sur la Loi 8, *ff. qui testam. fac. poss.* dit qu'il faut restraindre ladite Loi 22, *ff. mand.* au cas auquel *salvo capite bona rei publicata sunt.*

Du jour de l'exécution de la Sentence de contumace.] C'est par une fiction d'effet rétroactif, que la nouvelle Ordonnance veut (que celui qui aura été condamné par défaut à quelque peine capitale, & qui sera décedé dans les cinq ans sans se représenter, soit réputé mort civilement du jour de l'exécution de la Sentence ;) mais par l'article 57 de l'Ordonnance de Moulins, (le condamné à mort par contumace étoit seulement réputé mort civilement après les cinq ans, & du jour qu'il les avoit laissé expirer sans se représenter,) en quoi elle faisoit différence de l'état du condamné, avec celui auquel il étoit durant le cours de cinq années. Durant ce tems là il avoit en lui-même la faculté d'ester à droit, & de se représenter pour anéantir sa condamnation ; mais après l'expiration des cinq ans de la contumace, c'étoit un tems fatal, après lequel le condamné n'avoit plus en lui la même faculté, & elle ne lui pouvoit plus revenir que par la grace du Prince, d'autant qu'il en avoit perdu le principe, qui n'est autre que la vie civile.

De la jouissance & confiscation des biens des condamnés pendant & après les cinq années.

ARTICLE XXX.

LES Receveurs de notre Domaine, les Seigneurs, ou autres à qui la confiscation appartient, pourront *pendant les cinq années percevoir les fruits* & revenus *des biens des condamnés*, des mains des

Fermiers redevables & Commissaires. *Leur défendons de s'en mettre en possession*, ni d'en jouir par leurs mains, à peine du quadruple, applicable moitié à Nous, moitié aux pauvres du lieu, & des dépens, dommages & interêts des Parties.

Pendant les cinq années percevoir les fruits.] Cet article ne parle que de la jouissance des fruits & revenus des biens des condamnés, qui demeurent après incommutablement acquis à ceux à qui la confiscation appartient; & encore veut-il que les confiscataires ne puissent pas en jouir par leurs mains pendant les cinq années de la contumace, mais qu'ils en jouissent sur le pied des baux des Fermiers, ou de ceux qui peuvent avoir été passés par les Commissaires établis aux biens saisis. Il leur défend même de se mettre en possession d'iceux; & en ceci l'Ordonnance est beaucoup plus indulgente que le Droit civil, qui les prive de la proprieté après l'an, encore que l'accusé soit déclaré innocent, & veut que la confiscation ait lieu *in pœnam contumaciæ*, comme il est décidé par la Loi 22, *C. de requir. reis*, qui est la seconde du *Cod. Theodos. de accus.* en ces termes : *Nihilominus facultates ejus pœnes Fiscum remaneant.* Et la Loi derniere, au même titre du Digeste, *Tunc post annum bona in Fiscum coguntur;* & en un autre endroit, *Non esse locum mandatis ut bona Fisco vindicentur :* ce qui a été suivi par plusieurs Statuts & Ordonnances faits parmi les Princes étrangers, *post sententiam latam, & post annum.*

Des biens des condamnés.] Les dettes actives du condamné appartiennent au Fisc. *Sicut æs alienum Fiscus cognoscit, ita æs suum; id est, damnato debitum persequi potest, L.* 1, *C. de fidejuss. L.* 15, §. *ult. ff. eod. L.* 2, *C. ad leg. Jul. de vi. L.* 5, *C. de bon. proscript. L.* 3 *&* 5 *de Senten. pass. & restit. L.* 2 *&* 3, *ff. eod. L. Princeps*, 21 *de V. S. L. pen.* §. 1 *de bon. damn. Far. qu.* 15, *num.* 149. *Chass. p.* 442. *Gomes. ad L. T.* 4, *num.* 4, même ce qui est dû sous condition, quoiqu'il ait été condamné *pendente conditione*, pourvû que la condition regarde le condamné, *L. inter socerum* 26, §. *ult. ff. de pact. dotal.* Si parmi les biens du condamné il s'en trouve qui soient chargés de fideicommis, s'il s'agit d'un fideicommis pur & simple & sans condition, les biens appartiennent au fideicommissaire; si c'est un fideicommis à tems ou conditionnel, alors le Fisc en jouit, mais il est obligé de les restituer au fideicommissaire, *die vel conditione existente*, *L. cùm pater* 77, §. *hæreditatem* 4, *ff. de leg.* 2, *L. ex facto*, *ff. ad S. C. Trebel. L. Statius Florus* 48, §. 1, *ff. de jur. Fisc. L. Imperator* 12, *ff. de fideic. liber.* en détrayant la légitime & quarte, si l'héritier grevé avoit droit de la détraire, *L.* 3, §. *ult. ff. ad Trebel.* Le Fisc a droit encore de recouvrer les biens alienés par le condamné, soit qu'ils ayent été alienés à titre onereux ou lucratif, s'il paroît qu'ils ayent été alienés en fraude du Fisc, & pour en éviter la confiscation, *L. in fraudem* 45, *ff. de jure Fisc. L.* 7, *ff. de mort. caus. donat. L. cùm hic status* 32, §. *si maritus* 7, *ff. de don. inter vir. & uxor.*

Si l'accusé confesse solemnellement le crime, & qu'il vienne à déceder avant le Jugement du procès, en cas que le crime emporte la confiscation des biens, ils doivent être adjugés au Fisc, quoique la mort de l'accusé soit arrivée avant le Jugement; & alors le Juge n'use pas de condamnation, mais il déclare les biens confisqués : c'est la doctrine de Balde, *in L.* 1, *C. ex del. defunct.* Néanmoins l'héritier du défunt peut révoquer la confession & prouver le contraire. Ce Jurisconsulte dit encore, que bien que l'accusé n'ait pas confessé le crime, s'il est clairement prouvé, si le procès est instruit & clos à droit, rien n'empêche que la

Sentence ne se donne après la mort de l'accusé; à quoi est assez conforme l'Ordonnance du Roi François I, art. 50, dans laquelle ce qui est dit de la confiscation des biens, peut être dit aussi des peines pécuniaires. Il faut encore remarquer, que si l'accusé étant condamné appelle, & qu'il vienne à déceder durant l'appellation, la confiscation des biens, si elle est adjugée en conséquence de la peine, demeure éteinte avec le crime; mais si elle est spécialement & principalement adjugée, il faut juger s'il a été bien ou mal appellé. *L. 3, C. si pend. appell. mors interven. & L. fin. si reus vel accus. mort. fuer.*

Un accusé qui décede pendant l'instruction du procès, & un condamné pendant l'appel, est capable de faire testament, de recueillir, & de tous autres effets civils; même si un accusé de crime capital décede auparavant la Sentence de condamnation, la confiscation des biens qui s'en est ensuivie est éteinte par sa mort, aussi-bien que le crime : mais pour ce qui est de la réparation civile & des dommages & interêts, ils peuvent être demandés à l'héritier de l'accusé, lequel ne peut s'en exempter qu'en purgeant la mémoire du défunt, à quoi on est reçu par Lettres du Prince, quand la Sentence de condamnation est donnée par défaut & contumace, *si paratus sit defuncti causam suscipere & innocentem ostendere; L. ult. §. de bon. eor. qui antè sentent. mort. sibi consciv.*

Leur défendons de s'en mettre en possession.] Parce qu'ils peuvent purger leur innocence, *possunt in integrum restitui.*

ARTICLE XXXI.

NOUS ne ferons aucun don des confiscations qui nous appartiendront *pendant les cinq années de la contumace.* Ce que nous défendons pareillement aux Seigneurs Hauts-Justiciers. *Déclarons nuls tous ceux qui* pourroient être obtenus de Nous, ou faits par les Seigneurs, *sinon pour les fruits des immeubles seulement.*

Pendant les cinq années de la contumace.] Par l'Ordonnance des Etats d'Orléans, art. 87, *il étoit defendu à tous Juges d'avoir aucun égard aux dons de confiscation faits auparavant les jugemens de declaration & de condamnation, à peine d'être procedé contre les Impétrans suivant les anciennes Ordonnances.* La raison de cette Ordonnance est fondée sur des motifs tout pleins de justice & d'équité, qui sont d'empêcher que les confiscataires interessés & avides ne sollicitent eux-mêmes la condamnation des accusés; que pour s'assurer de leurs dépouilles, ils ne les envahissent par ces dons anticipés, & qu'ils n'employent à cet effet tout leur crédit & leur autorité, leurs ruses & leurs artifices. *Vide tit. de petit. bon. subl. lib.* 10 *Cod.* la confiscation ne s'étend pas aux Provinces où elle n'a point de lieu : Mayn. liv. 8, ch. 85 & 89.

Il faut encore observer, que le Roi & les Seigneurs Hauts-Justiciers ont droit de jouir des fonds des immeubles qui ont appartenu aux condamnés par contumace, par les mains des Fermiers & Commissaires, pendant les cinq années, & que les cinq années commencent à courir du jour de l'exécution du Jugement par contumace.

Déclarons nuls tous ceux qui, &c.] Cet article en ceci est conforme à l'Ordonnance de Charles IX. à Moulins, en Février 1566, article vingt-huitiéme, ci-dessus rapportée, par laquelle il est dit sur la fin : *Pendant lequel tems des cinq années*

nées ne pourront faire don desdites adjudications pour quelque cause que ce soit, ains seront nulles les impétrations & concessions qui seront faites avant ledit tems ; & ceux qui les impétreront avant ledit tems expiré, seront déclarés indignes de nos faveurs & bienfaits. Et la raison est, parce que les confiscations des biens immeubles ne sont pas acquises incommutablement, & que si les accusés se représentent ou se remettent en prison dans les cinq ans, les meubles & immeubles sur eux confisqués doivent être rendus, suivant l'article 28 de ce titre ; ce qui a lieu même à l'égard des héritiers par bénéfice d'inventaire de celui qui décede dans les cinq années, qui sont reçus à poursuivre son innocence, & contre lesquels la confiscation n'a pas lieu, suivant la Loi 1 *in fin. C. de requir. reis*, & la Loi 1 *in fin. ff.* au même titre, où le Jurisconsulte dit : *Nam & si intrà annum mortuus sit, criminis causa expirat & perit, & bona ejus ad successores transmittuntur.*

Il faut aussi observer, que si le Roi donne les biens confisqués auparavant l'obtention des Lettres de grace, la rémission n'a pas cet effet de remettre l'Impétrant en ses biens, à cause que les choses ne sont plus en leur entier : mais si un condamné par contumace est reçu à se justifier, ou s'il obtient Lettres pour prouver son innocence, ou pour faire dire que le cas est rémissible, les biens doivent être restitués, & ce n'est pas en vertu de la rémission, mais du jugement & déclaration de l'innocence, ou de l'excuse & défense de l'accusé ; & alors la restitution a lieu, non-seulement contre le Roi, mais aussi contre le tiers qui les auroit par acquêt & par don, parce que le procès s'est fait de nouveau & avec connoissance de cause.

☞ *Sinon pour les fruits des immeubles.*] Les fruits des immeubles appartenans aux condamnés par contumace, qui ne se représentent point dans les cinq ans, sont donc confisqués avant les cinq ans, puisque le Roi & les Seigneurs en peuvent disposer.]

ARTICLE XXXII.

A*Près les cinq années expirées*, les Receveurs de notre Domaine, *les donataires & les Seigneurs à qui la confiscation appartiendra*, seront tenus de se pourvoir en Justice *pour avoir permission de s'en mettre en possession* ; & avant que d'y entrer, *faire faire procès verbal* de la qualité & valeur des meubles & effets mobiliaires, & de l'état des immeubles dont ils jouiront ensuite en pleine proprieté, à peine contre les donataires & les Seigneurs d'être déchus de leur droit, qui sera adjugé aux pauvres du lieu, & contre les Receveurs de notre Domaine de dix mille livres d'amende, applicable moitié à notre profit, & moitié aux pauvres du lieu.

Après les cinq années expirées.] L'Ordonnance fait entendre que la confiscation n'est pas tant la peine du crime que de la contumace, en ce qu'elle ne veut pas qu'elle ait lieu qu'au moment que la contumace se trouve consommée : les condamnations capitales par défaut sont d'une nature qu'elles ne sont considerées que comme des condamnations imparfaites & feintes, qui ne peuvent en effet donner aucune atteinte à l'état de ceux qui sont condamnés ; elles ne sont tout au plus qu'une espéce de plaie & une flétrissure que la Justice fait à celui qu'elle condamne : cette blessure de soi n'est point mortelle, mais elle le devient par la contumace de celui qui est condamné, qui comble sa peine, pour user des termes de la Loi 4 du titre du Digeste *de pœnis*, parce qu'alors la Loi & l'Ordonnance la regardent comme une confession tacite, par laquelle après les cinq années expirées, l'accusé s'est condamné lui-même.

Faire faire procès verbal.] Comme par ledit article 28 le Roi se réserve la faculté de recevoir les contumax à ester à droit, & de les remettre dans les biens confisqués en l'état qu'ils se trouvent ; cet article regle la procedure qui doit être faite, pour sçavoir quelle étoit la qualité & la valeur de ces biens au tems qu'on en a pris possession, c'est-à-dire après les cinq ans expirés ; laquelle procedure est fort exactement décrite par l'Auteur des Formules sur cet article.

Les Donations.] Dans la concurrence des donataires, le premier en vérification faite en la Chambre des Comptes dans les six mois portés par l'article 80 de l'Ordonnance de Moulins, est préferé au donataire, lequel étant premier en date, n'auroit pas fait vérifier son don dans ledit tems de six mois. La raison est, d'autant que *facta ei gratia per ipsus negligentiam est extincta.* Dumoulin sur les Coutumes de Paris, §. 24, *quæst.* 5, suivant le chapitre *si Clericus, de præb. & dignit. in* 6, & *cap. tibi qui gratiam in fin. de Rescript.* Il est vrai que le premier en date l'emporte par-dessus celui qui est le premier en vérification, pourvû que la derniere vérification soit faite dans les six mois, d'autant que les Lettres du dernier donataire ne peuvent être au préjudice du droit du premier, suivant la Loi *Rescripta, C. de precib. Imp. offer.* Et à l'égard du rolle & état du Roi, celui qui a été le premier mis au rolle, précede celui qui est le premier en date du don & dernier au rolle, comme il a été jugé par Arrêt rapporté par Char. liv. 7, rép. 12.

Les Seigneurs à qui la confiscation appartiendra.] Bien que la connoissance du crime n'appartienne pas au Seigneur Haut-Justicier du lieu, il n'a pas moins de droit dans la confiscation des biens assis dans sa Jurisdiction ; il n'y a que les confiscations adjugées pour crimes de léze-Majesté divine ou humaine, soit au premier ou second chef, qui appartiennent au Roi, à l'exclusion des autres Seigneurs : Bacquet en son Traité des Droits de Justice, chap. 11. Pour ce qui est des autres cas, même de meurtre commis de guet-à-pens, de rapt ou d'incendie, quoique de droit commun toutes confiscations appartinssent au Roi, néanmoins les Hauts-Justiciers se sont attribués en France le droit de confiscation des biens qui sont dans le détroit de leur Justice, féodaux ou roturiers, comme ayant pour ce regard *jura fiscalia & regalia.* Il est vrai qu'ils sont obligés de payer l'amende adjugée au Roi, à proportion des biens qui leur sont confisqués, d'autant que l'amende suit les biens du condamné, *idque exemplo hypothecæ legalis datæ legatariis, quæ inter hæredes dividitur*, selon le texte singulier, *in L.* 1, *in versiculo in omnibus autem, C. commun. de leg.*

Pour avoir permission de se mettre en possession.] Il faut avant que de demander cette permission, que le donataire fasse vérifier son don. Par l'Ordonnance du Roi Charles VIII. du 24 Juin 1492, il falloit faire vérifier le don en la Chambre des Comptes, quand il excedoit cent livres parisis ; & s'il étoit au-dessous, par les Trésoriers de France : mais depuis par le 354 article de l'Édit de Blois, il est dit, *que tous dons excedans mille écus seront verifiés par la Chambre des Comptes, & pareillement par les Trésoriers de France ; & si les dons n'excedent pas la somme de mille écus, il suffit qu'ils soient vérifiés par les Trésoriers de France*, & cela est ainsi observé. Il n'est pas nécessaire que les dons faits par le Roi des biens échus à Sa Majesté, soient vérifiés en la Cour du Parlement, parce qu'ils ne contiennent pas aliénation d'un droit domanial, mais une simple aliénation.

TITRE XVIII.

DES MUETS ET SOURDS, ET DE CEUX QUI REFUSENT DE RÉPONDRE.

De la procedure qui doit être observée à l'égard des muets involontaires.

ARTICLE PREMIER.

SI l'accusé est muet & tellement sourd, *qu'il ne puisse ouir*, le Juge lui *nommera d'office un Curateur* qui sçaura lire & *écrire.*

Qu'il ne puisse ouir.] L'Ordonnance s'exprime en ces termes, pour faire voir qu'il se doit entendre, non pas du muet qui l'est devenu par accident, ou qui parle avec difficulté, ni du sourd qui est tardif à ouir; mais d'un muet de naissance qui ne peut nullement parler, & du sourd qui ne peut nullement ouir, & qui est absolument destitué de cette faculté; & c'est en la même maniere que l'Empereur Justinien a distingué dans ses Institutes, §. *item surdus* 3, *quibus non est permis. fac. testam.* les muets & les sourds qui peuvent tester, d'avec ceux qui ne le peuvent pas: *utique autem de eo surdo loquimur, qui omnino non exaudit, non qui tardè exaudit; nam & mutus is intelligitur qui eloqui nihil potest, non qui tardè loquitur. Sæpè enim etiam litterati & eruditi homines variis casibus, & audiendi & loquendi facultatem amittunt.* C'est pour cela qu'Ayrault, liv. 3, art. 3, nomb. 7, tient qu'il faut commencer la procedure par faire une information sommaire, si l'accusé est tel qu'il paroît être; ou s'il est étranger, depuis quel tems il est au pays, & si on ne l'y a jamais entendu parler que sa propre langue; parce que comme plusieurs feignent d'être fous ou furieux, aussi pourroient-ils feindre d'être sourds & muets, même sourds & muets tout ensemble: & il dit qu'un jour on lui en amena un qu'on disoit être Allemand, & avec cela sourd & muet, & qu'il sçut, quand il lui fut envoyé, qu'il n'étoit ni l'un ni l'autre. Et dans le lieu préallegué, nomb. 15; il demande ce qu'on feroit d'un accusé qui seroit si malheureux que d'être dès sa naissance, ou dès son enfance, aveugle, sourd & muet. Et il répond qu'il le faudroit comparer à l'insensé, ou à l'enfant de sept ans, voire *quasi quadrupedi*, & ne pas recevoir l'accusation contre lui.

A l'égard des sourds & des muets, dont les organes sont moins disposés que ceux des autres hommes, & qui n'ont pas la liberté de s'énoncer & d'entendre, ils sont hommes comme les autres, & susceptibles de crimes; par conséquent on ne peut pas les comparer à des enfans ni à des insensés: *arg. L. in quibuscumque* 48, *ff. de oblig. & act.* Ce qui est confirmé encore, parce que la peine du Senatusconsulte Sillanien ne fut pas remise au muet, lequel pouvant secourir ſon Maître par un cri, ne le fit pas; ni au ſourd, qui voyant qu'on uſoit de violence contre ſon Maître, ne le défendit pas: *L. 3*, §. *ſurdus quoque*, & *ſeq. ff. de S. C. Sillan.* Mais ceux qui ſont enſemble ſourds & muets, ne doivent pas être ſi griévement punis, parce qu'étant deſtitués de ces ſens, par le moyen deſquels nous diſcernons le bien & le mal, ils ne peuvent pas ſi bien connoître la différence qu'il y a entre ce qui eſt honnête & ce qui ne l'eſt pas.

Nommera d'office un Curateur.] Il ne ſe trouve aucun exemple dans l'antiquité, qu'on ait condamné le ſourd & muet; & nos Loix ne diſent rien des formalités qu'on pratiquoit dans l'inſtruction des procès contr'eux. C'eſt ce qui a fait croire qu'on ne recevoit point l'accuſation, à cauſe de l'impoſſibilité qu'il y avoit d'inſtruire les procedures, qui conſiſtent en réponſes, interrogatoires & confeſſions; & que ſi la ſtipulation eſt nulle à l'égard d'un ſourd qui peut parler, & d'un muet qui peut entendre la voix, parce qu'il faut que celui qui promet, *audiat verba ſtipulantis;* & celui qui ſtipule, *verba ejus qui promittit;* à plus forte raiſon l'accuſation doit être nulle contre ceux qui ſont muets & ſourds, & qui ne peuvent nullement ouir ni parler.

Néanmoins comme ils ſont de leur nature ſuſceptibles de mal & de bien, & que tous les crimes *ex ipſo facto naſcuntur*, *Inſtit. de oblig. quæ ex delict. naſc.* la Juſtice ſupplée à leur défaut, en leur nommant un Curateur pour les diriger & les défendre, avec lequel toute la procedure s'inſtruit: elle ne peut pas ſouffrir que les crimes demeurent impunis, ni les punir ſans cauſe; & elle a trouvé ce moyen pour ne pas bleſſer l'innocence, & ne pas laiſſer le crime ſans punition. Cet ordre eſt d'autant meilleur & plus convenable, que les muets & les ſourds étant comparés à des pupilles, ſuivant la Loi *ſervo invito domino*, §. *cùm Prætor*, *ff. ad Treb.* & la Loi *Fulcinius exiſtimat*, §. *adeo autem*, *ff. ex quib.* §. *cauſ. in poſſeſ. eat. Imò verò infanti, ut voluit Bart. in L. 1 princ. & ibi omnes poſt eum*, *ff. de verb. oblig.* ils doivent être auſſi, comme les pupilles & les enfans, ſous la protection & la défenſe des Tuteurs.

ARTICLE II.

LE Curateur fera ſerment de bien & fidélement défendre l'accuſé, dont ſera fait mention, à peine de nullité.

ARTICLE III.

POURRA le Curateur *s'inſtruire ſecretement avec l'accuſé*, par ſigne ou autrement.

S'inſtruire ſecretement avec l'accuſé.] Il eſt bien juſte & bien raiſonnable que celui qui parle & qui répond pour l'accuſé, prenne l'inſtruction de lui, puiſqu'il n'a pas l'induſtrie ni le moyen de ſe défendre de lui-même: car autrement l'accuſé ne répondroit que ce qui plairoit au Curateur, ou ce ne ſeroit que par ſa bouche qu'il ſeroit oui & interrogé, & ſa condamnation dépendroit plutôt de lui que de ſon innocence. Or lorſque l'ouie & la langue défaillent, les geſtes parlent; & c'eſt pour cela que *nutu etiam relinquitur fideicommiſſum*, dit le Juriſconſulte, au troiſiéme livre des Légats. Auſſi les Anciens avoient des jeux dans leſquels les perſonnages ne jouoient que par mines & ſignes, & ne parloient que des mains, dont Apulée fait mention au dixiéme livre de ſon aſne doré;

Cassiodore au 1 & 4 *Variar.* Quintilien même tient dans son Institution, que les mains ont autant ou plus d'efficace que la langue : *Cœteræ partes loquentem adjuvant, manus, prope est ut dicam, ipsæ loquuntur : An non his petimus, pollicemur, vocamus, dimittimus, minamur, supplicamus, abominamur, timemus, interrogamus, negamus? Gaudium, tristitiam, dubitationem, confessionem, pœnitentiam, modum, copiam, numerum, tempusque ostendimus?* Comme il est rapporté plus au long par Ayrault, au lieu préallegué, nomb. 9, où il remarque ce qui se lit dans Vegece, au troisiéme livre, que la guerre même se fait par signes; & dans Ammian Marcellin, liv. 24 de son Histoire, que Julien l'Empereur prit pour sa part du butin d'une Ville prise, un jeune enfant muet, *gesticularium, multa quæ callebat nutibus venustissimis explicantem.* C'est pourtant une chose bien équivoque & bien dangereuse de s'en rapporter si fort aux gestes & aux signes, parce qu'un même geste peut désigner l'affirmation & la négation.

ARTICLE IV.

LE muet ou sourd qui sçaura écrire, *pourra écrire & signer toutes ses réponses*, dires & reproches contre les témoins, qui seront encore signés du Curateur.

☞ *Pourra.*] C'est une faculté dont l'accusé peut user; mais on doit commencer par interroger le Curateur, sauf à l'accusé à requérir le Juge par écrit ou de bouche, de lui faire interrogatoire par écrit, aux offres d'écrire & signer ses réponses.]

Ecrire & signer toutes ses réponses.] C'est pour cela aussi que par la Loi *Discretis* 10, *C. qui testam. fac. poss.* le muet ou sourd de nature ne peut tester; mais s'il est seulement sourd ou seulement muet, & qu'il sçache lire & écrire, alors il peut tester : *dict. L. discretis, Si ponamus hujusmodi personam litteras scientem, omnia quæ priori interdiximus, ac ei suâ manu scribenti permittimus.* Et plus bas, dans la même Loi, il est dit : *Si hunc peritum litterarum esse proponamus, nihil prohibet eum scribentem hæc omnia facere, sive naturaliter, sive per interventum morbi hujusmodi infortunium ei accesserit.* De laquelle Loi Ayrault tire cette conséquence, qu'il est aisé de faire & instruire l'accusation avec des muets qui sçavent écrire, & qu'il n'y a point de différence qu'une même chose se fasse par lettres ou par paroles : *Non minus placuit valere quod scripturâ, quàm quod vocibus linguâ figuratis significatur;* & il rapporte que la forme de les interroger est de bailler aux accusés des faits & articles par écrit, du papier & de l'encre pour y répondre. Mais la nouvelle Ordonnance jugeant qu'il y auroit du danger de s'en rapporter à ceux qui ont cette infirmité, par une sage disposition & prévoyance, ne veut pas (que les réponses soient seulement signées des accusés, mais encore de leurs Curateurs.)

ARTICLE V.

SI le sourd ou muet ne sçait, ou ne veut écrire ou signer, *le Curateur répondra en sa presence*, fournira de reproches contre les témoins, & sera reçu à faire tous actes, ainsi que pourroit faire l'accusé : & seront les mêmes formalités observées, à la réserve seulement que le Curateur sera debout & nue tête en présence des Juges, lors du dernier interrogatoire, quelque conclusion ou Sentence qu'il y ait contre l'accusé.

☞ Voir l'article 23 du titre 14 ci-dessus.]

Le Curateur répondra en sa présence.] Le Curateur assiste à toute l'instruction de la procedure, excepté seulement à l'audition & récollement des témoins; non plus qu'il ne seroit pas permis à l'accusé qui se pourroit défendre lui seul, d'y assister. Mais comme tels curateurs sont plus proprement défenseurs que curateurs, ils ne peuvent préjudicier à ceux à qui ils ont été donnés; c'est-à-dire, avouer le crime, reconnoître les véritables coupables; mais ils doivent faire ce qui est naturel & ordinaire à tous les coupables, & ne dire & alleguer autre chose que ce que vraisemblablement l'accusé diroit s'il se pouvoit exprimer, qui est de nier tout, & ne mettre rien en avant, que ce qu'ils pourroient prouver & justifier.

ARTICLE VI.

SI l'accusé est sourd ou muet, ou ensemble sourd & muet, tous les actes de la procedure *feront mention de l'assistance de son Curateur*, à peine de nullité, & des dépens, dommages & interêts des Parties contre les Juges: le dispositif néanmoins du Jugement diffinitif ne fera mention que de l'accusé.

☞ Voir l'article 3 du titre 21 ci-après.]

Feront mention de l'assistance de son curateur.] C'est à l'exemple des tuteurs & des curateurs, qui doivent assister les mineurs, être présens & intervenir avec eux pour les conseiller, soit qu'ils accusassent, ou qu'ils fussent accusés, comme il se voit en la Loi 4, *C. de auctor. præst. In criminalibus causis minoribus viginti quinque annis, sive pulsatis, sive agentibus, aderunt tutores & curatores.* Et la raison que la Loi en rend, est, *cùm cautius & melius sit cum suasione perfectissimâ responsa facere minores:* mais l'intervention des curateurs qui sont donnés aux sourds & muets, est non-seulement d'assister, mais encore d'être en cause; en quoi il y a une grande différence: car celui qui assiste, ne prête que conseil & industrie; il suffit que le Juge voye, & que les actes portent que le mineur a été assisté de son curateur: mais être en cause, c'est être maître du procès & des procedures, en telle sorte qu'on ne peut rien faire sans le curateur; & il faut qu'en tous les Jugemens & appointemens il soit en qualité, & qu'il réponde.

De la procedure qui doit être observée à l'égard des sourds & muets volontaires.

ARTICLE VII.

NE *sera donné aucun curateur* à l'accusé qui ne voudra pas répondre, le pouvant faire.

Ne sera donné aucun curateur.] La raison est, parce qu'en lui il n'y a point d'autre vice ni d'autre défaut que la contumace. Ayrault rapporte l'exemple d'un voleur qui fut par lui jugé & condamné, sans que le Juge inférieur, ni lui qui le jugea en dernier ressort, pût l'obliger à dire ni répondre un seul mot: si bien qu'après l'avoir fait visiter par Médecins & Chirurgiens, après plusieurs interpellations & commandemens, il fut traité comme muet volontaire durant tout le cours de la procedure, jusqu'à ce qu'il se vît au pied du gibet, où ayant entendu lire son Jugement portant qu'il seroit exécuté, le voleur rompit alors le silence, & dit qu'il y avoit long-tems que ce gibet étoit dressé, déclinant du gibet, & non pas des Juges.

ARTICLE VIII.

LE Juge lui fera *sur le champ trois interpellations de répondre*, à chacune desquelles il lui déclarera qu'autrement son procès lui sera fait comme à un muet volontaire, & qu'après il ne sera plus reçu à répondre sur ce qui aura été fait en sa présence pendant son refus de répondre. Pourra néanmoins le Juge, s'il le trouve à propos, donner un délai pour répondre, qui ne pourra être plus long de vingt-quatre heures.

☞ *Sur le champ.*] Ce ne seroit point une nullité dans la procedure, quand le Juge donneroit un délai à l'accusé pour répondre.]

Trois interpellations de répondre.] C'est à l'exemple des absens qui sont rendus contumax & défaillans par les ajournemens; car de même que ceux-là sont tenus pour présens en haine de ce qu'ils ne comparoissent point, aussi l'accusé présent qui persiste en son silence, est traité comme un muet volontaire, parce qu'il se rend désobéissant, par les commandemens, sommations & interpellations qui lui sont faites de parler & de répondre. Mais cette contumace qui est appellée la confession judiciaire feinte, est pire que l'autre: car en celle-là il y a de la peur & de la crainte de la Justice; & en celle-ci il y a du mépris de la Justice & de l'arrogance, *unde contumacia à tumendo dicta est.* Et comme il faut que l'absent soit contumacé par des ajournemens qui ayent un juste & raisonnable intervalle, il faut aussi par plusieurs & diverses fois sommer & interpeller l'accusé de répondre, & faire mention dans chacun article du refus qu'il a fait; & alors cette contumace fait un grand effet contre le prévenu, non-seulement à cause du mépris qu'il a fait de la Justice, mais parce que le silence approuve le crime: *Si tacuisset reus, inquit Asconius, lis ei æstimatur ut victo. Et Donatus in Terentium, taciturnitas confessionis genus est, contra adversarii interrogationem.* Car si le fils de Cresus, qui étoit muet de naissance, rompit en faveur de la défense de son pere, le défaut naturel qu'il avoit, & si ce louable zéle lui dénoua tout d'un coup la langue dont la faculté lui étoit interdite, à plus forte raison l'accusé le doit faire pour sa propre défense, à moins qu'il ne se sente véritablement coupable, & qu'il ne veuille prononcer sa Sentence contre lui-même. Il faut pourtant remarquer que par telle contumace, non plus que par celle des absens, l'accusé n'est pas tenu pour convaincu ni condamné, mais elle sert seulement à l'instruction du procès; & s'il y a Jugement diffinitif, il est rendu plutôt pour la peine du délit, que pour celle de la contumace.

ARTICLE IX.

SI l'accusé persiste en son refus, le Juge *continuera l'instruction de son procès*, sans qu'il soit besoin de l'ordonner; & sera fait mention en chacun article des interrogatoires & autres procedures faites en la présence de l'accusé, qu'il n'a voulu répondre; à peine de nullité des actes où mention n'en aura été faite, & des dépens, dommages & interêts de la Partie contre le Juge.

Continuera l'instruction de son procès.] L'accusé qui refuse de répondre, n'est pas pour cela réputé criminel, suivant la Loi *de ætate*, §. *tacuit*, *ff. de interrog.* Aux matieres civiles, les faits sont tenus pour confessés & averés, faute de répondre par celui contre lequel on les a proposés : mais quand il y va de la vie ou de l'honneur, il n'en est pas de même, si le crime n'est d'ailleurs suffisamment prouvé : mais s'il y a preuve, le silence de l'accusé le rend contumax, & a le même effet que la confession ; & après que les témoins auront été récollés & confrontés, il peut être procedé à la condamnation, selon que le cas le mérite. Mais si l'accusé propose un déclinatoire ou incompétence, il faut la juger.

ARTICLE X.

SI dans la suite de la procedure *l'accusé veut répondre*, ce qui sera fait jusqu'à ses réponses *subsistera*, même la confrontation des témoins contre lesquels il n'aura point fourni de reproches, & ne sera plus reçu à en fournir, s'ils ne sont justifiés par piéces.

☞ Voir les art. 19 & 20 du tit. 15 ci-dessus, & le 22 du tit. 17, où il est parlé des reproches par écrit, qui sont reçus en tout tems.]

L'accusé veut répondre.] Quoiqu'il y ait de la malice de la part d'un accusé d'avoir refusé de répondre, nonobstant les diverses interpellations qui lui en ont été faites, & que ce refus le doive faire juger coupable de ce dont il est accusé; néanmoins comme la Justice est exempte de passion, & qu'elle n'en doit avoir d'autre que de découvrir la vérité, & donner le moyen aux accusés de se défendre & de se justifier, cela est cause que les Juges ne laissent pas de recevoir l'accusé à répondre après son refus.

Subsistera.] Il est juste que ce qui a été fait contre ceux qui ont refusé de répondre après diverses interpellations, subsiste en son entier, parce qu'autrement ce seroit engager les accusés dans le silence par l'avantage qu'ils en retireroient, & ouvrir la porte au mépris qu'on feroit de la Justice. Or par le Droit, *nemo seu tacendo, seu defensionem recusando potest crimen evitare*, comme disent les Empereurs en la Loi *si falsorum*, *C. ad Legem Cornel. de fals.*

ARTICLE XI.

S'Il a commencé à répondre, & cessé de le vouloir faire, *la procedure sera continuée*, comme il est ordonné ci-dessus.

La procedure sera continuée.] Cela a lieu même contre un accusé qui ayant commencé à répondre, & ayant reconnu par les interrogatoires que le Juge n'avoit pas eu raison de le citer, se seroit rendu appellant devant le Supérieur. Néanmoins, nonobstant & sans préjudice de cet appel, étant interpellé de répondre, il est contraint de le faire. *Fab. in suo Cod. lib.* 7, *tit.* 26, *defin.* 39, où il dit, *salvo tamen appellationis jure cogendus erit, ut interim respondeat, ne jus dicentis auctoritatem contemnere videatur.*

TITRE XIX.

DES JUGEMENS ET PROCÈS VERBAUX DE QUESTION ET TORTURE.

En quel cas les Juges peuvent ordonner la Question.

ARTICLE PREMIER.

S'Il y a preuve considérable contre l'accusé, d'un crime qui mérite peine de mort, & qui soit constant, tous Juges pourront ordonner qu'il sera appliqué à la question, au cas que la preuve ne soit pas suffisante.

☞ Cet article demande trois choses, pour que l'accusé puisse être appliqué à la question.

1°. Un crime certain & constant.

2°. Un crime qui mérite peine de mort.

3°. Qu'il y ait preuve considérable.]

S'il y a preuve considérable contre l'accusé.] La plus grande difficulté qui doit être expliquée, est de sçavoir de quelle nature doit être la preuve pour pouvoir être qualifiée considérable.

Il faut donc tenir pour constant, 1°. Qu'un accusé ne peut être appliqué à la question, s'il n'y a des indices pressans contre lui.

2°. Qu'un seul indice ne suffit point, ni la déposition d'un seul témoin, si précise qu'elle soit, si elle n'est accompagnée d'autres indices.

3°. Ni la confession seule de l'un des accusés pour condamner les autres accusés du même crime à la question.

4°. Ni la déclaration faite par un condamné à mort, par laquelle il charge quelqu'un, parce qu'il est incapable de porter témoignage, & qu'il ne peut être récollé ni confronté.

5°. Ni la déclaration faite par le blessé en mourant, qu'il a été tué ou assassiné par l'accusé.

6°. Si le blessé en mourant déclare que ce n'est pas l'accusé qui l'a frappé & assassiné, cette déclaration décharge l'accusé & purge tous les indices qui étoient contre lui, & sur lesquels il auroit pû être condamné à la question.

7°. La confession de l'accusé faite hors Jugement, ou pardevant un Juge incompétent, & depuis déniée pardevant un Juge compétent, est suffisante pour le faire condamner à la question.

D'un crime qui mérite peine de mort.] Cet article renferme dans peu de mots (comme les Loix & Constitutions ont accoutumé de s'expliquer) ce que les Juges doivent observer pour ordonner la question contre les prévenus, & que l'Ordonnance de Louis XII. de l'an 1498, art. 6, celle de François I. à Ys sur Thille, en Octobre 1525, ch. 13, art. 27, & à Villiers-Cotterets, en Août 1539, art. 136, expliquent en ces termes : *Si la matiere est trouvée sujette à question & torture.* Et premièrement il faut qu'il soit question d'un crime qui mérite peine de mort, parce qu'autrement la peine de la question seroit plus que celle que mérite le crime dont l'accusé est prévenu : & comme parlent nos Docteurs, *præparatorium esset graviùs præparato, & ex modo probandi graviùs puniretur, quam ex modo condemnandi ;* & c'est ce que le Juge doit considerer avant toutes choses, *ut tradit Jul. Clar. in praxi, quæst. 64, num. 4.* Et pour ce qui est de legers délits ausquels il n'échet que peine pécuniaire, ou quelqu'autre legere peine, comme de bannissement à tems, ou fustigation des personnes de vile condition, la question ne se doit pas ordonner, suivant la Loi *Edictum* 8, *ff. de quæst. Quæstiones neque semper in omni causâ & personâ desiderari debere arbitror, & cùm capitalia & atrociora maleficia non aliter explorari & investigari possunt, quàm per servorum quæstiones, efficacissimas eas esse ad requirendam veritatem existimo & habendas censeo. Ferrar. Papiens. in pract. in form. inquisit.* Là où il reprend les Juges, *qui pro quibuscumque levibus injuriis faciunt reos poni ad torturam. Damhoud. in pract. crimin. cap. 35 de criminos. trad. tort. ubi declarat quæ sunt levia delicta.*

Et qui soit constant.] En second lieu, il faut que le crime soit constant, ce que nos Jurisconsultes expriment par *corpus delicti*, & qu'il ne conste pas pleinement, ni avec assez d'évidence de celui qui l'a commis, suivant la Loi 1, §. *illud, ff. ad Syllan.* en telle sorte, que si le Juge n'est pas certain du fait & crime commis, quelqu'indices pressans qu'il y ait, il ne peut mettre l'accusé à la question. *Jul. Clar. dicto loco, num. 3. Damhoud. d. c. 35, num. 7.* Charondas en ses Observations, sous le mot *Question.* Et cela a lieu même, bien que le prévenu confesse le crime ; car nonobstant cette confession, *priùs constare debet de corpore. L. 4 & ult. ff. de confess. alioquin confessiones reorum pro exploratis facinoribus haberi non oportet. L. 1 Divus Sever. ff. de quæst. Fab. in suo Cod lib. 6, tit. 2, definit. 11*, où il dit, que *qui confessus est subreptam à se rem Titii, non potest ex sola confessione condemnari, si non aliunde constat de corpore subrepto.* Néanmoins le même Auteur, *l. 9, tit. 21, defin. 17*, tient que dans le crime d'assassinat on peut ordonner la question, bien qu'il ne conste pas du corps mort sur des indices fort pressans, ce qui ne peut être que *propter immanitatem flagitii.*

Tous Juges pourront ordonner.] On a douté si le Juge d'Eglise, qui ne peut pas par Jugement diffinitif condamner l'Eccléſiaſtique criminel à plus grande peine qu'à la privation de ſes Bénéfices, à des jeûnes & des prieres, & à la priſon perpétuelle, peut condamner à la queſtion, qui eſt une plus grande peine que celle qu'il pourroit encourir après ſa conviction par un Jugement diffinitif. Mais par un ancien Arrêt de l'an 1392, rapporté par *Joan. Galli, quæſt.* 294, & après lui par Chopin & Charondas, il a été jugé que le Juge d'Egliſe peut condamner à la queſtion plus douce & moins ſevere, que celle qui eſt ordonnée par le Juge Laïque, enſorte qu'il n'en puiſſe arriver aucune effuſion de ſang, ou mutilation de membre.

☞ Peut-être pourroit-on appuyer cette doctrine ſur cette conſidération, que la queſtion n'eſt point ici regardée comme un genre de peine, mais comme un moyen de découvrir la vérité.]

Seront appliqués à la queſtion.] Par la diſpoſition du Droit commun, un Chevalier, Baron, ou autre perſonne notable, ne doivent pas être appliqués à la queſtion, ſuivant la Loi *milites, neque tormentis*, & la Loi *D. Marco placuit, C. d. quæſt.* & la Loi *omnes Judices, C. de Decurion. lib.* 10, comme il a été jugé par divers Arrêts de Paris, recueillis par Papon, liv. 24, tit. 9, Arrêts 11 & 12, où il dit, que lors de la prononciation de l'Arrêt, M. le Premier Préſident fit défenſes à l'Avocat de plus alléguer ces priviléges, & déclara que l'on obſervoit le contraire, & que toutes ſortes de perſonnes peuvent, nonobſtant leur dignité, être appliquées à la queſtion; ce qui eſt conforme à la diſpoſition du Droit, en la Loi 1, *C. ubi Clariſſ. & L. Senator, ff. de ritu nupt.* par leſquelles quand il y a preuve du crime, *omnem dignitatem excludit reatus.*

Au cas que la preuve ne ſoit pas ſuffiſante.] En troiſiéme lieu, il faut, ſelon cet article, qu'il y ait une preuve conſidérable contre l'accuſé: *Nihil enim eſt quod à naturali æquitate magis abhorreat, quam cruciari quemquam conſtet nocentem eſſe; omnis enim cruciatus corporis pœna eſt, etiamſi ante ſententiam inferatur:* mais il ne faut pas qu'elle ſoit ſuffiſante; car ſi l'accuſé étoit d'ailleurs ſuffiſamment convaincu par témoins ou autres moyens joints avec ſa confeſſion, & qu'étant appliqué à la queſtion, il déniât le fait dont il eſt accuſé, ce déni affoibliroit la preuve qui réſultoit auparavant contre lui; au lieu que la queſtion ne s'ordonne à préſent que pour ſupplément de la pleine preuve, & pour la fortifier & confirmer davantage. *L.* 1, *L. Divus, L. Edictum, ff. de quæſt. L. quoties, C. eod. Hippolytus de Marſil.* §. *nunc videndum. Boër. deciſ.* 163. *Gomeſ. variar. reſolut. tom.* 3, *cap.* 13 *de tortur. reor. Clar. in praxi*, §. *fin. quæſt.* 64, leſquels reprennent les Juges *qui reum convictum torquent, ut notat* Charondas en ſes Pandectes, liv. 4, ch. 10. *Veritatis enim eruendæ causâ tormenta inventa ſunt, quæ ſi aliter reperiri poſſit, aut jam reperta ſit, abſurdiſſimum profectò foret tam duro & penè ab humanitate abhorrente remedio uti; quid enim conferre ampliùs tormenta poſſunt?*

Or pour ſçavoir s'il y a preuve conſidérable qui ſoit ſuffiſante pour ordonner la queſtion, cela dépend de la prudence des Juges, *quia nulla certa doctrina dari poteſt. L.* 1, §. *ſi expilatores, ff. de effract. Clar. dict. quæſt. num.* 13. Et c'eſt une matiere qui eſt d'une fort grande étendue; mais la matiere la plus ordinaire de la queſtion & torture, ſont les indices qui réſultent des choſes probables ou vraiſemblables ſeulement, vérifiés par deux témoins dignes de foi, *omni exceptione majores*, conformes dans leurs dépoſitions; ou un ſeul témoin homme de bien, qui dépoſe avoir vû donner le coup, pourvû qu'il ſoit appuyé ſur d'autres indices conſidérables, ſuffit pour la queſtion, ſuivant l'Ordonnance de S. Louis, & la

Loi *ex eo quod, ff. de testib.* & non pas des choses nécessaires, pour lesquelles on peut aller jusqu'à la condamnation. Entre les indices qui résultent des choses vraisemblables qui sont reçues & approuvées contre les meurtriers, on comprend le sang découlant du meurtri en la présence des meurtriers. Et c'est pour cela qu'on faisoit passer & repasser les prévenus par-dessus le corps de ceux qui avoient été fraîchement tués, jusqu'à les déterrer, comme *si ex mortuo superesset materiale quippiam vim habens agendi desinandi hostem.* Mais comme l'expérience a fait voir que *quod de naturali antipathiâ inter cædentem & cæsi cadaver à plerisque adducitur, est fallacissimum, magisque casui quàm rationi abscribendum*; que les uns ne saignoient point, & que les autres saignoient aussi-bien en l'absence qu'en présence des personnes, ou bien autant en la présence des parens & amis, que des étrangers, ennemis ou meurtriers; ces diverses expériences ont été cause qu'on n'a pas ajouté tant de foi à cet indice qu'on avoit accoutumé de faire.

La Roche, dans la suite de ses Arrêts, tit. 53, Arrêt 5, rapporte une chose assez plaisante arrivée à Toulouse, qui est qu'une jeune Demoiselle étant morte d'une fiévre continue, comme on la portoit par la Ville pour l'aller ensevelir, elle rendit une fort grande quantité de sang, si bien que ceux qui accompagnoient le corps en étoient étonnés, jusqu'à ce que les derniers remarquerent dans la compagnie un Médecin qui l'avoit traitée en sa maladie, ce qui leur donna lieu de dire que la morte saignoit devant son meurtrier; de quoi le Médecin fut si piqué, qu'il fit sur l'heure résolution d'imiter ses Collégues qui ne se trouvent jamais aux funérailles de ceux qu'ils ont traités, s'ils ne sont de leur profession, ou proches parens.

Or sur le sujet des indices, il faut remarquer que les uns sont de fait, & les autres de droit, *juris & de jure.* De ceux de fait, on passe à la présomption; & de ceux de droit, à la question ou à la condamnation. Et entre ceux-ci, il y en a qui sont proches ou immédiats, & d'autres éloignés. Les proches sont ceux qui touchent le fait & regardent la vérité de la chose & du délit, immédiatement par le sens de la vûe ou de l'ouie, selon la qualité du fait; & les éloignés sont ceux qui ne touchent pas le fait, mais qui regardent seulement les circonstances. Cette distinction & connoissance dépend de la prudence du Juge qui doit examiner les qualités des personnes & les circonstances du tems, que nos Docteurs divisent *in præteritum, instans & consequens*, & les autres circonstances du fait &. du lieu.

Judicis officium est, ut res ita tempora rerum
Quærere, quæsito tempore tutus eris.

Ovid. l. 1 Trist. el. 1. D'autres divisent les indices en graves & véhémens, qu'on appelle aussi nécessaires & indubitables, parce qu'étant bien vérifiés, le fait se prouve par une nécessaire conséquence & une violente présomption, comme sont ceux dont il est parlé *in L. ult. C. de prob. L. excipiuntur, ff. ad Syllan. cap. afferte, cap. literis, & cap. præterea, ext. de præsump.* & en indices legers qui n'engendrent qu'une suspicion & simple présomption, & ne font pas preuve.

Notre dessein n'est pas de traiter ici à fond des indices; on peut voir ce qu'en écrivent nos Docteurs, & entr'autres Charondas, liv. 4 de ses Pandectes, ch. 9. *Damhoud. in prax. crim. cap. 36. Clar. quæst. 20 & 21. Arnold. Reyger. in Thes. jur. tom. 2, sub verbo Tortura.* Nous dirons seulement qu'on ne doit bailler la question que pour indices précedens, urgens, graves, véhémens & manifestes, qui approchent de la vérité du fait, *L. 1 maritus*, *L. unius*, *§. in ea causa*, & *L. fin. ff. de quæst.* & suivant l'opinion de nos Docteurs, & entr'autres de *Jul. Clar. dict. quæst.* 64, *num.* 9, qui donne cet avis aux Juges, de ne mettre aucun à la question sans indices légitimes & suffisans ; parce que la question *est præparatorium ad mortem naturalem vel civilem*, & que *dum agitur de torquendo reum, agitur consequenter de hominis salute.* C'est pour cela que la déposition d'un seul témoin ne suffit pas, encore qu'il déposât *de visu*, parce qu'il ne peut faire qu'un indice contre les personnes qui sont de bonne renommée, suivant l'Ordonnance de S. Louis de l'an 1254. *Personas honestas, vel bonæ famæ, etiamsi sint pauperes, ad dictum testis unici subjici tormentis, vel quæstionibus inhibemus, ne ob metum falsum confiteri, vel suam vexationem redimere compellantur.*

Or un indice ne suffit pas, il faut qu'il y en ait plusieurs, & qui ne soient pas attenués par des indices contraires, *cùm enim indicia indiciis repugnant argumenta argumentis, perinde id habendum, ac si nullis reus premeretur :* il faut qu'ils soient indubitables & plus clairs que le jour, c'est-à-dire, qu'on ne puisse présumer ni croire le contraire. *Quippe indicia ejusmodi esse debent, quæ verisimile faciant crimen, ut penè nihil aliud deesse videatur quàm ipsius rei confessio. L. 1, §. 1, ff. de quæst. L. 8, §. 1, C. eod. Imbert 3 Inst. for. 13 à pr.* Ces indices sont, par exemple, en matiere de meurtres, si l'accusé a été vû sortir du bois, de la maison, ou du lieu où le corps a été trouvé mort, ayant son épée nue & sanglante à la main, marchant à grands pas, ou s'enfuyant, ayant le visage pâle & changé ; & en fait de larcin, si l'accusé a été vû portant la chose dérobée, sortant du lieu où elle a été prise, & prenant la fuite vers le lieu où elle a été trouvée. C'est pour cela que les Philosophes qui les ont plus heureusement définis que les Jurisconsultes, disent que les indices sont des conjectures raisonnables de ce qui se fait ordinairement suivant le sens commun ; & qu'Aristote, *in Rhet. ad Alex.* dit, *argumentum est quod aliter se habere non potest, assumitur autem ex natura, aut ex necessariis, ut nos dicimus, aut ex adversariis & ex iis quæ natura fieri aut possunt, aut non possunt.*

Tel est l'indice de cette mere, qui après le Jugement du sage Salomon, s'écria qu'elle aimoit mieux que l'enfant demeurât tout entier à celle qui le disputoit, que de le voir ainsi partager. Il faut encore remarquer sur cet article, que pourvû que ces trois conditions s'y rencontrent, sçavoir un crime qui mérite peine de mort, qui soit constant, & qu'il y ait preuve considérable & non pas suffisante, les Juges d'Eglise peuvent ordonner la question, mais qu'elle ne doit pas être si sévere que celle qui est ordonnée par les Juges Laïcs, & qu'il n'y doit point avoir d'effusion de sang. Brodeau sur Louet, lettre B, chapitre 1. Voyez Despeisses en son Traité des Crimes, partie 1, titre 10, nombre 2, où il cite diverses autorités. Il faut encore ajouter à ces trois conditions celle-ci, si l'accusé peut être appliqué à la question, *an persona tormentis subjici possit ;* sur quoi on peut voir ce que j'ai remarqué sur l'art. 5 de cet article.

☞ L'article 13 du titre 25 de cette Ordonnance parle de deux sortes de question ; l'une avec réserve des preuves en leur entier ; l'autre sans réserve des preuves.]

En quel cas les Juges peuvent ordonner la question, les preuves & les indices tenant.

ARTICLE II.

LES Juges pourront aussi arrêter, que nonobstant la condamnation à la question, *les preuves subsisteront en leur entier*, pour pouvoir condamner l'accusé à toutes sortes de peines pécuniaires ou afflictives, excepté toutefois celle de mort, à laquelle l'accusé qui aura souffert la question sans rien avouer, ne pourra être condamné, si ce n'est qu'il survienne de nouvelles preuves depuis la question.

Les preuves subsisteront en leur entier.] Cet article est conforme à l'article dernier du titre 8 du Code Henri, conçu en ces termes : *Pourront toutefois nos Cours de Parlement retenir & arrêter, que par la question qu'ils ordonneront être baillée, les indices ne seront point purgés, & qu'encore que l'accusé ne confesse rien en la question, il sera néanmoins condamné en telle peine corporelle ou amende pécuniaire qu'ils aviseront par leur religion :* sur laquelle le Compilateur remarque que cet article n'est pas des Ordonnances, mais du style de la Cour du Parlement de Paris, duquel elle seule par sa souveraineté peut user, & non pas les Juges inférieurs qui ne peuvent pas retenir ni réserver les preuves. Si cette réserve n'y étoit pas, les indices qui étoient contre l'accusé seroient purgés, pour avoir souffert la question sans rien confesser, & il devroit être absous suivant l'Ordonnance de François I. de l'an 1539, article 164, d'autant que s'il falloit condamner le criminel à quelque peine, il seroit doublement puni, sçavoir de la peine de la torture, & de celle qu'exige le délit. *Ita fieret, ut ex eodem crimine reus bis condemnaretur, contra legem Sanctio legum, ff. de pen. Fab. dict. tit.* 21, *defin.* 15. Et d'ailleurs les Loix présument qu'endurant les tourmens de la question. il a dit la vérité, & qu'ainsi il ne peut être condamné. C'est l'opinion des Docteurs les plus approuvés. Boër. décis. 164, rapporte des Arrêts qui confirment cette opinion. *Jul. Clar. quæst.* 64, *num.* 38. *Gramm. decis.* 8. Papon, liv. 14, tit. de la Question 9, Arrêt 1. Imbert, liv. 3, ch. 14, nomb. 2. Battand. reg. 37 & 50.

Il est vrai que Faber en son Code, tit. *de quæst. defin.* 9 & 25, apporte cette distinction, que ou l'accusé est tout-à-fait convaincu, ou qu'il y a contre lui simplement des indices : au premier cas, souffrant la question, la preuve convaincante n'est pas purgée ; mais à raison de sa souffrance, la peine doit être diminuée ; c'est-à-dire, que la peine va ordinairement aux galeres & au bannissement perpétuel, si l'accusé en confessant le crime eût mérité la mort : *Non enim justum est subjici reum tormentis, si neget, nullâ spe veniæ recreatum :* d'ailleurs, *injuriâ judicis tortus partem aliquam pœnæ jam exsolvisse videtur, cùm enim tormenta veritatis eruendæ causâ adhibeantur, si jam eruta sit, finem & naturam suam mutant, incipiunt pœna potiùs esse, quàm veritatis eruendæ modus :* & au second cas, les indices sont purgés, *inficiatione suâ robur indiciorum imminuit.* La raison est, *quoniam facilius est ut indicia purgentur, quàm ut plenæ probationes irritentur, aut imminuantur.* Et c'est de cette maniere que la glose concilie ladite définition 25 avec la 9 de Faber.

Pourquoi elle est ordonnée contre les condamnés.

Article III.

PAR le Jugement de mort, il pourra être ordonné que le condamné *sera préalablement appliqué à la question*, pour avoir révélation des complices.

Sera préalablement appliqué à la question.] C'est une exception de ce qui a été dit ci-dessus : car quoique les accusés soient pleinement convaincus, néanmoins on les applique à la question, afin de découvrir par ce moyen les complices du crime qu'ils ont commis; auquel cas on doit prononcer que l'accusé sera appliqué à la question, pour avoir révélation des complices, & non pas pour avoir la vérité de sa bouche : car il n'est plus question de sçavoir s'il est coupable, puisqu'il est condamné suivant la Loi *qui ultimo* 29, *ff. de pœn.* Ce qui est encore autorisé par nos Docteurs, & particulierement par Damhouder, *in prax. crim. cap.* 35, *num.* 8; par Faber en son Code, *lib.* 9, *tit.* 21, *de quæst. defin.* 16. *Jul. Clar.* §. *fin. quæst.* 64, *num.* 7 & 8. Papon en ses Arrêts, liv. 24, tit. 9, Arrêt 1, où il rapporte que le Parlement de Paris a accoutumé de faire appliquer les accusés à la question, bien qu'ils soient convaincus : & par Char. en ses Pandectes, liv. 4, chap. 10. Il est vrai qu'en ce cas les Juges doivent user d'une gehenne qui ne soit pas rigoureuse & extraordinaire, *ut dicit Igneus in L. & si certus, num.* 10, *ff. ad Syllan. Debent Judices torquendo reos super sociis, moderatam torturam inferre, nec juris terminos excedere :* Charondas au lieu préallegué. La Loi civile ne permet pas qu'on interroge celui qui confesse sur le fait d'autrui. Mais comme en France le nombre des délits se multiplie, il a été aussi nécessaire d'augmenter la rigueur des Loix.

Article IV.

SI celui qui aura été condamné à mort par Jugement prevôtal, & en dernier ressort, préalablement appliqué à la question, révele aucuns de ses complices qui soient arrêtés sur le champ, la confrontation pourra en être faite, *encore que le Prevôt n'ait été déclaré compétent* pour connoître des complices : sera tenu néanmoins de faire après juger sa compétence.

Encore que le Prevôt n'ait été déclaré compétent.] Il est bien nécessaire d'en faire la confrontation, quoique le Prevôt n'ait pas été déclaré compétent de connoître des complices, non-seulement parce que c'est un accessoire & une dépendance du crime capital, mais encore parce que l'inconvénient seroit plus grand de différer l'exécution jusqu'à ce que la confrontation fût faite, ou laisser dépérir la preuve & indication faite par le condamné. Néanmoins cela n'empêche pas que le Juge ne doive apporter une grande connoissance de cause, & examiner meurement s'il y doit ajouter foi ou non, comme il est porté par la Loi 1, §. 25 & 26, *ff. de quæst.* Car on n'est pas obligé de croire absolument que ceux que le condamné a révélés soient complices; comme par exemple, s'il accuse ceux qui l'ont livré à la Justice, le Juge doit bien examiner s'il ajoutera foi à leur accusation, parce que d'un côté on peut présumer que c'est en haine de ce qu'ils l'ont livré; & de l'autre, qu'ils ne l'ont livré à la Justice que pour rendre leur accusation inutile, & se procurer l'impunité de leurs crimes, suivant ladite Loi 1, §. 24, 25 & 26, & la Loi *sicuti* 4, *C. eod.*

Quels Juges peuvent ordonner que l'accusé sera seulement présenté à la question.

ARTICLE V.

DÉFENDONS à tous Juges, à l'exception de nos Cours seulement, d'ordonner que l'accusé sera *présenté à la question* sans y être appliqué.

Presenté à la question.] Il y a deux cas ausquels les Cours ont accoutumé d'ordonner que l'accusé sera présenté à la question sans l'y appliquer. Le premier est, lorsque les indices ne sont pas suffisans pour l'appliquer à la question; auquel cas on ordonne que l'accusé sera présenté, pour tâcher de découvrir la vérité par terreur de la peine qu'il voit imminente. Battand. *in prax. crim. Reg.* 44. Et le second, si les accusés sont distingués à cause de leur âge & de leur indisposition, comme les impuberes, les vieillards qui sont d'un âge décrepit, les malades, les valétudinaires, ausquels la question ne peut être donnée sans danger de la vie: car alors on les présente seulement, ou on la leur donne moderée, pour découvrir la vérité du fait, suivant la Loi 1, §. *impuberi*, *ff. ad Syllan. ubi Jurisconsultus, aliàs solet, inquit, hoc usu observari, ut impuberes non torqueantur, terreri tamen solent, & habend vel ferulâ cædi*: & la Loi *si quis in gravi*, §. *ignoscitur*, *ff. eod. tit. ignoscitur, inquit Jurisconsultus, etiam his qui ætate defecti sunt*; & *L.* 15, §. *quæstionem* 41, *ff. de injur. Clar. dictâ quæst.* 64. *Tiraq. de pœn. tem. caus.* 8. *Gomes. tom.* 3, *c.* 13, *de torturâ reorum.*

Mais à l'égard d'une femme grosse, elle ne peut pas, de quelque condition qu'elle soit, être appliquée ni présentée à la question, *ne calamitas matris noceat ei qui in utero est. L.* 3, *ff. de pœn.* Il est vrai qu'on n'en croit pas à la grossesse, parce qu'elles l'alleguent, *sed venter inspicitur.* Dans l'exécution il faut, lorsque le Greffier prononce le Jugement, qu'il lise le mot d'*exhibé* ou *présenté*, tout bas, en telle sorte que l'accusé ne puisse pas l'entendre, afin qu'il ne se tienne pas plus ferme à ne rien confesser, comme on n'a pas accoutumé de mettre dans l'Arrêt, mais de retenir *in mente*, lorsqu'on ordonne que la torture sera moderée. *Fab. in suo Cod. lib.* 9, *tit.* 21, *defin.* 12. Il faut même qu'on y apporte tout l'appareil qu'on a accoutumé de faire quand on applique à la question, & qu'il ne reste plus rien qu'à le tirer; & lorsqu'il est en cet état, on procede à l'interrogatoire; & s'il ne confesse rien du crime, il est détaché & remené dans la prison. Bart. au lieu préallegué.

Or la raison pour laquelle il est défendu aux Juges inférieurs de l'ordonner, c'est parce que c'est une grace & un tempérament qui n'appartient qu'aux Cours supérieures, comme il n'appartient aussi qu'à elles de réserver les indices, ainsi qu'il est décidé par l'article 2. C'est pour cela que les Cours supérieures sont appellées *Judices æquitatis*, parce qu'il leur est permis de se dispenser de la rigueur des Loix, ce qui n'est pas permis aux Juges inférieurs, suivant la Loi *illicitas*, §. *veritas*, *ff. de offic. Præsidis*; & la Loi *prospexit*, *ff. qui & à quibus.* Aussi les Juges

Juges supérieurs sont comparés *Præfectis prætorio, qui gestabant secundas partes post Cæsarem, præerantque disciplinæ emendandæ. Fenest. in suo libello de Magistratibus Romanis, cap.* 22.

Que le Jugement de condamnation doit être prononcé sur le champ.

ARTICLE VI.

LE Jugement de condamnation à la question sera dressé & signé sur le champ, & le Rapporteur assisté de l'un des autres Juges, *se transportera sans divertir* en la Chambre de la Question, pour le faire prononcer à l'accusé.

Se transportera sans divertir.] Cet article est conforme aux Ordonnances de Louis XII. de l'an 1498, art. 112, & de l'an 1507, à Blois, art. 191 ; & de François I. à Ys sur Thille, chapitre 13, art. 27, & de l'an 1539, article 163 ; par lesquelles *le Jugement portant condamnation à la question, doit être executé dès qu'il est déliberé, sans divertir aux autres affaires, s'il est possible, sinon le jour suivant, sans le dire ni reveler à personne.* La raison est, afin que le prévenu n'en soit pas averti, & qu'il ne se prémunisse pas contre la douleur. C'est pour cela aussi qu'on a accoutumé d'observer que le prévenu n'ait mangé ni bû de quelques heures auparavant : *Jul. Clar. lib.* 1, §. *fin. quæst.* 64, *num.* 30, où il étend le terme du tems qu'il faut qu'il demeure sans manger jusqu'à dix heures. La raison est, non pas *quòd difficulter verum fassurus sit, qui confidentiam, ut dicitur, in ventre habet, sed quòd periculosior pleno ventre sit distentio.* C'étoit aussi une des cruautés que Tibere avoit accoutumé de pratiquer, *largâ meri potione per fallaciam oneratos, repentè veretris deligatis, fidicularum simul urinæque tormento distendere*, comme remarque Suetone, *in Tiber.*

☞ L'article suivant prouve que celui-ci ne doit être entendu que dans les cas où la question est ordonnée par Arrêt ou Jugement en dernier ressort.]

ARTICLE VII.

LEs Sentences de condamnation à la question ne pourront être exécutées, *qu'elles n'ayent été confirmées* par Arrêts de nos Cours. Exception du précédent Article.

Qu'elles n'ayent été confirmées.] Comme par lesdites Ordonnances l'appel de la question est reçu, quoique régulierement en matiere criminelle on ne reçoive pas les appellations des Sentences interlocutoires, parce que la question n'est pas réparable en définitive, *verbis enim satis fieri non potest ei, cui re injuria facta est, L.* 2 *de appel. recip.* & que c'est un préparatoire à la mort naturelle ou civile ; il s'ensuit par une nécessaire conséquence, qu'il faut que les Sentences soient confirmées par un Arrêt, parce que l'appel en matiere criminelle éteint entierement le Jugement ; *L.* 1 *in fin. ff. ad Senatusc. Turpill.* ce qui a lieu, bien que le condamné renonce à son appel, suivant la Loi 2 & la Loi *non tantum* 6, *ff. de appel.* la Loi *un. ff. nil nova appell. Jul. Clar. d. quæst.* 64, *num.* 27, & *Damhoud. dicto cap.* 35, *num.* 11. Il est vrai que si le prévenu a souffert qu'on ait commencé de le torturer avant que de se rendre appellant, alors son appel n'empêchera pas la continuation de la torture; Papon en ses Arrêts, liv. 24, tit. 9, Arrêt 13; la Roche, liv. 13 de ses Parlemens, chap. 59, art. 49; même il ne l'empêchera pas, s'il a seulement souffert qu'on l'ait conduit au lieu de la torture, comme il a été jugé par le Sénat de Chambery, *ut notat Fab. lib. 9, tit. de quæst. 21, defin. 6, in gl. num. 4.* Néanmoins les Procureurs du Roi & ceux des Seigneurs sont obligés de relever l'appel, & de faire confirmer la Sentence quand l'accusé n'en reclameroit pas. Il n'en est pas de même à l'égard de l'accusateur, il ne peut pas appeller de ce que le Juge n'a pas condamné l'accusé à la question : la raison de la différence est, parce que l'accusateur n'est pas sujet au même tourment, & qu'il peut se rendre appellant de la Sentence d'absolution; au lieu que l'accusé qui auroit souffert la question, *frustra sententiam expectaret, cùm factum infectum fieri non possit.*

Ce qui doit être observé par les Commissaires qui exécutent le Jugement.

ARTICLE VIII.

L'*Accusé sera interrogé* après avoir prêté serment, avant qu'il soit appliqué à la question, & signera son interrogatoire; sinon sera fait mention de son refus.

L'accusé.] S'il y a plusieurs condamnés à la question, les Commissaires doivent user de prudence pour voir s'ils commenceront par celui qu'ils jugeront plus facile à confesser la vérité, ou par celui qui est le plus suspect & le plus chargé du crime commis, ou par le plus foible & le plus craintif de tous, *initium à timidissimo, à suspectissimo, vel ex quo facillimè verùm exprimi potest, faciendum. L. 1, §. 2. L. unius 18, ff. de quæst.* Mais si le pere & le fils doivent être appliqués à la question, il faut commencer par le fils, le pere le sçachant, d'autant que craignant plus le tourment de son fils que celui qu'il doit souffrir, il sera d'autant plus facilement induit à confesser la vérité; que si c'est le mari & la femme, il faut commencer par la femme, comme étant plus foible, & plus capable par conséquent d'avouer la vérité.

Sera interrogé.] Les Commissaires ne doivent pas interroger l'accusé sur d'autres crimes que sur ceux desquels il est chargé, & pour lesquels il est appliqué à la question, d'autant qu'on ne doit être examiné à la question que sur les crimes dont il n'y a pas d'indices véhémens, ni sur les crimes d'autrui, excepté si l'accusé est voleur public, vagabond, complice d'une sédition, ou d'un crime de leze-Majesté divine ou humaine, ou faux Monnoyeur : lorsque l'accusé est interrogé sur les complices, il ne faut pas lui demander si un tel est coupable, parce que *hoc suggerentis potiùs quàm requirentis videtur*, mais en général quels sont les complices; & s'il est interrogé de son fait, il ne faut pas alors lui demander qui l'a fait, mais *an ipse fecerit*, de même que nous voyons dans Plaute *in Trucul.* que ce vieillard interroge ses servantes.

Cal. *Quid puero factum est, mea quem peperit filia*
Mea nepote? capita rerum mihi expedite. An. *istæ dedi*
Cal. *Jam tace; accepistin puerum ab hac.* An. *accepi.* Cal. *tace.*
Nihil moror præterea, satis est fassa.

ARTICLE IX.

LA question *sera donnée en présence des Commissaires*, qui chargeront le procès verbal *de l'état de la question & des réponses*, confessions, dénégations & variations à chacun article de l'interrogatoire.

Sera donnée en présence des Commissaires.] Les Commissaires ne doivent pas faire donner la question en autre forme que celle qui est reçue & autorisée par l'usage. Charondas, liv. 9, rép. 45, atteste que le Parlement de Paris avoit decreté d'ajournement personnel un Juge qui avoit fait donner la question en une autre forme que celle qui se pratique en France ; & qu'ayant voulu proposer pour excuse, que dans son Siége il n'y avoit aucun lieu destiné pour donner la question, & qu'on ne l'avoit jamais donnée, il lui fut remontré qu'il devoit faire amener le prisonnier au Siége Présidial qui étoit plus proche, & duquel il dépendoit, & que l'ignorance du Droit commun n'est pas excusable en un Juge qui peut s'instruire par les livres, de la forme de la torture & de la question.

De l'état de la question & des réponses.] Cet article est conforme à l'Ordonnance de Louis XII. 1498, art. 1, de François I. à Ys sur Thille, en Octobre 1525, chap. 13, & d'Henri III. 1585, par lesquelles il est porté : *Les questions & les tortures se bailleront en présence de nos Juges, & le Greffier écrira les noms des présens, la forme & la maniere de la question, combien de fois elle sera réiterée en un même tems, les interrogatoires & réponses, avec la perseverance du prisonnier, constance & variation d'icelui.* Et la raison est, parce qu'on en peut tirer de nouveaux indices, tant à la charge qu'à la décharge, & que les mouvemens de l'homme sont quelquefois les plus grands indices, par lesquels la Justice de Dieu paroît & fait violence à celle qui est née avec nous, apportant du trouble & du désordre dans la conscience des accusés ; comme il arriva à Bassus, qui se troublant en voyant des hirondelles, & disant qu'elles l'accusoient de la mort de son pere, fut pris & mis à la question, en laquelle ayant avoué ce crime horrible, il fut puni. C'est pour cela que le Jurisconsulte parlant de la perseverance ou variation de l'accusé, dit dans la Loi *de Minor.* 10, §. *plurimùm* 5, *ff. de quæst. Ex sermone & ex eo, quâ quis constantiâ, quâ trepidatione quid diceret, vel cujus existimationis quisque in civitate suâ est, quædam ad illuminandam veritatem in lucem emergunt.*

ARTICLE X.

IL sera loisible aux Commissaires *de faire moderer* & relâcher une partie des rigueurs de la question, si l'accusé confesse ; & s'il varie, *de le faire mettre dans les mêmes rigueurs* : mais s'il a été délié & entierement ôté de la question, il ne pourra plus y être remis.

☞ Voir l'article 12 ci-après.

De faire moderer.] C'est une chose qui dépend aussi par le droit de la prudence des Juges, de faire moderer ou de redoubler la question ; comme il se recueille de diverses Loix, & entr'autres de ladite Loi 10 *de Minor.* & de la Loi *quæstionis, ff. de quæst.* & notamment de cette belle Loi que Damhouder appelle *elegantem & Philosophicam*, qui est la Loi *perspiciendum* 11, *ff. de pœn. Perspiciendum est judicanti ne quid aut durius aut remissius constituatur, quàm causa deposcit, nec enim aut severitatis, aut clementiæ gloria affectanda est, sed perpenso judicio, prout quæque res expostulat statuendum est. Plane in levioribus causis proniores ad lenitatem judices esse debent, in gravioribus pœnis severitatem legum cum aliquo temperamento benignitatis subsequi.* Et Ciceron, *pro Syllâ, num.* 78, parlant de l'incertitude de la vérité que l'on prétend découvrir par la rigueur de ce tourment, dit fort élégamment : *Tormenta gubernat dolor, moderatur natura cujusque tùm animi, tùm corporis, regit quæsitor, flectit libido, corrumpit spes, infirmat metus, ut in tot rerum angustiis nihil veritati relinquatur.*

Mais lorsque le prévenu varie ou qu'il chancelle, & qu'il ne veut rien avouer, alors les Commissaires doivent exécuter le jugement *secundùm terminos legales, quia judices non debent esse clementiores lege. Bald. in L. cùm fratrem, C. de his qui-bus ut indign.* & Authent. *de mandatis principum, coll. 4, tit. 5, §. 3. Talem verò præbebis temet ipsum omnibus & publicè & privatim, ut terribilis quidem sis delinquentibus*, jusques-là qu'il ne doit pas se laisser attendrir, *quàm suppliciter queratur, lamentetur, aut quàm altâ voce inclamet*; Damhoud. *cap.* 57 *& seq.* mais il doit pourtant faire souffrir les rigueurs de ce tourment par divers degrés, *& leniter pœnam irrogare, mox fortiùs, deinde pressiùs, atque iterùm duriùs, sed ut moderatæ rationis temperamenta desiderant; d. L. tormenta, §. 3, ff. de quæst.* en telle sorte que l'accusé *salvus sit innocentiæ vel supplicio, L. 7, L. 10, §. tormenta, L. 18, §. 1, ff. de quæst. salvus secundùm quosdam intelligitur ille, qui nec vitam perdidit, nec membrum aliquod*; mais il faut ajouter, *nec vires, ut operis diurnis familiam exhibere non possit* : ce qu'on appelle *modus quæstionis*, ne dépend pas pour l'exécution, tant de l'office du Juge, que de celle de l'Exécuteur de la Haute-Justice, qui peut facilement tromper le Juge, & tourmenter cruellement celui dont il n'espere point de récompense, & épargner les autres : c'est pour cela que Mornac a remarqué sur la Loi 7, *ff. de probat. damnare reum tormentis, nil ferè ampliùs esse, quàm eumdem absolvere, atque hoc propter redemptas tortorum manus, qui etiam præsentes Judices ementitis fidicularum intensionibus decipiunt.* Saint Augustin, *liv.* 19 *de civitate Dei, cap.* 6, déplore la misere des Juges, & appelle les questions, *misera & dolenda judicia*, ausquelles *innocens luit pro incerto scelere certissimas pœnas, non quia illud commisisse detegitur, sed quia non commisisse nescitur. Ac per hoc ignorantia judicis est plerumque calamitas innocentis, cùm propterea judex torqueat accusatum, ne occidat nesciens innocentem, & fit per ignorantiæ miseriam, ut & tortum & innocentem occidat, quem ne innocentem occideret torserat. Lud. Vives*, dans son Commentaire, dit sur ce passage, que la question est une invention du plus cruel Tiran : & il s'étonne que pendant que les nations les plus barbares en condamnent l'usage, les hommes qui sont doués de douceur & d'humanité la pratiquent, & il conclut par ce que dit Quintil. *decl.* 338 *&* 339. *Locus est apud Rhetores communis de tormentis, & contra tormenta. Fortissima sunt quæcumque contra tormenta dicunt, quæ vero pro tormentis, futilia & imbecillia.*

De le faire mettre dans les mêmes rigueurs.] *Ne eludat hoc commento tormenta, plures enim ut effugiant tormenta statim fatentur crimen, dein negant.* Les déportemens des Commissaires dans l'acte de la question doivent être tels, de ne faire pas tirer l'accusé avec trop de rigueur, pour ne pas extorquer de lui par la violence du tourment aucune confession à son préjudice, ni user en son endroit de rigoureuses menaces de le faire tourmenter plus griévement s'il ne confesse ; *multi enim dolorem fugientes in tormentis ementiti per sæpe sunt, morique maluerunt falsum fatendo, quàm verè inficiando dolere. L.* 1, §. *quæstioni, ff. quæst.* Mais ils doivent d'une ame purement chrétienne, & sans aucune émotion qui trouble la tranquillité de leur jugement, faire continuer le tourment jusqu'à ce qu'ils reconnoissent que le torturé n'en peut pas endurer davantage, & pécher plutôt à cet égard dans le défaut que dans l'excès. Le Juge qui par malice & par dol a fait torturer un accusé contre ce qui est prescrit par la Loi, & avec tant de rigueur qu'il a rendu l'ame entre les mains du Bourreau, est sujet à la Loi Cornelienne *de Sicar.* & s'il n'est pas mort dans le tourment à la déportation dans une Isle. *L.* 1, *ff. ad Leg. Corn. de Sicar. L.* 7, §. *ult. ff. ad Leg. Jul. repet.* Que s'il l'a fait par ignorance, *extra ordinem puniendus, arg. L.* 1, §. *Divus Adrianus, L.* 3, §. *adjectio. L.* 4, §. 1, *ff. ad Leg. Corn. de Sicar. Plura hâc de re videri possunt apud Clar.* §. *fin. quæst.* 64. *Gomes.* 3, *Resol.* 13, *num.* 6. *Farin. quæst.* 37, *num.* 117, *& quæst.* 41, *num.* 96. *Menoch.* 2 *de arb. cas.* 340. *Zager. de tort. cap.* 4, *num.* 20 *& seq. Coler. decis.* 164, *num.* 11. *Arg. art.* 41.

ARTICLE XI.

APRE'S que l'accusé aura été tiré de la question, il sera *sur le champ & derechef interrogé* sur les déclarations, & sur les faits par lui confessés ou déniés, & l'interrogatoire par lui signé; sinon sera fait mention de son refus.

Sur le champ & derechef interrogé.] ☞ L'accusé ne prêtera point à cette occasion un nouveau serment, parce que c'est la suite du même interrogatoire prescrit par l'art. 8 de ce même titre.] Cet article est conforme aux Ordonnances ci-devant cottées en l'article 9. Il est vrai qu'au lieu que par cet article il doit être interrogé sur le champ, par ces Ordonnances il ne le devoit être que le lendemain vingt-quatre heures après, & hors le lieu de la torture, *ne si ante interrogetur, confessio tormentorum metus videatur*, & afin que la crainte & l'horreur du lieu ne le fît résoudre à choisir la mort, quoiqu'innocent. C'est la doctrine de Faber en son Code, *lib.* 9, *tit.* 21, *defin.* 18. *d'Hyppolitus de Marsil.* §. *quoniam, num.* 1. *Gomes. resol. tom.* 3, *cap.* 13, *num.* 24. & de *Jul. Clar. l.* 5 *Recept. Sentent.* §. *fin. quæst.* 64, *num.* 40 & suivans, où il dit que cela dépend de la prudence du Juge de laisser l'intervalle qui lui semble bon entre la question & l'interrogatoire, eu égard à la qualité du tourment que l'accusé a souffert; mais il conclut qu'il faut du moins le laisser reposer pendant un jour & une nuit. Que si on le laissoit plus long-tems, il y auroit danger qu'il ne l'employât à forger & inventer de nouvelles raisons pour éluder la vérité de la confession qu'il auroit faite. *Fab. dicto loco.*

C'est pour cela que les Criminalistes tiennent, que s'il y a quelqu'intervalle de la question à l'interrogatoire, il ne faut pas mettre l'accusé au lieu où il étoit, mais dans un autre: *adhibitâ*, disent-ils, *custodiâ, ne edoceatur ad revocandam confessionem. Jul. Clar. dictâ quæst.* 64, *num.* 40, *& Hyppolitus de Marsil. dicto loco.* La raison pour laquelle l'Ordonnance & la pratique veut *qu'on interroge derechef l'accusé*, est pour voir s'il persevere en sa confession; car s'il ne persevere pas, la confession qu'il a auparavant faite en la torture, n'est pas suffisante pour la condamnation, si elle n'est ratifiée hors le tourment de la torture, *& ad bancum juris*, à moins que les indices soient si grands & si pressans, qu'ils ne doivent pas être purgés par la question, & qu'ils ayent été réservés, suivant la glose de la Loi 2, *C. quorum appel. non recip.* & la Loi *in servos*, *C. ad Leg. Jul. de vi pub.* & suivant l'opinion de nos Docteurs, & entr'autres de *Julius Clarus & d'Hyppolitus*, aux lieux préallegués, de *Brun. à sole*, *in consil. suo un. crim. num.* 182, *versic. ad septimum & ultimum objectum*, *ubi pulcherrima refert*, & de *Jacob. de Bellovis. in pract. crimin. in Rubri. de quæst. n.* 95; & ils se fondent particulierement sur ce que la véhémence de la douleur, ou l'infirmité de la personne fait confesser à l'innocent ce qu'il n'a pas commis, *multos innocentès dolor mentiri cogit*, *ut ait Senec.* & que la question est plutôt une épreuve de cruauté que de certitude, & un essai de patience que de vérité : au contraire, la force, la patience, & l'obstination des autres qui se trouvent robustes & plus assurés dans leurs crimes, leur font tout dénier, quand on les romproit sur la gehenne, suivant les exemples que Valere en récite, *liv.* 8, *cap.* 4; car si l'on pense que l'innocent est assez patient pour supporter les tourmens, pourquoi ne le sera pas celui qui se sent coupable, étant question de sauver sa vie?

Ut corpus redimas, ferrum patieris & ignes.

Ovid. 1 *de remed. am.* C'est pour cela que le Jurisconsulte Ulpien, dans cette belle Loi 1, §. *quæstioni*, *ff. de quæst.* appelle la question, *rem fragilem & periculosam & quæ veritatem fallit. Nam plerique patientia, sive duritiâ, tormentorum ita tormenta contemnunt, ut exprimi eis veritas nullo modo possit. Alii tantâ sunt impatientiâ, ut quidvis mentiri, quàm pati tormenta velint.* Et Quintilien, *lib.* 5 *Instit. cap.* 4, *aliis patientia mendacium, aliis infirmitas necessarium.*

ARTICLE XII.

QUELQUE nouvelle preuve qui survienne, l'accusé ne pourra être appliqué *deux fois à la question pour un même fait.*

☞ Voir l'article 10 de ce même titre.]

Deux fois à la question.] Par lesdites Ordonnances de Louis XII. 1498, art. 114, de l'an 1507, art. 193, de François I, ch. 13, art. 43, & selon l'opinion de plusieurs Docteurs, tant anciens que modernes, la question pouvoit être répétée & réiterée, s'il y avoit de nouveaux indices plus forts & plus pressans que les premiers, & differens en espéce & en substance des autres, suivant la Loi *unius* 18, §. *reus*, *ff. de quæst. si reus evidentioribus argumentis sive indiciis oppressus sit;* la Loi *boves*, §. *hoc sermone*, *ff. de verb. sig.* la Loi *socius pro filia*, §. *nec si prior*, *ff. pro soc. C. ut circa in pr. & C. nulli de elect. in* 6. Mais la nouvelle Ordonnance a jugé que c'étoit une chose trop cruelle & contraire à l'équité civile, de répéter la question deux fois pour un même fait. On l'appelle gehenne à cause de la violence de ce tourment, du mot Hebreu *Gehinnon*, qui étoit une vallée près de Jerusalem, où on jettoit les immondices & où on brûloit les corps; & l'Enfer est aussi appellé gehenne en la Sainte Ecriture, *apud Matt.* 5, 10, 18, 23, *Marc.* 9, *Luc.* 12; ce qui est confirmé par l'opinion de nos Docteurs, & particulierement de *Boër. decis.* 163, *num.* 10 & 11, qui dit qu'elle ne peut être répétée, *etiamsi reus gravatus sit pluribus vehementissimis indiciis, imo & probationibus;* de *Jul. Clar. dictâ quæst.* 64, *num.* 46, qui tient que la répétition n'est point observée à Milan, si le Sénat pour quelque considération particuliere ne l'ordonne; ni dans le Dauphiné. Bass. part. 2, liv. 6, tit. 12, chap. 1.

D'ailleurs, on ne peut pas prendre pour nouveaux indices la révocation faite par le criminel de la confession que la violence du mal avoit extorquée de lui; elle n'induit pas même la variation, parce que la variation ne peut être sans contradiction & sans un mensonge évident. Or ce qui se fait dans un même acte, *in continenti est emendatio potiùs quàm variatio. Jul. Clar. quæst.* 21, *num.* 39. Il faut remarquer pourtant, que si le prévenu lors de sa torture a pris quelques breuvages ou drogues, pour se rendre moins sensible aux douleurs de la question, il peut y être réappliqué sans nouveaux indices, comme il a été jugé par des Arrêts rapportés par Faber en son Code, *dicto lib.* 9, *tit.* 21, *defin.* 3, & par Despeisses en son Traité des Crimes, part. 1, tit. 10, nomb. 9; & la raison que Faber en rend est, que *negari non potest, quin hoc ipso valdè suspectus fiat qui tàm impiis artibus sibi consulit, ne veritatem prodere compellatur.*

☞ *Pour un même fait.*] Cela doit-il s'entendre de differens Tribunaux ou Juges, comme en cas d'appel, lorsque l'accusé a été appliqué à la question par les premiers Juges?]

TITRE XX.

DE LA CONVERSION DES PROCÈS civils en Procès criminels, & de la reception en Procès ordinaires.

Qu'un Procès commencé par la voie civile, peut être poursuivi extraordinairement.

Article Premier.

Les *Juges pourront ordonner qu'un Procès commencé par voie civile, sera poursuivi extraordinairement*, s'ils connoissent qu'il peut y avoir lieu à quelque peine corporelle.

☞ *Les Juges pourront ordonner, &c.*] Cela s'entend qu'ils le pourront d'office.

Qu'un procès commencé par voie civile.] Lorsqu'on decrete dans le cours d'une procedure civile, on commence par ce decret un nouveau procès; car la Partie publique devient alors la Partie principale.]

Sera poursuivi extraordinairement.] Cet article est conforme aux Ordonnances de Louis XII. 1498, art. 118, 1507, art. 200, & de François I. 1535, ch. 13, art. 49; par lesquelles il est dit: *Si par le procès ordinaire il y a charge suffisante pour condamner l'accusé en quelque peine corporelle & criminelle, nos Juges feront restraindre l'accusé, pour être la Sentence prononcée en Jugement, ou pour être les témoins ouis en l'enquête, lesquels le chargeront, récolles & confrontés.* C'est pour cela qu'on dit communément, que le délit ne rend pas la cause criminelle, mais seulement la maniere de proceder, *cap. per tuas, de Simon. cap. tuæ, de procur.* Or la différence qu'il y a du procès extraordinaire qui est criminellement fait, d'avec le procès ordinaire, est que le procès ordinaire est civil, qu'il n'y échet nulle peine corporelle, mais seulement une amende pécuniaire, & la condamnation des dommages & interêts qui dépend du Juge. Il faut pourtant remarquer que lorsqu'on a deux actions, la civile & la criminelle pour un même fait, & qu'on a choisi l'une des deux, on ne peut pas poursuivre par action principale toutes les deux ensemble, lorsqu'elles tendent à une même fin; mais l'une exclut l'autre, comme il est expressement décidé en la Loi *interdum*, *ff. de publ. jud.* & en la Loi unique, *C. quando civilis actio crimin. præjud.* On peut pourtant incidemment demander l'interêt civil, comme la restitution de la chose ou la réparation du dommage, en une action intentée criminellement; ce qui est confirmé par l'opinion de nos Docteurs, & entr'autres de Battand. *caus. crim. reg.* 133 & 135; *de Jul. Clar. lib.* 5, §. *fin. quæst.* 2 *per totum;* & de *Fab.* en son Code, *in gl. num.* 2, *lib.* 9, *tit.* 18, *defin.* 2.

☞ Monsieur Talon, dans le procès verbal des Conférences sur l'art. 3 de ce titre, dit, que bien que cet article soit conforme à la disposition de l'Ordonnance de 1539, il semble néanmoins qu'il doit être interpreté & conformé suivant l'usage qui se pratique. Pour cela, il faut observer qu'avant l'Ordonnance de 1539, les procès criminels s'instruisoient comme les affaires civiles, que l'accusé se défendoit par le ministere d'un Avocat & d'un Procureur, & que les plus grandes accusations, même capitales, étoient portées à l'Audience, où l'une & l'autre des Parties produisoient les témoins & les preuves littérales qu'elles avoient rassemblées, l'une pour instruire son accusation, l'autre pour servir à sa justification. L'Ordonnance ayant changé cette coutume, & obligé les accusés de crimes capitaux de répondre & de se défendre par leur bouche, elle a permis néanmoins aux Juges, en cas qu'après l'interrogatoire l'affaire parût moins griéve, de la remettre en procès ordinaire, c'est-à-dire de suivre ce qui se pratiquoit auparavant l'Ordonnance; mais cela n'a point été observé, à cause des longueurs dans lesquelles on avoit engagé les Parties, en suivant cette ancienne forme: car en un mot, recevoir les Parties en procès ordinaires, c'est permettre à l'accusé de faire preuve & enquête de sa part, & à la Partie civile de faire entendre de nouveaux témoins aussi par forme d'enquête; & si l'on ajoute à tout cela la faculté portée par l'article 5 de ce titre, de renouveller la procedure criminelle, s'il survient quelque nouvelle preuve, & que l'affaire s'y trouve disposée, il est certain que rien ne peut être plus contraire à l'expédition & au bien de la Justice, & ne peut engager les Parties en de plus grands frais, que cette faculté donnée au Juge de recevoir les Parties en procès ordinaires, & l'on ne peut pas douter que dans le retranchement que l'on fait d'ailleurs de leurs émolumens, ils n'abusent souvent de ce pouvoir pour en tirer du profit; ce n'est pas que toutes sortes d'accusations criminelles doivent être toujours poursuivies par récollement & confrontation des témoins.

Il y auroit souvent de la vexation d'en user ainsi; mais ce que l'on doit prescrire aux Juges, est qu'en matiere legere, comme d'injures & autres semblables, ils ne doivent pas même permettre d'informer, mais d'assigner les Parties & les regler sur le champ: que si outre les injures il y a quelqu'excès, mais qui ne soit pas fort considérable, ils peuvent & doivent, au lieu de decreter l'information, ordonner que celui duquel on se plaint sera assigné, & sur le récit qui sera fait à l'Audience des informations, arbitrer la réparation.

La même chose se doit pratiquer lorsqu'une information a été decretée, & que

que l'accusé ayant subi l'interrogatoire, a pris droit par les informations, ou la Partie civile par les confessions de l'accusé : car alors si le crime n'est pas atroce & ne mérite point de punition corporelle, il faut encore renvoyer les Parties à l'Audience, & les juger définitivement sur le récit des informations, de la même maniere qu'il se pratique à l'Audience de la Tournelle ; mais en tous ces cas, jamais reprendre l'extraordinaire, parce qu'on se dispense d'instruire extraordinairement, & l'on abandonne, pour ainsi dire, l'accusation criminelle, à cause qu'elle paroît légere, & qu'elle ne mérite point d'animadversion publique, & non pas faute de preuve. Il y a encore un autre cas dans lequel une action criminelle est civilisée, sçavoir lorsque celui qu'on accuse ne désavoue pas l'action qu'on lui impute, mais prétend être en droit de la faire : car alors l'on met les Parties sur l'extraordinaire hors de Cour, l'on convertit les informations en enquêtes, l'on permet à l'accusé de faire enquête de sa part, & l'on renvoye les Parties devant les Juges qui connoissent des affaires civiles ; & jamais encore dans cette espéce, l'accusation éteinte ne se renouvelle.

Ce n'est pas qu'il n'ait été de l'usage de recevoir les Parties en procès ordinaire, & de reprendre l'extraordinaire s'il survenoit de nouvelles preuves ; mais cela ne se pratiquoit que dans les crimes capitaux, lorsque l'accusation étant instruite dans toutes ses formes, les témoins récollés & confrontés, il ne se trouvoit aucune preuve suffisante pour prononcer aucune condamnation contre l'accusé : mais il y en avoit pourtant suffisamment pour ne lui pas accorder son absolution ; car alors par une espéce d'interlocutoire on recevoit les Parties en procès ordinaire, l'accusé avoit la liberté de faire entendre des témoins pour prouver son innocence : si l'accusateur découvroit de nouvelles preuves, il pouvoit aussi faire enquête de sa part, & l'affaire étoit alors poursuivie civilement, mais avec la liberté de réputer l'accusation criminelle, en cas qu'il parût de nouvelles charges. Comme ce circuit étoit long & pénible, il engageoit les Parties dans des frais & des procedures infinies. C'est avec beaucoup de raison que par l'article 4 on ordonne qu'après la confrontation, on prononcera diffinitivement sur l'absolution ou condamnation de l'accusé.

Il faut pourtant observer que quelquefois on ordonne, *qu'il sera plus amplement informé*. Il est vrai qu'on a fait jusqu'ici cette différence, que lorsqu'il n'y a de Partie que M. le Procureur Général ou ses Substituts, si les Juges ne sont pas suffisamment éclaircis pour condamner ou absoudre l'accusé, ils ordonnent, *qu'il sera plus amplement informé* : mais quand il y a Partie civile, au lieu d'ordonner cette information plus ample, on reçoit les Parties en procès ordinaire. De sorte qu'abolissant cet usage de recevoir en procès ordinaire, restera la difficulté de sçavoir si l'on ne pourra pas toujours ordonner, *qu'il sera plus amplement informé*, lors même qu'il y aura une Partie civile ; & ce qui peut donner matiere à ce doute, est que l'article 4 dit en termes formels, *qu'après la confrontation des témoins, l'accusé ne pourra plus être reçu en procès ordinaire, & qu'il sera prononcé définitivement sur son absolution ou sa condamnation.*]

ARTICLE II.

EN instruisant les procès ordinaires, ils pourront, s'il y échet, *décerner decret de prise de corps*, ou d'ajournement personnel, suivant la qualité de la preuve, *& ordonner l'instruction à l'extraordinaire.*

☞ *Décerner decret de prise de corps.*] C'est un des cas où le Juge a la liberté de decreter sans information préalable, dans l'esprit de l'art. 2 du titre 10 de cette même Ordonnance.]

Et ordonner l'instruction à l'extraordinaire.] S'il y a quelque enquête faite, le Juge doit répéter les témoins, & ensuite instruire l'accusation par voie ordinaire, parce qu'encore qu'une information se puisse convertir en enquête, une enquête ne se convertit jamais.

ARTICLE III.

Le Juge peut le convertir après en procès ordinaire.

S'IL paroît avant la confrontation des témoins, que l'affaire ne doit point être poursuivie criminellement, les Juges *recevront les Parties en procès ordinaire*; & pour cet effet ordonneront que les informations seront converties en enquêtes, & permis à l'accusé d'en faire de sa part dans *les formes prescrites pour les enquêtes.*

Recevront les Parties en procès ordinaire.] Recevoir les Parties en procès ordinaire, c'est civiliser la matiere qui étoit auparavant criminelle; & cette conversion du procès criminel ou extraordinaire en procès ordinaire, se fait pour diverses causes, & à la charge de pouvoir reprendre la voie extraordinaire, s'il survenoit quelque nouvelle preuve, comme on peut recueillir des Ordonnances de Louis XII. de l'an 1498, articles 118, & 1507, art. 197; de François I. 1536, chap. 2, art. 4, & 1539, art. 150 & 164; d'Henri III. 1585; à sçavoir quand les preuves sont égales, tant du côté de l'accusateur que de l'accusé; quand après l'interrogatoire de l'accusé qui a confessé le fait, & allegué des défenses & réponses pertinentes, la matiere se trouve disposée en procès ordinaire, comme en matiere de réintegrande, en matiere de bornes arrachées, pourvû qu'il n'y ait eu force publique & excès commis avec armes; *juxta L. qui possessionem, ff. unde vi*; & la Loi 1 & 2, *ff. de termino moto*; ou s'il s'agit d'une matiere qui soit de petite importance; ou quand le criminel ayant été reçu en ses faits justificatifs & reproches, il les a suffisamment prouvés & vérifiés, *ut constat ex Lege 1, C. ad Leg. Cornel. de Sicar.* ou finalement si ayant souffert la question, il n'a rien confessé: Charondas en ses Pandectes, liv. 4, chap. 13, & sur le Code Henri, tit. 9, art. 1; & alors on observe les mêmes formalités qu'on a accoutumé de pratiquer en fait d'enquêtes aux matieres civiles, & qui sont reglées par l'Ordonnance des Matieres civiles, tit. 22. Celle que les Romains pratiquoient, & qu'ils exprimoient en ces termes, *non liquet*, ou *ampliùs*, approchoit fort de notre Réglement en l'ordinaire, parce qu'elle tendoit comme celle-ci à une plus grande discussion & connoissance.

Il y a pourtant cette différence entre l'ampliation des Romains & la conversion en procès ordinaire, que celle-là ne changeoit rien de la nature & de la condition du procès, & que l'accusé n'étoit pas de pire ni de meilleure condition; au lieu qu'en celle-ci la cause change de nature en quelque maniere & que l'on relâche de la rigueur de l'ampliation: car dès que le Juge a civilisé le procès, le prisonnier doit être élargi, en baillant caution de comp[illegible] personne au jour que l'enquête sera reçue, suivant l'Ordonnance de [illegible] de l'an 1498, art. 119. Papon en ses Arrêts, liv. 24, tit. 5, Arrê[illegible] en sa Pratique criminelle: & dès que le procès est civilisé sans [illegible] traordinaire, on ne peut condamner le prévenu qu'en des amendes : *Molin. in quæst.* 75 *Gall.* Il faut encore remarquer qu'on ne peut pas civiliser un procès qui a été commencé criminellement, avant les interrogatoires & réponses du prévenu : Bouvot, sous le mot *Accusateur*, questions 1 & 19. S'il y a appel de ce que les Parties ont été reglées en procès ordinaire, on peut passer outre sans préjudice de l'appel, parce que ce n'est que continuer l'instruction, à moins que l'appel fût relevé au nom du Procureur du Roi, auquel cas il y faudroit déferer, ou que l'importance de la matiere le requît : Ayrault, liv. 3 de son Instruction Judiciaire, art. 4, nomb. 12. On ne reçoit aussi jamais les Parties en procès ordinaire, lorsqu'il n'y a point d'autre Partie que le Procureur du Roi.

☞ On croit qu'il est nécessaire que l'accusé subisse interrogatoire, avant que l'instance extraordinaire puisse être convertie ; car c'est par l'interrogatoire que l'accusé explique sa défense, & fait voir que le cas n'est pas criminel de sa nature.]

§ Par Arrêt rendu en la Tournelle criminelle le 9 Août 1709, suivant les conclusions de Monsieur l'Avocat Général Guillaume-François Joly de Fleury, il a été jugé que dans le cas de procedures faites contre des complices, on ne peut instruire au criminel à l'égard des uns, & civiliser à l'égard des autres.]

Dans les formes prescrites par les enquêtes.] Néanmoins comme il ne se fait point de procès verbal pour l'information, de même que lors de la confection des enquêtes, il doit être fait mention par le Jugement, que le demandeur sera tenu de donner au défendeur un extrait des noms, surnoms, âges, qualités & demeure des témoins ouis aux informations, pour fournir contre eux des reproches, s'il le veut, & dire à la fin du Jugement, *sauf à reprendre l'extraordinaire, s'il y échet.*

ARTICLE IV.

Exception du précédent article.

A*Près la confrontation des témoins*, l'accusé *ne pourra plus être reçu en procès ordinaire ; mais sera prononcé définitivement sur son absolution* ou sa condamnation.

Après la confrontation des témoins.] Cette disposition est fondée sur cette puissante raison, que l'Ordonnance ne veut pas qu'après que l'accusé a sçu le secret des charges, il ait la liberté de se procurer des preuves, que par une enquête d'office, & qu'il est des principes que l'état du procès ne peut plus être changé après la confrontation.

Ne pourra plus être reçu en procès ordinaire.] Les anciens Romains pouvoient dire plusieurs fois, *non liquere* ; & *Valerius* parle d'une cause de *Lucius Cotta*, en laquelle les Juges interloquerent par sept fois ; & avant cette Ordonnance, quoique le Juge pût absoudre le criminel après le procès extraordinaire, même après avoir souffert la question, on usoit de cette modification, suivant les Ordonnances cottées au précedent article, de recevoir ordinairement les Parties en procès ordinaire, comme remarque Imbert, livre 3 de ses Instit. Forenses, chap. 13. Néanmoins cet usage se trouve fort à propos corrigé par cette Ordonnance, d'autant qu'on ne peut pas civiliser deux fois un même crime ; & quand on auroit repris l'extraordinaire, l'on ne pourroit pas regler les Parties à l'ordinaire pour la deuxiéme fois. Et la raison qui en est rapportée par Ayrault au lieu préallegué, nomb. 4, est, d'autant que s'il y a eu occasion de reprendre la voie extraordinaire, il ne se peut que la condamnation ne s'ensuive ; & s'il y reste quelque obscurité après avoir fait tout ce qu'il a pû, il faut incliner à la voie la plus douce qui est celle de l'absolution. Quand il n'y a que M. le Procureur Général de Partie, on ordonne un plus amplement informé.

☞ *Mais sera prononcé définitivement.*] On ne doit pas conclure de cette disposition de l'Ordonnance, qu'elle exclue l'interlocutoire, *plus amplement informé ;* elle ne signifie autre chose, sinon que l'instance sera poursuivie extraordinairement comme elle a été commencée.]

Sur son absolution.] C'est une question parmi les Criminalistes, de sçavoir si l'accusé doit être absous de l'instance ou du crime : plusieurs sont de ce sentiment, qu'en fait de crimes graves, l'absolution ne doit être qu'à l'égard de l'instance. Ils se fondent sur ce que comme on ne doit point condamner l'accusé, si le demandeur ne prouve qu'il est coupable, il ne faut pas le relaxer, si l'accusé ne prouve qu'il est innocent, parce que ce seroit donner moyen à celui dont l'innocence seroit douteuse, de se défendre par l'exception de la chose jugée : *L. ita vulneratus* 51, *ff. ad Leg. Aquil.* & ils alleguent le témoignage de la Loi *si hi qui* 34, *C. ad Leg. Jul. de adult.* & le Jugement des Aréopagites au sujet d'une mere de famille de Smyrne, qui avoit tué son mari & son fils, pour se venger de ce qu'ils avoient tué son fils du premier lit, lesquels renvoyerent l'accusateur & l'accusé à comparoir dans cent ans. *ut differendo quæstionem, damnandi atque absolvendi inexplicabilem cunctationem vitarent.* Néanmoins l'opinion la plus commune & la plus raisonnable est, que l'accusé doit être absous du crime, d'autant que *accusatore non probante, reus absolvitur ; L.* 4, *C. de edend.* & s'il étoit seulement relaxé de l'instance, *semper de salute suâ incertus & anxius inter spem metumque penderet.* C'est le sentiment de *Gomes.* 3 *Resol. c.* 13, *num.* 28, de *Menoch.* 1 *Præf.* 93, *& d'Alcat. in L. si calvitur V. S.* Il faut pourtant observer que s'il n'y a point de Partie civile, on ordonne le plus souvent que le prisonnier sera élargi, sans prononcer définitivement sur son absolution ou sa condamnation, *quia rarò in criminalibus fiunt judicia absolutoria quoad Procuratorem Regium.*

Que la voie extraordinaire peut être reprise.

ARTICLE V.

ENCORE que les Parties ayent été reçues en procès ordinaire, *la voie extraordinaire sera reprise*, si la matiere y est disposée.

La voie extraordinaire sera reprise.] Cet article est conforme à l'Ordonnance de Louis XII. de l'an 1498, article 121 ; de François I. de l'an 1535, ch. 13, article 49 ; 1536, chapitre 2, art. 15 ; & d'Henri III. 1585 ; par lesquelles *lors du Jugement de l'enquête, si l'on trouve qu'il y ait charge suffisante pour condamner l'accusé en quelque peine corporelle, les Juges peuvent reprendre la poursuite & procedure extraordinaire, & ordonner de nouveau qu'il sera procedé par recollement & confrontation des témoins.* Ce qui est confirmé par deux Arrêts qui sont rapportés par Charondas en ses Observations, sous le mot *Causes ;* l'un prononcé durant le semestre de la Cour du Parlement de Paris, solemnellement par M. le Président Ryant, contre un Prevôt des Maréchaux ; & l'autre pour une fausseté du 3 Septembre 1558 ; par lesquels, *quoique les Parties eussent été reçues en procès ordinaire, les criminels furent repris, le Prevôt des Maréchaux condamné à mort, & le fauſſaire puni de peine corporelle, & amende.*

C'eſt pour cela qu'autrefois le réglement des contraires ne s'ordonnoit qu'à la charge de reprendre l'extraordinaire, ſi le cas le requeroit; & ainſi l'on ne peut pas dire que la matiere ſoit par-là pleinement civiliſée, puiſque le procès civiliſé peut être criminaliſé : mais on l'a reglée à l'ordinaire, parce qu'on y procede comme on faiſoit anciennement en tous crimes, ſans y apporter contre l'accuſé une inſtruction ſi étroite & ſi ſecrette dont on uſoit aux cauſes *quæ per indices agebantur.* Il faut encore remarquer, qu'en reprenant le procès criminel, on n'intente pas pour cela un nouveau procès criminel, mais on reprend celui qui eſt fait, & on le joint au procès civil, comme n'étant qu'un, & le civil dépendant du criminel; & on procede au récollement des témoins ouis en l'enquête & confrontation d'iceux, parce que l'ordinaire eſt tenu pour acceſſoire de l'extraordinaire, & ce n'eſt que pour apporter une plus ample connoiſſance du fait dont il eſt queſtion : auſſi il n'exclut pas le procès criminel, ſuivant la Loi *deinde*, §. *hoc autem*, *ff. de lib. exhib. ut notat Maſuer. tit. de prohib.* & *L. ait Prætor*, §. *hoc edicto*, *ff. de vi bonor. raptor.* Ce qui dépend de l'office & religion du Juge, qui doit aviſer s'il reprendra la procedure criminelle pour s'en aider, & y avoir égard lors du Jugement définitif.

Il eſt encore certain qu'on peut s'aider au procès ordinaire, de l'extraordinaire, d'autant que l'un dépend de l'autre, & que les premieres preuves qui n'étoient pas ſuffiſantes pour donner lieu à une peine corporelle, peuvent ſervir à en établir une pécuniaire. Il eſt vrai que Papon, liv. 24 de ſes Arrêts, dit que par Arrêt de Paris, il a été jugé, que bien que par le procès ordinaire le fait demeure prouvé, l'accuſé ne peut être condamné qu'en une peine pécuniaire, bien qu'il ſoit queſtion d'un crime capital, à cauſe que le procès a été civiliſé.

TITRE XXI.

DE LA MANIERE DE FAIRE LE PROCÈS aux Communautés des Villes, Bourgs & Villages, Corps & Compagnies.

Cas dans leſquels le procès leur eſt fait.

ARTICLE PREMIER.

LE procès ſera fait aux Communautés des Villes, Bourgs & Villages, Corps & Compagnies, *qui auront commis quelque rébellion, violence, ou autre crime.*

Qui auront commis quelque rébellion.] Cet article énonce les cas auſquels le procès eſt fait à une Communauté d'Habitans, à un Corps & Compagnie; & il y a lieu lorſque l'excès a été commis, ou enſuite d'une déliberation, ou ſans aucune délibération, par tumulte & émotion populaire, comme au son du tocsin; & en ce cas, lorsque le délit a été commis, *communicato consilio aut tumultu*, comme il arrive souvent quand on vend des biens appartenans à la Communauté, qu'on appelle terres vaines & vagues, que les Habitans prétendent leur appartenir & y avoir droit de pâturage, la Communauté en est responsable, & la procedure commence en la même forme que les autres : on decrete contre les Particuliers chargés d'être les principaux auteurs du tumulte & émotion populaire, & des délits qui ont été commis selon la qualité d'iceux contre les Habitans en Corps & Communauté, ajournement personnel, pour répondre par Procureur Syndic; comme il a été jugé par des Arrêts rapportés par Char. liv. 4 de ses Pand. chap. 4 sur la fin, & en ses Rep. liv. 3; par Papon en ses Arrêts, liv. 7, tit. 2, art. 5; & *Jul. Clar.* en sa Pratique criminelle, *quæst.* 26, *num.* 8, qui tient qu'il ne suffit pas que la Communauté d'Habitans, ou ceux du Corps & Compagnie, ayent commis le délit, pour rendre responsable la Communauté ou le corps, mais il faut qu'ils l'ayent commis en conséquence de la délibération prise par les Habitans ou par le Corps. *Necesse est quod præcesserit ad id consilii publici convocatio & ejus deliberatio.*

C'est la distinction que Bartole fait sur la Loi *aut facta*, §. *ult. de pœn.* & qui est suivie par tous les Docteurs, comme il est remarqué par *Hyppolitus de Marsil. de jure bannit. Et quamvis*, dit-il, *civitas possit condemnari ex delicto, dicas quod civitas tunc obligatur ex delicto quando omnes de civitate communicato consilio & præcedente deliberatione iverunt ad delinquendum, aliàs secùs.* Il rapporte encore le conseil d'un célébre Docteur, qui résout la même chose en faveur de la Ville de Florence, dont les Habitans avoient tué l'Archevêque de Pize, & emprisonné le Cardinal S. George : *Cùm hoc*, dit-il, *non fecerint præcedente deliberatione & consilio, ad hoc quamvis commisissent homicidium, non poterant omnes puniri, sed debebant puniri singulares personæ quæ commiserant homicidium :* ce qui seroit même trop cruel, si le nombre de ceux qui ont commis le crime étoit fort grand; *si tamen ingens sit delinquentium multitudo, ità ut aut plecti capite sine periculo non possint, aut crudelius videantur omnes plecti, eo casu consultius est duces potiùs, & factionis capita, seu ante signanos puniri, ut pœna ad paucos, metus ad omnes perveniat.*

Violence ou autre crime.] C'est une question qui a partagé les Docteurs, sçavoir si les Communautés, Corps & Compagnies pouvoient délinquer *in committendo*, comme commettre l'homicide, la violence, ou quelqu'autre crime; & ce qui a fait naître cette question, est que *universitas est nomen juris, neque animam habet, nec intellectum. Innoc. in C. dilectus, de Simon. &c. gravamen, de sentent. excom.* Sur quoi ils apportent cette distinction, qu'il y a certains délits qui regardent les droits & facultés des Communautés, qui sont de faire des Statuts, de donner Jurisdictions, de faire des levées, à l'égard desquels les Communautés peuvent tomber dans le délit. *L. omnes populi, ff. de Justit. & jure, & L. fin. C. de Jurisd. omn. Jud.*

Mais à l'égard des autres délits, comme de commettre quelque homicide ou quelque violence, les Communautés ne peuvent proprement tomber dans ces délits, d'autant que les délits ne peuvent être commis que par des personnes qui ont un être véritable & réel, & que la Communauté n'est qu'une personne feinte qui représente seulement une personne distinguée des Particuliers & des membres de la Communauté; elle peut être seulement accusée d'avoir délinqué lorsque les autres l'ont fait par le pouvoir qu'elle leur a donné, *juxta L.* 1, & *L. seq. ff. de acquir. possess.* ou que la plus grande partie des Habitans a commis le délit, d'autant que la Communauté n'eſt autre choſe que les Habitans aſſemblés en un Corps, *ut not. vel ſicut*, §. 1, *junctâ Gloſ. ff. quod cujuſcumque univerſit. num. & L. ult. de Colleg. illicit. adde quæ ſcribit Oldrad. conſil.* 65, *n.* 7.

Formalités qui doivent être obſervées.

ARTICLE II.

ELLES ſeront tenues pour cet effet *de nommer un Syndic ou Député*, ſuivant qu'il ſera ordonné par le Juge ; & à leur refus, *il nommera d'office un Curateur.*

Nommer un Syndic ou Député.] Le Juge peut contraindre une Communauté de faire un Syndic; *Bart. in L. ergo*, §. *creditoribus*, *ff. de fideicomm. lib.* & au refus de le vouloir conſtituer, il peut nommer d'office un Curateur; & la raiſon eſt, parce qu'il y auroit trop à faire de les appeller toujours pour les actes qui peuvent ſe rencontrer dans le cours de la procedure; mais il faut que ce Syndic ſoit nommé par déliberation de la Communauté, & il ne ſuffiroit pas que les Conſuls le nommaſſent ſans faire aſſembler leur conſeil : *Mynſing. cent.* 1, *obſ.* 76, & *Petr. Salaſarez*, *lib.* 1, *deciſ.* 17, *num.* 16. Même Papon dans ſes Arrêts, liv. 7, tit. 2, Arrêt 2, tient que le Juge ne doit point ordonner que la Communauté défendra par Syndic, que premierement les Habitans n'ayent défendu; parce que s'ils ſe ſervent des mêmes exceptions, alors la conſtitution du Syndic ſera bonne & valable; que s'ils ont des exceptions contraires & différentes, en ce cas ils ſeront cenſés Particuliers, & non pas univerſité d'Habitans & Communauté.

Il nommera d'office un Curateur.] L'Ordonnance portant nomination d'un Curateur, faute par les Communautés d'Habitans qui n'ont point de Syndic, d'en avoir nommé un ou un Député, doit être ſignifiée aux Communautés, & le Curateur enſuite aſſigné pour accepter la charge, & faire le ſerment de bien défendre les Habitans : ces ſignifications doivent être faites un jour de Dimanche ou de Fête, lorſqu'ils ſortent de la Meſſe ou de Vêpres. La raiſon pour laquelle l'Ordonnance a établi cette procedure, eſt qu'une Communauté d'Habitans n'eſt, ſuivant la penſée de Bronchorſt, cent. 1, aſſert. 40, qu'un Corps fictif & en idée, qui n'a ni eſprit ni intelligence, & qui ne peut ni conſentir ni délinquer, qui ſe laiſſe entraîner ſans connoiſſance où les factieux ſe portent : c'eſt pour cela qu'Homere compare un peuple à la mer, elle eſt tranquille d'elle-même, & n'eſt jamais agitée que par la conſpiration des vents : d'ailleurs, ſi lorſqu'une populace ſe révolte on decretoit contre tous les Habitans, l'exécution en ſeroit impoſſible, ou en tout cas préjudiciable aux interêts du Roi ; il faudroit aller prendre au corps tous les Habitans d'une Ville, & cette entrepriſe ne ſe pourroit pas tenter ſans déſoler & ruiner toute une Ville. Cela a été décidé par un Arrêt du Grand Conſeil du 14 Mars 1673, rapporté dans le ſecond Tome du Journal du Palais.

ARTICLE III.

LE Syndic, Député ou Curateur, *ſubira les interrogatoires* & la confrontation des témoins, & ſera employé dans toutes les procedures en la même qualité, & non dans le diſpoſitif du Jugement, qui sera rendu seulement contre les Communautés, Corps & Compagnies.

☞ Voir l'article 23 du titre 14, & le sixiéme du titre 18 de la présente Ordonnance.]

Subira les interrogatoires.] C'est une régle générale, qu'en matieres criminelles, les accusés doivent répondre par leur bouche sans assistance de Procureur ni de conseil; & bien qu'ils soient mineurs, ils ne sont assistés ni de pere, tuteur, ni curateur. Elle est fondée sur le Droit Romain, par lequel aux Jugemens publics nul n'étoit reçu à répondre par Procureur; *L. accusator* 13, *ff. de publ. jud.* 1, *servum quoque*, *ff. de procur.* & sur l'Ordonnance de Villiers-Cotterets, de l'an 1539, art. 162. Mais par une exception particuliere, lorsque le crime regarde le Corps & Communauté, le Syndic qu'elle a nommé, ou à son défaut le Curateur ou Avocat pris d'office par le Juge, est non-seulement reçu à répondre pour elle, mais encore la procedure s'instruit avec lui: *Masuer. tit. de prob. & ut not. in L. fin. C. de re milit. ubi dicitur*, que *universitas si fuerit alicujus criminis accusata, potest audiri per suum Syndicum*; & c'est la commune opinion de tous les Docteurs, *quam refert & sequitur. Archidiac. in c. in criminalibus, in princip.* 5, *qu.* 3. *Socin. reg.* 322, *in* 4 *limit. Cepoll. concil. crimin.* 49, *num.* 6. *Menoch. de arbitr. judic. caus. lib.* 1, *quæst.* 8, *num.* 68.

La raison est, parce que *videntur personaliter omnes municipes respondere, cùm respondent hi quibus Respublica commissa est. L. Municipes, ff. ad Municip. & L. littera eorum*, §. *si Decuriones, ff. quod cujuscumque universit.* Et il n'est pas nécessaire que les Habitans qui sont accusés soient nommés dans le Syndicat, d'autant que le Syndic n'est pas en leur nom, mais au nom de la Communauté. *Bald. in L.* 2, *ff. de accusator. Gandin. tract. de malefic. tit. de homicid. num.* 17. Mais il y a plusieurs Docteurs qui ont douté si le Syndic peut accuser au nom de la Communauté, & la plus saine opinion est qu'il le peut: *de quo vide latè Joan. And. Rub. in repetit. L. accusatorem*, §. *ad crimen, ff. de publ. Jud. & Gand. tract. de malefic. tit. qui accusar. poss. num.* 13.

Quelles condamnations peuvent être ordonnées.

ARTICLE IV.

LES condamnations *ne peuvent être que de réparation civile*, dommages & interêts envers la Partie, d'amende envers Nous, *privation de leurs priviléges*, & de quelque autre punition qui marque publiquement la peine qu'elles auront encourue par leur crime.

Ne pourront être que de réparation civile.] La peine corporelle est convertie à l'égard des Communautés en peine pécuniaire, *eleganter Seneca* 11, *de ira, cap.* 10. *Quisque sequitur priores malè iter ingressos, quidni habeant excusationem cùm publicâ vià erraverint? In singulos severitas Imperatoris distinguitur: at necessaria venia est, ubi totus deseruit exercitus. Quid tollit iram sapientis? turba peccantium. Intelligit quàm sit iniquum & periculosum irasci publico vitio.* C'est pour cela que la peine du Talion n'avoit pas lieu à leur égard; & la raison est, *ne pœna corporalis ultra suos authores*

authores se extendat. Et en cela l'Ordonnance est conforme au Droit civil, *ut not. C. de Decurionibus, L. quinque sommates, L. fin. C. de Navicular. L. municipali, ff. quod cujuscumque universitatis, & L. damni in fin. de damn. inf.* Ce qui est confirmé par l'opinion de nos Docteurs; & entr'autres de *Jacob. de Bellovisu, lib. 2 Pract. crimin. cap. 6, num. 5, & lib. 3, cap. 28, num. 5; Battand. causar. crimin. reg.* 102, *num. 5;* & de *Jul. Clar. lib. 5 recept. sentent. §. fin. quæst. 16, num. 9;* & cette condamnation pécuniaire se regle sur toute la Communauté au sol la livre, *Batt. ibidem.* Outre laquelle réparation civile, lorsque le cas le mérite, elles sont punies en abbatant les murailles des Villes, les Forteresses, les lieux communs, en y changeant l'état & le gouvernement, les privant de leurs prérogatives, prééminences & priviléges, comme les Romains firent aux Campaniens, & Severe à ceux de Bizance & de Laodicée, pour avoir suivi le parti de Niger, comme remarque Ayrault, liv. 4, art. 1, nomb. 11, & *Batt. & Jul. Clar.* aux lieux préallegués.

Il est arrivé pourtant qu'un Particulier fut puni pour une Université, comme il se voit par l'Arrêt rapporté par Pasquier, du 4 Décembre 1561, par lequel le Parlement, pour faire faire amende honorable à la Sorbonne, qui avoit enduré durant les premiers troubles qu'un Bachelier de son Ecole eût proposé à disputer, s'il étoit en la puissance du Pape d'excommunier le Roi de France, de mettre son Royaume en proie, & d'affranchir ses Sujets du serment qu'ils lui doivent, ordonna que le Bedeau habillé d'une Chape rouge, déclareroit en présence des principaux de cette Faculté, que cette proposition avoit été témérairement soutenue, & qu'on ne disputeroit pas de quatre ans en Théologie au Collége d'Harcourt, où cette question avoit été agitée.

☞ *Privations de leurs priviléges.*] On accorde ici à tous Juges, même subalternes, le pouvoir de révoquer ce qui étoit émané de la toute-puissance du Prince; car l'article parle de la privation des Priviléges.]

ARTICLE V.

OUTRE les poursuites qui se feront contre les Communautés, voulons que le procès soit fait *aux principaux auteurs du crime, & à leurs complices;* mais s'ils sont condamnés en quelque peine pécuniaire, ils ne pourront être tenus de celles ausquelles les Communautés auront été condamnées.

Aux principaux auteurs du crime.] Dans le commencement de la procedure, on décerne decret de prise de corps ou d'ajournement personnel contre divers Particuliers habitans de la Communauté, parce qu'on ne peut pas bien sçavoir si l'excès a été commis par la Communauté en corps, ou par quelques Particuliers: mais après qu'on a découvert par les preuves ceux qui sont les principaux auteurs ou complices des excès qui ont été commis, la poursuite qu'on a commencée contre la Communauté, n'empêche pas qu'on ne punisse les auteurs & complices d'une peine corporelle ou pécuniaire, proportionnée à l'excès qu'ils ont commis: *duces & factionis capita, seu antesignanos. Plato, lib. 12 de Legib. Si pars aliqua civitatis deliquit, auctores summo supplicio adfici jussit.* Et nous lisons dans le livre des *Juges*, ch. 8, vers. 14 *& seq.* que Gedeon punit les principaux du Bourg de Succoth, pour avoir refusé le passage. Théodose fut excommunié, de ce que pouvant châtier ceux qui étoient les auteurs, il avoit exposé les

Thessaloniciens à la fureur des Soldats qui en avoient massacré plus de sept mille.

L'ancienne discipline de la guerre est *ut decimatio sortitione fiat, ut multitudini ignoscatur.* De quoi Ciceron rend la raison *in orat. pro Cluentio : Statuerunt, inquit, ita Majores nostri, ut si à multis esset flagitium rei militaris admissum, sortitione in quosdam animadverteretur, ut metus videlicet ad omnes, pœna ad paucos pertineret.* Voyez Battand. *dicta Reg.* 102, *num.* 3 ; *& Julius Clarus, ad quæst.* 16, *num.* 6, qui rapporte l'exemple de quelques Villes qui s'étant rebellées, furent non-seulement punies & châtiées en corps de Communauté, & en la personne de ceux qui avoient l'autorité politique ; mais encore en celle des Particuliers qui avoient réellement commis le délit. Et à l'égard de la condamnation pécuniaire, il est bien juste, comme il est dit à la fin de cet article (qu'ils ne soient pas tenus de celles ausquelles les Communautés auront été condamnées) parce qu'autrement il s'ensuivroit que pour un seul & même crime une même personne pourroit être condamnée deux fois ; la premiere, comme particuliers, c'est-à-dire en leur propre & privé nom ; & la seconde, comme membres de la Communauté qui a délinqué : & ainsi ils payeroient double peine, ce qui seroit contraire à la disposition du Droit, par laquelle *nemo ob idem admissum bis puniri debet. L. Senatus* 14, *ff. de accus. L. Divus* 7, §. 1 *de jure patr. pot. L. sed unius* 17, §. *si ante, ff. de injur. L. interdum* 56, §. 1, *ff. de furt. L. quid ergo* 13, §. *pœna, ff. de his qui not. infam. L. pen.* §. *ult. ff. naut. caup. & stabul.*

Et à leurs complices.] Il faut faire différence entre ceux, de la main ou du ministere desquels les Communautés se sont servi pour commettre le crime : ceux qui étant personnes publiques, l'ont fait par la nécessité de leur Charge, *ut Ministri civitatis*, doivent être plus légerement punis que les autres qui ont été employés à cet usage par les Communautés, *qui locarunt operas suas* ; parce que les uns l'ont fait volontairement & sans contrainte, & les autres par obéissance, & que *jussus aut excusat, aut lenit pœnam, mandatum nequaquam. Farin. quæst.* 42, *num.* 127.

TITRE XXII.

DE LA MANIERE DE FAIRE LE PROCÈS au cadavre ou à la mémoire d'un défunt.

Cas dans lesquels on peut faire ce procès.

ARTICLE PREMIER.

LE procès ne pourra être fait *au cadavre ou à la mémoire d'un défunt*, si ce n'est pour crime de leze-Majesté divine ou humaine, dans les cas où il échet de faire le procès au défunt, duel, *homicide de soi-même*, ou rébellion à Justice avec force ouverte, dans la rencontre de laquelle il aura été tué.

Au cadavre ou à la mémoire d'un défunt.] Les Romains n'ont point connu cette sorte de procès; ils n'ont jamais accusé ni puni un corps mort, & ils eussent estimé ces accusations & ces exécutions être faites à des os, à des cendres ou à des ombres. Ils croyoient même que c'étoit une chose ridicule & inhumaine, de citer & appeller en Jugement ce qui ne peut à la vérité comparoir ni se défendre, & qui ne connoît d'autre Jugement que celui de Dieu, comme Ayrault a remarqué dans le livre 4 de son Instruction Judiciaire, nomb. 2 & 9, où il allegue plusieurs raisons pour faire voir qu'il est injuste de faire le procès aux morts. D'ailleurs, il est certain que par le Droit, en la Loi *defuncto*, *ff. de publ. jud.* & en la Loi 1 & suivantes, *C. si reus*, *vel accusator*, la mort efface & éteint le crime; & les Loix laissent reposer les morts dans le tombeau, parce qu'ils ne peuvent plus mourir dès qu'ils ont payé le tribut à la nature, & elles ne réservent que la confiscation.

Néanmoins les cas qui sont exprimés dans cet article sont si énormes, qu'on a jugé absolument nécessaire pour l'interêt public d'en faire un exemple contre les morts pour les survivans, & pour ceux qui n'ont pas délinqué, afin que la poursuite & l'exécution qu'on fait contre les cadavres & la mémoire des défunts qui ne sont pas capables de sentiment, serve d'exemple à ceux qui en ont encore, en voyant traiter les morts de cette maniere, exercer la rigueur & la sévérité des Loix contre ceux qui semblent en être affranchis, ayant subi celles de la nature : *Malè tractando mortuos*, dit Optatus, *terremus & viventes.* C'est pour cela qu'on ne trouva pas d'autre remede pour arrêter le crime horrible que les Vierges Milesiennes avoient commis sur elles-mêmes, que de les faire prendre & les exposer toutes nues en spectacle, comme Aulu-Gelle rapporte dans le liv. 15, ch. 10, où il dit : *Post id decretum, virgines voluntariam mortem non petisse, pudore solo deterritas tam inhonesti funeris.* Et par la Loi *ex judiciorum*, *ff. de accus.* la mort n'éteignoit pas l'accusation du crime de leze-Majesté, ni celui de concussion. Ce qui est encore confirmé par *Gomes. cap. 1 delict. num.* 80; & par Ayrault, au lieu préallegué, nomb. 6, où il dit, qu'il ne conseille pas d'exécuter le cadavre, qu'en trois cas : l'un, si procedant à la capture en vertu du decret émané pour crime public, le défunt se fût tellement opposé à l'exécution du decret qu'on l'eût apporté mort, parce qu'il avoit été rebelle : l'autre, s'il s'étoit tué lui-même, pour éviter la punition : & le dernier, si la mort naturelle étoit survenue après le procès instruit, & qu'il fût question de perduellion, de parricide, ou autre cas très-grief & très-énorme. Et dans ce même livre, nomb. 12, il rapporte ce que Philippe de Commines récite des Anglois, qu'on trancha la tête aux corps morts du Duc d'Yorc & du Comte de Warvik, parce qu'ils étoient criminels de leze-Majesté.

Homicide de soi-même.] Il faut entendre cet article d'un homicide volontaire de soi-même, qui se rend par-là coupable d'un double homicide, du corps & de l'ame : *L. liberorum*, §. *non solùm, junctâ gloss. in verbo suspendiosi*, *ff. de his qui notantur infam. C. Judas, de pœnitentiâ, dist.* 3, où il dit, que Judas commit un plus grand peché en s'étranglant soi-même de désespoir, qu'en trahissant Notre-Seigneur. Car s'il se trouve que ceux qui se sont tués ou précipités eux-mêmes, l'ayent fait par furie ou par maladie, *aut tædio vitæ, aut impatientiâ doloris*, alors la Loi ne les punit pas si sévérement, & ne les prive pas même de la sépulture : *Hi enim nesciunt quod agunt, satis furore puniuntur, & culpâ vacant. Can. aliquos. Can. si quis insaniens* 15, *quæst.* 1. *L.* 1, *C. de bon. eorum qui mort. sibi consciv. & L.* 3, §. 4, *ff. de bon. eorum qui sentent. mortem sibi consciv.* Ce qui est confirmé par Bacquet en ſon Traité des Droits de Juſtice, chap. 7, nomb. 18; par *Damhoud. cap.* 88; par Charondas en ſes Pandectes, liv. 4, dans la continuation, chap. 2; par Deſpeiſſes en ſon Traité des Crimes, part. 3. C'eſt pour cela qu'en faiſant la procedure contre le corps mort de celui qui s'eſt méfait, il faut non-ſeulement faire proceder à la vérification du cadavre, s'il eſt extant; mais informer à la requête du Procureur du Roi, ou du Procureur Fiſcal, de la vie & des mœurs du défunt, pour ſçavoir s'il étoit furieux ou malade.

Procedure qui doit être obſervée dans ce procès.

ARTICLE II.

LE Juge *nommera d'office un Curateur* au cadavre du défunt, *s'il eſt encore extant*, ſinon à ſa mémoire; & *ſera préferé le parent du défunt*, s'il s'en offre quelqu'un pour en faire la fonction.

Nommera d'office un Curateur.] Cette ſolemnité de nommer un Curateur au cadavre n'étoit pas connue du tems des Romains; & ſi elle l'eût été, ils n'auroient pas ſans doute omis ce genre de curatelle entre les autres, puiſqu'il y avoit des accuſations qui ſe commençoient & continuoient après la mort. Ils euſſent dit ſans doute, *de curatore mortuo dando*, auſſi-bien que *furioſo*, *mente capto & prodigo.* D'ailleurs, quelle geſtion & adminiſtration y a-t-il à faire à un corps mort, qu'à procurer ſes obſeques? C'eſt ſur ces fondemens qu'Ayrault au lieu préallegué dit, qu'il ne peut pas comprendre pour quelle raiſon on nomme un Curateur au cadavre; mais il la touche en même tems, en diſant que c'eſt pour la validité des procedures qu'on le nomme, & que c'eſt pour cela qu'on le doit plutôt appeller Curateur en cauſe, que Curateur au cadavre; car comme les corps, la mémoire & les biens ſont aux proches parens & héritiers du défunt, & que pour les priver de l'hérédité il les faut ouir, à plus forte raiſon le faut-il pour priver leur parent du droit de ſépulture, & condamner ſa mémoire, pour deux raiſons. La premiere, parce que l'injure qui pourroit être faite au défunt les regarde, & qu'ils ont interêt en ſon abſolution, *ſemper enim hæredis intereſt defuncti purgare exiſtimationem*, comme dit Ulpien, *tit. de injur.* Et la ſeconde, parce qu'ils ont interêt que la ſucceſſion leur demeure. Or le crime de perduellion a cela de propre, que *niſi à ſucceſſoribus purgetur, fiſco vindicatur*, comme il dit en un autre endroit.

C'eſt pour cela que cet article veut (que ſi les parens s'offrent pour défendre le cadavre de leur défunt parent, ou ſa mémoire, ils ſoient préferés.) La raiſon eſt, parce que les Curateurs n'y ſont que pour la formalité & validité de la procedure; au lieu que les parens y ſont pour leur propre interêt, & qu'il y a une notable différence entre conduire l'affaire d'autrui & la ſienne propre. Ce qui eſt confirmé par le Juriſconſulte Marcien, en la Loi derniere, *in fin. ff. de bon. eor. qui ante Sentent. Si parati ſint hæredes cauſam ſuſcipere, innocentem defunctum oſtendere, audiendi ſunt.* Sur le fondement de laquelle Loi, il fut jugé par un Arrêt rapporté par Papon en ſon Recueil, liv. 22, titre 10, Arrêt 2, qu'avant qu'ordonner aucune choſe contre le corps & ſur les biens de celui qui s'eſt précipité, les Juges doivent faire appeller & ouir les héritiers, s'ils ſont dans le lieu, autrement à ſon de trompe; & pourvoir au corps, faute d'iceux, d'un Défenſeur & Procureur qui faſſe ſerment, à peine de nullité des Jugemens, &

de prise à partie contre les Juges, comme donnés *contra indefensum*. Et Bacquet au lieu préallegué, nomb. 16, dit, que le Curateur doit être nommé par l'avis des parens du défunt, si aucuns y a, ou d'office par le Juge.

S'il est encore extant.] Lorsqu'un cadavre a été trouvé, il faut que le Juge se transporte sur le lieu; qu'il informe & fasse procès verbal de l'état auquel le corps a été trouvé; lui applique le scel sur le front, afin qu'on connoisse la Justice qui a prévenu; qu'il le fasse porter à la Géole, voir & visiter par les Chirurgiens, parce qu'on juge bien souvent de la situation du coup, si c'est un guet-à-pens, ou un cas fortuit; & qu'il s'informe de la cause, du lieu & des personnes. Si le corps est trouvé étant sur le bord de deux Jurisdictions, & qu'il y ait contention entre les Officiers, quelques-uns estiment que la connoissance appartient au Juge dans la Jurisdiction duquel est la tête, parce que c'est la principale partie du corps humain. *L. cùm in diversis* 44, *ff. de relig. & sumpt. fun.* D'autres, à celui de la Jurisdiction duquel les pieds sont situés; parce que les pieds touchant toujours à terre, il est censé qu'il a été tué dans la Jurisdiction où les pieds sont situés: mais un homme blessé à mort & prêt à expirer, se tourmente si fort, que l'inquiétude, l'agitation & le combat de la mort lui font souvent changer de situation; & par conséquent l'on ne sçauroit asseoir de jugement certain sur celle en laquelle ses pieds ou sa tête se trouvent: *Hominis qui ferro occiditur, tumultuatur exitus, & similis est repugnanti. Quintil. declam.* 2. Si bien que lorsque cette contention arrive, il est plus à propos de vuider cette question en faveur du Juge qui a prévenu le premier. Voyez ce que nous avons remarqué sur l'art. 11 du titre de la compétence des Juges touchant la prévention.

☞ *Et sera préferé le parent du défunt.*] La même raison d'interêt qui donne ici la préférence au parent du défunt pour la fonction de Curateur au cadavre, le fait admettre par le titre 27 de cette même Ordonnance à purger la mémoire du défunt.]

ARTICLE III.

LE Curateur sçaura lire & écrire, fera le serment, & le procès sera instruit contre lui en la forme ordinaire: sera néanmoins debout seulement, & non sur la sellette lors du dernier interrogatoire: son nom sera compris dans toute la procedure; mais *la condamnation sera rendue contre le cadavre*, ou la mémoire seulement.

☞ Voir titre 14, art. 23, titre 18, art. 5, tit. 21, art. 3, de cette même Ordonnance.]

La condamnation sera rendue contre le cadavre.] La procedure s'instruit à l'exemple de celles qu'on fait avec les Curateurs donnés aux sourds & muets, ou pour mieux dire, comme on l'eût fait avec le défunt: on entend, on récolle les témoins, puis on les confronte au cadavre, présent son Curateur: mais quoique son nom soit dans les procedures, il n'est pas pourtant dans le dispositif de la condamnation, d'autant qu'on ne condamne pas le Curateur ni la mémoire, parce que bien qu'ils soient en qualité dans le procès, ils ne sont pas proprement dans le libelle; mais c'est le défunt qu'on condamne, tout ainsi qu'il eût été condamné de son vivant; & le Jugement se conçoit en terme de préterit & tems passé: Que le défunt est mort coupable de tel & tel cas, pour la réparation duquel est ordonné telle & telle chose. La forme de prononcer contre les corps morts & la mémoire des défunts, est à plein exprimée dans le chapitre 7 de Bacquet en son Traité des Droits de Justice, nomb. 16 & 17; & dans Ayrault au lieu préallegué, nomb. 23, où il remarque que cette façon de prononcer est précisement cottée par Scevola, en la Loi *filio* 31, au §. *Seïa*, *ff. de adim. & transfer. leg.* où il n'est pas dit, que Seïa décedée pendant le procès, fut absoute de l'homicide dont elle avoit été prévenue de son vivant, mais qu'il fut prononcé en ces termes, *Patrem Titii scelere Seïæ interreptum non videri.*

Article IV.

Le Curateur *pourra interjetter appel* de la Sentence rendue contre le cadavre ou la mémoire du défunt : il pourra même y être obligé par quelqu'un des parens, lequel en ce cas sera tenu d'avancer les frais.

Pourra interjetter appel.] Comme le condamné à mort ne peut pas renoncer à la faculté qu'il a de se rendre appellant de la Sentence de condamnation, ni empêcher qu'on en appelle pour lui, ainsi qu'il est expressément décidé en la Loi 2, *ff. de pœn.* & en la Loi 6, *ff. de appel.* en ces termes : *Non tantùm ei qui ad supplicium ducitur, provocare permittitur, verùm aliis quoque nomine ejus, non tantùm si ille mandaverit, verùm quisque alius provocare voluerit.* Aussi cet article (donne fort justement le droit au Curateur pourvû à la défense du cadavre ou de la mémoire d'un défunt, d'interjetter appel ; & aux proches parens qui ont interêt de conserver sa mémoire & ses biens, de pouvoir les soumettre & les y contraindre, en offrant de fournir & avancer les frais qu'il conviendra faire.)

Il faut aussi observer qu'en la Chambre de l'Edit de Languedoc, il se présenta cette difficulté, sur un appel interjetté d'une Sentence donnée contre le Curateur pourvû à des cadavres, par laquelle il avoit été ordonné qu'ils seroient pendus par les pieds, avec confiscation de tous leurs biens, pour s'être les défunts entretués en duel, si l'appel devoit être jugé comme un procès de suite. Quelques-uns de Messieurs les opinans étoient d'avis qu'il ne devoit pas l'être, d'autant que les procès de suite ne sont que contre les prévenus condamnés en une peine afflictive, qui sont vivans & en état d'être ouis sur la sellette. Néanmoins il passa qu'il falloit juger l'appel de cette Sentence comme un procès de suite, & la Chambre pourvut de nouveau de Curateurs à ces corps morts, de la personne de deux Procureurs en icelle. Cela a été ainsi jugé par deux Arrêts, l'un du 8 Juillet 1645, & l'autre du 4 Juillet 1647.

Article V.

Nos Cours pourront *élire un autre Curateur* que celui qui aura été nommé par les Juges dont est appel.

Elire un autre Curateur.] Le Curateur élû en la cause d'appel, doit être oui en la Chambre du Conseil, & reçu à défendre verbalement le défunt, & à proposer des objets contre les témoins ouis aux informations.

TITRE XXIII.

DE L'ABROGATION DES APPOINTEMENS & Forclusions en matiere criminelle.

Abrogation des Appointemens en matiere criminelle.

ARTICLE PREMIER.

ABROGEONS les Appointemens à ouir droit, produire, bailler *défenses par attenuation*, causes & moyens de nullité, réponses, fournir moyens d'obreption, & d'en informer, *donner conclusions civiles*, & tous autres appointemens.

Défenses par attenuation.] Les moyens d'attenuation se bailloient pour contredire trois choses. Premierement, la personne des témoins que l'on a maintenus lors de la confrontation récusables pour le fait qui a été spécifié, lequel fait l'accusé pouvoit reprendre & expliquer dans ses moyens d'attenuation pour infirmer leur témoignage. En second lieu, contredire la déposition des témoins, en faisant voir qu'ils se contredisoient manifestement dans leurs dépositions, & qu'il n'y avoit ni possibilité ni convenance dans les faits qu'ils ont avancés. En troisiéme lieu, à amoindrir le crime, ou à diminuer la rigueur de la peine.

Donner conclusions civiles.] Il y a cette différence entre les affaires civiles & les criminelles, qu'aux affaires civiles la Sentence doit être conforme à ce qu'on a demandé, & aux conclusions qu'on a prises dans le libelle, en telle sorte qu'elle ne doit statuer que sur ce qui a été demandé, suivant la Loi *ut fundus*, *ff. comm. divid.* Mais à l'égard des affaires criminelles, les Juges ne sont pas obligés de suivre les conclusions qui sont prises par la Partie; en sorte qu'ils sont dans la liberté, *sive fiat conclusio in Libello accusatorio, sive non, ut eam sequantur, vel negligant, vel aliter quam petitum sit pronuntient. Bart. in L. quid ergo, §. pœna gravior, ff. de iis qui not. infam. & Bald. in L. etsi sceverior, C. eod. tit.* D'où vient que les Interprétes du Droit tiennent, que dans les Instances criminelles, la conclusion n'est pas nécessaire, & que *sufficit facti narratio, de quo vide latè Boër.* 1 part. décis. 42, nomb. 23 & 24, où il rend cette raison, que *conclusio in criminali non est in accusatoris potestate, sed dispositione juris.* D'ailleurs, en fait de crimes, le Juge ne doit pas considerer ce à quoi la Partie conclut, mais ce que la Loi ordonne selon la qualité du délit: *Lex enim Judici concludit, non accusatori.*

Abrogation des Conclusions civiles, défenses, griefs, forclusions & autres choses, soit à l'Audience ou au Greffe.

Article II.

Abrogeons aussi l'usage de fournir des conclusions civiles, défenses, avertissemens, inventaires, contredits, causes & moyens de nullité, d'appel, griefs & réponses, commandement, *ou forclusion de produire ou contredire*, pris à l'Audience ou au Greffe.

Ou forclusion de produire ou contredire.] Cet article regarde la formalité qu'on avoit accoutumé d'observer pour mettre le procès en état d'être jugé, faute par les Parties de produire ou contredire. Plusieurs Docteurs ont été de ce sentiment, que l'accusateur ni l'accusé ne devoient pas être forclos de produire & d'alleguer en tout état de cause ce qui pouvoit servir à la conviction ou à l'absolution, & particulierement l'accusé, pour ne pas le priver des moyens qu'il pouvoit avoir pour se justifier, *etiam post conclusionem causæ*, suivant la Loi *unius* 18, §. *cogniturum*, *ff. de quæst.* qui enseigne, *postulanti reo defensionem quoquo tempore dandam* : & c'est ce que les Docteurs entendent quand ils disent, *judici in causâ nunquam concludi.* Anciennement *conclusio fiebat*, après que les Orateurs ayant allegué toutes leurs preuves, disoient, *Dixi* : alors le Préteur prononçoit, *dixerunt*, & assembloit les Juges, *dimittebat Judices ad Sententiam dicendam*, comme remarque *Ascon.* II & III *Verr.* Mais aujourd'hui *conclusio fit, cùm uterque litigator, accusator & reus allegationibus suis renuntiant, nihilque quod adjiciant habere se dicunt. Nov.* 115, *cap.* 2. *Vide Imb.* 3, *Inst. for.* 19. *Clarus*, §. *fin. quæst.* 61 *in fin. Zas. in L. Judices, num.* 23, *C. de judic. Gomes.* 3, *Resol.* 13, *num.* 33.

Des Ecritures qui doivent être baillées en matieres criminelles.

Article III.

Pourront néanmoins les Parties *présenter leurs Requêtes, & y attacher les piéces* que bon leur semblera, dont sera baillé copie à l'accusé ; autrement la Requête & piéces seront rejettées : Et pourra l'accusé y répondre par Requête, qui sera aussi signifiée & baillé copie, comme aussi des piéces qui y seront attachées ; sans néanmoins qu'à faute d'en bailler par l'accusé ou par la Partie, le jugement du procès puisse être retardé. *Ce qui aura pareillement lieu en cause d'appel*, qui sera jugé sur ce qui aura été produit devant les Juges des lieux.

Présenter leurs Requêtes, & y attacher les piéces.] Ce titre regarde le stile qui doit être observé en matieres criminelles pour ce qui concerne le réglement de la cause : Et comme l'expérience a fait voir que les procès criminels *ad instar civilium redigebantur*, & que tous ces appointemens & défenses qu'on avoit accou-

tumé

tumé d'observer, ne faisoient qu'envelopper & embarrasser les affaires, les traîner en longueur, & engager les Parties en de plus grands frais : c'est pour cela que cette Ordonnance considerant qu'il falloit particulierement s'attacher à l'instruction du fait, & que toutes ces formalités étoient inutiles, & imitant en cela le soin & la pieté des Empereurs qui ont fait de belles Constitutions pour abreger les Procès criminels, jusqu'à limiter & prescrire le tems qu'ils devoient durer, comme il se peut voir dans le titre du Code, *ut intrà certum tempus criminalis quæstio terminetur*, a abrogé toutes ces formalités qu'on avoit accoutumé de pratiquer autrefois, & a voulu que pour toutes écritures (on ne baillât respectivement qu'une Requête qui contînt les raisons des Supplians, avec les piéces y attachées) pour appuyer les fins & conclusions prises en icelle, *ne longiore lite divexetur is qui crimen sive verè sive falsò dicitur admisisse* ; ce qui est d'un si grand soulagement aux particuliers, & d'une si grande utilité au public, que les Juges doivent exactement tenir la main à l'observation de cette Ordonnance, afin qu'on ne dise pas de ceux qui s'attachent à toutes ces vaines formalités, ce que Tacite dit des Mathématiciens, *hoc genus hominum in civitate nostrâ & semper damnabitur & semper retinebitur.*

☞ *Ce qui aura pareillement lieu en cause d'appel.*] C'est-à-dire, qu'en cause d'appel on pourra donner des Requêtes, y attacher des piéces, signifier le tout à la Partie civile ou à l'accusé ; car ces mots, qui sera jugé sur ce qui a été produit, n'excluent pas de produire des Requêtes & piéces en cause d'appel.]

TITRE XXIV.

DES CONCLUSIONS DEFINITIVES de nos Procureurs, ou de ceux des Justices Seigneuriales.

De la communication du procès aux Procureurs du Roi & à ceux des Seigneurs, pour conclure en définitive.

ARTICLE PREMIER.

APRE'S que le récollement & la confrontation auront été parachevés, nos Procureurs ou ceux des Seigneurs *prendront communication du procès*, pour *y donner leurs conclusions* définitives : ce qu'ils seront tenus de faire incessamment.

Prendront communication du procès.] Cet article est conforme à l'Ordonnance de François I. de l'an 1539, art. 157, conçu en ces termes : *Les confrontations faites & parfaites, sera incontinent mis le procès entre les mains de notre Procureur, qui le visitera bien & diligemment, pour voir quelles conclusions il doit prendre, soit définitives ou peremptoires, & les bailler promptement par écrit.* Et la raison est, parce qu'en matiere de crime, les Procureurs du Roi ou ceux des Seigneurs sont les principales parties du procès. Même par ladite Ordonnance de François I, art. 147, (après les interrogatoires, il falloit leur communiquer le procès;) mais par l'Ordonnance de Charles IX. aux Etats d'Orleans, de l'an 1560, art. 64, & de Henri III. 1585, les Juges furent dispensés de l'obligation dans laquelle ils étoient de leur communiquer les procès pendant l'instruction, si ce n'est qu'il fût question de l'élargissement des prisonniers; parce qu'il est à présumer que les Juges qui instruisent les procès, ne manqueront pas de garder religieusement l'ordre prescrit par les Loix & par les Ordonnances, sans user de tant de réquisitions, de communications & de diverses conclusions. Il est vrai qu'il faut qu'ils en ayent communication avant qu'il soit donné aucune Sentence de réglement de contraires d'absolution, ou de condamnation pour l'interêt public.

Donner leurs conclusions.] Lorsque les conclusions sont à la décharge de l'accusé, le Procureur du Roi commence ainsi: *Je n'empêche pour le Roi, &c.* Et si elles tendent à ce que l'accusé soit condamné: *Je requiers pour le Roi, &c.*

Qu'il leur est défendu d'assister à la visite & au jugement des Procès, & de conclure de vive voix, sauf au Châtelet.

Article II.

Leur défendons *d'assister à la visite & au jugement des Procès*, ou d'y donner *leurs conclusions de vive voix*, dont nous abrogeons l'usage. N'entendons néanmoins rien innover à ce qui s'observe dans notre Châtelet de Paris.

D'assister à la visite & au jugement des Procès.] Par l'Ordonnance de Louis XII. de l'an 1498, art. 115, & à Blois en 1507, art. 174; de François I. 1535, chap. 13, art. 44, il est porté entr'autres choses: *Que le procès criminel étant parfait & en état de jugement, il devoit être mis en déliberation par le Juge, avec le conseil de son Siége, en présence des Avocats & Procureurs du Roi.* Et il est encore porté par ledit article 44, *que si les Avocats & Procureurs du Roi voyent qu'il ne fût pas bien jugé, ils en pourroient appeller en proferant la Sentence, & non pas devant, & dire qu'ils ne consentoient point aux opinions & jugemens.* Mais cet article n'a pas été pratiqué pour ce regard, & les Avocats & Procureurs du Roi ne doivent pas assister au jugement des procès criminels, parce qu'ils seroient Juges & Parties; mais prendre seulement leurs conclusions, comme il a été jugé par divers Arrêts rapportés par Guenois sur Imbert, liv. 3 de ses Instit. For. chap. 15, lettre B. L'Ordonnance pourtant n'exclut que le Procureur du Roi.

Il faut encore remarquer que les Procureurs du Roi ou ceux des Seigneurs, ne peuvent pas aussi assister à l'instruction du procès criminel de l'accusé, comme aux récollemens, confrontations & autres procedures, à cause qu'ils sont Parties pour l'interêt public: Papon en ses Arrêts, liv. 24, tit. 5, Arrêt 1; & Fontanon en ses additions au Commentaire de Bourdin sur l'art. 157 de ladite Ordonnance de 1539; & que par l'Arrêt suivant, rapporté par Papon au même titre, il fut jugé que le procès criminel parfait, le Procureur du Roi étoit tenu de conclure dans trois jours.

Leurs conclusions de vive voix.] Les Procureurs du Roi peuvent assister à la lecture des piéces, & bailler leurs conclusions sur le champ de vive voix, pourvû qu'après ils les baillent par écrit.

De la forme en laquelle ils doivent bailler leurs conclusions.

ARTICLE III.

LES conclusions seront données par écrit, & *cachetées, & ne contiendront les raisons sur lesquelles elles seront fondées.*

Cachetées.] Cet article ne doit être entendu que des conclusions définitives, afin qu'elles soient secrettes, & qu'on ne les sçache que lors du jugement du procès avant l'ouverture des opinions. Cela se pratiquoit ainsi autrefois à l'égard des confrontations des témoins, qui étoient scellées & paraphées par les Juges. C'est pour cela que Ciceron, suivant cet usage, recommandoit à son frere qu'il ne se fiât à personne de son cachet: *Sit annulus tuus non vas aliquod, sed tanquam ipse tu; non minister alienæ voluntatis, sed testis tuæ.* Néanmoins M. le Président Lizet en sa Pratique criminelle, liv. 2, y apporte cette distinction, que si les conclusions ne tendent qu'à une amende pécuniaire, elles doivent être communiquées à la Partie accusée, pour y répondre par atténuation & diminution dans trois jours; & que si elles vont à une peine corporelle, ou amende honorable envers la Justice, il n'y doit point avoir de communication.

Par l'article 13 de l'Edit du Roi de l'an 1673, servant de Réglement des épices & vacations, & autres frais de Justice, il est porté: *Que les Avocats & Procureurs du Roi aux Bailliages, Sénéchaussées, Siéges Présidiaux, & autres Siéges inférieurs, les Avocats & Procureurs Fiscaux des Seigneurs, & les Promoteurs des Officialités, ne pourront prendre aucuns droits ni vacations pour leur rapport à l'Audience, des enquêtes, informations & conclusions par eux verbalement données.* Et par l'article 15, *qu'il ne sera pris aucuns droits pour l'enregistrement des conclusions.* Et par l'article 12 il est dit: *Qu'aucunes épices ne seront taxées aux Substituts des Procureurs Généraux, sur les requêtes de l'une des Parties, sans ouir l'autre, défauts, congés, & autres affaires pour lesquelles il est défendu aux Juges de prendre des épices.*

Et ne contiendront les raisons, &c.] Sa Majesté ayant été informée que le Procureur Général au Parlement de Guyenne exposoit dans ses conclusions les raisons sur lesquelles il les fondoit, a par son Arrêt du Conseil d'en-haut, du 10 Août 1679, donné à Saint Germain-en-Laye, *fait défenses audit Procureur Général & à ses Substituts, d'énoncer dans les conclusions qu'ils donneront, les raisons sur lesquelles elles seront fondées.*

TITRE XXV.

DES SENTENCES, JUGEMENS, ET ARRESTS.

De l'expédition des Procès criminels.

ARTICLE PREMIER.

ENJOIGNONS à tous Juges, même à nos Cours, de travailler à l'expédition des affaires criminelles *par préférence à toutes autres.*

Par préférence à toutes autres.] Cet article est conforme aux Ordonnances de Louis XII. 1498, art. 131; de François I. à Villiers-Cotterets en Août 1539; de Charles IX. aux Etats d'Orleans, art. 64; & d'Henri III. aux Etats de Blois, art. 144; par lesquelles *il est enjoint à tous Juges de vaquer & proceder diligemment à la confection des procès criminels, préalablement & avant toutes choses, sur peine de suspension ou privation de leurs Offices où ils feront le contraire, dont elles chargent l'honneur & la conscience des Cours.* Et la raison est, parce qu'il est de l'interêt public que les crimes ne demeurent pas impunis; *L. locatio, §. quod illicitè, ff. de vi publica*: les peines ayant été principalement introduites pour l'exemple, à cause que, comme disoit Solon, la peine & la récompense sont les colomnes & les fondemens de la République. D'ailleurs, la condition de ceux qui sont dans les fers & dans les prisons est si déplorable, qu'il est bien juste que l'on expédie préférablement leurs procès, qu'on absolve les innocens, ou qu'on condamne les coupables, plutôt que de les laisser périr misérablement par une trop longue détention.

De l'instruction des Procès criminels.

ARTICLE II.

IL sera procedé à l'instruction & au jugement des Procès criminels, nonobstant toutes appellations, *même comme de Juge incompétent* & récusé: & si les accusés refusent de répondre, sous prétexte d'appellations, le procès leur sera fait comme à des muets volontaires, *jusqu'à Sentence définitive.*

Même comme de Juge incompétent.] Par les Ordonnances de Charles VIII. de l'an 1493, art. 53; Louis XII. 1498, art. 82; François I. de l'an 1519, art. 4 & 5, 1535, chap. 16, art. 13 & 14, & 1540, art. 3; Henri II. 1559; &

d'Henri III. de l'an 1585, (il ne pouvoit être procedé à la confection & instruction des procès, que jusqu'à Sentence définitive exclusivement, nonobstant aussi toutes appellations, si elles n'étoient fondées sur incompétence ou récusation des Juges.) Néanmoins pourvû que les griefs prétendus par les appellans, fussent réparables en définitive, les Supérieurs avoient accoutumé de permettre l'instruction de la procedure, nonobstant les appellations, jusqu'à Sentence définitive, contre les présens exclusivement & contre les défaillans inclusivement; & les Baillifs & Sénéchaux, & autres Juges, ne laissoient pas de passer outre, nonobstant les inhibitions faites en termes généraux, lorsqu'ils n'étoient pas récusés, & que leur compétence n'étoit pas révoquée en doute, & ils ne déferoient qu'aux défenses particulieres qui leur pouvoient être faites, Parties ouies : mais à présent cet usage est si fort autorisé par cette Ordonnance, qu'il n'y a pas de difficulté qu'ils ne puissent passer outre, & proceder à l'instruction & jugement, nonobstant telles appellations. Ce qui a été très-justement ordonné, parce qu'autrement il n'y auroit point d'accusé qui n'interjettât appel comme de Juge incompétent.

Il semble pourtant qu'il doit y avoir quelque différence entre l'appellation de Juge incompétent, & celle de Juge récusé; parce que l'incompétence regarde la Jurisdiction qui ne doit point superséder, & la récusation la personne du Juge; auquel cas l'office du Juge peut bien cesser, s'il est suspect & récusable : mais la Jurisdiction ne cesse pas pourtant, parce qu'un autre de la même Jurisdiction peut travailler.

☞ *Jusqu'à Sentence définitive.* [Même inclusivement.]

ARTICLE III.

LEs procedures faites avec les accusés volontairement, & sans protestation depuis les appellations, *ne pourront leur être opposées* comme fins de non-recevoir.

☞ Voir l'art. 3 du titre premier de cette même Ordonnance.]

Ne pourront leur être opposées.] Il est bien juste que ces procedures, quoique faites volontairement, (ne puissent pas être opposées aux accusés comme fin de non-recevoir,) d'autant qu'étant contraints de répondre par l'Ordonnance & par l'autorité du Juge, ce qu'ils font par obéissance & par le respect qu'ils ont pour la Justice, ne doit pas leur être imputé comme un acquiescement & un consentement qui puisse déroger à leur droit, ni leur faire aucun préjudice : & cela n'empêche pas qu'en la cause d'appel les Juges ne puissent examiner s'il y a incompétence ou juste cause de récusation, & qu'ils n'y doivent avoir le même égard que si la procedure n'eût pas été plus avant instruite. L'Ordonnance ne se propose autre chose que d'avancer l'instruction des procedures, pour abroger les longueurs & les détours que les accusés pourroient chercher, & d'empêcher que les preuves venant à dépérir, les crimes ne demeurent impunis.

Que celui contre lequel la contumace a été jugée, doit être en état.

Article IV.

CEux contre lesquels la contumace aura été instruite & jugée, ne seront reçus à présenter Requête, soit en premiere instance ou en cause d'appel, *qu'ils ne se soient mis en état*; ils pourront néanmoins proposer leurs exoines.

Qu'ils ne se soient mis en état.] Ceux contre lesquels la contumace a été jugée, doivent obéir à la Justice, & se mettre en état pour être reçu à se justifier, soit que l'incompétence soit notoire, ou qu'elle ne le soit pas, afin qu'ils puissent proposer de leur bouche ce qui peut servir à leur justification : car s'ils étoient reçus à les proposer par Procureur & sans se mettre en état, il n'y en a point qui au nom du Procureur ne fît relever les appellations, ou ne proposât des accusations, pour éloigner par ce moyen la preuve du crime, & differer la peine qu'il auroit justement méritée.

Cas dans lesquels on peut instruire le Procès sans information.

Article V.

LEs procès criminels pourront être instruits & jugés, *encore qu'il n'y ait point d'information*, si d'ailleurs il y a preuve suffisante par les interrogatoires, & par piéces autentiques ou reconnues par l'accusé, & par les autres présomptions & circonstances du procès.

Encore qu'il n'y ait point d'information.] Les informations ne font que rendre notoire le crime & convaincre l'accusé ; ainsi elles sont inutiles, lorsque d'ailleurs le crime est établi & vérifié par les piéces du procès, & par les autres preuves écrites : *notoria enim non indigent probatione.* C'est pour cette même raison que le Juge peut sans information valablement juger d'un crime commis en sa présence, parce qu'il ne se peut qu'il n'en ait toutes les lumieres nécessaires pour l'avoir vû commettre : ce qu'il faut entendre pourtant des crimes légers, *quæ non irrogant pœnam sanguinis*, à l'égard desquels le simple procès verbal suffit pour établir une condamnation pécuniaire ou autre légere satisfaction : car à l'égard de ceux qui méritent une punition plus rigoureuse, c'est une maxime constante, que l'accusé ne doit pas être condamné, s'il n'est convaincu par sa confession, ou par la déposition des témoins, suivant le texte de la Loi *qui sententiâ, C. de pœn.*

Cela est si vrai, que quand le Juge auroit vû commettre le crime, s'il n'y a point d'autre preuve que sa science, il ne peut condamner l'accusé ; d'autant que bien que les Loix donnent beaucoup de pouvoir & d'autorité aux Juges, elles veulent pourtant qu'ils jugent *secundùm acta & probata* ; que si le crime avoit été commis en présence du Juge séant en son Tribunal, ou faisant quelque acte de Justice, en ce cas il peut juger sans autre preuve : *Glos. in cap. Deus omnipotens*, §. *quando autem* 2, *quæst.* 1. Il y a quelques Docteurs qui ont été encore de ce sentiment, que les Cours & autres Juges en dernier ressort peuvent juger *secundùm conscientiam ultra probata ;* & entr'autres, *Guid. Pap. quæst.* 23. Mais cette opinion n'est pas soutenable ; car quoique le Prince leur ait communiqué une partie de son autorité souveraine, il ne leur a pas donné celle de déroger aux Loix qui ordonnent aux Juges *publicis documentis, allegatis & probatis fidem adhibere.* C'est pour ce sujet que Saint Ambroise sur le Pseaume 118, dit une chose fort utile aux Juges : *Judex nihil ex arbitrio suo facit, sed juxta leges & jura pronuntiat ; satis enim juri obtemperat qui non indulget propriæ voluntati, nihil paratum & meditatum domo adfert, sed sicut audit ita judicat.*

Des Sentences qui doivent être exécutées nonobstant l'appel.

ARTICLE VI.

LES *Sentences des premiers Juges*, qui ne contiendront *que des condamnations pécuniaires*, seront *exécutées par maniere de provision*, & nonobstant l'appel en donnant caution ; si outre les dépens dans les Justices des Seigneurs, elles n'excedent la somme de quarante livres envers la Partie, & de vingt livres envers le Seigneur ; dans les Jurisdictions Royales qui ne ressortissent nuement au Parlement, si elles n'excedent cinquante livres envers la Partie, & vingt-cinq livres envers Nous ; & dans les Bailliages & Sénéchaussées où il y a Présidial, Siéges des Duchés & Pairies, & autres ressortissans nuement en nos Cours de Parlement, cent livres envers la Partie, & cinquante livres envers Nous : & se chargeront les Receveurs de nos amendes des sommes qui nous seront adjugées par forme de consignation, sans frais ni droits, & seront tenus de les employer en recette après les deux années de la condamnation, s'ils ne justifient les avoir restituées en vertu d'Arrêts de nos Cours.

¶ *Les Sentences des premiers Juges.*] Par Arrêt rendu en l'Audience de la Tournelle criminelle le 12 Avril 1709, sur les conclusions de M. l'Avocat Général Guillaume-François Joly de Fleury, il a été jugé qu'en matiere criminelle une Sentence définitive ne peut être exécutée nonobstant l'appel.

Cet Arrêt qui est rapporté au Journal des Audiences, a été rendu en forme de Réglement, avec défenses aux Officiers du Bailliage & Siége Présidial d'Orleans d'ordonner en matiere criminelle que leurs Sentences seront exécutées par provision.]

Que des condamnations pécuniaires.] Si la Sentence porte quelque réparation ou interdiction, outre la condamnation pécuniaire, en ce cas l'appel est suspensif, eu égard à la plus grande peine dont l'autre n'est qu'accessoire.

Exécutées par maniere de provision.] Cet article regle les Sentences qui ne contiennent que des condamnations pécuniaires, qui s'exécutent nonobstant l'appel dans les Jurisdictions Royales & Seigneuriales, & en celles qui ressortissent ou ne ressortissent pas nuement au Parlement, & regle jusqu'à quelles sommes on peut exécuter, selon la diversité de ces Jurisdictions. Il est conforme, en ce qui eſt de l'exécution par proviſion, aux Ordonnances de Louis XII. de l'an 1510, art. 82, d'Henri II. à Paris en Juin 1554, art. 12, & de Charles IX. à S. Maur en Novembre 1566. Il eſt vrai que leſdites Ordonnances y ajoutent : *Sans que leſdites Sentences dont il y a appel, puiſſent porter aucune note ou marque d'infamie pendant l'appel :* car s'il y en avoit, il eſt ſans doute qu'on ne pourroit pas paſſer outre, comme l'explique l'article ſuivant.

Quelle amende porte note d'infamie.

ARTICLE VII.

L'AMENDE *payée par proviſion* en la maniere ci-deſſus, *ne portera aucune note d'infamie*, ſi elle n'eſt confirmée par Arrêt.

Payée par proviſion.] Lorſqu'il y a une condamnation d'amende envers un Seigneur, s'il a affermé ſes droits ſeigneuriaux, compris les amendes & confiſcations, & que pendant le cours de la procedure il ait changé de Fermier, l'amende qui a été adjugée appartient au nouveau Fermier, quoique le délit ait été commis & la procedure commencée du tems du précédent Fermier. La raiſon eſt, d'autant qu'en fait de peine arbitraire, le Juge a égard au tems auquel la Sentence a été donnée ; au lieu qu'en celles qui ſont preſcrites par la Loi, on conſidere le tems auquel le délit a été commis, ſuivant la doctrine de Bartole, *in L.* 1, §. 1, *num.* 3, *de pœn.* & de G. *P.* 531, ſuivant la Loi *qui explicandi, C. de accuſ.* & la Loi *Invit.* 6, *ff. qui not. infam.* Voyez ce que nous avons remarqué ſur l'article 4 du titre 27 de cette Ordonnance.

Ne portera aucune note d'infamie.] Comme le Droit Romain fait différence *inter pœnam & mulctam, L. aliud fraus eſt* 131, *& L. ſi quâ pœnâ* 244, *de verb. ſignif.* auſſi le Droit François fait différence entre la peine & l'amende ; la peine qui eſt un mot général, comprend auſſi l'amende, & la peine eſt autant du corps & de la réputation qu'on appelle *exiſtimationem*, qu'elle eſt pécuniaire ; au lieu que l'amende & mulcte eſt ſeulement pécuniaire. Or il eſt certain que la condamnation pécuniaire ne rend point infame celui qui eſt condamné, *d. Lege Aliud fraus eſt* 131, §. 1, *ff. de verb. ſignif. & L.* 1, *C. de modo mulct.* ſi ce n'eſt que le délit emporte infamie, comme de larcin, des biens ravis par force, & d'injures, *L. infamem* 7, *de publ. jud.* parce qu'on regarde la cauſe de la condamnation, *ſi cauſa damnationis infamiam irrogat, L. in ſervorum* 10, *§. ult. ff. de pœn. L.* 4, *§. ad tempus, ff. de re milit. & L.* 22, *ff. de his qui notant. infam. ictus fuſtium infamiam non importat, ſed cauſa propter quam id pati meruit, ſi ea fuit quæ infamiam damnato irrogat.* C'eſt pourquoi le Juriſconſulte dit en la Loi 63, *ff. de furt. Non poterit Præſes Provinciæ efficere, ut furti damnatum non ſequatur infamia.*

Il eſt vrai que le Juge uſe quelquefois de tels termes dans ſa Sentence, qu'elle n'emporte pas note d'infamie, comme quand il ne fait pas mention du cas, ou qu'il n'ordonne point aucune peine infamante, ſuivant la Loi *interlocutio Præſidis* 19, *C. ex quibus cauſ. infam. irrog.* mais s'il adjuge une peine infamante, comme d'amende honorable ou autre, ou s'il uſe de termes emportant note d'infamie, le condamné ſera rendu infame, *L. fuſtibus* 16, *C. eod.* & il n'y a que les Cours qui puiſſent remettre & décharger les condamnés de l'infamie, parce que *vice ſacrâ judicant*, & que le Roi par ſa puiſſance ſouveraine & indépendante peut

legum

legum duriciam pro suâ clementiâ molire & temperare. Voyez les autorités qui sont rapportées par Despeisses en sa Pratique criminelle, part. 1, tit. 12, sect. 3, art. 4, nomb. 5.

Contre quelles Sentences on peut obtenir Arrêts de défenses ou surséances.

ARTICLE VIII.

DÉFENDONS à nos Cours de donner aucunes défenses ou surséances d'exécuter les Sentences qui n'excéderont les sommes ci-dessus: Déclarons nulles celles qui pourroient être données. Voulons, sans qu'il soit besoin d'en demander main-levée, que les Sentences soient exécutées par provision, & que les Parties qui auront demandé des défenses ou surséances, & les Procureurs qui auront signé les Requêtes, ou fait quelques autres poursuites, soient condamnés chacun en cent livres d'amende, qui ne pourra être remise ni moderée.

Quels procès criminels ne pourront être jugés de relevée.

ARTICLE IX.

AUCUN procès ne pourra être jugé de relevée, si nos Procureurs ou ceux des Seigneurs *y ont pris des conclusions à mort*, ou s'il y échet une peine de mort naturelle ou civile, de galeres, ou de bannissement à tems. N'entendons néanmoins rien innover à cet égard à l'usage observé par nos Cours.

Y ont pris des conclusions à mort.] La raison est sans doute, parce qu'on a le matin l'esprit libre & le corps moins chargé de vin & de viande, & qu'on est par-là plus propre à déliberer sur la condamnation ou punition des criminels, qui requiert une déliberation & application d'autant plus grande, qu'il s'agit d'un crime capital, & que les conclusions vont à la mort, à laquelle les Juges doivent bien penser avant que de s'y déterminer, parce qu'il n'y a plus de remede, & qu'ils ne peuvent plus corriger leur Sentence. *Cunctator esse debet, qui judicat de salute: alia sententia potest corrigi, de vita transactum non patitur immutari. Cassiodor. lib.* 7. Et Juvenal en sa Satyre 6.

Nulla unquam de morte hominis cunctatio longa est.

C'est pour cela que Néron étant pressé par Burrus son Préfet, de souscrire ceux qu'il vouloit faire punir, après avoir differé plusieurs fois, il prit enfin le papier comme par force, & s'écria, *Vellem nescire litteras*: ce qui fit écrire à Séneque ces deux beaux livres de la Clémence, estimant que ces paroles étoient dignes d'être sçues par toute la terre. *Senec. lib.* 2 *de Clement. cap.* 1. Et Ælian, *lib.* 4 *var. histor.* rapporte que Ptolomée sçut bon gré à Berenice sa femme, de lui avoir donné ce sage conseil, de ne permettre pas qu'on lui lût pendant qu'il jouoit, les préventions & condamnations des criminels; parce que lorsqu'il étoit question de la vie, on y devoit mûrement penser, & que depuis ce tems-là il ne souffrit pas qu'on lui parlât de telles affaires pendant qu'il se divertissoit au jeu. C'est pour cette même raison aussi, qu'anciennement les Juges de Sparte employoient plusieurs jours à juger les criminels. Plutarque, au Traité des Dits notables des Lacédémoniens.

Quel nombre de Juges est requis aux procès qui se jugent à la charge de l'appel.

ARTICLE X.

AUX procès qui seront jugés *à la charge de l'appel par les Juges Royaux*, ou ceux des Seigneurs, esquels il y aura des conclusions à peine afflictive, assisteront au moins trois Juges qui seront Officiers, si tant il y en a dans le Siége, ou Gradués; & se transporteront au lieu où s'exerce la Justice, si l'accusé est prisonnier, & seront présens au dernier interrogatoire.

A la charge de l'appel par les Juges Royaux.] Les procès qui sont jugés à la charge de l'appel, sont ceux esquels le Procureur du Roi est obligé d'interjetter appel, quand même la Partie civile n'en réclameroit pas. Les cas en sont énoncés dans l'article 6 du titre suivant; & la raison pour laquelle en ceux-ci, & en ceux qui se jugent devant les Seigneurs, il ne faut pas un si grand nombre de Juges qu'il en faut dans l'article suivant, n'est pas seulement parce que les Juges & Gradués ne sont pas en si grand nombre dans ces Jurisdictions; mais c'est encore parce que leurs Jugemens devant être soumis à celui de leurs Supérieurs, ils peuvent aussi être réparés & rectifiés; au lieu que dans les procès qui se jugent en dernier ressort, il n'y a plus de remede, & l'exécution suit de près le Jugement.

Du nombre des Juges aux Jugemens en dernier ressort.

ARTICLE XI.

LES Jugemens en dernier ressort *se donneront par sept Juges au moins*; & si ce nombre ne se rencontre dans le Siége, ou si quelques-uns des Officiers sont absens, récusés, ou s'abstiennent pour cause jugée légitime par le Siége, il sera pris des Gradués.

Se donneront par sept Juges au moins.] Cet article est conforme à l'Ordonnance de Charles VIII. de l'an 1490, conçue en ces termes : *In Judicio criminalium causarum, tàm deffinitivo, quàm interlocutorio, quod in deffinitivam, bono modo reparari non potest, sicut in quæstionum extraordinariarum & captionis corporum appuncta mentis, in nostri Parlamenti Curia septem ex ipsis Consiliaris deinceps intersint; quantùm ad adjornamenta personalia, visis informationibus, quinque sufficiant.* Il est vrai que depuis il y a eu des Ordonnances qui requeroient un moindre & un plus grand nombre de Juges. Celle de François I. 1540, art. 10, *requeroit dix ou douze Juges pour pouvoir exécuter nonobstant l'appel les Sentences données contre les vagabonds fustigés, bannis & essorillés.* Celles de Louis XII. 1498, art. 94, &

1507. & de François I. 1535, ch. 13, art. 56, *n'en requeroient que quatre ou six;* mais l'usage conforme à la nouvelle Ordonnance, a réduit le nombre à sept Juges, ce qui se pratique contre les vagabonds & gens sans aveu; & il faut non-seulement aux Jugemens en dernier ressort, qu'on y appelle sept Juges, mais qu'en leur présence le criminel soit oui & répété sur les charges & informations, ensemble sur les confessions, variations ou dénégations : & la raison pour laquelle on requiert plus grand nombre de Juges, est touchée par Ciceron, *de Aruspicum responsis : ad facinoris disquisitionem interest adesse quàm plurimos.*

S'il faut que les voix soient égales pour incliner à l'opinion la plus douce.

ARTICLE XII.

LES Jugemens, soit définitifs *ou d'instruction*, *passeront à l'avis le plus doux*, si le plus sévere *ne prévaut d'une voix* dans les procès qui se jugeront à la charge de l'appel, & de deux dans ceux qui se jugeront en dernier ressort.

Ou d'instruction.] Lorsqu'il y a égalité de voix des Juges, les uns pour le réglement des contraires, & les autres pour le récollement & confrontation des témoins, l'opinion de l'appointement des contraires prévaut à celle de la confrontation, parce qu'elle est plus douce que l'autre, en ce qu'au premier cas le prévenu fait son enquête aussi-bien que le demandeur en excès; & qu'au second, il ne se peut défendre qu'en proposant des reproches contre les témoins qui lui sont confrontés; & s'il n'a point de reproches, & qu'il n'en puisse pas justifier, il ne peut éviter d'être condamné.

Passeront à l'avis le plus doux.] Par les Ordonnances de François I. de l'an 1535, chap. 1, art. 86, & d'Henri II. de l'an 1549. *Si en matiere civile les Juges se trouvent partagés en opinions, les Jugemens ne sont censés conclus & arrêtés, s'ils ne passent de deux voix, mais ils demeurent partis; & pour juger ce partage, il faut pareillement qu'il passe de deux voix.* Le Parlement de Toulouse observoit la même chose en matiere criminelle; mais conformément aux Lettres Patentes du mois de Février 1566, & à l'avis reçu du Privé Conseil, du 13 Mars audit an, il a suivi l'usage des autres Parlemens de France, portant qu'en matiere criminelle il n'y a pas partage, *sed æquis sententiis mitior vincit;* & qu'on incline à l'avis le moins rigoureux, quoique les voix ne soient pas égales, & que le criminel en ait une de plus contre lui. La Rocheflavin y est exprès, liv. 9, chap. 35, art. 7; Maynard, liv. 4, chap. 80; Duranti, *quæst.* 63; & Ciceron, *in Orat. pro Cluentio, & Epist. 8, lib. 8, ad Familiares. Lex jubet absolvi qui pares sententias tulerint.*

C'est ce que les Anciens entendent quand ils disent, que *pro eo Minervæ calculus interesse dicebatur*, lorsqu'on tenoit pour absous celui dont les voix étoient égales entre l'absolution & la condamnation, *ut constat ex Euripide, in Electra & Iphigenia:* ce que confirme aussi Plut. *in Catone & in Mario.* Or le calcul & mereau de Minerve n'étoit autre chose que la miséricorde & l'humanité publique, suivant le témoignage de Quintilien, déclamat. 254. *Lex, inquit, jubet eos absolvi, qui pares sententias tulerint. Imputabitis istud publicæ misericordiæ, imputabitis humanitati. Non ego arguo legem, sed dico esse communem.* Ce qui est conforme à la

Loi *inter pares.* 38, *ff. de re jud. Inter pares numero Judices, si dissonæ sententiæ proferantur, in liberalibus quidem causis pro libertate statum obtinet;* & à la Loi *si pars Judicantium* 10, *de inoff. testam.* Voyez l'Edit de Louis XII. de l'an 1499; l'Ordonnance de 1539, articles 125, 126 & 161; M. Bourdin sur l'Ordonnance de Blois, art. 126. C'est pour cela que l'Ordonnance veut, *que dans les procès qui se jugent en dernier ressort, le Jugement ne passe pas par l'avis le plus severe, s'il ne prévaut de deux voix.* Aussi la Cour du Parlement de Paris, sur l'Edit de 1549 pour la Jurisdiction des Maréchaux, ordonna *qu'au Jugement il seroit passé outre de deux opinions; autrement que le procès seroit parti.* Ragueau en son Indice, *in verbo* Partage.

La pratique du Parlement de Paris est, que s'il court plusieurs opinions, on les réduit à deux cathégoriques, ausquelles tous les autres opinans sont astraints de se ranger, à commencer par ceux qui sont moins en nombre, qui doivent être les premiers à revenir; mais si le Rapporteur est du plus petit nombre, il prend le premier parti entre ces deux opinions. Et Thuneau, au chapitre des Jugemens, rapporte qu'un Prevôt des Maréchaux, nommé Genil, pour avoir fait juger un partage en matiere criminelle, les Juges étant partis, les uns pour avoir opiné à la mort, & les autres à la torture, & le Jugement exécuté contre l'accusé, fut privé par Arrêt du Grand Conseil de sa Charge, & condamné avec les Gradués opinans en de grandes amendes, dépens, dommages & interêts. Il faut aussi remarquer, que lorsqu'il y a multiplicité d'opinions, il faut, suivant les Ordonnances, que les opinans se réduisent à deux avis. Folc. assure que c'est l'ordre d'opiner du Sénat de Milan, & qu'en France les Parlemens en usent de la sorte; mais ce qui a été dit, que l'égalité des voix en matiere criminelle ne fait point de partage, n'a pas lieu aux Chambres mi-parties; car en ce cas il y a partage, lorsque les opinions sont égales, qui doit être départi en une Chambre de l'Edit, suivant l'art. 104 des Ordonnances du feu Roi d'heureuse mémoire.

Ne prévaut d'une voix.] Par Arrêt du Conseil d'en-haut, du 30 Juin 1679, Sa Majesté ayant été informée que dans plusieurs Cours & Siéges, on prétendoit que lorsque les parens aux degrés portés par l'Edit du mois de Juillet 1669, portant Réglement général pour les Officiers du Royaume, étoient titulaires, & qu'ils opinoient, que leur voix devoit être comptée; & que Sa Majesté n'avoit entendu restraindre les suffrages des parens à une seule voix, lorsqu'ils se trouvent uniformes, qu'à l'égard des Honoraires & Vétérans. Il a été ordonné par ledit Arrêt, *que dans les Compagnies supérieures & inférieures, les avis des Officiers titulaires, honoraires, ou vétérans qui se trouvent parens ou alliés aux degrés ci-après, sçavoir de pere à fils, de frere, d'oncle & néveu, de beau-pere & gendre, & de beau-frere, ne seront comptés que pour un quand ils se trouveront conformes; voulant que ce Réglement ait lieu, tant à l'égard des Officiers qui étoient reçus avant ladite Déclaration de 1669, que de ceux qui ont contracté des alliances depuis, ou qui ont été reçus en vertu des Lettres de dispense de parenté, qui leur ont été accordées par Sa Majesté.*

☞ Cette régle, qui n'est observée parmi nous qu'en matiere criminelle, avoit aussi lieu en matiere civile, par la disposition de Droit, du moins en certaines matieres: nous en trouvons des vestiges dans la Loi 10, au Dig. *de inoff. testam. Si pars judicantium de inofficioso testamento, contra testamentum pars secundum id Sententiam dederit, quod interdum fieri solet, humanius erit sequi ejus partis Sententiam quæ secundum testamentum spectavit.*]

De l'ordre des peines, & quelles sont les plus ou les moins rigoureuses.

ARTICLE XIII.

A*Près la peine de la mort naturelle, la plus rigoureuse* est celle de *la question à la réserve des preuves* en leur entier, *des galeres perpétuelles, du bannissement perpétuel, de la question sans réserve des preuves, des galeres à tems*, du fouet, de l'amende honorable, & du bannissement.

Après la peine de la mort naturelle.] Une des franchises de la Nation Françoise, étoit qu'il n'y avoit que le crime de leze-Majesté & celui qui interessoit le Public, qui fût puni du dernier supplice. Tous les autres crimes étoient remis moyennant une certaine amende envers le Roi & une certaine somme envers la Partie offensée, eu égard au crime qui avoit été commis, qui étoit taxé plus ou moins selon la taxe contenue dans les Capitulaires. Celle de l'homicide étoit de quatorze livres, sçavoir trois livres pour l'amende appellée *Bannum dominicum*, & onze livres pour la réparation nommée *Virgilius* ou *Leudis*. Il ne faut pas considerer ces sommes par la valeur au tems présent, mais par rapport au prix des choses dans les sept ou huit premiers siécles de cette Monarchie, auquel tems l'argent étoit si rare & les choses à si bas prix, que cinquante livres d'argent étoient jugées suffisantes de fournir le peuple dans l'étendue du Royaume; & ceux qui n'avoient pas de quoi payer l'amende, devoient servir d'Esclaves jusqu'à ce qu'ils l'eussent payée. *Capitul. Carol. Magn. lib. 3, tit. 65.*

Il faut encore observer que dans le Journal du Palais, du 15 Décembre 1672, les Auteurs ont inseré cette question, si l'Ordonnance ne prononçant point de peine ordinaire contre un crime, comme le Sacrilége, l'Inceste, Bigamie & autres, le Juge peut de son autorité condamner l'accusé à la mort? qui est une question qui avoit été traitée en conversation dans une visite qu'un Officier du Roi étoit allé rendre à feu Monseigneur le Prince. Les Auteurs du Journal ne se déterminent pas sur cette question, quoiqu'elle y soit traitée avec beaucoup d'éloquence & d'érudition de part & d'autre; mais il y est rapporté un Arrêt de Paris à la Tournelle, du 22 Janvier 1658, au rapport de M. Doujat, par lequel il fut jugé qu'un Bigame n'étoit pas punissable de mort, parce qu'il n'y a point d'Ordonnance ni de Loi civile qui ait imposé cette peine à la Bigamie.

La plus rigoureuse.] Les peines sont arbitraires en France; & comme elles dépendent de la prudence des Juges, c'est à eux de peser le mérite de l'accusation, la qualité des Parties & les autres circonstances, & regler sur cela la condamnation. Il est vrai que selon la Loi, *facti quidem quæstio est in potestate judicantium, juris autem auctoritas non est*, comme dit Papinien, *in L. 15, ff. ad municip.* ce qui est confirmé par un autre Jurisconsulte, *in L. 1, §. quorum, ff. ad Senatusc. Turpil.* & Ciceron disoit à ce propos, *lex est, pœna est, quid hoc ad eum qui jus dicit? in pœnis ferendis nullæ sunt partes Judicis.* Si est-ce pourtant que selon notre usage, il est au pouvoir des Juges d'arbitrer les peines, & de les moderer & adoucir, plutôt que de les accroître, autant que la justice & la sévérité des Loix le leur peut permettre. La raison est, parce que les crimes ne sont pas moins différens par les circonstances qu'au genre, & qu'il y auroit de l'injustice d'y établir une peine égale.

Comme les Loix & les Ordonnances ne peuvent pas en prévoir toutes les particularités ni les différences, elles n'en peuvent pas aussi rendre le châtiment uniforme sans offenser les régles de l'équité; & il est plus à propos qu'elles en laissent la liberté aux Juges, qu'un Ancien appelloit des Loix animées. Il est vrai qu'il y a des crimes pour lesquels il n'est pas permis de se relâcher de la rigueur des peines prescrites par les Ordonnances. Tel est le crime des Duels & de la fausse Monnoie, & autres semblables, ausquels on ne peut pas commuer ni adoucir la peine. Il ne faut pas non plus que les Juges se fassent un spectacle de plaisir de l'exécution de ceux qu'ils ont condamnés. La Roche, dans le Traité des Droits Seigneuriaux, chap. 13, des Fourches patibulaires, art. 2, remarque, que la raison pour laquelle l'échafaut & pilori à exécuter à mort, qui étoit à la Place du Salin à Toulouse, fut abbatu & transferé en la Place S. Georges, ne fut pas pour y faire venir & y bâtir une fontaine, mais afin que les Officiers du Parlement entrans ou sortans du Palais, ne fussent pas les spectateurs de l'exécution de ceux qu'ils avoient envoyés au supplice.

La question à la réserve des preuves.] Cet article regle quel est l'ordre des peines, ou celles qui sont plus ou moins séveres, suivant le rang dans lequel elles sont rangées dans l'article, à commencer par celle qui est la plus rigoureuse, & allant ainsi en diminuant, afin que les Juges puissent dispenser les peines proportionnées aux crimes qui ont été commis; mais ils ne peuvent pas les changer, ni en inventer d'autres que celles qui sont reçues par l'usage, suivant la disposition de la Loi *aut damnum*, *ff. de pœn.* & suivant cette Loi, le Parlement de Paris infirma une Sentence du Prevôt de Paris, qui avoit condamné un Anglois à être noyé. Papon, liv. 24, tit. 10, Arrêt 2. Le Juge ne peut pas aussi prononcer la peine de mort, si l'Ordonnance ou la Loi civile ne l'ont pas imposée aux crimes dont il s'agit. *Arbitror*, dit un de ceux qui ont fait des Notes sur Julius Clarus, *quod his temporibus quibus Principes volunt esse judices, nemo judex reperiatur ita fatuus qui audeat inconsulto Principe reum suo arbitrio ad mortem condemnare.* Suivant cette Jurisprudence, il fut jugé à la Tournelle du Parlement de Paris, par Arrêt du 22 Janvier 1658, au rapport de M. Doujat, qu'un bigame n'étoit point punissable de mort: l'Auteur du Journal du Palais, tom. 2, pag. 19.

Bien que les peines soient arbitraires en France, si est-ce que les Juges doivent accommoder leurs Jugemens à la disposition des Ordonnances. *Nam, ut ait Symmachus, lib. 1, Epist. 49, Magistratuum corruptæ videntur esse sententiæ si sint legibus mitiores.* Et le Jurisconsulte le déclare amplement *in Lege respiciendum 11, ff. de pœn.* dans laquelle il est dit, que le Juge ne doit pas affecter la gloire de la sévérité ou de la clémence, *sed perpenso judicio prout quæque res expostulat, statuere. Planè in levioribus causis proniores ad lenitatem judices esse debent, in gravioribus severitatem legum cum aliquo temperamento benignitatis subsequi.* C'est pour cela que les Romains portoient devant les Préteurs des faisceaux de verges ou de baguettes liées ensemble, avec des haches qui y étoient attachées, d'autant qu'entre les vices & les fautes des hommes il y en a qui sont guérissables, & d'autres incurables: les verges sont pour corriger ceux qui se peuvent amender, & les haches pour retrancher ceux qui sont incorrigibles. *Horat. Sat. 1, lib. 3.*

—— adsit
Regula peccatis, quæ pœnas irroget æquas.

Saint Gregoire au 7 des Morales, dit que Notre-Seigneur ressuscita la fille de l'Archi-Synagogue, morte en sa maison, en présence de peu de personnes, *Marc. cap. 5*; le fils unique hors la porte; & le Lazare devant beaucoup de monde; *quia publica noxa publico eget remedio, levis leviori, & secretâ potest deleri pænitentiâ.* La peine sert encore d'exemple, & elle est semblable à la foudre, qui ne tombant qu'à la ruine d'un seul, épouvante d'horreur tout le reste du monde. Or la raison pour laquelle la condamnation à la question à la réserve des preuves, est plus sévere que la condamnation aux galeres à tems, est d'autant qu'elle est *indicium mortis*, & que si le prévenu appliqué à la question confesse le crime dont il est accusé, il mérite d'être condamné à la mort, au lieu que par la condamnation aux galeres la vie lui est assurée. Mayn. livre 4, chap. 82, & le Prêtre en ses Arrêts, nomb. 40. Ainsi jugé par Arrêt du Parlement de Paris, du mois de Décembre 1609.

☞ Il est aisé de concevoir que la question avec réserve des preuves en leur entier, est une peine plus rigoureuse que les galeres à tems; mais il n'est pas aussi sensible que la question sans réserve des preuves, soit plus rigoureuse que la peine des galeres à tems. Cependant elle est, dans l'ordre des peines, employée dans cet article avant les galeres à tems, & cela sans doute parce que le criminel appliqué à la question même sans réserve de preuves, peut avouer le crime, & par-là donner lieu à la peine de mort.]

Des galeres perpétuelles.] On compare la peine des galeres perpétuelles à celle de laquelle usoient les Romains, lorsqu'ils condamnoient les criminels *in metallum*. Néanmoins, selon M. Cujas, elle approche plus de la condamnation qui se pratiquoit anciennement, *ad opus publicum*, d'autant que la condamnation aux galeres se peût ordonner pour un certain tems, de six ou de dix ans, & cela ne se pouvoit faire par la condamnation *in metallum, aut ad opus metalli, nisi per imperitiam judicantis*, comme dit la Loi *sine præfinito* 23, *ff. de pœn. junctâ gl.* 16, auquel cas la liberté demeuroit à ceux qui n'étoient condamnés que pour certain tems; *L. capitalium* 28, §. *Divus*; *L. aut damnum* 8, §. *inter eos*, *ff. de pœn.* Mais ceux qui étoient condamnés *ad opus publicum etiam perpetuum, amittebant duntaxat civitatem, non autem libertatem*; *L. sunt quidam, ff. de pœn.* On n'y condamne guéres que les hommes de basse & moyenne condition.

Quelques-uns ont estimé que cette peine avoit été connue des Romains, & entr'autres Cujas, *ad tit.* 25, *lib.* 5 *sentent. Pauli ex Valerio, lib.* 9, *cap.* 15. *Suida, & Josepho Judaicæ Historiæ, lib.* 17. Mais ce que Valere écrit, *de eo, qui se Octaviæ Augusti sororis utero genitum fingebat, & qui Imperio Augusti remo publicæ triremis est*, ne convient pas à la peine des galeres qui se pratique en France, qui est de tirer à la rame; mais à celle qu'Auguste fit souffrir à cet Imposteur, en le faisant attacher à la rame de la galere publique, qui signifie qu'il y fut pendu. On peut mieux alleguer ce que récite Plutarque, *in Lysandro de Philocle, qui Atheniensibus persuaserat, ut hostium quotquot in acie caperentur, dexteræ manus pollicem præciderent, ut cùm hastam gestare non valerent, possent tamen remos agere.* Mais la plus saine opinion est, comme l'a remarqué Anne Robert, *lib.* 4 *rerum judicat. cap.* 16, que cette peine n'étoit pas usitée parmi les Romains, puisque dans tout le Droit civil il n'est fait nulle mention de la condamnation aux galeres: il y a apparence que cela procede de ce que les Romains avoient quantité d'esclaves qu'ils y employoient, ou des captifs & prisonniers de guerre. Il faut encore observer que les seuls Juges Royaux peuvent condamner aux galeres, & que ce n'est pas aux Juges des Seigneurs, d'autant que c'est pour servir le Roi, & que l'exécution de la peine se fait hors le territoire des Seigneurs, & en lieu où leur Jurisdiction cesse; & que comme c'est par ordre & mandement tacite aux Commites & autres Ministres établis par le Roi dans les galeres, il ne semble pas qu'ils soient obligés d'exécuter ce qu'un Officier d'un Seigneur ordonne. Cela a été ainsi jugé par Arrêt du Parlement de Paris du 20 Juillet 1641, recueilli par Henrys, tome 1, liv. 2, chap. 4, question 31.

[Nonobstant cet Arrêt de 1641, & celui que rapporte l'Auteur du Traité des Matieres criminelles, chap. 29, qu'il date du 25 Janvier 1707, l'usage actuel est au contraire, que les Juges des Seigneurs Hauts-Justiciers peuvent condamner aux galeres: & en effet on en voit tous les jours des exemples par des Arrêts qui confirment purement & simplement des Sentences de Juges de Seigneurs Hauts-Justiciers qui avoient condamné aux galeres; il y en a entr'autres un Arrêt rendu en la Tournelle le 27 Octobre 1734, confirmatif d'une Sentence rendue par le Bailli du Bailliage du Fort aux Dames transferé à Montmartre, par laquelle Jean Mulard le jeune, Cabaretier, avoit été condamné aux galeres.

Cet Arrêt a été imprimé, publié & affiché.]

Les Juges d'Eglise ne peuvent pas non plus condamner aux galeres, comme il a été jugé par un Arrêt du Parlement de Paris, recueilli par Chenu, par lequel, sur un appel comme d'abus interjetté de l'Official de l'Archevêque de Bourges, il fut dit qu'il avoit été mal & abusivement jugé, le Juge condamné en tous les dépens, dommages & interêts, & ordonné qu'il seroit tenu de reprendre à ses périls & fortunes tous les prisonniers qu'il avoit délivrés, sur peine de l'amende; & faute de ce, que son temporel seroit saisi, avec défenses de plus condamner à l'avenir les Prêtres, Clercs & Tonsurés aux galeres; & les Juges Royaux qui avoient assisté à ce Jugement condamnés à comparoir en personne, & jusqu'à ce suspendus de leurs états, avec défenses à tous Juges Royaux de plus assister à donner de tels Jugemens. La raison pour laquelle le Juge d'Eglise ne peut pas condamner à une telle peine, est que *Regum est corporalem insligere pœnam, sacerdotum spiritualem inferre; cap. ad audientiam, de crim. fals. cap. 2 in fin. de Cleric. excomm. Can. nos incompetenter 2, q. 7. vide cap. novimus, de verb. signif.*

☞ Par une Déclaration du 4 Septembre 1677, il y a peine de mort contre ceux qui étant condamnés aux galeres, auront mutilé leurs membres.

LOUIS, par la grace de Dieu, Roi de France & de Navarre: A tous ceux qui ces présentes Lettres verront, Salut. Nous avons été informés que plusieurs criminels condamnés à servir sur nos galeres comme forçats, ont porté leur fureur à tel excès, qu'ils ont mutilé leurs propres membres pour éviter d'être attachés à la chaîne, & se mettre hors d'état de subir la peine dûe à leurs crimes; & d'autant que si ce désordre étoit toleré, ce seroit le moyen facile d'éluder la justice de nos Loix, & établir l'impunité des crimes qui ne sont point sujets à la peine de mort; considerant d'ailleurs que cet excès de fureur blesse également les Loix divines & humaines, Nous avons estimé juste & nécessaire d'établir des peines séveres contre ceux qui tombent dans un pareil aveuglement. A CES CAUSES, & autres bonnes & justes considerations à ce Nous mouvans, de l'avis de notre Conseil, & de notre certaine science, pleine puissance & autorité royale, Nous avons dit, déclaré & ordonné, & par ces Présentes signées de notre main, disons, déclarons & ordonnons, voulons & nous plaît, que les criminels condamnés à servir sur nos galeres comme forçats, lesquels après leurs Jugemens auront mutilé ou fait mutiler leurs membres, soient punis de mort pour réparations de leurs crimes. Si donnons en mandement à nos amés & féaux Conseillers

seillers les Gens tenans notre Cour de Parlement à Paris, que ces Présentes ils ayent à faire registrer, & le contenu en icelles garder & observer, nonobstant tous Edits, Ordonnances, Réglemens & autres usages à ce contraires, ausquels nous avons dérogé & dérogeons pour ce regard : CAR tel est notre plaisir. En témoin de quoi Nous avons fait mettre notre scel à cesdites Présentes. DONNÉ à Fontainebleau le quatriéme jour du mois de Septembre, l'an de grace 1677, & de notre Régne le trente-cinquiéme. *Signé* LOUIS. *Et sur le repli*, Par le Roi, COLBERT. Et scellé du grand Sceau de cire jaune.

Registrées, oui & ce requerant le Procureur Général du Roi, pour être exécutées selon leur forme & teneur, suivant l'Arrêt de ce jour. A Paris en Parlement le 4 Février 1678.

Registrées en la Cour des Aydes, oui le Procureur Général du Roi. A Paris, les Chambres assemblées, le dernier jour de Février 1678.]

Du bannissement perpétuel.] C'est une autre peine de mort civile, parce que celui qui y est condamné, est banni perpétuellement de la cité & du pays où il vivoit auparavant, & jouissoit des droits, priviléges & honneurs d'un vrai citoyen ; & ses biens sont confisqués aux lieux où il y a confiscation, comme s'il étoit exécuté de la mort naturelle. Le bannissement perpétuel se peut rapporter à la déportation, laquelle succeda à Rome à l'interdiction du feu & de l'eau ; *L.* 3, *ff. ad Leg. Jul. pecul.* La différence qu'il y a est, que celui qui étoit condamné à la déportation, devoit par le Droit Romain être déporté en quelque Isle que l'Empereur lui assignoit, ou qu'il mandoit au Magistrat de lui assigner ; *L.* 2, §. 1, *ff. de pœn. L.* 1, §. *his quibus, & seq. ff. de Leg.* 3 ; & tels déportés & bannis étoient appellés *ἀπόλιδες*, *id est*, *Extorres, & sine civitate.* Mais en France, les bannis à perpétuité sont bannis du Royaume : il est vrai que quelquefois le criminel peut être condamné à être confiné perpétuellement en tel lieu du Royaume qu'il plaît au Roi ordonner. Le mot de bannissement est retenu de l'ancienne coutume qu'on observoit en France, qui étoit de publier le banni au lieu de sa condamnation ; & bannir signifie proprement publier, dénoncer, & proclamer à tems. Le Juge Royal peut bannir hors le Royaume, & le Juge du Seigneur ne le peut que hors de sa Jurisdiction. Mornac, *ad L. ult. ff. de Jurisd.* Brod. *lit. S. num.* 15. La raison pourquoi le Juge du Seigneur, quoiqu'il ne puisse pas condamner aux galeres, peut néanmoins condamner au bannissement, est d'autant que cette peine ne consiste pas tant à contraindre le condamné à vaguer, qu'à s'absenter ; & qu'elle est plutôt établie en la sortie d'une Province ou d'un territoire, qu'en l'entrée d'une autre ; & en l'interdit du retour, qu'en la condition de vagabond. Le Juge ne se met pas en peine où le banni peut aller ; il se contente qu'il le chasse de sa Terre & le mette hors les limites. Mais les Juges d'Eglise ne peuvent bannir aucun, parce qu'ils n'ont point de territoire ; & quoiqu'établis dans un Diocèse, il ne s'ensuit pas que son étendue soit de leur Jurisdiction. Il est vrai que le Diocèse leur sert de bornes ; mais c'est plutôt pour la personne des Ecclésiastiques qui y demeurent, que pour le territoire.

☞ Par une Déclaration du 31 Mai 1682, il est porté que ceux qui auront été bannis par des Sentences Prevôtales, seront condamnés aux galeres, quand ils seront repris, même faute d'avoir gardé leur ban seulement.

LOUIS, par la grace de Dieu, Roi de France & de Navarre : A tous ceux qui ces présentes Lettres verront, Salut. Nous avons été informés que la plûpart des voleurs & autres gens de mauvaise vie, qui ont été repris de Justice & bannis, n'étant pas intimidés par cette peine, non-seulement retournent dans les pays & lieux d'où ils ont été chassés, mais continuent à vivre dans les mêmes crimes; à quoi ils sont excités par le relâchement des Juges qui n'ont pas exercé à leur égard le châtiment severe qu'ils ont encouru, suivant les anciennes Ordonnances. Et d'autant que Nous ne pouvons prendre trop de soin pour assurer le repos de nos Sujets, & leur donner moyen de vaquer à leur commerce en liberté, Nous avons résolu d'y pourvoir. A CES CAUSES, & autres à ce Nous mouvans, de notre certaine science, pleine puissance & autorité royale, Nous avons par ces Présentes signées de notre main, dit, déclaré & ordonné, disons, déclarons & ordonnons, voulons & Nous plaît, que tous ceux qui ont été bannis par Sentence Prevôtale, ou Jugement Présidial rendu en dernier ressort, & qui seront repris, quand même ce ne seroit que faute d'avoir gardé leur ban seulement, soient condamnés aux galeres, sans qu'il soit en la liberté des Juges de moderer cette peine, mais bien de l'arbitrer à tems ou à perpétuité, selon qu'ils l'estimeront à propos. Et quant à ceux qui auront été bannis par des Arrêts de nos Cours, & qui seront pareillement repris pour n'avoir gardé leur ban, Nous laissons à nosdites Cours & autres nos Juges ayant pouvoir de juger en dernier ressort, la liberté d'ordonner de leur châtiment, eu égard à la qualité des crimes pour lesquels ils auront été bannis, & à la condition des personnes. Voulons au surplus, que les Ordonnances contre les vagabonds & gens sans aveu, soient exécutées selon leur forme & teneur. SI DONNONS EN MANDEMENT à nos amés & féaux Conseillers les Gens tenans notre Cour de Parlement de Paris, que ces Présentes ils ayent à faire registrer, & icelles exécuter selon leur forme & teneur: Car tel est notre plaisir. En témoin de quoi Nous avons fait mettre notre Scel à cesdites Présenres. Donné à Versailles le trente-uniéme jour du mois de Mai, l'an de grace 1682, & de notre Régne le quarantiéme. *Signé* LOUIS. *Et sur le repli*, Par le Roi, COLBERT.

Et le Parlement a ordonné par un Arrêt de Réglement du 12 Mars 1685, que cette Déclaration seroit lûe aux condamnés au bannissement, lorsqu'on leur prononceroit les Sentences de bannissement.

Vû par la Cour le procès criminel fait par le Juge de Chevreuse, à la requête du Procureur Fiscal de ladite Justice, demandeur & accusateur, contre Claude Cornu, défendeur & accusé, prisonnier ès prisons de la Conciergerie du Palais. Sentence rendue par ledit Juge le 6 Juin 1684 par laquelle ledit Cornu auroit été condamné à servir le Roi en ses galeres pendant cinq ans. Arrêt du 22 dudit mois, donné sur l'appel interjetté par ledit Cornu de ladite Sentence, par lequel la Cour auroit mis l'appellation & Sentence au néant; émendant, ledit Cornu banni pour neuf ans du ressort du Parlement; à lui enjoint de garder son ban, aux peines portées par la Déclaration du Roi. Ordonnance portant élargissement dudit Cornu des prisons de la Conciergerie du Palais, du 26 Juillet audit an. Procès verbal d'emprisonnement dudit Cornu, trouvé à Saint-Clair près Chartres, & l'écroue dudit Cornu esdites prisons de la Conciergerie, du dix-huit Février dernier. Arrêt du vingt-sept dudit mois, portant que ledit Cornu seroit interrogé pardevant Maître René de Maupeou, Conseiller en la Cour, sur la contravention par lui faite audit Arrêt du vingt deux Juin 1684. Interrogatoire subi en conséquence par ledit Cornu, le premier du présent mois de Mars, pardevant le Conseiller commis. Conclusions du Procureur Général du Roi. Oui & interrogé en ladite Cour ledit Cornu sur les faits à lui imposés: Tout considéré. Dit a été, que ladite Cour, pour avoir par ledit Cornu contrevenu à l'Arrêt du vingt-deux Juin 1684, & suivant icelui n'avoir gardé son ban, l'a condamné & condamne à être mené & conduit aux galeres du Roi, pour en icelles être détenu & servir ledit Seigneur Roi comme Forçat le tems & espace de trois ans. Enjoint à tous Juges du ressort du Parlement, lorsqu'ils prononceront des Sentences de bannissement qui seront par eux rendues en dernier ressort, & autres ausquelles les accusés auront acquiescé, ensemble les Arrêts de la Cour qui contiendront la même peine, dont l'exécution leur sera renvoyée, de faire lecture aux accusés de la Déclaration du Roi du trente-un Maî 1682, faite contre ceux qui ne garderont pas leur ban; ce qui sera observé par les Greffiers de la Cour lorsqu'ils feront semblables prononciations, à ce qu'aucuns n'en prétendent cause d'ignorance. Et sera le présent Arrêt envoyé dans tous les Siéges & Bailliages dudit ressort du Parlement, à la diligence du Procureur Général du Roi. FAIT en Parlement le 12 Mars 1685. *Signé* DE LA BAUNE.]

De la question sans réserve des preuves.] Après la question exécutée, si le criminel n'a rien confessé, la plus commune opinion est, que les indices, quelque urgens, véhémens & indubitables qu'ils puissent être, sont purgés, parce qu'en vain les Juges inférieurs auroient ordonné & exécuté la question, puisqu'elle ne se doit bailler que pour indices, si les indices n'étoient purgés. *Albericus, ad L. Edictum, ff. de quæst. & ad Rubr. Cod. eod. Jul. Clar. in praxi, §. fin. quæst.* 64. *Farinac. quæst.* 40. L'Ordonnance de l'an 1539 veut, s'il y a Partie civile, *que les Parties soient ouies en Jugement, pour prendre conclusions l'une à l'encontre de l'autre, & être reglées en procès ordinaire, si les Juges y voyent la matiere disposée.* Mais souvent les Juges, sans autrement ouir les Parties en Jugement, les reçoivent, par la Sentence qu'ils donnent après la question, en procès ordinaire; & cependant élargissent l'accusé, quelquefois en baillant caution, quelquefois à sa caution juratoire.

Il arrive pourtant par fois que les Juges, & principalement les Cours, condamnent l'accusé, encore qu'il n'ait rien confessé à la question, en quelque peine, même corporelle, non pas telle qu'il eût méritée, s'il eût été pleinement convaincu; car souvent les Cours en ordonnant la question, réservent les indices & preuves; & en ce cas, *mitior pœna reo infligitur, quam ea quæ justis probationibus irrogaretur. Innocent. in cap. Noster, de præsumpt. glos. & Panormitan. in capit. affere eod.* Papon en son quatriéme livre, tit. 5, & *Clarus, lib.* 5 *Sent. §. fin. quæst.* 64. *Non enim justum est subire reum tormentis, si neget, nulla spe veniæ recreatum.* Mais les Juges inférieurs n'ont telle autorité, & suivent l'opinion commune & la plus équitable, qui est que par la torture les indices sont purgés. *Alberic. dict. loc. Boër. decis.* 163. *Didacus, Practic. quæst.* 23. Quelquefois même le Juge absout le criminel après qu'il a souffert la question, & condamne l'accusateur aux dépens, quand il connoît par la conférence des preuves avec les réponses du criminel en la question, qu'il n'y a pas matiere de le condamner, & détenir plus long-tems en procès; & c'est l'opinion de *Gomes. de delict. cap.* 13.

Mais la pratique la plus commune est de recevoir les Parties en procès ordinaire: l'événement est, *que si le Demandeur ne rapporte point de nouvelles charges ou preuves, il sera condamné aux dépens, dommages & interêts du Défendeur, même en réparation extraordinaire, s'il y a de la calomnie*, suivant l'Ordonnance de 1539, article 164; & lorsque le Juge connoît qu'il y avoit grande apparence en l'accusation, il met les Parties hors de Cour & de procès, sans dépens, dommages &

interêts, ſuivant la Loi 3, *C. de calumniator.* ce qui eſt d'autant plus juſte à l'égard de l'accuſateur, qu'il s'eſt plaint ſans calomnie, & que la queſtion ne s'ordonne pas à ſa requête, mais ſur les concluſions du Procureur du Roi ou Fiſcal, ou de l'office du Juge. Monſieur Bourdin ſur ledit article 164 de l'Ordonnance de 1539, dit, que ſi par le moyen de la queſtion on ne peut tirer aucune preuve du fait, en ce cas l'accuſé doit être abſous; ou bien s'il y a quelque eſpéce de preuve douteuſe, les Parties doivent être reglées & reçues en procès ordinaire.

Des galeres à tems.] Les galeres à tems, le banniſſement à tems, & le fouet, n'emportent point confiſcation de biens, mais ſeulement note d'infamie; & ſi les bannis à tems, ou condamnés aux galeres à tems, ſont détenus priſonniers, le tems de la priſon leur doit être tenu en compte ſur le tems du banniſſement, ou des galeres, ſuivant la Loi *omnes* 23, & la Loi derniere, *C. de pœn.* ſi ce n'eſt que par l'Arrêt ou Jugement ils ſoient condamnés en quelque peine ou amende pécuniaire, & ordonné qu'icelle payée, ils ſeront bannis ou envoyés aux galeres.

Par qui doivent être ſignés les Jugemens.

ARTICLE XIV.

TOus Jugemens, ſoit qu'ils ſoient rendus à la charge de l'appel, ou en dernier reſſort, *ſeront ſignés par tous les Juges qui y auront aſſiſté*, à peine d'interdiction, des dommages & interêts des Parties, & de cinq cens livres d'amende. N'entendons néanmoins rien innover à l'uſage de nos Cours, dont les Arrêts ſeront ſignés par le Rapporteur & le Préſident.

Seront ſignés par tous les Juges qui y auront aſſiſté.] Les Romains avoient encore accoutumé d'exprimer dans leurs Jugemens la cauſe de la condamnation & celle de l'abſolution, *ut in L. Metrodorum* 40, *ff. de pœn. Metrodorum cùm hoſtem fugientem ſciens ſuſceperit in inſulam adſportari Philoctetem, quòd occultari eum non ignorans diù diſſimulaverit, in Inſulam relegari placet. Livius, lib.* VIII. *Quandoquidem tu, T. Manli, neque imperium conſulare, neque majeſtatem patriam veritus; adversùs Edictum noſtrum extra ordinem pugnaſti, & quantum in te fuit, diſciplinam militarem ſolviſti, nos potiùs noſtro delicto plectemur, quàm Reſpub. tanto ſuo damno noſtra peccata luat, &c. I. Lictor, deliga ad palum.* Pline V, Epître 14. rapporte un exemple d'une Sentence d'abſolution: *Melius quidem nominatum fuiſſe facturum, ſi cauſam Vicentinorum eodem animo quo ſuſceperat, pertuliſſet: quia tamen in hoc genus culpæ non fraude inciaiſſet nihilque dignum animadverſione admiſiſſe convinceretur, Ucrandum, ita ut Vincentius quod acceperat, redderet.*

Les Interprétes du Droit ont dou é s'il falloit pratiquer la même choſe dans les condamnations. Cette queſtion eſt traitée par *Clar.* §. *fin. quæſt.* 93, *num.* 2; & Imb. 3, Inſt. for. 15, rapporte, ſuivant le ſentiment d'Angelus Aretinus, *ſceleris cauſam nomenque ſpeciatim inſerendum condemnationi:* & c'eſt avec raiſon que la choſe ſe pratique ainſi, d'autant que ce ſeroit une choſe abſurde que le Juge prononcât de cette maniere, *L. Titium in inſulam deportari placet*, ſi l'on n'y ajoutoit le crime dont il eſt convaincu, *quoniam vim fecit, quoniam hoſtem fugientem ſciens celavit, &c.* On avoit même accoutumé parmi les Romains, *cauſam condemnatio-*

nis cruci inscribere, aut per præconum denuntiare, ut videtur in L. 16, C. ex quib. caus. infam. irrog. & L. si duo 13, in fin. ff. de jurejur. & comme le témoigne l'écriteau mis sur la Croix de notre Sauveur.

De l'exécution des Jugemens sans pareatis.

Article XV.

Tous Jugemens en matiere criminelle qui gisent en exécution, seront exécutés pour ce qui regarde la peine, en tous lieux, sans permission ni pareatis.

Contre qui doit être décerné l'Exécutoire pour les frais du Procès.

Article XVI.

Les Juges pourront décerner Exécutoire *contre la Partie civile*, s'il y en a, pour les frais nécessaires à l'instruction des procès, & à l'exécution des Jugemens, sans pouvoir néanmoins y comprendre leurs épices, droits & vacations, ni les droits & salaires des Greffiers.

Contre la Partie civile.] Cet article & le suivant regardent les personnes contre lesquelles l'Exécutoire des frais doit être décerné, afin que le procès soit fait aux accusés. Il parle premierement des Parties, comme étant les plus interessées à instruire le procès & à exécuter les Jugemens, sauf à les répéter sur les biens des accusés : mais cela se doit entendre des Parties civiles qui ont accusé & instruit en leur nom l'accusation, comme j'ai remarqué sur l'article 5 du titre 3 *des Plaintes.* Et lorsque les Parties sont si pauvres, qu'elles n'ont pas le moyen de fournir aux frais de l'Exécutoire, elles seront reçues à bailler Requête pour en être déchargées ; & en ce cas l'Exécutoire doit être décerné dans des lieux qui sont du Domaine du Roi, & qui n'ont pas été engagés, contre le Receveur du Domaine du Roi ; dans ceux qui ont été engagés, contre les Engagistes ou les Receveurs ; & dans les Justices des Seigneurs, contre les Seigneurs mêmes, leurs Receveurs & Fermiers, comme il est expressément reglé dans l'article suivant. Et quant aux frais qui se doivent prendre sur les Receveurs ordinaires du Roi, les Juges doivent user d'une grande discretion, pour n'ordonner ou taxer que les frais qui seront absolument nécessaires & raisonnables, & qui n'excedent pas la somme qui est reglée par le Roi pour les frais de Justice en chacun Siége, Bailliage & Sénéchaussée ; afin que Messieurs de la Chambre des Comptes n'en ordonnent par la répétition sur eux. Voyez l'Ordonnnance de Charles IX. de l'an 1565, à Châteaubriant, art. 5 & suivans.

Article XVII.

S'il n'y a point de Partie civile, ou qu'elle ne puisse satisfaire aux Exécutoires, les Juges en décerneront d'autres *contre les Receveurs de notre Domaine*, où il ne sera point engagé, qui les acquitteront du fonds par Nous destiné à cet effet. Et si notre Domaine est engagé, les Engagistes, leurs Receveurs & Fermiers seront contraints au payement, même au-dessus du fonds destiné pour les frais de Justice. Et dans la Justice des Seigneurs, eux, leurs Receveurs & Fermiers seront pareillement contraints, & les Exécutoires exécutés par provision & nonobstant l'appel, contre les Receveurs ou Engagistes de nos Domaines, & les Seigneurs, sauf leur recours contre la Partie civile, s'il y en a.

Contre les Receveurs de notre Domaine.] Par Arrêt du Conseil d'en-haut, donné à Versailles le 26 Octobre 1683, il a été ordonné, *que les frais qu'il conviendra faire pour l'instruction des procès criminels, & exécution des Jugemens qui interviendront sur iceux, ausquels il n'y aura point de Partie civile, & dont Sa Majesté est tenue, seront pris sur le revenu de ses Domaines, & payés par les Fermiers d'iceux sur les Exécutoires des Juges, visés par les Sieurs Intendans & Commissaires départis dans les Provinces; dans lesquels Exécutoires ne seront compris aucunes épices, droits & vacations des Juges, ni les droits & salaires des Greffiers, mais seulement la simple nourriture & frais de voiture des Juges & Officiers qui se transporteront hors de leur résidence à l'effet desdites instructions: lesquels nourriture & frais de voiture sont reglés par provision à quinze livres à un Président ou Conseiller de Cour superieure; dix livres au Substitut du Procureur Général; sept livres dix sols au Greffier ou principal Commis, compris les expéditions; & cinq livres à l'Huissier, le tout par jour: Et quant aux Officiers inferieurs, sept livres dix sols au Lieutenant Général ou Criminel, Conseiller ou Assesseur; cent sols au Procureur du Roi; quatre livres quinze sols au Greffier, compris les expéditions. Seront aussi compris dans lesdits Exécutoires, le pain, médicamens, conduites & captures, les salaires & voyages des témoins, & les frais des exécutions; sauf à reprendre les sommes contenues aux Exécutoires sur les deux tiers des biens confisqués des condamnés & exécutés; & à cet effet que les Arrêts & Jugemens en dernier ressort, portant confiscation, seront mis aux mains des Fermiers Généraux pour en poursuivre le recouvrement.*

Et par un autre Arrêt dudit Conseil du 25 Novembre audit an, expliquant ledit Arrêt, Sa Majesté a ordonné, *qu'il ne pourra être délivré Exécutoire par les Juges pour les frais de l'instruction des procès criminels, & exécution des Jugemens qui interviendront sur iceux, ausquels il n'y aura point de Partie civile, & dont Sa Majesté est tenue, que lorsqu'il sera question de la punition des meurtres, viols, incendies, vols de grand chemin, & autres crimes de cette nature.*

☞ Il en est encore intervenu depuis beaucoup d'autres sur cette matiere.

Celui du 5 Mai 1685 concerne les frais des procès faits par les Prevôts des Maréchaux.

La Déclaration du 12 Juillet 1687 regle le tems dans lequel doivent être payés les Exécutoires, & celui où les Fermiers du Domaine seront tenus de les faire viser.

Un autre Arrêt du Conseil d'Etat du Roi du 23 Octobre 1694, a rappellé une partie de ces Réglemens, & en a encore établi de nouveaux. Il porte que:

LE ROI ayant été informé des abus que commettent aucuns Juges, en décernant les Exécutoires pour frais de Justice, dont Sa Majesté est tenue, pour des sommes beaucoup plus fortes que celles portées par les Arrêts & Réglemens du Conseil, dont ils profitent conjointement avec les Commis des Fermiers de Domaines, & particulierement dans les cas dans lesquels pour dépenses urgentes, & pour ne point suspendre le cours de la Justice & la punition des criminels, Sa Majesté a ordonné par sa Déclaration du 12 Juillet 1687, que lesdits Exécutoires seroient payés sur le champ, sans attendre qu'ils ayent été visés par les Sieurs Intendans & Commissaires départis. A quoi Sa Majesté voulant pourvoir & empêcher la continuation de ces abus, qui consomment la meilleure partie du revenu de la Ferme de ses Domaines : Oui le rapport du Sieur Phelypeaux de Pontchartrain, Conseiller ordinaire au Conseil Royal, Controlleur Général des Finances. SA MAJESTÉ ÉTANT EN SON CONSEIL, a ordonné & ordonne que les Exécutoires pour frais de Justice, dont S. M. est tenue, lesquels seront décernés par les Juges pour dépenses urgentes & nécessaires, continueront d'être payés, conformément à ladite Déclaration du 12 Juillet 1687, sur le champ, & sans attendre qu'ils ayent été visés, à la charge par lesdits Fermiers desdits Domaines de les faire viser dans l'espace de trois mois après qu'ils en auront fait le payement : Et fait Sa Majesté défenses à tous Juges de comprendre dans lesdits Exécutoires, & autres qu'ils décerneront pour lesdits frais de Justice, dont Sa Majesté est tenue, autres & plus grandes sommes que celles portées par les Arrêts & Réglemens du Conseil, à peine de demeurer responsables en leurs propres & privés noms de la restitution desdites sommes excédentes, en cas qu'elles ayent été payées par lesdits Fermiers des Domaines. Enjoint Sa Majesté ausdits Sieurs Intendans & Commissaires départis, de réduire les sommes contenues ausdits Exécutoires, soit qu'elles ayent été payées ou non, à celles portées par lesdits Réglemens, lorsque les Exécutoires leur seront présentés pour être visés; & en cas que le payement en ait été fait, d'ordonner la restitution de l'excédent sur les ordonnateurs & parties prenantes solidairement.

Enfin par un dernier Arrêt du Conseil du 12 Août 1710, il est ordonné que les Intendans & Commissaires départis dans les Provinces & Généralités du Royaume, ne pourront viser aucuns Exécutoires, qu'il ne leur ait apparu des procedures sur lesquelles ils auront été décernés, pour connoître si les crimes dont il s'agit sont de la qualité portée par l'Arrêt du 25 Novembre 1683, conformément aux Arrêts & Déclarations rendus en différens tems à ce sujet.]

Peine contre les premiers Juges qui y contreviennent.

ARTICLE XVIII.

ENJOIGNONS aux premiers Juges d'observer le contenu aux deux précédens articles, *à peine de cent cinquante livres d'amende*, à laquelle en cas de contravention ils seront condamnés par les Juges supérieurs, sans pouvoir être remise ni moderée : Et voulons que les mêmes Exécutoires soient aussi par eux délivrés.

A peine de cent cinquante livres d'amende.] L'Ordonnance a voulu faire un article particulier de la peine qui doit être encourue par les contrevenans aux articles précédens, pour en recommander d'autant plus l'observation, afin qu'à faute de poursuivre & de fournir aux frais, les crimes ne demeurent pas impunis; les peines ayant été introduites par la Loi pour deux raisons très-importantes, pour la punition & correction de celui qui a commis le délit, & pour l'exemple, afin que les autres en soient détournés par la crainte de la peine & par la terreur du supplice. Et c'est à quoi les Juges doivent soigneusement tenir la main; d'autant qu'ils sont les serviteurs & les ministres de la Loi, qui n'est juste qu'en tant qu'elle rend aux coupables ce qu'ils méritent.

Du devoir des Procureurs du Roi & de ceux des Seigneurs, pour la poursuite des crimes, nonobstant les transactions & cessions.

Article XIX.

Enjoignons à nos Procureurs & à ceux des Seigneurs, de poursuivre incessamment ceux qui seront prévenus *de crimes capitaux*, ou ausquels il échera peine afflictive, *nonobstant toutes transactions & cessions* de droits *faites par les Parties. Et à l'égard de tous les autres*, les transactions seront exécutées, sans que nos Procureurs & ceux des Seigneurs puissent en faire aucune poursuite.

Des crimes capitaux.] Par le Droit Romain, le crime capital est pris le plus souvent pour le crime duquel la peine ordinaire est la mort naturelle ou le bannissement perpétuel, suivant la Loi *Licet capitalis* 103, *ff. de V. S.* la Loi 2 *de pub. jud.* la Loi 2 & la Loi *Capitalium*, *ff. de pœn.* Ces Loix requierent deux choses pour faire que le crime soit capital : la premiere, *ut sit pœna sanguinis :* & la deuxiéme, *ut sit pœna capitalis;* & il n'y a que la mort naturelle en laquelle l'une & l'autre de ces peines se rencontre. Le crime non capital est celui qui n'est point puni du dernier supplice, *ex quo reus salvo capite circa bona existimationemque plectitur, aut aliquam corporis coërcitionem sustinet. L. 2, ff. de publ. jud. §. publicorum Inst. eod. L. 6, §. ult. & L. seq. L. 28, ff. de pœn. Clar. quæst.* 58, *n.* 7 *&* 8. *Gomes.* 3, *Resol.* 3. *Decia* 3, *crim.* 34, *n.* 25. C'est pour cela que l'Ordonnance ajoute, *ou ceux ausquels il échera peine afflictive*, pour nous faire entendre qu'il est du devoir des Procureurs du Roi & de ceux des Seigneurs de poursuivre, nonobstant les transactions, non-seulement ceux qui seront prévenus des crimes qui méritent la mort, mais encore des autres ausquels il échet peine afflictive & infamante; & en ces cas la transaction éteint l'accusation, mais non pas le crime, *L. 2, C. de abol. Bajard. ad Clar. quæst.* 58, *num.* 12. *Farin. quæst.* 4, *num.* 31 *& seq. Decia* 3 *crim. cap.* 34, *num.* 35, d'autant qu'il est de l'interêt public que les crimes ne demeurent pas impunis : *Certum enim est publicam coërcitionem privatorum pactionibus tolli non posse, & expedit Reipub. delicta nocentium non esse impunita. L. 5, ff. de pact. dot. L. 7, §. si paciscar. de pact. L. ita vulneratus* 51, *§. æstimatio, ff. ad Leg. Aquil.* 9, *§. quod illicitè, ff. de public. jud.*

Nonobstant toutes transactions & cessions.] L'Ordonnance de 1567 (permet en général de composer de toutes sortes de crimes pour l'interêt civil;) & celles de Charles VII. de l'an 1356, & de François I. à Ys sur Thille en Octobre 1535, chap. 13, art. 51, (le défendoient à toutes personnes ayant Justice & connoissance des cas criminels, & aux Officiers, sur peine de privation de leurs Jurisdictions & Offices :) mais par l'article de cette Ordonnance, (il est permis à la Partie civile de transiger des crimes capitaux & de ceux ausquels échet peine afflictive; & il est enjoint aux Procureurs du Roi & à ceux des Seigneurs, nonobstant ces transactions, de les poursuivre : & à l'égard des autres dont les Parties ont transigé, les Procureurs du Roi ne sont pas reçus après les cessions & transactions, d'en d'en faire aucune pourſuite.) Auſſi le Droit Romain fait diſtinction entre les délits privés & les crimes publics.

A l'égard des délits privés, comme l'injure, le larcin, & autres ſemblables, *quæ non ad publicam læſionem, ſed ad rem familiarem reſpiciunt*, il étoit permis de tranſiger, ſuivant la Loi 7, §. *ſi paciſcar*, & la Loi 27, §. *pacta quæ turpem, ff. de pact.* comme il eſt auſſi permis par cet article, en ces mots, *& à l'égard de tous autres;* (mais à l'égard des crimes publics, la Loi *tranſigere* 18, *C. de tranſact.* diſtingue entre le crime capital auquel il n'eſt défendu d'accorder & tranſiger, excepté l'adultere, parce que *omnis honeſta eſt ratio expediendæ ſalutis*, & les crimes auſquels il n'échet pas peine afflictive, ſinon au crime de faux. Voici les termes de la Loi : *Tranſigere vel paciſci de crimine capitali excepto adulterio prohibitum non eſt. In aliis autem publicis criminibus quæ ſanguinis pœnam non ingerunt, tranſigere non licet citrà falſi accuſationem*, leſquels mots, *citrà falſi accuſationem*, ont donné lieu à diverſes interprétations, & à des erreurs ſur le ſens & l'intelligence de cette Loi. Car Papon remarque en ſon Recueil d'Arrêts, liv. 23, tit. 11, Arrêt 4, que pluſieurs ont cru que par ces mots le crime de faux eſt excepté, & qu'il eſt permis d'en tranſiger; mais que cela ſeroit abſurde, parce que ce crime ſeroit toujours exempt de peine corporelle, quoiqu'il ſoit fort énorme, & que Meſſieurs de la Cour du Parlement de Paris, à la requiſition de M. le Procureur Général du Roi, ayent fait défenſes aux Parties d'en compoſer; & ainſi il dit qu'il faut entendre ce mot *citrà*, non pas par exception, mais comme ayant le même effet que *ſine;* c'eſt-à-dire, qu'on ne peut compoſer des crimes où il n'échet pas peine corporelle, ſans ſe ſoumettre à être accuſé de faux, comme *citrà aleam, citrà periculum*, vaut autant que ſans danger, ſans hazard. Godefroy l'explique ainſi en ſes Notes ſur cette Loi. Néanmoins l'Auteur des Baſiliques eſt de ce ſentiment, que par ces mots, *citrà falſi accuſationem*, le crime de faux eſt excepté : Τό γὰρ τῆς πλαστογραφίας ἔγκλημα εἰ καὶ μὴ ἔχει δι αἵμαλος τὴν τιμωρίαν ὅμως ἔξεστιν ἐπὶ αὐτῷ διαλύεσθαι. *Eclog. Baſil. lib.* 11, *tit.* 2, *cap.* 26. Cette autorité doit prévaloir à toutes les autres, d'autant que comme l'Auteur des Baſiliques a écrit en un ſiécle qui étoit plus proche de celui de Juſtinien, il eſt vraiſemblable qu'il a mieux pénétré le ſens des nouvelles Conſtitutions qui ont été inſerées dans le Code Juſtinien.

Il eſt vrai que parmi les Auteurs Latins, cette particule *citrà*, eſt employée pour augmenter ou pour diminuer ce qu'on dit, plutôt que pour en excepter quelque choſe; pour diminuer lorſqu'on vouloit affirmer, comme en ceux-ci, *citrà ſanguinem, citrà S. P. Q. R. voluntatem;* pour augmenter, en y ajoutant la particule négative, par exemple, *non citrà ſanguinem, non citrà falſi accuſationem;* c'eſt-à-dire, que ceux qui tranſigent, ne tombent dans le crime de faux : mais cela étoit de l'uſage d'un ſiécle dans lequel la Langue Latine étoit dans ſa pureté; au lieu que la Conſtitution des Empereurs Diocletien & Maximien a été écrite en un tems auquel elle en avoit déchu. Juſtinien s'eſt depuis ſervi de cette particule pour ſignifier ce qu'il avoit excepté dans la Loi unique, §. *accedit, C. de rei ux. act.* ce qui eſt une preuve que dans les ſiécles ſuivans, on a rétabli & autoriſé le même uſage qu'elle avoit eu dans les ſiécles précédens : mais il eſt permis à un chacun de tranſiger de tous crimes pour ſon interêt civil, Char. en ſes Pandectes, chap. 13 vers la fin; d'autant qu'il reſte toujours une Partie pour la vengeance ou punition du crime, qui en peut faire la pourſuite, qui eſt le Procureur du Roi ou Fiſcal, qui peut même ſe ſervir de la tranſaction contre l'accuſé, comme impliquant en ſoi un aveu & confeſſion du crime, *in caſu non tranſigibili & inter-*

veniente pretio. L. ult. ff. de prævaric. Mynsing. Observat. cent. 6, *observ.* 22. Il est vrai qu'on en excepte l'accord fait par le pere, *pecuniâ datâ*, du crime duquel son fils est accusé, lequel ne sert pas de présomption véhémente contre son fils : d'autant que l'affection du pere envers son fils, & le déplaisir qu'il a de le voir en peine, peut être le fondement de l'accord, plutôt que de servir de présomption qu'il sçût avec certitude que son fils eût commis le crime dont il est accusé. *Cornel. cons.* 300. *Anton. de Nigr. in cap.* 200, *num* 24.

Faites par les Parties.] L'Ordonnance comprend l'accusé & l'accusateur. Par le Droit, il étoit permis à l'accusé de transiger du crime capital avant & après l'accusation. La Loi 1 *ff. de bon. eor. qui ante sentent.* en rend une raison générale, qui n'est point restrainte à certaines personnes, ni à un certain tems : *Quoniam*, dit-elle, *ignoscendum est ei qui sanguinem suum qualiter voluit redemptum.* D'ailleurs l'on transige également d'un procès intenté & de celui qui est à venir. *L. 2, C. de Trans.* Mais à l'égard de l'accusateur, il lui étoit permis de transiger avant qu'il eût formé l'accusation, & non pas après, s'il ne vouloit tomber dans le cas du Senatusconsulte Turpilien. *L.* 1, §. *accusationem. L.* 6 *ad SC. Turpil. L.* 1, 3 & 5, *C. eod. & L.* 2, *C. de abol.* C'est la peine de l'accusateur : celle de l'accusé est d'être réputé convaincu ; & à l'égard de ce dont on a convenu, *pactio frustra est, nec actionem ullam parit, quâ quod promissum est exigi queat. L.* 1, §. *si quis autem, in SC. ff. ad SC. Turpil. L.* 1, §. *ult. ff. de prævaric. L.* 4, §. *ult. & L.* 5, *ff. de his qui not. infam. L.* 4. *L. ejus qui* 29, *ff. de jure Fisc. L. si quidem, C. de contr. & com. stipul.*

Et à l'égard de tous les autres.] La transaction faite sur une action d'injures ou de vol, éteint l'un & l'autre entierement : *Quædam actiones ipso jure tolluntur, ut injuriarum, item furti*, comme dit le Jurisconsulte Paulus en la Loi 17, §. 1, aux Digestes *de furtis* ; & elle l'éteint de telle maniere, qu'elle ne peut jamais revivre par la voie du bénéfice de restitution que les Loix réfusent perpétuellement dans ces matieres. C'est la décision précise de la Loi 37, aux Digestes *de Minor.* où il est dit, que le mineur, tout favorisé qu'il est, n'est pas recevable à se faire restituer pour une action d'injures, quand il a manqué d'en faire la poursuite dans le tems prescrit par le Droit civil : *Auxilium in integrum restitutionis executionibus pœnarum paratum non est, ideò injuriarum judicium semel omissum repeti non potest.* D'où l'on doit tirer cette conséquence, qu'à plus forte raison le majeur n'est pas recevable principalement lorsqu'il a transigé, & qu'après avoir été satisfait de son interêt pécuniaire, qui est tout ce qui lui appartient légitimement, il a remis la peine, dont la décharge est toujours favorablement reçue.

Des Dépens en matiere criminelle.

ARTICLE XX.

VOULONS que ce qui a été ordonné pour les dépens en matiere civile, *soit executé en matiere criminelle.*

Soit executé en matiere criminelle.] Cela est conforme à la disposition du Droit, par lequel de même que la Partie qui succombe aux procès civils, doit être condamnée aux dépens, comme nous avons remarqué sur l'art. 1 du titre des dépens (de l'Ordonnance de 1667.) celui qui succombe aux procès criminels, y doit être pareillement condamné, comme il est décidé par la Loi 3, *C. de his qui accusare non possunt*, dans laquelle il est dit, que l'accusateur qui s'est désisté de son accusation, doit être condamné aux dépens, *viatica sumptusque litis debet præstare ;*

& par conséquent celui qui l'a témérairement soutenue, *cùm improbior videatur esse qui perstat, quàm qui desistit statim, aut si non improbior, non minor certè temeritas.* La Loi derniere, *C. de fruct. & lit. expens.* peut aussi être alleguée sur ce sujet, par la conséquence qu'on peut tirer de ce qui est dit dans cette Constitution, que *qui in causis civilibus vel criminalibus hoc privilegio utuntur, ut ne expensas agnoscant, ii nec ab adversariis suis cum quibus litigant expensas flagitare possint.* Cette condamnation de dépens a lieu contre les Procureurs du Roi & ceux des Seigneurs, *ob evidentem calumniam. Farin. quæst.* 16, *num.* 24. *Peregr.* 7, *de jure Fisc. num.* 7. *Clar. quæst.* 62, *num.* 4. Car quoique par le Droit, *Fiscus gratis litiget & adversarius, ut notat Julianus, in expos. Nov.* 17 & 21. *L. ult. C. de fruct. & lit. expens. & Cujac. in parat. C. de sport. hoc moribus non omnino receptum est;* elle a lieu aussi contre les dénonciateurs & instigateurs, *si temerè reum detulerint. Vide Clar. §. fin. quæst.* 7, *num.* 12. *Guid. Pap. decis.* 269. *Farin. quæst.* 16, *num.* 14 & *seq.*

☞ La condamnation de dépens étant souvent en matiere criminelle, accompagnée de condamnations d'amendes & d'aumônes, on a rassemblé en cet endroit, comme le plus convenable, attendu ce qui y est statué pour les dépens, les Réglemens qui ont été donnés en matiere de condamnations d'amendes & d'aumônes.

Une Déclaration enregistrée au Parlement le 21 Mars 1671, regarde en général les condamnations d'amendes, leur recouvrement, préférence & privilége.

LOUIS, par la grace de Dieu, Roi de France & de Navarre: A tous ceux qui ces présentes Lettres verront, Salut, &c. Nous avons ordonné & déclaré, & par ces Présentes signées de notre main, ordonnons, déclarons, voulons & nous plaît, que toutes les amendes qui seront consignées pour les appellations qui seront relevées en nos Cours de Parlement & autres Cours Supérieures, ne pourront être moindres de douze livres, soit que les appellations soient verbales ou par écrit, & qu'elles soient interjettées des Sentences des Juges subalternes & de Pairies, Sentences arbitrales, Ordonnances de Police, & autres appellations, de quelques Juges & Justices que ce puisse être; & de six livres pour les appellations qui seront relevées aux Siéges Présidiaux, ès cas esquels ils jugent présidialement & en dernier ressort; sans qu'une même Partie soit tenue de consigner plus qu'une amende de douze livres ou de six livres, encore que par la suite de l'affaire, elle interjettât d'autres appellations incidentes. Enjoignons néanmoins à nos Cours de Parlement, & autres Compagnies qui jugent en dernier ressort, de ne prononcer en toutes Causes & Procès d'appel, que bien ou mal jugé, avec condamnation de l'amende de soixante-quinze livres du fol appel; sous ce tempérament toutefois, que si pour de bonnes & justes considérations, il se trouvoit à propos de prononcer l'appellation au néant, ou hors de Cour & de Procès sur l'appel, l'appellant qui succombera soit toujours condamné en une amende, qui ne pourra être moindre de douze livres, même les acquiescemens qui seront vuidés par expédiens ou autrement; sans que sous quelque prétexte que ce soit, ni en quelque maniere que la prononciation soit conçue, les appellans en puissent être déchargés. Enjoignons pareillement à tous nos autres Juges, de condamner ceux qui succomberont en leur appel, en celle de six livres, ès cas esquels ils jugent en dernier ressort, à peine d'en répondre en leurs noms: comme aussi à nosdites Cours & Juges inférieurs, de condamner en l'amende les opposans & tiers opposans qui seront déboutés de leurs oppositions, suivant & conformément à notre Déclaration du mois d'Avril 1667. Ordonnons que tous demandeurs en Requêtes civiles, soit qu'ils ayent été parties dans les Arrêts contre lesquels les Requêtes civiles seront obtenues, ou non, seront tenus de consigner la somme de 450 liv. sçavoir 300 liv. pour Nous, & 150 liv. pour la Partie ; & pour les Arrêts donnés par défaut ou forclusion, celle de 225 liv. sçavoir 150 liv. pour Nous, & 75 liv. pour la Partie. Et à l'égard des inscriptions en faux, que la consignation sera de cent liv. ou plus grande, s'il y échet, ès Causes, Procès & Instances qui seront pendantes en nosdites Cours de Parlement, Grand Conseil, Cour des Aydes, Requêtes de notre Hôtel & du Palais ; de 60 liv. aux Présidiaux, & autres Justices ressortissantes immédiatement à nosdites Cours, & de 20 liv. dans les autres Justices, le tout auparavant que les demandeurs en Requêtes civiles & les inscrivans en faux y puissent être reçus. Lesquelles sommes seront reçues par le Fermier de nos Domaines, ou ses Commis à la recette de nosdites amendes, qui s'en chargeront comme dépositaires, sans aucuns droits ni frais ; pour après le Jugement des Appellations, Requêtes civiles & Inscriptions en faux, être lesdites amendes rendues & délivrées, aussi sans frais, à qui il appartiendra Voulons & ordonnons, que de quelque maniere qu'il soit prononcé, quand les poursuivans succomberont dans leurs Requêtes civiles, Inscriptions de faux, ou oppositions, soit par débouté sans avoir égard, sans s'arrêter ou hors de Cour, même en cas d'acquiescement, l'amende nous soit acquise, quand même les Lettres en forme de Requête civile auroient été obtenues avant notre Ordonnance de 1667, sans que lesdites Cours & Juges en puissent ordonner la remise ou moderation, & sans qu'ils puissent faire application d'aucunes amendes civiles ou criminelles, à quelques sommes qu'elles puissent se monter, pour réparations, pain des prisonniers, nécessités du Palais à l'Ordonnance de la Cour, ou sous quelques autres prétextes que ce soit. lesquelles Nous appartiendront entierement, attendu que par les états arrêtés en notre Conseil, Nous pourvoyons au payement de toutes les charges ordinaires & extraordinaires qui doivent être prises sur lesdites amendes. Pourront néanmoins condamner les accusés en quelques sommes applicables en œuvres pies, dans les cas où il aura été commis sacrilége, & où ladite condamnation d'œuvre pie fera partie de la réparation. Défendons à tous Procureurs postulans de nosdites Cours & Siéges Présidiaux, ès cas esquels ils jugent en dernier ressort, de mettre aucunes Appellations aux Rolles ordinaires & extraordinaires, tant en matiere civile que criminelle, ni d'en poursuivre l'audience sur Placets, soit aux grandes Audiences ou à huis clos, ni de conclure en aucun Procès par écrit, que les amendes n'ayent été consignées, & la quittance du Receveur desdites amendes signifiée & rapportée : Voulons qu'il soit fait mention sur les Placets & Arrêts de conclusion, de la date de la quittance, sous le nom & paraphe des Procureurs, qui en demeureront responsables en leurs noms. Et en cas que les Appellans soient en demeure de consigner l'amende, l'Intimé pourra, si bon lui semble, faire ladite consignation, sauf à le répeter en fin de cause contre l'Appellant, & jusqu'à ce toute audience déniée à l'une & à l'autre des Parties : Et en cas que l'Intimé consigne l'amende de douze livres pour l'Appellant, & que par l'Arrêt l'Appellant soit condamné en l'amende de 75 livres, l'Intimé employera les douze livres par lui consignées dans la déclaration des dépens qui lui seront adjugés, & le surplus sera recouvré par ledit Fermier du Domaine ou ses Commis contre la Partie condamnée. Et pour faciliter le recouvrement des amendes qui ont été ou seront adjugées à notre profit, Nous ordonnons que les Procureurs de nosdites Cours & des Siéges Préfidiaux, qui mettront à l'avenir des Causes aux Rolles, ou en pourfuivront des Audiences sur Placets, seront tenus chacun à leur égard, de faire signifier aux Procureurs des Parties adverses, les qualités des Arrêts & Jugemens intervenus au profit de leurs Parties, portant condamnation d'amende à notre profit, dans le jour qu'ils auront été rendus, & d'y comprendre les noms, surnoms, qualités & demeures desdites Parties condamnées, & de les mettre dans trois jours après qu'elles auront été signifiées, ès mains des Greffiers qui auront reçu lesdits Arrêts, Sentences & Jugemens : Comme aussi qu'ils employeront la même chose dans les qualités des Arrêts d'appointé au Conseil, de conclusion, acquiescement, Appointemens, Reglemens, Congés, Défauts, Sentences & Jugemens ; ausquels Greffiers Nous ordonnons de faire les extraits desdites amendes, & les délivrer tous les Lundis de chacune semaine au Fermier de nosdits Domaines, ou ses Commis à la recette d'icelles : Et défendons aux Greffiers & Commis des Greffes, de délivrer aucuns Arrêts, Sentences ou Jugemens où il y aura condamnation des amendes qui doivent être consignées, qu'ils n'ayent vû la quittance du Fermier ou son Commis, & cotté sur la minute la date de la quittance, & par qui l'amende aura été payée, & fait mention d'icelle sur leurs Registres. Tout ce que dessus, à peine de payer par les contrevenans chacun en droit soi, lesdites amendes en leurs propres & privés noms, & outre de cinq cens livres d'amende contre chacun Greffier des Cours & Siéges, & Procureur contrevenant pour chacune contravention, pour la premiere fois, & d'interdiction en cas de récidive ; & au payement seront les contrevenans contraints par corps, à leurs frais & dépens, en vertu des Présentes. Toutes lesquelles amendes à nous appartenantes, Nous voulons & ordonnons être payées ès mains dudit Fermier de nos Domaines, ou ses Commis à la recette d'icelles, sur les biens meubles & immeubles, & autres effets des condamnés, par préférence & privilége à tous Créanciers, tant par les Fermiers conventionnels & judiciaires, Receveurs des Consignations, Commissaires des Saisies réelles, & Payeurs des Gages d'Officiers, que tous autres débiteurs des condamnés esdites amendes ; lesquels y seront contraints comme dépositaires, nonobstant toutes saisies & arrêts, oppositions ou appellations, ou autres empêchemens quelconques, encore que ledit Fermier ou ses Commis ne se soient opposés aux Decrets des condamnés, ni saisi iceux, & sans qu'ils soient obligés de le faire dire & ordonner avec les Créanciers, Parties saisies, saisissantes & opposantes. Et en cas que les Greffiers des Géoles & Concierges reçoivent des amendes, pour faciliter l'élargissement des Prisonniers condamnés en icelles, ils seront tenus de le déclarer, & en fournir les deniers audit Fermier de nos Domaines ou ses Commis, tous les Lundis de chacune semaine, à peine d'y être contraints à leurs frais & dépens, & de cent livres d'amende. Les deniers de toutes lesquelles amendes consignées, des affaires qui n'auront été jugées, seront de trois mois en trois mois mis & délivrés par les Commis à la recette d'icelles, ès mains dudit Fermier de nos Domaines & ses Sous-Fermiers, chacun en droit soi, pour en demeurer dépositaires, & les rendre jour à jour aux Appellans & autres qui les auront consignés, qui obtiendront gain de cause, sans aucuns frais ni droits. Et seront lesdits Fermiers & Sous-Fermiers tenus à la fin de leurs Baux, de fournir l'état desdites amendes consignées, des affaires qui n'auront été jugées, & de remettre les deniers aux Fermiers & Sous-Fermiers qui entreront en leur place, qui s'en chargeront, pour en faire le payement aussi sans aucuns frais ni droits, à ceux & ainsi qu'il sera ordonné, & rendre audit précedent Fermier celles qui nous seront adjugées, à proportion que les Instances seront jugées; & en demeureront les cautions dudit Fermier & Sous-Fermiers, tenus & responsables en leurs privés noms. Si donnons en mandement, &c. Donné à Saint Germain en Laye le 21e. jour de Mars, l'an de grace 1671, & de notre Régne le 28. *Signé* LOUIS. *Et plus bas*, Par le Roi, COLBERT. Et scellée du grand Sceau de cire jaune.

Registrées à Paris en Parlement le 29 Avril 1671. Signé DU TILLET.

Une autre Déclaration du 21 Janvier 1685 a statué sur l'application des condamnations d'amendes & aumônes.

LOUIS, par la grace de Dieu, Roi de France & de Navarre : A tous ceux qui ces présentes Lettres verront, Salut. Notre amé Maître Jean Fauconnet, Fermier Général de nos Domaines, Nous a très-humblement représenté que la plûpart de nos Cours & Juges en dernier ressort, en jugeant les accusés de crimes, & les condamnant en l'amende envers Nous, les condamnent pareillement selon l'usage en des aumônes applicables à des œuvres pies, sans faire distinction des cas ausquels ils ont la liberté de prononcer lesdites condamnations, suivant notre Déclaration du mois de Mars 1671; d'où il arrive que les amendes sont diminuées d'autant, & que le Fermier est privé d'une partie du bénefice que Nous avons prétendu lui accorder, & à raison de quoi il est obligé de Nous demander des diminutions du prix de sa Ferme : Et parce que Nous sommes d'ailleurs bien informés que lesdites aumônes sont souvent appliquées, sous prétexte d'œuvres pies, au profit de Communautés Religieuses non mendiantes, au préjudice des Hôpitaux, Religieux mendians & lieux pitoyables, ausquels ces sortes d'aumônes doivent être seulement appliquées; à quoi étant nécessaire de pourvoir. A CES CAUSES, & autres à ce Nous mouvans, de notre propre mouvement, certaine science, pleine puissance & autorité royale, Nous avons par ces Présentes signées de notre main, dit, déclaré & ordonné, disons, déclarons & ordonnons, voulons & Nous plaît, que notredite Déclaration du mois de Mars 1671 soit exécutée selon sa forme & teneur; & ce faisant, défendons à nos Cours & Juges qui jugent en dernier ressort, en condamnant les accusés en des amendes envers Nous, de prononcer contr'eux aucunes condamnations d'aumônes pour employer en œuvres pies, si ce n'est dans le cas où il aura été commis sacrilége, & où ladite condamnation pour œuvres pies fera partie de la réparation. Pourront néanmoins nosdites Cours & Juges, attendu qu'il n'échet pas d'amende contre les porteurs de nos Lettres de rémission, ou en autres cas où il n'échet pas non plus d'amende envers Nous, condamner, s'il y échet, selon qu'ils l'estimeront en leurs consciences, lesdits porteurs de Rémission ou accusés, en des aumônes, lesquelles (quant aux porteurs de Rémission) seront uniquement appliquées au pain des prisonniers; & quant aux autres aumônes esquelles les accusés pourront être condamnés, soit pour sacriléges, soit pour les autres cas esquels il n'échet point d'amende, ne pourront lesdites aumônes être appliquées à autres usages qu'au pain des prisonniers, ainsi qu'il est accoutumé, ou au profit des Hôtels-Dieu, Hôpitaux généraux des lieux, Religieux & Religieuses mendians, & autres lieux pitoyables, à peine de désobéissance. SI DONNONS EN MANDEMENT à nos amés & féaux les Gens tenans notre Cour de Parlement à Paris, que ces Présentes ils ayent à faire lire, publier & enregistrer, & le contenu en icelles entretenir, garder & observer, sans y contrevenir ni souffrir qu'il y soit contrevenu en quelque sorte & maniere que ce soit, nonobstant tous usages à ce contraires : CAR tel est notre plaisir. En témoin de quoi Nous avons fait mettre notre scel à cesdites Présentes. Donné à Versailles le vingt-uniéme jour du mois de Janvier, l'an de grace mil six cens quatre-vingt-cinq, & de notre Régne le quarante-deuxiéme. *Signé* LOUIS. *Et sur le repli*, Par le Roi, COLBERT. Et scellée du grand Sceau de cire jaune.

Registrées, oui, & ce requerant le Procureur Général du Roi, pour être exécutées selon leur forme & teneur, & copies collationnées envoyées aux Bailliages & Sénéchaussées du ressort, pour y être pareillement enregistrées : Enjoint aux Substituts dudit Procureur Général d'y tenir la main, & d'en certifier la Cour dans trois mois, suivant l'Arrêt de ce jour. A Paris en Parlement, le douziéme jour de Mars mil six cens quatre vingt-cinq. Signé JACQUES.]

§ Par Arrêt rapporté au Journal des Audiences, intervenu en la Tournelle Criminelle le 27 Juin 1708, il a été fait défenses au Lieutenant Criminel d'Auxerre, de condamner à l'avenir les accusés en l'amende, & conjointement en l'aumône, si ce n'est ès cas portés par la Déclaration du 20 Janvier 1685.

C'étoit dans le procès criminel où il a été prononcé des punitions infamantes contre plusieurs particuliers vassaux, qui ont par félonie & sacrilége violé le sépulchre de Messire Paul Comte de Beaujeu leur Seigneur, vivant Lieutenant Général des Armées du Roi, Gouverneur d'Ypres, tué au Siége d'Arras.

De l'exécution des Jugemens.

ARTICLE XXI.

LES Jugemens *seront exécutés le même jour qu'ils auront été prononcés.*

Seront exécutés.] L'exécution doit être faite de jour & non pas de nuit, d'autant que les peines n'ont pas été seulement ordonnées pour la correction des criminels, mais encore afin que par l'exemple les autres soient détournés de commettre des crimes ; ce que Séneque nous dit très-élégamment, *lib. 1 de ira : Quid tam inauditum, quam nocturnum supplicium ? cùm latrocinium tenebris abscondi soleat ; animadversiones, quò notiores sunt, plus ad exemplum emendationemque sufficiunt.* Il faut encore remarquer, que quoiqu'on ne puisse pas rendre justice aux jours de Fête, on peut, si l'utilité publique le requiert, exécuter un jour de Fête. La Loi 6, *C. de Fer.* défend qu'on ne connoisse point *sacris diebus*, des affaires criminelles; mais la Loi 10 au même titre, permet qu'on applique à la question les larrons le jour de Pâques, *cùm venia numinis id fit, per quod multorum salus & incolumitas procuratur ;* & la Loi 3, *C. de Episc. aud.* dit *: Quis sacrilego diebus sanctis indulgeat ? quis adultero vel stupri incestivè reo tempore castitatis ignoscat ? quis non raptorem virginis in summa quiete & gaudio communi persequatur instantiùs ? patiatur tormenta veneficus, maleficus, adulter, violatorque monetæ, homicida, parricida, quod fecit, semper expectet, &c.* Voyez ce que nous avons remarqué sur l'art. 16 du titre 26 des Appellations.

Le même jour.] Cet article est conforme à l'Ordonnance de Louis XII. de l'an 1498, art. 116. en 1507, art. 195. & de François I. à Ys sur Thille, en Octobre 1535, ch. 13, art. 45 ; & comme il est conçu en termes généraux, il doit aussi être entendu comme ceux des autres Ordonnances, non-seulement de Jugemens de condamnation à mort, mais aussi des autres peines corporelles. C'est pour cela que lorsque l'exécution de la Sentence est renvoyée à une autre Cour, pour être faite au lieu du délit, l'Arrêt de condamnation doit être tenu secret, jusqu'à ce que le criminel ait été conduit au lieu auquel l'exécution a été renvoyée, & ne lui doit être prononcé que le jour de l'exécution : la Roche en ses Parlemens, liv. 13, chapitre 69, art. 64. Et la raison est, d'autant que l'attente & la certitude de la mort étant pire que la mort même, il y auroit de la dureté d'avertir le condamné par avance du supplice qu'il doit souffrir.

C'est pour cette raison que le Texte sacré remarque dans la Genese, au ch. 22, qu'Abraham conduisant son fils Isaac en la contrée de Moria, qui étoit à côté de la montagne de Sion, il ne découvrit pas à son fils le dessein qu'il avoit de l'immoler, & d'en faire un sacrifice de son obéissance, jusqu'à ce qu'ils furent arrivés à la montagne de Moria. Aussi les Sentences criminelles se nomment *tristes sententiæ. Valer. Maxim. lib. 3, cap.* 1. Et à Rome, le Préteur lorsqu'il vouloit prononcer la Sentence de mort contre quelqu'un, avoit accoutumé de se dépouiller de sa robe de pourpre, *quæ prætexta vestis dicitur, Senec. lib. 1 de ira*, & d'user de ces termes en condamnant quelqu'un à mort : *Procedam in tribunal non furens, non infestus, sed vultu leni, & illa solemnia verba severâ magis gravique quàm rabidâ voce concipiam & lege agi jubebo.* Il y a encore une autre raison tirée du Droit, qui semble être un puissant motif de ne pas differer l'exécution de ces Jugemens, qui est qu'il importe au public pour l'exemple, qu'on ne differe pas la punition des crimes, & que ces délais pourroient donner lieu à la grace & à l'impunité. *Ne sit spatium damnato petendæ veniæ à Principe, quæ sæpè impetratur etiam post damnationem*, suivant la Loi 18, *C. de pœn.* en ces termes : *Cùm reis manifestâ probatione convictis spatium temporis ante sententiam datur, facultas supplicandi, vel quibusdam malignis artibus, tam Præsidum, quàm Officialium, pœnas evitandi criminosissimis patet, cùm & in homicidii crimine & in aliis detectis gravioribus causis ultio differenda non sit.* Et la Loi *de his* 5, *C. de custod. reor. De his quos tenet carcer inclusos, id apertâ definitione sancimus, ut aut convictos velox pœna subducat, aut liberandos custodia diuturna non maceret.*

Il est vrai que cette Jurisprudence fut corrigée par Arrêt du Sénat, sous l'Empereur Tibere, qui ordonna que l'exécution seroit differée jusqu'au dixiéme jour, *Sueton. in Tiber. cap. 75. Tacit. lib. 3. Dion. lib. 57.* Puis on y ajouta encore vingt jours, suivant la Loi de l'Empereur Théodose, *si vindicari* 20, *C. de pœn. ut languescente Principis ira misericordiæ vel pœnitentiæ locus inveniatur.* Mais comme cet Arrêt n'avoit été donné que pour contenter l'ambition de Tibere, afin qu'il pût par ce moyen faire grace à qui il voudroit, aussi il n'a pas été observé par ses Successeurs, comme il se recueille de la Loi *fin. C. de custod. reor.* & de la Loi 1, *C. de bon. proscrip.* Il faut pourtant remarquer, qu'on differe quelquefois l'exécution, comme lorsqu'il y a quelque juste & légitime cause qui l'empêche, suivant l'art. 23 de ce titre, & lorsque la Partie ou le Procureur du Roi appellent de la Sentence. G. P. & Ferrer. sur la quest. 74. *Jul. Clar. quæst. 97 & 98.*

On differe encore l'exécution, si le condamné doit être confronté à d'autres accusés, & que sa confrontation soit nécessaire pour leur condamnation ; ou si c'est un Prêtre, jusqu'à ce qu'il soit dégradé, suivant l'Ordonnance de Charles IX. Néanmoins en cas de crimes atroces, le Parlement de Paris a toujours passé outre aux condamnations & exécutions, sans dégradation, suivant l'opinion de Dumoulin, notamment quand l'Evêque a fait refus de le dégrader. Cependant anciennement on dégradoit les Prêtres criminels de leze-Majesté ; & il y en a un exemple

exemple mémorable dans l'Histoire de Charles VI. en 1398, & en l'an 1420, de deux Augustins, dans Juvenal des Ursins. Voyez Chopin, *l. 2 de sacr. Polit. tit. 3, num. 16 & 17. Joan. Galli, quæst. 164 ubi Molin. & 329.*

Qu'ils auront été prononcés.] Un Arrêt ou Jugement en dernier ressort, portant condamnation à mort, ne doit pas être prononcé si présidentalement. Delancre, dans le Tableau de l'inconstance des Démons, liv. 5, discours 2, nombre 7, remarque que M. le Président Daffis ayant voulu prononcer présidentalement à la Tournelle du Parlement de Guyenne, un Arrêt donné contre une femme séduite par le Curé du lieu de Saint-Jouin, pour crimes d'imposture, séduction, impiété, abus & scandale public, ses amis lui dirent qu'on prononçoit fort rarement des Arrêts solemnels de condamnation à mort, d'autant que les Arrêts généraux servant de Loi, en telle sorte qu'on n'en pouvoit plus donner ni obtenir Requête civile, & les peines étant arbitraires en France, ce seroit en cas semblables gêner la conscience des Juges, & les astraindre à punir de mort de pareils crimes. Il rapporte encore, que d'autres estiment que c'est à cause que c'eût été faire entrechoquer la Jurisdiction Ecclésiastique avec la Jurisdiction Royale.

Il faut encore observer, que si avant la condamnation au bannissement, le condamné avoit été recommandé pour dette civile, ou pour la reddition de compte de l'administration qu'il avoit faite, l'exécution du Jugement criminel doit être suspendue & differée jusqu'à ce que le condamné ait satisfait à ses créanciers, attendu que la peine du bannissement n'est pas peine afflictive de corps, & que l'exécution *magis reo debitori solatium, quàm pœna videretur;* parce qu'étant banni dans une autre Province, les créanciers ne pourroient pas agir contre lui : que la Loi 1, *C. de bon. proscript.* & autres qui portent que l'exécution ne doit pas être differée, ou en tout cas que pour très-peu de tems, ne parlent qu'en haine du condamné, *ibi in verbis ut pœnæ suæ reddi possit;* & qu'il ne faut pas par conséquent les interpréter en sa faveur, comme il a été jugé au Conseil Royal de Catalogne, ainsi qu'il est rapporté par Peguera, *Decis. Crimin. cap. 22. Vide etiam Hyppol. de Marsil. Practi. Crim. §. opportunè, num. 2.*

Que l'amende honorable peut être convertie en plus grande peine, si le condamné refuse d'obéir.

ARTICLE XXII.

SI les condamnés à l'amende honorable refusent d'obéir à Justice, les Juges seront tenus leur en faire trois différentes injonctions, après lesquelles pourront *les condamner à plus grande peine.*

Les condamner à plus grande peine.] C'est à cause de la désobéissance & du mépris qu'ils font de la Justice, lorsqu'après les injonctions qui leur sont faites, ils ne veulent pas satisfaire à la peine qui leur a été ordonnée : c'est encore une espéce de contumace qui aggrave la peine. *L. 4 in fin. ff. de pœn.* L'Ordonnance ne détermine pas précisément le genre de peine. Mais Papon rapporte divers Arrêts, par lesquels l'amende honorable fut commuée en la peine du dernier supplice, par le refus que les condamnés firent d'y satisfaire : liv. 24, tit. 10 des Peines, Arrêt 19. Et Despeisses en son Traité des Crimes, part. 1, tit. 12, rapporte un Arrêt du Parlement de Paris, donné en l'Audience, lui présent, le 14

Juillet 1614, par lequel un Gentilhomme fut condamné en double amende pécuniaire, & le tems de son bannissement doublé, avec cette clause : *Que la Cour, de grace, lui donnoit la vie, pour n'avoir pas voulu à l'Audience en faisant amende honorable, faire la déclaration portée par son Arrêt de condamnation.*

Article XXIII.

Exception de l'article 21 en faveur des femmes enceintes.

SI quelque femme devant ou après avoir été condamnée à mort, paroît ou déclare être enceinte, les Juges ordonneront qu'elle sera visitée par Matrônes qui seront nommées d'office, & qui feront leur rapport dans la forme prescrite au Titre des Experts, par notre Ordonnance du mois d'Avril 1667. Et si elle se trouve enceinte, *l'exécution sera differée* jusqu'après son accouchement.

L'exécution sera differée.] Cet article est coforme à la disposition du Droit, en la Loi *Imperator* 18, *ff. de stat. hom.* & en la Loi *Prægnantis, ff. de pœn.* conçue en ces termes : *Prægnantis mulieris consumendæ damnatæ pœna differtur quoad pariat ;* & aux Arrêts rapportés par Bergeron sur Papon, liv. 24, tit. 10, Arrêt 8 ; par Bouvot, tom. 1, part. 3, sous le mot, *Supplice de femme enceinte sera differé ;* & par *Jul. Clar.* §. *fin. qu.* 67, *num.* 5 ; par lesquels il a été jugé que l'exécution doit être differée jusqu'à ce qu'elle ait enfanté. Cette Loi est si juste, qu'elle a été introduite par les Egyptiens, & depuis reçue par les Grecs, comme rapporte *Diodor. Sicul.* Et *Ælian. lib.* 5 *variar. histor.* remarque que le Sénat de l'Aréopage suspendit l'exécution d'un Arrêt de mort qu'il avoit rendu contre une femme accusée de vénéfices.

L'Empereur Claude est blâmé par les Historiens, de ce que sa cruauté alloit jusqu'à cet excès de punir du dernier supplice les femmes enceintes. *Dion. lib.* 57. La raison de cette Loi & des Arrêts est, d'autant qu'il n'est pas raisonnable que l'enfant qui est innocent, soit condamné au même supplice que sa mere, & qu'on en fasse mourir deux pour la faute d'un seul, *ne calamitas matris noceat infantibus qui sunt in utero.* Or il faut remarquer que ce délai ou cette suspension d'exécution a lieu à l'égard de la femme enceinte, non seulement lorsqu'elle a été condamnée au dernier supplice, mais même lorsqu'elle a été condamnée en quelqu'autre peine corporelle, quelle qu'elle soit, ou à la question, suivant ladite Loi *Prægnantis : Ego quidem, & ne quæstio de eâ habeatur, scio observari quamdiu prægnans est. Jul. Clar. dict. quæst. Batt. Reg.* 128 ; *& Hyppolit. de Marsil.* §. *nunc videndum, num.* 47 *& seq.* où il dit qu'on doit même differer la question quarante jours après son accouchement, à cause de sa foiblesse & du danger qu'il y a qu'elle ne vînt à mourir dans le tourment, pour n'en pouvoir supporter la rigueur, *quia mulier malè stat in partu :* même qu'après les quarante jours, elle ne doit pas être appliquée à la question, si l'on ne trouve une autre Nourrice pour nourrir l'enfant, *ne ipse puer periret casu quo mater periret. Bart. ad dict. L. Prægnantis.* Ce qui a lieu, bien que l'enfant ait été conçu en adultere, ou que la femme ne soit enceinte que de dix ou vingt jours seulement, parce qu'encore que le fœtus n'ait point reçu souffle & respiration de vie, il y a espérance qu'il le recevra, *quia licèt nondum sit anima, tamen spes est ejus. Angel. de Aret. in tract. de malef. in verbo* Fama publica, *in verbo* Sexto quæro.

Que le Sacrement de Confession est offert aux condamnés à mort.

ARTICLE XXIV.

LE Sacrement de Confession *sera offert aux condamnés à mort*, & ils seront *assistés d'un Ecclésiastique jusqu'au lieu du supplice.*

Sera offert aux condamnés à mort.] Cet article est conforme à l'Ordonnance du Roi Charles VI. du 11 Fevrier 1396, par laquelle (non-seulement le Sacrement de Confession ne doit pas être dénié aux condamnés à mort, mais même ceux qui les ont condamnés les doivent induire à se confesser, & quand ils n'y penseroient pas eux-mêmes :) & au Droit Canon, *cauf.* 13, *quæst.* 2, *cap. quæsitum* 90, & *cap.* 1 *ext. de pœnit. in Clement.* C'est pour cela que Damhouder en sa Pratique criminelle, *cap.* 150, dit : *In hoc autem omnes penè conveniunt, ut reum quem suâ vitâ corporali privabunt, eundum ad vitam spiritalem promoveant, & ad resipiscentiam, commissorum pœnitentiam, & in spem veniæ erigant.* Et dans ce même endroit, cet Auteur fait une exhortation qui peut servir d'un parfait modéle à tous les Confesseurs, pour résoudre les condamnés à la mort, & les toucher d'une véritable repentance des crimes qu'ils ont commis.

Il est vrai qu'on ne pratique pas en France de donner un Confesseur un jour auparavant l'exécution, mais on le donne le même jour de l'exécution. L'Ordonnance de Charles V, *de capitalibus judiciis*, de l'an 1540, art. 79, que Damhouder en sa Pratique criminelle appelle au chapitre 150, *benignam & christianam constitutionem*, & qui est pratiquée dans toute l'Italie, permettoit de donner aux criminels le Saint Sacrement de l'Eucharistie, conformément aux anciens Canons de l'Eglise, *cap. quæsitum* 13, *quæst.* 2, *cap.* 2, & *ibi Panorm.* & *scrib. ext. de furt.* & *in cap. si quis, de pœnit. distinct.* 7. *Vide DD. in L. obnoxios criminum* 11, *C. de relig.* & *sumpt. fun.* & *L.* 1 & 3, *C. de cadaver punit.* Mais cette Ordonnance n'est pas suivie en France ; & celle-ci n'en parlant point, elle confirme & autorise l'usage qu'on a observé de ne pas le leur donner. Ce Sacrement fut refusé au Connétable de Saint Paul, quoiqu'il le demandât après la lecture de son Arrêt ; & au lieu de cela on lui célébra une Messe, & on lui donna du pain & de l'eau bénite. Pasquier en ses Recherches, liv. 6, chap. 10. Ainsi l'Extrême-Onction n'est jamais accordée aux condamnés à mort. Voyez les autorités rapportées par Despeisses en son Traité des Crimes, partie 1, tit. 12, section 3, article 5 des Peines, nomb. 17 & 18.

TITRE XXVI.

DES APPELLATIONS.

Où ressortissent les Appellations en matiere criminelle.

ARTICLE PREMIER.

TOUTES appellations des Sentences préparatoires, *interlocutoires* & définitives, *de quelque qualité qu'elles soient*, seront *directement portées en nos Cours*, chacune à son égard, dans les accusations pour crimes qui méritent peine afflictive : *& pour les autres crimes, à nos Cours*, ou à nos Baillifs & Sénéchaux, au choix & option des accusés.

Interlocutoires.] On ne peut pas aux matieres criminelles, non plus qu'aux civiles, appeller des Sentences interlocutoires, à moins que ce qui a été ordonné ne soit d'un préjudice irréparable, comme s'il avoit été ordonné que l'accusé seroit appliqué à la question : *L. 2, ff. appel. recip.* Tel fut l'appel que Saint Paul interjetta à César, de ce que Festus voulant favoriser les Juifs, lui avoit demandé s'il vouloit monter à Jerusalem, à être là jugé devant lui de ce dont les Juifs qui étoient descendus de Jerusalem, l'avoient accusé : ce renvoi à Jerusalem étoit d'un grief irréparable, parce que la condamnation de S. Paul eût été assurée, s'il y eût été jugé. *Actor. 25, vers. 5 & seq.*

De quelque qualité qu'elles soient.] L'Ordonnance ne fait point de distinction entre les appellations des Jugemens d'instruction, & ceux qui sont définitifs, parce que n'ayant pas pouvoir de faire l'instruction en dernier ressort, les Parties ne s'en tiendront pas à un second Jugement, non plus dans les Sentences d'instruction que dans les définitives.

Directement portées en nos Cours.] Par l'Ordonnance de François I. 1536, à Cremieu, art. 22, & par celle qui fut publiée en 1539, art. 163 : *Toutes appellations interjettées en matiere criminelle, de quelque qualité & de quelques Juges qu'elles fussent, ressortissoient à la Cour sans moyen, bien qu'elles fussent données par les Prevôts ou autres Juges inférieurs.* Mais par un Edit postérieur donné à Angoulême le 20 Novembre 1542, ce qui est porté par cette Ordonnance, *fut restraint & limité aux appellations interjettées des Sentences de torture, peines corporelles ou de mort, bannissement perpetuel ou à tems, d'amende honorable, ou autre peine afflictive de corps.* Ce qui est encore ainsi décidé par l'Edit donné à Saint Germain le dernier Août 1555, & cela s'observe ainsi. Bouvot, tome 1, partie 2, sous le mot *Juges d'appel*, quest. 1. *Et à l'égard des autres Sentences qui n'adjugeoient pas les peines susdites, & qui pouvoient être jugées sans amener les prisonniers aux Concierges des Cours., elles appartenoient au Juge moyen supérieur, c'est-à-dire pardevant les*

Baillifs & Sénéchaux, ausquels la connoissance en appartient. Mais en procedant à la vérification dudit Edit, il fut déclaré par l'Arrêt de la Cour, *que tous appellans d'emprisonnement, longue détention, ou déni de Justice, auroient l'option de relever leur appel aux Cours de Parlement, ou pardevant le Juge moyen. Bald. in L. 2, C. de Episc. audient. Hyppolit. in Prax. crimin. in verbo ord. num. 5, cap. ex parte, in verbo quales, ext. de appel.* Et le motif que la Cour eut, & que l'Ordonnance a, est d'autant que l'appel est le vrai remede pour soulager les prisonniers, & pour adoucir la rigueur des premiers Juges, & les ennuis d'une longue prison. Les Juges sont obligés de déferer aux appellations, sinon aux cas ausquels ils peuvent passer outre par les Ordonnances, ou desquels le pouvoir leur est attribué de juger sans appel.

Et pour les autres crimes, à nos Cours.] Quand il y a appel d'une Sentence rendue sur procès criminel, dont la condamnation n'est que pécuniaire, & où il n'y a point de peine afflictive, ni de bannissement, cet appel se juge aux Chambres des Enquêtes, qui connoissent du petit criminel, c'est-à-dire de tous les procès criminels où il n'échet point de peine afflictive.

¶ Par Arrêt rapporté au Journal des Audiences, & rendu le premier Juillet 1707 en la Tournelle criminelle, sur les conclusions de M. l'Avocat Général Guillaume-François Joly de Fleury, il a été décidé que le Juge de Seigneur ne peut connoître d'appellations en matiere criminelle.

Joseph Dujour ayant rendu plainte contre Louis Vanny, sa femme & son fils, d'excès & violences, pardevant le Juge de Dollencourt, Juge de Seigneur, il y avoit eu information, Sentence de provision, & decret d'assigné pour être oui, dont Vanny avoit interjetté appel en la Justice Seigneuriale de Jaucourt, où étoit intervenu Sentence portant les Parties renvoyées à Dollencourt, comme en matiere légere, & sur l'appel de la Sentence de provision, mal jugé.

Appel par Vanny, de ce qu'il avoit été renvoyé à Dollencourt : par l'Arrêt la Sentence a été infirmée ; M. l'Avocat Général ayant remontré, que quoique les Parties eussent volontairement procedé en la Justice de Vaucourt, la procedure n'en étoit pas moins irréguliere, ayant été appellé devant un Juge de Seigneur en matiere criminelle, contre la disposition de l'Ordonnance.

Par le même Arrêt, jugé qu'on ne peut ordonner une enquête par rapport à une Partie, pendant qu'il y a information entre les accusés du même crime, ou d'un fait qui en est dépendant.]

ARTICLE II.

LES appellations de permission d'informer, *des Decrets*, & de toutes autres instructions, seront portées *à l'Audience de nos Cours* & Juges.

Des Decrets.] L'appellation des Decrets de prise de corps & autres Decrets, n'est pas régulierement reçue, à cause que ce sont des préparatoires : néanmoins quand les Decrets sont nuls, comme s'ils ont été décernés par un seul Juge sans autres opinans, l'appel en est reçu : il en doit être de même lorsqu'ils sont décernés par des Juges suspects & incompétens.

A l'Audience de nos Cours.] On ne peut faire des procès par écrit d'appellations des Decrets de prise de corps & d'ajournement personnel, & elles doivent être jugées sommairement en l'Audience ; comme il fut jugé par Arrêt du Parlement de Paris, recueilli par Peleus, liv. 3 de ses Actions Forenses, art. 51; par lequel le Juge de Montargis fut condamné à restituer quatre écus d'épices du Jugement par écrit par lui rendu sur un appel de Decret de prise de corps. Le motif de l'Ordonnance est pour retrancher les longueurs des procès, & la vexation qu'on fait au peuple.

De l'effet de l'appel, & s'il est suspensif.

ARTICLE III.

AUCUNE appellation ne pourra empêcher ou retarder *l'exécution des Decrets, l'Instruction & le Jugement.*

L'exécution des Decrets, l'Instruction & le Jugement.] Cet article est conforme à l'Ordonnance de Charles VII, art. 13, en ces termes : *In causis criminalibus excessuum malefactorum, pretextu appellationis vel oppositionis factæ, vel faciendæ contra culpabiles deliquentes, & informationum confectio, captioque delinquentium, seu detentio, vel imprisonamentum personæ, similiter captio vel arrestatio bonorum eorum, si casus requirat, de cætero non differatur;* du même Roi, en 1453, art. 14; de François I. de l'an 1535, ch. 16, art. 7; d'Henri II. 1549, art. 10; Charles IX. à Paris, en Janvier 1563, art. 18; & d'Henri III. 1585; *par lesquelles les ajournés à comparoir en personne ne peuvent pas être reçus appellans sous ombre d'incompétence, mais ils doivent comparoir & requerir leurs renvois; autrement s'ils ne comparent, les Juges peuvent passer outre, nonobstant les appellations; & les appellans de prise de corps ne sont reçus appellans, sinon après qu'ils se sont rendus actuellement prisonniers aux prisons du Juge qui aura decreté, ou du Juge d'appel; & à faute de se remettre, il peut être procedé à la capture, nonobstant toutes appellations, encore qu'elles soient fondées sur incompétence, & à la confection du procès jusqu'à Sentence définitive exclusivement.* Ce qui est confirmé par divers Arrêts qui sont rapportés par Papon en son Recueil, liv. 9, tit. 1 des Appellations, Arrêt 33, même contre des Prêtres; & par Char. en ses Pandectes, liv. 4, ch. 6. Et Theveneau remarque sur l'art. 4 du tit. 3 de l'exécution des Decrets, que cela est conforme à l'ancienne Jurisprudence des Gaules; & il rapporte l'autorité de César, en son livre premier, *de Bello Gallico, Moribus suis Argentorigent ex vinculis causam dicere coegerunt.* L'on peut alleguer diverses raisons, qui ont servi de motif à la disposition de ces Ordonnances; mais les principales sont pour empêcher les suites & les longueurs que les criminels avoient accoutumé de chercher pour empêcher l'exécution des Decrets & l'instruction du procès, & afin qu'on ne reçoive pas des appellations qui ne peuvent qu'être relevées témérairement, puisque celui contre lequel le Decret a été ordonné, ne peut pas se plaindre avec connoissance de cause du Juge qui l'a donné, jusqu'à ce qu'il ait répondu sur les charges qui ont donné lieu au Decret. Et c'est la raison sur laquelle Faber en son Code, *lib. 7, tit. 26*, appuye la décision du Sénat en sa définition 38. *Sed placuit non esse audiendum qui appellat à citatione personali, priusquàm de crimine responderit, propterea quod ejusmodi appellatio non videtur certo judicio interposita, cùm nescire probabiliter reus possit priusquàm responderit, ex quâ causâ citatus & responsurus sit.*

ARTICLE IV.

NE pourront nos Cours donner *aucunes défenſes ou ſurſéances* de continuer l'inſtruction des procès criminels, *ſans voir les charges* & informations, & ſans concluſions de nos Procureurs Généraux, dont il ſera fait mention dans les Arrêts, ſi ce n'eſt *qu'il n'y ait qu'un ajournement perſonnel.* Déclarons nulles toutes celles qui pourront être données: Voulons que ſans y avoir égard, ni qu'il ſoit beſoin d'en demander main-levée, l'inſtruction ſoit continuée, & les Parties qui les auront obtenues, & leurs Procureurs, condamnés chacun en cent livres d'amende, applicable moitié à la Partie, & moitié aux Pauvres, qui ne pourront être remiſes ni moderées. Exception du précédent article.

Aucunes défenſes ou ſurſéances.] Cet article confirme le précédent, & y ajoute deux choſes, pour impoſer cette Loi aux Juges, de ne pas empêcher ou retarder l'inſtruction des procès criminels avant qu'ils ayent vû les charges & informations, & ſans les concluſions des Procureurs Généraux. L'une (que l'inſtruction doit être continuée nonobſtant ces défenſes ou ſurſéances; & l'autre la condamnation d'amende contre la Partie & les Procureurs qui y auront contrevenu. Il eſt vrai qu'il en excepte un cas, auquel on peut ſans voir les charges & ſans concluſions, obtenir un Arrêt de défenſes & ſurſéances, qui eſt, lorſqu'il n'y a eu originairement qu'un Decret d'ajournement perſonnel,) parce que ce Decret fait préſumer que le crime n'eſt pas ſi grave, & que le public n'a pas un ſi grand interêt en la punition d'icelui.

Sans voir les charges.] Il y a une Déclaration du Roi du 15 Juillet 1681, par laquelle Sa Majeſté a ordonné, *que dans les procès criminels qui s'y pourſuivront par appel des procedures ou Jugemens definitifs des Juges ordinaires & ſubalternes, les originaux des plaintes, informations, récollemens, confrontations, & de toutes les procedures par eux faites ou Officiers des Seigneurs, pour crimes, de quelque nature & qualite qu'ils ſoient, dans l'etendue du reſſort du Parlement de Toulouſe, demeureront toujours dans les Greffes deſdits Sieges, ſans qu'en aucun cas & ſous quelque prétexte que ce puiſſe être, ledit Parlement en puiſſe ordonner la remiſe au Greffe Criminel de ladite Cour; mais ſimplement des Groſſes, dont ſera expreſſément fait mention dans les Arrêts ou Commiſſions qui s'expédieront en la Chancellerie de ladite Cour, ſi ce n'eſt lorſque les procedures ſeront arguées de faux, ou que les Juges qui les auront faites ſeront accuſes de prévarication, auſquels cas elle pourra ordonner la remiſe des originaux.* Ce qui a donné lieu à cette Déclaration eſt, que Sa Majeſté avoit été informée de l'uſage que le Parlement de Toulouſe obſervoit de faire apporter au Greffe Criminel, en cas d'appellation, les originaux des procedures criminelles, & qu'il en arrivoit de grands inconvéniens à la Juſtice, ſoit parce que ceux qui étoient chargés deſdites procedures n'ayant pas pris les précautions néceſſaires pour les conſerver, les égaroient, ou partie d'icelles, ſoit que bien ſouvent leſdites procedures leur étoient enlevées par les Parties intereſſées.

Auparavant cette Déclaration, il avoit été rendu Arrêt au Conſeil Privé, le 21 Novembre 1679, à S. Germain-en-Laye, par lequel Sa Majeſté en ſon Conſeil, de l'avis de Monſieur le Chancelier, *a ſupprimé dans les Lettres d'appel des decrets & procedures criminelles du Parlement d'Aix, la clause de commandement aux Greffiers d'envoyer les procedures originales, & aux Géoliers de traduire les prisonniers; & quant aux Lettres de relief d'appel des Sentences définitives, il y est porté à l'égard desdites procedures, que la grosse d'icelles en sera seulement apportée ou envoyée: ce qui sera pareillement observé, quand par les Arrêts de ladite Cour du Parlement d'Aix, il sera ordonné que les procedures seront apportées au Greffe de ladite Cour, pour n'être en aucun cas les minutes des procedures criminelles tirées des Greffes des premiers Juges, si ce n'est qu'il fût question de fausseté ou de prévarication des Juges qui les auroient faites, & ce nonobstant tous usages à ce contraires.*

Qu'il n'y ait qu'un ajournement personnel.] Depuis, Sa Majesté a donné une Déclaration au mois de Décembre 1680, par laquelle elle a ordonné, *que les Cours ne pourront à l'avenir donner aucuns Arrêts de défenses d'exécuter les decrets d'ajournement personnel, qu'après avoir vû les informations, lorsque lesdits Decrets auront été décernés par les Juges Ecclésiastiques, & par les Juges ordinaires Royaux & des Seigneurs, pour fausseté, malversation d'Officiers dans l'exercice de leurs Charges, ou lorsqu'il y aura d'autres accusés contre lesquels il aura été decreté de prise de corps: & que les accusés qui demanderont ainsi des défenses, seront tenus d'attacher à leur Requête la copie du Decret qui leur aura été signifié; que tous Juges Royaux & des Seigneurs seront tenus d'exprimer à l'avenir dans les ajournemens personnels qu'ils décerneront, le titre de l'accusation pour laquelle ils décerneront, à peine d'interdiction de leurs Charges; & que toutes les Requêtes tendantes ainsi à fin de défenses d'executer les Decrets d'ajournement personnel, seront communiquées au Procureur Général; & à l'égard de ceux qui auront été decretés d'ajournement personnel pour d'autres cas que ceux qui sont exprimés dans la Déclaration, que les Cours pourront refuser des Arrêts de défenses, selon que par le titre de l'accusation il leur paroîtra convenable au bien de la Justice.*

Le motif de cette Déclaration a été, que la Justice recevoit un notable préjudice de ce que les Cours accordoient des défenses de passer outre à l'exécution des decrets d'ajournement personnel, donnés tant par les Juges Ecclésiastiques, que par les Juges ordinaires, en ce que lesdits Juges Ecclésiastiques se servant simplement de ces voies pour faire venir les accusés, sans ordonner des decrets de prise de corps, il arrivoit que sans aucune connoissance de cause & sur toutes sortes d'affaires, les procedures desdits Juges Ecclésiastiques étoient sursises, & que par cette surséance les coupables demeuroient sans châtiment. Et à l'égard des decrets décernés par les Juges ordinaires pour crime de faux, ou pour malversation d'Officiers dans l'exercice de leurs Charges, ou quand il y avoit d'autres accusés decretés de prise corps, avant que la Partie civile eût obtenu la levée desdites défenses, la plûpart des preuves dépérissoient.

De l'évocation des Procès criminels, & en quel cas elle peut être faite.

ARTICLE V.

LES Procès criminels pendans devant les Juges des lieux, ne pourront être évoqués par nos Cours, si ce n'est qu'elles connoissent après avoir vû les charges, *que la matiere est légere*, & ne mérite une plus ample instruction; auquel cas pourront les évoquer, à à la charge de les juger sur le champ à l'Audience, & faire mention par l'Arrêt des charges & informations ; le tout à peine de nullité.

Que la matiere est légere.] Il n'y a aussi qu'un cas auquel les Cours peuvent évoquer les procès criminels pendans devant les Juges des lieux, qui est lorsqu'il s'agit dans ces procès d'une matiere de petite importance, qui ne mérite pas une plus ample instruction ; & même en évoquant, il faut qu'elles jugent l'affaire en l'Audience & sur le champ. Par l'Ordonnance d'Henri III. aux Etats de Blois, article 149, *il est défendu aux Cours de Parlement, en procedant dans les matieres civiles au Jugement des causes d'appel, d'évoquer le principal de la matiere, si ce n'est pour le juger sur le champ, ou que la décision du principal dépende de l'appel qui sera appointé au Conseil.* Il faut encore remarquer que cet article dit, *que les procès ne pourront être évoqués par les Cours*, parce qu'il n'y a que les Cours supérieures qui ayent le droit d'user d'évocation ; car pour ce qui est des Baillifs & Sénéchaux, ils ne peuvent pas, sous prétexte de l'appel relevé devant eux, évoquer le principal, mais ils sont tenus de juger, *an benè vel malè judicatum sit ;* comme il a été jugé par Arrêt rapporté par Corbin en ses Plaidoyers, ch. 108.

Cas dans lesquels il faut envoyer l'accusé & les procès aux Parlemens, soit qu'il y ait appel ou non.

ARTICLE VI.

SI la Sentence rendue par le Juge des lieux porte condamnation de peine corporelle, de galeres, *de bannissement* à perpétuité, ou d'amende honorable, *soit qu'il y ait appel ou non, l'accusé & son procès seront envoyés ensemble* sûrement en nos Cours. Défendons aux Greffiers de les envoyer séparément, à peine d'interdiction & de cinq cens livres d'amende.

De bannissement.] La Sentence rendue par le Juge inférieur, portant condamnation au bannissement, étant confirmée par le Supérieur, n'emporte que le bannissement hors du ressort du Juge inférieur, & non pas hors de celui du supérieur, d'autant que *confirmatum inest in confirmante, sicut relatum in suo referente cum omnibus suis qualitatibus, vulg. L. esse toto, ff. de hæred. instit.* Il est vrai que les Cours ont le plus souvent accoutumé dans le Jugement de ces appellations, d'augmenter la peine, & d'étendre le bannissement hors de leur ressort, *ne scelerato nebuloni prosit quod alium quàm Senatum priorem Judicem habuerit. Fab. in suo Cod. lib. 9, tit. 25, defin. 11.*

Soit qu'il y ait appel ou non.] Lorsqu'il y a Jugement de condamnation à mort, ou à quelqu'autre peine afflictive de corps, on ne peut pas mettre à exécution le Jugement, qu'il n'ait été confirmé par le Supérieur, jusques-là que par la Loi *addictos, C. de Episcop. audient.* la Loi *à Proconsulibus, C. de appel.* & la Loi *Julia in princ. de vi publ.* le Juge qui avoit mis le Jugement à exécution, devoit être condamné à mort. Duret en son Traité des Peines, chap. *des Juges faisant mal leur devoir.* Néanmoins ces Loix ne sont pas observées à la rigueur, & les Juges sont seulement condamnés en l'amende ou suspension de leurs Charges. Papon en ses Arrêts, liv. 19, tit. 1 des Appellations, Arrêts 16 & 17 ; Boër.

décis. 153 ; la Roche, liv. 13 des Parlemens, chap. 59, art. 51. Et quand le condamné ne se rendroit pas lui-même appellant, le Procureur du Roi ou Fiscal est tenu de se rendre appellant pour le condamné, & on differe l'exécution jusqu'à ce que l'appel soit jugé. Rebuffe *in Proœm. Constit. Reg. gl.* 5, *num.* 100 ; Ranchin, *Decision. part.* 1, *conclus.* 30 ; & Ferr. sur la quest. 84 de Guy-Pape, où il rapporte un Arrêt du Parlement de Toulouse du 25 Mai 1596, contre le Procureur du Roi de Beaucaire, par lequel, sur ce qu'il avoit fait exécuter une Sentence de condamnation à mort contre un prévenu qui ne s'étoit pas rendu appellant, le Parlement fit ce Réglement, qui est depuis inviolablement observé dans ce ressort, que le Procureur du Roi seroit tenu de se rendre appellant au défaut du condamné, & *quamvis provocare nolit.*

Il est même défendu aux Juges de mettre pareilles Sentences à exécution, quand l'appellant renonceroit à l'appel par lui relevé, d'autant qu'ès causes criminelles l'appel *extinguit judicatum*, au lieu qu'aux civiles *suspendit tantùm*, *L.* 1, *ff. ad Turpill.* & *Festus*, dit Saint Paul, Act. 26, *poterat, nisi Cæsarem appellasset.* Cela a été ainsi jugé contre l'appellant de la question qui vouloit renoncer à son appel, par un Arrêt du Parlement de Paris, rapporté par Peleus en ses Actions for. liv. 8, act. 35 ; & par un autre Arrêt du Parlement de Toulouse, rapporté par la Roche en ses Arrêts, liv. 6, sous le mot *Appellation*, tit. 5, Arrêt 10 ; & la raison qu'il en rapporte est, d'autant que comme la Loi a eu tant de soin de la vie des hommes, qu'elle a voulu que si le condamné à peine corporelle ne veut pas appeller, il soit permis à un tiers d'en appeller, *etiam reo resistente*, *L. non tantùm* 6, *ff. de appell.* même bien qu'il ne soit pas parent du condamné : *Credo etiam*, dit le Jurisconsulte en cette Loi, *humanitatis ratione omnem provocantem audiri debere*, & *L. addictos* 26, *C. eod. L.* 2, §. *ult. ff. quando appell. nec enim licere debet cuiquam suo arbitrio perire, atque etiam interest hominis hominem beneficio adfici* ; à plus forte raison celui qui a une fois appellé ne peut pas renoncer à son appel. Ces appellations sont même si privilégiées, que quoique l'appellant n'ait aucun fondement en son appel, il n'encourt pas la condamnation d'amende en laquelle les téméraires appellans aux affaires civiles doivent être condamnés pour le fol appel : *Honesta enim justaque esse intelligitur ratio quælibet redimendi sanguinis & honoris* ? & defin. 46, *præsertim cùm Juris communis auxilium imploratur*, *Fab. in suo Cod. lib.* 7, *tit.* 26 ; & quoiqu'elles engagent les Parties en des frais, & qu'elles traînent les affaires en longueur, néanmoins *nunquam tardum existimatur, quod est omnium ultimum.*

L'accusé & son procès seront envoyés ensemble.] Les prisonniers condamnés en des peines afflictives de corps étant appellans, ou autres pour eux, doivent être incontinent menés aux prisons des Cours Supérieures où leurs appellations ressortissent immédiatement ; & par même moyen, il faut nécessairement que le procès qui leur a été fait soit porté avec la Sentence, & que les Juges y tiennent la main & y apportent beaucoup de diligence, à peine d'être mulctés & punis, suivant les Ordonnances de Charles VII. de l'an 1453, Charles VIII. 1493, art. 115, & d'Henri III. 1585, & cela afin que les prisonniers puissent être promptement jugés : M. le Président Liset en sa Pratique criminelle, liv. 2, chap. 10, & Imbert en ses Institutions, liv. 4, chap. 1. Festus pratiqua la même chose à l'égard de Saint Paul, après qu'il eut appellé à Cesar ; car nous lisons dans les Actes des Apôtres, chap. 25, vers. 26 & suivans, que ne pouvant rien écrire de certain à Auguste, il le présentoit, & principalement au Roi Agrippa, afin qu'après l'inquisition faite il eût de quoi écrire ; & il ajoute qu'il lui sembloit qu'il n'y avoit pas de raison d'envoyer un prisonnier, sans faire sçavoir le crime dont il étoit accusé. *Ego verò cùm comperissem eum nihil dignum morte fecisse, & is ipse appellasset Augustum, decrevi eum mittere. De quo quid certi scribam domino non habeo: quapropter eum ad vos produxi, & maximè ad te, Rex Agrippa, ut habitâ quæstione, habeam quod scribam. Nam præter rationem mihi videtur, cùm mittam vinctum, non etiam crimina in eum collata significare.*

§ Mais quoique l'accusé prisonnier n'ait été condamné qu'au blâme, ayant été transferé, il ne peut pas demander d'être mis en liberté pendant l'instruction du procès en la Cour. Ainsi jugé par Arrêt de la Tournelle Criminelle du 7 Février 1703, rapporté au Journal des Audiences dans l'ordre de sa date.

Il y avoit eu de grands procès entre les Sieurs Fautereau; deux d'entr'eux déclarés atteints & convaincus de faux, avoient été condamnés au blâme & en des dommages & interêts vers le troisiéme: sur l'appel, étant transferés prisonniers, ils avoient demandé leur liberté pendant l'instruction; mais sur cette demande l'Arrêt les a mis hors de Cour.]

ARTICLE VII.

S'IL *y a plusieurs accusés* d'un même crime, *ils seront envoyés en nos Cours, encore qu'il n'y en ait qu'un qui ait été jugé.*

§ *S'il y a plusieurs accusés.*] Par Arrêt rapporté au Journal des Audiences, rendu en forme de Réglement le 18 Février 1699 en la Tournelle Criminelle, sur les conclusions de Monsieur le Procureur Général, il a été fait défenses aux Procureurs de la Cour de former incidemment, aux appellations interjettées des procedures extraordinaires, aucunes demandes, ni souffrir qu'il en soit formé aucunes, pour voir déclarer les Arrêts communs contre des accusés qui ne sont point appellans, quoique compris dans les mêmes procedures faites devant les premiers Juges, desquelles d'autres accusés auront interjetté appel, à peine de nullité des procedures faites de part & d'autre sur lesdites demandes, & des dommages & interêts des Parties.]

Ils seront envoyés en nos Cours.] Si la Partie civile ne fait pas transferer l'accusé, il peut se pourvoir devant le Juge d'appel, & demander par Requête qu'il soit amené à la diligence du Procureur du Roi; sur quoi il est donné Arrêt, portant que dans tel tems elle sera tenue de le faire amener; autrement qu'il sera amené à la diligence du Procureur du Roi, & la conduite baillée au rabais, dont sera délivré exécutoire à l'encontre de la Partie. Il faut ensuite faire signifier l'Arrêt à la Partie civile; & le délai passé, si elle n'y satisfait, le remettre au Procureur du Roi, pour faire proceder au bail du rabais, lequel se fait à la diligence du Procureur du Roi ou de celui du Seigneur, devant le Juge dont est appel, par des affiches que l'on appose à la porte de l'Auditoire & dans la Place publique; & les exécutoires seront délivrés par les Cours à ceux qui auront fait la conduite, ou porté le procès.

Encore qu'il n'y en ait qu'un qui ait été jugé.] Cet article ne peut être entendu des condamnations de petite conséquence, comme pécuniaires & satisfactoires, parce qu'en tels cas l'appel de l'un des condamnés n'empêche pas l'exécution du Jugement contre ceux qui ne sont pas appellans; mais des Sentences contenant peine afflictive contre les accusés, à l'égard desquels tous les prisonniers doivent être menés de suite, parce que par ce moyen il se peut faire que la peine sera diminuée ou ôtée, *cùm appellatio correi aliorum non appellantium sit vera defensio in connexis. L. 2, C. si unus ex pluribus appell. Jul. Clar. in Prax. §. fin. quæst. 94, num. 4.* C'est pour cela que l'appel d'un des condamnés empêche l'exécution du Jugement contre les autres qui ne sont pas appellans. Papon, titre des Appellations des procès criminels, nomb. 13 & 38, marque les censures faites par les Supérieurs aux Inférieurs, pour avoir exécuté des Jugemens contre les non-appellans, au préjudice de l'appel de l'un des condamnés, parce qu'il peut arriver que par la diligence de celui qui est appellant, le complice qui ne l'est pas peut être sauvé, ou la peine convertie en une peine plus douce. *Arg. Leg. clarum, C. de auctor. præst.* en ces termes, que Papon appelle saints & notables, *ne ex suâ imperitiâ, vel juvenili calore, aliquid vel dicant, vel taceant, quod si fuisset prolatum, vel non expressum, prodesse eis poterat, & à deteriore calculo eos eripere.*

ARTICLE VIII.

LE même sera pratiqué, si l'un a été condamné, & l'autre absous.

Ce qui doit être observé à l'égard des prisonniers qu'on mene de suite.

ARTICLE IX.

INCONTINENT après l'arrivée de l'accusé & du procès à la géole des prisons, *le Greffier de la géole*, ou Géolier, sera tenu de remettre le procès au Greffier de notre Cour, qui en avertira le Président pour le distribuer.

Le Greffier de la géole.] Par les Ordonnances de Charles VII. de l'an 1453, & de Louis XII. à Blois en Novembre 1507, art. 32, *le procès ne devoit pas être remis au Greffe de la géole; mais dès que l'appellant avoit été amené dans les prisons de la Cour, ceux qui l'avoient amené devoient mettre par même moyen son procès criminel au Greffe de la Cour; autrement ils pouvoient être retenus & arrêtés dans la prison.*

ARTICLE X.

LES informations & procès criminels seront distribués par nos Procureurs Généraux à leurs Substituts, pour sur leur rapport y prendre des conclusions, s'il y échet, ou mis ès mains de nos Avocats Généraux, si l'affaire est portée à l'Audience, sans que les Substituts puissent les prendre au Greffe avant qu'ils leur ayent été distribués.

Ce qui est observé lorsque la Sentence n'ordonne point de peine afflictive, & que la Partie civile est appellante.

ARTICLE XI.

SI la Sentence dont est appel *n'ordonne point de peine afflictive*, bannissement ou amende honorable, & qu'il n'y en ait appel interjetté par nos Procureurs ou ceux des Justices seigneuriales, mais seulement par les Parties civiles, le procès sera envoyé au Greffe de nos Cours par le Greffier du premier Juge, trois jours après le commandement qui lui en sera fait, s'il est demeurant dans le lieu de l'établissement de nos Cours; dans la huitaine, s'il est hors du lieu, ou dans la distance de dix lieues; & s'il est plus éloigné, le délai sera augmenté d'un jour par dix lieues: à peine d'interdiction contre le Greffier, & de cinq cens livres d'amende; & les délais & procedures prescrites par notre Ordonnance du mois d'Avril 1667, seront observées pour les présentations.

N'ordonne point de peine afflictive.] Cet article & les suivans jusqu'au 13, réglent ce qui doit être observé pour l'envoi du procès & la représentation de l'accusé, lorsque la Sentence n'ordonne point de peine afflictive. Il n'est pas nécessaire, comme en l'article sixiéme de ce titre, d'envoyer aux Cours le prisonnier avec son procès criminel, & il suffit d'y envoyer le procès, d'autant qu'en tel cas les prisonniers ne sont pas obligés de bailler leurs griefs de leur propre bouche, & qu'il suffit qu'ils les donnent par écrit. Bass. en sa seconde partie, liv. 2, tit. 3 des Appell. chap. 12, & M. le Président Liset en sa Pratique criminelle, chap. 10 sur la fin, sont de ce sentiment, que le prisonnier appellant ne doit pas être amené aux prisons des Juges de la cause d'appel, si ce n'est qu'il soit appellant de la torture ou Jugement définitif, suivant l'Ordonnance.

Comment ils se distribuent.

ARTICLE XII.

SI les procès de la qualité mentionnée en l'article précedent, sont introduits en nos Cours de Parlement, ils seront distribués ainsi que les procès civils.

Ce qui doit être observé en cas d'appel de la part des Procureurs du Roi ou de ceux des Seigneurs.

ARTICLE XIII.

SI nos Procureurs des lieux, ou ceux des Justices Seigneuriales, *sont appellans*, les accusés, s'ils sont prisonniers, & leurs procès, seront envoyés en nos Cours; & s'ils ont été élargis depuis la prononciation de la Sentence & avant l'appel, ils seront tenus de se rendre en état lors du jugement du procès en nos Cours, ainsi qu'il sera par elles ordonné.

Sont appellans.] Cet article concerne aussi les cas dans lesquels la Sentence dont est appel, n'ordonne point de peine afflictive; mais il apporte quelque différence, lorsque les Procureurs du Roi ou ceux des Seigneurs sont appellans: auquel cas il veut que le prisonnier soit envoyé avec le procès, s'il est actuellement prisonnier lors de l'appel; & s'il a été élargi avant l'appel, qu'il se représente en état lors du Jugement, d'autant que l'appel étant interjetté au nom des Procureurs du Roi, ou de ceux des Seigneurs, cela fait présumer que l'interêt public a été blessé par la Sentence du premier Juge, & que pouvant écheoir une peine afflictive dans le jugement de l'appel, il est nécessaire que le prisonnier soit en état.

Qui doit payer les frais de la conduite des prisonniers.

ARTICLE XIV.

LEs *Exécutoires* seront délivrés par nos Cours à ceux qui auront conduit les prisonniers, ou porté le procès.

Les Exécutoires.] Cet article parle de deux Exécutoires; l'un du port & remise des procedures, & l'autre des frais de la conduite & traduction des prisonniers. Or il faut remarquer que ce qu'on pratique en matieres criminelles pour ce regard, est différent de ce qu'on pratique en matieres civiles; car au lieu qu'en matieres civiles, l'appellant est obligé de faire remettre les procedures à ses frais & dépens, l'accusé les fait remettre & se fait conduire aux frais & dépens de la Partie civile. Et par les Ordonnances de Charles VIII. de l'an 1493, article 105; de Louis XII. de l'an 1507. à Blois, article 232; & de François I. 1535, chapitre 13, article 17; *il est défendu aux Greffiers de mettre aux Commissions qu'ils expédieront, que les prisonniers soient amenés à leurs dépens, si ce n'est que par les Cours il ait été expressément ordonné.* Ce qui a été encore jugé pour le regard du port des procès criminels, qu'il doit être fait aux dépens de l'accusateur & Partie civile, & non pas de l'accusé, par plusieurs Arrêts, & entr'autres par Arrêts des 12 Mai 1563, 3 Janvier 1569, 23 Juin 1571, & 29 Décembre 1579. La raison est, parce qu'il y auroit de l'inhumanité de contraindre le prisonnier de se faire prendre à ses dépens, *ut ad furcam fortasse vel ultimum supplicium duceretur. Fab. in suo Cod. lib. 9, tit. 3, defin.* 1. Et s'il n'y a point de Partie civile, ou qu'elle n'ait pas moyen de fournir aux frais, ou bien qu'elle se soit désistée de la poursuite pendant le procès, elle ne peut ni ne doit être exécutée pour la taxe de celui qui a conduit le prisonnier; mais les frais de la conduite & du procès se font au rabais aux dépens du Roi ou du Seigneur Haut-Justicier, suivant l'article 56 des Etats d'Orleans; d'autant que le Roi & les Seigneurs qui tiennent la Justice de lui par cession, la devant à leurs Sujets, ils en doivent aussi payer les frais subsidiairement, au cas que ceux qui sont poursuivis ne le puissent faire; & s'il n'y a que le Procureur du Roi, en ce cas celui qui en a l'exécutoire se doit adresser au Receveur du Domaine, & non contre le prisonnier, suivant les Arrêts des 13 Février 1576, & 15 Mars 1586, comme il a été remarqué par Guenois & par Imbert, liv. 4 de ses Institutions, chap. II. Autre chose est, lorsque le prisonnier est appellant de quelque Sentence interlocutoire ou préparatoire, & qu'il demande d'être traduit devant le Juge d'appel, on l'ordonne alors à ses dépens, parce qu'autrement sa présence ne seroit pas nécessaire. Ranchin sur la question 235 de Guy Pape.

De la forme en laquelle les accusés sont interrogés.

ARTICLE XV.

LES accusés seront interrogés en nos Cours, *sur la sellette ou derriere le Barreau*, lors du jugement du procès.

Sur la sellette ou derriere le Barreau.] L'article 21 du titre 14 *des Interrogatoires des accusés*, explique les cas dans lesquels les accusés doivent être ouis sur la sellette, qui sont, *si pardevant les premiers Juges les conclusions des Procureurs du Roi ou de ceux des Seigneurs, & dans les Cours les Sentences dont est appel, ou les conclusions des Procureurs Généraux, portent condamnation de peine afflictive*. Hors ces cas, il suit nécessairement que les accusés doivent être interrogés, soit pardevant les premiers Juges, ou pardevers les Cours, derriere le Barreau; d'autant qu'il ne seroit pas juste que ceux qui n'ont pas commis des crimes qui méritent peine afflictive, fussent ouis sur un petit siége qui est distingué par des marques honteuses, & qui n'est destiné qu'à ceux qui sont réservés à quelque peine infamante. C'est pour cette même raison que les Curateurs & les Interprétes donnés aux Etrangers, aux muets & aux sourds, & aux cadavres, pour la validité & l'instruction de la procedure, ne doivent aussi, suivant le dernier article du même titre *des Interrogatoires des accusés*, être interrogés que derriere le Barreau, pour les distinguer de ceux qui ont commis le crime.

Que l'exécution est renvoyée sur le lieu, s'il n'est autrement ordonné.

ARTICLE XVI.

SI les Arrêts rendus sur l'appel d'une Sentence, portent condamnation de peine afflictive, les condamnés *seront renvoyés sur les lieux* sous bonne & sûre garde, aux frais de ceux qui en seront tenus, *pour y etre exécutés*, s'il n'est autrement ordonné par nos Cours, pour des considérations particulieres.

Seront renvoyés sur les lieux.]. Cela est conforme aux Ordonnances de Charles VII. de l'an 1443; Charles VIII. 1453, article 97; Louis XII. à Blois, en Novembre 1507, article 30; & François I. 1535, chap. 13, art. 2; par lesquelles il est porté, *que si le Juge dont est appel a bien jugé, il faut renvoyer le tout pardevant lui, afin que les crimes soient punis là où ils ont été commis*: & au Droit écrit en la Loi 3, *ff. de re militari*, où le Jurisconsulte parlant d'un Déserteur, dit que les Empereurs Severe & Antonin ordonnerent qu'il fût mené devant son Capitaine, quoiqu'il eût commis un crime plus énorme dans la Province où il avoit été trouvé, *ibi enim eum plecti pœnâ debere ubi facinus commissum est*, *G. P. quæst.* 237. Néanmoins il y a quelquefois des considérations qui obligent les Supérieurs à faire faire l'exécution aux Villes de leur établissement, comme quand on craint que les prisonniers ne viennent à être recourus & enlevés par force par les chemins, en les ramenant, ou que ceux qui sont chargés de les ramener, ne se laissent corrompre; & quelquefois en tels cas, afin que le lieu où le crime a été commis ne soit pas entierement privé de l'exemple, on ordonne que la tête ou autre partie du corps sera portée & posée au lieu où le délit a été fait. Imbert, liv. 4 de ses Institutions, chap. 5.

Si pendant l'appel l'accusé convaincu & condamné vient à mourir, la condamnation est éteinte à l'égard du crime, *cùm vinculis corporis naturali dissolutione digressus est, non vi illatâ decessit. Arnob.* 1, *adversus gentes.* La raison est, parce que les peines ont été ordonnées pour la correction des hommes, & que celui que la mort a ravi ne peut plus être corrigé ni puni. *L. 3 de pub. jud. L. 3, pen. & ult. C. si reus vel accus. mort. fuer. L. si pœna* 20. *L. crimen* 26, *ff. de pœn. L. ult. ff. ad Leg. Jul. Maj. L.* 1 *in fin. ff. de req. nec abs. dam.* Mais on ne laisse pas de poursuivre quant aux biens, *si Sententia condemnatorum ablata fuerunt*, ou s'il en a acquis par son crime, *etsi facto reus concesserit, tamen si quid scelere adquisivit, ejus persecutio post mortem fisco competit. L.* 9, *ff. de jur. fisc. L.* 4 *&* 12, *ad Leg. Corn. de fal. L.* 6, *ff. de publ. jul. L.* 8, *ff. de publ. & vectig.* Il y a même des crimes qui ne s'éteignent pas par la mort, à cause de leur atrocité, & dans lesquels on condamne la mémoire & on confisque les biens, comme le crime de sédition & de rébellion, & autres crimes de leze-Majesté. *L. quisquis, C. ad Leg. Jul. Maj. L. ult. ff. eod. L.* 20 *de accus.*

Pour être executés.] Les cadavres de ceux qu'on a fait mourir par condamnation de Justice, sont privés de la sépulture, à moins qu'on ne l'ait demandée, & qu'on n'en ait obtenu la permission, suivant la Loi 1, *ff. de cadav. pun.* Cette permission ne pouvoit être donnée que par l'autorité du Prince; *Arg. L.* 2. du même titre, par laquelle, *etsi in insulam deportatus ibidem decesserit, non licebat inconsulto Principe corpus ejus transferre.* Les parens étoient non-seulement reçus à la demander, mais d'autres personnes, quels qu'ils fussent; *L.* 3, *ff. eod.* & ce fut peut-être la raison pour laquelle Joseph d'Arimathie, quoiqu'il ne fût point parent de Notre Sauveur, obtint de Pilate, sans consulter l'Empereur, la permission d'ensevelir son sacré Corps; & que les Empereurs Diocletien & Maximien donnerent par leur Constitution le pouvoir aux Juges de permettre d'inhumer les corps condamnés à mort. *L. obnoxios* 11, *C. de relig. & sumpt. funerum.*

On peut ajouter à ces autorités du Droit ce que S. Augustin a écrit, *lib.* 1 *de Civitate Dei, cap.* 13, dans lequel il recommande les soins pieux & charitables que l'on doit avoir pour la sépulture des morts; & ce que la glose ordinaire de l'Edition de Lyon de 1599 remarque sur le chap. 21 du Deuteronome, col. 1583, t. 1. *Sepelire mortuum, est opus misericordiæ; & ideo de condemnatis ad mortem & suspensis in patibulo præcipitur hîc quòd non priventur sepulturâ.* Il est vrai qu'il y a certains crimes dans lesquels on prive de la sépulture ceux qui en ont été convaincus, comme le crime de leze-Majesté, le larcin commis par un larron fameux, *L.* 1 *de exec. Sentent. L.* 28, *§. famosos, ff. de pœn.* l'homicide de soi-même, comme nous voyons dans Seneque, *L.* 8 *Declamat. Controv.* 4 *in princip. p.* 322, *t.* 1. *Omnibus natura sepulturam dedit, naufragos idem fluctus, qui expulit, sepelit: suffixorum corpora crucibus in sepulturam suam defluunt: eos qui vivi uruntur, pœna funerat: sed homicida sui, insepultus abjicitur.* Il y a encore une cause juste & légitime pour laquelle on peut dénier la sépulture, qui est lorsque les Médecins demandent le cadavre pour en faire la dissection: *Id enim publicâ utilitate* *ʃtate defenditur, nec poteʃt cum injuria cognatorum conjunctum videri quod Reipublicæ causâ fit, L. quod Reipubl.* 33, *ff. de injur. uti Salmanticenʃem Academiam Carolo V. reʃpondiʃſe Gomeʃius teʃtatur* 3, *Reʃol. ult. Clar.* §. *fin. quæʃt.* 100. En quel tems l'exécution doit être faite, voyez ce que nous avons remarqué ſur l'art. 21 du tit. 25.

TITRE XXVII.

DES PROCEDURES A L'EFFET DE PURGER LA MEMOIRE D'UN DÉFUNT.

Quelles perſonnes ſont reçues à purger la mémoire d'un condamné décedé avant les cinq ans depuis l'exécution de la Sentence, & comment.

Article Premier.

La veuve, les enfans & *les parens d'un condamné par Sentence de contumace*, qui ſera décedé avant les cinq ans, à compter du jour de ſon exécution, *pourront appeller de la Sentence* : & ſi la condamnation de contumace eſt par Arrêt ou Jugement en dernier reſſort, ils ſe pourvoiront pardevant les mêmes Juges qui l'auront rendu.

Les parens d'un condamné.] Les héritiers ſont auſſi reçus à purger la mémoire, pourvû qu'ils viennent dans le tems de cinq ans, dans leſquels le défunt devoit ſe préſenter à la Juſtice pour eſter à droit, ſuivant la Loi 1 *in fin. ff. de requir. reis*, & la Loi 1, *C. eod. tit.* ce qui eſt encore ainſi déclaré par l'Ordonnance de Moulins, à la fin de l'art. 28, par lequel il eſt porté, *que pendant ledit tems de cinq ans, ne ſera fait don des adjudications faites contre les criminels condamnés par défauts & contumaces.* La raiſon eſt, d'autant que la condamnation d'un criminel ne concerne pas ſeulement ſa réputation, mais auſſi celle de ſes parens, & principalement de ſes héritiers. Comme ils ſe trouvent privés des biens d'icelui, ès pays ou ès cas auſquels la confiſcation a lieu, ou dépouillés de l'eſpérance d'y parvenir, à cauſe des grandes amendes, il eſt bien juſte & bien raiſonnable qu'ils ſoient reçus à purger & juſtifier ſa mémoire & ſon innocence. D'ailleurs, c'eſt une régle commune du Droit, que l'héritier a la même puiſſance & le même droit qu'avoit le défunt, *L. hæredem* 59, *ff. de reg. jur.* Ainſi jugé par un Arrêt du Parlement de Paris, rapporté par Charondas en ſes Réponſes, liv. 7, ch. 181. Même par la Loi 4, *ff. de requir. reis*, il ſemble qu'il eſt porté que les héritiers ſont reçus en tout tems à purger la mémoire d'un défunt : *In ſumma ſcien-*

dum est, nullâ temporis præscriptione à causæ defensione submoveri eum qui requirendus adnotatus est. Mais il faut remarquer que le Jurisconsulte Macer parle dans cette Loi, *de reis qui requirendi adnotati sunt, non de damnatis & judicatis* : car tant que la recherche & annotation de l'accusé dure, il est toujours reçu à se défendre, soit qu'il compare dans l'an, ou après : mais si une fois il y a eu Jugement, il n'y est plus reçu, *tunc ad pœnam requiritur, non ad purgationem.*

Parmi les Anciens l'on n'en usoit pas ainsi, & l'on ne pouvoit pas mettre au néant ni rendre illusoires les Sentences ou Jugemens de contumace, & il n'y en avoit point qui ne fût exécutée, si le condamné par défaut étoit pris, tout de même que si elle avoit été donnée Parties ouies; ce qui faisoit que les crimes n'étoient pas si fréquens qu'ils sont à présent, parce que les coupables étoient assurés que leur condamnation une fois arrêtée, il n'y avoit plus d'espérance de l'éviter; & que s'ils ne souffroient pas une plus grieve peine, ils n'échapperoient pas du moins à celle qui leur avoit été imposée par contumace : au lieu que par un usage contraire, on peut dire que *reus ibi audaciùs peccat, ubi tam facilè damnatur, & damnatus tam facilè absolvitur.*

Par Sentence de contumace.] Cette faculté qui est donnée à la veuve & aux héritiers, de purger la mémoire du défunt, n'est pas seulement accordée dans le cas de la condamnation par contumace; elle se peut accorder, & a été accordée quelquefois dans le cas d'une condamnation contradictoire, & d'une exécution à mort contre la personne condamnée, dont il y a des exemples dans l'Histoire de France, sous les regnes de Charles VI. & de Henri II, & entre autres. Messire Jean de Montaigu, Grand-Maître de France, & du Maréchal de Biez, & du sieur de Vervin son gendre.

Pourront appeller de la Sentence.] Cet article s'entend d'un accusé qui est mort après la condamnation, & devant les cinq années de la contumace; & en ce cas ne restant aux héritiers qu'une action en dommages & interêts, qui n'est plus de la matiere criminelle, le Juge doit admettre la preuve de part & d'autre, & permettre aux Parties de faire une enquête respective.

Comment elles sont reçues à la purger après les cinq ans.

ARTICLE II.

AUCUN ne sera reçu à purger la mémoire d'un défunt, après les cinq années de la contumace expirées, *sans obtenir nos Lettres* en notre grande Chancellerie.

Sans obtenir nos Lettres.] Ces Lettres ont cet effet, qu'elles relevent les impétrans du tems qu'ils ont laissé passer pour se représenter à Justice, & mettre au néant, à la charge de la consignation des amendes, & des frais de Justice, les Jugemens qui ont été rendus, en telle sorte qu'il faut de nouveau faire le procès à l'accusé qui se présente, *ut tradit glos. in L.* 1, *C. de requir. reis.* Cela est conforme au Droit, en la Loi 4, §. *ult. ff. de requir. vel absent. damn.* alleguée en l'article précedent; & la Loi *unius* 18, §. *pen. ff. de quæst. quamvis defensionem quocumque tempore, postulante reo, negari non oportet*, comme nous avons déja remarqué sur l'article 28 du titre 17. Il y en a qui estiment que ces Lettres tirent leur origine de ce qui est dit en la Loi *Sancimus, C. de Jud.* & en la Loi *ait Prætor.* 7, §. dernier, *ff. de min.*

Procedure qui doit être observée sur les Lettres obtenues à l'effet de purger la mémoire.

ARTICLE III.

NOS Procureurs & les Parties civiles, s'il y en a, seront assignés en vertu des Lettres, dont leur sera baillé copie; & sera procedé dans les délais prescrits pour les affaires civiles.

ARTICLE IV.

AVANT de faire aucune procedure, les frais de Justice seront *acquittés, & l'amende consignée.*

Acquittés, & l'amende consignée.] Voyez ce que nous avons remarqué sur l'article 19 du titre 17 des Défauts & Contumaces. Nous ajouterons seulement ici ce que le Bret rapporte dans son Plaidoyé 32, que les amendes étant l'expiation des Loix offensées, ne sont plus en la disposition des hommes : & c'est la raison pour laquelle *Valerius Flaccus* dit que les Anciens appelloient l'amende *Sacramentum,* l'estimant sacrée, de même que les victimes qu'on immoloit aux Dieux pour expier les fautes. On peut rendre une autre raison pour laquelle on nommoit les amendes *Sacramenta*, ainsi que remarque *Sextus Pompeius, in verbo Sacramentum*, qui est, que les amendes étoient adjugées au Trésor des Eglises, pour être employées aux Sacrifices.

C'est pour cela qu'Alexandre ayant été requis par Athenodore de l'assister de son suffrage & de son crédit envers le peuple d'Athenes, pour lui faire remettre l'amende qu'il avoit encourue, pour ne s'être pas trouvé à la Fête de Bacchus; ce Prince jugeant que cela ne se pouvoit sans faire injure aux Loix, il lui dénia son assistance; & néanmoins pour lui témoigner son affection, il paya l'amende de ses propres deniers. Pour cette même raison, Titius Romulus refusa le bienfait du peuple, qui avoit ordonné qu'on lui rendroit l'amende en laquelle il avoit été condamné, disant que les choses consacrées à Dieu ne lui devoient pas être ôtées. Aussi avant toute cette procedure, comme il est porté par cet article, il faut consigner l'amende, & joindre le certificat du Greffier à la Requête présentée dans les cinq ans, ou à l'appel, ou aux Lettres obtenues après les cinq ans, & faire offre d'acquitter les frais de contumace qui sont préjudiciaux : autrement toute audience est déniée aux impétrans, sans qu'on puisse esperer d'obtenir des Lettres pour être dispensé de la nécessité de consigner l'amende, fondées sur l'absence pour juste cause, ou autre légitime empêchement, comme on pouvoit autrefois, ainsi qu'il se voit par les Arrêts qui sont rapportés par Charondas en ses Pandectes, liv. 4, chap. 6; par Guenois sur Imbert, liv. 3 de ses Institutions Forens. chapitre 4, lettre H; & par Despeisses en son Traité des Crimes, part. 1, tit. 13, sect. 1, nomb. 7. Il faut encore observer que les Docteurs sont partagés sur cette question, qui est de sçavoir à quel des Fermiers appartiennent les amendes du délit, ou à celui qui est Fermier lors du Jugement qui adjuge l'amende, ou à celui qui l'étoit lors du délit commis. Guy Pape, décision 535, & Dumoulin sur le septiéme conseil d'Alexandre, volume 3, tiennent qu'elles doivent appartenir au Fermier du tems de la Sentence : mais il faut distinguer les amendes taxées d'avec les arbitraires. Les taxées, qui sont celles que la Loi, la Coutume ou le stile de Jurisdiction a limitées à certaines sommes, comme celles de la garde des bêtes faite en dommages, du fol appel, du défaut, appartiennent au Fermier du tems du délit, parce que le Juge n'a autre pouvoir sinon de juger de la question du fait. Mayn. liv. 6, chap. 25 & 26. Chopin sur la Coutume d'Anjou, liv. 1, ch. 50, & liv. 2, part. 2, chap. 1, tit. 2. Coquille, quest. 14, & en ses Commentaires sur la Coutume de Nivernois, tit. de Justice & droits d'icelle, art. 19. Mais les arbitraires appartiennent au Fermier du tems de la Sentence ou du Jugement, encore qu'il y ait appel, d'autant qu'il est en la puissance des Juges, selon la gravité ou légereté des crimes, de condamner en des amendes grosses & légeres. *Robert. rer. judicat. lib. 3, cap.* 18. Papon, livre 1, tit. 7, Arrêt 8. Montholon, Arrêt 30. Dumoulin sur la Coutume de Paris, §. 52, nomb. 12. Chopin, *lib. 2 de Doman. tit. 5, num. 5.*

ARTICLE V.

LE Jugement des instances à l'effet de purger la mémoire d'un défunt, sera rendu sur les charges, informations, procedures & piéces, *sur lesquelles la condamnation par contumace sera intervenue.*

Sur lesquelles la condamnation par contumace sera intervenue.] Pour l'exécution de cet article, il faut faire joindre au procès d'appel ou à l'instance des Lettres, les informations ou procedures criminelles faites par contumace contre le défunt; & sur le tout on purge sa mémoire, on le décharge de l'accusation intentée contre lui, & on ordonne que la veuve, enfans & héritiers du défunt demeureront en la possession & jouissance des biens & effets de sa succession ; & si la partie civile ou le dénonciateur sont en cause, on le condamne à la réparation & aux dommages & interêts; & s'ils ne sont pas en cause, on réserve l'action contr'eux.

ARTICLE VI.

POURRONT aussi les Parties respectivement produire de nouveau *telles piéces que bon leur semblera.*

Telles piéces que bon leur semblera.] C'étoit un moyen du Droit pour se pourvoir contre les Sentences & Jugemens de condamnation, à l'égard de ceux qui avoient été condamnés par Jugement contradictoire, de produire de nouveau des piéces justificatives de l'innocence, comme il est décidé par la Loi *Divus* 33, *ff. de R. J.* & la Loi *Divi Fratres* 27, *ff. de pœn.* mais l'on n'y étoit pourtant pas admis par le bénéfice du Prince, comme il est décidé par ladite Loi 27, *ff. de pœn. sed id duntaxat à Principibus fieri potest*, & par *Jul. Clar.* §. *fin. quæst.* 94, *num.* 12.

ARTICLE VII.

LES Parties répondront par autre Requête qui sera pareillement signifiée, & copie baillée de la Requête & des piéces qui y seront attachées, dans les délais ordonnés pour la matiere civile, si ce n'est qu'ils soient prorogés par les Juges.

TITRE XXVIII.

DES FAITS JUSTIFICATIFS.

En quel état de cause on est reçu en faits justificatifs.

ARTICLE PREMIER.

DÉFENDONS à tous Juges, même à nos Cours, d'ordonner la preuve d'aucuns faits justificatifs, ni d'entendre aucuns témoins pour y parvenir, *qu'après la visite du procès.*

Qu'après la visite du procès.] L'accusé, quoiqu'il ait dénié le crime, ne laisse pas d'être reçu à proposer ses faits justificatifs ; car comme par l'Ordonnance avant le Jugement définitif, le criminel pouvoit répondre par atténuation, il y auroit de l'inhumanité de ne pas le recevoir à détruire la preuve par des faits justificatifs & pertinens. Le Droit y est exprès en la Loi *unius*, §. *fin. ff. de quæst. quamvis defensionem quocumque tempore postulaverit, reo negari non oportet, modò hoc fiat ante sententiam, ex mente Glos.* Et la raison qu'en rend la Loi est, *ne hi qui defendendi sunt, subitis accusatorum criminibus opprimantur ;* & c'est encore la résolution de Boër. décis. 164, *à num.* 10 *usque in finem*, qui conclut, *reum ante sententiam posse proponere, fecisse ad sui tutelam & defensionem corporis, licet à principio negaverit.* L'usage étoit tel autrefois, que le Juge par le même Jugement par lequel il ordonnoit que les témoins seroient récollés & confrontés, ordonnoit aussi que l'accusé nommeroit témoins, par lesquels il entendoit vérifier les faits justificatifs ou de reproches par lui allegués au procès ; & cet usage est approuvé & autorisé par Ayrault en son Instruction judiciaire, liv. 3, art. 3, nomb. 50, où il allegue diverses raisons pour l'appuyer, après avoir établi auparavant, nomb. 49, par les exemples des Grecs & des Romains, qu'anciennement le Préteur n'interloquoit pas pour la preuve des faits justificatifs & des reproches, d'autant que l'accusé avoit appris durant l'information quels étoient ceux à qui l'accusateur avoit dénoncé de venir déposer, & les faits dont on l'accusoit, que c'étoit ouvrir la porte à la corruption & subornation des témoins ; mais à présent *la preuve des faits justificatifs ne doit être admise, que lorsqu'après les confrontations faites & parfaites, le Juge en voyant diligemment le procès, trouve que l'accusé a allegué des faits peremptoires servant à sa décharge & innocence*, suivant l'Ordonnance de François I. à Valence, pour Bretagne, en Août 1536, art. 19, & celle de 1539, art. 157 ; & comme il a été jugé par un Arrêt du Parlement de Paris, rapporté par Papon en son Recueil d'Arrêts, liv. 24, tit. 5 des procès criminels, art. 12. Et la raison est, parce que l'accusation doit préceder, & qu'il seroit fort inutile que l'accusé s'engageât à faire les preuves des faits justificatifs ou des reproches des témoins, s'il n'étoit chargé par les procedures contre lui faites.

¶ Par Arrêt rapporté au Journal des Audiences, intervenu en la Tournelle criminelle le 24 Janvier 1708, sur les conclusions de M. le Nain, Avocat Général, il a été jugé que la plainte formée par un Défendeur en faux contre une grosse, de ce que le Demandeur en avoit soustrait la minute, étoit une espéce de fait justificatif, qui ne devoit être admis qu'après l'instruction du faux.

Le Sieur Pennard de Chantepie avoit en la Justice de Lassay formé demande contre les héritiers de Martin Berson, pour faire contr'eux déclarer exécutoire un Contrat de 1678.

Louis Berson, l'un des héritiers, avoit déposé au Greffe une contre-lettre de la même année contre cet acte, auquel il y en avoit un annexé, qui étoit une quittance passée devant Bazile Notaire en 1686, & le sieur Chantepie s'étoit inscrit en faux contre ces actes. Il y avoit Sentence qui avoit condamné Bazile à représenter la minute de l'acte de 1686, & en cet état Berson avoit rendu plainte contre les sieurs Chantepie & Bazile, qu'il accusoit d'avoir ôté cette minute du Registre de Bazile pour favoriser l'inscription en faux : sur quoi information & decret de prise de corps contre Bazile, & d'ajournement personnel contre Chantepie.

Par l'Arrêt cette procedure a été déclarée nulle, & ordonné la continuation pardevant un autre Juge de celle commencée sur l'inscription de faux, sauf à Berson à former sa plainte devant le même Juge, sur la soustraction de cette minute, & d'y pouvoir faire entendre les mêmes témoins.]

Quels faits sont reçus en preuve.

ARTICLE II.

L'ACCUSÉ ne sera point reçu à faire preuve d'aucuns faits justificatifs, que de ceux *qui auront été choisis par les Juges*, du nombre de ceux *que l'accusé aura articulés* dans les interrogatoires & confrontations.

Qui auront été choisis par les Juges.] Par l'Ordonnance de François I. à Valence, pour Bretagne, en Août l'an 1536, article 20, & par celle de 1539, article 158, *le Juge en voyant le procès, étoit obligé de faire extrait des faits recevables, si aucuns y en avoit, à la décharge de l'accusé, soit pour justification ou reproche, & de les montrer au prisonnier pour nommer témoins aux fins de la preuve d'iceux.* La raison est, d'autant que tous les faits qu'on allegue pour servir de justification n'étant pas recevables, le Juge est obligé de faire extrait de ceux qui le sont, suivant la Loi 18, §. *pen. ff. de quæst. Cogniturum de criminibus Præsidem oportet ante diem palàm facere custodias auditurum, ne hi qui deferendi sunt, subitis accusatorum criminibus opprimantur* ; mais il n'en doit point extraire d'autres, pour ne pas charger l'accusé, la Partie civile ou le Fisc, des frais qu'il conviendroit faire pour la preuve des faits inutiles, & dont la multiplicité n'apporteroit que du retardement à l'instruction des procès, qui doit être accelerée le plus qu'il est possible, suivant les Ordonnances. Et comme cette reception à la preuve des faits justificatifs est un commencement de procès ordinaire, elle doit aussi dépendre de la dispositionde la matiere & de la circonstance du crime, selon qu'il en appert ou non.

Entre les faits justificatifs, celui que l'on appelle l'*alibi* est très-pertinent & très-peremptoire ; mais il faut qu'il soit posé de cette maniere, non-seulement de n'avoir pas été au lieu où le délit a été commis lorsqu'il a été fait, mais d'en avoir été si éloigné, qu'il ne soit pas possible que l'accusé ait été dans le même temps au lieu du dédit, comme remarque Ciceron, *lib. 2 de Invent.* Il y en a divers exemples, *ut in Junio de quodam Capione reo homicidii Romæ commissi, qui probabat se his temporibus, in quæ testes crimen conjiciebant, Romæ visum non fuisse idque multis indiciis*; & c'est ainsi qu'il faut entendre l'Ordonnance de Louis XII. de l'an 1498, article 111.

Que l'accusé aura articulés.] Dans le procès mystérieux qui fut fait au Sauveur du monde, il ne voulut point proposer aucuns faits justificatifs, quoique Pilate le sommât de répondre à ses accusateurs & à ses témoins, qu'il eût des moyens pour les récuser à cause de leur inimitié capitale & notoire, & qu'il pouvoit contredire par des moyens de droit la fausseté de leurs dépositions : *Et cùm accusaretur à Principibus Sacerdotum & Senioribus nil respondit. Tunc dicit ei Pilatus, non audis quanta adversùm te dicunt testimonia : & non respondit ei ad ullum verbum.* Mais ce qui fit qu'il ne répondit rien, c'est qu'il avoit formé le dessein de racheter le genre humain par sa mort, & que pour accomplir son œuvre il éloigneroit tous les obstacles qui pouvoient la retarder. *Oblatus est, quia ipse voluit, & non aperuit os suum : sicut ovis ad occisionem ducetur, & quasi agnus coram tondente se obtumescet & non aperiet os suum*; jusques-là qu'il dit à Judas, qui cherchoit l'heure & l'occasion de le livrer au pouvoir de ses ennemis, de dépêcher promptement, *quod facis fac citiùs.*

En quelle forme seront reçus les faits justificatifs.

ARTICLE III.

LES *faits seront inserés* dans le même Jugement qui en ordonne la preuve.

Les faits seront inserés.] Les faits justificatifs les plus pertinens sont l'aggression de la Partie civile, ou autre provocation considérable; un *alibi*, sur-tout si la distance des lieux est telle qu'au même tems l'accusé n'ait pû aller ni revenir au lieu du délit; la réconciliation, & autres faits qui sont à la décharge de l'accusé.

Par quels témoins on peut être reçu à la preuve.

ARTICLE IV.

LE Jugement qui ordonnera la preuve des faits justificatifs, sera prononcé incessamment à l'accusé par le Juge, & au plus tard dans vingt-quatre heures; & sera interpellé de nommer les témoins par lesquels il entend les justifier : ce *qu'il sera tenu de faire sur le champ*; autrement il n'y sera plus reçu.

Qu'il sera tenu de faire sur le champ.] Par lesdites Ordonnances, l'accusé étoit tenu de nommer promptement les témoins, par lesquels il entendoit prouver ses faits justificatifs. Néanmoins comme cette Ordonnance étoit trop sévere, & que l'Auteur qui étoit Monsieur Poyet, Chancelier de France, en éprouva lui-même la rigueur, on usoit quelquefois de cet équitable tempérament d'accorder à l'accusé, s'il le demandoit, un brief délai en faveur de l'innocence pour nommer témoins, afin qu'il pût s'en souvenir & se les remettre en mémoire, comme Bourdin a remarqué sur ledit article 158 de l'Ordonnance de 1539; & comme l'accusateur a des délais pour faire son inquisition, il n'est pas juste que l'accusé soit obligé de deviner à l'instant quels témoins le peuvent justifier : outre que si en matiere civile qui n'est pas si dangereuse ni si importante, les parties ont un délai pour faire ouir leurs témoins, à plus forte raison en doivent-elles avoir en matiere criminelle.

ARTICLE V.

APRE'S que l'accusé aura une fois nommé les témoins, il ne pourra plus en nommer d'autres, *& ne sera point élargi* pendant l'instruction de la preuve des faits justificatifs.

Et ne sera point élargi.] Cet article est conforme à l'Ordonnance de François I. de 1539, art. 125, * par laquelle *l'accusé ne doit pas être élargi pendant l'instruction de la preuve des faits justificatifs, mais il doit toujours tenir prison comme il la tient lors des confrontations,* d'autant que la voie extraordinaire n'est pas encore parfaite, & afin qu'il n'en suborne pas les témoins. Il est vrai qu'avant cette Ordonnance, quand le Juge voyoit que la matiere étoit légere, & que l'accusé avoit la ville pour prison, il élargissoit quelquefois l'accusé, du consentement des Gens du Roi, pour faire sa preuve.

* L'article de l'Ordonnance de 1539 que cite Bornier, ne fait aucune mention de faits justificatifs.

Comment les témoins sont assignés & ouis.

ARTICLE VI.

LES témoins seront *assignés à la requête de nos Procureurs* ou de ceux des Seigneurs, & *ouis d'office par le Juge.*

Assignés à la requête de nos Procureurs.] Ayrault en son Instruction judiciaire, liv. 3, art. 3, nomb. 15 *in fin.* & nomb. 54, propose deux inconvéniens contre l'art. 139 de l'Ordonnance de 1539, à laquelle cet article est conforme. Le premier, que l'innocence de l'accusé dépend de la fidélité ou prévarication, diligence ou nonchalance du Procureur du Roi, qui est chargé de faire venir les témoins. Le second, qu'on limite le tems au demandeur d'amener & produire les témoins, & qu'on ne peut pas le limiter à l'accusé en chargeant un tiers de les faire venir; parce qu'on ne peut pas lui commander, & que la négligence d'autrui ne lui peut nuire : outre que les accusés peuvent nommer divers témoins de diverses Provinces, & en faisant cession de biens, rejetter la dépense sur leurs Parties, & les obliger par ce moyen d'abandonner la poursuite.

Ouis d'office par le Juge.] Cet article est conforme à ladite Ordonnance de François I. de l'an 1539, art. 159; & le motif de ces Ordonnances est, qu'il n'est pas permis à l'accusé de produire témoins en matiere criminelle, & que le Juge qui est neutre entre l'accusateur & l'accusé, est obligé de le faire d'office pour rechercher l'innocence des accusés, conformément à la Loi 1, §. *fin. ff. de quæst.* & à la Loi *si non defendantur* 19, *ff. de pœn.* où il est dit, *& qui cognoscit debebit de innocentiâ eorum quærere.*

Il y a encore d'autres choses que le Juge peut faire d'office, comme répéter les témoins divers & contraires en leurs dépositions, ainsi qu'il fut pratiqué au procès de Susanne, accusée d'impudicité par les vieillards, & suppléer d'office les

les reproches qui n'ont pas été proposés par l'accusé, parce qu'il est du devoir d'un bon Juge, *pro accusati laborare innocentiâ.* Il peut encore en faveur de l'innocence de l'accusé, nommer ses parens & alliés au degré, même la femme pour le mari, & le mari pour la femme, & le frere, suivant la doctrine de Balde, *in L. parentes, C. de Testib.* quoique l'affection du sang les rende suspects, & les interesse en l'injure faite à l'accusé. Charondas en ses Pandectes, liv. 4, chapitre 1. Bourdin en son Addition sur ledit article 159. *Speculator, tit. de Inquisit.* §. 1. *Boss. in oppos. cont. test. & tit. de favor. defens. & Gomes. variar. resol. tom. 3, cap. 12 de probat. delict.* Mais c'est avec cette restriction pourtant, que le Juge ne prendra pas leurs dépositions pour concluantes; *sed inspectâ facti & personarum qualitate ejus religioni relinquitur quanta sit eis fides adhibenda. Julius Clarus, quæst. 24, num. 20.*

Il est encore permis à l'accusé de nommer & faire ouir les témoins qui lui ont été confrontés, sans pour cela les approuver ni se départir des reproches par lui allegués contr'eux, d'autant que la défense de sa vie & de son honneur est si favorable, qu'il lui est permis d'user librement de toutes sortes de témoins. Ainsi jugé par un Arrêt du Parlement de Paris, rapporté par Papon, livre 24 de ses Arrêts, tit. 5 des Procès criminels, Arrêt 11. D'où il faut conclure, qu'on ne peut pas reprocher les témoins de l'accusé, parce qu'on n'admet pas *reprobatoria reprobatoriorum.* Néanmoins si les Parties sont reçues en procès ordinaire, elles pourront plus amplement articuler, informer & bailler reproches & salvations.

Aux frais de qui la preuve doit être faite.

ARTICLE VII.

L'ACCUSÉ sera tenu *de consigner au Greffe* la somme qui sera ordonnée par le Juge, *pour fournir aux frais de la preuve* des faits justificatifs, s'il le peut faire : autrement les frais seront avancés par la Partie civile, s'il y en a ; sinon par Nous, ou par les Engagistes de nos Domaines, ou par les Seigneurs Hauts-Justiciers, chacun à son égard.

De consigner au Greffe.] Cet article est conforme à ladite Ordonnance de 1539, art. 159 & 160; à celle de Charles IX. en Juillet 1566, art. 6; & d'Henri III. 1585. Le motif est, d'autant que tout ainsi que l'accusateur est obligé de fournir aux frais de la poursuite, il est juste que l'accusé fournisse ceux qu'il faut faire pour sa décharge : & comme l'interêt public veut qu'on paracheve de quelque maniere que ce soit l'instruction des procès criminels, pour ne laisser pas les crimes impunis, l'Ordonnance y pourvoit, en ce que si l'accusé n'a pas moyen d'y fournir, elle les rejette sur la Partie civile; & si la Partie civile ne le peut pas, sur le Receveur du Domaine ou sur les Engagistes, parce que le Roi doit la justice pour l'exemple au public, & au particulier quand il n'a pas moyen de fournir aux frais. Il faut encore observer, que la consignation ne doit être faite qu'après que l'accusé aura nommé les témoins par le procès verbal de prononciation du Jugement, qui le reçoit à faire preuve de ses faits justificatifs; parce que cela servira au Juge pour connoître le nombre & la qualité des témoins, la proximité ou l'éloignement de leurs domiciles, & à regler la somme nécessaire pour les frais de l'enquête.

Pour fournir aux frais de la preuve.] L'Ordonnance de Moulins, art. 36, *défendoit aux Juges & Greffiers de recevoir aucun argent par les mains des prisonniers pour la preuve de leurs faits justificatifs, ni pour la confection de leurs procès criminels, à peine de répétition du quadruple.* Mais cet article fut réformé par la premiere Déclaration sur ladite Ordonnance, par laquelle *il fut enjoint aux Juges de taxer modérément la dépense desdits faits justificatifs.*

A qui doit être communiquée l'enquête.

ARTICLE VIII.

L'ENQUETE étant achevée, elle sera communiquée à nos Procureurs ou à ceux des Seigneurs, pour donner leurs conclusions, *& à la Partie civile, s'il y en a*; & sera jointe au procès.

Et à la Partie civile, s'il y en a.] Si les conclusions ne tendent qu'à l'amende pécuniaire, elles peuvent être aussi communiquées à l'accusé, pour y répondre par conseil; mais si elles tendent à punition corporelle, elles ne doivent pas lui être communiquées.

Qu'il est permis aux Parties de bailler leurs Requêtes, & y joindre leurs piéces.

ARTICLE IX.

LEs Parties pourront donner leurs Requêtes, ausquelles elles ajouteront telles piéces qu'elles aviseront sur le fait de l'enquête; lesquelles Requêtes & piéces seront signifiées respectivement, & copies baillées, sans que pour raison de ce il soit besoin de prendre aucun réglement, ni de faire une plus ample instruction.

VOULONS *que la présente Ordonnance soit gardée & observée dans tout notre Royaume, Terres & Pays de notre obéissance, à commencer au premier jour de Janvier de l'année prochaine mil six cens soixante-onze :* Abrogeons toutes Ordonnances, Coutumes, Loix, Statuts, Réglemens, Stiles & Usages differens ou contraires aux dispositions y contenues. SI DONNONS EN MANDEMENT à nos amés & féaux Conseillers, les Gens tenans nos Cours de Parlement, Grand Conseil, Chambre des Comptes, Cours des Aydes, Baillifs, Sénéchaux, & tous autres nos Officiers, que ces Présentes ils gardent, observent & entretiennent, fassent garder, observer & entretenir, & pour les rendre notoires à nos Sujets, les fassent lire, publier & registrer : CAR tel est notre plaisir. Et afin que ce soit chose ferme & stable à toujours, Nous y avons fait mettre notre Scel. DONNÉ à Saint Germain en Laye, au mois d'Août l'an de grace 1670, & de notre Régne le 28. *Signé* LOUIS : *Et plus bas*,

Par le Roi, COLBERT. *Et à côté est écrit : Visa*, SEGUIER. Pour servir à l'Ordonnance des Procedures criminelles.

Et encore à côté est écrit : *Lûe, publiée, registrée, oui & ce requerant le Procureur Général du Roi, pour être exécutée selon sa forme & teneur. A Paris en Parlement, le vingt-sixième jour d'Août* 1670. *Signé* DU TILLET.

☞ Que la présente Ordonnance soit gardée, &c. à commencer au premier jour de Janvier.] *Pour remplir à l'égard de cette Ordonnance ce que l'on a essayé de montrer sur les précédentes, Nous remarquerons ici qu'il est des Provinces du Royaume dans lesquelles elle n'a pas commencé à être observée de cette date.*

Telle est la Province du Comté de Bourgogne & ressort du Parlement de Besançon : cette Ordonnance concernant les Matieres criminelles, n'y fut reçue que le dix Avril mil six cens soixante-dix-neuf, en conséquence des Ordres du Roi.

Voici à cet égard ce que j'ai fait tirer des Registres du Greffe du Parlement de Besançon.

La Cour Souveraine de Parlement à Besançon ayant reçu les ordres du Roi, d'admettre, publier, enregistrer aux Actes de ladite Cour, l'Ordonnance de Sa Majesté sur les Matieres criminelles, pour être suivie dans toute l'étendue de cette Province, par tous les Juges & Officiers, tant de ladite Cour, que des Bailliages & Justices inférieures, à commencer la pratique & usage de ladite Ordonnance en l'instruction des procès, dès la Saint Martin prochaine, abrogeant, cassant & annullant Sadite Majesté toutes autres Coutumes, Ordonnances, Pratiques & Stiles contraires : Ladite Cour, sur la réquisition du Procureur Général, & pour satisfaire aux ordres du Roi, ayant fait publier ladite Ordonnance au Rolle y tenu le 10 Avril de la présente année 1679, & de suite fait enregistrer, a trouvé convenir de faire la présente Déclaration pour être envoyée à tous les Bailliages de cette Province, à ce qu'ils se conforment aux intentions & ordres de Sadite Majesté ; & qu'ayant fait publier incessamment le présent Edit dans les Audiences ordinaires de leurs Siéges, ils en adressent des doubles & copies à toutes les Prevôtés de leurs Ressorts & Jurisdictions, tenant soigneusement la main à ce que tant de leur part, que de celle des Prevôtés, Justices inférieures, & de celle des Vassaux, ladite Ordonnance sur les Matieres criminelles soit ponctuellement observée en tous ses points & circonstances, à commencer dès ledit jour de Saint Martin prochain, à ce que personne n'en prétende cause d'ignorance. Prononcé le 17 Avril 1679. *Signé* A. MURGEY.

Il en est de même du Roussillon : cette Ordonnance n'a été registrée au Conseil Souverain de cette Province que le 24 Mars 1681. Elle s'y observe depuis sans aucune modification.

Quant au Parlement de Flandre & au Conseil Souverain d'Alsace, elle n'y est absolument point d'usage. On peut voir à l'égard du ressort de ces deux Cours, ce que nous avons observé sur l'Ordonnance de 1667, à la fin du titre 35 des Requêtes Civiles.]

Fin de l'Ordonnance pour les Matieres criminelles.

AVERTISSEMENT.

☞ *L'Edit des Duels, cette Loi si sainte, si sage & si nécessaire, & qui fait tant d'honneur au Régne du feu Roi de glorieuse mémoire, appartient trop à la matiere de l'instruction criminelle, pour omettre de le placer ici. Il est important à tous les Ordres du Royaume qu'une pareille Loi ne devienne point inutile faute d'observation. Le grand Prince, de l'autorité duquel elle fut publiée, avoit donné toute son attention pour que les coupables n'en éludassent la sagesse, ni par adresse, ni par crédit, ni par autorité. C'étoit un dessein pris, & dont l'exécution commença dès l'année 1655, dans un tems où le Roi n'étoit âgé que de 17 ans. Il eut depuis la fermeté de ne se point relâcher ; il augmenta même de tems en tems les peines prononcées, & ne pardonna jamais à aucun des coupables. Ce fut ainsi que par la grandeur & la honte des châtimens, il parvint à ôter à cette sorte de valeur, la réputation dont la Noblesse du Royaume s'étoit jusqu'alors entêtée.*

On joindra à l'Edit le nouveau Réglement de Messieurs les Maréchaux de France sur le même sujet.

EDIT DU ROY,

PORTANT

REGLEMENT GENERAL

SUR

LES DUELS,

DONNÉ A SAINT GERMAIN EN LAYE au mois d'Août 1679.

Regiſtré en Parlement le premier jour de Septembre de la même année.

AVEC

LE NOUVEAU REGLEMENT de Meſſieurs les Maréchaux de France ſur le même ſujet.

EDIT DU ROY,

PORTANT REGLEMENT GENERAL SUR LES DUELS.

LOUIS, PAR LA GRACE DE DIEU, ROI DE FRANCE ET DE NAVARRE : A tous présens & à venir, SALUT. Comme nous reconnoissons que l'une des plus grandes graces que nous ayons reçu de Dieu dans le gouvernement & conduite de notre Etat, consiste en la fermeté qu'il lui a plû de Nous donner pour maintenir les défenses des Duels & Combats particuliers, & punir sévérement ceux qui ont contrevenu à une Loi si juste & si nécessaire pour la conservation de notre Noblesse : Nous sommes bien résolus de cultiver avec soin une grace si particuliere, qui Nous donne lieu d'esperer de pouvoir parvenir pendant notre Régne à l'abolition de ce crime, après avoir été inutilement tenté par les Rois nos Prédécesseurs. Pour cet effet, Nous nous sommes appliqués de nouveau à bien examiner tous les Edits & Réglemens faits contre les Duels, & tout ce qui s'est fait en conséquence, ausquels Nous avons estimé nécessaire d'ajouter divers Articles. A CES CAUSES, & autres bonnes & grandes considérations à ce Nous mouvans, de l'avis de notre Conseil, & de notre certaine science, pleine puissance & autorité royale, après avoir examiné en notredit Conseil ce que nos très-chers & bien amés Cousins les Maréchaux de France, qui se sont assemblés plusieurs fois sur ce sujet, Nous ont proposé : Nous avons, en renouvellant les défenses portées par nos Edits & Ordonnances, & celles des Rois nos Prédécesseurs, & en y ajoutant ce que nous avons jugé nécessaire, dit, déclaré, statué & ordonné, disons, déclarons, statuons & ordonnons par notre présent Edit perpétuel & irrévocable, voulons & nous plaît ce qui suit.

Article Premier.

Nous exhortons tous nos Sujets & leur enjoignons de vivre à l'avenir ensemble dans la paix, l'union & la concorde nécessaire pour leur conservation, celle de leurs familles, & celle de l'Etat, à peine d'encourir notre indignation, & de châtiment exemplaire. Nous leur ordonnons aussi de garder le respect convenable à chacun selon sa qualité, sa dignité & son rang, & d'apporter mutuellement les uns avec les autres tout ce qui dépendra d'eux, pour prévenir tous différends, débats & querelles, notamment celles qui peuvent être suivies de voies de fait, de se donner les uns aux autres sincerement & de bonne foi tous les éclaircissemens nécessaires sur les plaintes & mauvaises satisfactions qui pourront survenir entr'eux, d'empêcher qu'on ne vienne aux mains en quelque maniere que ce soit, déclarant que Nous réputerons ce procedé pour un effet de l'obéissance qui Nous est dûe, & que Nous tenons être plus conforme aux maximes du véritable honneur, aussi-bien qu'à celles du Christianisme, aucuns ne pouvant se dispenser de cette mutuelle charité sans contrevenir aux Commandemens de Dieu aussi-bien qu'aux nôtres.

II.

Et d'autant qu'il n'y a rien de si honnête, ni qui gagne davantage les affections du public & des particuliers, que d'arrêter le cours des querelles en leur source: Nous ordonnons à nos très-chers & bien amés Cousins les Maréchaux de France, soit qu'ils soient en notre suite ou en nos Provinces, & aux Gouverneurs généraux de nos Provinces, & en leur absence à nos Lieutenans généraux en icelles, de s'employer eux-mêmes très-soigneusement & incessamment à terminer tous les différends qui pourront arriver entre nos Sujets, par les voies & ainsi qu'il leur en est donné pouvoir par les Edits & Ordonnances des Rois nos Prédécesseurs. Et en outre Nous donnons pouvoir à nosdits Cousins de commettre en chacun des Bailliages ou Sénéchaussées de notre Royaume, un ou plusieurs Gentilshommes, selon l'étendue d'icelles, qui soient de qualité, d'âge & capacité requise, pour recevoir les avis des différends qui surviendront entre les Gentilshommes, Gens de Guerre, & autres nos Sujets, les renvoyer à nosdits Cousins les Maréchaux de France, ou au plus ancien d'eux, ou aux Gouverneurs généraux de nos Provinces, & nos Lieutenans généraux en icelles, lorsqu'ils y seront présens; & donnons pouvoir auſdits aufdits Gentilshommes qui feront ainfi commis, de faire venir pardevant eux, en l'abfence des Gouverneurs & nofdits Lieutenans généraux, tous ceux qui auront quelque différend, pour les accorder, ou les renvoyer pardevant nofdits Coufins les Maréchaux de France, au cas que quelqu'une des Parties fe trouve léfée par l'accord defdits Gentilshommes, ou ne veuille pas fe foumettre à leurs Jugemens. Même lorfque lefdits Gouverneurs généraux de nos Provinces, & nos Lieutenans généraux en icelles, feront dans les Provinces, en cas que les querelles qui furviendront requierent un prompt remede pour en empêcher les fuites, & que les Gouverneurs fuffent abfens du lieu où le différend fera furvenu : Nous voulons que lefdits Gentilshommes commis y pourvoient fur le champ, & faffent exécuter le contenu aux articles du préfent Edit, dont ils donneront avis à l'inftant aufdits Gouverneurs généraux de nos Provinces, ou en leur abfence aux Lieutenans généraux en icelles, pour travailler inceffamment à l'accommodement; & pour cette fin nous enjoignons très-expreffément à tous les Prevôts des Maréchaux, Vice-Baillifs, Vice-Sénéchaux, leurs Lieutenans, Exempts, Greffiers & Archers, d'obéir promptement & fidellement, fur peine de fufpenfion de leurs Charges; & privation de leurs gages, aufdits Gentilshommes commis fur le fait defdits différends, foit qu'il faille affigner ceux qui auront querelle, conftituer prifonniers, faifir & annoter leurs biens, ou faire tous autres actes néceffaires pour empêcher les voies de fait, & pour l'exécution des ordres defdits Gentilshommes ainfi commis, le tout aux frais & dépens des Parties.

III.

Nous déclarons en outre que tous ceux qui affifteront, ou fe rencontreront, quoiqu'inopinément, aux lieux où fe commettront des offenfes à l'honneur, foit par des rapports ou difcours injurieux, foit par manquement de promeffe ou parole donnée, foit par démentis, coups de main, ou autres outrages, de quelque nature qu'ils foient, feront à l'avenir obligés d'en avertir nos Coufins les Maréchaux de France, ou lefdits Gouverneurs généraux de nos Provinces, & nos Lieutenans généraux en icelles, ou les Gentilshommes commis par nofdits Coufins, fur peine d'être réputés complices defdites offenfes, & d'être pourfuivis comme y ayant tacitement contribué, pour ne s'être pas mis en devoir d'en empêcher les mauvaifes fuites. Voulons pareillement & nous plaît, que ceux qui auront connoiffance de quelque commencement de querelles & animofités caufées par les procès qui feroient fur le point d'être intentés entre Gentilshommes, pour quelque interêt d'importance, foient obligés à l'avenir d'en avertir nosdits Cousins les Maréchaux de France, ou les Gouverneurs généraux de nosdites Provinces, & Lieutenans généraux en icelles, ou en leur absence, les Gentilshommes commis dans les Bailliages, afin qu'ils empêchent de tout leur pouvoir que les Parties sortent des voies civiles & ordinaires pour venir à celles de fait. Et pour être d'autant mieux informé de tous les duels & combats qui se font dans nos Provinces, Nous enjoignons aux Gouverneurs généraux & Lieutenans généraux en icelles, de donner avis aux Secretaires d'Etat, chacun en son département, de tous les duels & combats qui arriveront dans l'étendue de leurs Charges; aux premiers Présidens de nos Cours de Parlement, & à nos Procureurs Généraux en icelles, de donner pareillement avis à notre très-cher & féal le Sieur le Tellier, Chancelier de France; & aux Gentilshommes commis, & Officiers des Maréchaussées, aux Maréchaux de France, pour Nous en informer chacun à leur égard. Ordonnons encore à tous nos Sujets de Nous en donner avis par telles voies que bon leur semblera, promettant de récompenser ceux qui donneront avis des combats arrivés dans les Provinces, dont Nous n'aurons point reçu d'avis d'ailleurs, avec les moyens d'en avoir la preuve.

I V.

Lorsque nosdits Cousins les Maréchaux de France, les Gouverneurs généraux de nos Provinces, & nos Lieutenans généraux en icelles en leur absence, ou les Gentilshommes commis, auront eu avis de quelque différend entre les Gentilshommes, & entre tous ceux qui font profession des armes dans notre Royaume & Pays de notre obéissance, lequel procedant de paroles outrageuses, ou autres causes touchant l'honneur, semblera devoir les porter à quelque ressentiment extraordinaire; nosdits Cousins les Maréchaux de France envoyeront aussi-tôt des défenses très-expresses aux Parties de se rien demander par les voies de fait, directement ou indirectement, & les feront assigner à comparoir incessamment pardevant eux pour y être reglés. Que s'ils appréhendent que lesdites Parties soient tellement animées, qu'elles n'apportent pas tout le respect & la déférence qu'elles doivent à leurs ordres, ils leur envoyeront incontinent des Archers & Gardes de la Connétablie & Maréchaussée de France, pour se tenir près de leur personne, aux frais & dépens desdites Parties, jusqu'à ce qu'elles se soient rendues pardevant eux; ce qui sera ainsi pratiqué par les Gouverneurs généraux de nos Provinces, & nos Lieutenans généraux en icelles, dans l'étendue de leurs Gouvernemens & Charges, en faisant assigner pardevant eux ceux qui auront querelle, ou leur envoyant de leurs Gardes, ou quelques autres perſonnes qui ſe tiendront près d'eux, pour les empêcher d'en venir aux voies de fait : & Nous donnons pouvoir aux Gentilshommes commis dans chaque Bailliage de tenir, en l'abſence des Maréchaux de France, Gouverneurs généraux de nos Provinces, & nos Lieutenans généraux en icelles, la même procedure envers ceux qui auront querelle, & ſe ſervir des Prevôts des Maréchaux, leurs Lieutenans, Exempts & Archers, pour l'exécution de leurs ordres.

V.

Ceux qui auront querelle, étant comparus pardevant nos Couſins les Maréchaux de France, ou Gouverneurs généraux de nos Provinces, & Lieutenans en icelles, ou en leur abſence devant leſdits Gentilshommes, s'il apparoît de quelque injure atroce qui ait été faite avec avantage, ſoit de deſſein prémédité, ou de gayeté de cœur; Nous voulons & entendons que la Partie offenſée en reçoive une réparation & ſatisfaction ſi avantageuſe, qu'elle ait tout ſujet d'en demeurer contente, confirmant en tout que beſoin eſt par notre préſent Edit, l'autorité attribuée par les feus Rois nos très-honorés Ayeul & Pere, à noſdits Couſins les Maréchaux de France, de juger & décider par Jugement ſouverain tous différends concernant le point d'honneur, & réparation d'offenſe, ſoit qu'ils arrivent dans notre Cour, ou en quelqu'autre lieu de nos Provinces où ils ſe trouveront; & auſdits Gouverneurs ou Lieutenans généraux, le pouvoir qu'ils leur ont auſſi donné pour même fin, chacun en l'étendue de ſa Charge.

V I.

Et parce qu'il ſe commet quelquefois des offenſes ſi importantes à l'honneur, que non-ſeulement les perſonnes qui les reçoivent en ſont touchées, mais auſſi le reſpect qui eſt dû à nos Loix & Ordonnances y eſt manifeſtement violé; Nous voulons que ceux qui auront fait de ſemblables offenſes, outre les ſatisfactions ordonnées à l'égard des perſonnes offenſées, ſoient encore condamnés par leſdits Juges du point d'honneur, à ſouffrir priſons, banniſſemens & amendes. Conſidérant auſſi qu'il n'y a rien qui ſoit ſi déraiſonnable ni de ſi contraire à la profeſſion d'honneur, que l'outrage qui ſe feroit pour le ſujet de quelque interêt civil, ou de quelque procès qui ſeroit intenté pardevant les Juges ordinaires; Nous voulons que dans les accommodemens des offenſes provenues de ſemblables cauſes, leſdits Juges du point d'honneur tiennent toute la rigueur qu'ils verront raiſonnable pour la ſatisfaction de la Partie offenſée; & que pour la réparation de notre autorité bleſſée, ils ordonnent ou la priſon durant l'eſpace de trois mois au moins, ou le banniſſement pour autant de tems des lieux où l'offensant sera sa résidence, ou la privation du revenu d'une année ou deux de la chose contestée.

VII.

COMME il arrive beaucoup de différends entre les Gentilshommes, à cause des Chasses, des Droits honorifiques des Eglises, & autres prééminences des Fiefs & Seigneuries, pour être fort mêlées avec le point d'honneur, Nous voulons & entendons que nosdits Cousins les Maréchaux de France, les Gouverneurs de nos Provinces, & nos Lieutenans en icelles, & les Gentilshommes commis dans lesdits Bailliages ou Sénéchaussées, apportent tout ce qui dépendra d'eux, pour obliger les Parties de convenir d'Arbitres, qui jugent sommairement avec eux, sans aucune consignation ni épices, le fond de semblables différends, à la charge de l'appel en nos Cours de Parlement, lorsqu'une des Parties se trouvera lésée par la Sentence arbitrale.

VIII.

AU cas qu'un Gentilhomme refuse ou differe, sans aucune cause légitime, d'obéir aux ordres de nos Cousins les Maréchaux de France, ou à ceux des autres Juges du point d'honneur, comme de comparoître pardevant eux, lorsqu'il aura été assigné par acte signifié à lui ou à son domicile, & aussi lorsqu'il n'aura pas subi le bannissement ordonné contre lui, il y sera incessamment contraint, après un certain tems que lesdits Juges lui prescriront, soit par garnison qui sera posée dans sa maison, ou par l'emprisonnement de sa personne: ce qui sera soigneusement exécuté par les Prevôts de nosdits Cousins les Maréchaux de France, Vice-Baillifs, Vice-Sénéchaux, leurs Lieutenans, Exempts & Archers, sur peine de suspension de leurs Charges & privation de leurs gages, suivant les Ordonnances desdits Juges; & ladite exécution sera faite aux frais & dépens de la Partie désobéissante ou réfractaire. Que si lesdits Prevôts, Vice-Baillifs, Vice-Sénéchaux, leurs Lieutenans, Exempts & Archers, ne peuvent exécuter ledit emprisonnement, ils saisiront & annoteront tous les revenus dudit banni ou désobéissant, pour être appliqués & demeurer acquis durant tout le tems de sa désobéissance; sçavoir, la moitié à l'Hôpital de la Ville où il y a Parlement établi, & l'autre moitié à l'Hôpital du lieu où il y a Siége Royal, dans le ressort duquel Parlement ou Siége Royal les biens dudit banni ou désobéissant se trouveront; afin que s'entr'aidant dans la poursuite, l'un puisse fournir l'avis & la preuve, & l'autre interposer notre autorité par celle de la Justice pour l'effet de notre intention. Et au cas qu'il y ait des dettes précédentes qui empêchent la perception de ce revenu applicable au profit desdits Hôpitaux, la somme à quoi il pourra monter vaudra une dette hypothequée sur tous les biens meubles du banni, pour être payée & acquittée dans son ordre du jour de la condamnation qui interviendra contre lui.

I X.

Nous ordonnons en outre que ceux qui auront eu des Gardes de nos Cousins les Maréchaux de France, des Gouverneurs généraux de nos Provinces, & nos Lieutenans en icelles, ou desdits Gentilshommes commis, & qui s'en seront dégagés en quelque maniere que ce puisse être, soient punis avec rigueur, & ne puissent être reçus à l'accommodement sur le point d'honneur, que les coupables de ladite garde enfreinte n'ayent tenu prison, & qu'à la requête de notre Procureur en la Connétablie, & des Substituts aux autres Maréchaussées de France, le procès ne leur ait été fait selon les formes requises par nos Ordonnances. Voulons & Nous plaît que sur le procès verbal ou rapport des Gardes qui seront ordonnés près d'eux, il soit sans autre information decreté contr'eux à la requête desdits Substituts, & leur procès sommairement fait.

X.

Bien que le soin que nous prenons de l'honneur de notre Noblesse paroisse assez par le contenu aux Articles précédens, & par la soigneuse recherche que Nous faisons des moyens estimés les plus propres pour éteindre les querelles dans leur naissance, & rejetter sur ceux qui offensent le blâme & la honte qu'ils méritent; néanmoins appréhendant qu'il ne se trouve encore des gens assez osés pour contrevenir à nos volontés si expressément expliquées, & qui présument d'avoir raison en cherchant à se venger, Nous voulons & ordonnons que celui qui s'estimant offensé fera un appel à qui que ce soit pour soi-même, demeure déchu de pouvoir jamais avoir satisfaction de l'offense qu'il prétendra avoir reçue, qu'il tienne prison pendant deux ans, & soit condamné à une amende envers l'Hôpital de la Ville la plus proche de sa demeure, laquelle ne pourra être de moindre valeur que la moitié du revenu d'une année de ses biens, & de plus qu'il soit suspendu de toutes ses Charges, & privé du revenu d'icelles durant trois ans. Permettons à tous Juges d'augmenter lesdites peines, selon que les conditions des personnes, les sujets des querelles, comme procès intentés, ou autres interêts civils, les défenses ou gardes enfreintes ou violées, les circonstances des lieux & des tems, rendront l'appel plus punissable. Que si celui qui est appellé, au lieu de refuser l'appel, & d'en donner avis à nos Cousins les Maréchaux de France, ou aux Gouverneurs généraux de nos Provinces, & nos Lieutenans en icelles, ou aux Gentilshommes commis, ainsi que

Nous lui enjoignons de faire, va sur le lieu de l'assignation, ou fait effort pour cet effet, il soit puni des mêmes peines de l'appellant. Nous voulons de plus que ceux qui auront appellé pour un autre, ou qui auront accepté l'appel sans en avoir donné avis auparavant, soient punis des mêmes peines.

X I.

Et d'autant qu'outre la peine que doivent encourir ceux qui appelleront, il y en a qui méritent doublement d'en être châtiés & réprimés, comme lorsqu'ils s'attaquent à ceux qui sont leurs Bienfaiteurs, Supérieurs ou Seigneurs, & personnes de commandement, & relevées par leur qualité & charges, & spécialement quand les querelles naissent pour des actions d'obéissance, ausquelles une condition, charge ou emploi subalterne les ont soumis, ou pour des châtimens qu'ils ont subi par l'autorité de ceux qui ont le pouvoir de les y assujettir : considérant qu'il n'y a rien de plus nécessaire pour le maintien de la discipline, particulierement entre ceux qui font profession des Armes, que le respect envers ceux qui les commandent, Nous voulons & ordonnons que ceux qui s'emporteront à cet excès, & notamment qui appelleront leurs Chefs ou autres qui ont droit de leur commander, tiennent prison pendant quatre ans, soient privés de l'exercice de leurs Charges pendant ledit tems, ensemble des gages & appointemens y attribués, qui seront donnés à l'Hôpital général de la Ville la plus prochaine ; & en cas que ce soit un inférieur contre un Supérieur ou Seigneur, il tiendra prison pendant les mêmes quatre années, & sera condamné à une amende qui ne pourra être moindre qu'une année de son revenu : Enjoignons très-expressément à nosdits Cousins les Maréchaux de France, Gouverneurs généraux de nos Provinces, & Lieutenans généraux en icelles, & Gentilshommes commis, & singulierement aux Généraux de nos Armées, dans lesquelles ce désordre peut être plus fréquent qu'en nul autre lieu, de tenir la main à l'exacte & sévere exécution du présent Article. Que si les Chefs ou Officiers supérieurs & les Seigneurs qui auront été appellés reçoivent l'appel, & se mettent en état de satisfaire les appellans, ils seront punis des mêmes peines de prison, de suspension de leurs Charges & revenus d'icelles, & amendes ci-dessus spécifiées, sans qu'ils puissent en être dispensés, quelques instances & supplications qu'ils Nous en fassent.

X I I.

Et d'autant que Nous avons résolu de casser & priver entierement de leurs Charges tous ceux qui se trouveront coupables dudit crime, même par notoriété, si ceux qui auront été ainsi cassés & privés de leursdites Charges, s'en ressentent contre ceux que Nous en auront pourvûs, en les appellant, ou excitant au combat par eux-mêmes, ou par autrui, par rencontre ou autrement, Nous voulons qu'eux & ceux desquels ils se seront servis, tiennent prison pendant six ans, & soient condamnés à l'amende de six années de leurs revenus, sans pouvoir jamais être relevés desdites peines : & généralement que ceux qui viendront pour la seconde fois à violer notre présent Edit, comme appellans, & notamment ceux qui se seront servis de seconds pour porter leurs appels, soient punis des mêmes peines de prison, destitution de Charges & amendes, encore qu'il ne s'en soit ensuivi aucun combat.

XIII.

Si contre les défenses portées par notre présent Edit, l'appellant & l'appellé venoient au combat actuel, Nous voulons & ordonnons qu'encore qu'il n'y ait aucun de blessé ou de tué, le procès criminel & extraordinaire soit fait contr'eux ; qu'ils soient sans rémission punis de mort ; que tous leurs biens meubles & immeubles Nous soient confisqués, le tiers d'iceux applicable à l'Hôpital de la Ville où est le Parlement dans le ressort duquel le crime aura été commis, & conjointement à l'Hôpital du Siége Royal le plus proche du lieu du délit, & les deux autres tiers tant aux frais de capture & de la Justice, qu'en ce que les Juges trouveront équitable d'adjuger aux femmes & enfans, si aucuns y a, pour leur nourriture & entretenement seulement leur vie durant. Que si le crime se trouve commis dans les Provinces où la confiscation n'a point de lieu, Nous voulons & entendons qu'au lieu de ladite confiscation, il soit pris sur les biens des criminels, au profit desdits Hôpitaux, une amende dont la valeur ne pourra être moindre que la moitié des biens des criminels. Ordonnons & enjoignons à nos Procureurs généraux, leurs Substituts, & ceux qui auront l'administration desdits Hôpitaux, de faire de soigneuses recherches & poursuites desdites sommes & confiscations, pour lesquelles leur action pourra durer pendant le tems & espace de vingt ans, quand même ils ne feroient aucune poursuite qui la pût proroger, lesquelles sommes & confiscations ne pourront être remises ni diverties pour quelque cause & prétexte que ce soit. Que si l'un des combattans ou tous les deux sont tués, Nous voulons & ordonnons que le procès criminel soit fait contre la mémoire des morts, comme contre criminels de leze-Majesté divine & humaine, & que leurs corps soient privés de la sépulture ; défendant à tous Curés, leurs Vicaires, & autres Ecclésiastiques de les enterrer, ni souffrir être enterrés en terre sainte : confisquant en outre, comme dessus, tous leurs biens meubles & immeubles. Et quant au survivant qui aura tué, outre la susdite confiscation de tous ses biens, ou amende de la moitié de la valeur d'iceux dans les pays où la confiscation n'a point de lieu, il sera irrémissiblement puni de mort, suivant la disposition des Ordonnances.

XIV.

Les biens de celui qui aura été tué, & du survivant, seront régis par les Administrateurs des Hôpitaux, pendant l'instruction du procès qualifié pour duel, & les revenus employés aux frais des poursuites.

XV.

Encore que Nous espérions que nos défenses & des peines si justement ordonnées contre les duels, retiendront dorénavant tous nos Sujets d'y tomber; néanmoins s'il s'en rencontroit encore d'assez téméraires pour oser contrevenir à nos volontés, non-seulement en se faisant raison par eux-mêmes, mais en engageant de plus dans leurs querelles & ressentimens, des seconds, tiers, ou autre plus grand nombre de personnes; ce qui ne se peut faire que par une lâcheté artificieuse, qui fait rechercher à ceux qui sentent leur foiblesse la sureté dont ils ont besoin dans l'adresse & le courage d'autrui: Nous voulons que ceux qui se trouveront coupables d'une si criminelle & si lâche contravention à notre présent Edit, soient sans rémission punis de mort, quand même il n'y auroit aucun de blessé ni de tué dans ces combats; que tous leurs biens soient confisqués comme dessus; qu'ils soient dégradés de Noblesse, & déclarés Roturiers, incapables de tenir jamais aucunes Charges, leurs Armes noircies & brisées publiquement par l'Exécuteur de la Haute-Justice. Enjoignons à leurs successeurs de changer leurs Armes & en prendre de nouvelles, pour lesquelles ils obtiendront nos Lettres à ce nécessaires; & en cas qu'ils reprissent les mêmes Armes, elles seront de nouveau noircies & brisées par l'Exécuteur de la Haute-Justice, & eux condamnés à l'amende de deux années de leurs revenus, applicable moitié à l'Hôpital général de la Ville la plus proche, & l'autre moitié à la volonté des Juges. Et comme nul châtiment ne peut être assez grand pour punir ceux qui s'engagent si légérement & si criminellement dans le ressentiment d'offense où ils n'ont aucune part, & dont ils devroient plutôt procurer l'accommodement pour la conservation & satisfaction de leurs amis, que d'en poursuivre la vengeance par des voies aussi destituées de véritable valeur & courage, comme elles le sont de charité & d'amitié chrétienne: Nous

Nous voulons que tous ceux qui tomberont dans le crime d'être seconds, tiers, ou autre nombre également, soient punis des mêmes peines que Nous avons ordonnées contre ceux qui les emploiront.

XVI.

D'AUTANT qu'il se trouve des gens de naissance ignoble, & qui n'ont jamais porté les armes, & qui sont assez insolens pour appeller les Gentilshommes, lesquels refusant de leur faire raison à cause de la différence des conditions, ces mêmes personnes suscitent contre ceux qu'ils ont appellés d'autres Gentilshommes, d'où il s'ensuit quelquefois des meurtres d'autant plus détestables, qu'ils proviennent d'une cause abjecte ; Nous voulons & ordonnons qu'en tel cas d'appel ou de combats, principalement s'ils sont suivis de quelque grande blessure ou de mort, lesdits ignobles ou roturiers qui seront duement atteints & convaincus d'avoir causé & promû semblables désordres, soient sans rémission pendus & étranglés, tous leurs biens meubles & immeubles confisqués, les deux tiers aux Hôpitaux des lieux ou des plus prochains, & l'autre tiers employé aux frais de la Justice, à la nourriture, entretenement des veuves & enfans des défunts, si aucuns y a : permettant en outre aux Juges desdits crimes d'ordonner sur les biens confisqués telle récompense qu'ils aviseront raisonnable au dénonciateur & autres qui auront découvert lesdits cas, afin que dans un crime si punissable chacun soit invité à la dénonciation d'icelui. Et quant aux Gentilshommes qui se seront ainsi battus pour des sujets & contre des personnes indignes, Nous voulons qu'ils souffrent les mêmes peines que Nous avons ordonné contre les seconds, s'ils peuvent être apprehendés ; sinon il sera procedé contr'eux par défaut & contumace, suivant la rigueur des Ordonnances.

XVII.

Nous voulons que tous ceux qui porteront sciemment des billets d'appel, ou qui conduiront aux lieux des duels ou rencontres, comme laquais ou autres domestiques, soient punis du fouet & de la fleur-de-lys pour la premiere fois ; & s'ils retombent dans la même faute, des galeres à perpétuité. Et quant à ceux qui auront été spectateurs d'un duel, s'ils s'y sont rendus exprès pour ce sujet, Nous voulons qu'ils soient privés pour toujours des Charges, Dignités & Pensions qu'ils possedent ; que s'ils n'ont aucunes Charges, le quart de leurs biens soit confisqué & appliqué aux Hôpitaux ; & si le délit a été commis en quelque Province où la confiscation n'ait point de lieu, qu'ils soient condamnés à une amende au profit desdits Hôpitaux, laquelle ne pourra être de moindre valeur que le quart des biens desdits spectateurs, que Nous réputons avec raison complices d'un crime si détestable, puisqu'ils y assistent & ne l'empêchent pas tant qu'ils peuvent, comme ils y sont obligés par les Loix divines & humaines.

XVIII.

Et d'autant qu'il est souvent arrivé que pour éviter la rigueur des peines ordonnées par tant d'Edits contre les duels, plusieurs ont recherché les occasions de se rencontrer, Nous voulons & ordonnons que ceux qui prétendront avoir reçu quelque offense, & qui n'en auront point donné avis aux susdits Juges du point d'honneur, & qui viendront à se rencontrer, ou à se battre seuls, ou en pareil état & nombre, avec armes égales de part & d'autre, à pied ou à cheval, soient sujets aux mêmes peines que si c'étoit en duel. Et pour ce qu'il s'est encore trouvé de nos Sujets qui ayant pris querelle dans nos Etats, & s'étant donné rendez-vous pour se battre hors d'iceux, ou sur nos frontieres, ont cru par ce moyen pouvoir éluder l'effet de nos Edits, Nous voulons que tous ceux qui en useront ainsi soient poursuivis criminellement, s'ils peuvent être pris, sinon par contumace, & qu'ils soient condamnés aux mêmes peines, & leurs biens confisqués, comme s'ils avoient contrevenu au présent Edit dans l'étendue & sans sortir de nos Provinces, les jugeant d'autant plus criminels & punissables, que les premiers mouvemens dans la chaleur & nouveauté de l'offense ne les peuvent plus excuser, & qu'ils ont eu assez de loisir pour moderer leur ressentiment & s'abstenir d'une vengeance si défendue ; sans qu'ès deux cas mentionnés au présent Article les prévenus puissent alléguer le cas fortuit, auquel nous défendons à nos Juges d'avoir aucun égard.

XIX.

Et pour éviter qu'une Loi si sainte & si utile à nos Etats ne devienne inutile au Public, faute d'observation d'icelle, Nous enjoignons & commandons très-expressément à nos Cousins les Maréchaux de France, ausquels appartient sous notre autorité la connoissance & décision des contentions & querelles qui concernent l'honneur & la réputation de nos Sujets, de tenir la main exactement & diligemment à l'observation de notre présent Edit, sans y apporter aucune modération, ni permettre que par faveur, connivence, ou autre voie, il y soit contrevenu en aucune maniere. Et pour donner d'autant plus de moyens & de pouvoir à nosdits Cousins les Maréchaux de France d'empêcher & réprimer cette licence effrenée des duels & rencontres ; considérant d'ailleurs que la diligence importe grandement pour la punition de tels crimes, & que les Prevôts de nosdits Cousins les Maréchaux, les Vice-Baillifs, Vice-Sénéchaux & Lieutenans Criminels de Robe-courte, se trouvent le plus souvent à cheval pour notre service, pour être plus prompts & plus propres pour proceder contre les coupables de duels & rencontres ; Nous avons de nouveau attribué & attribuons l'exécution du présent Edit, tant dans l'enclos des Villes que hors d'icelles, aux Officiers de la Connétablie & Maréchaussée de France, Prevôts généraux de ladite Connétablie de l'Isle de France & des Monnoies, & tous les autres Prevôts généraux, provinciaux & particuliers, Vice-Baillifs, Vice-Sénéchaux & Lieutenans Criminels de Robe-courte, concurremment avec nos Juges ordinaires, & à la charge de l'appel en nos Cours de Parlement, ausquelles il doit ressortir, dérogeant pour ce regard à toutes Déclarations & Edits à ce contraires, portant défenses ausdits Prevôts de connoître des duels & rencontres.

XX.

Les Juges ou autres Officiers qui auront supprimé & changé les informations, seront destitués & privés de leurs Charges, & châtiés comme faussaires.

XXI.

Et d'autant qu'il arrive assez souvent que lesdits Prevôts, Vice-Baillifs, Vice-Sénéchaux & Lieutenans Criminels de Robe-courte sont négligens dans l'exécution des ordres de nosdits Cousins les Maréchaux de France, Nous voulons & ordonnons que si lesdits Officiers manquent d'obéir au premier mandement de nosdits Cousins les Maréchaux, ou de l'un d'eux, ou autres Juges du point d'honneur, de sommer ceux qui auront querelle de comparoître au jour assigné, de les saisir & arrêter en cas de refus & de désobéissance, & finalement d'exécuter de point en point, & toutes affaires cessantes, ce qui leur sera mandé & ordonné par nosdits Cousins les Maréchaux de France & Juges du point d'honneur, ils soient par nosdits Cousins punis & châtiés de leurs négligences par suspension de leurs Charges & privation de leurs gages, lesquels pourront être réellement arrêtés & saisis sur la simple ordonnance de nosdits Cousins les Maréchaux de France, ou de l'un d'eux, signifiée à la personne ou au domicile du Trésorier de l'Ordinaire de nos Guerres qui sera en exercice. Nous ordonnons en outre ausdits Prevôts, Vice-Baillifs, Vice-Sénéchaux, leurs Lieutenans & Archers, chacun en leur ressort, sur les mêmes peines de suspension & privation de leurs gages, que sur le bruit d'un combat arrivé, ils se transporteront à l'instant sur les lieux, pour arrêter les coupables & les constituer prisonniers dans les prisons royales les plus proches du lieu du délit, voulant que pour chacune capture il leur soit payé la somme de quinze cens livres, à prendre avec les autres frais de Justice sur le bien le plus clair des coupables, & préférablement aux confiscations & amendes que Nous avons ordonnées ci-dessus.

XXII.

Et comme les coupables, pour éviter de tomber entre les mains de la Justice, se retirent d'ordinaire chez les Grands de notre Royaume, Nous faisons très-expresses inhibitions & défenses à toutes personnes, de quelque qualité & condition qu'elles soient, de recevoir dans leurs hôtels & maisons ceux qui auront contrevenu à notre présent Edit; & au cas qu'il s'en trouve quelques-uns qui leur donnent asile, & qui refusent de les remettre entre les mains de la Justice sitôt qu'ils en seront requis, Nous voulons que les procès verbaux qui en seront dressés & duement arrêtés par lesdits Prevôts des Maréchaux & autres Juges, soient incontinent & incessamment envoyés aux Secretaires d'Etat & de nos Commandemens, chacun en son département, ensemble aux Procureurs généraux de nos Cours de Parlement, & à nosdits Cousins les Maréchaux, afin qu'ayant pris avis d'eux, Nous fassions rigoureusement proceder à la punition de ceux qui protegent de si criminels désordres.

XXIII.

Que si nonobstant tous les soins & diligences prescrites par les Articles précédens, le crédit & l'autorité des personnes intéressées dans ces crimes en détournoient les preuves par menaces ou artifices, Nous ordonnons que sur la simple requisition qui sera faite par nos Procureurs généraux ou leurs Substituts, il soit décerné des Monitoires par les Officiaux des Evêques des lieux, lesquels seront publiés & fulminés selon les formes canoniques, contre ceux qui refuseront de venir à réclamation de ce qu'ils sçauront touchant les duels & rencontres arrivés. Nous ordonnons en outre qu'à l'avenir nos Procureurs généraux en nos Cours de Parlement & leurs Substituts, sur l'avis qu'ils auront des combats qui auront été faits, feront leurs requisitions contre ceux qui par notorieté en seront estimés coupables, & que conformément à icelles, nosdites Cours, sans autres preuves, ordonnent que dans les délais qu'elles jugeront à propos, ils seront tenus de se rendre dans les prisons, pour se justifier & répondre sur les requisitions de nosdits Procureurs généraux ; & à faute dans ledit tems de satisfaire aux Arrêts qui seront signifiés à leurs domiciles, Nous voulons qu'il soit procedé contr'eux par défaut & contumace, qu'ils soient déclarés atteints & convaincus des cas à eux imposés ; & comme tels, qu'ils soient condamnés aux peines portées par nos Edits, & leurs biens à Nous acquis & confisqués, & mis en nos mains, & sans attendre que les cinq années des défauts & contumaces soient expirées ; que toutes leurs maisons soient rasées, & leurs bois de haute-futaie coupés jusqu'à certaine hauteur, suivant les ordres que Nous en ordonnerons ; & eux déclarés infames & dégradés de Noblesse, sans qu'ils puissent à l'avenir entrer en aucune Charge. Défendons à toutes nos Cours de Parlement & nos autres Juges de les recevoir en leur justification après les Arrêts de condamnation, même pendant les cinq années de la contumace, qu'auparavant ils n'ayent obtenu nos Lettres portant permission de se représenter, & qu'ils n'ayent payé les amendes ausquelles ils seront condamnés, & ce nonobstant l'Article XVIII. du Titre VII. de notre Ordonnance criminelle, auquel Nous avons dérogé & dérogeons pour ce regard, & sans tirer à conséquence.

XXIV.

Et lors même que les prévenus auront été arrêtés & mis dans les prisons, ou qu'ils s'y seront mis, Nous voulons qu'en cas que nos Procureurs généraux trouvent difficulté à administrer la preuve desdits combats, nos Cours leur donnent les délais qu'ils requerront, remettant à l'honneur & conscience de nosdits Procureurs généraux de n'en user que pour le bien de la Justice.

XXV.

Pendant le tems que les accusés ou prévenus desdits crimes ne se rendront point prisonniers, Nous voulons que la Justice de leurs Terres soit exercée en notre nom, & Nous pourvoirons pendant ledit tems aux Offices & Bénéfices dont la disposition appartiendra ausdits accusés ou prévenus.

XXVI.

Et pour éviter que pendant le tems de l'instruction des défauts & contumaces les prévenus ne puissent se servir des moyens qu'ils ont accoutumé de pratiquer pour détourner les preuves de leurs crimes, en intimidant les témoins, ou les obligeant de se retracter dans le récollement, Nous voulons que nonobstant l'Article III. du Titre XV. de notre Ordonnance du mois d'Août 1670, auquel Nous avons dérogé & dérogeons pour ce regard dans les crimes de duels seulement, il soit procedé par les Officiers de nos Cours & leurs Lieutenans Criminels des Bailliages où il y a Siége Présidial, au récollement des témoins dans les vingt-quatre heures, & le plutôt qu'il se pourra, après qu'ils auront été entendus dans les informations, & ce avant qu'il y ait aucun Jugement qui l'ordonne, sans toutefois que les récollemens puissent valoir confrontation, qu'après qu'il aura été ainsi ordonné par le Jugement de défaut & contumace.

XXVII.

Nous déclarons les condamnés par contumace incapables & indignes de toutes successions qui pourroient leur écheoir depuis la condamnation, encore qu'ils soient dans les cinq années, & qu'ils se fussent ensuite restitués contre la contumace. Si les successions sont échues avant la restitution, la Seigneurie & la Justice des Terres sera exercée en notre nom, & les fruits attribués aux Hôpitaux, sans espérance de restitution, à compter du jour de la condamnation par contumace.

XXVIII.

Nous voulons pareillement & ordonnons que dans les lieux éloignés des Villes où nos Cours de Parlement sont séantes, lorsqu'après toutes les perquisitions & recherches susdites les coupables des duels & rencontres ne pourront être trouvés, il soit à la requête des Substituts de nos Procureurs généraux, sur la simple notorieté du fait, décerné prise de corps contre les absens; & qu'à faute de les pouvoir appréhender en vertu du decret, tous leurs biens soient saisis, & qu'ils soient ajournés à trois briefs jours consécutifs, & sur iceux les défauts soient mis ès mains de nos Procureurs généraux ou leurs Substituts, pour en être le profit adjugé sans autre forme ni figure de procès dans huitaine après le crime commis, & sans que nosdits Procureurs généraux ou leurs Substituts soient obligés d'informer & faire preuve de la notorieté.

XXIX.

Quand le titre de l'accusation sera pour crime de duel, il ne pourra être formé aucun réglement de Justice, nonobstant tout prétexte de prévention, assassinat ou autrement, & le procès ne pourra être poursuivi que pardevant les Juges du crime de duel.

XXX.

Et afin d'empêcher les surprises de ceux qui pour obtenir des graces Nous déguiseroient la vérité des combats arrivés, & mettroient en avant de faux faits, pour faire croire que lesdits combats seroient survenus inopinément & en suite de querelle prise sur le champ; Nous ordonnons que nul ne pourra poursuivre au Sceau l'expédition d'aucune grace ès cas où il y aura soupçon de duel ou rencontre préméditée, qu'il ne soit actuellement prisonnier à notre suite, ou bien dans la principale prison du Parlement dans le ressort duquel le combat aura été fait; & après qu'il aura été vérifié qu'il n'a contrevenu en aucune sorte à notre présent Edit, & avoir sur ce pris l'avis de nos Cousins les Maréchaux de France, Nous pourrons lui accorder les Lettres de rémission en connoissance de cause.

XXXI.

Et d'autant qu'en conséquence de nos ordres nos Cousins les Maréchaux de France se sont assemblés pour revoir & examiner de nouveau le Réglement fait par eux sur les diverses satisfactions & réparations d'honneur, auquel par nos ordres ils ont ajouté des peines plus séveres contre les aggresseurs; Nous voulons que ledit nouveau Réglement en date du 22e jour du présent mois, ensemble celui du 22 Août 1653, ci-attachés sous le contrescel de notre Chancellerie, soient inviolablement suivis & observés à l'avenir par tous ceux qui seront employés aux commandemens des différends qui touchent le point d'honneur & la réputation des Gentilshommes.

XXXII.

Et d'autant que quelquefois les Administrateurs des Hôpitaux ont négligé le recouvrement desdites amendes & confiscations, Nous voulons que le recouvrement des amendes & confiscations adjugées ausdits Hôpitaux & autres personnes, qui auront été négligées pendant un an à compter du jour des Arrêts de condamnation, soit fait par le Receveur général de nos Domaines, auquel cas la moitié desdites confiscations & amendes appartiendra pour les frais de recouvrement, Nous réservant de disposer de l'autre moitié en faveur de tel Hôpital qu'il Nous plaira, autre que celui auquel elles auroient été adjugées.

XXXIII.

Voulons de plus que lorsque les Gentilshommes n'auront pas déféré aux ordres des Maréchaux de France, & qu'ils auront encouru les amendes & confiscations portées par le présent Edit & le Réglement desdits Maréchaux de France, il en soit à l'instant donné avis par lesdits Maréchaux de France à nos Procureurs généraux en nos Cours de Parlement ou à leurs Substituts, ausquels Nous enjoignons de proceder incessamment à la saisie des biens, jusqu'à ce que lesdits Gentilshommes prévenus ayent obéi ; & en cas qu'ils n'obéissent dans trois mois, les fruits seront en pure perte appliqués aux Hôpitaux jusqu'à ce qu'ils ayent obéi, les frais de Prevôt, de procedure, de garnison & autres pris par préférence : pour cet effet, Nous voulons que les Directeurs & Administrateurs desdits Hôpitaux soient mis en possession & jouissance actuelle desdits biens. Enjoignons à nosdits Procureurs généraux ou leurs Substituts de se joindre ausdits Directeurs & Administrateurs, pour être faite une prompte & réelle perception desdites amendes. Faisons très-expresses défenses aux Juges d'avoir aucun égard aux contrats, testamens & autres actes faits six mois avant les crimes commis.

XXXIV.

Lorsque dans les combats il y aura eu quelqu'un de tué, Nous permettons aux parens du mort de se rendre Parties dans trois mois pour tout délai contre celui qui aura tué ; & en cas qu'il soit convaincu du crime, condamné & exécuté, Nous faisons remise de la confiscation du mort au profit de celui qui aura poursuivi, sans qu'il soit tenu d'obtenir d'autres Lettres de don que le présent Edit. A l'égard de celui des parens au profit duquel Nous faisons remise de la confiscation, Nous voulons que le plus proche soit préferé au plus éloigné, pourvû qu'ils se soient rendus Parties dans les trois mois, à condition de rembourser les frais qui auront été faits.

XXXV.

Le crime de duel ne pourra être éteint ni par la mort, ni par aucune prescription de vingt ni de trente ans, ni aucune autre, à moins qu'il n'y ait ni exécution, ni condamnation, ni plainte, & pourra être poursuivi après quelque laps de tems que ce soit contre la personne ou contre sa mémoire ; même ceux qui se trouveront coupables de duel depuis notre Edit de 1651, registré en notre Cour de Parlement de Paris au mois de Septembre de la même année, pourront être recherchés pour les autres crimes par eux commis auparavant ou depuis, nonobstant ladite prescription de vingt & trente ans, pourvû que le procès leur soit fait en même tems pour crime de duel, & par les mêmes Juges, & qu'ils en demeurent convaincus.

XXXVI.

TOUTES les peines contenues dans le présent Edit, pour la punition des contrevenans à nos volontés, seroient inutiles & de nul effet, si par les motifs d'une Justice & d'une fermeté infléxible, Nous ne maintenions les Loix que nous avons établies. A cette fin, Nous jurons & promettons en foi & parole de Roi, de n'exempter à l'avenir aucune personne, pour quelque cause & considération que ce soit, de la rigueur du présent Edit; qu'il ne sera par Nous accordé aucune rémission, pardon & abolition à ceux qui se trouveront prévenus desdits crimes de duels & rencontres. Défendons très-expressément à tous Princes & Seigneurs près de Nous, de faire aucunes prieres pour les coupables desdits crimes, sur peine d'encourir notre indignation. Protestons derechef, que ni en faveur d'aucun mariage de Prince ou Princesse de notre Sang, ni pour les naissances des Princes & Enfans de France, qui pourront arriver durant notre Régne, ni pour quelqu'autre considération générale & particuliere qui puisse être, Nous ne permettrons sciemment être expédié aucunes Lettres contraires à notre présente volonté, l'exécution de laquelle Nous avons jurée expressément & solemnellement au jour de notre Sacre & Couronnement, afin de rendre plus authentique & plus inviolable une Loi si chrétienne, si juste & si nécessaire. SI DONNONS EN MANDEMENT à nos amés & féaux Conseillers, les Gens tenans notre Cour de Parlement, que ces Présentes ils fassent lire, publier & registrer, & le contenu en icelles garder & observer inviolablement, sans y contrevenir ni permettre qu'il y soit contrevenu: CAR tel est notre plaisir. Et afin que ce soit chose ferme & stable à toujours, Nous avons fait mettre notre Scel à cesdites Présentes. DONNÉ à Saint Germain en Laye, au mois d'Août l'an de grace mil six cens soixante-dix-neuf, & de notre Régne le trente-septiéme. *Signé* LOUIS: *Et plus bas*, Par le Roi, COLBERT. *Visa*, LE TELLIER. Pour servir à l'Edit concernant les Duels.

Registrées, oui, & ce requerant le Procureur Général du Roi, pour être exécutées selon leur forme & teneur. A Paris en Parlement, le premier Septembre mil six cens soixante-dix-neuf. Signé DONGOIS.

La sagesse des Réglemens faits sur cette matiere dans le Royaume, a servi de modéle & a donné de l'émulation aux Puissances voisines, & l'on trouve un Placard daté de Bruxelles du 23 Novembre 1667, qui prononce pour les Pays-Bas avec la même sévérité que l'Edit des Duels, dont il fait même l'éloge.

COMME l'expérience journaliere nous a fait voir que le Droit divin & humain, & les Placards ci-devant émanés de nos Prédécesseurs, contre les défis & duels, & tant contre les seconds, & parains & porteurs de cartels, ou certificateurs, que les principaux d'iceux, étant passés en oubli ou mépris, n'ont jusques ores pû arrêter le torrent rapide de ce mal contagieux, qui maintenant se glisse plus audacieusement & impunément que jamais, non-seulement au détriment des particuliers, mais aussi du repos public & scandale de la Chrétienté, dont le comble de malheurs est, que ce vice ayant pris sa naissance aux Etats voisins, & s'y trouvant présentement étouffé & exterminé par des salutaires Edits des Souverains, semble vouloir repulluler ici, & ficher nouvelles racines, nous aurions juste sujet de craindre d'attirer sur nous l'ire de Dieu, & de nous rendre responsable du sang qui s'y prodigue si brutalement, si n'apportions efficacement tous nos soins & autorités suprêmes pour extirper entierement le crime de leze-Majesté divine, & cette manifeste violation du droit des gens, & invasion particuliere sur celui des Souverains, lorsque les Sujets par telle voie attendent de se faire justice à eux-mêmes, du prétendu tort leur inferé, au lieu de l'attendre & demander de ceux ausquels Dieu l'a mis en mains: POUR CE EST-IL, qu'à meure déliberation de notre très-cher & féal Cousin Don Francisco de Moura & Cortereal, Marquis de Castel-Rodrigo, de notre Conseil d'Etat, Lieutenant, Gouverneur & Capitaine Général de nos Pays-Bas; & de Bourgogne, &c. & de nos Conseils de par-deçà; Nous avons trouvé convenir d'ordonner, ainsi que faisons par cestes à tous Conseils, Magistrats & Tribunaux de Justice, de proceder sans aucun délai respectivement dans le district de leur Jurisdiction, à la republication des Placards susdits, & signament celui de l'an 1660, que tenons ici pour inseré de mot à autre, avec toutes les peines de confiscation de corps & de biens, & autres, contre les délinquans en forme & maniere y portées: Et au surplus, comme nous avons remarqué que l'accroissement dudit mal procede principalement de sa fausse impression qui se trouve dans les cœurs & ames généreuses & nobles, de ce que pour maintenir leur honneur & bonne opinion, ils doivent sur le moindre prétendu affront ou injure inferée, entreprendre ces combats singuliers pour s'en venger, ce qui depuis quelque tems en-çà s'est pratiqué avec espoir d'impunité, qui est le plus grand allechement & nourrisson du vice: Nous, outre ce qui est statué, ordonné & dit par les Edits susdits en ce regard, déclarons tout au contraire, & voulons de notre autorité royale, que ceux qui doresnavant s'emporteront à cette effrenée licence, soient tenus pour des gens infames de fait & de droit, & dégradés de toute noblesse & d'armes, de tous honneurs, titres, offices & caracteres, tant militaires qu'autres, & de tous privilèges & franchises leur appartenans, & seront réputés pour tels dans les conversations publiques & privées: Et afin que notre débonnaireté & clémence, de laquelle nous avons toujours regardé & régi nos Sujets, la préferant à la rigueur de Justice, ne passe plus avant en un si grand mesus par les mœurs corrompues de ce siécle: Nous déclarons en outre, que pour statuer un sérieux & efficace exemple à l'avenir, nous n'accorderons aucune grace ou abolition aux contrevenans: Ordonnons à tous Juges, Officiers de Justice, de proceder selon le devoir de leur Office aux limites de leur Jurisdiction, sans aucun port ou dissimulation, & sans même prendre égard aux Decrets d'icelle grace, ou d'état ou surséance qui sur ce pourroient émaner de Nous ou de nos Gouverneurs & Lieutenans, tenant iceux pour sub & obreptifs, & empêchant le cours de la Justice, que de nulle maniere voulons être empêché ou retardé en une matiere de si grande importance ; après que tous autres remedes y statués ont été trouvés inutiles & impuissans. Fait à Bruxelles le 23 de Novembre 1667. Etoit paraphé, V. Piet vt. Etoit soubsigné, el Marques de Castel-Rodrigo : *Plus bas*, Par l'Ordonnance de Son Excellence. *Signé* VERREYKEN.

Publié au Consistoire du Conseil en Flandres, présens Commissaires, Avocats, Procureurs, Huissiers & autres Assistans, le 16 de Décembre 1667. Soussigné, H. D'HANE.

REGLEMENT
DE MESSIEURS
LES MARECHAUX
DE FRANCE,
SUR LES DIVERSES SATISFACTIONS & Réparations d'honneur.

Du 22 Août 1653.

SUR ce qui Nous a été ordonné par ordre exprès du Roi, & notamment par la Déclaration de Sa Majesté contre les Duels, lûe, publiée & enregistrée au Parlement de Paris le 29 Juillet dernier, *de nous assembler incessamment, pour dresser un Réglement le plus exact & distinct qu'il se pourra, sur les diverses satisfactions & réparations d'honneur que nous jugerons devoir être ordonnées, suivant les divers degrés d'offenses; & de telle sorte que la punition contre l'aggresseur & la satisfaction à l'offensé, soient si grandes & si proportionnées à l'injure reçue, qu'il n'en puisse renaître aucune plainte ou querelle nouvelle; pour être ledit Réglement inviolablement suivi & observé à l'avenir par tous ceux qui seront employés aux commandemens des différends qui toucheront le point d'honneur & la réputation des Gentilshommes.* Nous, après avoir vû & examiné les propositions de plusieurs Gentilshommes de qualité de ce Royaume, qui ont eu ensemble diverses conférences sur ce sujet, en conséquence de l'ordre qui leur en a été donné par Nous dès le premier de Juillet 1651, lesquels Nous ont présenté dans notre Assemblée lesdites propositions rédigées par écrit & signées de leurs mains, avons après une mûre déliberation, conclu & arrêté les articles suivans.

ARTICLE PREMIER.

QUE dans toutes les occasions & sujets qui peuvent causer des querelles & ressentimens, nul Gentilhomme ne doit estimer contraire à l'honneur tout ce qui peut donner entier & sincere éclaircissement de la vérité.

II.

Qu'entre les Gentilshommes, plusieurs ayant déja protesté solemnellement & par écrit, de refuser toutes sortes d'appels, & de ne se battre jamais en duel pour quelque cause que ce soit; ceux-ci sont d'autant plus obligés à donner ces éclaircissemens, que sans cela ils contreviendroient formellement à leur écrit, & seroient par conséquent plus dignes de répréhension & châtiment dans les accommodemens des querelles qui surviendroient, par faute d'éclaircissement.

III.

Que si le prétendu offensé est si peu raisonnable, que de ne se pas contenter de l'éclaircissement qu'on lui aura donné de bonne foi, & qu'il veuille obliger celui de qui il croira avoir été offensé, à se battre contre lui; celui qui aura renoncé au duel, lui pourra répondre en ce sens, ou autre semblable : *Qu'il s'étonne bien, que sçachant les derniers Edits du Roi, & particulierement la Déclaration de plusieurs Gentilshommes, dans laquelle il s'est engagé publiquement de ne se point battre, il ne veuille pas se contenter des éclaircissemens qu'il lui donne; & qu'il ne considere pas qu'il ne peut ni ne doit donner ou recevoir aucun lieu pour se battre, ni même lui marquer les endroits où il le pourroit rencontrer; mais qu'il ne changera rien en sa façon ordinaire de vivre.* Et généralement tous les autres Gentilshommes pourront répondre : *Que si on les attaque, ils se défendront; mais qu'ils ne croyent pas que leur honneur les oblige à s'aller battre de sang froid, & contrevenir ainsi formellement aux Edits de Sa Majesté, aux Loix de la Religion, & à leur conscience.*

IV.

Lorsqu'il y aura eu quelque démêlé entre les Gentilshommes, dont les uns auront promis & signé de ne se point battre, & les autres non, ces derniers seront toujours réputés aggresseurs, si ce n'est que le contraire paroisse par des preuves bien expresses.

V.

Et parce qu'on pourroit aisément prévenir les voies de fait, si Nous, les Gouverneurs ou Lieutenans généraux des Provinces, étions soigneusement avertis de toutes les causes & commencemens de querelles, Nous avons avisé & arrêté, conformément au pouvoir qui nous est attribué par le dernier Edit de Sa Majesté, enregistré au Parlement, le Roi y séant, le 7 Septembre 1651, de nommer & commettre incessamment en chaque Bailliage & Sénéchaussée de ce Royaume, un ou plusieurs Gentilshommes, de qualité, âge & suffiſance requiſe, pour recevoir les avis des différends des Gentilshommes, & Nous les envoyer, ou aux Gouverneurs & Lieutenans généraux des Provinces, lorſqu'ils y ſeront réſidens, & pour être généralement fait par leſdits Gentilshommes commis, ce qui eſt preſcrit par le ſecond article dudit Edit.

Et Nous ordonnons en conformité du même Edit, à tous nos Prevôts, Vice-Baillifs, Vice-Sénéchaux, Lieutenans Criminels de Robe-courte, & autres Officiers des Maréchauſſées, d'obéir promptement & fidélement auſdits Gentilshommes commis pour l'exécution de nos ordres.

VI.

Et afin de pouvoir être encore plus ſoigneuſement avertis des différends des Gentilshommes, Nous déclarons, ſuivant le troiſiéme article du même Edit, que tous ceux qui ſe rencontreront, quoiqu'inopinément, aux lieux où ſe commettront des offenſes, ſoit par rapports, diſcours ou paroles injurieuſes; ſoit par manquement de paroles données, ſoit par démentis, menaces, ſoufflets, coups de bâton, ou autres outrages à l'honneur, de quelque nature qu'ils ſoient, ſeront à l'avenir obligés de nous en avertir, ou les Gouverneurs ou Lieutenans généraux des Provinces, ou les Gentilshommes commis, ſur peine d'être réputés complices deſdites offenſes, & d'être pourſuivis comme y ayant tacitement contribué; & que ceux qui auront connoiſſance de procès qui ſeront ſur le point d'être intentés entre Gentilshommes pour quelques interêts d'importance, ſeront auſſi obligés, ſuivant le même article troiſiéme dudit Edit, de Nous en donner avis, ou aux Gouverneurs ou Lieutenans généraux des Provinces, ou aux Gentilshommes commis dans les Bailliages, afin de pourvoir aux moyens d'empêcher que les Parties ne ſortent des voies de la Juſtice ordinaire pour en venir à celles de fait, & ſe faire raiſon par elles-mêmes.

VII.

Et pour ce que dans toutes les offenſes qu'on peut recevoir, il eſt néceſſaire d'établir quelques régles générales pour les ſatisfactions, leſquelles répareront ſuffiſamment l'honneur dès qu'elles ſeront reçues & pratiquées, puiſqu'il n'eſt que trop conſtant que c'eſt l'opinion qui a établi la plûpart des maximes du point d'honneur; & conſidérant que dans les offenſes il faut regarder avant toutes choſes ſi elles ont été faites ſans ſujet, & ſi elles n'ont point été repouſſées par quelques reparties ou revanches plus atroces: Nous déclarons que dans celles qui auront été ainſi faites ſans ſujet, & qui n'auront point été repouſſées, ſi elles conſiſtent en paroles injurieuſes, comme de *Sot*, *Lâche*, *Traître*, & ſemblables, on pourra ordonner pour punition que l'offenſant tiendra priſon durant un mois, ſans que le tems en puiſſe être diminué par le crédit ou priere de qui que ce ſoit, ni même l'indulgence de la perſonne offenſée: & qu'après qu'il ſera ſorti de la priſon, il déclarera à l'offenſé, *que mal-à-propos & impertinemment il l'a offenſé par des paroles outrageuſes, qu'il reconnoît être fauſſes, & lui en demande pardon.*

VIII.

POUR le démenti ou menaces de coups de main ou de bâton, on ordonnera deux mois de priſon, dont le tems ne pourra être diminué non plus que ci-deſſus: & après que l'offenſant ſera ſorti de priſon, il demandera pardon à l'offenſé avec des paroles encore plus ſatisfaiſantes que les ſuſdites, & qui ſeront particulierement ſpécifiées par les Juges du point d'honneur.

IX.

POUR les offenſes actuelles de coups de main & autres ſemblables, on ordonnera pour punition que l'offenſant tiendra priſon durant ſix mois, dont le tems ne pourra être diminué non plus que ci-deſſus; ſi ce n'eſt que l'offenſant requiere qu'on commue ſeulement la moitié du tems de ladite priſon en une amende, qui ne pourra être moindre de quinze cens livres, applicable à l'Hôpital le plus proche du lieu de la demeure de l'offenſé, & laquelle ſera payée avant que ledit offenſant ſorte de priſon: & après même qu'il en ſera ſorti, il ſe ſoumettra encore de recevoir de la main de l'offenſé des coups pareils à ceux qu'il aura donnés, & déclarera de parole & par écrit, *qu'il l'a frappé brutalement, & le ſupplie de lui pardonner & oublier cette offenſe.*

X.

POUR les coups de bâton ou autres pareils outrages, l'offenſant tiendra priſon un an entier; & ce tems ne pourra être moderé, ſinon de ſix mois, en payant trois mille livres d'amende payable & applicable en la maniere ci-deſſus: & après qu'il ſera ſorti de priſon, il demandera pardon à l'offenſé, le genou en terre; ſe ſoumettra en cet état de recevoir de pareils coups; le remerciera très-humblement, s'il ne les lui donne pas comme il le pourroit faire; & déclarera en outre de parole & par écrit, *qu'il l'a offenſé brutalement, qu'il le ſupplie de l'oublier, & que s'il etoit en ſa place il ſe contenteroit des mêmes ſatisfactions.* Et dans toutes les offenſes de coups de main, de bâton, ou autres ſemblables, outre les ſuſdites punitions & ſatisfactions, on pourra obliger l'offenſé de châtier l'offenſant par les mêmes coups qu'il aura reçus, quand même il auroit la générosité de ne les vouloir pas donner ; & cela au cas ſeulement que l'offenſe ſoit jugée ſi atroce par les circonſtances, qu'elle mérite qu'on réduiſe l'offenſé à cette néceſſité.

XI.

Et lorſque les accommodemens ſe feront en tous les cas ſuſdits, les Juges du point d'honneur pourront ordonner tel nombre d'amis de l'offenſé qu'il leur plaira, pour voir faire les ſatisfactions qui ſeront ordonnées, & les rendre plus notoires.

XII.

Pour les offenſes & outrages à l'honneur qui ſe feront à un Gentilhomme, pour le ſujet de quelque interêt civil, ou de quelque procès qui ſeroit déja intenté pardevant les Juges ordinaires, on ne pourra dans les offenſes ainſi ſurvenues être trop rigoureux dans les ſatisfactions. Et ceux qui régleront ſemblables différends, pourront, outre les punitions ſpécifiées ci-deſſus, en chaque eſpéce d'offenſe, ordonner encore le banniſſement, pour autant de tems qu'ils jugeront à propos, des lieux où l'offenſant fait ſa réſidence ordinaire. Et lorſqu'il ſera conſtant par notorieté de fait ou autres preuves, qu'un Gentilhomme ſe ſoit mis en poſſeſſion de quelque choſe par les voies de fait ou par ſurpriſe, on ne pourra faire aucun accommodement, même touchant le point d'honneur, que la choſe conteſtée n'ait été préalablement miſe dans l'état où elle étoit devant la violence ou la ſurpriſe.

XIII.

Et pour ce qu'outre les ſuſdites cauſes de différends, les paroles qu'on prétend avoir été données & violées en produiſent une infinité d'autres ; Nous déclarons qu'un Gentilhomme qui aura tiré parole d'un autre, ſur quelque affaire que ce ſoit, ne pourra y faire à l'avenir aucun fondement, ni ſe plaindre qu'elle ait été violée, ſi on ne la lui a donnée par écrit, ou en préſence d'un ou pluſieurs Gentilshommes. Et ainſi tous Gentilshommes ſeront déſormais obligés de prendre cette précaution, non-ſeulement pour obéir à nos Réglemens, mais encore pour l'interêt qu'un chacun a de conſerver l'amitié de celui qui lui aura donné ſa parole, & de n'être point déclaré aggreſſeur, ainſi qu'il ſera dorénavant dans tous les démêlés qui arriveront enſuite d'une parole donnée ſans écrit ni témoins, & qu'il prétendra n'avoir pas été obſervée.

XIV.

Si la parole donnée par écrit ou pardevant d'autres Gentilshommes ſe trouve violée, l'intereſſé ſera tenu d'en demander juſtice à Nous

Nous, aux Gouverneurs ou Lieutenans généraux des Provinces, ou aux Gentilshommes commis; à faute de quoi il sera réputé aggresseur dans tous les démêlés qui pourront arriver en conséquence de ladite parole violée; comme aussi tous les témoins de ladite parole violée qui n'en auront point donné avis, seront responsables de tous les désordres qui en pourront arriver. Et quant à ce qui regarde lesdits manquemens de parole, les réparations & satisfactions seront ordonnées suivant l'importance de la chose.

X V.

Si par le rapport des présens, ou par d'autres preuves, il paroît qu'une injure ait été faite de dessein prémédité, de gaieté de cœur & avec avantage, Nous déclarons que selon les Loix de l'honneur, l'offensé peut poursuivre l'aggresseur & ses complices pardevant les Juges ordinaires, comme s'il avoit été assassiné; & ce procedé ne doit point sembler étrange, puisque celui qui offense un autre avec avantage, se rend par cette action indigne d'être traité en Gentilhomme: si toutefois la personne offensée n'aime mieux se rapporter à notre Jugement, ou à celui des autres Juges du point d'honneur, pour sa satisfaction & pour le châtiment de l'aggresseur, lequel doit être beaucoup plus grand que tous les précedens, qui ne regardent que les offenses qui se font dans les querelles inopinées.

X V I.

Au cas qu'un Gentilhomme refuse ou differe sans aucune cause légitime d'obéir à nos ordres, ou à ceux des autres Juges du point d'honneur, comme de se rendre pardevant Nous ou eux, lorsqu'il aura été assigné par acte signifié à lui ou à son domicile, & aussi lorsqu'il n'aura pas subi les peines ordonnées contre lui, il y sera incessamment contraint, après un certain tems prescrit, par garnison dans sa maison, ou emprisonnement, conformément au huitiéme article dudit Edit. Ce qui sera soigneusement exécuté par nos Prevôts, Vice-Baillifs, Vice-Sénéchaux, Lieutenans Criminels de Robe-courte, & autres Lieutenans, Exempts, Archers des Maréchaussées, sur peine de suspension de leurs Charges & privation de leurs gages: & ladite exécution se fera aux frais & dépens de la Partie désobéissante & réfractaire.

X V I I.

Et suivant le même article huitiéme dudit Edit, si nos Prevôts, Vice-Baillifs, Vice-Sénéchaux, Lieutenans Criminels de Robe-courte, & autres Officiers des Maréchaussées, ne peuvent exécuter lesdits emprisonnemens, ils saisiront & annoteront tous les revenus desdits désobéissans, donneront avis desdites saisies à Messieurs les Procureurs Généraux ou à leurs Substituts, suivant la derniere Déclaration contre les Duels, enregistrée au Parlement de Paris le 29 de Juillet dernier; pour être lesdits revenus appliqués & demeurer acquis durant tout le tems de sa désobéissance, à l'Hôpital de la Ville où sera le Parlement, dans le ressort duquel seront les biens des désobéissans, conjointement avec l'Hôpital du Siége Royal d'où ils dépendront aussi; afin que s'entr'aidant dans la poursuite, l'un puisse fournir l'avis & la preuve, & l'autre la justice & l'autorité. Et au cas qu'il y ait des dettes précédentes qui empêchent la perception du revenu confisqué au profit desdits Hôpitaux, la somme à quoi pourra monter ledit revenu, deviendra une dette hypothéquée sur tous les biens meubles & immeubles du désobéissant, pour être payée & acquittée en son ordre, suivant le même Article VIII. dudit Edit.

XVIII.

Si ceux à qui Nous & les autres Juges du point d'honneur auront donné des Gardes, s'en sont dégagés, l'accommodement ne sera point fait qu'ils n'ayent tenu prison durant le tems qui sera ordonné.

XIX.

Et généralement dans toutes les autres différences d'offenses qui n'ont point été ci-dessus spécifiées, & dont la varieté est infinie; comme si elles ont été faites avec sujet, & si elles ont été repoussées par quelques reparties plus atroces; ou si par des paroles outrageuses l'offensant s'est attiré un démenti, ou quelque coup de main; & en un mot, dans toutes les autres rencontres d'injures insensiblement aggravées: Nous remettons aux Juges du point d'honneur d'ordonner les punitions & satisfactions telles que les cas & les circonstances le requerront; les exhortant de faire toujours une particuliere considération sur celui qui aura été l'aggresseur & la premiere cause de l'offense, & de renvoyer pardevant Nous tous ceux qui voudront nous représenter leurs raisons, conformément au second Article du dernier Edit de Sa Majesté, enregistré, comme dit est, au Parlement le 7 Septembre 1651.

Fait à Paris le vingt-deuxiéme jour d'Août mil six cens cinquante-trois. *Signé* D'Estrée, De Grammont, La Motte, L'Hospital, Plessis-Praslin, Villeroy, De Grancey, D'Albret, De Clerembault. *Et plus bas*, Quillet.

NOUVEAU REGLEMENT DE MESSIEURS LES MARECHAUX DE FRANCE,

Qui confirme & augmente le précédent.

Du 22 Août 1679.

LE ROI Nous ayant ordonné de Nous assembler & examiner de nouveau le Réglement que nous avons fait par ordre exprès de Sa Majesté, en date du 22 Août 1653, sur les satisfactions & réparations d'honneur entre les Gentilshommes ; l'intention de Sa Majesté étant d'augmenter les peines & satisfactions, ensorte qu'elles soient égales & proportionnées aux injures. Pour obéir aux ordres de Sa Majesté, Nous avons estimé sous son bon plaisir:

Que les Articles 1, 2, 3, 4 & 5 dudit Réglement doivent être exécutés.

Sur le 6, Nous estimons que ceux qui auront été présens aux offenses, & qui n'en auront pas donné les avis, doivent être punis de six mois de prison.

Sur l'Article 7, au lieu d'un mois de prison pour celui qui aura offensé, Nous sommes d'avis qu'il tienne prison deux mois, & que le surplus de l'Article soit exécuté.

Sur l'article 8, Nous estimons que l'offensant doit tenir prison quatre mois au lieu de deux ; & après que l'offensant sera sorti de prison, en demandera pardon à l'offensé.

Sur l'Article 9, Nous estimons que pour les offenses actuelles de soufflet ou coup de main commis dans la chaleur des démêlés, si le soufflet ou coup de main a été précédé d'un démenti, celui qui aura frappé tiendra prison pendant un an ; & s'il n'a point été précédé d'un démenti, il tiendra prison pendant deux ans, sans que le tems puisse être diminué pour quelque cause que ce soit, quand même l'offensé le demanderoit ; & après que l'offensant sera sorti de prison, il se soumettra encore de recevoir de la main de l'offensé des coups pareils à ceux qu'il aura donnés, & déclarera de parole & par écrit qu'il l'a frappé brutalement, & le supplie de lui pardonner & oublier cette offense.

Sur l'Article 10, à l'égard des coups de bâton & autres pareils outrages donnés dans la chaleur des démêlés, en cas qu'ils ayent été donnés après un soufflet ou coup de main, celui qui aura frappé du bâton ou autrement, tiendra prison pendant deux ans; & en cas qu'il n'ait point été frappé auparavant, il tiendra prison pendant quatre ans; & après qu'il sera sorti, il demandera pardon à l'offensé.

Sur les Articles 11, 12, 13 & 14, Nous estimons qu'ils doivent être exécutés, & qu'il n'y doit être rien changé.

Sur l'Article 15, Nous estimons que si par le rapport des présens, par notorieté, ou par autre preuve, il paroît qu'une injure de coups de bâton, canne, ou autre de pareille nature, ait été faite de dessein prémédité, par surprise, ou avec avantage, celui qui aura frappé seul & pardevant, doit tenir prison pendant quinze ans; & celui qui aura frappé par derriere, quoique seul, ou avec avantage, soit en se faisant accompagner, ou autrement, doit tenir prison pendant vingt années entieres, & ce dans une Ville, Citadelle ou Forteresse éloignée au moins de trente lieues du lieu où l'offensé fera sa demeure ordinaire : & que défenses soient faites par Sa Majesté à l'offensant de se sauver de prison, à peine de la vie, & à l'offensé d'approcher du lieu de ladite prison de dix lieues, à peine de désobéissance.

Sur les Articles 16, 17, 18 & 19, Nous n'estimons pas qu'il y doive être rien changé.

Fait à Saint Germain en Laye, le vingt-deuxiéme jour d'Août mil six cens soixante-dix-neuf.

Signé Villeroy, Grancey, le Marechal Duc de Navailles, le Marechal d'Estrades, Montmorency-Luxembourg.

Collationné aux Originaux par Nous Conseiller-Secretaire du Roi, Maison, Couronne de France & de ses Finances.

DECLARATION DU ROY,

EN INTERPRETATION DE L'EDIT du mois d'Août 1679, sur le fait des Duels.

Donnée à Saint Germain en Laye le 14 Décembre 1679.

LOUIS, PAR LA GRACE DE DIEU, ROI DE FRANCE ET DE NAVARRE: A tous ceux qui ces présentes Lettres verront, SALUT. Par notre Edit du mois d'Août dernier, Nous avons expliqué nos intentions pour la punition du crime de duel; & afin que cette punition puisse être prompte, Nous en avons attribué la connoissance aux Prevôts de nos Cousins les Maréchaux de France, Vice-Baillifs, Vice-Sénéchaux & Lieutenans Criminels de Robe-courte, concurremment avec nos Juges ordinaires, à la charge de l'appel en nos Cours de Parlement. Et bien que Nous ayons tout sujet d'esperer que lesdits Juges voyant les soins & les précautions que Nous prenons pour empêcher que nos Sujets ne tombent dans un crime si détestable, se porteront, chacun à son égard, avec zéle & sans jalousie, à exécuter ce qui lui est prescrit: néanmoins, parce qu'il pourroit arriver souvent des conflits entre lesdits Juges commis pour ledit crime de duel, sous prétexte de prévention ou autrement, & qu'auparavant que nos Cours de Parlement les eussent reglés, il se passeroit beaucoup de tems; ou que nosdits Juges ou Prevôts des Maréchaux, en procedant ainsi concurremment, notre Grand Conseil ignorant le titre de l'accusation, pourroit donner des commissions & autres actes préparatoires qui seront faits, soit par lesdits Prevôts des Maréchaux, & par nosdits Juges, à raison dudit crime de duel, notre Procureur ou autre accusateur, à la requête duquel ils seront donnés, soit qualifié demandeur & accusateur en crime de duel; & en conséquence voulons que dorénavant il ne puisse être donné en notre Grand Conseil aucune commission en Réglement de Juges, entre les Prevôts de nos Cousins les Maréchaux de France & autres Officiers de Robe-courte & nos Juges ordinaires, sous quelque prétexte que ce puisse être, lorsqu'il apparoîtra qu'aucun desdits Juges aura pris connoissance du fait pour crime de duel.

Pourra néanmoins notre Grand Conseil continuer à juger les conflits d'entre lesdits Prevôts & Officiers de Robe-courte, & nosdits Juges ordinaires, en tous cas, fors ceux de duel, à condition que dans les Arrêts ou Commissions en Réglement de Juges, qui seront donnés à cet effet par icelui notre Grand Conseil, il sera inseré la clause, que l'instruction sera continuée par icelui des Juges entre lesquels sera le conflit, que notre Grand Conseil estimera à propos, jusqu'à Jugement définitif exclusivement, & que le Réglement de Juges ait été jugé & terminé, à peine de nullité desdits Arrêts ou Commissions en Réglement de Juges: Et parce qu'il n'est pas moins important, après avoir pourvû à ce que Nous avons cru utile pour empêcher les conflits desdits Juges, de pourvoir particulierement à l'abréviation des procedures contre les absens; Voulons & ordonnons que lorsque les coupables des duels ou rencontres ne pourront être trouvés, il soit à la requête de nos Procureurs Généraux ou de leurs Substituts, sur la simple notorieté du fait, décerné prise de corps contre les absens; & qu'à faute de les pouvoir appréhender en vertu du decret, tous leurs biens soient saisis, & soit procedé contr'eux, suivant ce qui est porté par notre Ordonnance du mois d'Août 1670, au titre 17 des défauts & contumaces, & sans que nosdits Procureurs Généraux & leurs Substituts soient obligés d'informer & faire preuve de la notorieté: & ce faisant, Nous avons dérogé à l'article 28 dudit Edit du mois d'Août dernier. Voulons au surplus que nos Cours de Parlement connoissent en premiere instance des cas portés par notre Edit, quand ils seront arrivés dans l'enceinte ou ès environs des Villes où nosdites Cours sont séantes, ou bien plus loin, entre les personnes de qualité & importance, que nosdites Cours jugent y devoir interposer leur autorité; & hors ces cas, les Juges susdits, à la charge de l'appel, ainsi qu'il est porté par notre Edit. SI DONNONS EN MANDEMENT à nos amés & féaux les Gens tenans nos Cours de Parlement à Paris, que ces Présentes ils fassent lire, publier & registrer, & le contenu en icelles garder & faire garder & observer inviolablement, sans y contrevenir ni souffrir qu'il y soit contrevenu en quelque sorte & maniere que ce soit: CAR tel est notre plaisir. En témoin de quoi Nous avons fait mettre notre Scel à cesdites Présentes. DONNÉ à Saint-Germain en Laye, le 14e jour de Décembre l'an de grace mil six cens septante-neuf, & de notre Régne le trente-sept. *Signé* LOUIS: *Et plus bas*, Par le Roi, PHELYPEAUX.

Registrée en Parlement le 22 Décembre 1679. Signé JACQUES.

EDIT DU ROY LOUIS XIV.

Donné à Versailles au mois de Décembre 1704.

PORTANT établissement de peines contre les Officiers de Robe, & autres qui commettront des voies de fait ou outrages défendus par les Ordonnances.

Registré en Parlement le 31 Décembre 1704.

LOUIS, par la grace de Dieu, Roi de France & de Navarre: A tous présens & à venir, SALUT. Les Rois Henri IV. & Louis XIII. notre très-honoré Seigneur & Pere, de glorieuse mémoire, ayant par différens Edits & Déclarations données en conséquence, défendu sous les peines y contenues, les combats en duel & rencontres préméditées, Nous avons confirmé dès les premieres années de notre Régne, des Loix si pieuses & si nécessaires pour la conservation de la Noblesse de notre Royaume, qui en fait la principale force; Nous y avons ajouté dans la suite toutes les précautions que Nous avons estimé les plus efficaces, pour les faire observer dans toute leur étendue: Et nos Cousins les Maréchaux de France Nous ayant proposé de leur part différentes peines, pour prévenir les querelles entre les Gentilshommes & autres qui font profession des armes, en punissant sévérement ceux qui en offenseroient d'autres par des paroles outrageantes, par des coups de main & d'autres coups, Nous en avons ordonné l'exécution; & Dieu a donné une si grande bénédiction sur les soins différens que Nous avons continué de prendre pour les faire exécuter, que le succès ayant répondu aux espérances que Nous avions eu lieu d'en concevoir, Nous avons eu la satisfaction de voir presque entierement cesser sous notre Régne ces funestes combats qui se pratiquoient dans notre Royaume, par une opinion invétérée qui regnoit depuis tant de siécles dans l'esprit de la Nation, contre le respect qui est dû aux Commandemens de Dieu & à notre autorité. Mais comme il se pourroit trouver dans la suite quelques personnes, même du nombre des Officiers qui font profession de la Robe, qui s'oublieroient jusqu'au point d'outrager en différentes manieres des Gentilshommes, & autres personnes qui sont profession des armes, & que les Juges établis dans notre Royaume pour juger & punir en leurs personnes les crimes de cette nature qu'ils pourroient commettre, ne pourroient pas prononcer contr'eux les peines & les satisfactions convenables à de telles offenses, si elles n'étoient établies auparavant par notre autorité. A CES CAUSES, & voulant prévenir des excès qui méritent une punition encore plus sévere en leurs personnes que dans celles des autres, Nous avons dit & déclaré, disons & déclarons par ces Présentes signées de notre main, ce qui suit.

ARTICLE PREMIER.

QUE celui de nos Officiers ou autre personne qui sera profession de Robe, qui aura proferé sans sujet des paroles injurieuses contre quelqu'un, comme sot, lâche, traître, ou autres semblables, sans que lesdites paroles ayent été repoussées par d'autres semblables ou plus graves, puisse être condamné à tenir prison durant deux mois; & qu'après qu'il en sera sorti, il soit tenu de déclarer à l'offensé, que mal-à-propos & impertinemment il l'a offensé par des paroles outrageuses, qu'il les reconnoît fausses, & lui en demande pardon.

II.

QUE celui qui aura donné un démenti, menacé de coups de main ou de bâton, tienne prison durant quatre mois; & qu'après qu'il en sera sorti, il demande pardon à l'offensé, avec les paroles les plus capables de le satisfaire.

III.

QUE celui qui aura frappé d'un coup de main ou autre semblable, tienne prison durant deux ans, si le soufflet ou coup de main n'a point été précedé d'un démenti, & qu'en ce cas il demeure en prison durant un an seulement; & que dans l'un ou l'autre cas il se soumette à recevoir de l'offensé des coups semblables, & qu'il lui demande pardon.

IV.

QUE celui qui aura frappé de coups de bâton, après avoir reçu un soufflet ou coup de main, tiendra prison durant deux ans; & s'il n'a point été frappé auparavant, qu'il y sera détenu durant quatre ans; & qu'après qu'il en sera sorti, il en demande pardon à l'offensé.

V.

V.

Que les Juges puissent ordonner en tous les cas ci-dessus, que lesdites satisfactions se feront en présence de telles personnes, & seront exécutées en présence d'un Greffier ou autre Officier qu'ils estimeront à propos de nommer & de commettre, dont il sera dressé procès verbal.

V I.

Celui qui aura offensé & outragé sa Partie, à l'occasion d'un procès intenté & poursuivi devant les Juges ordinaires, pourra, outre les peines spécifiées ci-dessus, être encore condamné au bannissement, ou à s'abstenir pendant le tems que les Juges estimeront à propos, des lieux où il fait sa résidence ordinaire.

V I I.

Celui qui a frappé seul & pardevant, de coups de bâton, canne, ou autre instrument de pareille nature, de dessein prémédité, par surprise ou avec avantage, sera condamné à tenir prison pendant quinze ans; & celui qui l'aura fait par derriere (quoique seul ou avec avantage) en se faisant accompagner; ou autrement, sera enfermé dans une prison durant vingt ans, dans des lieux éloignés de trente lieues de celui où l'offensé fera sa demeure ordinaire. SI DONNONS EN MANDEMENT à nos amés & féaux Conseillers, les Gens tenans notre Cour de Parlement à Paris, que le présent Edit ils ayent à faire lire, publier & enregistrer, & le contenu en icelui garder & observer, sans permettre qu'il y soit contrevenu : CAR tel est notre plaisir. Et afin que ce soit chose ferme & stable à toujours, Nous y avons fait mettre notre Scel. DONNÉ à Versailles au mois de Décembre l'an de grace mil sept cens quatre, & de notre Régne le soixante-deuxiéme. *Signé* LOUIS : *Et plus bas*, Par le Roi, PHELYPEAUX. *Visa*, PHELYPEAUX. Et scellé du grand Sceau de cire verte en lacs de soie rouge & verte.

Registré, oui & ce requerant le Procureur Général du Roi, pour être exécuté selon sa forme & teneur; & ordonné copies collationnées envoyées aux Bailliages & Sénéchaussées du Ressort, pour y être lûes, publiées & registrées : Enjoint aux Substituts du Procureur Général du Roi d'y tenir la main, & d'en certifier la Cour dans un mois, suivant l'Arrêt de ce jour. A Paris en Parlement, le trente-uniéme jour de Décembre mil sept cens quatre. Signé DONGOIS.

DECLARATION DU ROY,

QUI ADJUGE AUX HÔPITAUX la totalité des biens de ceux qui seront condamnés pour crime de Duel.

Donnée à Versailles le 28 Octobre 1711.

LOUIS, par la grace de Dieu, Roi de France & de Navarre : A tous ceux qui ces présentes Lettres verront, SALUT. Le succès qu'il a plû à Dieu de donner aux soins que Nous avons pris pour l'abolition des duels dans toute l'étendue de notre Royaume, Nous oblige à redoubler de plus en plus notre application pour rendre ce crime encore moins fréquent qu'il ne l'est présentement ; & comme la crainte des peines personnelles prononcées contre les coupables, quelque rigoureuses qu'elles soient, fait quelquefois moins d'impression, & qu'elle est même souvent beaucoup moins capable de détourner du crime, que la vûe de tous les malheurs dont leur famille doit être accablée par leur juste punition, Nous avons résolu d'ôter à nos Juges le droit que nous leur avons attribué par l'Article XIII. de notre Edit du mois d'Août 1679, d'adjuger sur les deux tiers des biens des condamnés pour duel, ce qui leur paroîtroit équitable pour la nourriture & entretenement de leurs femmes & de leurs enfans, afin que ceux qui ne pourront être arrêtés par les peines qui les regardent, & que leur fureur emportera jusqu'au point de n'être pas touchés de leur propre malheur, soient du moins sensibles à celui des personnes qui leur sont aussi proches, lorsqu'ils les verront privés de toute espérance de trouver dans l'indulgence & dans la commisération de leurs Juges une ressource dans leurs disgraces ; & ces mêmes considérations Nous ont porté à augmenter jusqu'aux deux tiers de la valeur des biens des condamnés, l'amende qui sera adjugée sur ce qu'ils se trouveront posseder dans les Provinces où la confiscation n'a pas de lieu ; & afin qu'on ne puisse même se flatter que par les dispositions que Nous pourrions faire desdites confiscations & amendes, il en pût jamais rien revenir aux femmes & aux enfans des condamnés pour duel, Nous avons résolu d'en faire dès à présent & par ces Présentes la disposition en son entier, en donnant la totalité aux Hôpitaux, croyant ne pouvoir en faire un meilleur usage que de les destiner au soulagement des Pauvres. A CES CAUSES & autres à ce Nous mouvans, de notre certaine science, pleine puissance & autorité royale, Nous avons par ces Présentes signées de notre main, dit, déclaré & ordonné, disons, déclarons & ordonnons, voulons & Nous plaît, que nos Juges ne puissent plus dorénavant rien adjuger sur les biens des condamnés pour duel, à leurs femmes ni à leurs enfans, pour leur nourriture & entretenement, pour quelque cause & sous quelque prétexte que ce soit: Voulons que sur la totalité des biens meubles & immeubles desdits condamnés qui nous seront confisqués, il en soit pris un tiers pour l'Hôtel-Dieu de notre bonne Ville de Paris, un tiers pour l'Hôpital Général de la même Ville, & un autre tiers tant pour l'Hôpital de la Ville où est le Parlement dans le Ressort duquel le crime aura été commis, que pour l'Hôpital du Siége Royal le plus proche du lieu du délit, lequel tiers sera partagé également entre lesdits deux Hôpitaux: Entendons néanmoins que lorsque Nous serons redevables de quelque chose que ce puisse être envers lesdits condamnés, Nous en demeurerons quittes & déchargés; & que s'il se trouve dans leurs biens des Marquisats, Comtés ou Terres titrées relevantes immédiatement de notre Couronne, elles soient réunies de plein droit à notre Domaine, ensemble les autres biens qu'ils posséderont qui auront été aliénés, sans qu'ils puissent en être distraits à l'avenir, ni que lesdits Hôpitaux puissent y rien prétendre en vertu de notre présente Déclaration: & si les condamnés pour ledit crime de duel possedent des biens dans les Provinces de notre Royaume où la confiscation n'a pas de lieu, voulons qu'il soit pris sur lesdits biens au profit desdits Hôpitaux une amende qui ne pourra être moindre que des deux tiers de la valeur desdits biens, laquelle amende sera partagée entre ledit Hôtel-Dieu & lesdits Hôpitaux, pour les mêmes portions que nous avons marquées pour lesdits biens confisqués. Voulons que les frais de capture & de Justice soient payés & prélevés préférablement sur la totalité desdits biens & amendes, & qu'au surplus notre Edit du mois d'Août 1679 soit exécuté en ce qu'il n'y est pas dérogé par ces Présentes. SI DONNONS EN MANDEMENT à nos amés & féaux Conseillers, les Gens tenans notre Cour de Parlement à Paris, que ces Présentes ils ayent à faire lire, publier & enregistrer, & le contenu en icelles garder & faire garder & observer selon leur forme & teneur, sans permettre qu'il y soit contrevenu en quelque forme & maniere que ce soit: CAR tel est notre plaisir. En témoin de quoi

Nous avons fait mettre notre Scel à cesdites Présentes. DONNÉ à Versailles le vingt-huitiéme jour d'Octobre l'an de grace mil sept cens onze, & de notre Régne le soixante-neuviéme. *Signé* LOUIS: *Et sur le repli*, Par le Roi, PHELYPEAUX. Et scellé du grand Sceau de cire jaune.

Registrées, oui & ce requerant le Procureur Général du Roi, pour être exécutées selon leur forme & teneur; & copies collationnées envoyées aux Bailliages & Sénéchaussées du Ressort, pour y être lûes, publiées & registrées : Enjoint aux Substituts du Procureur Général du Roi d'y tenir la main, & d'en certifier la Cour dans un mois, suivant l'Arrêt de ce jour A Paris en Parlement, le neuviéme jour de Décembre mil sept cens onze. Signé DONGOIS.

EDIT DU ROY LOUIS XV.

CONTRE LES DUELS.

Donné à Verſailles au mois de Février 1723.

LOUIS, par la grace de Dieu, Roi de France & de Navarre : A tous préſens & à venir, SALUT. Les Rois nos Prédéceſſeurs n'ont rien eu plus à cœur que d'abolir dans ce Royaume le pernicieux uſage des duels, également contraire aux Loix de la Religion & au bien de leur Etat. Le Roi Henri IV. donna pour cet effet pluſieurs Edits & Déclarations, dont les diſpoſitions furent non-ſeulement confirmées, mais conſidérablement étendues par le Roi Louis XIII. ſon ſucceſſeur. Le feu Roi notre très-honoré Seigneur & Biſayeul y a pourvû encore plus efficacement par les différens Edits & Déclarations qu'il a donnés ſur cette matiere pendant le cours de ſon Régne, & notamment par ſon Edit du mois d'Août 1679, & ſes Déclarations du 13 Décembre de la même année, & du 28 Octobre 1711. Et Nous avons cru qu'étant parvenu à notre Majorité, Nous devions, en ſuivant un auſſi grand exemple, porter nos premiers ſoins à confirmer des Loix auſſi ſages & auſſi néceſſaires pour la conſervation de la Nobleſſe, qui eſt le plus ferme appui de notre Royaume, & que la fureur des duels ne pourroit qu'affoiblir inutilement pour l'Etat. C'eſt dans la vûe d'accomplir un deſſein ſi important, que lors de notre Sacre & Couronnement, Nous avons juré par le Grand Dieu vivant, que nous n'exempterions perſonne de la rigueur des peines ordonnées contre les duels. Et comme l'expérience a fait connoître qu'il n'y a point de Loi ſi préciſe ni ſi ſimple que l'on ne trouve le moyen d'éluder ; pour prévenir déſormais les fauſſes interprétations que l'on s'eſt déja efforcé de donner à quelques articles de l'Edit du mois d'Août 1679, contre les intentions du feu Roi & les nôtres, Nous avons jugé à propos d'y ajouter quelques nouvelles diſpoſitions qui ont paru néceſſaires ; enſorte qu'à l'avenir ceux qui oſeroient contrevenir à cette Loi, ne puiſſent échapper à la juſte punition qu'ils auront méritée. A CES CAUSES & autres grandes conſidérations à ce Nous mouvans, de l'avis de notre Conſeil, & de notre certaine ſcience, pleine puissance & autorité royale, Nous avons dit, statué & ordonné; disons, statuons & ordonnons, voulons & Nous plaît ce qui suit.

ARTICLE PREMIER.

LES Ordonnances des Rois nos Prédécesseurs, & notamment l'Edit du feu Roi du mois d'Août 1679, & ses Déclarations des 14 Décembre de la même année, & 28 Octobre 1711, sur le fait des duels, seront exécutés en tous leurs points selon leur forme & teneur.

II.

VOULONS, conformément à l'Article XVIII. dudit Edit du mois d'Août 1679, que tous Gentilshommes, Gens de Guerre, & autres nos Sujets ayant droit de porter des armes, de quelque qualité & condition qu'ils soient, entre lesquels il y aura eu querelle & démêlé, pour quelque sujet que ce soit, dont l'un ou l'autre puisse se croire offensé, soient tenus respectivement d'en donner avis à nos Cousins les Maréchaux de France, ou autres Juges du point d'honneur, pour y être par eux pourvû suivant l'exigence des cas.

III.

SI ceux qui auront eu querelle ou démêlé dont ils n'auront point donné avis à nos Cousins les Maréchaux de France, ou autres Juges du point d'honneur, se rencontrent & en viennent à un combat, voulons que sur la preuve de ladite querelle ils soient également punis de mort, comme coupables du crime de duel.

IV.

ET au cas qu'ils eussent donné avis de leur querelle à nosdits Cousins les Maréchaux de France, ou autres Juges du point d'honneur, s'il y a preuve d'aggression de part ou d'autre, & qu'il soit clairement justifié que la rencontre n'a point été préméditée, l'aggresseur sera seul puni de mort, pourvû que celui qui aura été attaqué soit demeuré dans les termes d'une légitime défense.

V.

ORDONNONS que l'Edit du mois de Décembre 1704, portant établissement de peines contre les Officiers de Robe, & autres qui useront de voies de fait ou outrages défendus par les Ordonnances, ensemble les Réglemens des 22 Août 1653 & 22 Août 1679, faits de l'ordre exprès du feu Roi par nos Cousins les Maréchaux de France, pour les satisfactions & réparations d'honneur, seront pareillement exécutés selon leur forme & teneur.

V I.

Ceux qui seront prévenus de crime de duel par notorieté, ne pourront être renvoyés absous qu'après un plus amplement informé d'une année, pendant lequel tems ils tiendront prison.

V I I.

Enjoignons à tous Officiers de nos Justices ordinaires, même à tous Prevôts de nosdits Cousins les Maréchaux de France, ou leurs Lieutenans, à peine d'interdiction, d'informer des querelles, outrages, insultes & voies de fait dont ils auront avis ou connoissance par quelque voie que ce soit, & d'envoyer leurs procès verbaux & informations à nosdits Cousins les Maréchaux de France, pour être par eux procedé contre les coupables suivant la rigueur de notredit Edit, & conformément ausdits Réglemens.

V I I I.

Et attendu que les peines portées par lesdits Réglemens n'ont pas été jusqu'à présent suffisantes pour arrêter le cours de semblables désordres, enjoignons à nosdits Cousins les Maréchaux de France, & autres Juges du point d'honneur, de prononcer suivant l'exigence des cas telles peines qu'ils aviseront au-delà de celles portées par lesdits Réglemens ; & voulons que celui qui en aura frappé un autre dans quelque cas ou circonstance que ce soit, soit puni par dégradation des Armes & de Noblesse personnelle, & quinze ans de prison, après lequel tems il n'en pourra sortir qu'en vertu de nos ordres expédiés sur l'avis de nosdits Cousins les Maréchaux de France.

I X.

Et afin que nos Sujets soient encore plus assurés de nos intentions sur l'exécution des dispositions contenues au présent Edit, & en ceux des Rois nos Prédécesseurs, Nous jurons & promettons en foi & parole de Roi, en renouvellant le serment que Nous avons déja fait lors de notre Sacre & Couronnement, de n'exempter à l'avenir aucune personne, pour quelque cause & considération que ce puisse être, de la rigueur du présent Edit & des précédens, & qu'il ne sera par Nous accordé aucune rémission, pardon ni abolition à ceux qui se trouveront prévenus dudit crime de duel. Défendons très-expressément à tous Princes & Seigneurs près de Nous, d'employer aucunes prieres ou sollicitations en faveur des coupables dudit crime, sur peine d'encourir notre indignation. Protestons derechef, que ni en faveur d'aucun mariage de Prince ou Princesse de notre Sang, ni pour les naissances des Princes & Enfans de France qui pourront arriver durant notre Régne, ni pour quelqu'autre considération générale ou particuliere que ce puisse être, Nous ne permettrons sciemment être expédié aucunes Lettres contraires à notre présente volonté. SI DONNONS EN MANDEMENT à nos amés & féaux Conseillers, les Gens tenans nos Cours de Parlement, & à tous autres nos Officiers & Justiciers qu'il appartiendra, que notre présent Edit ils ayent à faire lire, publier & registrer, & le contenu en icelui garder & observer de point en point selon sa forme & teneur, nonobstant tous Edits, Déclarations & Réglemens contraires : CAR tel est notre plaisir. Et afin que ce soit chose ferme & stable à toujours, Nous avons fait mettre notre Scel à cesdites Présentes. DONNÉ à Versailles au mois de Février l'an de grace mil sept cens vingt-trois, & de notre Régne le huitiéme. *Signé* LOUIS : *Et plus bas*, Par le Roi, PHELYPEAUX. *Visa*, FLEURIAU. Et scellé du grand Sceau de cire verte en lacs de soie rouge & verte.

Lû & publié, le Roi séant en son Lit de Justice, & enregistré en conséquence de l'Arrêt de ce jour, oui & ce requerant le Procureur Général du Roi, pour être exécuté selon sa forme & teneur ; & copies collationnées d'icelui envoyées aux Bailliages & Sénéchaussées du Ressort, pour y être pareillement lû, publié & enregistré. Enjoint aux Substituts de son Procureur Général d'en certifier la Cour au mois, ce vingt-deuxiéme Février mil sept cens vingt-trois. Signé GILBERT.

DECLARATION

DECLARATION DU ROY,

CONCERNANT les Peines & Réparations d'Honneur ; à l'occasion des injures & menaces entre les Gentilshommes, & autres.

Donnée à Versailles le 12 Avril 1723.

LOUIS, par la grace de Dieu, Roi de France & de Navarre : A tous ceux qui ces présentes Lettres verront, Salut. Par notre Edit du mois de Février dernier, registré en notre Parlement de Paris, Nous y séant en notre Lit de Justice, le vingt-deux dudit mois, avons confirmé les Ordonnances des Rois nos Prédécesseurs touchant les Duels, & Nous avons établi de nouvelles peines pour empêcher que par des détours affectés aucuns de nos Sujets ne puissent colorer la témérité qu'ils auroient de contrevenir à des Loix si saintes. Mais voulant faire d'autant plus connoître notre intention d'employer tout le pouvoir que Dieu Nous a donné pour arrêter dans leurs principes les conséquences d'un tel abus, Nous avons ordonné à nos très-chers & bien amés Cousins les Maréchaux de France, de s'assembler pour déliberer sur les satisfactions & réparations d'honneur à l'occasion des injures qui en sont la source, entre les Gentilshommes, Gens de guerre, & autres ayant droit de porter les armes pour notre service : & nosdits Cousins Nous ayant présenté ce qu'ils auroient arrêté à ce sujet dans leur Assemblée du huit de ce mois, Nous avons jugé à propos d'en ordonner l'exécution. A CES CAUSES & autres à ce Nous mouvans, de l'avis de notre Conseil, & de notre certaine science, pleine puissance & autorité royale, Nous avons dit, déclaré & ordonné, & par ces Présentes signées de notre main, disons, déclarons & ordonnons, voulons & Nous plaît.

ARTICLE PREMIER.

Que dans les offenses faites sans sujet par paroles injurieuses, comme celles de sot, lâche, traître, & autres semblables, si elles n'ont pas été repoussées par des reparties plus atroces, celui qui aura proferé de telles injures, soit condamné en six mois de prison, & à demander pardon avant d'y entrer à l'offensé, en la forme marquée par l'Art. VII. du Réglement de nosdits Cousins, de l'année 1653.

I I.

Si l'offensé a repliqué par injures pareilles ou plus fortes, il sera condamné à trois mois de prison, sans qu'il lui soit demandé pardon par l'aggresseur, qui n'en sera pas moins condamné à six mois de prison.

I I I.

Les démentis & menaces de coups de main ou de bâton, par paroles ou par gestes, seront punis de deux ans de prison, & l'aggresseur avant d'y entrer demandera pardon à l'offensé.

I V.

En cas que les démentis ou menaces de coups ayent été repoussés par coups de main ou de bâton, celui qui aura donné le démenti ou fait les menaces, sera condamné comme aggresseur à deux ans de prison, & celui qui aura frappé sera puni des peines portées par notre Edit du mois de Février dernier. SI DONNONS EN MANDEMENT à nos amés & féaux Conseillers, les Gens tenans notre Cour de Parlement à Paris, que ces Présentes ils fassent lire, publier & registrer, & le contenu en icelles garder & observer de point en point selon sa forme & teneur : CAR tel est notre plaisir. DONNÉE à Versailles le douze Avril, l'an de grace mil sept cens vingt-trois, & de notre Regne le huitiéme. *Signé* LOUIS. *Et plus bas*, par le Roi, PHELYPEAUX. Et scellée du grand Sceau de cire jaune.

Registrées, oui & ce requerant le Procureur Général du Roi, pour être exécutées selon leur forme & teneur, & copies collationnées envoyées aux Bailliages & Sénéchaussées du ressort, pour y être lûes, publiées & registrées : Enjoint aux Substituts du Procureur Général du Roi d'y tenir la main, & d'en certifier la Cour dans un mois, suivant l'Arrêt de ce jour. A Paris en Parlement, le quatriéme jour de Mai mil sept cens vingt-trois. Signé YSABEAU.

CONFERENCES
DES
NOUVELLES ORDONNANCES.
EDIT DU ROY,
SERVANT DE REGLEMENT

Pour le Commerce des Négocians & Marchands, tant en gros qu'en détail.

DONNÉ A SAINT GERMAIN EN LAYE au mois de Mars 1673.

EDIT DU ROY,

SERVANT DE REGLEMENT

POUR LE COMMERCE DES MARCHANDS & Négocians, tant en gros qu'en détail.

LOUIS, PAR LA GRACE DE DIEU, ROI DE FRANCE ET DE NAVARRE: A tous préſens & à venir, SALUT. Comme le Commerce eſt la ſource de l'abondance publique, & la richeſſe des Particuliers, Nous avons depuis pluſieurs années appliqué nos ſoins pour le rendre floriſſant dans notre Royaume. C'eſt ce qui Nous a porté premierement à ériger parmi nos Sujets pluſieurs Compagnies, par le moyen deſquelles ils tirent préſentement des Pays les plus éloignés ce qu'ils n'avoient auparavant que par l'entremiſe des autres Nations. C'eſt ce qui Nous a engagé enſuite à faire conſtruire & armer grand nombre de Vaiſſeaux pour l'avancement de la Navigation, & à employer la force de nos armes par mer & par terre, pour en maintenir la ſûreté. Ces établiſſemens ayant eu tout le ſuccès que Nous en attendions, Nous avons cru être obligés de pourvoir à leur durée par des Réglemens capables d'aſſurer parmi les Négocians la bonne foi contre la fraude, & de prévenir les obstacles qui les détournent de leur emploi, par la longueur des procès, & consomment en frais le plus liquide de ce qu'ils ont acquis. A CES CAUSES, de l'avis de notre Conseil, & de notre certaine science, pleine puissance & autorité royale, Nous avons dit, déclaré & ordonné, disons, déclarons & ordonnons, & Nous plaît ce qui suit.

TITRE PREMIER.

DES APPRENTIFS NEGOCIANS & Marchands, tant en gros qu'en détail.

Ce qui est requis pour acquerir le degré de Maîtrise, à l'égard des Apprentifs Marchands, & des enfans des Marchands.

ARTICLE PREMIER.

ÈS lieux où il y a Maîtrise de Marchands, les Apprentifs Marchands seront tenus *d'accomplir le tems porté par les Statuts* : Néanmoins les enfans des Marchands *seront réputés avoir fait leur apprentissage*, lorsqu'ils auront demeuré actuellement en la maison de leur pere ou de leur mere, faisant profession de la même Marchandise, *jusqu'à dix-sept ans accomplis.*

D'accomplir le tems porté par les Statuts.] Cét article concerne la Maîtrise des Marchands, & les Statuts des Corps ou des Communautés, dans lesquels les Apprentifs seront entrés en apprentissage. Ces Statuts les obligent pour plus ou pour moins de tems; mais ils ne les obligent pas à accomplir précisément le tems chez les Maîtres avec lesquels ils ont traité, s'il y a quelque cause légitime qui ne leur permette pas de demeurer chez eux. La même chose est requise par les anciennes Ordonnances à l'égard des Maîtres des Arts & des Métiers, suivant l'Ordonnance d'Henri III. en 1581, article 12, en ces termes : *Ordonnons que dorénavant tous jeunes hommes qui voudront apprendre métier, & acquerir le degré de Maîtrise, seront tenus de faire leur apprentissage durant le tems porté par les Statuts de leur métier, sans que les Maîtres sous lesquels ils feront leur apprentissage les en puissent dispenser, ou diminuer ledit tems en faveur des prix extraordinaires & excessifs qu'ils leur pourroient faire payer pour leur apprentissage, & ce sous un même Maître ou sa Veuve, sans intermission, si les Maîtres ou Veuves ne décedent durant icelui, auquel cas ils acheveront leur apprentissage sous un autre Maître; & pour la preuve de ce fait, les Maîtres seront contraints d'en bailler leur certification par acte public, sur peine de dix écus d'amende.* La raison est, d'autant que les Artisans sont dans la République ce que la main est au corps, & qu'il importe que ceux qui prétendent à la Maîtrise des Arts, ayent l'expérience nécessaire, qui ne se peut acquerir que par l'apprentissage : *Nampriùs non debet esse Magister quàm discipulus, cap. su. vive. & seq. 16, quæst. 1.* C'est pour cela que Pline rapporte au Poëme du livre 4 de son Histore naturelle, que plusieurs grands

Princes des fiécles paſſés prenoient un ſoin particulier d'avancer la perfection des Arts mécaniques, par l'eſpérance qu'ils avoient d'immortaliſer leur nom par ce moyen. (*Reges, inquit, innumeri honore Artium, colebantur, & in oſtentatione has proferebant, immortalitatem ſibi per illas prorogari arbitrantes.*) Et nos Rois ſe ſont réſervé le pouvoir de les ériger en Corps, de leur donner des Statuts, & de leur octroyer des immunités & des priviléges, pour exciter les Artiſans à ſe rendre parfaits en leur Art, & à ſervir fidélement le public. La même choſe fut pratiquée dans la Ville de Rome par les Empereurs, comme nous l'apprenons des titres *de Excuſationibus Artificum, de Murilegulis, de Fabricenſibus, de privil. urb. Romæ, de Colleg. & Chartopra.* Il faut auſſi remarquer, *que les Maîtres ne peuvent pas refuſer de recevoir Maîtres les Apprentifs, après qu'ils ont accompli le tems porté par les Statuts, pourvû qu'ils faſſent bien & dûement leur chef-d'œuvre*, ſuivant les Ordonnances de François I. 1539, art. 189; Charles IX. 1567, tit. 15, art. 11; Henri III. 1577, tit. 16, art. 11; & Charles IX. 1560, art. 98, & 1561, 1565, 1566, art. 74.

Seront réputés avoir fait leur apprentiſſage.] Les fils des Maîtres ſont diſpenſés de l'apprentiſſage, parce qu'ils ſont préſumés capables & experts dans la profeſſion de leur pere, comme l'ayant appriſe dès le berceau; & que d'ailleurs il eſt juſte que les Marchands & Maîtres qui ont ſervi le public, ayent ce moyen facile pour établir leurs enfans. Il ſemble même que cet article devroit être commun à ceux qui ont épouſé des filles de Marchands & de Maîtres, parce qu'autrement l'Ordonnance qui a eu pour objet de pourvoir à la ſubſiſtance & établiſſement de leurs enfans, n'y auroit pas entierement pourvû, ſi les filles n'avoient pas le même avantage de procurer la Maîtriſe aux Apprentifs qui les épouſent, parce que c'eſt un moyen pour faciliter leur mariage, & qui leur peut tenir lieu d'une partie de la dot: la juſtice & l'équité veulent que les filles participent aux droits de leur pere, & qu'elles entrent en part de cette prérogative avec leurs freres, & ce d'autant plus que par le Droit les gendres *filiorum loco habentur.*

☞ Il a été ainſi jugé par Arrêt du 27 Février 1679: on le donnera ici en forme.

Entre Antoine Collement, Marchand Mercier, Bourgeois de Paris, appellant d'une Sentence rendue par le Lieutenant Général de Police le 16 Juin 1676, & de tout ce qui s'eſt enſuivi, d'une part; & les Maîtres & Gardes des Marchands Merciers, Groſſiers, Joyailliers de cette Ville de Paris, Intimés, d'autre: Et entre Guillaume Houbigant, Garçon Marchand Mercier à Paris, appellant de ladite Sentence du 16 Juin 1676, d'une part; & leſdits Maîtres & Gardes de la Mercerie, Intimés, d'autre; Et entre Pierre Girard, Marchand Mercier, Bourgeois de Paris, appellant d'une Sentence rendue par ledit Lieutenant Général de Police le 10 Mars audit an 1676, d'une part; & leſdits Maîtres & Gardes de la Mercerie, Intimés, d'autre: Et encore Thomas Thieriat, Apprentif Marchand Mercier à Paris, Demandeur en Requête du 24 Janvier mil ſix cens ſoixante-dix-huit, d'une part; & leſdits Maîtres & Gardes de la Mercerie, Défendeurs, d'autre. Vû par la Cour ladite Sentence dudit Lieutenant Général de Police du Châtelet de Paris, dudit jour 16 Juin 1676, dont eſt appel par leſdits Collement & Houbigant, par laquelle l'avis du Subſtitut du Procureur Général du Roi audit Châtelet, du 15 Février précédent, auroit été confirmé; ce faiſant, & en conſéquence, que ledit Collement ſera tenu de rapporter au Bureau de la Mercerie le brevet d'apprentiſſage dudit Houbigant,

gant, qu'il avoit obligé avec lui comme Apprentif, lequel s'étoit marié, & ledit brevet déclaré nul, défense ausdits Collement & Houbigant de s'en servir, & seroit le nom dudit Houbigant rayé du Catalogue des Apprentifs, & pour la contravention faite par ledit Collement à l'Article V. des Statuts desdits Maîtres Merciers, condamné en trente livres d'amende & aux dépens. Arrêt d'appointé au Conseil, du 16 Février 1678. Causes d'appel dudit Houbigant, contenant ses conclusions, à ce qu'il fût dit qu'il avoit été mal & nullement jugé par ladite Sentence du 16 Juin 1676, & avisé par ledit Avis du 15 Février audit an; émendant & corrigeant, lesdits Maîtres & Gardes déboutés de leur demande; ce faisant, qu'ils seroient tenus de recevoir ledit Houbigant Marchand Mercier en la forme ordinaire, en satisfaisant par lui aux droits accoutumés, & les condamner aux dépens. Requête dudit Collement, employée pour causes d'appel, & production des causes d'appel dudit Houbigant son gendre, contenant aussi ses conclusions, à ce qu'il fût dit qu'il avoit été mal & nullement jugé par ladite Sentence, & avisé par ledit Substitut; émendant, débouter lesdits Maîtres & Gardes de leur demande, & les condamner aux dépens, tant des causes principales que d'appel. Requête desdits Merciers, employée pour réponses ausdites causes d'appel desdits Houbigant & Collement. Productions desdits Houbigant & Merciers. Requêtes desdites Parties, par elles respectivement employées pour contredits, & Requête dudit Houbigant, employée pour salvations. Ladite Sentence dudit Lieutenant Général de Police, dudit jour 10 Mars audit an 1676, dont est appel par ledit Gerard, par laquelle l'Avis du Substitut du Procureur Général audit Châtelet, du 21 Février audit an, auroit été confirmé; ce faisant, & en conséquence ledit Gerard auroit été condamné à rapporter le brevet d'apprentissage & petite lettre à lui donnée au Bureau de la Mercerie pour l'apprentissage dudit Thomas Thieriat, qui avoit été marié incontinent après ledit apprentissage, lequel brevet étoit déclaré nul: défenses audit Gerard d'en plus faire de semblable, ni tenir chez lui des Apprentifs mariés; & pour la faute par lui commise & contravention à l'Article V. desdits Statuts des Gardes de la Mercerie, condamné en dix livres d'amende & aux dépens. Ladite Requête dudit Thieriat, dudit jour 24 Janvier 1678, à ce qu'il fût reçu partie intervenante en l'instance, & appellant de ladite Sentence du 10 Mars 1676; faisant droit sur lesdites intervention & appel, mettre l'appellation & ce dont a été appellé au néant; émendant, débouter lesdits Maîtres & Gardes de leur demande, & que ledit Thieriat continueroit son apprentissage chez ledit Gerard, lesquels seroient tenus le recevoir après ledit apprentissage fait, payant les droits ordinaires, & les condamner aux dépens. Arrêt d'appointé au Conseil sur ledit appel du 21 Avril audit an 1678, & sur l'intervention en droit & joint. Requêtes desdits Gerard & Thieriat & desdits Merciers, employées pour cause d'appel d'intervention & réponses. Productions desdites Parties, & Requêtes desdits Gerard & Thieriat, employées pour contredits. Sommation d'en fournir par lesdits Maîtres & Gardes de la Mercerie. Conclusions du Procureur du Roi: Tout joint & consideré. Ladite Cour faisant droit sur le tout, a mis & met les appellations & ce dont a été appellé au néant: émendant sur la demande des Maîtres & Gardes des Merciers, contre lesdits Collement, Gerard, Houbigant & Thieriat, les Parties hors de Cour & de procès: Ordonne que le Ve. Article des Statuts, concernant les défenses ausdits Maîtres du métier de tenir aucun Apprentif marié, sera gardé & exécuté, quand les Apprentifs se marieront pendant les trois années de leur apprentissage à d'autres personnes qu'aux filles des Maîtres

Merciers, lesquels en épousant les filles de Maîtres, gagneront la franchise de Maîtrise par leursdits mariages, tous dépens compensés. Fait en Parlement le 27 Février 1679. Ainsi signé, JACQUES.]

Les Statuts des Corps & Communautés de quelques Villes du Royaume ont étendu aux gendres des Marchands & Artisans le privilége qu'ils ont accordé à leurs enfans de pouvoir être reçus Maîtres sans avoir fait d'apprentissage.

Jusqu'à dix sept ans accomplis.] Il ne faut pas inferer de-là que les enfans soient obligés de demeurer dans la maison de leur pere depuis leur naissance jusqu'a cet âge sans en sortir ; il suffit que dans le tems qu'ils sont en état de rendre quelque service, ils ayent demeuré actuellement dans la maison de leur pere, afin qu'ils puissent apprendre le commerce sous eux, & se rendre capables du négoce qu'ils veulent entreprendre, avant que de se faire recevoir Maîtres : car quoiqu'ils soient exempts de faire apprentissage pour gagner la franchise, comme leur étant acquise dès leur naissance, ils ne sont pas pourtant exempts d'apprendre le commerce auquel ils se destinent, d'autant que l'ignorance est cause du désordre qui arrive dans les affaires qu'on entreprend. C'est pour cela que l'Ordonnance voulant réformer l'abus qui s'étoit glissé dans la reception des enfans des Maîtres, suppose que pour faire que l'enfant soit réputé avoir fait un apprentissage, il faut encore qu'il veuille suivre la profession de son pere, & entreprendre le même commerce que lui, ou du moins l'un des négoces qui sont compris dans les états différens des marchandises unies en un seul Corps, afin que l'expérience qu'il a acquise en demeurant dans la maison de son pere ou de sa mere, lui puisse servir pour se bien conduire dans son négoce.

ARTICLE II.

CELUI qui aura fait son apprentissage, sera tenu de *demeurer encore autant de tems chez son Maître*, ou un autre Marchand de pareille profession : ce qui aura lieu *pareillement à l'égard des fils de Maîtres.*

Demeurer encore autant de tems chez son Maître.] Après les apprentissages faits, il étoit aussi donné du tems aux Apprentifs pour servir les Maîtres avant que de parvenir à la Maîtrise, comme il est requis par l'Ordonnance de Charles IX. à Paris en 1567, chap. 16, art. 11, & par celle d'Henri III. à Paris en 1581, art. 13, par lesquelles *ils étoient tenus de servir leurs Maîtres d'apprentissage, leurs veuves, ou autres de pareil art & metier, durant trois ans, si ce n'est que leurs Statuts les obligeassent à servir plus ou moins de tems.* Ainsi jugé pour le métier de Carreleur, par Arrêt du Parlement de Dijon, des premier Mars & 17 Mai 1605, rapporté par Bouvot, tom. 2 de ses Questions, sous le mot *Manouvrier*, question 9, quoiqu'on lui opposât qu'il avoit demeuré dans la maison d'une veuve, où il n'y avoit personne qui le pût instruire. Ces Ordonnances sont fondées sur ce que trois ans ne suffisent pas pour apprendre ce qui est nécessaire, soit pour la Maîtrise des Arts & des Métiers, soit pour celle des Marchands, dans laquelle il faut sçavoir bien des choses pour être capable du commerce, & le faire pour son compte particulier. C'est pour cela que le même tems est requis par les Statuts du Corps de la Mercerie, du mois de Janvier 1613.

Pareillement à l'egard des fils de Maîtres.] Par ladite Ordonnance d'Henri III.

en 1581, art. 14, *les fils de Maîtres étoient tenus d'accomplir dans leur apprentissage le tems porté par les Statuts; mais après l'avoir accompli dans la maison de leur pere, étant de pareil métier ou profession, ils étoient seulement obligés de servir les Maîtres la moitié du tems qui étoit donné aux autres pour les servir; & ils pouvoient même satisfaire à ce service sous leur pere ou parens, à la charge par eux de leur en bailler certificat au vrai & sans déguisement, sur peine de faux & de cinquante écus d'amende.* Et par les Statuts du Corps des Marchands, les enfans des Maîtres sont exempts de faire apprentissage pour gagner la franchise, parce qu'ils l'ont acquise dès la naissance: mais comme par un abus qui s'étoit glissé dans les Communautés, on y recevoit des fils de Maîtres qui n'avoient quelquefois que trois ou quatre ans, Sa Majesté a voulu réprimer cet abus qui étoit très-préjudiciable, tant à ceux qui étoient ainsi reçus à cause de leur incapacité dans le commerce, qu'au public qui étoit souvent abusé par de si ignorans sujets. Sa Majesté y a pourvû par l'article suivant, qui défend toutes sortes de receptions à la Maîtrise avant l'âge de vingt ans.

ARTICLE III.

AUCUN ne sera reçu Marchand *qu'il n'ait vingt ans accomplis*, & ne rapporte *le brevet & les certificats d'apprentissage*, & du service fait depuis. Et en cas que le contenu ès certificats ne fût véritable, l'aspirant sera déchu de la Maîtrise; le Maître d'apprentissage qui aura donné son certificat, condamné en cinq cens livres d'amende, & les autres Certificateurs chacun en trois cens livres.

Qu'il n'ait vingt ans accomplis.] Le même âge étoit requis pour les aspirans à la Maîtrise des Arts & des Métiers, comme nous le recueillons de l'Ordonnance d'Henri III. en 1581, art. 17, en ces termes: *Voulons qu'aucun des Artisans ne puisse être reçu à la Maîtrise qu'il n'ait atteint l'âge de vingt ans ou plus, si leurs Statuts le portent. Annullons toutes Maîtrises qui pourroient avoir été faites depuis deux ans en çà, pour des personnes étant au dessous dudit âge, s'ils n'ont fait chef-d'œuvre, & s'ils n'ont été jugés capables d'être Maîtres.* Le vrai âge pourtant pour se faire recevoir Maître, & pour faire le commerce pour son compte particulier, est l'âge de vingt-cinq ans, dans lequel les Loix permettent de disposer des biens, d'autant qu'alors le jugement est formé.

¶ Par Arrêt rapporté au Journal des Audiences, & intervenu en l'audience de la Grand'Chambre le 6 Mai 1711, sur les conclusions de Monsieur l'Avocat Général Guillaume-François Joly de Fleury, il a été jugé qu'on ne peut être reçu Maître Boulanger à douze ans; & la reception de Pierre Guy, quoique fils de Maître, a été déclarée nulle, sauf à lui à se pourvoir à l'âge de 17 ans pour être reçu s'il en étoit trouvé capable, attendu qu'il y a eu un Réglement en 1699 pour recevoir des Maîtres à l'âge de 17 ans. ¶

Le brevet & les certificats d'apprentissage.] Deux choses sont requises par cet article pour un Apprentif qui se présente pour être reçu Maître; le brevet d'apprentissage certifié par le Maître chez lequel on l'aura fait; & le certificat de deux autres Négocians, comme ils l'ont vû demeurer Apprentif & servir chez son Maître d'apprentissage pendant le tems porté par les Statuts, & qu'ils l'ont vû servir encore son Maître d'apprentissage, ou les autres Marchands, autant de tems qu'il est porté par les Statuts. S'il étoit prouvé qu'il n'eût pas accompli le tems de ſon apprentiſſage & du ſervice, on lui pourroit faire fermer ſa Boutique, quoiqu'il fût reçu Maître. C'eſt ce que l'Ordonnance entend par ces termes, *l'Aſpirant ſera déchu de la Maîtriſe.*

¶ Par Arrêt rapporté au Journal des Audiences, rendu en la Grand'Chambre le 12 Mars 1707, il a été jugé qu'un Maître qui a fait ceſſion de biens, peut prendre un Apprentif.

Mouret, Marchand Mercier à Amiens, avoit pris Muſet pour ſon Apprentif en 1701; & en 1702 Mouret avoit été reçu à faire ceſſion de biens par Sentence du Châtelet, & il avoit été mis au Pilori. Sur le brevet d'apprentiſſage de Muſet & le certificat de Mouret, Muſet avoit voulu ſe faire paſſer Marchand : à quoi la Communauté des Merciers d'Amiens ayant formé oppoſition, par Sentence des Maire & Echevins rendue en 1704, ils en avoient été déboutés : ſur l'appel la Cour a mis l'appellation au néant, fondé ſur ce que l'état de Marchand n'eſt pas un office, & qu'ainſi la note de la ceſſion de biens ne peut empêcher un tel Marchand de prendre un Apprentif.]

ARTICLE IV.

L'ASPIRANT à la Maîtriſe ſera interrogé ſur les Livres *& Regiſtres à partie double* & à partie ſimple, ſur les Lettres & Billets de change, ſur les Régles d'Arithmétique, *ſur la partie de l'aune, ſur la livre & poids de marc, ſur les meſures & les qualités de la marchandiſe*, autant qu'il conviendra pour le commerce dont il entend ſe mêler.

Et regiſtres à partie double.] Cet article contient ce ſur quoi les aſpirans à la Maîtriſe des Marchands doivent être examinés. La même choſe doit être obſervée à l'égard des autres profeſſions qui ſont ſujettes à l'examen, comme des Apoticaires & des Chirurgiens ; & par la même Ordonnance d'Henri III, article 18, *ils devoient être ſeulement interrogés par les Jurés de leur Métier, ou deux d'entr'eux, & en leur abſence ou empêchement, par deux des Maîtres deputés pour cet effet, ſans que les Maîtres aſſiſtans les puiſſent interroger ni empêcher leur reception, mais ſeulement donner leur opinion aux Jurés ſur la capacité ou incapacité.* Pour ce qui eſt du Regiſtre à partie double, ſur lequel l'aſpirant à la Maîtriſe des Marchands doit être interrogé, c'eſt un Regiſtre qui contient débet & crédit. Le débet contient tous les créanciers du Marchand, & le crédit tous ſes débiteurs ; & quoique cela choque d'abord de mettre au débet des créanciers, & au crédit des débiteurs, & que l'ordre ſemble renverſé ; ſi les Marchands ne gardoient cet ordre, ils ne pourroient pas, comme ils ſont, donner au juſte le rencontre en crédit à tous les créanciers, & celui de débet à tous les débiteurs. C'eſt pour cela que ce compte eſt appellé compte double, parce que chaque partie eſt écrite deux fois, l'une en débet & l'autre en crédit ; le débet s'écrit toujours du côté gauche, & le crédit à main droite.

Sur la partie de l'aune.] Il eſt très-important que les aſpirans à la Maîtriſe connoiſſent les poids & les meſures, parce que ſans cela ils ne ſçauroient acheter ni vendre la marchandiſe ; & comme les poids & les meſures ſont differens ſuivant les differens pays dans leſquels on trafique, il faut qu'ils ſçachent celles dont on ſe ſert dans ce Royaume, & celles des principales Villes de commerce des pays étrangers, & la différence des aunes des Provinces avec celle de Paris, soit pour l'achat ou pour la vente, & qu'ils en fassent la réduction.

☞ M. Savary dans son parfait Négociant, nous a donné un détail des mesures de France & des pays étrangers, réduites en pieds, pouces & lignes de Roi.

L'Aune de Paris contient trois pieds, sept pouces, huit lignes.

La Canne de Provence, d'Avignon & de Montpellier, six pouces, 9 lignes.

La Canne de Toulouse, cinq pieds, cinq pouces, six lignes.

La Varre d'Arragon est égale à la Canne de Toulouse.

La Verge d'Angleterre contient deux pieds, neuf pouces, onze lignes.

L'Aune d'Hollande, d'Anvers & de Tournay, deux pieds, onze lignes, peu plus.

L'Aune de Flandre, de Brabant & d'Allemagne, deux pieds, un pouce, cinq lignes.

La Barre de Castille, deux pieds, sept pouces, deux lignes, peu plus.

La Barre de Valence en Espagne, deux pieds, neuf pouces, sept lignes.

Le Ras de Piémont, un pied, neuf pouces, dix lignes.

La Brasse de Luques est pareille au Ras de Piémont.

La Brasse de Venise, Boulogne, Modene & Mantouë, contient un pied, onze pouces, trois lignes.

La Palme de Genes, neuf pouces, une ligne.

La Brasse de Bergame, deux pieds, trois lignes.

La Brasse de Florence, un pied, neuf pouces, quatre lignes & demie.

La Verge de Seville, deux pieds, six pouces, onze lignes.

La Canne de Naples, six pieds, dix pouces, deux lignes.

L'Aune de Troyes & d'Arc en Barrois, deux pieds, cinq pouces, une ligne, peu plus.

L'Aune de Lille & d'Arras, deux pieds, deux pouces, deux lignes, peu plus.

La Brasse de Milan, pour les draps de soye, un pied, sept pouces, cinq lignes.

La Brasse de Milan, pour les draps de laine, deux pieds, onze lignes, peu plus.

La Gueze de Perse, deux pieds, dix pouces, onze lignes.

La Gueze des Indes, deux pieds, dix pouces, six lignes.]

Sur la livre & poids de marc.] Le poids de marc est connu par toute l'Europe; il est composé, sçavoir la livre de deux marcs, le marc de huit onces, l'once de huit gros, le gros de trois deniers, le denier de vingt-quatre grains, le grain pese à peu près un grain de blé. Pour ce qui est de la livre, elle est composée en France de plus ou de moins d'onces selon l'usage des lieux; & cette différence procede de la réunion qui a été faite au Royaume de plusieurs Etats souverains qui sont à présent réduits en Provinces, comme Provence, Languedoc, Bretagne & Normandie, ausquels on a conservé leurs usages & leurs privileges pour leurs poids & mesures. Selon cet usage, la livre contient en Avignon, Provence & Languedoc, treize onces poids de marc; celle de Paris, deux marcs faisant seize onces; & la livre du poids de la ville de Lyon est de quatorze onces.

☞ Cette différence des poids ici indiquée par M^e. Philippe Bornier, a donné occasion de faire une recherche de ce qui pourroit fournir des notions de la réduction de ces différentes mesures, & même de celles des pays étrangers avec lesquels nous sommes en commerce plus ordinaire.

La Livre de Paris, celle de Strasbourg, celle de Besançon & celle d'Amsterdam, est de seize onces.

Celle de Lyon, de quatorze onces.

Celle d'Avignon, de Toulouse & de Montpellier, est de treize onces.

Celle de Marseille, de treize onces ou environ.

Celle de Rouen, du poids de Vicomté, est de seize onces & demie, six cinquiémes.

Celle de Geneve, de dix-sept onces.

Celle de Londres, de quatorze onces, cinq huitiémes.

La Livre d'Anvers est de quatorze onces, un huitiéme.

Celle de Venise, de huit onces, trois quarts.

Celle de Milan, de neuf onces, trois huitiémes.

Celle de Messine, de neuf onces, trois quarts.

Celle de Turin, de Boulogne, de Modene, de Raconis & de Reggio, est de dix onces & demie.

Celle de Naples & de Bergame, est de huit onces, trois huitiémes.

La Livre de Valence & de Saragosse, est de dix onces.

Celle de Genes & de Tortoze, neuf onces, sept huitiémes.

Celle de Francfort, de Nuremberg, Basle & Berne, une livre un quart.]

Sur les mesures & les qualités de la marchandise.] C'est-à-dire les longueurs & les largeurs des étoffes, afin de n'en faire pas prendre à ceux qui en achetent plus ou moins qu'il ne leur en faut, & de ne les pas survendre, la longueur & la largeur faisant une différence assez considérable du prix des étoffes. Il en est de même de ceux qui vendent des marchandises liquides, ou à mesure ronde, que l'on appelle *boisseau;* ils doivent sçavoir la longueur & la circonférence des vaisseaux qui les contiennent; il faut aussi qu'ils sçachent la maniere dont on les fabrique. Le Roi Louis XIV. par l'attention qu'il donnoit à la Police de son Royaume, a fait faire dans son Conseil du Commerce, de très-beaux Réglemens pour les longueurs, largeurs, & les qualités des étoffes qui se fabriquent dans le Royaume, afin de réparer les abus qui avoient causé la diminution des Manufactures, pour les rétablir & en maintenir la réputation, & pour conserver à ses Sujets les avantages qu'ils reçoivent du Commerce; & pour l'exécution de ce dessein, S. M. a pris l'avis des plus notables Marchands & Négocians.

Défenses de prendre aucuns présens des Aspirans pour leur reception, & aux Aspirans de faire aucun festin.

ARTICLE V.

DÉFENDONS aux Particuliers & aux Communautés de prendre ni recevoir des Aspirans *aucuns présens pour leurs receptions, ni autres droits que ceux qui sont portés par les Statuts*, sous quelque prétexte que ce puisse être, à peine d'amende, qui ne pourra être moindre de cent livres. Défendons aussi à l'Aspirant *de faire aucun festin*, à peine de nullité de sa reception.

Aucuns présens pour leurs receptions.] La raison est, d'autant qu'il est à présumer que s'il étoit permis de recevoir des présens, on se laisseroit corrompre pour la reception des Aspirans, ce qui seroit préjudiciable au public, *quòd cùm industriâ consequi deberet, premiis & largitione tentaretur.* Aussi par l'Ordonnance de 1539, art. 190, *ceux qui pour parvenir à la Maîtrise, auront fait autres dépenses que celles du chef-d'œuvre, sont déclarés inhabiles & incapables*, suivant la Loi *un. C. de Athletis, lib.* 10, & la Loi *universi, C. de legat.* au même livre. Ces dépenses sont si exactement réglées par l'Ordonnance de Charles IX. de l'an 1563, chap. 16, art. 7, *que les chefs-d'œuvres d'impense inutile sont défendus.*

Autres droits que ceux qui sont portés par les Statuts.] Par l'Ordonnance de Charles IX. 1567, tit. 15, art. 8, d'Henri III. 1581, art. 16, *il est pareillement défendu aux Maîtres Jurés de prendre ni exiger aucuns droits, sauf la somme de dix sols pour chacun des Gardes & Jurés pour leur assistance, & les droits anciens pour les bourses communes, qui ne pourront monter plus haut d'un écu, non pas même d'exiger aucun salaire pour ce regard.* La raison est, *ne pecunia peritum faciat qui aliàs imperitus est, & præferatur industriæ habendi cupiditas.* Bouvot, tom. 2 de ses Questions, sous le mot *Manouvriers*, question 14, tient qu'on peut faire le procès aux Maîtres Jurés qui ont pris de l'argent de ceux qui se veulent faire recevoir Maîtres, comme à des concussionnaires, suivant la Loi 1, *ff. de concuss.* & la Loi *quod mutandi Tyrocin. C. de condit. ob turp. caus.* Cet abus s'étoit glissé du tems de Clement V. dans le Doctorat, & cela donna lieu au Chapitre *cùm nimis de Magistr. in Clement.* par lequel il fut défendu, sous peine d'excommunication, d'y employer *ultrà summam millium Turonensium argenteorum*, pour si riche que fût l'Aspirant; d'où l'on peut tirer la conséquence, *quid in pauperibus senserint legislatores.*

De faire aucun festin.] Cette défense est conforme aux Ordonnances de François I. 1539, articles 188, 189 & 190; Charles IX. 1567, art. 37. 1566, art. 74. & 1567, titre 15, art. 9; & d'Henri III. 1581, art. 16; *& ce à peine de cent sols Parisis contre chacun des assistans au banquet; & contre celui qui se fait recevoir Maître, d'être déchu de la Maîtrise, & déclaré incapable & inhabile, sans qu'il soit permis de commuer le banquet en argent, ou autre équipollent*, suivant l'article 74 de l'Ordonnance de Moulins. La raison est, d'autant qu'il arrivoit que les Maîtres Jurés ne regardoient pas tant l'industrie de l'Aspirant qu'un bon banquet, & qu'ils déclaroient bon ouvrier celui qui les avoit bien régalés, quoiqu'il fût le plus ignorant; & rejettoient au contraire le plus habile, s'il ne leur avoit donné qu'un maigre repas, réglant plutôt leur jugement sur la bonne ou mauvaise chere, que sur l'industrie de l'ouvrier. Cette défense de faire des festins a été étendue *aux Doctorats & autres degrés de quelque Faculté que ce soit*, par l'article 17 de l'Ordonnance de Roussillon; & *aux élections des Officiers des Universités*, par l'article 67 de l'Edit de Blois.

Que les Négocians, Marchands & Banquiers ne peuvent pas être restitués sous prétexte de minorité.

ARTICLE VI.

TOUS Négocians & Marchands en gros & en détail, comme Banquiers, seront *réputés majeurs*, pour le fait de leur commerce & banque, sans qu'ils puissent être restitués sous prétexte de minorité.

☞ Voir à ma note sur l'article premier du titre 7 de cette même Ordonnance.]

Réputés majeurs.] Cet article doit être entendu des Marchands qui sont approuvés, *& in albo mercatorum descripti*, suivant la doctrine de *Strac. tract. de Merc. part.* 3, *num.* 26 & 29; & cela a été ainsi jugé par divers Arrêts rapportés par Chop. *de morib. lib.* 1, *tit.* 1, *num.* 9; par la Roche, liv. 2 de ses Arrêts, tit. 2, Arrêt 1; & par Camb. liv. 5 de ses Questions, chap. 26. Et ces Arrêts sont fondés sur ce que le commerce avec les mineurs n'est pas défendu, *ne magno incommodo hujus ætatis homines afficiantur, nemine cum eis contrahente*, *L. quod si minor* 25, §. *non semper*, *ff. de minor.* & que la profession de Marchand fait obstacle à la restitution en entier, comme il est dit en la Loi 1, *C. qui & adversus quos. In consilio quidem cognoscentis de restitutione in integrum esse oportet, num is qui se minorem annis læsum esse dicit, diligens pater familias fuerit, actibusque publicis industrium se docuerit, & lapsum eum per ætatem verisimile non sit.* Ils sont non-seulement réputés majeurs, mais encore émancipés; en telle sorte qu'un fils de famille peut s'obliger valablement pour le fait de sa marchandise & commerce sans le consentement de son pere, comme il a été jugé par Arrêt du 2 Juillet 1585, recueilli par Tronçon sur l'article 124 de la Coutume de Paris, suivant la Loi derniere, *C. ad Maced.* & la Loi 3, §. *sed utrùm*, *ff. de minor.* Pour ce qui est de l'âge auquel ils sont réputés majeurs, c'est dès le moment qu'ils entrent dans la vingt-uniéme année de leur âge, dans les Villes où il y a Maîtrise; & dans celles où il n'y en a point, dès le moment qu'ils font le commerce pour leur compte particulier. Il faut pourtant remarquer qu'un mineur qui se rend fidejusseur d'un autre qui a pris de la marchandise, peut se faire décharger du cautionnement: la raison est, d'autant qu'au premier cas lorsqu'il achete de la marchandise pour soi, il peut faire du profit, & qu'en celui-ci il n'y peut avoir qu'une pure perte; comme il a été jugé par un Arrêt du Parlement de Dijon, du 28 Juillet 1614, rapporté par Bouvot en son premier tome, sous le mot *Fidejusseur*, quest. 3.

Dans quel tems se prescrit la demande des Marchands & des Artisans, pour le payement de leurs marchandises & de leurs ouvrages.

ARTICLE VII.

LES Marchands en gros & en détail, & les Maçons, Charpentiers, Couvreurs, Serruriers, Vitriers, Plombiers, Paveurs, & autres de pareille qualité, seront tenus de demander payement *dans l'an après la délivrance.*

Dans l'an après la délivrance.] Par l'Ordonnance de Louis XII. de l'an 1510, art. 68, il est porté, *que tous Drapiers, Apoticaires, Boulangers, Pâtissiers, Serruriers, Chaussetiers, Cordonniers, Selliers, Bouchers & autres gens de Métiers, & les Marchands vendans & distribuans leurs denrées & marchandises en détail, demanderont payement de leurs denrées, ouvrages & marchandises par eux fournies, dans six mois, à compter du jour qu'ils auront baillé ou délivré.* Et cette Ordonnance fait différence entre les ouvrages des Artisans & des gens de métier, & les marchandises & denrées vendues en détail, de même que la Coutume de Paris, art. 125

& 126, diſtingue *les Médecins, Chirurgiens & Apoticaires, auſquels elle donne un an, d'avec les gens de métier, & autres vendeurs de marchandiſes & denrées vendues en détail, auſquels elle ne donne que ſix mois.* Ceux qui ſont compris dans cet article & les autres de pareille qualité, ſont reçus à demander payement dans l'an après la délivrance, à cauſe que leur demande eſt plus favorable, & qu'elle ſe rapporte aux loyers & ſalaires des ſerviteurs, auſquels la même Ordonnance de Louis XII, art. 67, accorde un an; que ce qui leur eſt dû a été employé utilement, & que *nihil dant, ſed tantùm opus faciunt.* Voyez Brodeau ſur l'art. 126 de la Coutume de Paris. Cette preſcription n'étoit pas exactement obſervée, comme remarque Maynard, liv. 6 de ſes Queſtions, ch. 87. On avoit introduit des diſtinctions & des ſubtilités qui éludoient l'exécution de cette Ordonnance; on faiſoit conſidération ſi les Parties étoient vivantes, de celle qui avoit fourni & de celle qui avoit reçu, & ſi les choſes avoient été délivrées depuis longtems: mais il eſt très-important que cette Ordonnance ſoit religieuſement obſervée, ſur-tout en ce ſiécle, où il ſemble que la bonne foi & la probité des ſiécles paſſés ont fort dégéneré. Il faut pourtant remarquer, que par un Arrêt notable du Grand Conſeil du 12 Juillet 1672, donné en faveur de Martin, Imprimeur, contre les héritiers de Cramoiſy, Libraire, auſquels l'Imprimeur demandoit vingt mille livres pour des impreſſions qu'il avoit faites pour lui, il a été jugé que dans la Coutume de Paris, la fin de non-recevoir qui y eſt établie au ſujet de la demande à l'égard des Marchands vendans en détail, & des Artiſans, n'a point lieu de Marchand à Marchand, à cauſe que les Marchands doivent avoir chacun un Regiſtre pardevers eux, qui conſtitue une obligation de payer, & empêche la preſcription, à cauſe de la continuité de ce qui eſt fourni & reçu de part & d'autre, ce qui rend leur condition égale. Dans les Juriſdictions Conſulaires, on n'admet point les fins de non-recevoir entre Marchands, & même ſouvent entre les Artiſans, lorſqu'il y a des Regiſtres de bonne foi.

A Paris, les Livres des Marchands, des Tailleurs, & des Ouvriers fourniſſans, dont il eſt fait mention dans cet article & au ſuivant, font preuve avec le ſerment ſupletif du créancier, en faveur de celui à qui les Livres appartiennent, en ce qui concerne les fournitures par lui faites.

ARTICLE VIII.

L'ACTION *ſera intentée dans ſix mois*, pour marchandiſes & denrées vendues en détail par Boulangers, Pâtiſſiers, Bouchers, Rôtiſſeurs, Cuiſiniers, Couturiers, Paſſementiers, Selliers, Bourreliers, & autres ſemblables.

Sera intentée dans ſix mois.] Cet article eſt conforme, à l'égard des marchandiſes & denrées vendues en détail par Boulangers, Pâtiſſiers, & autres qui y ſont compris, à l'art. 68 de ladite Ordonnance de Louis XII, à l'égard du tems dans lequel l'action doit être intentée. La différence qu'il y a de cet article avec le précédent, qui conſiſte en ce que celui-ci n'accorde que ſix mois, au-lieu que l'autre accorde un an, a été touchée: il ſuffit de remarquer qu'elle eſt très-juſte, d'autant qu'il s'agit dans cet article des choſes qui ne ſont pas privilégiées, & que cela retranche un nombre infini de procès qui auroient pû être intentés pour choſe de petite importance, dont on ne ſçauroit ſe reſſouvenir après un long tems, *L. peregrè, ff. de acquir. poſſeſſ.* ou parce que les héritiers ignorant le payement qui pourroit en avoir été fait, ſeroient ſujets à payer deux fois une même choſe ; mais le tems porté par l'un ou par l'autre article, ſe compte depuis le premier jour auquel les marchandiſes ont été délivrées. Rebuff. tom. 2, *Tract. de Mercator. minut. &c. gloſ.* 18.

ARTICLE IX.

VOULONS le contenu ès deux articles ci-deſſus avoir lieu, encore *qu'il y eût eu continuation de fourniture* ou d'ouvrage, ſi ce n'eſt qu'avant l'année ou les ſix mois *il y eût un compte arrêté*, ſommation ou interpellation judiciaire, cédule, obligation, ou contrat.

Qu'il y eût eu continuation de fourniture.] Cette continuation étoit autrefois une exception que les Juges avoient introduite, contre la preſcription concernant la demande de loyers, ſalaires ou gages des ſerviteurs, & le payement des denrées, ouvrages & marchandiſes vendues en détail. Ils avoient accoutumé de rapporter le premier compte au dernier, & de regarder le dernier comme une ſuite & une dépendance de l'autre, de telle ſorte que la preſcription ne commençoit à courir que du jour de la délivrance de la marchandiſe contenue au dernier article du compte : mais comme c'étoit éluder l'exécution d'une Ordonnance ſi juſte & ſi utile, & donner lieu aux fraudes qui ſe commettoient dans ces continuations, cette Ordonnance veut fort juſtement que la preſcription ait ſon cours, *ſi ce n'eſt qu'avant l'année ou les ſix mois il y eût promeſſe, reconnoiſſance par écrit, ou demande en Juſtice*, conformément à l'Ordonnance de Louis XII, art. 68, auquel cas l'action dure trente ans. *L. omnes, L. ſicut, de præſcript. 30 vel 40 ann.*

Il y eût un compte arrêté.] C'eſt une choſe qu'un Marchand en détail doit obſerver fort ſoigneuſement, de faire arrêter ſes parties, ou de tirer de ſes débiteurs des promeſſes ou obligations, s'il n'en peut être payé dans le tems de l'Ordonnance mentionnée aux articles précédens ; parce que dès le moment que les parties ſont arrêtées, l'action dure trente années du jour de l'arrêté, à l'égard de ce qui eſt arrêté ſeulement.

Que les débiteurs, nonobſtant la preſcription acquiſe, ſeront tenus de ſe purger par ſerment, s'ils ont payé ce qui leur eſt demandé.

ARTICLE X.

POURRONT néanmoins les Marchands & Ouvriers *déferer le ſerment* à ceux auſquels la fourniture aura été faite, les aſſigner, & les faire interroger. Et à l'égard des veuves, tuteurs de leurs enfans, *héritiers* & ayans cauſe, leur faire déclarer s'ils ſçavent que la choſe eſt dûe, encore que l'année ou les ſix mois ſoient expirés.

Déferer le ſerment.] C'eſt une queſtion qui a partagé l'eſprit de nos Docteurs, de ſçavoir ſi après la preſcription acquiſe par l'Ordonnance ou par la Coutume, le débiteur étoit tenu de se purger par serment, s'il avoit payé ce qui lui étoit demandé. Il sembloit à quelques-uns qu'il n'y étoit pas tenu. Premierement, parce que ce seroit ouvrir la fin de non-recevoir, & rendre illusoire la disposition de l'Ordonnance & de la Coutume. Secondement, que le débiteur ne pouvant être contraint à défendre, il n'étoit pas tenu de jurer, *L. tutor* 35, *ff. de jurejur. L. in contractibus* 14, §. *in illo, C. de non num. pec.* Troisiémement, que par le Droit, celui qui est liberé par la prescription, ne differe en rien de celui qui est liberé par le payement. Néanmoins le contraire est très-justement décidé par cet article. L'Ordonnance est fondée sans doute sur ce que la bonne foi doit prévaloir à toutes ces considérations; & que si quelqu'un sçait devoir ce qui lui est demandé, il ne peut prescrire qu'avec une mauvaise foi, *c. vigilanti, & c. fin. de præscript. & de regul. possess. Rebuff. d. tract. gl. ult. num.* 7 & 12; & qu'il n'y a point de prescription contre la vérité, qui doit être recherchée en quelqu'état que la cause soit. C'est pour cela que Jeremie ne limite point de tems quand il dit : *Jurabunt in veritate, judicio & justitiâ.* Ainsi jugé par Arrêt du 16 Janvier 1623, rapporté par Tronçon sur la Coutume de Paris, art. 126, & par autre Arrêt du 20 Juin 1596, rapporté par Bouvot, tom. 2 de ses Arrêts, sous le mot *Marchands Apoticaires*, quest. 3. D'ailleurs, comme la prescription en ce cas n'est autre chose qu'une présomption de payement, pour s'en servir il est juste d'affirmer le payement : cela est porté expressément par l'art. 265 de la Coutume d'Orleans, qui impose la nécessité de prêter le serment; faute de quoi le défendeur est tenu de payer nonobstant la prescription.

Héritiers.] Quoique la prescription soit très-favorable, néanmoins comme la bonne foi doit principalement regner entre Marchands, il a été jugé par Arrêt du 17 Mai 1608, rapporté par Bouvot, tom. 2, sur le mot *Marchand, Marchandise*, quest. 2, qu'un Marchand ayant vendu de la marchandise à un autre Marchand, étoit recevable après les six mois à prouver contre les héritiers que la marchandise avoit été délivrée, & à leur en demander le prix.

¶ Par Arrêt rapporté au Journal du Palais, intervenu au Grand Conseil le 12 Juillet 1672, la même chose a été jugée, qu'un Artisan ou Marchand vendant en détail, qui a vendu à un autre Marchand, n'est point compris dans la prescription de six mois ou d'un an.]

Quelles aunes & quels poids & mesures les Négocians peuvent avoir.

ARTICLE XI.

TOus *Négocians & Marchands*, tant en gros qu'en détail, auront chacun à leur égard des aunes ferrées par les deux bouts, *& marquées, ou des poids & mesures étalonnées.* Leur défendons de s'en servir d'autres, à peine de faux, & de cent cinquante livres d'amende.

¶ *Tous Négocians & Marchands.*] Par Arrêt rapporté au Journal des Audiences, rendu en la Grand'Chambre le 25 Janvier 1708, sur les conclusions de Monsieur l'Avocat Général Guillaume-François Joly de Fleury, il a été jugé que les Bourgeois de Paris peuvent faire marchandises d'ardoises & autres, nonobstant les Statuts des Merciers; mais qu'ils ne peuvent pas tenir magazin.

Jean Rognon, demeurant sur le Quai des Celestins, s'étoit trouvé avoir une eſpéce de magazin dans l'Iſle-Louvier entouré de planches fermant à clef, où il y avoit environ cinquante milliers d'ardoiſes ; & les Merciers y ayant mené un Commiſſaire, il en avoit été dreſſé procès verbal avec aſſignation à la Police ; & par Sentence du 15 Avril 1702, permis à Rognon de vendre ſes ardoiſes, avec déſenſe de faire magazin.

En 1707, autre procès verbal, d'ardoiſes trouvées en magazin, dont la ſaiſie, par Sentence, a été déclarée bonne & valable, avec déſenſes de faire magazin, & condamnation de dommages & interêts.

Appel reſpectif des Sentences ; ſur quoi par l'Arrêt les appellations ont été miſes au néant, ſauf qu'on a moderé les dommages & interêts ; le tout fondé ſur ce que par les Statuts des Merciers, il n'y a que les Forains qui puiſſent être obligés de porter leurs marchandiſes au Bureau des Merciers, pour y reſter hors le tems de foires ; & ſur ce que par l'Ordonnance de la Ville, les Bourgeois paroiſſent pouvoir faire marchandiſes, mais toujours ſans tenir magazins.]

Marquées, ou des poids & meſures étalonnées.] La meſure & le poids ſont un droit de la Souveraineté, bien que par les Coutumes il n'y a ſi petit Seigneur qui ne prétende ſe l'attribuer. Cela fut cauſe que les Rois Philippe le Bel, Philippe le Long, & Louis XI. avoient jugé à propos (qu'il n'y eût qu'un poids & une meſure uniforme dans toute l'étendue du Royaume :) mais l'exécution ſe trouva plus difficile qu'ils ne penſoient, à cauſe de divers procès qui en naiſſoient. Le Roi François I. en 1548, article 1, & Henri II. en 1577, (égalerent auſſi les aunes par-tout le Royaume.) La raiſon pour laquelle il eſt défendu par cette Ordonnance de ſe ſervir d'autres aunes que de celles qui ſont ferrées par les deux bouts, (ou de poids & meſures qui ne ſoient étalonnées) eſt afin que par l'uſage les aunes ne puiſſent pas s'appetiſſer, & pour éviter les abus & les fraudes que les Marchands pourroient commettre en ſe ſervant de fauſſes meſures ; ce qui eſt une choſe damnable & abominable devant Dieu, comme il ſe recueille de divers lieux de la ſainte Ecriture, & entr'autres du chap. 25 du Deuteronome, & 19 du Levitique : *Pondus habebis juſtum & verum, & modius æqualis & verus erit tibi, ut multo vivas tempore ſuper terram quam Dominus tuus dederit tibi : abominatur enim Deus eum qui facit hæc, & averſatur omnem injuſtitiam.* Et ſaint Ambroiſe, *lib.* 3 *Offic. cap.* 9. *Statera adultera abominatio eſt Domino, pondus autem æquum acceptabile eſt illi.*

TITRE II.

DES AGENS DE BANQUE ET COURTIERS.

Défenses aux Agens de Banque & de Change de faire le change, ou tenir banque pour leur compte particulier.

ARTICLE PREMIER.

DÉFENDONS aux *Agens de Banque & de Change* de faire le change, ou tenir banque pour leur compte particulier, sous leur nom, ou sous des noms interposés, directement ou indirectement, à peine de privation de leurs Charges, & de quinze cens livres d'amende.

Agens de Banque & de Change.] Les Agens de Banque & de Change sont ceux qui s'entremettent de la disposition des deniers, & des Lettres & Billets de Change qui se donnent & se prennent entre Marchands, Négocians & Banquiers. Il y a des Villes où ils sont en titre d'office, comme Paris & Bordeaux; d'autres où ils sont choisis par les Prevôts des Marchands, Maires & Echevins, & par les Juges Consuls des Villes de leur résidence, comme à Lyon, suivant l'article 19 du Réglement fait par Sa Majesté, du 2 Juin 1667; & d'autres qui exercent le courtage sans en demander permission, pourvû qu'ils soient reconnus honnêtes gens par leurs Jurés & les Particuliers Artisans de leur Communauté. Il en est de même des Courtiers de marchandise. Il n'y a rien qui soit si nécessaire, & qui facilite tant le commerce de la banque & du change, que les Agens : il leur est pourtant très-à-propos défendu par cet article *de tenir banque, & faire le commerce du change pour leur compte particulier*, d'autant que comme ils ont connoissance de tout ce qui se passe dans les affaires des Négocians & Banquiers, ils pourroient prendre & s'emparer de toutes les Lettres qu'on auroit à remettre dans les lieux pour lesquels on demanderoit de l'argent, se rendre les maîtres du commerce & de toutes les affaires, & ruiner entierement le commerce des Banquiers, & ensuite une infinité de familles, par les faillites que les Agens de Banque feroient, ou par celles des Négocians, ausquelles ils donneroient lieu par les leurs.

Défenses aux Courtiers de marchandise de faire aucun trafic pour leur compte, & aux Agens de Banque de tenir caisse chez eux, ou signer des Lettres de Change par aval.

ARTICLE II.

NE pourront aussi *les Courtiers de marchandise* en faire *aucun trafic pour leur compte, ni tenir caisse chez eux, ou signer des Lettres de Change par aval. Pourront néanmoins certifier que la signature des Lettres est véritable.*

Les Courtiers de marchandise.] Ce sont ceux qui s'entremettent, vont & viennent, pour traiter des marchés & négoces, même entre Marchands, pour faire acheter & vendre, troquer & échanger les marchandises entre les Marchands & Négocians. Les Latins les appellent par emprunt des Grecs, *Proxenetas*, ou bien *Conciliatores*. Et Cujas, *in Paratit.* les nomme *Interpretes*, parce que c'est par leur entremise qu'on traite des affaires & des marchés; & dans le Droit Canon ils sont appellés *Interventores*, 91 *Dist. Can. Clericus*, ou *Mediatores*, Moyenneurs, *Can. si quis* 1, *quæst.* 1, *cap. de Testib. in sexto.* Ils s'attachent à diverses sortes de commerces & marchandises ; & à Paris il n'y a guéres de Corps & Communauté de Marchands qui n'ait ses Courtiers affectés, & ils sont ordinairement Marchands. A Lyon, ils sont nommés, aussi-bien que les Agens de Banque, par les Prevôt des Marchands & Echevins, & ils prêtent serment entre leurs mains, en justifiant par des attestations des principaux Négocians, de leurs vie & mœurs, & de leur capacité au fait & exercice de la charge, comme il est porté par l'article 19 du Réglement de la Place des Changes de la Ville de Lyon.

Faire aucun trafic pour leur compte.] Cet article est conforme à l'Ordonnance de Louis XIII, art. 416, (par lequel il leur est défendu de faire aucun trafic de marchandise sous leur nom, ni aucunes commissions.) Il est encore défendu par la même Ordonnance, & par celle d'Henri III. à Paris en Septembre 1576, (aux Courtiers de Change de porter Bilan) que les Latins appellent *Scartafaccium*, ni de faire aucune commutation ni recherche de certaine monnoye d'or ou d'argent, ou billon, sous de griéves peines. Et par celle de Charles VII. du 19 Septembre 1439, il est défendu aux Courtiers de vin d'acheter ni vendre des vins, tant en gros qu'en détail, pour leur compte particulier, ni d'en faire aucun commerce, en ces termes : *Ne vendront lesdits Courtiers aucuns vins en gros ni en détail, pour eux ni pour autres, par quelque maniere que ce soit ; ni ne s'entremettront de ladite marchandise pour eux, ni à leur profit, sinon pour leur user, & aussi du vin de leur crû, sur peine de perdre leur marchandise, & de dix livres parisis d'amende.* La raison est, d'autant que lorsqu'ils négocient eux-mêmes de la marchandise dont ils sont Courtiers, ils n'accommodent pas seulement leur entremise pour faire convenir les Parties, mais ils s'interessent eux-mêmes dans le traité, comme dit Balde, *consil.* 340 ; & qu'il y a de-là sujet de craindre qu'après avoir découvert le secret des Parties, ils ne prennent pour eux le marché ou le traité qu'ils auroient fait pour un autre ; & ainsi le Marchand seroit trompé, en ce qu'il penseroit vendre à un tiers que le Courtier lui auroit proposé, ce que le Courtier retiendroit pour soi ou pour son associé, après avoir sçu son secret & son intention. *L. & eleganter, in princ. & §. fin. & L. seq. junctâ gloss. de dolo.* C'est aussi ce qui leur est expressément défendu par un Statut exprès d'Ancone en Italie.

Ni tenir caisse chez eux.] L'Ordonnance entend parler sans doute des Agens de Banque, parce que les Courtiers de marchandise ne font point commerce d'argent, & conséquemment ne tiennent point de caisse : (& ce qu'elle défend aux Agens de Banque d'en tenir,) veut dire qu'ils n'auront point d'argent actuellement en caisse en leur propre, pour en faire un commerce pour leur compte particulier, pour en prêter & le négocier sur la Place : ce qui se rapporte à la défense contenue dans le premier article; mais cela n'empêche pas sans doute qu'ils ne puissent tenir caisse pour recevoir l'argent des Marchands, Négocians & Banquiers, pour l'employer & payer à ceux qui fourniront leurs Lettres & Billets de Change, & autres Billets payables à ordre ou au porteur, conçus pour deniers comptans par leur entremise : mais (ils ne peuvent pas mettre leur aval sur les Lettres & Billets de Change,) d'autant que cela ne serviroit que pour abuser ceux qui donnent leur argent, qui n'étant pas payés de leur valeur par l'insolvabilité de ceux qui les doivent, seroient frustrés de leur recours sur les Agens, dont les facultés devroient être modiques, s'ils ne se mêloient que de ce qu'il leur est permis de faire par leur institution.

Ou signer des Lettres de Change par aval.] Cet article confirme la disposition du précédent, qui leur défend (de faire la banque ni le change pour leur compte particulier ;) car s'ils ne peuvent pas signer des Lettres de Change par aval, il leur est impossible de faire commerce pour leur compte. Cette défense leur est très-avantageuse & au Public, parce qu'elle les empêche de s'engager si facilement qu'ils faisoient envers ceux ausquels ils proposoient des Lettres & Billets de Change, qui demandoient leur aval pour leur sûreté, ce qu'ils faisoient par l'appetit d'un médiocre profit (qui doit être d'un quart pour cent) qui leur revenoit pour leur courtage; & il arrivoit souvent que les Lettres & Billets n'étant point payés par l'insolvabilité des débiteurs, on recouroit sur les Agens qui en étoient souvent accablés, & réduits à abandonner leur emploi, & de s'enfuir pour éviter les emprisonnemens, qui les réduisent à une derniere misere & nécessité.

☞ Les motifs qui ont porté à interdire par cet article & le précédent, aux Agens de Banque & de Change, & Courtiers de marchandise, de tenir banque, faire le change ou commerce pour leur compte, sont détaillés dans un Mémoire dressé pour Monsieur Colbert, par M. Savary, que tout le monde sçait avoir eu grande part à la rédaction de cette Ordonnance : ce Mémoire est rapporté dans ses Pareres de l'édition de 1715, page 89.]

Pourront néanmoins certifier que la signature des Lettres est véritable.] La raison est, parce que c'est aux Agens de Banque à reconnoître si ceux pour qui ils disposent les Lettres & Billets, les ont signés, ou passé leurs ordres ou avals; & de plus, parce que comme ceux qui donnent leur argent ne connoissent pas les signatures, & s'en rapportent à leur bonne foi, il est bien juste que les Agens de Banque soient garants de la validité des signatures envers ceux à qui ils les disposent.

Il faut aussi observer, que quoique les Courtiers puissent être admis en témoignage pour raison des ventes, achats, échanges, pour la qualité, la quantité, le prix des marchandises, & le tems des payemens, ils ne doivent pas pourtant être crus dans les affaires de leur courtage avant la conclusion du marché; parce que comme pour lors il est dû rétribution, s'ils étoient reçus à déposer si le marché est conclu ou non, il s'ensuivroit qu'ils seroient témoins en leur propre cause : mais en d'autres cas ils peuvent être crus après la conclusion du marché, comme étant les seuls dépositaires des conventions de l'acheteur & du vendeur.

De ceux qui ne peuvent pas être Agens de Banque, ou Courtiers de marchandise.

ARTICLE III.

CEUX qui auront obtenu des Lettres de répi, fait contrat d'atermoyement, ou fait faillite, *ne pourront être Agens de Change ou de Banque*, ou Courtiers de marchandise.

Ne pourront être Agens de Change ou de Banque.] La raison est, parce qu'étant nécessaires au commerce, il importe que ceux qui exercent ces Charges, soient gens d'honneur & sans reproches, d'autant plus que l'honneur & la fortune des Marchands, Négocians & Banquiers, & de tous ceux qui se servent de leur entremise, dépendent de leur sagesse & discrétion dans leur négociation. D'ailleurs, comment pourroient-ils gouverner les affaires du Public, n'ayant pas sçu conduire leurs affaires particulieres ? Et quelle apparence que les Négocians & Banquiers confiassent leurs Lettres & Billets de Change & autres, à des gens qui ont fait perdre à leurs créanciers, & qui sont présumés être en mauvaise foi ? Il y a un fort beau texte dans le Droit, qui se rapporte fort justement à cet article : c'est la Loi *si aliquid* 12, *lib.* 10, *Cod. de susceptor. præpos. &c. Si aliquid à Susceptore vel Tabulario fraudis admissum esse possessor deprehendat, nemo eorum semel de interversione convictus, id rursùs officium gerat ; in quo ante decoxit, etsi rescriptum nostrum elicitum clandestinâ supplicatione intulerit.* C'est pour cette même raison qu'un Marchand qui a fait faillite, ne peut plus exercer la marchandise. *Bald. consil.* 74 *quandoque agitur, lib.* 5. *Strac. de Mercat. part.* 3, *num.* 34 & 35, où il en allegue deux raisons ; l'une, que nul ne peut exercer l'office auquel il a délinqué ; & l'autre, que celui qui a fait une fois faillite, est toujours présumé être banqueroutier. Il faut encore remarquer, que par l'article 18 du Réglement de la Place des Changes de la Ville de Lyon, du 2 Juin 1667, il est porté, *que les faillis & banqueroutiers ne pourront entrer en la loge du Change, ni écrire & virer parties, si ce n'est après qu'ils auront fait apparoir qu'ils ont satisfait leurs créanciers.*

TITRE III.

TITRE III.

DES LIVRES ET REGISTRES DES NEGOCIANS, Marchands & Banquiers.

Du grand Livre que les Négocians & Marchands doivent tenir.

* ARTICLE PREMIER.

LES Négocians & Marchands, tant en gros *qu'en détail*, auront *un Livre qui contiendra tout leur négoce*, leurs Lettres de Change, leurs dettes actives & passives, & les deniers employés à la dépense de leur maison.

Qu'en détail.] Un Marchand Passementier n'ayant point tenu de Livre, fut condamné par Sentence des Juges & Consuls, confirmée par Arrêt du 2 Décembre 1657, recueilli par Jamet dans la suite du Journal, liv. 2, chap. 46, & par Jovet dans sa Bibliothéque des Arrêts, liv. 2, chap. 46, à payer à un Marchand de Soie en botte, qui rapportoit un Livre, la somme de quatre mille livres, de laquelle il s'étoit rendu redevable sur le Livre de sa Partie. D'où il faut tirer cette régle, que lorsqu'un Marchand en gros ou en détail n'a point de Livre de raison, & que la Partie au contraire en rapporte un, elle est réputée être dans la bonne foi, & son Livre fait foi.

Un Livre qui contiendra tout leur négoce.] Les bons & loyaux Marchands qui ont un grand commerce, & qui veulent établir un bon ordre dans leurs affaires, doivent tenir divers Livres, pour justifier de la bonne foi de leur négoce. Les noms de ces Livres sont Carnet ou Brouillard, Journal, le grand Livre, qui est celui dont il est parlé dans cet article, le Livre de Caisse, le Bilan, le Livre des achats & des ventes: mais le Livre Journal est le plus important de tous, parce qu'il est le controlle & la preuve de tous les autres Livres, écritures & comptes. Quelques-uns l'appellent improprement Brouillard, parce qu'il contient confusément tout ce dont les autres Livres sont composés. Mais il y a un Livre antérieur, qui est celui sur lequel les Maîtres & autres qui sont employés dans le commerce, écrivent tous à fur & à mesure ce que l'on reçoit & ce que l'on prête: & c'est ce Livre-là que l'on nomme proprement Brouillard, à cause que tous écrivent dessus de bonne foi ce qu'ils croyent devoir être ensuite porté & mis par ordre sur un autre Registre, qui est proprement le Journal où toutes choses sont mises en régle & par date de tems: il est appellé en Droit *Brevis*, *L. ult. C. de conveniend. fisc. deb. Neque Brevis inventus inter cartulas defuncti;* duquel Livre le Marchand compose ensuite son grand Livre ou Livre d'extraits. Le Livre de Caisse est celui qui contient l'état des sommes qu'on reçoit ou qu'on paye. Le Bilan est seulement en usage à Lyon, à cause des Foires, & il est le même en abregé que le grand Livre. Et outre ces Livres qui sont en usage parmi les Marchands, ceux qui sont Commissionnaires d'autres Marchands, doivent tenir un Livre séparé, qui est le Livre d'envoi & de reception. L'Ordonnance est si exacte, qu'elle veut (que leur grand Livre contienne les deniers employés à la dépense de la maison, pour obliger sans doute les Marchands à se regler & se mesurer selon leurs facultés, afin que par des dépenses excessives ils ne dissipent pas leurs biens & ceux qui leur ont été confiés. Solon parloit d'eux, quand il disoit, *ἑαυτοῦ οὐσίαν δαπανήσαν ἄτιμος ἔστω*. Et par l'Ordonnance de François I. à Lyon en Octobre 1536, il est porté, *qu'il sera informé contre les Banqueroutiers sur leur maniere de vivre, pour voir s'ils ont fait de grands festins ou de superbes bâtimens qui les rendent indignes d'être reçus au benéfice de cession*. Il semble pourtant qu'il faut excepter de cet article les menues dépenses que les Marchands font dans leurs maisons. *Arg. L. scimus*, §. *in computatione, C. de jure delib. & L. si quis pro redempt. C. de donat.*

Que les Agens de Change & de Banque doivent tenir un Livre Journal.

ARTICLE II.

LES Agens de Change & de Banque *tiendront un Livre Journal*, dans lequel seront inserées toutes les parties par eux négociées, pour y avoir recours en cas de contestation.

Tiendront un Livre Journal.] Cet article est conforme à l'Edit de leur création, du mois de Décembre 1539, *qui les oblige à tenir un Livre Journal, pour y écrire toutes les affaires qu'ils négocient entre Marchands, Négocians, Banquiers & autres, pour qui ils se seront entremis.* Ils y sont aussi obligés par un Statut exprès de la Ville d'Ancone. La raison est, parce que comme les Agens de Banque sont personnes publiques, ils doivent aussi rendre raison de ce qu'ils ont négocié en cas de contestation. C'est pour cela que leurs Livres sont crus en Justice, & que les Courtiers & Agens de Banque ont été créés en titre d'Office dans la Ville de Paris, & qu'ils font serment en Justice d'exercer bien & fidellement leurs Offices. Les Courtiers des Marchands sont aussi obligés de tenir leur Livre Journal en la même forme, & ils font pareillement foi en Justice, même les Courtiers en sont crus à leur parole. Mais il en est autrement des Courtiers des Manufacturiers & Artisans; ceux-là ne sont point obligés de tenir des Livres Journaux, parce que leur emploi ne dure que tout autant de tems qu'ils s'entremettent de faire vendre quelque étoffe par un Ouvrier à un Marchand: on les paye du courtage sur le champ; & comme ils ne tiennent point de Livre, ils ne sont point crus en Justice, hormis ceux de la Ville de Lyon, & ne peuvent servir que de témoins. Il faut encore remarquer que par l'article 20 du Réglement de la Place des Changes de la Ville de Lyon, il est porté: *Que tous Banquiers, porteurs de Bilan, & Marchands en gros, Négocians, sous les privileges des Foires de Lyon, seront obligés de tenir Livres de raison en bonne & dûe forme, & tous Marchands Boutiquiers & vendans en detail, des Livres Journaux: autrement en cas de déroute, ils seront déclarés Banqueroutiers frauduleux.*

Par qui doivent être signés, paraphés & cottés les Livres des Négocians & Marchands, & ceux des Agens de Change & de Banque.

ARTICLE III.

LEs Livres des Négocians & Marchands, tant en gros qu'en détail, *seront signés sur le premier & dernier feuillet*, par l'un des Consuls dans les Villes où il y a Jurisdiction Consulaire; & dans les autres, par le Maire ou l'un des Echevins, sans frais ni droits; & les feuillets paraphés & cottés par premier & dernier, de la main de ceux qui auront été commis par les Consuls, ou Maire & Echevins, dont sera fait mention au premier feuillet.

Seront signés sur le premier & dernier feuillet.] Quoique l'écriture privée ne fasse pas foi si elle n'est reconnue, il est pourtant vrai que le Livre de raison d'un Marchand fait une preuve entiere contre lui, & que contre les débiteurs le serment peut être déferé pour supplément de preuve du Livre, pourvû qu'il soit accompagné des adminicules suivans: sçavoir, que le Marchand soit en réputation d'un homme integre & loyal; qu'il écrive lui-même dans son Livre; qu'il ait la réputation de ne rien écrire que ce qu'on lui doit légitimement; qu'il fasse mention de la cause pour laquelle on lui doit; qu'il écrive ce qu'il doit aux autres, aussi-bien que ce qui lui est dû; & qu'enfin on puisse juger par les autres circonstances, qu'il est homme de bien & de bonne renommée. *Guid. Pap. decis.* 241. C'est la raison pour laquelle l'Ordonnance veut qu'on y apporte toutes les formalités contenues dans cet article, pour éviter les antidates, & donner plus de créance à ces Livres, à la foi desquels on a souvent recours. *L. Quædam*, §. *nummularios*, *ff. de ed.*

ARTICLE IV.

LEs Livres des Agens de Change & de Banque *seront cottés, signés & paraphés par l'un des Consuls* sur chaque feuillet, & mention sera faite dans le premier, du nom de l'Agent de Change ou de Banque, de la qualité du Livre, s'il doit servir de Journal, ou pour la caisse, & si c'est le premier, second ou autre, dont sera fait mention sur le Registre du Greffe de la Jurisdiction Consulaire, ou de l'Hôtel de Ville.

Seront cottés, signés & paraphés par l'un des Consuls.] Cet article devroit être exactement observé, pour empêcher les abus que les Agens de Change & de Banque pourroient commettre par la duplicité des Livres. Car comme les deniers que les Négocians, Banquiers & autres déposent en leurs mains, y doivent être écrits, il importe pour la sûreté de ceux qui les donnent pour en disposer, que ce Livre soit paraphé: & bien souvent les Banquiers & Négocians les leur déposent sans en prendre aucun recepissé; si bien que s'ils viennent à mourir ou à faire faillite avant qu'ils les ayent diſpoſés, ceux à qui ils appartiennent pourront prendre droit par les Livres de caiſſe, & juſtifier qu'ils leur ſont dûs.

Ce qui doit être obſervé dans les Livres Journaux des Négocians, Marchands, Agens de Change & de Banque.

ARTICLE V.

LES Livres Journaux ſeront écrits *d'une même ſuite par ordre de date ſans aucun blanc*, arrêtés en chaque chapitre & à la fin, & ne ſera rien écrit aux marges.

D'une même ſuite par ordre de date.] Les Marchands & Négocians doivent avoir leur Livre de raiſon net, non biffé, intelligible, contenant date de dépenſe & recette. C'eſt pour cela qu'ils ſont appellés Livres de raiſon, parce qu'on ne doit rien écrire que ce qui eſt vrai; car en ce ſens, raiſon veut dire compte. Il faut auſſi que ce qu'on y écrit ſoit d'une même ſuite de tems & de date, à cauſe que la diverſité d'écriture, le mauvais ordre ou ſuite interrompue, marque la mauvaiſe foi, *cùm ex præcedentibus ſequentia declarentur. L. Si ſervus plurium, §. fin. ff. de Leg. 1. L. pœn. C. de inſtit. & ſubſtit.* Si l'ordre de date n'y étoit obſervé, les comptes ſeroient ſi confus, qu'il ſeroit impoſſible de les arrêter, ſuivant la Loi *Cùm ſervus, ff. de condit. & demonſt.* Le Livre Journal eſt appellé par Ciceron, *pro Roſcio Comœdo, Adverſaria, à diverſitate rerum in eo ſcriptarum:* & le Livre de raiſon, que les Italiens nomment vulgairement *Libro Maeſtro, Codex vel Tabula.* Sur quoi *Strac. Tract. de Mercat. part. 2, num. 51*, prend occaſion de dire qu'il croit que le Code a été ainſi appellé par l'Empereur Juſtinien, ſoit à cauſe de l'autorité des Conſtitutions qu'il contient, ſoit parce que toutes les matieres & tous les titres du Digeſte ſont à peu près rapportés dans le Code, de même qu'on tranſporte ſur le grand Livre par comptes ſéparés, ce qui eſt contenu dans le Livre Journal. C'eſt pour cela que les Marchands doivent être fort ſoigneux de ne rien écrire dans le grand Livre, qui n'ait été premierement écrit dans le Livre Journal, parce qu'autrement ils tomberoient ſans y penſer dans des antidates qui rendroient leur grand Livre défectueux, & ſujet à être débatu de faux, à cauſe que le Journal eſt le fondement du grand Livre.

Sans aucun blanc.] C'eſt pour empêcher les abus qui ſe commettoient dans les Livres des Marchands, & afin qu'ils ne puiſſent pas de mauvaiſe foi remplir le blanc qu'ils ont laiſſé au bas d'un article, des marchandiſes qu'ils n'ont ni vendues ni livrées, & les ajouter à l'article qu'ils ont écrit ſur leur Journal: que ſi celui à qui ils ont vendu de la marchandiſe en venoit redemander quelques jours après, il ne faut pas qu'ils l'écrivent au bas du même article, ni en marge, mais en faire un autre article du jour qu'ils l'ont vendue. La principale choſe que les Marchands doivent obſerver, eſt de tenir régulierement leurs Livres, & d'écrire au fur & à meſure que la marchandiſe eſt livrée, ſur leurs Livres Journaux, les marchandiſes qu'ils auront vendues ou achetées, les Lettres de Change qu'ils auront tirées ou fournies, & généralement toutes leurs affaires; & de récapituler tous les ſoirs ce qui a été vendu à crédit pendant le jour, pour ſe reſſouvenir d'écrire ce qu'ils peuvent avoir oublié.

Article VI.

TOus Négocians, Marchands & Agens de Change & de Banque, seront tenus dans six mois après la publication de notre Ordonnance, de faire *de nouveaux Livres Journaux & Registres*, signés, cottés & paraphés, suivant qu'il est ci-dessus ordonné, dans lesquels ils pourront, si bon leur semble, porter les extraits de leurs anciens Livres.

De nouveaux Livres Journaux & Registres.] Par Arrêt du Conseil d'Etat du 3 Avril 1674, il est porté, *que les Livres Journaux des Marchands & Négocians, de Change & de Banque, seront faits & compulsés sur du papier timbré & marqué, à peine de nullité & de mille livres d'amende.* Mais cet Arrêt n'a pas eu son exécution par-tout le Royaume.

☞ L'Edit de création de Conseillers dans les Siéges où il y a des Lieutenans de Police, qui est du mois de Novembre 1706, attribuoit à ces Conseillers le paraphe de ces mêmes Registres, & portoit aussi création de vingt Controlleurs des Registres des Marchands & Négocians dans la Ville de Paris, avec défenses à tous autres Juges de parapher à l'avenir ces sortes de Registres. Mais ces Réglemens aussi bien qu'une Déclaration postérieure du premier Mai 1707, portant que les Registres des Banquiers ne feroient foi en Justice, lorsqu'ils ne seroient pas cottés par les Conseillers de Police, sont demeurés sans exécution. Et l'on tient même au Parlement de Paris, que cet article de l'Ordonnance & les précedens, ainsi que tous autres Réglemens touchant les Livres des Marchands & Négocians, ne sont point d'usage; de sorte qu'on se contente que leurs Livres & Registres soient reliés, écrits de suite, sans être paraphés, ni sur papier timbré.]

Ce que les Négocians & Marchands doivent observer à l'égard des Lettres missives qu'ils écrivent ou qu'ils reçoivent.

Article VII.

TOus Négocians & Marchands, tant en gros qu'en détail, mettront en liasse *les Lettres qu'ils recevront*, & en registre la copie de celles qu'ils écriront.

Les Lettres missives qu'ils recevront. [Les Marchands les plus experts tiennent un Livre, dans lequel sont inserées les Lettres qu'ils écrivent concernant leur négoce, & y transcrivent celles qu'ils reçoivent, pour sçavoir par ce moyen ce qu'ils ont écrit en divers lieux. Il y a quantité de bons Marchands qui n'observent pas cette régularité, & qui se contentent de garder les Lettres qu'ils reçoivent, & de porter sur leurs Registres ce qu'ils ont fait en exécution des Lettres qui concernent leur négoce. Ceux qui s'assujettissent à tenir Registre des réponses qu'ils font aux Lettres qu'ils reçoivent, & à transcrire celles qu'ils reçoivent, sont fort louables, par la raison qu'il y a plusieurs Lettres missives qui contiennent une reconnoissance pure & simple qui emporte obligation, comme au cas de la Loi *Publicæ*, §. *fin. ff. depos.*

De l'Inventaire que les Marchands doivent faire de leurs effets & de leurs dettes.

ARTICLE VIII.

SERONT aussi tenus tous les Marchands de faire dans le même délai de six mois, *inventaire sous leur seing*, de tous leurs effets mobiliers & immobiliers, & de leurs dettes actives & passives, lequel sera récollé & renouvellé de deux ans en deux ans.

Inventaire sous leur seing.] L'Ordonnance veut (que tous les Marchands fassent un inventaire signé d'eux, de tous leurs effets & dettes actives & passives, & qu'ils le récollent & renouvellent de deux ans en deux ans,) afin que par ce moyen ils ne puissent pas cacher ni divertir leurs effets au préjudice de leurs créanciers, & qu'on en puisse avoir un état certain, du moins depuis le jour qu'ils auront fait leur inventaire; & encore afin qu'ils ayent une entiere connoissance de leurs affaires & de leurs effets, tant actifs que passifs, sur laquelle ils doivent regler leur conduite pour l'avenir. Cet article oblige ceux de qui les affaires peuvent souffrir quelque dépérissement pour se mettre à couvert des reproches de leurs créanciers. A l'égard des autres Marchands, cet article n'est consideré que comme un conseil.

En quels cas les Négocians & Marchands sont tenus de représenter leurs Livres Journaux, Registres ou Inventaires.

ARTICLE IX.

LA représentation ou communication des Livres Journaux, Registres ou Inventaires, *ne pourra être requise ni ordonnée en Justice, sinon pour succession*, communauté & partage de Societé en cas de faillite.

Ne pourra être requise ni ordonnée en Justice.] La raison est, à cause des inconvéniens qui en peuvent arriver, en ce que par ce moyen on découvre non-seulement le secret & l'état des affaires des Marchands & Négocians, qui ne subsistent que par la bonne ou mauvaise opinion qu'on en a; mais encore celui des autres familles, par la liaison que les affaires des Marchands ont avec elles. *Arg. L. si alieni, ff. de solut. & L. id Pomponius scribit, de rei vindic.* §. *si frumentum, Inst. de rer. divis.* C'est pour cela que par le Droit, les secrets du bien ne doivent pas se découvrir. *L.* 2, *C. de alim. pupil. præst. & L.* 2, *C. quando & quibus quarta pars, lib.* 10, où il est dit: *Quid enim tam durum, tamque inhumanum est, quàm publicatione, pompaque rerum familiarum & paupertatis, detegi vilitatem, & invidiæ exponere divitias?*

Sinon pour succession. La raison est, parce que les successeurs ont un interêt commun: mais outre les cas exprimés dans cet article, les Marchands peuvent encore être contraints à exhiber & représenter, non-seulement leurs Livres Journaux, mais encore leurs marchandises, pour la taxe & cottisation de leur cabale ou industrie, à cause du privilége des impositions, comme il a été jugé par Arrêt de la Cour des Aydes de Montpellier, rapporté par Philipp. en ses Arrêts de conséquence, art. 179.

ARTICLE X.

AU cas néanmoins qu'un Négociant ou un Marchand voulût *se servir de ses Livres Journaux* & Registres, ou que la Partie *offrît d'y ajouter foi*, la représentation pourra être ordonnée *pour en extraire ce qui concerne le differend.*

Se servir de ses Livres Journaux.] Si le Marchand n'a point tenu de Livre, ou qu'en ayant tenu, lui ou ses hoirs refusent de les représenter, bien que sa demande soit fondée sur une promesse écrite & signée de la main de celui à qui les marchandises ont été livrées; en ce cas le Livre Journal du débiteur doit faire foi, pour prouver qu'il a payé, parce qu'un Marchand qui ne tient point de Livres en bonne forme, est réputé être en mauvaise foi; & celui qui en tient, être de meilleure foi.

Offrît d'y ajouter foi.] La représentation des Livres des Marchands peut aussi être ordonnée, lorsque celui qui la demande s'en veut servir pour établir sa défense & ses exceptions, comme s'il dit qu'il a payé, & que pour en justifier, il requiert que les Livres du Demandeur soient représentés; en ce cas, si le Demandeur refuse de le faire, le Juge doit déferer le serment au Défendeur, parce que par ce refus il est réputé Demandeur; ou bien accorder ses Lettres pour le faire compulser, parce que les Livres des Marchands sont publics. Cette représentation peut encore être ordonnée pour servir à un tiers, comme si c'est pour justifier d'un payement fait par l'entremise d'un Banquier ou d'un Marchand. Il faut pourtant remarquer, que dans les cas dans lesquels cette représentation est ordonnée, elle ne se doit faire que dans le lieu où le Marchand fait sa demeure, quand même les Parties en seroient convenues, & qu'il faut que les Juges se transportent sur les lieux. Et par Déclaration du Roi Henri III. du 18 Février 1578, il est porté, *que les Marchands ne pourront être dessaisis de leurs Livres & Papiers de raison, ni tenus les exhiber & représenter en Justice, ni transporter hors leurs maisons pour ce être fait extrait, & que les extraits ne seront faits qu'ès endroits que lesdits Livres feront mention des choses qui se trouveront litigieuses & en controverse, & en leursdites maisons, ou la collation si elle y echet:* Ce qui est confirmé par l'Edit d'Henri IV. du mois de Septembre 1595, & par Louis XIII. au mois de Juin 1615.

Pour en extraire ce qui concerne le différend.] Les Négocians & Marchands ne sont pas obligés de déposer leurs Livres au Greffe de la Jurisdiction où l'instance est pendante pour en prendre communication; ils sont seulement tenus de représenter leurs Livres Journaux & Registres aux deux cas exprimés dans cet article, à l'égard de ce qui concerne le différend des Parties, & non pas des autres affaires qui y sont mêlées, pour ne pas révéler le secret de leurs affaires & celles d'autrui. Jason, sur la Loi 1, *C. de Ed.* remarque qu'à Florence un Marchand n'est pas tenu de représenter ses Livres Journaux & Registres, si le Demandeur ne désigne par l'extrait du compte du Marchand en quel feuillet du Livre il est couché. *Adeo timent*, dit Mornac sur la même Loi, *caventque ne edatur tantillùm domus fortunaliumque suarum existimatio.* Et le même Mornac remarque en ce même endroit, que l'usage du Parlement est de faire rapporter les Livres des Marchands devers les Juges, ou devers deux Marchands, & en leur présence d'ouvrir & lire tout d'un tems le feuillet auquel le Demandeur indique qu'il est fait mention de la chose en question : *Arcana enim in reliquis partibus retegi, oculisque alienis, iisque ut plurimùm malignè curiosis subjici, iniquum semper visum est, nec toleratum unquàm.*

☞ L'usage de faire représenter les Livres du Marchand pour justifier la vérité de sa créance, a même été étendu jusqu'au cas où il a pour titre une reconnoissance passée pardevant Notaires. Un Arrêt du vingt-deux Juillet l'a ainsi jugé : on le donnera ici en entier.

Entre Louis Paillot, Marchand à Troyes, Appellant de deux Sentences rendues par les Juges & Consuls de la Ville de Troyes, le 29 Octobre 1688, & de tout ce qui s'en est suivi, d'une part; & Me. Edme Baillot, Conseiller au Présidial dudit Troyes, Louis Veron, Antoine Blampignon, Edme Gaulart, Joseph Michelin, & Jean-Baptiste le Grin l'aîné, créanciers de Cyprien Labrun, aussi Marchand dudit Troyes, & Nicole Amant sa femme, Intimés, d'autre. Vû par la Cour lesdites deux Sentences des Juges & Consuls de ladite Ville de Troyes, dudit jour 29 Octobre 1688, rendues entre lesdites Parties; par la premiere desquelles lesdites Parties ouies, attendu le consentement donné par ledit Paillot, avec les Directeurs nommés pour la description des effets desdits Labrun & Amant sa femme, le 17 dudit mois d'Octobre, & vû l'article de l'Ordonnance de 1667, tit. 24, art. 1, il auroit été ordonné que ledit Paillot représenteroit ses Livres ledit jour à l'entrée de l'Audience, pour être par lesdits Juges & Consuls vûs & examinés en sa présence : Et celle desd. Baillot, Veron & Consorts, en la Chambre du Conseil, pour justifier de sa créance en ce qui regardoit le négoce qu'il avoit fait avec ledit Labrun, eu égard à la faillite d'icelui Labrun, & conformément à l'Ordonnance de 1673, tit. 3, art. 10, pour ensuite être ordonné ce que de raison. Et par la deuxiéme auroit été donné défaut contre ledit Paillot non comparant, pour le profit duquel requis par lesdits Baillot, Veron & Consorts, il auroit été dit que la présente Sentence seroit exécutée selon sa forme & teneur, dépens réservés, dont est appel par ledit Paillot. Arrêt d'appointé au Conseil du 8 Mars 1689. Causes & moyens d'appel dudit Paillot, du 21 desdits mois & an. Réponses fournies par lesdits Baillot, Veron & Consorts, Créanciers & Syndics des autres Créanciers desdits Labrun & sa femme, du 19 Avril audit an 1689. Production des Parties. Contredits fournis par lesdits Baillot & Consorts, le 17 Mai audit an, contre la production dudit Paillot. Requête dudit Paillot du 13 Juin ensuivant, employée pour contredits contre la production desdits Baillot, Veron & Consorts; & salvations contre iceux par lui fournies. Les charges, informations & le procès fait pour raison de la faillite & banqueroute dudit Labrun. Arrêt donné en plaidant le 28 dudit mois de Juin, par lequel la Cour auroit ordonné que lesdits procès, charges & informations seroient mises dans un sac à part, & joints en ladite instance d'entre les Parties, pour en jugeant y avoir tel égard que de raison. Production nouvelle desdits Baillot, Veron & Consorts, par requête du 6 du présent mois de Juillet, employée pour salvations contre ladite requête d'emploi pour contredits dudit Paillot, dudit jour 13 Juin. Sommation de fournir de contredits contre ladite production nouvelle par ledit Paillot : Tout considéré. LADITE COUR a mis l'appellation au néant; ordonne que les Sentences desquelles a été appellé sortiront effet; condamne ledit Paillot en l'amende ordinaire de douze livres, & aux dépens de la cause d'appel. Fait en Parlement le 22 Juillet 1689. *Signé* DU TILLET, avec paraphe.]

TITRE IV.

DES SOCIETÉS.

En quelle forme doit être rédigée la Societé générale ou en Commendite.

ARTICLE PREMIER.

TOUTE *Societé* générale *ou en Commendite sera rédigée par écrit*, ou pardevant Notaires, ou sous signature privée; & ne sera reçue aucune preuve par témoins, contre & outre le contenu en l'acte de Societé, ni sur ce qui seroit allegué avoir été dit avant, lors ou depuis l'acte, encore qu'il s'agît d'une somme ou valeur moindre de cent livres.

Societé.] On entre souvent en Societé sans en sçavoir les conséquences, ni connoître les engagemens que l'on contracte. C'est pourquoi la chose la plus essentielle de la Societé, est de bien connoître ceux avec qui on se lie, & d'être bien persuadé que si un Associé n'est pas honnête homme, & au contraire que ce soit un fourbe, les autres Associés sont en danger d'en souffrir de grands dommages, même quelquefois la perte de leur honneur & de leur bien, se trouvant dans la dure nécessité de s'attermoyer avec leurs créanciers, & même de faire banqueroute : car un Associé qui signe en son nom & celui de ses Associés ou Compagnie, des promesses, billets & autres actes concernant le négoce & le commerce de la Societé, engage solidairement avec lui les autres, quoiqu'absens, à moins que par article exprès il ait été stipulé au contraire, & que l'Acte de Societé ait été registré, ainsi qu'il est porté par l'Ordonnance : & quand même les sommes contenues en ces promesses, billets ou autrement, n'auroient point passé au profit de la Compagnie, les Associés n'en sont pas moins tenus, si ce n'est que cela soit prouvé, ce qui est fort difficile; & c'est un grand malheur pour ceux qui se trouvent liés avec des Associés de mauvaise foi : car ceux qui prêtent légitimement leur bien, ne sont point obligés de pénétrer dans la mauvaise foi de celui qui trompe la Societé. Il s'est trouvé des Associés, qui dans l'emportement du jeu, ont fait des billets à ceux avec qui ils avoient perdu, comme pour valeur reçue en deniers comptans ou marchandise pour la Societé, qui est une friponnerie punissable, tant à l'égard de celui qui fait le billet, que de celui qui le reçoit. Il s'en trouve d'autres qui, contre l'esprit & l'intention des Societés, disposent des deniers & des effets de la Compagnie, pour les employer à l'insçu de leurs Associés à des commerces particuliers, dans le dessein d'en appliquer les profits à eux seuls; ce qui a souvent causé des dommages, même la perte des Societés bien établies & florissantes. Quand cela peut être prouvé, les Juges ne peuvent trop rigoureusement punir de telles contraventions.

Ou en Commendite.] Il y a deux sortes de Compagnies ou Societés de Banque & Marchandise, que Monsieur le Prêtre explique dans sa deuxiéme centurie, chap. 79. L'une appellée *Compagnie libre*, & l'autre *en Commendite*. La Compagnie libre oblige non-seulement ceux qui en portent le nom, mais aussi les Associés en icelle, tant pour le fonds ou capital qu'ils y ont mis, que pour le plus qu'ils pourroient y avoir de perte, ni plus ni moins que si tous étoient nommés & solidairement obligés. La Commendite oblige tous les Associés seulement pour le fonds & capital qui est en icelle; & s'il arrive qu'ils perdent plus grande somme qu'ils n'ont dans le fonds, il n'y a que ceux qui portent le nom de la Societé, qui soient obligés pour le surplus: *in Societate factâ per modum accommandigiæ, ultrà capitale positum non tenentur. Tuschus, lib. 5, concluf.* 296, *num.* 30. Pour cet effet, en toutes Compagnies bien reglées, on fait des écrits de Compagnies, qui contiennent la distinction ci-dessus alleguée, le capital qu'on y a mis, le tems qu'elles doivent durer, le partage des profits ou des pertes, la défense de négocier hors d'icelles, la fin ou continuation en cas de mort, ce que l'on doit aumôner aux pauvres, & autres particularités. Elle est appellée *en Commendite*, parce que celui qui donne son argent à un autre qui n'apporte bien souvent en sa Societé que son nom & son industrie, est toujours le maître. Cette Societé est très-utile à l'Etat & au Public, parce que toutes sortes de personnes peuvent entrer dans ces Societés pour faire valoir leur argent à l'avantage du Public, & que ceux qui n'ont pas des facultés pour entreprendre un commerce, trouvent dans celle-ci le moyen de s'établir dans le monde, & de faire valoir leur industrie. Il y a encore une espéce de Societé qui se fait sur le champ verbalement, & qui n'est fondée que sur la foi du Marchand : cette Societé s'appelle *Anonyme*, & elle se contracte lorsque les Marchands & les Négocians vont aux Foires & Marchés pour y vendre ou acheter de la marchandise : ils conviennent trois ou quatre ensemble, (pour ne pas courir sur le marché les uns des autres, & n'encherir pas les marchandises,) de s'associer pour l'achat qu'ils feront pendant la Foire, pour les lotir entr'eux, suivant les parts & portions qu'ils y auront, & à proportion de l'argent que chacun y aura mis. Aux termes de l'article suivant, qui ne parle que des Marchands & Négocians, il n'y a nulle nécessité de faire registrer les Societés en Commendite, contractées par ceux qui ne sont pas de cette profession. Néanmoins il semble qu'il étoit important pour la sûreté publique qu'elles fussent registrées, s'il n'y avoit d'ailleurs lieu de craindre que cet enregistrement ne rebutât les personnes qui ne voudroient pas, par quelque délicatesse, que leur nom parût en public dans ces Societés.

Sera redigée par écrit.] Par le Droit, la Societé peut se contracter par le seul consentement des Parties sans écriture. *Inst. de oblig. ex consens. in princ.* Il y a même quelquefois des Societés tacites qui ont le même effet que celles qui sont établies par contrat, quoiqu'elles ne soient présumées que par les circonstances & les conjectures ; comme si deux personnes ont négocié ensemble ; si après la négociation l'un des Associés a vendu quelque chose dépendante de la Societé ; si tous deux ont assisté au compte qui a été fait avec leurs créanciers ; si la Societé a été reconnue en Jugement ; s'ils ont habité ensemble, joui & fait valoir le bien d'une commune main, & autres conjectures qui peuvent induire une Societé. *Gotofred. ad Leg. si fratres, ff. pro soc.* Néanmoins l'Ordonnance exclut la preuve par témoins, conformément à l'art. 54 de celle de Moulins, sur lequel Borderius Bossellus dit, que cette Ordonnance se doit entendre des obligations qui naissent de contrat, & il allegue l'exemple de la Societé. Cela est si vrai, que la Societé doit être rédigée par écrit; que les conventions qui auront été proposées auparavant, & dont les Associés seront convenus, n'auront aucun effet, si elles ne se trouvent écrites dans l'Acte de Societé.

Ce qui doit être observé pour l'enregistrement & publication des Societés entre Marchands & Négocians, & de l'effet de l'enregistrement.

ARTICLE II.

L'EXTRAIT des Societés *entre Marchands & Négocians*, tant en gros qu'en détail, *sera registré* au Greffe de la Jurisdiction Consulaire, s'il y en a; sinon en celui de l'Hôtel commun de la Ville; & s'il n'y en a point, au Greffe de nos Juges des lieux, ou de ceux des Seigneurs; & l'extrait inseré dans un tableau exposé en lieu public : le tout à peine *de nullité des Actes & Contrats passés*, tant entre les Associés qu'avec les Créanciers & ayans-cause.

Entre Marchands & Négocians.] A l'égard des autres personnes qui ont fait des Societés en Commendite, qui ne sont point Marchands & Négocians, avec un autre qui l'est, l'Ordonnance n'oblige pas ces personnes à faire enregistrer l'extrait de Societé, parce que ce seroit un moyen pour abolir l'usage des Societés en commendite, à cause que les personnes qui ne sont pas de profession mercantille, ne voudroient peut-être pas que le Public sçût qu'ils fussent associés avec des Marchands, ni que leur nom fût exposé en lieu public.

Sera registré.] Cet article est d'une très-grande conséquence pour la sûreté publique & pour l'interêt du commerce; parce que la raison de la Societé se faisoit sous trois ou quatre noms collectifs de Marchands, dont il n'en paroissoit qu'un ou deux dans les signatures des Lettres & Billets de Change; & s'ils venoient à faire faillite, ces deux Marchands étoient sacrifiés pour les autres dont on déroboit la connoissance au Public. Par l'Ordonnance du feu Roi d'heureuse mémoire, art. 414, il est porté entr'autres choses, *que l'article 358 de l'Ordonnance de Blois, touchant la publication des associations entre Marchands, & désistement d'icelles, aura lieu entre ses Sujets.* Et par cet art. 358 & le 38 de l'Ordonnance du Roi Charles IX. à Paris en 1563, il est dit, *que toutes Compagnies qui seront faites entre les Etrangers étant dans le Royaume, seront inscrites ès Registres des Bailliages, Sénéchaussées & Hôtels communs des Villes, où ils seront tenus nommer & déclarer leurs participes & associés, sur peine de faux; & que ceux qui auront les Banques & Societés, ne pourront avoir nulle action l'un contre l'autre, s'ils n'ont fait faire leur enregistrement.* Et par l'art. 357 de ladite Ordonnance de Blois, il est encore porté, *que tous Etrangers qui trafiqueront dans le Royaume, seront tenus de présenter aux Greffes des Jurisdictions ordinaires des lieux, leurs procurations, commissions & pouvoirs, pour y être registrés; & qu'ils seront tenus d'exprimer dans tous leurs contrats, cédules, promesses & acquits, le nom de ceux pour qui ils feront les acquits, achats, ventes & promesses, afin que s'ils font banqueroute ou faillite, ceux qui y auront interêt puissent en tout évènement avoir recours contre ceux qui les auront commis.* Il est vrai que depuis par Arrêt du Conseil d'Etat du 30 Janvier 1625, il fut inhibé de pourvoir aux places de Marchands & autres Privilegiés suivant la Cour, d'autres que d'originaires François nés Sujets du Roi, nonobstant les Lettres de naturalité ou déclaration d'icelles.

De nullité des Actes & Contrats passés.] L'Acte de Societé n'est pas pourtant déclaré nul, faute d'avoir été enregistré ; & l'enregistrement de l'extrait de Societé n'a été ordonné selon l'article suivant, qu'afin que le Public ait connoissance du nombre des Associés & de leurs noms, pour sçavoir la raison de la Societé; c'est-à-dire que le commerce se fera sous le nom de tels & en Compagnie, lesquels seront solidairement obligés ; ou bien afin qu'il sçache s'il y a des clauses extraordinaires dans l'Acte de Societé qui interessent le Public, comme si les Actes ne devoient être signés que par l'un des Associés, & le tems auquel la Societé doit commencer & finir : mais pour ce qui est des autres stipulations qui regardent les Associés, comme le Public n'y a aucun interêt, la Societé ne laisse pas d'avoir son effet entre les Associés, quoique l'Acte de Societé n'ait pas été enregistré. Et si par l'article 6 de ce titre il est dit, *que les Societés n'auront effet à l'égard des Associés, leurs veuves & héritiers, créanciers & ayans cause, que du jour qu'elles auront été enregistrées*, cet article se doit rapporter à celui ci, c'est à-dire qu'il ne regarde que le Public. Car autrement si la Societé n'avoit point d'effet, que deviendroient les profits qui se seroient faits pendant la Societé ? à qui appartiendroient ils, de même que les dettes actives ? qui payeroit les dettes passives ? en un mot, la Societé doit avoir effet pour quelqu'un activement & passivement.

☞ Voir ma note sur l'article 6 de ce même titre.]

ARTICLE III.

AUCUN extrait de Societé ne sera enregistré, s'il n'est signé ou des Associés, ou *de ceux qui auront souffert la Societé, & ne contient les noms, surnoms*, qualités & demeure des Associés, & les clauses extraordinaires, s'il y en a *pour la signature des Actes*, le tems *auquel elle doit commencer & finir* ; & ne sera réputée continuée, s'il n'y en a un Acte par écrit, pareillement enregistré & affiché.

☞ *De ceux qui auront souffert la Societé.*] M. Savary, qui entendoit la force des termes employés dans cette Ordonnance, puisqu'il en avoit lui-même dressé le projet sous les ordres d'un grand Ministre, explique dans son parfait Négociant, livre premier de la seconde partie, chapitre premier, ces termes : *Ceux qui auront souffert la Societé* ; & il entend les fondés de procuration, qui auront consenti à la Societé pour un ou plusieurs Associés.]

Et ne contient les noms, surnoms.] C'est pour éviter le dol & la fraude qu'on avoit accoutumé de pratiquer, en supposant des personnes riches, afin de trouver un grand crédit sous leur nom ; & il arrivoit après, que cette personne supposée n'étoit point interessée ; ou si elle l'étoit, on ne le pouvoit prouver par aucun acte : ce qui donnoit lieu à des gens de mauvaise foi, après avoir fait des emprunts considérables, de faire des banqueroutes frauduleuses, sans qu'on eût moyen de découvrir les véritables Associés. *Deploratus iste & nihili ganeo*, *cujus nomine societatem ubique per urbes & provincias circumtulerant, foro cedit, bonamque ejurat copiam, quo facto labor tunc maximus, creditoribus elusis, ille est quâ arte detegant societatem à ganeone initam cum cæteris.* Mais il n'est pas nécessaire que les conditions qui regardent le fonds que chacun a en la Societé, ni celles qui regardent les parts & portions, soient inserées dans l'extrait, & connues de tout le monde; mais celles-là seulement qui regardent le Public.

Pour la signature des Actes.] C'est-à-dire que s'il y avoit dans l'Acte de Societé un article portant, qu'un Associé seulement signeroit, à l'exclusion de l'autre, tous les Billets d'emprunt, les Lettres de Change qui seroient tirées pour le compte de la Compagnie, & les ordres de celles qu'ils fourniroient à leurs Créanciers, il faudroit mettre cet article dans l'extrait qui doit être registré, afin que le Public en eût connoissance, & qu'on ne soit pas trompé dans la disposition de l'argent, & des Lettres & Billets de Change.

Auquel elle doit commencer & finir.] Il est nécessaire que l'Acte de Societé contienne le tems auquel elle commence & finit; parce que tout ce qui auroit été négocié avant & depuis qu'elle est finie, seroit nul, & n'obligeroit que celui avec lequel la négociation auroit été faite.

ARTICLE IV.

TOUS Actes portant changement d'Associés, nouvelles stipulations, ou clauses pour la signature, *seront enregistrés & publiés*, & n'auront lieu que du jour de la publication.

Seront enregistrés.] Il est fort important que les Actes de révocation des procurations, dissolution de Societé & changement d'Associés, qui se font avant le tems jusqu'à celui auquel ils doivent durer, soient enregistrés & publiés; d'autant que comme le principal fondement de la Societé & du Négoce est sur le crédit & réputation des Associés, il est juste qu'on sçache les changemens qui sont arrivés, & qu'on évite par ce moyen les inconvéniens qu'il y pourroit avoir, faute de publier & enregistrer. Il en est de même de la renonciation à la Societé; il faut que celui qui ne veut plus être associé, fasse signifier à tous ceux avec lesquels il avoit accoutumé de contracter ou de négocier pour le fait de la Societé, la dissolution d'icelle; autrement il demeureroit obligé envers eux, *ut tractat Gomes. tom. 2, cap. 5 de Societ. num. 6*, & comme il a été jugé par Arrêt du Parlement du 20 Novembre 1564, rapporté par Charondas, liv. 4 de ses Pand. chap. 13, même qu'il la dénonce par proclamation & affiches publiques à ceux qui lui sont inconnus.

Et publiés.] Dans l'article deuxiéme de ce titre il est dit, *que l'extrait des Societés sera registré, & ensuite inseré dans un tableau;* & il ne dit point qu'il *sera publié*. Il semble que cette formalité doive être observée également en ces deux articles, & qu'il est avantageux au Pubic qu'elle soit suivie à l'égard de cet article, parce que c'est le moyen le plus propre pour rendre l'Acte public & le faire connoître de tout le monde; au lieu que lorsque l'Acte de publication n'est inseré que dans celui de la Societé, l'extrait demeurant au Greffe, il ne peut pas être si facilement connu du Public.

ARTICLE V.

NE sera pris par les Greffiers, pour l'enregistrement de la Societé & la transcription dans le tableau, *que cinq sols*; & pour chaque extrait qu'ils en délivreront, trois sols.

Que cinq sols.] Les Greffiers étant payés de leur salaire, tant pour l'enregistrement que pour la transcription dans le tableau, s'ils manquent à les faire, & que par leur défaut on débatte la Societé de nullité, ou s'il arrive changement dans la Societé, les Greffiers sont responsables envers le Public des évé-nemens qui en peuvent arriver.

ARTICLE VI.

LEs Societés n'auront effet à l'égard des Associés, leurs veuves & héritiers, créanciers & ayans cause, que *du jour qu'elles auront été registrées* & publiées *au Greffe du domicile de tous les contractans, & du lieu où ils auront magasin.*

Du jour qu'elles auront été registrées.] La raison est, parce qu'il n'y a pas encore de Societé avant l'enregistrement de l'Acte.

☞ L'usage est contraire à la disposition de cet article; les Actes de Societé ne se publient ni ne s'enregistrent point.]

Au Greffe du domicile de tous les contractans, & du lieu, &c.] Cela doit être entendu au défaut de l'un ou de l'autre, comme il est expliqué par l'article deuxiéme de ce titre; c'est-à-dire que si les contractans font leur commerce de marchandise à Paris & leur résidence, il faut qu'ils fassent enregistrer l'extrait de l'Acte de Societé au Greffe de la Jurisdiction Consulaire de Paris; & si l'un des Associés demeure à Lyon & y fait le commerce de la Compagnie, il faut aussi en ce cas qu'il le fasse enregistrer au Greffe de la Conservation de Lyon. La raison est, afin que les Négocians ne puissent pas être surpris, & qu'ils ayent connoissance des Associés qui leur sont obligés, & garants de celui des Associés qui traitera avec eux, & des autres stipulations qui regardent le Public.

De l'obligation des Associés pour le payement des dettes de la Societé.

ARTICLE VII.

TOus Associés *seront obligés solidairement* aux dettes de la Societé, encore qu'il n'y en ait qu'un qui ait signé, *au cas qu'il ait signé pour la Compagnie*, & non autrement.

Seront obligés solidairement.] Quoique régulierement nulle obligation ne soit solidaire, si les contractans n'ont expressément renoncé au bénéfice de division, ordre de droit & discussion, il est pourtant vrai qu'en fait d'Associés il n'y a point de bénéfice de division; & quand l'un d'eux emprunte ou achete quoi que ce soit pour la Societé, les Associés sont obligés solidairement, présens ou absens, le sçachant ou l'ignorant. La raison est, pour favoriser par ce moyen le trafic, & afin que les Associés ne soient pas contraints de demeurer toujours en même lieu pour s'obliger tous. C'est pour cela qu'ils sont réputés entr'eux Instituteurs, Exerciteurs, Préposés & Maîtres. *L.* 1, *C. de duob. reis, ne in plures adversarios creditor distinguatur, & cum nullis litigare cogatur.* Cela a été ainsi jugé par divers Arrêts du Parlement de Paris & de Toulouse, recueillis par M. Maynard, & donnés à son rapport, liv. 4, chap. 14; par Bacquet, des Droits de Justice, chap. 21, nomb. 248, & des Rentes, chap. 26; & par Charondas en ses Rep. liv. 5, chap. 103, & liv. 8, chap. 58, & en ses Pandectes, liv. 4, ch. 13. Mais à l'égard des héritiers des Associés, & de ceux qui sont obligés purement & simplement, ils ne demeurent pas solidairement obligés par la mort des Associés ausquels ils succedent, d'autant que la clause de solidité qui se trouvoit entre ceux ausquels ils succedent, & qui n'étoit que l'effet de la Societé par eux contractée, ne subsiste plus, & ne se trouve pas entre leurs héritiers, sauf au créancier à se pourvoir sur les biens de la Societé. Ainsi jugé par Arrêt du 2 Juillet 1591, rapporté par Bacquet, des Droits de Justice, chap. 21, nomb. 251. Il a été aussi jugé par Arrêt du Parlement de Toulouse, du 17 Juin 1662, confirmatif d'une Sentence de la Bourse, rapporté dans le second tome du Journal du Palais, page 45, que deux Marchands ayant fait un billet pour marchandises prises en commun, sans qu'il y eût aucune Societé entr'eux, peuvent être poursuivis solidairement pour le payement d'icelui; d'autant que la Loi 11, §. *ult. ff. de duobus reis constituendis*, qui porte que la clause solidaire n'est point suppléée, n'a pas lieu en fait de commerce; & que lorsque plusieurs Marchands achetent conjointement de la marchandise d'un autre Marchand, & qu'ils s'obligent de payer par une même cédule, ils sont censés solidairement obligés; & que *exceptiones, divisiones & discutiones sunt de apicibus juris, qui non observantur in curia mercatorum, ubi negotia deciduntur ex æquo & bono.*

Au cas qu'il ait signé pour la Compagnie.] Ceux qui composent la Compagnie, ne seroient pas obligés, si l'un des Associés ne signoit point pour elle; ou si celui qui signe étoit exclus de signer par l'Acte de Societé bien & dûement registré. Au premier cas, la dette contractée par cet Associé est présumée être pour ses affaires particulieres, & non pour celles de la Societé; & au deuxiéme, il n'a pas le pouvoir d'obliger la Compagnie.

Il faut pourtant observer, qu'il n'est pas absolument nécessaire que le Directeur ou Administrateur d'une Societé donne la qualité d'Associés à tous ceux dont il signe les noms; il suffit qu'il s'énonce en pluriel, parce qu'alors il est à supposer que c'est d'eux comme Associés qu'il parle: ainsi a été jugé par la Décision 7 des Auditeurs de la Rote de Genes. Non-seulement un Associé ou Interessé dans la Societé qui en a l'administration, qui signe & agit pour sa Compagnie, oblige solidairement les Associés, mais même un tiers qui n'a aucun interêt dans le fond, quand il est constitué Directeur ou Administrateur de la Societé par les Associés; comme il a été jugé par la Décision 59 de cette Rote: & cela a lieu, quand même l'argent emprunté ne seroit pas entré dans le fond de la Societé, & que l'Administrateur n'auroit point chargé les Livres de l'argent ou de la marchandise qu'il auroit empruntée, ainsi que remarque Toubeau après Savary, liv. 2 des Institut. du Droit Consulaire, titre 3, chap. 2.

¶ Par Arrêt rapporté au Journal des Audiences, & intervenu en la Grand'-Chambre le 21 Mars 1705, sur les conclusions de Monsieur l'Avocat Général Guillaume-François Joly de Fleury, il a été jugé qu'une délibération des

Associés nulle, par exemple faite hors le Bureau indiqué par l'Acte de Societé, ne laisse pas de s'exécuter, quand le nombre marqué par l'Acte de Societé pour faire valoir les délibérations, se rencontre pour soutenir la délibération.

Mais un Associé ne peut engager les autres Associés par des pactions & autres actes faits peu de tems avant sa banqueroute ouverte. Ainsi jugé par Arrêt rendu en la Grand'Chambre, au rapport de Monsieur de Creil, le 18 Juillet 1713.

ARTICLE VIII.

LES Associés en Commendite ne seront obligés que *jusqu'à la concurrence de leur part.*

Jusqu'à la concurrence de leur part.] Les Associés en Commendite ne peuvent pas être obligés solidairement, parce qu'ils ne portent pas le nom de la Societé, & que la Commendite oblige seulement les Associés pour le fonds & capital qu'ils ont mis en icelle, comme nous avons remarqué sur l'art. 1 de ce titre. Aussi les conventions ordinaires de l'Escrite de Compagnie en Commendite, sont que ceux entre les mains de qui le fonds est remis pour en faire négoce, ne pourront obliger les Associés que pour leur part & portion du fonds & profit, & qu'on ne pourra prendre ni lever aucun fonds ni profit, que les dettes créées ne soient acquittées; après quoi le reste des effets, tant marchandises que dettes actives, appartiendra aux Interessés.

Il y a une autre Societé qu'on appelle en termes mercantils, *Anonyme* ou *Momentanée*, qui est lorsque deux Marchands mettent en commun leur argent pour acheter en Foire une certaine marchandise, & que l'un d'eux entre les mains duquel il est mis, se charge de faire les achats, & qu'après qu'ils sont faits, ils partagent la marchandise : en ce cas le Vendeur de la marchandise n'a point d'action contre celui qui ne s'est pas mêlé de l'achat, parce qu'il a suivi seulement la bonne foi de celui qui l'a achetée de lui, & non pas celle de l'autre qui lui étoit inconnu, & que cette Societé ne dure qu'autant de tems qu'il en faut pour acheter & partager les marchandises, & c'est pour cela qu'elle est appellée *Momentanée.*

De la clause qui doit être contenue dans les Societés, sur le sujet des contestations qui y peuvent survenir, & comme elle doit être exécutée.

ARTICLE IX.

TOUTE Societé contiendra la clause de se soumettre aux Arbitres, pour les contestations qui surviendront entre les Associés : & encore que la clause fût omise, un des Associés en pourra nommer, *ce que les autres seront tenus de faire*; sinon en sera nommé par le Juge pour ceux qui en feront refus.

Ce que les autres seront tenus de faire.] Par l'Edit du Roi François II. à Fontainebleau en 1560, *tous differends entre Marchands pour fait de marchandise, doivent être vuidés sommairement par trois personnes au plus, accordées entr'eux, ou dont ils seront contraints de s'accorder par les Juges des lieux.* Et l'Ordonnance a étendu

étendu cette sage & sainte disposition aux différends qui peuvent survenir pour raison des Societés & Compagnies, d'autant que *eadem ratio militat*, & que la Societé est un contrat de bonne foi. *L.* 52, §. 1, *ff. pro soc.* & §. 28 *Instit. de act.* Ce qui est conforme à la Loi *in propositâ* 78, *ff. pro soc. In proposita autem quæstione arbitrium boni viri existimo sequendum esse, eò magis quòd judicium pro socio bonæ fidei est.*

ARTICLE X.

VOULONS aussi qu'en cas de décès ou de longue absence de l'un des Arbitres, les Associés en nomment d'autres; sinon il en sera pourvû par le Juge pour les refusans.

ARTICLE XI.

EN cas que les Arbitres soient partagés en opinions, ils pourront convenir de Surarbitre sans le consentement des Parties; s'ils n'en conviennent, *il en sera nommé un par le Juge.*

Il en sera nommé un par le Juge] Cela est conforme à la disposition du Droit; en la Loi 17, §. *ult. ff. de recept. qui arbitr.* où le Jurisconsulte Ulpien parle de Surarbitre en ces termes : *Sed tamen usitatum est etiam in duos compromitti, & debet Prætor eligere arbitros, si non consentiant, tertiam personam* (qui est le Surarbitre) *eligere, cujus autoritati pareatur.* Pour l'exécution de cet article, il faut présenter Requête à la Jurisdiction Consulaire; & en cas qu'il n'y en ait point dans la Ville où le différend sera survenu, à la Jurisdiction Royale du Bailliage ou de la Prevôté : & le Juge, au desir de l'Ordonnance, nommera d'office un Marchand pour Surarbitre, & la Partie fera signifier l'Ordonnance aux Arbitres, & les requerra de s'assembler pour proceder au Jugement du différend. L'un des pactes & conventions ordinaires de la Societé & Compagnie, est encore, que s'il arrive quelque différend entre les Associés, ils s'en remettront au dire de deux Marchands Négocians & amis communs, lesquels ne pouvant convenir entr'eux, ils éliront un tiers Surabitre, & seront tenus de subir le Jugement & le dire des deux Arbitres qui conviendront d'un même avis, & ce avant qu'on puisse intenter aucun procès; en quoi la condition des Associés est très-heureuse, *suæ enim artis quisque disputator est* : ce qui a fait dire à Quintilien, *Fœlices essent artes, si de illis soli Artifices judicarent.*

ARTICLE XII.

LES Arbitres pourront juger sur les Piéces & Mémoires qui leur seront remis, *sans aucune formalité de Justice*, nonobstant l'absence de quelqu'une des Parties.

Sans aucune formalité de Justice.] Les chicaneries en matiere de procès sont si ordinaires, que les procès durent fort long-tems, & se rendent quelquefois immortels par les subtilités qu'on a coutume d'y pratiquer. C'est pour cela que l'Ordonnance a voulu retrancher toutes ces formalités à l'égard des différends & des contestations qui pourront survenir entre les Associés, d'autant que la bonne foi doit regner dans les Compagnies & Societés, & que toutes ces longues procedures apporteroient un grand empêchement & un notable préjudice au Commerce, & contraindroient les Négocians de consommer tout leur gain en des dépens, & d'employer tout leur tems dans la poursuite des procès.

ARTICLE XIII.

LES *Sentences arbitrales entre Associés* pour négoce, marchandise ou banque, seront *homologuées en la Jurisdiction Consulaire*, s'il y en a; sinon ès Siéges ordinaires de nos Juges, ou de ceux des Seigneurs.

Les Sentences arbitrales entre Associés.] Elles n'emportent hypotéque que du jour qu'elles sont homologuées, comme il a été jugé par Arrêt du 8 Janvier 1607, rapporté par Mornac, *ad L. si captivi, ff. de Episc. & Cler.* suivant l'Ordonnance de Moulins, article 53; au lieu que les autres Sentences & Arrêts, soit contradictoires, ou par défaut, emportent hypotéque du jour de la prononciation.

Homologuées en la Jurisdiction Consulaire.] Par l'Ordonnance de François II. en 1560, *le différend pour fait de négoce & marchandise, jugé par Arbitres, devoit être exécuté, bien qu'il n'y eût point de peine; & s'il y en avoit, il falloit qu'elle fût payée avant que d'être reçu appellant.* Et la nouvelle Ordonnance veut, *qu'avant l'exécution des Sentences arbitrales entre Associés pour négoce, marchandise ou banque, elles soient homologuées en la Jurisdiction Consulaire, s'il y en a;* d'autant que ce sont des Juges créés & affectés pour connoître des différends qui surviennent entre Marchands & Négocians. Cette homologation doit être poursuivie à la diligence de celui qui a obtenu gain de cause. Elle est nécessaire pour deux raisons; la premiere, pour faire confirmer en Justice ce que les Arbitres ont ordonné; & la seconde, pour établir l'hypotéque sur les immeubles du condamné, qui ne commence que du jour de la Sentence d'homologation.

ARTICLE XIV.

TOUT ce que dessus aura lieu à l'égard des veuves, héritiers *& ayans cause des Associés.*

Et ayans cause des Associés.] La raison est, parce que les veuves, héritiers & ayans cause, exercent les droits & les actions des Associés, au lieu desquels ils sont; & d'ailleurs en ce qui concerne l'héritier, il est réputé une seule & même personne avec le défunt. *Auth. de jurejur. à morien. præst. in prin.* C'est aussi un des pactes ordinaires des Societés & Compagnies, que si l'un des Associés vient à déceder avant la fin de la Societé, elle continuera entre les survivans sous le même nom & marque, sans que les hoirs les puissent contraindre à dissoudre la Societé avant le tems pour lequel elle a été contractée; & que les hoirs seront tenus prendre le compte & reliquat des survivans, sans les pouvoir obliger à rendre compte en Justice, mais devant des amis communs, ou des Marchands. Et en ce cas, quoique régulierement la mort de l'un des Associés finisse entierement la Societé, & qu'elle ne se transmette pas d'elle-même aux héritiers par la nature du contrat, elle ne laisse pas néanmoins de subsister après le décès de l'un des Associés, entre son héritier & les Associés survivans, pourvû que la convention le porte expressément. C'est le sentiment de Fab. sur la Loi d'Ulpien, *Verùm* 63, §. *in hæredem*, & la Loi de Pompon. 59, *ff. pro soc.* qui rapporte le mot *Adscitus*, qui est dans la Loi d'Ulpien, & le mot *Ascripta*, qui est dans la Loi de Pomponius, à la convention & à l'acte de Societé, & non pas à ce que les survivans ont fait avec les héritiers du prédécedé : ce qui demeure confirmé par le sentiment de Dec. *consil.* 212, & de Felicius en son Traité *de Societ. cap.* 32.

☞ *L'étendue que le Commerce de France a reçue sous le dernier Régne, a donné naissance à plusieurs Compagnies* (a) *qui sont de véritables Societés. Les Edits & Déclarations qui les ont établies, ayant d'ailleurs leur relation naturelle à la matiere du Commerce qui est l'objet de cette Ordonnance, ont paru devoir trouver place dans cet Ouvrage, & sous ce Titre.*

La premiere, la Compagnie des Indes Orientales.
La seconde, celles des Indes Occidentales.
La troisiéme, la Compagnie des Assurances.
La quatriéme, celle du Sénégal.
La cinquiéme, celle d'Occident.

(a) Il en est même parlé dans le préambule de la présente Ordonnance, en ces termes : *C'est ce qui nous a porté à ériger parmi nos Sujets plusieurs Compagnies, &c.* & il en résulte que ce sont ces érections qui ont occasionné l'Ordonnance du Commerce.

DECLARATION DU ROY,

PORTANT ETABLISSEMENT d'une Compagnie pour le Commerce des Indes Orientales.

Vérifiée en Parlement le premier Septembre 1664.

LOUIS, PAR LA GRACE DE DIEU, ROI DE FRANCE ET DE NAVARRE: A tous présens & à venir, SALUT. Tous les soins & toute l'application que Nous avons donné jusqu'à présent à réformer les abus qui se sont glissés dans tous les Ordres de notre Etat, pendant la longue guerre que le feu Roi notre très-honoré Seigneur & Pere de glorieure mémoire, & Nous, avons été nécessités de soutenir, Nous paroissant clairement approuvés de Dieu, par le succès autant & plus favorable que Nous pouvions desirer, que sa divine bonté veut bien donner à tous nos desseins: Et étant fortement persuadés que Nous ne pouvons répondre dignement aux graces que Nous recevons de sa main toute-puissante, qu'en donnant aux Peuples qui sont soumis à notre obéissance, les mêmes marques de bonté paternelle que Nous recevons de lui tous les jours, & en notre Personne, & en celles de notre Famille Royale; Nous sommes conviés d'autant plus à redoubler notre travail assidu & sans relâche pour procurer à ces mêmes Peuples le repos & le soulagement qu'ils ont si bien mérité de Nous, par les assistances qu'ils Nous ont données pendant la durée d'une si longue guerre. Et d'autant que Nous connoissons clairement que la félicité des Peuples consiste non-seulement en la diminution considérable des impositions que Nous leur avons accordée depuis deux ou trois années, mais beaucoup plus au rétablissement du Commerce de notre Royaume, par le moyen duquel seul l'abondance peut être attirée au dedans, & servir, non au luxe & à la profusion d'un petit nombre, comme celle qui provenoit ci-devant de la dissipation de nos Finances, mais à se répandre sur le général des Peuples, au moyen des Manufactures, de la consommation des denrées, & de l'emploi d'une infinité de personnes presque de tous âges & sexes que le Commerce produit, ce qui concilie fort heureusement l'abondance des biens temporels avec celle des spirituels; vû que par le travail assidu les Peuples sont éloignés de toutes occasions de mal faire, inséparables de la fainéantise. Entre tous les moyens que Nous avons souvent examinés pour parvenir à une si bonne fin, & après avoir fait plusieurs réfléxions sur une matiere de si grande étendue, Nous nous sommes principalement attachés au Commerce qui provient des voyages de long cours; étant certain, & par le raisonnement ordinaire & naturel, & par l'expérience de nos voisins, que le profit surpasse infiniment la peine & le travail que l'on prend à pénétrer dans les Pays si éloignés, ce qui de plus est entierement conforme au génie & à la gloire de notre Nation, & à l'avantage qu'elle a par-dessus toutes les autres, de réussir avec facilité en tout ce qu'elle veut entreprendre. C'est ce qui Nous auroit obligés d'employer tous nos soins à l'établissement d'une Compagnie puissante pour faire le Commerce des Indes Orientales : Et comme nous voyons une infinité de nos Sujets de toutes conditions, impatiens d'entrer dans cette Compagnie & de la former, auquel effet ils attendent une Déclaration de notre volonté pour la commencer & la conduire à une heureuse fin, Nous ne pouvons retarder davantage à leur faire connoître tout ce que nous sommes disposés de faire en cette occasion pour leurs avantages. A CES CAUSES, de l'avis de la Reine notre très-honorée Dame & Mere, de notre très-cher & très-amé Frere unique le Duc d'Orleans, & de plusieurs Princes de notre Sang, grands & notables Personnages de notre Conseil, Nous avons par ces Présentes signées de notre main, dit, statué & ordonné, disons, statuons & ordonnons, voulons & Nous plaît.

PREMIEREMENT.

Que la Compagnie des Indes Orientales sera formée de tous nos Sujets, de quelque qualité & condition qu'ils soient, qui y voudront entrer, pour telles sommes qu'ils estimeront à propos, sans que pour ce ils dérogent à leur Noblesse & Priviléges, dont Nous les avons relevés & dispensés. Et ne pourra chacune part être moindre de mille livres, ni les augmentations de cinq cens livres, pour la facilité des calculs, répartitions & ventes d'actions; desquelles parts le tiers sera fourni comptant pour le premier Armement, & les deux autres tiers en deux années consécutives, également & par moitié, dans les mois de Décembre 1665 & 1666, sous la peine à ceux qui ne fourniront pas lesdits deux tiers dans ledit tems, de perdre ce qu'ils auront avancé pour les premier & second payemens, qui demeurera au profit & dans la masse du fonds de ladite Compagnie, sans qu'aucun Interessé se puisse retirer, sinon en vendant son action, soit à quelqu'autre Interessé ou autre personne qui y gardera toujours la même part, ensorte que le fonds ne soit point diminué, lequel fonds capital sera réputé meuble pour chacun desdits Interessés.

II.

Les Directeurs ni les Particuliers interessés ne pourront être tenus, pour quelque cause ou prétexte que ce soit, de fournir aucune somme au-delà de celle pour laquelle ils se seront obligés dans le premier établissement de la Compagnie, soit par maniere de supplément, ou autrement.

III.

Tous Etrangers & Sujets de quelque Prince & Etat que ce soit, pourront entrer en ladite Compagnie : Et ceux qui y auront mis vingt mille livres de principal, seront réputés Régnicoles, sans qu'il soit besoin de Lettres de Naturalité, auquel effet leurs parens, quoiqu'étrangers, leur succederont en tous les biens qu'ils auront en ce Royaume.

IV.

Les parts & portions qui appartiendront aux Particuliers interessés en ladite Compagnie, de quelque qualité qu'ils soient, ne pourront être par Nous saisies ni confisquées à notre profit, encore qu'ils soient Sujets de Princes & Etats avec lesquels Nous pourrions entrer en guerre.

V.

Les Directeurs de ladite Compagnie ne pourront être inquietés ni contraints en leurs personnes & biens, pour raison des affaires de ladite Compagnie, ni les effets d'icelle susceptibles d'aucunes hypothéques pour nos affaires, ni saisis pour ce qui pourroit nous être dû par les Particuliers interessés en icelle.

V I.

Les Officiers qui auront une part de vingt mille liv. dans ladite Compagnie, seront dispensés de faire la résidence à laquelle ils sont obligés par nos Déclarations & Edits des mois de Décembre & Mars derniers, aux lieux de leurs établissemens, & ne laisseront de jouir de leurs droits, gages & épices, comme s'ils étoient présens.

V I I.

Tous ceux qui mettront jusqu'à la somme de huit mille livres à ladite Compagnie, acquerront le droit de Bourgeoisie dans les Villes de leurs demeures, à la réserve des Villes de Paris, Rouen, Bordeaux & Bayonne, esquelles ils ne pourront acquerir ledit droit, s'ils ne sont interessés du moins pour vingt mille livres en ladite Compagnie.

V I I I.

Tous ceux qui voudront entrer en ladite Compagnie, seront obligés de le déclarer dans six mois, à compter du jour que la présente Déclaration aura été lûe & registrée au Parlement de Paris, en fin duquel tems nul ne sera plus admis ni reçu en ladite Compagnie; & ceux de notre bonne Ville de Paris qui se sont déclarés & auront fourni leurs parts, nommeront trois mois après ledit enregistrement les Directeurs de notredite Ville de Paris.

I X.

La Chambre ou Direction générale des affaires de ladite Compagnie, sera établie en notre bonne Ville de Paris, & sera composée de vingt-un Directeurs, douze de notredite Ville de Paris, & neuf des Villes des Provinces, lesquels seront nommés & choisis, sçavoir les douze par les Interessés de notredite bonne Ville de Paris, & les neuf par les Interessés desdites Villes ou Provinces, chacune à proportion des sommes qu'elle aura mises dans ladite Compagnie; ce qui sera reglé par la Chambre de la Direction générale, ainsi qu'il sera dit ci-après.

X.

En attendant que ladite Compagnie soit entierement formée & établie, les Interessés des Villes ou Provinces ci-après, s'assembleront pour choisir & nommer le nombre de quinze Syndics; sçavoir, trois pour la Ville de Rouen, deux pour la Ville de Lyon, & un pour chacune des Villes de Nantes, Saint-Malo, la Rochelle, Marseille, Tours, Caën, Dieppe, le Havre & Dunkerque, lesquels Syndics seront tenus de se trouver en notredite Ville de Paris le premier jour de Décembre prochain, pour avec les Directeurs d'icelle composer ladite Chambre de la Direction générale, seulement pour examiner & choisir les Villes où il sera à propos d'établir des Chambres de Directions particulieres, & du nombre des Directeurs qui composeront lesdites Chambres, ensemble le nombre des Directeurs qui seront entrés & feront partie de ladite Chambre de la Direction générale de Paris, auquel tems le nombre des Directeurs généraux pourra être augmenté ou diminué. Et si aucuns desdits Syndics ne se trouvent audit jour, il sera passé outre à ce que dessus par les présens.

XI.

Un mois après le choix ainſi fait deſdites Villes, & le nombre deſdits Directeurs arrêté, les Particuliers deſdites Villes & des Provinces qui ſeront intereſſés en ladite Compagnie, s'aſſembleront & feront élection du nombre des Directeurs qui aura été arrêté à la Direction générale, pour compoſer la Direction particuliere, & nommeront ceux qui aſſiſteront à ladite Direction générale à Paris, leſquels ſeront obligés de s'y rendre inceſſamment. Et pourront leſdits Intereſſés des Provinces nommer leur Caiſſier pour recevoir leurs deniers, & les remettre au Caiſſier général en notredite Ville de Paris, qui a été nommé pour la premiere fois par les Syndics d'icelle, lequel fera ladite recette juſqu'à ce que la Chambre générale ſoit établie, comptera de ſon maniement à ladite Chambre, auquel tems leſdits Syndics demeureront déchargés.

XII.

Les Directeurs ſeront choiſis du nombre des Marchands & Négocians actuellement, au moins pour les trois quarts; & pour l'autre quart, de Marchands retirés du Commerce, de nos Secretaires, Maiſon & Couronne, qui auront été dans le Commerce, & de deux Bourgeois, quoiqu'ils n'ayent fait aucun Commerce, & ſans que le nombre de deux puiſſe augmenter, ni qu'aucune autre perſonne de quelque état, qualité & condition que ce ſoit, puiſſe être élû Directeur.

XIII.

Ne pourra aucun des Intereſſés en ladite Compagnie, avoir voix déliberative pour l'élection des Directeurs, Caiſſier & Secretaire, s'il n'a du moins ſix mille livres; ni élû pour être Directeur en notredite bonne Ville de Paris, s'il n'a du moins vingt mille livres; & Directeur pour les Provinces, dix mille livres, le tout d'interêt en ladite Compagnie.

XIV.

Les premiers Directeurs élûs, ainſi qu'il eſt ci-deſſus dit, ſerviront ſept années conſécutives; lequel tems expiré, il en ſera changé deux tous les ans à Paris, & un aux autres Chambres; leſquels changemens pendant les cinq premieres années ſe feront au ſort, & enſuite alternativement, après le tems de chacun Directeur expiré: & en cas de mort pendant les ſept premieres années, il en ſera élû en leurs places par les autres Directeurs de leurs établiſſemens. Pourra un Directeur dépoſé être nommé de nouveau Directeur après ſix ans de repos; & ne pourront être Directeurs enſemble, le pere & les enfans & gendres, ni les freres & beaux-freres.

XV.

Les Directeurs deſdites Chambres générale & particulieres, préſideront en chacune d'icelles, tour à tour, de mois en mois, à commencer par le plus ancien ou autrement, ainſi qu'il ſera aviſé après que la Chambre générale ſera établie.

XVI.

Ladite Chambre de la Direction générale pourra faire Statuts & Réglemens pour le bien & avantage de ladite Compagnie, leſquels ſeront exécutés ſelon leur forme & teneur.

XVII.

Les Secretaire & Caiſſier général de la Compagnie en France, ſeront nommés à la pluralité des voix par tous lesdits Interessés qui auront droit de nommer les Directeurs, & ne pourront être destitués qu'en la même maniere.

XVIII.

Sera tenu tous les ans une Assemblée générale le deuxiéme jour de Mai, pour déliberer sur les affaires plus importantes de la Compagnie, en laquelle ceux qui auront voix déliberative pourront assister, & y seront nommés les Directeurs généraux à la pluralité des voix, les tems ci-dessus expirés.

XIX.

Tous les comptes des Chambres de Direction particuliere des Provinces, seront envoyés de six mois en six mois à la Chambre de la Direction générale de notredite Ville de Paris, en laquelle les Livres de raison seront examinés, vûs & arrêtés : Et sera chacun an rendu un compte général de tous les effets de ladite Compagnie, par les Caissier général & Teneur de Livres, lequel sera arrêté, & ensuite les partages des profits faits, le tout par ladite Chambre de la Direction générale de notredite Ville de Paris, sans qu'aucuns des Particuliers interessés puissent, pour quelque occasion que ce soit, prétendre d'autre compte que ledit compte général, dont le bordereau ou abregé sera lû & examiné en l'Assemblée générale au jour ci-dessus.

XX.

Lesdites Chambres de Direction générale & particuliere, nommeront les Officiers qui seront nécessaires pour tenir les Caisses, les Livres de raison & les Comptes : Et feront les Directeurs particuliers, les achats & ventes, les armemens & équipages, payeront les gages & autres dépenses ordinaires, chacun dans son département, suivant ce qui aura été arrêté par la Chambre de la Direction générale de notre Ville de Paris, laquelle réglera & décidera tout ce qui sera nécessaire pour le bien & avantage de ladite Compagnie.

XXI.

Les Directeurs des Chambres générale & particulieres, feront écrire sur leurs Livres tous les gages & salaires qu'ils donneront à leurs Officiers, Serviteurs, Commis, Ouvriers, Soldats & autres; lesquels Livres seront crus en Justice, & serviront de décision sur les demandes ou prétentions que l'on pourroit avoir contre ladite Compagnie : Et ne pourront les gages de ceux employés par ladite Compagnie, être saisis ni arrêtés pour quelque cause & occasion que ce soit.

XXII.

Ne pourront être saisis les effets de ladite Compagnie par les créanciers d'aucun des Interessés, pour raison de leurs dettes particulieres, par vertu de Sentences ni Arrêts; & ne pourra être établi de Commissaires ou Gardiens ausdits effets, déclarant nul tout ce qui pourra être fait au préjudice : Et ne seront tenus les Directeurs de ladite Compagnie de faire voir l'état desdits effets, ni rendre aucun compte aux créanciers desdits Interessés; sauf ausdits créanciers à faire saisir & arrêter entre les mains du Caissier général & Teneur de Livres de ladite Compagnie, ce qui pourra revenir ausdits Interessés par les comptes qui seront arrêtés par la Compagnie, ausquels ils seront tenus de se rapporter.

XXIII.

Ne sera donné aucunes Lettres d'Etat, répi, évocation, ni surséance, à ceux qui auront acheté des effets de ladite Compagnie, ou vendu des choses servant

servant à icelle, ensorte qu'elle demeure toujours en état de faire contraindre les débiteurs par les voies & ainsi qu'ils y seront obligés.

XXIV.

Tous différends qui pourront naître entre les Directeurs & Interessés en ladite Compagnie, ou entre les Interessés pour raison des affaires d'icelle, seront jugés & terminés à l'amiable par trois Directeurs, dont sera convenu par les Parties; sinon en sera nommé d'office sur le champ par les Chambres de Direction générale & particuliere des lieux où se trouveront les différends, afin d'arrêter par ce moyen la suite des procès & divisions qui pourroient arriver en ladite Compagnie; ausquels Jugemens les Parties seront tenues d'acquiescer comme si c'étoit Arrêt de Cour Souveraine, à peine de tous dépens, dommages & interêts.

XXV.

Tous différends qui surviendront pour quelque cause que ce soit, concernant ladite Compagnie, entre deux ou plusieurs Directeurs ou Interessés, & un Particulier, pour les affaires de ladite Compagnie, circonstances & dépendances, seront jugés & terminés par la Justice Consulaire, ou par les Juges qui en font les fonctions, à l'exclusion de tous autres, dont les Sentences & Jugemens s'exécuteront souverainement & sans appel jusqu'à la somme de quinze cens livres; & pour les affaires au-dessus, les Jugemens & Sentences seront exécutés nonobstant oppositions ou appellations quelconques, & sans préjudice d'icelles, dont l'appel ressortira devant les Juges ordinaires qui en doivent connoître: auquel effet nous ferons établir ladite Justice Consulaire dans les Villes où elle n'est point, & qui sera nécessaire.

XXVI.

Toutes les matieres criminelles dans lesquelles ladite Compagnie sera partie, ou aucuns des Interessés pour les affaires d'icelle, soit en demandant ou défendant, seront jugées par les Juges ordinaires; à la charge toutefois que pour quelque cause & sous quelque prétexte que ce soit, le criminel ne pourra jamais attirer le civil, lequel sera toujours jugé ainsi qu'il est ci-devant dit.

XXVII.

Ladite Compagnie pourra naviger & négocier seule, à l'exclusion de tous nos autres Sujets, depuis le Cap de Bonne-Espérance jusques dans toutes les Indes & Mers Orientales, même depuis le détroit de Magellan & le Maire, dans toutes les Mers du Sud, pour le tems de cinquante années consécutives, à commencer du jour que les premiers Vaisseaux sortiront du Royaume; pendant lequel tems il est fait très-expresses défenses à toutes personnes de faire ladite navigation & commerce, à peine contre les contrevenans de confiscation de vaisseaux, armes, munitions & marchandises, applicables au profit de ladite Compagnie.

XXVIII.

Appartiendra à ladite Compagnie à perpétuité, en toute proprieté, Justice & Seigneurie, toutes les Terres, Places & Isles qu'elle pourra conquerir sur nos ennemis, ou qu'elle pourra occuper, soit qu'elles soient abandonnées, désertes ou occupées par les Barbares, avec tous droits de Seigneurie sur les Mines & Minieres d'or & d'argent, cuivre & plomb, & tous autres Mineraux, même le droit d'esclavage, & autres droits utiles qui pourroient nous appartenir à cause de la Souveraineté esdits Pays.

XXIX.

Nous avons donné, concedé & octroyé, donnons, concedons & octroyons à ladite Compagnie, l'Isle de Madagascar ou de Saint Laurent, avec les Isles circonvoisines, Forts & Habitations qui peuvent y avoir été construites par nos Sujets; & en tant que besoin est, Nous avons subrogé ladite Compagnie à celle ci-devant établie pour ladite Isle de Madagascar, en conséquence du contrat de délaissement fait par les Interessés de ladite ancienne Compagnie, avec les Syndics de la nouvelle, passé par les Notaires au Châtelet de Paris le jour du présent mois, que Nous avons approuvé & ratifié, approuvons & ratifions par ces Présentes, pour en jouir par ladite Compagnie à perpétuité, en toute proprieté, Seigneurie & Justice, ensemble des droits contenus au précédent article, ne nous réservant aucun droit ni devoir pour tous lesdits Pays compris en la présente concession, que la seule foi & hommage lige, que ladite Compagnie sera tenue de Nous rendre, & à nos Successeurs Rois, avec la redevance à chacune mutation de Roi, d'une Couronne & un Sceptre d'or du poids de cent marcs.

XXX.

Sera tenue ladite Compagnie d'établir des Ecclésiastiques esdites Isles de Madagascar & autres lieux qu'elle aura conquis, en tel nombre & de telle qualité qu'elle trouvera à propos, pour instruire les Peuples en la Religion Catholique, Apostolique & Romaine, bâtir des Eglises pour y habituer lesdits Ecclésiastiques, avec la qualité de Curés ou autres Dignités, pour faire le Service Divin & administrer les Sacremens, & pour cet effet de prendre les institutions nécessaires; & seront à la nomination de ladite Compagnie, lesdits Curés & autres Dignités, lesquels elle entretiendra honnêtement & décemment, en attendant qu'elle puisse leur destiner des revenus pour les faire subsister.

XXXI.

Aura ladite Compagnie le pouvoir & faculté d'établir des Juges pour l'exercice de la Justice Souveraine & de la Marine, dans toute l'étendue desdits Pays, & autres qu'ils soumettront à notre obéissance, & même sur tous les François qui s'y habitueront; à la charge toutefois que ladite Compagnie nous nommera les personnes qu'elle aura choisies pour l'exercice de ladite Justice Souveraine, lesquelles nous prêteront le serment de fidelité, rendront la Justice gratuitement, & feront les Arrêts intitulés de notre Nom; à laquelle fin seront expédiées des Provisions ou Commissions pour lesdits Juges, scellées de notre grand Sceau.

XXXII.

Les Officiers établis pour ladite Justice Souveraine, pourront établir tel nombre d'Officiers subalternes, & en tels lieux qu'ils jugeront à propos, ausquels ils feront expédier des Provisions ou Commissions sous notre Nom, scellées de notre grand Sceau; lesquels Officiers subalternes rendront aussi la Justice gratuitement.

XXXIII.

Seront les Juges établis en tous lesdits lieux, tenus de juger suivant les Loix & Ordonnances de notre Royaume de France, & de suivre & se conformer à la Coutume de la Prevôté & Vicomté de Paris, suivant laquelle les Habitans pourront contracter, sans que l'on y puisse introduire aucune autre Coutume, pour éviter la diversité.

XXXIV.

Pour l'exécution des Arrêts, & pour tous Actes où notre Sceau sera nécessaire, il en sera établi un qui sera remis entre les mains de celui qui présidera à ladite Justice Souveraine.

XXXV.

Pour le commandement des armes, ladite Compagnie nous nommera un Lieutenant Général du Pays & autres qui seront conquis, lequel sera par Nous pourvû, & son serment de fidelité reçu; & en cas que sa conduite ne soit pas agréable à ladite Compagnie, elle en pourra nommer un autre qui sera de même par Nous pourvû & reçu.

XXXVI.

Ladite Compagnie pourra envoyer des Ambassadeurs en notre nom vers les Rois des Indes, & faire des Traités avec eux, soit de paix ou de tréve, même de déclarer la guerre, & faire tous autres Actes qu'elle jugera à propos pour l'avantage dudit Commerce.

XXXVII.

Pourra ladite Compagnie équiper & armer tel nombre de vaisseaux qu'elle verra bon être, soit de guerre ou de commerce; arborer sur l'arriere d'iceux le pavillon blanc avec les armes de France; établir des garnisons dans toutes les Places ci-dessus, ou qui seront conquises ou bâties, de tel nombre de compagnies & d'hommes qu'elle estimera nécessaires; y mettre armes, canons & munitions; faire fondre canons & autres armes en tous les lieux & en tel nombre qu'elle aura besoin, sur lesquels seront empreintes nos armes, & au-dessous celles de ladite Compagnie, qui fera tout ce qu'elle croira nécessaire pour la sûreté desdites Places, lesquelles seront commandées par des Capitaines & Officiers de toute qualité, qu'elle pourra instituer & destituer ainsi qu'elle verra bon être, à la charge toutefois qu'ils nous prêteront serment de fidelité, & ensuite serment particulier à ladite Compagnie.

XXXVIII.

Et pour favoriser d'autant plus les Habitans desdits Pays concedés, & porter nos Sujets à s'y habituer, Nous voulons que ceux qui passeront dans lesdits Pays, jouissent des mêmes libertés que s'ils étoient demeurans en ce Royaume; & que ceux qui naîtront d'eux & des Habitans desdits Pays convertis à la Foi Catholique, Apostolique & Romaine, soient censés & réputés Régnicoles & naturels François, & comme tels capables de toutes successions, dons, legs & autres dispositions, sans être obligés d'obtenir aucunes Lettres de Naturalité; & que les Artisans qui auront exercé leurs Arts & Métiers ausdits Pays pendant huit années consécutives, en rapportant certificats des Officiers des lieux où ils auront demeuré, attestés par les Directeurs de ladite Compagnie, soient réputés Maîtres de chef-d'œuvre en toutes les Villes de notre Royaume où ils voudront s'établir, sans aucune exception.

XXXIX.

S'il est fait aucunes prises par les vaisseaux de ladite Compagnie sur les ennemis de l'Etat, au-delà de la Ligne & dans les Mers des Pays concedés, elles lui appartiendront, & seront jugées par les Officiers qui seront établis dans les lieux desdits Pays où elles pourront être menées plus commodément, suivant les Ordonnances de la Marine, sauf l'appel à ladite Justice Souveraine.

XL.

Nous promettons à ladite Compagnie de la proteger & défendre envers &

contre tous, & d'employer la force de nos armes en toutes occasions pour la maintenir dans la liberté entiere de son Commerce & Navigation, & lui faire faire raison de toutes injures & mauvais traitemens, en cas qu'aucune Nation voulût entreprendre contre ladite Compagnie; de faire escorter ses envois & retours à nos frais & dépens, par tel nombre de vaisseaux de guerre que la Compagnie aura besoin, non-seulement par toutes les côtes de l'Europe & de l'Afrique, mais même jusques dans les Indes.

XLI.

Nous promettons faire fournir à ladite Compagnie pour ses armemens & équipages, la quantité de cent muids de sel pour les salaisons & équipages en la Ville du Havre de Grace, ou autres lieux où elle fera lesdites salaisons, par les mains des Commis des Greniers, en payant seulement le prix du Marchand, à condition toutefois de s'en servir de bonne foi & sans en abuser.

XLII.

Nous avons accordé à ladite Compagnie la liberté de prendre pour ses armes un écusson de forme ronde, le fond d'azur chargé d'une fleur de lys d'or, enfermé de deux branches, l'une de palme & l'autre d'olivier, jointes en haut, & portant une autre fleur de lys d'or, & pour devise, *florebo quocumque ferar*; & pour supports deux figures, l'une de la Paix & l'autre de l'Abondance; desquelles armes ladite Compagnie se pourra servir dans ses sceaux & cachets, & les faire apposer sur ses canons, armes, vaisseaux, édifices, & par-tout ailleurs qu'elle avisera.

XLIII.

La Compagnie sera exempte pendant le tems du présent privilége, de tous droits d'entrée pour les bois, chanvre, fer, cordages, munitions de guerre, & autres choses nécessaires au bâtiment & avitaillement de ses vaisseaux, ensemble lesdits vaisseaux & marchandises exempts des droits d'Amirauté & de Bris.

XLIV.

Les marchandises qui viendront des Indes, qui seront déchargées dans les Ports du Royaume, pour être ensuite transportées dans les Pays étrangers, ou exempts de foraine, ne payeront aucuns droits d'entrée ni de sortie, & seront mises en dépôt dans les magazins des Douanes & Havres des lieux où elles arriveront où il y en a, & où il n'y en a point, elles seront plombées & mises en dépôt jusqu'à ce qu'elles soient enlevées; ausquels lieux les Préposés par ladite Compagnie donneront déclarations d'icelles aux Interessés ou Commis des cinq grosses Fermes, signées de l'un des Directeurs de ladite Compagnie; & lorsque lesdits Préposés voudront les transporter ailleurs, ils prendront acquit à caution de rapporter dans un certain tems certification comme elles y seront arrivées; & pour les marchandises inconnues & non portées par le Tarif, elles payeront trois pour cent, suivant l'évaluation qui en sera faite par la Chambre de la Direction générale de ladite Compagnie de notre bonne Ville de Paris.

XLV.

Et pour marque de notre bonté paternelle pour nos Sujets, & pour donner lieu à l'établissement de ladite Compagnie, si avantageux aux Particuliers & à l'Etat, Nous promettons d'avancer présentement de nos deniers le cinquiéme de toute la dépense qu'il conviendra faire pour les trois premiers armemens; ensorte que Nous ferons incessamment délivrer au Préposé nommé par la Compagnie pour recevoir les deniers, la ſomme de trois cens mille livres, & au même tems qu'il aura reçu des Intereſſés quatre cens mille livres, Nous lui ferons délivrer autres trois cens mille livres, & ainſi conſécutivement juſqu'à la ſomme de trois millions de livres, pour trois cinquiémes de la ſomme de quinze millions de livres, à laquelle Nous avons fixé le fonds total de ladite Compagnie; leſquels trois cinquiémes Nous fournirons la premiere année, à meſure que tous les Intereſſés en fourniront quatre, attendu que Nous ne fournirons rien aux deux années ſuivantes; laquelle ſomme Nous voulons bien prêter à ladite Compagnie ſans aucun interêt, ni même ſans y vouloir prendre part, mais ſeulement nous nous contentons que ladite Compagnie s'oblige de Nous rendre ladite ſomme ſans interêt à la fin deſdites premieres années, à compter du jour que le premier fonds capital de ladite Compagnie aura été achevé: Et en cas qu'à la fin deſdites dix années il ſe trouvât par le compte général qui ſera fait alors, que ladite Compagnie eût perdu de ſon capital, Nous voulons que toute la perte tombe ſur la ſomme que nous aurons fait avancer à ladite Compagnie; le compte de tous les effets de laquelle ſera arrêté par la Chambre de la Direction générale à Paris, ſans que ladite Compagnie ſoit obligée de compter en nos Chambres des Comptes ni ailleurs, dont Nous l'avons diſpenſée & diſpenſons par ces Préſentes.

XLVI.

Et pour donner moyen à ladite Compagnie de ſoutenir les grandes dépenſes qu'elle ſera obligée de faire pour ſes établiſſemens dans des Pays ſi éloignés, Nous promettons de lui faire payer pour chacun voyage de ſes vaiſſeaux, qui feront leurs équipemens & cargaiſons dans les Ports & Havres de France, pour décharger dans leſdits Pays concedés, & qui feront leurs retours dans les Ports du Royaume, la ſomme de 50 liv. tournois, pour chacun tonneau de marchandiſes qu'ils porteront dans leſdits Pays, & la ſomme de 75 liv. pour chacun tonneau de marchandiſes qu'ils en rapporteront & déchargeront en ce Royaume, dont nous avons fait & faiſons don à ladite Compagnie, à quelque ſomme que le tout puiſſe monter, ſans que pour ce il ſoit beſoin d'autres Lettres que ces Préſentes. Voulons & Nous plaît que leſdites ſommes ſoient payées au Caiſſier général de ladite Compagnie, par le Garde de notre Tréſor Royal, ſur les certifications de deux deſdits Directeurs, & paſſées ſans difficulté en ſes comptes où il appartiendra.

XLVII.

Et d'autant que le ſuccès de ce grand deſſein dépendra particulierement de la conduite & vigilance des Directeurs, nous promettons à ceux qui ſe feront bien acquittés deſdits emplois, de leur donner des marques d'honneur qui paſſeront juſqu'à leurs poſterités; même à ceux des Officiers & Gens du Conſeil général, qui ſera établi par ladite Compagnie à Madagaſcar, ou au lieu principal de ſon Commerce dans les Indes.

XLVIII.

SI DONNONS EN MANDEMENT à nos amés & féaux Conſeillers, les Gens tenant notre Cour de Parlement à Paris, que ces Préſentes ils faſſent lire, publier & enregiſtrer, entretenir, garder & obſerver de point en point, ſelon leur forme & teneur, nonobſtant tous Edits, Ordonnances, Réglemens, & autres Lettres à ce contraires: CAR tel eſt notre plaiſir. Et afin que ce ſoit choſe ferme & ſtable à toujours, Nous y avons fait mettre & appoſer notre Scel. DONNÉ à Vincennes au mois d'Août, l'an de grace mil ſix cens ſoixante-quatre, & de notre Regne le vingt-deuxiéme. *Signé* LOUIS : *Et plus bas*, Par le Roi, DE GUENEGAUD.

Et à côté est écrit : *Visa*, SEGUIER, pour servir aux Lettres Patentes portant établissement de la Compagnie du Commerce aux Indes Orientales.

Registrées, oui le Procureur Général du Roi, pour être exécutées selon leur forme & teneur, aux charges portées par l'Arrêt de ce jour. A Paris en Parlement, ce premier Septembre mil six cens soixante-quatre. Signé ROBERT.

Extrait des Registres de Parlement.

VEU par la Cour les Lettres Patentes du Roi, données à Vincennes le mois d'Août dernier mil six cens soixante-quatre, signées LOUIS, & plus bas, par le Roi, de Guenegaud, & scellées sur lacs de soie du grand Sceau de cire verte; par lesquelles & pour les considérations y contenues, ledit Seigneur Roi auroit établi une Compagnie puissante pour faire le Commerce des Indes Orientales, & pour y parvenir, auroit dit, statué & ordonné, veut & lui plaît : Premierement, que ladite Compagnie des Indes Orientales soit formée de tous ses Sujets, de quelque qualité & condition qu'ils soient, qui y voudront entrer pour telle somme qu'ils estimeront à propos, sans que pour ce ils dérogent à leur Noblesse & privilége dont ledit Seigneur les a relevés & dispensés : & ne pourra chacune part être moindre de mille livres, ni les augmentations de cinq cens livres, pour la facilité des calculs, répartitions & ventes d'actions, & ainsi que plus au long le contiennent lesdites Lettres, au nombre de quarante-huit articles, à la Cour adressantes. Conclusions du Procureur Général du Roi; la matiere mise en délibération. LA COUR a ordonné & ordonne que lesdites Lettres seront registrées au Greffe, pour être exécutées selon leur forme & teneur; & pour l'exécution du trentiéme article d'icelles dans les Colonies établies ou à établir, fait défenses d'y faire passer aucunes personnes qui enseignent ouvertement ou secretement aucune doctrine contraire à la Religion Catholique, Apostolique & Romaine; & à la charge que les appellations des Sentences des Juges-Consuls seront relevées en la Cour : que les contestations & procès qui naîtront ès Villes & lieux où il n'y aura des Juges-Consuls, seront jugés ès Villes & lieux les plus prochains où il y en aura; & que le privilége accordé par le trente-huitiéme article, ne s'étendra aux Apoticaires, Chirurgiens, Maîtres de Monnoies & Orfévres. Fait en Parlement le premier Septembre mil six cens soixante-quatre. *Signé* DU TILLET.

EDIT DU ROY,

PORTANT établissement d'une Compagnie des Indes Occidentales, pour faire tout le Commerce dans les Isles & Terres fermes de l'Amérique, & autres Pays, aux concessions, pouvoirs, facultés, droits, exemptions & priviléges y contenus.

Donné à Paris au mois de Mai 1664.

LOUIS, par la grace de Dieu, Roi de France & de Navarre : A tous présens & à venir, SALUT. La paix dont jouit présentement cet Etat, Nous ayant donné lieu de nous appliquer au rétablissement du commerce, Nous avons reconnu que celui des Colonies & de la Navigation sont les seuls & véritables moyens de le mettre dans l'éclat où il est chez les Etrangers. Pour à quoi parvenir, & exciter nos Sujets à former de puissantes Compagnies, Nous leur avons promis de si grands avantages, qu'il y a lieu d'esperer que tous ceux qui prendront quelque part à la gloire de l'Etat, & qui voudront acquerir du bien par les voies honorables & légitimes, y entreront très-volontiers : ce que nous avons déja reconnu avec beaucoup de joie, par la Compagnie qui s'est formée depuis quelques mois pour la Terre ferme de l'Amérique, autrement appellée France Equinoxiale. Mais comme il ne suffit pas à ces Compagnies de se mettre en possession des terres que nous leur concedons, & les faire défricher & cultiver par les gens qu'ils y envoyent avec grands frais, si elles ne se mettent en état d'y établir le commerce, par le moyen duquel les François qui s'habitueront ausdits Pays, communiquent avec les naturels Habitans, en leur donnant en échange des denrées qui croissent dans leur Pays, les choses dont ils ont besoin ; il est aussi absolument nécessaire pour faire ce commerce, d'équiper nombre de vaisseaux, pour porter journellement les marchandises qui se débitent audit Pays, & rapporter en France celles qui s'en retirent : ce qui n'a point été jusqu'à présent par les Compagnies ci-devant formées, ayant reconnu que le Pays de Canada a été abandonné par les Interessés en la Compagnie qui s'étoit formée en 1628, faute d'y envoyer annuellement quelque leger secours ; & que dans les Isles de l'Amérique, où la fertilité des terres y a attiré un grand nombre de François, ceux de la Compagnie à laquelle nous les avions concedées en l'année 1642, au lieu de s'appliquer à l'agrandissement de ces Colonies, & d'établir dans cette grande étendue de Pays un commerce qui leur devoit être très-avantageux, se sont contentés de vendre lesdites Isles à divers Particuliers, lesquels s'étant seulement appliqués à cultiver les terres, n'ont subsisté depuis ce tems-là que par le secours des Etrangers ; ensorte que jusqu'à présent ils ont seuls profité du courage des François, qui ont les premiers découvert & habité lesdites Isles, & du travail de plusieurs milliers de perſonnes qui ont cultivé leſdites terres. C'eſt pour ces conſidérations que nous avons repris des Intereſſés en ladite Compagnie de Canada, la conceſſion qui leur avoit été accordée dudit Pays par le feu Roi notre très-honoré Seigneur & Pere de glorieuſe mémoire, laquelle ils nous ont volontairement cedée par acte de leur Aſſemblée du 24 Février 1663; & que nous avons réſolu de retirer toutes les Iſles de l'Amérique qui ont été vendues auſdits Particuliers par ladite Compagnie, en rembourſant les Propriétaires d'icelles, du prix de leurs acquiſitions & des améliorations qu'ils y auront faites. Mais comme notre intention a été, en retirant leſdites Iſles, de les remettre entre les mains d'une Compagnie qui pût les poſſeder toutes, achever de les peupler, & y faire le commerce que les Etrangers y font préſentement; Nous avons eſtimé en même tems, qu'il étoit de notre gloire & de la grandeur & avantage de l'Etat, de former une puiſſante Compagnie pour faire tout le commerce des Indes Occidentales, à laquelle nous voulons conceder toutes leſdites Iſles, celle de Cayenne, & toute la Terre ferme de l'Amérique, depuis la Riviere des Amazones juſqu'à celle d'Orenoc, le Canada, l'Acadie, Iſles de Terre-neuve & autres Iſles, & Terre-ferme, depuis le Nord du Pays de Canada juſqu'à la Virginie & Floride; enſemble toute la côte de l'Afrique, depuis le Cap vert juſqu'au Cap de Bonne-Eſpérance, ſoit que leſdits Pays nous appartiennent, pour être ou avoir été ci-devant habités par les François, ſoit que ladite Compagnie s'y établiſſe, en chaſſant ou ſoumettant les Sauvages ou Naturels du Pays, ou les autres Nations de l'Europe qui ne ſont dans notre alliance; afin que ladite Compagnie ayant établi de puiſſantes Colonies dans leſdits Pays, elle les puiſſe régir & gouverner par un même eſprit, & y établir un commerce conſidérable, tant avec les François qui y ſont déja habitués, & ceux qui s'y habitueront ci-après, qu'avec les Indiens, & autres naturels Habitans deſdits Pays, dont elle pourra tirer de grands avantages. Pour cet effet, Nous avons jugé à propos de nous ſervir de ladite Compagnie de la Terre ferme de l'Amérique, laquelle Compagnie étant déja compoſée de beaucoup d'Intereſſés, & munie de nombre de vaiſſeaux, peut aiſément ſe mettre en état de former celle des Indes Occidentales, & ſe fortifiant de tous ceux de nos Sujets qui voudront y entrer, ſoutenir cette grande & louable entrepriſe. A CES CAUSES, & autres bonnes conſidérations à ce Nous mouvans, ſçavoir faiſons, qu'après avoir fait mettre cette affaire en déliberation en notre Conſeil, où étoient la Reine notre très-honorée Dame & Mere, notre très-cher Frere le Duc d'Orleans, pluſieurs Princes & autres Grands de notredit Conſeil, de notre certaine ſcience, pleine puiſſance & autorité royale, Nous avons par le préſent Edit, établi & établiſſons une Compagnie des Indes Occidentales, qui ſera compoſée des Intereſſés en la Terre ferme de l'Amérique, & de tous nos Sujets qui voudront y entrer, pour faire tout le commerce qui ſe peut faire en l'étendue deſdits Pays de la Terre ferme de l'Amérique, depuis la Riviere des Amazones juſqu'à celle d'Orenoc, & Iſles appellées Antilles, poſſedées par les François, & dans le Canada, l'Acadie, Iſles de Terre-neuve & autres Iſles, & Terre ferme, depuis le Nord dudit Pays de Canada juſqu'à la Virginie & Floride; enſemble la côte de l'Afrique, depuis le Cap vert juſqu'au Cap de Bonne-Eſpérance, tant & ſi avant qu'elle pourra s'étendre dans les terres, ſoit que leſdits Pays nous appartiennent, pour être ou avoir été ci-devant habités par les François, ſoit que ladite Compagnie s'y établiſſe, en chaſſant ou ſoumettant les Sauvages ou naturels Habitans deſdits Pays, ou les autres Nations de l'Europe qui ne ſont dans notre alliance; leſquels

lesquels Pays Nous avons concedé & concedons à ladite Compagnie, en toute proprieté, Seigneurie & Justice. Et après avoir examiné les articles & conditions qui nous ont été présentés par les Interessés en ladite Compagnie, Nous les avons agréés & accordés, agréons & accordons, ainsi qu'ils sont inserés ci-après.

PREMIEREMENT.

Comme Nous regardons dans l'établissement desdites Colonies principalement la gloire de Dieu, en procurant le salut des Indiens & Sauvages, ausquels nous desirons faire connoître la vraie Religion, ladite Compagnie présentement établie sous le nom de Compagnie des Indes Occidentales, sera obligée de faire passer aux Pays ci-dessus concedés, le nombre d'Ecclésiastiques nécessaires, pour y prêcher le saint Evangile, & instruire ces Peuples en la créance de la Religion Catholique, Apostolique & Romaine : Comme aussi de bâtir des Eglises, & d'y établir des Curés & Prêtres (dont elle aura la nomination) pour faire le Service Divin aux jours & heures ordinaires, & administrer les Sacremens aux Habitans; lesquelles Eglises, Curés & Prêtres, ladite Compagnie sera tenue d'entretenir décemment & avec honneur, en attendant qu'elle les puisse fonder raisonnablement, sans toutefois que ladite Compagnie puisse changer aucun des Ecclésiastiques qui sont à présent établis dans lesdits Pays, sur lesquels elle aura néanmoins le même pouvoir & autorité que les précédens Gouverneurs & Proprietaires desdites Isles.

II.

Ladite Compagnie sera composée de tous ceux de nos Sujets qui voudront y entrer, de quelque qualité & condition qu'ils soient, sans que pour cela ils dérogent à leur noblesse & priviléges, dont nous les dispensons; dans laquelle Compagnie pourront pareillement entrer les Etrangers & Sujets de quelque Prince & Etat que ce soit.

III.

Tous ceux qui voudront entrer en la Societé, soit François ou Etrangers, y seront reçus pendant quatre mois, à compter du premier jour du mois de Juin de la présente année, pour telle somme qu'il leur plaira, qui ne pourra néanmoins être moindre de trois mille livres, après lequel tems passé, aucune personne n'y sera admise.

IV.

Ceux qui mettront dans ladite Compagnie depuis dix jusqu'à vingt mille livres, soit François ou Etrangers, pourront assister aux Assemblées générales, & avoir voix déliberative : & ceux qui y mettront vingt mille livres & au dessus, pourront être élûs Directeurs généraux chacun à leur tour, ou selon l'ordre qui sera arrêté par ladite Compagnie : & acquerront ceux qui seront interessés en ladite Compagnie pour vingt mille livres, le droit de Bourgeoisie dans les Villes du Royaume où ils feront leur résidence.

V.

Les Etrangers qui entreront dans ladite Compagnie pour ladite somme de vingt mille livres, seront réputés François & Régnicoles pendant le tems qu'ils demeureront & seront interessés pour lesdites vingt mille livres en ladite Compagnie; & après le tems de vingt années expirées, ils jouiront dudit privilége incommutablement, sans avoir besoin d'autres Lettres de Naturalité; & leurs parens, quoiqu'étrangers, leur pourront succeder en tous les biens qu'ils auront en ce Royaume, leur déclarant que nous renonçons dès-à-présent pour ce regard à tout droit d'aubaine.

VI.

Les Officiers qui entreront en ladite Compagnie pour vingt mille livres, seront dispensés de la résidence à laquelle Sa Majesté les oblige par sa Déclaration du mois de Décembre dernier, & jouiront de leurs gages & droits comme s'ils étoient présens aux lieux de leur résidence.

VII.

Les Interessés en ladite Compagnie pourront vendre, ceder & transporter les actions qu'ils auront en icelle, à qui & ainsi que bon leur semblera.

VIII.

Sera établi en la Ville de Paris une Chambre de Direction générale, composée de neuf Directeurs généraux qui seront élûs par la Compagnie, & dont il y en aura du moins trois de Marchands, lesquels Directeurs exerceront ladite Direction pendant trois années; & où les affaires de ladite Compagnie requerroient des Chambres de Direction particulieres dans les Provinces, il en sera établi par ladite Compagnie avec le nombre de Directeurs qu'elle jugera à propos, lesquels seront pris du nombre des Marchands desdites Provinces, & non d'autres; lesquels Marchands pourront entrer dans lesdites Directions particulieres, bien qu'ils ne soient interessés que pour dix mille livres; & ne pourront lesdits Directeurs généraux & particuliers être inquietés en leurs personnes ni en leurs biens, pour raison des affaires de ladite Compagnie.

IX.

Sera tenu tous les ans une Assemblée générale au premier jour de Juillet, pour déliberer sur les affaires générales de la Compagnie, où tous ceux qui auront voix déliberative pourront assister, en laquelle Assemblée seront nommés lesdits Directeurs généraux & particuliers à la pluralité des voix: & comme ladite Compagnie ne peut être entierement formée avant le premier jour d'Octobre prochain, sera le quinziéme dudit mois fait une Assemblée générale pour la nomination des neuf premiers Directeurs généraux, dont trois sortiront après trois années expirées, & en leur place il en entrera trois nouveaux. La même chose se fera l'année suivante; & ainsi toutes les années il en sortira & entrera pareil nombre: en sorte que ladite Chambre de Direction générale sera toujours composée de neuf Directeurs; sçavoir six anciens & trois nouveaux, qui exerceront trois années, à la réserve des neuf premiers Directeurs, dont trois exerceront quatre années, & les trois autres cinq, afin que les affaires de ladite Compagnie soient conduites avec plus de connoissance. La même chose se pratiquera pour l'élection des Directeurs particuliers; & en cas de mort d'aucun des Directeurs, il en sera élû d'autres par ladite Compagnie audit jour premier de Juillet.

X.

Les Secretaire & Caissier général de la Compagnie en France, seront nommés par icelle à la pluralité des voix, & ne pourront être destitués qu'en la même maniere.

XI.

Les effets de ladite Compagnie, ni les parts & portions qui appartiendront aux Interessés en icelle, ne pourront être saisis pour nos affaires, pour quelque cause, prétexte ou occasion que ce soit, ni même les parts qui appartiendront aux Etrangers, pour raison ou sous prétexte de guerre, represaille ou autrement, que nous pourrions avoir contre les Princes & Etats dont ils sont Sujets.

XII.

Ne pourront pareillement être saisis les effets de ladite Compagnie par les créanciers d'aucuns des Interessés, pour raison de leurs dettes particulieres; & ne seront tenus les Directeurs de ladite Societé de faire voir l'état desdits effets, ni rendre aucun compte aux créanciers desdits Interessés; sauf auxdits créanciers à faire saisir & arrêter entre les mains du Caissier général de ladite Compagnie, ce qui pourra revenir ausdits Interessés, par les comptes qui seront arrêtés par la Compagnie, ausquels ils seront tenus de se rapporter; à la charge que lesdits Saisissans feront vuider lesdites saisies dans les six mois du jour qu'elles auront été faites, après lesquels elles seront nulles & comme non avenues, & ladite Compagnie pleinement déchargée.

XIII.

Les Directeurs généraux à Paris nommeront les Officiers, Commandans & Commis nécessaires pour le service de la Compagnie, soit dans le Royaume ou dans les Pays concedés, & ordonneront des achats des marchandises, équipement de vaisseaux, payement des gages des Officiers & Commis, & généralement de toutes les choses qui seront pour le bien & utilité de ladite Compagnie; lesquels Directeurs pourront agir les uns en l'absence des autres, à la charge toutefois que les Ordonnances pour les dépenses seront signées au moins par quatre desdits Directeurs.

XIV.

Les comptes des Chambres de Direction particuliere ou des Commissionnaires qui seront établies dans les Provinces, seront rendus à la Chambre de la Direction générale à Paris, de six mois en six mois, & ceux de ladite Chambre de Direction générale de Paris, arrêtés d'année en année. & les profits partagés, à la réserve des deux premieres années, pendant lesquelles il ne sera fait aucun partage; lesquels comptes seront rendus à la maniere des Marchands, & les Livres de raison de ladite Compagnie, tant de ladite Direction générale que des particulieres, tenus en parties doubles, ausquels Livres sera ajouté foi en Justice.

XV.

La Compagnie fera seule, à l'exclusion de tous nos autres Sujets qui n'entreront en icelle, tout le commerce & navigation dans lesdits Pays concedés pendant quarante années. Et à cet effet Nous faisons défenses à tous nosdits Sujets qui ne seront de ladite Compagnie d'y négocier, à peine de confiscation de leurs vaisseaux & marchandises applicables au profit de ladite Compagnie, à la réserve de la pêche qui sera libre à tous nosdits Sujets.

XVI.

Et pour donner moyen à ladite Compagnie de soutenir les grandes dépenses qu'elle sera obligée de faire pour l'entretien des Colonies, & du grand nombre de vaisseaux qu'elle envoyera ausdits Pays concedés, Nous promettons à ladite Compagnie de lui faire payer pour chacun voyage de ses dits vaisseaux qui feront leurs équipemens & cargaisons dans les Ports de France, iront décharger & recharger dans lesdites Isles & Terre ferme où les Colonies Françoises seront établies, & feront leurs retours dans les Ports du Royaume, trente livres pour chacun tonneau des marchandises qu'ils porteront dans lesdits Pays, & quarante livres pour chacun tonneau de celles qu'ils en rapporteront & qu'ils déchargeront, ainsi qu'il est dit, dans les Ports du Royaume; dont, à quelque somme que chaque voyage se puisse monter, Nous lui avons fait & faisons don, sans que pour ce il soit besoin d'autres Lettres que la présente concession. Voulons & ordonnons que lesdites sommes soient payées à ladite Compagnie par le Garde de notre Trésor Royal, sur les certifications de deux des Directeurs, & passées dans ses comptes sans aucune difficulté.

XVII.

Les marchandises venant desdits Pays qui seront apportées en France par les Vaisseaux de ladite Compagnie, pour être transportées par mer ou par terre dans les Pays étrangers, ne payeront aucuns droits d'entrée ni de sortie, en donnant par les Directeurs particuliers qui seront sur les lieux, ou leurs Commissionnaires, des certificats aux Bureaux de nos Fermes, comme lesdites marchandises ne sont point pour consommer en France; & seront lesdites marchandises mises en dépôt dans les Douanes & Magasins jusqu'à ce qu'elles soient enlevées.

XVIII.

Les marchandises qui auront été déclarées pour être consommées dans le Royaume, & acquitté les droits d'entrée, & que la Compagnie voudra renvoyer aux Pays étrangers, ne payeront aucuns droits de sortie, non plus que les sucres qui auront été rafinés en France dans les Rafineries que la Compagnie fera établir, lesquels nous déchargerons pareillement de tous droits de sortie, pourvû qu'ils soient chargés sur des Vaisseaux François, pour être transportés hors du Royaume.

XIX.

Ladite Compagnie sera pareillement exempte de tout droit d'entrée & sortie sur les munitions de guerre, vivres & autres choses nécessaires pour l'avitaillement & armement des Vaisseaux qu'elle équipera, même de tous les bois, cordages, gaudrons, canons de fer & de fonte, & autres choses qu'elle fera venir des Pays étrangers, pour la construction des Navires qu'elle fera bâtir en France.

XX.

Appartiendront à ladite Compagnie, en toute proprieté, Seigneurie & Justice, toutes les Terres qu'elle pourra conquerir & habiter pendant lesdites quarante années en l'étendue desdits Pays ci-devant exprimés & concedés; comme aussi les Isles de l'Amérique appellées Antilles, habitées par les François, qui ont été vendues à plusieurs Particuliers par la Compagnie desdites Isles formée en 1642, en remboursant les Seigneurs proprietaires d'icelles des sommes qu'ils ont payées pour l'achat, conformément à leurs contrats d'acquisition, & des améliorations & augmentations qu'ils y ont faites, suivant la liquidation qu'en feront les Commissaires par Nous à ce députés, & les laissant jouir des habitations qu'ils y ont établies depuis l'acquisition desdites Isles.

XXI.

Tous lesquels Pays, Isles & Terres, Places & Forts qui peuvent y avoir été construits & établis par nos Sujets, Nous avons donnés, octroyés & concedés, donnons, octroyons & concedons à ladite Compagnie, pour en jouir à perpetuité en toute proprieté, Seigneurie & Justice, ne nous réservant autre droit ni devoir que la seule foi & hommage-lige que ladite Compagnie sera tenue nous rendre, & à nos Successeurs Rois, à chaque mutation de Roi, avec une Couronne d'or du poids de trente marcs.

XXII.

Ne fera tenue ladite Compagnie d'aucun rembourfement ni dédommagement envers les Compagnies aufquelles Nous, ou nos prédéceffeurs Rois, avons concedé lefdites Terres & Ifles, Nous chargeant d'y fatisfaire, fi aucun leur eft dû; auquel effet Nous avons révoqué & révoquons à leur égard toutes les conceffions que nous leur en avons accordées, aufquelles en tant que befoin Nous avons fubrogé ladite Compagnie, pour jouir de tout le contenu en icelles, ainfi & comme fi elles étoient particulierement exprimées.

XXIII.

Jouira ladite Compagnie en qualité de Seigneurs defdites Terres & Ifles, des droits feigneuriaux qui y font préfentement établis fur les Habitans defdites Terres & Ifles, ainfi qu'ils fe levent à préfent par les Seigneurs proprietaires, fi ce n'eft que la Compagnie trouve à propos de les commuer en autres droits pour le foulagement defdits Habitans.

XXIV.

Ladite Compagnie pourra vendre ou inféoder les Terres, foit dans lefdites Ifles, Terre ferme de l'Amérique, ou ailleurs dans lefdits Pays concedés, à tels cens, rentes & droits feigneuriaux qu'elle jugera bon, & à telles perfonnes qu'elle trouvera à propos.

XXV.

Jouira ladite Compagnie de toutes les Mines & Minieres, Caps, Golfes, Ports, Havres, Fleuves, Rivieres, Ifles & Iflots, étant dans l'étendue defdits Pays concedés, fans être tenus de nous payer pour raifon defdites Mines & Minieres aucuns droits de Souveraineté, defquels nous lui avons fait don.

XXVI.

Pourra ladite Compagnie faire conftruire les Forts en tous les lieux qu'elle jugera néceffaire pour la défenfe dudit Pays; faire fondre canons à nos armes, au-deffous defquelles elle pourra mettre celles que nous lui accordons ci-après; faire poudre, fondre boulets, forger armes, & lever des gens de guerre dans le Royaume pour envoyer aufdits Pays, en prenant notre permiffion en la forme ordinaire & accoutumée.

XXVII.

Ladite Compagnie pourra auffi établir tels Gouverneurs qu'elle jugera à propos, foit dans la Terre ferme, par Provinces ou Départemens féparés, foit dans lefdites Ifles; lefdits Gouverneurs feront nommés & préfentés par les Directeurs de ladite Compagnie, pour leur être expédié nos provifions: & pourra ladite Compagnie les deftituer toutefois & quantes que bon lui femblera, & en établir d'autres en leurs places, aufquels nous ferons pareillement expédier nos Lettres, fans aucune difficulté; en attendant l'expédition defquelles, ils pourront commander le tems de fix mois, ou un an au plus, fur les commiffions des Directeurs.

XXVIII.

Pourra ladite Compagnie armer & équiper en guerre tel nombre de Vaiffeaux qu'elle jugera à propos, pour la défenfe defdits Pays & la fûreté dudit commerce, fur lefquels Vaiffeaux elle pourra mettre tel nombre de canons de fonte que bon lui femblera, arborer le pavillon blanc avec les armes de France, & établir tels Capitaines, Officiers, Soldats & Matelots qu'elle trouvera bon, fans que lefdits Vaiffeaux puiffent être par nous employés, foit à l'occafion de quelque guerre ou autrement, fans le confentement de ladite Compagnie.

XXIX.

S'il est fait quelques prises par les Vaisseaux de ladite Compagnie sur les Ennemis de l'Etat, dans les Mers des Pays concedés, elles lui appartiendront, & seront jugées par les Officiers qui seront établis dans les lieux desdits Pays où elles pourront être menées plus commodément, suivant les Ordonnances de la Marine, Nous réservant sur icelles le droit de l'Amiral, lequel donnera sans difficulté les commissions & congés pour la sortie desdits Vaisseaux des Ports de France.

XXX.

Pourra ladite Compagnie traiter de paix & alliance en notre nom, avec les Rois & Princes des Pays où elle voudra faire ses habitations & commerce, & convenir avec eux des conditions desdits Traités qui seront par nous approuvés; & en cas d'insulte, leur déclarer la guerre, les attaquer & se défendre par la voie des armes.

XXXI.

Et en cas que ladite Compagnie fût troublée en la possession desdites Terres & dans le commerce par les Ennemis de notre Etat, Nous promettons de la défendre & assister de nos armes & de nos vaisseaux à nos frais & dépens.

XXXII.

Pourra ladite Compagnie prendre pour ses armes un écusson en champ d'azur, semé de fleurs de lys d'or sans nombre, deux Sauvages pour support, & une couronne treflée; lesquelles armes nous lui concedons pour s'en servir dans ses sceaux & cachets, & que Nous lui permettons de mettre & apposer aux édifices publics, vaisseaux, canons, & par-tout ailleurs où elle jugera à propos.

XXXIII.

Pourra ladite Compagnie, comme Seigneurs Hauts-Justiciers de tous lesdits Pays, y établir des Juges & Officiers par tout où besoin sera, & où elle trouvera à propos, & les déposer & destituer quand bon lui semblera; lesquels connoîtront de toutes affaires de Justice, Police, Commerce & Navigation, tant civiles que criminelles; & où il sera besoin d'établir des Conseils Souverains, les Officiers dont ils seront composés, nous seront nommés & présentés par les Directeurs généraux de ladite Compagnie, & sur lesdites nominations les provisions leur seront expédiées.

XXXIV.

Seront les Juges établis en tous lesdits lieux, tenus de juger suivant les Loix & Ordonnances du Royaume, & les Officiers de suivre & se conformer à la Coutume de la Prevôté & Vicomté de Paris, suivant laquelle les Habitans pourront contracter, sans que l'on puisse introduire aucune autre Coutume, pour éviter la diversité.

XXXV.

Et pour favoriser d'autant plus les Habitans desdits Pays concedés, & porter nos Sujets à s'y habituer, Nous voulons que ceux qui passeront dans lesdits Pays, jouissent des mêmes libertés & franchises que s'ils étoient demeurans en ce Royaume, & que ceux qui naîtront d'eux & des Sauvages convertis à la Foi Catholique Apostolique & Romaine, soient censés & réputés Régnicoles & naturels François, & comme tels capables de toutes successions, dons, legs & autres dispositions, sans être obligés d'obtenir aucunes Lettres de Naturalité; & que les Artisans qui auront exercé leurs Arts & Métiers audits

Pays pendant dix années conſécutives, en rapportant certificat des Officiers des lieux où ils auront demeuré, atteſtés des Gouverneurs, & certifiés par les Directeurs de ladite Compagnie, ſoient réputés Maîtres de chef-d'œuvres en toutes les Villes de notre Royaume où ils voudront s'établir, ſans aucune exception.

XXXVI.

Permettons à ladite Compagnie de dreſſer & arrêter tels Statuts & Réglemens que bon lui ſemblera, pour la conduite & direction de ſes affaires, tant en Europe que dans leſdits Pays concedés; leſquels Statuts & Réglemens Nous confirmerons par Lettres Patentes, afin que les Intereſſés en ladite Compagnie ſoient obligés de les obſerver ſelon leur forme & teneur, ſous les peines portées par iceux, que les contrevenans ſubiront comme Arrêt de Cour Souveraine.

XXXVII.

Tous différends entre les Directeurs & Intereſſés en ladite Compagnie, ou d'Aſſociés avec Aſſociés, pour raiſon des affaires d'icelle, ſeront jugés à l'amiable par trois autres Directeurs dont ſera convenu; & où les Parties n'en voudroient convenir, il ſera nommé d'office ſur le champ par les autres Directeurs, pour juger l'affaire dans le mois; & où leſdits Arbitres ne rendroient leur Jugement dans ledit tems, il en ſera nommé d'autres, afin d'arrêter par ce moyen la ſuite des procès & diviſions qui pourroient arriver en ladite Compagnie; auſquels Jugemens les Parties ſeront tenues d'acquieſcer, comme ſi c'étoit Arrêt de Cour Souveraine, à peine contre les contrevenans de perte de leur capital, qui tournera au profit de l'acquieſçant.

XXXVIII.

Et à l'égard des procès & différends qui pourroient naître entre les Directeurs de ladite Compagnie & les Particuliers non intereſſés, pour raiſon des affaires d'icelle, ils ſeront jugés & terminés par les Juges-Conſuls, dont les Sentences & Jugemens s'exécuteront ſouverainement juſqu'à la ſomme de mille livres & au-deſſus de ladite ſomme par proviſion, ſauf l'appel pardevant les Juges qui en devront connoître.

XXXIX.

Et quant aux matieres criminelles dans leſquelles aucun de ladite Compagnie ſera Partie, ſoit en demandant ou défendant, elles ſeront jugées par les Juges ordinaires, ſans que pour quelque cauſe que ce ſoit, le criminel puiſſe attirer le civil, lequel ſera jugé comme il eſt dit ci-deſſus.

XL.

Ne ſera par Nous accordé aucunes Lettres d'Etat, répi, évocation, ni ſurſéance, à ceux qui auront acheté des effets de la Compagnie; leſquels ſeront contraints au payement de ce qu'ils devront, par les voies & ainſi qu'ils y ſeront obligés.

XLI.

Après leſdites quarante années expirées, s'il n'eſt jugé à propos de continuer le privilége du Commerce, toutes les Terres & Iſles que la Compagnie aura conquiſes, habitées ou fait habiter, avec les droits & devoirs ſeigneuriaux & redevances qui ſeront dûs par les Habitans, lui demeureront à perpétuité en toute proprieté, Seigneurie & Juſtice, pour en faire & diſpoſer ainſi que bon lui ſemblera, comme de ſon propre héritage; comme auſſi des Forts, armes, munitions, meubles, uſtenſiles, vaiſſeaux & marchandiſes qu'elle aura dans lesdits Pays, sans y pouvoir être troublée, ni que nous puissions retirer lesdites Terres & Isles, pour quelque cause, occasion ou prétexte que ce soit, à quoi nous avons renoncé dès-à-présent, à condition que ladite Compagnie ne pourra vendre lesdites Terres à aucuns Etrangers sans notre permission expresse.

XLII.

Et pour faire connoître à ladite Compagnie comme nous desirons la favoriser par tous moyens, contribuer de nos deniers à son établissement, & à l'achat des vaisseaux & marchandises dont elle a besoin pour envoyer ausdits Pays, nous promettons de fournir le dixiéme de tous les fonds qui seront faits par ladite Compagnie, & ce pendant quatre années, après lesquelles ladite Compagnie nous rendra lesdites sommes sans aucun interêt; & en cas que pendant lesdites quatre années elle souffre quelque perte, en le justifiant par les comptes, Nous consentons qu'elle soit prise sur les deniers que nous aurons avancés, si mieux nous ne voulons laisser ledit dixiéme ainsi par nous avancé dans la caisse de ladite Compagnie, encore pour autres quatre années, le tout sans aucun interêt, pour être en fin desdites huit années fait un compte général de tous les effets de ladite Compagnie; & en cas qu'il se trouve de la perte du fonds capital, nous consentons que ladite perte soit prise sur ledit dixiéme, & jusqu'à la concurrence d'icelui.

XLIII.

En attendant que ladite Compagnie soit entierement formée, ce qui ne peut être qu'après le tems accordé à toutes personnes d'y entrer, ceux qui y seront présentement interessés, nommeront six d'entr'eux pour agir dans les affaires de ladite Compagnie, & travailler incessamment à faire équiper les vaisseaux & aux achats des marchandises qu'il convient envoyer dans lesdits Pays, ausquels Directeurs ceux qui voudront entrer en ladite Compagnie, s'adresseront, & ce qui aura été geré & négocié par eux sera approuvé.

Toutes lesquelles conditions ci-dessus exprimées Nous promettons exécuter de notre part, & faire exécuter par-tout où besoin sera, & en faire jouir pleinement & paisiblement ladite Compagnie, sans que pendant le tems de la présente concession, il puisse y être apporté aucune diminution, alteration ni changement.

SI DONNONS EN MANDEMENT à nos amés & féaux Conseillers, les Gens tenant notre Cour de Parlement & Chambre des Comptes à Paris, que ces Présentes ils fassent lire, publier & registrer, & le contenu en icelles garder & observer selon sa forme & teneur, sans souffrir qu'il y soit contrevenu en aucune sorte & maniere que ce soit: CAR tel est notre plaisir. Et afin que ce soit chose ferme & stable à toujours, Nous avons fait mettre notre Scel à cesdites Présentes, sauf en autre chose notre droit, & l'autrui en toutes. DONNÉ à Paris au mois de Mai, l'an de grace mil six cens soixante-quatre, & de notre Regne le vingt-deuxiéme. *Signé* LOUIS. *Et plus bas*, Par le Roi, DE LIONNE. Et à côté: *Visa*, SEGUIER. Et scellé du grand Sceau de cire verte, en lacs de soie rouge & verte.

Extrait

Extrait des Registres de Parlement.

ENTRE Charles Hoüel, Conſeiller du Roi en ſes Conſeils, Seigneur en partie & Gouverneur de la Guadeloupe & autres Iſles de l'Amérique, Dame Madelaine Hoüel, épouſe de Meſſire Jean Bochard, Seigneur de Champigny, auſſi Conſeiller du Roi en tous ſes Conſeils, ci-devant veuve de Meſſire Jean de Boiſſeret, Charles de Boiſſeret, Seigneur d'Herbelay, en partie Gouverneur pour le Roi des Iſles de la Guadeloupe, Marie Galande & la Deſirade, & Meſſire Jean de Fondoas, Comte de Cerillac, Gouverneur & Proprietaire des Iſles de la Grenade & Grenadins ſiſes à l'Amérique, Oppoſans à la vérification de l'Edit ou Déclaration du Roi pour l'établiſſement d'une Compagnie des Indes Occidentales, d'une part; & le Procureur Général du Roi, défendeur, d'autre. VEU par la Cour leſdites Lettres patentes en forme d'Edit, données à Paris au mois de Mai dernier, ſignées LOUIS, *& plus bas*, par le Roi, DE LIONNE, & en queue, Vû au Conſeil, COLBERT, & ſcellées ſur lacs de ſoie du grand Sceau de cire verte; par leſquelles, & pour les cauſes y contenues, ledit Seigneur Roi auroit établi une Compagnie des Indes Occidentales, qui ſera compoſée des Intereſſés en la Terre de l'Amérique, & de tous ſes Sujets qui voudront y entrer, pour faire tout le commerce qui ſe pourroit faire en l'étendue deſdits Pays de la Terre ferme de l'Amérique, depuis la Riviere des Amazones juſqu'à celle d'Orenoc, & Iſles appellées Antilles, poſſedées par les François dans le Canada, l'Acadie, Iſles de Terre-neuve, & autres Iſles de Terre ferme, depuis le Nord dudit Pays de Canada, juſqu'à la Virginie & Floride; enſemble la côte de l'Afrique, depuis le Cap vert juſqu'au Cap de Bonne-Eſperance, tant & ſi avant qu'elle pourra s'étendre dans les Terres, ſoit que leſdits Pays appartiennent audit Seigneur Roi, pour être ou avoir été ci-devant habités par les François, ſoit que ladite Compagnie s'y établiſſe, en chaſſant & ſoumettant les Sauvages, ou naturels Habitans deſdits Pays, ou les autres Nations de l'Europe qui ne ſeront dans l'alliance dudit Seigneur Roi, leſquels Pays il auroit accordé à ladite Compagnie en toute proprieté, Seigneurie & Juſtice. Et après avoir examiné les articles & conditions qui ont été préſentés audit Seigneur par les Intereſſés en ladite Compagnie, ledit Seigneur Roi les auroit agréés & accordés ainſi qu'ils étoient inſerés audit Edit, au nombre de quarante-trois articles, & ainſi que plus au long eſt porté par ledit Edit à la Cour adreſſant. Leſdits actes d'oppoſition dudit Charles Hoüel, Madelaine Hoüel de Boiſſeret, & de Cerillac. Arrêt du huitiéme du préſent mois, par lequel ſur leſdites oppoſitions, les Parties auroient été appointées à mettre & joint aux Lettres, pour leur être ſur le tout fait droit dans le jour ſans forcluſion. Requête deſdits Charles Hoüel & de Cerillac. Production d'iceux Hoüel, de Cerillac, & du Procureur Général, ſignifiée à la requête de ladite Madelaine Hoüel, tant en ſon nom, que comme Tutrice de ſes enfans & dudit Hoüel, Sieur d'Herbelay, contenant ſa déclaration qu'elle ſe déſiſte de l'oppoſition par elle formée à l'enregiſtrement deſdites Lettres: Concluſions du Procureur Général du Roi; la matiere miſe en déliberation. LADITE COUR, ſans s'arrêter auſdites oppoſitions, a ordonné & ordonne que leſdites Lettres ſeront enregiſtrées au Greffe, pour être exécutées ſelon leur forme & teneur: Et pour l'exécution du premier Article d'icelles dans les Colonies établies ou à établir, fait défenses d'y faire passer aucunes personnes qui enseignent ouvertement ou secretement aucune doctrine contraire à la Religion Catholique, Apostolique & Romaine : Le tout à la charge que les Seigneurs proprietaires desdites Isles ne pourront être dépossedés de tous les droits utiles desdites Seigneuries, & de tous les revenus qu'ils ont esdites Isles, desquels ils continueront la jouissance & pourront disposer ainsi qu'ils ont fait par le passé, jusqu'à ce qu'ils ayent été actuellement remboursés par ladite Compagnie des principaux de leurs acquisitions, prix de la construction de leurs Forts, canons, armes & munitions de guerre, & généralement de toutes les impenses & améliorations utiles & nécessaires, frais & loyaux-coûts, suivant les estimations & liquidations qui en seront faites, tant sur les lieux entre lesdits Seigneurs proprietaires desdites Isles, & celui qui est ou sera envoyé de la part du Roi, dont seront dressés les états & procès verbaux à ce nécessaires, pour sur iceux rapportés & vûs par la Cour, y être pourvû ainsi que de raison. Et néanmoins seront tenus lesdits Seigneurs proprietaires de livrer présentement les Forts desdites Isles, avec tous les canons, armes & autres munitions de guerre, suivant l'inventaire qui en sera fait ; dans lesquels Forts ils auront leur demeure jusqu'audit remboursement, pour percevoir lesdits droits & revenus simplement : & outre à la charge que les inféodations faites seront entretenues ; que les contestations pour raison des prises faites par les Vaisseaux, ne pourront être jugées qu'à la charge de l'appel en la Cour ; que les Conseils Souverains ne pourront être établis qu'en vertu des Lettres patentes vérifiées en la Cour ; & que l'Article XXXV. touchant les Maîtrises sera exécuté, à l'exception des Apoticaires, Chirurgiens, Barbiers, Maîtres des Monnoyes, Orfévres & Tireurs d'or : que l'Article XXXVII. ne pourra s'étendre aux Associés d'Associés, mais seulement aux Directeurs & Interessés en ladite Compagnie ; & que les appellations des Juge-Consuls pour les sommes excédant mille livres, ne pourront être relevées qu'en la Cour. FAIT en Parlement, le onziéme Juillet mil six cens soixante-quatre. *Signé* ROBERT.

Extrait des Registres de la Chambre des Comptes.

VEU par la Chambre les Lettres patentes du Roi en forme d'Edit, du mois de Mai mil six cens soixante-quatre, signées LOUIS, *& plus bas*, par le Roi, DE LIONNE, & scellées du grand Sceau de cire verte ; par lesquelles, & pour les considérations y contenues, Sa Majesté établit une Compagnie des Indes Occidentales, qui sera composée des Interessés en la Terre ferme de l'Amérique, & de tous les autres Sujets de Sadite Majesté, qui voudront y entrer pour faire tout le commerce qui se peut faire en l'étendue desdits Pays de la Terre ferme de l'Amérique, depuis la Riviere des Amazones jusqu'à celle d'Orenoc, & Isles appellées Antilles, possedées par les François, & dans le Canada, l'Acadie, Isle de Terre-neuve, & autres Isles de Terre ferme, depuis le Nord dudit Pays de Canada, jusqu'à la Virginie & Floride ; ensemble la Côte de l'Afrique, depuis le Cap vert jusqu'au Cap de Bonne-Esperance, tant & si avant qu'elle pourra s'étendre dans les Terres, soit que lesdits Pays appartiennent au Roi, pour être ou avoir été ci-devant habités par les François, soit que ladite Compagnie s'y établisse, en chassant ou soumettant les Sauvages, ou naturels Habitans desdits Pays, ou les autres Nations de l'Europe qui ne sont dans l'alliance de Sa Majesté; lesquels Pays Sadite Majesté concede à ladite Compagnie en toute proprieté, Seigneurie & Justice, avec plusieurs droits & privilèges mentionnés ès articles inserés esdites Lettres d'Edit. Conclusions du Procureur Général du Roi; & tout consideré. LA CHAMBRE a ordonné & ordonne lesdites Lettres être registrées, pour être exécutées selon leur forme & teneur : Et pour l'exécution des V. & VI. Articles, que les quatre mois expirés, accordés par Sa Majesté pour former ladite Compagnie, les Directeurs généraux d'icelle seront tenus de rapporter au Greffe de la Chambre un état signé & certifié d'eux, contenant les noms & lieux de la naissance des Etrangers qui auront mis en ladite Compagnie la somme de vingt mille livres & au-dessus, pour jouir du privilége de Naturalité : comme aussi un autre état des Officiers qui auront mis en ladite Compagnie pareille somme, pour être dispensés de la résidence sur les lieux. Et sur les VIII. & IX. Articles, que les Directeurs qui seront nommés & élûs à la premiere nomination qui sera faite, & à l'avenir d'année en année, seront tenus huitaine après d'apporter au Greffe de ladite Chambre l'acte de leur nomination, & de s'inscrire sur le Registre dudit Greffe, pour y avoir recours quand besoin sera. Sur le XVI. Article, ordonne que pour l'allocation des sommes qui seront employées en dépenses dans les comptes du Garde du Trésor Royal, pour le don des trente & quarante livres accordées par Sa Majesté à ladite Compagnie, pour chacun tonneau des marchandises qui seront chargées en France pour porter esdits Pays, & de celles qui seront chargées esdits Pays pour retourner en France, sera rapporté, outre les certifications de deux Directeurs de ladite Compagnie, les certificats en bonne & dûe forme des Officiers de l'Amirauté des lieux où se feront les cargaisons desdits Vaisseaux, contenant le nombre des marchandises dont ils sont chargés. Et sur le XXI. Article, que les actes de foi & hommage qui se feront à chaque mutation de Roi, seront apportés à ladite Chambre par les Directeurs généraux de ladite Compagnie, avec une déclaration desdites Isles & Terres fermes, contenant la consistance & étendue d'icelles, pour y être registrés. A l'égard du XXII. Article, que pour la validité des remboursemens qui pourront être faits par Sa Majesté aux Compagnies ausquelles elle avoit ci-devant concedé lesdites Terres & Isles, il sera pareillement rapporté sur les emplois qui en seront faits sur les comptes du Garde du Trésor Royal, Lettres patentes dûement vérifiées par ladite Chambre. Sur les XXX. & XXXVI. Articles, que les Traités de Paix qui pourront être faits au nom de Sa Majesté, ensemble les Statuts & Réglemens de ladite Compagnie, & Lettres patentes de ratification sur iceux, seront registrés en ladite Chambre. Et sur le XLII. Article, si pendant les quatre ou huit années y mentionnées, ladite Compagnie souffre quelque perte, & qu'au moyen d'icelle il soit pris quelque somme de deniers sur le fonds de Sa Majesté, il sera justifié de ladite perte pardevant les Commissaires qui seront députés par Sadite Majesté pour en prendre connoissance, qui en dresseront procès-verbal, sur lequel Lettres patentes seront expédiées, pour être registrées en ladite Chambre, & rapportées sur le compte dudit Garde du Trésor Royal, auquel sera fait emploi de ladite somme. FAIT les Bureaux assemblés, le dernier jour de Juillet mil six cens soixante-quatre. *Signé* RICHER.

DECLARATION DU ROY,

En faveur des Officiers de son Conseil & de ses Cours Souveraines, interessés ès Compagnies des Indes Orientales & Occidentales.

Du vingt-sept Août 1664.

Vérifiée en Parlement le premier Septembre suivant.

LOUIS, PAR LA GRACE DE DIEU, ROI DE FRANCE ET DE NAVARRE: A tous ceux qui ces Présentes verront. SALUT. Ayant par nos Déclarations des mois de Mai & présent, formé & établi en ce Royaume deux grandes Compagnies pour faire seules le commerce des Indes Orientales & Occidentales, & concedé à chacune desdites Compagnies en toute proprieté, Seigneurie & Justice, toutes les Terres qui sont ou ont été ci-devant occupées par nos Sujets en l'étendue desdits Pays, & celles qui ne sont présentement possedées par aucuns Princes qui soient dans notre alliance, avec plusieurs priviléges & exemptions, ainsi qu'il est plus amplement contenu ausdites Déclarations; Nous aurions, pour donner lieu à tous nos Sujets de pouvoir contribuer à cet établissement, aussi glorieux à l'Etat, qu'utile aux Particuliers, non-seulement permis à toutes personnes, de quelque qualité & condition qu'elles soient, de prendre interêt dans lesdites Compagnies, sans pour ce déroger en aucune façon à leur naissance, qualité & priviléges, mais aussi puissamment excités par notre exemple, celui de la Reine notre très-honorée Dame & Mere, & de la Reine notre très-chere Epouse & Compagnie, de notre très-cher Fils le Dauphin, tous les Princes de notre Sang, autres Princes, Officiers de notre Couronne, de nos Conseils, & de toutes nos Compagnies Souveraines, ensemble tous nos Sujets, de contribuer à ce grand ouvrage, participer en ce faisant à l'avantage que notre sainte Religion Catholique, Apostolique & Romaine, & la chose publique de notre Royaume en doivent recevoir; & ce afin que lesdites Compagnies étant remplies de tout ce qu'il y a de grand & de considérable dans notre Etat, elles puissent subsister avec l'éclat qu'elles méritent, & que cette union d'interêts les oblige tous à travailler au bon succès que nous en attendons. Mais comme il pourroit arriver que les Officiers de nos Conseils & de nos Cours Souveraines, & autres Officiers de notre Royaume, qui ont pris ou prendront interêt dans l'une ou l'autre desdites Compagnies, pourroient être récusés dans les affaires où il s'agiroit du fait desdites Compagnies en général, ou de l'interêt des Particuliers qui les composent, ce qui ne seroit nullement raisonnable, puisque ces Compagnies sont affaires publiques, dans lesquelles les Compagnies & les Particuliers sont également interessés ; ce que voulant prévenir, comme chose contraire à notre intention & au bien desdites Compagnies. A CES CAUSES, après nous être fait représenter les susdites Déclarations en notre Conseil, où étoient notre très-honorée Dame & Mere, notre très-cher Frere le Duc d'Orleans, autres Princes, grands & notables Personnages de notredit Conseil, Nous avons par ces Présentes signées de notre main, dit, déclaré, disons, déclarons, voulons & Nous plaît, que les Officiers qui ont l'honneur d'entrer dans nos Conseils, ceux de nos Cours Souveraines, & autres Officiers de notre Royaume, qui seront Interessés dans l'une ou l'autre Compagnie, puissent connoître & juger de tous procès & différends en matiere civile & criminelle d'entre lesdites Compagnies ou Interessés, & les Particuliers contre lesquels ils auront à demander ou défendre, pour raison des affaires d'icelles, sans que sous prétexte de l'interêt que lesdits Officiers auront dans lesdites Compagnies, ils puissent être aucunement récusés, ni même les parens des Interessés ausdites Compagnies ; faisant très-expresses défenses à nosdites Cours de recevoir aucune Requête de récusation contre lesdits Officiers, lesquels ne pourront s'abstenir de connoître desdits procès & différends, & ce nonobstant toutes Ordonnances, Arrêts & Réglemens contraires, ausquels pour ce regard Nous avons dérogé & dérogeons par ces Présentes, & aux dérogatoires y contenues. SI DONNONS EN MANDEMENT à nos amés & féaux Conseillers, les Gens tenans notre Cour de Parlement à Paris, que ces Présentes ils fassent lire, publier & registrer, & le contenu en icelles garder & observer selon leur forme & teneur : CAR tel est notre plaisir. En témoin de quoi Nous avons fait mettre notre Scel à cesdites Présentes. DONNÉ à Vincennes le vingt-septiéme jour d'Août, l'an de grace mil six cens soixante-quatre, & de notre Regne le vingt-deuxiéme. *Signé* LOUIS. *Et sur le repli*, Par le Roi, DE GUENEGAUD.

Registrées, oui le Procureur Général du Roi, pour être exécutées selon leur forme & teneur, aux charges portées par l'Arrêt de ce jour. A Paris en Parlement, le premier Septembre mil six cens soixante-quatre. Signé ROBERT.

Extrait des Registres de Parlement.

VEU par la Cour les Lettres patentes du Roi, données à Vincennes le vingt-septiéme du mois d'Août dernier, signées LOUIS, & sur le repli, par le Roi, DE GUENEGAUD, & scellées du grand Sceau de cire jaune ; par lesquelles, & pour les considérations y contenues, ledit Seigneur Roi dit & déclare, veut & lui plaît, que les Officiers qui ont l'honneur d'entrer dans ses Conseils, ceux de ses Compagnies Souveraines, & autres Officiers de son Royaume, qui seront Interessés dans l'une ou l'autre Compagnie des Indes Orientales ou Occidentales, puissent connoître & juger de tous procès & différends en matiere civile & criminelle d'entre lesdites Compagnies ou Interessés, & les Particuliers contre lesquels ils auront à demander ou défendre, pour raison des affaires d'icelles, sans que sous prétexte de l'interêt que lesdits Officiers auront dans lesdites Compagnies, ils puissent être aucunement récusés, ni même les parens desdits Interessés ausdites Compagnies ; faisant très-expresses défenses à ses Cours de recevoir aucunes Requêtes de récusation contre lesdits Officiers, lesquels ne pourront s'abstenir de connoître desdits procès & différends, & ce nonobstant toutes Ordonnances, Arrêts & Réglemens à ce contraires, ausquels pour ce regard ledit Seigneur auroit dérogé, ainsi que plus au long le contiennent lesdites. Lettres à la Cour adressantes: Conclusions du Procureur Général du Roi; la matiere mise en déliberation. LA COUR a ordonné & ordonne que lesdites Lettres seront registrées au Greffe, pour être exécutées selon leur forme & teneur, sans néanmoins que les contestations & procès des Particuliers de ladite Compagnie contre autres Particuliers, puissent être jugés par leurs parens, lesquels pourront être récusés, aux termes des Ordonnances, Arrêts & Réglemens, ainsi qu'il est accoutumé de ce faire en autre cause. Fait en Parlement, le premier Septembre mil six cens soixante-quatre. *Signé* DU TILLET.

Registrées en la Chambre des Comptes, oui & ce requerant le Procureur Général du Roi, pour être exécutées selon leur forme & teneur, suivant l'Arrêt sur ce fait le onziéme jour de Septembre mil six cens soixante-quatre. Signé RICHER.

Extrait des Registres de la Chambre des Comptes.

VEU par la Chambre les Lettres patentes du Roi en forme d'Edit, du mois d'Août de la présente année mil six cens soixante-quatre, signées LOUIS, *& plus bas*, par le Roi, DE GUENEGAUD, & scellées; par lesquelles, & pour les considérations y contenues, Sa Majesté voulant établir une puissante Compagnie pour le commerce des Indes Orientales, & satisfaire à l'impatience qu'ont ses Sujets de toutes conditions d'y entrer & de la former, veut & ordonne que ladite Compagnie des Indes Orientales soit formée de tous ses Sujets, de quelque qualité & condition qu'ils soient, qui y voudront entrer pour telles sommes qu'ils trouveront à propos, lesquelles néanmoins ne pourront être moindres que de mille livres, sans que pour ce ils dérogent à leur noblesse, droits & priviléges, dont Sadite Majesté les a relevés & dispensés, & autres charges, clauses & conditions portées par lesdites Lettres: Conclusions du Procureur Général, & tout considéré. LA CHAMBRE a ordonné & ordonne lesd. Lettres d'Edit être registrées, pour être exécutées selon leur forme & teneur; & que pour l'exécution des trois & sixiéme articles, les Etrangers qui entreront en ladite Compagnie pour la somme de vingt mille livres & au-dessus, seront réputés Régnicoles, & jouiront du privilége de naturalité pendant le tems qu'ils seront actuellement interessés, & après incommutablement, pourvû qu'ils y ayent demeuré l'espace de vingt années & non autrement, & qu'après les six mois accordés par Sa Majesté pour former ladite Compagnie expirés, les Etrangers qui voudront jouir dudit privilége de naturalité, & les Officiers qui voudront être dispensés de la résidence, seront tenus de remettre au Greffe de la Chambre un certificat des Directeurs généraux de ladite Compagnie, avec copie de la quittance du Caissier bien & dûement controllée. Sur le neuviéme article, qu'a la diligence du Procureur Général, l'Acte de nomination qui sera faite d'année en année des Directeurs de ladite Compagnie, sera apporté au Greffe de la Chambre, pour y avoir recours quand besoin sera. Sur les vingt-huit & vingt-neuviéme articles, que lesdits Directeurs de ladite Compagnie seront tenus d'apporter en la Chambre l'Acte de foi & hommage qu'ils feront à chaque mutation de Rois, pour raison des Isles & Terres y mentionnées, avec une déclaration de la consistance & étendue d'icelles, pour y être conservés. Sur le trente-sixiéme article, que les Traités de paix qui seront faits, ensemble les Lettres de ratification d'iceux, seront aussi rapportés ès Registres en la Chambre. Sur le quarante-deuxiéme, que les armes de Sa Majesté seront mises & apposées aux édifices publics, vaisseaux & canons qui seront faits, & au-dessous celles qui sont accordées par Sa Majesté à ladite Compagnie. Sur le quarante-sixiéme, que pour l'allocation des sommes qui seront employées en dépense dans les comptes du Garde du Trésor Royal, pour le don des cinquante livres & soixante-quinze livres accordées par Sa Majesté à ladite Compagnie, pour chacun tonneau des marchandises qui seront chargées en France pour porter esdits Pays, & de celles qui seront chargées esdits Pays pour retourner en France, il sera rapporté les certificats en bonne & dûe forme des Controlleurs des cinq grosses Fermes, ou autres qui seront établis par Sa Majesté pour cet effet, contenant le nombre & qualité des marchandises dont ils seront chargés. Fait le onziéme jour de Septembre mil six cens soixante-quatre. Collationné. *Signé* Richer.

Registrées en la Cour des Aydes, oui le Procureur Général du Roi, pour être exécutées selon leur forme & teneur, à la charge que les procès & différends dont la connoissance appartient à ladite Cour par les Ordonnances, Edits & Déclarations du Roi, ne pourront être traités ailleurs qu'en icelle; & que copies collationnées des présentes Lettres, ensemble de l'Arrêt de vérification d'icelles, seront envoyées ès Elections & Greniers à Sel du ressort de ladite Cour, pour être lûes & publiées, les Audiences tenantes, & exécutées à la diligence des Substituts du Procureur Général, qui certifieront ladite Cour de leur diligence au mois. A Paris en ladite Cour des Aydes, le vingt-deuxiéme de Septembre mil six cens soixante-quatre. Signé Du Moulins.

Extrait des Registres de la Cour des Aydes.

VEU par la Cour les Lettres patentes du Roi en forme d'Edit, données à Vincennes au mois d'Août mil six cens soixante-quatre, signées LOUIS, *& plus bas*, De Guenegaud, & scellées du grand Sceau de cire verte, portant établissement de la Compagnie du commerce des Indes Orientales, ainsi que plus au long le contiennent lesdites Lettres à la Cour adressantes pour la vérification & enregistrement d'icelles : Conclusions du Procureur Général du Roi, & tout consideré. LA COUR a ordonné & ordonne que lesdites Lettres seront registrées au Greffe d'icelle, pour être exécutées selon leur forme & teneur, à la charge que les procès & différends dont la connoissance appartient à ladite Cour par les Ordonnances, Edits & Déclarations du Roi, ne pourront être traités ailleurs qu'en icelles; & que copies collationnées desdites Lettres, ensemble du présent Arrêt, seront envoyées ès Elections & Greniers à Sel du Ressort de ladite Cour, pour être lûes & publiées, les Audiences tenantes, & exécutées à la diligence des Substituts du Procureur Général, qui certifieront ladite Cour de leurs diligences au mois. Prononcé le vingt-deuxiéme jour de Septembre mil six cens soixante-quatre. Collationné. *Signé* Du Moulins.

EDIT DU ROY,

PORTANT Création & Réglement d'une Compagnie générale pour les Assurances & grosses Aventures de France en la Ville de Paris.

Donné à Versailles au mois de Mai 1686.

LOUIS, par la grace de Dieu, Roi de France & de Navarre, Dauphin de Viennois, Comte de Valentinois & Diois, Provence, Forcalquier, & Terres adjacentes : A tous présens & à venir, SALUT. Depuis le tems que Nous nous sommes appliqués au rétablissement du commerce maritime, dont Nous avons fixé la Jurisprudence par divers Réglemens, & par notre Ordonnance du mois d'Août 1681, plusieurs de nos Sujets ont fait des Polices & Contrats d'Assurance avec beaucoup d'avantage, ayant évité de grandes pertes, moyennant des sommes modiques qu'ils ont payées pour faire assurer leurs vaisseaux & marchandises. C'est ce qui nous a porté à exciter plusieurs Négocians & autres personnes entendues au commerce, de s'associer ensemble pour l'établissement d'une Chambre générale d'Assurances en corps de Compagnie, fonds & signatures communes, à condition de faire par eux un fonds considérable, afin que les Négocians qui voudroient se servir de ce moyen pour diminuer les risques qu'ils courent dans leur commerce ordinaire, l'entreprennent & le continuent avec plus de facilité & de sûreté. A CES CAUSES & autres à ce Nous mouvans, Nous avons dit & déclaré, disons & déclarons par ces Présentes signées de notre main, voulons & Nous plaît.

PREMIEREMENT.

Qu'il soit établi une Compagnie générale des Assurances & grosses Aventures en notre bonne Ville de Paris, en tel lieu que les Interessés en icelle trouveront le plus convenable pour en faire le Bureau général des Assurances, y faire les Assemblées nécessaires, & traiter des affaires de leur Societé.

II.

Elle sera composée de trente Associés seulement, cinq desquels seront élûs à la pluralité des voix, pour en être les Directeurs pendant le tems qui sera fixé par la Compagnie, & les noms de tous les Associés seront inscrits dans un tableau qui sera posé & demeurera au Bureau.

III.

Six mois après la premiere élection, deux sortiront de charge, & les trois autres six mois après, & ainsi successivement de six mois en six mois, en la place desquels d'autres seront élûs en pareil nombre au lieu de ceux qui seront sortis ; en sorte que dans la Direction il reste toujours deux ou trois anciens Directeurs, qui ne pourront être continués de suite plus de deux fois, & entre lesquels il y aura toujours trois Négocians.

IV.

Le fonds capital de ladite Compagnie sera de trois cens mille livres, & reparti

reparti en soixante-quinze actions de quarante mille livres chacune, qui seront fournies par les Associés au tems qui sera porté par leur Societé, conformément au Réglement qui sera fait entr'eux ; afin qu'incontinent après la publication des Présentes, la Compagnie puisse commencer d'assurer ceux qui se présenteront. Et durera ladite Societé six années du jour de l'enregistrement desdites Présentes.

V.

Si quelques-uns des Associés manquent de payer aux termes qui seront reglés par la Societé, la part pour laquelle chacun d'eux devra contribuer à proportion de son interêt au fonds de trois cens mille livres, ce qu'ils auront avancé leur tombera en pure perte, & demeurera au profit des autres Associés, sans qu'ils puissent être déchargés des pertes qui pourront arriver sur les engagemens que la Compagnie aura contractés, jusques & compris le jour qu'ils auront été en défaut de payer.

V I.

Les Polices & Contrats d'Assurance & grosses Aventures, Lettres & Billets de Change, Missives, Procurations, & autres actes concernant l'administration de la Compagnie, seront signés par les Directeurs, & en tout cas par trois d'iceux en l'absence des autres ; & en ce cas ils valideront de même que si tous les Associés les avoient signés.

V I I.

Les Directeurs qui auront signé les Polices & Contrats d'Assurance, & autres actes concernant ledit commerce, non plus que les autres Associés, ne seront réputés obligés ni contraints solidairement au-delà de trois cens mille livres du fonds de la Societé. Pourront cependant lesdits Directeurs & autres Associés être contraints chacun au sol la livre, & à proportion de son interêt dans ladite Societé, au-delà desdits trois cens mille livres.

V I I I.

En cas que par les comptes qui seront faits par la Compagnie dans les tems portés par la Societé, le fonds de trois cens mille livres se trouve diminué par les pertes, il sera incontinent rétabli par contribution au sol la livre, & à proportion de la part que chacun des Associés aura signée dans la Societé ; à quoi faire ils seront tenus & obligés : & en cas de refus par aucun d'eux, les refusans demeureront exclus de la Societé de plein droit, huitaine après une sommation faite à leurs personnes, à domiciles élûs ; & perdront toutes leurs avances, qui demeureront au profit des autres Associés, entre lesquels les actions de ceux qui auront été exclus, seront reparties à proportion de leurs interêts.

I X.

La Compagnie pourra établir des Commis & Correspondans dans toutes les Villes qu'elle jugera à propos.

X.

Toutes les Polices d'Assurance contiendront la soumission des Parties à l'arbitrage, en cas de contestation, sous telle peine qui sera convenue entre la Compagnie & l'Assuré.

X I.

En cas de contestation entre la Compagnie & l'Assuré, ils seront tenus de nommer chacun de leur part un Arbitre Marchand ou Banquier non interessé, & de signer sur le Registre un compromis ou soumission d'en passer par leur jugement, sous les peines dont ils conviendront, qui ne pourront être réputées comminatoires : & s'ils ne peuvent convenir d'Arbitres, ils seront nommés d'office par le Lieutenant général de l'Amirauté, à la premiere requisition de l'une des Parties; lesquels Arbitres rendront leurs Jugemens dans le Bureau de la Compagnie, qui seront par eux prononcés aux Parties, & expédiés par le Commis au Greffe.

XII.

Si pendant la contestation l'Assuré demande d'être payé par provision de ce qui pourra lui être dû, la Compagnie sera tenue de lui remettre la somme en deniers comptans, à la charge toutefois par l'Assuré de rapporter le principal & les interêts à six pour cent, & d'y être contraint comme dépositaire de biens de Justice, s'il est ainsi ordonné en fin de cause, dont il fera sa soumission sur le Registre, & donnera bonne & suffisante caution qui sera reçue avec les Directeurs par les Arbitres convenus ou nommés.

XIII.

Les Sentences arbitrales seront homologuées au Siége de la Table de Marbre à Paris; & en cas d'appel, l'Appellant sera tenu auparavant qu'il puisse y être reçu, de payer la peine portée par le compromis, nonobstant qu'il prétendît qu'elle fût nulle & contraire aux Ordonnances; après quoi y sera fait droit.

XIV.

Les appellations qui seront interjettées desdites Sentences arbitrales, seront jugées en dernier ressort par les sieurs Lieutenant général de Police, Prevôt des Marchands de notre bonne Ville de Paris, & tel de nos Conseillers en nos Conseils & en notre Conseil d'Etat qui sera par Nous commis, & ce sur le rapport qui en sera fait par le Lieutenant général de l'Amirauté, & sur les piéces qui seront remises entre ses mains trois jours après la dénonciation & sommation qui en aura été faite à l'Assuré ou aux Directeurs, sans qu'il soit besoin de la réiterer, ni du ministere d'aucun Avocat ni Procureur.

XV.

Attribuons pareillement comme dessus ausdits sieurs Commissaires la connoissance de tous les différends qui pourroient naître entre les Directeurs, Associés, Officiers & Commis de la Compagnie, pour les choses où elle aura interêt, circonstances & dépendances.

XVI.

Ne pourront les Actionnaires & Associés de la Compagnie s'y faire assurer, ni prendre des deniers à la grosse Aventure d'elle directement ou indirectement sur aucun Vaisseau ou chargement dans lequel ils auront quelque interêt, à peine de nullité de la Police, perte de la prime, au profit de la Compagnie, restitution de l'argent qui aura été pris avec l'interêt à dix pour cent, & autre plus grande peine s'il y échet, si ce n'est qu'ils ayent auparavant déclaré par écrit, tant aux Directeurs qu'au Greffe, l'interêt qu'ils y ont, & qu'ils en soient convenus avec eux.

XVII.

Et d'autant que le fonds de la Societé doit être certain & assuré, il demeurera spécialement affecté aux Polices & Contrats d'Assurance que la Compagnie aura faits, sans qu'il puisse être saisi ni diverti pour aucunes autres dettes, non pas même pour deniers royaux, dont Nous avons déchargé & déchargeons lesdits Associés.

XVIII.

Ceux qui entreront dans ladite Societé & Commerce, ne dérogeront point à la Noblesse.

XIX.

Quand des places de Directeurs viendront à vaquer dans la Compagnie des Indes Orientales, elles seront remplies de l'un desdits trente Associés, en acquerant le nombre des actions porté par la Déclaration du mois de Février 1685.

XX.

Voulons en outre que l'un des Associés Négocians soit choisi & élû tous les deux ans à la pluralité des voix, pour entrer & être reçu dans le Consulat de la Ville de Paris.

XXI.

Ceux desdits Associés qui n'ont point de droit de *Committimus* par leurs Offices ou autrement, auront leurs causes commises en premiere instance pardevant notre Prevôt de Paris, pour leurs affaires civiles & criminelles, tant en demandant qu'en défendant; & à l'égard de celles qui concerneront leur commerce & négoce particulier, pardevant les Juges & Consuls de ladite Ville.

XXII.

Nous avons accordé & accordons par ces Présentes à ladite Compagnie l'entiere proprieté du Greffe des Assurances, ensemble des droits & émolumens qui en proviendront. Sçavoir, l'Assuré payera pour le droit du Greffe, un quart pour cent des sommes qu'il fera assurer, & l'Assureur un sixiéme pour cent, lorsque les Directeurs envoyeront signer les Polices dans le Public, suivant l'usage ordinaire. Celui qui empruntera de la Compagnie à la grosse Aventure, payera pareillement un quart pour cent des sommes qu'elle lui prêtera, suivant l'usage ordinaire: pour l'acte & expédition de la Police, l'Assuré payera vingt sols; pour l'enregistrement & signification d'une perte, abandon ou avaries, quinze sols; pour tout autre Acte de signification aux Directeurs, dix sols; pour l'acte de remise des piéces justificatives au Greffe, quinze sols; pour l'enregistrement de l'acte de soumission & compromis, quinze sols; pour l'enregistrement & expédition des Sentences; lesquelles ne pourront être écrites qu'en papier, cinq sols par rolle ordinaire; pour l'enregistrement & expédition d'un contrat à la Grosse, cinq sols par rolle ordinaire; pour chacun extrait de déliberations, cinq sols, sans que lesdits Associés soient tenus de nous en compter ni payer aucune finance, dont Nous les avons déchargés & déchargeons, & en tant que de besoin, fait & faisons don.

XXIII.

Les Associés pourront nommer & choisir un Commis intelligent, & de probité connue, pour remplir le Greffe; le destituer & remplacer d'autres: ce qui toutefois ne se pourra faire sans cause légitime, & par délibération commune: lesquels Commis seront tenus de prêter serment devant le Lieutenant Général de Police.

XXIV.

Accordons à ladite Compagnie le cachet de nos armes, pour s'en servir aux expéditions qui la concerneront.

XXV.

Il ne pourra être fait aucun commerce d'Assurance ni grosses Aventures dans notre bonne Ville de Paris, que par ladite Compagnie, à peine de nullité, dépens, dommages & interêts.

XXVI.

Néanmoins ladite Compagnie pourra, après qu'elle aura signé ce qu'elle aura voulu sur les Polices & Contrats, les faire courir pour recevoir les signatures de tous les Particuliers, fur lefquelles il leur fera loifible de figner pour les fommes qu'ils voudront, au gré des Affurés.

XXVII.

Les Marchands, Négocians & autres Particuliers des Villes de Rouen, Nantes, Saint Malo, la Rochelle, Bordeaux, Bayonne, Marfeille, & autres Villes qui font ledit commerce des Affurances & groffes Aventures, pourront le continuer comme ils ont fait avant la date des Préfentes, & non autrement, à peine de nullité des Polices.

XXVIII.

Permettons aufdits Affociés de faire entr'eux des Articles & Réglemens pour le gouvernement des affaires de leur Societé, lefquels feront autorifés par Arrêt du Confeil.

XXIX.

Les Réglemens par Nous ci-devant faits, touchant le commerce maritime, & notre Ordonnance du mois d'Août 1681, feront obfervés fuivant leur forme & teneur, excepté en ce à quoi Nous y avons dérogé par ces Préfentes, & nommément au Réglement du 5 Juin 1668.

SI DONNONS EN MANDEMENT à nos amés & féaux Confeillers, les Gens tenant notre Cour de Parlement, Officiers des Amirautés, & tous autres nos Jufticiers qu'il appartiendra, que ces Préfentes ils faffent enregiftrer, lire & publier, garder & obferver felon leur forme & teneur, faifant ceffer tous troubles & empêchemens, nonobftant toutes Ordonnances, Déclarations & autres chofes à ce contraires, aufquelles nous avons dérogé & dérogeons par ces Préfentes : CAR tel eft notre plaifir. Et afin que ce foit chofe ferme & ftable à toujours, Nous avons fait mettre notre Scel à cefdites Préfentes. DONNÉ à Verfailles au mois de Mai, l'an de grace mil fix cens quatre-vingt-fix, & de notre Régne le quarante-deuxiéme. Signé LOUIS. *Et plus bas*, Par le Roi, COLBERT. Et à côté eft écrit : *Vifa*, BOUCHERAT. *Pour Lettres en forme d'Edit pour l'établiffement d'une Chambre des Affurances en la Ville de Paris.*

Et plus bas eft écrit : *Regiftrées, oui & ce requerant le Procureur Géneral du Roi, pour être exécutées felon leur forme & teneur, fuivant l'Arrêt de ce jour, le trente-un Mai mil fix cens quatre-vingt-fix.* Signé DONGOIS. Et fcellées en cire verte fur lacs de foie rouge & verte.

ACTE ET CONVENTIONS DE SOCIETÉ en commendite, que nous soussignés faisons sous le bon plaisir du Roi, conformément à la Déclaration de Sa Majesté, pour servir de régle à la Compagnie générale des Assurances & grosses Aventures de France, que nous formons en exécution de ladite Déclaration.

PREMIEREMENT.

LADITE Compagnie sera de trente Associés, & pour six années consécutives, sauf à la continuer entre ceux d'icelle qui voudront le faire, à laquelle fin ceux qui voudront y rester, en feront leur déclaration au mois de Décembre de la cinquiéme année.

II.

Le fonds capital de ladite Compagnie sera de trois cens mille livres, composé de soixante-quinze actions de quatre mille livres chacune.

III.

Chacun des Associés payera les sommes pour lesquelles il aura signé en quatre payemens égaux, le premier comptant, le second quatre mois après, le troisiéme dans six mois, & le quatriéme & dernier trois mois après; ensorte que tout le susdit fonds soit fait & entré dans la Caisse de la Compagnie dans les neuf mois préfix de l'établissement: & pour cet effet chacun fournira à la premiere direction ses Billets au porteur selon les termes susdits, dont les Directeurs leur donneront quittance.

IV.

A défaut de payer les Billets susdits dans les termes préfix de leurs échéances, ceux qui manqueront perdront ce qu'ils auront avancé, qui demeurera au profit de la Compagnie, sans espérance d'aucune restitution pour quelque cause & prétexte que ce soit, & sans pour cela qu'ils puissent être déchargés de leur part des pertes qui pourroient arriver sur les obligations que la Compagnie aura contractées jusques & compris le jour qu'ils auront été en défaut de payer.

V.

Sera fait un Tableau où tous les noms des Associés seront inscrits en une seule colomne; & pour y parvenir, les balotes de leurs noms seront tirées au sort qui reglera leur rang dans ledit Tableau & leurs séances.

VI.

Seront élûs à la pluralité des voix cinq Directeurs du nombre des Associés, lesquels précéderont tous lesdits Associés dans les Assemblées durant leur Directorat seulement; & à l'égard de leur séance, elle sera reglée entr'eux selon l'ordre du Tableau.

VII.

Desdits cinq Directeurs il y en aura au moins trois Négocians: & après les premiers six mois, à compter du jour de l'élection, il sera procedé à celle de deux autres Directeurs pour entrer à la place des deux derniers qui sortiront ; lesquels deux nouveaux élûs auront leur séance après les trois restans ; & six autres mois après, sera procedé à l'élection des trois autres, qui entreront à la place des trois premiers, ensorte néanmoins qu'ils seront précédés par ceux de l'élection antérieure : & ainsi lesdites élections seront continuées de six mois en six mois, de deux en une fois, & de trois en l'autre, & ils ne pourront être continués plus de deux fois de suite ; après laquelle continuation ils ne pourront rentrer dans le Directorat, sinon au plutôt un an après.

VIII.

Les Directeurs en charge, selon les pouvoirs que la Compagnie leur en donnera sur le Registre des Déliberations, signeront les Polices & Contrats de grosse Aventure, endosseront & escompteront les Billets & Lettres de Change, & feront les négociations pour le bien commun de ladite Compagnie.

IX.

Ne pourront les Directeurs prêter du fonds de la Compagnie à aucun des Associés, sous quelque prétexte que ce soit, à peine d'en être responsables en leur propre & privé nom.

X.

Toutes les Polices d'Assurance, Contrats de grosse Aventure, Lettres & Billets de Change à recevoir, Missives, Procurations, & autres actes & piéces concernant ladite Compagnie, qui auront été signées par trois desdits Directeurs au moins, seront bons, & valideront de même que si tous les cinq Directeurs & toute la Compagnie les avoit signés, conformément à leur pouvoir, suivant l'Article VIII.

XI.

Les Directeurs qui auront signé les Polices & autres actes pour ladite Compagnie, non plus que les autres Associés d'icelle, ne seront obligés & ne pourront être contraints solidairement au-delà du fonds des trois cens mille livres ; & si ce fonds ne suffisoit pas pour payer les pertes qui pourroient arriver, ils ne seront obligés & contraints qu'au sol la livre, & à proportion de l'interêt que chacun aura pris en ladite Societé.

XII.

Ne pourra ladite Compagnie par elle-même ni par ses Directeurs faire aucun emprunt, pour quelque cause & sous quelque prétexte que ce puisse être.

XIII.

L'Assemblée générale de la Compagnie se fera tous les Mardis de chaque semaine en son Bureau, à trois heures précises de relevée, à laquelle heure sonnante, celui des Directeurs qui se trouvera, écrira les noms des Associés qui seront présens, à chacun desquels il sera distribué à la fin de l'Assemblée deux jettons d'argent du prix de vingt sols piéce ; & si ledit jour de Mardi se trouve être Fête, l'Assemblée sera pour le lendemain à la même heure.

XIV.

A l'égard des Directeurs, ils s'assembleront au Bureau tous les Lundis, Mercredis & Vendredis après midi de chacune semaine, depuis deux heures de relevée jusqu'à cinq, pour entendre & regler les Négociations, signer les Polices & les Contrats de grosse Aventure, lire les lettres, y faire réponse, & toutes autres affaires concernant ladite Compagnie, à chacun desquels il sera distribué six jettons d'argent dudit prix de vingt sols piéce : & s'il survenoit quelque affaire qui requît célérité, le Commis au Greffe sera tenu de le leur faire sçavoir incessamment, & eux de se rendre au plutôt audit Bureau extraordinairement, hors duquel ils ne pourront rien résoudre ni signer, concernant leur administration, à peine d'être déchus du Directorat.

XV.

Les Directeurs conviendront du prix de la Prime avec l'Assuré, & le rempliront sur la Police en écriture & non en chiffre; ensuite de quoi l'Assuré payera le montant de la Prime au Caissier de la Caisse courante, & au Commis du Greffe le droit ordinaire avec le prix de l'expédition & enregistrement de chacun Acte, suivant la taxe portée par la Déclaration du Roi; les recepissés desquels Commis au Greffe & Caissier seront aussi-tôt portés aux Directeurs qui signeront la Police, enliasseront lesdits recepissés, & feront écrire en leur présence sur les Livres.

XVI.

Il y aura au Greffe sept Registres au moins, qui seront tenus par le Commis audit Greffe, dont les feuillets seront numerotés & paraphés par premier & dernier par Monsieur le Lieutenant Général de Police; sçavoir.

Un dans lequel les Polices d'Assurances seront transcrites par ledit Commis, & signées par l'Assuré distinctement & par numero.

Un second, dans lequel ledit Commis fera signer par l'Assuré tous les Actes d'abandonnement & d'avaries.

Un troisiéme, dans lequel il transcrira & fera signer la minute des Contrats de grosse Aventure, aussi par numero & distinctement.

Un quatriéme, où il fera signer les Exploits qui seront faits par lui, pour ou contre la Compagnie.

Un cinquiéme, dans lequel il fera signer par toutes les Parties les soumissions ou compromis des affaires dans lesquelles il y aura contestation.

Un sixiéme, dans lequel il recevra les Jugemens & Sentences arbitrales.

Et un septiéme, qui contiendra les déliberations de la Compagnie.

XVII.

Les Directeurs feront imprimer des Formulaires de tous les Actes, lesquels ils numeroteront au dos, & en chargeront le Commis au Greffe par compte & nombre de chacune sorte, qu'il employera par même ordre & suite de numero, de l'emploi desquels il rendra compte au moins à la fin de chaque mois ausdits Directeurs comme de Clerc à Maître.

XVIII.

Ledit Commis au Greffe tiendra exactement un répertoire alphabétique des noms des navires, personnes, sommes ou dates où la Compagnie aura pris des risques, soit par Assurance ou grosse Aventure, en marge duquel il circonstanciera les nouvelles qu'on aura d'iceux; & lorsqu'il se présentera des Polices à signer, il avertira les Directeurs avec son répertoire en main, s'il y a Assurance faite ou risque pris sur ledit Vaisseau, afin d'aviser en connoissance de cause s'ils signeront en plus outre ou non; à quoi ils veilleront aussi par eux-mêmes.

XIX.

Pourra ladite Compagnie établir des Commis ou Correspondans dans les Villes qu'elle jugera à propos, pour l'informer de toutes choses concernant le bien de son commerce.

XX.

Le Commis au Greffe enregistrera aux Assemblées toutes les déliberations selon qu'elles auront passé à la pluralité des voix, qu'il fera signer par les Déliberatifs; & à la fin de chaque Assemblée il remettra le Registre en la garde des Directeurs.

XXI.

Les Formulaires des Polices seront réduits aux seules clauses essentielles & en petit volume, pour être envoyés plus facilement par les couriers; au dos desquelles Polices seront imprimées les conditions sous lesquelles les pertes & les avaries seront reglées & payées, afin que le Public soit informé que la Compagnie n'en retardera point le payement; qu'au contraire elle le fera par avance & par provision, comme il est dit ci-dessous.

XXII.

Les trois mois des abandons & dénonciation d'avaries commenceront du jour que la signification en aura été faite, & il en sera fait rapport par les Directeurs en l'Assemblée qui précédera l'échéance desdits trois mois; comme aussi des piéces justificatives de l'interêt & de l'inconvénient, afin de déliberer sur le payement, si l'Assemblée n'y trouve point de difficulté.

XXIII.

Et d'autant que par cette facilité la bonne foi de la Compagnie pourroit être surprise dans les payemens qu'elle fera par provision des pertes & avaries, l'Assuré qui recevra son payement, sera obligé à son choix de laisser aux Directeurs les piéces & papiers originaux paraphés de lui, ou des copies par lui collationnées & signées en un cahier, au bas duquel il déclarera avoir lesdits originaux en ses mains, paraphés du Commis au Greffe, pour y avoir recours; & au bas de la Police à laquelle les originaux ou copies susdits seront attachés, les Directeurs mettront leur ordre au Caissier de la Caisse courante de payer à l'Assuré ce dont on sera convenu, & dont l'Assuré fournira son reçu en recevant son payement, que les Directeurs feront à l'instant passer sur les Livres de la Compagnie, avec mention de ce que dessus.

XXIV.

S'il y avoit difficulté à la demande rapportée en l'Assemblée, les Directeurs & l'Assuré en ce cas conviendront chacun d'un Arbitre Marchand ou Banquier non interessé, & signeront un compromis ou soumission sur le Registre d'en passer par le jugement desdits Sieurs Arbitres, sous les peines y mentionnées, qui ne pourront passer pour comminatoires, lesquels dits Sieurs Arbitres seront priés d'en venir rendre leur jugement dans le Bureau de la Compagnie, lequel jugement sera reçu & enregistré par le Commis au Greffe.

XXV.

Les actes de soumission ou compromis contiendront les offres de la Compagnie à l'Assuré, de lui payer comptant & par provision la perte ou l'avarie demandée, en baillant par lui caution dans Paris, certifiée & reçue avec les Directeurs, de rapporter en définitif, si faire se doit, le principal & les interêts à six pour cent par an, outre la peine portée par l'Ordonnance, en cas de fraude ou surprise de la part de l'Assuré, qui fera les soumissions d'y satisfaire, ou sa réponse de refus.

XXVI.

Lorsque la Compagnie se trouvera chargée des risques extraordinaires, les Directeurs y prendront garde avec soin pour en faire rapport, à ce que la Compagnie en délibere.

XXVII.

XXVII.

Aucun de la Compagnie ne pourra directement ou indirectement se faire assurer ou prendre deniers à la grosse en icelle, sinon en déclarant par écrit tant aux Directeurs qu'au Greffe, l'interêt qu'il y a, à peine de nullité de la police ou contrat, perte de la prime & profit de la Compagnie, restitution de l'argent qui auroit été ainsi emprunté avec l'interêt à dix pour cent par an, & plus grande peine s'il y échet.

XXVIII.

Dans le mois de Décembre de chacune année, les Directeurs feront un état général de tous les Vaisseaux sur lesquels on aura fait des prêts ou des assurances, desquels on n'aura point encore reçu le payement ni sçu le retour; comme aussi un état général de toutes les dettes actives, ensemble un bordereau général des espéces qui seront dans l'une & dans l'autre caisse; lesquels états, après avoir été examinés par la Compagnie, & signés par les Directeurs, seront transcrits dans les Livres, & mis dans les liasses de la Direction.

XXIX.

An cinquiéme jour de Janvier en chacune année, sera reparti & payé à chacun des Associés sur sa quittance, à raison de dix pour cent de ce qui lui appartiendra, & ce du fonds qui aura été trouvé au-delà du capital par l'état général susdit du mois de Décembre précédent : & au bout de deux années entieres & révolues, c'est-à-dire au cinquiéme Janvier de la troisiéme, leur sera fait repartition & payement sur leurs quittances du reste & revenant-bon qui aura été trouvé en l'état général du mois de Décembre de la premiere desdites trois années, supposant toujours pour fondement que le capital de ladite Compagnie reste entier. Que si au contraire par aucun des états généraux il se trouvoit diminué par perte, il sera incontinent rétabli par contribution au sol la livre, au *prorata* de ce que chacun des Associés aura d'interêt dans ladite Compagnie; à quoi faire il sera tenu & obligé.

XXX.

Au cinquiéme Janvier de chacune année, par déliberation à la pluralité des voix, qui sera registrée au Registre des Déliberations & au Greffe, le prix des actions sera évalué & fixé à tant pour cent plus ou moins de leur premier prix & valeur susmentionnés, laquelle évaluation servira de taux pour les mettre en commerce, à la vente desquelles (qui ne pourra être faite à plus haut prix) la Compagnie sera preférée.

XXXI.

Lorsqu'il arrivera décès d'aucun des Associés, ou qu'ils ne pourront être en liberté d'agir, leurs veuves, héritiers, créanciers ou ayans-cause, seront tenus de vendre leurs actions un an au plus tard après le décès ou défaillance, sur le pied de la derniere évaluation, & à la charge de la préférence susdite pour la Compagnie; lesquelles veuves, héritiers, créanciers ou ayans-cause, cesseront d'avoir part dans les profits, pertes, ou risques des affaires qu'elle contractera, à commencer du lendemain du décès ou défaillance.

XXXII.

Lesdits fonds & actions seront réputés purement mobiliaires & de commerce, sans autres discussions que celles ci-dessus énoncées.

XXXIII.

Ne pourront lesdites veuves, héritiers, créanciers ou ayans-cause, sous quelque prétexte que ce ſoit, prétendre que la Compagnie leur rende compte des actions, droits & prétentions de leurs auteurs, ni qu'elle change ſes loix en leur faveur. Au contraire, ils ſeront obligés d'acquieſcer ſur le tout, & de prendre droit par les comptes rendus, ou que l'on rendra, ſelon les uſages. Pourront ſeulement être préſens à la confection d'iceux, ſans aſſiſtance d'aucun Officier de Juſtice, pour quelque cauſe & prétexte que ce ſoit, & ce qui ſe trouvera leur devoir revenir ſera tenu en ſurſéance par la Compagnie, pour autant qu'il y aura encore de riſques courans & de navires à rentrer dans leſquels ils ſeroient intereſſés.

XXXIV.

Il y aura deux caiſſes, dont l'une ſera appellée caiſſe courante, & l'autre la caiſſe générale. Pour la caiſſe courante, il y aura deux livres duplicats l'un de l'autre, tous deux écrits par le Caiſſier; l'un deſquels livres avec ladite caiſſe ſera en ſa garde, & l'autre livre avec la caiſſe générale ſera à la garde des Directeurs.

XXXV.

Le Caiſſier de la caiſſe courante donnera caution à la Compagnie juſqu'à la ſommé de douze mille livres, laquelle caution s'obligera ſolidairement avec lui pour tous les faits de ladite caiſſe, erreurs, eſpéces fauſſes & autres inconvéniens.

XXXVI.

Les Directeurs compteront avec ledit Caiſſier ſur les deux livres, ſur les piéces juſtificatives & ſur la caiſſe, tous les Lundis de chacune ſemaine; ſur leſquels livres ils en feront ſigner les arrêtés par bordereau des eſpéces, & veilleront à ce que dans la caiſſe courante il ne ſoit laiſſé que le fonds néceſſaire pour payer ce dont elle ſera chargée, & qu'il n'y ait point au-delà de la ſomme pour laquelle aura été donné caution, autant qu'il ſe pourra.

XXXVII.

La caiſſe générale ſera tenue par les Directeurs dans leur Bureau particulier avec le livre d'icelle, où ils écriront toutes les parties; & lorſque l'on tranſportera de l'argent d'une caiſſe en l'autre, les Directeurs en ſigneront le tranſport avec le Caiſſier, & tous les mois on vérifiera & reconnoîtra les livres deſdites caiſſes, contre les comptes d'icelles ſur les livres de raiſon de ladite Compagnie.

XXXVIII.

La caiſſe générale aura deux fortes ſerrures, & deux bons & forts cadenats. Trois des clefs ſeront en la garde des trois premiers Directeurs en exercice, & la quatriéme en celle du Commis au Greffe, ſans que l'ouverture puiſſe en être faite qu'en la préſence des uns & des autres, ni que les gardiens deſdites clefs puiſſent les prêter ni les envoyer, mais les apporter eux-mêmes, afin que leſdites ouvertures & fermetures ſe faſſent en la préſence des uns & des autres. Que ſi toutefois aucun deſdits Directeurs gardien de clefs, par maladie ou autrement ne pouvoit y aller, ladite clef ſera par lui remiſe en main du Directeur ſubſéquent, lequel s'en chargera, après avoir reconnu ladite caiſſe avec les autres gardiens de clefs.

XXXIX.

Il ſera loiſible à tout Aſſocié de la Compagnie de ſe faire rendre raiſon par les Commis des affaires d'icelle, d'être préſent aux ouvertures, reconnoiſſances

& fermetures des caisses ; même dire leurs sentimens par voie d'avis sur le tout, sans préjudice néanmoins du pouvoir des Directeurs.

X L.

La nomination, le nombre & les appointemens des Commis, tant du Greffe qu'autres, seront reglés à la pluralité des voix.

X L I.

L'on conviendra des meubles nécessaires pour le service de la Compagnie seulement, desquels sera fait inventaire, ainsi qu'il en sera fait un aussi des titres, livres & papiers d'icelle, qui seront mis en la caisse générale.

X L I I.

Pourra ladite Compagnie pour sa conduite & gouvernement, & pour le bien de ses affaires & ses besoins, se faire des déliberations & regles, & en tant que besoin seroit, les faire homologuer.

X L I I I.

Et afin qu'il plaise à Dieu de bénir les travaux & entreprises de ladite Compagnie, il sera distribué annuellement la somme de six cens livres, pour être employée en œuvres de pieté, ainsi qu'il sera déliberé par ladite Compagnie chacune année, selon la conjoncture des tems, & entr'autres à faire prier Dieu pour les vivans & pour les défunts de ladite Compagnie.

Extrait des Registres du Conseil d'Etat.

LE ROI s'étant fait représenter en son Conseil, Sa Majesté y étant, les Lettres Patentes en forme d'Edit du mois de Mai 1686, portant établissement d'une Chambre & Compagnie générale des Assurances & grosses Aventures en la Ville de Paris, pour être composée de trente Associés, aux clauses, charges & conditions portées par lesdites Lettres, & par le Contrat de Societé qui en a été passé entre ceux à qui Sa Majesté a donné son agrément pour former ladite Compagnie, ledit Contrat reconnu pardevant Notaires le 20 du même mois, & depuis déposé pour minute pardevers Beauvais, Notaire au Châtelet; & vû par Sadite Majesté ledit Contrat de Societé à Elle présenté par les y dénommés en icelui, qui l'ont supplié de le vouloir autoriser : LE ROI ÉTANT EN SON CONSEIL, a agréé, approuvé & confirmé, agrée, confirme & approuve ledit Contrat de Societé à Elle présenté par les Sieurs Delagny, Directeur général du commerce, Soullet, Desvieux, le Fevre, Rousseau, Lejariel, Mathé de Vitry la Ville, Thomas, de Lisle, Charles Lebrun, Bar, Chauvin, Tardif, Pocquelin, Hebért, P. Chauvin, Claude Lebrun, Pasquier, Paignon, A. Peletyer, Mollien, Baroy, Cousinet, N. Soullet, Gaillard, de Lubert, Tranchepain, Heron, de la Rivoire, Demeuves & Ceberet, ausquels Sa Majesté avoit accordé son agrément pour y entrer. Ordonne en conséquence Sadite Majesté, que sondit Edit & ledit Contrat seront exécutés selon leur forme & teneur. A l'effet de quoi ledit Contrat & le présent Arrêt seront enregistrés, à la diligence des Procureurs de Sa Majesté, aux Greffes des Siéges généraux & particuliers des Amirautés de France, & encore aux Greffes tant de ladite Chambre des Assurances à Paris, que des autres Jurisdictions où besoin sera. Enjoint aux Procureurs de Sadite Majesté esdits Siéges des Amirautés, de la certifier incessamment dudit enregistrement. FAIT au Conseil d'Etat du Roi, Sa Majesté y étant, tenu à Versailles le sixiéme jour de Juin mil six cens quatre-vingt-six. *Signé* COLBERT.

LOUIS, par la grace de Dieu, Roi de France & de Navarre, Dauphin de Viennois, Comte de Valentinois & Diois, Provence, Forcalquier & Terres adjacentes : Au premier notre Huissier ou Sergent sur ce requis, Nous te mandons & commandons par ces Présentes signées de notre main, que l'Arrêt dont l'extrait est ci-attaché sous le contre-scel de notre Chancellerie, ce jourd'hui donné en notre Conseil d'Etat, Nous y étant, tu signifies à tous ceux qu'il appartiendra, à ce qu'aucun n'en ignore, & fasses pour son entiere exécution tous actes & exploits nécessaires, sans pour ce demander autre permission : CAR tel est notre plaisir. DONNÉ à Versailles le sixiéme jour du mois de Juin, l'an de grace mil six cens quatre-vingt-six, & de notre Regne le quarante-quatriéme. *Signe* LOUIS. *Et plus bas*, Par le Roi Dauphin, Comte de Provence; COLBERT. Et scellé du grand Sceau de cire rouge sur simple queue.

EDIT DU ROY,

PORTANT ÉTABLISSEMENT du Commerce du Sénégal & Côte d'Afrique.

Donné à Versailles au mois de Mars 1696.

LOUIS, par la grace de Dieu, Roi de France & de Navarre : A tous présens & à venir, SALUT. Au milieu des soins que nous donnons à la défense de nos Etats contre toutes les Puissances de l'Europe. Nous ne laissons pas d'avoir l'attention nécessaire sur tout ce qui peut contribuer au bien de nos Peuples, & particulierement sur le commerce, dont la continuation peut entretenir l'abondance dans le Royaume, & y porter les richesses étrangeres : & comme celui-qui se fait au Sénégal & sur la Côte d'Afrique est un des plus considérables, tant par le trafic des cuirs, gommes, cires, morfil, poudre & matiere d'or, & autres marchandises fines, que par les Négres qu'on porte aux Isles de l'Amérique, si nécessaires pour la culture des sucres, tabacs, cotons, indigos, & autres denrées qui sont apportées de ces Pays en France, & dont nos Sujets tirent de si grands avantages, Nous avons résolu de maintenir ce commerce important; & parce que la Compagnie Royale formée en 1681, peu instruite de la maniere dont il falloit le conduire, a souffert plusieurs pertes qui l'ont mise hors d'état de le continuer, Nous avons résolu de le rétablir, & pour cet effet Nous avons choisi ceux de nos Sujets qui nous ont paru les plus propres, & nous en avons formé une nouvelle Compagnie qui a acquis de l'ancienne son privilége, avec les habitations & autres effets contenus dans le contrat qu'elles ont passé ensemble, dont le prix sera employé au payement des dettes de ladite ancienne Compagnie; & comme elle nous a très-humblement supplié de lui vouloir accorder nos Lettres de confirmation, & les privi-léges expliqués dans les Mémoires qu'elle nous a présentés, Nous voulons bien la traiter favorablement, & contribuer au rétablissement de son commerce si avantageux au bien de notre Etat. A CES CAUSES, de l'avis de notre Conseil, où l'affaire a été meurement déliberée, après avoir vû & examiné ledit contrat de vente & cession faite par l'ancienne Compagnie les 18 Septembre & 13 Novembre 1694, l'Arrêt d'homologation du 30 dudit mois de Novembre, avec ladite Societé faite en conséquence le 23 Janvier dernier, ensemble nos Edits des mois de Mai 1664 & Décembre 1674, pour l'établissement & révocation de la Compagnie des Indes Occidentales, les Lettres Patentes de confirmation de ladite Compagnie du Sénégal, des mois de Juin 1679 & Juillet 1681, & les Arrêts de notre Conseil des 30 Mai 1664, 12 Février, 10 Mars, 24 Avril & 26 Août 1665, 10 Septembre 1668, 4 Juin, 18 Septembre & 25 Novembre 1671, 28 Juin 1692, & 18 Août 1694, desquels Contrats, Societé, Edits, Lettres Patentes & Arrêts susdatés, copies collationnées sont ci-attachées sous le contre-scel, & de notre certaine science, pleine puissance & autorité royale, Nous avons par ces Présentes signées de notre main, dit, statué & ordonné, disons statuons & ordonnons ainsi qu'il ensuit.

PREMIEREMENT.

Le Contrat de vente & cession qui a été faite par les Directeurs & Interessés de l'ancienne Compagnie Royale du Sénégal, au profit du sieur d'Appougny, notre Conseiller-Secretaire & de nos Finances, les 18 Septembre & 13 Novembre 1694, l'Arrêt d'homologation du 30 dudit mois de Novembre, ensemble l'Acte de Societé passé entre ledit sieur d'Appougny & les autres Interessés le 23 Janvier dernier, seront exécutés selon leur forme & teneur; & à cet effet Nous avons lesdits Contrat & Societé approuvé & confirmé, les approuvons & confirmons par ces Présentes : Voulons & Nous plaît, que la nouvelle Compagnie Royale du Sénégal, formée par ledit Contrat de Societé, jouisse en pleine proprieté, avec tous droits de Seigneurie, Directe & Justice, des Forts, Habitations, Terres & Pays appartenans ci-devant à l'ancienne Compagnie, soit en vertu des traités faits avec les Rois Noirs, ou à titre de conquête, tant dans l'Isle & Château d'Arquin, Riviere & Fort du Sénégal & leurs dépendances, Rivieres de Gambie, Bissaux, & autres Rivieres & Pays qui sont le long de la côte d'Afrique, depuis le Cap-blanc jusqu'à la Riviere de Serralyonne, dans tous les Pays de sa concession, même du Fort de Gambie ci-devant occupé par les Anglois, & sur eux récemment pris par nos Vaisseaux, ensemble des conquêtes qu'elle fera ci-après sur les Naturels du Pays ou autres Nations étrangeres, soit par l'assistance de nos Vaisseaux, ou par les siens propres, sans aucune réserve ni condition, sinon de la seule foi & hommage-lige, que ladite nouvelle Compagnie sera tenue de nous rendre & à nos Successeurs Rois, sous la redevance d'un Elephant à chaque mutation, au-lieu de la Couronne d'or du poids de trente marcs, portée par l'article 1 de notre Déclaration du mois de Juillet 1681, dont nous déchargeons par ces Présentes ladite nouvelle Compagnie ; ensemble de la redevance annuelle d'un marc d'or ou valeur en ambre gris, portée par les Contrats de vente du Sénégal & dépendances, des 8 Novembre 1673 & 2 Juillet 1681, à nous dûe à cause de notre Domaine d'Occident, attendu que la Côte de Guinée, dite Côte d'Or, a été démembrée de ladite concession du Sénégal par Arrêt de notre Conseil du 6 Janvier 1685; comme aussi de tous autres droits & profits seigneuriaux & féodaux, à la charge de nourrir, entretenir & payer le nombre des Prêtres nécessaires pour l'administration des Sacremens aux gens de ladite Habitation, pendant le tems de la présente concession ci-après déclarée, desquels Prêtres ladite nouvelle Compagnie aura la nomination, le tout suivant que l'ancienne en a joui ou dû jouir, & conformément aux Lettres Patentes de son établissement du mois de Juin 1679, & de l'Edit de création de la Compagnie des Indes d'Occident du mois de Mai 1664, & aux mêmes droits, priviléges & exemptions y mentionnés.

I I.

Jouira en outre la nouvelle Compagnie, aux mêmes droits & priviléges que dessus, des Terres & Habitations que l'ancienne Compagnie avoit dans l'Isle de Gorée & dépendances, de laquelle, comme à Nous appartenant, en conséquence de la conquête que nous en avons faite sur les Etats Généraux des Provinces-Unies, & de la cession qui nous en a été faite par le Traité de Nimegue du 18 Août 1678, Nous avons fait don à l'ancienne Compagnie par nos Lettres Patentes du mois de Juillet 1681, & en tant que besoin est, avons confirmé & confirmons par ces Présentes la nouvelle Compagnie dans tous les droits de proprieté de ladite Isle & dépendances, Seigneurie, Directe & Justice, pour par elle en jouir, & la tenir de Nous à une seule foi & hommage & redevances, conjointement avec les autres Terres, Pays & Habitations à elle cedés par l'ancienne Compagnie par ledit Contrat susdaté.

I I I.

Jouira aussi ladite Compagnie de toutes les Mines & Minieres, Forts, Caps, Golfes, Ports, Havres, Côtes, Rivieres, Isles & Islots dans l'étendue desdits Pays concedés, & dans ceux qu'elle pourra ci-après conquerir sur les Naturels du Pays, & autres Nations étrangeres, sans nous payer pour raison de ce aucuns droits de Souveraineté, desquels nous lui avons fait don.

I V.

Pourra ladite Compagnie Royale, comme Seigneurs Hauts-Justiciers desdits Pays, y établir des Juges & Officiers par-tout où besoin sera, lesquels connoîtront de toutes affaires de Justice, Police, Commerce & Navigation, tant civiles que criminelles.

V.

Confirmons aussi & approuvons la cession & transport fait à la nouvelle Compagnie par le même Contrat, des Vaisseaux & autres Bâtimens, marchandises & effets appartenans à l'ancienne Compagnie, dont il sera fait inventaire & procès-verbal par leurs Commis & Préposés sur les lieux lors de la prise de possession, le tout suivant ledit Acte de Societé du 23 Janvier dernier.

VI.

Confirmons & approuvons pareillement la cession & transport fait à la nouvelle Compagnie par ledit Contrat, du privilége de faire seule, à l'exclusion de tous autres, par elle & par ses Préposés & Commis, le commerce dans toute l'étendue des Habitations & Pays qui lui ont été cedés, & par Nous confirmés en proprieté, & dans la Côte d'Afrique, aux termes de nos Déclarations & Lettres Patentes.

V I I.

Permettons en ce faisant à ladite Compagnie, de faire les traites de toutes les marchandises, même de Negres captifs, qu'elle pourra seule négocier sur la Côte, & dans les Terres fermes & Isles voisines dans l'étendue desdits lieux, les transporter dans les Isles & Terres fermes de l'Amérique, & les vendre aux Habitans de gré à gré, faisant défenses aux Lieutenant Général, Intendans, Gouverneurs, & à tous Officiers de Justice d'en regler le prix, le tout pendant le cours & espace de trente années : & à cet effet, avons continué & prorogé le privilége de l'ancienne Compagnie de quatorze années au-delà des seize qui restoient à expirer de l'ancien privilége ci-devant accordé.

VIII.

Faisons en conséquence défenses à tous nos Sujets d'aller en vertu de nos commissions ou permissions, ou de celles des Princes étrangers ou autrement, trafiquer directement ou indirectement, sous quelque prétexte que ce soit, dans tous les Pays de ladite Compagnie, à peine de confiscation de leurs vaisseaux & marchandises au profit de ladite Compagnie, à laquelle nous permettons de s'en saisir par force, & de trois mille livres d'amende, applicable moitié aux Hôpitaux des lieux, & l'autre moitié à ladite Compagnie; déclarant dès-à-présent lesdites commissions & permissions que nous pourrions donner, ou avoir ci-devant données, nulles.

IX.

Permettons aussi à ladite nouvelle Compagnie de se saisir par force des vaisseaux & marchandises appartenans aux Sujets des Princes & Etats étrangers, qui seront trouvés négocians dans l'étendue de ladite concession directement ou indirectement, sous quelque prétexte que ce puisse être, à la charge d'en faire juger les prises en notre Conseil au profit de ladite Compagnie, même de s'emparer des Forts & Habitations qu'ils pourroient y avoir établis, ensemble des effets qui s'y trouveront, que dès-à-présent nous adjugeons au profit de ladite Compagnie, à l'exception des Portugais qui ont un établissement à Cachau & aux Bissaux, au commerce desquels nous n'entendons préjudicier, & des autres Princes & Etats qu'il nous plaira excepter par le prochain Traité de paix.

X.

Et en cas que lesdits vaisseaux pris comme dessus se trouvassent chargés de marchandises propres aux traites de la concession de ladite Compagnie, Nous lui permettons d'en disposer par provision, en faisant préalablement dresser procès-verbal & inventaire d'icelles, pour le tout rapporté en notre Conseil, être ordonné ce que de raison; sauf à restituer la valeur de ce qu'elles auront coûté en Europe, au cas que lesdites prises ne soient pas jugées valables.

XI.

Pourra ladite Compagnie faire construire des Forts & Habitations en tous les lieux qu'elle jugera nécessaire pour la défense desdits Pays, lesquels Forts aussi-bien que ceux qui y sont déja construits, seront réputés royaux, & jouiront des mêmes priviléges que les nôtres; faire fondre canons à nos armes, faire poudre & boulets, forger armes, & lever les Matelots & Soldats dans le Royaume pour envoyer audit Pays, qui seront engagés comme pour notre service, en prenant notre permission en la forme ordinaire & accoutumée.

XII.

La Compagnie pourra dans lesdits Forts & Habitations établir tels Gouverneurs qu'elle jugera à propos, lesquels seront nommés & présentés par les Directeurs de ladite Compagnie, pour leur être expédié nos provisions : Pourra les destituer toutes fois & quantes que bon lui semblera, & en établir d'autres en leur place, ausquels nous ferons pareillement expédier nos Lettres sans aucune difficulté; en attendant l'expédition desquelles ils pourront commander le tems de six mois ou un an au plus sur les commissions des Directeurs : révoquons toutes commissions que nous pourrions avoir ci-devant données à cet effet, qui demeureront nulles & de nul effet.

XIII.

Pourra aussi ladite Compagnie armer & équiper en guerre tel nombre de vaisseaux qu'elle jugera à propos pour l'augmentation & sûreté de son commerce ; sur lesquels vaisseaux elle pourra mettre tel nombre de canons que bon lui semblera, arborer le pavillon blanc avec les armes de France, établir tels Capitaines, Officiers, Soldats & Matelots qu'elle trouvera à propos, lesquels jouiront des mêmes priviléges & exemptions que les nôtres.

XIV.

S'il arrivoit que les Ports fussent fermés, & qu'il fût défendu à tous Négocians d'armer des vaisseaux, permettons néanmoins à ladite Compagnie d'en armer deux au moins tous les ans : Voulons qu'il leur soit fourni pour lesdits armemens des Matelots de nos classes, sans aucun empêchement.

XV.

Et en cas que la Compagnie fût menacée ou troublée en la possession desdits Pays & Terres de sa concession, & dans le commerce par les ennemis de notre Etat, Nous promettons la défendre & assister de nos armes & de nos vaisseaux à nos frais & dépens.

XVI.

Toutes les marchandises & munitions de guerre & de bouche que ladite Compagnie aura destinées pour lesdits lieux, ensemble pour les Isles & Colonies de l'Amérique, seront exemptes de tous droits de sortie & autres généralement quelconques, conformément aux Arrêts de notre Conseil des 18 Septembre & 25 Novembre 1671, même en cas qu'elles sortent par le Bureau d'Ingrande, quoiqu'il ne soit exprimé dans lesdits Arrêts; ensemble des droits qui pourroient être imposés à l'avenir, encore que les exempts & privilegiés y fussent assujettis ; à la charge par les Directeurs, Commis ou Préposés de ladite Compagnie, de donner à l'Adjudicataire de nos Fermes un certificat, comme lesdites marchandises, vivres & munitions de guerre & de bouche seront pour le compte de ladite Compagnie, & destinées pour être transportées dans lesdits Pays.

XVII.

Les marchandises & munitions de guerre & de bouche, bestiaux, vins, eaux-de-vie, chairs, farines & autres denrées, ensemble les futailles vuides, bois merain & à bâtir vaisseaux, le tout pour l'usage de ladite Compagnie, qu'elle fera transporter dans ses Magazins & Ports de Mer pour les charger dans ses vaisseaux, seront pareillement exemptes de tous droits d'octrois & d'entrées des Villes, Ports, Péages, Passages, Travers, Domaines & autres impositions qui se perçoivent ès Rivieres de Loire, de Seine & autres, même des droits qui ont été par Nous alienés ou attribués sous le titre d'Offices créés, de tous autres droits généralement de quelque nature qu'ils soient mis & à mettre, encore que les exempts & privilegiés y fussent assujettis. Défendons

dons aux Maires & Echevins, Jurats, Consuls, Syndics & Habitans des Villes, aux Pourvûs desdits Offices, & aux Fermiers, Propriétaires ou Engagistes desdits droits, d'en exiger aucuns de ladite Compagnie pour raison de ce que dessus, à peine de restitution, & de tous dépens, dommages & interêts.

XVIII.

Comme aussi jouira, suivant les Arrêts de notre Conseil desdits jours 24 Avril & 26 Août 1665, de l'exemption de tous droits d'entrée & de sortie, & du bénéfice de l'entrepôt des munitions de guerre & de bouche, bois, chanvres, toiles à faire voiles, cordages, gaudrons, canons de fer & de fonte, poudres, boulets, armes, fer, & autres choses généralement quelconques de cette Généralité, que ladite Compagnie fera venir pour son compte, tant des Pays étrangers que de ceux de notre obéissance, soit que lesdites choses soient destinées pour l'avitaillement, armement, radoub, équipement ou construction des vaisseaux qu'elle équipera ou fera construire dans nos Ports, soit qu'elles doivent être transportées ès lieux de sa concession.

XIX.

Toutes les marchandises qui viendront pour le compte de ladite Compagnie, tant du Sénégal & côtes d'Afrique, que des Isles & Colonies Françoises de l'Amérique, seront exemptes, conformément à l'Arrêt de notre Conseil du 30 Mai 1664, de la moitié de tous droits d'entrées en France, à Nous ou à nos Fermiers appartenans, soit qu'ils eussent été imposés lors dudit Arrêt, ou qu'ils l'ayent été depuis, même de ceux qui le pourroient être à l'avenir, encore que les Exempts & Privilegiés y fussent assujettis; faisant défenses à nosdits Fermiers, leurs Commis & tous autres d'en exiger au-delà du contenu aux Présentes, à peine de concussion & de restitution du quadruple: Et pour l'exécution du présent article, même pour prévenir les contestations qui pourroient naître entre ladite Compagnie du Sénégal ou ses Directeurs, & l'Adjudicataire de nos Fermes, ses Commis & Préposés; ordonnons à ladite Compagnie de donner à l'Adjudicataire de nos Fermes, aux Bureaux par lesquels entreront lesdites marchandises, des déclarations certifiées d'eux ou de leurs Directeurs, lesquelles ensuite pourront être pesées, vûes & visitées, & expédiées par les Commis de l'Adjudicataire de nos Fermes, sans toutefois que ladite Compagnie soit assujettie à faire visiter ni peser la poudre & matiere d'or qu'elle fera entrer dans notre Royaume, que Nous déclarons par ces Présentes exempte de toute visite & de tous droits, à la charge toutefois de la représenter au Bureau de la Monnoie de Paris.

XX.

Ladite Compagnie fera faire tous les équipemens & retours de ses vaisseaux dans les Ports de France où elle pourra, conformément à l'Arrêt de notre Conseil du 10 Septembre 1668, faire décharger, si bon lui semble, les Sucres, Tabacs & autres marchandises venans des Pays de sa concession, avec faculté de les envoyer ensuite dans les Pays étrangers, sans payer aucuns droits que de ce qui sera déclaré pour être consommé dans notre Royaume, & jouira ladite Compagnie d'un libre entrepôt pour lesdites marchandises, qu'elle pourra envoyer par transit en tels lieux qu'elle jugera à propos pour le bien & avantage de son commerce, lequel transit Sa Majesté n'a accordé que pour cinq années, sauf à le continuer après ce tems si elle l'estime nécessaire.

XXI.

Sera tenu l'Adjudicataire de nos Fermes, de déclarer dans quinzaine du jour que l'arrivée des Tabacs lui aura été déclarée, s'il veut les prendre en tout ou partie; auquel cas il en sera fait estimation de gré à gré, sinon par Experts dont les Parties conviendront, autrement il en sera nommé d'office par le Juge des Traites; & après la quinzaine expirée, sans que l'Adjudicataire ait fait sa déclaration, il sera loisible à ladite Compagnie de les faire passer dans les Pays étrangers.

XXII.

La Compagnie sera exempte des droits de capitation pour les Negres qu'elle fera transporter dans les Isles de l'Amérique, où elle en pourra faire des magasins en attendant la vente d'iceux; desquels droits Nous lui faisons don & remise, à moins que les Negres ne travaillassent pour le compte de ladite Compagnie, auquel cas elle payera les mêmes droits de capitation que les Habitans.

XXIII.

Pourra ladite Compagnie faire bâtir des magasins & habitations ausdites Isles de l'Amérique, pour resserrer les Sucres qui proviendront de la vente desdits Negres, même les y faire rafiner, pourvû que ce soit dans des Rafineries établies avant 1684.

XXIV.

Voulons que conformément à l'Arrêt de notre Conseil du 25 Mars 1679, il soit payé à ladite Compagnie la somme de treize livres par forme de gratification, pour chaque tête de Negre qu'elle aura porté dans nos Isles & Colonies de l'Amérique, en conséquence des certificats de l'Intendant des Isles, ou des Gouverneurs en son absence; & sur lesdits certificats, sera ladite somme de treize livres payée par le Garde de notre Trésor Royal.

XXV.

Et pour la poudre & matiere d'or que ladite Compagnie fera entrer en France venant des Pays de sa concession, Nous voulons aussi & ordonnons être payé à ladite Compagnie, par forme de gratification, la somme de vingt livres par chaque marc de poudre ou matiere d'or, en rapportant la certification du Directeur général de la Monnoie de Paris; & sur icelle, sera ladite somme de vingt livres payée par le Garde de notre Trésor Royal, & ce, outre & par dessus le prix de ladite matiere, qui sera payé à ladite Compagnie suivant nos Tarifs.

XXVI.

Seront par Nous délivrés les passeports nécessaires aux Etrangers pour les vaisseaux sur lesquels ils iront prendre dans les concessions de ladite Compagnie & aux Isles de l'Amérique, les Negres & autres marchandises qui leur seront par elle vendus, ou qu'ils apporteront pour le compte de ladite Compagnie dans nos Ports, sans qu'elle soit tenue pour raison de ce de Nous payer aucuns droits: Faisons défenses à ladite Compagnie de faire aucun Traité avec les Etrangers sans notre permission, & de faire partir aucuns de ses vaisseaux sans nos passeports, que Nous donnerons selon l'exigence des cas.

XXVII.

Il sera tenu de bons & fideles Livres journaux de caisses, d'achats, de vente, d'envois & de raison, en parties doubles, tant dans la Direction générale de Paris, que par les Commissionnaires de ladite Compagnie dans les Provinces & dans les Pays de sa concession, ausquels sera ajouté foi en Justice.

XXVIII.

Sera ladite Compagnie régie & gouvernée suivant & au desir de la Societé passée le 23 Janvier dernier, & ainsi que pour le plus grand bien de la chose il sera avisé entre les Associés en leurs assemblées, comme de leur chose propre & à eux appartenant.

XXIX.

Permettons à ladite Compagnie de dresser & arrêter tels Statuts & Réglemens que bon lui semblera pour la conduite & régie de son Commerce, tant en Europe que dans lesdits Pays concedés & par-tout où besoin sera, lesquels seront exécutés selon leur forme & teneur.

XXX.

Ceux qui se prétendront Créanciers de l'ancienne Compagnie, ou avoir droit en la chose, seront tenus dans quatre mois du jour de la publication des Présentes, de remettre en nos mains leurs piéces & mémoires, pour leur être par Nous pourvû sur les deniers procedans du prix de la vente ; après lequel tems ils demeureront déchus purement & simplement de pouvoir exercer aucune action contre la nouvelle Compagnie, sauf à eux à se pourvoir contre ledit Sieur d'Appougny & autres Interessés en ladite ancienne Compagnie.

XXXI.

Ne pourront les effets de ladite Compagnie, ni les fonds des Interessés en icelle, tant en principal que profits, être saisis pour nos deniers & affaires, ni sous quelqu'autre prétexte que ce soit ; & en cas de saisies & arrêts qui pourroient être faits à la requête des Créanciers particuliers d'aucuns Interessés, elles tiendront entre les mains du Caissier général de ladite Compagnie, qui fera délivrance jusqu'à concurrence des causes de la saisie, & à proportion des réparations qui devront être faites entre les Associés, suivant les résultats de l'Assemblée & les comptes qui y seront arrêtés, ausquels les saisissans seront tenus de se rapporter ; sans que sous quelque prétexte que ce soit, le Caissier général ou particulier, & les Commis, Préposés & Directeurs de la Compagnie soient tenus d'en rendre compte, ni faire déclaration en conséquence desdites saisies, desquelles ils seront déchargés en représentant les comptes arrêtés par la Compagnie, qui leur serviront de décharge, en payant néanmoins le reliquat à qui il sera dû, si aucun y a ; à la charge que les saisissans feront vuider les saisies dans les six mois du jour qu'elles auront été faites, après lesquelles elles seront nulles & comme non avenues, & ladite Compagnie pleinement déchargée.

XXXII.

Ne seront pareillement sujets à aucune saisie les gages & appointemens des Officiers, Commis & Employés de ladite Compagnie.

XXXIII.

Tous procès & différends qui pourroient naître entre la Compagnie & les Particuliers non interessés pour raison des affaires d'icelle, seront jugés & terminés par les Juges-Consuls, dont les Sentences s'exécuteront en dernier ressort jusqu'à la somme de quinze livres, & au-dessus par provision, sauf l'appel.

XXXIV.

Et quant aux matieres criminelles dans lesquelles ladite Compagnie sera Partie, ou aucun des Interessés pour les affaires d'icelle, soit en demandant, soit en défendant, elles seront jugées par les Juges ordinaires, sans que le criminel puisse attirer le civil, lequel sera jugé comme il est dit ci-dessus.

XXXV.

Ne sera par Nous accordé aucune Lettre d'Etat ni de Répi, évocation ou surséance aux débiteurs de la Compagnie, lesquels seront contraints au payement par les voies & ainsi qu'ils y seront obligés.

XXXVI.

Les Interessés en ladite Compagnie & ses Employés acquerront le droit de Bourgéoisie dans les Villes du Royaume où ils feront leur résidence; & s'ils sont Nobles, ne dérogeront à leur noblesse & privilége.

XXXVII.

Et d'autant que le bon succès des affaires de ladite nouvelle Compagnie dépendra particulierement de la conduite & vigilance des Interessés, Nous promettons à ceux qui s'en seront bien acquittés, de leur donner des marques d'honneur qui passeront jusqu'à leur postérité

XXXVIII.

Les Officiers interessés dans ladite Compagnie pour une des vingt Actions dont la Societé est composée, seront dispensés de la résidence, & jouiront de leurs gages & droits comme s'ils étoient présens au lieu de leur résidence, à la charge d'assister aux délibérations & assemblées en la maniere prescrite par ladite Societé.

XXXIX.

Si aucuns desdits Interessés en ladite Compagnie, Capitaines de ses Vaisseaux, Officiers, Commis ou Employés, actuellement occupés aux affaires de ladite Compagnie, étoient pris par les Sujets des Princes & Etats avec lesquels Nous pourrions être en guerre, Nous promettons de les faire retirer ou échanger.

XL.

Pourra ladite Compagnie prendre pour ses Armes un écusson en champ d'azur, semé de fleurs-de-lys d'or sans nombre, deux Negres pour supports, & une couronne treflée; lesquelles Armes Nous lui concedons pour s'en servir dans ses sceaux & cachets, & que Nous lui permettons de mettre & apposer aux édifices publics, vaisseaux, canons, & par-tout ailleurs où elle jugera à propos.

XLI.

Après lesdites trente années expirées, les Terres & Isles contenues au Contrat de cession ci-dessus énoncé, ensemble celles que ladite Compagnie aura acquises ou conquises, avec tous les droits en dépendans, lui demeureront à perpétuité en toute proprieté, Seigneurie & Justice, pour en disposer comme de son propre héritage, sans y pouvoir être troublée, ni que Nous puissions retirer lesdites Terres & Isles, pour quelque cause, occasion ou prétexte que ce soit, à quoi Nous avons renoncé dès-à-présent; comme aussi des Forts, armes & munitions, meubles, vaisseaux, marchandises & effets. Voulons que si après ledit tems le privilége du Commerce du Sénégal & Pays de la concession de la nouvelle Compagnie étoit continué en faveur de quelques autres de nos Sujets, les Impétrans soient tenus de lui rembourser la somme à laquelle ils conviendront à l'amiable, pour le prix de ladite proprieté, Seigneurie & Justice desdites Terres & Isles, Forts, armes, munitions, vaisseaux, marchandises & autres effets généralement qui se trouveront lors appartenir à ladite Compagnie, sinon à dire d'Arbitres dont les Parties conviendront; & jusqu'audit remboursement, lesdits Impétrans ne pourront traiter ni trafiquer dans lesdits lieux.

XLII.

Au surplus, lesdites Lettres en forme d'Edit pour l'établissement de ladite Compagnie des Indes Occidentales du mois de Mai 1664, & les Lettres de confirmation des anciennes Compagnies du Sénégal des mois de Juin 1679 & Juillet 1681, ensemble les Arrêts depuis rendus en leur faveur, même ceux ci-dessus datés des 28 Juin 1692 & 10 Août 1694, seront exécutés au profit des Interessés en la présente Compagnie ; laquelle en ce faisant jouira de tous les droits, priviléges & exemptions portés par iceux, comme s'ils avoient été accordés à sa requête, & exprimés dans ces Présentes.

XLIII.

Toutes lesquelles conditions ci-dessus Nous promettons exécuter de notre part, & faire exécuter par-tout où besoin sera, & en faire jouir pleinement & paisiblement ladite Compagnie, sans que pendant le tems de la présente concession il puisse y être apporté aucune diminution, altération ni changement.

SI DONNONS EN MANDEMENT à nos amés & féaux Conseillers, les Gens tenant notre Cour de Parlement à Rouen, que ces Présentes ils ayent à faire lire, publier & regiſtrer, & le contenu en icelles garder & observer selon leur forme & teneur, sans y contrevenir, ni souffrir qu'il y soit contrevenu en aucune sorte & maniere que ce soit, nonobstant tous Edits, Déclarations, clameur de Haro, Charte Normande, & autres choses à ce contraires, ausquelles Nous avons dérogé & dérogeons par ces Présentes, aux copies desquelles collationnées par l'un de nos amés & féaux Conseillers-Secretaires, voulons que foi soit ajoutée comme à l'original : CAR tel est notre plaisir. Et afin que ce soit chose ferme & stable à toujours, Nous y avons fait mettre notre Scel. DONNÉ à Versailles au mois de Mars, l'an de grace mil six cens quatre-vingt-seize, & de notre Régne le cinquante-troisiéme. *Signé* LOUIS. *Et plus bas.* Par le Roi, PHELYPEAUX. *Visa*, BOUCHERAT. Vû au Conseil, PHELYPEAUX. Et scellé du grand Sceau de cire verte.

Lû & publié à l'Audience de la Cour, séante à Rouen en Parlement, le deuxiéme jour d'Août 1696. Signé BREANT.

LETTRES PATENTES

EN FORME D'EDIT,

PORTANT ÉTABLISSEMENT d'une Compagnie de Commerce, ſous le nom de *Compagnie d'Occident.*

Données à Paris au mois d'Août 1717.

Regiſtrées en Parlement.

LOUIS, par la grace de Dieu, Roi de France & de Navarre: A tous préſens & à venir, SALUT. Nous avons depuis notre avénement à la Couronne travaillé utilement à rétablir le bon ordre dans nos Finances, & à réformer les abus que les longues guerres avoient donné occaſion d'y introduire; & Nous n'avons pas eu moins d'attention au rétabliſſement du Commerce de nos Sujets, qui contribue autant à leur bonheur qu'à la bonne adminiſtration de nos Finances. Mais par la connoiſſance que Nous avons pris de l'état de nos Colonies ſituées dans la partie ſeptentrionale de l'Amérique, Nous avons reconnu qu'elles avoient d'autant plus beſoin de notre protection, que le Sieur Antoine Crozat, auquel le feu Roi notre très-honoré Seigneur & Biſayeul avoit accordé par ſes Lettres Patentes du mois de Septembre de l'année 1712, le privilége du Commerce excluſif dans notre Gouvernement de la Louiſianne, Nous a très-humblement fait ſupplier de trouver bon qu'il Nous le remît, ce que Nous lui avons accordé par l'Arrêt de notre Conſeil du 23 du préſent mois d'Août, & que le Traité fait avec les Sieurs Aubert, Neret & Gayot, le 10 Mai 1706, pour la traite du Caſtor de Canada, doit expirer à la fin de la préſente année; Nous avons jugé qu'il étoit néceſſaire pour le bien de notre ſervice & l'avantage de ces deux Colonies, d'établir une Compagnie en état d'en ſoutenir le Commerce, & de faire travailler aux différentes cultures & plantations qui s'y peuvent faire. A CES CAUSES, & autres à ce Nous mouvans, de l'avis de notre très-cher & très-amé Oncle le Duc d'Orleans Régent, petit-fils de France, de notre très-cher & très-amé Couſin le Duc de Bourbon, de notre très-cher & très amé Couſin le Prince de Conty, Princes de notre Sang; de notre très-cher & très-amé Oncle le Duc du Maine, & autres Pairs de France, grands & notables Perſonnages de notre Royaume, & de notre certaine ſcience, pleine puiſſance & autorité royale, Nous avons dit, ſtatué & ordonné, diſons, ſtatuons & ordonnons, voulons & Nous plaît;

PREMIEREMENT.

Qu'il soit formé en vertu des Présentes, une Compagnie de Commerce sous le nom de *Compagnie d'Occident*, dans laquelle il sera permis à tous nos Sujets, de quelque rang & qualité qu'ils puissent être, même aux autres Compagnies formées ou à former, & aux Corps & Communautés, de prendre interêt pour telle somme qu'ils jugeront à propos, sans que pour raison desdits engagemens ils puissent être réputés avoir dérogé à leurs titres, qualités & noblesse; notre intention étant qu'ils jouissent du bénéfice porté aux Edits des mois de Mai & Août 1664, Août 1669, & Décembre 1701, que Nous voulons être exécutés suivant leur forme & teneur.

II.

Accordons à ladite Compagnie le droit de faire seule pendant l'espace de vingt-cinq années, à commencer du jour de l'enregistrement des Présentes, le Commerce dans notre Province & Gouvernement de la Louisianne, & le privilége de recevoir, à l'exclusion de tous autres, dans notre Colonie de Canada, à commencer du premier Janvier 1718 jusques & compris le dernier Décembre 1742, tous les Castors gras & secs que les Habitans de ladite Colonie auront traités, Nous réservant de regler sur les Mémoires qui Nous seront envoyés dudit Pays, les quantités des différentes espéces de Castors que la Compagnie sera tenue de recevoir chaque année desdits Habitans de Canada, & les prix ausquels elle sera tenue de les leur payer.

III.

Faisons défenses à tous nos autres Sujets de faire aucun Commerce dans l'étendue du Gouvernement de la Louisianne, pendant le tems du privilége de la Compagnie d'Occident, à peine de confiscation des marchandises & des vaisseaux: N'entendons cependant par ces défenses interdire aux Habitans le Commerce qu'ils peuvent faire dans ladite Colonie, soit entr'eux, soit avec les Sauvages.

IV.

Défendons pareillement à tous nos Sujets d'acheter aucun Castor dans l'étendue du Gouvernement de Canada, pour le transporter dans notre Royaume, à peine de confiscation dudit Castor au profit de la Compagnie, même des Vaisseaux sur lesquels il se trouvera embarqué: Le Commerce de Castor restera néanmoins libre dans l'intérieur de la Colonie entre les Négocians & les Habitans, qui pourront continuer à vendre & acheter en Castor comme ils ont toujours fait.

V.

Pour donner moyen à ladite Compagnie d'Occident de faire un établissement solide, & la mettre en état d'exécuter toutes les entreprises qu'elle pourra former, Nous lui avons donné, octroyé & concedé, donnons, octroyons & concedons par ces Présentes à perpetuité, toutes les Terres, Côtes, Ports, Havres & Isles qui composent notre Province de la Louisianne, ainsi & dans la même étendue que Nous l'avions accordé au Sieur Crozat par nos Lettres Patentes du 14 Septembre 1712, pour en jouir en toute proprieté, Seigneurie & Justice, ne Nous réservant autres droits ni devoirs que la seule foi & hommage-lige, que ladite Compagnie sera tenue de Nous rendre & à nos Successeurs Rois à chaque mutation de Rois, avec une Couronne d'or du poids de trente marcs.

VI.

Pourra ladite Compagnie dans ledit Pays de sa concession, traiter & faire alliance en notre nom avec toutes les Nations du Pays, autres que celles dépendantes des autres Puissances de l'Europe, & convenir avec elles des conditions qu'elle jugera à propos pour s'y établir, & faire son Commerce de gré à gré: & en cas d'insulte, elle pourra leur déclarer la guerre, les attaquer ou se défendre par la voie des armes, & traiter de paix & de tréve avec elles.

VII.

La proprieté des Mines & Minieres que ladite Compagnie fera ouvrir pendant le tems de son privilége, lui appartiendra incommutablement, sans être tenue de Nous payer pendant ledit tems, pour raison desdites Mines & Minieres, aucuns droits de Souveraineté, desquels Nous lui avons fait & faisons don par ces Présentes.

VIII.

Pourra ladite Compagnie vendre & aliéner les Terres de sa concession à tels cens & rentes qu'elle jugera à propos, même de les accorder en franc-aleu sans Justice ni Seigneurie: N'entendons néanmoins qu'elle puisse déposseder ceux de nos Sujets qui sont déja établis dans le Pays de sa concession, des Terres qui leur ont été concedées, ou de celles que sans concession ils auront commencé à mettre en valeur. Voulons que ceux d'entr'eux qui n'ont de Brevets ou Lettres de Nous, soient tenus de prendre des concessions de la Compagnie, pour s'assurer de la proprieté des Terres dont ils jouissent, lesquelles concessions leur seront données gratuitement.

IX.

Pourra ladite Compagnie faire construire tels Forts, Châteaux & Places qu'elle jugera nécessaires pour la défense des Pays que Nous lui concedons, y mettre des Garnisons, & lever des Gens de guerre dans notre Royaume, en prenant nos permissions en la forme ordinaire & accoutumée.

X.

Ladite Compagnie pourra aussi établir les Gouverneurs, Officiers Majors, & autres pour commander les Troupes qu'elle jugera à propos, lesquels Gouverneurs & Officiers Majors Nous seront présentés par les Directeurs de la Compagnie, pour leur être expédiées nos provisions; & pourra ladite Compagnie les destituer toutes fois & quantes que bon lui semblera, & en établir d'autres en leur place, ausquels Nous ferons pareillement expédier nos Lettres sans aucune difficulté, en attendant l'expédition desquelles lesdits Officiers pourront commander pendant le tems de six mois ou un an au plus, sur les commissions des Directeurs: & seront tenus les Gouverneurs & Officiers Majors de Nous prêter serment de fidélité.

XI.

Permettons à ceux de nos Officiers Militaires qui sont présentement dans notre Gouvernement de la Louisianne, & qui voudront y demeurer, de même qu'à ceux qui voudront y passer sous notre bon plaisir, pour y servir en qualité de Capitaines ou de Subalternes, d'y servir sur les commissions de la Compagnie, sans que pour raison de ce service ils perdent les rangs & grades qu'ils peuvent avoir actuellement, tant dans notre Marine que dans nos Troupes de Terre, voulant que sur les permissions que Nous leur en accorderons, ils soient censés & réputés être toujours à notre service, & Nous leur tiendrons compte de de ceux qu'ils rendront à ladite Compagnie, comme s'ils Nous les rendoient à Nous-mêmes.

XII.

Pourra aussi ladite Compagnie armer & équiper en guerre autant de Vaisseaux qu'elle jugera nécessaires pour l'augmentation & la sûreté de son Commerce, sur lesquels elle pourra mettre tel nombre de canons que bon lui semblera, & arborer le pavillon sur l'arriere & au beaupré, & non sur aucun des autres mâts; & elle pourra aussi faire fondre des canons à nos Armes, au-dessous desquelles elle mettra celles que Nous lui accorderons ci-après.

XIII.

Pourra ladite Compagnie, comme Seigneurs Hauts-Justiciers des Pays de sa concession, y établir des Juges & Officiers par-tout où besoin sera, & où elle trouvera à propos, de les déposer & destituer quand bon lui semblera; lesquels connoîtront de toutes affaires de Justice, Police & Commerce, tant civiles que criminelles: Et où il sera besoin d'établir des Conseils Souverains, les Officiers dont ils seront composés Nous seront nommés & présentés par les Directeurs généraux de ladite Compagnie; & sur lesdites nominations les provisions leur seront expédiées.

XIV.

Les Juges de l'Amirauté qui seront établis dans ledit Pays de la Louisianne, auront les mêmes fonctions, rendront la Justice dans la même forme, & connoîtront des mêmes affaires dont la connoissance leur est attribuée, tant dans notre Royaume que dans les autres Pays soumis à notre obéissance, & seront par Nous pourvûs sur la nomination de l'Amiral de France.

XV.

Seront les Juges établis en tous lesdits lieux, tenus de juger suivant les Loix & Ordonnances du Royaume, & se conformer à la Coutume de la Prevôté & Vicomté de Paris, suivant laquelle les Habitans pourront contracter, sans que l'on y puisse introduire aucune autre Coutume, pour éviter la diversité.

XVI.

Tous procès qui pourront naître en France entre la Compagnie & les Particuliers pour raison & affaires d'icelles, seront terminés & jugés par les Juges-Consuls à Paris, dont les Sentences s'exécuteront en dernier ressort jusqu'à la somme de cent cinquante livres, & au-dessus par provision, sauf l'appel en notre Cour de Parlement à Paris: Et quant aux matieres criminelles dans lesquelles la Compagnie sera Partie, soit en demandant, soit en défendant, elles seront jugées par les Juges ordinaires, sans que le criminel puisse attirer le civil, lequel sera jugé comme il est dit ci-dessus.

XVII.

Ne sera par Nous accordé aucune Lettre d'Etat ni de répi, évocation ni surséance à ceux qui auront acheté des effets de la Compagnie, lesquels seront contraints au payement de ce qu'ils devront, par les voies & ainsi qu'ils y seront obligés.

XVIII.

Nous promettons à ladite Compagnie de la proteger & défendre, & d'employer la force de nos Armes, s'il est besoin, pour la maintenir dans la liberté entiere de son Commerce & Navigation, & de lui faire faire raison de toutes injures & mauvais traitemens, en cas que quelque Nation voulût entreprendre contre elle.

XIX.

Si aucuns des Directeurs, Capitaines des Vaisseaux, Officiers, Commis, ou Employés actuellement occupés aux affaires de la Compagnie, étoient pris par les Sujets des Princes & Etats avec lesquels Nous pourrions être en guerre, Nous promettons de les faire retirer ou échanger.

XX.

Ne pourra ladite Compagnie se servir pour son Commerce d'autres vaisseaux que ceux à elle appartenans, ou à nos Sujets, armés dans les Ports de notre Royaume d'équipages François, où ils seront tenus de faire leurs retours, ni faire partir lesdits vaisseaux des Pays de sa concession pour aller à la Côte de Guinée directement, sous peine d'être déchue du présent privilége, & de confiscation des vaisseaux & des marchandises dont ils seront chargés.

XXI.

Permettons aux vaisseaux de ladite Compagnie, même à ceux de nos Sujets qui auront permission d'elle ou de ses Directeurs, de courir sur les vaisseaux de nos Sujets qui viendront traiter dans les Pays à elle concedés, en contravention de ce qui est porté par les Présentes, & les prises seront jugées conformément aux Réglemens que Nous ferons à ce sujet.

XXII.

Tous les effets, marchandises, vivres & munitions qui se trouveront embarqués sur les vaisseaux de la Compagnie, seront censés & réputés lui appartenir, à moins qu'il n'apparoisse par des connoissemens en bonne forme, qu'ils ont été chargés à fret par les ordres de la Compagnie, ses Directeurs ou Préposés.

XXIII.

Voulons que ceux de nos Sujets qui passeront dans les Pays concedés à ladite Compagnie jouissent des mêmes libertés & franchises que s'ils étoient demeurans dans notre Royaume ; & que ceux qui y naîtront des Habitans François dudit Pays, & même des Etrangers Européens faisant profession de la Religion Catholique, Apostolique & Romaine, qui pourront s'y établir, soient censés & réputés Regnicoles, & comme tels capables de toutes successions, dons, legs & autres dispositions, sans être obligés d'obtenir aucunes Lettres de naturalité.

XXIV.

Et pour favoriser ceux de nos Sujets qui s'établiront dans lesdits Pays, Nous les avons déclaré & déclarons exempts, tant que durera le privilége de la Compagnie, de tous droits, subsides & impositions, tels qu'ils puissent être, tant sur les personnes & Esclaves, que sur les marchandises.

XXV.

Les denrées & marchandises que la Compagnie aura destinées pour les Pays de sa concession, & celles dont elle aura besoin pour la construction, armement & avitaillement de ses vaisseaux, seront exemptes de tous droits, tant à Nous appartenans, qu'à nos Villes, tels qu'ils puissent être, mis & à mettre, tant à l'entrée qu'à la sortie, & encore qu'elles sortissent de l'étendue d'une de nos Fermes pour entrer dans une autre, ou d'un de nos Ports pour être transportées dans un autre où se fera l'armement ; à la charge que ses Commis & Préposés donneront leurs soumissions de rapporter dans dix-huit mois, à compter du jour d'icelles, certificat de la décharge dans le Pays pour lequel elles auront été destinées ; à peine, en cas de contravention, de payer le quadruple des droits,

Nous réservant de lui donner un plus long détail dans les cas & occurrences que Nous jugerons à propos.

XXVI.

Déclarons pareillement ladite Compagnie exempte des droits de péage, travers, passages, & autres impositions qui se perçoivent à notre profit ès Rivieres de Seine & de Loire, sur les futailles vuides, bois merain & bois à bâtir vaisseaux, & autres marchandises appartenantes à ladite Compagnie, en rapportant par les Voituriers & Conducteurs des certificats de deux de ses Directeurs.

XXVII.

En cas que ladite Compagnie soit obligée pour le bien de son Commerce, de tirer des Pays étrangers quelques marchandises pour les transporter dans les Pays de sa concession, elles seront exemptes de tous droits d'entrée & de sortie, à la charge qu'elles seront déposées dans les magasins de nos Douanes, ou dans ceux de ladite Compagnie, dont les Commis des Fermiers généraux de nos Fermes & ceux de ladite Compagnie auront chacun une clef, jusqu'à ce qu'elles soient chargées dans les vaisseaux de la Compagnie, qui sera tenue de donner sa soumission de rapporter dans dix-huit mois, à compter du jour de la signature d'icelle, certificat de leur décharge esdits Pays de sa concession; à peine, en cas de contravention, de payer le quadruple des droits; Nous réservant, lorsque la Compagnie aura besoin de tirer desdits Pays étrangers quelques marchandises dont l'entrée pourroit être prohibée, de lui en accorder la permission, si Nous le jugeons à propos, sur les états qu'elle Nous en présentera.

XXVIII.

Les marchandises que ladite Compagnie fera apporter dans les Ports de notre Royaume pour son compte des Pays de sa concession, ne payeront pendant les dix premieres années de son privilége, que la moitié des droits que de pareilles marchandises venant des Isles & Colonies Françoises de l'Amérique doivent payer, suivant notre Réglement du mois d'Avril dernier; & si ladite Compagnie fait venir desdits Pays de sa concession d'autres marchandises que celles qui viennent desdites Isles & Colonies Françoises de l'Amérique, comprises dans notredit Réglement, elles ne payeront que la moitié des droits que payeroient d'autres marchandises de même espéce & qualité venant des Pays étrangers, soit que lesdits droits Nous appartiennent, ou ayent été par Nous aliénés à des Particuliers. Et pour le plomb, le cuivre & les autres métaux, Nous avons accordé & accordons à ladite Compagnie l'exemption entiere de tous droits mis & à mettre sur iceux: mais si ladite Compagnie prend des marchandises à fret sur ses vaisseaux, elle sera tenue d'en faire faire la déclaration aux Bureaux de nos Fermes par les Capitaines dans la forme ordinaire, & lesdites marchandises payeront les droits en entier. A l'égard des marchandises que ladite Compagnie fera apporter dans les Ports de notre Royaume dénommés en l'Article XV du Réglement du mois d'Avril dernier, ou dans ceux de Nantes, Brest, Morlaix & S. Malo, pour son compte, tant des Pays de sa concession, que des Isles Françoises de l'Amérique, provenant de la vente des marchandises du crû de la Louisianne, destinées à être portées dans les Pays étrangers, elles seront mises en dépôt dans les magasins des Douanes des Ports où elles arriveront, ou dans ceux de la Compagnie, en la forme ci-dessus prescrite, jusqu'à ce qu'elles soient enlevées; & lorsque les Commis de ladite Compagnie voudront les envoyer dans les Pays étrangers par mer ou par terre par transit, ce qui ne se pourra que par les Bureaux désignés par notredit Réglement du mois d'Avril dernier, ils seront tenus de prendre des acquits à caution, portant soumission de rapporter dans un certain tems certificat du dernier Bureau de Sortie qu'elles y auront passé, & un autre de leur décharge dans les Pays étrangers.

XXIX.

Si la Compagnie fait construire des vaisseaux dans les Pays de sa concession, Nous voulons bien, lorsqu'ils arriveront dans les Ports de notre Royaume pour la premiere fois, lui faire payer par forme de gratification sur notre Trésor Royal, six livres par tonneau pour les vaisseaux du port de deux cens tonneaux & au-dessous, & neuf livres aussi par tonneau pour ceux de deux cens cinquante tonneaux & au-dessus, & ce en rapportant des certificats des Directeurs de la Compagnie ausdits Pays, comme lesdits navires y auront été construits.

XXX.

Permettons à ladite Compagnie de donner des permissions particulieres à des vaisseaux de nos Sujets, pour aller traiter dans les Pays de sa concession, à telles conditions qu'elle jugera à propos; & voulons que lesdits vaisseaux munis des permissions de ladite Compagnie, jouissent des mêmes droits, priviléges & exemptions que ceux de la Compagnie, tant sur les vivres, marchandises & effets qui seront chargés sur iceux, que sur les marchandises & effets qu'ils rapporteront.

XXXI.

Nous ferons délivrer de nos magasins à ladite Compagnie tous les ans, pendant le tems de son privilége, quarante milliers de poudre à fusil, qu'elle Nous payera au prix qu'elle Nous aura coûté.

XXXII.

Notre intention étant de faire participer au Commerce de cette Compagnie, & aux avantages que Nous lui accordons, le plus grand nombre de nos Sujets que faire se pourra, & que toutes sortes de personnes puissent s'y interesser suivant leurs facultés, Nous voulons que les fonds de cette Compagnie soient partagés en actions de cinq cens livres chacune, dont la valeur sera fournie en Billets de l'Etat, desquels les interêts seront dûs depuis le premier jour du mois de Janvier de la présente année; & lorsqu'il Nous sera representé par les Directeurs de ladite Compagnie, qu'il aura été délivré des actions pour faire un fonds suffisant, Nous ferons fermer les Livres de la Compagnie.

XXXIII.

Les billets desdites actions seront payables au porteur, signés par le Caissier de la Compagnie, & visés par un des Directeurs: il en sera délivré de deux sortes, sçavoir des billets d'une action, & des billets de dix actions.

XXXIV.

Ceux qui voudront envoyer les billets desdites actions dans les Provinces ou dans les Pays étrangers, pourront les endosser pour plus grande sûreté, sans que les endossemens les obligent à la garantie de l'action.

XXXV.

Pourront tous les Etrangers acquerir tel nombre d'actions qu'ils jugeront à propos, quand même ils ne seroient pas résidans en notre Royaume; & Nous avons déclaré & déclarons les actions appartenantes audits Etrangers, non sujettes au droit d'aubaine, ni à aucune confiscation, pour cause de guerre ou autrement, voulant qu'ils jouissent desdites actions comme nos Sujets.

XXXVI.

Et d'autant que les profits & pertes dans les Compagnies de Commerce n'ont rien de fixe, & que les actions de ladite Compagnie ne peuvent être regardées que comme marchandise, Nous permettons à tous nos Sujets & aux Etrangers, en Compagnie ou pour leur compte particulier, de les acheter, vendre & commercer ainsi que bon leur semblera.

XXXVII.

Tout Actionnaire porteur de cinquante actions aura voix déliberative aux Assemblées; & s'il est porteur de cent actions, il aura deux voix; & ainsi par augmentation de cinquante en cinquante.

XXXVIII.

Les Billets de l'Etat reçus pour le fonds des actions seront convertis en rentes au denier vingt-cinq, dont les interêts courront à commencer du premier Janvier de la présente année, sur notre Ferme du Controlle des Actes des Notaires, du petit Sceau, & Insinuations laïques, que Nous avons hypotéqué & affecté, hypotéquons & affectons spécialement au payement desdites rentes: en conséquence il sera passé en notre nom, au profit de ladite Compagnie, par les Commissaires de notre Conseil que Nous aurons nommé à cet effet, des Contrats de quarante mille livres de rente perpetuelle & héréditaire, chacun faisant la rente d'un million au denier vingt-cinq, sur les quittances de finances qui en seront délivrées par le Garde de notre Trésor Royal en exercice la présente année, qui recevra de ladite Compagnie pour un million de Billets de l'Etat à chaque payement & ce jusqu'à concurrence des fonds qui seront portés pour former les actions de ladite Compagnie.

XXXIX.

Les arrérages desdites rentes seront payés, sçavoir ceux de la présente année dans les quatre derniers mois d'icelle, & ceux des années suivantes en quatre payemens égaux, de trois mois en trois mois, par notre Fermier du Controlle des Actes des Notaires, petit Sceau, & Insinuations laïques, au Caissier de ladite Compagnie, sur ses quittances visées de trois des Directeurs, qui lui fourniront copie collationnée des Présentes & de leur nomination, pour la premiere fois seulement.

XL.

Les Directeurs employeront au Commerce de la Compagnie les arrérages dûs de la présente année, des contrats qui seront expédiés au profit de la Compagnie; leur défendons très-expressément d'y employer aucune partie des interêts des années suivantes, ni de contracter aucun engagement sur icelles; voulons que les Actionnaires soient régulierement payés des interêts de leurs actions, à raison de quatre pour cent par année, à commencer du premier du mois de Janvier de l'année prochaine, dont le premier payement pour six mois se fera au premier Juillet prochain, & ainsi successivement.

XLI.

Comme il est nécessaire qu'aussi-tôt après l'enregistrement des Présentes, il y ait des personnes qui prennent la régie de tout ce qu'il conviendra faire pour l'arrangement des livres & des autres détails qui doivent former les commencemens de ladite Compagnie, ce qui ne peut souffrir aucun retardement; Nous nommerons pour cette premiere fois seulement les Directeurs que Nous aurons choisis à cet effet, lesquels auront pouvoir de régir & administrer les affaires de ladite Compagnie, laquelle pourra dans une Assemblée générale, après deux années révolues, nommer trois nouveaux Directeurs, ou les continuer pour trois ans, si elle le juge à propos, & ainsi successivement de trois ans en trois ans; lesquels Directeurs ne pourront être choisis que François ou Regnicoles.

XLII.

Les Directeurs arrêteront tous les ans à la fin du mois de Décembre le Bilan général des affaires de la Compagnie; après quoi ils convoqueront par une affiche publique l'Assemblée générale de ladite Compagnie, dans laquelle les répartitions des profits de ladite Compagnie seront résolues & arrêtées.

XLIII.

Attendu le grand nombre d'actions dont ladite Compagnie sera composée, Nous jugeons nécessaire pour la commodité de nos Sujets, d'établir un tel ordre dans les payemens, tant des interêts que des répartitions, que chaque Porteur d'actions puisse sçavoir le jour qu'il pourra se présenter à la caisse pour recevoir sans remise ni délai ce qui lui sera dû. Pour cet effet, voulons que les rentes desdites actions, ensemble les répartitions des profits provenant du Commerce, soient payées suivant les numeros desdites actions, en commençant par le premier, sans que la Compagnie puisse rien changer à cet ordre; & que les Directeurs fassent afficher à la porte du Bureau de ladite Compagnie, & inserer dans les Gazettes publiques, les numeros qui devront être payés dans la semaine suivante.

XLIV.

Les actions de la Compagnie, ni les effets d'icelle, ensemble les appointemens des Directeurs, Officiers & Employés de ladite Compagnie, ne pourront être saisis par aucune personne & sous quelque prétexte que ce puisse être, pas même pour nos propres deniers & affaires, sauf aux Créanciers des Actionnaires à faire saisir & arrêter entre les mains du Caissier général & Teneur de Livres de ladite Compagnie, ce qui pourra revenir ausdits Actionnaires par les comptes qui seront arrêtés par la Compagnie, ausquels les Créanciers seront tenus de se rapporter, sans que lesdits Directeurs soient obligés de leur faire voir l'état des effets de la Compagnie, ni de leur rendre aucun compte, ni pareillement que lesdits Créanciers puissent établir des Commissaires ou Gardiens ausdits effets, déclarant nul tout ce qui pourroit être fait à ce préjudice.

XLV.

Voulons que les Billets de l'Etat qui seront remis au Garde de notre Trésor Royal par ladite Compagnie d'Occident, soient par lui portés à l'Hôtel de notre bonne Ville de Paris, auquel lieu, en présence du Sieur Bignon, Conseiller ordinaire en notre Conseil d'Etat, ancien Prevôt des Marchands, du Sieur Trudaine, Conseiller en notre Conseil d'Etat, Prevôt des Marchands en charge, des Sieurs de Serre, le Virloys, Harlan & Boucot, qui ont signé les Billets de l'Etat avec eux, & des Officiers municipaux dudit Hôtel de Ville qui s'y trouveront, ou voudront s'y trouver, lesdits Billets de l'Etat seront brûlés publiquement incontinent après l'expédition de chaque Contrat, après en avoir dressé procès-verbal contenant les registres, numeros & sommes, en avoir fait mention sur lesdits Registres & les en avoir déchargés; lequel procès-verbal sera signé desdits Sieurs Prevôts des Marchands, & autres dénommés au présent article.

XLVI.

Les Directeurs auront à la pluralité des voix la nomination de tous les Emplois, & des Capitaines & Officiers servant sur les Vaisseaux de la Compagnie, aussi-bien que des Officiers militaires, de Justice, & autres qui seront employés dans les Pays de sa concession, & pourront les révoquer lorsqu'ils le jugeront à propos : & lesdites nominations de tous lesdits Officiers & Employés seront signées au moins de trois Directeurs ; ce qui sera pareillement observé pour les révocations.

XLVII.

Ne pourront lesdits Directeurs être inquiétés ni contraints en leurs personnes & biens pour les affaires de la Compagnie.

XLVIII.

Ils arrêteront tous les comptes, tant des Commis & Employés en France, que dans les Pays de la concession de la Compagnie, & des Correspondans, lesquels comptes seront signés au moins de trois desdits Directeurs.

XLIX.

Il sera tenu de bons & fideles Journaux de caisse, d'achats, de ventes, d'envois & de raison en parties doubles, tant dans la Direction générale de Paris, que par les Commis & Commissionnaires de la Compagnie dans les Provinces & dans les Pays de sa concession, qui seront cottés & paraphés par les Directeurs, ausquels sera ajouté foi en Justice.

L.

Nous faisons don à ladite Compagnie, des Forts, magasins, maisons, canons, armes, poudres, brigantins, bateaux, pirogues & autres effets & ustensiles que Nous avons présentement à la Louisianne, dont elle sera mise en possession sur nos ordres, qui y seront envoyés par notre Conseil de Marine.

LI.

Nous faisons pareillement don à ladite Compagnie, des vaisseaux, marchandises & effets que le Sieur Crozat Nous a remis, ainsi qu'il est expliqué par l'Arrêt de notre Conseil du vingt-troisiéme jour du présent mois, de quelque nature qu'ils puissent être, & à quelque somme qu'ils puissent monter, à condition de transporter six mille Blancs & trois mille Noirs au moins dans les Pays de sa concession, pendant la durée de son privilége.

LII.

Si après que les vingt-cinq années du privilége que Nous accordons à ladite Compagnie d'Occident seront expirées, Nous ne jugeons pas à propos de lui en accorder la continuation, toutes les Isles & Terres qu'elle aûra habitées ou fait habiter, avec les droits utiles, cens & rentes qui seront dûs par les habitans, lui demeureront à perpetuité en toute proprieté, pour en faire & disposer ainsi que bon lui semblera, comme son propre héritage, sans que Nous puissions retirer lesdites Terres & Isles, pour quelque cause, occasion ou prétexte que ce soit, à quoi Nous avons renoncé dès-à-présent, à condition que ladite Compagnie ne pourra vendre lesdites Terres à d'autres qu'à nos Sujets ; & à l'égard des Forts, armes & munitions, ils Nous seront remis par ladite Compagnie, à laquelle Nous en payerons la valeur, suivant la juste estimation qui en sera faite.

LIII.

Comme dans l'établissement des Pays concedés à ladite Compagnie par ces Présentes, Nous regardons particulierement la gloire de Dieu, en procurant le salut des habitans Indiens, Sauvages & Negres, que Nous desirons être instruits dans la vraie Religion, ladite Compagnie sera obligée de bâtir à ses dépens des Eglises dans les lieux de ses habitations ; comme aussi d'y entretenir le nombre d'Ecclésiastiques approuvés qu'il sera nécessaire, soit en qualité de Curés, ou tels autres qu'il sera convenable, pour y prêcher le Saint Evangile, faire le Service Divin, & y administrer les Sacremens, le tout sous l'autorité de l'Evêque de Quebec, ladite Colonie demeurant dans son Diocèse, ainsi que par le passé; & seront les Curés & autres Ecclésiastiques que ladite Compagnie entretiendra, à sa nomination & patronage.

LIV.

Pourra ladite Compagnie prendre pour ses Armes un écusson de sinople, à la pointe ondée d'argent, sur laquelle sera couché un Fleuve au naturel, appuyé sur une corne d'abondance d'or, au chef d'azur, semé de fleurs-de-lys d'or, soutenu d'une face en devise aussi d'or, ayant deux Sauvages pour supports, & une couronne trefflée; lesquelles Armes Nous lui accordons pour s'en servir dans ses sceaux & cachets, & que Nous lui permettons de faire mettre & apposer à ses édifices, vaisseaux, canons, & par-tout ailleurs où elle jugera à propos.

LV.

Permettons à ladite Compagnie de dresser & arrêter tels Statuts & Réglemens qu'il appartiendra pour la conduite & direction de ses affaires & de son commerce, tant en Europe que dans les Pays à elle concedés; lesquels Statuts & Réglemens Nous confirmerons par Lettres Patentes, afin que les Interessés dans ladite Compagnie soient obligés de les exécuter selon leur forme & teneur.

LVI.

Comme notre intention n'est point que la protection particuliere que Nous accordons à ladite Compagnie, puisse porter aucun préjudice à nos autres Colonies, que Nous voulons également favoriser; défendons à ladite Compagnie de prendre ou recevoir, sous quelque prétexte que ce soit, aucun habitant établi dans nos Colonies, pour les transporter à la Louisianne, sans en avoir obtenu la permission par écrit de nos Gouverneurs Généraux ausdites Colonies, visée des Intendans ou Commissaires Ordonnateurs.

SI DONNONS EN MANDEMENT à nos amés & féaux Conseillers, les Gens tenant notre Cour de Parlement, Chambre des Comptes, & Cour des Aydes à Paris, que ces Présentes ils ayent à faire lire, publier & registrer, & le contenu en icelles garder, observer & exécuter selon leur forme & teneur, nonobstant tous Edits, Déclarations, Réglemens, Arrêts, ou autres choses à ce contraires, ausquelles Nous avons dérogé & dérogeons par ces Présentes; aux copies desquelles, collationnées par l'un de nos amés & féaux Conseillers-Secretaires, voulons que foi soit ajoutée comme à l'original: CAR tel est notre plaisir. Et afin que ce soit chose ferme & stable à toujours, Nous avons fait mettre notre Scel à cesdites Présentes. DONNÉ à Paris au mois d'Août, l'an de grace mil sept cens dix-sept, & de notre Regne le deuxiéme. *Signé* LOUIS. *Et plus bas*, Par le Roi, LE DUC D'ORLEANS Régent présent, PHELYPEAUX. *Visa*, DAGUESSEAU. Vû au Conseil, VILLEROY. Et scellé du grand Sceau de cire verte.

Registrées, oui & ce requerant le Procureur Général du Roi, pour être exécutées selon leur forme & teneur, sans néanmoins que les Statuts qui seront ci-après dressés par la Compagnie d'Occident, puissent avoir leur exécution qu'après avoir été confirmés par Lettres Patentes du Roi, registrées en la Cour; & copies collationnées des Présentes envoyées aux Bailliages & Sénéchaussées du Ressort, pour y être lûes, publiées & registrées: Enjoint aux Substituts du Procureur Général du Roi d'y tenir la main; & d'en certifier la Cour dans un mois. A Paris en Parlement, le six Septembre mil sept cens dix-sept. Signé GILBERT.

TITRE V.

TITRE V.

DES LETTRES ET BILLETS DE CHANGE, & Promesses d'en fournir.

DES LETTRES DE CHANGE.

De la forme en laquelle les Lettres de Change doivent être conçues.

ARTICLE PREMIER.

LEs Lettres de change contiendront sommairement le nom de ceux ausquels le contenu devra être payé, le tems du payement, le nom de celui qui en a donne la valeur, & si elle a été reçue en deniers, marchandises, ou autres effets.

Les Lettres de change.] Ces Lettres n'étoient pas connues dans l'ancienne Jurisprudence Romaine; elles sont de l'invention des Juifs, suivant la remarque de Giovan Villani dans son Histoire universelle; lesquels après avoir été en différens tems bannis du Royaume de France pour leurs crimes exécrables, sous les Regnes de Dagobert I, Philippe Auguste, & Philippe le Long, en 640, 1181, & 1316, trouverent le moyen de retirer leurs effets qu'ils avoient consignés ou recelés entre les mains de leurs confidens, par des Lettres secrettes & des Billets conçus en peu de paroles, & par l'entremise des Voyageurs & des Marchands étrangers. Ces Lettres sont très-utiles, pourvû qu'on n'y commette point d'abus, & que le change soit réel, parce que par ce moyen le Porteur de la Lettre de change reçoit sans péril & sans aucune peine, au Pays, Ville & lieu où il a besoin d'argent, pareille somme que celle qu'il a baillée; & elles sont si nécessaires au négoce, & à tous ceux qui veulent transporter de l'argent d'un Pays à un autre, que sans l'usage de ces Lettres le commerce & la plûpart des affaires du monde deviendroient impossibles. On les appelle Lettres de change, parce qu'il se fait comme un échange de l'argent avec les Lettres; & quoiqu'il semble qu'il y ait quelque imprudence de changer de l'argent avec du papier, ce papier se convertit après, & pour ainsi dire, se change en argent. Sur quoi Scaccia, dans le sçavant Traité qu'il a fait *de Commerc. & Gamb.* §. 1, *quæst.* 3, *num.* 14, rapportent, que dans une conversation, l'un de ceux qui en étoient ayant dit qu'il devoit bientôt arriver un homme qui étoit sçavant en toutes sortes de belles Lettres & de Sciences, un autre l'interrogeant sur quelles? comme il lui répondit que c'étoit en Morale, en Théologie, en Jurisprudence & autres, l'autre faisant semblant de faire peu de cas de ces Sciences; & lui ayant demandé s'il n'en sçavoit pas d'autres, celui-ci tout étonné lui dit, quelles autres belles Lettres il pouvoit sçavoir? il lui répondit, les Lettres de change; & que si l'on ne sçait pas celles ci, le meilleur manque. Ce mot de Change vient encore de ce que le profit qu'on reçoit & qu'on donne en tirant ou remettant des Lettres de change pour un autre lieu, n'est jamais égal, & qu'il change, étant tantôt haut, tantôt bas. Il y en a qui ont cru, par la maniere dont on use dans le commerce des Lettres de change, que c'est un contrat d'échange: néanmoins l'opinion la plus commune est, que c'est un contrat d'achat & de vente; que l'argent de celui qui donne à change est le prix de la vente, & l'argent qu'on trouve au lieu destiné par celui qui a pris à change est la chose vendue & achetée. *Scacc. Tract. de Commerc.* §. 1, *quæst.* 4, *num.* 22.

☞ Les Lettres de change constituent un ordre particulier parmi les Actes sous signature privée; & lorsque l'on a, par quelque Edit ou Déclaration, assujetti les Actes sous seing privé à quelques formalités, les Lettres de change & les Billets à ordre & au porteur en ont été exceptés.

Cela se voit dans la Déclaration du 15 Mai 1702, qui les excepte de la disposition de l'Edit du mois de Décembre 1684, concernant la forme de proceder à la reconnoissance des Promesses & Billets, & autres écritures sous seing privé, & dans l'Edit du mois d'Octobre 1705, au sujet de la nécessité du controlle établi pour tous Actes sous signature privée, avant qu'on en puisse faire demande en Justice.

La Déclaration du 15 Mai 1703 porte:

Cet Edit de 1684 est rapporté au premier volume, sur l'article 5 du titre 12 de l'Ordonnance de 1667.

LOUIS, par la grace de Dieu, Roi de France & de Navarre: A tous ceux qui ces présentes Lettres verront, SALUT. Par notre Edit du mois de Décembre mil six cens quatre-vingt-quatre, Nous avons reglé la maniere dont il doit être procedé dans toutes nos Cours & Siéges, à la reconnoissance des Promesses, Billets, & autres écritures sous seing privé; depuis lequel tems Nous avons été informés, qu'encore que notre intention n'eût pas été de comprendre dans l'exécution de ce Réglement les Justices Consulaires, dans lesquelles les Porteurs de Promesses ou Billets sous signature privée n'ont jamais été assujettis aux procedures & formalités ordinaires dans nos autres Justices Royales; cependant les Juges établis dans aucunes des Justices Consulaires de notre Royaume, ont cru être obligés de suivre exactement les dispositions de notredit Edit pour la reconnoissance desdites Promesses ou Billets; ce qui multiplie les frais, & éloigne les Jugemens de condamnations que les Porteurs desdites Promesses ou Billets poursuivent contre leurs débiteurs, au grand préjudice du Commerce & des Négocians, & contre nos véritables intentions, que Nous avons jugé à propos d'expliquer sur cela plus disertement. A CES CAUSES, & autres à ce Nous mouvans, de notre certaine science, pleine puissance & autorité royale, Nous avons par ces Présentes signées de notre main, dit & déclaré, disons & déclarons n'avoir entendu comprendre dans l'exécution de notredit Edit du mois de Décembre mil six cens quatre-vingt-quatre, les Justices Consulaires de notre Royaume, dans lesquelles Nous voulons que les Porteurs de Promesses, Billets, ou autres Actes passés sous signature privée, puissent obtenir des condamnations contre leurs débiteurs sur de simples assignations en la maniere ordinaire, sans qu'au préalable il soit besoin de proceder à la reconnoissance desdites Promesses, Billets ou autres Actes, en la forme portée par ledit Edit, sinon au cas que le défendeur dénie la vérité desdites Promesses,

Billets ou autres Actes, ou ſoutienne qu'*ils* ont été ſignés d'une autre main que la ſienne ; auquel cas les Juges-Conſuls ſeront tenus de renvoyer les Parties pardevant les Juges ordinaires, pour y proceder à la vérification deſdites piéces, & reconnoiſſance deſdites écritures, en la maniere portée par notredit Edit. N'entendons néanmoins rien innover à l'uſage obſervé juſqu'à préſent en cette matiere, tant au Siége de la Conſervation de Lyon, que dans la Juriſdiction des Prieurs & Conſuls de notre Province de Normandie. SI DONNONS EN MANDEMENT à nos amés & féaux Conſeillers, les Gens tenant notre Cour de Parlement à Paris, que ces Préſentes ils ayent à faire lire, publier & regiſtrer, & le contenu en icelles exécuter ſelon leur forme & teneur, ceſſant & faiſant ceſſer tous troubles & empêchemens qui pourroient être mis ou donnés, nonobſtant tous Edits, Déclarations, & autres choſes à ce contraires, auſquelles Nous avons dérogé & dérogeons en ce qui ſe trouvera contraire à ces Préſentes, aux copies deſquelles, collationnées par l'un de nos amés & féaux Conſeillers & Secretaires, voulons que foi ſoit ajoutée comme à l'original : CAR tel eſt notre plaiſir. En témoin de quoi Nous avons fait mettre notre Scel à ceſdites Préſentes. DONNÉ à Verſailles le quinziéme jour de Mai, l'an de grace mil ſept cens trois, & de notre Regne le ſoixante-uniéme. *Signé* LOUIS. *Et plus bas*, Par le Roi, PHELYPEAUX. Vû au Conſeil, CHAMILLART. Et ſcellé du grand Sceau de cire jaune.

Voici la teneur de l'Edit du mois d'Octobre 1705.

LOUIS, par la grace de Dieu, Roi de France & de Navarre : A tous préſens & à venir, SALUT. Nous avons ordonné par notre Déclaration du 14 Juillet 1699, touchant les reconnoiſſances des Actes ſous ſeing privé qui ſe pourſuivront en Juſtice, qu'après l'Acte reconnu, ſoit par défaut ou contradictoirement, le Porteur, ou la Partie pourſuivant la reconnoiſſance, ſera tenu de porter dans trois jours de la date, la reconnoiſſance de l'Acte, avec la Sentence du Juge rendue ſur la reconnoiſſance, chez le Notaire le plus proche de la Juriſdiction, pour être par lui délivré expédition du tout, après l'avoir fait controller dans la quinzaine de l'apport, à peine de nullité & de deux cens livres d'amende, tant contre lui que contre le pourſuivant, & ceux qui ſe ſerviront dudit Acte ſous ſeing privé, qui n'aura aucune hypotéque s'il n'eſt controllé, & les expéditions délivrées par le Notaire, avec défenſes à tous Juges d'y avoir égard, ſoit dans les collocations d'ordre & préférence d'hypotéque ou autrement, à peine d'interdiction & de deux cens livres d'amende : & comme Nous n'avions rendu cette Déclaration que dans la vûe d'empêcher les fraudes qui ſe commettoient à notre Ferme des droits de controlle des Actes des Notaires, & que Nous ſommes informés que nos Sujets, nonobſtant les peines rigoureuſes portées par cette Déclaration, continuent de paſſer la plûpart de leurs Actes ſous ſignature privée, ſans ſe mettre en peine de rapporter chez les Notaires les Jugemens & Sentences qu'ils ont obtenu pour la reconnoiſſance de ces Actes, ni de les faire controller, ce qui emporte la nullité deſdits Actes, faute d'être revêtus des formes portées par notre Déclaration dudit jour quatorze Juillet mil ſix cens quatre-vingt-dix-neuf, dont pourroient naître dans la ſuite une infinité de procès & la ruine d'un grand nombre de familles, s'il n'y étoit par Nous pourvû ; & comme Nous avons d'ailleurs été informés qu'au préjudice des Edits & Réglemens ci-devant faits touchant les fonctions & le nombre des Notaires, que les Seigneurs Hauts-Juſticiers de notre Royaume peuvent établir dans l'étendue de leurs Juriſdictions, leſdits Notaires paſſent journellement toutes ſortes d'Actes indifféremment entre toutes ſortes de perſonnes, quoique non domiciliées dans le reſſort deſdites Juſtices, & pour biens ſitués hors l'étendue dudit reſſort, Nous avons jugé à propos d'y pourvoir, en impoſant des peines convenables dans le cas de contravention. A CES CAUSES, & autres à ce Nous mouvans, de notre certaine ſcience, pleine puiſſance & autorité royale, Nous avons par notre préſent Edit perpetuel & irrévocable, dit, ſtatué & ordonné, diſons, ſtatuons & ordonnons, voulons & Nous plaît, qu'à l'avenir, & à commencer du premier Janvier prochain, tous les Actes qui ſeront paſſés ſous ſignature privée, à l'exception des Lettres de change & Billets à ordre & au porteur, des Marchands, Négocians & Gens d'affaires, ſoient controllés avant qu'on en puiſſe faire aucune demande en Juſtice, & les droits payés ſuivant la qualité des Actes & à proportion des ſommes y contenues, comme s'ils étoient originairement paſſés pardevant Notaires, conformément aux Tarifs arrêtés en notre Conſeil pour le droit de controlle des Actes des Notaires, à peine de nullité deſdits Actes, & de trois cens livres d'amende pour chacune contravention, tant contre les Parties qui s'en ſeront ſervis, que contre les Huiſſiers & Sergens qui auront fait des Exploits & Actes en conſéquence. Faiſons défenſe à nos Juges, & à ceux des Seigneurs particuliers, à commencer du premier du mois de Janvier prochain, de prononcer aucuns Jugemens portant reconnoiſſance, ni de condamnation ſur des Actes ſous ſignature privée, qu'il ne leur ſoit apparu du controlle & du payement deſdits droits, à peine de nullité des Jugemens, & de trois cens livres d'amende contre leſdits Juges, & de pareille amende contre les Procureurs qui auront occupé dans les Inſtances, & les Huiſſiers & Sergens qui mettront les Jugemens à exécution, leſquelles demeureront encourues en vertu du préſent Edit, ſans qu'il ſoit beſoin d'autre Jugement ni condamnation, & ſans pouvoir être moderées ni ſurſiſes par nos Juges, à peine d'en être reſponſables en leur propre & privé nom. Voulons que dans les Jugemens portant reconnoiſſance ou condamnation qui interviendront ſur des Actes ſous ſignature privée, il ſoit fait mention du controlle deſdits Actes, ainſi qu'il ſe pratique pour le controlle des Exploits, à peine contre les Greffiers de pareille amende de trois cens livres pour chacune contravention. Faiſons pareillement défenſes aux Notaires & Tabellions des Seigneurs Hauts Juſticiers de notre Royaume, de paſſer à l'avenir aucuns Actes entre d'autres perſonnes que les Juſticiables de la Juſtice dans laquelle ils ſont établis, & pour biens ſitués dans le reſſort d'icelles, à peine de nullité des Actes, & de trois cens livres d'amende contre leſd. Notaires pour chacune contravention, & de pareille amende de trois cens livres contre chacune des Parties contractantes, leſquelles demeureront encourues en vertu du préſent Edit, ſans qu'il ſoit beſoin d'autre Jugement ni condamnation. SI DONNONS EN MANDEMENT à nos amés & féaux Conſeillers, les Gens tenant notre Cour de Parlement, Chambre des Comptes & Cour des Aydes à Paris, que notre préſent Edit ils ayent à faire lire, publier & regiſtrer, même en tems de Vacations, & le contenu en icelui ſuivre, garder & obſerver ſelon ſa forme & teneur, ceſſant & faiſant ceſſer tous troubles & empêchemens qui pourroient être mis ou donnés, nonobſtant tous Edits, Déclarations, Arrêts, Réglemens, & autres choſes à ce contraires, auſquelles Nous avons dérogé & dérogeons par le préſent Edit, aux copies duquel, collationnées par l'un de nos amés & féaux Conſeillers-Secretaires, voulons que foi ſoit ajoutée comme à l'original: CAR tel eſt notre plaiſir. Et afin que ce ſoit choſe ferme & ſtable à toujours, Nous y avons fait mettre notre Scel. Donné à Fontainebleau au mois d'Octobre, l'an de grace mil sept cens cinq, & de notre Régne le soixante-troisiéme. *Signé* LOUIS. *Et plus bas*, Par le Roi, Phelypeaux. *Visa*, Phelypeaux. Vû au Conseil, Chamillart. Et scellé du grand Sceau de cire verte, en lacs de soie rouge & verte.

Registré, oui & ce requerant le Procureur Général du Roi, pour être exécuté selon sa forme & teneur, suivant l'Arrêt de ce jour. A Paris en Parlement en Vacations, le 24 *Octobre* 1705. Signé Du Tillet.]

Contiendront sommairement.] Il a été jugé par Arrêt du Parlement de Toulouse, que le simple seing oblige en Lettres de change; & suivant ce principe, un Marchand ayant signé une Promesse qu'un autre Marchand avoit faite pour marchandise à un autre Marchand, fut obligé de payer, quoiqu'il ne fût ni débiteur ni caution, & qu'il semblât qu'on pouvoit le prendre seulement pour témoin.

Ce qui donne l'être & la forme à une Lettre de change, est une cession & vendition d'argent que le tireur fait à celui au profit duquel il l'a tirée, à prendre & recevoir de son correspondant demeurant dans un autre lieu que celui d'où la Lettre a été tirée; & cette cession & vendition d'argent se fait ainsi en termes mercantils, *pour valeur reçue;* c'est-à-dire pour pareille somme que celui au profit duquel la Lettre est tirée, donne au tireur en argent, marchandises ou autres effets. Ainsi trois choses sont nécessaires pour établir la qualité des Lettres de change. La premiere, que la Lettre soit tirée d'une Ville sur une autre. La seconde, qu'il y ait trois personnes; sçavoir celui qui tire la Lettre, celui sur qui elle est tirée, & celui au profit de qui elle est tirée, qui est le débiteur du tireur. Et la troisiéme, que la Lettre de change porte, que la valeur que le tireur a reçue de celui au profit duquel il l'a tirée, est en argent, en autre Lettre de change, en marchandise ou autres effets, dont mention doit être faite: autrement elles ne peuvent point être qualifiées Lettres de change.

☞ *Le nom de ceux ausquels le contenu en devra être payé.*] L'usage qui s'étoit introduit des Lettres & Billets payables au porteur, étoit contraire à la disposition de cet article, & avoit cependant fait un grand progrès dans le commerce & entre les Gens d'affaires. Par Edit du mois de Mai 1716, il a été défendu d'en faire à l'avenir.

LOUIS, par la grace de Dieu, Roi de France & de Navarre: A tous présens & à venir, Salut. Nous avons été informés que les Billets payables au porteur sont une des principales causes des abus qui se commettent depuis plusieurs années dans les différens commerces de marchandises, d'argent & de papiers, par des personnes de tous états & de toutes professions. Les Billets en blanc ausquels ils ont succedé, & dont ils ne different proprement que de noms inventés au commencement du dernier siécle par des Négocians de mauvaise foi, avoient introduit de si grands désordres, que dès le 27 Août 1604, les Marchands s'en étoient plaints aux Députés de la Chambre pour le rétablissement du Commerce, & que notre Parlement de Paris les défendit par plusieurs Arrêts & Réglemens. L'usage en fut d'abord interdit par un Arrêt de notredite Cour du 7 Juin 1611; & plusieurs Banquiers, Courtiers de change & autres Gens d'affaires ne laissant pas de continuer de s'en servir dans leur commerce, pour couvrir leurs usures & tromper plus facilement le Public, il intervint un Réglement général en notredite Cour, toutes les Chambres assemblées, le 26 Mars 1624, qui défendit encore ces sortes de Billets sous de rigoureuses peines, & en abolit entierement l'ufage. Le même efprit de fraude & d'ufure ayant enfuite imaginé les Billets payables au porteur, qui fous un autre nom étant en effet la même chofe que les Billets en blanc, cauferent les mêmes abus; & plufieurs plaintes en ayant été portées en notredite Cour, elle rendit fur la Requête de notre Procureur Général, le 16 Mai 1650, un nouvel Arrêt de Réglement, par lequel, après avoir entendu les Juges-Confuls & les anciens Marchands de notre bonne Ville de Paris, il fut fait défenfes à tous Marchands, Négocians, & autres perfonnes, de quelque qualité & condition qu'elles fuffent, de fe fervir à l'avenir au fait de leur commerce, & en quelque autre traité ou affaire que ce pût être, de Promeffes ou Billets, à moins qu'ils ne fuffent remplis du nom du Créancier, & des caufes pour lefquelles on les auroit paffés, foit pour argent prêté, ou pour Lettres de change fournies ou à fournir, à peine de nullité des Promeffes ou Billets, & ordonné que l'Arrêt feroit publié & affiché. Ceux qui avoient abufé de ces fortes de Billets, trouverent encore le moyen de couvrir leurs ufures & de pratiquer les mêmes abus, en mettant leurs fignatures en blanc au dos des Lettres & Billets de change, fans être remplies d'aucuns ordres: à quoi ayant été pourvû par un nouveau Réglement de notredit Parlement de Paris du 7 Septembre 1660, par la Déclaration du feu Roi notre très-honoré Seigneur & Bifayeul du 9 Janvier 1664, qui le confirme, & par l'Ordonnance du mois de Mars 1673, l'ufage pernicieux des Billets payables au porteur s'eft introduit de nouveau par la mauvaife interprétation qu'on a donnée à cette Ordonnance; & en multipliant depuis plufieurs années tous les abus tant de fois condamnés, il a fervi à couvrir les ufures les plus énormes & les banqueroutes les plus frauduleufes, & à rendre les débiteurs les plus opulens maîtres abfolus de difpofer de leur fortune, au préjudice & à la ruine de leurs créanciers véritables, par la liberté qu'ils ont de fuppofer qu'ils font débiteurs de grandes fommes, par des billets payables au porteur, d'en figner en telle quantité & de telle date qu'il leur plaît, & de faire paroître de faux Créanciers porteurs de ces Billets, pour donner la loi aux Créanciers légitimes, & pour fe faire faire des remifes confidérables; en forte qu'il arrive très-fouvent qu'un débiteur de mauvaife foi fe trouve plus riche après une banqueroute confommée par un accommodement forcé, qu'il ne l'étoit auparavant, & que jouiffant avec impunité du bien de ceux qui lui ont confié leurs deniers, il les met eux-mêmes dans la néceffité de faire des banqueroutes qui troublent le Commerce, & caufent la ruine d'une infinité de perfonnes. Et comme les Ordonnances, Déclarations & Réglemens faits jufqu'à préfent, & que l'on pourroit faire dans la fuite contre tous ces défordres, feront toujours inutiles, tant que l'ufage des Lettres & Billets de change & autres Billets payables au porteur fera toleré, Nous nous croyons obligés de l'abolir entierement, pour faire ceffer des fraudes & des abus fi préjudiciables au bien du Commerce & à l'interêt des Créanciers légitimes, en prenant néanmoins les précautions que l'équité Nous infpire par rapport au paffé: mais attendu que la plus grande partie des inconvéniens qui fe rencontrent dans les Billets payables au porteur faits par des Particuliers, ne peut fe trouver dans les Billets de l'Etat, & que d'ailleurs dans la réfolution où Nous fommes de prendre toutes les mefures néceffaires pour en avancer le rembourfement, il ne convient point de rien changer par rapport à ces Billets, que Nous ne penfons qu'à éteindre & acquitter le plutôt qu'il Nous fera poffible, pour en liberer entierement l'Etat; notre intention eft qu'ils ne foient point compris dans la difpofition de notre préfent Edit.

Et comme les Billets de la Banque générale établie par nos Lettres Patentes du deuxiéme du présent mois, ne sont pas non plus sujets à la plûpart des abus qui se commettent par rapport aux Billets payables au porteur passés par des Particuliers; qu'à l'égard des Billets de la Banque, la date n'en sçauroit être fausse, ni le débiteur supposé, & qu'on ne peut antidater ces Billets, ni supposer des Créanciers simulés par le moyen desdits Billets, dans la vûe de faire une banqueroute frauduleuse, ou de la couvrir pour se dérober aux poursuites des Créanciers légitimes & aux peines établies par la Loi; Nous avons estimé devoir les excepter aussi de la prohibition générale portée par le présent Edit. A CES CAUSES, de l'avis de notre très-cher & très-amé Oncle le Duc d'Orleans Régent, de notre très-cher & très-amé Cousin le Duc de Bourbon, de notre très-cher & très-amé Oncle le Duc du Maine, de notre très-cher & très-amé Oncle le Comte de Toulouse, & autres Pairs de France, grands & notables Personnages de notre Royaume, & de notre certaine science, pleine puissance & autorité royale, Nous avons par le présent Edit, dit, statué & ordonné, disons, statuons & ordonnons, voulons & Nous plaît: Que tous ceux qui sont propriétaires de Lettres ou Billets de change, ou autres Billets payables au porteur, signés par quelque personne que ce puisse être avant la publication du présent Edit, soient tenus dans le tems de quinze jours, à compter du jour de ladite publication qui en sera faite dans les Bailliages & Sénéchaussées ressortissans nuement en nos Cours de Parlement, de les déposer pour minute chez un Notaire du Châtelet dans notre bonne Ville de Paris, & hors ladite Ville chez un Notaire Royal; devant lesquels Notaires lesdits propriétaires déclareront leurs noms, surnoms & demeures, & leur véritable qualité & profession, & affirmeront que lesdites Lettres ou Billets de change, ou autres Billets payables au porteur, leur appartiennent & sont sérieux & véritables, sauf à en lever les expéditions dont ils pourront avoir besoin; le tout à peine, à l'égard des propriétaires, de nullité des Lettres ou Billets de change, ou autres Billets payables au porteur, qui n'auront pas été déposés & affirmés sérieux & véritables dans la forme & dans le tems ci-dessus prescrits; & en outre à peine, tant contre ceux qui seront convaincus d'avoir fait & supposé de fausses Lettres ou de faux Billets de change, ou autres faux Billets payables au porteur, & d'en avoir fait ou fait faire le dépôt avec l'affirmation ci-dessus ordonné, que contre ceux qui seront convaincus d'avoir prêté leurs noms pour en paroître créanciers & propriétaires, d'être punis comme coupables du crime de faux, & d'amende, qui ne pourra être moindre du quadruple de la somme contenue ausdites Lettres ou Billets. N'entendons néanmoins par notre présente disposition, changer la nature des engagemens portés par lesdites Lettres ou Billets payables au porteur qui auront été ainsi déposés pour minute; voulons qu'ils soient payables dans les mêmes termes & par les mêmes voies qu'ils l'auroient pû être avant le dépôt qui en sera fait en exécution du présent Edit. Voulons de plus qu'il ne puisse être pris par lesdits Notaires, pour chacun des Actes de dépôt & d'affirmation, & Expéditions tant desdits Actes que desdites Lettres ou Billets déposés, plus de vingt sols, à peine de concussion, & Nous déchargeons lesdits Actes & Expéditions de la nécessité d'être controllés, & des droits de controlle. Déclarons que les Lettres ou Billets payables au porteur, pour le payement desquels il aura été obtenu des Jugemens de condamnation avant la publication du présent Edit, ne seront point sujets audit dépôt chez des Notaires, sans néanmoins que lesdites Lettres & Billets sur lesquels il sera intervenu des Jugemens, puissent être transportés qu'au profit des personnes certaines & dénommées. Défendons à toutes personnes, de quelque qualité & condition qu'elles soient, de faire ou de recevoir à l'avenir aucunes Lettres ou Billets de change, ou autres Billets payables au porteur, & déclarons nuls & de nul effet lesdites Lettres & Billets de change, & autres Billets qui ne seront pas faits au profit de personnes certaines dénommées dans lesdits Billets, ou à leurs ordres, qui ne pourront pareillement être mis successivement sur lesdites Lettres & Billets, qu'au profit de personnes certaines & y dénommées, à peine de nullité desdits ordres. N'entendons néanmoins donner aucune atteinte aux Lettres ou Billets de change, ou autres Billets payables à des personnes certaines, ou à leurs ordres ainsi successivement mis sur leid. Lettres ou Billets de change, ou autres Billets, au profit de personnes également certaines; voulons que l'usage continue d'en être libre & permis comme avant le présent Edit. N'entendons pareillement comprendre dans notre présent Edit, les Billets de l'Etat qui seront payables au porteur, ni ceux de la Banque générale établie par nos Lettres Patentes du deuxiéme du présent mois, lesquels pourront être payables au porteur: dérogeons en tant que besoin seroit, à toutes Ordonnances, Edits & Déclarations qui pourroient être à ce contraires. SI DONNONS EN MANDEMENT à nos amés & féaux Conseillers, les Gens tenans notre Cour de Parlement, que le présent Edit ils ayent à faire lire, publier & registrer, & le contenu en icelui exécuter selon sa forme & teneur: CAR tel est notre plaisir. Et afin que ce soit chose ferme & stable à toujours, Nous y avons fait mettre notre Scel. DONNÉ à Paris au mois de Mai, l'an de grace mil sept cens seize, & de notre Regne le premier. *Signé* LOUIS. *Et plus bas*, Par le Roi, LE DUC D'ORLEANS Régent présent, PHELYPEAUX. *Visa*, VOYSIN. Vû au Conseil, VILLEROY. Et scellé du grand Sceau de cire verte, en lacs de soie rouge & verte.

Registrées, oui & ce requerant le Procureur Général du Roi, pour être exécutées selon leur forme & teneur, & copies collationnées envoyées aux Bailliages & Sénéchaussées du ressort, pour y être lûes, publiées & registrées: Enjoint aux Substituts du Procureur Général du Roi d'y tenir la main, & d'en certifier la Cour dans un mois, suivant l'Arrêt de ce jour. A Paris en Parlement, le vingt-troisieme Mai mil sept cens seize. Signé DONGOIS.]

Le tems du payement.] La Lettre de change peut cependant être acquittée par celui sur qui elle est tirée avant l'échéance. ☞ Un Arrêt du 17 Février 1666, rapporté par M. Lucien Soëfve dans son Recueil d'Arrêts, tome 2, centurie 3, chapitre 36, l'a ainsi jugé.]

Mais il faut pour cela que le porteur de la Lettre convienne qu'elle est entre ses mains; car si elle étoit passée en des mains inconnues, & que l'on ne pût point faire des offres avec sommation de recevoir à celui qui auroit alors la Lettre, en ce cas on ne pourroit point la payer avant son échéance. Jugé par Arrêt recueilli dans le second Tome du Journal des Audiences, livre 7, chapitre 33.

☞ La faveur de la libération du débiteur a encore donné lieu à une Déclaration du 16 Mars 1700, pour le cas où les porteurs, pour éviter les diminutions d'espéces, ne se présentoient point après les dix jours de l'échéance des Lettres ou Billets.

LOUIS, par la grace de Dieu, Roi de France & de Navarre: A tous ceux qui

qui ces présentes Lettres verront, SALUT. Nous avons été informés des difficultés qui arrivent journellement au sujet du payement des Lettres & Billets de change, & des Billets payables au porteur, que les Particuliers qui les ont, affectent de ne point venir recevoir dans les termes de leur échéance; en sorte que les débiteurs qui en ont le fonds comptant, sont obligés de supporter les diminutions qui ont été & seront ordonnées par les Arrêts de notre Conseil sur les espéces qui restent inutiles entre leurs mains, sans pouvoir se liberer, n'ayant aucune connoissance de ceux qui sont porteurs desdites Lettres de change & Billets: A quoi desirant pourvoir, en expliquant sur ce nos intentions. A CES CAUSES, & autres à ce Nous mouvans, & de notre certaine science, pleine puissance & autorité royale, Nous avons par ces Présentes signées de notre main, dit & ordonné, disons & ordonnons, voulons & Nous plaît, que tous porteurs de Lettres & Billets de change, ou de Billets payables au porteur, soient tenus après les dix jours de l'échéance de chacune desdites Lettres & Billets, d'en faire la demande aux débiteurs par une sommation contenant les noms, qualités & demeures desdits porteurs, & d'offrir d'en recevoir le payement en espéces lors courantes; sinon & à faute de ce faire dans ledit tems, & icelui passé, voulons que les porteurs desdites Lettres & Billets de change, ou Billets payables au porteur, soient tenus des diminutions qui pourront survenir sur les espéces, en exécution des Arrêts de notre Conseil, qui ont été ou seront rendus sur le fait des Monnoies. SI DONNONS EN MANDEMENT à nos amés & féaux Conseillers, les Gens tenans notre Cour de Parlement, que ces Présentes ils ayent à faire lire, publier & registrer, & le contenu en icelles garder, observer & exécuter selon leur forme & teneur, nonobstant tous Edits, Déclarations, Réglemens, & autres choses à ce contraires, ausquels Nous avons dérogé & dérogeons par ces Présentes: CAR tel est notre plaisir. En témoin de quoi Nous avons fait mettre notre Scel à cesdites Présentes. DONNÉ à Versailles le seiziéme jour de Mars, l'an de grace mil sept cens, & de notre Regne le cinquante-septiéme. *Signé* LOUIS. *Et sur le repli*, Par le Roi, PHELYPEAUX. Et scellé.

Registrées, oui & ce requerant le Procureur Général du Roi, pour être exécutées selon leur forme & teneur, suivant l'Arrêt de ce jour. A Paris en Parlement, le 20 *Mars* 1700. Signé DU TILLET.

La même chose fut ordonnée en 1713 par Déclaration du 28 Novembre, qui a poussé plus loin la prévoyance, en ce qu'elle n'a pas voulu que les débiteurs des Lettres & Billets, dans le cas de diminutions d'espéces, pussent obliger les porteurs d'en recevoir le payement avant le dixiéme jour.

Cette Déclaration du 28 Novembre 1713 regle encore pour ce même cas de diminutions d'espéces, ce qui concerne le payement des Billets & Promesses, valeur en marchandises.

LOUIS, par la grace de Dieu, Roi de France & de Navarre: A tous ceux qui ces présentes Lettres verront, SALUT. Nous avons par notre Déclaration du 16 Mars 1700, rendue à l'occasion des diminutions d'Espéces portées par les Arrêts de notre Conseil, ordonné que tous porteurs de Lettres & Billets de change, ou de Billets payables au porteur, soient tenus après les dix jours de l'échéance de chacune desdites Lettres ou Billets, d'en faire demande aux débiteurs par une sommation contenant les noms, qualités & demeures desdits porteurs, & d'offrir d'en recevoir le payement en espéces lors courantes; sinon & à faute de ce faire dans ledit tems, & icelui passé, que les porteurs desdites

Lettres & Billets de change, ou Billets payables au porteur, seroient tenus des diminutions qui pourroient survenir sur les espéces, en exécution des Arrêts de notre Conseil qui auroient été & seroient rendus sur le fait des Monnoies; & comme la nouvelle diminution des espéces ordonnée par l'Arrêt de notre Conseil du 30 Septembre dernier, a donné lieu à plusieurs contestations sur les payemens des Lettres & Billets de change & autres de pareille nature, ausquelles il n'a pas été suffisamment pourvû par notredite Déclaration, Nous avons jugé à propos d'y ajouter par ces Présentes les dispositions nécessaires pour les faire entierement cesser. A CES CAUSES, & autres à ce Nous mouvans, de l'avis de notre Conseil, & de notre certaine science, pleine puissance & autorité royale, Nous avons dit, statué & ordonné, disons, statuons & ordonnons, voulons & Nous plaît, que tous porteurs de Lettres ou Billets de change, & Billets payables au porteur ou à ordre, soient tenus d'en faire la demande aux débiteurs le dixiéme jour préfix après l'échéance, par une sommation; sinon & à faute de ce, les porteurs desdites Lettres & Billets seront obligés d'en recevoir le payement suivant le cours & la valeur que les espéces avoient ce même dixiéme jour: & réciproquement les débiteurs desdites Lettres & Billets ne pourront obliger les porteurs d'en recevoir le payement avant ce même dixiéme jour. Et à l'égard des Billets & Promesses, valeur en marchandises, qui suivant l'usage ordinaire ne se payent qu'un mois après l'échéance, les porteurs seront tenus d'en faire la demande par une sommation, le dernier jour dudit mois après l'échéance; sinon & à faute de ce, seront obligés d'en recevoir le payement suivant le cours & la valeur que les espéces avoient le même jour dernier dudit mois après l'échéance: & réciproquement les débiteurs desdits Billets ou Promesses ne pourront obliger les porteurs d'en recevoir le payement, avant le même jour dernier dudit mois. Voulons néanmoins que ceux qui auront fait des Promesses pour marchandises, dont l'escompte aura été stipulé, puissent se liberer & acquitter les sommes contenues en leurs Promesses, pourvû qu'ils en fassent les payemens trente jours francs avant le jour marqué pour diminution des espéces; faute de quoi, ils ne pourront faire lesdits payemens que dans les termes portés par lesdites Promesses. Voulons au surplus que notre Déclaration du 16 Mars 1700 soit exécutée en ce qui n'est contraire à la teneur des Présentes. SI DONNONS EN MANDEMENT à nos amés & féaux Conseillers, les Gens tenant notre Cour de Parlement à Paris, que ces Présentes ils ayent à faire lire, publier & registrer, & le contenu en icelles garder & exécuter selon leur forme & teneur, nonobstant tous Edits, Déclarations, ou autres choses à ce contraires, ausquelles Nous avons dérogé & dérogeons par cesdites Présentes; aux copies desquelles, collationnées par l'un de nos amés & féaux Conseillers & Secretaires, voulons que foi soit ajoutée comme à l'original: CAR tel est notre plaisir. En témoin de quoi Nous avons fait mettre notre Scel à cesdites Présentes. DONNÉ à Versailles le vingt-huitiéme jour de Novembre, l'an de grace mil sept cens treize, & de notre Regne le soixante-onziéme. *Signé* LOUIS. *Et plus bas*, Par le Roi, PHELYPEAUX. Vû au Conseil, DESMARETZ. Et scellé du grand Sceau de cire jaune.

Registré, oui & ce requerant le Procureur Général du Roi, pour être exécuté selon sa forme & teneur, suivant l'Arrêt de ce jour. A Paris en Parlement, le neuviéme jour de Décembre 1713. Signé DONGOIS.

Les dispositions de cette Déclaration ayant demandé d'être interpretées, à cause des usages de quelques Provinces & Villes du Royaume, la Déclaration suivante fut donnée le 20 Février 1714.

LOUIS, par la grace de Dieu, Roi de France & de Navarre : A tous ceux qui ces présentes Lettres verront, SALUT. Nous aurions pour le bien du Commerce, & pour prévenir les procès d'entre les Négocians, reglé par notre Déclaration du 28 Novembre 1713, la maniere des payemens des Lettres & Billets de change pendant le tems des diminutions des Monnoies, & ordonné que les Porteurs de Lettres & Billets de change, ou de Billets payables au porteur ou à ordre, fussent tenus d'en faire la demande aux débiteurs le dixiéme jour préfix après l'échéance, par une sommation ; sinon & à faute de ce, que les Porteurs desdites Lettres ou Billets seroient obligés d'en recevoir le payement suivant le cours & la valeur que les espéces avoient ce même dixiéme jour ; & réciproquement les débiteurs desdites Lettres & Billets ne pourroient obliger les Porteurs d'en recevoir le payement avant ce même dixiéme jour : & qu'à l'égard des Billets & Promesses, valeur en marchandises, qui suivant l'usage ordinaire ne se payent qu'un mois après l'échéance, les Porteurs seroient tenus d'en faire la demande par une sommation le dernier jour dudit mois ; sinon & à faute de ce, seroient obligés d'en recevoir le payement suivant le cours & la valeur que les espéces avoient le même jour dernier dudit mois après l'échéance ; & réciproquement que les débiteurs desdits Billets & Promesses ne pourroient obliger les Porteurs d'en recevoir le payement avant le même jour dernier dudit mois. Mais Nous aurions depuis été informés qu'il y a plusieurs Provinces & Villes de notre Royaume où les Lettres & Billets de change, les Billets payables au porteur ou à ordre, & les Billets ou Promesses, valeur en marchandises, sont, suivant les usages qui y ont lieu, exigibles aux termes de leur échéance, sans que les débiteurs ayent la faculté de jouir desdits délais de dix jours & d'un mois ; & comme on pourroit prétendre, que par les termes de notredite Déclaration du 28 Novembre 1713, Nous avons entendu déroger à ces usages, ce qui feroit naître une infinité de contestations capables d'interrompre le cours du Commerce, Nous avons cru devoir expliquer sur ce nos intentions. A CES CAUSES, & autres à ce Nous mouvans, Nous avons dit & déclaré, disons & déclarons par ces Présentes signées de notre main, n'avoir entendu par notredite Déclaration du 28 Novembre 1713, rien innover aux usages ordinaires des Provinces & Villes de notre Royaume sur le payement desdits Billets, Lettres ou Promesses ; & en conséquence, de l'avis de notre Conseil, & de notre certaine science, pleine puissance & autorité royale, Nous avons ordonné & ordonnons, voulons & Nous plaît, qu'elle soit exécutée seulement dans celles où le délai des dix jours pour le payement des Lettres ou Billets de change, & des Billets payables au porteur ou à ordre, ou d'un mois pour les Billets & Promesses, valeur en marchandises, sont en usage ; & à l'égard des Provinces ou Villes où lesdits Billets, Lettres de change ou Promesses sont exigibles à leur échéance, ordonnons que les Porteurs desdits Billets, Lettres ou Promesses, seront tenus de les présenter aux débiteurs dans les termes de leur échéance, & au refus du payement, de leur en faire la demande par une sommation ; sinon & à faute de ce, ils seront obligés d'en recevoir le payement suivant le cours & la valeur que les espéces avoient au jour desdites échéances ; & réciproquement, à faute par les débiteurs desdites Lettres, Billets & Promesses, de satisfaire ausdites sommations, ils seront tenus des diminutions des espéces. SI DONNONS EN MANDEMENT à nos amés &

féaux Conseillers, les Gens tenant notre Cour de Parlement & Cour des Aydes à Paris, que ces Présentes ils ayent à faire lire, publier & enregistrer, & le contenu en icelles faire garder & exécuter selon leur forme & teneur, cessant & faisant cesser tous troubles & empêchemens qui pourroient être mis ou donnés, nonobstant tous Edits, Déclarations, Arrêts, Réglemens, & autres choses à ce contraires, ausquelles Nous avons dérogé & dérogeons par cesdites Présentes; aux copies desquelles, collationnées par l'un de nos amés & féaux Conseillers & Secretaires, voulons que foi soit ajoutée comme à l'original: CAR tel est notre plaisir. En témoin de quoi Nous avons fait mettre notre Scel à cesdites Présentes. DONNÉ à Versailles le vingtiéme jour de Février, l'an de grace mil sept cens quatorze, & de notre Regne le soixante-onziéme. *Signé* LOUIS. *Et plus bas*, Par le Roi, PHELYPEAUX. Vû au Conseil, DESMARETZ. Et scellé du grand Sceau de cire jaune.

Registrées, oui & ce requerant le Procureur Général du Roi, pour être exécutées selon leur forme & teneur, & copies collationnées envoyées aux Bailliages & Sénéchaussées du Ressort, pour y être lûes, publiées & registrées: Enjoint aux Substituts du Procureur Genéral du Roi d'y tenir la main, & d'en certifier la Cour dans un mois, suivant l'Arrêt de ce jour. A Paris en Parlement, le septiéme Mars mil sept cens quatorze. Signé DONGOIS.

Le nom de celui qui en a donné la valeur.] Lorsque les Lettres de change sont ainsi conçues, *pour valeur rencontrée en moi même*, ces mots ne veulent pas dire, que celui qui a fourni la Lettre en ait reçu la valeur; mais que le tireur est créancier de celui sur qui il tire cette Lettre; & que quand celui sur lequel elle est tirée, aura payé le contenu en icelle à celui auquel il l'a fournie, ou à celui en faveur duquel les ordres seront passés, cette valeur demeurera au tireur en lui-même, pour être quitte de pareille somme, ou pour lui en tenir compte sur plus grande somme qu'il lui doit; & cette valeur qui est mise par le tireur, ne regarde point celui à qui la Lettre est payable, mais bien le tireur, & celui sur lequel elle est tirée; & en ce cas, supposé que la Lettre fût revenue à protêt, celui au profit de qui elle a été tirée, n'a aucune action de recours contre le tireur, mais seulement la Lettre demeure nulle & comme non avenue.

Et si elle a été reçue.] L'on a toujours observé le tems du payement, & le nom de celui qui en a donné la valeur. Mais avant la nouvelle Ordonnance, la valeur n'étoit jamais exprimée, & l'on mettoit seulement, *valeur reçue;* sans dire si c'étoit en deniers comptans, marchandises, billets, ou autre valeur; ce qui causoit plusieurs inconvéniens dans le Commerce, & particulierement lorsqu'il arrivoit des faillites; parce que la valeur étant inconnue, si le Négociant en faveur duquel la Lettre étoit tirée, venoit à faire faillite avant l'échéance, il pouvoit passer son ordre au profit d'un de ses amis, portant aussi valeur reçue, pour la faire recevoir à l'échéance sous son nom, & faire entrer dans le contrat d'accommodement celui qui lui avoit fourni la Lettre, où il y a quelquefois beaucoup à perdre, sans qu'il puisse y apporter aucun remede, d'autant que la Lettre portant de payer à ce Négociant ou à son ordre, celui sur qui la Lettre est tirée, ni lui-même, si elle revenoit à protêt, ne pourroit pas éviter de payer la somme contenue dans la Lettre. La raison est, parce que l'ordre au dos d'une Lettre de change portant valeur reçue, saisit la Lettre, & rend propriétaire celui au profit duquel il est passé, au moyen de la valeur qu'il en a donnée au donneur d'ordre; & d'ailleurs les affaires de ce Négociant étant en désordre, il pourroit, pour favoriser quelques-uns de ses créanciers, passer sur ces Lettres de change des ordres à leur profit pour ce qui leur est dû, au lieu de les rendre à ceux qui les lui avoient fournies, & retirer ses Billets, puisqu'ils sont la valeur des Lettres.

De la forme en laquelle les Lettres de change doivent être acceptées.

ARTICLE II.

TOUTES Lettres de change *seront acceptées* par écrit *purement & simplement.* Abrogeons l'usage de les accepter verbalement, ou par ces mots, Vû sans accepter ; ou, *accepté pour répondre à tems ;* & toutes autres acceptations sous condition, lesquelles passeront pour refus ; *& pourront les Lettres être protestées.*

Seront acceptées.] Les Lettres de change, même payables à jour fixé ou à usance, ont besoin d'acceptation, quoique le tems commence à courir du jour de la date, afin d'avoir pour obligé celui qui doit payer, aussi-bien que celui qui a tiré la Lettre de change.

Purement & simplement.] Vûe un tel jour, ne rend pas le mandataire débiteur : mais s'il écrit ces mots, Vûe & acceptée, le mot *acceptée* le rend tellement débiteur, que si celui qui a reçu l'argent, écrit, tiré & baillé la Lettre, fait faillite avant le payement d'icelle, celui auquel la Lettre est adressée, & qui l'a acceptée, en est le véritable débiteur & est tenu de payer, sauf son recours contre celui qui a fait la Lettre, quand même celui qui auroit tiré la Lettre de change auroit fait faillite pendant le tems du payement de la Lettre ; parce que l'acceptant est censé caution de celui qui a écrit la Lettre de change : *Vincent. de Franc. decis.* 303. Lorsque le Banquier correspondant étoit en doute des facultés ou de la fidélité du Banquier qui avoit fourni la Lettre, & qu'il ne vouloit pas le décréditer ni se méprendre, il temporisoit jusqu'à ce qu'il eût reçu provision ou ses assurances d'ailleurs ; & par des réponses douteuses il détournoit le protêt : si bien que l'Ordonnance veut fort justement que l'acceptation soit faite *in specie, expresso verbo, accepto ;* ce qui se fait ou de la propre main de celui qui accepte sur la Lettre de change, ou par acte public. L'Ordonnance veut encore que cette acceptation soit faite par écrit. M. Leprêtre, en la seconde centurie de ses Quest. ch. 78, rapporte une chose fort remarquable, à l'honneur du Commerce de la Ville de Lyon, qui est, qu'on acceptoit des Lettres de change pour de grandes sommes sur la seule parole, & sans en voir pas une ; & quoiqu'il soit arrivé de grands désastres entre le payement & l'acceptation, il ne s'étoit trouvé personne qui eût manqué de parole, ni qui s'en fût dédit.

Il faut pourtant remarquer que les Lettres de change peuvent être acceptées par honneur, c'est à-dire quand on les accepte, quoique l'on ne doive pas au tireur ; & qu'il est dit que l'on payera pour lui, tout comme pourroit faire une autre personne, pour lui faire plaisir & honneur : mais ces termes, *accepté par honneur*, sont nécessaires pour réserver au payeur la faculté de recourir contre le tireur, de même qu'auroit pû faire le porteur, si la Lettre de change n'eût pas été payée.

Accepté pour répondre à tems.] Cette forme d'acceptation se pratiquoit dans la Ville de Lyon, à cause des grandes traites qui se font par les Marchands,

Négocians & Banquiers de toutes les Villes de l'Europe sur ceux de Lyon; & le risque qu'ils courent journellement, en acceptant de payer des Lettres dont souvent ils n'ont pas la valeur pardevers eux, avoit introduit cette maniere d'acceptation irréguliere: mais comme il faut que dans un Etat, autant que faire se peut, la pratique soit égale, & qu'il n'y avoit pas de raison que ceux de la Ville de Lyon acceptassent avec réserve, & ceux des autres Villes du Royaume purement & simplement, l'Ordonnance a très-justement aboli ces sortes d'acceptations qui étoient dangereuses, qui troubloient le Commerce, & qui faisoient naître beaucoup de contestations.

Et pourront les Lettres être protestées.] Il y a deux divers actes de protêt; sçavoir le protêt faute d'acceptation, dont il est parlé dans l'article 4; & le protêt faute de payement. Le protêt faute d'accepter doit être fait dans le même tems qu'on présente la Lettre, si le Banquier correspondant élude l'acceptation, s'il fait des réponses douteuses, ou s'il refuse de l'accepter, soit pour le tems, ou pour les sommes portées par les Lettres; car si le porteur de la Lettre payable à huit jours de vûe, se contentoit de l'accepter pour payer à vingt jours de vûe; & si pendant le tems qu'il l'a prolongée, l'acceptant devenoit insolvable, la Lettre demeureroit pour le compte du porteur, sans avoir recours sur le tireur. La raison est, parce qu'il ne peut donner un plus long tems que celui qui est porté par la Lettre, si ce n'est à ses risques, périls & fortunes. Il en est de même s'il avoit consenti l'acceptation pour moindre somme que celle contenue dans la Lettre, & qu'il n'eût pas fait le protêt pour le restant. Le protêt faute de payement, est lorsque le terme après l'acceptation est expiré, après lequel le porteur de la Lettre doit venir demander son payement; & en cas de remise ou de fuite, il doit faire l'acte de protêt. Il faut encore observer que lorsque la Lettre est protestée faute d'acceptation, le porteur de la Lettre peut revenir sur le tireur, non pas pour lui faire rendre la somme, parce que ce ne peut être qu'après le protêt faute de payement; mais pour l'obliger à faire accepter la Lettre, ou donner caution de rendre la somme, avec les changes & rechanges & frais de protêt, en cas qu'à l'échéance elle ne fût pas payée par celui sur lequel elle est tirée. La raison est, parce qu'il ne seroit pas juste que le porteur de la Lettre risquât pendant le tems porté pour le payement de la Lettre, n'ayant pas d'assurance de la valeur d'icelle, le payement demeurant incertain par le refus d'acceptation par celui sur qui elle étoit tirée.

Par qui les Lettres de change peuvent être acquittées en cas de protêt.

ARTICLE III.

EN cas de protêt de la Lettre de change, elle pourra être *acquittée par tout autre que celui sur qui elle aura eté tirée*; & au moyen du payement, *il demeurera subrogé* en tous les droits du porteur de la Lettre, quoiqu'il n'en ait point de transport, subrogation ni ordre.

Acquittée par tout autre que celui sur qui elle aura été tirée.] Lorsque celui à qui les Lettres de change sont adressées, refuse de les payer, un tiers peut valablement les acquitter pour l'honneur du tireur, contre lequel il a son recours, aussi-bien que contre ceux qui y ont passé des ordres. C'est l'usage qui s'observe parmi les Marchands, comme il se recueille *ex dispositione capitulorum nundinarum Genuensium*, *num.* 35, en ces mots; *che sia licito à cui si voglia pagar sopra protesto:* ce qui s'accorde avec la disposition du Droit, *in L. solvendo, ff. de neg. gest. ut scribit Rota Gen. decis.* 6 & 32. & *Scacc. de Commerc.* §. 2, *gl.* 5, *num.* 357 & 382. Mais il faut que la Lettre de change ait été protestée avant qu'un tiers la puisse acquitter par honneur; & celui qui l'accepte par honneur ou autrement, n'a point de droit contre celui entre les mains de qui il paye, à moins qu'il n'eût payé sous cette condition; parce qu'il n'a reçu son payement que comme créancier de celui qui a tiré, qui demeureroit son débiteur, si la Lettre de change n'eût pas été acquittée: *Scaccia*, §. 2, *gloss.* 5, *num.* 232. Et cela a été ainsi jugé par la décision 168 de la Rote de Genes.

Il demeurera subrogé.] Il suffit pour acquerir la subrogation du porteur, qu'un Négociant intervienne, lorsqu'il voudra faire protester la Lettre sur celui sur qui elle aura été tirée, qui refuse de l'accepter, ou bien l'ayant acceptée, de la payer; & qu'il déclare qu'il offre, pour l'honneur du tireur, d'accepter ou payer la Lettre, & faire mettre au dos de la Lettre par le porteur, qu'il a reçu de lui le contenu, pour faire honneur à la Lettre du tireur: en ce cas, celui qui l'a acquittée est subrogé au lieu & place du porteur, & il a droit d'en demander son remboursement, tant contre le tireur & ceux qui ont passé l'ordre, que contre l'accepteur, sans qu'ils puissent lui opposer qu'ils ne lui en ont point donné d'ordre. Il faut néanmoins observer que celui qui acquitte une Lettre par honneur, est obligé, pour son recours contre le tireur, d'observer les mêmes formalités que celui qui en avoit l'ordre auroit été obligé de faire conformément aux articles suivans; à faute de quoi, en cas de faillite de celui sur qui elle étoit tirée, elle courroit à la perte de celui qui paye par honneur.

DES PROTESTS.

Du tems & de la forme en laquelle les protêts doivent être faits.

ARTICLE IV.

LES porteurs de Lettres *qui auront été acceptées*, ou *dont le payement échet à jour certain*, seront tenus de les faire payer *ou protester* dans *dix jours après celui de l'échéance.*

☞ Voir l'article 6 de ce titre.]

Qui auront été acceptées.] Les Lettres acceptées sont celles qui sont tirées, par exemple à dix jours de vûe, ou autres termes. Et les Lettres à jour certain, sont celles qui sont tirées pour payer par exemple au dixiéme Mai, & encore celles qui sont tirées à usance, double usance, & en payemens des Rois, Pâques, Août, ou des Saints: toutes ces sortes de Lettres échoient à jour certain, & il faut les faire protester dans les dix jours de faveur, c'est-à-dire le dixiéme jour, à compter de celui de l'échéance, à la réserve de celles qui sont tirées sur la Ville de Lyon, payables en payemens, qui doivent être protestées dans trois jours après le payement échu, qui dure jusqu'au dernier jour du mois inclusivement, suivant le neuviéme article du Réglement du 2 Juin 1667.

Il faut pourtant observer que lorsque les Lettres sont tirées à jour nommé, comme par exemple au 15 Mai, ou à une, deux ou trois usances, les porteurs ne sont pas obligés (s'ils ne veulent) de les faire accepter, parce que le tems porté par les Lettres court toujours : au lieu que le porteur d'une Lettre de change tirée à huit ou dix jours de vûe, est tenu indispensablement de la faire accepter, & faute d'acceptation de la faire protester, d'autant que le tems porté par la Lettre ne court que du jour de l'acceptation d'icelle. Et à l'égard des écrits ou des Lettres qui n'ont pas la forme de la Lettre de change, telle qu'elle est prescrite par l'article premier de ce titre, n'étant considerés que comme de simples procurations ou mandemens, on n'est pas obligé de faire diligence dans les dix jours après celui de l'échéance, & on n'est pas responsable si celui de qui on doit recevoir la somme, vient à faire faillite après les dix jours passés, parce que le Porteur n'agit que comme simple Procureur & Mandataire, & non pas comme Cessionnaire.

Dont le payement échet à jour certain.] Quand une Lettre est tirée à tant de jours de vûe, le tems ne court que du lendemain du jour qu'elle a été présentée & acceptée : par exemple, d'une Lettre de change tirée à dix jours de vûe, & acceptée le dernier Avril, le protêt en est encore bon l'onziéme Mai, d'autant que le dernier Avril jour de l'acceptation ne se compte pas, ni le dixiéme Mai jour de l'échéance, à cause que le dixiéme jour ne finit qu'à minuit, & que l'onziéme jour de Mai ne commence que dans le moment que le dixiéme finit. Il en est de même des Lettres de change tirées à jour nommé, & des dix jours de faveur, lesquels ne se doivent commencer à compter que ledit jour onze Mai, qui est celui après l'échéance, ne soit fini.

Ou protester.] C'est quand on présente une Lettre à celui à qui elle est adressée pour la payer, & qu'il refuse de l'acquitter, alors on proteste tant pour le principal, que pour les dommages & interêts contre celui qui a fait ladite Lettre, & les endosseurs d'icelle ; & si le Commissaire ou le Porteur de la Lettre omettent de la présenter, & s'ils retardent de la faire accepter ou protester, plus longtems que le délai stipulé par la Lettre après l'avoir reçue, & que cependant l'un ou l'autre Banquier vienne à faire faillite, dès-lors le Commissionnaire ou Porteur de la Lettre sont dans leur tort, *Leg. dolus, Digest. mand.* & à cause de leur négligence, la perte de leur valeur est sur leur compte particulier, les Lettres demeurent à leurs périls & fortunes, sans pouvoir prendre aucun recours contre ceux qui les auroient tirées & délivrées, comme il a été jugé par Arrêt du 7 Septembre 1630, rapporté par Dufresne en son Journal des Audiences, liv. 6, ch. 7. La raison est, parce que la négligence est inexcusable en fait de commerce, à cause du danger qu'il y a ; *Nov.* 88 *de Deposit.* §. *nemini igitur, col.* 6. C'est pour cela que les protêts doivent nécessairement être faits en leur tems ; *L. ut perfectius, C. de annal. except.* Il faut pourtant observer que par Arrêt du 17 Décembre 1615, rapporté par Joly, liv. 1, chap. 16, il fut jugé qu'une Lettre de remise protestée étoit exécutoire par provision par corps contre celui qui l'avoit souscrite, comme principal débiteur, quoique le protêt ne lui eût été signifié que six mois après qu'il avoit été fait.

Dix jours après celui de l'échéance.] Il est juste de donner quelque terme après l'échéance des Lettres de change, d'autant que celui qui les doit acquitter n'a pas toujours l'argent prêt pour payer ; *Scacc. Tract. de Commerc.* §. 1, *part.*

part. 1, num. 371. & §. 2, glos. 5, num. 3 & seq. Ce terme est reglé à dix jours; & par l'art. 9 dudit Réglement de la Place des Changes de la Ville de Lyon, il est porté, *que les Lettres de change acceptées, payables en payement, qui n'auront été payées du tout ou en partie pendant icelui, & jusqu'au dernier jour du mois inclusivement, seront protestées dans les trois jours suivans non feriés, sans préjudice de l'acceptation.* Si le porteur d'une Lettre acceptée ne se fait payer dix jours après le tems porté par icelle échu, il en est responsable envers celui qui l'a envoyée, comme il a été jugé par Arrêt du 7 Septembre 1630, rapporté dans le Journal des Audiences, liv. 2, chap. 67; & par autre Arrêt du 13 Juin 1643, rapporté dans le Recueil des Edits & Arrêts concernant la Jurisdiction Consulaire. Il faut pourtant remarquer, que si le Banquier qui a fourni la Lettre étoit fauteur, consentant ou complice de la banqueroute de son Correspondant, il ne seroit pas liberé par la négligence du Commissionnaire ou Porteur. *Si primus campsor erat conscius fugæ secundi campsoris, tunc videtur esse in dolo. Alex. lib. 3, consil. 94, num. 3.*

☞ On peut apprendre de la lecture de la Déclaration du 20 Février 1714, transcrite sur l'article premier de ce même titre, qu'il est plusieurs Provinces & Villes du Royaume dans lesquelles les Lettres & Billets de change, les Billets payables au porteur ou à ordre, & les Billets ou Promesses valeur en marchandises, sont exigibles aux termes de leurs échéances, sans que les débiteurs ayent la faculté de jouir des délais des dix jours dans le cas des Lettres & Billets valeur en deniers, & d'un mois pour les Promesses & Billets valeur en marchandises.

Depuis que l'Ordonnance de 1673 a été publiée, il s'étoit mû des difficultés sur l'interprétation de cet article & du sixiéme de ce même titre: les uns prétendoient que dans les dix jours accordés pour le protêt, celui de l'échéance ne devoit pas y être compris; & les autres soutenoient le contraire. Il y a été pourvû, & ces difficultés ont cessé par une Déclaration du 10 Mai 1686, donnée en conséquence d'un Arrêt du Conseil Privé du 5 Avril précédent. On les rapportera ici l'un & l'autre.

ENTRE Jean Vinatier, Marchand Banquier de Bayonne, demandeur aux fins de la Requête inserée en l'Arrêt du Conseil du vingt-septiéme Février 1685, des Lettres obtenues en la grande Chancellerie le douziéme Juillet, & Exploit d'assignations données en conséquence, d'une part; & Corneille Deby, aussi Marchand audit Bayonne, défendeur, d'autre part; & Jean Duru, Marchand à Paris, aussi défendeur, d'autre part: Et entre ledit Duru, demandeur aux fins des Lettres par lui présentées en la grande Chancellerie le vingt-septiéme Juillet 1685, & assignation donnée en conséquence le trentiéme desdits mois & an, d'une part; & Jean Coste & Jean-Baptiste Leprevier, Marchands, Bourgeois de Paris, défendeurs, d'autre part, sans que les qualités puissent nuire ni préjudicier aux Parties. Vû au Conseil du Roi l'Arrêt rendu en icelui ledit jour vingt-septiéme Février 1685, sur les Requêtes dudit Vinatier, tendantes à ce que, pour les causes y contenues, il plût à Sa Majesté, en interprétant en tant que besoin seroit les Articles IV & VI de l'Ordonnance pour la Jurisdiction Consulaire, & sans avoir égard à la Sentence rendue par les Consuls de Bayonne le dixiéme Octobre 1684, ledit Corneille Deby soit condamné à payer audit Vinatier la somme de douze cens soixante-dix livres, qu'il lui a payée pour la valeur de la Lettre de change que ledit Deby lui avoit donnée, & qui étoit revenue à protêt contre lui; & en cas de contestation, ledit Deby condamné aux dépens : par lequel Arrêt auroit été ordonné, qu'aux fins de ladite Requête, ledit Deby seroit assigné au Conseil. Exploit de signification dudit Arrêt audit Deby, & Assignation à lui donnée audit Conseil, pour proceder aux fins d'icelui, le deuxiéme Juin 1685. Lesdites Lettres du grand Sceau dudit jour douziéme Juillet 1685, obtenues par ledit Vinatier, portant permission de faire assigner audit Conseil ledit Duru, pour voir dire, qu'en cas que la Sentence des Juges-Consuls de Paris soit cassée & annullée, & qu'en conséquence celle des Consuls de Bayonne soit déclarée exécutoire, ledit Duru soit condamné à garder la Lettre de change dont il s'agit pour son compte, & d'en rendre audit Vinatier ce qu'il se trouveroit en avoir reçu, & les interêts, sauf son recours contre ledit Leprevier, ainsi qu'il aviseroit bon être, avec dépens, dommages & interêts. Exploit de signification desdites Lettres audit Duru. Assignation donnée audit Conseil, pour y proceder aux fins d'icelles, le dix-huit Juillet 1685. Appointé de Réglement rendu contre ledit Vinatier & lesdits Deby & Duru le dernier Août 1685. Lesdites Lettres du vingt-six Juillet audit an 1685, obtenues par ledit Duru, portant permission de faire assigner audit Conseil lesdits Coste & Leprevier en assistance de cause, pour l'acquitter, garantir & indemniser de la demande qui lui étoit faite ; ensuite lui rendre & restituer ladite somme de douze cens soixante-dix livres, avec le change & rechange de ladite somme, au cas que par l'événement de l'Instance la Sentence des Consuls de Paris soit cassée, & que ledit Vinatier & le nommé Peyre ne soient pas condamnés à lui en tenir compte, ainsi qu'ils y étoient obligés si ladite Sentence subsistoit. Exploit de signification desdites Lettres ausdits Coste & Leprevier le trente Juillet 1685. Procès-verbal du Sieur Bignon, Maître des Requêtes, du dix-sept Décembre dernier, portant Réglement sur lesdites Lettres du 26 Juillet 1685. Copie de Lettre de change du 16 Juillet 1684, tirée par le nommé Ducornau à trois usances dans Paris sur le Sieur Lanaute, pour payer ladite Lettre de change en la maison des Sieurs Lafargue & Lasseur, & plus bas sont les différens endossemens faits sur ladite Lettre de change, & entr'autres celui fait par ledit Corneille Deby en faveur dudit Vinatier, pour valeur reçue de lui : celui dudit Vinatier à l'ordre dudit Duru, valeur reçue en son compte ; & celui desdits Duru & Leprevier, ou ordre, valeur reçue de lui. Protêt de ladite Lettre de change, à la requête dudit Leprevier, le vingt-quatre Octobre 1684, contre ledit Lanaute, faute par lesdits Lafargue & Lasseur d'en avoir fait le payement ; ensuite duquel protêt est la dénonciation d'icelui, à la requête dudit Vinatier, audit Corneille Deby, le sept Novembre 1684. Sentence des Juges-Consuls de Paris du vingt-un dudit mois d'Octobre, contradictoirement rendue entre lesdits Leprevier & Duru, qui condamne ledit Duru à payer audit Leprevier ladite somme de douze cens soixante-dix livres, avec le protêt, & interêts à raison de l'Ordonnance ; autrement & à faute de ce faire, qu'il y seroit contraint par corps. Sentence des Juges-Consuls de la Bourse de Bayonne du 10 Novembre 1684, & contradictoirement rendue entre ledit Vinatier & ledit Deby, par laquelle, attendu que le protêt n'avoit pas été fait dans le délai de l'Ordonnance, ledit Deby auroit été chargé de la demande dudit Vinatier, avec dépens, sauf à lui à se pourvoir ainsi qu'il aviseroit bon être. Sommation faite à la requête de Deby le dix-sept Août 1685, à l'Avocat dudit Vinatier, de lui donner copie de ladite Sentence des Juges-Consuls de Paris. Cahier contenant les piéces desdites Sentences baillées des Juges-Consuls de Paris & de Bayonne. Copie de Lettre missive écrite audit Vinatier par ledit Duru le trente Octobre, au sujet de ladite Lettre de change en question. Copie collationnée d'Arrêt contradictoire rendu au Parlement de Paris le 22 Avril 1678, entre Pierre de Rieux, Appellant de la Sentence rendue par les Juges-Consuls de Paris le vingt-cinq Février 1658, d'une part, & François Dupré, Intimé, portant confirmation de ladite Sentence. Écritures & productions des Parties. Copie de quittance de la somme de dix-huit cens dix-huit livres, payée par ledit Duru audit Coste le 19 Octobre 1084, dans laquelle somme il auroit pris en payement ladite Lettre de change de douze cens soixante-dix livres dont est question. Requête présentée au Conseil par ledit Duru le dix-huit Octobre 1685, à fin de réception de ladite quittance, & servant de contredits à la production dudit Deby; & procedant au Jugement de l'Instance, les termes injurieux que ledit Deby avoit employé dans ses écritures contre l'honneur dudit Duru soient rayés, & ledit Deby condamné en telle amende qu'il plairoit au Conseil, & aux dommages, interets & dépens dudit Duru: au bas de laquelle est l'Ordonnance portant réception de ladite piéce, & au surplus en jugeant, signifiée ledit jour dix-huit Octobre 1685. Copie de Lettres en assistance de cause, obtenues au grand Sceau par ledit Vinatier, aux fins d'assigner au Conseil ledit Deby. Requête présentée au Conseil par ledit Vinatier le vingt-un Novembre 1685, à fin de réception desdites Lettres, signifiée le vingt-huit dudit mois. Attestation des Marchands Banquiers Négocians à Paris du 5 Octobre 1685, que depuis le Code Marchand de l'année 1673, ils ont toujours fait protester les Lettres de change qui n'ont point été payées le neuviéme jour de l'échéance. Lettres des Marchands Banquiers Catholiques, & de ceux de la Religion Prétendue Réformée. Requête présentée au Conseil par ledit Deby le trois Décembre 1685, à fin de réception desdites piéces & de réplique aux contredits desdits Coste & Leprevier, signifiée le quatre dudit mois. Requête présentée au Conseil par ledit Deby le quinze Novembre 1685, à fin de réception des piéces y mentionnées. Autre Requête présentée audit Conseil par lesdits Coste & Leprevier le vingt six dudit mois de Novembre, servant de contredits contre les Certificats du cinq Octobre précédent, & contre la Requête du dix-neuf dudit mois de Novembre, signifiée le vingt-six desdits mois & an. Autre Requête présentée au Conseil par ledit Duru le seize Janvier 1686, à fin de réception des piéces y mentionnées, & employée pour production pour satisfaire au Réglement du dix sept Décembre dernier, & pour contredits à la production dudit Deby du vingt deux Novembre dernier. Sentence des Consuls d'Amiens du dix-neuf dudit mois de Novembre 1674; & Arrêt du Conseil du quatorze Septembre 1675, confirmatif d'icelle, rendu entre Maître François le Gendre, ci devant Adjudicataire des Fermes unies, d'une part; & Antoinette du Castel, veuve de Nicolas Barré, & Louis Chauvet, d'autre: par lequel ledit le Gendre est débouté de la demande en cassation par lui demandée contre l'Arrêt du Parlement dudit jour vingt Mars 1674, ladite Requête signifiée ledit jour dix-neuf Janvier 1686. Contredits dudit Deby contre ladite production nouvelle du seize Janvier, lesdits contredits signifiés le vingt six dudit mois. Arrêt du Conseil du trente Janvier 1686, contradictoirement rendu entre les Parties, par lequel Sa Majesté auroit retenu à soi & à son Conseil le procès & différend, & ordonné qu'elles ajouteront à leurs productions tout ce que bon leur sembleroit dans huitaine, pour, au rapport du Commissaire à ce député, leur être fait droit.

Signification d'autres Arrêts aux Avocats de toutes les Parties le six Février dernier. Requête présentée au Conseil par ledit Vinatier le onze dudit mois de Février, employée pour production, pour satisfaire audit Arrêt de retention; faisant droit sur l'Instance, casser & annuller celle des deux Sentences des Juges-Consuls de Paris & de la Bourse de Bayonne qu'il lui plairoit; & en cas que celle des Juges-Consuls de Bayonne fût déclarée exécutoire, il plût à Sa Majesté condamner ledit Duru à garder ladite Lettre de change dont il s'agissoit, lui rendre & restituer ou tenir compte de la valeur d'icelle, avec interêt, change & rechange; & en cas que la Sentence des Juges-Consuls de Paris fût confirmée, il plût à Sa Majesté condamner ledit Deby à reprendre ladite Lettre de change en question, & rendre & restituer audit Vinatier la valeur d'icelle, avec interêt d'icelle, change & rechange, & au surplus condamner ceux qui se trouveront avoir mal contesté, en tous les dommages, interêts & dépens; au bas de laquelle Requête est l'Ordonnance, Acte de l'emploi, & au surplus en jugeant, signifiée le douze dudit mois de Février. Requête présentée au Conseil par lesdits Jean Coste & Jean-Baptiste Leprevier le premier Mars 1686, à fin de réception des piéces y mentionnées. Copie collationnée de deux Certificats & attestations sur l'usage pratiqué & durée des délais des protêts des Billets & Lettres de change; le premier donné par plusieurs Marchands Banquiers à Paris le 12 Février 1686; & le deuxiéme donné par le Greffier de la Jurisdiction Consulaire de Paris le quinze dudit mois de Février; ladite Requête signifiée le quatre dudit mois de Mars 1686. Autre Requête présentée au Conseil par lesdits Coste & Leprevier le onze dudit mois de Mars, à fin de réception des piéces y mentionnées, signifiée le même jour: & tout ce que par lesdites Parties a été mis, écrit & produit pardevers le Sieur Bignon, Conseiller du Roi en son Conseil, Maître des Requêtes ordinaire de son Hôtel, Commissaire à ce député: OUI son rapport, après en avoir communiqué aux Sieurs Pussort, d'Aligre, de Pommereu & de la Reynie, Conseillers d'Etat, suivant l'Ordonnance du Conseil du quatorze Février 1686, & tout consideré. LE ROI EN SON CONSEIL, faisant droit sur l'Instance, sans avoir égard à la Sentence des Juges de la Bourse de Bayonne du dix Novembre 1684, a ordonné & ordonne que celle rendue par les Juges Consuls de Paris, sera exécutée selon sa forme & teneur; & en conséquence condamne ledit Corneille Deby de rendre & restituer audit Vinatier la somme de douze cens soixante-quatorze livres, pour le contenu en la Lettre de change dont est question, avec les interêts du jour de la demande faite pardevant lesdits Juges de Bayonne, dépens compensés entre toutes les Parties. Ordonne Sa Majesté que l'Article IV de l'Ordonnance de 1673 sera exécuté; ce faisant, que les dix jours accordés aux Porteurs des Lettres de change pour les protêts d'icelles, ne seroient comptés que du lendemain de l'échéance desdites Lettres, sans que ledit jour de l'échéance y puisse être compris, & à cet effet toutes Lettres seront expédiées. FAIT au Conseil Privé du Roi, tenu à Versailles le cinquiéme jour d'Avril 1686. *Collationné*, BRUNET.

La Déclaration qui a suivi cet Arrêt est conçue en ces termes:

LOUIS, par la grace de Dieu, Roi de France & de Navarre: A tous ceux qui ces présentes Lettres verront, SALUT. Comme le Commerce attire l'abondance dans les Etats, Nous avons pris un soin particulier d'en faciliter la communication dans notre Royaume, & prévenir autant qu'il Nous a été possible, par notre Ordonnance du mois de Mars mil six cens soixante-treize, toutes les occasions des différends & contestations qui pourroient y donner quelque trouble, principalement en ce qui concerne l'usage des Lettres & Billets de change, dont la pratique est, pour ainsi dire, l'ame du Commerce, & le lien de la société d'entre les Marchands, non-seulement de notre Royaume, mais aussi de toutes les parties du monde les plus éloignées. C'est dans cette vûe que par le Titre V de notredite Ordonnance du mois de Mars mil six cens soixante-treize, Nous avons prescrit en trente-trois Articles ausquels il est distribué, toute la conduite qui doit y être observée, pour empêcher qu'aucune personne pût tomber dans l'erreur faute d'en bien connoître la qualité, les conditions & les engagemens. Néanmoins Nous avons appris que quelques difficultés se sont mûes sur l'interprétation des Articles IV & VI du même Titre : le premier portant que les porteurs de Lettres qui auront été acceptées, ou dont le payement échet à jour certain, seront tenus de les faire payer ou protester dans dix jours après celui de l'échéance : & l'autre, que dans les dix jours acquis pour le tems du protêt, seront compris ceux de l'échéance & du protêt, des Dimanches & des Fêtes, même des solemnelles ; les uns prétendant que dans les dix jours accordés pour le protêt, celui de l'échéance n'y doit point être compris ; les autres soutenant le contraire. A quoi étant nécessaire de pourvoir, & de retrancher à nos Sujets toutes les occasions de procès qui pourroient traverser le soin & l'application qu'ils doivent à leur négoce. A CES CAUSES, de l'avis de notre Conseil, qui a vû les Articles IV & VI de notre Ordonnance du mois de Mars 1673, & de notre certaine science, pleine puissance & autorité royale, Nous avons dit & déclaré, & par ces Présentes signées de notre main, disons & déclarons, voulons & Nous plaît, en interprétant notre Ordonnance, que l'Article IV d'icelle soit observé selon sa forme & teneur ; & ce faisant, que les dix jours accordés pour le protêt des Lettres & Billets de change, ne seront comptés que du lendemain de l'échéance des Lettres & Billets, sans que le jour de l'échéance puisse y être compris, mais seulement celui du protêt, des Dimanches & des Fêtes, même des solemnelles, qui y seront compris, & ce nonobstant toutes autres dispositions & usages, même par l'Article VI ci-dessus, en ce qui seroit contraire, ausquels Nous avons dérogé & dérogeons par ces Présentes. SI DONNONS EN MANDEMENT à nos amés & féaux Conseillers, les Gens tenans notre Cour de Parlement de Paris, que ces Présentes ils ayent à faire lire, publier & registrer, & le contenu en icelles garder & observer selon leur forme & teneur : CAR tel est notre plaisir. En témoin de quoi Nous avons fait mettre notre Scel à cesdites Présentes. DONNÉ à Versailles le dixiéme jour du mois de Mai, l'an de grace mil six cens quatre-vingt-six, & de notre Regne le quarante-troisiéme. *Signé* LOUIS. *Et sur le repli*, Par le Roi, COLBERT. Et scellé du grand Sceau de cire jaune.

Registrées, oui & ce requerant le Procureur Général du Roi, pour être exécutées selon leur forme & teneur, suivant l'Arrêt de ce jour. A Paris en Parlement, le 31 *Mai* 1686. Signé JACQUES.]

Le protêt ayant été fait dans les dix jours, la banqueroute faite pendant le même tems par celui qui avoit accepté, ayant eu provision du tireur, tourne aux risques du même tireur, & non du porteur qui a fait protêt. Cela a été ainsi jugé par Arrêt donné en l'Audience de la Chambre de l'Edit de Paris en 1632, & par autre Arrêt de Réglement de la Grand'Chambre le 13 Juin 1643. Cela est fondé sur la disposition du Droit, par laquelle, *constitutum factum sine die, in decimum diem collatum videtur, Leg. promissor* 21, §. 1 *de constituta prece.* Cujas, *ad Leg.* 41, *de verb. oblig.* Il eſt important de remarquer auſſi, que les dix jours pour la faire proteſter étant paſſés, la Lettre de change n'eſt plus négociable dans le Public, & ne peut être reçue que ſur l'endoſſement de celui au profit de qui elle a été tirée, c'eſt-à-dire ſur la quittance qu'on mettra au-deſſus de ſa ſignature en blanc. Quand celui au profit duquel elle a été tirée, l'a donnée en payement à une perſonne pour en retirer la valeur ſur ſa ſignature en blanc, elle n'eſt point obligée à faire aucun protêt ſur l'accepteur, parce que le tems fatal de dix jours pour faire proteſter la Lettre étant paſſé, il n'y a plus de tems limité dans lequel celui à qui on l'a donnée en payement la puiſſe faire proteſter; d'autant plus que l'acte du protêt ſeroit inutile, comme ne pouvant, après ledit tems paſſé, revenir contre les tireurs & endoſſeurs, ſuivant l'article 15 de ce titre.

☞ La validité des protêts dépend de l'uſage du lieu où ils ſont faits : il importe donc de connoître des différens uſages. Car quoique cet article de l'Ordonnance, & les Réglemens dont on vient de rapporter la teneur, fixent en général ce qui doit être obſervé dans le Royaume en cette matiere, quelques Places & Villes de Commerce ont cependant conſervé leurs uſages, ſoit parce qu'elles y ont été maintenues par diſpoſition préciſe de la même Ordonnance, comme la Ville de Lyon, par l'article 7 ci après de ce même titre; ſoit parce que l'Ordonnance n'y a point été portée, comme à Lille en Flandre.

La Ville de Lyon a un uſage particulier pour les Lettres de change payables en l'un de ſes quatre payemens, qui eſt qu'elles ſoient proteſtées dans les trois jours ſuivans non feriés; c'eſt-à-dire que comme les payemens des Rois durent tout le mois de Mars, il faut proteſter dans les trois premiers jours d'Avril non feriés. Les payemens de Pâques durent tout le mois de Juin; il faut proteſter dans les trois premiers jours non feriés de Juillet. Les payemens d'Août durent tout le mois de Septembre; il faut proteſter dans les trois premiers jours non feriés d'Octobre. Et les payemens des Saints durent tout le mois de Décembre; il faut proteſter dans les trois premiers jours de Janvier les Lettres de change payables dans ces payemens. Cet uſage eſt autoriſé par le Réglement du 2 Juin 1667, homologué par Arrêt du Conſeil le 7 Juillet 1667, & vérifié en Parlement le 17 Mai 1668. Et l'article 7 du titre 5 de cette Ordonnance déclare qu'il n'y eſt pas dérogé.

A Lille en Flandre, les protêts doivent être faits dans les ſix jours après celui de l'échéance pour les Lettres de change, valeur reçue en argent, avec remiſe de place en place; & pour les Lettres en marchandiſes, dans dix jours.

Aux notions de ces uſages différens de quelques Villes du Royaume, on a cru devoir ajouter ce qui s'obſerve pour les délais ſur cette matiere des protêts dans les principales Villes de Commerce de l'Europe, & on le donnera ici tel qu'on le trouve recueilli dans le Traité de l'article des Lettres de change, inſeré à la fin de la ſeptiéme édition du parfait Négociant de Savary.

A Londres, l'uſage eſt de faire le protêt dans les trois jours après l'échéance, à peine de répondre de la négligence: Et il faut encore obſerver que ſi le troiſiéme des trois jours eſt ferié, il faut faire le protêt la veille.

A Hambourg, de même pour les Lettres de change tirées de Paris & de Rouen: mais pour les Lettres de change tirées de toutes les autres places, il y a dix jours; c'eſt-à-dire qu'il faut faire le protêt le dixiéme jour au plus tard.

A Veniſe, l'on ne peut payer les Lettres de change qu'en banque, & le protêt faute de payement des Lettres de change doit être fait ſix jours après l'échéance; mais il faut que la banque soit ouverte, parce que lorsque la banque est fermée, l'on ne peut pas contraindre l'acceptant à payer en argent comptant, ni faire le protêt: ainsi lorsque les six jours arrivent, il faut attendre son ouverture pour demander le payement & faire les protêts, sans que le porteur puisse être réputé en faute.

La banque se ferme ordinairement quatre fois l'année pour quinze ou vingt jours, qui est environ le 20 Mars, le 20 Septembre, & le 20 Décembre: outre ce, en carnaval elle est fermée pour huit ou dix jours, & la semaine sainte, quand elle n'est point à la fin de Mars.

A Milan, il n'y a pas de terme reglé pour protester faute de payement: mais la coutume est de differer peu de jours.

A Bergame, les protêts faute de payement se font dans les trois jours après l'échéance des Lettres de change.

A Rome, l'on fait les protêts faute de payement dans quinze jours après l'échéance.

A Ancone, les protêts faute de payement se font dans la huitaine après l'échéance.

A Boulogne & à Livourne, il n'y a rien de reglé à cet égard; l'on fait ordinairement les protêts faute de payement peu de jours après l'échéance.

A Amsterdam, les protêts faute de payement se font le cinquiéme jour après l'échéance: de même à Nuremberg.

A Vienne en Autriche, la coutume est de faire les protêts faute de payement le troisiéme jour après l'échéance.

Dans les places qui sont foires de change, comme Noue, Francfort, Bolzan & Lintz, les protêts faute de payement se font le dernier jour de la foire.

Il n'y a point de place où le délai de faire le protêt des Lettres de change soit si long qu'à Genes, parce qu'il est de trente jours, suivant le chapitre 14 du quatriéme Livre des Statuts.

Les Négocians de quelques places, comme ceux de Rome, se persuadent n'être pas obligés de protester faute de payement: mais cette opinion choque non-seulement l'usage universel, mais encore la raison naturelle; parce que tant qu'ils ne feront pas apparoir à ceux contre qui ils prétendent recourir, que l'acceptant au tems de l'échéance a été refusant de les payer, ils ne pourront pas établir leurs recours.]

ARREST DE LA COUR DE PARLEMENT,

PORTANT RÉGLEMENT POUR LE PAYEMENT des Lettres de change tirées à jour certain ſur la Ville de Lyon, ſuivant l'uſage immémorial de cette place, où les dix jours de grace portés par l'article 4 du titre 5 de l'Ordonnance de 1673 n'ont jamais eu lieu.

LE Sieur Darius, Banquier à Paris, tira une Lettre de change de 4500 livres le 10 Novembre 1724, ſur le Sieur Borne le jeune, Marchand à Lyon, payable à dix jours de date. Le Sieur Pignard, Agent de Change, porteur de cette Lettre, la garda à Paris juſqu'au 20 Novembre, jour de l'échéance & du payement: il eut recours au Sieur Darius tireur, qui voulut bien en prolonger l'échéance de dix jours par une nouvelle Lettre qu'il data du même jour 10 Novembre, payable à vingt jours de date. Le porteur, par une ſeconde négligence, ne fit préſenter cette Lettre à Lyon que le 6 Décembre, 6 jours après l'échéance, qui étoit au 30 Novembre. Le payeur ayant refuſé de faire honneur à la Lettre, ſous prétexte qu'il n'avoit point eu d'avis, le protêt fut fait le même jour 6 Décembre.

A la faveur de ce protêt tardif, le Sieur Pignard forma ſa demande en garantie contre le Sieur Darius, après avoir tenté ſans effet de faire pourſuivre le payeur à Lyon.

Les Juges-Conſuls de Paris par Sentence contradictoire du 5 Janvier 1725, eurent égard à cette demande, & condamnerent le Sieur Darius tireur à payer la Lettre en queſtion: il la paya en effet, ſans préjudice de ſon appel.

Il propoſa pour moyens d'appel la nullité du protêt; & par une ſuite néceſſaire, la fin de non-recevoir acquiſe contre le porteur.

Il fonda cette nullité ſur la négligence du porteur, & ſur l'uſage immémorial de la Ville de Lyon, où les Lettres de change tirées à jour certain doivent être payées à l'échéance, ou néceſſairement proteſtées le lendemain, à peine d'être déchu de tout recours en garantie contre les tireurs & endoſſeurs.

Cet uſage fut articulé par une Requête expreſſe, & prouvé par des certificats des principaux Banquiers & Négocians de Lyon & de Paris: les Négocians des Pays étrangers avoient auſſi atteſté qu'ils ne correſpondoient avec la place de Lyon que ſur la foi de cet uſage; les certificats des Villes de Londres, Amſterdam,

dam, Geneve, & autres places considérables furent produits ; ce qui donna lieu de faire observer l'inconvénient considérable qui naîtroit de l'abrogation de cet usage de la Ville de Lyon.

Pour écaretr l'avantage que le Sieur Pignard tiroit de l'Ordonnance de 1673, qui accorde dix jours aux porteurs pour faire le protêt, art. 4, tit. 5, on observa que cet article n'avoit jamais eu d'exécution à Lyon ; que nonobstant la disposition, aucun payeur n'avoit encore osé alléguer à l'échéance des Lettres le délai nouveau que l'Ordonnance avoit accordé ; qu'en un mot l'Ordonnance n'avoit rien dérangé sur ce point de l'usage immémorial de la Ville de Lyon : & pour établir que cet usage avoit pû se maintenir, comme il s'étoit en effet maintenu, quoique l'Ordonnance de 1673 eût été publiée à Lyon, & y fût observée sur les autres points, on eut recours à la Déclaration expresse du 20 Février de l'année 1714, dûement enregistrée, par laquelle le Roi informé de la varieté des usages de plusieurs Villes & Provinces du Royaume sur le payement des Lettres de change tirées à jour certain, déclare que par deux précédentes Déclarations *il n'avoit entendu rien innover aux usages ordinaires des Provinces & Villes du Royaume sur le payement des Billets, Lettres de change ou Promesses ;* ordonnant *qu'à l'égard des Provinces & Villes où lesdits Billets, Lettres & Promesses étoient exigibles à leur échéance, les porteurs seroient tenus de les présenter aux débiteurs dans les termes de leur échéance ; & au refus du payement, de leur en faire la demande par une sommation ; sinon & à faute de ce, &c.*

Cette Déclaration, postérieure de plus de 40 années à l'Ordonnance du Commerce, prouve bien qu'il avoit été libre aux différentes places du Royaume de conserver les usages anciens sur le payement des Lettres de change, & que ces usages conservés étoient la Loi qu'on y devoit suivre.

D'où le Sieur Darius concluoit que l'usage de la Ville de Lyon étant constamment de faire protester les Lettres de change le lendemain de l'échéance, le protêt fait six jours après étoit évidemment nul.

Il ajoutoit pour moyen subsidiaire, & par une pure supposition, que quand les dix jours auroient été connus à Lyon, le protêt fait le sixiéme jour après l'échéance seroit encore nul, ayant été fait trop tôt & avant le tems. Qu'en effet, le dixiéme jour préfix étoit celui auquel le protêt devoit être fait nécessairement ; que le porteur ne pouvoit exiger son payement plutôt, & forcer le payeur à le satisfaire avant le dixiéme jour ; ni réciproquement le payeur se liberer plutôt, & forcer le porteur avant le dixiéme jour à recevoir son payement.

Sur quoi intervint l'Arrêt interlocutoire du 7 Juillet 1725, dont suit la teneur.

Du 7 Juillet 1725.

La Cour, sans préjudice du droit des Parties au principal, avant faire droit sur le tout, ordonne que dans trois mois, à compter du jour de la signification du présent Arrêt à Procureur, ledit Darius sera tenu de rapporter des Actes de notorieté authentiques & en bonne forme, tant de la Jurisdiction de la Conservation de Lyon, que des Juges Consuls, Négocians & Banquiers de la Ville de Lyon, en plus grand nombre que faire se pourra, signés d'eux & dûement légalisés, du prétendu usage immémorial mis en fait & allégué par ledit Darius par sa Requête du 10 Mars 1725, inviolablement observé dans ladite Ville de Lyon, tant avant que depuis l'Ordonnance du mois de Mars 1673 ; que pour les Lettres de change tirées sur Lyon à jour certain & préfix, les dix jours de grace portés par l'art. 4 du tit. 5 de ladite Ordonnance n'ont pas lieu ; mais que suivant ledit usage prétendu, il n'est accordé aucun jour de grace pour le payement desdites Lettres de change tirées à jour préfix; & qu'elles doivent être payées ou protestées en cas de refus de payement, le lendemain de l'échéance par le porteur, sous peine d'être déclaré non-recevable dans son recours & garantie contre le tireur & endosseur. Sera pareillement tenu ledit Darius de rapporter des Jugemens de ladite Ville de Lyon, & Arrêts, si aucuns ont été rendus en pareil cas avant & depuis ladite Ordonnance. En outre, que dans ledit tems de trois mois ledit Darius sera tenu de compter par un bref état avec le nommé Borne le jeune, Banquier à Lyon, sur qui ledit Darius a tiré le 10 Novembre 1724 la Lettre de 4500 livres dont est question, en présence dudit Pignard ou de son fondé de procuration dûement appellé, pour sçavoir si au premier Décembre 1724, lendemain de l'échéance de ladite Lettre de change; ledit Borne avoit ou devoit avoir provision pour payer ladite Lettre de change; pour lesdits Actes de notorieté, lesdits Jugemens & ledit compte rapportés pardevers la Cour, être fait droit aux Parties ainsi qu'il appartiendra, tous dépens réservés. Donné en Parlement le 7 Juillet 1725.

En exécution de cet Arrêt, le Sieur Darius a rapporté :

1°. Un Acte de notorieté de la Conservation de Lyon en bonne forme, attestant l'usage allegué.

2°. Un Certificat de près de cent Négocians & Banquiers de Lyon, dans la forme prescrite par l'Arrêt.

3°. Un Certificat des Greffiers de la Conservation de Lyon, comme ils n'avoient trouvé dans les Registres aucun Jugement sur le fait mentionné dans l'Arrêt.

4°. Un Extrait en forme des Livres de Borne le jeune, concernant le compte du Sieur Darius, qui a établi que ledit Borne étoit son débiteur lors de l'échéance de la Lettre.

Sur lesquels Actes, & suivant les conclusions de Monsieur le Procureur Général, est intervenu le 26 Janvier 1726 l'Arrêt qui suit, qui a infirmé la Sentence des Juges-Consuls, & condamné le Sieur Pignard à restituer la somme par lui reçue du Sieur Darius, avec dépens.

Du 26 Janvier 1726.

LOUIS, PAR LA GRACE DE DIEU, ROI DE FRANCE ET DE NAVARRE: Au premier des Huissiers de notre Cour de Parlement, ou autre notre Huissier ou Sergent sur ce requis. Sçavoir faisons, qu'entre François Darius, Banquier à Paris, appellant d'une Sentence des Consuls de Paris du 5 Janvier 1725, & de ce qui a suivi, & défendeur, d'une part; & Edme Pignard, Agent de Change, intimé & demandeur en Requête du 25 Janvier 1725 : & entre ledit Darius, demandeur en Requête du 10 Mars 1725, & ledit Pignard, défendeur, d'autre.

VEU par notredite Cour, &c. Conclusions de notre Procureur Général, tout joint & consideré.

NOTREDITE COUR faisant droit sur le tout, a mis & met l'appellation & ce dont a été appellé au néant : émendant, déclare ledit Pignard non-recevable dans la demande qu'il a formée contre ledit Darius par Exploit du 29 Décembre 1724. Condamne ledit Pignard, & par corps, à rendre audit Darius la somme de quatre mille cinq cens livres qu'il a été obligé de lui payer en vertu de la Sentence dont est appel; sursis néanmoins aux contraintes contre ledit Pignard pendant quinzaine : condamne ledit Pignard aux dépens des causes principale, d'appel & demandes, même en ceux réservés par l'Arrêt du 7 Juillet 1725. Et faisant droit sur les conclusions du Procureur Général du Roi, ordonne que le présent Arrêt sera lû, publié & affiché par-tout où besoin sera, & copies collationnées envoyées aux Bailliages & Sénéchaussées du ressort, pour y être lûes, publiées & enregistrées: Enjoint aux Substituts du Procureur Général du Roi d'y tenir la main, & d'en certifier la Cour dans le mois. Si te mandons mettre le présent Arrêt à entiere exécution selon sa forme & teneur; de ce faire te donnons pouvoir. DONNÉ à Paris en notredite Cour de Parlement, le vingt-sixiéme jour de Janvier, l'an de grace mil sept cens vingt-six, & de notre Regne le onziéme. Par la Chambre. *Signé* DUFRANC. *Collationné. Signé* D'AUVERGNE.

ARREST
DU CONSEIL D'ESTAT DU ROY,

QUI REGLE LA FORME DU PAYEMENT des Lettres de change tirées en Espéces avant la derniere fabrication.

Du 19 Février 1726.

Extrait des Registres du Conseil d'Etat.

LE ROI étant informé que les accepteurs ou autres débiteurs des Lettres de change tirées avant les dernieres diminutions, payables en espéces au cours qu'elles avoient lors des traites, se trouvent aujourd'hui embarrassés pour acquitter lesdites Lettres, attendu que recevant dans leur commerce des espéces neuves fabriquées en conséquence de l'Edit du mois de Janvier dernier, ils ne peuvent les convertir en anciennes pour satisfaire ausdites stipulations, sans faire en les surachetant au-dessus de douze livres le louis & de trois livres l'écu, un billonnage qui leur répugne avec d'autant plus de raison, qu'il est expressément défendu: Et Sa Majesté voulant pourvoir à cet embarras d'une maniere également convenable aux débiteurs, qu'il ne convient pas de réduire à l'impossible; & aux créanciers, qui doivent tirer de leurs Lettres tout l'avantage que leur produiroient les anciennes espéces. OUI le rapport du Sieur Dodun, Conseiller ordinaire au Conseil Royal, Controlleur général des Finances. LE ROI ÉTANT EN SON CONSEIL, a ordonné & ordonne que toutes les Lettres de change tirées avant les dernieres diminutions sur des Négocians ou autres Particuliers résidans dans les Provinces de la domination de Sa Majesté, payables en espéces à un plus haut cours que le produit qu'elles donneroient actuellement aux

Hôtels des Monnoies, seront réduites à proportion de treize livres le louis, & de trois livres cinq sols l'écu, pour être payées sur ledit pied en louis de vingt livres & écus de cinq livres de la nouvelle fabrication : Et à l'égard de celles tirées depuis les diminutions en écus anciens au cours de trois livres, veut Sa Majesté qu'elles soient aussi acquittées en espéces neuves, avec une plus value d'un douziéme du montant des Lettres en faveur des propriétaires d'icelles. Réitere au surplus Sa Majesté la défense faite par l'Article X de son Edit du présent mois, de stipuler dorénavant aucun payement en autres espéces que celles dont la fabrication a été ordonnée par Edit du mois de Janvier dernier. Fait au Conseil d'Etat du Roi, Sa Majesté y étant, tenu à Marly le dix-neuviéme jour de Février mil sept cens vingt-six. *Signé* Phelypeaux.

ARREST DU CONSEIL D'ESTAT DU ROY,

QUI DEFEND DE COMMERCER LES LETTRES de change & autres Papiers, autrement qu'en nouvelles Espéces.

Du 27 Février 1726.

Extrait des Registres du Conseil d'Etat.

Sur ce qui a été représenté au Roi étant en son Conseil, qu'il s'est introduit un abus sur la Place de Change de Paris, par la différence que l'on y met depuis quelques jours sur le prix de la nouvelle espéce avec l'ancienne, par rapport aux négociations des Lettres de change & autres effets commerçables, ce qui tendroit à donner indirectement à l'ancienne espéce un prix plus fort qu'elle ne doit avoir : Et Sa Majesté étant informée que par la quantité d'anciennes espéces que les Particuliers ont portées aux Monnoies, il y en a suffisamment de nouvelles répandues dans le public pour le commerce des Lettres de change, & que d'ailleurs ceux qui n'auroient que d'anciennes espéces pouvant les convertir sur le champ en nouvelles aux Monnoies, où la valeur leur en est payée comptant sur un pied plus fort qu'elles n'ont cours dans le public, il leur est également indifférent que le commerce des Lettres de change soit reglé en nouvelles espéces. Sur quoi Sa Majesté jugeant nécessaire d'expliquer ses intentions : Oui le rapport du Sieur Dodun, Conseiller ordinaire au Conseil Royal, Controlleur général des Finances. Sa Majesté étant en son Conseil, a ordonné & ordonne, qu'à commencer du jour de la publication du présent

Arrêt, les Lettres de change, & généralement tous papiers commerçables, ne pourront être trafiqués, vendus ni achetés qu'en espéces fabriquées en exécution de l'Edit du mois de Janvier dernier. Fait Sa Majesté défenses à toutes personnes de les offrir, marchander, acheter & commercer de quelque façon que ce soit, en autres espéces que celles ci-dessus marquées, à peine de trois mille livres d'amende, dont moitié sera payée au dénonciateur, & l'autre moitié aux Hôpitaux des lieux. Enjoint Sa Majesté aux Officiers de ses Cours des Monnoies, aux Sieurs Intendans & Commissaires départis pour l'exécution de ses ordres dans les Provinces & Généralités du Royaume, au Sieur Lieutenant Général de Police de la Ville de Paris, & à tous autres Officiers qu'il appartiendra, de tenir la main chacun en droit soi à l'exécution du présent Arrêt, qui sera lû, publié & affiché par-tout où besoin sera, à ce que personne n'en ignore. Fait au Conseil d'Etat du Roi, Sa Majesté y étant, tenu à Marly le vingt-septiéme jour de Février mil sept cens vingt-six. *Signé* Phelypeaux.

Article V.

Les usances pour le payement des Lettres seront de trente jours, encore que les mois ayent plus ou moins de jours.

Les usances pour le payement des Lettres.] L'usance est proprement le style, la coutume & l'usage qu'on observe entre Marchands pour raison des Lettres de change. Jason en son premier volume des Conseils, *consil.* 342 & 343. Et comme les Négocians, ou ceux qui sont obligés de tirer Lettres de change, ne connoissent pas l'usance ou pratique, il y a ordinairement dans les Villes de grand commerce des Sensals ou Courtiers de Change, qui entendent l'intrigue du négoce de la Banque, & qui sont établis pour donner avis sur ce qu'on a accoutumé de pratiquer, & sur la probabilité ou solvabilité des traitans, & à quel Marchand il se faut adresser. Mais dans cet article, l'usance se prend pour le terme ou le délai ordinaire d'un mois du jour de la date de la Lettre; ce qui est conforme à l'usance de l'usure, qui est aussi d'un mois pour l'interêt payable tous les mois. Mais en plusieurs Villes il y a un terme fixé & usité auquel on a coutume de payer les Lettres de change en comptant, ou depuis que la Lettre est faite, ou depuis qu'elle est vûe de celui à qui elle s'adresse, si on n'a convenu & limité le terme autrement, comme explique fort bien Tranchant en son Discours des Changes. Et pour ce qui est du délai de la remise, l'usance n'a pas lieu, & il n'y a que la convention ou l'accord des Parties qui en dispose. La raison est, parce que le jour préfix à la remise est reglé sur la nécessité pressante des affaires, la rareté de l'argent, les hazards & les dangers du chemin, & les autres difficultés du commerce. *L. Ideò, ff. quod certo loco*; Guidon, ou Contrats maritimes, chap. 14, art. 2.

Seront de trente jours.] On compte les trente jours du jour & date de la Lettre, parce qu'elle n'est exigible que le lendemain de l'échéance, de même que les Lettres tirées à tant de jours de vûe & à jour nommé: mais pour les Lettres qui seront tirées de France pour les autres Royaumes & Etats à usance, il faut suivre leur coutume pour le tems des usances, parce que l'Ordonnance n'a lieu que pour les Lettres qui seront tirées de ces lieux sur la France.

☞ A Lille elles sont d'un mois & un jour.]

ARTICLE VI.

DANS les dix jours acquis pour le tems du protêt, seront compris *ceux de l'échéance* & du protêt, *des Dimanches & des Fetes*, même des solemnelles.

☞ Voir l'article 4 de ce même Titre.]

Ceux de l'échéance.] Cet article est conforme à l'Arrêt de Réglement touchant les protêts, donné par le Parlement de Paris le 13 Juin 1643, en la Grand'Chambre, en la cause de Maître Pierre le Clerc, après avoir eu l'avis des honorables Marchands & Banquiers de ladite Ville, par lequel il est porté entr'autres choses, *que tous porteurs de Lettres de change en la Ville de Paris seront tenus dans dix jours continuels après le jour de l'écheance desdites Lettres, y compris les Dimanches & les Fêtes, de faire les protêts d'icelles; & à faute de ce, ledit tems de dix jours passé, que les Lettres demeureront à leur péril & fortune, sans qu'ils puissent prétendre aucun recours contre ceux qui auront tiré ou fourni lesdites Lettres, & que les simples sommations faites avec protêt pardevant Notaires dans ledit tems de dix jours, seront tenus pour protêts valables & suffisans, sans qu'il soit besoin de faire par les porteurs desdites Lettres autres diligences & poursuites.*

Des Dimanches & des Fêtes.] Il faut remarquer que pour sauver la contrarieté qu'il peut y avoir entre l'article 4 & l'article 6, en ce que par l'article 4 les porteurs de Lettres sont tenus de faire protester dans les dix jours après celui de l'échéance, & par l'article 6 dans les dix jours acquis pour le tems du protêt, celui de l'échéance ne doit pas être compris dans la disposition de l'article 6, & que l'article doit être conçu de cette maniere: *Dans les dix jours acquis pour le tems du protêt, seront compris ceux du protêt, même des solemnelles;* & qu'il faut supprimer ces mots, *de l'échéance.*

Depuis il y a une Déclaration du Roi, rapportée ci-dessus sur l'article 4, par laquelle Sa Majesté en interprétant son Ordonnance, veut que le jour de l'échéance ne soit pas compris dans lesdits jours accordés pour le protêt, & a dérogé pour ce regard à cet article, en ce qu'il est contraire: ce qui fait voir que ce n'étoit pas une faute d'impression.

ARTICLE VII.

N'ENTENDONS rien innover à notre Réglement du second jour de Juin mil six cens soixante-sept, *pour les acceptations*, les payemens, & autres dispositions concernant le Commerce de notre Ville de Lyon.

☞ Le Réglement de la Place de Lyon, dont il est fait mention dans cet article, est conçu en ces termes.

ARTICLE PREMIER.

Que ci-après l'ouverture de chaque payement se fera le premier jour non ferié du mois de chacun des quatre payemens de l'année, sur les deux heures de relevée, par une Assemblée des principaux Négocians de ladite place, tant François qu'Etrangers, en présence de M. le Prevôt des Marchands, ou en son absence, du plus ancien Echevin, qui seront priés de s'y trouver : en laquelle Assemblée commenceront les acceptations des Lettres de change payables en icelui, & continueront incessamment à mesure que lesdites Lettres seront présentées, jusqu'au sixiéme jour dudit mois inclusivement ; après lequel & icelui passé, les porteurs desdites Lettres pourront faire protester faute d'acceptations pendant tout le courant du mois, & ensuite les renvoyer pour en tirer le remboursement, avec les frais du retour.

II.

Que pour faire les comptes & établir le prix des charges de ladite place de Lyon avec les Etrangers, il sera fait pareille assemblée le troisiéme jour de chacun desdits mois non ferié, aussi en présence de M. le Prevôt des Marchands, ou du plus ancien Echevin.

III.

Que les acceptations desdites Lettres de change se feront par écrit, datées & signées par ceux sur qui elles auront été tirées, ou par personnes dûement fondées de procuration, dont la minute demeurera chez le Notaire ; & toutes celles qui seront faites par Facteurs, Commis, & autres non fondés de procuration, seront nulles & de nul effet contre celui sur qui elles auront été tirées, sauf le recours contre l'acceptant.

IV.

Que l'entrée & l'ouverture du bilan & virement des Parties commencera le sixiéme de chaque mois desdits quatre payemens non ferié, & continuera jusqu'au dernier jour desdits mois inclusivement ; après lequel & icelui passé, il ne se fera aucun virement ni écriture, à peine de nullité.

V.

Que l'on entrera pendant lesdits quatre payemens en la Loge du Change le matin à dix heures, pour en sortir précisément à onze heures & demie ; passé laquelle heure, ne se feront aucunes écritures ni viremens des Parties ; & pour avertir de ladite heure, on sonnera une cloche.

VI.

Que ceux qui en leurs achats de marchandises se seront réservé la faculté d'en faire escompte si bon leur semble, seront tenus de l'offrir dès le sixiéme jour du mois de chacun desdits payemens, après lequel & icelui passé, ils ne seront plus reçus.

VII.

Que toutes Parties virées seront écrites sur le bilan par les Propriétaires, ou par leurs Facteurs ou Agens qui en seront les porteurs, sans qu'ils puissent être désavoués par lesdits Propriétaires ; & seront lesdites écritures aussi bonnes & valables, que si elles avoient été par eux-mêmes écrites & virées.

VIII.

Que tous viremens des Parties seront faits en présence de tous ceux qui y auront interêt, ou des porteurs de leurs bilans, à peine d'en répondre par ceux qui auront fait écrire pour les absens, & ce sur les bilans & non en feuilles volantes : & à l'égard des autres personnes de la Ville qui ne portent point de bilan, ils donneront leurs ordres à leurs débiteurs par billets qui leur serviront de décharge du payement qu'ils feront des Parties au desir de leurs créanciers : & pour ceux de dehors, pour lesquels les Courtiers disposent les Parties, ils donneront aufdits Courtiers pouvoir fuffifant, qui fera remis chez un Notaire pour la fûreté de ceux qui payeront, & pour y avoir recours en cas de befoin.

I X.

Que les Lettres de change acceptées, payables en payement, qui n'auront été payées du tout ou en partie pendant icelui, & jufqu'au dernier jour du mois inclufivement, feront proteftées dans les trois jours fuivans non feriés, fans préjudice de l'acceptation desdites Lettres; enfemble les protêts envoyés dans un tems fuffifant pour pouvoir être fignifiés à tous ceux & par qui il appartiendra; fçavoir, pour toutes les Lettres qui auront été tirées au dedans du Royaume, dans deux mois; pour celles qui auront été tirées d'Italie, Suiffe, Allemagne, Hollande, Flandre & Angleterre, dans trois mois; & pour celles d'Efpagne, de Portugal, Pologne, Suede & Danemarck, dans fix mois du jour & date des protêts: le tout à peine d'en répondre par le porteur defdites Lettres.

X.

Que toute Lettre de change payable efdits payemens, fera cenfée payée; fçavoir, à l'égard des domiciliés & porteurs de bilan fur la place du Change de ladite Ville, dans un an; & pour les autres, dans trois ans après l'échéance d'icelle; & n'en pourra le payement être répeté contre l'acceptant, fi l'on ne juftifie de diligences valables contre lui faites dans ledit tems.

X I.

Que fi les Etrangers remettent en comptant, ou en Lettres de change, après le dernier jour du mois, on ne fera obligé de les recevoir en l'acquittement de leurs traités faits durant ledit payement.

X I I.

Que lorfqu'il arrivera une faillite dans ladite Ville, les créanciers du failli qui fe trouveroient être de certaines Provinces du Royaume, ou des Pays étrangèrs, dans lefquels, fous prétexte de faifie & tranfport, & en vertu de leurs prétendus priviléges ou coutumes, ils s'attribuent une préférence fur les effets de leurs débiteurs faillis, préjudiciable aux autres créanciers abfens & éloignés, ils y feront traités de la maniere, & n'entreront en repartement des effets dudit failli, qu'après que les autres auront été entierement fatisfaits, fans que cette pratique puiffe avoir lieu pour les autres Régnicoles ou Etrangers, lefquels étant reconnus pour légitimes créanciers, feront admis audit repartement de bonne foi & avec équité, fuivant l'ufage ordinaire de ladite Ville, & de la Jurifdiction de la Confervation des priviléges de fes Foires.

X I I I.

Que toutes ceffions & tranfports fur les effets des faillis feront nuls, s'ils ne font faits dix jours au moins avant la faillite publiquement connue: ne feront néanmoins en cet article les viremens des Parties faits en bilan, lefquels feront bons & valables, tant que le failli ou fon facteur portera fon bilan.

X I V.

Que les Teinturiers & autres Manufacturiers n'auront priviléges pour les dettes fur les effets & biens des faillis, que des deux dernieres années, & pour le furplus entreront dans la diftribution qui en fera faite au fol la livre avec les autres créanciers.

X V.

S'il arrive qu'un mandataire de diverfes Lettres de change acceptées, auffi créancier de l'acceptant, ne reçoive qu'une partie de la fomme totale, & faffe fasse dans le tems dû, protest du surplus, la compensation légitime de sa dette étant faite, il sera obligé de repartir le restant à tous ceux qui lui auront fait lesdites remises au sol la livre, & à proportion de la somme dont un chacun des remettans sera Créancier.

XVI.

Tous ceux qui seront porteurs de procuration générale pour recevoir le payement des Promesses & Lettres de Change, remettront les originaux de leur procuration ès mains d'un Notaire, & seront lesdits porteurs de procuration obligés d'en fournir des expéditions à leurs frais à ceux qui payeront les susdites Lettres.

XVII.

Toute procuration pour recevoir payement de Lettres de Change, Promesses, Obligations & autres dettes, n'aura plus de force passé une année, si ce n'est que le tems qu'elle devra durer soit précisément exprimé, auquel cas elle servira pour tout le tems qui sera énoncé en icelle, s'il n'apparoît d'une révocation.

XVIII.

Que les Faillis & Banqueroutiers ne pourront entrer en la loge du Change, ni écrire & virer parties, si ce n'est après qu'ils auront entierement payé leurs Créanciers, & qu'ils en auront fait apparoir. Et pour donner moyen ausdits Faillis de payer leurs Créanciers des effets qu'ils auront à recevoir, ils le pourront faire par transports, procurations ou ordre, à telles personnes qu'ils aviseront, lesquels payeront à leur acquit ce qu'ils ordonneront, & seront nommés pour eux aux parties qui seront passées en écritures.

XIX.

Les Courtiers ou Agens de Banque & Marchandises de ladite Ville, seront nommés par lesdits Prevôt des Marchands & Echevins, entre les mains desquels ils prêteront le serment en la maniere accoutumée, en justifiant par des attestations des principaux Négocians, en bonne & dûë forme, de leurs vie & mœurs & capacité au fait & exercice de ladite Charge; & seront lesdits Courtiers réduits à un certain nombre, & tel qu'il sera jugé convenable par lesdits sieurs Prevôt des Marchands & Echevins sur l'avis desdits Négocians.

XX.

Que tous Banquiers, porteurs de Bilan, & Marchands en gros, Négocians sous les privileges des Foires de Lyon, seront obligés de tenir Livres de raison en bonne & dûë forme; & tous Marchands Boutiquiers & vendans en détail, des Livres journaux; autrement en cas de déroute, seront déclarés Banqueroutiers frauduleux, & comme tels, condamnés aux peines qu'ils devront encourir en ladite qualité.

XXI.

Que très-expresses inhibitions & défenses seront faites à toutes personnes de quelque qualité & condition qu'elles soient, de contrevenir à ce que dessus, directement ou indirectement, à peine de trois mille livres d'amende contre chaque contrevenant, applicable: sçavoir, le quart à l'Hôtel-Dieu du Pont du Rhone, le quart à l'aumône génerale, le quart au dénonciateur, & le quart à la réparation de la Loge des Changes, pour le payement de laquelle ils seront contraints par corps, saisie & vente de leurs biens: Et pour plus exacte observation des Présentes, sera permis à l'un desdits contrevenans de dénoncer les autres contrevenans avec lui, auquel cas il sera déchargé pour la premiere fois de payer ladite peine, & aura son droit de dénonciation. Et afin que personne n'en puisse ignorer, seront les présentes lûes & publiées à son de trompe & cri public, & affichées au-devant de l'Hôtel de Ville, en la Place des Changes, & autres lieux accoutumés, & passé outre pour le tout, nonobstant oppositions ou appellations quelconques, & sans préjudice d'icelles. *Signé*, Chapuis, Bererd, Hugues André, Mazenod, de Ponsainpierre, Thomé, Demadieres, Vacheron, P. Boisse, Jean-Mathieu Dupuis, Rondet, Blauf, Malmont, Simonard, B. Robert, Rigioly, Raffelin, Ceré, Roland, Debelly, Thomé freres, Delapraye, Dessartines, Jean Beneon, Bay, Blaise Claret, Perrin, Gaspariny, Vareilles, Philibert & Chappard, P. Borde, Fulquery, le Roy, Albanel, Ranvier, Bernardin Reynon, Perier & Saladin, Monin, Sabot, Arnaud, Peige, Drivon, Pullignenx, Millotet, Mercier, Alexandre & Jean Juge.

Nous Prevôt des Marchands & Echevins de ladite Ville de Lyon, Présidens, Juges, Gardiens, Conservateurs des Privileges Royaux des Foires de ladite Ville, ayant vû les Reglemens de la Place des Changes, concertés & proposés par les principaux Négocians de ladite Ville qui ont signé ci-dessus, & d'autre part: Consentons & approuvons, sous le bon plaisir de Sa Majesté, qu'ils soient executés selon leur forme & teneur; & pour cet effet homologués partout où besoin sera, & où il plaira à Sa Majesté de l'ordonner. En témoin de quoi Nous Paul Mascranny, Ecuyer, Seigneur de la Verriere, Prevôt des Marchands, François Savaron, Conseiller Secretaire du Roi & de ses Finances, Antoine Bellet, André Falconet, Seigneur de Saint-Hervais, Conseiller & Médecin ordinaire du Roi, Aggregé au College de Lyon, & Etienne Berton, Seigneur de Flacé, de Villards & Nequdois, Conseillers du Roi en ses Conseils & en la Sénéchaussée & Siége Présidial dudit Lyon, Echevins susdits: avons fait expédier ces Presentes, icelles signé, fait contre-signer par le Commis au Secretariat, & sceller des Armes de ladite Ville & Communauté, le deuxiéme jour du mois de Juin 1667. *Signé*, Mascranny, Savaron, Antoine Bellet, Falconet, & Berton: *Et au-dessous*: Par l'Ordonnance du Consulat, *signé*, RENAUD, avec paraphes.

Le Reglement a été homologué par l'Arrêt du Conseil qui suit.

SUR ce qui a été remontré au Roi en son Conseil par les Marchands trafiquans de la Ville de Lyon, que depuis quelque tems il s'est glissé beaucoup d'abus, & un mauvais usage pour l'acceptation, cautionnement & protêt des Lettres de Change, & pour les Privileges qui sont attribués aux Négocians de ladite Ville pour les payemens des quatre Foires d'icelle: ce qui pourra causer un préjudice notable au Commerce, s'il n'y est promptement remedié par un Reglement autorisé par Sa Majesté, & qui se puisse exécuter, tant par ceux de ladite Ville, que par tous Marchands François & Etrangers, & autres personnes: Sur quoi ils auroient arrêté à la Loge du Change de ladite Ville de Lyon, vingt-un Articles des choses principales, sur lesquels ils croyent qu'il est besoin de prononcer, qui ont été communiqués à aucuns des principaux Marchands de la Ville de Paris & des autres Villes du Royaume. Et Sa Majesté désirant pourvoir & remédier aux inconvéniens qui en peuvent arriver, elle auroit fait examiner lesdits Articles en sondit Conseil Royal du Commerce; & sur le tout: Oui le Rapport du sieur Colbert, Conseiller audit Conseil, & Contrôleur Général des Finances: SA MAJESTE' EN SON CONSEIL ROYAL, a homologué lesdits Articles en forme de Reglement, arrêtés par les Marchands de ladite Ville de Lyon: Ordonne Sa Majesté qu'ils seront executés selon leur forme &

teneur, sur les peines portées par iceux : Enjoint Sa Majesté aux Prevôt des Marchands, Echevins & Juges Conservateurs des Privileges de ladite Ville, d'y tenir la main, & empêcher les contraventions qui y pourroient être apportées, à peine d'en répondre en leurs propres & privés noms, nonobstant les Déclarations, Arrêts & Ordonnances qui pourroient avoir été faites au contraire, ausquelles Sa Majesté a dérogé & déroge pour ce regard seulement. Et sera le présent Arrêt lû, publié & affiché partout où besoin sera, & executé nonobstant oppositions, appellations & autres empêchemens, pour lesquels ne sera differé; & pour cet effet, seront toutes Lettres nécessaires expediées & scellées. FAIT au Conseil d'Etat du Roi, tenu à Compiegne le septiéme jour de Juillet mil six cent soixante-sept. Collationné, & *signé*, BERRYER.

LOUIS, par la grace de Dieu, Roi de France & de Navarre: A nos chers & bien amés les Prevôt des Marchands & Echevins, Présidens, Juges, Gardiens, Conservateurs des Privileges des Foires de notre bonne Ville de Lyon, SALUT. Suivant l'Arrêt cejourd'hui donné en notre Conseil Royal, Nous avons homologué & homologuons par ces Présentes les Articles en forme de Reglement arrêtés par les principaux Marchands Négocians de ladite Ville, ci avec ledit Arrêt attachés sous le contre-scel de notre Chancellerie. A CES CAUSES, Nous vous mandons & enjoignons de tenir la main à ce qu'ils soient executés selon leur forme & teneur, & empêcher les contraventions qui y pourroient être apportées, à peine d'en répondre en vos propres & privés noms, nonobstant les Déclarations, Arrêts & Ordonnances que Nous pourrions avoir faites au contraire, ausquelles Nous avons dérogé & dérogeons pour ce regard : Commandons au premier des Huissiers ou Sergent sur ce requis, de faire pour l'exécution dudit Arrêt toutes significations, Actes & Exploits requis & nécessaires, sans autre permission, nonobstant oppositions, appellations, & autres empêchemens, pour lesquels ne sera differé : Voulons que ledit Arrêt soit lû, publié & affiché partout où besoin sera, & qu'aux copies d'icelui & des Présentes, collationnées par l'un de nos amés & féaux Conseillers & Secretaires, foi soit ajoutée comme aux Originaux : CAR tel est notre plaisir. DONNE' à Compiegne, le septiéme jour de Juillet, l'an de grace mil six cent soixante-sept, & de notre Regne, le vingt-cinquiéme. *Signé*, par le Roi en son Conseil, BERRYER, & scellé du grand Sceau de cire jaune sur simple queue, & contre-scellé du petit Scel de même cire.

Ce Reglement fut registré au Parlement, le 17 Juillet 1667.]

Il faut encore remarquer, que le sixiéme jour du mois se fait l'entrée & l'ouverture du bilan, & qu'on le continue jusqu'au dernier jour du mois inclusivement, depuis l'heure de dix du matin, que les Négocians entrent pendant le tems du payement en la Loge de Change, jusqu'à onze heures & demie, après laquelle il ne se fait plus d'affaire, de comptant, ni de virement des parties; le virement des parties se fait de cette maniere : Les Banquiers & Négocians portent sur la Place, leur Bilan en débet & crédit, c'est-à-dire, un livret, dans lequel est écrit d'un côté ce qui leur est dû, & de l'autre ce qu'ils doivent; ils s'addressent à ceux à qui ils doivent, leur offrent de virer parties, & donnent pour débiteur un ou plusieurs qui leur doivent semblable somme; ils l'écrivent respectivement sur leur Bilan, & dès-lors la partie est réputée virée aux risques & périls de ceux qui les ont acceptées; & à la fin du mois ceux qui doivent plus qu'il ne leur est dû, payent en argent comptant aux porteurs des Lettres ce qu'ils doivent; si celui qui a accoutumé de porter Bilan étant débiteur, ne se rencontre pas sur la Place, ou autre pour lui pendant le tems du payement, il est réputé avoir fait faillite.

ARTICLE VIII.

LEs protêts ne pourront être faits *que par deux Notaires*, ou un Notaire & deux Témoins, ou par un Huissier ou Sergent, même de la Justice Consulaire, *avec deux Records*; & contiendront le nom & le domicile des Témoins ou Records.

Que par deux Notaires.] Cela est conforme à la Déclaration du Roi, portant Reglement général sur le fait & négoce des Lettres de Change du 26 Janvier 1664, donnée en conséquence de l'Arrêt du Parlement de Paris, du 7 Septembre 1663, sur l'avis de douze notables Bourgeois, par laquelle il est porté, que *tous protêts pour être bons & valables, seront faits pardevant deux Notaires ou un Notaire & deux Témoins, lesquels seront tenus se transporter au domicile de ceux sur lesquels les Lettres de Change seront tirées, ou qui auront fait les Billets, & desdits protêts laisser copie; & que néanmoins lesdits protêts pourront être faits par les Huissiers & Sergens, tant du Châtelet que des Consuls, assistés de deux Records domiciliés & connus à Paris, qui sçauront écrire & qui signeront les protêts.* Et par un Arrêt de la Cour de Parlement, du 13 Juin 1643, rapporté dans le Recueil des Edits & Arrêts concernant la Jurisdiction Consulaire, il est porté *que les simples sommations faites avec protêt pardevant Notaires dans les dix jours de l'échéance, seront tenues pour protêts valables & suffisans, sans qu'il soit besoin de faire par les porteurs des Lettres autres diligences ni poursuites.* Quand l'article parle de *deux Notaires*, il le faut entendre des protêts qui se font à Paris ou aux autres Villes & lieux où il faut deux Notaires. Il faut encore remarquer que les protêts faits en un autre Royaume portent hypoteque, & produisent interêts en France du jour & datte d'iceux : comme il a été jugé par Arrêt de la Chambre de Guyenne du 26 Mars 1646, rapporté par Cleriac dans son Traité du Commerce des Lettres de Change, ch. 6, nomb. 8. Et la raison qu'il en rend, est que le négoce des Lettres de remise est censé un dépôt ou commodat, dont la restitution est du droit naturel & du droit des gens : *Instit. de jure nat.* §. *jus autem gentium*, & même du Droit divin : *Mach. lib. 2, cap. 3, vers. 15. & 22.*

Avec deux Records.] C'est afin qu'un Huissier seul ne puisse pas faire un protêt, & en dérober la connoissance à l'accepteur, ou bien l'antidater, pour suppléer à la négligence du porteur de la Lettre ou Billet, qui n'auroit pas fait ses diligences dans les dix jours de faveur, qui en ce cas devroit encourir le péril & les risques de la Lettre ou Billet. Il n'importe pas absolument que l'Huissier ou Sergent qui signifie le protêt, soit de la Justice Consulaire; il suffit qu'il soit Huissier en titre, & qu'il soit assisté de deux Records. Il est encore nécessaire que le nom & le domicile des Témoins & des Records présens aux protêts, soient inserés dans l'Exploit, pour y avoir recours en cas d'inscription en faux.

☞ Par une Déclaration du 23 Avril 1712, on a assujetti les protêts de Lettres de Change, même dans le cas où ils sont faits par des Notaires ou Tabellions, à la nécessité du Contrôle des Exploits.

LOUIS, par la grace de Dieu, Roi de France & de Navarre : A tous ceux qui ces présentes Lettres verront, SALUT. Par nos Déclarations des mois de Mars 1671 & Février 1677, sur le fait du droit du Contrôle des Exploits, &

autres Reglemens rendus en conséquence, Nous avons spécifié les Exploits sujets au Contrôle, établi par notre Edit du mois d'Août 1669, entre lesquels sont les protêts de Lettres & Billets de Change, déclarations, sommations, renonciations & autres actes passés par les Notaires & Tabellions qu'ils notifieront aux Parties; & avons ordonné qu'ils seroient contrôlés à leur diligence, dans le tems & sous les peines & amendes portées par lesdites Déclarations, suivant lesquelles les Fermiers de nos Domaines ont perçu le droit de Contrôle sur lesdits protêts de Lettres ou Billets de Change, & autres significations & notifications faites par les Notaires, de la même maniere que sur les Exploits faits par les Huissiers, Sergens & autres ayant pouvoir d'exploiter: Mais Nous avons été informés que depuis l'établissement du droit de Contrôle des actes des Notaires, fait en conséquence de notre Edit du mois de Mars 1693, les Notaires de quelques Villes & lieux de notre Royaume, ont prétendu être déchargés, au moyen de ce nouvel établissement, de l'ancien droit de Contrôle des Exploits; ce qui auroit donné lieu à plusieurs contestations qui ont été décidées par des Arrêts de notre Conseil des 28 Octobre 1698, 4 Octobre 1701, 13 Mars 1706, 4 Novembre 1710 & 5 Mai 1711, & plusieurs autres; par tous lesquels il a été ordonné, que les Actes notifiés par les Notaires seroient toujours sujets au droit de Contrôle des Exploits, aussi-bien qu'au Contrôle des Actes des Notaires, nonobstant lesquels Arrêts il survient journellement de nouvelles contestations sur le même sujet & sous le même prétexte; à quoi il est nécessaire de remedier. A CES CAUSES, & autres à ce Nous mouvans, de notre certaine science, pleine puissance & autorité Royale, Nous avons par ces Présentes signées de nôtre main, dit, déclaré & ordonné, disons, déclarons & ordonnons, voulons & Nous plaît, que nos Déclarations des 21 Mars 1671 & 23 Février 1677, ensemble les Arrêts de notre Conseil rendus en conséquence, soient executés selon leur forme & teneur: ce faisant, voulons que les protêts des Lettres ou Billets de Change, déclarations, sommations, renonciations & autres Actes passés par les Notaires & Tabellions, qu'ils notifient aux Parties, & qu'ils sont tenus de faire contrôler au Contrôle des Actes des Notaires, soient & demeurent pareillement sujets au droit de Contrôle des Exploits, & que lesdits Notaires qui les notifieront, soient tenus de les faire contrôler au Bureau du Contrôle des Exploits, & d'en payer le droit de Contrôle dans le tems & sous les peines & amendes portées par nosdites Déclarations & Reglemens de notre Conseil, ausquels ils seront tenus de se conformer. SI DONNONS EN MANDEMENT à nos amés & féaux Conseillers les Gens tenans notre Cour de Parlement, Chambre des Comptes & Cour des Aydes à Paris, que ces Présentes ils ayent à faire lire, publier & registrer, & le contenu en icelles garder & executer selon leur forme & teneur, nonobstant tous Edits, Déclarations, Arrêts & autres choses à ce contraires, ausquels Nous avons dérogé & dérogeons par ces Présentes; aux copies desquelles collationnées par l'un de nos amés & féaux Conseillers-Secretaires, voulons que foi soit ajoutée comme à l'original: CAR tel est notre plaisir: En témoin de quoi Nous avons fait mettre notre Seel à cesdites Présentes. DONNÉ à Marly, le vingt-troisiéme jour d'Avril l'an de grace mil sept cent douze, & de notre Regne le soixante-neuviéme. *Signé*, LOUIS. *Et plus bas*, par le Roi, PHELYPEAUX. Vû au Conseil, DESMARETZ Et scellé du grand sceau de cire jaune.

Registrées, oui & ce requerant le Procureur Général du Roi, pour être exécutées selon leur forme & teneur, & copies collationnées envoyées aux Bailliages & Séné-

chaussées du Ressort, pour y être lûes, publiées & registrées. Enjoint aux Substituts du Procureur Général du Roi d'y tenir la main, & d'en certifier la Cour dans un mois, suivant l'Arrêt de ce jour. A Paris en Parlement, le quatriéme Mai mil sept cent douze. Signé, DONGOIS.]

ARTICLE IX.

DANS l'Acte de protêt, les Lettres de Change *seront transcrites avec les ordres* & les réponses, s'il y en a; & la copie de tout signée sera laissée à la Partie, à peine de faux, & des dommages & interêts.

Seront transcrites.] C'est afin que les Parties interessées ayent connoissance de tout ce qui s'est dit & passé en protestant les Lettres, que l'Ordonnance veut qu'on observe toutes ces formalités dans l'acte de protêt, & à cause de l'importance de ces actes, dans lesquels il y va quelquefois de tout l'honneur & du bien d'un Négociant. Il faut pourtant observer, que si la Lettre de Change vient à être perduë & adhirée, & que le porteur dans les dix jours de faveur expirés, ne l'ait pas fait protester, qu'il se soit contenté de faire un acte de sommation à l'accepteur, par lequel il lui ait déclaré qu'il avoit perdu & adhiré la Lettre, & offert de lui donner caution de l'évenement d'icelle, qu'il n'est pas déchargé de la formalité du protêt, sous prétexte qu'il n'a pû, suivant cet article, *transcrire dans le protêt le texte & les ordres de la Lettre de Change*, puisqu'elle se trouve perdue; & faute d'avoir protesté dans les dix jours, il perd l'action en recours de garantie contre le tireur. La raison est, à cause qu'il faut faire difference entre l'obligation que le porteur a de faire protester la Lettre & la formalité de l'acte de protêt portée par cet article: car quoique la perte de la Lettre faisoit qu'il n'étoit pas possible de la transcrire, cela n'empêchoit pas le porteur d'en faire le protêt, qui en ce cas, nonobstant le défaut de formalité à donner la copie de la Lettre, ne laisseroit pas d'être valable, en déclarant par le protêt l'impossibilité qui se trouve à donner copie de la Lettre qui est perdue.

Avec les ordres.] Il faut que les ordres soient transcrits, afin que celui au profit duquel le dernier ordre est passé, soit connu à l'accepteur, qu'il sçache s'il peut payer avec sûreté, & si c'est un ordre qui ait l'effet d'une cession ou transport, ou bien d'une procuration. Lorsqu'il n'y a qu'une simple ou plusieurs signatures au dos d'une Lettre de Change, le Notaire ou l'Huissier qui fait l'acte de protêt, en doit faire mention dans la copie de l'acte, afin que l'accepteur sçache que la Lettre appartient à celui qui a mis le premier sa signature en blanc, & non à celui qui en est le porteur, cette signature en blanc ne servant que d'endossement & non d'ordre, c'est-à-dire, pour remplir le blanc au-dessus de la signature du reçu ou quittance du contenu en la Lettre de Change, par le porteur d'icelle; & quand il se trouve plusieurs signatures en blanc, elles sont réputées des avals & cautionnemens, & non des ordres; & ces cautionnemens sont solidaires, encore qu'il n'en soit pas fait mention dans l'aval, suivant l'article 33 de ce titre.

ARTICLE X.

LE protêt *ne pourra être suppléé* par aucun autre acte.

Ne pourra être suppléé.] Il n'y a point d'acte, quelqu'il soit, qui puisse suppléer un protêt; une sommation faite à la requête du porteur d'une Lettre de Change à celui sur qui elle est tirée, de l'accepter ou de la payer, étant acceptée, ne suffiroit pas toute seule, il faut nécessairement, pour avoir le recours contre le tireur ou endosseur, protester au refus d'accepter ou de payer. La raison est, parce que les formalités prescrites par le Droit, par la Coutume ou par l'Ordonnance, doivent être observées à la lettre : *l. 2. & l. statutis, C. de sentent. ex peric.* autrement elles ne s'inferent jamais tacitement, & ne sont point sous-entenduës ni suppléées par équipollence ou par conséquence.

De l'action qui est acquise après le protêt contre l'accepteur, les tireurs & les endosseurs, & dans quel tems l'action en garantie doit être formée.

ARTICLE XI.

APRE'S le protêt, celui qui aura accepté la Lettre, *pourra être poursuivi* à la requête de celui qui en sera le porteur.

Pourra être poursuivi.] Celui qui accepte une Lettre de Change devient débiteur, au moyen de son acceptation, de celui au profit de qui elle est tirée, & de ceux auxquels les ordres sont passés; en telle sorte que le porteur d'une Lettre, soit qu'elle ait été tirée en sa faveur, ou qu'il soit le porteur en conséquence d'ordre, après le protêt fait, peut poursuivre en Justice l'accepteur pour obtenir condamnation, & le contraindre au payement par saisie & vente des biens meubles & immeubles, & par emprisonnement. La raison est, d'autant que l'acceptation a effet d'obligation & de délegation: *Socin. ad l. singulare, ff. si cert. pet.* Ce qui a lieu, quand même celui qui l'a tirée auroit fait faillite avant ou après l'acceptation; car ou l'accepteur sçavoit la faillite, & ainsi il est réputé l'avoir acceptée à ses périls; ou il l'ignoroit, & en ce cas il se doit imputer d'avoir contracté avec celui dont il ne devoit pas ignorer la condition, *l. qui cum alio, 20, ff. de Reg. jur. Scacc. de commerc.* §. 1, *Gl.* 2, *num.* 329, 330. De même, si celui qui a accepté vient après à faire faillite, & que le porteur n'ait pas fait les diligences nécessaires dans le tems, celui qui a tiré les Lettres n'est pas tenu de rendre l'argent, quoiqu'il n'ait pas sçu présomptivement que celui sur lequel il tiroit les Lettres eût fait faillite, ou qu'il fût prêt à la faire : car en ces cas, *scribens non liberatur propter dolum : Surdus, decis.* 33, *num.* 11. Pour ce qui est de l'acceptation des Lettres de Change d'une femme conjointement avec son mari, ou d'une Lettre par eux aussi conjointement tirée, elle n'oblige aucunement la femme, non plus que toute autre obligation, si dans le même acte elle n'est expressément autorisée par le mari, au moyen de laquelle autorisation elle est déchue & renonce aux privileges introduits en faveur des femmes. Mais à l'égard des Lettres de Change tirées par un mari, & acceptées par sa femme, la femme n'en demeure point responsable ni obligée, quoiqu'elle en ait fait l'acceptation sur une Lettre qui lui ait été écrite par son mari, comme il a été jugé par Arrêt du Parlement de Paris, du 13 Août 1592, rapporté par Chopin, *lib. 2, de morib. Parif. tit. 1, num. 7*, en une cause en laquelle il étoit Avocat ; & le fondement de l'Arrêt fut, sur ce que si un étranger eût accepté ces Lettres de Change, l'obligation eût passée à lui par une espece de novation ; mais quand le mari a écrit à sa femme, il n'est pas pour cela déchargé, parce que la femme qui négocie les biens qui lui sont communs avec son mari, n'est considerée que comme sa Procuratrice.

Article XII.

Les Porteurs pourront aussi, par la permission du Juge, saisir *les effets de ceux qui auront tiré ou endossé les Lettres*, encore qu'elles ayent été acceptées, même les effets de ceux sur lesquels elles auront été tirées, *en cas qu'ils les ayent acceptées.*

Les effets de ceux qui auront tiré ou endossé les Lettres.] C'est toujours en cas de protêt & faute de payement des Lettres, que l'Ordonnance a trouvé ces moyens plus prompts pour faire rembourser le porteur de la Lettre de Change, tant par ceux qui les ont acceptées, que par les tireurs ou donneurs d'ordre, c'est-à-dire, ceux qui en ont disposé par les ordres qu'ils ont mis au dos d'icelles. Avant la nouvelle Ordonnance, le porteur ne pouvoit les poursuivre que tous ensemble, & néanmoins séparément, pour la restitution des deniers ou autres effets baillés pour la valeur de la Lettre. Mais par la disposition de cet article, les porteurs de Lettres peuvent, au moment que les protêts ont été faits, saisir, par la permission du Juge, les effets des accepteurs, des tireurs & donneurs d'ordre, dès qu'ils leur ont été dénoncés & notifiés. La raison est, pour empêcher que pendant le cours du procès en restitution, ils ne deviennent insolvables, & que les condamnations soient inutiles, en ne trouvant pas des effets pour saisir ; outre que les saisies les obligent, pour ne se décrediter pas, de chercher les moyens pour satisfaire. Ceux qui ont tiré ou endossé les Lettres, sont responsables du fait de ceux ausquels elles s'adressent, & ils ne peuvent être liberés que le payement n'en soit fait réellement ; jusques-là que le tireur & l'accepteur demeurent tous deux dans l'obligation, sçavoir le tireur, comme débiteur principal, & l'acceptant comme caution ; & il est au choix du créancier, de s'en prendre contre l'un des deux, comme bon lui semblera : *Bald. conf. 348, factæ fuerunt litteræ sub num. 2, vol. 1. & consil. 190. Sempron. vol. 2. Rota Genuen. decis. 2, pet tot. & decis. 8, num. 18*, où il est dit, que c'est le stile & la pratique ordinaire : *Gail. de cred. cap. 2, titul. 7, numer. 237. Scacc. de commerc. paragraph. 2. Gl. V. num. 315 & 322.*

☞ Une question qui peut ici trouver sa place, est de sçavoir si le porteur de Lettres ou Billets de Change, qui a pour obligé le tireur, l'endosseur & l'acceptant, qui tous trois ont fait faillite, est obligé d'opter l'un des trois, & si ayant reçu de l'un le tiers de son dû, aux termes du contrat que ce débiteur avoit fait avec ses créanciers, il devoit lui remettre les Lettres de Change comme acquittées, ou s'il pouvoit les retenir pour agir contre les autres débiteurs ?

Cette question avant l'Arrêt qui l'a décidée, étoit problématique. M Savary dans ses Pareres, soutient fortement que le porteur de la Lettre de Change doit opter, que par son option il perd le privilege de la solidité, & qu'il est obligé de rendre la Lettre de Change au tireur dont il a reçu le tiers ; parce qu'autrement agissant

agissant contre les deux autres, il leur donneroit occasion de revenir contre le tireur & par ce moyen on dérogeroit au Contrat d'union qui a reçu le failli à payer le tiers, ce qui feroit un grand préjudice au Commerce. M. Dupuis dans son Traité de l'art des Lettres de Change, chap. 16, soutient au contraire que le porteur de la Lettre de Change, en recevant le tiers du tireur ou de l'endosseur, ne déroge point à l'action solidaire, qu'il a contre tous les autres, il appuye son sentiment par la consultation de Messieurs de Fourcroy, Chuppé & Perrin. Ce dernier a été suivi par l'Arrêt que l'on donne ici.

LOUIS, par la grace de Dieu, Roi de France & de Navarre : Au premier des Huissiers de notre Cour de Parlement, ou autre notre Huissier ou Sergent sur ce requis, sçavoir faisons : Qu'entre Jean-Jacques Jacquier, Ecuyer, Sieur Baron de Cornillon, Demandeur aux fins de l'Exploit donné à la Conservation de Lyon, le 20 Janvier 1703, sur lequel par Arrêt du 4 Juillet 1704 il a été ordonné que les Parties procéderont en la Cour, d'une part; & Joseph Perret, Marchand à Lyon, Défendeur : & entre ledit Jacquier, Demandeur aux fins de la Commission & Exploit des 31 Janvier & 11 Février 1705, & Pierre Bernard, Marchand à Paris, Défendeur: Et entre ledit Perret, Demandeur en Requête du 9 Décembre audit an 1705, & ledit Jacquier, Défendeur, d'autre. Vû par notredite Cour l'Exploit d'Assignation donné à la requête dudit Jacquier audit Perret, pardevant les Juges de la Conservation de Lyon, du 20 Janvier 1703, aux fins d'avouer & désavouer les souscriptions & ordres écrits & souscrits par ledit Perret. La premiere en date du 30 Juin 1701, au dos de la Promesse du sieur Jean-François Dunan, du 29 dudit mois de Juin, de la somme de 1693 liv. payable à l'ordre dudit Perret, qui en avoit passé l'ordre en faveur dudit Jacquier qui l'auroit fait protester par Acte du 4 Avril 1702. La seconde en date du 30 Septembre 1701 au dos d'autres Promesses, aussi faites par ledit Dunan, le 25 dudit mois de Juin de ladite année 1701, de la somme de 2800 liv. pareillement protestée par Acte du 4 Juillet 1701, & la troisiéme en date du 22 Janvier 1702 au dos d'autres Promesses, faites par ledit Dunan, le 21 dudit mois de Janvier, qui avoit été de même protestée par l'Acte du 4 Octobre de ladite année, pour en conséquence se voir ledit Perret condamner par corps au payement de la somme de 7943 liv. à laquelle revenoient les susdites trois sommes, & ce avec intérêt de chacune depuis les jours des protêts faits d'iceux, change & rechange, & autres avec dépens, sauf à déduire tous payemens & quittances valables, s'il y échoit, & sans préjudice audit Jacquier de son action solidaire contre ledit Dunan & tous autres, ainsi qu'il appartiendroit, & de toutes autres actions & prétentions. Arrêt du 4 Juillet 1704, par lequel il auroit été ordonné commission être délivrée audit Perret, pour faire assigner en la Cour qui bon lui sembleroit aux fins de sa Requête; cependant défenses aux Parties de faire poursuite ailleurs qu'en la Cour. Arrêt d'appointé en droit du 31 Janvier 1705. Avertissement dudit Perret du 27 Avril audit an. Requête dudit Jacquier du 18 Février audit an, employée pour avertissement. Production des Parties & leurs contredits respectifs des 25 Mai & 21 Juillet 1705 Ceux dudit Perret servant de salvations. Addition de contredits dudit Perret du 27 Avril 1706. La commission & demande dudit Jacquier, du 31 Janvier audit an 1705, aux fins de faire assigner en la Cour ledit Dunan & Bernard, pour voir dire qu'il seroit tenu de reconnoître ses signatures mises au bas des Promesses dont il est question, sinon qu'elles seroient tenues pour reconnues; ce faisant, voir déclarer commun avec lui l'Arrêt qui interviendroit, & en conséquence il fût condamné solidairement avec ledit Perret & par corps; à payer audit Jacquier la somme de 7943 liv. contenue ausdites trois Promesses, les intérêts de ladite somme, à compter depuis le jour du protêt fait d'iceux, change & rechange, aux offres de déduire ce qui se trouveroit avoir été payé, & ledit Bernard pour voir dire qu'il seroit tenu de reconnoître l'acceptation par lui mise & écrite au bas de la Lettre de Change du 13 Janvier 1702, sinon qu'elle seroit tenue pour reconnue; en conséquence se voir condamner à payer solidairement audit Jacquier le contenu en icelle du jour du protêt, frais de change & rechange, & sans préjudice par ledit Jacquier au payement qui lui avoit été offert par Perret, aux termes de son Contrat d'accord, sans approbation dudit Contrat. Exploit d'assignation donné en conséquence le 11 Février 1705. Arrêt d'appointé en droit & joint du 30 Mars audit an. Avertissement dudit Jacquier du 9 Mai audit an. Production desdits Jacquier & Bernard. Contredits dudit Bernard, du 8 Mars 1706. Requête dudit Jacquier du 15 employée pour salvations. Sommations de contredits par ledit Jacquier. Production nouvelle dudit Jacquier, par Requête du 29 Mai 1705. Contredits dudit Perret du 3 Août audit an. La Requête & demande dudit Perret, du 9 Décembre 1705, à ce que ledit Jacquier fût déclaré non-recevable dans ses demandes, faute par lui d'avoir fait les diligences portées par l'Ordonnance pour se conserver son recours de garantie contre ledit Perret, & où la Cour feroit difficulté sur les fins de non-recevoir, ordonner qu'en payant par ledit Perret aux termes de son Contrat d'accord, la somme de 2814 liv. 8 s. qui étoient dûs de reste audit Jacquier, du contenu aux Lettres de Change comme soultes & acquittées: ensemble toutes les diligences & procédures faites par lui contre les accepteurs & endosseurs ou tireurs, pour s'en prévaloir, ainsi qu'il aviseroit bon être, ledit Jacquier condamné en outre en tous les dépens, & qu'Acte lui fût donné de l'emploi pour écritures & productions sur ladite demande, sur laquelle Requête auroit été mis sur la demande en droit & joint, & Acte de l'emploi. Requête dudit Jacquier, du 15 Janvier 1706, employée pour défenses, écritures & production. Requête dudit Perret du 12 Février audit an, employée pour contredits. Production nouvelle dudit Perret, par Requête du 11 Décembre 1705. Production nouvelle dudit Jacquier, par Requête du 19 Janvier 1706, servant de salvations & contredits. Contredits dudit Perret du 8 Février audit an, servant de salvations. Production nouvelle dudit Bernard, par Requête du 15 Mars audit an. Sommation de la contredire par ledit Jacquier; le défaut obtenu par ledit Jacquier, Demandeur aux fins de Commission & Exploit des 31 Janvier & 11 Février 1705, contre Jean-François Dunan, Marchand de la Ville de Geneve, défendeur & défaillant. La demande sur le profit dudit défaut; & tout ce qui a été mis & produit: le tout joint à l'instance par Arrêt du 15 Janvier 1706. Production nouvelle dudit Perret, par Arrêt du 29 Avril audit an. Requête dudit Jacquier du 30 employée pour contredits. Production nouvelle dudit Jacquier, par Requête du 15 Mai audit an. Contredits dudit Perret, du 18 dudit mois. Tout joint & consideré: NOTREDITE COUR faisant droit sur le tout & adjugeant le profit du défaut, sans s'arrêter à la Requête dudit Perret, du 9 Décembre dernier, dont elle l'a débouté, condamne lesdits Perret & Dunan solidairement & par corps, payer audit Jacquier la somme de 7943 l v. contenue ès trois Promesses dud. Dunan, au profit dudit Perret qui en a passé les ordres au profit dudit Jacquier, & les intérêts desdites sommes, à compter des jours des protêts, & lesdits Perret & Bernard solidairement & par corps, payer audit Jacquier la somme de 2000 liv. contenue en la. Lettre de Change tirée de Lyon, le 3 Janvier 1702, sur ledit Bernard, & de lui acceptée, & aux intérêts de ladite somme, à compter du jour du protêt, change & rechange, à la déduction de ce qui se trouvera avoir été reçu par ledit Jacquier sur toutes lesdites sommes. Ne pourront néanmoins lesdits Perret & Bernard être contraints chacun en particulier pour la totalité desd. sommes, qu'aux termes des Contrats que chacun d'eux ont faits avec leurs Créanciers, sans que le Contrat dudit Perret puisse empêcher ledit Jacquier de se pourvoir pour la solidité contre lesdits Dunan & Bernard, ni que celui dudit Bernard puisse empêcher ledit Jacquier de se pourvoir pour la solidité contre ledit Perret: Condamne lesdits Perret, Bernard & Dunan en tous les dépens, chacun à leur égard envers ledit Jacquier. Si te mandons, à la requête dudit Jacquier, mettre le présent Arrêt à exécution; de ce faire te donnons pouvoir. DONNÉ à Paris en notre Parlement, le dix-huitiéme Mai, l'an de grace mil sept cent six, & de notre Regne, le soixante-quatriéme. *Signé*, DU TILLET.]

En cas qu'ils les ayent acceptées.] Ceci a lieu, quoique celui qui a accepté une Lettre de Change, dénie, lorsque le porteur lui en demande le payement, qu'il fût débiteur du tireur quand il l'a acceptée, & qu'il ne lui a point fait tenir de provision à l'échéance, & il peut être contraint nonobstant cela au payement; parce que tout homme qui accepte une Lettre de Change se rend débiteur par son acceptation envers celui qui en est le porteur, quoiqu'il ne soit pas débiteur du tireur, & qu'il n'eût point reçu la provision de lui pour l'acquitter, sauf son recours contre le tireur dont il a suivi la bonne foi.

ARTICLE XIII.

CEux qui auront tiré ou endossé les Lettres, seront poursuivis en garantie dans la quinzaine, s'ils sont domiciliés dans la distance de dix lieues, & au-delà, à raison d'un jour pour cinq lieues, sans distinction du ressort des Parlemens; sçavoir, pour les personnes domiciliées dans notre Royaume: Et hors icelui, les délais seront de deux mois pour les personnes domiciliées en Angleterre, Flandres ou Hollande; de trois mois pour l'Italie, l'Allemagne, & les Cantons Suisses; de quatre mois pour l'Espagne; de six pour le Portugal, la Suede & le Danemarck.

§ *Ceux qui auront tiré ou endossé les Lettres.*] Par Arrêt rapporté au Journal des Audiences, rendu en celle de la Grande Chambre le 25 Janvier 1708, sur les conclusions de Monsieur l'Avocat Général Guillaume-François Joly de Fleury, il a été jugé que celui sur qui une Lettre de Change est tirée, & qui souffre un protêt, peut être assigné par le tireur en garantie de la demande principale formée contre lui par celui qui avoit l'ordre, aux Consuls du lieu du domicile du tireur, quoique ce ne soit ni le lieu du domicile du débiteur, ni le lieu où le payement doit être fait, ni le lieu où la Promesse a été faite & la marchandise livrée.

En 1706 Grou avoit tiré une Lettre de Change datée de Nantes, adressée à Chervise à Paris, à l'ordre de Laurencin, qui avoit mis son ordre à Leon, en Janvier 1707. Cette Lettre de Change avoit été protestée à la requête de Leon.

En Février, Sentence des Consuls de Nantes, contradictoire entre Leon & Grou, qui condamne Grou & Chervise par défaut à l'indemniser.

M. le Lieutenant Civil ayant permis de mettre cette Sentence à exécution; & ayant été fait un commandement à Chervise, il avoit obtenu Sentence du Châtelet qui le recevoit opposant à la Sentence des Consuls, avec défenses de s'en servir.

Appel par Grou de cette Sentence, & par Chervise de celle des Consuls.

Par l'Arrêt la Cour a infirmé la Sentence du Châtelet, & confirmé celle des Consuls, fondée sur ce que le Châtelet n'étoit point compétent, & ne pouvoit donner des défenses contre une Sentence des Consuls, qui étoit d'ailleurs réguliere, s'agissant contre Chervise d'une demande en garantie, qui attire le garant en la Jurisdiction du garanti, suivant l'art. 9 du tit. 8 de l'Ordonnance de 1667.]

Seront poursuivis en garantie dans la quinzaine.] Cet article & les deux suivans sont conformes à la Déclaration du Roi, portant Réglement général sur le fait & négoce des Lettres de Change, du 26 Janvier 1664, suivant laquelle & la disposition de cet article, il ne suffit pas que les porteurs des Lettres, & d'ordres sur icelles, les fassent protester dans le tems: mais s'ils veulent établir leur recours contre les tireurs & donneurs d'ordres, il faut *qu'ils fassent leurs diligences pour les poursuivre en garantie;* & cela a été ainsi statué pour réprimer l'abus qui se commettoit. Les porteurs gardoient les Lettres pour favoriser ceux sur qui elles étoient tirées, & pour en tirer des profits & des intérêts; & après ils revenoient sur les tireurs, ou sur ceux qui leur avoient passé les ordres, avec les protêts: & de cette maniere, la fortune des Négocians n'étoit jamais assurée. Il y a pourtant cette différence entre le Réglement de 1664. & cet article, que par cet article, de quelques lieux qu'ayent été tirées les Lettres de Change, ou que les Billets payables à ordre ou au porteur, y ayent été négociés, soit des Villes ou Bourgs, sur d'autres que sur ceux de la Ville de Paris, les porteurs des Lettres & Billets seront tenus de faire leurs diligences, d'autant que l'Ordonnance est générale pour tout le Royaume, à la reserve de la Ville de Lyon qui est maintenue dans ses Privileges, suivant l'article 7, au lieu qu'il semble que le Réglement de 1664 n'étoit que pour Paris; & en effet, il n'a pas été enregistré dans les autres Parlemens. Or par l'article 9, dudit Réglement de la Ville de Lyon, il est porté: *Que les Lettres de Change acceptées payables en payement, qui auront été protestées, ensemble les protêts, seront renvoyés dans un tems suffisant pour pouvoir être signifiés à tous ceux & par qui il appartiendra; sçavoir, pour toutes les Lettres qui auront été tirées au-dedans du Royaume dans deux mois; pour celles qui auront été tirées d'Italie, Suisse, Allemagne, Hollande, Flandre & Angleterre, dans trois mois; & pour celles d'Espagne, Portugal, Pologne, Suede & Danemarck dans six mois du jour & date des protêts, le tout à peine d'en répondre par le porteur desdites Lettres.* Il faut encore remarquer que chaque porteur de Lettre, à qui les ordres auront été passez successivement les uns aux autres, doit avoir chacun en droit soi le tems, suivant la distance des lieux, pour faire ses poursuites en garantie; c'est-à-dire, le porteur de la Lettre, qui seroit le quatriéme ordre contre le troisiéme, le troisiéme contre le second, & ainsi du reste. La raison est, parce qu'ils sont garants les uns envers les autres, & qu'il ne seroit pas possible que toutes ces poursuites & diligences se puissent faire de lieux en lieux dans le tems ci-dessus. C'est pour cela qu'il faut que chacun ait à son égard le tems que cet article prescrit pour faire ses diligences contre celui qui aura passé l'ordre à son profit : mais cela est fort délicat, & donne lieu à de grandes fraudes, & c'est à quoi les Juges doivent prendre garde soigneusement.

☞ *Et au-delà.*] Ne se rapporte point à ce qui précéde, mais à ce qui suit, c'est-à-dire, que s'ils sont domiciliés *au-delà de dix lieues*, le porteur aura outre la quinzaine, un jour pour cinq lieues.

A raison d'un jour pour cinq lieues.] Les délais sont ici fixés sur des proportions différentes de celles qui sont marquées dans l'Ordonnance de 1667, où l'on accorde dans les délais pour les procédures un jour pour dix lieues.]

ARTICLE XIV.

LEs délais ci-dessus seront comptés *du lendemain des protêts*, jusques au jour de l'action en garantie inclusivement, sans distinction de Dimanches & jours de Fêtes.

Du lendemain des Protêts.] Le tems pour notifier les protêts, & faire les poursuites en garantie par les porteurs de Lettres à l'encontre des tireurs & donneurs d'ordres, se doit compter dès le lendemain que les protêts auront été faits aux accepteurs ; c'est-à dire, qu'il faut commencer à faire des poursuites en garantie, tout au moins le jour auquel doit expirer les délais, sçavoir dans les quinze jours contre les domiciliés dans la distance de dix lieues ; & contre ceux qui seront demeurans au-delà, à raison d'un jour pour cinq lieues : & à l'égard de ceux hors le Royaume, dans le tems porté par l'art. 13 ci-dessus, y compris le lendemain du jour du protêt.

ARTICLE XV.

APRE's les délais ci-dessus, les Porteurs des Lettres *seront non-recevables dans leur action en garantie, & toute autre demande* contre les tireurs & endosseurs.

Seront non-recevables dans leur action en garantie.] Si le porteur de la Lettre ne la fait point protester dans les dix jours de faveur, faute de payement, & qu'ensuite celui sur qui elle étoit tirée refuse de la payer, & que le porteur retourne sur le tireur pour le payement du contenu en la Lettre, le tireur n'est pas déchargé de la garantie, sous prétexte que le protêt n'a pas été fait dans le tems de l'Ordonnance ; & il faut (en cas qu'il en soit requis) qu'il justifie que celui sur qui il l'a tirée étoit son débiteur, ou avant la traite, ou depuis, pour avoir eu provision de lui à l'échéance pour l'acquitter, ou autrement il est obligé de restituer le contenu en la Lettre ; parce qu'en ce cas le tireur est garant du refus qui a été fait d'accepter & de payer : Que si au contraire, il justifie que celui sur qui il l'a tirée étoit son débiteur, en ce cas le porteur est déchû de l'action de garantie contre le tireur, pour n'avoir pas fait protester la Lettre dans les dix jours de faveur.

§ La fin de non-recevoir établie par cet article 15 à l'égard des porteurs de Lettres de Change, a pareillement lieu pour les endosseurs des Billets payables au porteur, qui n'ont pas fait leurs diligences dans les délais marqués par l'article 13 de ce titre, ainsi jugé par Arrêt rapporté au Journal des Audiences, intervenu en la Grand'Chambre, au rapport de M. l'Abbé Robert le 28 Juillet 1711.]

Et toute autre demande.] Le porteur des Lettres, faute d'avoir fait ses diligences, soit de protêts ou de l'action en garantie, n'est pas déchu pour cela de toute sorte de demande, comme il est porté dans l'article suivant: car il arrive que celui qui aura accepté la Lettre de Change, ne soit pas débiteur du tireur, & que le tireur ne lui ait point envoyé provision pour payer la Lettre dans le tems que les protêts, les notifications & les poursuites en garantie devoient être faites; & que pendant ce tems-là l'accepteur fût venu à faire banqueroute, les défauts de formalité ne peuvent être opposés au porteur par le tireur, & en ce cas il en demeure toujours garant.

Cas dans lesquels l'action en garantie a lieu.

ARTICLE XVI.

LES tireurs *ou endosseurs* des Lettres seront tenus *de prouver en cas de dénégation, que* ceux sur qui elles étoient tirées *leur étoient redevables, ou avoient provision au tems qu'elles ont dû être protestées,* sinon, ils *seront tenus de les garantir.*

☞ Cet article & le suivant renferment une exception à la disposition de l'article 15, c'est-à-dire, qu'ils présentent des cas où l'action en garantie est reçue contre les tireurs & endosseurs, même après les délais expirés.]

Ou endosseurs.] L'Ordonnance comprend les endosseurs dans la même disposition, comme étant tenus envers ceux au profit de qui ils ont passé leurs ordres, aux mêmes garanties que les tireurs, par cette raison qu'un ordre passé au dos d'une Lettre de Change, est un Contrat de cession & transport d'argent, qui est de la même maniere que celui de la Lettre de Change; & ainsi il est permis au porteur de la Lettre de se pourvoir en cas de dénégation ou contre son endosseur, parce qu'il a suivi sa bonne foi, ou contre l'endosseur de son endosseur, ou contre le tireur, parce que le porteur est subrogé en tous les droits, noms, raisons & actions de son endosseur.

De prouver en cas de dénégation.] L'Ordonnance ne prescrit point de tems dans lequel cette preuve dût être faite, & par conséquent le tireur n'est pas obligé dans le moment que la dénonciation du protêt lui est faite, ou que l'assignation en garantie lui est donnée, de faire la preuve; il suffit que dans la suite il la fasse, & s'il arrive dans le tems que le tireur fait cette preuve, que celui sur qui la Lettre est tirée vienne à faire banqueroute, & qu'il soit insolvable, c'est au porteur de la Lettre à s'imputer de n'avoir pas fait protester la Lettre, ni fait dénoncer le protêt, ou de ne s'être pas pourvû en recours de garantie contre le tireur dans le tems porté par l'Ordonnance, & partant la Lettre doit demeurer à ses risques, périls & fortunes, parce que le tireur se reposoit sur la bonne foi du porteur: Il en est de même des endosseurs, c'est-à-dire, des donneurs d'ordres, parce qu'ils sont dans une plus grande impossibilité de faire cette preuve que les tireurs, n'y ayant naturellement que le tireur qui puisse avoir cette preuve entre ses mains; & ainsi toute la diligence que le donneur d'ordre peut faire est ou de faire dénoncer au tireur le protêt qui lui a été dénoncé, & l'acte de dénonciation qui lui a été faite par le porteur de la Lettre, ou si le porteur l'a fait assigner en recours de garantie, de faire appeller le tireur pour prendre son fait & cause, & satisfaire à la preuve portée par l'Ordonnance; & si dans le tems que les procédures se font, celui sur qui la Lettre est tirée devient insolvable, l'endosseur n'est pas garant de cette insolvabilité, & la négligence du porteur de la Lettre d'être en demeure d'avoir fait cette preuve, ne doit faire aucun préjudice au donneur d'ordre.

Leur étoient redevables, ou avoient provision.] La raison est, parce que la délégation ne peut être valablement ni véritablement faite entre le tireur ou endosseur, & celui sur qui elle est tirée, s'il ne lui est pas redevable, ou s'il n'a pas provision; & en ce cas le tems que le porteur a laissé passer, ne peut lui nuire, parce que *mora non nocet ubi non adest delegatio.* Or pour induire la délegation, il faut que le délegué soit débiteur de celui qui fait la délégation, *Surd. Decis.* 23. *Gl. in l. quamvis*, §. *mulier, ff. ad Velleia.* Il ne faut pas pourtant entendre que tous tireurs de Lettres de Change soient tenus *en cas de dénégation de prouver*, que ceux sur qui elles ont été tirées, leur étoient redevables ou avoient provision au tems qu'elles ont dû être protestées, cela ne regarde que ceux qui tirent pour leur compte particulier des Lettres de Change sur ceux qui ne leur doivent rien, & ausquels ils n'ont pas envoyé de provision au tems que les Lettres ont dû être protestées, & non pas ceux qui tirent des Lettres pour le compte des autres Négocians sur leurs amis ou correspondans, pour se rembourser de ce qui leur étoit dû par ceux qui leur ont donné l'ordre de tirer sur leurs correspondans pour leur compte particulier.

Au tems qu'elles ont dû être protestées.] Le délai pour faire le protêt des Lettres de Change est de dix jours, sans y comprendre le jour de l'échéance, & en l'article 15 de ce titre, il est dit, qu'après les délais ci-dessus les porteurs des Lettres seront non-recevables dans leur action en garantie, & en toute autre demande contre les tireurs & endosseurs: & parce que cet article ajoute, que *les tireurs & endosseurs des Lettres seront tenus de prouver en cas de dénégation, que ceux sur lesquels elles auront été tirées, leur étoient redevables ou avoient provision au tems qu'elles ont dû être protestées, sinon qu'ils seront tenus de les garantir*; cela a donné lieu à une question qui a été agitée au Parlement de Paris, recueillie dans la huitiéme Partie du Journal du Palais, p. 65, qui est de sçavoir, si le tems auquel le protêt d'une Lettre de Change a dû être fait, étant passé, le porteur est recevable à prouver que celui sur qui elle est tirée n'avoit point de provision, ni lorsque le protêt a dû être fait, ni lorsque la Lettre a été livrée; & il a été jugé que le porteur étoit recevable à prouver qu'au tems de l'échéance celui sur qui la Lettre de Change avoit été tirée, étoit débiteur jusques à la concurrence de la valeur de la Lettre de Change au jour de l'échéance: si bien que par cet Arrêt il a été décidé, que si celui sur qui elle avoit été tirée étoit débiteur de toute la somme, la faillite par lui faite depuis étoit en pure perte au porteur de la Lettre de Change par le défaut du protêt dans le tems porté par les Réglemens; & si au contraire il n'étoit pas débiteur, la Lettre de Change tomboit aux risques, périls & fortune des tireurs, quoique le porteur n'eût point fait le protêt dans le tems porté par l'Ordonnance.

Seront tenus de les garantir.] Il est juste qu'un Négociant qui a tiré une Lettre de Change sur un homme qui ne lui doit rien, ou à qui il n'a point envoyé provision, soit tenu de garantir la Lettre, en cas de dénégation par celui qui l'a acceptée. La raison est, parce qu'un tireur est garant des faits suivans; sçavoir, *qu'il lui est dû par celui sur qui il a tiré la Lettre, la somme qu'il a prise à change; ou bien qu'il lui a fait tenir provision avant ou dans le tems de l'échéance pour l'acquitter:* car autrement le tireur profiteroit de la somme qu'il auroit reçue, sans avoir rien payé, en opposant le défaut des diligences; & le porteur de la Lettre perdroit sa dette, si l'accepteur étoit insolvable. Il faut remarquer encore, que bien que l'accepteur dénie d'être débiteur du tireur lors de l'acceptation, ni d'avoir reçu provision à l'échéance pour la payer, il peut néanmoins être contraint au payement, parce que par son acceptation il s'est rendu débiteur envers le porteur, quoiqu'il ne le soit pas du tireur: mais cela ne décharge pas le tireur ou endosseur.

En matiere de Lettre de Change il y a trois sortes de garantie; la premiere de fournir & faire valoir, c'est-à-dire, que le tireur doit rembourser la Lettre, après un simple protêt; la seconde est la garantie de ses faits & promesses, c'est-à-dire, que si le protêt n'est pas fait dans les dix jours; en cas de dénégation par celui sur qui elle est tirée (quoiqu'acceptée) qu'il n'étoit pas débiteur du tireur lors de la traite, & qu'il ne lui a point envoyé provision pour l'acquitter, lorsque le protêt a dû être fait, le tireur en est garant, parce que c'est de son fait; & à l'égard de l'endosseur, il est tenu aux mêmes garanties que le tireur envers celui au profit duquel il a passé son ordre, qui est une cession, parce que le porteur de la Lettre a suivi la bonne foi de son endosseur, & l'endosseur celle du tireur. La troisiéme garantie est celle, que celui sur lequel la lettre est tirée, étoit bon & solvable, & qu'il existoit au jour de la traite, ou au jour que l'ordre a été passé sur icelle au profit du Négociant à une autre personne à cause de sa banqueroute; ce que le tireur & les endosseurs sont tenus de prouver, sinon ils sont obligés de garantir la Lettre de Change. Il en est de même à l'égard des ordres passés sur les Billets payables à ordre; c'est sur ce principe que l'article 38 du titre VI. des Assurances, de l'Ordonnance concernant la Marine du mois d'Août 1682, *déclare nulles les Assurances faites après la perte des choses assurées, si l'assuré en sçavoit ou pouvoit sçavoir la perte avant la signature de l'ordre;* & par l'art. 39 il est porté, *Que l'assuré sera présumé avoir sçu la perte, s'il se trouve que de l'endroit de la perte ou de l'abord du vaisseau, la nouvelle en ait pû être portée avant la signature de la Police dans le lieu où elle a été passée; en comptant une lieue & demie par heure, sans préjudice des autres preuves qui pourront être faites.*

ARTICLE XVII.

SI depuis le tems réglé pour le protêt, les tireurs ou endosseurs ont reçu la valeur en argent ou en marchandise, par compte, *compensation ou autrement,* ils seront aussi tenus de la garantie.

Compensation ou autrement.] Bien que le porteur de la Lettre ne l'ait point fait protester dans le tems, le tireur ne laisse pourtant pas, si l'accepteur passe en compte la Lettre au tireur, ou s'il lui en fait compensation en marchandise, ou autrement, d'être garant envers le porteur au profit duquel il l'a tirée, & d'être obligé de lui restituer l'argent qu'il a reçu de lui, avec les changes & rechanges.

rechanges. La raison est, parce qu'il a reçu de l'accepteur par ce moyen la somme par laquelle il avoit tiré sur lui, & que cette somme appartenoit au porteur, qui lui en avoit payé la valeur lorsqu'il lui avoit fourni la Lettre.

¶ Un particulier Marchand ayant fait un billet à un autre, à lui payable ou à son ordre, celui-ci l'ayant négocié, & le porteur de l'ordre venant en demander le payement à l'échéance, on ne peut lui opposer la compensation contre ce billet, sous prétexte que celui au profit duquel il étoit fait, avoit donné à l'autre un semblable billet de même date & même somme : ainsi jugé par Arrêt du 3 Septembre 1700, rapporté au Journal des Audiences, intervenu en la Grand'Chambre au rapport de Monsieur de Mallebranche.]

Comment peut être poursuivi & doit être fait le payement de la Lettre payable à un particulier, au porteur ou à ordre, si la Lettre est adhirée.

ARTICLE XVIII.

LA Lettre payable à un Particulier, & non au Porteur, ou à ordre, *étant adhirée, le payement en pourra être poursuivi & fait en vertu d'une seconde Lettre sans donner caution*, & faisant mention que c'est une seconde Lettre, & que la premiere, ou autre précédente, demeurera nulle.

☞ *Etant adhirée.*] Une contestation portée à la Grand'Chambre, a donné lieu à un Arrêt de Réglement rendu au rapport de M. l'Abbé Robert, après avoir pris l'avis de trois Marchands nommés par un Arrêt interlocutoire. Cet Arrêt de Réglement juge que celui qui aura perdu une Lettre de Change s'adressera au dernier endosseur, & non au tireur pour en avoir une seconde.

LOUIS, par la grace de Dieu, Roy de France & de Navarre : Au premier notre Huissier ou Sergent sur ce requis, Salut. Sçavoir faisons : Qu'entre Jean Chalus & la Mure, Marchands en compagnie à Lyon, appellans d'une Sentence de la Conservation de Lyon, du 22 Février 1709, & de ce qui a suivi d'une part : & Mesnard, & Jourdan, Marchands à Lyon ; Robert Seurat & Nicolas Rousselet, Marchands à Orleans, Intimés, d'autre : & entre lesdits Chalus & la Mure, Demandeurs en Requête des premier & 2 Août 1709 d'une part, & lesdits Mesnard, Jourdan, Seurat & Rousselet, Défendeurs d'autre ; & entre lesdits Mesnard & Jourdan, Demandeurs aux fins des Commission & Exploit des premier & 13 Juin aud. an 1709, d'une part, & lesdits Seurat & Rousselet, Défendeurs d'autre part ; & entre lesdits Mesnard & Jourdan, Demandeurs en Requête du 15 Février 1710, d'une part ; & lesdits Chalus & la Mure, Seurat & Rousselet, Défendeurs, d'autre part ; & entre lesd. Seurat & Rousselet, Demandeurs en Requête du 17 Décembre 1709, d'une part ; & lesdits Chalus & la Mure, Défendeurs d'autre part ; & entre lesdits Rousselet & Seurat, Demandeurs en Requête des 7 Mars & 5 May 1711, d'une part ; & lesdits Mesnard, Jourdan, Chalus & la Mure, Défendeurs, d'autre part ; & entre lesdits Mesnard & Jourdan, Demandeurs aux fins des Requêtes & Exploit du 29 Mars 1713, d'une part ; & Elie Dufour, Marchand Banquier à Paris, Défendeur d'autre part ; & encore entre lesdits

Mesnard & Jourdan, Demandeurs en Requête du 5 Avril 1713, d'une part; & lesdits Seurat & Rousselet, Défendeurs, d'autre part. VU par notre Cour de Parlement ladite Sentence du 22 Février 1709, dont est appel, les offres dudit Seurat de remettre ausdits Chalus & la Mure une seconde Lettre de Change conforme à la premiere de 660 liv. tant ledit Seurat que Mesnard, Jourdan & Rousselet auroient été renvoyés de l'Instance avec dépens, ausquels lesdits Chalus & la Mure auroient été condamnés, & passé outre à l'action en cas d'appel, & sans préjudice d'icelui: ladite Requête desdits Chalus & la Mure, du premier Août 1709, contenant leur appel. Incident des Sentences de nonobstant l'appel & de reception de l'action des 24 & 25 Avril 1709, & des exécutoires de dépens, contr'eux décernés en ladite Conservation de Lyon, des 29 dudit mois d'Avril, 9 & 10 Juin audit an 1709, & des saisies & exécutions faites de leurs meubles, par Exploits des 30 Avril, 11 & 20 Juin 1709, & de ce qui a suivi, & leurs conclusions, à ce qu'en tant que touchoit l'appel de ladite Sentence du 22 Février 1709, en ce que par icelle ils auroient été condamnés aux dépens envers lesdits Mesnard & Jourdan, Seurat & Rousselet, & en ce que lesdits Mesnard & Jourdan n'auroient pas été condamnés en ceux desdits Chalus & la Mure, & en ce qui touchoit l'appel desdites Sentences des 24 & 25 Avril 1709, exécutoires de dépens, exécution de meubles, & de ce qui avoit suivi, lesdites appellations & ce dont avoit été appellé, fussent mis au néant; émendant, faisant droit sur la demande desdits Chalus & la Mure, formée par Exploit du premier Août 1708, lesdits Mesnard & Jourdan fussent condamnés en tous les dépens contr'eux faits par lesdits Chalus & la Mure sur ladite demande, sauf le recours desdits Mesnard & Jourdan, contre lesdits Rousselet & Seurat, & lesdits Chalus & la Mure déchargés des condamnations de dépens contr'eux prononcées par ladite Sentence, icelle au bas du sortissant effet; faisant droit sur les Requêtes desdits Chalus & la Mure des premier & 2 Août 1709, sans avoir égard à celles desdits Mesnard, Jourdan, Seurat & Rousselet des 17 Décembre audit an 1709, & 15 Fév. 1710, dont ils seroient déboutés à l'égard desdits Chalus & la Mure, les saisies faites à la requête desdits Mesnard & Jourdan, Rousselet & Seurat, des meubles desd. Chalus & la Mure, par Exploits des 30 Avril, 11 Juin & 20 Juillet 1709, fussent déclarées nulles, injurieuses, tortionnaires & déraisonnables, en conséquence lesdits Mesnard & autres condamnés chacun à leur égard aux dommages, intérêts desdits Chalus & la Mure, résultans desdites saisies & du payement exigé d'eux, en vertu desdits exécutoires de dépens, pour lesquels dommages & intérêts ils se restraignoient à 2000 liv. & outre lesdits Mesnard & Jourdan, Rousselet & Seurat fussent condamnés à la restitution des 306 liv. 14 s. 11 d. portés esdits exécutoires, chacun pour ce qu'ils en avoient touché, & aux dépens desdites Sentences de nonobstant l'appel & de reception de caution des 24 & 25 Avril 1709. Exécutoires décernés contre lesdits Chalus & la Mure: saisies & exécutions faites en conséquence des 29 & 30 Avril, 19 & 20 Juin audit an: ladite Requête desdits Chalus & la Mure du 2 Août 1709, afin de faire déclarer nulles & injurieuses lesdites saisies, & leurs autres conclusions leur fussent adjugées avec dépens: lesdites Commissions & Exploit de demande desdits Mesnard & Jourdan des premier & 13 Juin audit an 1709, à ce qu'acte leur soit donné de ce qu'ils sommoient & dénonçoient ausdits Seurat & Rousselet lesdites appellations desdits Chalus & la Mure, afin que lesdits Seurat & Rousselet y intervinssent, prissent le fait & cause desdits Mesnard &

Jourdan, & fissent confirmer la Sentence dont étoit appel, avec amende & dépens, sinon que lesdits Seurat & Rousselet seroient condamnés par les voyes qu'ils y étoient obligés, à acquitter, garantir & indemniser lesdits Mesnard & Jourdan, tant en principal, qu'intérêts soufferts & à souffrir, & en tous les dépens en demandant, défendant, & de la sommation, défenses, replique. Requête desdits Mesnard & Jourdan du 15 Février 1710, pour fins de non recevoir, & défenses à ce que les appellations fussent mises au néant, avec amende & dépens des causes principale, d'appel & demandes, même de ceux que lesd. Seurat & Rousselet pourroient obtenir contre lesd. Mesnard & Jourdan; & où notredite Cour y feroit difficulté, & infirmeroit lesdites Sentences & éxécutoires, que lesd. Seurat & Rousselet seroient condamnés à acquitter, garantir & indemniser lesdits Mesnard & Jourdan de l'événement desdites appellations en principal, intérêts, dommages & intérêts, frais, dépens, & aux dépens des causes principale & d'appel, en demandant, défendant, & de la sommation active & passive. Arrêt du 17 May 1710 d'appointé au Conseil sur lesdites appellations, & en droit & joint sur lesd. demandes. Avertissement desdits Mesnard & Jourdan du 27 Juin 1710. Causes d'appel & Avertissement desdits Chalus & la Mure du 3 Novembre audit an. Production des Parties, celle desdits Seurat & Rousselet par Requête du 28 Novembre 1710. Réponses & causes d'appel desdits Mesnard, Jourdan & Rousselet, servant de contredits, des 25 Février & 7 Mars 1711. Contredit desdits Chalus & la Mure du 26 dudit mois de Mars. Salvations du 18. Requête desdits Seurat & Rousselet du 17 Déc. 1709, à ce qu'où notredite Cour feroit difficulté de condamner lesdits Mesnard & Jourdan aux dépens de leur demande en garantie, & en ce cas lesdits Chalus & la Mure fussent condamnés aux dépens desdits Seurat & Rousselet, même en ceux par eux faits sur la demande en garantie contr'eux formée par lesdits Mesnard & Jourdan, & en ceux desdites demandes. Arrêt d'appointé en droit & joint du 7 Mars 1711. Requête desdits Chalus & la Mure employée pour défenses & production. Production nouvelle desdits Chalus & la Mure par Requête du 26 dudit mois de Mars. Requête de contredits desdits Seurat & Rousselet, leur Requête & demande du 27 à ce que où notredite Cour jugeroit qu'il y auroit de la faute ausdits Mesnard & Jourdan, ils fussent condamnés en tous les dépens des causes principale & d'appel, en demandant, défendant, & des sommations, & à acquitter lesdits Rousselet & Seurat, de ceux ausquels pourroient être condamnés lesdits Chalus & la Mure, au bas de laquelle Requête est l'Ordonnance de notredite Cour, qui regle ladite demande en droit & joint, & donne acte de l'emploi d'icelle. Requête desdits Rousselet & Seurat du 5 May 1711, à ce que lesdits Chalus & la Mure fussent déclarés non-recevables en leur appel, avec amende & dépens, ladite Requête contenant aussi production nouvelle. Requêtes desdits Mesnard & Jourdan des 8 & 11 May 1711, employées pour défenses, production & contredits. Autres contredits & salvations. Production desdits Mesnard & Jourdan par Requête du 11 dudit mois de May. Contredits servans de salvations du 8 Juin. Requête de contredits desdits Seurat & Rousselet. Arrêt du 14 Juillet ensuivant sur ladite instance, par lequel avant faire droit, auroit été ordonné que le Parties se retireroient pardevers Claude Tribard, Marguerin, François Brion & Jacques Gillebon, pour avoir leur avis sur l'usage qui se pratiquoit tant à Paris qu'à Lyon, quand une Lettre de Change étoit perdue, si c'est au tireur ou au dernier endosseur, & d'endosseurs en endosseurs, jusqu'au tireur de ladite Lettre, à qui l'on devoit s'adresser pour une seconde fois, pour avoir une seconde Lettre de Change, & qui devoit être tenu des frais & dépens pour raison de ce: Qu'à cet effet l'Instance seroit communiquée ausdits Marchands, & leur avis rapporté & communiqué aux Gens du Roy, être ordonné ce que de raison, dépens réservés. Autre Arrêt du 22 Juin 1712, par lequel, attendu que ledit Gillebon s'étoit récusé par Acte du 2 Avril audit an 1712, notredite Cour auroit nommé en sa place Regnault, Marchand à Paris, pour être par lui conjointement avec lesdits Tribard & Brion, donné leur avis, conformément audit Arrêt du 14 Juillet 1711, lequel au surplus seroit exécuté. Avis desdits Tribard, Brion & Henry Regnault du 5 Juillet 1712, en exécution dud. Arrêt. Requête d'addition de contredits & plus amples moyens desd. Rousselet & Seurat, du 8 Août aud. an 1712. Production nouvelle desd. Mesnard & Jourdan par requête du 31 Décembre suivant. Requête de contredits desd. Seurat & Rousselet. Salvations desd. Mesnard & Jourdan. Production nouvelle desd. Seurat & Rousselet, par Requête du 10 Janvier 1713, aussi employée pour réponses ausdites salvations. Contredits desdits Mesnard & Jourdan. Requête de salvations desdits Rousselet & Seurat. Production nouvelle desdits Mesnard & Jourdan, par Requête dudit jour 10 Janvier 1713, aussi employée pour plus amples moyens & salvations. Requête de contredits desdits Rousselet & Seurat. Production nouvelle desd. Chalus & la Mure par Requête du 13 Février ensuivant, aussi employée pour contredits. Contredits desd. Mesnard & Jourdan: Autre Production nouvelle desdits Chalus & la Mure, par Requête du 10 Mars audit an, aussi employée pour salvations. Contredits servans de salvations desdits Mesnard & Jourdan, leur Requête d'emploi & demande du 5 Avril, reglée au bas par Ordonnance de notredite Cour, à ce qu'Acte leur fût donné, & qu'aux périls & fortunes desdits Chalus & la Mure ils sommoient & dénonçoient ausdits Seurat & Rousselet, les prétentions & moyens portés par ladite Requête du 13 Février 1713, afin qu'ils eussent à y entendre, les faire cesser & fournir la seconde Lettre de Change en question, suivant leurs offres: En conséquence desquelles ils auroient été renvoyés de la demande desdits Chalus & la Mure par ladite Sentence du 22 Février 1709, dont leur appel n'étoit qu'au chef de la condamnation de dépens; sinon & à faute de ce faire, qu'ils seroient condamnés comme garants desdits Mesnard & Jourdan, à les acquitter de l'événement des prétentions desdits Chalus & la Mure, faute de délivrance de ladite seconde Lettre de Change, en exécution de ladite Sentence en principal & intérêts, frais & dépens, & ceux desdits Chalus, la Mure, Seurat & Rousselet, qui succomberoient condamnés en tous les dépens, en demandant, défendant, & des sommations actives & passives. Requêtes desdits Chalus, la Mure, Mesnard, Jourdan, Rousselet & Seurat, des 11 & 24 Avril 1713, employées avec les piéces jointes à icelles, pour défenses, écritures, production & contredits, & autre Requête de contredits du 28 dudit mois d'Avril. Requête & Exploit de demande desd. Mesnard & Jourdan du 29 Mars ensuivant, à ce que l'Arrêt qui interviendroit fût déclaré commun avec Elie Dufour, Banquier à Paris, pour être par lui exécuté selon sa forme & teneur; ce faisant, que ledit Dufour fût condamné aux dépens qui avoient été causés par son fait à toutes les autres Parties, en demandant, défendant, & des causes principale & d'appel, & sommations actives & passives, faute d'avoir par ledit Dufour été fait les diligences nécessaires, requises par l'Ordonnance sur la Lettre de

Change en question, & aux dépens; fins de non-recevoir & défenses dudit Dufour. Arrêt d'appointé en droit & joint, du 20 May 1711. Requête dudit Dufour employée avec les piéces jointes à icelle pour écritures & production. Contredits desd. Mesnard & Jourdan. Production nouvelle d'iceux Mesnard & Jourdan, par Requête du 20 Juillet audit an. Requête desdits Rousselet & Seurat, employée pour contredits. Requête desdits Mesnard & Jourdan, du 18 Juillet 1714, employée pour avertissemens, écritures, production, contredits & action. Contredits servans de salvations dudit Dufour du 26 Février ensuivant. Salvation desdits Mesnard & Jourdan du 15 Mars dernier. Addition de contredits du 21 servant de réponses à salvations. Acte de rédistribution de l'Instance, & sommation de satisfaire à tous les Réglemens d'icelle. Conclusions du Procureur Général du Roy. Tout joint et considéré; NOTREDITE COUR faisant droit sur le tout, en tant que touche l'appel interjetté par lesdits Chalus & la Mure de la Sentence de la Conservation de Lyon, du 22 Février 1709, a mis & met l'appellation & ce dont a été appellé au néant, en ce que par ladite Sentence lesdits Chalus & la Mure ont été condamnés aux dépens envers lesd. Mesnard & Jourdan, Seurat & Rousselet; & sur l'appel des Sentences des 24 & 25 Avril 1709, & des exécutoires de dépens décernés en conséquence les 29 Avril, 9 & 19 Juin audit an 1709, & des saisies & exécutions faites en conséquence: a pareillement mis l'appellation & ce dont a été appellé au néant. Emendant, ordonne que les dépens faits en la Conservation de Lyon demeureront compensés entre les Parties, la Sentence du 22 Février 1709, au résidu sortissant effet, en conséquence, fait main-levée ausdits Chalus & la Mure des saisies sur eux faites: Condamne lesdits Mesnard & Jourdan, Seurat & Rousselet, à rendre & restituer ausdits Chalus & la Mure la somme de 306 liv. 14. s. 11 den. payée par lesdits Chalus & la Mure en vertu desdits exécutoires de dépens de la Conservation de Lyon; & sur le surplus des demandes, fins & conclusions desdites Parties, les a mis hors de Cour & de Procès: Condamne lesdits Mesnard & Jourdan en la moitié de tous les dépens, des causes d'appel & d'amende envers toutes les Parties, même de ceux faits les uns contre les autres, l'autre moitié compensée: & faisant droit sur les Conclusions du Procureur Général du Roy, ordonne que les Articles 18, 19 & 33 de l'Ordonnance du mois de Mars de l'année 1673, seront exécutés selon leur forme & teneur: Ce faisant, que dans le cas de la perte d'une Lettre de Change tirée de place en place payable à ordre, & sur laquelle il y a eu plusieurs endosseurs, celui qui étoit porteur de ladite Lettre de Change sera tenu de s'adresser au dernier endosseur de ladite Lettre, pour avoir une seconde Lettre de Change de la même valeur & qualité que la premiere, lequel dernier endosseur sera pareillement tenu sur la réquisition qui lui en sera faite par écrit, de prêter ses offices audit porteur de la Lettre de Change auprès du précédent endosseur, & ainsi remontant d'endosseur à endosseur jusqu'au tireur de ladite Lettre, même de prêter son nom audit porteur, en cas qu'il faille donner des assignations, & faire des poursuites judiciaires contre les endosseurs précédens: tous les frais qui seront faits pour raison de ce, même les ports de lettres & autres frais seront payés & acquittés par ledit porteur de la premiere Lettre de Change qui aura été perdue; & faute par le dernier endosseur de ladite Lettre, & en remontant par les endosseurs précedens, d'avoir prêté leurs offices & leurs noms audit porteur après en avoir été requis par écrit, celui desdits endosseurs qui aura refusé de le faire, sera tenu de tous les frais & dépens, même des faux frais qui pourront être faits par toutes les Parties depuis son refus. Et sera le présent Arrêt lû & publié à l'Audience de tous les Bailliages & Sénéchaussées & registré aux Greffes desdits Siéges & aux Greffes de toutes les Jurisdictions Consulaires du Ressort de ladite Cour. SI MANDONS à notre premier Huissier, Sergent Royal, ou autre Sergent sur ce requis, de mettre le présent Arrêt à due & entiere exécution; de ce faire lui donnons pouvoir. FAIT en Parlement de Paris le trentiéme Août, l'an de grace mil sept cent quatorze, & de notre Regne le soixante-douziéme. Collationné. *Signé* Chapotin, avec paraphe. Par la Chambre, *Signé* LORNE.]

Le payement en pourra être poursuivi & fait en vertu d'une seconde Lettre.] Comme les Lettres de Change sont des papiers volans, & des petits billets qui se peuvent facilement adhirer & perdre, & que le Banquier correspondant peut refuser d'en faire le payement, celui qui a tiré, & son Commissionnaire, ont chacun besoin d'une copie de la même Lettre pour faire leurs diligences. Le Banquier doit écrire, & fournir par précaution, comme dit Jason en son Conseil 348 du premier Volume, deux ou trois copies d'une même Lettre de semblable teneur, sous la même date & adresse, conforme en tout, sauf que l'une sera qualifiée par cette premiere Lettre de Change, & l'autre par cette seconde, si n'avez payé par la premiere; ce qui a été introduit, *ne fides cambii jam contracti periret, & ne amissis seu interceptis primis vel secundis litteris cambii, cogatur ad campsorem iterùm redire.* Cette pluralité des Lettres ne peut pas nuire à celui qui a fourni la Lettre de Change, d'autant que toutes ces diverses copies de Lettres ne font qu'une seule dette, ne sont que pour payer une seule fois, & que l'une ou l'autre étant acquittée, les autres copies demeurent sans effet, *cùm debeat fieri solutio ex earum forma tantum.* Elle ne nuit pas non plus à celui au profit de qui elles ont été tirées, parce que cela le releve du soin de prouver que les premieres ou secondes se soient perdues; & si toutes les Lettres de Change venoient à se perdre avant que d'en avoir retiré le payement, celui au profit de qui elles avoient été tirées, ne pourroit pas répeter de celui qui les lui a fournies la valeur qu'il en avoit reçue; mais bien d'autres copies des mêmes Lettres: d'autant que si cela avoit lieu, celui qui prend les Lettres de Change pourroit surprendre tous les jours le Banquier, & annuller la Lettre de Change, qui ne peut être résolue en feignant de les avoir perdues, que du consentement de toutes les Parties. Il faut encore observer que quand le tireur fournit premiere & seconde Lettre à celui au profit de qui il la tire, s'il vient à en disposer en faveur d'une autre personne par son ordre sur la premiere, il doit en même tems lui remettre la seconde, & continuer ainsi d'ordre en ordre, en telle sorte que celui au profit de qui est passé le dernier ordre doit avoir en son pouvoir la seconde, & qu'il est obligé de la fournir en cas que la premiere soit adhirée, ou à garentir du contenu en ladite Lettre; mais cela se doit entendre, s'il n'y a point d'ordre sur la Lettre perdue, d'autant que le porteur d'une Lettre de laquelle il n'y ait point eu de seconde, dont l'ordre est passé en sa faveur, dans les formes prescrites par l'Ordonnance, par celui qui la lui avoit fournie & qui l'auroit perdue, peut poursuivre l'accepteur sans avoir besoin de seconde Lettre, moyennant qu'il déclare qu'il a perdu la premiere, & qu'il offre de donner caution, en cas que pour raison d'icelle l'accepteur en fût recherché & inquiété à l'avenir.

Sans donner caution.] La raison est, parce qu'une Lettre de Change payable à un particulier n'a point de suite, & ainsi il n'est pas nécessaire de donner caution pour recevoir la somme: car quand une personne viendroit à trouver la Lettre, il ne s'en pourroit servir qu'en vertu du transport que lui en auroit fait celui à qui la Lettre appartenoit ; & comme ce transport ne peut pas lui donner plus de droit qu'à son cédant, celui qui auroit payé la seconde Lettre, s'en feroit décharger, en la montrant endossée de celui à qui elle étoit payable.

Article XIX.

Au cas que la Lettre adhirée soit payable *au porteur*, ou à ordre, *le payement n'en sera fait que par Ordonnance du Juge*, & *en baillant caution* de garantir le payement qui en sera fait.

Au porteur, le payement n'en sera fait que par Ordonnance du Juge.] Clerac, dans son Traité de l'Usance du Négoce, chap. 3, nomb. 4, remarque, que si la Lettre de Change est interceptée, en ce cas il y a du péril : car le Banquier correspondant auquel l'adresse est faite, n'est pas obligé de reconnoître la personne qui la lui présente; & pourvû qu'il connoisse le corps de la Lettre, il paye valablement au porteur de la Lettre. Jugé par Arrêt du Parlement, du 6 Mars 1625, & par autre Arrêt du Parlement de Bordeaux, du 24 Mars 1648. La raison est, parce que le porteur est toujours présumé être le dénommé en icelle. Néanmoins il y a des avis contraires, & qui prétendent qu'il est du devoir de l'accepteur de connoître le porteur à qui il paye, pour être valablement déchargé. Je ne suis point de ce sentiment-là; car si l'accepteur étoit obligé, pour payer valablement une Lettre payable au porteur, de le connoître, cela feroit un grand préjudice à ceux qui vont & viennent, & qui ne sont point connus dans les lieux où ils passent, & ne peuvent point s'y faire connoître. Il y a encore plusieurs autres raisons dont le commerce souffriroit, si on étoit obligé de connoître les porteurs des Lettres ou Billets de Change. Mais lorsque la Lettre est adhirée, & qu'elle est payable au porteur ou à ordre, le payement n'en peut être fait que par l'Ordonnance du Juge, & en baillant caution de garantir le payement qui en sera fait. La différence qu'il y a en ceci de celle payable au porteur ou à ordre, d'avec celle payable à un particulier, dont mention est faite en l'article précédent, est fondée sur ce que celui qui auroit trouvé cette Lettre, pourroit passer l'ordre à son profit. C'est le sentiment des Docteurs qui ont traité de cette matiere: & particulierement de Gamma, Docteur Portugais, *Decis.* 336, *num.* 1, *de Gaitus*, *cap.* 2, *de credito*, *tit.* 7, *num.* 2443, *de Scacc. de tract. Glos. num.* 384, & de Vincent. Franch. *decis.* 498, où il rapporte, que lorsqu'il étoit Commissaire général des Banques, il ordonnoit quelquefois qu'on donneroit caution du payement, & qu'au dos du livre où on enregistre les dépôts, on y marqueroit l'Ordonnance rendue sur ce sujet, pour y avoir recours en cas que l'original de la Lettre vînt à se trouver.

En baillant caution.] La raison en est, parce que celui qui auroit trouvé une telle Lettre, pourroit passer un ordre à son profit ; ce qui ne se peut pas faire sur une Lettre payable à un particulier, à moins que celui qui est porteur de la Lettre se dise être celui au profit duquel elle a été tirée ; auquel cas la Lettre peut être même valablement acquittée au porteur; à cause qu'il est réputé le véritable Créancier, & que le Banquier ou Marchand est seulement obligé de connoître l'écriture de son Correspondant, & non pas celui à qui il doit payer, lequel n'est pas même obligé de se faire connoître, à moins que cela ne soit dit.

par la Lettre, selon les Arrêts rapportés par Toubeau, en ses institutes Consulaires, liv. 2, tit. 6, chap. 10.

Dans quel tems sont déchargées les cautions baillées pour l'évènement des Lettres de Change.

ARTICLE XX.

LEs *cautions baillées* pour l'événement des Lettres de Change *seront déchargées de plein droit*, sans qu'il soit besoin d'aucun jugement, procédure, ou sommation, *s'il n'en est fait aucune demande* pendant trois ans, à compter du jour des dernieres poursuites.

Les cautions baillées.] Cet article a lieu aussi à l'égard de ceux qui auront souscrit & baillé leur aval sur des Lettres de Change, parce que personne ne vouloit plus être caution pour l'événement des Lettres de Change, ni les souscrire & bailler leur aval, lorsque l'action duroit trente ans contr'eux. C'est pour cela que le Roy qui regarde le Commerce comme un des nerfs de son Etat, & la source de l'abondance & de la fécilité de son peuple, a voulu distinguer la prescription des Lettres & Billets de Change d'avec toutes autres sortes d'actes & d'obligations, & faire une Loi particuliere dans l'article suivant, afin d'assurer la fortune de ceux qui se mêlent du Négoce & du Commerce.

Seront déchargées de plein droit.] Cet article est conforme à un Arrêt de Réglement du 9 Janvier 1664, rapporté dans le second tome du Journal des Audiences, liv. 8, chap. 2, par lequel il est porté, *qu'à l'avenir toutes cautions qui seront baillées pour l'événement des Lettres de Change, ou Billets payables au porteur ou à ordre, qui se trouveront perdus, ne demeureront obligées & responsables que pendant trois ans, passé lesquels l'acceptant qui auroit payé, le tireur & ceux qui auroient passé les ordres, en seroient & demeureroient déchargés, sans qu'après les trois ans accomplis ils pussent être recherchés, ni inquiétés pour raison desd. cautionnemens*: Néanmoins par Arrêt du Parlement de Paris, du mois de Juin 1660, rapporté par Jovet, dans sa Bibliothéque d'Arrêts, 1 *part.* in verbo *Lettres de Change*, nomb. 20, il fut jugé qu'un Marchand s'étant obligé de payer le reste d'une somme contenue en une Lettre de Change transportée & cédée entierement à un & à plusieurs autres après lui, douze ans après son échéance, devoit la payer.

S'il n'en est fait aucune demande.] C'est-à-dire, en Justice: il faut, pour acquerir la décharge de plein droit, que la demande ait cessé durant trois ans seulement, à compter du jour des dernieres poursuites, c'est-à-dire du jour des exploits d'ajournement, Sentences, commandemens ou exécutions. Cet article est très-juste & tres-utile au Commerce, parce que personne ne vouloit plus être caution pour l'événement des Lettres de Change perdues, ni les souscrire & bailler leur aval, lorsque les cautionnemens, souscriptions & avals duroient trente ans; ce terme étoit si long, & causoit tant d'embarras & de désordre dans le Commerce, que cette Ordonnance distingue & sépare fort à propos le tems de la prescription des Lettres & Billets de Change, d'avec tous les autres actes, & en fait une loi particuliere dans l'article suivant, sans que les privilegiés s'en puissent défendre, ni que l'absence ou la minorité entrent en considération,

dération, afin d'assûrer par ce moyen le repos & la fortune de ceux qui s'attachent au Commerce.

Dans quel tems se prescrivent les Lettres ou Billets de Change.

ARTICLE XXI.

LEs Lettres ou Billets de Change *seront reputés acquittés après cinq ans de cessation de demandes* & poursuites *à compter du lendemain de l'échéance* ou du protêt, ou de la derniere poursuite. Néanmoins les prétendus débiteurs seront tenus d'affirmer, s'ils en sont requis, qu'ils ne sont plus redevables; & leurs veuves, héritiers ou ayans-cause, qu'ils estiment de bonne foi qu'il n'est plus rien dû.

Seront réputés acquittés après cinq ans de cessation de demandes.] *Scacc. tract. de Commerc.* §. 7, *Gloss.* 7, *n.* 1, traite cette question, sçavoir, si le porteur de la Lettre de Change n'a point fait de demande dans les quatre ans, s'il a prescrit son action en telle sorte qu'il ait entierement perdu par sa négligence le capital qu'il a payé, & le droit qu'il avoit déja: & il apporte cette distinction, qui est, qu'à l'égard de la voye de l'exécution qu'il avoit en vertu de la Lettre de Change, elle est prescrite & qu'il ne peut plus en user; mais qu'il lui reste toujours la voye ordinaire pour agir, dans laquelle la Lettre de Change qui avoit l'exécution parée, pourra lui servir de preuve pour justifier son droit: & il dit, que la chose s'observe ainsi communément dans toute l'Italie, *præscribitur via executiva, remanente illi viâ ordinariâ.* Néanmoins cette Ordonnance ne reserve autre chose après cinq ans de cessation de demandes & poursuites, *que de faire jurer les débiteurs s'ils ne sont plus redevables; & leurs veuves, héritiers & ayans-cause s'ils sçavent qu'ils le soient*: parce qu'autrement ce seroit prescrire avec mauvaise foi, comme nous avons remarqué ci-devant sur l'art. 10 du titre I des Apprentifs. Par l'art. 10 du Réglement de la place des Changes de la Ville de Lyon il est porté, *que toute Lettre de Change payable ès payemens, sera censé payée, sçavoir à l'égard des domiciliés porteurs de Bilan sur la Place du Change de Lyon, & pour les autres dans trois ans après l'échéance d'icelle, & que le payement n'en pourra être repeté contre l'acceptant, si l'on ne justifie des diligences valables contre lui faites dans ledit tems.* Il faut observer qu'avant cette Ordonnance les Lettres de Change ne se prescrivoient que dans trente ans, de même que les Promesses, Obligations ou autres; mais comme en matiere de Lettres de Change tout doit être bref, que le payement en doit être sommaire, & qu'il faut peu de tems pour les procédures & diligences des protêts & poursuites en garantie, Sa Majesté par les soins particuliers qu'Elle a du Commerce, a voulu distinguer les Lettres & Billets de Change d'avec les autres Actes, & faire cette Loi particuliere en leur faveur, de réduire la prescription à cinq ans, pour mieux assûrer la fortune de ceux qui font la profession mercantille.

A compter du lendemain de l'échéance.] Néanmoins celui qui a donné une premiere Lettre de Change à son créancier en payement de ce qu'il lui doit, est obligé d'en fournir une seconde, quand la premiere est adhirée, aux périls & risques de celui au profit de qui la premiere a été tirée, & sans aucune garantie contre le tireur, quoique les cinq ans soient passés ; d'autant que la disposition de cet article ne regarde que les accepteurs & tireurs des Lettres quand les porteurs d'icelles leur en demandent le payement, & qu'il y auroit de la mauvaise foi en ce que celui qui a tiré la Lettre de Change pourroit retirer ce qui lui étoit dû lorsqu'il a tiré la premiere Lettre, & faire perdre la somme à celui au profit duquel il l'avoit tirée pour demeurer quitte de ce qu'il lui devoit.

ARTICLE XXII.

LE contenu aux deux Articles ci-dessus aura lieu *à l'égard des mineurs & des absens.*

A l'égard des mineurs & des absens.] C'est un privilege particulier pour les Lettres ou Billets de Change, que la prescription de cinq ans ne soit pas interrompue par une absence ou minorité, parce que l'absence & la minorité ont toujours quelque prérogative par le Droit & par les Coutumes en fait de prescriptions pour les héritages, rentes & hypotéques. La raison pour laquelle la prescription n'est pas interrompue en ce cas à l'égard des mineurs & des absens, est d'autant que ces prescriptions judiciaires, & établies par la Loi ou par les Ordonnances, dans lesquelles il ne s'agit pas de prescrire entierement le droit de l'action, mais seulement la maniere en laquelle il faut agir, courent contre les mineurs aussi-bien que contre les autres : *Old. tract. de Restit. in integr. quæst.* 28, *sub num.* 13 *&* 14.

Il faut aussi observer que par Arrêt rendu en l'Audience de la Grand'Chambre du Parlement de Toulouse, du 3 Février 1650, rapporté dans le Recueil des Arrêts donné au Public, M. Albert Grillon, Avocat, ayant pris de l'argent d'un nommé Jovisson, & fourni une Lettre de Change à acquitter par lui-même ; & ayant demandé d'être restitué, sur ce fondement qu'il soutenoit être mineur lors du prêt, & lezé, à la reserve de la somme de trente livres qu'il offroit de payer, pour l'avoir employée à l'achat d'un habit, ledit Grillon fut débouté purement & simplement sur la simple attestation dudit Jovisson, qui soutenoit que Grillon avoit employé la somme entiere à son utilité dans la Ville de Paris, où il étoit Avocat. La même chose a été depuis jugée au même Parlement par Arrêt du 30 Juillet 1688, donné contradictoirement au rapport de M. de Madion, en la Cause de M. du Brüeil, Avocat, par lequel nonobstant la décharge par lui demandée du payement d'une Lettre de Change de la somme de huit cens livres, tirée sur lui-même au profit de Roussillon, par le bénéfice de minorité, & attendu que ledit Roussillon ne lui avoit rien compté, & que du Brüeil n'avoit fait cette Lettre que pour lui faire plaisir, & promis de la lui rendre, ainsi que ledit Roussillon avoit déclaré : il a été ordonné que l'Ordonnance de la Bourse portant condamnation de ladite somme sortiroit à effet au profit de M. Vernhus, Receveur & Payeur des Gages de la Cour des Comptes, Aydes & Finances de Montpellier, en faveur duquel l'ordre avoit été passé, avec dépens & amende.

En quelle forme doivent être conçus les ordres mis au dos des Lettres de Change, & à qui les Lettres de Change endossées appartiennent.

ARTICLE XXIII.

LES *signatures au dos des Lettres de Change* ne serviront que d'endossement, *& non d'ordre, s'il n'est datté, & ne contient le nom de celui qui a payé la valeur* en argent, marchandise, *ou autrement.*

Les signatures au dos des Lettres de Change.] Cet Article & le 25, sont en usage, non seulement en ce qui concerne les signatures en blanc, mais aussi à l'égard des Billets & Lettres de Change remplis d'ordre valeur reçue, parce que lorsqu'il arrive une faillite, l'on ne peut pas juger, si l'ordre a été avant ou après icelle, & que le défaut de date est un moyen affecté pour frauder les créanciers; cela a été ainsi jugé par un Arrêt du Parlement de Paris, du 2 Mars 1681, au profit de Robert Lallier, Christophe & Remy Chicoineau, Marchands, Bourgeois de Tours, contre Simon-Etienne Gillot, Marchand, Bourgeois de Paris, sur un appel du Juge & Consuls de Tours, & contre l'avis donné, en conséquence d'un précédent Arrêt, par six Marchands Négocians de Paris, nommés d'office pour donner leur avis, de la maniere en laquelle se fait la négociation des Lettres de Change depuis l'Ordonnance, au sujet des ordres & endossemens qui se mettent sur lesdites Lettres, & sur l'exécution de cet Article & des deux suivans. Et par cet Arrêt il fut ordonné qu'il seroit publié aux Audiances du Châtelet & des Juge & Consuls de Paris, & affiché à la porte du Change.

Et non d'ordre.] Les ordres mis au dos des Lettres de Change, s'ils ne contiennent le nom de celui qui en a payé la valeur, & en quoi, ne produisent que le même effet que produiroit une procuration pour recevoir & donner quittance, qui oblige le Procureur à rendre compte de ce qu'il a reçu au constituant : mais les ordres *pour valeur reçue* operent le même effet que les transports; & le debiteur du cédant sur qui la somme est transportée les ayant acceptés, s'oblige par cette acceptation envers le cessionnaire. La date n'est pas absolument & essentiellement requise dans les Lettres de Change; & quand il y auroit erreur en la date, celui à qui elle s'adresse, ne pourroit pas sous ce prétexte en refuser l'acceptation & le payement: *Scacc. de Commerc.* §. 2, *Gl.* 1, *num.* 12; mais lorsqu'il s'agit des signatures & des endossemens, alors elles ne peuvent rien sans date du jour & de l'année: *Scacc. de loco, num.* 16. Et la raison qu'il en rend, est que *plus non creditur voci mortuæ quàm vivæ*: & que comme on n'ajouteroit pas foi à la déposition des témoins s'ils ne déposoient pas du tems en une chose en laquelle la preuve du tems est nécessaire; de même on ne doit pas croire à l'écriture qui est comme une voix morte, si elle ne contient point de date en une chose en laquelle elle est nécessaire, à cause du transport de la dette qui se fait par ce moyen.

S'il n'est daté.] Un ordre qui n'est point daté, quoique causé pour valeur reçûe comptant, n'a l'effet que d'une simple procuration à celui au profit duquel il est passé pour recevoir le contenu au Billet, & en rendre compte à celui qui a paſſé l'ordre, auquel il eſt cenſé appartenir. Cette queſtion a été ſouvent jugée dans les Juriſdictions Conſulaires, & confirmée par pluſieurs Arrêts de la Cour de Parlement, & particulierement par un Arrêt rendu en la Grand'Chambre au rapport de Monſieur Hervé, le 21 Mars 1681, confirmatif de la Sentence des Juge & Conſuls de Tours, au profit de la veuve Coulart & Barcopſtal, contre Gillot, Banquier à Paris, par lequel le Parlement en ordonna la même publication & affiche.

Et ne contient le nom de celui qui a payé la valeur.] C'eſt pour éviter l'abus qui s'étoit gliſſé de paſſer des ordres en blanc, ce qui étoit très-préjudiciable au Public lorſqu'il arrivoit quelque faillite, ou que les Lettres ſe perdoient, en ce que celui à qui la Lettre étoit payable ou à ſon ordre, mettoit ſeulement ſa ſignature au dos de la Lettre, & celui entre les mains duquel elle étoit remiſe rempliſſoit l'ordre d'un nom tel que bon lui ſembloit; & ſi ce Négociant venoit à faire faillite, cette Lettre étoit un effet détourné aux créanciers, au lieu que ſi l'ordre eût été rempli de ſon nom pour lui être payée, il n'en eût pû diſpoſer que par ſon ordre: & en ayant ainſi diſpoſé en faveur d'un de ſes créanciers peu de tems avant ſa faillite, il eût fallu que le créancier eût rapporté la Lettre, ou la valeur (en cas qu'il l'eût reçue) à la maſſe des autres effets, pour être diſtribuée au ſol la livre entre tous les créanciers.

Ou autrement.] Le payement d'une Lettre ou Billet de Change ſe fait en deux manieres, ou en argent comptant & marchandiſes, ou par compenſation. Dès le moment que la Lettre a été payée argent comptant par l'accepteur, ou qu'elle eſt paſſée en un compte qu'il a fait avec le porteur qui lui devoit d'ailleurs, ſigné de tous les deux, ou bien s'il lui a donné en payement une autre Lettre de Change de pareille ſomme, & ſi le porteur lui a rendu la Lettre de Change, la ſignature en blanc, ſans être endoſſée & remplie d'une quittance, la négociation eſt entierement conſommée; & la Lettre de Change, dont la ſignature eſt en blanc, demeure ès mains de celui qui l'avoit acceptée & payée en argent comptant, ou compenſée en la maniere ci-deſſus, & elle eſt ſolue & acquittée, en telle ſorte, qu'elle n'eſt plus ſuſceptible d'aucune ſaiſie ni revendication de la part de celui qui a mis la ſignature en blanc, ni de celle de ſes créanciers. Il n'en ſeroit pas de même d'une perſonne qui auroit entre les mains une Lettre de Change, au dos de laquelle il y auroit une ſignature en blanc d'une autre perſonne, qui la lui auroit confiée pour en recevoir le payement de l'accepteur ſur cette ſignature en blanc, qui ſert ſeulement d'endoſſement pour y remplir une quittance. Car en ce cas, ſi celui qui a accepté cette Lettre, avoit connoiſſance que celui qui a mis la ſignature en blanc au dos de cette Lettre, fût ſon débiteur, lorſque celui qui en eſt porteur viendroit pour en recevoir le payement, il pourroit la revendiquer ſur le champ, & la faire ſaiſir avant que de l'avoir payée: parceque la ſignature de ſon débiteur étant en blanc au dos de cette Lettre de Change, ne peut paſſer que pour endoſſement & non d'ordre, & la Lettre eſt réputée appartenir à celui qui a mis la ſignature en blanc, & non au porteur d'icelle, comme il a été jugé par Arrêt du Parlement de Paris, au rapport de Monſieur Genoud, le premier Septembre 1681, entre Jean de Senning, Receveur Général des Finances à Paris, & la veuve Arrondeau.

ARTICLE XXIV.

LEs Lettres de Change endossées dans les formes prescrites par l'article précedent, appartiendront à celui du nom duquel l'ordre sera rempli, *sans qu'il ait besoin de transport ni signification.*

Sans qu'il ait besoin de transport ni signification.] La raison est, d'autant que l'ordre tient lieu de cession & de transport en faveur de celui du nom duquel il est rempli, & opere la même chose que le transport par la désignation du payement que le tireur fait, non-seulement à celui auquel il fournit la Lettre, mais encore au porteur d'ordre, en telle sorte, que celui du nom duquel l'ordre est rempli, peut agir avec le même droit que celui au profit de qui la Lettre a été tirée. Ce qui est conforme au Droit Romain, par lequel c'est une chose égale de payer au créancier ou à son ordre, *l.* 11, *solutum*, §. *solutum*, *ff. de pignor. act. l.* 23, *si cum dotem*, §. *transgrediamur*, *ff. sol. matrim. & l.* 4, *nihil interest*, *C. de solut. Scac. tract. de adject. par.* 1, *num.* 27, *fol.* 384, *& Matth. Coler. tract. de process. execut. part.* 2, *cap.* 2, *num.* 66.

Il y a encore deux sortes d'ordres. Le second est : *Et pour moi vous payerez le contenu en l'autre part, à un tel*, sans expression *de valeur reçue*. Cet ordre n'a l'effet que d'une simple procuration pour recevoir le contenu en la Lettre de Change ou Billet sur lequel la Lettre est tirée, ou de celui qui est débiteur du Billet, en telle sorte que les créanciers de celui qui a passé l'ordre, peuvent faire saisir ès mains du débiteur la somme mentionnée dans la Lettre ou Billet, comme lui appartenant, pour n'en avoir pas reçu la valeur de celui auquel il l'a passé. Le troisiéme est conçu en ces mots : *Et pour moi payez le contenu de l'autre part à un tel, ou à son ordre.* Celui-ci a aussi l'effet d'une procuration comme le précedent, mais avec faculté à celui auquel il est passé, de substituer une autre personne à sa place, pour recevoir le contenu en la Lettre de Change ou Billet. Ainsi quand celui à qui l'ordre a été passé, passe le sien en ces termes : *Et pour moi payez le contenu de l'autre part à un tel* : ce tel est substitué en son lieu pour recevoir payement ; & quand il l'a reçu, il faut qu'il en rende compte au Mandataire qui l'a substitué, & le Mandataire en doit rendre compte au constituant.

ARTICLE XXV.

AU cas que l'endossement ne soit pas dans les formes ci-dessus, les Lettres seront *reputées appartenir à celui qui les aura endossées, & pourront être saisies par ses Créanciers*, & compensées par ses redevables.

Réputées appartenir à celui que les aura endossées.] C'est pour empêcher les désordres & les inconvéniens qui pourroient arriver, en cas qu'on n'observât pas dans les endossemens la forme prescrite par l'Ordonnance, laquelle veut *qu'elles soient réputées appartenir à celui qui les aura endossées, & sujettes à la saisie & à la compensation de ses Créanciers.* La raison est, d'autant que quand on n'a pas observé les formes, les signatures au dos des Lettres ne servent pas d'ordre, & n'ont que l'effet d'une procuration ; & ainsi un créancier peut saisir entre les mains de celui qui a accepté la Lettre, & en celles du Commissionnaire, ou de l'ami auquel il est ordonné de payer, les deniers qu'ils ont ou auront ensuite entre leurs mains, & en demander compensation, en cas qu'il fût débiteur du donneur d'ordre.

Pourront être saisies par ses Créanciers.] Si l'endossement est fait dans les formes prescrites par l'art. 23, les Lettres de Change ne peuvent pas être saisies par les créanciers de celui qui a passé l'ordre, d'autant que dès le moment qu'un ordre portant valeur reçûe, a été passé sur la Lettre de Change ou autre Billet, il appartient à celui auquel l'ordre a été passé, au moyen de la valeur qu'il a payée à celui qui a passé l'ordre, en telle sorte qu'il en est le Proprietaire, & que les saisies faites depuis que l'ordre est passé, ne peuvent pas être réputées faites sur celui à qui la Lettre de Change ou autre Billet appartient.

ARTICLE XXVI.

DE'FENDONS *d'antidater les ordres*, à peine de faux.

D'antidater les ordres.] Celui qui a reçu la Lettre de Change en peut disposer comme il lui plaît, la céder, la bailler en payement; il peut commettre ou députer, constituer Procureur pour la réception des deniers, & faire par autrui tout ce qu'il pourroit faire en personne : mais il est défendu de les antidater, parce que ce seroit donner lieu aux fraudes & ruiner le Commerce. Quand on laissoit les ordres en blanc, & qu'il arrivoit des faillites, ceux à qui ce malheur arrivoit, qui avoient des Lettres payables en payemens, ou tirées à usances, dont l'ordre étoit en blanc pour les pouvoir recevoir sous le nom de quelqu'un, ou bien les donner à quelques créanciers au préjudice des autres, ils antidatoient leurs ordres long-tems auparavant leur faillite, afin que les autres créanciers ne pussent pas dire qu'ils les eussent négociées en fraude. Il faut aussi remarquer que les ordres doivent être mis par ceux au profit desquel étoient tirées des Lettres, ou du moins signés de leur propre main, parce qu'il arriveroit de grands inconvéniens dans le Commerce, s'il étoit permis de faire mettre & signer de faux ordres au dos des Lettres de Change par des personnes inconnues, en telle sorte, qu'il n'y auroit plus de sureté dans le Commerce des Lettres de Change; & en effet, si ces Lettres de Change venoient à se perdre, ce qui n'arrive que trop souvent, ceux entre les mains desquels ces Lettres perdues seroient tombées, n'auroient qu'à passer des ordres faux au dos des Lettres de Change, & y mettre des signatures supposées de ceux au profit de qui elles étoient tirées, pour en recevoir le payement de ceux sur qui elles auroient été tirées en vertu de ces ordres faux. Il n'y a que celui au profit duquel la Lettre de Change a été tirée, qui en puisse transférer la propriété, en vertu de son ordre écrit, ou du moins signé de sa main, portant valeur reçue; & si l'ordre est faux, celui qui en fera le payement ne demeurera pas quitte, & il sera obligé de payer une seconde fois, sauf son recours contre celui qui en aura reçu le payement; parce que c'étoit à lui à connoître si l'ordre au dos de la Lettre étoit véritable.

Il n'est pas permis aussi de rayer ni ajouter aux ordres dès le moment qu'ils ont été passés, parce que celui au profit duquel l'ordre a été passé, en est devenu le maître incommutable au moyen de la valeur qu'il en a payée, à moins que de le faire passer par celui en faveur duquel l'ordre a été rempli.

DES BILLETS DE CHANGE.

En quel cas un Billet est réputé Billet de Change.

ARTICLE XXVII.

AUCUN Billet *ne sera reputé Billet de Change*, si ce n'est pour Lettres de Change *qui auront été fournies, ou qui le devront être*.

Ne sera réputé Billet de Change.] Il y a plusieurs especes de Billets, dont les Banquiers & Négocians se servent dans le Commerce, & qui produisent divers effets; mais il suffit de remarquer que de toutes ces diverses especes de Billets il n'y en a que de deux sortes de ceux qu'on appelle Billets de Change; la premiere, quand il porte valeur reçue en Lettres de Change, c'est-à-dire, lorsque les Banquiers & Négocians fournissent à un autre Négociant des Lettres de Change pour les lieux dans lesquels il a besoin d'argent, & que pour la valeur de ces Lettres il donne son Billet de payer pareille somme au tireur; ce qui est d'un grand usage dans le Commerce, pourvû qu'il n'y ait point d'abus, d'autant que les Négocians peuvent faire valoir légitimement leur argent les uns avec les autres. La deuxiéme, dont il est parlé dans l'art. 29, quand les Billets portent, *pour laquelle somme je promets fournir Lettres de Change sur telle Ville*; & par ce moyen un Négociant qui a de l'argent, qui demeure oisif dans sa caisse, & qui n'en a besoin que pour des payemens plus éloignés, dispose de son argent avec d'autres Banquiers & Négocians, qui en ont dans les mêmes Villes, & qui leur doit être payé dans le même-tems. Ces Billets ont le même privilege que les Lettres de Change, & les Billets pour Lettres de Change fournies, celui au profit de qui sont faits ces sortes de Billets de Lettres de Change à fournir, ou ceux au profit de qui les ordres seront passés, peuvent contraindre le débiteur à les leur fournir; & au refus, lui faire rendre l'argent qu'il a reçu, & lui faire payer ce qu'il coûteroit pour avoir leur argent par Lettres de Change dans les lieux désignés par leurs Billets.

☞ On peut voir sur l'art. premier du titre 7 de cette même Ordonnance, la Déclaration du 26 Février 1692, qui y est rapportée.]

Qui auront été fournies, ou qui le devront être.] Les Négocians ont trouvé une si grande utilité dans le Commerce des Lettres de Change, que cela a donné lieu aux Billets de Change fournis ou à fournir, payables à ordre, ou au porteur, pour la facilité des payemens, & n'être pas obligés de tenir toujours leur argent en caisse oisif, sans en tirer aucun profit, & à d'autres Billets conçus pour argent prêté, ou marchandise vendue, payables à ordre, ou au Porteur.

ARTICLE XXVIII.

LES Billets pour Lettres de Change fournies, feront mention de celui sur qui elles auront été tirées, qui en aura payé la valeur, & si le payement a été fait en deniers, marchandise ou autres effets, *à peine de nullité.*

A peine de nullité.] Cet article doit être ainsi entendu, que le Billet ne sera pas censé être un Billet de Change, mais seulement un Billet pour argent prêté: car il ne seroit pas juste que le Billet fût de nul effet, & que celui qui l'a fait fût déchargé du payement de la somme, pour avoir mis dans le Billet que celui au profit de qui il l'a fait, lui avoit fourni la Lettre de Change; il faudroit qu'il rendît la Lettre de Change qu'il avoit reçue pour la valeur de son Billet; & faute de ce, qu'il lui payât la somme. L'Ordonnance n'a eu d'autre motif que de différencier les Billets de Change d'entre les simples Billets valeur reçue en argent, marchandises ou autrement; c'est pour cela que l'Article précédent porte qu'aucun Billet ne sera réputé Billet de Change, si ce n'est pour Lettres de Change qui auront été fournies, ou qui le devront être.

ARTICLE XXIX.

LEs Billets pour Lettres de Change à fournir, feront mention *du lieu où elles seront tirées*, & si la valeur en a été reçue, de quelles personnes, *aussi à peine de nullité.*

Du lieu où elles seront tirées.] Ces sortes de Billets ne se concevoient le plus souvent pour Lettres de Change à fournir, que pour avoir un prétexte de prendre des intérêts usuraires de ceux qui leur avoient ainsi fait leurs Billets, lorsqu'ils étoient dans l'impuissance de fournir des Lettres aux lieux & dans le tems qu'ils s'y étoient obligés; & par ce moyen le prêteur profitoit non-seulement des intérêts qu'il a reçus, ou qui sont compris dans les Billets, mais encore de la perte de l'argent qu'il feroit sur la Lettre de Change, si elle lui étoit fournie par son débiteur, ou ne lui pouvant être fournie, il se fait payer de la perte du courant des Lettres de Change. C'est pour cela que l'Ordonnance ne pouvant pas abolir l'usage de ces Billets, sans faire un notable préjudice au Commerce, veut qu'on observe deux choses; l'une, *qu'ils fassent mention dans les Billets pour quelles Villes les Lettres de Change seront fournies, ou de leur chef, ou par d'autres personnes, sur lesquelles ils passeront leur ordre en faveur de ceux à qui ils le doivent fournir:* & l'autre, *qu'ils déclarent la valeur que ceux qui feront les Billets auront reçue, & de quelles personnes, soit en argent, marchandise, ou autre valeur.* Le formulaire d'un Billet de Change pour une Lettre à fournir, se conçoit en ces termes: *J'ai reçu comptant de tel la somme de tant, pour laquelle je promets lui fournir Lettre de Change payable à lui ou à son ordre, en telle Ville, en ces prochains payemens de tel mois. Fait, &c.*

A peine de nullité.] Si l'on ne déclare dans les Billets *les lieux où les Lettres doivent être tirées ou fournies*, ils ne seront pas réputés Billets de Change à fournir, & passeront pour de simples Billets ou Promesses pour argent prêté; & s'ils ne contiennent que la valeur reçue purement & simplement, la valeur en sera réputée en argent comptant.

ARTICLE XXX.

En quel cas les Billets de Change peuvent être cedés & transportés.

ARTICLE XXX.

LES Billets de Change payables à un Particulier y nommé, ne seront réputés appartenir à autre, encore *qu'il y eût un transport signifié, s'ils ne sont payables au porteur ou à ordre.*

Qu'il y eût un transport signifié.] Il semble, selon cet Article, qu'il n'est pas permis à un Négociant de disposer d'un Billet de Change payable à un Particulier purement & simplement, pour cession & transport, s'il n'est fait payable au porteur ou à ordre; au premier cas, parce que la cession se fait dans l'instant que la dette est conçue, pour payer à des personnes qui sont encore inconnues; & au second cas, c'est un consentement que donne celui qui fait le Billet à celui au profit duquel il est fait, d'en disposer en faveur de telle personne qu'il voudra, & cela équipolle à un transport qui aura été signifié; parce que selon le droit, un porteur d'un Billet de Change peut disposer en faveur d'une tierce personne, en vertu du transport qui porteroit la valeur avoir été reçue par le cédant; & qu'étant signifié au débiteur, il ne peut plus appartenir au cédant qui en auroit payé la valeur, & en auroit disposé, ainsi qu'il est permis à chacun de disposer des promesses & obligations consenties à son profit pour cession & transport.

S'ils ne sont payables au porteur, ou à ordre.] L'intention de l'Ordonnance dans cet Article, est d'abolir l'usage des cessions & transports en matiere de Billets de Change, s'ils ne sont payables au porteur ou à ordre; c'est-à-dire, que si ceux à qui ils appartiennent, veulent disposer des Billets pour en recevoir la valeur, il faut *qu'ils soient payables à ceux au profit de qui ils sont faits, ou à leur ordre, ou au porteur.* La raison est, parce que lorsque le Billet est payable au porteur, la cession & transport se fait au même tems que la dette est conçue pour payer à des personnes qui ne sont pas encore connues; & lorsque c'est à un tel, ou à son ordre, c'est proprement un consentement que donne celui qui fait le Billet, à celui au profit duquel il est fait, de pouvoir ordonner à qui il désire qu'il le paye; & cet ordre en faveur d'un tiers qui porte valeur reçue, a le même effet qu'un transport signifié.

Quelles diligences le porteur d'un Billet négocié doit faire, & dans quel tems.

ARTICLE XXXI.

LE *porteur d'un Billet négocié* sera tenu de *faire ses diligences contre le débiteur dans dix jours*, s'il est pour valeur reçue en deniers, ou en Lettres de Change, qui auront été fournies, ou qui le devront être: & *dans trois mois, s'il est pour marchandise,* ou autres effets. Et seront les délais comptés du lendemain de l'échéance, icelui compris.

Le Porteur d'un Billet négocié.] C'est-à-dire, quand les Billets passeront entre les mains d'une tierce personne, au moyen des ordres qui seront passés d'iceux à son profit, ou que l'on sera porteur d'un Billet payable au porteur, *on est obligé de faire des diligences, faute de payement d'iceux*, conformément à la Déclaration du Roy, portant Réglement général sur le fait & négoce des Lettres de Change, du 26 Janvier 1664, ci-devant alléguée. Ces diligences sont différentes de celles des Lettres de Change, bien qu'elles soient fondées sur les mêmes Loix & sur les mêmes raisons : & la différence consiste en ce qu'à l'égard des Billets il n'est pas nécessaire de faire des protêts, comme pour Lettres de Change, mais il suffit que le porteur du Billet fasse une simple sommation de fournir des Lettres de Change, s'ils sont faits pour cela, ou de payer, si c'est pour argent comptant ; parce que les ordres sur des Billets, ou les Billets payables au porteur, opérent la même chose que le transport, pour lequel un simple exploit de sommation ou de commandement suffit.

§ Par Arrêt rapporté au Journal des Audiences rendu en l'Audience de la Grand'Chambre de relevée le 7 Juin 1707, sur les conclusions de M. l'Avocat Général Guillaume-François Joly de Fleury, il a été jugé qu'un Billet payable au porteur fait par un homme qui n'est point Marchand, n'emporte point la contrainte par corps & ne le rend point justiciable des Consuls.

En 1704 Jean de la Brousse avoit fait un Billet de 120 liv. payable au porteur à la fin de Septembre ; au mois d'Octobre suivant, il avoit été assigné aux Consuls, condamné par Sentence contradictoire & exécuté en ses meubles & emprisonné, dont appel ; & par l'Arrêt la Sentence fut infirmée sur ce qu'on reconnoissoit de la part de l'Intimé que la Brousse n'étoit point Marchand, l'Intimé condamné en 120 liv. de dommages & intérêts, faisant compensation avec le contenu au Billet.]

Faire ses diligences contre le débiteur.] Cela prouve ce qui a été établi ci-dessus, qu'il suffit que le porteur d'un Billet fasse une simple sommation au débiteur de payer le contenu d'icelui, & qu'il n'est pas nécessaire qu'il fasse des protêts, comme en matiere de Lettres de Change. La nouvelle Ordonnance marque cette différence par la maniere dont l'article 4 est conçu, qui porte expressément, *que les porteurs des Lettres seront tenus de les faire protester dans les dix jours de faveur*, au lieu que cet article ne parle que *des diligences* qui sont différentes des protêts.

Dans dix jours.] Il faut pourtant observer que si le Billet n'a été baillé au porteur qu'après le tems fatal de dix jours, tout tombe sur la personne de celui qui en a disposé & qui a manqué à la formalité prescrite par l'Ordonnance; mais à l'égard du porteur, il n'y a plus de tems limité qui le puisse obliger à faire des poursuites à l'encontre de l'accepteur : en ce cas, on se doit régler de même qu'en fait de promesses ou obligations que l'on transporte, à l'égard desquelles le cessionnaire n'a point de tems limité qui soit fatal pour faire signifier son transport & agir à l'encontre du cessionnaire, & qui puisse produire une fin de non-recevoir contre son cédant, à moins qu'il laissât passer trente ans sans faire aucune demande en Justice ; de même, celui au profit de qui l'on a disposé de ce Billet, n'a point d'autre tems fatal pour lui, qui puisse produire une fin de non-recevoir de se pourvoir en garantie, que le tems de cinq ans, auquel l'Ordonnance restraint la prescription à l'égard des Lettres & Billets de Change.

Dans trois mois, s'il est pour marchandise.] Cet Article distingue les Billets négociés soit qu'ils soient pour valeur reçue en deniers, ou en Lettres de Change qui auront été fournies ou qui le devront être, & généralement tous les Billets négociés suivant l'Arrêt du Parlement de Paris, du 7 Septembre 1663 & la Déclaration du Roy du 9 Juillet 1664, d'avec les Billets pour Marchandises ou autres effets. Comme ceux-ci ne sont pas si privilégiés que les Billets de Change qui tiennent de la nature des Lettres de Change, Sa Majesté pour faciliter le commerce, a jugé à propos de donner trois mois de faveur au porteur pour faire les diligences contre les débiteurs, sans que devant ce tems-là les Billets soient à leur risque en cas d'insolvabilité. Il faut encore observer que la disposition de cet article n'a pas lieu pour le regard de la Ville de Lyon, où l'on doit suivre l'art. IX. du Réglement de la Place de Lyon de l'année 1667, par lequel le porteur du Billet négocié n'a que deux mois de tems pour faire ses diligences, en recours de garantie contre les endosseurs; cet article ne déroge pas à ce Réglement, attendu que par le 7e. de ce titre, le Roy a déclaré, *qu'il n'entendoit rien innover au Réglement du* 2 *Juin* 1667, *que Sa Majesté a fait pour les acceptations, les payemens & autres dispositions, concernant le Commerce de la Ville de Lyon;* & ce Réglement doit être observé tant pour les Billets négociés, que pour les Lettres de Change, quoiqu'il n'en parle pas, parce que ces sortes de Billets sont sujets aux mêmes diligences que les Lettres de Change, lorsqu'ils ont été acceptés à Lyon, comme il a été jugé par un Arrêt du Parlement de Rouen, du 30 Juin 1683, par lequel la Sentence rendue par les Prieur & Consuls de la Bourse, au profit de Lucas Valguembourg, Marchand en ladite Ville, contre Martin Bizault, aussi Marchand, a été confirmée.

ARTICLE XXXII.

A Faute du payement du contenu *dans un Billet de Change*, le porteur sera signifier ses diligences *à celui qui aura signé* le Billet ou l'ordre; & *l'assignation en garantie sera donnée dans les délais ci-dessus* prescrits pour les Lettres de Change.

☞ Voir l'article 13 du présent titre, pour les délais de l'action en garantie.]

Dans un Billet de Change.] Quoique cet article ne parle que des diligences en garantie, que le porteur des Billets de Change est obligé de faire, l'intention de l'Ordonnance est sans doute, que la même chose soit observée pour le regard des autres Billets qui porteront valeur reçue en deniers comptans, marchandises & autres effets; ce qui est confirmé par l'article précédent, auquel celui-ci est relatif, qui renferme ces deux sortes de Billets.

A celui que aura signé.] Il semble qu'il n'est pas absolument nécessaire de signifier ces diligences à celui qui a signé le Billet, parce qu'il est le débiteur, & que cela doit être entendu à l'égard de ceux qui mettent leur aval, ou qui souscrivent les Billets, ou y mettent leur ordre, conformément à la Déclaration du Roy, portant Réglement général pour le fait & négoce des Lettres de Change, du 26 Janvier 1664.

L'assignation en garantie sera donnée dans les délais ci-dessus.] Le Parlement de

Bordeaux a sur la Requête présentée par les Juge & Consuls de la Bourse commune de la Ville de Bordeaux, donné un Arrêt le 5 Septembre 1685, par lequel il a homologué la Délibération du 5 Août prise par lesdits Juge & Consuls, & autres Bourgeois & Marchands de ladite Ville, contenant un Réglement pour l'avenir des Billets donnés en deniers payables au porteur d'iceux sans autre reçu, pour être exécuté tant entre les Marchands & Négocians, qu'autres Particuliers non Marchands, à qui lesdits Billets pourroient être donnés en payement, dont la teneur s'ensuit.

Celui qui aura reçu un Billet en deniers payable au porteur sans autre reçu, & sans qu'il y ait de délai réglé, demeurera garant de ce Billet pendant trente jours, à compter du jour de la date dudit Billet, ceux de la date & échéance compris dans lesdits trente jours.

Pendant lesquels trente jours, le porteur dudit Billet sera obligé de sommer par acte celui qui l'aura fait, de le payer.

Et en cas que ledit Billet ne soit pas payé, le porteur d'icelui sera obligé de recourir trois jours après contre celui qui aura donné ledit Billet, & le sommer de le rembourser.

Que s'il arrive que ce Billet ait passé en diverses mains, & que le remboursement ait été fait au porteur par celui qui l'avoit donné en dernier lieu, celui qui l'aura remboursé sera obligé trois jours après la sommation qui lui aura été faite, de le dénoncer à celui des mains duquel il l'avoit précédemment reçu.

Ce qui aura lieu pareillement pour les autres garans de ce Billet, pourvu que les significations de la somme soient faites dans ledit délai de trois jours, dont chacun doit jouir.

Sans que celui qui aura fait ce Billet originairement puisse prétendre jouir du délai de trente jours, étant à l'option du porteur de s'en faire payer à toutes heures.

Et à faute de faire lesdites sommations & significations dans lesdits délais, celui qui aura donné le Billet ne sera plus garant d'icelui, mais le Billet sera pour le compte de celui qui aura manqué à faire ses diligences.

Les motifs rapportés dans la Délibération, sont que depuis quelque tems il s'étoit glissé parmi les Négocians un très-grand abus au sujet des Billets en deniers, qui se donnent payables au porteur sans autre reçu, lesquels passant en diverses mains, il se trouve bien souvent que ces Billets ne sont point acquittés; & qu'après cinq ou six mois écoulés, ceux qui ont fourni lesdits Billets sont devenus insolvables; ce qui donne lieu à diverses garanties & arriere-garanties, contre ceux dans les mains desquels lesdits Billets ont passé, & par conséquent à diverses contestations entre les Négocians & autres Particuliers qui ne sont pas Marchands, ausquels ces Billets avoient été donnés en payement.

De l'obligation de ceux qui ont souscrit les Lettres & Billets de Change.

ARTICLE XXXIII.

CEUX qui auront *mis leur aval* sur des Lettres de Change, sur des promesses d'en fournir, sur des acceptations, sur des ordres ou des acceptations, sur des Billets de Change, *ou autres actes de pareille qualité* concernant le Commerce, seront tenus solidairement

avec les tireurs, prometteurs, endosseurs & accepteurs, encore *qu'il n'en soit pas fait mention dans l'aval.*

Mis leur aval.] L'aval que l'on met sur les Lettres & Billets de Change, n'est autre chose qu'une souscription que fait une personne qui s'oblige de payer, en cas que la Lettre ne soit payée par celui sur qui elle est tirée, ou la somme portée par le Billet, en cas que celui qui l'a fait ne l'acquitte dans le tems échu, & c'est ce qu'on appelle aval. Ce mot *aval* vient de faire valoir la Lettre ou Billet, c'est-à dire, les payer en cas qu'ils ne soient pas acquittés, & s'en rendre caution; & ainsi ceux qui souscrivent ou donnent leur aval sur les Lettres & Billets, ne peuvent prétendre ni reclamer le bénéfice de division & de discussion, *Gloss. in Auth. de Fidejuss. & mandat. cap. 3, in fin. verbo moderno*; mais ils peuvent d'abord être contraints au payement par corps, comme il a été jugé par un Arrêt du Parlement de Paris, inséré au Recueil d'Arrêts de Laurent Boucher & Joly, ch. 16, à quoi est conforme la décision de la Rote de Genes. 78. La raison est prise de la Loi *sciendum*, 30, *ff. de verb. oblig.* & de ce que ceux qui souscrivent ou donnent leur aval sur les Lettres & Billets, sont obligés en la même forme que les tireurs ou faiseurs de Billets, bien qu'ils n'ayent pas mis la clause sans division ni discussion.

Ou autres actes de pareille qualité.] Ces termes universels justifient que l'intention de l'Ordonnance a été non-seulement de renfermer dans la disposition de l'art. 32, les Billets de Change qu'elle désigne, mais encore les autres Billets qui porteront valeur reçue en deniers comptans, marchandises, & autres effets, ensemble les Billets payables à ordre, ou au porteur, dont l'article ne fait pas mention, à l'égard de tous lesquels Billets les porteurs doivent faire signifier les diligences qu'ils auront faites, & donner les assignations en garantie.

§ Par Arrêt rendu en la Grand'Chambre sur productions des Parties le 30 Août 1702, rapporté au Journal des Audiences, il a été jugé que des mineurs qui ont tiré, accepté & endossé des Lettres de Change, ne sont point restituables, & même qu'ils sont pour raison de ce sujets à la Jurisdiction des Consuls, & contraignables par corps.]

Qu'il n'en soit pas fait mention dans l'aval.] La raison est, parce que comme en matiere de Lettres & Billets de Change tout est sommaire & écrit en peu de mots, celui qui sert de caution, met seulement sur la Lettre ce mot *aval*, au-dessus de sa simple signature, & par icelle il s'oblige solidairement au payement d'icelle; même quoiqu'il n'ait pas observé cette formalité de mettre le mot *aval* au-dessus des signatures, les signatures qu'il a mises ensuite de celles du tireur au dos des Lettres ou Mandemens, ne laissent pas pour cela de passer pour des avals & cautionnemens. Il en est autrement si les signatures sont remplies d'ordres, en ce cas les signatures en blanc de celui au profit duquel elles sont remplies d'ordres, passent aux termes de l'Ordonnance pour des endossemens, & les Lettres sont réputées lui appartenir.

☞ *On a eu ci-devant dans le Commerce, des Billets de la Banque générale établie en 1716, il parut convenable de donner à la fin du Titre des Lettres & Billets de Change, les Let-*

tres Patentes d'établissement de cette Banque, & les Déclarations & Arrêts du Conseil, qui ont rapport à cet établissement, & à la nature & Commerce de ces Billets.

On commencera par les Lettres Patentes.

LOUIS, par la grace de Dieu, Roy de France & de Navarre : A tous ceux qui ces Présentes verront, Salut. Les avantages que les Banques publiques ont procurés à plusieurs Etats de l'Europe, dont elles ont soutenu le crédit, rétabli le Commerce, & entretenu les Manufactures, Nous ont persuadé de l'utilité que nos Peuples retireroient d'un pareil établissement. Le sieur Law Nous ayant proposé il y a quelques mois d'en former une, dont le fonds seroit fait de nos deniers, & qui seroit administrée en notre nom & sous notre autorité; le projet en fut examiné dans notre Conseil de Finances, où plusieurs Banquiers, Négocians & Députés des Villes de Commerce ayant été appellés pour avoir leur avis, ils convinrent tous que rien ne pouvoit être plus avantageux à notre Royaume qui, par sa situation & sa fertilité, jointes à l'industrie de ses Habitans, n'avoit besoin que d'un crédit solide pour y attirer le Commerce le plus florissant: ils crurent néanmoins que les conjonctures du tems n'étoient pas favorables, & qu'il conviendroit mieux qu'un tel établissement fût fait sur le compte d'une Compagnie. Ces raisons jointes à quelques conditions particulieres du projet, Nous déterminerent à le refuser; mais ledit sieur Law Nous a supplié de vouloir lui accorder la faculté d'établir une autre espece de Banque, dont il offre de faire les fonds, tant de ses deniers, que de ceux de sa Compagnie, & par le moyen de laquelle il se propose d'augmenter la circulation de l'argent, faire cesser l'usure, suppléer aux voitures des especes entre Paris & les Provinces, donner aux Etrangers le moyen de faire des fonds avec sûreté dans notre Royaume, & faciliter à nos peuples le débit de leurs denrées & le payement de leurs impositions. La grace qu'il Nous demande c'est de lui donner un privilege pendant l'espace de vingt années, & de lui permettre de stipuler en écus de Banque, qui étant toujours du même poids & du même titre, ne pourront être sujets à aucune variation : condition essentielle & absolument nécessaire pour procurer & conserver la confiance de nos Sujets & celle des Etrangers; Nous suppliant en même-tems de vouloir nommer des personnes d'une probité & d'une intelligence connues, pour avoir inspection sur la Banque, viser les Billets, cotter & parapher les Livres, afin que le Public soit pleinement persuadé de l'exactitude & de la fidélité qui y seront observées. Et comme il nous paroît que cet établissement, de la maniere dont il est proposé, ne peut causer aucun inconvénient; qu'il y a au contraire tout sujet d'espérer qu'il aura un succès prompt & favorable, & qu'il produira des effets avantageux, à l'exemple de ce qui se passe dans les Etats voisins, Nous avons crû devoir accorder audit sieur Law, dont l'expérience, les lumieres & la capacité Nous sont connues, le privilege qu'il Nous demande pour lui & pour sa Compagnie; & notre très-cher & très-amé Oncle le Duc d'Orléans, Régent de notre Royaume, attentif à tout ce qui peut apporter du soulagement à nos Peuples, & procurer le bien de notre Etat, a crû qu'il n'étoit point indigne de son rang & de sa naissance d'en être déclaré le Protecteur : A CES CAUSES, de l'avis de notre très-cher & très-amé Oncle le Duc d'Orléans Régent, de notre très-cher & très-amé Coufin le Duc de Bourbon, de notre très-cher & très-amé Oncle le Duc du Maine, de notre très-cher & très-amé Oncle le Comte de Touloufe, & autres Pairs de France, Grands & notables Perfonnages de notre Royaume, & de notre certaine fcience, pleine puiffance & autorité Royale, Nous avons par ces Préfentes fignées de notre main, dit & ordonné, difons & ordonnons, voulons & nous plaît.

ARTICLE PREMIER.

Que ledit fieur Law & fa Compagnie ayent feuls le droit & le privilege d'établir pour leur compte particulier une Banque générale dans notre Royaume, & de la tenir & exercer pendant le tems de vingt années, à compter du jour de l'enregiftrement des Préfentes : leur permettons de ftipuler, tenir leurs Livres & faire leurs Billets en écus d'efpeces, fous le nom d'écus de Banque, ce qui fera entendu des écus du poids & titre de ce jour; permettons pareillement à nos Sujets & aux Etrangers qui négocieront ou contracteront avec eux, de ftipuler de la même maniere, afin que l'argent de Banque étant toujours du même poids & du même titre, ne puiffe être fujet à aucune variation, dérogeant pour cet effet feulement à toutes Ordonnances, Edits, Déclarations & Arrêts à ce contraires.

II.

Voulons que ladite Banque foit libre & affranchie de toutes taxes & impofitions, & que les actions de la Banque & les fommes qui y feront en caiffe appartenantes aux Etrangers, ne puiffent être fujettes au droit d'Aubaine, de confifcation ou Lettres de repréfailles, même en cas de guerre entre Nous & les Princes & Etats dont lefdits Etrangers feront fujets, aufquels droits Nous renonçons expreffément par ces Préfentes.

III.

Les Billets de la Banque feront faits en la forme dont les modeles feront annéxés à nos préfentes Lettres, & ils feront fignés par ledit fieur Law & par l'un de fes Affociés, & vifés par l'Infpecteur qui fera commis à cet effet.

IV.

La Caiffe générale de la Banque fera fermée à trois ferrures & trois clefs différentes, dont l'une fera gardée par ledit fieur Law, une autre par l'Infpecteur & la troifiéme par le Tréforier.

V.

Il fera tenu par ledit fieur Law & par fa Compagnie des Regiftres en bonne forme, cottés & paraphés par l'Infpecteur de la Banque.

VI.

Le Bureau principal de ladite Banque fera tenu à Paris dans la maifon dudit fieur Law, ou dans tel autre quartier de la Ville qui fera jugé convenable pour la commodité du Public; & il fera ouvert tous les jours depuis neuf heures jufqu'à midi, & depuis trois heures jufqu'à fix, à l'exception des Dimanches & des Fêtes folemnelles.

VII.

Il fera libre à toutes perfonnes de porter à la Banque leurs deniers, pour le montant defquels il leur fera délivré des Billets de Banque payables à vue.

VIII.

Défendons à peine de la vie de fabriquer ou falfifier les Billets de la Banque, ni de contrefaire le cachet ou les planches fur lefquels lefd. Billets feront gravés.

IX.

Notre très-cher & très-amé Oncle le Duc d'Orléans sera le Protecteur de la Banque, dont il se fera rendre compte ou à ceux qui seront par lui préposés, toutes les fois que bon lui semblera, & dont il nommera l'Inspecteur, qu'il pourra remplacer ou changer comme il jugera à propos, & les Réglemens & projets de régie & d'opération de ladite Banque lui seront représentés pour être par lui approuvés, & seront en tant que besoin par Nous confirmés.

X.

Déclarons au surplus que par le Privilege que Nous accordons aud. sieur Law & à sa Compagnie, Nous n'entendons empêcher en aucune maniere les Banquiers de notre Royaume de continuer leur Commerce comme à l'ordinaire.

SI DONNONS EN MANDEMENT à nos amés & féaux Conseillers les Gens tenans notre Cour de Parlement, Chambre des Comptes & Cour des Aydes à Paris, que ces Présentes ils ayent à faire registrer, & le contenu en icelles, exécuter selon leur forme & teneur: Car tel est notre plaisir; en témoin de quoi Nous avons fait mettre notre Scel à cesdites Présentes. DONNÉ à Paris le deuxiéme jour de May, l'an de grace mil sept cent seize, & de notre Regne le premier. *Signé*, LOUIS. *Et plus bas*, Par le Roy, LE DUC D'ORLEANS, Régent présent, PHELYPEAUX. Vû au Conseil, VILLEROY. Et scellé du grand Sceau de cire jaune.

Registrées, oui & ce requérant le Procureur Général du Roy, pour être exécutées selon leur forme & teneur, & copies collationnées envoyées aux Bailliages & Sénéchaussées du Ressort, pour y être lûes, publiées & registrées. Enjoint aux Substituts du Procureur Général du Roy d'y tenir la main, & d'en certifier la Cour dans un mois, & conformément suivant l'Arrêt de ce jour. A Paris en Parlement, le quatriéme jour de May mil sept cent seize. Signé, DONGOIS.

Voici la forme des Billets.

N°. Dix Ecus d'especes.

LA Banque promet payer au Porteur à vûe dix Ecus d'especes du poids & titre de ce jour, valeur reçûe à Paris le

de 171

N°. Cent Ecus d'especes.

LA Banque promet payer au Porteur à vûe cent Ecus d'especes du poids & titre de ce jour, valeur reçûe à Paris le

de 171

N°. Mille Ecus d'especes.

LA Banque promet payer au Porteur à vûe mille Ecus d'especes du poids & titre de ce jour, valeur reçûe à Paris le

de 171

D

De secondes Lettres Patentes du 20 suivant ont pourvû au Reglement de cette Banque.

LOUIS, par la grace de Dieu, Roi de France & de Navarre : A tous ceux qui ces Présentes Lettres verront, Salut. Par nos Lettres Patentes du deux du présent mois, Nous avons accordé au sieur Law & à sa Compagnie, le Privilege d'établir dans notre Royaume, & de tenir pendant le tems de vingt années une Banque générale, avec la faculté de stipuler, tenir leurs Livres, & faire leurs Billets en Ecus d'especes sous le nom d'Ecus de Banque du poids & titre de ce jour : & comme il est nécessaire pour l'intérêt des Actionnaires & la sûreté du Public de prescrire la forme, les conditions & les regles qui doivent être observées dans la régie & administration de ladite Banque, il nous a paru qu'il étoit convenable de faire sur cela un Réglement général. A CES CAUSES, de l'avis de notre très-cher & très-amé Oncle le Duc d'Orléans Régent, de notre très-cher & très-amé Cousin le Duc de Bourbon, de notre très-cher & très-amé Oncle le Duc du Maine, de notre très-cher & très-amé Oncle le Comte de Toulouse, & autres Pairs de France, Grands & notables Personnages de notre Royaume, & de notre certaine science, pleine puissance & autorité Royale, Nous avons par ces Présentes signées de notre main, dit & ordonné, disons & ordonnons, voulons & Nous plaît ce qui ensuit.

ARTICLE PREMIER.

Le fonds de la Banque sera composé de douze cens Actions de mille Ecus chacune, ainsi le capital sera de douze cens mille Ecus de Banque, c'est-à-dire, de six millions argent comptant.

II.

Le premier Juin prochain, il sera ouvert chez le sieur Law, Directeur, (Place de Louis le Grand) un Registre, pour y recevoir les soumissions des personnes qui voudront y prendre intérêt, & y acquerir tel nombre d'Actions qu'elles voudront.

III.

Ce Registre sera cotté & paraphé par le Directeur, & par le sieur Fenelon, Député au Conseil de Commerce, nommé par notre très-cher & très-amé Oncle le Duc d'Orléans, Inspecteur de ladite Banque.

IV.

La Banque sera tenue (en attendant qu'on puisse la placer plus commodément pour le public) dans la maison dudit sieur Law, Directeur, & elle sera ouverte tous les jours depuis neuf heures jusqu'à midi, & depuis trois heures jusqu'à six, à l'exception des Dimanches, des Fêtes solemnelles, & des jours marqués pour faire le Bilan de la Banque.

V.

La Banque commencera son exercice, aussi-tôt qu'il y aura des soumissions faites pour les douze cens Actions, & alors les Actionnaires s'assembleront à l'Hôtel de la Banque, pour choisir les Officiers qui seront nécessaires pour la régie & le détail de ladite Banque, & pour régler & ordonner le payement des Actions.

VI.

Dans cette Assemblée, & dans les autres Assemblées générales de la Compagnie, tout sera décidé à la pluralité des voix, qui seront comptées de la maniere suivante; ceux qui auront cinq Actions & moins de dix, n'auront qu'une voix ; ceux qui auront dix Actions & moins de quinze, auront deux voix ; & ainsi de cinq en cinq, & ceux qui auront moins de cinq Actions n'auront point de voix.

VII.

On fera le Bilan de la Banque deux fois par année, & alors la Banque sera fermée depuis le 15 jusqu'au 20 du mois de Juin, & depuis le 15 jusqu'au 20 Décembre.

VIII.

Il y aura chaque année deux Assemblées générales de la Compagnie, qui se tiendront à l'Hôtel de la Banque, le 20 du mois de Juin, & le 10 du mois de Décembre à dix heures du matin, on y déliberera sur les affaires de la Compagnie, la premiere se tiendra le 20 Décembre prochain, & dans chacune de ces Assemblées, on réglera les dividents ou répartitions qui seront payés aux Actionnaires.

IX.

La Caisse de la Banque sera partagée en Caisse générale & Caisse ordinaire, la Caisse générale sera fermée à trois serrures & trois clefs différentes, dont l'une sera gardée par le Directeur, une autre par l'Inspecteur, & la troisiéme par le Trésorier, de maniere que cette Caisse ne pourra être ouverte qu'en présence de ces trois personnes.

X.

La Caisse ordinaire sera confiée au Trésorier, & ne pourra passer deux cens mille Ecus de Banque, chacun des Caissiers ne pourra avoir plus de vingt mille Ecus, & ils donneront tous des sûretés suffisantes pour les sommes qui leur seront confiées.

XI.

Les Billets de Banque seront signés par le Directeur, & par un des Associés qui sera nommé à la pluralité des voix dans la premiere Assemblée, & visés par l'Inspecteur, & il en sera fait dans une seule fois la quantité qui sera jugée nécessaire, lesquels seront enregistrés par numero, dates & sommes, sur un livre tenu à cet effet.

XII.

Le Sceau de la Banque sera apposé aux Billets, en présence du Directeur, de l'Inspecteur & du Trésorier : après quoi lesd. Billets qui auront été signés, visés & scellés, seront enfermés dans la Caisse générale, ainsi que le Sceau de la Banque, & les Planches sur lesquelles lesdits Billets auront été gravés.

XIII.

Quand les Caissiers auront besoin d'argent, le Trésorier leur en fournira, retirant en même-tems la valeur en Billets ; il leur fournira de même des Billets, & retirera d'eux la valeur en argent ; la même opération sera faite entre la Caisse du Trésorier & la Caisse générale, de maniere que la Caisse confiée au Trésorier & aux Caissiers, ne pourra jamais excéder la somme de deux cens mille Ecus.

XIV.

La Banque tiendra un livre pour la vente & transport des Actions, & le vendeur payera en Ecus de Banque pour chaque Action qui sera transportée, dans lequel livre il signera la vente ou transport.

XV.

Pour éviter la perte par les tares des sacs, les frais & autres inconvéniens des payemens en especes, il sera libre à toutes personnes de porter leurs deniers à la Banque, pour lesquels il leur sera délivré des Billets payables à vûe.

XVI.

Pour faciliter le Commerce, la Banque pourra se charger de la Caisse des Particuliers, tant en recette qu'en dépense, & elle fera à leur choix les payemens comptans, ou en virement des parties, moyennant cinq sols de Banque pour mille Ecus de Banque, & la Compagnie nommera deux Commissaires pour tenir les Livres des viremens, & pour la recette & dépense des Particuliers.

Le sol de Banque qui fait le vingtiéme de l'écu de Banque, c'est-à-dire 5 sols monnoye courante.

XVII.

Elle pourra escompter les Billets ou Lettres de Change de la maniere qui sera reglée par la Compagnie.

XVIII.

Comme cet établissement ne doit porter aucun préjudice aux Particuliers, Marchands, Banquiers ou Négocians, la Banque ne fera par Terre ni par Mer aucun Commerce en marchandise, ni assurances maritimes, & elle ne se chargera point des affaires des Négocians par commission, tant au-dedans que dehors le Royaume.

XIX.

La Banque ne fera point de Billets payables à termes, mais ils seront tous payables à vûe, & elle ne pourra emprunter à intérêt, sous quelque prétexte, ni de quelle maniere que ce puisse être.

XX.

Le Directeur fera la visite des Caisses au moins une fois la semaine, ou plus souvent s'il le juge à propos, sans avoir aucun jour marqué, & l'Inspecteur pourra assister à ces visites, de même que ceux des Actionnaires, qui seront choisis dans l'Assemblée générale des Commissaires pour la régie de la Banque, conjointement avec le Directeur.

XXI.

Le Conseil de la Banque aura pouvoir d'ordonner à la pluralité des voix les emplois qu'il jugera convenables & utiles au bien de la Banque, & de faire les Réglemens particuliers, concernant l'administration de ladite Banque.

SI DONNONS EN MANDEMENT à nos amés & féaux Conseillers les Gens tenans notre Cour de Parlement, Chambre des Comptes & Cour des Aydes à Paris, que ces Présentes ils ayent à faire registrer, & le contenu en icelles exécuter selon leur forme & teneur. CAR tel est notre plaisir. En témoin de quoi Nous avons fait mettre notre Scel à cesdites Présentes. Donné à Paris le vingtiéme jour de May, l'an de grace mil sept cent seize, & de notre Regne le premier. *Signé*, LOUIS, *Et plus bas*, Par le Roy, LE DUC D'ORLEANS Régent, présent. PHELYPEAUX. Vû au Conseil, VILLEROY. Et scellé du grand Sceau de cire jaune.

Registrées, oüi & ce requerant le Procureur Général du Roi, pour être exécutées selon leur forme & teneur, & copies collationnées envoyées aux Bailliages & Sénéchaussées du Ressort, pour y être lûes, publiées & registrées. Enjoint aux Substituts du Procureur Général du Roy d'y tenir la main, & d'en certifier la Cour dans un mois, suivant l'Arrêt de ce jour. A Paris en Parlement, le 23 jour de May 1716. Signé, DONGOIS.

On a par une Déclaration du 25 Juillet 1716, reglé les endossemens des Billets de la Banque générale.

LOUIS, par la grace de Dieu, Roi de France & de Navarre: A tous ceux qui ces présentes Lettres verront, Salut. Nous voyons avec satisfaction, que nos Sujets éprouvent de jour en jour l'utilité de la Banque générale, dont l'objet principal est de suppléer aux voitures des especes entre Paris & les Provinces, de donner aux Etrangers les moyens de faire avec sureté des fonds dans notre Royaume, & de faciliter à nos Peuples le débit de leurs denrées; mais les Négocians Nous ont fait représenter, que pour prévenir la perte des Billets de Banque, eux & leurs correspondans seront obligés de prendre la précaution de les endosser; & que comme ces Billets sont toujours payables à vûe, & que la Banque a les fonds pour les acquitter lorsqu'on les represente, & qu'on en demande le payement, les endossemens ne sont nécessaires que pour indiquer ceux à qui lesdits Billets appartiennent, & pour ôter la tentation de les voler; & ils Nous ont fait supplier de marquer notre intention sur l'effet que doivent produire lesdits endossemens. A CES CAUSES, de l'avis de notre très-cher & très-amé Oncle le Duc d'Orleans Régent, de notre très-cher & très-amé Cousin le Duc de Bourbon, & de notre très-cher & très-amé Oncle le Duc du Maine, de notre très-cher & très-amé Oncle le Comte de Toulouse, & autres Pairs de France, Grands & notables Personnages de notre Royaume, & de notre certaine science, pleine puissance & autorité Royale, Nous avons dit & déclaré, & par ces Présentes signées de notre main, disons, déclarons, voulons & Nous plaît, que les endossemens qui auront été mis, tant au-dedans qu'au dehors de notre Royaume, sur les Billets de la Banque générale établie par nos Lettres Patentes des 2 & 20 Mai de la présente année, ne servent que pour faire connoître ceux à qui lesdits Billets appartiennent, ou pour indiquer ceux à qui ils doivent être payés, si ce n'est que la garantie du payement desd. Billets eût été expressément promise par l'Endosseur, auquel cas il n'y sera obligé que pendant le tems marqué par son endossement, & si la garantie a été promise indéfiniment par l'Endosseur, sans qu'il y ait eu aucun tems limité, elle n'aura lieu que pendant trois années: dérogeons à cet effet en tant que besoin, à toutes Ordonnances, Edits & Déclarations qui pourroient être à ce contraires. SI DONNONS EN MANDEMENT à nos amés & féaux Conseillers, les Gens tenans notre Cour de Parlement, Chambre des Comptes & Cour des Aydes à Paris, que ces Présentes ils ayent à faire registrer, & le contenu en icelles exécuter selon leur forme & teneur: CAR tel est notre plaisir. En témoin de quoi Nous avons fait mettre notre Scel à cesdites Présentes. DONNÉ à Paris le vingt-cinquiéme jour de Juillet, l'an de grace mil sept cent seize, & de notre Regne le premier. *Signé*, LOUIS. *Et plus bas*, Par le Roy, LE DUC D'ORLEANS Régent, présent. PHELYPEAUX. Vû au Conseil, VILLEROY. Et scellée du grand Sceau de cire jaune.

Registrées, oui & ce requerant le Procureur Général du Roi, pour être exécutées selon leur forme & teneur, suivant l'Arrêt de ce jour. A Paris en Parlement, le cinquiéme jour d'Août 1716. Signé, DONGOIS.

Par un Arrêt du Conseil du 10 Avril 1717, il a été ordonné que les Billets de la Banque générale, établie par les Lettres

Patentes des 2 & 20 Mai 1716, seront reçus comme argent pour le payement de toutes les Especes de Droits & d'Impositions dans tous les Bureaux de Recettes, Fermes & autres Revenus de Sa Majesté.

Et que tous ses Officiers comptables, Fermiers & Sous-Fermiers, tous les Receveurs & Commis comptables, & autres chargés du maniment de ses Deniers, seront tenus d'acquitter à vûe & sans aucun Escompte, les Billets de ladite Banque qui leur seront présentés.

LE ROY ayant accordé au sieur Law & à sa Compagnie, par ses Lettres Patentes des 2 & 20 Mai dernier, le Privilege d'établir une Banque générale, les Billets de lad. Banque se sont déja tellement accrédités au dedans du Royaume, & dans les Pays étrangers, que malgré la difficulté des tems, les remises d'argent en sont devenues beaucoup plus faciles, les escomptes modérés, & l'usure considérablement diminuée : Et comme il est extrêmement important pour la commodité des Sujets de Sa Majesté & des Etrangers, de faire trouver dans toutes les parties du Royaume la valeur desdits Billets, d'accélerer les remises qui doivent être faites à Paris, des sommes qui sont reçûes journellement dans les Provinces pour le payement des Droits & des impositions, de ne pas laisser l'argent oisif & inutile dans les Bureaux des Recettes, & d'empêcher en même tems le plus qu'il est possible, le transport des especes des Provinces à Paris, ce qui cause toujours une interruption & un dérangement dans le Commerce, dont le rétablissement est le principal objet de Sa Majesté & le vœu commun de ses peuples : Elle a jugé que rien ne pouvoit être plus utile pour eux, plus propre à avancer les recouvremens, ni plus capable d'augmenter la circulation, & par conséquent de ranimer le Commerce, que d'ordonner à tous ses Officiers Comptables, Fermiers, Sous-Fermiers & Préposés, à tous leurs Receveurs, Caissiers & Commis Comptables, & autres chargés du maniment de ses Deniers, de recevoir comme argent les Billets de la Banque en payement des Impositions, Droits ou Revenus de Sa Majesté, & d'acquitter tous ceux qui leur seront présentés, attendu que lesd. Billets doivent toujours être acquittés à vûe au Bureau de la Banque établi à Paris. Oüi le rapport, SA MAJESTE' E'TANT EN SON CONSEIL, de l'avis de Monsieur le Duc d'Orleans Regent, a ordonné & ordonne qu'à commencer du jour de la publication du présent Arrêt, les Billets de la Banque générale, établie par ses Lettres Patentes des 2 & 20 Mai dernier, seront reçus comme argent pour le payement de toutes les especes de Droits & d'Impositions dans tous les Bureaux de Recette, Fermes & autres Revenus de Sa Majesté : Ordonne en outre qu'à commencer du même jour tous ses Officiers Comptables, Fermiers & Sous-Fermiers, tous leurs Receveurs & Commis Comptables, & autres chargés du maniment de ses Deniers dans l'étendue de son Royaume, Pays, Terres & Seigneuries de son obéissance, seront tenus d'acquitter à vûe & sans aucun escompte, les Billets de ladite Banque qui leur seront présentés jusqu'à concurrence des sommes qu'ils auront en Caisse. Et que lorsqu'ils n'auront pas de fonds, ils acquitteront lesdits Billets des premiers deniers qu'ils recevront, à l'effet de quoi ils feront mention dans le Registre Journal qu'ils doivent tenir en exécution de l'Edit du mois de Juin dernier, du jour de la présentation desdits Billets pour les acquitter des premiers deniers de leur Recette, & dans l'ordre qu'ils leur seront présentés: Leur défendant de remettre aucune partie des fonds de leur Recette en Lettres de Change ou par Voitures, & d'acquitter aucune Rescription, si ce n'est de l'excédent qu'ils auront en Caisse, après avoir préalablement & par préference acquitté les Billets de la Banque qui leur auront été présentés. Veut Sa Majesté qu'à mesure qu'ils recevront lesdits Billets, ils les envoyent à ceux à qui ils sont tenus de remettre les fonds de leur maniment, pour en recevoir la valeur à vûe au Bureau général de la Banque établi à Paris; le tout à peine contre les contrevenans, de destitution de leurs Offices & de révocation de leurs Emplois. Fait au Conseil d'Etat du Roy, Sa Majesté y étant, Monsieur le DUC D'ORLEANS Regent, présent, tenu à Paris, le dixiéme jour d'Avril mil sept cent dix-sept. *Signé*, PHELYPEAUX.

☞ *Additions aux Notes sur quelques Articles de ce Titre.*

Relativement au premier article, il a été jugé par un Arrêt de Réglement, que dans l'usage du Commerce on ne fait point de différence entre les Billets portant pour valeur reçue comptant, & ceux pour valeur reçue; cet Arrêt est du 15 Juin 1684.

LOUIS, par la grace de Dieu, Roy de France & de Navarre, au premier Huissier de notre Cour de Parlement, ou autres Huissiers & Sergens sur ce requis, sçavoir faisons: Que comparant en notre Cour, Simon Langlois, Marchand, Bourgeois de Paris, appellant, tant comme de Juge incompétant qu'autrement, d'une Sentence rendue par les Juge & Consuls de Paris, le douziéme Mai, mil six cent quatre-vingt-un, & Intimé d'une part; & Claude Boucher, Marchand Drapier, Bourgeois de Paris, Intimé, & appellant de deux Sentences rendues aux Requêtes du Palais, les vingt-six Septembre & premier Décembre ensuivant, d'autre: & entre ledit Langlois, Demandeur en Requête du seize Janvier 1682 d'une part; & ledit Boucher, Défendeur, d'autre. Vû par notre Cour ladite Sentence des Juge & Consuls du 12 Mai mil six cent quatre-vingt-un, dont est appel par ledit Langlois, par laquelle, après l'affirmation faite par ledit Boucher, lesdits Langlois & Durand Banquiers, auroient été condamnés solidairement à payer aud. Boucher la somme de douze mille cinq cens livres, avec le profit & intérêt, & ce par provision, en baillant par ledit Boucher caution; autrement & à faute de ce faire, seroient lesdits Durand & Langlois contraints par toutes voyes dûes & raisonnables, même par corps, suivant l'Ordonnance, & aux dépens: lesdites Sentences des Requêtes du Palais, dont est appel par ledit Boucher; la premiere du vingt-six Septembre mil six cent quatre-vingt-un, obtenue par défaut par ledit Langlois contre ledit Boucher & le nommé Langlet; par laquelle lesdites Sentences des sept & douze Mai mil six cent quatre-vingt-un, rendues par les Juge & Consuls, ont été cassées comme attentat, & défenses ausdits Boucher & Langlet de s'en aider, & aux Parties de faire poursuites ailleurs qu'ausd. Requêtes du

Palais, à peine de trois mille livres d'amende, & de tous dépens, dommages & intérêts contre chacun des contrevenans, & ledit Jugement éxécuté nonobstant opposition ou appellation quelconques, & sans préjudicier : & la deuxiéme, du premier Décembre audit an, aussi obtenue par défaut par ledit Langlois contre ledit Boucher, Demandeur au principal, & opposant à celle dudit jour vingt-six Septembre; par laquelle, sans s'arrêter à ladite opposition, il auroit été ordonné que ladite Sentence de cassation du vingt-six Septembre, seroit éxécutée, & sur les demandes & défenses, les Parties appointées en droit à écrire, produire, bailler contredits dans le tems de l'Ordonnance & joint l'Instance d'entre led. Langlois & led. Langlet, pour leur être sur le tout, conjointement ou séparément, fait droit, ainsi que de raison : Arrêt d'appointé au Conseil, du 7 Août mil six cent quatre-vingt-deux ; Requête du 15 Décembre audit an, employée pour causes d'appel par ledit Boucher; causes d'appel dudit Langlois, du 27 Mars 1683, servant de réponses à la Requête d'emploi pour causes d'appel dudit Boucher; réponses dudit Boucher du troisiéme Mai audit an; production dudit Boucher, suivant ledit Arrêt du septiéme Août 1682; la Requête dudit Langlois, du seize Janvier 1682, à ce qu'il soit déclaré follement anticipé à la requête dudit Boucher, sur l'appel de la Sentence des Consuls du douziéme Mai 1681, avec dépens : Arrêt d'appointé en droit & joint, du cinq Avril 1683; production dudit Langlois, suivant ledit Arrêt, & celui du sept Août mil six cent quatre-vingt-deux : Requêtes dudit Boucher, des quinze Juin & trente Juillet audit an 1683, employées pour écritures & production, suivant ledit Arrêt du cinquiéme Avril, & contredits contre la production dudit Langlois : production nouvelle dudit Langlois, par Requête du vingt-troisiéme Août audit an, employée pour contredits contre la production dudit Boucher, dud. jour vingt-troisiéme Août : Arrêt du vingt-sept du même mois, par lequel notre Cour, avant faire droit, auroit ordonné, que Guillaume Biet, Conseiller-Secretaire, Clerx, Robert Pocquelin, Herinx, Marchands Banquiers en cette Ville de Paris, Clerambaut, ancien Conseiller de Ville, & le Brun Echevin, seroient ouis devant le Conseiller Rapporteur, après que les Billets donnés par Bonnet Villegenoux, de quatre mille cinq cens livres, du 31 Octobre 1680, payables à Durand, ou à ordre, valeur reçue de lui, les douze & treize Novembre mil six cent quatre-vingt, comme pareillement les Billets & ordres pour les sommes de 3600 liv. & 4400 liv. valeur reçue, leur auroient été communiqués, *pour être ensuite par eux donné leur avis par écrit, pour sçavoir si l'usage est que le mot de* comptant *après valeur reçue, emporte de nécessité la contrainte par corps; & si l'ordre pour valeur reçue seulement, sans que le mot de* comptant *soit mis après valeur reçue, n'emporte point la condamnation par corps; pour ce fait & rapporté, être fait droit aux Parties ainsi que de raison, dépens reservés* : Procès-verbal fait en éxécution dudit Arrêt, pardevant le Conseiller Rapporteur, du onze Décembre mil six cent quatre-vingt-trois; *auquel est transcrit l'avis donné par lesdits Biet, Clerx, Pocquelin, Herinx, Clerambaut & le Brun, qui est, que dans l'usage du Commerce on ne fait point de différence entre les Billets, où il y a pour valeur reçue comptant, & ceux où il n'y a que pour valeur reçue, & qu'en l'un & l'autre cas les Juge & Consuls ont accoutumé de prononcer la condamnation par corps, ce qui fait la sûreté du Commerce* : Production nouvelle dudit Boucher, par Requête du 11 Mars mil six cent quatre-vingt-quatre, sommation de la contredire par ledit

Langlois ; & après que nôtre Procureur Général, pour ce mandé, a été oüi, tout consideré : Notredite Cour, sans s'arrêter à la Requête dudit Langlois, du seize Janvier 1682, en tant que touche l'appel interjetté par ledit Boucher, des Sentences des Requêtes du Palais, des vingt-six Septembre & premier Décembre mil six cent quatre-vingt-un, a mis & met l'appellation & Sentence au néant ; *émendant sur l'appel dudit Langlois, de la Sentence des Juge & Consuls du 12 Mai précédent, met l'appellation au néant ; ordonne que ladite Sentence sortira effet, surseoira néanmoins la contrainte par corps à l'encontre de lui pour un mois ; le condamne en l'amende ordinaire de douze livres, dépens compensés.* Et sera le présent Arrêt lû & publié à l'Audience des Juge & Consuls de cette Ville. Si te mandons, à la requête dudit Boucher, mettre le présent Arrêt à éxécution, de ce faire te donnons pouvoir. Donné à Paris en notredite Cour de Parlement, le quinziéme Juin, l'an de grace mil six cent quatre-vingt-quatre, & de notre Regne, le quarante-deux. *Signé*, JACQUES.

L'Original de l'Arrêt de Nosseigneurs de Parlement, dont copie est ci-dessus écrite, a été, au désir d'icelui, lû & publié par moi Greffier en la Jurisdiction Consulaire de Paris, soussigné, l'Audience tenant par Messieurs les Juge & Consuls ; & icelui, de l'Ordonnance par mesdits Sieurs, enregistré sur le Registre des Chartes de ladite Jurisdiction, pour y avoir recours, ce jourd'hui dix-septiéme Juillet mil six cent quatre-vingt-quatre. Signé, VERRIER.

Sur l'article 23 Me. Philippe Bornier fait mention d'un Arrêt de Règlement du 2 Mars 1681, au profit de Robert Lallier, il le date mal-à-propos du 2 Mars, car il est du 21. On le rapportera ici en forme.

LOUIS, par la grace de Dieu, Roi de France & de Navarre : Au premier des Huissiers de notre Cour de Parlement, ou autre Huissier ou Sergent sur ce requis, sçavoir faisons : Que les jour & date des Présentes, comparant en notredite Cour Simon-Etienne Gillot, Marchand Banquier, Bourgeois de Paris, appellant d'une Sentence rendue par les Juge & Consuls de la Ville de Tours, le vingt-un Juillet mil six cent soixante-dix-neuf, d'une part ; & Robert Lallier, Christophe & René Chicoisneau, Marchands, Bourgeois de ladite Ville de Tours, Intimés, d'autre : Vû par notre Cour ladite Sentence, dont est appel, rendue entre les Parties, ledit jour 21 Juillet 1679, par lesdits Juge & Consuls de Tours, par laquelle lesdits Lallier & Chicoisneau auroient été renvoyés de la demande dudit Gillot, condamné de rendre ausdits Lallier & Chicoisneau les deux avals qu'ils lui avoient baillés, à quoi faire en cas de refus, contraint par toutes voyes dûes & raisonnables, même par corps, & en outre condamné aux dépens taxés à dix livres, non compris le coût de ladite Sentence : Arrêt d'appointé au Conseil du 9 Mai mil six cent quatre-vingt : Causes d'appel dudit Gillot, contenant ses conclusions, à ce qu'en émendant ladite Sentence lesdits Lallier & Chicoisneau fussent solidairement condamnés & par corps à payer audit Gillot la somme de quatre mille livres, d'une part, contenue en une Lettre de Change tirée le premier Février 1678, par ledit Lallier l'un des Intimés, sur Nicaise Huidrisson, Marchand à Dunkerque, d'une part ; & dix-huit cens livres d'autre, contenues en une Lettre de Change aussi tirée

tirée par ledit Lallier sur François Toiré, aussi Marchand à Dunkerque, ledit jour premier Février 1678, lesdites Lettres de Change payables à l'ordre de la veuve Coulart & Vanopstal, Banquiers à Paris, qui en auroient passé leur ordre au sieur Gillot, valeur reçue de lui en argent comptant; lequel les ayant fait protester faute d'acceptation, lesdits Chicoisneau, freres, pour empêcher les poursuites contre ledit Lallier, auroient fait leur aval audit Gillot, & se seroient obligés de les payer en leur propre & privé nom, avec intérêts desdites sommes, change & rechange, & aux dépens. Réponses desdits Lallier & Chicoisneau, à ce que pour les moyens résultans des articles vingt-trois, vingt-quatre & vingt-cinq du titre cinq de l'Ordonnance de 1673, par le premier desquels trois Articles il est porté, que les signatures au dos des Lettres de Change ne serviront que d'endossement & non d'ordre, s'il n'est daté & ne contient le nom de celui qui a payé la valeur en argent, marchandise ou autrement; par le second, que les Lettres de Change & Billets endossés dans les formes prescrites par l'article précédent, appartiendront à celui duquel l'ordre sera rempli, sans qu'il ait besoin de transport ni signification; & par le troisiéme, qu'en cas que l'endossement d'une Lettre de Change ne soit pas dans les formes prescrites par les deux articles précédens, les Lettres seront réputées appartenir à celui qui les aura endossées, & pourront être saisies par ses Créanciers & compensées par ses redevables; & qu'ainsi les prétendus ordres passés aud. Gillot, au dos desd. Lettres de Change en question, par lesd. veuve Coulart & Vanopstal n'étant point datés, & par conséquent ne pouvant passer aux termes des susd. Articles, que pour simples endossemens, & autres raisons résultant desdites réponses à cause d'appel, il avoit été bien jugé par lad. Sentence dont est appel, laquelle lesdits Lallier & Chicoisneau soutenoient devoir être confirmée avec amende & dépens. Production des Parties. Contredits desdits Lallier & Chicoisneau, & Requête dudit Gillot, employée pour contredits. Requête dudit Gillot du quatorziéme Janvier dernier, à ce que led. Lallier fût tenu de représenter le compte qu'il avoit fait avec lesdits veuve Coulart & Vanopstal, suivant les offres qu'il en avoit faites, si mieux il n'aimoit consentir que les inductions qui en avoient été tirées par ledit Gillot en l'Instance, demeureroient pour constantes; sur laquelle Requête auroit été reservé à faire droit en jugeant. Production nouvelle desd. Lallier & Chicoisneau, par Requête du 21 dudit mois de Janvier, servant aussi de Réponse à ladite Requête du quatorziéme dud. mois. Requête dud. Gillot, employée pour contredits contre ladite production nouvelle. Autre production nouvelle dudit Lallier, par Requête du 29 Janvier, servant aussi de salvations aux contredits dudit Gillot. Requête dudit Gillot employée pour contredits contre ladite production nouvelle. Requête desdits Lallier & Gillot, employée pour salvations. Arrêt du premier Février dernier, par lequel avant faire droit, auroit été ordonné que dans trois jours après la signification d'icelui, ledit Gillot seroit tenu de faire comparoir pardevant le Conseiller-Rapporteur lesd. veuve Coulart & Vanopstal, pour dire en quel tems ils avoient donné leur prétendu ordre aud. Gillot desdites Lettres de Change de 4000 l. & de 1800 livres, dont est question, s'ils en ont reçu la valeur, en quelle nature, & quand; & dans ledit tems ledit Gillot aussi tenu mettre ou faire mettre ès mains dudit Conseiller, tous les Livres de Banque & Commerce desdits Gillot, veuve Coulart & Vanopstal, depuis l'Ordonnance du mois de Mars mil six cent soixante-treize, jusques & comprise l'année mil six cent soixante-dix-neuf, pour en prendre par lesdits Lallier &

Chicoisneau par les mains dudit Conseiller, communication, & dire contre iceux ce que bon leur sembleroit, lesquels Livres seront vûs, dépouillés & examinés à l'effet desd. Lettres de Change par six Marchands Négocians, Bourgeois de Paris, dont les Parties conviendront pardevant lui, sinon nommés d'Office, pour donner leur avis sur l'ordre & validité desd. Registres; comme aussi donneront avis de la maniere en laquelle se fait la Négociation des Lettres de Change depuis ladite Ordonnance au sujet des ordres & endossemens qui se mettent sur lesd. Lettres, & sur l'exécution des art. 23, 24 & 25 du titre 5 de ladite Ordonnance, s'il y a un usage contraire à iceux, & s'il est utile au public; que du tout soit dressé procès-verbal par ledit Conseiller, pour ce fait & rapporté, ou à faute de ce faire, être ordonné ce que de raison, dépens réservés. Signification dud. Arrêt: Procès-verbal de M. Charles Hervé, Conseiller Rapporteur, des quatorziéme & quinziéme dud. mois de Février, contenant les comparutions, dires & réquisitions de M. Jean Bogne, Procureur dud. Gillot, & l'affirmation faite par led. Jean-Antoine Vanopstal, Marchand Banquier, Bourgeois de Paris, & Anne Jousse, veuve dud. Coulart; & la représentation faite par lesd. Coulart & Vanopstal de leur Livre de Commerce & Banque, comme aussi celle faite par ledit Gillot d'un Livre cotté sur la couverture, Lettres étrangeres, qui commencent le treiziéme Novembre mil six cent soixante-seize, & finit au cinquiéme Mai mil six cent soixante-dix-neuf: ledit Procès-verbal contenant aussi les comparutions, dires & réquisitions de Maître Antoine Lachault, Procureur desdits Lallier & Chicoisneau, à ce que ledit Gillot fût tenu suivant & conformément aud. Arrêt du premier dudit mois de Février, de représenter tous ses Livres de Banque & négoce depuis la nouvelle Ordonnance de mil six cent soixante-treize, jusques & comprise l'année mil six cent soixante-dix-neuf, pour en prendre par lesdits Lallier & Chicoisneau communication, être vûs & dépouillés par six Marchands, au désir dudit Arrêt; sinon qu'il seroit procédé au Jugement de l'Instance, & les conclusions par eux prises, adjugées: Repliques dud. Bogne audit nom, qu'il n'avoit point d'autres Livres que celui qu'il avoit représenté, qui fassent mention de l'affaire & Lettres de Change en question, & qu'ainsi il avoit satisfait à l'Arrêt: Réponses & contestations desdits Lallier, Chicoisneau & Gillot, dont ledit Conseiller auroit donné Acte, & ordonné qu'il en seroit par lui référé: Arrêt du 20 dudit mois de Février, par lequel auroit été ordonné que ledit Arrêt du premier jour dudit mois de Fév. seroit éxécuté, & suivant icelui ledit Gillot tenu incessamment & dans le jour de la signification dudit Arrêt, à la personne ou domicile de son Procureur, représenter pardevant le Conseiller-Rapporteur tous les Livres de Négoce & de Banque depuis l'Ordonnance de 1673, jusques & compris l'année 1679, autrement, & à faute de ce faire dans ledit tems, & icelui passé, seroit procédé & passé outre au surplus de l'éxécution dudit Arrêt du premier Février & Jugement de l'Instance: signification dudit Arrêt, continuation dudit Procès-verbal du   contenant les comparutions, dires & réquisitions dudit Bogne, Procureur dudit Gillot, & la représentation par lui faite de trois autres Livres, des années mil six cent soixante-douze, & mil six cent soixante-treize, qui sont brouillons de Caisse & Mémoires de Lettres négociées, ledit Procès-verbal contenant aussi les comparutions, dires & réquisitions, & contestations des Parties, & leurs déclarations, qu'ils se rapportoient audit Conseiller de nommer d'office des Marchands Négocians, & n'en vouloir nommer: Rapport desdits six Marchands nommés d'office par ledit Conseiller, en exécution dudit Arrêt du premier Février, contenant leur avis conjointement, que les Articles 23 & 25 de ladite Ordonnance de mil six cent soixante-treize, sont en usage en ce qui concerne les signatures en blanc seulement; mais que les Billets ou Lettres de Change qui sont remplis d'ordre avec valeur reçûe, quoique sans date, ont toujours été réputés appartenir à celui du nom duquel ils sont trouvés remplis, & que le vingt-quatriéme Article s'est de tout tems observé & s'observe encore à présent, comme très-utile & nécessaire au Commerce; comme aussi leur avis sur la tenue & validité desdits Livres. Signification dudit Procès-verbal: Sommation faite à la requête desdits Lallier & Chicoisneau, de joindre la Requête de production nouvelle, qui se trouve jointe à ladite Instance, sauf Requête & induction; déclarent qu'ils poursuivroient le Jugement de l'Instance: ledit sac de production nouvelle. Requête desdits Lallier & Chicoisneau, employée pour contredits contre les piéces d'icelle: Autre Requête desdits Lallier & Chicoisneau du 15 du présent mois de Mars, employée pour contredits contre les Livres représentés par lesd. Gillot, veuve Coulart & Vanopstal, & contre le rapport desdits Experts: Production nouvelle desdits Lallier & Chicoisneau, par Requête du treiziéme du présent mois de Mars: Requête dudit Gillot du quinziéme dudit mois de Mars, employée pour contredits, servant d'observation sur lesdits Livres de rapport. Requête dudit Gillot du huitiéme Février dernier, à ce que dans quinzaine ledit Lallier fût tenu suivant ses offres de rapporter & représenter ses Livres & Registres pardevant ledit Conseiller-Rapporteur, pour être extrait, suivant l'Ordonnance, ce qui pourroit concerner le différend des Parties, de l'Ordonnance de la Cour, communiqué à Partie. Requête desdits Lallier & Chicoisneau du douziéme dudit mois, employée pour réponse: Arrêt du vingtiéme dudit mois de Février, par lequel ladite Requête auroit été jointe à l'Instance, pour en jugeant y avoir tel égard que de raison: signification dudit Arrêt: Requête du treiziéme dudit mois de Mars de Nicolas Guerard, à ce qu'il fût reçû Partie intervenante en l'Instance, pour y déduire son intérêt, & ordonné que les Livres de ladite veuve Coulart & Compagnie seroient paraphés *ne varietur*, par le Conseiller-Rapporteur; que ledit Guerard en auroit communication, même qu'il lui seroit délivré des extraits, concernant la Lettre de Change tirée par le sieur Gillot de Nantes le vingtiéme Novembre mil six cent soixante-dix-sept, sur ladite veuve Coulart & Compagnie; & par eux acceptée pour le compte de Jean Massin, pour lui servir & valoir ce que de raison, & lui donner acte de ce que pour moyens d'intervention & de production il employoit ladite Requête avec les piéces y attachées; sur laquelle ledit Guerard auroit été reçû Partie intervenante sans retardation: Acte de l'emploi, répondroient & produiroient les Défendeurs dans le jour, attendu l'état du procès: Requête desdits Lallier & Chicoisneau, employée pour réponses & moyens d'intervention, & production nouvelle desdits Lallier & Chicoisneau, & Requête dudit Gillot employée pour contredits; tout joint & considéré: Notredite Cour, sans s'arrêter aux Requêtes dudit Gillot des quatorziéme Janvier & huitiéme Février dernier, a mis & met l'appellation au néant, ordonne que ce dont a été appellé, sortira effet, & seront les Articles 23, 24 & 25 du titre cinquiéme de l'Ordonnance, concernant les Lettres & Billets de Change, exécutés: fait défenses à toutes personnes d'y contrevenir; condamne ledit Gillot à une amende de 12 livres & aux dépens, même des reservés par ledit Arrêt du premier dudit mois de Février; & sera à la diligence des Substituts du Procureur Général au Châtelet, le présent Arrêt lû & publié aux Audiences des Présidiaux desd. Châtelet & Juge & Consuls de Paris, & affiché à la porte du Change de cette Ville: & avant faire droit sur l'intervention dudit Guerard, ordonne qu'à sa diligence ladite veuve Coulart & Vanopstal seront appellés pour dire ce qu'ils aviseront bon être, dépens pour ce regard réservés: Si te mandons le présent Arrêt mettre à exécution, de ce faire te donnons pouvoir. Donné en notre Parlement le vingt-uniéme Mars mil six cent quatre-vingt-un, & de notre Regne, le trenteneuviéme. Par la Chambre, *Signé* JACQUES, avec paraphe, & contrôlé.

Le présent Arrêt de la Cour de Parlement a été lû & publié en Jugement, l'Audience du Présidial tenant au Parc Civil de l'ancien Châtelet de Paris, le Mercredy vingt-cinquiéme Mars, mil six cent quatre-vingt-deux; ce requerant le Procureur du Roy, auquel a été donné lettre de ladite Publication, & ordonné qu'à sa diligence il sera lû & publié aux Juge & Consuls, & affiché à la porte du Change de cette Ville, dont Acte ledit jour & an que dessus. Signé BROTTIN & HUART, *avec paraphe.*

Le présent Arrêt de Nosseigneurs de Parlement a été, au désir d'icelui & de l'Ordonnance de Messieurs les Juge & Consuls de Paris, lû, publié, leur Audience tenant, & transcrit sur le Livre des Chartres de leur Jurisdiction, par moi leur Greffier Commis, soussigné, ce jourd'hui troisiéme Avril, mil six cent quatre-vingt-deux. Signé VERRIER.

EDIT DU ROY
LOUIS XV,
PORTANT DEFENSES DE FAIRE DES BILLETS payables au Porteur.

Donné à Paris, au mois de May 1716.

Registré en Parlement le 23 du même mois.

LOUIS, par la grace de Dieu, Roi de France & de Navarre, à tous présens & à venir, Salut. Nous avons été informés, que les Billets payables au Porteur sont une des principales causes des abus qui se commettent depuis plusieurs années dans les différens Commerces de marchandises, d'argent & de papiers, par des personnes de tous états & de toutes professions. Les Billets en blanc ausquels ils ont succédé, & dont ils ne différent proprement que de nom, inventés au commencement du dernier siécle par des Négocians de mauvaise foi, avoient introduit de si grands désordres, que dès le 27 Août 1604, les Marchands s'en étoient plaints aux Députez de la Chambre pour le rétablissement du Commerce, & que notre Parlement de Paris les défendit par plusieurs Arrêts & Réglemens. L'usage en fut d'abord interdit par un Arrêt de notredite Cour du 7 Juin 1611, & plusieurs Banquiers, Courtiers de Change & autres Gens d'affaires, ne laissant pas de continuer de s'en servir dans leur Commerce, pour couvrir leurs usures & tromper plus facilement le Public, il intervint un Réglement géneral en notredite Cour, toutes les Chambres assemblées, le 26 Mars 1624, qui défendit encore ces sortes de Billets sous de rigoureuses peines, & en abolit entierement l'usage. Le même esprit de fraude & d'usure, ayant ensuite imaginé les Billets payables au porteur, qui sous un autre nom, étant en effet la même chose que les Billets en blanc, causerent les mêmes abus, & plusieurs plaintes en ayant été portées en notredite Cour, elle rendit sur la Requête de notre Procureur Général le 16 Mai 1650, un nouvel Arrêt de Réglement, par lequel après avoir entendu les Juge-Consuls & les anciens Marchands de notre bonne Ville de Paris, il fut fait défenses à tous Marchands Négocians & autres personnes de quelque qualité & condition qu'elles fussent, de se servir à l'avenir au fait de leur Commerce, & en quelqu'autre traité ou affaire que ce pût être, de Promesses ou Billets, à moins qu'ils ne fussent remplis du nom du créancier, & des causes pour lesquelles on les auroit passés, soit pour argent prêté ou pour Lettres de Change fournies ou à fournir, à peine de nullité des Promesses ou Billets, & ordonné que l'Arrêt seroit publié & affiché. Ceux qui avoient abusé de ces sortes de Billets trouverent encore le moyen de couvrir leurs usures, & de pratiquer les mêmes abus, en mettant leurs signatures en blanc au dos des Lettres & Billets de Change, sans être remplis d'aucuns ordres; à quoi ayant été pourvû par un nouveau Réglement de notred. Parlement de Paris, du 7 Septembre 1660, par la Déclaration du feu Roy notre très-honoré Seigneur & Bisayeul, du 9 Janvier 1664, qui le confirme, & par l'Ordonnance du mois de Mars 1673; l'usage pernicieux des Billets payables au porteur, s'est introduit de nouveau par la mauvaise interprétation qu'on a donnée à cette Ordonnance, & en multipliant depuis plusieurs années tous les abus tant de fois condamnés, il a servi à couvrir les usures les plus énormes, & les banqueroutes les plus frauduleuses, & à rendre les débiteurs les plus opulens, maîtres absolus de disposer de leur fortune, au préjudice & à la ruine de leurs créanciers véritables, par la liberté qu'ils ont de supposer qu'ils sont débiteurs de grandes sommes par des Billets payables au porteur, d'en signer en telle quantité, & de telle date qu'il leur plait, & de faire paroître de faux créanciers porteurs de ces Billets, pour donner la Loi aux créanciers légitimes, & pour se faire faire des remises considérables; en sorte qu'il arrive très-souvent qu'un débiteur de mauvaise foi se trouve plus riche après une banqueroute consommée par un accommodement forcé, qu'il ne l'étoit auparavant, & que jouissant avec impunité du bien de ceux qui lui ont confié leurs deniers, il les met eux-mêmes dans la nécessité de faire des banqueroutes, qui troublent le Commerce, & causent la ruine d'une infinité de personnes. Et comme les Ordonnances, Déclarations & Réglemens faits jusqu'à présent, & que l'on pourroit faire dans la suite contre tous ces désordres, seront toujours inutiles, tant que l'usage des Lettres & Billets de Change & autres Billets payables au porteur sera toleré, Nous nous croyons obligés de l'abolir entiérement, pour faire cesser des fraudes & des abus si préjudiciables au bien du Commerce, & à l'intérêt des créanciers légitimes, en prenant néanmoins les précautions que l'équité Nous inspire par rapport au passé: mais attendu que la plus grande partie des inconvéniens qui se rencontrent dans les Billets payables au porteur faits par des Particuliers, ne peuvent se trouver dans les Billets de l'Etat, & que d'ailleurs dans la résolution où Nous sommes de prendre toutes les mesures nécessaires pour en avancer le remboursement, il ne convient point de rien changer par rapport à ces Billets, que nous ne pensons qu'à éteindre & acquitter le plutôt qu'il Nous sera possible, pour en liberer entierement l'Etat; notre intention est qu'ils ne soient point compris dans la disposition de notre présent Edit. Et comme les Billets de la Banque générale établis par nos Lettres Patentes du deuxiéme du présent mois, ne sont pas non plus sujets à la plûpart des abus qui se commettent par rapport aux Billets payables au porteur passés par des Particuliers, qu'à l'égard des Billets de la Banque, la date n'en sçauroit être fausse, ni le débiteur supposé, & qu'on ne peut antidater ces Billets, ni supposer des créanciers simulés par le moyen desdits Billets, dans la vûe de faire une banqueroute frauduleuse, ou de la couvrir pour se dérober aux poursuites des créanciers légitimes, & aux peines établies par la Loi: Nous avons estimé devoir les excepter aussi de la prohibition génerale portée par le présent Edit. A CES CAUSES, de l'avis de notre très-cher & très-amé Oncle le Duc d'Orleans Regent, de notre très-cher & très-amé Cousin le Duc de Bourbon, de notre très-cher & très-amé Oncle le Duc du Maine, de notre très-cher & très-amé Oncle le Comte de Toulouse, & autres Pairs de France, Grands & notables Personnages de notre Royaume, & de notre certaine science, pleine puissance & autorité Royale, Nous avons par le présent Edit, dit, statué & ordonné, disons, statuons & ordonnons, voulons & Nous plaît: Que tous ceux qui sont propriétaires de Lettres ou Billets de Change, ou autres Billets payables au porteur, signés par quelque personne que ce puisse être, avant la publication du présent Edit, soient tenus dans le tems de 15 jours, à compter du jour de ladite publication qui en sera faite dans les Bailliages & Sénéchaussées ressortissant duëment en nos Cours de Parlement, de les déposer pour minute chez un Notaire du Châtelet de notre bonne Ville de Paris, & hors de la Ville, chez un Notaire Royal; devant lesquels Notaires lesdits propriétaires déclareront leurs noms & surnoms & demeures, & leur véritable qualité & profession, & affirmeront que lesdites Lettres ou Billets de Change, ou autres Billets payables au porteur leur appartiennent, & sont sérieux & véritables, sauf à en lever les expéditions dont ils pourront avoir besoin; le tout à peine à l'égard des proprietaires, de nullité des Lettres ou Billets de Change, ou autres Billets payables au porteur, qui n'auront pas été déposés & affirmés sérieux & véritables, dans la forme & dans le tems ci-dessus prescrits: & en outre, à peine, tant contre ceux qui seront convaincus d'avoir fait & supposé de fausses Lettres ou de faux Billets de Change, ou autres faux Billets payables au porteur, & d'en avoir fait ou fait faire le dépôt avec l'affirmation ci-dessus ordonnés, que contre ceux qui seront convaincus d'avoir prêté leurs noms, pour en paroître créanciers & propriétaires, d'être punis comme coupables du crime de faux & d'amende, qui ne pourra être moindre du quadruple de la somme contenue ausdites Lettres ou Billets: N'entendons néanmoins par notre présente disposition, changer la nature des engagemens portés par lesdites Lettres ou Billets payables au porteur, qui auront été ainsi déposés pour minute: Voulons qu'ils soient payables dans les mêmes termes & par les mêmes voyes qu'ils l'auroient pû être avant le dépôt qui en sera fait en exécution du present Edit. Voulons de plus, qu'il ne puisse être pris par lesdits Notaires pour chacun des Actes de dépôt & d'affirmation & expédition, tant desdits Actes, que desdites Lettres ou Billets déposés, plus de 20 sols, à peine de concussion; & nous déchargeons lesd. actes & expéditions de la néceſſité d'être contrôlés, & des droits de contrôle. Déclarons que les Lettres ou Billets payables au porteur pour le payement deſquels il aura été obtenu des Jugemens de condamnation avant la publication du préſent Edit, ne ſeront point ſujets audit dépôt chez des Notaires, ſans néanmoins que leſdites Lettres & Billets ſur leſquels il ſera intervenu des Jugemens, puiſſent être tranſportés, qu'au profit de perſonnes certaines & dénommées. Défendons à toutes perſonnes de quelque qualité & condition qu'elles ſoient, de faire où de recevoir à l'avenir aucunes Lettres ou Billets de Change, ou autres Billets payables au porteur, & déclarons nuls & de nul effet leſdites Lettres & Billets de Change, & autres billets qui ne ſeront pas faits au profit de perſonnes certaines dénommées dans leſdits Billets, ou à leurs ordres, qui ne pourront pareillement être mis ſucceſſivement ſur leſdites Lettres & Billets, qu'au profit de perſonnes certaines & y dénommées, à peine de nullité deſdits ordres. N'entendons néanmoins donner aucune atteinte aux Lettres ou Billets de Change ou autres Billets payables à des perſonnes certaines ou à leurs ordres ainſi ſucceſſivement mis ſur leſdites Lettres ou Billets de Change, ou autres billets au profit de perſonnes également certaines. Voulons que l'uſage continue d'en être libre & permis comme avant le premier Edit. N'entendons pareillement comprendre dans notre préſent Edit, les billets de l'Etat, qui ſeront payables au porteur, ni ceux de la banque générale, établie par nos Lettres Patentes du deuxiéme du préſent mois, leſquels pourront être payables au porteur; dérogeons en tant que beſoin ſeroit à toutes Ordonnances, Edits & Déclarations qui pourroient être à ce contraires. Si donnons en mandement à nos amés & féaux Conſeillers, les Gens tenant notre Cour de Parlement, que le préſent Edit ils ayent à faire lire, publier & regiſtrer, & le contenu en icelui exécuter ſelon ſa forme & teneur; CAR tel eſt notre plaiſir. Et afin que ce ſoit choſe ferme & ſtable à toujours, Nous y avons fait mettre notre Scel. DONNÉ à Paris au mois de Mai, l'an de grace mil ſept cent ſeize, & de notre Regne le premier. *Signé* LOUIS. *Et plus bas*, Par le Roy, LE DUC D'ORLEANS Regent preſent. PHELYPPEAUX. *Viſa*, VOYSIN. Vû au Conſeil, VILLEROY. Et ſcellé du grand Sceau de cire verte, en lacs de ſoye rouge & verte.

Regiſtré oui & ce requerant le Procureur Général du Roi, pour être exécuté ſelon ſa forme & teneur, & copies collationnées envoyées aux Bailliages & Sénéchauſſées du Reſſort, pour y être lûes, publiées & regiſtrées : Enjoint aux Subſtituts du Procureur Général du Roy, d'y tenir la main, & d'en certifier la Cour dans un mois, ſuivant l'Arrêt de ce jour. A Paris, en Parlement, le vingt-troiſiéme May, mil ſept cent ſeize. Signé DONGOIS.

DECLARATION DU ROY,

POUR RÉTABLIR L'USAGE DES LETTRES ou Billets payables au Porteur.

Donnée à Paris, le 21 Janvier 1721.

Registrée en Parlement, le 25 du même mois.

LOUIS, par la grace de Dieu, Roy de France & de Navarre: A tous ceux qui ces présentes Lettres verront, Salut. Les inconvéniens & les avantages des Billets payables au porteur, ont donné lieu à la diversité des Loix & des Réglemens qui ont été faits sur cette matiere; ensorte que nos Cours de Parlement, qui en avoient condamné l'usage dans un tems, l'ont approuvé dans un autre, & que le feu Roy notre très-honoré Seigneur & Bisayeul les ayant autorisés dans plusieurs dispositions de son Ordonnance sur le Commerce, de l'année 1673, & dans sa Déclaration du 26 Février 1692, Nous avons crû cependant devoir en interdire l'usage par notre Edit du mois de May 1716. Mais les Négocians Nous ont fait représenter, aussi-bien que ceux qui sont intéressés dans nos affaires, que rien n'étant plus important pour le bien du Commerce, & pour le soutien de nos Finances, que de ranimer la circulation de l'argent, il n'y avoit point de moyen plus prompt pour y parvenir que de rétablir l'usage des Billets payables au porteur, l'expérience ayant fait connoître qu'un grand nombre de personnes se portent plus facilement à prêter leur argent par cette voye, que par aucune autre; que d'ailleurs les deux espéces de Billets payables au porteur, que Nous avions exceptés de la défense génerale portée par notre Edit du mois de May 1716, ne subsistant plus, il étoit nécessaire pour la facilité du Commerce de rétablir à cet égard l'usage qui s'observoit avant ledit Edit; & comme dans la conjoncture présente, ces représentations Nous ont paru devoir l'emporter sur les motifs qui Nous avoient engagé à abolir cet usage par notredit Edit du mois de May 1716, Nous avons jugé à propos de suivre le voeu commun de ceux qui ont le plus d'expérience dans le commerce, à l'avantage duquel Nous ne pouvons donner une trop grande attention. A CES CAUSES, de l'avis de notre très-cher & très-amé Oncle le Duc d'Orleans, Petit-Fils de France, Régent, de notre très-cher & très-amé Oncle le Duc de Chartres, premier Prince de notre Sang, de notre très-cher & très-amé Cousin le Duc de Bourbon, de notre très-cher & très-amé Cousin le Comte de Charollois, de notre très-cher & très-amé Cousin le Prince de Conti, Princes de notre Sang; de notre très-cher & très-amé Oncle le Comte de de Toulouse, Prince legitimé, & autres Pairs de France, Grands & Notables Personnages de notre Royaume, Nous avons de notre certaine science, pleine puissance & autorité Royale, dit, déclaré & ordonné, & par ces Présentes signées de notre main, disons, déclarons & ordonnons, voulons & Nous plaît, qu'en tous commerces & négociations que pourront faire nos Sujets pour prêt d'argent, vente de Marchandises, ou autrement, ils puissent & qu'il leur soit loisible d'en stipuler par Lettres ou Billets le payement au porteur sans dénomination de personnes certaines : à l'effet de quoi, Nous avons rétabli & rétablissons l'usage des Lettres ou Billets de Change, ou autres Billets payables au porteur, révoquant à cet égard les défenses portées par notre Edit du mois de May 1716. Voulons que l'article premier du Titre VII. de ladite Ordonnance du mois de Mars 1673, ensemble la Déclaration du 26 Février 1692 soient exécutés suivant leur forme & teneur; ce faisant, que tous Négocians & Marchands, comme aussi tous ceux qui sont chargés du maniement ou recouvrement de nos deniers, & qui auront signé des Billets payables au porteur pour valeur reçûe comptant, ou en Marchandises, puissent être contraints par corps au payement desdits Billets, & que les demandes & contestations qui pourront être formées à cet égard, ne puissent être portées que pardevant les Juge & Consuls des Marchands, ausquels Nous attribuons à cet effet toute Cour, Jurisdiction & connoissance, sauf l'appel en nos Cours de Parlement. Si donnons en mandement à nos amés & féaux Conseillers les Gens tenans notre Cour de Parlement à Paris, que ces Présentes ils ayent à faire lire, publier & enregistrer, & le contenu en icelles garder & observer selon leur forme & teneur, nonobstant tous Edits, Déclarations, Arrêts, & autres choses à ce contraires, ausquelles Nous avons dérogé par ces Présentes : CAR tel est notre plaisir ; en témoin de quoi Nous avons fait mettre notre Scel à cesdites Présentes. DONNÉ à Paris le vingt-uniéme jour de Janvier, l'an de grace mil sept cent vingt-un, & de notre Regne le sixiéme. *Signé*, LOUIS, *Et plus bas*, Par le Roy, LE DUC D'ORLEANS, Regent présent, PHELYPEAUX. Vû au Conseil, LE PELLETIER DE LA HOUSSAYE. Et scellé du grand Sceau de cire jaune.

Registrées, oui & ce requerant le Procureur Général du Roy, pour être exécutées selon leur forme & teneur, & copies collationnées envoyées aux Bailliages & Sénéchaussées du Ressort, pour y être lûes, publiées & registrées. Enjoint aux Substituts du Procureur Général du Roy d'y tenir la main, & d'en certifier la Cour dans un mois, suivant l'Arrêt de ce jour. A Paris en Parlement, le vingt-cinquiéme Janvier mil sept cent vingt-un. Signé, GILBERT.

TITRE VI.

DES INTERESTS DE CHANGE ET RECHANGE.

Défense de comprendre l'intérêt avec le principal.

ARTICLE PREMIER.

DE'FENDONS aux Négocians, Marchands, & à tous autres, *de comprendre l'intérêt avec le principal*, dans les Lettres ou Billets de Change, ou autre acte.

De comprendre l'intérêt avec le principal.] C'est-à-dire, le profit qu'un Banquier ou un Négociant reçoit d'une somme de deniers, pour laquelle il tire une Lettre de Change sur autre lieu que celui d'où elle est tirée, & dont il a reçu la valeur d'un autre Négociant, ou d'autres personnes dans le même lieu; & c'est ce qu'on appelle Change qui n'est pas toujours égal, & qu'on comprend avec justice dans la Lettre, parce qu'on le paye comptant à celui qui fournit la Lettre, & qu'il est juste que celui sur qui la Lettre est tirée, paye la perte du Change de la Ville où il doit payer en celle où il est demeurant : mais il n'en est pas de même des Billets dans lesquels on comprend les intérêts, parce que la demande des intérêts qui en seroit faite en Justice seroit usuraire. Par l'Ordonnance de Philippe le Bel de l'an 1311, qui se trouve au vieil style du Parlement, il est défendu de comprendre l'intérêt avec le principal. *Prohibemus ne quis creditor litteras obligatorias mutui vel alterius crediti, ut lucrum ex tempore convertatur in sortem, faciat renovari, vel alias usuras, vel interesse quomodolibet in sortem convertat; quod si quis contrà fecerit, dictam pœnam* (qui est la confiscation de corps & de biens) *ipso facto incurret.* Cela est encore décidé par la Loi 28, *C. de usur.* & la Loi 3, *C. de usur. rei jud.* Il est vrai, que *Scacc. tract. de commerc.* §. 6, *Gl.* 1, *num.* 82, *&* §. *seq. Gl.* 2, *num.* 30 *&* 54, tient que lorsque le premier intérêt du Change est certain & liquide, rien n'empêche qu'on n'en puisse faire légitimement un capital, parce qu'alors il n'est pas dû par le retardement, mais par la convention, & qu'il tient lieu de capital.

Défense de prendre l'intérêt d'intérêt.

ARTICLE II.

LEs Négocians & Marchands, & aucun autre, ne pourront prendre *l'intérêt d'intérêt* sous quelque prétexte que ce soit.

L'intérêt d'intérêt.] Cela est contraire à la disposition du Droit, par laquelle les intérêts des intérêts *nec in stipulatum deduci, nec exigi possunt*, *L. si non sortem*, & étant payés ils étoient sujets à répetition, *l. si non sortem*, §. 1, *ff. de condict. indeb.* & par les Constitutions des Empereurs, *infamia irrogabatur iis qui usuras usurarum illicitè exigebant*, *l. 20, ex quib. caus. infam. irroget.* soit que ce soient des intérêts passés ou à venir, le Prestre en sa Centur. 2, ch. 26. Cet article est très-important pour corriger les abus que les Banquiers & Négocians commettoient en la disposition de leurs deniers les uns envers les autres; car ils comprenoient l'intérêt avec le principal, & quand ils renouvelloient leurs Billets de trois mois en trois mois, ils ajoutoient les intérêts des intérêts, qui s'accumuloient d'une telle maniere, qu'il s'est vû des Négocians qui ont payé en vingt ans de tems, des sommes inconcevables d'intérêt de l'intérêt. C'est une chose qui est odieuse à Dieu & aux hommes, & qui est défendue par la Loi de Dieu & par les Ordonnances Royaux. Le mot d'usure dans toutes les Langues, présente à l'esprit quelque chose d'odieux; en Hebreu l'usure s'appelle Hesceck, & ce même mot signifie la morsure d'un serpent, parce que l'usure aussi-bien que la morsure empoisonnée de cet animal est fatale & mortelle, le seul nom accuse le crime, tout le monde la déteste, & cependant la plupart du monde l'exerce. C'est pour cela que Seneque disoit, que c'étoit un nom inventé par l'avarice, qui avoit converti les devoirs de l'amitié & de la charité en un office mercenaire: *Quid fœnus & usura, nisi cupiditatis humanæ extra naturam quæsita nomina?*

Sur quel pied doit être reglé le prix du Change.

ARTICLE III.

LE prix du Change sera reglé *suivant le cours du lieu où la Lettre sera tirée*, eu égard à celui où la remise sera faite.

Suivant le cours du lieu où la Lettre sera tirée.] C'est-à-dire, que les Négocians ne doivent pas se prévaloir de l'ignorance des personnes à qui ils fournissent des Lettres de Change, qui ne sont pas de profession mercantille, & qui ne connoissent pas les Changes; il faut qu'ils ne prennent d'eux que le cours ordinaire de la place du lieu où les Lettres sont tirées: cela s'entend quand les Lettres gagnent; & si elles perdent, l'on n'en doit pas non plus faire perdre davantage que le cours ordinaire de la place, autrement ce seroit commettre une très-grande usure qui seroit sujette à restitution. C'est pour cela que par l'article 2 du Réglement de la place des Changes de la Ville de Lyon, il est porté, *que pour établir le prix des Changes de la place de Lyon avec les Etrangers, il sera fait une assemblée des principaux Négocians le troisiéme jour du mois de chacun des quatre payemens non ferié, en présence du Prévôt des Marchands, ou du plus ancien Echevin.* Le prix du Change hausse ou diminue selon l'abondance & la disette d'argent, & l'augmentation ou diminution du prix des especes qu'il y a ès Provinces ou Royaumes, en quoi l'on considere tant le lieu où l'argent se baille que celui où on le doit faire tenir, suivant la Loi 11, *ff. de usur. usurarum modus ex more regionis constituitur.* Comme par le moyen des Lettres de Change, on évite les risques du transport des deniers, les grandes usures sont tolerables. La raison est, parce que ce n'est pas une usure, mais le prix & la récompense du péril, lequel est si grand que Seneque dit, *prudentissimum eum esse oportere qui maximè negotiosus esset.* C'est pour cela que ces usures sont approuvées par le Cardinal Cajetan, & *Navarr. in Enchirid. cap.* 17, *num.* 385, & que pour faciliter le Commerce, on établit les rentes constituées, qui sous le Pape Martin V. & au Concile de Constance furent autorisées au denier dix, & depuis confirmées par le Pape Calixte III. comme il se voit en l'extravagante *regimini de empt. & vend.* Il est vrai pourtant qu'il ne faut pas que les Marchands en usent avec excès, & qu'ils fassent de l'argent comme de la Marchandise, qu'ils mettent une fois à un taux, & puis ensuite à un autre.

En quel cas est dû le Rechange; & pour quels lieux.

Article IV.

Ne *sera dû aucun Rechange* pour le retour des Lettres, *s'il n'est justifié par piéces valables qu'il a été pris de l'argent* dans le lieu auquel la Lettre aura été tirée; sinon le Rechange ne sera que *pour la restitution du Change avec l'intérêt*, les frais du protêt, & du voyage, s'il en a été fait, après l'affirmation en Justice.

Ne sera dû aucun Rechange.] Si le protêt faute de payement est fait, & que la Lettre retourne à protêt, en ce cas le Commissionnaire, s'il est accrédité, peut prendre d'un autre Banquier une autre Lettre de Change, pour semblable somme tirée sur le Banquier qui l'a fournie à leur vûe sans autre délai, & à tel change qu'il trouvera, laquelle Lettre est nommée Lettre de surprotêt, & l'usure & le gros change d'icelle, rechange ou perte. Cette Lettre de surprotêt, doit être protestée au premier Banquier, la Lettre duquel est tournée à protêt, & s'il refuse de la payer, le Bourgeois peut intenter action contre lui, & en poursuivre la condamnation. Les dommages & intérêts qu'on donne dans le Levant, en Italie, en Allemagne & aux Pays Bas, consistent en ce cas dans le remboursement de la somme principale, en la restitution du Change & Rechange, s'il a été tiré Lettre de surprotêt, & aux intérêts du tout au denier douze; en France, & à Lyon à raison du denier dix, depuis le jour du protêt jusques au payement, le droit du Commissaire, le retardement de l'emplette ou de l'affaire, à l'occasion de laquelle la Lettre de Change a été tirée, survenu faute d'avoir reçu la somme en son tems, *l.* 2, § *ult. ff. de eo quod certo loco*; les courses ou port de Lettres, les frais des actes de protêt & autres, les dépens du procès ou de la procédure: en un mot, *sicut in delicto quidquid interest venit, quoniam ex malo contractu debitum oritur*, *l. si rerum*, *ff. de re jud. decis. Rota*, 359 *in antiquis.* Il est vrai que la Justice n'approuve pas en France toutes ces excroissances usuraires, & tous ces hauts dommages & intérêts, notamment le Rechange, si effectivement on n'a pas tiré lettre de surprotêt, & si les autres pertes ne sont bien évidentes; mais les Juges moderent ordinairement les dommages & intérêts à une certaine somme, suivant la disposition de la matiere, au désir de l'Ordonnance de 1539, art. 83, & de Blois art. 145, *rei veritate, hoc est ejus damni quod apparuerit datum.*

S'il n'est justifié par piéces valables qu'il a été pris de l'argent.] Les Actes de protêt établissent bien le droit aux porteurs de Lettres, de prendre de l'argent à Change & Rechange, mais non pas celui de s'en faire payer, si effectivement ils n'en ont pris. La raison est, parce que ne prenant point d'argent sur les lieux où les Lettres sont tirées, ils ne souffrent aucune perte que les frais du protêt, ou ceux des voyages véritablement faits & affirmés en Justice, ensemble les Changes qui auront été payés au tireur, avec l'intérêt; mais il faut qu'ils justifient par piéces valables qu'ils ont pris de l'argent, autrement *diceretur cambium siccum* : & cela doit avoir lieu, bien que le débiteur eût donné pouvoir de prendre de l'argent, & que le cours du Change & Rechange fût écrit dans les livres du Créancier Marchand, il faut toujours qu'il paroisse par les Lettres de Change, *de reali capturâ cambii in loco in quo debitor debuit solvere, & non solvit.* Il est vrai, qu'il y en a qui tiennent qu'il faut que cela soit précédé des protestations dûement faites au débiteur, tant avant que de prendre de l'argent, qu'après l'avoir reçu, & qu'il paroisse de la nécessité dans laquelle le créancier est de le prendre, *Rot. Rom. diverſ. deciſ.* 775, *num.* 1, *part.* 1. Il faut encore remarquer que les Changes & Rechanges, frais des protêts ou des voyages doivent être payés & supportés par celui sur qui la Lettre a été tirée, s'il étoit débiteur du tireur lorsque la Lettre a été tirée, ou si depuis l'acceptation le tireur lui a fait tenir provision pour l'acquittement de la Lettre. La raison est, parce que le tireur a fait fonds du payement de la Lettre sur la bonne foi de son débiteur.

Pour la restitution du Change avec l'intérêt.] Il a été jugé par le Parlement de Toulouse, que lorsque les Lettres de Change procédent d'un simple prêt, quoique fait par un Marchand, si le débiteur n'est pas Négociant, ou si le prêt ne regarde pas le fait du Négoce, il n'est pas dû Change & Rechange, mais seulement le premier Change, & les intérêts du premier Change échû.

ARTICLE V.

LA Lettre de Change, même payable au porteur, ou à ordre, étant protestée, le Rechange ne sera dû par celui qui l'aura tirée, *que pour le lieu où la remise aura été faite*, & non pour les autres lieux où elle aura été négociée, sauf à se pourvoir par le porteur contre les endosseurs, pour le payement du Rechange des lieux où elle aura été négociée, suivant leur ordre.

Que pour le lieu où la remise aura été faite.] Le tireur d'une Lettre de Change n'est tenu de payer le Rechange que pour le lieu où la remise aura été faite, & non pour les autres lieux où la Lettre sera négociée faute d'acceptation, ou de payement à l'échéance, étant acceptée. Par exemple, un Marchand a besoin à Paris de trois mille livres; il prend cette somme du Banquier, & il tire une Lettre de Change sur un de ses débiteurs demeurant à Lyon, payable à lui ou à son ordre aux prochains payemens, au profit du Banquier qui lui en a donné la valeur : ce Banquier passe son ordre en faveur d'un autre Banquier d'Amsterdam; celui-ci d'un autre jusqu'à ce que la Lettre est remise à Lyon où elle étoit payable. Cette Lettre étant protestée, il faut qu'elle retourne dans les mêmes lieux où elle a été négociée : néanmoins le tireur de la Lettre n'est tenu du Rechange que de Lyon à Paris seulement, d'autant qu'il ne l'a proposée au Banquier de Paris que pour Lyon, & non pas pour Amsterdam où elle a été négociée pour son avantage particulier; & que s'il étoit permis de faire caracoler les Lettres par tous les lieux où on auroit des correspondans, qui se passeroient des ordres les uns aux autres, ce seroit ruiner le Commerce de ces Lettres, & par une usure excessive faire payer trois ou quatre Rechanges à des personnes qui n'avoient pas connoissance de ces sortes d'affaires: mais les Rechanges sont dûs par les tireurs & donneurs d'ordre chacun en droit soi, & quoique les Changes soient sur un pied plus haut ou plus bas, le tireur ne devra seulement que le prix de Rechange aux prix qu'il vaudra de Lyon à Paris.

ARTICLE VI.

LE *Rechange sera dû* par le tireur des Lettres négociées, pour les lieux où le pouvoir de négocier est donné par Lettres, & *pour tous les autres*, si le pouvoir de négocier est indéfini, & pour tous les lieux.

Le Rechange sera dû.] Les Prieur & Consuls de la Bourse quand ils condamnent pour Lettres de Change, condamnent ordinairement au Change & Rechange; mais le Parlement de Toulouse réforme ordinairement, & n'adjuge les intérêts que depuis le premier terme du Change échu.

Et pour tous les autres.] En ce cas il est dû plusieurs Rechanges, quand le tireur donne pouvoir par Lettre à celui au profit de qui elle est tirée, d'en disposer en vertu de son ordre, pour un autre lieu que celui auquel elle a été tirée, ou de la faire passer par tous les lieux qu'il jugera plus à propos pour son avantage, parce que c'est la condition qui est entr'eux, suivant la Loi *fin. ff. mandat.*

Quand commence à courir l'intérêt du Principal & du Change, & celui du Rechange.

ARTICLE VII.

L'INTEREST du Principal & du Change sera du jour du protêt, *encore qu'il n'ait été demandé* en Justice. Celui du Rechange, des frais du protêt & du voyage, ne sera dû *que du jour de la demande.*

Encore qu'il n'ait été demandé.] Avant cette Ordonnance, quand les Lettres avoient été protestées, la somme y mentionnée ne portoit aucun intérêt que du jour de la demande & de l'adjudication d'iceux; & par celle-ci l'intérêt est dû du jour du protêt, bien qu'il n'y en ait point de demande. La raison est, parce que ce ne sont point des intérêts qui viennent hors du Contrat *ex mero officio Judicis*, pour lesquels il n'y a hypoteque que du jour de la demande, s'ils ne sont stipulés par le Contrat; mais ce sont des intérêts qui viennent de la nature du Contrat, & qui courent *re ipsâ*, sans qu'il soit besoin de commandement, ou de demande en Justice, pour les produire, *Decis. Rota Genu.* 78, *num.* 17. Il en est de même des deniers prêtés pour trafiquer sur mer, *l. in quibusdam*, 7, *ff. de naut. fœn.* d'autant que le créancier prenant sur soi le péril des deniers, contre la nature du prêt, on lui baille lesdits intérêts pour récompense du danger & du hasard qu'il court. *l.* 5, *ff. eod.*

Que du jour de la demande.] Quoique l'article porte, que l'intérêt du Rechange des frais du protêt & du voyage, sera dû du jour de la demande, il faut pourtant, ensuite de la demande, obtenir Sentence qui les adjuge.

En quel cas on peut faire un prêt sous gages, & ce qui doit être observé en prêtant sous des gages.

ARTICLE VIII.

AUCUN prêt ne sera fait sous gages, *qu'il n'y en ait un Acte pardevant Notaire*, dont sera retenu minute, & qui contiendra la somme prêtée, & les gages qui auront été délivrés, à peine de restitution des gages, à laquelle *le prêteur sera contraint par corps*, sans qu'il puisse *prétendre de privilege sur les gages*, sauf à exercer ses autres actions.

Qu'il n'y en ait un Acte pardevant Notaire.] Cet article est conforme à l'Ordonnance du feu Roi, art. 148, par lequel il est porté, *que toutes personnes qui prendront gages pour deniers prêtés, ou dûs, sans bailler reconnoissance par écrit desdits gages, restitueront les gages & perdront la dette.* Il y a un Arrêt notable prononcé par feu Monsieur le Président Forget, tenant l'Audience du mois de Novembre 1599, pour servir de Réglement; par lequel il fut ordonné, *que ceux qui prendront gages pour argent prêté, feront tenus, pour assurance de leur dette excédant cent livres, de les prendre en reconnoissance de leur dû, sous seing privé, ou pardevant Notaire; autrement le créancier sera condamné à rendre le gagement entre ses mains, sans restitution du prétendu prêt, s'il n'en fait apparoir par écrit, & un créancier qui les aura fait saisir, les aura*; suivant la Loi, *si nulla Cod. de pign. act.* La raison de l'Ordonnance est pour empêcher les abus qui se commettoient par les Négocians qui avoient reçu des gages ou nantissemens, lorsque leurs débiteurs venoient à faire faillite, car quoiqu'ils eussent de quoi se payer de ce qui leur étoit dû, ils ne laissoient pas de paroître dans l'assemblée des créanciers, & partager avec eux au sol la livre le reste des effets du débiteur commun, & de rendre, après avoir été payés, le restant, s'il y en avoit, au failli. L'Ordonnance veut *que les Notaires en retiennent la minute*, afin qu'on ne puisse pas cacher aux créanciers les Marchandises & effets qui auront été donnés en gage, & qu'ils ne puissent pas détourner les effets, & couvrir le recelement du prétexte des gages & du nantissement. Il faut encore remarquer que la convention faite, que ce qui a été baillé en gage demeure au créancier, si le prix n'est rendu dans un certain tems, est nulle, si ce n'est en baillant un supplément de prix, outre la somme prêtée; suivant la Loi, *Titius, ff. de pignor. act.*

Le Prêteur sera contraint par corps.] Cette question s'étant présentée au Parlement de Toulouse, si celui qui avoit baillé quelque chose à une Corratiere pour vendre ou engager, & la Corratiere l'ayant baillée en gage sans avoir retiré aucune reconnoissance par écrit, ni remis la valeur à celui à qui la chose appartenoit, le Maître de la chose baillée en gage pouvoit la revendiquer sans payer le prix, attendu la banqueroute faite par la Corratiere, par laquelle elle avoit été condamnée au fouet pour avoir affronté diverses personnes; néanmoins parce que celui qui avoit pris la chose en gage avoit suivi la foi publique, & que c'étoit une femme qui exerçoit ce Commerce publiquement, il a été jugé par divers Arrêts, que le Maître de la chose le devoit imputer de l'avoir baillée sans autre précaution, & qu'il ne pouvoit retirer le gage sans payer le prix qui en avoit été baillé, sauf son recours contre la Corratiere qui tiendroit prison jusques à ce qu'elle eût satisfait. Cet Arrêt est fort judicieux, & appuyé sur la raison de l'équité & de la foi publique, qui prévalurent à la rigueur de l'Ordonnance, & de la Loi 18, §. 5, *D. de Tributor. act.* & du §. *vend. Instit. de rer. divis.* par lesquels le Maître de la chose a droit de la vendiquer tant qu'elle est en nature, *non accepto pretio*.

Prétendre de privilege sur les gages.] Par Arrêt du Parlement de Toulouse du 27 Janvier 1606, rapporté par Camb. liv. 4, chap. 4, il fut jugé, qu'en fait de distribution des biens, celui qui avoit prêté sur des gages, n'étoit point préferé en la vente d'iceux, & que le gage servoit seulement contre celui qui l'avoit baillé, pour empêcher qu'il ne le recouvrât qu'en payant, mais non pas contre les créanciers de celui à qui le gage apparteroit.

ARTICLE IX.

LEs gages qui ne pourront être exprimés dans l'obligation, seront *énoncés dans une facture ou inventaire*, dont sera fait mention dans l'obligation ; & la facture ou inventaire contiendront la quantité, qualité, poids & mesure des Marchandises ou autres effets donnés en gage, sous les peines portées par l'article précédent.

Enoncés dans une facture ou inventaire.] La raison est, parce que s'il falloit exprimer dans la minute de l'obligation le nombre & la qualité des Marchandises, données en gage, cela consommeroit les Parties en frais pour l'expedition de la grosse de l'obligation. A Amsterdam il y a le Mont de Piété, ou Maison de Prêt, qui est servie par des Officiers particuliers, pour prêter l'argent commun à ceux qui en demandent, sous de bons gages. Ces Officiers tiennent un Registre exact de tout ; & pour cet effet il y a dans cette Maison des Magasins, cabinets, armoires, tirettes, coffres, bahus, cassettes & caisses capables & convenables, distinguées & étiquetées par *numero*, pour mettre & tenir les choses baillées en gage ; & ils les reçoivent, pourvû qu'elles valent plus d'un tiers que la somme demandée à prêter : si le débiteur n'a pas moyen de payer dans l'an, le délai lui sera prorogé pour tout autant, en payant l'intérêt, pourvû que la Marchandise ne soit pas sujette à dépérir par le tems ; & le débiteur peut retirer tous les jours des gages au décompte, en payant l'intérêt pour le tems qu'il a gardé l'argent. Il faut encore remarquer, que par les Arrêts les choses baillées en gage ne peuvent être vendues faute de payement, sans avertir celui à qui elles appartiennent ; & que celui qui les avoit reçues en étoit crû à son serment, comme il fut jugé par Arrêt du Parlement de Normandie, rapporté par Terrien, liv. 7, ch. 10, & que lorsque la vente a été faite publiquement, le proprietaire appellé, le gage vendu ne peut plus être reclamé sous prétexte de vilité du prix, suivant l'Arrêt du Parlement de Dijon, du quinziéme Juin 1600, rapporté par Bouvot, en ses Questions, tome 2, sous le mot *Gageures*.

TITRE VII.

DES CONTRAINTES PAR CORPS.

En quel cas la contrainte par corps a lieu.

ARTICLE PREMIER.

CEUX qui auront signé *des Lettres ou Billets de Change, pourront être contraints par corps :* ensemble ceux qui y auront mis leur aval, *qui auront promis d'en fournir avec remise de place en place*, qui auront fait des promesses *pour Lettres de Change à eux fournies*, ou qui le devront être, *entre tous Négocians ou Marchands* qui auront signé des Billets pour valeur reçue comptant ou en marchandise, soit qu'ils doivent être acquittés à un Particulier y nommé, ou à son ordre, ou *au porteur*.

§ *En quels cas la contrainte par corps a lieu.*] Par Arrêt rendu en la Tournelle Criminelle le 19 Décembre 1702, il a été fait défenses d'arrêter aucunes personnes pour dettes civiles dans leurs maisons à heure indue, & même de les arrêter de jour sans une permission du Juge.

Mais par Arrêt du 18 Juin 1710, rendu en forme de Réglement sur les conclusions de Monsieur l'Avocat Général Guillaume-François Joly de Fleury, il a été ordonné qu'il en sera usé dans la Ville & Fauxbourgs de Lyon, & partout ailleurs dans l'étendue de la Sénéchaussée de Lyon, pour l'exécution des contraintes par corps émanées de la Jurisdiction de la Conservation de Lyon, pour dettes civiles, comme avant l'Arrêt du Parlement du 19 Décembre 1702, & autres rendus en exécution d'icelui. Ces deux Arrêts sont rapportés au Journal des Audiences dans l'ordre de leurs dattes, & les motifs du dernier y sont doctement expliqués.]

Des Lettres ou Billets de Change.] Il y a grande différence entre l'argent dû par Lettres ou Billets de Change, & l'argent prêté, comme remarque Balde, qui étoit *Advocatus mercantiæ*, en son Conseil 190, tome 2. Cette différence consiste en ce qu'ès Lettres de Change il y a une Loi tacite qui oblige à rendre autant d'argent qu'on en a reçu. C'est pour cela que *Julius Pollux*, en son ancien Dictionnaire les appelle ἀργυρὸν ἀμοιβαῖον; & que c'est un des Privileges de la Banque ou du Négoce des Lettres de Change, que ceux qui les ont signées & acceptées, peuvent être contraints par corps après la condamnation, sans attendre les quatre mois de l'Ordonnance, *Chopin, lib.* 2, *de morib. Paris. tit.* 1, *num.* 17, comme il fut jugé par Arrêt du 20 Janvier 1584, recueilli des Mémoires de feu Monsieur de Montholon de Perouseau, Conseiller au Parlement de Paris, & par Sentence des Juge & Consuls, au profit de Nicolas Camille, contre Jean Rolland, du 29 Novembre 1652, confirmée par Arrêt du Parlement du 8 Février 1653, remarqué dans le Recueil des Edits & Arrêts touchant la Jurisdiction Consulaire: & par autre Arrêt du 17 Décembre 1015, rapporté par Joly, livre premier, chapitre 16, il fut jugé, qu'une Lettre de remise protestée étoit exécutoire par provision par corps contre celui qui l'avoit souscrite comme principal débiteur, quoique le protêt ne lui eût été signifié que six mois après l'avoir fait. La raison est, d'autant que le Public a intérêt que la foi des Lettres ne soit point violée, dont l'usage qui a lieu presque parmi toutes les Nations, est soutenu inviolable par le Droit des gens, *ut frœnum injiciatur tantò arctiùs fraudulentis istis in deposito publico, ideò nexu corporis cogi possunt.* Ainsi jugé par Arrêt rapporté par Mornac, sur la Loy 9 du titre du Dig. *De eo quod certo loco.* Il faut encore remarquer, qu'en fait de Commerce, à cause de la qualité des Marchands, & de la bonne foi qui doit regner entr'eux, *toutes cédules entre Marchands & non autres, reconnues, ou dûement vérifiées, emportent garnison & contrainte par corps*, par l'Article 143 de l'Ordonnance d'Orléans, de même que celles qui ont été faites au lieu & pendant la Foire, pour marchandise achetée en Foire, comme il a été jugé par Arrêt du Parlement de Paris, de l'an 1542, allegué par Rebuffe & par Guenois en sa Conférence, Livre 4, titre des Foires, 11 & 31, ou pour du poisson de mer salé, vendu à Paris; comme il fut jugé au profit des Marchands de saline, contre ceux ausquels ils avoient vendu le poisson pour détailler, par Arrêt du 27 Juillet 1535, rapporté dans le Recueil des Edits & Arrêts touchant la Jurisdiction Consulaire, où on a rapporté au long toutes les raisons qui furent alléguées de part & d'autre.

Pourront être contraints par corps.] Dans la prononciation de la contrainte par corps, les Juges doivent user de quelque différence: car pour ce qui est des Lettres de Change, les condamnations par corps s'ordonnent purement & simplement, à cause que ce sont des deniers privilegiés qui doivent être payés ponctuellement. Il en est de même à l'égard des Billets faits entre les Banquiers, Négocians & Marchands seulement, pour valeur reçue en Lettres de Change, ou portant promesse d'en fournir: & encore à l'égard de ceux qui seront conçus pour marchandise vendue dans les Foires & Marchés, parce qu'ils ont même privilege que les Lettres de Change; mais *pour ce qui est des marchandises achetées ou vendues par les Marchands Négocians dans les Villes de leur résidence hors des Foires & Marchés, & des Billets payables à ordre, ou au porteur, qui sont conçus pour argent prêté, les contraintes n'en devroient être ordonnées qu'après les quatre mois*, suivant l'Edit de Moulins, du mois de Février 1566, art. 48, d'autant que la contrainte par corps en matiere de ces Billets, a été abrogée par l'article premier du titre 36 de l'Ordonnance du mois d'Avril 1667, & que par l'Article 4 *la contrainte par corps n'a lieu qu'en matiere de Lettres de Change, quand il y a remise de place en place, & pour dettes entre Marchands pour fait de marchandise dont ils se mêlent;* mais cette contrainte par corps en matiere de Billets pour prêt d'argent entre Négocians ayant été rétablie par l'Article premier de ce titre, en faveur du Commerce, les Juges y doivent condamner.

¶ Jugé par Arrêt du 9 Août 1607, rapporté par Chenu, qu'un Ecclésiastique qui avoit par une Lettre de Change pris la qualité de Bourgeois, étoit contraignable par corps.]

☞ Cet Article qui n'établissoit la contrainte par corps, que contre ceux qui auroient signé des Lettres & Billets de Change, &c. a été étendu par une Déclaration du 26 Février 1692, aux Billets faits pour valeur reçue par les Gens d'Affaires.

LOUIS, par la grace de Dieu, Roy de France & de Navarre: A tous ceux qui ces présentes Lettres verront, Salut. Encore que par l'Article premier du Titre 7 de notre Edit du mois de Mars 1673, servant de Réglement pour le Commerce, regiſtré en nos Cours, il ſoit porté que ceux qui auront ſigné des Lettres ou Billets de Change, pourront être contraints par corps; enſemble ceux qui y auront mis leur aval, qui auront promis d'en fournir avec remiſe de place en place, qui auront fait des promeſſes pour Lettres de Change à eux fournies, ou qui devront l'être, entre tous Négocians ou Marchands, qui auront ſigné des Billets pour valeur reçue comptant, ou en marchandiſe, ſoit qu'ils doivent être acquittés à un particulier y nommé, ou à ſon ordre, ou au porteur. Néanmoins pluſieurs Cours, Juges & Juriſdictions, ont déchargé & déchargent de la contrainte par corps pluſieurs particuliers Gens d'Affaires, lorſqu'il s'agit du payement des Billets par eux faits pour valeur reçue, même pour valeur reçue comptant, ſous prétexte que par l'Art. 27 du Tit. 5 du même Edit, il eſt porté qu'aucun Billet ne ſera réputé Billet de Change, ſi ce n'eſt pour Lettres de Change qui auront été fournies, ou qui devront l'être; & que nos Comptables chargés du recouvrement de nos deniers, les Receveurs, Tréſoriers, Fermiers généraux & particuliers, Traitans, Sous-Traitans & Intéreſſés dans nos Affaires, ne ſont point Marchands ni Négocians; de ſorte que ſi on continuoit à les décharger de la contrainte par corps pour le payement des ſimples Billets, qu'ils font de valeur reçue, & de valeur reçue comptant, payables au porteur, ou à un particulier y nommé, ou à ſon ordre, le crédit qui leur eſt néceſſaire pour le bien de notre ſervice ceſſeroit abſolument, ſans lequel ils ne peuvent ſoutenir les affaires dont ils ſont chargés, & qu'ils ne ſoutiennent pour l'ordinaire que par l'uſage de ces ſortes de Billets qu'ils font comme les Marchands & les Négocians: A quoi voulant pourvoir. A CES CAUSES, de notre certaine ſcience, pleine puiſſance & autorité Royale, en interprétant en tant que beſoin ſeroit, notre Edit du mois de Mars 1673, Nous avons dit, déclaré & ordonné, & par ces Préſentes ſignées de notre main, diſons, déclarons & ordonnons, voulons & Nous plaît, que l'Article premier du Titre VII. de notredit Edit du mois de Mars 1673, ſoit exécuté contre les Receveurs, Tréſoriers, Fermiers & Sous-Fermiers de nos Droits, Traitans généraux & particuliers, Intéreſſés & Gens chargés du recouvrement de nos deniers, & tous autres nos comptables; & ce faiſant, qu'ils puiſſent être contraints par corps ainſi que les Négocians, au payement des Billets pour valeur reçue qu'ils feront à l'avenir pendant qu'ils ſeront pourvûs deſdites Charges, ou qu'ils ſeront chargés du recouvrement de nos deniers, ſoit que les Billets doivent être acquittés à un particulier y nommé ou à ſon ordre, ou au porteur. SI DONNONS EN MANDEMENT à nos amés & féaux Conſeillers les Gens tenans notre Cour de Parlement & Cour des Aydes à Paris, que ces Préſentes ils ayent à faire regiſtrer, & le contenu en icelles faire garder & obſerver ſelon leur forme & teneur, nonobſtant tous Edits, Ordonnances, Réglemens & autres choſes à ce contraires, auſquelles Nous avons dérogé par ces Préſentes: CAR tel eſt notre plaiſir. En témoin de quoi Nous avons fait mettre notre Scel à ceſdites Préſentes. DONNÉ à Verſailles, le vingt-ſixiéme jour de Février, l'an de grace mil ſix cent quatre-vingt-douze, & de notre Regne le quarante neuviéme. *Signé*, LOUIS. *Et plus bas*, Par le Roi, PHELYPPEAUX. Et ſcellée du grand Sceau de cire jaune.

Registrées, oüi & ce requerant le Procureur Général du Roi, pour être exécutées selon leur forme & teneur, & copies collationnées envoyées dans les Sieges, Bailliages & Sénéchaussées du Ressort, pour y être lûes, publiées & registrées. Enjoint aux Substituts du Procureur Général d'y tenir la main, & d'en certifier la Cour dans un mois, suivant l'Arrêt de ce jour. A Paris en Parlement, le sixiéme Mars mil six cent quatre-vingt-douze. Signé, DU TILLET.

Qui auront promis d'en fournir avec remise de place en place.] Par Arrêt du Conseil d'Etat du 17 Juin 1669, donné au rapport de Monsieur Pussort, Conseiller ordinaire de Sa Majesté en ses Conseils, en interprétation de l'art. 4 du titre 34 de l'Ordonnance de 1667, *il a été ordonné à toutes Cours & Juges, de condamner par corps ceux qui auront signé les Billets portant promesse de fournir Lettres de Change avec remise de place en place, à fournir lesdites Lettres de Change en leur valeur.* Cet Arrêt est fondé sur ce qui fut représenté au Roy, que la facilité du Commerce ayant rendu l'usage des Billets portant promesse de fournir Lettres de Change avec remise de place en place, aussi nécessaire, & même plus commode que celui des Lettres de Change, lesdits Billets ont été toujours réputés par les Marchands & Négocians, de même nature que les Lettres de Change, esquelles ils doivent être convertis; & l'on n'y a jamais fait aucune différence dans les Jurisdictions des Juges-Consuls & Bourses de ce Royaume.

Pour Lettres de Change à eux fournies.] Faute de remettre une Lettre de Change ayant promis d'en remettre une, on est sujet à la même contrainte par corps, que pour une Lettre de Change que l'on auroit tirée, comme il a été jugé par Arrêt du Parlement de Toulouse, de l'année 1645, confirmatif d'un appointement de la Bourse donné au profit d'un nommé Raoul, contre un Marchand de Toulouse. Il y a eu encore un Réglement de la Bourse, confirmé par Arrêt du même Parlement, qui porte que les Marchands Forains ou leurs Agens trouvés dans Toulouse, peuvent être contraints par corps après quatre mois depuis la Lettre de Change consentie sur eux ou acceptée.

Entre tous Négocians ou Marchands.] Il a été jugé par divers Arrêts du Parlement de Paris, compilés par les Auteurs du Journal du Palais, Part. 7, p. 232, qu'une Lettre de Change donnée par un Particulier, qui n'est ni Banquier ni Marchand, & qui ne se mêle de trafic ni de Banque, ne se soumet pas à la contrainte par corps, faute de payement par celui sur lequel elle est tirée; & que la contrainte par corps n'a lieu lorsqu'il n'y a pas remise de place en place, qu'à l'égard des Banquiers & Marchands. Les motifs de ces Arrêts sont que l'Ordonnance n'a entendu comprendre dans sa disposition que les Marchands & les Banquiers, parce qu'il n'y a qu'eux qui fassent commerce des Lettres de Change; & qu'à l'égard des autres personnes, les Billets de Change ne doivent passer que pour de simples promesses qui ne sont exigibles que par les voyes ordinaires.

☞ Par Arrêt du 30 Août 1702, rendu en la Grand-Chambre, au rapport de M. le Doux, il a été jugé que des mineurs qui avoient tiré, accepté & endossé des Lettres de Change, n'étoient point restituables, & étoient contraignables par corps & consulaires, & ce quoiqu'ils ne fissent aucun commerce, car s'ils avoient été Négocians, il n'y auroit point eu de question, vû la disposition de l'article premier du titre 6 de cette Ordonnance.] On rapportera ici cet Arrêt en forme.

LOUIS, par la grace de Dieu, Roy de France & de Navarre: Au premier notre Huissier ou Sergent sur ce requis, sçavoir faisons : Qu'entre Isaac Lardeau, Intéressé dans les affaires du Roy, Appellant tant comme de Juge incompétant qu'autrement, des Sentences rendues par les Juge-Consuls de Paris, les 9 & 11 Janvier 1702, emprisonnement & écroue de sa personne, & de tout ce qui s'en est ensuivi, & Demandeur en enterinement de Lettres de rescision par lui obtenues en Chancellerie, le 11 Février 1702, suivant l'Exploit du 13 dudit mois, d'une part : & Jean Colombier, Caissier général du grand Bureau des Postes de France, Intimé & Défendeur ; & entre ledit Lardeau fils mineur, procédant sous l'autorité de Maître Samuel Lardeau, ci-devant Procureur en la Cour, son pere, Appellant des Sentences des Juge & Consuls de Paris, des 5 & 7 Décembre 1701, Demandeur aux fins desdites Lettres de rescision du 11 Février 1702, suivant l'Exploit du 15 Avril audit an, & Jean Guerin, Intimé & Défendeur, & entre ledit Lardeau, audit nom, Appellant d'une Sentence desdits Juge & Consuls du 16 Décembre 1701, & Demandeur aux fins desdites Lettres de Rescision, suivant l'Exploit dudit jour 15 Avril, & Jacques de la Tour, Intimé & Défendeur : & entre ledit Lardeau, Appellant des Sentences desdits Juges & Consuls des 27 Février & premier Mars 1702, & recommandation faite de sa personne ès prisons du Fort-l'Evêque, & Demandeur aux fins desdites Lettres de Rescision, suivant l'Exploit du 4 Mars 1702, & Jean Charpentier, Intimé & Défendeur ; & encore entre ledit Lardeau, Demandeur aux fins desdites Lettres de Rescision dudit jour onze Février 1702, & Exploit du quinze Avril ensuivant ; & Daniel & Louis Ragueneau, Défendeurs : & entre ledit Lardeau, Demandeur aux fins desdites Lettres de Rescision du onze Février 1702, suivant les Exploits des deux Mars & quinze Avril ensuivant ; & Guillaume le Debotté, Sieur des Jugeries, & Pierre Bernard Pasquier, Défendeurs : & entre Elie Guitton, Ecuyer, Sieur du Tranchard, fils mineur de Jean-Louis Guitton, Ecuyer, Sieur dudit lieu & de Fleuruës, procédant sous son autorité, Appellant des Sentences rendues par les Juge & Consuls de cette Ville de Paris, les premier & trois Mars 1702, & autres s'il y en avoit, Intervenant & Demandeur en Requêtes des vingt-un Juillet & cinq Août derniers, & lesdits Lardeau & Charpentier & Ragueneau, Intimés & Défendeurs : & entre ledit Lardeau Appellant, tant comme de Juges incompétans qu'autrement, des Sentences desdits Juge & Consuls, des 17 & 20 Mars 1702, & recommandation faite de sa personne ès prisons du Fort-l'Evêque, & ledit le Debotté, Intimé : & entre ledit Maître Samuel Lardeau, ci-devant Procureur en la Cour, Intervenant & Demandeur en Requete du douze du présent mois, & ledit Colombier, Charpentier, le Debotté, de la Jouë, Guerin, Ragueneau & Pasquier, Défendeurs : & entre ledit Isaac Lardeau, Appellant, tant comme de Juges incompétans qu'autrement, des Sentences des Juge & Consuls, des seize & dixneuf Décembre 1701, & ledit Pasquier, Intimé, d'autre. Vû par la Cour, &c. Tout joint & considéré. LA COUR faisant droit sur le tout, sans s'arrêter à l'intervention dudit Samuel Lardeau & Lettres de Rescision obtenues par lesdits Isaac Lardeau fils, & Guitton, dont elle les a déboutés, a mis & met les appellations au néant. Ordonne que ce dont a été appellé sortira effet : Condamne ledit Isaac Lardeau & Guitton, ès amendes de douze livres, & lesdits Isaac Samuel Lardeau & Guitton aux dépens chacun à leur égard envers ledit Colombier, de la Jouë, Charpentier, Daniel & Louis Ragueneau, le Debotté & Pasquier, & sur le profit des défauts les Parties se pourvoiront. Si mandons mettre le présent Arrêt à dûe & entiere exécution de point en point, &

selon sa forme & teneur ; & outre faire pour raison de l'exécution d'icelui tous Exploits & Actes de Justice requis & nécessaires ; de ce faire donnons pouvoir. DONNÉ en Parlement, le trente Août 1702, & de notre Regne, le soixantiéme. Collationné par la Chambre. *Signé*, DONGOIS.

Le mineur condamné s'étant pourvû au Conseil en cassation de cet Arrêt, il en a été débouté par Arrêt du Conseil du 12 Août 1704, ce qui sert à confirmer d'autant plus le préjugé de l'Arrêt de 1702.

ENTRE Isaac Lardeau, Demandeur aux fins de la Requête inserée en l'Arrêt du Conseil du 27 Mars 1703, & Exploit d'assignation donné en conséquence le cinq Avril suivant, d'une part; Jacques de la Jouë, Expert Juré, Bourgeois de Paris, Jean Colombier, Caissier général du grand Bureau des Postes, Jean Charpentier, Daniel & Louis Ragueneau, Bernard Pasquier & le sieur de la Planche, le sieur le Debotté des Jugeries, Défendeurs, d'autre part : Et entre ledit Lardeau, Demandeur en Lettres en assistance de cause par lui obtenues au grand Sceau le treiziéme Mai 1703, d'une part ; Claude Linieres, Marchand à Paris, François Michel, Jean Guerin, & Jacques Richer, Curé de la Paroisse de Breux sur Saintion, Défendeurs, d'autre part : Et entre ledit Colombier, Demandeur en Lettres en assistance de cause, du neuviéme Février 1704, & le sieur Lebrun Défendeur, sans que les qualités puissent nuire ni préjudicier aux Parties. Vû au Conseil du Roy l'Arrêt rendu en icelui, le vingt sept May 1703, sur la Requête dudit Isaac Lardeau, fils de M. Samuel Lardeau, ci-devant Procureur en la Cour, tendante à ce que pour les causes y contenues, il plût à Sa Majesté, sans s'arrêter à l'Arrêt du Parlement de Paris, du 31 Août 1702, signifié le 16 Septembre suivant, qui sera cassé & annullé, & tout ce qui a été fait en conséquence : Ordonner que ledit Isaac Lardeau sera élargi du Fort-l'Evêque, nonobstant toutes les recommandations faites de sa personne, ou à faire pour raison des Lettres de Change en question ; comme aussi nonobstant toutes oppositions ou appellations quelconques, pour lesquelles ne sera differé : Et où Sa Majesté feroit difficulté de prononcer présentement la cassation dudit Arrêt, ordonner que sans préjudice du droit des Parties au principal, ledit Isaac Lardeau sera élargi à sa caution juratoire de se représenter, à ce faire le Géolier ou Concierge contraint par toutes voyes, même par corps ; quoi faisant, déchargé : Ordonner en outre que les Informations qui en ont été faites contre ledit Lebrun & autres à la requête du sieur Nouette, Levacher & autres, seront apportées au Greffe du Conseil, sans préjudicier audit Isaac Lardeau, de faire informer des subornations qui lui ont été faites, & d'adhérer aux plaintes desdits Nouette & Levacher & autres, & condamner les contestans solidairement aux dépens, tant ceux faits audit Parlement qu'au Conseil, & aux dommages & interêts envers ledit Lardeau ; par lequel Arrêt il est ordonné qu'aux fins de ladite Requête lesdits Colombier, de la Joue, Charpentier, Ragueneau, le Debotté, Pasquier, de la Planche, & les nommés Guitton & de la Cour, seront assignés au Conseil dans les délais du Réglement. Ensuite est l'assignation donnée en conséquence ausdits de la Cour, Ragueneau, Charpentier, de la Jouë, de la Planche, Pasquier, le Débotté & Colombier, à comparoir à la quinzaine du cinquiéme Avril 1703. Requête présentée au Conseil par ledit Lardeau, sur laquelle le sieur de Caumartin de Boissy a été commis pour faire son rapport de l'Instance du 30 dudit mois d'Avril. Appointement de Réglement signé en l'Instance, en vertu de l'Ordonnance dudit sieur Commissaire du troisiéme Mai audit an, entre lesdits Lardeau, de la Jouë, Charpentier, Ragueneau &

de la Planche, contenant la Requête verbale desdits Charpentier & consorts, afin que ledit Lardeau fût débouté de sa Requête avec amende & dépens. Autre Procès verbal dudit sieur Commissaire du 18 dudit mois de May, qui déclare le susdit Réglement commun avec ledit le Debotté. Lettres obtenues au grand Sceau par ledit Lardeau, afin de faire assigner au Conseil lesdits Jean-François Michel, Jean Guerin, le nommé Moreuf, Claude Lignieres, & Jacques Richer, pour assister dans ladite Instance, voir dire & ordonner que l'Arrêt qui interviendra entre les susdites Parties sera déclaré commun avec eux, du treize dudit mois de May 1703, au dos sont les assignations données au Conseil en conséquence ausdits Michel, Guerin, Moreuf, Lignieres & Richer, du seize dudit mois de May: Procès verbal dudit sieur Commissaire, qui regle les Parties sur lesdites Lettres avec lesdits Michel, Lignieres & Guerin, ensemble sur la Requête verbale desdits Michel, Guerin & consorts, afin que ledit Lardeau fût débouté de sa Requête avec dommages, intérêts & dépens, & joint à l'Instance, du cinq Juin audit an. Autre Procès verbal dudit sieur Commissaire, & son Ordonnance qui déclare le précédent Réglement commun avec ledit Richer, du cinq Juillet 1703, Requête présentée au Conseil par ledit Lardeau, employée pour satisfaire aux susdits Réglemens; ce faisant, & ayant égard à sa Requête insérée en l'Arrêt du Conseil du vingt-sept Mars 1703, casser & annuller ledit Arrêt du Parlement de Paris du 30 Août, signifié le seize Septembre 1702, & tout ce qui a été fait en conséquence, ordonner que ledit Lardeau sera élargi des prisons du Fort-l'Evêque, nonobstant toutes les recommandations faites de sa personne pour raison desdites Lettres de Change, l'écroué rayé & biffé, à quoi faire le Greffier & Géoliers contraints par toutes voyes, même par corps, & ce nonobstant toutes oppositions ou appellations quelconques, pour lesquelles ne sera différé; condamner ledit Colombier qui l'a fait emprisonner, & autres qui l'ont fait recommander, solidairement en dix mille livres de dommages & intérêts résultans de la longue détention dudit Lardeau: & ayant égard aux Lettres en assistance de cause contre lesdits Michel, Guerin, Moreuf, Lignieres & Richer; & pour faire droit sur le fonds des contestations, renvoyer les Parties au Grand-Conseil & aux Requêtes de l'Hôtel au Souverain, & condamner toutes les Parties adverses pour leur complot & surprises faites d'intelligence entr'elles audit Lardeau & autres mineurs, solidairement en tous les dépens: au bas est l'Ordonnance qui donne acte de l'emploi, au surplus en jugeant, du 27 Juillet 1703, signifiée le trente dudit mois. Requête présentée au Conseil par ledit Lardeau, sur laquelle le sieur Turgot, Maître des Requêtes, a été subrogé au lieu dudit sieur de Caumartin, du douze Novembre 1703. Autre Requête présentée au Conseil par lesdits Ragueneau, Marchand, Bourgeois de Paris, Jules de la Planche, Ecuyer, Intéressé dans les Affaires du Roy, Pierre Bernard Pasquier, Jean Guerin, Bourgeois de Paris, Jean-François Michel, Conseiller du Roy, Receveur général des Domaines & Bois du Comté de Blois, ayant droit par déclaration de Jean Charpentier, & par transport de Daniel & Louis Ragueneau, & ledit sieur Richer, employée pour satisfaire aux Réglemens de l'Instance, & afin que les conclusions par eux prises leur fussent adjugées avec l'amende ordinaire de quatre cens cinquante livres, dommages, intérêts & dépens: au bas est l'Ordonnance qui donne acte de l'emploi, au surplus en jugeant, du quatorze Novembre 1703, signifiée le 20 dudit mois. Défaut obtenu au Greffe du Conseil par ledit Lardeau, le onze May 1703, contre Colombier, faute de s'être présenté:

sur ladite assignation. Acte de présentation dudit Colombier, sur ladite assignation, du vingt-huit Janvier 1704. Procès verbal fait devant le sieur Commissaire, qui déclare les susdits Réglemens communs avec ledit Colombier, du trois Janvier 1704. Requête présentée au Conseil par ledit Lardeau, employée pour satisfaire audit Réglement, à ce qu'en adjugeant les conclusions ci-devant, déclarer les Sentences des Consuls rendues par défaut contre Lardeau, nulles, ordonner qu'il sortira des prisons, & lui adjuger ses autres conclusions ci-devant : au bas est l'Ordonnance qui donne acte de l'emploi, au surplus en jugeant, du vingt Mars dernier, signifiée ledit jour. Requête présentée au Conseil par ledit Colombier, d'emploi pour satisfaire aux susdits Réglemens, & à ce qu'il lui fût donné acte de la déclaration par lui faite dans son dire inséré audit procès verbal; du trente Janvier dernier, qu'encore qu'il pût soutenir la validité de l'Arrêt contradictoire dont la cassation est demandée ; que néanmoins, pour ne pas entrer dans cette discussion, il se rapporte au Conseil d'ordonner ce qu'il trouvera à propos, le tout aux risques, périls & fortunes dudit Lebrun, contre lequel il sera prononcé les condamnations portées par la demande contre lui faite par ledit Colombier, avec condamnation de dépens contre les succombans; au bas est l'Ordonnance qui donne acte de l'emploi, au surplus en jugeant, du quatre Avril dernier, signifié ledit jour. Lettres obtenues au grand Sceau par ledit Colombier, afin de faire assigner au Conseil ledit Lebrun, Agent de Change, pour voir déclarer commun avec lui l'Arrêt qui interviendra ; ce faisant, être condamné de faire cesser la demande en cassation dudit Lardeau ; sinon & à faute de ce, qu'il sera tenu des événemens & condamnations qui pourroient intervenir contre ledit Colombier, tant en principal, intérêts que dépens, & être en outre condamné en ses dommages & intérêts, du neuf Février 1704. Assignation donnée en conséquence audit Lebrun, le treize dudit mois. Procès verbal fait devant ledit sieur Commissaire, qui regle les Parties sur les fins desdites Lettres & joint, du trois Avril dernier. Requête dudit Colombier d'emploi pour satisfaire audit Réglement, & afin que ledit Lebrun fût tenu de faire cesser la demande en cassation dudit Lardeau ; sinon & à faute de ce, qu'il sera tenu des événemens & condamnations qui pourroient intervenir contre ledit Colombier, tant en principal, intérêts que dépens, avec dommages & intérêts, & en conséquence les Sentences des Consuls exécutées contre lui, & le condamner aux dépens de l'Instance, tant en demandant, défendant, que de la sommation : au bas est l'Ordonnance qui donne Acte de l'emploi, au surplus en jugeant, du vingt-six dudit mois d'Avril, signifiée ledit jour. Requête présentée au Conseil par ledit Lebrun, d'emploi pour satisfaire au susdit Réglement, & afin d'être déchargé de l'assignation à lui donnée au Conseil à la requête dudit Colombier, & condamner les contestans aux dépens : au bas est l'Ordonnance qui donne acte de l'emploi, au surplus en jugeant, du trois Mai dernier, signifiée ledit jour. Deux défauts obtenus au Greffe du Conseil par ledit Lardeau, contre lesdits de la Cour de Beauval & Moreuf, faute de s'être présentés sur les assignations à eux données, du vingt-six Février dernier. Deux demandes dudit Lardeau, au profit desdits défauts, afin qu'ils fussent déclarés avoir été bien & dûement obtenus, & pour le profit que les conclusions par lui prises lui soient adjugées. Lettres obtenus au grand Sceau par ledit Charpentier, afin qu'il lui fût permis de faire assigner au Conseil ledit Samuel Lardeau, pour assister à ladite Instance, & voir dire que l'Arrêt qui interviendra contre Isaac Lardeau son fils, sera déclaré commun avec lui ; ce faisant, que

les

les conclusions prises par ledit Charpentier, lui seront adjugées avec amende, dommages, intérêts & dépens, du vingt-neuf Juillet 1703. Défaut levé au Greffe du Conseil, par ledit Charpentier contre ledit Lardeau pere, faute de s'être présenté, du 26 Février 1704. Demande en profit dudit défaut dudit Charpentier, afin qu'il fût déclaré bien & duement obtenu, & que les conclusions par lui prises par lesdites Lettres lui fussent adjugées, & ledit Lardeau pere condamné aux dépens. Avertissement dudit de la Joue, de sa Requête, afin que les conclusions par lui prises soient adjugées avec amende & dépens: au bas est l'Ordonnance dudit sieur Commissaire, qui donne acte de l'emploi, au surplus en jugeant, du huit Juillet dernier, signifiée le neuf dudit mois; Extrait-Baptistaire dudit Isaac Lardeau, de la Religion prétendue Réformée, du vingt-quatre Décembre 1677, né le vingt-un dudit mois. Copie signifiée de Lettre de Change de onze cens cinquante livres, tirée de Rouen par Poisson sur Lardeau, rue Guenegaud, payable à la Cour de Beauval, au premier Juin 1701, ladite Lettre datée du dix-neuf Août 1700; au bas est l'adresse à Maître Lardeau, Interessé aux affaires du Roy, rue Guenegaud, de l'acceptation pour la payer à son échéance: ensuite est l'ordre dudit de la Cour de Beauval à Lebrun, le 10 May 1701, celui de Lebrun à la Planche, le vingt-cinq Juillet suivant. Ensuite est autre copie de Lettre de Change tirée le même jour de Roüen, de la somme de quinze cens livres par Lardeau, sur ledit Poisson à Paris, payable audit de la Cour de Beauval ou ordre au dix Juin 1701, & l'acceptation dudit Poisson pour la payer à son échéance; ensuite est l'ordre dudit de la Cour de Beauval à Briaud, du deux Octobre 1700; celui de Briaud à Lebrun, dudit Lebrun à la Noue, dudit la Noue à Puissant; & celui-ci audit la Planche, le dix-huit dudit mois d'Octobre. Protêt desdites deux Lettres par ledit la Planche contre lesdits Lardeau & Poisson, du huit Août 1701. Copie signifiée de deux Sentences des Consuls obtenues par défaut par ledit la Planche, qui condamne lesdits Lardeau & Poisson Négocians, solidairement & par corps, à payer lesdites deux mille six cens cinquante livres contenues ausdites Lettres, avec intérêts & dépens, des dix-neuf & vingt-deux Août 1701. Autre copie de Lettre de Change de quinze cens livres, tirée par Lardeau sur Poisson, payable dans un an à Paris, audit de la Cour de Beauval ou ordre, datée à Roüen du vingt Novembre 1700, acceptée par ledit Poisson pour la payer à son échéance; ensuite est l'ordre dudit de Beauval & Guérin du douze Février 1701, ensuite est aussi le protêt & assignation aux Consuls ausdits Lardeau & Poisson, du vingt-huit Novembre 1701, & la Sentence qui les condamne solidairement & par corps à payer audit Guerin lesdites quinze cens livres avec les intérêts & dépens, du cinq Décembre suivant. Assignation donnée à la requête de Pasquier audit Lardeau, Interessé dans les Affaires du Roy, aux Consuls, pour se voir condamner solidairement & par corps avec autres à payer quatorze cens livres, valeur reçue en une Lettre de Change du vingt-deux Novembre 1700, par lui acceptée, du 10 Décembre 1701. Commandement fait à la requête dudit Pasquier, en vertu de ladite Sentence des Consuls audit Lardeau, de payer lesdites mille quatre cens livres, en parlant à sa personne au Fort-l'Evêque, où il a été recommandé, du 15 Septembre 1702. Copie d'autre Lettre de Change tirée par Riboüin sur Lasnon de Saint Martin de deux mille huit cens douze livres, datée à Rouen, du dix Décembre 1700, acceptée par ledit Lasnon, payable audit Lardeau dans un an. L'ordre dudit Lardeau à Lebrun, celui de Lebrun à Colombier; assignation donnée aux Consuls audit Lardeau, Intéressé dans les Affaires du Roy, à la requête dudit Colombier ; pour se voir condamner & par corps à payer ladite somme, du trente Décembre 1701. Copie signifiée de la Sentence des Consuls, qui condamne solidairement lesdits Lardeau & Lalnon & par corps à payer ladite somme, du neuviéme Janvier mil sept cent deux. Certificat comme on ne connoît point à Rouen ledit Riboüin, & qu'il n'est point sur la liste des Marchands & Négocians de ladite Ville, du 26 Août 1702. Ecroue d'emprisonnement dudit Lardeau au Fort-l'Evêque le 6 Février 1702. Requête dudit Colombier, en vertu de ladite Sentence du 9 Janvier 1702. Copie signifiée d'autre Lettre de Change tirée de Rouen par la Mote, de mille livres, sur le sieur Nouette de Montanglois, payable au sieur Guitton du Tranchard ou ordre, dans un an, du 20 Janvier 1701, acceptée par ledit sieur Nouette, pour la payer à son échéance ; au bas est l'ordre dudit du Tranchard à Lardeau, & celui de Lardeau à Lebrun, & celui de Lebrun, à Ragueneau. Protêt & assignation donnée audit Nouette, à la requête dudit Ragueneau aux Consuls, pour se voir condamner solidairement avec ledit Lardeau à payer lesdites mille livres, & par corps, avec intérêt, du vingt-quatre Janvier 1702. Copie signifiée d'autre Lettre de Change tirée de Rouen par la Motte, le cinq Février 1701, sur ledit Nouette, de mille livres payables dans un an audit Lardeau ou ordre, & l'acceptation dudit Nouette, & l'ordre dudit Lardeau, pour payer à Tranchard, & celui de Tranchand à Moreuf, protestée audit Nouette ; ensuite est l'assignation donnée à la requête dudit Moreuf audit Lardeau aux Consuls, pour se voir condamner solidairement & par corps avec lesdits Tranchard & Nouette à payer lesdites mille livres, du six Février 1701, & la Sentence des Consuls qui adjuge lesdites conclusions par défaut du vingt-deux dudit mois, & la signification dudit Lardeau au Fort-l'Evêque avec commandement de payer, du quatre Mars audit an. Copie signifiée de Sentence des Consuls, obtenue par défaut par ledit de la Joue, qui condamne solidairement & par corps Chabray, Lebrun & Lardeau à payer la somme de huit cens livres, du seize Décembre 1701 ; ensuite est la signification à Lardeau, & le commandement de payer du vingt-quatre Décembre 1701. Autrecopie signifiée de Lettre de Change tirée de Rouen par la Motte, sur ledit Nouette, de deux mille cinq cens livres, dans un an, audit Lardeau ou ordre, du dix Janvier 1701, ensuite est l'acceptation dudit Nouette, pour la payer à son échéance, & l'ordre de Lardeau à Tranchard, celui de Tranchard à Yvernel, celui-ci à Lebrun sans garantie, & Lebrun à Charpentier. Protêt de ladite Lettre audit Nouette, à la requête dudit Charpentier, du dix Février 1702. Dénonciation d'icelui audit Lardeau, avec assignation aux Consuls, pour se voir condamner solidairement avec Tranchard & par corps à payer ladite somme de deux mille cinq cens livres, du 25 dudit mois de Février. Pareille assignation audit Lardeau, pour la Lettre de Change de deux mille cinq cens livres, du cinq Février 1701, du vingt-sept Février 1702. Copie de Sentence des Consuls qui permet audit Charpentier de faire recommander Lardeau pour la Lettrre de Change, du 10 Février 1701, & copie d'une autre Sentence, portant qu'il sera fait itératif commandement. Recommandation dudit Lardeau ausdites prisons du premier Mars 1702. Autre Sentence des Consuls obtenue par ledit Charpentier par défaut, qui condamne solidairement lesdits Guitton & Lardeau, à payer les deux mille cinq cens livres contenues en ladite Lettre de Change, du dix Février 1701. Autre copie signifiée de Lettre de Change tirée par ledit Lardeau sur les sieurs le Couteulx de Rouen de quinze cens livres, payable à Fossier ou ordre à onze usances; au dos est, Fossier, Farcy & Jean Torin, de vingt-cinq Juin 1701. Copie d'autre pareille Lettre de Change de même jour, de même somme & même endossement, ensuite le protêt desdites deux Lettres fait ausdits sieurs le Couteulx à Rouen, à la requête de Jugeries, qui a dit avoir l'ordre & la réponse desdits sieurs le Couteulx qu'ils ne connoissent point le tireur, du 22 Juillet 1701; ensuite est la dénonciation dudit protêt audit Lardeau, avec assignation aux Consuls, pour se voir condamner à payer ladite somme de trois mille livres & par corps, du vingt-deux Février 1702. Copie de la Sentence des Consuls, qui condamne ledit Lardeau, Marchand, à payer ladite somme & par corps, du dix-sept Mars audit an; ensuite est la signification de ladite Sentence, & la recommandation dudit Lardeau au Fort-l'Evêque du trente-un dudit mois. Copie signifiée d'autre Lettre de Change tirée de Rouen par Robert sur Lardeau de douze cens livres, payable à Cochard ou ordre au mois de May 1702, du premier Septembre 1701, ensuite est le protêt de ladite Lettre, & assignation aux Consuls audit Lardeau du trente May 1702. Copie de Sentence des Consuls par défaut, qui condamne ledit Lardeau & par corps à payer, du 4 Octobre audit an, ensuite est la signification & recommandation dudit Lardeau au Fort-l'Evêque. Lettres de Rescision obtenues par ledit Lardeau, contre les signatures par lui mises sur lesdites Lettres de Change, étant mineur, point Marchand Négociant, ni Intéressé dans les affaires du Roy, contenant aussi appel desdites Sentences des Consuls du onze Février 1702, ensuite est l'assignation donnée en conséquence audit Colombier. Copie d'appointement offert par ledit Colombier audit Lardeau, auquel il donne la qualité d'Intéressé dans les affaires du Roy; & l'Arrêt contradictoire qui appointe les Parties au Conseil, & sur la demande en Lettres en droit & joint, du 22 May 1702. Protestation dudit Lardeau, contre la qualité à lui donnée d'Intéressé dans les affaires du Roy, du premier Juin audit an. Autre Arrêt dudit Parlement, & de Réglement, & joint avec Guerin, de la Joue, Charpentier, Daniel & Louis Ragueneau, où ledit Lardeau est employé comme procédant sous l'autorité de son pere, du 18 Juillet 1702. Arrêt du Parlement, contradictoire, par lequel, sans s'arrêter à l'intervention de Samuel Lardeau, & Lettres de Rescision obtenues par ledit Isaac Lardeau fils, & Guitton, dont ils sont déboutés, met les appellations au néant; ordonne que ce dont a été appellé sortira effet; condamne lesdits Isaac Lardeau & Guitton ès amendes de douze livres, & lesdits Isaac & Samuel Lardeau & Guitton aux dépens chacun à leur égard envers lesdits Colombier, de la Joue, Charpentier, Daniel & Louis Ragueneau, Debotté & Pasquier, du 30 Aout 1702, signifié le 16 Septembre suivant. Copie des Lettres de Baccalaureat, & Certificat d'Etudes & Licences dudit Isaac Lardeau à Paris, du 16 Janvier 1699. Copie d'Arrêt du Conseil, portant, que tous ceux qui auront signé des Billets portant promesse de fournir des Lettres de Change avec remise de place en place, seront contraignables par corps, du 17 Juin 1669. Déclaration du Roi donnée en interprétation de l'Article I. du Titre VII. de l'Ordonnance de 1673; portant que cet Article contenant contrainte par corps sera exécuté contre tous les Gens d'Affaires, soit que leurs Billets doivent être acquittés à un Particulier y nommé, à son ordre ou au porteur, du 20 Février 1692. Copie non signée d'un Arrêt du Parlement de Paris, contradictoire, qui confirme une Sentence des Consuls, qui avoit condamné par corps une femme à payer cent soixante-cinq livres contenues en une Lettre de Change, du 30

Mars 1676. Autre copie d'un Arrêt du Parlement de Paris, contradictoire, qui confirme une Sentence des Consuls, qui avoit condamné par corps le sieur Marquis de Choiseul, à payer le contenu en plusieurs Lettres de Change, du 29 Avril 1683. Copie d'autre Arrêt dudit Parlement, contradictoire, qui déboute de l'appel d'une Sentence des Consuls, qui avoit condamné par corps le Normand, du 28 Avril 1687. Autre Arrêt dudit Parlement, contradictoire, qui confirme des Sentences des Consuls qui avoient condamné par corps le sieur Bernard, Conseiller au Grand-Conseil, du 15 Août 1690. Autre Arrêt dudit Parlement, contradictoire, qui confirme une Sentence des Consuls, rendue contre le sieur le Normand, Conseiller au Parlement de Metz, qui le condamnoit à payer le contenu en une Lettre de Change, par corps, du 29 Août 1702. Copie d'autre Arrêt dudit Parlement, contradictoire, qui confirme des Sentences des Consuls, qui avoient condamné par corps à payer le contenu en des Lettres de Change, du 15 Février 1697. Quittance donnée par ledit Michel, ayant droit par déclaration de Charpentier, au sieur Guitton du Tranchard pere, stipulant pour son fils, de la somme de deux mille livres, à déduire sur six mille livres de principal, contenues en trois Lettres de Change acceptées & endossées par ledit Guitton fils, qu'il avoit été condamné de payer par les susdites Sentences des Consuls confirmées par ledit Arrêt du 30 Août 1702, & quitté ledit Michel de tous frais & dépens & d'aucuns recours, sans préjudice de la solidité contre les autres y dénommés autres que ledit Guitton qui est déchargé de la solidité, du 12 Mars mil sept cent trois. Copie d'Arrêt du Parlement, contradictoire, qui déboute ledit Lardeau de sa demande afin d'être élargi des prisons par provision, du 2 Avril mil sept cent deux. Ecritures & production desdits Lardeau, Michel & Consorts. Requête présentée au Conseil par ledit Lardeau, employée pour contredits contre la production desdits Michel, Ragueneau & Consorts, du 18 Mars 1704. Autre Requête desdits Michel & Consorts, employée pour contredits contre la production dudit Lardeau du 21 Mai audit an : Autre Requête présentée au Conseil par ledit Lardeau, afin de production nouvelle des piéces ci-après, & l'Ordonnance qui reçoit lesdites piéces du 12 Janvier 1704 ; la premiere est une Requête présentée aux Consuls de Paris par le sieur Hardy de Vicq, afin d'être reçu Partie intervenante dans l'Instance d'entre son fils, comme son tuteur, & ledit Colombier & le nommé Bruslé, & afin d'être reçu opposant à l'exécution des Sentences de condamnation qui pourroient avoir été obtenues contre sondit fils, & en conséquence de sa minorité & de sa qualité de Mousquetaire, & de la fraude évidente, le décharger du payement de trois mille livres contenues dans deux Lettres de Change de chacune quinze cens livres, avec dépens ; au bas est l'Ordonnance qui permet d'assigner, & cependant défenses du 15 Novembre 1701. La deuxiéme sont des Lettres de Rescision obtenues par ledit sieur de Vicq, contre lesdites deux Lettres de Change, adressées ausdits Juge & Consuls, du seize Novembre 1701. La troisiéme est une Sentence portant, que les piéces seront mises sur le Bureau, du vingt-un Novembre 1701. La quatriéme est une Sentence par défaut, qui entérine lesdites Lettres de Rescision, décharge ledit sieur de Vicq du payement du contenu ausdites Lettres, & le reçoit opposant aux Sentences auparavant obtenues, du vingt-cinq Novembre, signifiée le 9 Décembre 1701. La cinquiéme est une copie d'Arrêt du Parlement, contradictoire avec ledit Lebrun, Appellant de la procédure extraordinaire contre lui faite au Châtelet, & Décret de prise de corps contre lui décerné par le Lieutenant Criminel, pour des Billets de Change; par lequel, entr'autres choses l'appellation est mise au néant, avec amende & dépens, dudit jour 9 Decembre 1701. La sixiéme du quatorze Juin 1702, est une copie de la Sentence du Châtelet obtenue par défaut par le sieur Nouette, Curateur créé à l'interdiction de son fils; contre lesdits Ragueneau, Michel, Moreuf, Bourdin & Mondet, qui entérine les Lettres de Rescision obtenues par ledit Nouette, & le remet en pareil état qu'il étoit avant les Lettres de Change ou Billets par lui signés, acceptés & endossés pendant sa minorité, & depuis son interdiction; & le décharge du payement. La septiéme, du 21 Décembre 1703, est la copie d'un Arrêt contradictoire du Parlement, entre Charpentier appellant d'une Sentence des Consuls, & ledit sieur Nouette; par lequel, sur l'avis des Gens du Roy, les Parties sont renvoyées à la Tournelle, pour y être jugées ainsi qu'il appartiendra. La huitiéme du 7 Mars 1703, est une copie d'autre Sentence contradictoire dudit Châtelet entre le sieur Lasnon, Curateur à l'interdiction dudit sieur Lasnon son neveu, & ledit Colombier; qui entérine les Lettres de Rescision dudit Lasnon, & remet les Parties au même état qu'elles étoient avant l'arrêté fait entr'elles, & acceptation des Lettres de Change, Billets & Actes obligatoires, du contenu desquels ledit Lasnon est déchargé. La neuviéme, du 12 Novembre 1702, est une copie d'Acte, par lequel ledit la Planche déclare, qu'il ne prétend aucune chose en une Lettre de Change d'onze cens cinquante livres, du 19 Août 1700, tirée par Poisson sur Lardeau, à l'ordre dudit de la Cour de Beauval, qui l'a passé à Lebrun, & la Planche, qui l'a passé à Michel: ni en quinze cens livres contenues en une Lettre de Change datée de Rouen dudit jour 19 Août 1700, tirée par Lardeau sur Poisson, au profit dudit de la Cour de Beauval, qui a passé son ordre à Brian, lui à Lebrun, & Lebrun audit de la Cour de Beauval, celui-ci à Perauseau, & ledit Perauseau à la Planche, qui l'a mis audit Michel; sur lesquelles il a obtenu Sentence des Consuls, les 19 & 22 Août 1701, contre Poisson & Lardeau; & que le tout appartient audit Michel. Ensuite est la signification audit Lardeau, du 13 Novembre 1702. La dixiéme, du 14 Mars 1703, est la copie du transport fait par la Thorin, Marchande à Alençon, au sieur Richer Curé de Breux, avec garantie de trois mille livres & intérêts, frais & dépens à elle dûs, comme ayant droit par déclaration dudit Debotté, du 21 Février 1702, par lesdits Lardeau, Fossier & Farcy, contenus en une Sentence confirmée par Arrêt, & provenant de deux Lettres de Change y énoncées, ledit transport à déduire sur ce que ladite Thorin doit audit Richer: ensuite est la signification du même jour audit Lardeau. La onziéme, du 21 Juin 1689, est un Imprimé d'Arrêt contradictoire du Parlement de Paris, qui entérine les Lettres de Rescision obtenues par Bastier, & remet les Parties au même état qu'elles étoient avant les Billets de Change en question, déclare les emprisonnemens & recommandations de Bastier nuls, décharge Bastier pere, de la représentation de son fils, & condamne les Particuliers porteurs desdites Lettres de Change, pour tous dommages & intérêts, en tous les dépens. La douziéme & derniere du 8 Août 1701, est copie d'autre pareil Arrêt contradictoire, qui infirme des Sentences des Consuls, entérine des Lettres de Rescision, & remet les Parties au même état qu'elles étoient avant les acceptations des Lettres de Change des premier Août & 27 Septembre 1699, & en conséquence décharge les nommés Jambin des condamnations portées par lesdites Sentences contre du Loygnis. Autre Requête dudit Lardeau, de production nouvelle de piéces ci-après: au bas est l'Ordonnance qui les reçoit, du 18 Mars dernier, signifiée le 21 dudit mois. La premiere, du 2 Janvier 1703, est copie d'acte par lequel Charpentier déclare qu'il ne prétend aucune chose en la somme de six mille livres contenues en trois Lettres de Change; l'une de mille livres, datée à Rouen le 6 Avril 1700, tirée par Duval sur Nouette de Montanglois, & de lui acceptée, payable à l'ordre du sieur Guitton, qui a endossé en blanc ladite Lettre, de même que ledit sieur Lardeau, l'autre de deux mille cinq cens livres, tirée par le sieur de la Mote de Rouen, le 10 Février 1701, sur ledit sieur Nouette de Montanglois, & de lui acceptée, payable à l'ordre du sieur Lardeau, qui l'a passé au sieur Guitton du Tranchard, lui à Ivernel, & Ivernel à Lebrun, & Lebrun à Charpentier; & la derniere aussi tirée par ledit de la Mote, dattée à Rouen le 15 Février 1701, sur ledit sieur Guitton du Tranchard, & de lui acceptée, payable à l'ordre dudit sieur Nouette, qui l'a passé à Lardeau, Lardeau à Ivernel, celui-ci à Lebrun, & Lebrun à Charpentier, sur lesquels il a été obtenu des Sentences des Consuls sous le nom dudit Charpentier, les 27 & 1 Mars 1702, par Arrêt contradictoire du 30 Août suivant, que le tout appartient audit Michel, auquel il n'a fait que prêter son nom, & ladite déclaration acceptée par ledit Michel, qui a promis d'indemniser ledit Charpentier. La deuxiéme du 6 Avril 1700, est copie collationnée & figurée de Lettre de Change, datée de Rouen, tirée par Duval sur ledit Guitton, payable audit Nouette, de la somme de mille livres payable dans un an; ensuite est l'acceptation dudit Guitton, bissé l'ordre dudit Nouette à Lardeau, celui de Lardeau à Lebrun, Lebrun à Pilliers barré, & celui de Lebrun à Moudet, & plus bas la signature de Moudet rayée. La troisiéme du 16 Octobre 1702, est copie d'Acte par lequel ledit Moudet transporte sans garantie audit Colombier, à ses risques, la somme de mille livres contenue en une Lettre de Change, au payement de laquelle somme les endosseurs ont été condamnés par Sentence des Consuls des 4 & 6 Octobre 1702, dont il le fait porteur, le met & subroge en ses droits moyennant pareille somme de mille livres, ensuite est la signification ausdits Guitton & Nouette, du 16 Novembre audit an, & le transport sous seing privé fait sans aucune garantie ni recours quelconques par ledit Colombier audit Michel, auquel il a remis la lettre & la Sentence de condamnation, valeur reçue dudit Michel, du 14 Février 1703. La quatriéme du 12 Février dernier est un certificat des Agens de Change comme Lebrun ne l'est pas. La cinquiéme, du 16 Juillet 1702, est l'écroue dudit de la Cour de Beauval au Fort-l'Evêque en vertu de Sentence des Consuls, & pareil emprisonnement dudit Lebrun le 19 Décembre 1703 étant ensuite. La sixiéme, du 19 Janvier 1703, est copie de Sentence du Châtelet obtenue par Debotté par défaut, portant que dans huitaine la Thoring subira l'interrogatoire sur les informations contr'elle faites à la requête dudit Debotté; sinon, convertir le décret d'ajournement personnel en décret de prise de corps. La septiéme du 22 Septembre 1702 est copie d'autre Sentence des Consuls entre ledit Michel & le sieur Nouette pere, qui renvoye les Parties au Châtelet. La huitiéme & derniere du même jour, est une pareille copie de Sentence obtenue par Charpentier, ayant pouvoir de Michel. Autre Requête présentée au Conseil par ledit Ragueneau, Michel & Consorts, contenant production nouvelle des piéces ci-après: au bas est l'Ordonnance qui reçoit lesdites piéces, du 15 Avril, signifiée le vingt-huit dudit mois : la premiere du 7 Février 1701 ; est l'Extrait-Baptistaire de Simon Chopin : la deuxiéme du 10 Mars 1701, est copie non signée de Lettres de Change tirée de Rouen sur Chopin, Intéressé dans les affaires du Roi, de dix-huit cens livres payables à l'ordre du sieur Mongrand, à la fin d'Août lors prochain, acceptée par ledit Chopin, pour la payer à son échéance, ensuite sont des ordres barrés, dont le dernier est audit Michel : la troisiéme du 6 Septembre 1702, est une Sentence des Consuls obtenue par défaut par ledit Michel, qui condamne Chopin à lui payer deux mille cent soixante livres contenues en deux Lettres de Change, avec les intérêts & par corps : la quatriéme du 11 Septembre 1702, est la Requête présentée aux Consuls par ledit Chopin, afin d'opposition ausdites Sentences & renvoi devant ses Juges naturels, n'étant ni Marchand ni Négociant, & cependant défenses ; au bas est la permission d'assigner & défenses, avec l'assignation donnée en conséquence audit Michel : la cinquiéme, est copie des Lettres d'Etat obtenues par ledit Chopin, Capitaine d'un Régiment d'Infanterie, du 8 Août 1702, au bas est la signification d'icelle audit Michel. La sixiéme, du 13 Novembre 1702, est l'Arrêt du Conseil d'Etat sur la Requête dudit Michel, qui leve la surséance portée par lesd. Lettres d'Etat à cet égard obtenues & à obtenir. La septiéme du 18 Décembre 1702, est la Sentence des Consuls par défaut, qui déboute ledit Chopin de son opposition, & leve les défenses. La huitiéme, du 12 Novembre 1703, est l'emprisonnement dudit Chopin, en vertu desdites Sentences. La neuviéme du 7 Décembre 1703, est l'Arrêt du Parlement, contradictoire entre le Curateur dudit Chopin & ledit Michel, qui déboute quant à présent ledit Curateur de sa demande afin d'élargissement, sauf à lui à se pourvoir au Châtelet, & le condamne aux dépens. La dixiéme & derniere est le transport fait par ledit Michel à Etienne Bernard desdites deux mille cent soixante livres, intérêts, frais & dépens, sans aucune garantie que de ses faits & promesses, moyennant deux mille cent soixante livres pour le principal, trois cens quarante pour les intérêts, frais & dépens, payés par ledit Bernard audit Michel, du 13 Décembre 1703. Autre Requête présentée au Conseil par ledit Lardeau, de production nouvelle d'un Imprimé d'Arrêt contradictoire de la Cour des Aydes de Paris, du 10 Janvier dernier, qui enterine des Lettres de Rescision prises contre les Billets de Change faits par des mineurs intéressés dans les Affaires du Roy : au bas est l'Ordonnance qui reçoit ladite piéce, du 8 Mai dernier, signifiée le 9 dudit mois. Autre Requête présentée au Conseil par lesdits Ragueneau, Michel & Consorts, de production nouvelle des piéces ci-après, & employée pour réponses & contredits aux Requêtes & production nouvelle dudit Lardeau, des 30 Juillet 1703, 12 Janvier & 18 Mars dernier ; au bas est l'Ordonnance & la signification du 21 Mai suivant. La premiere, est copie de l'Arrêt du Parlement, sur la requête dudit Lebrun, qui le reçoit Appellant de la procédure criminelle contre lui faite à la requête dudit sieur Nouette pere, comme Curateur de son fils ; ordonne que sur l'appel les Parties auront audience au premier jour, cependant défenses, du 16 Juin 1703. La deuxiéme, du 12 Novembre 1702, est la déclaration faite par la Planche au profit de Michel, comme il ne prétend rien en deux Lettres de Change ci-devant insérées. La troisiéme, du 12 Mars 1703, est autre déclaration de Charpentier & quittance donnée à Guitton, aussi ci-devant, & une décharge donnée par Ragueneau à Guitton de mille livres. La quatriéme du 10 Avril 1703, est la remise faite par Ragueneau audit Michel, des billets, Sentences & autres procédures de l'Instance, comme prenant son fait & cause. La cinquiéme, du 16 Novembre 1703, est l'Extrait Baptistaire dudit Poisson. La sixiéme, du 30 Mars 1699, est un Extrait comme ledit Nouette fils a été Directeur pour la recherche de la Noblesse en Auvergne, de ladite année 1699; & la septiéme & derniere, est autre Extrait Baptistaire de Guillaume Morisse, du 21 Février 1673. Autre requête présentée au Conseil par ledit Lardeau, de production nouvelle, de l'original de la Lettre de Change du 6 Avril 1700 de la somme de mille livres: au bas est l'Ordonnance qui reçoit ladite piéce du 8 Août 1704, signifiée ledit jour. Autre requête présentée au Conseil par lesdits Ragueneau, Michel & Consorts, de production nouvelle d'un protêt fait aux sieurs le Couteulx de Rouen, de deux Lettres de Change de quinze cens livres chacune, tirées sur eux par Lardeau, du 2 Juillet 1701, une Procuration donnée par ledit Debotté, pour constituer ledit Lardeau prisonnier, du 21 Février 1702, & une reconnoissance faite par ledit Debotté le même jour, comme lesdites Lettres ne lui appartiennent pas, mais à ladite Thorin; réponse dudit Lardeau à ladite production nouvelle du 9 dudit mois d'Août; original de la Lettre de Change tirée de Rouen par Robert, le 1 Septembre 1701 sur Lardeau, qui l'a acceptée pour payer à Cochard ou ordre, douze cens livres au 20 Mai suivant; au dos est l'ordre de Cochard à Linieres, du 15 Janvier 1702. Protêt de ladite Lettre du 30 Mai 1702. Sentence des Consuls qui condamne Cochard par corps à payer lesdites douze cens livres, du 16 Juin 1702. Autre Sentence des Consuls qui condamne pareillement ledit Lardeau par corps du 27 Septembre 1702. Commandement audit Lardeau de payer, & recommandation dans les prisons des 19 & 21 Octobre 1702. Requête présentée au Conseil par ledit Lardeau, employée pour contredits contre la production dudit Linieres, du 15 Mars 1704. Autre Requête dudit Linieres employée pour contredits contre les Requêtes de production nouvelle dudit Lardeau, des 12 Janvier & 21 Mars derniers, & pour salvations contre sa requête de contredits du 15 dudit mois de Mars; au bas est l'Ordonnance du 16 Avril signifiée le 18. Salvations & réponses dudit Lardeau contre ledit Linieres, des 20 & 24 Mai dernier; copie de la Lettre de Change tirée de Rouen par Riboüin, sur le sieur Lasnon de Saint Martin, payable au sieur Lardeau, Intéressé dans les Affaires du Roi ou ordre, de deux mille huit cens douze livres dans un an: au bas est l'acceptation du sieur Lasnon pour la payer à son échéance, & l'ordre de Lardeau à Lebrun, & celui de Lebrun à Colombier. du 10 Décembre 1700. Sentence obtenue par défaut aux Consuls par ledit Colombier, qui condamne solidairement & par corps au payement du contenu en ladite Lettre & intérêts, lesdits Lasnon, Lardeau & Lebrun, du 5 Janvier 1702. Copie de la Lettre de Change tirée de Rouen par Duval audit Lardeau, pour payer à Chabray au mois de Novembre 1701 huit cens livres; au bas est l'acceptation de Lardeau & l'ordre de Chabray à Lebrun, celui de Lebrun à de la Joüe du 6 Février 1701. Protêt de ladite Lettre à Lardeau, du 10 Décembre suivant; & la Sentence des Consuls qui condamne solidairement & par corps lesdits Chabray, Lebrun & Lardeau à payer lesdites huit cens livres, du 16 dudit mois de Décembre; emprisonnement dudit Chabray au Châtelet faute de payement, à la requête dudit de la Joue, du 7 Avril 1702. Requête présentée au Châtelet par ledit de la Joue, afin que les huit cens livres consignées par ledit Chabray, pour avoir liberté de sa personne, lui fussent délivrées, &

& assignation donnée en conséquence du neuf dudit mois. Sentence du Chatelet portant, que ladite somme sera délivrée audit de la Joue, sauf le recours dudit Chabray contre Lardeau, du dix Janvier 1702. Commandement au Geolier de délivrer ladite somme, qui a été payée audit de la Joue, le treize dudit mois de Janvier. Requête dudit Lardeau, employée pour contredits contre la production dudit de la Joue; au bas est l'Ordonnance du premier Juillet dernier, signifiée ledit jour. Autre Requête dudit de la Joue, employée pour salvations ausdits contredits de Lardeau, du huit dudit mois de Juillet, signifiée le neuf dudit mois; écritures & productions desdits Lardeau, Ragueneau, Michel & Consorts, de la Joue, Linieres, Colombier & Lebrun; deux sommations faites audit Debotté, de produire de sa part, des 2 Août & 12 Décembre 1703. Certificat du Greffier du Conseil de cejourd'hui, comme de la part dudit Debotté il n'a été produit aucune chose; & tout ce que par les autres Parties a été écrit & produit pardevers le sieur Turgot, Maître des Requêtes, Commissaire à ce député. Oui son rapport, après en avoir communiqué aux Sieurs de Ribeyre, de Fourcy, Chauvelin, d'Argouges, de Rannes, de Harlay, & Roulier du Coudray, Conseillers d'Etat ordinaires, & Commissaires à ce députés, par Ordonnance du Conseil du vingt huit Avril dernier: Et tout considéré. LE ROY EN SON CONSEIL, faisant droit sur l'Instance, a débouté & déboute ledit Isaac Lardeau de ses demandes, & l'a condamné aux dépens envers toutes les Parties, & néanmoins sans amende: a déclaré le défaut contre ledit Samuel Lardeau, bien & duement obtenu; pour le profit, a déclaré le présent Arrêt commun avec lui, & l'a condamné aux dépens dudit défaut. Fait au Conseil d'Etat Privé du Roy, tenu à Versailles, le douziéme Août mil sept cent quatre. Collationné. *Signé*, DESVIEUX.

Au Porteur.] Voir l'Edit du mois de May 1716, rapporté ci-dessus sur l'article premier du Titre des Lettres & Billets de Change.]

ARTICLE II.

LES mêmes contraintes auront lieu pour l'exécution des contrats maritimes, *grosses avantures*, *chartes parties*, ventes & achats de vaisseaux, *pour le fret & naulage*.

Grosses avantures.] Ce Contrat est communément nommé Bomerie ou prêt à la haute & grosse Avanture. Bomé en langage Flamand, signifie la quille du navire, & Bomerie quille équippée & garnie. La nature de ce Contrat est, que le Maître ou le Bourgeois qui emprunte oblige le navire; c'est-à-dire, que si le vaisseau est pris ou perdu, il sera & demeurera perdu pour tel Créancier; & s'il revient, la somme principale & l'intérêt & profit stipulé lui seront payés, suivant la Loi 1, & la Glose sur cette Loi *si merces periculo creditoris navigent;* (*Glos. hoc scilicet expresso à creditore*) *tunc pecunia fit trajectitia*, (*Glos. id est, perire debet periculo creditoris*,) sur laquelle on peut voir ce que Mornac a remarqué. Cet intérêt & profit stipulé revient ordinairement à une grosse somme, comme de vingt-cinq pour cent, *Julius Paulus receptar. sentent. lib.* 2, *tit.* 13, §. *trajectitia*, *Cujac. ad l.* 4, *ff. de Naut. fin.* néanmoins il est approuvé & reçu pendant que le hazard dure & non après que le navire est arrivé au port, *l.* 4, *in pr. ff. de Naut. fœn. & l.* 1, *C. eod.* suivant le raisonnement de Dumoulin, *tract. de usur. num.* 98 & 102, & *seq. & tract. contract. usur. de traject. quæst.* 3 & 4. *Navarr.* sur le chapitre dernier, *de usur. & in Enchirid. cap.* 17, *num.* 484, *& seq.* La raison est, parce que le créancier qui prête de l'argent pour trafiquer sur mer, prend sur soi le hazard de la perte de l'argent, *lib.* 1, *C. de Naut. fœn. & l.* 5, *ff. eod.* & qu'il ne prête que dans cette espérance, que si *incolume redeat à navigatione navigium, accipiat ex advectæ mercis exoticæ pretio, quasi ex quodam agro fertili, longè plura quàm intulerit.* C'est pour cela aussi que l'argent à profit est exempt de la contribution à aucune avarie, qui est toute sorte de dépense, dommage, tare & empirance ordinaire & extraordinaire, *Scacc. fol.* 340 *&* 341. La raison est, parce que le profit est *pensatio vel æquamentum periculi*, comme dit Dumoulin, sur ladite Loi 5, *de Naut. fœn.* mais il contribue au rachat, composition & jets faits pour sauver le total, pour soulager le navire & se garantir du naufrage, Guidon ou Contrats maritimes, ch. 19, art. 5, & Cleirac, sur le même article.

Chartes parties.] C'est le Contrat de garnison ou de fretement, passé entre le Maître du Navire & le Marchand chargeur, contenant facture, ensemble ce à quoi chacun d'eux est reciproquement obligé, lequel Contrat le Maître du Navire est tenu de porter & rapporter en voyage. Il est appellé *Calendarium Nauticum*, *&* charte partie, *quod utrobique & penes exercitorem & penes defensores civitatis deponitur ad securitatem pecuniæ illius collatitiæ omnium civium, Mornac. ad dictam l.* 1, *ff. de Naut. fœn. Tancred. de Corneto apud Speculat. in summâ, tit. de instrum. ed.* §. 1, remarque, que *in deposito solet fieri instrumentum: in quo quædam litteræ & charta per medium incidantur, una pars datur depositario & alia deponenti.* C'est delà que Monsieur le Président Boyer, décis. 105, tire l'origine du mot de *chartes parties*, & il dit, que cela commença de se pratiquer du tems que les Notaires étoient Clercs, parce qu'en ce tems-là, le Marchand & le Maître faisoient écrire leurs conventions sur une charte en papier, & on coupoit ensuite la piéce en deux, dont chacun retenoit une portion, & au retour ils ajoutoient les deux piéces, afin que par cet assemblage ils fussent certains de leurs pactes & conventions. Gregoire de Tours dit, au second livre de son Histoire, que le Roi Childeric & Guinebault son fidéle Conseiller en userent de cette maniere: *Divisere simul unum aureum, & unam partem secum detulit Childericus. Aliam verò amicus ejus retinuit, dicens: Quando hanc partem tibi misero, partesque conjunctæ unum fecerint solidum, tunc ex securo animo in patriam repedabis.* Ce qui fut aussi pratiqué par les Romains au rapport d'Isidore, *lib.* 5, *Origin. cap. de instrum. legal. Veteres enim quando aliquid sibi promittebant, stipulam frangebant, quam iterum jungentes suas sponsiones agnoscebant, inde stipulationes in jure dictæ sunt. Cleirac.* sur l'art. XIX. de la Jurisdiction de la Marine.

Pour le fret & naulage.] Le loyer des vaisseaux Marchands est nommé *fret*, *à freto*, qui est un manche ou bras de mer, un détroit entre deux terres, & celui des vaisseaux de guerre *naulage* ou *nolis.* Le payement du fret est préférable sur le provenu de la cargaison à toutes autres dettes quelles qu'elles soient, *l. hujus enim, & ibi Mornac. ff. qui potior in pign. hab.*

TITRE VIII.

DES SEPARATIONS DE BIENS.

Ce qui doit être observé dans les séparations de Biens.

ARTICLE PREMIER.

DANS les lieux où la Communauté de biens d'entre mari & femme est établie par la Coutume & par l'usage, la clause qui y dérogera dans les Contrats de mariage des Marchands Grossiers ou Détailleurs, & des Banquiers, *sera publiée à l'Audience* de la Jurisdiction Consulaire, s'il y en a; sinon dans l'Assemblée de l'Hôtel commun des Villes, & insérée dans un tableau *exposé en lieu public*, à peine de nullité: & la clause n'aura lieu que du jour qu'elle aura été publiée & enregistrée.

Sera publiée à l'Audience.] Cet article contient deux dispositions qui sont importantes pour la sûreté des créanciers, & pour prévenir par l'autorité publique & judiciaire les fraudes qui se pourroient commettre par les conjoints, en dérogeant par des actes secrets à la Communauté de biens introduite & autorisée par les Coutumes, sous la foi desquelles les créanciers auroient pû traiter avec eux. La premiere, *que la clause qui dérogera dans les Contrats de mariage des Marchands & Banquiers, sera publiée & insérée dans un tableau public*; & la seconde, *que la clause qui y dérogera, n'aura lieu que du jour qu'elle aura été publiée & enregistrée.* Pour ce qui est de la premiere, il importe extrêmement au public que ces clauses soient connues de tout le monde, afin que ceux qui prêteront leurs marchandises & leur argent prennent mieux leur sûreté; car il est constant qu'il y a plus de danger à prêter à un Négociant dont la femme n'est pas en Communauté, qu'à un autre qui le seroit. La raison est évidente, d'autant que la femme commune en biens met ordinairement en Communauté le tiers ou la moitié de la somme qu'elle a apportée comptant à son mari en faveur de mariage; & si elle n'a apporté que des immeubles, le tiers ou la moitié est ordinairement ameubli: & ainsi le mari venant à faire faillite, & la femme renonçant à la Communauté, prend la somme qu'elle a mise en la Communauté, à moins qu'il n'y ait quelque stipulation contraire; & s'il n'y a point de Communauté, la femme devient créanciere de l'entiere somme qu'elle a apportée en mariage, & des autres avantages qui lui ont été faits par le Contrat, & vient en contribution au sol la livre avec les autres créanciers, au moyen de ce qu'il a été dérogé à la Communauté établie par la Coutume & par l'usage; & si elle ne lui a apporté que des immeubles, elle les emporte, sans que les créanciers y puissent rien prétendre. Pour ce qui est de la seconde disposition de cet article, elle est aussi très-importante, d'autant que la clause de dérogation à la communauté de biens est nulle, pour avoir manqué aux formalités requises par cet article; cette nullité a cet effet, que la femme est censée commune, & que ses biens sont communs & confondus avec ceux de son mari. Par l'article 243 de l'Ordonnance du feu Roi, touchant la séparation de biens, il est porté, *que des Tableaux seront mis & affichés aux Greffes des Jurisdictions ordinaires, contenant les noms des personnes mariées qui sont séparées de biens, de ceux qui auront fait cession, & de ceux ausquels l'administration de leurs biens, & la liberté de contracter est interdite; & que les cessions, séparations, & interdictions seront publiées en Jugement, sans préjudice des Coutumes par lesquelles il est requis plus grande solemnité, le tout à peine de nullité à l'égard des créanciers.*

Exposé en lieu public] C'est-à-dire, que le tableau doit être mis, non pas dans une place publique de la Ville, ni sur celle du Change, mais dans les Jurisdictions Consulaires, ou dans l'Hôtel de Ville (lorsqu'il n'y a point de Jurisdictions Consulaires) à l'endroit le plus apparent, & où il y a plus grand concours de monde, comme dans la Chambre où se tient l'Audience de la Jurisdiction Consulaire, & dans celle de l'Hôtel de Ville où se tiennent les Assemblées générales des Prevôts des Marchands, Maires & Echevins, & autres Officiers de Ville, afin que tous les Négocians & autres puissent avoir connoissance des clauses dérogeantes à la communauté, & des séparations de biens d'entre mari & femme, & prendre là-dessus leurs mesures, *ne fraudi pateat occasio, & ut veritatis major crescat auctoritas*, comme dit le Roi Athalaric dans Cassiod. *lib.* 6. *variar. cap.* 18.

C'est la raison pour laquelle entre les Nations bien policées il y avoit un certain lieu où les actes publics qui devoient être connus par toutes sortes de personnes étoient enregistrés, comme en la Ville d'Athenes le Μητρῷον, ainsi que le décrit Athenée dans le VI & IX Livre des Deipnolophistes, à l'exemple dequoi les Empereurs ont ordonné que les Insinuations seroient faites *apud Magistrum census.*

ARTICLE II.

VOULONS le même être observé entre les Négocians & Marchands tant en gros qu'en détail, & Banquiers, *pour les séparations de biens d'entre mari & femme, outre les autres formalités en tel cas requises.*

Pour les séparations de biens d'entre mari & femme.] L'Ordonnance ne se contentant pas d'avoir prévenu les clauses qui pouvoient surprendre les Négocians dans les Contrats de mariage, a voulu encore pourvoir à ce que les conjoints par mariage ne surprennent & ne trompent dans la suite les Négocians, lesquels étant dans la bonne foi & dans l'opinion qu'ils pourroient avoir de la continuation d'une communauté contractée par le mariage, prêteroient leur bien & leur crédit. C'est la raison pour laquelle elle exige les mêmes formalités du précédent article, & que le feu Roi d'heureuse mémoire avoit exigées de toutes sortes de personnes, Marchands & autres, suivant l'article 143 de ses Ordonnances.

Outre les autres formalités en tel cas requises.] Il y a des Coutumes qui veulent, que la Sentence de séparation de biens d'entre mari & femme soit publiée en Jugement à jour ordinaire, ou au Prône de la Paroisse du second Dimanche qu'elle a été faite, & entr'autres la Coutume de Berry, tit. 1, §. 48 & 49, d'Orleans 178, Bourbonnois 78, Dunois 58; & cela afin que la séparation ne se fasse en fraude des créanciers du mari. Elle se doit faire aussi avec connoissance de cause: *Divortium ut quisque res suas habeat, autore Pratore, firmandum est descriptione, separatione bonorum, formulis omnibus conceptis in Provinciis, omnes apud earum Rectores de suis moribus & honestate perdoceant*; & par Arrêt du 25 Janvier 1600, rapporté par M. le Prêtre en la premiere Centurie de ses Questions, ch. 67, il fut jugé qu'une séparation de biens ne se pouvoit faire, pour être valable & avoir lieu, sans information précédente, bien qu'elle fût confirmée par Sentence, & qu'il n'y eût aucuns créanciers qui en reclamassent. Il faut encore remarquer que si après la séparation de bien le mari & la femme se rassemblent & mettent leurs biens en commun, l'effet de la séparation cessera, & les meubles & acquêts immeubles, même ceux qui sont échus & acquis pendant la séparation, entreront en la communauté, comme s'il n'y avoit point eu de séparation, demeurant valable tout ce qui a été contracté pendant icelle, par la raison de la Loi *cùm hic status*, §. *si divortiorum*, *vers. quid ergo*, *ff. de donat inter vir. & ux.* & la Loi 26. §. *ult ff. de pact. dot. nam & post verum divortium nuptiæ renovari possunt.* Il y en a un texte formel dans la Loi, *si mulier*, *ff. solut. matrim. si mulier diverterit, & judicio de dote contestato reversa fuerit in matrimonium, redintegrato matrimonio expirat judicium, & omnia in pristino statu manent.*

TITRE IX.

DES DE'FENSES ET LETTRES DE RÉPY.

☞ NOUS avons dans l'Ordonnance du mois d'Août 1669 un Titre des Répys, & une Déclaration en forme de Réglement, du 23 Décembre 1699, qui a étendu la matiere & qui forme une nouvelle Jurisprudence à laquelle il faut avoir recours pour en joindre les dispositions à celles du présent Titre, ausquelles elles servent de Supplément; ce qui détermine à placer cette Déclaration à la fin de ce même Titre.]

Ce qui est requis pour que les Négocians, Marchands ou Banquiers puissent obtenir des Défenses générales ou Lettres de Répy.

ARTICLE PREMIER.

AUCUN Négociant, Marchand ou Banquier ne pourra obtenir *des Défenses générales de contraindre*, ou Lettres de Répy, qu'il n'ait mis au Greffe de la Jurisdiction, dans laquelle les défenses ou l'enterinement des Lettres devront être poursuivies, de la Jurisdiction Consulaire s'il y en a, ou de Hôtel commun de la Ville, *un état certifié de tous ses effets*, tant meubles qu'immeubles, & de ses dettes, & qu'il n'ait représenté à ses Créanciers, ou à ceux qui seront par eux commis, s'ils le requierent, ses livres & registres, dont il sera tenu d'attacher le certificat sous le contre-scel des Lettres.

Des Défenses générales de contraindre.] Ces défenses générales s'obtiennent par les Négocians, Marchands & Banquiers, pour se garantir de la violence des créanciers inéxorables; & pour empècher la perte de tout leur bien, lequel étant saisi d'autorité de Justice, se vend à vil prix & se consomme en frais, & pour avoir le tems & le moyen de liquider leurs affaires, & de pourvoir au payement de leurs créanciers. Les défenses générales s'obtiennent d'autorité du Parlement ; & les Lettres de Répy sont des graces qui émanent du Roi ; ces Lettres ne laissent pourtant pas de faire quelque tache à leur honneur, en telle sorte qu'ils ne sçauroient être rétablis qu'en payant entierement leurs créanciers, & prenant des Lettres de réhabilitation.

Un état certifié de tous ses effets.] C'est afin que pendant ces défenses & le délai qui leur est accordé par les Lettres de Répy, ils ne puissent pas receler leurs effets ou les détourner, ce qui les rendroit indignes du bénéfice de cession, suivant la loi, *dolus, ff. mand.* comme il a été jugé au Parlement de Dijon, le 27 Novembre 1563. Bouvot, part. 2, sous le mot, *cession*, quest. un. & le 12 Mai 1615. Le même Auteur tom. 1, part. 1, sous le mot *restitution* en entier, quest. 1, *jura deceptis non decipientibus subveniunt, l. si sine voluntate*, 8, *G. ad Velleia.* Ils sont encore obligés de représenter leurs livres & registres, afin que les créanciers les puissent examiner, & voir si l'état par eux mis au Greffe est véritable & conforme aux livres & registres. *Bene igitur fecerint creditores, si libros exhiberi petierint, & rationes diligenter rimati fuerint; ex his enim fraudes, ex his dolum mercatoris, aut argentarii & aliorum subtili inquisitione perspicient:* mais cette représentation des livres ne se doit faire, que quand le débiteur aura fait signifier son Arrêt de défenses, ou Lettres de Répy, parce que dès-lors la faillite est ouverte, & que s'il falloit qu'ils représentassent leurs livres avant que d'avoir obtenu les défenses ou Lettres de Répy, les créanciers qui auroient la contrainte par corps contr'eux pourroient les faire emprisonner ; & s'ils étoient une fois prisonniers, ces défenses & Lettres de Répy ne leur serviroient plus de rien. Il faut encore remarquer, qu'il n'est pas nécessaire que ceux qui les ont obtenues, mettent l'état au Greffe de toutes les Jurisdictions énoncées dans l'article, mais il suffit que ce soit en l'un des Greffes.

ARTICLE II.

AU cas que l'état se trouve frauduleux, ceux qui auront obtenu des Lettres ou défenses, *en seront déchûs*, encore qu'elles ayent été entérinées, ou accordées contradictoirement ; & le Demandeur ne pourra plus en obtenir d'autres, ni être reçu au bénéfice de cession.

☞ Voir ma note sur l'article 5.]

En seront déchûs.] La raison est, parce que le dol & la fraude les rend indignes de cette grace, *indignus est beneficio legis qui in legem committit, l. 1. & l. fin. ff. quæ in fraud. cred.* & que c'est une chose égale de receler & de ne pas déclarer ses biens & effets, ou d'en dresser un état frauduleux pour frustrer ses créanciers. C'est pour cela que ceux qui veulent jouir de ce bénéfice doivent mettre en évidence leurs biens & leurs effets, exprimés dans l'état qu'ils en donnent, qui en est comme la description & l'inventaire, la quantité & la qualité d'iceux, tant meubles qu'immeubles, & leurs dettes ; & non-seulement leurs biens extans, mais encore ceux qu'ils ont alienés.

Ce qui doit être observé pour jouir de l'effet des défenses générales, ou Lettres de Répy.

ARTICLE III.

LES défenses générales & Lettres de Répy *seront signifiées dans huitaine* aux Créanciers, & autres intéressés qui seront sur les lieux; & n'auront effet qu'à l'égard de ceux *ausquels la signification aura été faite.*

Seront signifiées dans huitaine.] C'est afin que les Créanciers puissent déduire leurs moyens & causes d'oppositions contre ces défenses générales & Lettres de Répy, en cas qu'ils en ayent quelques-unes à proposer; ou qu'ils puissent être reçus à la preuve des faits, du dol & fraude de leur débiteur. Il faut encore remarquer, que si les débiteurs ne le font signifier dans la huitaine, ils en demeureront déchus; d'autant que s'ils étoient dans la liberté de les faire signifier quand bon leur sembleroit, cela pourroit donner lieu à de grandes contestations entre les débiteurs & les créanciers pour l'inéxécution de l'Ordonnance, pendant lesquelles les débiteurs n'étant pas pressés pourroient s'enfuir, & emporter frauduleusement tout leur bien; & il pourroit encore arriver qu'ils acheteroient pendant ce tems-là des marchandises, & qu'ils feroient ensuite signifier les défenses ou lettres; si bien que quoiqu'elles ne pussent avoir lieu à l'égard des marchandises achetées depuis l'obtention des lettres, ce seroit toujours matiere de procès pour ceux qui les leur auroient vendues. Il est vrai, que lorsque ceux qui ont obtenu des Lettres de Répy ou de Défenses, ont des créanciers demeurans dans les autres Villes du Royaume, il est juste de leur accorder un plus long délai pour les faire signifier, suivant la distance des Villes où ils ont leurs créanciers, parce qu'il seroit impossible de le faire dans le délai de huitaine porté par cet article.

☞ C'est ce qui a été jugé par l'article 4 de la Déclaration du 23 Décembre 1699, donnée pour les Lettres de Répy, qui porte : *Et en interprétant l'article 3 du titre 9 de notre Ordonnance de 1673, Ordonnons que les Négocians, Marchands & autres qui auront obtenu des Lettres de Répy, seront tenus de les faire signifier dans huitaine s'ils sont domiciliés dans la Ville de Paris, à leurs créanciers & autres intéressés demeurans dans la même Ville; & si les Impetrans ou leurs créanciers ont leurs domiciles ailleurs, le délai de huitaine sera prorogé tant pour les uns que pour les autres, d'un jour pour cinq lieues de distance, sans distinction du Ressort des Parlemens.*

Ausquels la signification aura été faite.] Il faut pourtant remarquer, que le défaut ou négligence d'avoir fait signifier les Lettres de Répy à quelques-uns des créanciers, ne rend pas pour cela les Lettres ou l'Arrêt de nul effet; mais qu'à leur égard elles n'ont effet que depuis la signification, parce que la vigilance que les autres créanciers ont apportée pour la conservation des effets de leur débiteur commun, sert à ceux qui l'ont ignoré, de même qu'à ceux qui ont veillé & agi.

ART.

ARTICLE IV.

CEux qui auront obtenu des défenses générales, ou des Lettres de Répy, *ne pourront payer ou préferer aucun créancier* au préjudice des autres, à peine de déchoir des Lettres & défenses.

☞ Voir ma Note sur l'article 5.]

Ne pourront payer ou préferer aucun créancier.] La raison est, parce que ceux qui veulent obtenir ces défenses ou Lettres de Repy, menacent d'une banqueroute prochaine, & ainsi ils ne peuvent gratifier aucun créancier en le payant, ou préferant en tout ou en partie au préjudice des autres. Le payement est censé fait par gratification & au préjudice des autres créanciers, quand il a été fait avant le terme échu, suivant la Loi, *ait Prætor*, §. *si cùm in diem*, & la Loi *omnes*, §. *fin. ff. quæ in fraud. credit. Quoniam Prætor etiam in tempore fraudem fieri edixit, & plus solvit qui ante diem solvit*, §. *non solùm*, *instit. de fidejuss. & l. omnes debitores* 17, §. *fin quæ in fraud. credit.* Et à l'égard de ceux dont le terme est échu, il fut jugé par Arrêt du 9 Juin 1578, recueilli des Mémoires de feu M. de Montholon de Perouseau, sur un Procès deux fois parti, qu'une somme dont le terme étoit échu, pouvoit être valablement payée par le débiteur & reçuë par le créancier, suivant la Loi *Pupillus*, *ff. quæ res pign.* jusqu'à ce que la faillite fût ouverte. La raison est, *quia suum recepit, & sibi vigilavit*, suivant la Loi *quid autem*, §. *sciendum*, *ff. quæ in fraud. credit.* Autre chose est de celui qui a reçu quelque chose après la discussion ; il en doit faire part aux autres créanciers, *neque enim debuit præripere cæteris post bona possessa* (qui est le cas de la discussion) *cùm jam par conditio omnium facta esset* : mais cette Ordonnance s'étend aux défenses générales de les contraindre, & aux Lettres de Répy, parce que ceux qui les obtiennent *quasi decoctis habentur*, & qu'en cet état la fortune d'un Marchand est, par maniere de dire, en la main de la Justice, qui veille également pour la sûreté de tous les créanciers : s'il arrive que quelqu'un par puissance, par artifice, ou autrement, se soit fait payer entierement de son dû par son débiteur, en conséquence de l'obtention des Lettres de Répy, ou d'un Arrêt de défenses générales, & que son débiteur ait fait faillite, il faudra qu'il rapporte ce qu'il aura reçu de plus qu'il ne lui en revient par le contrat d'accord, pour être partagé entre tous les créanciers au sol la livre.

☞ Par un Arrêt du Conseil du 30 May 1682, il est porté que les surséances pour le payement des dettes ne pourront avoir lieu pour celles qui seront contractées pendant les surséances.

LE ROI étant en son Conseil, ayant été informé que ceux ausquels Sa Majesté a accordé des Arrêts de surséance pour le payement de leurs dettes prétendent que ladite surséance doit leur servir tant pour les dettes créées avant la date desdits Arrêts, que pour celles qu'ils ont contractées pendant & durant le tems de ladite surséance; ce qui est très-préjudiciable, particuliérement aux Marchands, & aux pauvres Artisans qui fournissent ausdits débiteurs les choses les plus nécessaires à la vie ; & Sa Majesté ne voulant pas qu'il soit ainsi abusé du secours qu'elle accorde à ses Sujets, pour leur donner moyen de satisfaire leurs créanciers : LE ROY E'TANT EN SON CONSEIL, a ordonné & ordonne, que les surséances que Sa Majesté a accordées, ou pourra accorder ci-après à ses Sujets, de quelque qualité & condition qu'ils soient, auront lieu seulement pour les dettes contractées avant la date des Arrêts ou Lettres portant lesdites surséances; & en conséquence permet à leurs créanciers de les poursuivre pour le payement de ce qu'ils leur auront prêté pendant ladite surséance, soit par contrat, obligation ou autrement. Ordonne à tous Juges qu'il appartiendra de se conformer à ce qui est en cela de l'intention de Sa Majesté, & de tenir la main à l'exécution du présent Arrêt, nonobstant oppositions ou appellations quelconques, pour lesquelles ne sera differé. FAIT au Conseil d'État du Roi, Sa Majesté y étant, tenu à Versailles, le trentiéme Mai mil six cent quatre-vingt-deux. *Signé*, COLBERT.]

Peine contre ceux qui auront obtenu des défenses générales, ou des Lettres de Répy.

ARTICLE V.

VOulons que ceux qui auront obtenu des Lettres de Répy ou des défenses générales *ne puissent être élûs Maires ni Echevins* des Villes, Juges ou Consuls des Marchands, ni avoir voix active & passive dans les Corps & Communautés, ni être Administrateurs des Hôpitaux, ni parvenir aux autres fonctions publiques, & même qu'ils en soient exclus, en cas qu'ils fussent actuellement en charge.

Ne puissent être é ûs Maires ni Echevins.] La raison est, d'autant que les défenses & Lettres de Répy qu'ils ont obtenues, donnent quelque atteinte à leur réputation, *apud graves & bonos viros eorum opinionem onerant*, comme il est dit en la Loi *ea quæ*, *C. ex quib. caus. infam. irrog.* & que pour être élû & admis aux dignités & aux fonctions publiques, il faut être en réputation d'honneur & de probité. C'est pour cela que ceux qui l'ont perdue sont exclus des dignités, *novos honores acquirere non possunt*, comme décide l'Empereur au titre *de muneribus & honoribus*. Par la Loi *Roscia*, ils n'avoient point droit de séance *in quatuordecim ordinibus*, *Cic. Philip.* 2; & par la Loi 2, *lib.* 12, *C. de dignit. neque famosis & notatis, & quos scelus aut vitæ turpitudo inquinat, & quos infamia ab honestorum cœtu segregat, dignitatis portæ patebunt*: Sur quoi on peut voir Cujas sur cette Loi & sur la Novelle 135, où il dit, que la cession de biens laisse quelque tache à la réputation, *apud bonos & graves viros non caret aliquâ sigillatione.* Cela est encore décidé par la Loi *Fratres*, *C. de inoff. testam.* ce qui a lieu, non-seulement s'ils sont dans quelque charge & dignité; mais ils ne peuvent pas même y être élûs pour l'avenir, jusqu'à ce qu'ils ayent obtenu des Lettres de réhabilitation, d'autant plus que les Marchands & Négocians étant personnes publiques, ceux qui abusent de la foi publique, sont notés de quelque infamie. L'Ordonnance pourtant de 1629, article 144, apporte cette distinction, *que ceux qui auront fait faillite, ou cession de biens par malheur ou pauvreté, n'encourent aucune infamie.* D'ailleurs, quelle apparence y a-t-il d'admettre dans les Charges & dans les administrations publiques, qui requierent des personnes qui ayent non-seulement de la probité, mais du bien à suffisance pour en répondre, ceux qui ont déja donné quelque soupçon de leur dol & de leur fraude, & dont les affaires sont en désordre? Il faut pourtant remarquer, que comme il y en avoit qui ne demandoient d'être reçus à faire cession de biens, que pour s'exempter par ce moyen des charges publiques & personnelles, la Loi ne veut pas en ce cas qu'ils soient reçus à faire cession, d'autant que nul ne doit refuser de servir le Public, comme il se recueille de la Loi 5, *C. qui bon. ced. poss. Propter honorem municipalem, vel munus bonis cedentium invidiosum admitti cessionem maximè convenit, sed in his obnoxios pro modo substantiæ fungi*; & de la Loi 12, *in fin. de Episcop.* Il faut encore remarquer, que ceux qui ont seulement obtenu des défenses & Lettres de Répy, & qui ne les ont pas fait signifier, ne sont pas sujets à la rigueur de l'Ordonnance, puisque ces Lettres n'ont produit aucun effet dans le Public, & qu'ils n'ont eu que l'intention de s'en servir.

Par Arrêt du Parlement de Guyenne donné à Réolle le 28 Février 1680, sur les conclusions du Procureur Général du Roi, il a été fait défenses aux Négocians Banqueroutiers, & Porteurs de Lettres de Répy en fraude, d'une mauvaise foi notoire & reconnue, de fréquenter la place des Marchands, & permis aux Juges & Consuls de les en exclure, jusques à ce qu'ils leur ayent fait apparoir de leur bonne foi, & satisfaction qu'ils auront donnée à leurs créanciers.

Les raisons de ces conclusions furent, que les Négocians qui exercent le Commerce avec honneur & probité ne pouvoient souffrir qu'ils se mêlassent avec eux, & qu'il étoit nécessaire que des personnes qui avoient fait banqueroute, ou pris en fraude des Lettres de Répy, en reçussent quelque honte.

☞ L'article 9 de la Déclaration en forme de Reglement pour les Lettres de Répy, du 23 Décembre 1699, veut que le présent article & les 2 & 4 de ce même titre ayent lieu & soient observés pour tous ceux qui obtiendront des Lettres de Répy, soit qu'ils soient Négocians, Marchands, Banquiers ou autres de quelque profession qu'ils puissent être.

Cette Déclaration du 23 Décembre 1699, en forme de Réglement pour les Lettres de Répy, renfermant encore beaucoup d'autres dispositions qui n'ont pas pû être appliquées aux differens articles de ce titre : On avoit promis de la placer ici; mais comme elle a été rapportée, pag. 485 du premier volume, il a paru inutile de la répeter.

TITRE X.

DES CESSIONS DE BIENS.

Des formalités qui doivent être observées par ceux qui veulent être reçus à faire cession de biens.

ARTICLE PREMIER.

OUTRE les formalités ordinairement observées pour recevoir *au bénéfice de cession de biens*, les Négocians & Marchands en gros & en détail, & les Banquiers, les Impétrans seront tenus *de comparoir en personne* à l'Audience de la Jurisdiction Consulaire, s'il y en a, sinon en l'Assemblée de l'Hôtel commun des Villes, pour y déclarer leur nom, surnom, qualité & demeure, & qu'ils ont été reçus à faire cession de biens; & sera leur déclaration lûe & publiée par le Greffier, & inserée dans un tableau public.

Au bénéfice de cession de biens.] Il y a deux sortes de cession & abandonnement de biens: l'une volontaire & l'autre forcée, qui est la judiciaire. La volontaire est, lorsque les créanciers ont conçu quelque soupçon que le débiteur n'ait pas agi de bonne foi, pour ne leur avoir pas justifié au vrai les pertes & disgraces qui lui sont arrivées, & qu'ils refusent de le remettre en ses biens, & de lui accorder quelque remise ou attermoyement; car ils obligent par ce procedé leur débiteur à leur faire abandonnement de ses biens, qui est consenti & accepté par la pluralité des voix de la plus grande partie des créanciers, eu égard aux sommes qui leur sont dûes. La judiciaire est celle qui se fait par Ordonnance du Juge, nonobstant l'opposition des créanciers, lorsqu'un Négociant est détenu prisonnier, & que se trouvant dans l'impuissance de les satisfaire par les pertes & les malheurs qui lui sont arrivés, il demande pour n'être pas réduit à finir miserablement sa vie dans la prison, d'être reçu à leur faire cession & abandonnement de ses biens. Il y a encore cette différence entre les cessions volontaires & les judiciaires, qu'en fait de cessions volontaires les débiteurs demeurent quittes & déchargés envers les créanciers, sans qu'ils puissent avoir recours sur les biens qu'ils pourroient acquerir depuis la cession; mais à l'égard des judiciaires, il n'en est pas de même. La raison de cette différence est, parce que la cession judiciaire n'est pas consentie ni acceptée par les créanciers comme la volontaire, & qu'ils sont forcés par la Loi qui leur est imposée par le Juge, à recevoir la cession & abandonnement des biens de leur débiteur; mais quelque différence qu'il y ait, & quoique l'Ordonnance n'en fasse pas précisément mention, les cessions de biens volontaires doivent être publiées à l'Audience, & les noms de ceux qui les ont faites, inserés dans le tableau public, d'autant qu'elles opérent la même chose. & qu'il importe qu'elles soient connues du public, de même que les autres. C'est pour cela que l'Ordonnance de 1629, art.

143, & celle-ci, parlent en termes généraux, & renferment dans leurs dispositions toutes sortes de cessions.

¶ Voyez sur ce sujet la disposition des Coutumes de Bretagne, art. 681, & de Bourbonnois, art. 73.]

De comparoir en personne.] Cet article est conforme à l'Ordonnance de Louis XII. en Juin 1510, article 70; à celle d'Abbeville, article 260, de Henry III. 1585, & de Charles VIII. de l'an 1496, art. 34, qui est conçue en ces termes : *Les débiteurs ne seront reçus à faire cession par Procureur, mais viendront personnellement devant le Juge qui aura baillé les Lettres pour faire la cession, sinon toutefois qu'il y ait excuse légitime, comme de maladie & autre semblable, & lors y seront tenus venir personnellement, la maladie ou excuse cessant.* Il est vrai que par le Droit Romain on pouvoit faire cession de parole ou de volonté, comme il se recueille de la Loi, *in omni, C. qui Bon. ced. poss.* §. 1, *in omni cessione sufficiat voluntatis professio;* mais les Ordonnances de nos Rois ont voulu qu'elles se fissent en Jugement, à jour de plaids, & iceux tenans, nuë tête & déceint, afin de retenir par cette honte la trop grande fréquence des Banqueroutiers, qui ne craignoient pas de faire cession de biens, lorsqu'ils y étoient reçus par Procureurs en lieux secrets : car quoique la cession ne soit pas une infamie de droit, mais seulement de fait, que la Loi l'appelle *miserabile auxilium, flebile adjutorium, l. debitores* 11, *C. ex quib. caus. infam. irrog.* & que par la Novelle 4, l'Empereur décharge de toute infamie ceux qui sont contraints d'y recourir, *modò ejurent bonam copiam*, & qu'ils assurent moyennant serment, *se pares non esse solvendo;* néanmoins parce que la plûpart en abusoient, & qu'ils s'en servoient pour tromper leurs créanciers, il falloit aussi qu'ils fussent notés de quelque marque infamante ; comme la tête est la partie qui reçoit les principales marques d'honneur, on a voulu aussi par les Arrêts, qu'elle portât celles de l'ignominie qui accompagnoit la cession de biens, en obligeant les Cessionnaires à porter un bonnet verd : ce qu'on étoit obligé d'observer en abandonnant ses biens, d'abandonner sa ceinture, cela peut être fondé sur ce qu'on portoit anciennement dans les ceintures l'or & l'argent, & les principaux outils avec lesquels on gagnoit sa vie. L'homme de Robe-longue, comme remarque Pasquier, livre 4 de ses Recherches, chap. 8, portoit son écritoire, son couteau, sa gibeciere & ses clefs ; & le Gendarme son épée & son escarcelle, & de-là, *zonam videbatur amisisse qui nihil in bonis habebat.* C'est pour cela qu'Horace, *lib.* 2, *epist.* 2, *vers.* 40, dit, *Ibit eo quò vis, qui zonam perdidit* ; ce qui s'observoit pareillement parmi les Juifs. C'est pour cela que Notre-Seigneur JESUS-CHRIST leur dit, *in Evang. Matth. cap.* 10, *vers.* 9, & *Marci, cap.* 6, *vers.* 8, μὴ κτήσησθε χρυσὸν, μηδὲ ἄργυρον, μηδὲ χαλκὸν εἰς τὰς ζώνας ὑμῶν, & Monstrelet, au 18e. chapitre du livre de son Histoire, dit, que Philippes I. de ce nom Duc de Bourgogne étant mort, sa veuve renonça à ses biens meubles, craignant ses dettes, en mettant sur la représentation sa ceinture avec sa bourse & ses clefs, comme il étoit de coutume ; & en demanda acte à un Notaire public, qui étoit là présent. Le feu Roi surnommé le Juste, fut si favorable aux Cessionnaires infortunés, qu'il ne voulut pas qu'ils portassent aucune marque d'ignominie, & qu'ils encourussent autre peine *que la publication & affiche de leurs noms ès lieux ci-dessus mentionnés ; & qu'il en fût fait mention dans la Sentence du Juge qui les recevoit à la cession*, suivant l'Ordonnance de 1629, article 143. Néanmoins ils ne laissent pas d'être infâmes de fait dans l'opinion publique, & ne sont jamais élus en aucune charge ni emploi public. Il faut encore remarquer, qu'à l'égard de ceux qui font cession de biens en Jugement, l'usage est, qu'ils doivent être conduits par un Huissier à la place publique, pour faire la publication de la cession de biens, dont est dressé Procès-verbal par l'Huissier. Anciennement ceux qui faisoient cession judiciairement, étoient tenus de porter le bonnet verd que les créanciers leur achetoient, non pas pour les noter, mais pour avertir un chacun que l'on n'eût plus à contracter avec eux, & pour obvier la fréquence des banqueroutes; c'étoit une Loi générale dans le Royaume, suivant la disposition des Arrêts, Louet, lettre C. sommaire 16, & Brodeau, où il remarque, que les femmes doivent être déchargées de porter le bonnet verd, *propter pudorem & infirmitatem sexus, quæ mulieres excusat, & vetat eas cœtui publico demonstrari*: mais cette peine a été abrogée, surtout lorsque la cession de biens n'est pas frauduleuse. Dans le Languedoc les Cessionnaires trouvoient une si grande indulgence, que sur la seule présentation des lettres de distribution faite par Procureur ou par Avocat, & sans autre examen, les premiers Juges recevoient toutes sortes de personnes à ce bénéfice. Il faut encore observer, que si un débiteur pressé de ses créanciers, ayant mis ses biens en générale distribution, vient quelques années après à impétrer des Lettres Royaux, à ce qu'attendu qu'il a acquis du bien à suffisance pour payer ses créanciers, & l'offre qu'il fait de ses satisfaire dans brief délai, la créance de ses biens lui soit prorogée, & qu'il soit relevé de la flétrissure qu'il pouvoit avoir encouruë, ses Lettres doivent être enthérinées, à la charge de payer tous ses créanciers dans le délai qui lui est prescrit.

[De ceux qui ne sont pas recevables à faire cession de biens.

ARTICLE II.

LEs Etrangers qui n'auront obtenu nos Lettres de naturalité ou de déclaration de naturalité, *ne seront reçus à faire cession.*

Ne seront reçus à faire cession.] Bien que la Loi Julie eût lieu dans les Provinces, ce n'a été qu'en faveur des Sujets de l'Empire Romain; comme nous le recueillons de la Loi 4, *C. qui bon. ced. poss.* & de Tacite, *lib.* 5, & de Suetone, *in Cæsare.* Et il a été jugé par divers Arrêts, que les Etrangers ne peuvent pas être reçus à faire cession de biens, & que ce bénéfice n'appartient qu'aux Regnicoles & naturels François, ou bien à ceux qui ont été naturalisés par Lettres ou Déclaration du Roi. Ces Arrêts sont rapportés par Mornac, sur la Loi 28 du Digeste, *ex quib. caus. maj.* & sur la Loi 11 du Code, *ex quib. caus. infam. irrog.* Charondas en ses Réponses, liv. 3, chap. 37; Bacquet, du droit d'Aubaine, partie 1, chap. 16; Papon en son Recueil, liv. 9, tit. 10, Arrêt 15, où il dit, que les Etrangers ne peuvent pas joüir du bénéfice de remise & d'attermoyement; Bouvot, tome 2, sous le mot, *cession de biens*, quest. 9; par Bodin, liv. 1 de sa Répub. chap. 6, où il en rend cette raison en ces termes : *Que l'Etranger pourroit succer le sang & la moëlle des Sujets, & puis les payer en faillite.* Par Tronçon, art. 111, & par Monsieur le Prestre en ses Arrêts célebres, où il remarque que les Etrangers ne jouissoient pas de ce bénéfice entre les Israëlites, en faveur desquels étoit introduit le même droit, dont est fait mention au sixiéme des Proverbes de Salomon, qui ne pouvoit avoir lieu que pour les Juifs, comme la remise des dettes de la septiéme année, dont il est fait mention au quinziéme du Deuteronome. Un François n'est pas reçu non-plus au bénéfice de cession contre un Etranger. La raison est, parce que c'est une assurance réciproque pour entretenir le Commerce avec les Etrangers, qui est très-avantageux au Public & à l'Etat.

Il y a encore divers cas dans lesquels on n'est pas recevable à faire cession de biens, comme le Maître des Monnoyes, pour cédule baillée à un Particulier pour la valeur des piéces décriées & défendues, qu'il avoit été contraint, suivant l'Edit, de porter à la Monnoye, comme il a été jugé par Arrêt rapporté par Duluc, *lib.* 11, *placit. tit.* 18, Arrêt 2. Les Fermiers qui tiennent la Ferme à argent, ou pour moisson de grains, leurs femmes & cautions solidairement obligés avec eux; Louet, lettre C. chap. 52, & Brodeau. Il est vrai que Basset en ses Arrêts, tom. 1, liv. 2, tit. 30, chap. 3, rapporte un Arrêt de Grenoble, du 15 Décembre 1620, par lequel un Fermier public fut reçu au bénéfice de cession, sans avoir égard à l'opposition de ses Associés qui l'accusoient de fraude. Les Receveurs & Administrateurs publics n'y peuvent pas être reçus, Mayn. liv. 1, chap. 17; les Banquiers, Dumoulin en ses Commentaires sur l'Edit de 1550, art. 13, & généralement tous ceux *cum quibus necessitas est contrahendi: arg. l.* 3, *C. de Compens.*

☞ Mais on a demandé si un Traitant pour recouvrement de deniers Royaux qui n'est point reçu au bénéfice de la cession de biens à l'égard du Roi, est recevable à faire cette cession à l'égard de son Associé, qui a payé pour lui le prix entier du traité commun, mais sans avoir pris de subrogation expresse aux Droits du Roi, par les quittances de ces payemens. La question se présenta à la Troisiéme Chambre de la Cour des Aydes, & y fut jugée le 20 May 1671, pour la négative, c'est-à-dire, que l'on décida qu'il ne pouvoit en ce cas y avoir lieu à la cession de biens. La question est traitée dans toute son étenduë au premier volume du Journal du Palais; les Parties qui plaidoient étoient Gerard Chardonnereau & Charles Hebert.]

Les Stellionataires, ceux qui ont obtenu Lettres de répy, Tronçon, art. 111, & autres ne peuvent pas non plus être reçus à la cession de biens. On n'est pas recevable encore à faire cession pour deniers Royaux, pour consignations, ou dépôts volontaires, Tronçon, *ibid.* ni pour bled vendu en plein marché, Dufresne, chap. 28, liv. 8. Mais il seroit hors de propos de s'étendre davantage sur ce point, d'autant que l'Ordonnance ne fait mention dans cet article que des Etrangers.

Il est juste aussi, pour entretenir le Commerce avec les Etrangers, que les François ne soient pareillement reçus à faire cession de leurs biens aux Etrangers, avec lesquels ils ont négocié, comme il a été jugé par des Arrêts des 18 Avril 1566, 3 Décembre 1591, & 17 Août 1598.

DÉCLARATION DU ROY.

QUI ORDONNE QUE TOUTES CESSIONS & transports sur les biens des Marchands qui font faillite, seront nuls & de nulle valeur, s'ils ne sont faits dix jours au moins avant la faillite publiquement connuë.

Donnée à Versailles le 18 Novembre 1702.

Registrée en Parlement le 29.

LOUIS, PAR LA GRACE DE DIEU, ROI DE FRANCE ET DE NAVARRE : A tous ceux qui ces présentes Lettres verront, SALUT. L'application que Nous avons continuellement à tout ce qui peut être avantageux au Commerce de notre Royaume, auroit donné lieu aux Négocians de Nous répresenter que rien ne peut contribuer plus efficacement à rendre le Commerce florissant que la fidelité & la bonne foi, & quoique Nous ayons fait plusieurs Réglemens sur ce sujet, & principalement par notre Edit du mois de Mars 1673, portant Réglement pour le Commerce des Marchands & Négocians, tant en gros qu'en détail, il ne laisse pas de se commettre souvent de très-grands abus dans les faillites des Marchands, par des cessions, transports, obligations, & autres actes frauduleux; soit d'intelligence avec quelques-uns de leurs créanciers, ou pour supposer de nouvelles dettes, & par des Sentences qu'ils laissent rendre contr'eux à la veille de leur faillite, à l'effet de donner hypotéque & préference aux uns au préjudice des autres, ce qui cause des Procès entre les véritables & anciens créanciers, & les nouveaux ou prétendus créanciers hypotéquaires, sur la validité de leurs titres, & fait perdre en tout ou partie aux créanciers légitimes ce qui leur est dû; ou les oblige à faire des accommodemens ruineux : Que les Négocians de la Ville de Lyon, pour obvier à ces inconvéniens, ont proposé plusieurs articles en forme de Réglement, qui ont été autorisés & homologués par Arrêt du Conseil, du sept Juillet 1667, par lesquels il est porté entr'autres choses que toutes cessions & transports sur les effets des faillis seront nuls, s'ils ne sont faits dix jours au moins avant la faillite publiquement connue : Que la disposition de cet article qui est le treiziéme dudit Reglement explique l'article 4 de notre Edit du mois de Mars 1673, appellé le Code Marchand, au titre des Faillites, & prévient toutes les difficultés & contestations ausquelles l'article du Code donne lieu quelquefois sur la validité des cessions, transports & autres actes qui se font à la veille des faillites : Que ces difficultés cesseroient, & qu'il y auroit moins de de lieu à la fraude s'il y avoit une regle uniforme pour tout le Royaume, & un tems prescrit, dans lequel les Cessions, transports, & tous autres Actes qui se feroient par les Marchands débiteurs, seroient déclarés nuls, même les Sentences qui seroient rendues contre eux. A ces causes & autres à ce Nous mouvans, de l'avis de notre Conseil, & de notre certaine science, pleine puissance & autorité Royale, Nous avons dit, déclaré & ordonné, & par ces Présentes signées de notre main, disons, déclarons, ordonnons, voulons & Nous plaît, que toutes Cessions & transports sur les biens des Marchands qui font faillite, seront nuls & de nulle valeur, s'ils ne sont faits dix jours au moins avant la faillite publiquement connue; comme aussi que les actes & obligations qu'ils passeront pardevant Notaires au profit de quelques-uns de leurs créanciers, ou pour contracter de nouvelles dettes, ensemble les Sentences qui seroient rendues contre eux, n'acquerront aucune hypoteque ni préférence sur les créanciers chirographaires, si lesdits actes & obligations ne sont passés, & si lesdites Sentences ne sont rendues pareillement dix jours au moins avant la faillite publiquement connue. Voulons & entendons en outre que notre Edit du mois de Mars 1673, demeure dans sa force & vertu, & soit exécuté selon sa forme & teneur.

Si donnons en Mandement à nos amés & féaux Conseillers, les Gens tenans nos Cours de Parlemens, & autres Officiers, que ces Présentes ils ayent à faire lire, publier & regiſtrer, & le contenu en icelles garder & exécuter selon leur forme & teneur, nonobstant tous Edits, Déclarations, & autres choses à ce contraires, ausquelles Nous avons dérogé & dérogeons par ces Présentes: aux copies desquelles, collationnées par l'un de nos amés & féaux Conseillers-Sécretaires voulons que foi soit ajoutée comme à l'original. CAR tel est notre plaisir. En témoin de quoi Nous avons fait mettre notre Scel à cesdites Présentes. DONNE' à Versailles, le 18 Novembre, l'an de grace mil sept cent deux, & de notre Regne le soixante. *Signé*, LOUIS. *Et plus bas*, Par le Roi, PHELYPEAUX. Et scellé du grand Sceau de cire jaune.

Registrées, oui & ce requérant le Procureur Général du Roy, pour être exécutées selon leur forme & teneur, suivant l'Arrêt de ce jour. A Paris en Parlement, le 29 Novembre mil sept cent deux. Signé, DONGOIS.

TITRE XI.

DES FAILLITES ET BANQUEROUTES.

En quel tems la Faillite & Banqueroute est réputée ouverte.

ARTICLE PREMIER.

L*A Faillite ou Banqueroute* sera réputée ouverte *du jour que le débiteur se sera retiré, ou que le scellé aura été apposé* sur ses biens.

La Faillite ou Banqueroute.] Il y a différence entre la faillite & banqueroute. La faillite est, quand un Négociant n'a payé à l'échéance les Lettres de Change qu'il a acceptées; qu'il n'a pas rendu l'argent à ceux à qui il a fourni des Lettres qui sont revenues à protêt, & qu'elles lui ont été dénoncées; qu'il n'a pas payé ses Billets au terme, à cause de l'impuissance dans laquelle les disgraces qui lui sont survenues, l'ont reduit, ou à cause que ses effets ne sont pas exigibles, & qu'il ne les peut retirer dans le tems qu'il a demandé à ses Créanciers, lesquels reconnoissant sa bonne foi lui donnent un délai pour les satisfaire: cela s'appelle faillir ou manquer, parce que la réputation & le crédit du Négociant diminue: mais cela ne le note d'aucune infamie. La banqueroute est lorsqu'un Négociant fait perdre malicieusement à ses Créanciers ce qu'il leur doit, & qu'il leur fait cession & abandonnement de ses biens. Il y a encore cette différence entre un Négociant qui a fait faillite par malheur pour avoir perdu tout son bien, par la perte des vaisseaux, par la faute de ses Débiteurs, par celle de ses Associés, ou par un incendie arrivé fortuitement, & qui par ces accidens & par sa pauvreté fait perdre à ses créanciers la plus grande partie de ce qui leur est dû; & celui qui détourne ses effets malicieusement, emporte le bien de ses créanciers, & ensuite leur en fait cession & abandonnement pour en profiter à leur préjudice. L'Ordonnance du mois de Janvier 1629, art. 144, marque cette différence en ces termes: *Déclarons que ceux lesquels, non par leur faute & débauche, mais par malheur ou inconvéniens, seront tombés en pauvreté, & auront été contraints à cette cause de faire cession de biens, n'encourent pas pour cela infamie, ni aucune marque, sinon la publication ou affiche de leurs noms, & qu'il en sera fait mention dans la Sentence du Juge, par laquelle ils seront reçus à faire ladite cession de biens.*

Du jour que le débiteur se sera retiré.] La banqueroute est réputée ouverte, dès que, sans aucun empêchement de maladie ou de voyage déclaré, le Marchand ou Banquier disparoît, & ne se trouve pas sur le Change, si c'est à Lyon, & ailleurs sur la place où les Négocians s'assemblent, & se trouvent chacun jour; ou lorsque le débiteur s'est retiré. Cela s'appelle défaillir de présence & de crédit, d'où est venu le mot faillite: La définition de Banqueroutier, est de celui, qui après avoir diverti ses effets, se dérobe à ses créanciers, se retire & s'absente: *Qui fortuna vitio vel suo, vel partim fortuna, partim suo vitio non solvendo factus foro cessit.* Cic. en sa 2 Philip. Aussi faire faillite, c'est *vertere solum, aut cedere foro*, comme nous lisons dans Juvenal,

> *. . . . . inde ubi paulum*
> *Nescio quid superest, & pallet fenoris author*
> *Vertere qui solum Baias & ad ostia currunt,*
> *Cedere namque foro, jam non est deterius, quàm*
> *Esquilias à ferventi migrare Suburrâ.*

& dans Horace,

> *Postquàm omnis res ad Janum medium fracta est,*
> *Et postquàm res fracta est, cedunt foro, vertunt solum.*

Aussi dès le jour que le débiteur s'est retiré, le Juge peut décreter sur sa seule fuite, avant qu'il y ait aucunes charges ni informations ; & chacun de ceux qui y ont intérêt, peut faire les perquisitions, même se saisir de sa personne & l'arrêter sans permission, ni décret de Justice, suivant la constitution de l'Empereur Charles-Quint, & l'Edit de 1609, conçu en ces termes : *Permettons à chacun de nos Sujets, voire sans décret ni permission, d'arrêter les Banqueroutiers fugitifs, & les représenter en Justice, nonobstant tous Jugemens, Arrêts & Usances contraires.* La raison est, parce que la fuite prouve la fraude & sert de conviction : Boër. Décision 215, part. 2. *Nam etiam sui ipsius furtum fit.* Cela a lieu, bien que le débiteur qui s'enfuit ait une caution & des immeubles. Bouvot, tom. 1, part. 2, sous le mot, *Débiteur qui fuit*, quest. 1.

Il n'en est pas de même d'un Marchand ou Négociant qui se seroit absenté pour ses affaires, ou parce qu'il se trouveroit impliqué dans une banqueroute frauduleuse qu'un autre Marchand auroit faite, ou dans une affaire dans laquelle quelque sinistre accident seroit arrivé ; car si ce Marchand ou Négociant revient dans sa Maison, & qu'il contente ses créanciers qui avoient fait apposer le scellé, ou qui étoient opposans, sans faire aucun accord avec ses créanciers en général, en ces cas on ne peut pas dire qu'il soit réputé banqueroutier.

Ou que le scellé aura été apposé.] Dès le moment qu'on est averti de la fuite & de la banqueroute du débiteur, les créanciers ou le moindre d'iceux peuvent faire procéder au scellé dans la maison du banqueroutier, d'autorité de Justice, sans attendre Partie ni procédure ; ensuite faire procéder à l'inventaire de ses effets ; ce qui ne peut ni ne doit leur être dénié, *l. fin. in pr. ff. de requir. reis, & l. 1, pen. ff. de vent. in poss. mitt.* mais le principal soin des créanciers doit être de se saisir des livres de raison, & de les mettre *sub fidâ custodiâ, ne in ipsis libris & rationibus in fraudem eorum cancellationes, inductiones, superinductiones, interpositiones, additionesque fiant, unde res amoveantur, l. 1, ff. de his quæ in testam. delent. l. 1, si unus, C. de testam. l. 1, §. qui rationis, ff. de fals.* Les créanciers peuvent même requerir qu'il leur soit permis de faire procéder par proclamation publique, *cum pollicitatione præmii*, pour faire reveler le lieu où le Banqueroutier s'est retiré, & ses fauteurs & adhérans, qui lui ont prêté aide, conseil & retraite pour sa personne & pour ses biens, suivant la Loi *idem §. si tibi, ff. de condict. ob. turp. cau. l. solent, de præscrip. verb. Scacc. de Decoct. num.* 15. Les créanciers peuvent encore, si le cas le requiert, obtenir Monitoire aux mêmes fins, & faire procéder à la publication au Prône des Eglises Paroissiales. La faillite est encore reputée ouverte, dès lors que les débiteurs ont obtenu des Lettres de Répy, ou des Arrêts de défenses générales, & ces faillites sont même les plus dangereuses, parce qu'elles sont ordinairement préméditées, & à dessein, pendant que les défenses subsistent, d'achever de detourner les effets, & les emporter au préjudice des créanciers.

Ce qui doit être observé par ceux qui ont fait faillite pour être reçus à faire cession de biens, & par les Négocians, Marchands & Banquiers.

Article II.

CEux qui auront fait faillite, seront tenus de donner à leurs Créanciers *un état certifié d'eux*, de tout ce qu'ils possedent, & de tout ce qu'ils doivent.

☞ Voir les Articles 10 & 11 de ce même Titre.]

Un état certifié d'eux.] Cela est conforme à la disposition du Droit, *l. ult. §. licentia, C. de jur. delib.* & c'est le sentiment de tous nos Docteurs, que le débiteur est obligé de donner déclaration de ses biens pour pouvoir être reçu à la cession & abandonnement de ses biens, & particulierement de Balde, sur la Loi 1, *num.* 3 *&* 4, *C. qui bon. ced. poss. & de Brun. tract. de cess. bon. quæst.* 5, *in princip. num.* 1, *& seq. tom.* 3, *part.* 4, *fol.* 293 : autrement qu'il ne peut pas jouir du bénéfice de cession, quand même il y auroit été déja admis, *quia cùm teneatur bona dimittere, dolo facit si quid celat vel retinet. l. Dolus, ff. mand.* L'on en peut encore rendre diverses raisons. La premiere, qu'après leur faillite ils ne possedent plus leurs biens, suivant la Loi 5, *qui autem, ff. de cred.* mais ils sont possedés par leurs créanciers sous le nom d'un Syndic. Dès que la banqueroute a été découverte, les biens sont à ses créanciers ; cela a été ainsi jugé par Arrêt du Parlement de Grenoble, du 10 Juin 1636, rapporté par Basset, en ses Arrêts, tom. 2, liv. 5, tit. 2, ch. 4, & en conséquence il fut dit, qu'une cédule reconnue sur le point de la banqueroute, n'avoit point d'hypoteque ni de préference au préjudice des autres non reconnues, & qu'elles devoient venir toutes en même rang. La seconde raison est, afin que les créanciers puissent reconnoître l'état des biens & effets du Banqueroutier, pour pourvoir à la sureté & recouvrement d'iceux. Et la troisiéme, que la cession ne peut être reçue s'il n'apparoît que le cessionnaire est insolvable, & qu'il n'a pas du bien pour satisfaire ses créanciers, *l.* 1, *& fin. C. qui bon. ced. poss.* Aussi les créanciers peuvent être reçus à vérifier le recellement des biens du débiteur fait avant qu'il fût admis à en faire cession, comme il a été jugé par Arrêt rapporté par Bouvot, tome 2, sous le mot, *Cession de biens*, quest. 17.

☞ Cette nécessité de donner, par ceux qui font faillite, à leurs créanciers une parfaite connoissance de l'état de leurs affaires, c'est-à-dire, de tout ce qu'ils possedent & de tout ce qu'ils doivent, & les fraudes qui se commettoient à cette occasion, ont donné lieu à différentes Déclarations, des 11 Janvier & 13 Juin 1716, de sorte que l'on n'auroit aujourd'hui que des notions fort superficielles de cette matiere, si l'on ne joignoit à la lecture de l'Ordonnance, ce qui resulte de ces Déclarations.

La premiere est conçue en ces termes :

LOUIS, par la grace de Dieu, Roi de France & de Navarre : A tous ceux qui ces présentes Lettres verront, Salut. Nous avons par notre Déclaration du 7 Décembre 1715, continué jusqu'au premier Juillet prochain l'attribution de tous procès & différends civils mûs & à mouvoir pour raison des Faillites & Banqueroutes, que le feu Roi de glorieuse mémoire, notre très-honoré Seigneur & Bisayeul, avoit précédemment accordée aux Juges & Consuls par sa Déclaration du 10 Juin 1715. Nous avons été depuis informés que quelques Particuliers abusoient du bénéfice de ces Déclarations, en supposant des créances feintes ou simulées, ou faisant revivre des dettes par eux acquittées, au moyen desquelles ils forçoient leurs créanciers de passer des Contrats sous des conditions très-injustes & onéreuses, & se mettoient à l'abri des procédures criminelles qui pouvoient être faites contr'eux comme Banqueroutiers frauduleux ; & attendu que Nous n'avons eu d'autre vûe que celle de prévenir la ruine des Marchands & Négocians que Nous avons crû être par leur seule imprudence, ou par des pertes imprévues hors d'état de payer régulierement leurs dettes, & que Nous n'avons jamais eu intention de procurer l'impunité de ceux qui par des voyes frauduleuſes cherchent à fruſtrer leurs créanciers, & ſe garantir des pourſuites extraordinaires qui doivent être faites contre eux : A CES CAUSES, de l'avis de notre très-cher & très-amé Oncle le Duc d'Orleans, Régent, de notre très-cher & très-amé Couſin le Duc de Bourbon, de notre très-cher & très-amé Oncle le Duc du Maine, de notre très-cher & très-amé Oncle le Comte de Toulouſe, & autres Pairs de France, grands & notables Perſonnages de notre Royaume, & de notre certaine ſcience, pleine puiſſance & autorité Royale, Nous avons dit & déclaré, & par ces préſentes ſignées de notre main, diſons & déclarons, voulons & Nous plaît : Que tous ceux qui ont fait faillite ou la feront ci-après, ne puiſſent tirer aucun avantage de l'attribution accordée aux Juges & Conſuls, & des autres diſpoſitions contenues aux Déclarations des 10 Juin, 30 Juillet & 7 Décembre 1715, ni d'aucune délibération ou d'aucun contrat ſigné par la plus grande partie de leurs créanciers, que Nous avons déclaré nuls & de nul effet, même à l'égard des créanciers qui les auront ſignés, s'ils ſont accuſés d'avoir dans l'état de leurs dettes, ou autrement employé ou fait paroître des créances feintes & ſimulées, ou d'en avoir fait revivre d'acquittées, ou d'avoir ſuppoſé des tranſports, ventes & donations de leurs effets en fraude de leurs Créanciers : Voulons qu'ils puiſſent être pourſuivis extraordinairement comme Banqueroutiers frauduleux pardevant nos Juges ordinaires ou autres Juges qui en doivent connoître, à la requête de leurs créanciers qui auront affirmé leurs créances en la forme qui ſera ci-après expliquée, pourvû que leurs créances compoſent le quart du total des dettes, & que leſdits Banqueroutiers ſoient punis de mort ſuivant la diſpoſition de l'article XII. Titre XI. de l'Ordonnance de 1673. Défendons à toutes perſonnes de prêter leurs noms pour aider ou favoriſer les banqueroutes frauduleuſes en divertiſſant les effets, acceptant des tranſports, ventes ou donations ſimulées, & qu'ils ſçauront être en fraude des créanciers, en ſe déclarant créanciers ne l'étant pas, ou pour plus grande ſomme que celle qui leur eſt dûe, ou en quelque ſorte & maniere que ce puiſſe être : Voulons qu'aucun particulier ne ſe puiſſe dire & prétendre créancier, & en cette qualité aſſiſter aux aſſemblées, former oppoſition aux ſcellés & inventaires, ſigner aucune délibération ni aucun contrat d'attermoyement, qu'après avoir affirmé dans l'étendue de la Ville, Prévôté & Vicomté de Paris, pardevant le Prévôt de Paris ou ſon Lieutenant, & pardevant les Juges & Conſuls dans les autres Villes du Royaume où il y en a d'établis, que leurs créances leur ſont bien & legitimement dûes en entier, & qu'ils ne prêtent leurs noms directement ni indirectement au débiteur commun, le tout ſans frais : Voulons auſſi que ceux deſdits prétendus créanciers qui contreviendront aux défenſes portées par ces Préſentes, ſoient condamnés aux galeres à perpétuité, ou à tems, ſuivant l'exigence des cas, outre les peines pécuniaires contenues en ladite Ordonnance de 1673, & que les femmes ſoient, outre leſdites peines exprimées par ladite Ordonnance, condamnées au banniſſement perpétuel ou à tems : Voulons que le contenu en la préſente Déclaration ſoit exécuté juſqu'au terme porté par celle du 7 Décembre dernier pour toutes les faillites & banqueroutes qui ont été ouvertes depuis le premier Avril 1715, ou le feront dans la ſuite.

SI DONNONS EN MANDEMENT à nos amés & féaux Conſeillers les Gens tenans notre Cour de Parlement de Paris, que ces Préſentes ils ayent à faire lire, publier & regiſtrer, & le contenu en icelles garder & exécuter ſelon leur forme & teneur, nonobſtant toutes Ordonnances, Edits, Déclarations &

autres choses à ce contraires, ausquelles Nous avons dérogé & dérogeons par cesdites Présentes. CAR tel est notre plaisir : En témoin de quoi Nous avons fait mettre notre Scel à cesdites Présentes. DONNÉ à Paris, le onziéme jour de Janvier, l'an de grace mil sept cent seize, & de notre Regne le premier. *Signé*, LOUIS. *Et plus bas*, Par le Roy, LE DUC D'ORLEANS, Régent, présent, PHELYPEAUX. Et scellé du grand Sceau de cire jaune.

Registrées, oui & ce requerant le Procureur Général du Roi, pour être exécutées selon leur forme & teneur, suivant l'Arrêt de ce jour. A Paris en Parlement le sixiéme jour de Février 1716. Signé, DONGOIS.

Celle du 13 Juin de la même année porte.

LOUIS, par la grace de Dieu, Roy de France & de Navarre : A tous ceux qui ces présentes Lettres verront, Salut. Le feu Roy de glorieuse mémoire, notre très-honoré Seigneur & Bisayeul, auroit estimé nécessaire pour les causes contenues en sa Déclaration du 10 Juin 1715, d'attribuer aux Juge & Consuls la connoissance des faillites & banqueroutes jusqu'au premier Janvier 1716, & Nous en avons depuis prorogé l'exécution par nos Déclarations des 7 Décembre 1715, & 10 de ce mois ; mais comme Nous avions été informés que ce qui avoit été accordé en faveur des seuls Négocians de bonne foi, avoit servi de prétexte à d'autres pour engager par des voyes frauduleuses leurs créanciers à souffrir des dettes très-considérables par des contrats d'Attermoyement ou autres actes, Nous aurions pris par notre Déclaration du 11 Janvier dernier quelques précautions capables d'arrêter le cours de ces abus si contraires au bien du commerce. C'est par les mêmes considérations, que nous avons pensé que le plus sûr moyen pour faire cesser les fraudes qui ont été ou pourroient être pratiquées, est d'obliger ceux qui ont fait faillite de donner à leurs créanciers une parfaite connoissance de l'état de leurs affaires, afin que ceux-ci ne puissent par erreur accorder à leurs débiteurs des accommodemens, que sous des conditions où aucunes des Parties ne puissent être lezées, & où elles trouvent un avantage naturel & réciproque. A CES CAUSES, de l'avis de notre très-cher & très-amé Oncle le Duc d'Orléans Régent, de notre très-cher & très-amé Cousin le Duc de Bourbon, de notre très-cher & très-amé Oncle le Duc du Maine, de notre très-cher & très-amé Oncle le Comte de Toulouse, & autres Pairs de France, grands & notables Personnages de notre Royaume, & de notre certaine science, pleine puissance & autorité Royale, Nous avons dit & déclaré, & par ces Présentes signées de notre main, disons, & déclarons, voulons & Nous plaît : Que tous Marchands, Négocians, Banquiers & autres qui ont fait, ou feront faillite, soient tenus de déposer un état exact, détaillé & certifié véritable de tous leurs effets mobiliers & immobiliers, & de leurs dettes, comme aussi leurs livres & registres, aux Greffes de la Jurisdiction Consulaire dudit lieu ou la plus prochaine, & que faute de ce ils ne puissent être reçus à passer avec leurs créanciers aucun contrat d'Attermoyement, concordat, transaction ou autre acte, ni d'obtenir aucune Sentence ou Arrêt d'homologation d'iceux, ni se prévaloir d'aucun saufconduit accordé par leurs créanciers ; & voulons qu'à l'avenir lesdits contrats & autres actes, Sentences & Arrêts d'homologation, & saufconduits soient nuls & de nul effet, & que lesdits débiteurs puissent être poursuivis extraordinairement comme Banqueroutiers frauduleux par nos Procureurs Généraux ou leurs Substituts, ou par un seul créancier sans le consentement des autres, quand même il auroit signé lesdits contrats, actes ou saufconduits, ou qu'ils auroient été homologués avec lui. Voulons aussi que ceux qui ont précédemment passé quelques contrats ou actes avec leurs créanciers, ou en ont obtenu des saufconduits, ne puissent s'en aider & prévaloir, ni des Sentences ou Arrêts d'homologation intervenus en conséquence: Défendons à nos Juges d'y avoir aucun égard, si dans quinzaine pour tout délai, à compter du jour de la publication des présentes, les débiteurs ne déposent leurs états, livres, & registres en la forme ci-dessus ordonnée, & sous les peines y contenues, au cas qu'ils n'y ayent ci-devant satisfait: Et pour faciliter à ceux qui ont fait & feront faillite le moyen de dresser leursdits états, voulons qu'en cas d'apposition de Scellé sur leurs biens & effets, leurs livres & registres leur soient remis & délivrés, après néanmoins qu'ils auront été paraphés par le Juge ou autre Officier commis par le Juge qui apposera lesdits Scellés, & par un des créanciers qui y assisteront, & que les feuillets blancs, si aucun y a, auront été bâtonnés par ledit Juge ou autre Officier, à la charge qu'au plûtard après l'expiration dudit délai de quinzaine, lesdits livres & registres, & l'état des effets actifs & passifs seront déposés au Greffe de la Jurisdiction Consulaire ou chez un Notaire, par celui qui aura fait faillite; sinon voulons qu'il soit censé & reputé Banqueroutier frauduleux, & comme tel poursuivi, suivant qu'il a été précédemment ordonné. Déclarons nulles & de nul effet toutes Lettres de Répy, qui pourront être ci-après obtenues, si ledit état des effets & dettes n'est attaché sous le contre-scel avec un certificat du Greffier de la Jurisdiction Consulaire, ou du Notaire entre les mains duquel ledit état avec les livres & registres aura été déposé. N'entendons néanmoins par ces Présentes déroger en aucune maniere aux usages & privileges de la Jurisdiction de la Conservation de Lyon, que Nous voulons être observés comme ils l'ont été précédemment.

SI DONNONS EN MANDEMENT à nos amés & féaux Conseillers les Gens tenans notre Cour de Parlement à Paris, que ces Présentes ils ayent à faire lire, publier & enregistrer, & le contenu en icelles garder & exécuter selon leur forme & teneur, nonobstant toutes Ordonnances, Edits & Déclarations & autres choses à ce contraires, ausquelles Nous avons dérogé & dérogeons par cesdites Présentes: CAR tel est notre plaisir; en témoin de quoi Nous avons fait mettre notre Scel à cesdites Présentes. DONNE' à Paris le treiziéme jour de Juin, l'an de grace mil sept cent seize, & de notre Regne le premier. *Signé*, LOUIS. *Et plus bas*, Par le Roy, LE DUC D'ORLEANS, Régent présent, PHELYPEAUX. Vû au Conseil, LE DUC DE NOAILLES. Et scellé du grand Sceau de cire jaune.

Registrées, oui & ce requerant le Procureur Général du Roi, pour être exécutées selon leur forme & teneur, & copies collationnées envoyées aux Bailliages & Sénéchaussées du Ressort, pour y être lûes, publiées & registrées: Enjoint aux Substituts du Procureur Général du Roy, d'y tenir la main, & d'en certifier la Cour dans un mois, suivant l'Arrêt de ce jour. A Paris, en Parlement, le huitiéme jour de May, mil sept cent seize. Signé DONGOIS.

ARTICLE III.

LES Négocians, Marchands & Banquiers seront encore tenus de *représenter tous leurs Livres & Registres* cottés & paraphés en la forme prescrite par les articles 1, 2, 3, 4, 5, 6 & 7, du Titre III, ci-dessus, pour être remis au Greffe des Juge & Consuls, s'il y en a, sinon de l'Hôtel commun des Villes, ou ès mains des Créanciers, à leur choix.

☞ Voir l'article 11 de ce même Titre.]

Représenter tous leurs Livres & Registres.] A Florence le débiteur se doit rendre prisonnier avec ses livres, les exhiber & rendre raison de sa conduite; & si la faillite est arrivée par accident & par nécessité, & qu'elle ne procede pas de sa faute, il n'en est point blâmé non plus que le cessionnaire: il peut en ce cas s'appliquer ce que Cic. dit, *in Orat. pro Rabir. Posth. sub finem. O miserum acerbumque præconium! Opto miser condemnari à vobis, ita bona veneant ut solidum solvatur, si fieri potest, nil aliud nisi fidem curo*; mais il faut qu'il représente ses livres de raison en bonne forme, & qu'ils ayent du rapport l'un à l'autre; car la plupart des trompeurs disent, qu'ils n'ont tenu aucuns livres, mais seulement quelques mémoires; & s'ils en ont tenu ils les cachent & emportent les plus importans, ou s'ils les laissent, tout y est si brouillé & dans une si grande confusion, qu'on n'y peut connoître rien de certain. *Solent rationes suas tàm in codicibus quàm adversariis conturbare & intricare in necem creditorum, & inde dolus malus præsumitur, l. quidam, ff. de in rem. vers. & ibi Accurs.* Il faut encore remarquer, que par la seconde disposition de cet article, dès le moment que les créanciers sont assemblés, le Failli doit remettre entre leurs mains tous ses livres & registres; & s'ils ne veulent pas s'en charger, il a encore le choix de les remettre au Greffe.

☞ Voir ma Note sur le précédent article & les Déclarations qui y sont transcrites.]

En quels cas les transports, & autres actes faits par ceux qui ont fait Faillite, sont nuls.

Article IV.

DECLARONS nuls tous transports, cessions, ventes & donations de biens meubles ou immeubles, *faits en fraude des créanciers*: Voulons qu'ils soient rapportés *à la masse commune des effets.*

Faits en fraude des créanciers.] L'Edit de Henry I. à Paris, en Mai 1609, auquel l'Arrêt contre Pingré donna lieu, passe bien plus avant. *Il annulle tous transports, cessions, donations, ventes & alienations faites aux enfans & héritiers présomptifs, ou aux amis du débiteur.* Il veut encore, *que s'il appert que les transports, cessions, donations & ventes soient faites & acceptées en fraude des créanciers, que les cessionnaires, donataires & acquereurs soient punis comme complices des fraudes & banqueroutes:* & par Réglement fait pour la Ville de Lyon, le 2 Juin 1667, art. 13, il est porté, *que toutes cessions & transports sur les effets des faillis, seront nuls, s'ils ne sont faits dix jours au moins avant la faillite publiquement connue, sans y comprendre néanmoins les virements des Parties faits en bilan, lesquels seront bons & valables tant que le Failli ou son Facteur portera le bilan.* Il est mal aisé de donner des

regles

regles certaines pour découvrir la fraude qui peut etre intervenuë dans les transports, cessions, ventes & donations au préjudice des créanciers; mais il faut tâcher de la découvrir par les diverses circonstances du fait, *l. mora, ff. de usur. l. de accessionibus in pr. ff. de divers. & temp. præscript.*

Ces circonstances sont entr'autres, si celui qui méditoit sa banqueroute, s'est servi de noms interposés pour céder ses dettes actives; & si peu de jours auparavant il a disposé de ses meubles ou de son fonds; & en ces cas le Cessionnaire est obligé de justifier sa bonne foi & le payement réel qu'il a fait, & le Banqueroutier de rendre compte à ses créanciers de l'emploi de l'argent qu'il a reçu pour la valeur du transport lorsqu'il est fait de bonne foi. C'est encore une circonstance qui fait présumer la fraude & l'intelligence, si le failli s'est hâté de payer avant l'échéance, & en ce cas les conjectures & les indices tiennent lieu de preuve; par exemple, la liaison étroite qui est entre les Parties, la proximité de la faillite, la précipitation, & autres circonstances qui font présumer que la cession n'a été faite que pour soustraire les effets du débiteur, & les mettre à couvert de la saisie des créanciers.

A la masse commune des effets.] Les cessions & ventes, quoique faites dans le tems qui avoisine la faillite, acceptées de bonne foi & réellement payées, ne sont pas sujettes au rapport, parce que s'il y a de la fraude elle ne peut venir que de la part de celui qui a fait faillite; ni les marchandises baillées en gage ou nantissement par un acte reçu par un Notaire, ni les lettres, billets de change payables à ordre & remis ou négociés, ou autres dûs dont le tems du payement est échu, payés en argent comptant, même la veille de la faillite, ne sont pas sujets au rapport, parce que l'argent monnoyé n'a point de suite, & qu'il n'est pas présumé qu'il y ait de la fraude de la part du créancier ni de celle du débiteur. Il en est autrement si le payement se trouve fait avant le terme échu, auquel cas il est présumé que ç'a été pour préferer le créancier qui a reçu son payement aux autres. Il n'y a point de tems reglé dans lequel il faille que les cessions & transports soient faits pour être valables ou nuls avant la faillite, hors en la Ville de Lyon: cela dépend de l'arbitre du Juge selon les circonstances qui se rencontrent. En effet, par l'Arrêt du mois de May 1600, rendu aux Requêtes de l'Hôtel, la banqueroute de Guillaume Pingré fut déclarée avoir commencé trois mois avant qu'il se fût absenté. Il faut encore observer, que si un Négociant auquel ses créanciers avoient donné délai, céde quelques effets, avant que le terme à lui donné soit échu, & qu'il vienne à s'absenter une seconde fois pour une nouvelle disgrace arrivée en ses affaires, & qu'il ne lui reste des effets qu'il a laissés que pour payer une partie de ce qu'il doit, ceux qui ont signé le contrat ne peuvent pas obliger les autres qui l'ont aussi signé, de rapporter à la masse commune les effets qui leur ont été cédés, parce que par le contrat il avoit l'entiere disposition de ses effets, & qu'il lui étoit permis de liquider ses affaires par avance; ce qu'il faut pourtant entendre, pourvû qu'il n'eût pas été stipulé par le contrat d'attermoyement, que ce Négociant ne pourra payer ses créanciers les uns avant les autres, mais par égale portion.

☞ Cette disposition d'Ordonnance, en ce qu'elle dénotoit simplement ce qui étoit fait en fraude des créanciers, étoit imparfaite; on y a suppléé par une Déclaration du mois de Novembre 1702, portant, que toutes les cessions & transports, sur les biens des Marchands qui font faillite, seront nuls, s'ils ne sont faits dix jours au moins avant la faillite publiquement connue, comme aussi que les actes & obligations qu'ils passeront pardevant Notaires, ensemble les Sentences qui ſeront renduës contr'eux n'acquereront aucune hypoteque, ni privilege ſur les créanciers chirographaires, ſi leſdits actes & obligations ne ſont paſſés, & leſdites Sentences ne ſont rendues pareillement dix jours au moins avant la faillite publiquement connuë.

Et pour ſuivre la regle que l'on a cru devoir ſe preſcrire, de ne pas ſe contenter de préſenter la ſubſtance des Edits & Déclarations donnés en interprétation des Ordonnances, mais de les rapporter dans toute leur étenduë : voici ce que porte la Déclaration de 1702.

LOUIS, par la grace de Dieu, Roi de France & de Navarre : A tous ceux qui ces préſentes Lettres verront, Salut. L'application que Nous avons continuellement à tout ce qui peut être avantageux au Commerce de notre Royaume, auroit donné lieu aux Négocians de Nous répreſenter que rien ne peut contribuer plus efficacement à rendre le Commerce floriſſant, que la fidelité & la bonne foi, & que quoique Nous ayons fait pluſieurs Réglemens ſur ce ſujet, & principalement par notre Edit du mois de Mars 1673, portant Réglement pour le Commerce des Marchands & Négocians, tant en gros qu'en détail, il ne laiſſe pas de ſe commettre ſouvent de très-grands abus dans les faillites des Marchands, par des ceſſions, tranſports, obligations, & autres actes frauduleux, ſoit d'intelligence avec quelques-uns de leurs créanciers, ou pour ſuppoſer de nouvelles dettes, & par des Sentences qu'ils laiſſent rendre contr'eux à la veille de leur faillite, à l'effet de donner hypoteque & préference aux uns au préjudice des autres, ce qui cauſe des Procès entre les véritables & anciens créanciers, & les nouveaux ou prétendus créanciers hypotéquaires, ſur la validité de leurs titres, & fait perdre en tout ou en partie aux créanciers légitimes ce qui leur eſt dû, ou les oblige à faire des accommodemens ruineux. Que les Négocians de la Ville de Lyon, pour obvier à ces inconvéniens ont propoſé pluſieurs articles en forme de Réglement, qui ont été autoriſés & homologués par Arrêt du Conſeil du 7 Juillet 1667, par leſquels il eſt porté entr'autres choſes que toutes ceſſions & tranſports ſur les effets des faillis ſeront nuls, s'ils ne ſont faits dix jours au moins avant la faillite publiquement connuë. Que la diſpoſition de cet article qui eſt le treize dudit Réglement, explique l'article 4 de notre Edit du mois de Mars 1673, appellé le Code Marchand, au titre des Faillites, & prévient toutes les difficultés & conteſtations auſquelles l'article du Code donne lieu quelquefois ſur la validité des ceſſions, tranſports & autres actes qui ſe font à la veille des faillites : Que ces difficultés ceſſeroient, & qu'il y auroit moins de lieu à la fraude s'il y avoit une regle uniforme pour tout le Royaume, & un tems preſcrit dans lequel les ceſſions, tranſports & tous autres actes qui ſe feroient par les Marchands débiteurs ſeroient déclarés nuls, même les Sentences qui ſeroient renduës contr'eux. A ces causes, & autres à ce Nous mouvans, de l'avis de notre Conſeil, & de notre certaine ſcience, pleine puiſſance & autorité Royale, Nous avons dit, déclaré & ordonné, & par ces Préſentes ſignées de notre main, diſons, déclarons, ordonnons, voulons & Nous plaît, que toutes ceſſions & tranſports ſur les biens des Marchands qui font faillite, ſeront nuls & de nulle valeur, s'ils ne ſont faits dix jours au moins avant la faillite publiquement connuë, comme auſſi que les actes & obligations qu'ils paſſeront pardevant Notaires au profit de quelques-uns de leurs créanciers, ou pour contracter de nouvelles dettes, enſemble les Sentences qui ſeront renduës contr'eux n'acquereroient aucune hypotéque ni préference ſur les créanciers chirographaires, ſi leſdits actes & obligations ne font passés, & si lesdites Sentences ne sont renduës pareillement dix jours au moins avant la faillite publiquement connuë. Voulons & entendons en outre que notre Edit du mois de Mars 1673, demeure dans sa force & vertu, & soit exécuté selon sa forme & teneur. SI DONNONS EN MANDEMENT, à nos amés & féaux Conseillers les Gens tenans notre Cour de Parlement, & autres nos Officiers, que ces Présentes ils ayent à faire lire, publier & enregistrer, & le contenu en icelles garder & exécuter selon leur forme & teneur, nonobstant tous Edits, Déclarations & autres choses à ce contraires, ausquels Nous avons dérogé & dérogeons par ces Présentes, aux copies desquelles collationnées par l'un de nos amés & féaux Conseillers-Secretaires, voulons que foi soit ajoutée comme à l'Original : CAR tel est notre plaisir; en témoin de quoi Nous avons fait mettre notre Scel à cesdites Présentes. DONNE' à Versailles le dix-huitiéme jour de Novembre, l'an de grace mil sept cent deux, & de notre Regne le soixantiéme. *Signé*, LOUIS, *Et plus bas*, Par le Roi, PHELYPEAUX. Vû au Conseil, CHAMILLARD. Et scellé du grand Sceau de cire jaune.

Registrées, oüi & ce requerant le Procureur Général du Roi, pour être exécutées selon leur forme & teneur, & copies collationnées envoyées aux Bailliages & Sénéchaussées du Ressort, pour y être lûes, publiées & registrées. Enjoint aux Substituts du Procureur Général du Roi d'y tenir la main, & d'en certifier la Cour dans un mois, suivant l'Arrêt de ce jour. A Paris en Parlement, le vingt-neuviéme Novembre mil sept cent deux. Signé, DONGOIS.

Ce que cette Déclaration avoit déterminé à l'égard des Marchands & Négocians a été étendu par Arrêt de la Cour des Aydes de Paris, aux transports par Gens d'affaires, en pareil cas de faillite. L'Arrêt qui l'a ainsi jugé est du 14 Mars 1710, il a été rendu à l'Audience entre les Directeurs des créanciers de Jean Baptiste Dubec, pour lequel plaidoit M. de la Vigne, d'une part, & Raoul Polletier, pour lequel plaidoit M. Freteau.]

De l'exécution des résolutions prises dans l'assemblée des créanciers, & comment se comptent leurs voix.

ARTICLE V.

LES résolutions prises dans l'assemblée des créanciers, *à la pluralité des voix*, pour le recouvrement des effets ou l'acquit des dettes, *seront exécutées par provision*, & nonobstant toutes oppositions ou appellations.

☞ *A la pluralité des voix.*] Il faut joindre à cette disposition, celle de l'article suivant, qui fixe ce qui est nécessaire pour établir cette pluralité des voix dans l'assemblée des créanciers.

Voir aussi ma Note sur le même article 6, sur ces mots, *s'il monte aux trois quarts du total des dettes.*]

Seront exécutées par provision.] Cet article ne s'entend que des résolutions prises par les créanciers à la pluralité des voix pour le recouvrement des effets délaissés par le débiteur qui a fait faillite ou l'acquit des dettes ; car pour ce qui est des accords, attermoyemens & compositions qui se font entre les créanciers & le débiteur, cela est défendu à l'égard des Banqueroutiers, par l'Edit de

1609, à peine d'être déclarés déchus de leurs droits & actions, & autres plus grandes peines, s'il y échet; mais à l'égard de ceux qui demandent du répy, le créancier est obligé de tenir l'accord entre le débiteur & la plus grande partie des créanciers qui y ont le plus notable intérêt, pour éviter que le débiteur n'abandonne pas ses biens. Cela est expressément décidé par la Loi derniere, *C. qui bon. ced. poss.* & par les Arrêts recueillis par Mornac, sur la Loi 11, *ff. de pact.* par Maynard, liv. 7, chap. 28, & par M. Cambolas dans ses Décis. liv. 5, chap. 13. La raison est, afin que pendant ce répy *datam possit debitor reparare substantiam, & aliquatenus ejus valeat respirare substantia*, comme dit *Cassiod. lib. 2, variar. Matthæus de afflict. dec.* 288, tient que les créanciers peuvent pareillement composer d'une partie de leur dette en trois cas qu'il propose. Le premier, si l'héritier du débiteur refuse d'accepter l'hérédité. Le second, si le débiteur s'est retiré & s'il a recelé ou emporté ses effets. Et le troisiéme, s'il veut avoir recours au bénéfice de la cession de biens, en quoi les créanciers ne trouveroient pas leur compte, s'ils pressoient leur débiteur; mais il faut pour la validité des conventions & des résolutions des créanciers, qu'elles soient prises & faites dans l'assemblée des créanciers, *ut creditores omnes in unum conveniant, & communi consensu declarent quotâ parte debiti sint contenti*, & non pas chacun à part & séparément. La raison est, parce que *cùm pactum aliis noceat, omnes in unum convocari debent*; autrement ils ne sont pas obligés de tenir l'accord, *l. & suum hæredem, in §. hodie, ubi D. D. not. & l. rescriptum, ff. de pact.*

ARTICLE VI.

LEs voix des créanciers prévaudront, non par le nombre des personnes, *mais eu égard à ce qui leur sera dû, s'il monte aux trois quarts du total des dettes.*

Mais eu égard à ce qui leur sera dû.] Cela est conforme à la disposition du Droit en la Loi derniere préalléguée, *C. qui bon. ced. poss.* où il est dit, *amplior pars creditorum obtineat, ita ut quod pluribus placeat, hoc statuatur.* Il est vrai, qu'il est dit dans cette même Loi, que s'il y a aucun créancier auquel il soit plus dû, qu'à tous les autres, son avis doit prévaloir: *si quidem unus creditor aliis omnibus gravior in summâ debiti inveniatur, ut omnibus in unum coadunatis & debitis eorum computatis, ipse alios antecellat, ipsius sententia obtineat, sive indulgere tempus, sive cessionem accipere desiderat.* Il y a beaucoup de justice & d'équité dans la disposition de cette Loi & de l'Ordonnance; d'autant que ceux à qui il est plus dû, ont plus d'intérêt à la conservation des biens du failli, & au recouvrement qui en peut être fait, & que si les voix des autres prévaloient, le failli pourroit gagner les suffrages de ceux à qui il ne seroit dû qu'une petite somme, dans l'espérance qu'il leur donneroit de les indemniser en tout ou en partie, & se rendre par ce moyen le maître des résolutions des créanciers. Cela est encore confirmé par la Loi *Majorem, ff. de pact.* dans laquelle le Jurisconsulte Papinien, résout quatre cas qui se présentent souvent dans le Palais. Le premier, que les voix des créanciers se mesurent par ce qui leur est dû, en ces termes: *Majorem esse partem pro modo debiti, non pro numero personarum placuit.* Le second, que s'ils sont égaux dans ce qui leur est dû, le plus grand nombre l'emporte: *Quod si æquales sint in cumulo debiti, tunc plurium creditorum numerus præ-*

ferendus est. Le troisiéme, que s'ils sont égaux en nombre & en dettes, il faut suivre l'avis des créanciers qui sont plus éminens en dignité : *In numero pari creditorum, autoritatem ejus sequatur Prætor qui dignitate inter eos præcellit.* Et le quatriéme, que s'il y a égalité de nombre, de dettes & de dignité, il faut suivre alors l'opinion la plus douce : *Humanior sententia à Prætore eligenda est ;* & le Jurisconsulte Paulus, en la Loi suivante, propose & résout un autre cas, qui est, que s'il y a trois ou quatre créanciers compris dans une même obligation pour une même dette, ils ne sont comptés que pour un : *Si plures sint, inquit, qui unam & eandem habeant actionem, unius loco habentur ; ut putà, si plures sint rei stipulandi, aut plures argentarii quorum nomina simul facta sunt, unius loco numerabuntur, quia unum est debitum.*

☞ *S'il monte aux trois quarts du total des dettes.*] Les Déclarations du Roi, des 10 Juin & 30 Juillet 1715, qui seront rapportées sur l'art. 13 de ce même titre, se contentent, pour que les voix prévalent dans les déliberations des créanciers dans les cas que ces Déclarations ont eus pour objet, qu'elles excédent *la moitié* de la totalité des dettes ; mais il faut se souvenir que cela n'a lieu que pour les matieres qui avoient occasionné ces Déclarations, & qu'en tous autres cas, la disposition de cette Ordonnance conserve toute sa force, ainsi que l'a précisément expliqué la Déclaration du 30 Juillet 1715.]

Ce qui doit être observé en cas d'opposition ou de refus par les créanciers de signer les déliberations.

ARTICLE VII.

EN cas *d'opposition ou de refus* de signer les déliberations par les créanciers, dont les créances n'excéderont le quart du total des dettes, Voulons *qu'elles soient homologuées en Justice, & executées comme s'ils avoient tous signé.*

En cas d'opposition ou de refus.] Il en est de même de ceux qui refusent de signer l'accord fait & passé entre les députés des créanciers & le débiteur, & souscrit de la plûpart d'iceux, & ils peuvent être contraints par saisie de biens & emprisonnement, comme il fut jugé par Arrêt du 29 Juillet 1578, plaidant Monsieur le Président Brisson, pour lors Avocat du Roi ; & par divers autres Arrêts rapportés par Marechal en son Traité des Changes & Banqueroutes, page 142. La raison est, parce qu'il n'y a nulle apparence qu'il y puisse avoir aucune suspicion de la part de ceux qui ont plus d'intérêt à la conservation des biens du Failli : & cela a lieu, bien que le consentement des créanciers ait été recueilli de maison en maison, *ostiatim ;* d'autant que les créanciers se trouvent souvent en des Pays éloignés, où ils ne peuvent pas concerter ensemble. Néanmoins les refusans & opposans peuvent deduire leurs causes de refus & d'opposition ; qui sont par exemple, s'ils peuvent justifier que le Banqueroutier ait plus de bien que ce qui a paru aux députés des créanciers, ou si les députés ont erré en fait ou autrement, Boër. question 215. Que si les créanciers sont en diverses Villes, Pays & Provinces, ils envoyent procuration au lieu où sont les députés, & où l'accord est fait, pour le souscrire en leur nom ; & s'il y a plusieurs créanciers en une Ville, autre que celle où l'accord est fait, le Banqueroutier doit envoyer un homme avec un extrait de l'accord, ensuite duquel on peut dresser l'acte de ratification, qui sera signé de tous, ou de la plûpart d'iceux étant en même Ville; & cela fait, sur l'appel relevé par quelques-uns des créanciers de l'homologation de l'accord fait par le Juge ordinaire, ou s'il n'y a point d'appel, sur la Requête présentée par le Banqueroutier au Parlement dont il est ressortable, l'accord sera homologué & enregistré. Il faut encore remarquer, que le contrat étant homologué, le tems court toujours avec ceux qui l'ont signé, & il se trouve qu'ils sont bien souvent payés entierement de la somme portée par le contrat d'accord, avant que le Failli ait fait débouter les refusans, ou qu'il ait été ordonné qu'il sera déclaré commun avec eux, auquel tems il ne reste plus rien pour payer les autres créanciers.

Qu'elles soient homologuées en Justice.] Homologuer, c'est lorsque les Juges approuvent un Acte, une Sentence arbitrale ou Transaction. L'homologation donne la force à l'acte, au lieu qu'auparavant il n'étoit pas exécutoire, & il le devient au moyen de l'homologation. L'homologation est de deux sortes; l'une volontaire quand un créancier & un débiteur sont d'accord & d'intelligence, (ce qui n'arrive que trop souvent) pour engager les autres créanciers; l'autre forcée, quand elle se fait à la diligence des Directeurs créanciers d'un débiteur, lorsqu'il leur a fait l'abandonnement de ses biens, ou qu'ils sont ès mains des créanciers & à leur discrétion après son décès.

Et exécutées.] Par Arrêt du Parlement de Grenoble de l'année 1680, recueilli dans la huitiéme partie du Journal du Palais, page 290, il a été jugé, que les cautions & fidéjusseurs peuvent obliger le créancier, au profit duquel ils sont intervenus cautions, à exécuter le concordat que la plus grande partie des autres créanciers du débiteur commun avoient fait; & qu'en cas d'insuffisance il seroit permis au créancier d'exécuter les cautions pour le surplus de ce qui lui seroit dû. Les raisons sont au long expliquées dans le Journal; mais les principales qui peuvent avoir servi de motif à l'Arrêt, sont que le contrat de direction qui avoit été fait par les créanciers produisoit une exception en faveur des cautions, parce que c'étoit un pacte réel qui profitoit aux fidéjusseurs, suivant le §. de la Loi 21 aux Digestes: *in rem pacta omnibus prosunt, quorum obligationem dissolutam esse ejus, qui paciscebatur, interfuit. Itaque debitoris conventio fidejussoribus proficiet.* Autrement s'ils n'en profitoient pas, ils seroient en droit en vertu de l'action recursoire procédante *ex judicio mandati*, de poursuivre le débiteur commun pour le payement de la dette entiere, par les mêmes voyes par lesquelles ils auroient été poursuivis eux-mêmes, suivant la Loi 32, *Dig. de pact.* & pour le surplus de ce qui a été jugé par l'Arrêt, qu'il seroit loisible au créancier d'exécuter les cautions en cas d'insuffisance; cela est fondé sur ce que toutes & quantes fois que l'obligation naturelle reste en la personne du principal débiteur, la caution n'est pas liberée. Or comme les créanciers, s'ils découvrent que le débiteur ait fait une banqueroute frauduleuse, ne laissent pas nonobstant la remise qu'ils ont faite, d'avoir leur exécution & contrainte contre lui, *ob turpem vel injustam causam*, à plus forte raison l'action & contrainte demeure entiere contre le fidéjusseur, sur l'assurance duquel le créancier avoit prêté son argent, suivant cette maxime, *ubicumque reus ità liberatur à creditore ut naturâ debitum maneat, teneri fidejussorem.*

Comme s'ils avoient tous signé.] Il est de l'usage non-seulement dans ce Royaume, mais encore dans les Pays étrangers, que lorsque le tireur, l'accepteur & l'endosseur ont fait banqueroute, & qu'ils ont chacun à leur égard fait des contrats d'accord avec leurs créanciers, le porteur de la Lettre est tenu d'opter & de signer l'un des trois contrats seulement, quoiqu'ils lui soient tous trois solidairement obligés, & dès le moment qu'il a fait son option sur l'un des trois par sa signature, il quitte ou abandonne l'action qu'il avoit contre les deux autres, autrement il profiteroit au préjudice des autres créanciers de ce qui lui reviendroit desdits contrats d'accord, & recevroit au-delà de ce qui lui seroit dû; cela a lieu encore que le porteur de la Lettre ait fait des poursuites contre ses trois obligés; parce que quand les uns ou les autres ont fait banqueroute, il est juste qu'avant de faire l'option, le porteur connoisse l'état de leurs affaires, & que par l'art. 12 du titre 5 de cette Ordonnance, il est porté *que les porteurs pourront aussi par la permission du Juge, faire saisir les effets de ceux qui auront tiré ou endossé les Lettres, encore qu'elles ayent été acceptées; même les effets de ceux sur lesquels elles auront été tirées, en cas qu'ils les ayent acceptées:* cela est cause que le porteur de la Lettre ne fait ordinairement son option que quand il est poursuivi pour l'obliger à entrer dans le contrat, ou pour le voir homologuer.

Article VIII.

N'Entendons néanmoins *déroger aux privileges sur les meubles, ni aux privileges & hypoteques sur les immeubles,* qui seront conservés, sans que ceux qui auront privilege ou hypoteque, *puissent être tenus d'entrer en aucune composition,* remise ou attermoyement, à cause des sommes pour lesquelles ils auront privilege.

Déroger aux privileges sur les meubles.] Si le Failli a des immeubles, comme maison, rente ou autres héritages, les créanciers hypotéquaires & les privilegiés sur les meubles ne sont pas obligés, s'ils ne veulent, de signer le contrat d'accommodement qui aura été résolu par la plus grande partie des créanciers. La raison est, parce que les créanciers privilegiés sont préferés aux autres qui n'ont pas privilege sur les meubles & immeubles de leur débiteur, comme il se recueille du titre du Dig. *de privil. credit. & ut not. Glos. in l. rescriptum in vers. sec. privilegiarios, ff. de pact. & in l. eos, C qui potior in pign. hab.* Cela se doit entendre aussi de cette maniere à l'égard de ceux qui sont saisis du gage de leur débiteur: ils sont préferables sur le prix d'icelui à tous les autres créanciers, suivant la Loi *qui insulam* 14, *ff. qui potior in pign. hab.* & le Commentaire de Mornac sur cette Loi, & suivant la Loi unique, *C. etiam ob chirograph. pec.* sur la rubrique duquel titre Cujas dit, qu'à l'égard du créancier saisi du gage, il n'en peut pas être dépouillé par les créanciers antérieurs, même pour les sommes pour lesquelles il est créancier hypotéquaire, qu'ils ne lui offrent tout ce qui lui est dû pour raison de son hypoteque & de son gage, ce qu'il appuye sur le sentiment du Jurisconsulte Paulus, *lib.* 2, *recentar. sentent. tit.* 23. Il faut encore remarquer, qu'en cas de déconfiture les créanciers tant hypotéquaires que chirographaires, doivent venir à contribution au sol la livre sur les meubles, sans que les hypotéquaires soient obligés de discuter préalablement les immeubles, comme il fut jugé en la Chambre de l'Edit de Paris, par Arrêt du 1 Juillet 1659, rapporté par J. Ricard. Et la raison qu'il en rend est, que cela tourne à l'avantage du dernier créancier hypotéquaire, lequel se trouve utilement colloqué sur les immeubles, au moyen de ce que les premiers créanciers hypotéquaires ayant touché par contribution une partie de ce qui leur est dû sur les meubles, ils ont moins à prétendre sur les immeubles. A l'égard des créanciers qui ne se sont point opposés, ils ne viennent point avec les autres : jugé par Arrêt du 25 Août 1619 rapporté par Tronçon, art. 95 de la Coutume de Paris., *in verbo* saisie. Par l'art. 12 du Reglement de la Place des Changes de la Ville de Lyon, il est porté, *Que lorsqu'il arrivera une faillite dans la Ville de Lyon, les créanciers du Failli qui se trouveront être de certaines Provinces du Royaume ou des Pays étrangers, dans lesquels, sous prétexte de saisie & transport, & en vertu de leurs prétendus Privileges ou Coutumes ils s'attribuent une préference sur les effets de leurs débiteurs faillis, préjudiciable aux autres créanciers absens & éloignés, ils y seront traités de la même maniere, & n'entreront en repartement des effets du débiteur, qu'après que les autres auront été entierement satisfaits, sans que cette pratique puisse avoir lieu pour les autres Regnicoles ou Etrangers ; lesquels étant reconnus pour légitimes créanciers seront admis audit repartement de bonne foi, & avec équité, suivant l'usage ordinaire de ladite Ville & de la Jurisdiction de la conservation des Privileges de ses Foires.*

Ni aux privileges & hypoteques sur les immeubles.] On a douté si un Banquier ayant fait faillite, ceux qui sont créanciers à raison de la banque, ne doivent pas être préferés aux autres créanciers hypotéquaires pour dettes qui ne procedent pas de la banque, attendu que ceux qui ont mis leur argent dans la banque sont réputés l'avoir baillé en dépôt, & que les dépositaires sont préferables aux créanciers, même *ante privilegia*, suivant la Loi, *si hominem*, §. *quotiens*, *D. depos.* & la Loi, *si ventri.* §. *si tamen nummi*, *ff. de privil. credit.* D'où l'on a voulu inferer, que lorsque l'argent est en nature, il peut être vendiqué par ceux qui l'ont baillé, ce qui est confirmé par la Loi, *si is qui depositam*, *C. depos.* où il est dit, que *si nummi extent, deponens uti potest rei vindicatione*, & par la Loi *si res*, *C. ad exhib.* & que si l'argent n'est pas en nature, il doit être pareillement préferé par l'action de dépôt qui est privilegiée. Néanmoins il est certain par le Droit, que l'argent se trouvant confus & mêlé avec les autres biens du Banquier, les créanciers hypotéquaires sont préferés. La Loi *si hominem* ci-dessus alléguée, ne parle que des actions personnelles, à l'égard desquelles le privilege du dépôt l'emporte par-dessus les autres. Et la Loi *si ventri* & autres n'ont lieu que lorsque l'argent a été déposé dans un sac cacheté sans avoir été compté : parce qu'en ce cas *dominium non transfertur in depositarium*, & que le dépositaire est tenu de le rendre en espece. *L. 2, ff. de reb. cred. ibi mutuum recepturi damus, non eandem speciem quam dedimus, alioquin aut commodum, aut depositum, sed idem genus ;* & non pas lorsque l'argent a été compté, parce que dès-lors le dépositaire peut s'en servir, n'etant pas obligé de le rendre en espece, mais d'autre du même genre, *sicut in mutuo.* Il y a deux textes formels qui décident cette question, la Loi *dies sponsalitiorum*, §. *qui pecuniam*, *ff. depos. Qui pecuniam apud se non obsignatam ut tantumdem redderet, depositam ad usus proprios convertere potest.* Et la Loi *in Navem Saufeii. ff. locati : nam si quis pecuniam numeratam ita deposuisset, ut neque clausam, neque obsignatam traderet, sed adnumeraret, nihil aliud eum debere apud quem deposita esset, nisi tantumdem pecunia solveret.*

Puissent être tenus d'entrer en aucune composition.] Ces créanciers ne sont pas obligés de consentir aux compositions ou délais accordés à leurs débiteurs, parce qu'ils ont privilege sur les biens, & il n'y a que les créanciers chirographaires

phaires qui y soient obligés, *iniquum enim esset auferri pignus vel privilegium*, suivant la Loi, *si pracedente*, §. *Lucius, ff. de pact.* Il est vrai, que la Loi, *Rescriptum in versic. privilegiarios, ff. de pact.* est directement contraire, en ce qu'elle dit, qu'en fait de conventions & de compositions faites avec les créanciers, *privilegiarii creditores exemplum majoris partis sequi debent*: mais Mornac, sur ladite Loi, *Rescriptum*, 11, dit, qu'on ne peut mieux concilier ces deux Loix, qu'en recourant à l'usage qui s'observe, qui est qu'entre les créanciers chirographaires le plus grand nombre l'emporte, soit qu'il s'agisse de donner quelque délai au débiteur, ou qu'il soit question de lui faire quelque composition de ce qu'il doit ; mais qu'il en est autrement des hypotéquaires, à l'égard desquels on considere le privilege & leur hypotéque, *toto tit. Dig. & Cod. qui potior. in pign. hab.*

Entre les mains de qui doivent être remis les deniers qui procedent de la vente des meubles & des effets mobiliaires.

ARTICLE IX.

LES deniers comptans & ceux *qui procéderont de la vente des meubles* & des effets mobiliaires, seront mis ès mains de ceux qui seront nommés par les Créanciers à la pluralité des voix ; & *ne pourront être vendiqués par les Receveurs des Consignations*, Greffiers, Notaires, Huissiers, Sergens, ou autres personnes publiques ; ni pris sur iceux aucun droit par eux ou les dépositaires, à peine de concussion.

Qui procéderont de la vente des meubles.] Par Arrêt du premier Juillet 1659 de la Chambre de l'Edit du Parlement de Paris, il fut jugé qu'en matiere de deniers procédans de la vente des meubles d'une succession abandonnée, ou autre, les créanciers hypotéquaires pouvoient les faire distribuer entre tous les autres créanciers & eux, soit chirographaires ou autres, au marc la livre, sans qu'ils soient obligés de discuter l'hypotéque spéciale.

Ne pourront être vendiqués par les Receveurs des consignations.] C'est pour le soulagement des Créanciers que l'Ordonnance veut que ces deniers soient mis entre les mains de ceux qui ont été nommés par les créanciers, non-seulement pour leur épargner le droit qui appartient aux Receveurs des consignations par l'Edit, lequel leur attribue un sol pour livre du prix des ventes forcées, & deux deniers pour livre des deniers consignés, mais encore afin qu'ils puissent les recouvrer plus facilement. Par Arrêt du Parlement de Paris, du 8 Février 1647, il fut jugé que les créanciers opposans & mis en ordre sur les biens de leurs débiteurs, devoient porter en leur nom la perte du sol la livre, qui doit être payé aux Receveurs des consignations.

Quels sont ceux qui sont reputés Banqueroutiers frauduleux.

ARTICLE X.

DÉCLARONS Banqueroutiers frauduleux, ceux qui auront *diverti leurs effets*, supposé des créanciers, *ou déclaré plus qu'il n'étoit dû aux véritables Créanciers.*

Diverti leurs effets.] Il y a des faillites dignes de commisération, comme sont celles qui procédent des dommages & des pertes que la calamité des troubles apporte dans les Royaumes, ou qui sont arrivés par naufrage, incendie & autres semblables cas, sans qu'il y ait dol, coulpe ni fraude de la part des débiteurs, & pourvû qu'ils ne divertissent pas ce qui leur reste, & qu'ils ne se dérobent pas eux-mêmes à leurs créanciers. C'est pour cela que l'Ordonnance veut, *qu'on considere leur maniere de vivre, les pertes & les dommages qu'ils ont soufferts.* Mais celles-là sont dignes d'une punition exemplaire, qui se font par dol & fraude, & par ceux qui n'ayant fait aucune perte notable, recelent malicieusement leurs biens & leurs effets, feignent & supposent des dettes ; & après le transport & recellement de leurs biens, s'absentent du Royaume pour réduire par ce moyen leurs créanciers à entrer en composition avec eux, ou d'en passer par l'avis de certains députés mis à leur poste & à leur devotion.

Ou déclaré plus qu'il n'étoit dû aux véritables Créanciers.] Il y a encore d'autres Banqueroutiers qui méditent de longue main de faire banqueroute, & qui trament artificieusement les moyens d'y parvenir par de mauvaises voyes, ceux-ci passent des contrats de constitution de rente & obligation personnelle devant Notaires, puis les acquittent ; & au lieu de les endosser des quittances, & canceller les minutes ; ils se font donner des quittances séparées qu'ils suppriment lors de leur banqueroute ; & après, sous les noms de quelques prétendus créanciers, leurs parens, alliés ou affidés, ils emportent frauduleusement de notables sommes par préference aux véritables créanciers, si bien que pour remédier à cet abus, & pour prévenir cette fraude, il seroit bon d'enjoindre à ceux qui contractent, & aux Notaires, d'endosser tous les rachats & payemens sur les contrats de constitution de rente & d'obligation ; & s'il se pouvoit faire, en décharger en même-tems les minutes, à peine de restitution du quadruple, contre les créanciers supposés, même de punition corporelle, comme étant par leur collusion & intelligence, fauteurs, adhérans & complices de la banqueroute.

Article XI.

Les Négocians & les Marchands tant en gros qu'en détail, & les Banquiers, qui lors de leur faillite *ne représenteront pas leurs Registres* & Journaux signés & paraphés, comme Nous avons ordonné ci-dessus, pourront être reputés Banqueroutiers frauduleux.

Ne représenteront point leurs Registres.] Cet article est d'une très-grande importance, parce que c'est un des moyens les plus puissans pour empêcher le dol & la fraude que ceux qui s'absentoient & qui faisoient faillite avoient accoutumé de pratiquer. Ils disoient de mauvaise foi qu'ils n'avoient point de livres ni de registres, & qu'ils n'en avoient pas tenus ; & cela à dessein de cacher à leurs créanciers l'état de leurs affaires, & de les obliger à leur faire des remises telles qu'il leur plaisoit. Or il est constant qu'il n'est point de plus grande présomption de fraude à un Négociant qui s'est absenté & qui a fait faillite, que de soustraire & cacher ses livres & registres à ses créanciers, & leur en refuser la representation. Cet abus venoit de ce qu'avant cette Ordonnance, il n'y en avoit point qui les y obligeât, ni qui décernât des peines faute de les représenter, & que la Justice ne pouvoit pas par conséquent les y contraindre : mais à pré-

ſent ils ne peuvent plus dénier d'avoir tenu des livres, autrement ils ſont réputés Banqueroutiers frauduleux.

Quelle eſt la peine contre les Banqueroutiers frauduleux.

ARTICLE XII.

LEs Banqueroutiers frauduleux *ſeront pourſuivis extraordinairement, & punis de mort.*

Seront pourſuivis extraordinairement, & punis de mort.] Cet article eſt conforme à l'Ordonnance de Charles IX. ès Etats d'Orleans, article 143, de Henry III, ès Etats de Blois, article 205, en 1586; & à celle du feu Roy, art. 153. Cela a été ainſi jugé par un Arrêt notable rapporté dans la 2e. partie du Journal du Palais, rendu au Parlement de Paris, le 30 May 1673, par lequel Jean Deſves & le Mercier, Banqueroutiers, ont été condamnés à faire amende honorable, au pied des grands degrés du Palais, nuds en chemiſe, la corde au col, tenans chacun en leurs mains une torche ardente, ayant écriteaux devant & derriere, portant ces mots, ſçavoir celui dudit Mercier: *Banqueroutier frauduleux*; & celui dudit Deſves, *Fauteur, conſeil & adhérant de Banqueroute, & recéleur des effets dudit le Mercier*: & là étant à genoux, ledit Mercier dire & déclarer que malicieuſement & frauduleuſement il a fait faillite & banqueroute à ſes créanciers, recellé & détourné ſes effets, mis des noms ſuppoſés dans ſes regiſtres; & ledit Deſves, qu'il a favoriſé & conſeillé ladite banqueroute, & recellé les effets dudit Mercier, dont ils ſe repentent, en demandent pardon à Dieu, au Roi & à la Juſtice. De-là conduits par l'Exécuteur le long des rues S. Denis, & S. Honoré, à la Croix du Trahoir, pour y faire pareille amende honorable, & enſuite conduits par la rue des Prouvaires, dans les Halles, au bas du Pilory, y faire auſſi amende honorable; & après mis & attachés audit Pilory par trois jours de Marché, & y demeurer pendant deux heures chacun jour, & faire quatre tours dudit Pilory, pendant ledit tems; ce fait être menés & conduits aux Galeres du Roy, pour y ſervir comme forçats l'eſpace de neuf ans: permis aux créanciers de faire empriſonner leſdits le Mercier & Deſves, après le tems expiré deſdites neuf années de Galeres, juſqu'à l'actuel payement de leur dû. Il y a pluſieurs autres Ordonnances qu'il eſt néceſſaire de rapporter. Celle de François I. à Lyon, du 10 Octobre 1536, qui porte qu'*il ſera procedé exemplairement par amende honorable, punition corporelle, appoſition au carcan ou pilory ou autrement, à l'arbitrage du Juge*. C'étoit la peine que l'Empereur Adrien ordonna contre ceux qui avoient fait une banqueroute frauduleuſe, leurs fauteurs & entremetteurs; & c'eſt ce què Diogene Laërce entend quand il dit, *lib.* 6, *Voluit eos catamidiari in Amphiteatro*, ἀπὸ Κατaμιδᾶν, *id eſt derideri, & ibi ante conſpectum omnium exponi*; ce qu'on appelle en France *mitrer*, qui eſt lorſqu'on met le col ou les poignets entre deux ais; comme on voit encore les ais troués au haut de la tour du Pilory des Halles, & à l'échelle du Temple à Paris. Cette peine du Pilory a été introduite par l'Empereur Adrien, au rapport de Spartian dans ſa vie; & les Empereurs Valentinien, Théodoſe, & Arcadius, ordonnerent par leurs Conſtitutions, que les Banqueroutiers frauduleux *ictibus plumbatarum ſubjicerentur*, de laquelle peine des plombeaux il eſt parlé dans la Loi 2, *lib.* 10, *de exactor. Tribut.* & la Loi *Quilibet*, *C. de Decurion. & in paſſione Co:*

ronatorum Martyrum. Pour ce qui est de la peine capitale indicte par les Ordonnances, elle est si mal observée, & on punit si legerement les banqueroutes frauduleuses, que l'indulgence dont on use est cause qu'elles sont si fréquentes, & que le Commerce diminue tous les jours: si bien qu'il seroit nécessaire de pratiquer les remedes que les Loix & les Ordonnances proposent aux Juges pour en arrêter le cours, *Multis grassantibus opus est exemplo, l. aut. facta in fi D. de pœn.* C'est ce qui mut le Roy Henry III. en l'an 1582, de décerner commission pour la recherche des banqueroutes faites vingt ans auparavant, qui n'est pas moins utile ni moins nécessaire que de ceux qui ont malversé dans les Finances. *Fide confidere nemo potest* [disoit *Cic. pro leg. Manilia*] *quia plures secum in eandem calamitatem trahunt.* Et le feu Roi Henry le Grand par son Edit de 1609, qui contient plusieurs articles très-importans, ordonna conformément à ladite Ordonnance d'Orléans, qu'*il seroit extraordinairement procedé contr'eux; & que la fraude étant prouvée ils seroient exemplairement punis de mort, comme voleurs & affronteurs publics: Decoctores ergo fraudatores*: ce qui doit être plus exactement pratiqué contre les personnes publiques qui font banqueroute, comme Receveurs des deniers publics, Consignations; ou autres Traitans & Financiers, parce qu'ils sont coupables de péculat.

Quelle est la peine contre ceux qui ont aidé ou favorisé la banqueroute frauduleuse.

Article XIII.

CEux qui auront aidé ou favorisé la Banqueroute frauduleuse, en divertissant les effets, acceptant des transports, ventes ou donations simulées, *& qu'ils sçauront être en fraude des Créanciers*, ou se déclarant Créanciers ne l'étant pas, ou pour plus grande somme que celle qui leur étoit dûe, *seront condamnés en quinze cens livres d'amende*, & au double de ce qu'ils auront diverti ou trop demandé, au profit des Créanciers.

Et qu'ils sçauront être en fraude des Créanciers.] Il ne suffit pas que celui qui médite de faire faillite, ait dessein de frauder, il faut que le Cessionnaire ait part à la fraude. Elle ne se peut prouver que par des conjectures & présomptions *juris & de jure*, comme sont la qualité des personnes qui sont proches, la circonstance du tems, lorsque les transports sont faits peu de tems avant la faillite; mais il faut supposer toujours que celui qui accepte le transport soit constitué en dol & en mauvaise foi, parce que si l'Ordonnance annulloit les transports innocens & légitimes, elle priveroit le Cessionnaire d'un bien qu'il a légitimement acquis; & cette même Loi qui a pour son unique objet le bien du Commerce, le ruineroit & en ôteroit la liberté, à cause de la défiance en laquelle on seroit, par l'incertitude & l'ignorance de l'état des affaires & de la fortune de ceux avec lesquels on traiteroit. Mais si un homme, dans la seule vûe de servir son ami, accepte quelque cession, ou fait quelque contrat sans sçavoir le dessein de la banqueroute, croyant au contraire que ce n'est que pour faciliter les payemens; comme ce motif est innocent, & que ce n'est pas pour frauder les créanciers ni mettre le bien du débiteur à couvert, celui qui accepte la cession n'encourt aucune peine à moins que depuis la banqueroute ouverte il souffre qu'on fasse des poursuites à son nom, pour retirer payement de ce qui lui a été cedé; car en ce cas il est complice & fauteur de la banqueroute, & sujet à la même peine, comme il est porté par l'Edit du Roy Henry IV. du mois de May 1609, dans lequel toutes les especes des fauteurs sont spécifiées.

Seront condamnés en quinze cens livres d'amende.] Cet article découvre les moyens par lesquels on peut favoriser une banqueroute frauduleuse, & établit la peine contre les fauteurs. Elle étoit encore plus severe par les anciennes Ordonnances; car la Constitution de l'Empereur Charles-Quint porte entr'autres; *Semblablement ceux*, ce sont les propres termes, *qui en sçavant assisteront les Banqueroutiers & fugitifs à eux sauver & transporter leurs biens & marchandises, ou empêcheront leur apréhension en quelque maniere que ce soit, ou les celeront & garderont: sans déclarer au Juge du lieu; ensemble ceux qui se mêleront ou conduiront les affaires desdits Banqueroutiers & fugitifs en leur absence, par société ou autrement, ou qui feront ou recevront d'eux Contrats, transports ou cessions simulées, ou pour plus grande somme que leur vrai dû ne porte, seront tenus & obligés à payer & satisfaire entierement toutes les dettes dessusdites des Banqueroutiers & fugitifs. Et si les dessus nommés ne fussent suffisans de payer & satisfaire ausdites dettes, Nous voulons que les gens laïcs soient punis par fustigation, gens d'Eglise par saisissement de leur temporel, & mise de garde manoir, à l'exemple d'autres, ou autrement arbitrairement selon l'exigence du cas.* L'Edit de May 1609, porte par exprès, *que ceux qui se diront contre vérité Créanciers des Banqueroutiers, comme il avient souvent par monopole & intelligence, afin d'induire les vrais Créanciers à composition & accord, seront exemplairement punis comme complices de fraudes & banqueroutes.* Et par le Droit écrit, ceux qui se déclarent créanciers ne l'étant pas (ce qui se peut faire en diverses manieres) sont sujets à la peine de faux, parce que cela tourne au dommage des autres créanciers, *ut legitur & not. in l. si creditor*, 15, *C. ad leg. Cornel. de fals. Si creditor colludens cum debitore suo, tibi prædium venundedit, falsum commisit, & tib. nihil officit, sed se magis criminis accusationi fecit obnoxium*, & dans la Loi 28, *ff. eod.* & la Loi *falsus*, *ff. de furt.* sans que le consentement du Banqueroutier puisse servir de prétexte ni d'excuse à ce crime, suivant la Loi, *Repetita, ff. de fide instrum.* & la Loi derniere, *C. de crimine stellion.*

☞ On donne ici plusieurs Déclarations qui portent attribution pour un certain tems aux Jurisdictions Consulaires du Royaume, de la connoissance des faillites & banqueroutes, & au Prévôt de Paris, de tous les procès mûs & à mouvoir pour raison des faillites & banqueroutes qui s'ouvriront dans la Ville, Prévôté & Vicomté de Paris.

LOUIS, par la grace de Dieu, Roi de France & de Navarre: A tous ceux qui ces présentes Lettres verront, Salut. Nous avons été informés qu'un grand nombre de Marchands & Négocians, s'étant inconsidérément chargés d'une quantité surabondante de Marchandises étrangeres, & n'en pouvant trouver assez promptement le débit, étoient hors d'état de s'acquitter actuellement des emprunts qu'ils auroient faits; ce qui auroit obligé quelques-uns d'entre eux de faire faillite, & pouvoit en réduire plusieurs à cette fâcheuse extremité; & comme Nous avons appris qu'il y a plus d'imprudence que de mauvaise foi dans leur conduite, que le désordre arrivé dans les affaires de quelques-uns est capable d'en causer un pareil dans la fortune d'un grand nombre d'autres, que s'ils restoient exposés aux poursuites rigoureuses de leurs créanciers, & que la connoissance de ces faillites fût portée en différentes Jurisdictions, les conflits, la longueur, l'embarras, & les frais des procédures acheveroient de ruiner les

Marchands & Négocians contre qui elles seroient faites, & causeroient une perte certaine tant aux débiteurs qu'aux créanciers; Nous avons estimé que le bien public & celui des particuliers exigeoient que nous fissions chercher les moyens d'arrêter & de prévenir les suites dangereuses du trouble qui est actuellement dans le commerce, & que Nous ne pouvions y apporter un remede plus efficace pour ménager également les intérêts des créanciers & des débiteurs; que d'attribuer pendant un tems limité, la connoissance des procès & différends nés & à naître, à l'occasion des faillites qui sont survenues, ou qui surviendront dans la suite, à des Juges qui par leur profession sont particulierement instruits des affaires du Négoce, & qui administrant la Justice gratuitement, & avec des tempéramens convenables, facilitent aux débiteurs les moyens de se libérer sans faire aucun préjudice à la sûreté des créanciers. A CES CAUSES, & autres à ce Nous mouvans, de l'avis de notre Conseil, & de notre certaine science, pleine puissance & autorité Royale, Nous avons dit, statué & ordonné, disons, statuons & ordonnons, voulons & Nous plaît, que tous les procès & différends civils mûs & à mouvoir pour raison des faillites & banqueroutes qui sont ouvertes depuis le premier jour d'Avril de la présente année, ou qui s'ouvriront dans la suite, soient jusqu'au premier Janvier 1716 portés pardevant les Juges & Consuls de la Ville où celui qui aura fait faillite sera demeurant; & pour cet effet Nous avons évoqué & évoquons tous ceux desdits procès & différends, qui sont actuellement pendans & indécis pardevant nos Juges ordinaires, ou autres Juges inférieurs, ausquels Nous faisons très-expresses inhibitions & défenses d'en connoître à peine de nullité, & iceux procès & différends avec leurs circonstances & dépendances, Nous avons renvoyés & renvoyons pardevant lesdits Juges & Consuls, à qui Nous en attribuons toute Cour, Jurisdiction & connoissance, sauf l'appel du Parlement dans le Ressort duquel lesdits Juges & Consuls sont établis. Voulons que nonobstant ledit appel & sans préjudice d'icelui, lesdits Juges & Consuls continuent leurs procédures, & que leurs Jugemens soient exécutés par provision. Voulons pareillement que jusqu'audit jour premier Janvier 1716, il soit par lesdits Juges & Consuls, à l'exclusion de tous autres Juges & Officiers de Justice, procédé à l'apposition des scellés & confection des inventaires de ceux qui ont fait ou feront faillite, & au cas qu'ils eussent des effets dans d'autres lieux que celui de leur demeure, Nous donnons pouvoir ausdits Juges & Consuls de commettre telle personne que bon leur semblera pour lesdits scellés & inventaires, qui seront apportés au Greffe de la Jurisdiction Consulaire, & joints à ceux faits par lesdits Juges & Consuls; voulons aussi que les demandes à fin d'homologation des délibérations de créanciers, contrats d'attermoyement & autres actes passés à l'occasion desdites faillites, soient portées pardevant lesdits Juges & Consuls pour être homologuées si faire se doit, & que lesdits Juges & Consuls puissent ordonner la vente des meubles, & le recouvrement des effets mobiliers, & connoissent des saisies mobiliaires, oppositions, revendications, contributions, & généralement de toutes autres contestations, qui seront formées en conséquence desdites faillites & banqueroutes; n'entendons néanmoins empêcher, qu'il ne puisse être procédé à la saisie réelle & aux criées des immeubles, pardevant les Juges ordinaires ou autres qui en doivent connoître jusqu'au bail judiciaire exclusivement, sans préjudice de l'exécution & du renouvellement des baux judiciaires précédemment adjugés, & sans qu'il puisse être fait aucune autre poursuite ni procédure, si ce n'est qu'en conséquence de délibérations prises par les créanciers à la pluralité des voix, dont le nombre excede la moitié du total des dettes, voulons en outre que jusqu'audit jour premier Janvier 1716, aucune plainte ne puisse être rendue, ni Requête donnée à fin criminelle contre ceux qui auront fait faillite, & défendons très-expressément à nos Juges ordinaires & autres Officiers de Justice de les recevoir, si elles ne sont aussi accompagnées de délibérations & du consentement des créanciers, dont les créances excedent la moitié de la totalité des dettes; & quant aux procédures criminelles commencées avant la datte des Présentes, & depuis ledit jour premier Avril 1715, voulons qu'elles soient continuées, & que néanmoins nos Juges ordinaires & autres Officiers de Justice, soient tenus d'en surséoir la poursuite & le Jugement sur la simple réquisition des créanciers, dont les créances excederont pareillement la moitié du total de ce qui est dû par ceux qui ont fait faillite, & en conséquence de délibérations par eux prises & annexées à leur Requête. SI DONNONS EN MANDEMENT, à nos amés & féaux Conseillers les Gens tenans notre Cour de Parlement, que ces Présentes ils ayent à faire lire, publier & registrer, & le contenu en icelles garder & exécuter selon leur forme & teneur, nonobstant toutes Ordonnances, Edits, Déclarations, & autres choses à ce contraires, ausquelles Nous avons dérogé & dérogeons par cesdites Présentes, aux copies desquelles collationnées par l'un de nos amés & féaux Conseillers & Sécrétaires, voulons que foi soit ajoûtée comme à l'original: CAR tel est notre plaisir; en témoin de quoi Nous avons fait mettre notre Scel à cesdites Présentes. DONNE' à Versailles, le dixiéme jour de Juin, l'an de grace mil sept cent quinze, & de notre Regne, le soixante-treiziéme. *Signé*, LOUIS. *Et plus bas*, par le Roy, PHELYPEAUX. Vû au Conseil, DESMARETZ. Et scellé du grand Sceau de cire jaune.

Registrées, oüi & ce requerant le Procureur Général du Roi, pour être exécutées selon leur forme & teneur, & copies collationnées envoyées aux Bailliages & Sénéchaussées du Ressort, pour y être lûes, publiées & registrées. Enjoint aux Substituts du Procureur Général du Roy d'y tenir la main, & d'en certifier la Cour dans un mois, suivant l'Arrêt de ce jour. A Paris en Parlement, le troisiéme jour de Juillet mil sept cent quinze. Signé, DONGOIS.

LOUIS, par la grace de Dieu, Roy de France & de Navarre: A tous ceux qui ces présentes Lettres verront, Salut. Le dessein que Nous avons eu de soulager les Marchands & Négocians de notre Royaume, que la facilité & l'empressement qu'ils ont eu de se charger d'une trop grande quantité de marchandises, ont mis dans la nécessité fâcheuse de faire faillite, Nous auroit engagé à rendre notre Déclaration du 10 Juin 1715, par laquelle Nous avons ordonné que les procès & différends civils, pour raison des faillites & banqueroutes, seront portés pardevant les Juges & Consuls, jusqu'au premier Janvier 1716; Nous avons reglé par la même Déclaration le pouvoir desdits Juges & Consuls, & les instructions qui pourroient être faites devant eux, pour raison desdites faillites, ayant même reservé aux Officiers ordinaires & autres Officiers de Justice l'instruction de celles desdites faillites qui pourront être poursuivies criminellement sur les délibérations & consentement des créanciers, dont les créances excéderont la moitié de la totalité des dettes; mais Nous avons été informés que les Juges & Consuls de Paris, sont tellement occupés des affaires extraordinaires de leur Jurisdiction, & de celles de leur Commerce particulier, qu'il seroit difficile qu'ils puissent vacquer à l'instruction des faillites & banqueroutes qui pourroient survenir dans la Ville, Prévôté & Vicomté de Paris, ensorte qu'il Nous a paru du bien public & de celui des particuliers, que le désordre arrivé dans leurs affaires a réduit dans ce malheureux état, de leur marquer une Jurisdiction où ils puissent trouver toute l'expédition nécessaire pour prévenir la longueur & l'embarras de ces sortes de poursuites. A ces causes, & autres à ce Nous mouvans, de l'avis de notre Conseil & de notre certaine science, pleine puissance & autorité Royale, Nous avons dit, statué & ordonné, disons, statuons, ordonnons par ces Présentes signées de notre main; voulons & Nous plaît, que tous les procès & différends mûs & à mouvoir, pour raison des faillites & banqueroutes qui sont ouvertes, ou qui s'ouvriront par la suite dans la Ville, Prévôté & Vicomté de Paris, soient portés devant le Prévôt de Paris ou son Lieutenant, & par lui instruits & jugés, sauf l'appel au Parlement, dérogeant à cet égard à notredite Déclaration du 10 Juin de la présente année, & sans que lesdits procès & différends puissent être évoqués en vertu d'évocations générales ou particulieres, Lettres de *Committimus*, de gardes gardiennes & autres privilèges, ausquels Nous dérogeons à cet égard seulement sans tirer à conséquence; voulons que ledit Prévôt de Paris ou son Lieutenant fasse l'instruction desdites faillites & banqueroutes sans frais, & sans ministere de Procureurs, si ce n'est dans les contestations des créanciers les uns contre les autres, pour raison de privileges par eux prétendus, revendications, contributions & autres prétentions qui seront formées en conséquence desdites faillites & banqueroutes, & dans lesquelles lesdits créanciers pourront se servir de Procureurs à leurs frais particuliers, sans qu'ils puissent les répeter contre le débiteur ni sur ses biens: Voulons aussi qu'en cas d'absence & autres cas où il écherra d'apposer un scellé sur les effets de ceux qui auront fait faillite, & faire description desdits effets, il y soit procédé à la requête des créanciers ou de l'un d'eux, avec l'assistance d'un seul Procureur pour tous les créanciers, & dont ils conviendront entr'eux, ou qui faute par eux d'en convenir, sera nommé par ledit Prévôt de Paris ou son Lieutenant, sans qu'aucune des Parties intéressées puisse y faire assister aucun autre Procureur, ce qui sera également observé lorsqu'il conviendra de lever ledit scellé, à l'exception néanmoins de cas d'absence ou de banqueroutes frauduleuses, dans lesquelles outre la présence du Procureur qui agira pour tous les créanciers, il assistera un Substitut; les oppositions ausdits scellés seront faites par les créanciers mêmes & signées par eux, ou par autres personnes pour eux, sur le procès verbal du Commissaire sans ministere d'Huissiers, Sergens ni Procureurs. Sera la description desdits effets faite sommairement par le Commissaire qui aura apposé le scellé, & ne pourra ledit Commissaire employer dans ladite description que les livres & registres, ensemble les effets actifs & décharges dont il sera fait de simples liasses paraphées par lui; & à l'égard des autres papiers, ils seront mis dans un ou plusieurs coffres à deux clefs, & serrures différentes, & le tout déposé, ainsi qu'il sera convenu entre le débiteur & les créanciers, ou reglé par ledit Prevôt de Paris ou son Lieutenant; en cas que les créanciers ou l'un d'eux veuillent former plainte contre le débiteur, & présenter Requête à fin criminelle, ils pourront faire informer, décreter, exécuter le décret qui aura été décerné, & même faire procéder à l'interrogatoire de l'accusé, après quoi sera sursis à toutes autres poursuites pendant huitaine; dans le cours de laquelle les créanciers s'assembleront pour délibérer s'ils jugeront à propos de continuer ou surseoir ladite poursuite criminelle, & consentir par provision l'élargissement de l'accusé & la levée du scellé;

scellé ; & ce qui sera arrêté & convenu pour raison de ce seulement par les créanciers dont les créances excederont la moitié du total de ce qui est dû par ceux qui ont fait faillite, sera présenté audit Prevôt de Paris ou son Lieutenant, pour y être par lui pourvû ainsi qu'il appartiendra & sans frais, sans déroger néanmoins dans les autres cas aux Art. V. VI. & VII. du Titre XI. des Faillites & Banqueroutes, de notre Ordonnance du mois de Mars 1673. N'entendons néanmoins empêcher que les Marchands, Négocians & Banquiers qui se trouveront hors d'état de satisfaire au payement de leurs dettes, & leurs créanciers, ne puissent se pourvoir pardevant les Juge & Consuls de Paris, pour convenir à l'amiable des termes, clauses & conditions du payement desdites dettes, & être les déliberations qui auront été prises par lesdits créanciers, & actes passés en conséquence avec leurs débiteurs, autorisés par lesdits Juge & Consuls en conformité desdits Articles du même titre de notre Ordonnance du mois de Mars 1673, sans toutefois qu'ils puissent connoître des contestations qui pourront être formées entre les créanciers pour raison des hypoteques, privileges, préferences & autres matieres qui ne sont de leur compétence, sur lesquelles les Parties seront tenues de se pourvoir pardevant le Prevôt de Paris ou son Lieutenant. Voulons que la présente Déclaration soit exécutée jusqu'au dernier Décembre de la présente année seulement, & que notred. Ordonnance du mois de Mars 1673, ensemble notredite Déclaration du 10 Juin dernier, soient aussi exécutées selon leur forme & teneur, en ce qui n'y est point dérogé par ces Présentes. SI DONNONS EN MANDEMENT, à nos amés & féaux Conseillers, les Gens tenans notre Cour de Parlement à Paris, que ces Présentes ils ayent à faire registrer, & le contenu en icelles faire exécuter selon leur forme & teneur; CAR tel est notre plaisir : En témoin de quoi Nous avons fait mettre notre Scel à cesdites Présentes. DONNE' à Marly le trentiéme jour de Juillet, l'an de grace mil sept cent quinze, & de notre Regne, le soixante treiziéme. *Signé*, LOUIS; *Et plus bas*, Par le Roi PHELYPEAUX. Et scellé du grand Sceau de cire jaune.

Registrées, oüi & ce requerant le Procureur Général du Roi, pour être exécutées selon leur forme & teneur, suivant l'Arrêt de ce jour. A Paris en Parlement, le sixiéme Août mil sept cent quinze. Signé, DONGOIS.

LOUIS, par la grace de Dieu, Roi de France & de Navarre : A tous ceux qui ces présentes Lettres verront, Salut. L'attention perpetuelle qu'a euë le feu Roi de glorieuse mémoire, notre très honoré Seigneur & Bisayeul, de favoriser le Commerce, & de lui donner en toutes sortes d'occasions des marques particulieres de sa protection, lui avoit fait prendre la résolution d'attribuer jusqu'au premier Janvier prochain aux Juge & Consuls du Royaume la connoissance des faillites & banqueroutes par une Déclaration du 10 Juin dernier, ayant reconnu que le dérangement arrivé dans les affaires de plusieurs Marchands & Négocians ne provenoit que de leur imprudence, par l'achat d'une quantité surabondante de Marchandises étrangeres pour éviter de perdre par les diminutions d'especes d'or & d'argent. Nous avons été informés que cette Déclaration a eu tout le succès qu'on pouvoit en attendre, qu'elle a garanti un grand nombre de Négocians & Marchands de faire faillite, & qu'elle a procuré à ceux qui n'ont pû éviter de tomber dans ce malheur, les moyens de passer des contrats d'attermoyement avec leurs créanciers, dont la perte auroit été indubitablement plus grande, si les Faillis eussent été obligés de s'absenter afin d'éviter les pourſuites rigoureuſes de quelques-uns de leurs créanciers; ce qui auroit cauſé le déperiſſement de la plus grande partie des effets, les auroit conſommés en frais de Juſtice: Et comme nous avons appris que les motifs qui ont porté à rendre la Déclaration du 10 Juin ne ſont point ceſſés, Nous avons crû que Nous devions encore accorder pour quelques tems aux Marchands & Négocians un ſecours dont l'utilité a été généralement reconnue, & capable de rétablir le Commerce, à quoi Nous nous propoſons de donner d'ailleurs tous les ſoins néceſſaires. A CES CAUSES, de l'avis de notre très-cher & très-amé oncle le Duc d'Orleans, Regent, de notre très-cher & très-amé couſin le Duc de Bourbon, de notre très-cher & très-amé oncle le Duc du Maine, de notre très-cher & très-amé oncle le Comte de Toulouſe, & autres Pairs de France, grands & notables perſonnages de notre Royaume, & de notre certaine ſcience, pleine puiſſance & autorité Royale, Nous avons dit & déclaré & par ces Préſentes ſignées de notre main, diſons & déclarons, voulons & Nous plaît: Que tous les procès & differends civils mûs & à mouvoir pour raiſon des faillites qui ſont ouvertes depuis le premier jour d'Avril de la preſente année, & qui s'ouvriront dans la ſuite, ſoient juſqu'au premier Juillet 1716, portés pardevant les Juge & Conſuls de la Ville, où celui qui aura fait faillite ſera demeurant, conformément à la Déclaration du 10 Juin dernier, laquelle ſera pendant ledit tems exécutée ſelon ſa forme & teneur: N'entendons néanmoins déroger en aucune maniere aux uſages & privileges de la Juriſdiction de la Conſervation de Lyon, ni à la Déclaration du 30 Juillet dernier intervenuë pour le Châtelet de notre bonne Ville de Paris, laquelle ſera pareillement exécutée juſqu'audit jour premier Juillet 1716.

SI DONNONS EN MANDEMENT à nos amés & féaux Conſeillers, les Gens tenans notre Cour de Parlement à Paris, que ces Préſentes ils ayent à faire lire, publier & enregiſtrer, & le contenu en icelles garder, obſerver & exécuter ſelon leur forme & teneur: CAR tel eſt notre plaiſir. En témoin de quoi Nous avons fait mettre notre Scel à ceſdites Préſentes. DONNE' à Vincennes le ſeptiéme jour de Décembre, l'an de grace mil ſept cent quinze, & de notre Regne le premier. *Signé*, LOUIS; *Et plus bas*, Par le Roi, LE DUC D'ORLEANS Régent, préſent. PHELYPEAUX. Et ſcellé du grand Sceau de cire jaune.

Regiſtrées, oüi & ce requerant le Procureur Général du Roi, pour être exécutées ſelon leur forme & teneur, & copies collationnées envoyées aux Bailliages & Sénéchauſſées du Reſſort, pour y être lûes, publiées & regiſtrées: Enjoint aux Subſtituts du Procureur Général du Roi, d'y tenir la main & d'en certifier la Cour dans un mois, ſuivant l'Arrêt de ce jour. A Paris en Parlement, le vingt-troiſiéme jour de Décembre mil ſept cent quinze. Signé, DONGOIS.

LOUIS, par la grace de Dieu, Roi de France & de Navarre: A tous ceux qui ces préſentes Lettres verront, Salut. Nous avons été informés que la Déclaration du 10 Juin 1715, portant attribution aux Juge & Conſuls de la connoiſſance de tous procès & differends mûs & à mouvoir pour raiſon des faillites ouvertes depuis le premier Avril 1715, avoit été un ſecours ſalutaire à pluſieurs Négocians, dont la ruine auroit néceſſairement entraîné celle d'un grand nombre d'autres, & leur a procuré le moyen de rétablir leurs affaires & de payer leurs créanciers; ce qui Nous auroit engagés de continuer l'effet de cette Déclaration, par celles que Nous avons depuis rendues les 7 Décembre 1715,

15 Juin & 21 Novembre 1716, & 29 May 1717. Nous avons auſſi par nos Déclarations des 11 Janvier & 13 Juin, pourvû à empêcher les abus qui pourroient être pratiqués par les débiteurs de mauvaiſe foi, que Nous n'avions pas eu intention de proroger. Nous avons appris avec grande ſatisfaction, que le Commerce, qui par differentes cauſes avoit reçu quelque interruption ſe ranime dans toutes les Provinces de notre Royaume, & que pour contribuer de notre part à le rendre plus abondant & faire ceſſer toutes les occaſions de le troubler, il étoit encore néceſſaire de proroger pendant ſix mois l'attribution précedemment accordée aux Juriſdictions Conſulaires, afin que les Marchands & Négocians, qui ont fait faillite & ne cherchent qu'à s'accommoder avec leurs créanciers, puiſſent profiter de ce terme pour terminer leurs affaires. A CES CAUSES, de l'avis de notre très-cher & très-amé oncle le Duc d'Orleans, petit Fils de France, Régent; de notre très-cher & très-amé couſin le Duc de Bourbon; de notre très-cher & très-amé couſin le Prince de Conty, Princes de notre Sang; de notre très-cher & très-amé oncle le Duc du Maine; de notre très-cher & très-amé oncle le Comte de Toulouſe, Princes légitimés, & autres Pairs de France, grands & notables Perſonnages de notre Royaume, Nous avons dit & déclaré, & par ces Préſentes ſignées de notre main, diſons & déclarons, voulons & Nous plaît: Que tous procès & differends civils mûs & à mouvoir pour raiſon des faillites & banqueroutes qui ont été ouvertes depuis le premier Avril 1715, ou qui ſurviendront dans la ſuite, ſoient juſqu'au premier Juillet 1718, portés pardevant les Juge & Conſuls de la Ville, où celui qui aura fait faillite ſera demeurant, pour y être diſcutés & terminés en la forme preſcrite par ladite Déclaration intervenue le 10 Juin 1715, en ce qui n'eſt pas contraire à nos Déclarations des 11 Janvier, 10 & 15 Juin 1716, leſquelles ſeront exécutées ſelon leur forme & teneur. N'entendons pareillement déroger par ces Préſentes aux uſages & privileges de la Conſervation de Lyon, ni à la Déclaration du 30 Juillet 1715, intervenue pour le Châtelet de notre bonne Ville de Paris, que nous voulons auſſi avoir ſon exécution juſqu'audit jour premier Juillet 1718. SI DONNONS EN MANDEMENT, à nos amés & féaux Conſeillers, les Gens tenans notre Cour de Parlement à Paris, que ces Préſentes ils ayent à faire lire, publier & enregiſtrer, & le contenu en icelles garder, obſerver & exécuter ſelon leur forme & teneur: CAR tel eſt notre plaiſir. En témoin de quoi Nous avons fait mettre notre Scel à ceſdites Préſentes. DONNÉ à Paris le vingt-ſeptiéme jour de Novembre, l'an de grace mil ſept cent dix-ſept, & de notre Regne le troiſiéme. *Signé*, LOUIS; *Et plus bas*, Par le Roi, LE DUC D'ORLEANS Régent, préſent. PHELYPEAUX. Vû au Conſeil, VILLEROY. Et ſcellé du grand Sceau de cire jaune.

Regiſtrées, oüi & ce requerant le Procureur Général du Roi, pour être exécutées ſelon leur forme & teneur, & copies collationnées envoyées aux Bailliages & Sénéchauſſées du Reſſort, pour y être lûes, publiées & regiſtrées: Enjoint aux Subſtituts du Procureur Général du Roi d'y tenir la main, & d'en certifier la Cour dans un mois, ſuivant l'Arrêt de ce jour. A Paris en Parlement, le quinziéme jour de Décembre mil ſept cent dix-ſept. Signé, GILBERT.

LOUIS, par la grace de Dieu, Roi de France & de Navarre: A tous ceux qui ces préſentes Lettres verront, Salut. Nous avons été informés que les differens changemens qui ſont arrivés dans la maniere de payer les dettes entre

Marchands & Négocians, en mettent plusieurs hors d'état de les acquitter en especes, & les exposent au danger de tomber en faillite, sans qu'on puisse en attribuer la cause, ou à leur mauvaise foi, ou à l'imprudence de leur conduite; que le désordre arrivé dans les affaires de quelques uns, est capable d'en causer un pareil dans la fortune d'un grand nombre d'autres, & de donner lieu par-là à des faillites successives; que si les uns & les autres restoient exposés aux poursuites rigoureuses de leurs créanciers, & que la connoissance de ces faillites fût portée en differentes Jurisdictions, les conflits, la longueur, l'embaras & les frais des procedures acheveroient de ruiner les Marchands & Négocians, contre lesquels elles seroient faites, & causeroient une perte certaine, tant aux débiteurs qu'aux créanciers; Nous avons estimé que le bien public, & celui des particuliers exigeoient que nous eussions recours aux moyens ci devant pratiqués par la Déclaration du feu Roi de glorieuse mémoire, notre très-honoré Seigneur & Bisayeul, du 10 Juin 1715, & par autres Déclarations par Nous données depuis, pour en proroger l'exécution, afin d'arrêter & prévenir les suites dangereuses du dérangement qui est actuellement dans le Commerce: c'est pour apporter à ce mal un remede efficace, & pour ménager également les intérêts des créanciers & débiteurs, que Nous avons résolu d'attribuer dans ces circonstances, pendant un tems limité, la connoissance des procès & differends nés & à naître à l'occasion des faillites survenues, ou qui surviendront dans la suite, à des Juges, qui par leur profession, sont particulierement instruits des affaires du Commerce, & qui, administrant la Justice gratuitement & avec des temperamens convenables, facilitent aux débiteurs les moyens de se liberer, sans faire aucun préjudice à la sûreté des créanciers. Et néanmoins attendu que les abus contraires au bien du Commerce, qui ont donné lieu à nos Déclarations des 11 Janvier, 10 & 13 Juin 1716, peuvent se commettre de nouveau, s'il n'y étoit par Nous pourvû, & que ce que Nous voulons bien accorder en faveur des seuls Négocians de bonne foi, pourroit servir de prétexte à d'autres pour causer par des voyes frauduleuses des pertes considerables à leurs créanciers, en passant des contrats d'attermoyement, ou autres actes, Nous avons crû indispensable de renouveller en même tems les précautions que Nous avons ci-devant prises par lesdites Déclarations, pour empêcher & arrêter ces abus. A CES CAUSES, de l'avis de notre très-cher & très-amé oncle le Duc d'Orleans, petit-Fils de France, Régent; de notre très-cher & très-amé oncle le Duc de Chartres, premier Prince de notre Sang; de notre très-cher & très-amé cousin le Duc de Bourbon; de notre très-cher & très-amé cousin le Comte de Charollois; de notre très-cher & très-amé cousin le Prince de Conty, Princes de notre Sang; de notre très-cher & très-amé oncle le Comte de Toulouse Prince légitimé, & autres Pairs de France, grands & notables personnages de notre Royaume, & de notre certaine science, pleine puissance & autorité Royale, Nous avons par ces Présentes signées de notre main, dit & ordonné, disons & ordonnons, voulons & Nous plaît: Que tous les procès & differends civils mûs & à mouvoir pour raison des faillites & banqueroutes qui sont ouvertes depuis le premier Janvier de la présente année 1721, ou qui s'ouvriront dans la suite, soient jusqu'au premier Juillet de l'année prochaine 1722, portés pardevant les Juge & Consuls de la Ville, où celui qui aura fait faillite sera demeurant: & pour cet effet, Nous avons évoqué & évoquons tous ceux desdits procès & differends qui sont actuellement pendans & indécis pardevant nos Juges ordinaires, ou autres Juges inferieurs, ausquels Nous faisons très-expresses inhibitions & défenses d'en connoître, à peine de nullité; & iceux procès & differends, avec leurs circonstances & dépendances, Nous avons renvoyés & renvoyons pardevant lesdits Juge & Consuls, ausquels Nous en attribuons toute Cour, Jurisdiction & connoissance, sauf l'appel au Parlement, dans le Ressort duquel lesdits Juge & Consuls sont établis. Voulons que nonobstant ledit appel, & sans préjudice d'icelui, lesdits Juge & Consuls continuent leurs procédures, & que leurs Jugemens soient exécutés par provision. Voulons pareillement que jusqu'audit jour premier Juillet 1722, il soit par lesdits Juge & Consuls, à l'exclusion de tous autres Juges, & Officiers de Justice, procedé à l'apposition des scellés, & confection des inventaires de ceux qui ont fait ou feront faillite; & au cas qu'ils eussent des effets dans d'autres lieux que celui de leur demeure, Nous donnons pouvoir ausdits Juge & Consuls de commettre telle personne que bon leur semblera pour lesdits scellés & inventaires qui seront apportés au Greffe de la Jurisdiction Consulaire, & joints à ceux faits par lesdits Juge & Consuls. Voulons aussi que les demandes afin d'homologation des déliberations des créanciers, contrats d'attermoyement, & autres actes passés à l'occasion desdites faillites, soient portées pardevant lesdits Juge & Consuls, pour être homologués, si faire se doit, & que lesdits Juge & Consuls puissent ordonner la vente des meubles, & le recouvrement des effets mobiliers, & connoissent des saisies mobiliaires, oppositions, révendications, contributions, & généralement de toutes autres contestations, qui seront formées en conséquence desdites faillites & banqueroutes. N'entendons néanmoins empêcher qu'il puisse être procedé à la saisie réelle, & aux criées des immeubles, pardevant les Juges ordinaires, ou autres qui en doivent connoître, jusqu'au bail judiciaire exclusivement, sans préjudice de l'exécution, & du renouvellement des baux judiciaires précedemment adjugés, & sans qu'il puisse être fait aucune poursuite ni procedure, si ce n'est en conséquence de déliberations prises à la pluralité des voix par les créanciers, dont les créances excédent la moitié du total des dettes. Voulons en outre que jusqu'audit jour premier Juillet 1722, aucune plainte ne puisse être rendue, ni Requête donnée à fin criminelle contre ceux qui auront fait faillite, & défendons très-expressément à nos Juges ordinaires, & autres Officiers de Justice, de les recevoir, si elles ne sont accompagnées de déliberations, & du consentement des créanciers dont les créances excedent la moitié de la totalité des dettes: & quant aux procedures criminelles commencées avant la date des Présentes, & depuis ledit jour 26 Décembre 1720, voulons qu'elles soient continuées, & que néanmoins nos Juges ordinaires, & autres Officiers de Justice, soient tenus d'en surseoir la poursuite & le jugement sur la simple réquisition des créanciers, dont les créances excederont pareillement la moitié du total de ce qui est dû par ceux qui ont fait faillite; & en conséquence des déliberations par eux prises & annexées à leur Requête. N'entendons néanmoins que tous ceux qui ont fait faillite, ou la feront ci-après, puissent tirer aucun avantage de l'attribution accordée aux Juge & Consuls, & des autres dispositions contenues en la présente Déclaration; ni d'aucune déliberation, ou d'aucun contrat signé par la plus grande partie de leurs créanciers, que nous avons déclaré nuls & de nul effet, même à l'égard des créanciers qui les auront signés, si les faillis sont accusés d'avoir dans l'état de leurs dettes, ou autrement, employé ou fait paroître des créances feintes & simulées, ou d'en avoir fait revivre d'acquittées, ou d'avoir supposé des transports, ventes & donations de leurs effets en fraude de leurs créanciers : Voulons qu'ils puissent être poursuivis extraordinairement comme Banqueroutiers frauduleux, pardevant nos Juges ordinaires, ou autres Juges qui en doivent connoître, à la requête de leurs créanciers qui auront affirmé leurs créances en la forme qui sera ci-après expliquée, pourvû que leurs créances composent le quart du total des dettes, & que lesdits Banqueroutiers soient punis de mort, suivant la disposition de l'Article XII. Titre XI. de l'Ordonnance de 1673. Défendons à toutes personnes de prêter leurs noms pour aider ou favoriser les banqueroutes frauduleuses en divertissant les effets, acceptant des transports, ventes ou donations simulées, & qu'ils sçauront être en fraude des créanciers, en se déclarant créanciers ne l'étant pas, ou pour plus grande somme que celle qui leur est dûe, ou en quelque sorte & maniere que ce puisse être : Voulons qu'aucun particulier ne se puisse dire & prétendre créancier, & en cette qualité assister aux assemblées, former opposition aux scellés & inventaires, signer aucune déliberation ni aucun contrat d'attermoyement, qu'après avoir affirmé ; sçavoir, dans l'étenduë de la Ville, Prevôté & Vicomté de Paris, pardevant le Prevôt de Paris, ou son Lieutenant, & pardevant les Juge & Consuls dans les autres Villes du Royaume où il y en a d'établis, que leurs créances leur sont bien & légitimement dûës en entier, & qu'ils ne prêtent leurs noms directement ni indirectement au débiteur commun, le tout sans frais. Voulons aussi que ceux desdits prétendus créanciers qui contreviendront aux défenses portées par ces Présentes soient condamnés aux galeres à perpetuité ou à tems, suivant l'exigence des cas, outre les peines pécuniaires contenues en ladite Ordonnance de 1673, & que les femmes soient, outre lesdites peines exprimées par ladite Ordonnance, condamnées au bannissement perpetuel ou à tems : Voulons que tous Marchands, Négocians, Banquiers & autres qui ont fait ou feront faillite, soient tenus de déposer un état exact, détaillé & certifié véritable, de tous les effets mobiliers & immobiliers de leurs dettes, comme aussi leurs Livres & Registres, au Greffe de la Jurisdiction Consulaire dudit lieu ou la plus prochaine, & que faute de ce ils ne puissent être reçus à passer avec leurs créanciers aucun contrat d'attermoyement, concordat, transaction ou autre acte, ni d'obtenir aucune Sentence ou Arrêt d'homologation d'iceux, ni se prévaloir d'aucun saufconduit accordé par leurs créanciers ; & voulons qu'à l'avenir lesdits contrats & autres actes, Sentences & Arrêts d'homologation, & saufconduits, soient nuls & de nul effet, & que lesdits débiteurs puissent être poursuivis extraordinairement comme Banqueroutiers frauduleux par nos Procureurs Généraux ou leurs Substituts, ou par un seul créancier sans le consentement des autres, quand même il auroit signé lesdits contrats, actes ou saufconduits, ou qu'ils auroient été homologués avec lui. Voulons aussi que ceux qui ont précedemment passé quelques contrats ou actes avec leurs créanciers, ou en ont obtenu des saufconduits, ne puissent s'en aider & prévaloir, ni des Sentences ou Arrêts d'homologation intervenus en conséquence. Défendons à nos Juges d'y avoir aucun égard, si dans quinzaine pour tout délai, à compter du jour de la publication des présentes, les débiteurs ne déposent leurs états, livres & registres en la forme ci-dessus ordonnée, & sous les peines y contenues, au cas qu'ils n'y ayent ci devant satisfait : Et pour faciliter à ceux qui ont fait ou feront faillite, le moyen de dresser leursdits états, Voulons qu'en cas d'apposition de scellé sur leurs biens & effets, leurs livres & registres leur soient remis & délivrés, après néanmoins qu'ils auront été paraphés par le Juge ou autre Officier commis par le Juge qui appoſera leſdits ſcellés, & par un des créanciers qui y aſſiſteront, & que les feuillets blancs, ſi aucuns y a, auront été bâtonnés par ledit Juge ou autres Officiers, à la charge qu'au plus tard après l'expiration dudit délai de quinzaine; leſdits livres & regiſtres, & l'état des effets actifs & paſſifs ſeront dépoſés au Greffe de la Juriſdiction Conſulaire ou chez un Notaire, par celui qui aura fait faillite; ſinon Voulons qu'il ſoit cenſé & réputé Banqueroutier frauduleux, & comme tel pourſuivi, ſuivant qu'il a été précedemment ordonné. Déclarons nulles & de nul effet toutes Lettres de Répy, qui pourroient être ci-après obtenuës, ſi ledit état des effets & dettes n'eſt attaché ſous le contre-ſcel avec un certificat du Greffier de la Juriſdiction Conſulaire, ou d'un Notaire entre les mains duquel ledit état avec les livres & regiſtres aura été dépoſé; le tout ſans déroger aux uſages & privileges de la Juriſdiction de la Conſervation de Lyon, ni à la Déclaration du 30 Juillet 1715 intervenue pour le Châtelet de notre bonne Ville de Paris. SI DONNONS EN MANDEMENT à nos amés & féaux Conſeillers, les Gens tenans notre Cour de Parlement à Paris, que ces Préſentes ils ayent à faire lire, publier & regiſtrer, & le contenu en icelles garder & & exécuter ſelon leur forme & teneur, nonobſtant toutes Ordonnances, Edits, Déclarations & autres choſes à ce contraires, auſquelles Nous avons dérogé & dérogeons par ces Préſentes, aux copies deſquelles collationnées par l'un de nos amés & féaux Conſeillers & Secretaires, Voulons que foi ſoit ajoutée comme à l'original: CAR tel eſt notre plaiſir. En témoin de quoi Nous avons fait mettre notre Scel à ceſdites Préſentes. DONNÉ à Paris, le cinquiéme jour d'Août l'an de grace mil ſept cent vingt-ún, & de notre Regne le ſixiéme. *Signé*, LOUIS; *Et plus bas*, Par le Roi, LE DUC D'ORLEANS Régent, preſent. PHELYPEAUX. Vû au Conſeil, LE PELLETIER DE LA HOUSSAYE. Et ſcellé du grand Sceau de cire jaune.

Regiſtrées, oüi & ce requerant le Procureur Général du Roi, pour être exécutées ſelon leur forme & teneur, & copies collationnées envoyées aux Bailliages & Sénéchauſſées du Reſſort, pour y être lûes, publiées & regiſtrées: Enjoint aux Subſtituts du Procureur Général du Roi d'y tenir la main, & d'en certifier la Cour dans un mois, ſuivant l'Arrêt de ce jour. A Paris en Parlement, le trente Août mil ſept cent vingt-un. Signé, GILBERT.

LOUIS, par la grace de Dieu, Roi de France & de Navarre: A tous ceux qui ces préſentes Lettres verront, Salut. Nous avons par notre Déclaration du 5 Août 1721, ordonné que tous les procès & differends civils mûs & à mouvoir pour raiſon des faillites & banqueroutes ouvertes depuis le premier Janvier 1721, ou qui s'ouvriroient dans la ſuite, ſeroient juſqu'au premier Juillet de l'année préſente, portés pardevant les Juge & Conſuls de la Ville où celui qui auroit fait faillite, ſeroit demeurant, & pour cet effet aurions évoqué tous ceux deſdits procès & differends qui étoient alors pendans & indécis pardevant nos Juges ordinaires, ou autres Juges inférieurs, auſquels Nous aurions fait très-expreſſes inhibitions & défenſes d'en connoître à peine de nullité. Cette attribution aux Juriſdictions Conſulaires Nous a paru abſolument néceſſaire pour prévenir la ruine totale de pluſieurs Marchands & Négocians de bonne foi, s'ils étoient rigoureuſement pourſuivis par leurs créanciers en differens Tribunaux, où ils eſſuyeroient des frais & des longueurs conſiderables, dont l'évenement ſeroit également préjudiciable aux créanciers & aux débiteurs.

Nous avons esperé alors, que dans l'intervale fixé par cette Déclaration, Nous aurions la satisfaction de voir la tranquilité & la confiance rétablie dans le Commerce, & que les Marchands & Négocians qui ont été dans quelque retardement d'acquitter leurs dettes, trouveroient les facilités nécessaires pour se liberer & apporter un ordre convenable à leurs affaires. Mais comme nous avons appris que le secours que Nous avons voulu leur procurer par cette Déclaration, seroit entierement inutile, si dans les circonstances presentes, qui ne leur sont pas encore aussi favorables que Nous le desirons, Nous ne prorogions l'effet salutaire de cette Déclaration, dont les motifs qui ont été expliqués en prouvent si clairement l'utilité & même la nécessité pour le bien & l'avantage de nos Sujets. A CES CAUSES, de l'avis de notre très-cher & très-amé oncle le Duc d'Orleans, Régent; de notre très-cher & très-amé cousin le Duc de Bourbon, de notre très-cher & très-amé cousin le Comte de Charolois, de notre très-cher & très-amé cousin le Prince de Conty, Princes de notre Sang; de notre très-cher & très-amé oncle le Comte de Toulouse, Prince légitimé, & autres grands & notables Personnages de notre Royaume, & de notre certaine science, pleine puissance & autorité Royale, Nous avons par ces Présentes signées de notre main, dit, statué & ordonné, disons & ordonnons, voulons & nous plaît: Que tous les procès & differends civils mûs & à mouvoir pour raison des faillites & banqueroutes, qui sont ouvertes depuis le premier Janvier de l'année 1721, ou qui s'ouvriront dans la suite, soient jusqu'au premier Juillet de l'année prochaine 1723, portés pardevant les Juge & Consuls de la Ville, où celui qui aura fait faillite sera demeurant; & pour cet effet Nous avons évoqué & évoquons tous ceux desdits procès & differends qui sont actuellement pendans & indécis pardevant nos Juges ordinaires, ou autres Juges inférieurs, ausquels nous faisons très-expresses inhibitions & défenses d'en connoître à peine de nullité; & iceux procès & differends avec leurs circonstances & dépendances, Nous avons renvoyés & renvoyons pardevant lesdits Juge & Consuls, ausquels Nous en attribuons toute Cour, Jurisdiction & connoissance, sauf l'appel au Parlement, dans le Ressort duquel lesdits Juge & Consuls sont établis. Voulons que nonobstant ledit appel & sans préjudice d'icelui, lesdits Juge & Consuls continuent leurs procédures, & que leurs Jugemens soient exécutés par provision. Voulons pareillement que jusqu'audit jour premier Juillet 1723, il soit par lesdits Juge & Consuls à l'exclusion de tous autres Juges & Officiers de Justice, procedé à l'apposition des scellés & confection des inventaires de ceux qui ont fait ou feront faillite; & au cas qu'ils eussent des effets dans d'autres lieux que celui de leur demeure, Nous donnons pouvoir ausdits Juge & Consuls de commettre telle personne que bon leur semblera pour lesdits scellés & inventaires, qui seront apportés au Greffe de la Jurisdiction Consulaire, & joints à ceux faits par lesdits Juge & Consuls. Voulons aussi que les demandes à fin d'homologation des déliberations des créanciers, contrats d'attermoyement & autres actes passés à l'occasion desdites faillites, soient portés pardevant lesdits Juge & Consuls pour être homologués si faire se doit, & que lesdits Juge & Consuls puissent ordonner la vente des meubles & le recouvrement des effets mobiliers, & connoissent des saisies mobiliaires, oppositions, révendications, contributions, & généralement de toutes autres contestations qui seront formées en conséquence desdites faillites & banqueroutes. N'entendons néanmoins empêcher qu'il puisse être procedé à la saisie réelle & aux criées des immeubles pardevant les Juges ordinaires, ou autres

autres qui en doivent connoître, jusqu'au bail judiciaire exclusivement, sans préjudice de l'exécution & du renouvellement des baux judiciaires précédemment adjugés, & sans qu'il puisse être fait aucune autre poursuite ni procédure, si ce n'est en conséquence de délibérations prises à la pluralité des voix par les créanciers, dont les créances excedent la moitié du total des dettes. Voulons en outre, que jusqu'audit jour premier Juillet 1723, aucune plainte ne puisse être rendue, ni requête donnée à fin criminelle contre ceux qui auront fait faillite, & défendons très-expressement à nos Juges ordinaires & autres Officiers de Justice, de les recevoir, si elles ne sont accompagnées des délibérations & du consentement des créanciers, dont les créances excedent la moitié de la totalité des dettes. Et quant aux procédures criminelles commencées avant la datte des Présentes, & depuis ledit jour 26 Décembre 1720, voulons qu'elles soient continuées, & que néanmoins nos Juges ordinaires & autres Officiers de Justice, soient tenus d'en surseoir la poursuite & le Jugement sur la simple requisition des créanciers, dont les créances excéderont pareillement la moitié du total de ce qui est dû par ceux qui ont fait faillite, & en conséquence des déliberations par eux prises & annexées à leur requête: N'entendons néanmoins que tous ceux qui ont fait faillite, ou la feront ci-après, puissent tirer aucun avantage de l'attribution accordée aux Juge & Consuls, & des autres dispositions contenues en la présente Déclaration, ni d'aucune délibération ou d'aucun contrat signé par la plus grande partie de leurs créanciers, que Nous avons déclaré nuls, & de nul effet, même à l'égard des créanciers, qui les auront signés; si les Faillis sont accusés d'avoir dans l'état de leurs dettes, ou autrement employé, ou fait paroître des créances feintes & simulées, ou d'en avoir fait revivre d'acquittées, ou d'avoir supposé des transports, ventes & donations de leurs effets en fraude de leurs créanciers, voulons qu'ils puissent être poursuivis extraordinairement comme Banqueroutiers frauduleux pardevant nos Juges ordinaires, ou autres Juges qui en doivent connoître, à la requête de leurs créanciers qui auront affirmé leurs créances en la forme qui sera ci-après expliquée, pourvû que leurs créances composent le quart du total des dettes, & que lesdits Banqueroutiers soient punis de mort, suivant la disposition de l'Art. XII. Tit. XI. de l'Ordon. de 1673. Défendons à toutes personnes de prêter leurs noms pour aider ou favoriser les banqueroutes frauduleuses en divertissant les effets, acceptant des transports, ventes ou donations simulées, & qu'ils sçauront être en fraude des créanciers, en se déclarant créanciers ne l'étant pas, ou pour plus grande somme que celle qui leur est dûe, ou en quelque sorte & maniere que ce puisse être. Voulons qu'aucun particulier ne se puisse dire & prétendre créancier, & en cette qualité assister aux Assemblées, former opposition aux scellés & inventaires, signer aucune déliberation ni aucun contrat d'attermoyement, qu'après avoir affirmé, sçavoir, dans l'étendue de la Ville, Prévôté & Vicomté de Paris, pardevant le Prevôt de Paris ou son Lieutenant, & pardevant les Juge & Consuls dans les autres Villes du Royaume où il y en a d'établis, que leurs créances leur sont bien & légitimement dûes en entier, & qu'ils ne prêtent leurs noms directement ni indirectement au débiteur commun, le tout sans frais. Voulons aussi que ceux desdits prétendus créanciers qui contreviendront aux défenses portées par ces Présentes, soient condamnés aux Galeres à perpétuité, ou à tems, suivant l'exigence des cas, outre les peines pecuniaires contenues en ladite Ordonnance de 1673, & que les femmes soient outre lesdites peines exprimées par ladite Ordonnance, condamnées au bannissement perpétuel ou à tems. Voulons que tous Marchands, Négocians, Banquiers & autres, qui ont fait ou feront faillite, soient tenus de déposer un état exact, détaillé & certifié véritable, de tous leurs effets mobiliers & immobiliers, de leurs dettes, comme aussi leurs livres & registres, au Greffe de la Jurisdiction Consulaire dudit lieu, ou la plus prochaine; & que faute de ce, ils ne puissent être reçus à passer avec leurs créanciers aucun Contrat d'attermoyement, concordat, transaction ou autre acte, ni obtenir aucune Sentence, ou Arrêt d'homologation d'iceux, ni se prévaloir d'aucun saufconduit accordé par leurs créanciers; & voulons qu'à l'avenir lesdits contrats & autres actes, Sentences & Arrêts d'homologation & saufconduits soient nuls & de nul effet, & que lesdits débiteurs puissent être poursuivis extraordinairement comme Banqueroutiers frauduleux par nos Procureurs Généraux ou par leurs Substituts, ou par un seul créancier sans le consentement des autres, quand même il auroit signé lesdits contrats, actes ou saufconduits, ou qu'ils auroient été homologués avec lui. Voulons aussi que ceux qui ont précédemment passé quelques contrats ou actes avec leurs créanciers, ou en ont obtenu des saufconduits, ne puissent s'en aider & prévaloir, ni des Sentences ou Arrêts d'homologation intervenus en conséquence. Défendons à nos Juges d'y avoir aucun égard, si dans quinzaine pour tout délai, à compter du jour de la publication des Présentes, les débiteurs ne déposent leurs états, livres & registres en la forme ci-dessus ordonnée, & sous les peines y contenues, au cas qu'ils n'y ayent ci devant satisfait. Et pour faciliter à ceux qui ont fait ou feront faillite, le moyen de dresser leursdits états, voulons qu'en cas d'apposition de scellés sur leurs biens & effets, leurs livres & registres leur soient remis & délivrés, après néanmoins qu'ils auront été paraphés par le Juge ou autres Officiers commis par le Juge, qui apposera lesdits scellés, & par un des créanciers qui y assisteront, & que les feuillets blancs, si aucun y a, auront été bâtonnés par ledit Juge, ou autres Officiers, à la charge qu'au plûtard après l'expiration dudit délai de quinzaine, lesdits livres & registres, & l'état des effets actifs & passifs seront déposés au Greffe de la Jurisdiction Consulaire, ou chez un Notaire, par celui qui aura fait faillite: sinon, voulons qu'il soit censé & réputé Banqueroutier frauduleux, & comme tel poursuivi, suivant qu'il a été précédemment ordonné. Déclarons nulles & de nul effet toutes Lettres de Répy qui pourront être ci-après obtenues, si ledit état des effets & des dettes n'est attaché sous le contre-scel, avec un certificat du Greffe de la Jurisdiction Consulaire, ou d'un Notaire, entre les mains duquel ledit état avec les livres & registres aura été déposé, le tout sans déroger aux usages & privileges de la Jurisdiction de la Conservation de Lyon, ni à la Déclaration du 30 Juillet 1715, intervenue pour le Châtelet de notre bonne Ville de Paris.

SI DONNONS EN MANDEMENT à nos amés & féaux Conseillers les Gens tenans notre Cour de Parlement à Paris, que ces Présentes ils ayent à faire lire, publier & registrer, & le contenu en icelles garder & exécuter selon leur forme & teneur, nonobstant toutes Ordonnances, Edits & Déclarations & autres choses à ce contraires, ausquelles Nous avons dérogé & dérogeons par ces Présentes, aux copies desquelles collationnées par l'un de nos amés & féaux Conseillers Sécretaires, voulons que foi soit ajoutée comme à l'original: CAR tel est notre plaisir; en témoin de quoi Nous avons fait mettre notre Scel à cesdites Présentes. DONNÉ à Paris le troisiéme jour de Mai, l'an de grace mil sept cent vingt-deux, & de notre Regne le septiéme. *Signé*, LOUIS. *Et plus bas*, Par le Roy, LE DUC D'ORLEANS Régent, présent, PHELYPEAUX. Vû au Conseil, DODUN. Et scellé du grand Sceau de cire jaune.

Registrées, oui & ce requerant le Procureur Général du Roi, pour être exécutées selon leur forme & teneur, & copies collationnées envoyées aux Bailliages & Sénéchaussées du Ressort, pour y être lûes, publiées & registrées : Enjoint aux Substituts du Procureur Général du Roy, d'y tenir la main, & d'en certifier la Cour dans un mois, suivant l'Arrêt de ce jour. A Paris, en Parlement, le seize Mai mil sept cent vingt-deux. Signé, GILBERT.

LOUIS, par la grace de Dieu, Roi de France & de Navarre : A tous ceux qui ces présentes Lettres verront, Salut. Nous avons par notre Déclaration du 30 Juillet dernier ordonné que tous les procès & differends civils mûs & à mouvoir pour raison des faillites & banqueroutes, qui étoient ouvertes depuis le premier Janvier 1721, ou qui s'ouvriront dans la suite, seroient jusqu'au premier Septembre de la présente année portés pardevant les Juge & Consuls de la Ville où celui qui aura fait faillite seroit demeurant; & pour cet effet Nous aurions évoqué tous ceux desdits procès & differends qui étoient alors pendans & indécis pardevant les Juges ordinaires, ou autres Juges inférieurs, ausquels Nous aurions fait très expresses inhibitions & défenses d'en connoître, à peine de nullité : & comme les motifs qui Nous ont porté à proroger depuis plusieurs années cette attribution aux Juge & Consuls, subsistent, Nous nous sommes déterminés à proroger pour un tems ladite attribution. A CES CAUSES, & autres à ce Nous mouvans, de l'avis de notre Conseil, & de notre certaine science, pleine puissance & autorité Royale, Nous avons par ces Présentes signées de notre main, dit & déclaré, & ordonné, disons, déclarons & ordonnons, voulons & Nous plaît : Que tous les procès & differends civils, mûs & à mouvoir pour raison des faillites & banqueroutes qui seront ouvertes depuis le premier Janvier 1721, ou qui s'ouvriront dans la suite, soient jusqu'au premier Septembre de l'année prochaine 1727, portés pardevant les Juge & Consuls de la Ville où celui qui aura fait faillite sera demeurant; & pour cet effet Nous avons évoqué & évoquons tous ceux desdits procès & differends qui sont actuellement pendans & indécis pardevant nos Juges ordinaires, ou autres Juges inférieurs, ausquels Nous faisons très expresses inhibitions & défenses d'en connoître, à peine de nullité, & iceux procès & differends avec leurs circonstances & dépendances, Nous avons renvoyé & renvoyons pardevant lesdits Juge & Consuls, ausquels Nous en attribuons toute Cour, Jurisdiction & connoissance, sauf l'appel au Parlement dans le ressort duquel lesdits Juge & Consuls sont établis. Voulons que nonobstant ledit appel, & sans préjudice d'icelui, lesdits Juge & Consuls continuent leurs procédures, & que leurs Jugemens soient exécutés par provision. Voulons pareillement que jusqu'audit jour premier Septembre 1727, il soit par lesdits Juge & Consuls, à l'exclusion de tous autres Juges & Officiers de Justice, procedé à l'apposition des scellés, & confection des inventaires de ceux qui ont fait ou feront faillite : & au cas qu'ils eussent des effets dans d'autres lieux que celui de leur demeure, Nous donnons pouvoir ausdits Juge & Consuls de commettre telles personnes que bon leur semblera pour lesdits scellés & inventaires, qui seront apportés au Greffe de la Jurisdiction Consulaire, & joints à ceux faits par lesdits Juge & Consuls. Voulons aussi que les demandes afin d'homologation des déliberations des créanciers, contrats d'attermoyement & autres actes passés à l'occasion desdites faillites, soient portées pardevant les Juge & Consuls, pour être homologuées, si faire se doit, & que lesdits Juge & Consuls puissent ordonner la vente des meubles, & le recouvrement des effets mobiliers, & connoissent des saisies mobiliaires, oppositions, revendications, contributions, & généralement de toutes autres contestations qui seront formées en conséquence desdites faillites & banqueroutes. N'entendons néanmoins empêcher qu'il puisse être procedé à la saisie réelle & aux criées des immeubles pardevant les Juges ordinaires, ou autres qui en doivent connoître, jusqu'au bail judiciaire exclusivement, sans préjudice de l'exécution & de renouvellement des baux judiciaires, précedemment ajugés, & sans qu'il puisse être fait aucune autre poursuite ni procédure, si ce n'est en conséquence des déliberations prises à la pluralité des voix par les créanciers, dont les créances excedent la moitié du total des dettes. Voulons en outre que jusqu'audit jour premier Septembre 1727, aucune plainte ne puisse être renduë, ni requête donnée à fin criminelle contre ceux qui auront fait faillite, & défendons très-expressément à nos Juges ordinaires, & autres Officiers de Justice, de les recevoir, si elles ne sont accompagnées de déliberations, & du consentement des créanciers dont les créances excedent la moitié de la totalité des dettes: & quant aux procédures criminelles commencées avant la datte des Présentes, & depuis led. jour premier Janvier 1721, voulons qu'elles soient continuées, & que néanmoins nos Juges ordinaires & autres Officiers de Justice, soient tenus d'en surseoir la poursuite & le Jugement sur la simple requisition des créanciers, dont les créances excederont pareillement la moitié du total de ce qui est dû par ceux qui ont fait faillite, & en conséquence des déliberations par eux prises & annexées à leur Requête. N'entendons néanmoins que tous ceux qui ont fait faillite, ou la feront ci-après, puissent tirer aucun avantage de l'attribution accordée aux Juge & Consuls, & des autres dispositions contenues en la presente Déclaration, ni d'aucune déliberation, ou d'aucun contrat signé par la plus grande partie de leurs créanciers, que nous avons déclaré nuls & de nul effet, même à l'égard des créanciers qui les auront signés; si les Faillis sont accusés d'avoir dans l'état de leurs dettes, ou autrement, employé ou fait paroître des créances feintes ou simulées, ou d'en avoir fait revivre d'acquittées, ou d'avoir supposé des transports, ventes & donations de leurs effets, en fraude de leurs créanciers, voulons qu'ils puissent être poursuivis extraordinairement, comme banqueroutiers frauduleux pardevant nos Juges ordinaires, ou autres Juges qui en doivent connoître, à la requête des créanciers qui auront affirmé leurs créances en la forme qui sera ci-après expliquée, pourvû que leurs créances composent la moitié du total des dettes, & que lesdits Banqueroutiers soient punis de mort, suivant la disposition de l'article XII. titre XI. de l'Ordonnance de 1673. Défendons à toutes personnes de prêter leurs noms pour aider & favoriser les banqueroutes frauduleuses, en divertissant les effets, acceptant des transports, ventes ou donations simulées, & qu'ils sçauront être en fraude des créanciers, en se déclarant créanciers ne l'étant pas, ou pour plus grande somme que celle qui leur est dûe, ou en quelque sorte & maniere que ce puisse être: Voulons qu'aucun particulier ne se puisse dire & prétendre créancier, & en cette qualité assister aux Assemblées, former oppositions aux scellés & inventaires, signer aucune déliberation ni aucun contrat d'attermoyement, qu'après avoir affirmé; sçavoir, dans l'étendue de la Ville, Prevôté & Vicomté de Paris, pardevant le Prevôt de Paris ou son Lieutenant, & pardevant les Juge & Consuls dans les autres Villes du Royaume où il y en a d'établis, que leurs créances leur sont bien & légitimement dûes en entier, & qu'ils ne prêtent leurs noms directement ni indirectement au débiteur commun, le tout sans frais : Voulons aussi que ceux desdits prétendus créanciers, qui contreviendront aux défenses portées par ces présentes, soient condamnés aux Galeres à perpétuité, ou à tems, suivant l'exigence des cas, outre les peines pécuniaires contenues en ladite Ordonnance de 1673, & que les femmes soient, outre lesdites peines exprimées par ladite Ordonnance, condamnées au bannissement perpétuel, ou à tems. Voulons que tous Marchands, Négocians, Banquiers & autres, qui ont fait, ou qui feront faillite, soient tenus de déposer un état éxact & détaillé, certifié véritable, de tous leurs effets mobiliers & immobiliers, & de leurs dettes; comme aussi leurs livres & registres, au Greffe de la Jurisdiction Consulaire dudit lieu, ou la plus prochaine ; & que faute de ce, ils ne puissent être reçus à passer avec leurs créanciers aucun contrat d'attermoyement, concordat, transaction ou autre acte, ni obtenir aucune Sentence, ou Arrêt d'homologation d'iceux, ni se prévaloir d'aucun saufconduit accordé par leurs créanciers : & Voulons qu'à l'avenir lesdits contrats ou autres actes, Sentences & Arrêts d'homologation, & saufconduits soient nuls, & de nul effet ; & que lesdits débiteurs puissent être poursuivis extraordinairement comme Banqueroutiers frauduleux, par nos Procureurs Géneraux, ou par leurs Substituts, ou par un seul créancier, sans le consentement des autres, quand même il auroit signé lesdits contrats, actes ou saufconduits, ou qu'ils auroient été homologués avec lui. Voulons aussi que ceux qui ont précedemment passé quelques contrats ou actes avec leurs créanciers, ou qui ont obtenu des saufconduits, ne puissent s'en aider & prévaloir, ni des Sentences, ou Arrêts d'homologation intervenus en conséquence : Défendons à nos Juges d'y avoir aucun égard, si dans quinzaine pour tout délai, à compter du jour de la publication des Présentes, les débiteurs ne déposent leurs états, livres & registres en la forme ci-dessus ordonnée, & sous les peines y contenues, au cas qu'ils n'y ayent ci-devant satisfait. Et pour faciliter à ceux qui ont fait ou feront faillite, le moyen de dresser leursdits Etats, Voulons qu'en cas d'apposition de scellé sur leurs biens & effets, leurs livres & registres leur soient remis & délivrés, après néanmoins qu'ils auront été paraphés par le Juge, ou autre Officier commis par le Juge qui apposera lesdits scellés, & par un des créanciers qui y assisteront ; & que les feuillets blancs, si aucuns y a, auront été bâtonnés par ledit Juge, ou autres Officiers ; à la charge qu'au plûtard après l'expiration dudit délai de quinzaine, lesdits livres & registres, & l'état des effets actifs & passifs seront déposés au Greffe de la Jurisdiction Consulaire, ou chez un Notaire, par celui qui aura fait faillite ; sinon voulons qu'il soit censé & réputé Banqueroutier frauduleux, & comme tel poursuivi suivant qu'il a été précedemment ordonné. Déclarons nulles & de nul effet toutes Lettres de Repy, qui pourront être ci-après obtenues, si ledit état des effets & dettes n'est attaché sous le contrescel, avec un certificat du Greffier de la Jurisdiction Consulaire ou d'un Notaire, entre les mains duquel ledit état, avec les livres & registres aura été déposé ; le tout sans déroger aux usages & privileges de la Jurisdiction de la Conservation de Lyon, ni à la Déclaration du 30 Juillet 1715, intervenue pour le Châtelet de notre bonne Ville de Paris.

SI DONNONS EN MANDEMENT à nos amés & féaux Conseillers, les Gens tenans notre Cour de Parlement à Paris, que ces Présentes ils ayent à faire registrer, & le contenu en icelles garder & exécuter selon leur forme & teneur, nonobstant toutes Ordonnances, Edits, Déclarations, & autres choses à ce contraires, ausquelles Nous avons dérogé & dérogeons par ces Présentes; aux copies desquelles collationnées par l'un de nos amés & féaux Conseillers-Secretaires, voulons que foi soit ajoutée comme à l'Original : CAR tel est notre plaisir : En témoin de quoi Nous avons fait mettre notre Scel à cesdites Présentes. DONNÉ à Versailles, le vingt-uniéme jour de Juillet, l'an de grace mil sept cent vingt-six, & de notre Regne le onziéme. *Signé*, LOUIS. *Et plus bas*, Par le Roy, PHELYPEAUX. Vû au Conseil, LE PELLETIER. Et scellé du grand Sceau de cire jaune.

Registrées, oui & ce requerant le Procureur Général du Roi, pour être exécutées selon leur forme & teneur, & copies collationnées envoyées aux Bailliages & Sénéchaussées du Ressort, pour y être lûes, publiées & registrées : Enjoint aux Substituts du Procureur Géneral du Roy, d'y tenir la main, & d'en certifier la Cour dans un mois, suivant l'Arrêt de ce jour. A Paris en Parlement, le trente-un Juillet 1726. Signé, YSABEAU.

LOUIS, par la grace de Dieu, Roy de France & de Navarre : A tous ceux qui ces présentes Lettres verront, Salut. Nous avons par notre Déclaration du 21 Juillet 1726, ordonné que tous les procès & différends civils, mûs & à mouvoir pour raison des faillites & banqueroutes qui étoient ouvertes depuis le premier Janvier 1721, ou qui s'ouvriroient dans la suite, seroient jusqu'au premier Septembre de la présente année portés pardevant les Juge & Consuls de la Ville où celui qui aura fait faillite, seroit demeurant; & pour cet effet Nous aurions évoqué tous ceux desdits procès & différends, qui étoient alors pendans & indécis pardevant les Juges ordinaires, ou autres Juges inférieurs, ausquels Nous aurions fait très-expresses inhibitions & défenses d'en connoître, à peine de nullité : Et comme les motifs qui Nous ont porté à proroger depuis plusieurs années cette attribution aux Juge & Consuls, n'ont point cessé, Nous nous sommes déterminé à la continuer encore pour un tems. A CES CAUSES, & autres à ce Nous mouvans, de l'avis de notre Conseil, & de notre certaine science, pleine puissance & autorité Royale, Nous avons par ces Présentes, signées de notre main, dit, déclaré & ordonné, disons, déclarons & ordonnons, Voulons & Nous plaît : Que tous les procès & différends civils, mûs & à mouvoir pour raison des faillites & banqueroutes qui seront ouvertes depuis le premier Janvier 1721, ou qui s'ouvriront dans la suite, soient jusqu'au premier Septembre de l'année prochaine 1728, portés pardevant les Juges & Consuls de la Ville où celui qui aura fait faillite sera demeurant; & pour cet effet Nous avons évoqué & évoquons tous ceux desdits procès & différends qui sont actuellement pendans & indécis pardevant nos Juges ordinaires, ou autres Juges inférieurs, ausquels Nous faisons très-expresses inhibitions & défenses d'en connoître, à peine de nullité : & iceux procès & différends, avec leurs circonstances & dépendances, Nous avons renvoyé & renvoyons pardevant lesdits Juge & Consuls, ausquels Nous en attribuons toute Cour, Jurisdiction & connoissance, sauf l'appel au Parlement, dans le Ressort duquel lesdits Juge & Consuls sont établis. Voulons que nonobstant ledit appel, & sans préjudice d'icelui, lesdits Juge & Consuls continuent leurs procedures, & que leurs Jugemens soient exécutés par provision : Voulons pareillement que jusqu'audit jour premier Septembre 1728, il soit par lesdits Juge & Consuls, à l'exclusion de tous autres Juges & Officiers de Justice, procédé à l'apposition des scellés, & confection des inventaires de ceux qui ont fait & feront faillite: & au cas qu'ils eussent des effets dans d'autres lieux que celui de leur demeure, Nous donnons pouvoir ausdits Juge & Consuls de commettre telles personnes que bon leur semblera pour lesdits scellés & inventaires, qui seront apportés au Greffe de la Jurisdiction Consulaire, & joints à ceux faits par lesdits Juge & Consuls. Voulons aussi que les demandes à fin d'homologation des délibérations des créanciers, contrats d'attermoyement & autres actes passés à l'occasion desdites faillites, soient portées pardevant les Juge & Consuls, pour être homologuées, si faire se doit, & que lesdits Juge & Consuls puissent ordonner la vente des meubles, & le recouvrement des effets mobiliers, & connoissent des saisies mobiliaires, oppositions, revendications, contributions, & généralement de toutes autres contestations qui seront formées en conséquence desdites faillites & banqueroutes. N'entendons néanmoins empêcher qu'il puisse être procédé à la saisie réelle & aux criées des immeubles pardevant les Juges ordinaires, ou autres qui en doivent connoître, jusqu'au Bail judiciaire exclusivement, sans préjudice de l'exécution & du renouvellement des Baux judiciaires, précedemment ajugés, & sans qu'il puisse être fait aucune autre poursuite ni procedure, si ce n'est en conséquence des délibérations prises à la pluralité des voix par les créanciers, dont les créances excédent la moitié du total des dettes. Voulons en outre que jusqu'audit jour premier Septembre 1728, aucune plainte ne puisse être rendue, ni Requête donnée à fin criminelle contre ceux qui auront fait faillite, & défendons très-expressément à nos Juges ordinaires, & autres Officiers de Justice, de les recevoir, si elles ne sont accompagnées de délibérations, & du consentement des créanciers dont les créances excédent la moitié de la totalité des dettes; & quant aux procédures criminelles commencées avant la datte des présentes, & depuis ledit jour premier Janvier 1721, Voulons qu'elles soient continuées, & que néanmoins nos Juges ordinaires, & autres Officiers de Justice, soient tenus d'en surseoir la poursuite & le Jugement sur la simple réquisition des créanciers, dont les créances excéderont pareillement la moitié du total de ce qui est dû par ceux qui ont fait faillite, & en conséquence des délibérations par eux prises & annexées à leur Requête. N'entendons néanmoins que tous ceux qui ont fait faillite, ou la feront ci-après, puissent tirer aucun avantage de l'attribution accordée aux Juge & Consuls, & des autres dispositions contenues en la présente Déclaration, ni d'aucune délibération, ou d'aucun contrat signé par la plus grande partie de leurs créanciers, que Nous avons déclaré nuls & de nul effet, même à l'égard des créanciers qui les auront signés, si les Faillis sont accusés d'avoir dans l'état de leurs dettes, ou autrement, employé ou fait paroître des créances feintes ou simulées, ou d'en avoir fait revivre d'acquittées, ou d'avoir supposé des transports, ventes & donations de leurs effets, en fraude de leurs créanciers. Voulons qu'ils puissent être poursuivis extraordinairement, comme Banqueroutiers frauduleux, pardevant nos Juges ordinaires, ou autres Juges qui en doivent connoître, à la requête de leurs créanciers qui auront affirmé leurs créances en la forme qui sera ci après expliquée, pourvû que leur créance compose la moitié du total des dettes; & que lesdits Banqueroutiers soient punis de mort, suivant la disposition de l'article XII, Titre XI. de l'Ordonnance de 1673. Défendons à toutes personnes de prêter leurs noms pour aider & favoriser les banqueroutes frauduleuses, en divertissant les effets, acceptant des transports, ventes ou donations simulées, & qu'ils sçauront être en fraude des créanciers, en se déclarant créanciers ne l'étant pas, ou pour plus grande somme que celle qui leur est dûe, ou en quelque sorte & maniere que ce puisse : Voulons qu'aucun particulier ne se puisse dire & prétendre créancier, & en cette qualité assister aux Assemblées, former opposition aux scellés & inventaires, signer aucune délibération ni aucun contrat d'attermoyement, qu'après avoir affirmé ; sçavoir, dans l'étendue de la Ville, Prévôté & Vicomté de Paris, pardevant le Prévôt de Paris, ou son Lieutenant, & pardevant les Juge & Consuls dans les autres Villes du Royaume où il y en a d'établis, que leurs créances leur sont bien & légitimement dûes en entier, & qu'ils ne prêtent leurs noms directement ni indirectement au débiteur commun, le tout sans frais : Voulons aussi que ceux desdits prétendus créanciers qui contreviendront aux défenses portées par ces Présentes, soient condamnés aux Galeres à perpétuité, ou à tems suivant l'exigence des cas, outre les peines pécuniaires contenues en ladite Ordonnance de 1673, & que les femmes soient, outre lesdites peines exprimées par ladite Ordonnance, condamnées au bannissement perpétuel, ou à tems. Voulons que tous Marchands, Négocians, Banquiers & autres, qui ont fait ou qui feront faillite, soient tenus de déposer un état exact & détaillé, certifié véritable, de tous leurs effets mobiliers & immobiliers, & de leurs dettes, comme aussi des livres & registres, au Greffe de la Jurisdiction Consulaire dudit lieu, ou la plus prochaine, & que faute de ce, ils ne puissent être reçus à passer avec leurs créanciers aucun contrat d'attermoyement, concordat, transaction ou autre acte, ni obtenir aucune Sentence ou Arrêt d'homologation d'iceux, ni se prévaloir d'aucun saufconduit accordé par leurs créanciers : Et voulons qu'à l'avenir lesdits contrats & autres actes, Sentences & Arrêts d'homologation, & saufconduits, soient nuls, & de nul effet ; & que lesdits débiteurs puissent être poursuivis extraordinairement comme Banqueroutiers frauduleux, par nos Procureurs Généraux, ou par leurs Substituts, ou par un seul créancier, sans le consentement des autres, quand même il auroit signé lesdits contrats, actes ou saufconduits, ou qu'ils auroient été homologués avec lui. Voulons aussi que ceux qui ont précédemment passé quelques contrats ou actes avec leurs créanciers, ou qui ont obtenu des saufconduits, ne puissent s'en aider & prévaloir, ni des Sentences ou Arrêts d'homologation intervenus en conséquence : Défendons à nos Juges d'y avoir aucun égard, si dans quinzaine pour tout délai, à compter du jour de la publication des Présentes, les débiteurs ne déposent leurs états, livres & registres en la forme ci-dessus ordonnée, & sous les peines y contenues, au cas qu'ils n'y ayent ci-devant satisfait. Et pour faciliter à ceux qui ont fait ou feront faillite, le moyen de dresser leursdits états, Voulons qu'en cas d'apposition de scellé sur leurs biens & effets, leurs livres & registres leur soient remis & délivrés, après néanmoins qu'ils auront été paraphés par le Juge, ou autre Officier commis par le Juge, qui apposera lesdits scellés, & par un des créanciers qui y assisteront ; & que les feuillets blancs, si aucuns y a, auront été bâtonnés par ledit Juge, ou autres Officiers ; à la charge qu'au plûtard après l'expiration dudit délai de quinzaine, lesdits livres & registres, & l'état des effets actifs & passifs seront déposés au Greffe de la Jurisdiction Consulaire, ou chez un Notaire, par celui qui aura fait faillite ; sinon voulons qu'il soit censé & réputé

réputé Banqueroutier frauduleux, & comme tel poursuivi suivant qu'il a été précedemment ordonné. Déclarons nulles & de nul effet toutes Lettres de Répy, qui pourront être ci-après obtenuës, si ledit état des effets & dettes n'est attaché sous le contre-scel, avec un certificat du Greffier de la Jurisdiction Consulaire, ou d'un Notaire, entre les mains duquel ledit état, avec les livres & Registres aura été déposé ; le tout sans déroger aux usages & privileges de la Jurisdiction de la Conservation de Lyon, ni à la Déclaration du 30 Juillet 1715 intervenue pour le Châtelet de notre bonne Ville de Paris.

SI DONNONS EN MANDEMENT, à nos amés & féaux Conseillers les Gens tenans notre Cour de Parlement de Paris, que ces Présentes ils ayent à faire lire, publier & registrer, & le contenu en icelles garder, observer & exécuter selon leur forme & teneur, nonobstant toutes Ordonnances, Edits, Déclarations, & autres choses à ce contraires, ausquelles Nous avons dérogé & dérogeons par ces Présentes ; aux copies desquelles collationnées par l'un de nos amés & féaux Conseillers Secretaires, voulons que foi soit ajoutée comme à l'original : CAR tel est notre plaisir : En témoin de quoi Nous avons fait mettre notre Scel à cesdites Présentes. DONNE' à Versailles, le septiéme jour de Juillet, l'an de grace mil sept cent vingt-sept, & de notre Regne le douziéme. *Signé*, LOUIS; *Et plus bas*, Par le Roi, PHELYPEAUX. Vû au Conseil, LE PELLETIER. Et scellé du grand Sceau de cire jaune.

Registrées, oüi, & ce requerant le Procureur Général du Roi, pour être exécutées selon leur forme & teneur, & copies collationnées envoyées aux Bailliages & Sénéchaussées du Ressort, pour y être lûes, publiées & registrées : Enjoint aux Substituts du Procureur Général du Roi d'y tenir la main & d'en certifier la Cour dans un mois, suivant l'Arrêt de ce jour. A Paris en Parlement, le quatre Septembre mil sept cent vingt-sept. Signé, DUFRANC.

TITRE XII.

DE LA JURISDICTION DES CONSULS.

☞ Il faut rappeller à ce Titre le 16e. de l'Ordonnance de 1667, qui est *de la forme de procéder pardevant les Juges & Consuls des Marchands*; ainsi que les Déclarations qui ont été rapportées sur l'article 13 du Titre précedent des Faillites & Banqueroutes.)

Que l'Edit d'établissement du Siége des Juge & Consuls de la Ville de Paris, & les autres Edits & Déclarations touchant la Jurisdiction Consulaire sont communs pour les autres Villes où ils sont établis.

ARTICLE PREMIER.

DE'CLARONS communs *pour tous les Siéges des Juge & Consuls*, l'Edit de leur établissement dans notre bonne Ville de Paris, *du mois de Novembre* 1563, *& tous autres Edits & Déclarations touchant la Jurisdiction Consulaire*, enregistrés en nos Cours de Parlement.

Pour tous les Siéges des Juge & Consuls.] Les Juge & Consuls des Marchands ont été créés à l'*instar* de ceux qu'on avoit accoutumé de créer en Italie, comme les Jurisconsultes du Pays font foi, & entr'autres Bartole, natif de Sentin en Umbrie, *in l.* 29, §. *quadam tamen*, *ff. Mand.* Balde de Peruse, *ad l.* 2, *C. de Constit. pe.* Jason Milanois, *ad l. si plures*, §. *filio*, *ff. de vulg. & pupil. substit. & l. jubere*, *ff. de jurisd. omn. jud.* Salicet qui étoit de Boulogne la Grasse, & qui vivoit l'an 1400, en parle *ad l. fin. C. de jur. omn. jud.* où il dit, qu'ils ne pouvoient être élûs Juge-Consuls, qu'ils ne fussent âgés de vingt ans. Il y a même des exemples de la création de ces Officiers. Il y en avoit à Athenes, comme nous l'apprenons de Demosthene en son Oraison, *contra Apaturium.* Et à Rome il y avoit des Juges établis dans chacun métier pour les differends procedans entre personnes d'un même métier, & à cause du même métier. *Certa professionis vel negotiationis reus ad jurisdictionem pertinet ejus qui negotiationi praeest*, *l. periniquum*, 7. *C. de jurisd. omn. jud.* En France il n'y a pas long-tems qu'il y a des Juges établis & pris du Corps des Marchands pour juger sommairement leurs differends pour fait de Marchandise entre Marchands, excepté pour les Foires de Champagne & de Brie, où il y a eu des Conservateurs de leurs privileges : car les Lettres Patentes du Roi Philippe de Valois du 6 Août 1349 font mention de ces Foires, en ce qu'elles portent, que les Foires de Lyon seroient privilegiées comme celles de Brie & de Champagne. Le Roi Henry II. établit en 1549, la Bourse des Marchands de Toulouse, & la Jurisdiction des Prieur & Consuls des Marchands *ad instar* de la Jurisdiction & Privilege desdites Foires ; & en 1566, la Bourse & Convention de Rouen. Depuis le Roi Charles IX. au mois de Novembre 1563, créa à Paris, comme la Ville Capitale du Royaume, des Juge & Consuls des Marchands, & par autre Edit du 16 Décembre 1566, il en érigea dans toutes les Villes Métropoles, Capitales & de Commerce où il y a Siége Royal. Il est vrai, qu'il n'y eut point d'établissement des Juge & Consuls à Lyon, d'autant qu'avec la translation des Foires de Champagne & de Brie, on y transfera aussi le Conservateur des Privileges de ces Foires, qui connoissoit de tout tems des differends entre Marchands, & pour fait de marchandise. Comme tous ces differens Siéges de Juge & Consuls ont été créés *ad instar* de celui de Paris, il est bien raisonnable, que les Edits & Déclarations touchant la Jurisdiction Consulaire registrés aux Cours de Parlement, soient communs pour tous les Siéges, comme il est exprimé par cet article. Les Seigneurs ont toujours soutenu que les Consuls n'avoient point de Jurisdiction sur leurs Justiciables, & le Parlement de Paris n'y avoit point fait de difficulté à l'égard de ceux dont les Justices sont hors le ressort des Bailliages où il y a des Juge-Consuls établis, comme remarque Loyseau, dans la suite du discours de l'Abus des Justices de Village.

Depuis le Roi a par son Edit du mois de May 1691, établi dans la Ville de Montpellier une Bourse commune pour les Marchands, à l'*instar* & avec la même Jurisdiction, Prééminence, Autorités & Privileges dont jouit la Bourse commune établie dans la Ville de Toulouse, *pour connoître & décider* en premiere Instance de tous procès & differends mûs & à mouvoir entre Marchands & Négocians de la Généralité de Montpellier, & des Diocèses de Montpellier & Nismes, Usez, Viviers, le Puy, Mende, Lodeve, Agde, Beziers, Narbonne & S. Pons, & de tous Billets de change, & autres cas attribués par cette Ordonnance, desquels procès & differends l'appellation ressortira immédiatement au Parlement de Toulouse, & a supprimé les Consuls de Mer ci-devant établis dans ladite Ville, dont la Jurisdiction & les Fonctions appartiendront à ladite Bourse commune, laquelle est composée d'un Prieur, de deux Juge & Consuls, d'un Syndic & d'un nombre de Bourgeois & Marchands, annuellement nommés par ledit Prieur & Juge-Consuls, pour assister conjointement avec eux aux Jugemens de tous les differends *& procès desdits Marchands.*

Les motifs de cet établissement exprimés dans l'Edit sont, que la vaste étenduë de la Province de Languedoc étoit cause que ceux qui négocioient dans la Généralité de Montpellier ne pouvoient porter les Instances qu'ils étoient obligés d'intenter pour le fait de leur Commerce, à la Bourse commune des Marchands établie à Toulouse, ou devant les Juges ordinaires des lieux, sans se distraire de leur Commerce ; qu'il y avoit eu des Lettres Patentes de l'année 1615, concedées aux Consuls de Mer de ladite Ville par le feu Roi, qu'en conséquence d'icelles Sa Majesté avoit accordé aux Etats de cette Province & sur leurs remontrances en l'année 1685, l'établissement d'une Bourse commune dans ladite Ville à l'*instar* de celle de Toulouse, & que cet établissement étoit d'autant plus convenable, que cette Ville se trouve située près de la Mer, & comme au centre des Manufactures du Vivarez, des Cevennes, des Pays de Gevaudan & du Velay, de Clermont, de Lodeve, & autres Pays du bas Languedoc.

☞ *L'Edit du mois de Novembre 1563, & tous autres Edits & Déclarations touchant la Jurisdiction Consulaire, &c.*] C'est donc entrer dans l'esprit de l'Ordonnance, & y fournir un supplément que sa disposition paroît exiger, que de donner ici non-seulement l'Edit d'érection de la Jurisdiction Consulaire en la Ville de Paris; mais encore les Déclarations émanées au sujet de cette érection & l'Edit d'établissement des nouvelles Jurisdictions Consulaires dans le Royaume.

Novembre 1563. CHARLES, par la grace de Dieu, Roi de France: A tous présens & à venir, Salut. Sçavoir faisons: Que sur la Requête & remontrances à Nous faites en notre Conseil de la part des Marchands de notre bonne Ville de Paris, & pour le bien public & abréviation de tous procès & differends entre Marchands qui doivent négocier ensemble de bonne foi, sans être astreints aux subtilités des Loix & Ordonnances: Avons par l'avis de notre très-honorée Dame & Mere, des Princes de notre Sang, Seigneurs & Gens de notredit Conseil, statué, ordonné & permis ce qui s'ensuit.

PREMIEREMENT, avons permis & enjoint aux Prevôt des Marchands & Echevins de notredite Ville de Paris, nommer & élire en l'Assemblée de cent notables Bourgeois de ladite Ville, qui seront pour cet effet appellés & convoqués trois jours après la publication des présentes, cinq Marchands du nombre desdits cent, ou autres absens, pourvû qu'ils soient natifs & originaires de notre Royaume, Marchands & demeurans en notredite Ville de Paris: Le premier desquels Nous avons nommé Juge des Marchands, & les quatre autres Consuls desdits Marchands, qui feront le serment devant ledit Prevôt des Marchands: La Charge desquels cinq ne durera qu'un an, sans que pour quelque cause ou occasion que ce soit, l'un d'eux puisse être continué.

Ordonnons & permettons ausdits cinq Juge & Consuls, assembler & appeller, trois jours avant la fin de leur année, jusques au nombre de soixante Marchands Bourgeois de ladite Ville, qui en éliront trente d'entr'eux, lesquels, sans partir du lieu, & sans discontinuer, procederont avec lesdits Juge & Consuls en l'instant & le jour même, à peine de nullité, à l'élection de cinq nouveaux Juge & Consuls des Marchands, qui feront le serment devant les anciens: Et sera la forme dessusdite gardée & observée dorénavant en l'élection desdits Juge & Consuls, nonobstant oppositions ou appellations quelconques, dont Nous reservons à notre Personne & notre Conseil la connoissance, icelle interdisant à nos Cours de Parlement & Prevôt de Paris.

Connoîtront lesdits Juge & Consuls des Marchands, de tous procès & differends qui seront ci-après mûs entre Marchands pour fait de marchandise seulement, leurs veuves Marchandes publiques; leurs Facteurs, Serviteurs & Commettans, tous Marchands; soit que lesdits differends procedent d'obligations, cédules, récepissés, lettres de change ou crédit, réponses, assurances, transports de dettes & novations d'icelles, comptes, calcul ou erreur en iceux, compagnies, societés ou associations jà faites, ou qui se feront ci-après. Desquelles matieres & differends Nous avons, de nos pleine puissance & autorité Royale, attribué & commis la connoissance, jugement & décision aufdits Juge & Confuls, & aux trois d'eux, privativement à tous nos Juges: appellé avec eux, si la matiere y est sujette, & en sont requis par les Parties, tel nombre de personnes de Conseil qu'ils aviseront; exceptés toutefois & reservés les procès de la qualité susdite, jà intentés & pendans pardevant nos Juges: Ausquels néanmoins enjoignons les renvoyer pardevant lesdits Juge & Consuls des Marchands, si les Parties le requierent & consentent.

Et avons dès-à-présent déclaré nuls tous transports de cédules, obligations & dettes, qui seront faites par lesdits Marchands à personne privilegiée, ou autre quelconque non sujette à la Jurisdiction desdits Juge & Consuls.

Et pour couper chemin à toute longueur, & ôter l'occasion de fuir & plaider, voulons & ordonnons que tous ajournemens soient libellés, & qu'ils contiennent demande certaine. Et seront tenues les Parties comparoir en personne à la premiere assignation, pour être oüies par leur bouche, s'ils n'ont légitime excuse de maladie ou absence, esquels cas enverront par écrit leur réponse signée de leur main propre; ou audit cas de maladie, de l'un de leurs parens, voisins ou amis, ayant de ce charge & procuration spéciale, dont il fera apparoir à ladite assignation: le tout sans aucun ministere d'Avocat ou Procureur.

Si les Parties sont contraires & non d'accord de leurs faits, délai compétant leur sera préfix à la premiere comparution; dans lequel ils produiront leurs témoins, qui seront oüis sommairement, & sur leur déposition, le different sera jugé sur le champ, si faire se peut, dont Nous chargeons l'honneur & conscience desdits Juge & Consuls.

Ne pourront lesdits Juge & Consuls, en quelque cause que ce soit, octroyer qu'un seul délai, qui sera par eux arbitré selon la distance des lieux & qualité de la matiere, soit pour produire piéces ou témoins; & icelui échu & passé, procederont au Jugement du different entre les Parties, sommairement & sans figure de procès.

Enjoignons ausdits Juge & Consuls vacquer diligemment leur Charge durant le tems d'icelle, sans prendre directement ou indirectement, en quelque maniere que ce soit, aucune chose, ni présent ou don, sous couleur ou nom d'épices, ou autrement, à peine de crime de concussion.

Voulons & Nous plaît, que des Mandemens, Sentences ou Jugemens qui seront donnés par lesdits Juge & Consuls des Marchands, ou les trois d'eux, comme dessus, sur differends mûs entre Marchands & pour fait de marchandise, l'appel ne soit reçu, pourvû que la demande & condamnation n'excede la somme de cinq cens livres tournois pour une fois payer. Et avons des-à-présent déclaré non-recevables les appellations qui seroient interjettées desdits Jugemens, lesquels seront exécutés en nos Royaume, Pays & Terres de notre obéissance, par le premier de nos Juges des lieux, Huissiers ou Sergens sur ce requis; ausquels & chacun d'eux enjoignons de ce faire, à peine de privation de leur Office, sans qu'il soit besoin de demander aucun placet, visa, ni pareatis.

Avons aussi dès à présent déclaré nuls tous reliefs d'appel, ou commissions qui seroient obtenues au contraire, pour faire appeller les Parties, intimer ou ajourner lesdits Juge & Consuls. Et défendons très-expressement à toutes nos Cours Souveraines & Chancelleries de les bailler.

Es cas qui excederont ladite somme de cinq cens livres tournois, sera passé outre à l'entiere exécution des Sentences desdits Juge & Consuls, nonobstant oppositions ou appellations quelconques, & sans préjudice d'icelles, que Nous entendons être relevées, & ressortir en notre Cour de Parlement à Paris, & non ailleurs.

Les condamnés à garnir par provision ou définitivement, seront contraints par corps à payer les sommes liquidées par lesdites Sentences & Jugemens, qui n'excederont cinq cens livres tournois, sans qu'ils soient reçus en nos Chancelleries à demander Lettres de Répy : Et néanmoins pourra le créditeur faire exécuter son débiteur condamné en ses biens meubles, & saisir les immeubles.

Contre lesdits condamnés Marchands ne seront adjugés dommages & intérêts, (*a*) requis pour le retardement du payement, qu'à raison du denier douze, à compter du jour du premier ajournement, suivant nos Ordonnances faites à Orleans. (*b*)

(a) ☞ *Le terme dommages & intérêts employé dans l'article, n'y signifie autre chose que ce que nous appellons l'interêt* ex mora.

(b) *C'est l'Ordonnance d'Orleans dont on entend ici parler.*

Les saisies, établissement de Commissaires, & vente de biens ou fruits, seront faits en vertu desdites Sentences & Jugemens. Et s'il faut passer outre, les criées & interpositions de Décret se feront par autorité de nos Juges ordinaires des lieux, auquels très-expressément enjoignons, & chacun d'eux en son détroit, tenir la main à la perfection desdites criées, adjudications des héritages saisis, & l'entiere exécution des Sentences & Jugemens qui seront donnés par lesdits Juge & Consuls des Marchands, sans y user d'aucune remise ou longueur, à peine de tous dépens, dommages & intérêts des Parties.

Les exécutions encommencées contre les condamnés par lesdits Juge & Consuls seront parachevées contre leurs héritiers, & sur les biens seulement.

Mandons & commandons aux Géoliers & Gardes de nos prisons ordinaires & de tous hauts Justiciers, recevoir les prisonniers qui leur seront baillés en garde par nos Huissiers ou Sergens, en exécutant les Commissions ou Jugemens desdits Juge & Consuls des Marchands, dont ils seront responsables par corps, & tout ainsi que si le prisonnier avoit été amené par autorité de l'un de nos Juges.

Pour faciliter la commodité de convenir de négocier ensemble, avons permis & permettons aux Marchands Bourgeois de notre Ville de Paris, natifs & originaires de nos Royaume, Pays & Terres de notre obéissance, d'imposer & lever sur eux telle somme de deniers qu'ils aviseront nécessaire pour l'achat ou louage d'une maison ou lieu qui sera appellé la Place commune des Marchands; laquelle Nous avons dès-à présent établie à l'instar & tout ainsi que les Places appellées Change en notre Ville de Lyon, & Bourses de nos Villes de Tholose & Rouen, avec tels & semblables privileges, franchises & libertés dont jouissent les Marchands fréquentans les Foires de Lyon, & Places de Tholose & Rouen.

Et pour arbitrer & accorder ladite somme, laquelle sera employée à l'effet que dessus, & non ailleurs, les Prevôt des Marchands & Echevins de notredite Ville de Paris assembleront en l'Hôtel de ladite Ville jusques au nombre de cinquante Marchands & notables Bourgeois, qui en députeront dix d'entr'eux, avec pouvoir de faire les cottisations & département de la somme qui aura été, comme dit est, accordée en l'assemblée desdits cinquante Marchands.

Voulons & ordonnons que ceux qui seront refusans de payer leur taxe ou quote part dans trois jours apres la signification ou demande d'icelle, y soient contraints par vente de leurs marchandises & autres biens meubles; & ce par le premier notre Huissier ou Sergent sur ce requis.

Défendons à tous nos Huissiers ou Sergens faire aucun exploit de Justice, ou ajournement en matiere civile, aux heures du jour que les Marchands seront assemblés en ladite Place commune, qui seront de neuf à onze heures du matin, & de quatre jusqu'à six heures de relevée.

Permettons ausdits Juge & Consuls de choisir & nommer pour leur Scribe & Greffier telle personne d'experience, Marchand ou autre qu'ils aviseront; lequel fera toutes expeditions en bon papier, sans user de parchemin : Et lui défendons très-étroitement de prendre pour ses salaires & vacations autre chose qu'un sol tournois pour feuillet, à peine de punition corporelle, & d'en répondre par lesdits Juge & Consuls en leurs propres noms, en cas de dissimulation & connivence.

SI DONNONS EN MANDEMENT, à nos amés & féaux les Gens tenans nos Cours de Parlement, Prevôt de Paris, Sénéchal de Lyon, Baillif de Rouen, & à tous nos autres Officiers qu'il appartiendra, que nos présentes Ordonnances ils fassent lire, publier & enregistrer, garder & observer chacun en son Ressort & Jurisdiction, sans y contrevenir ni permettre qu'il y soit aucunement contrevenu en quelque maniere que ce soit. Et afin de perpetuelle & stable mémoire, Nous avons fait apposer notre Scel à ces Présentes. DONNÉ à Paris au mois de Novembre, l'an de grace mil cinq cent soixante-trois, & de notre Regne le troisiéme. Ainsi signé, par le Roi en son Conseil, DE L'AUBESPINE. Et scellé du grand Scel de cire verte.

☞ Il faut se souvenir que c'est ici une datte de l'ancien stile, & que la vérification qui est datée du mois de Janvier 1563, est postérieure à l'Edit qui est de Novembre de la même année, parce qu'alors l'année commençoit à la Fête de Pâques.

Lecta, publicata & registrata, audito & hoc requirente Procuratore Generali Regis, de mandato expresso ejusdem domini nostri Regis : Cui tamen placuit, ut hi qui in Judices mercatorum assumentur, jusjurandum præstent quod præstari solet ab his, à quorum sententiis ad Curiam appellatur : Idque per modum provisionis duntaxat, & secundum ea quæ in registro Curiæ præscripta sunt. Parisiis in Parlamento, decimâ-octavâ die Januarii, anno Domini millesimo quingentesimo sexagesimo tertio. Sic signatum, DU TILLET.

28 Avril 1565.

Déclaration ou interpretation de l'Edit d'Erection, contenant pouvoir de connoître de certaines causes non spécifiées dans l'Edit.

CHARLES, par la grace de Dieu, Roi de France : A nos amés & féaux les Gens tenans nos Cours de Parlement, Baillifs & Sénéchaux, & tous autres nos Juges qu'il appartiendra, & à chacun d'eux, Salut. Nos chers & bien amés les Marchands & Gardes de la Draperie, Epicerie, Mercerie, Orfevrerie, Pelleterie, & la Communauté des Marchands de Vin & Poisson de Mer, demeurans en notre bonne Ville & Cité de Paris, Nous ont par leur Délegué très-humblement fait remontrer :

Que depuis que pour bonnes causes & justes considerations, Nous avons en notredite Ville établi la Jurisdiction d'un Juge & quatre Consuls des Marchands, les Juges ordinaires & Conservateurs des privileges d'icelle, & autres nos Juges ont par divers moyens empêché & chacun jour empêchent le cours de ladite Jurisdiction, sous couleur que le pouvoir que nous avons attribué ausdits Juge & Consuls, n'est si amplement & particulierement déclaré par ledit Edit, qu'il est requis : & le contenu en icelui est par eux respectivement interpreté & restreint à leur avantage.

Ce qui a causé plusieurs difficultés & controverses, dont sont procedés diverses Sentences, défenses, Jugemens & Arrêts contraires à notredit Edit, qui rendent ladite Jurisdiction illusoire, s'il n'y étoit par Nous pourvû : Nous suppliant déclarer nos vouloir & intention, afin que lesdits Juge & Consuls des Marchands sçachent la forme de soi comporter en l'exercice de ladite Jurisdiction & exécution entiere de notredit Edit, comme ils desirent.

Sçavoir faisons, Que desirant singulierement Justice être administrée à nos Sujets par les Juges que leur avons commis, sans qu'aucun excede le pouvoir à lui attribué, & que par entreprise ou autrement l'un n'empêche l'autre au cours de la Jurisdiction qui lui est commise: Et après avoir fait voir en notre Conseil la Requête & remontrance desdits Marchands, avec plusieurs Sentences, Jugemens, & Arrêts donnés tant en notre Cour de Parlement à Paris, qu'autres nos Juges, les reliefs d'appel & Requêtes répondues pour relever plusieurs appellations de Sentences données par lesdits Juge & Consuls pour sommes non excedant la somme de cinq cens livres: & défenses faites à nos Sergens de faire aucuns exploits ou ajournemens, & d'exécuter les Sentences & Mandemens d'iceux Juge & Consuls:

Avons par l'avis & mûre déliberation d'icelui notredit Conseil, en interprétant notredit Edit, & pour faire cesser à l'avenir les difficultés & empêchemens susdits, dit, déclaré, voulu & ordonné, disons, déclarons, voulons & ordonnons par ces Présentes, de nos certaine science, pleine puissance & autorité Royale:

Que les Juge & Consuls des Marchands établis en notredite Ville de Paris, connoissent & jugent en premiere instance de tous differends entre Marchands habitans de Paris, pour marchandise vendue ou achetée en gros ou en détail, sans que pour raison de ce notre Cour de Parlement à Paris, ou autres nos Juges en puissent prendre aucune Cour, connoissance & Jurisdiction, soit par appel ou autrement: sinon ès cas qui excederont la somme de cinq cens livres tournois suivant ledit Edit: Et laquelle en tant que besoin est ou seroit, Nous leur avons derechef interdite & très-expressément défendue, interdisons & défendons par ces Présentes.

Et quant à la marchandise vendue ou achetée, ou promise livrer, & payement pour icelle destiné à faire en ladite Ville par les Marchands en gros & en détail, tant Habitans de ladite Ville qu'autres Jurisdictions & Ressorts de notre Royaume, par cédules, promesses ou obligations, encore qu'elles soient passées sous le scel de notre Châtelet de Paris: Avons iceux Juge & Consuls desdits Marchands de notredite Ville de Paris, déclarés & déclarons Juges compétens, & à eux, en tant que besoin est, de nouvel attribué & attribuons la connoissance & Jurisdiction des differends qui naîtront entre lesdits Marchands pour les cas que dessus.

Pour raison de quoi Nous voulons tous lesdits Marchands y être convenus, appellés & jugés, nonobstant les fins d'incompétence & de renvoy qu'ils pourroient acquerir en vertu de nos Lettres de *Committimus*, pardevant les Gens tenans les Requêtes de notre Hôtel, ou Requêtes de notre Palais à Paris: comme Payeurs de Compagnie, & autres de nos Officiers qui font trafic de marchandise, Conservateurs des privileges des Universités: comme Messagers, & autres Officiers d'icelles, qui sont Marchands, par le moyen des privileges qu'aucuns d'eux voudroient prétendre leur avoir été donnés au contraire par nos Prédécesseurs, confirmés par nous, & vérifiés en nos Cours. Dont pour ce regard, & en tant qu'ils sont Marchands, nous les avons dès-à-présent comme pour lors, déboutés & déboutons: & ausdits privileges, pour ce regard, dérogé & dérogeons de nos pleine puissance & autorité Royale par cesdites Présentes.

Ne voulant iceux Juge & Consuls y avoir aucun égard, ains leur permettons passer outre, nonobstant oppositions ou appellations d'incompétence, qui pourroient être interjettées en fraude, & sans préjudice d'icelles: demeurans lesdits

lesdits privileges en autres choses en leur entier ; déclarons non recevables, toutes appellations interjettées des Sentences & Jugemens donnés par lesdits Juge & Consuls entre Marchands pour fait de marchandise, & pour sommes non excédant la somme de cinq cens livres tournois, jusques à laquelle nous leur avons permis juger.

Et défendons à nos amés & féaux les Maîtres des Requêtes de notre Hôtel, ou Garde des Sceaux de nos Chancelleries, & à nos Sécretaires, expédier aucunes Lettres de relief. Ensemble à nos Cours de Parlement répondre aucune Requête pour cet effet, ni bailler commissions pour appeller les Parties. Comme aussi défendons à tous Procureurs occuper & soi charger desdites causes d'appel, ni de celles des Marchands qui voudront pour fait de marchandise, décliner la Jurisdiction desdits Juge & Consuls.

Et au cas de contravention, avons permis & permettons ausdits Juge & Consuls des Marchands, procéder contre les Parties condamnées par mulctes & amendes pécuniaires, applicables moitié aux pauvres de l'Aumône générale de ladite Ville, & l'autre moitié pour l'entretenement de ladite Place commune desdits Marchands, pourvû que lesdites amendes n'excédent la somme de dix livres tournois.

Et pourtant qu'au moyen desdites défenses faites par aucun de nos Juges, plusieurs nos Sergens ont refusé & refusent faire les exploits & ajournemens qui leur sont présentés à faire par lesdits Marchands, les uns contre les autres, pour fait de marchandise, assister aux Siéges desdits Juge & Consuls pour le service de Justice, & exécuter leurs commissions, Sentences & Mandemens, encore qu'il leur soit par exprès enjoint par notredit Edit : Nous, en levant lesdites défenses, comme faites contre nos vouloir & intention, avons derechef enjoint, & par exprès commandons à nosdits Sergens d'assister aux Siéges desdits Juge & Consuls quand requis en seront : Et outre faire tous exploits & ajournemens qui leur seront, comme dit est, baillés à faire par lesdits Marchands, pour les causes que dessus : Et aussi mettre à exécution tous mandemens, commissions & jugement donnés par lesdits Juge & Consuls, sans aucune remise ou dilation, ne demander placet, *visa*, ne *pareatis* : à peine de privation de leurs Offices.

Et à cette fin défendons à tous nos Juges d'aucunement empêcher lesdits Sergens en faisant & exécutant ce que dessus, à peine de répondre en leurs noms des dépens, dommages & intérêts des Parties procédans desdits empêchemens.

Si vous mandons & à chacun de vous en droit soi expressément enjoignons, que notredit Edit, si vérifié n'a été, ensemble les présentes nos Lettres de Déclaration, vous faire lire, publier & enregistrer, sans aucune restriction, modification ni difficulté y faire, afin que lesdits Marchands ne soient contraints recourir à Nous pour cet effet.

Mandons à nos Procureurs Généraux esdites Cours, & leurs Substituts esdits Siéges, en requerir la vérification ; & icelui Edit, & tout le contenu ès Présentes faire entretenir, garder & observer de point en point selon leur forme & teneur : sans troubler, n'empêcher lesdits Juge & Consuls de notredite Ville de Paris, ni lesdits Sergens en l'exécution du contenu en icelles, sur les peines que dessus, nonobstant quelconques Ordonnances, Edits, Mandemens, Défenses & Lettres à ce contraires.

Et pour ce que de ces Présentes l'on pourra avoir affaire en plusieurs & divers lieux, & eſt beſoin que chacun Marchand entende le pouvoir par Nous attribué auſdits Juge & Conſuls : Nous voulons qu'aux Vidimus d'icelles dûement collationnés aux originaux par l'un de nos amés & féaux Notaires & Sécretaires, ou Notaires Royaux, foi ſoit ajoutée comme au préſent original, & icelui puiſſent faire imprimer, ſans pour ce demander autres Lettres de congé & permiſſion pour ce faire. Car tel eſt notre plaiſir. Donné à Bourdeaux, le vingt-huitiéme jour d'Avril, l'an de grace mil cinq cent ſoixante-cinq, & de notre Regne le cinquiéme. *Ainſi ſigné*, Par le Roy en ſon Conſeil, HERAULT. Et ſcellé du grand Scel de cire jaune.

Lûes, publiées & enregiſtrées, oui ſur ce le Procureur Général du Roy, conformément à ſes concluſions, ainſi qu'il eſt contenu en l'Arrêt intervenu ſur icelles. A Paris en Parlement, le dix-neuviéme jour de Juillet l'an mil cinq cent ſoixante-cinq. Ainſi ſigné, DU TILLET.

2. Octobre 1610. *Autre Déclaration concernant la même Juriſdiction & connoiſſance attribuée aux Juge-Conſuls.*

LOUIS, par la grace de Dieu, Roi de France & de Navarre: A tous ceux qui ces préſentes Lettres verront, Salut. Combien que par l'Edit d'établiſſement des Juge-Conſuls, la Juriſdiction d'iceux ait été limitée pour connoître des différends entre Marchands & pour fait de marchandiſe ſeulement; toutefois leſdits Juges connoiſſent ordinairement de toutes ſortes de conventions, ores qu'elles ne ſoient pour fait de marchandiſes, de cédules & obligations particulieres de prêt en deniers, leſquelles ne ſont pour fait de marchandiſe, des gages des ſerviteurs, ſalaires de mercenaires, de ventes de bleds & vins par Laboureurs & Vignerons de ce qui eſt de leur crû, leur donnant la qualité de Marchands, de loyers de maiſons ou héritages, maiſons & fermages, & de toutes autres affaires qui leur ſont préſentées, encore que cela ne ſoit de leur Juriſdiction & connoiſſance, & que pluſieurs ne ſoient capables du Jugement des affaires qui ne ſont de leur vacation, n'ayant la connoiſſance des Ordonnances & Coutumes, ce qui cauſe un grand déſordre, auquel nos Cours ont voulu apporter remede par pluſieurs Arrêts, auſquels leſdits Conſuls n'ont obéi: à quoi déſirant pourvoir, Nous de l'avis de notre Conſeil, avons dit & déclaré, voulons, ordonnons & déclarons notre vouloir & intention être, que ſuivant notre Edit de création & établiſſement, les Juge-Conſuls connoîtront ſeulement des différends entre Marchands, & pour fait de marchandiſes ſeulement : Leur faiſant expreſſes inhibitions prendre aucune juriſdiction & connoiſſance des procès & différends pour promeſſes, cédules, & obligations en deniers de pur prêt, qui ne ſeront cauſées pour vente & délivrance de marchandiſe; de loyers de maiſons, fermes, locations, moiſſons de grains, ventes de bleds, vins & autres denrées, faites par Bourgeois, Laboureurs & Vignerons, étant de leur crû & revenu; ſalaires ou marchés par Maçons, Charpentiers, autres ouvriers, & mercenaires : ains ordonner aux Parties ſe pourvoir devant leurs Juges, ores qu'ils ne demandent leur renvoi, à peine de nullité des Jugemens qui interviendront, dépens, dommages & intérêts; pour leſquels en cas de contravention, ils pourront être pris à partie : Et à ce que leſdits Juge-Conſuls n'en puiſſent prétendre cauſe d'ignorance, Nous voulons cette préſente notre Déclaration & Ordonnance être lûe, publiée par chacun an au premier jour plaidoyable après l'élection deſdits Conſuls. Si donnons en mandement à nos amés & féaux Conſeillers les Gens tenans notredite Cour de Parlement à Paris, que ces préſentes nos Lettres de Déclaration ils faſſent lire, publier & enregiſtrer, & le contenu en icelles faire garder & obſerver de point en point, ſelon leur forme

& teneur, sans permettre qu'il y soit contrevenu en aucune sorte que ce soit : CAR tel est notre plaisir. Et afin que ce soit chose ferme & stable à toujours, Nous avons fait mettre notre Scel à ces Présentes. Donné à Paris, le deuxiéme jour d'Octobre, l'an de grace mil six cent dix, & de notre Regne, le premier. *Signé*, LOUIS. *Et sur le reply*, Par le Roy, BRULARD. Et scellé de cire jaune à double queue.

Lûes, publiées & registrées, oui le Procureur Général du Roy, & ordonné Copies collationnées être envoyées aux Bailliages, Sénéchaussées, pour y être pareillement lûes & publiées aux Jurisdictions des Consuls, à la diligence des Substituts du Procureur Général du Roy, ausquels est enjoint le certifier avoir ce fait. A Paris en Parlement, le dix-huitiéme Juillet mil six cent onze. Signé, DU TILLET.

4. Octobre 1611.

Cette Déclaration a été donnée en interprétation de la précédente.

LOUIS, par la grace de Dieu, Roi de France & de Navarre: A tous ceux qui ces présentes Lettres verront, Salut. Par nos Lettres de Déclaration du deuxiéme jour d'Octobre mil six cent dix, données sur la Jurisdiction & connoissance des Juge & Consuls de cetui notre Royaume, Nous les avons restreints de connoître seulement des différends entre Marchands, & pour fait de marchandise, & fait défenses de prendre Jurisdiction des procès & différends pour promesses, cédules & obligations en deniers de pur prêt, qui ne seroient causées pour vente & délivrance de marchandise, de loyers de maisons, fermes, locations, moissons de grains, ventes de bleds, & autres denrées, faites par Bourgeois, Laboureurs & Vignerons, étant de leur crû & revenu; salaires ou marchés, par Maçons, Charpentiers, & autres ouvriers & mercenaires; ains ordonner aux Parties se pourvoir pardevant leurs Juges, ores qu'ils ne demandent leur renvoi, à peine de nullité des Jugemens qui interviendront, dépens, dommages & intérêts, pour lesquels en cas de contravention ils pourroient être pris à partie. Surquoi lesdits Juge & Consuls, & les Corps des Communautés de Marchands, tant de notre bonne Ville de Paris, que des Villes de Poitiers, Niort & Orléans, Nous ont fait remontrer que nosdites Lettres de Déclaration étoient contraires à l'Edit de création & établissement desdits Juge & Consuls, Déclarations & Arrêts tant de notre Conseil, que Cour de Parlement; & que d'ailleurs, si ladite Déclaration avoit lieu, elle ancantiroit les Jurisdictions desdits Juge & Consuls, lesquelles maintiennent le trafic & commerce entre notre peuple, qui reçoit les profits & utilité de cette briéve & gratuite Justice; joint que par la crainte d'être pris à partie, aucun ne voudroit à l'avenir accepter lesdites charges: Nous suppliant qu'en interprétant nosdites Lettres de Déclaration, il Nous plût ordonner que lesdites Jurisdictions Consulaires seront exercées en la forme portée par nos Edits, Déclarations & Arrêts précédens. Nous, à ces causes, après avoir fait voir en notre Conseil les Edits, Déclarations & Arrêts représentés par lesdits Juge & Consuls, de l'avis d'icelui, avons, en interprétant nosdites Lettres de Déclaration du dixiéme jour d'Octobre mil six cent dix, dit, déclaré & ordonné, disons, déclarons & ordonnons, que lesdits Juge & Consuls connoîtront des causes & différends entre Marchands, suivant nos Edits & Déclarations, même pour argent prêté & baillé à recouvrer l'un à l'autre par obligations, cédules, missives, & Lettres de Change, pour cause de marchandise seulement: & ne pourront être pris à partie, sinon ès cas de nos Ordonnances; faisant inhibitions & défenses au Prévôt de Paris, Baillifs, Sénéchaux, & tous autres nos Juges, d'entreprendre sur la Jurisdiction desdits Juge & Consuls, ni connoître des causes qui leur sont attribuées par nos Ordonnances ; faire surseoir ou empêcher l'exécution de leurs Jugemens, ni d'élargir aucuns prisonniers, à peine de nullité des Jugemens & procédures : Et à tous Huissiers & Sergens faire aucuns Exploits & assigner les Parties pardevant lesdits Juges ordinaires, en exécution des Sentences desdits Juge & Consuls, sur peine de tous dépens, dommages & intérêts, & d'amende arbitraire : Ains leur enjoignons de faire tous Exploits & assignations, & mettre à exécution les Commissions, Mandemens & Sentences desdits Juge & Consuls, nonobstant les défenses desdits Juges ordinaires, sur les mêmes peines que dessus. SI DONNONS EN MANDEMENT à nos amés & féaux Conseillers les Gens tenans notre Cour de Parlement à Paris, que ces Présentes nos Lettres de Déclaration ils fassent lire, publier & enregistrer, & le contenu garder & observer, sans permettre qu'il y soit contrevenu : Et pour ce que de cesdites Présentes on pourra avoir affaire en plusieurs & divers lieux, Nous voulons qu'aux vidimus ou copies d'icelles collationnées par l'un de nos amés & féaux Notaires & Sécretaires, foi soit ajoûtée comme à l'Original. CAR tel est notre plaisir. En témoin de quoi Nous avons fait mettre notre Scel à ces Présentes. Donné à Paris le quatriéme jour d'Octobre, l'an de grace mil six cent onze, & de notre Regne le deuxiéme. *Ainsi signé sur le repli*, Par le Roi en son Conseil, DE FLECELLES. Et scellées sur double queuë du grand Sceau de cire jaune. *Et au dos est écrit.*

Registrées, oui le Procureur Général du Roy, pour jouir par les Impétrans du contenu en icelles, selon leur forme & teneur. A Paris en Parlement, le 16e. jour de Janvier mil six cent douze. Signé, DU TILLET.

Il y avoit depuis le Regne de Charles IX. création de Jurisdictions Consulaires dans les Villes Capitales des Provinces, où il se faisoit quelque commerce, mais elles avoient été dans la suite suprimées, & la connoissance des affaires entre Marchands pour fait de marchandises renvoyée aux Juges ordinaires, à la charge de les expédier sommairement.

Le feu Roi par Edit du mois de Mars 1710, en a établi vingt nouvelles dans les Villes qui y sont désignées : cet Edit porte en même terme quelques suppressions & érections d'Offices de Greffiers dans les Jurisdictions Consulaires auparavant établies.

LOUIS, par la grace de Dieu, Roi de France & de Navarre : A tous présens & à venir, Salut. Ayant été informé que les différens droits qui se perçoivent dans les Jurisdictions Consulaires de notre Royaume, tant pour les Présentations, Affirmations, Sentences, Jugemens & autres Actes qui y sont rendus, que pour ceux qui se payent aux Gardes-scels, Clercs, Commis & Controlleurs des Greffes desdites Jurisdictions, ont donné lieu à plusieurs abus par la multiplicité des Officiers & Commis qui sont établis pour en faire la recette, ce qui en retarde considérablement les expéditions, & donne lieu à exiger des Parties au-delà de ce qui est dû : Nous avons crû ne pouvoir y remédier plus efficacement, qu'en supprimant tant les Greffiers anciens, alternatifs & triennaux établis dans lesdites Jurisdictions Consulaires par les Rois nos Prédecesseurs & Nous depuis notre avénement à la Couronne, que les Clercs, Commis & Controlleurs desdits Greffes, les Gardes-scels, & les Greffiers des Présentations & Affirmations qui y ont pareillement été établis, & en réunissant ensemble tous ces différens Offices & droits, pour être perçus à l'avenir par un seul Greffier en Chef que Nous avons résolu de créer à cet effet dans chacune desdites Jurisdictions : & comme le nombre de ces Jurisdictions n'est que de quarante-une dans toute l'étendue de notre Royaume, ce qui n'est pas à beaucoup près suffisant pour le soulagement, expédition & commodité de nos Sujets qui sont obligés d'y porter leurs causes & différends, & souvent de se transporter à vingt cinq ou trente lieues de leur demeure, ce qui dérange leur commerce & les constitue dans des frais considérables, Nous avons crû en même-tems devoir établir vingt nouvelles Jurisdictions dans les principales Villes de notre Royaume où il n'y en a point. A ces causes, & autres à ce Nous mouvans, de notre certaine science, pleine puissance & autorité Royale, Nous avons par le présent Edit perpétuel & irrévocable, éteint & supprimé, éteignons & supprimons tous les Offices de Greffiers anciens, alternatifs & triennaux, créés & établis, tant dans la Jurisdiction Consulaire de notre bonne Ville de Paris, que dans les autres Jurisdictions Consulaires des autres Villes de notre Royaume, par les Edits des Rois nos Prédécesseurs Charles IX. des années 1563, & 1571, Henry IV. du mois de Mai 1595, Louis XIII. notre très-honoré Seigneur & Pere du mois de Décembre 1639, & par ceux par Nous depuis rendus, ensemble tous leurs Commis, Clercs & Controlleurs, si aucuns ont été établis, soit qu'ils soient en titre ou autrement, & les Offices de Gardes-Scels & Greffiers des Présentations & affirmations, aussi créés & établis dans lesdites Jurisdictions, soit qu'ils l'ayent été en conséquence des Edits du mois de Juin 1563 & 1571, Mai & Décembre 1639, Juin 1640, Avril 1695, & autres depuis rendus, & que lesdits Offices ou les titres & fonctions d'iceux ayent été joints & unis à d'autres Offices rétablis, réunis à notre Domaine, ou qu'ils appartiennent aux Corps des Jurisdictions Consulaires, ou à d'autres Particuliers; comme aussi éteignons & supprimons tous les gages, droits, vacations & émolumens dont ont joüi jusqu'à présent lesdits Greffiers, leurs Commis, Clercs, & Controlleurs, Gardes-Scels & Greffiers des Présentations & Affirmations. Ordonnons que dans trois mois du jour de la publication de notre présent Edit, ceux qui ont joui tant desdits Offices de Greffiers & de leurs Commis, Clercs, & Controlleurs, que de ceux de Gardes-Scels & Greffiers des Présentations & Affirmations, soit à titre de vente, d'engagement, réünion ou autrement, seront tenus de remettre les quittances de finance, provisions, contrats & autres titres de leur propriété, entre les mains du Controlleur général de nos Finances, pour être par lui procédé à la liquidation de leur finance, & ensuite être par Nous pourvû à leur remboursement. Et de la même autorité que dessus, Nous avons par le présent Edit créé & érigé, créons & érigeons dans chacune desdites Jurisdictions Consulaires ci-devant établies, un notre Conseiller Greffier en Chef, Garde-Scel, Commis, Clerc & Controlleur dudit Greffe, & Greffier des Présentations & Affirmations, pour ne faire & composer ensemble qu'un seul & même corps d'Office, sous le titre d'ancien, alternatif & triennal, expédier, signer & sceller les Sentences, Jugemens, Procès verbaux & autres actes qui interviendront & seront rendus dans lesdites Jurisdictions, & qui en seront émanés en quelque sorte & maniere que ce soit; recevoir les Présentations, & délivrer les Actes d'Affirmations de voyages aux Parties qui en prendront, ausquels Greffiers en Chef Nous avons attribué & attribuons les mêmes & semblables droits & émolumens pour l'expédition des Sentences, Jugemens, Procès-verbaux, Présentations, Affirmations & autres Actes, que perçoivent & dont jouissent actuellement les Greffiers desdites Jurisdictions, leurs Commis, Clercs & Controlleurs, les Officiers Gardes-Scels & Greffiers des Présentations & Affirmations d'icelles, sous quelque titre que ce soit ou puisse être, & à eux attribués, tant par leurs Edits de création, que par les Déclarations, Arrêts & Réglemens rendus depuis, pour en jouir par lesdits Greffiers en chef présentement créés, à commencer du jour de l'enregistrement du présent Edit, & de tous les honneurs, franchises, rang, séance, privileges & exemptions dont ont joui ou dû jouir lesdits Greffiers, Gardes Scels, Commis, Clercs, Controlleurs, & Greffiers des Présentations & Affirmations supprimés par le présent Edit. Avons pareillement créé & érigé, créons & érigeons vingt nouvelles Jurisdictions Consulaires, qui seront établies dans les Villes du Mans, Rennes, Vannes, Narbonne, Montauban, Nismes, Xaintes, Angoulême, Grenoble, Vienne, Chaumont, Nevers, Caën, Alençon, Bayeux, Vire, Arles, Alby, Agde, & Saint-Quentin, & composée chacune Jurisdiction d'un premier Juge des Marchands, & de quatre Consuls desdits Marchands, dont les nominations & élections se feront par chacun an dans les tems, ainsi & de la même maniere qu'il est accoûtumé dans les autres Jurisdictions Consulaires ci-devant établies, pour connoître & juger des mêmes matieres, causes, procès, différends & contestations attribuées ausdites anciennes Jurisdictions, à l'instar desquelles Nous les créons, tant par leurs Edits de création, Déclarations, Arrêts & Réglemens rendus depuis, que Nous déclarons communs pour lesdites nouvelles Jurisdictions, ainsi & de même que si elles y étoient dénommées & comprises; ausquels Juge & Consuls Nous avons attribué & attribuons les mêmes pouvoirs, autorité, fonctions, honneurs, rang, séance, privileges & exemptions dont jouissent ou doivent jouir les Juge & Consuls des anciennes Jurisdictions; & seront tenus lesdits Juge & Consuls desdites nouvelles Jurisdictions de juger conformément ausdits Edits, Déclarations, Arrêts & Réglemens, & à notre Ordonnance du mois de Mars 1673; en chacune desquelles vingt nouvelles Jurisdictions Nous avons créé & érigé, créons & érigeons un notre Conseiller-Greffier en Chef, Garde-Scel, Commis, Clerc & Controlleur du Greffe, & Greffier des Présentations & Affirmations, pour ne faire aussi qu'un seul & même corps d'Office, sous les mêmes titres d'ancien, alternatif & triennal, expédier, signer & sceller des Sentences, Jugemens, Procès-verbaux & autres Actes qui interviendront & seront rendus dans lesdites Jurisdictions, recevoir les Présentations, & délivrer les Actes d'Affirmations de voyages aux Parties qui en prendront, auquel Greffier en Chef Nous avons attribué & attribuons les mêmes fonctions, droits, vacations, revenus, profits & émolumens, honneurs, franchises, rang, séance, privileges & exemptions dont jouissent actuellement les pourvûs des pareils Offices supprimés par le présent Edit, & dont jouiront ceux présentement créés dans les anciennes Jurisdictions, de tous lesquels droits & émolumens il sera incessamment arrêté un Tarif en notre Conseil, qui sera mis & transcrit sur un Tableau dans chacun desdits Greffes, afin que les justiciables desdites Jurisdictions puissent avoir connoissance desdits droits, & qu'il n'en soit à l'avenir exigé aucuns au-delà de ceux qui seront légitimement dûs. Avons encore créé & créons par le présent Edit en chacune desdites vingt nouvelles Jurisdictions, un premier Huissier & deux Huissiers-Audienciers, pour y être établis aux mêmes fonctions d'appel de causes & autres droits, émolumens, privileges & exemptions dont joüissent ou doivent joüir les pareils Officiers dans les Jurisdictions ci-devant établies, sans aucune différence ni exception; & pour donner moyen ausdits Greffiers en Chef qui seront établis, tant dans les anciennes Jurisdictions, que dans les vingt nouvelles créées par le présent Edit, Nous leur avons attribué & attribuons cinquante mille livres de gages effectifs, qui seront repartis entr'eux sur le pied du denier 16, suivant les états & rolles qui en seront arrêtés en notre Conseil, dont les deux tiers leur tiendront lieu de gages de la finance desdits Offices, & l'autre tiers sera reputé augmentations de gages, sans qu'il puisse à l'avenir leur en être attribué de nouveaux, sous quelque prétexte que ce soit ou puisse etre, dont Nous les déchargeons expressément pour toujours; & seront lesd. gages & augmentations de gages employés par chacun an, à commencer du premier du present mois, dans les états des Finances des Généralités du Ressort de chacune desdites Jurisdictions Consulaires, au même chapitre des gages & augmentations de gages des Officiers de nos Jurisdictions ordinaires, pour être payés ausdits Greffiers en Chef dans les tems que les autres Officiers ont accoûtumé de les recevoir, sur leurs simples quittances, en fournissant pour la premiere fois seulement copie du présent Edit, & de leurs quittances de finance & provisions, sans être obligés d'en faire faire aucun enregistrement en nos Chambres des Comptes, Bureaux des Finances, ni en aucun autre lieu & Jurisdiction, ni d'obtenir aucunes Lettres Patentes ni de validation, dont Nous les avons déchargés & déchargeons par le présent Edit. Voulons que ceux des Offices de Greffiers en Chef, Commis, Clercs, Controlleurs, Garde-Scels & Greffiers des Présentations & Affirmations des anciennes Jurisdictions Consulaires, qui se trouveront Nous appartenir, soit par réunion à notre Domaine ou autrement, ou qui appartiendront au corps desdites Jurisdictions, ou à d'autres particuliers, en quelque sorte & maniere que ce soit, soient vendus par celui qui sera chargé du recouvrement de la finance qui doit provenir de l'exécution du présent Edit, & qu'en payant par les acquereurs, tant des anciennes que des nouvelles Jurisdictions, les sommes pour lesquelles ils seront employés dans les Rolles qui en seront arrêtés en notre Conseil, sçavoir, la Finance principale sur les Quittances du Trésorier de nos Revenus Casuels, & les deux sols pour livre d'icelles sur les Quittances dudit Préposé, ils jouissent pleinement & paisiblement, tant des gages, augmentations de gages, que des droits & émolumens à eux attribués par le présent Edit, sauf à pourvoir à l'indemnité de nos Fermiers des Domaines, & au remboursement desdites Jurisdictions Consulaires, ou autres particuliers, si le cas y échet, sur la liquidation qui en sera faite, ainsi qu'il est dit ci-dessus. Voulons que pour éviter à l'avenir toutes les contestations & difficultés qui pourroient naître pour le détroit, tant desdites anciennes Jurisdictions, que des vingt nouvelles créées par le présent Edit, le Ressort en soit reglé & fixé par les Sieurs Intendans & Commissaires départis dans les Provinces & Généralités de notre Royaume, qui seront tenus d'en envoyer incessamment l'état en notre Conseil pour y être par Nous pourvû. Ne seront lesdits Greffiers en Chef, tant des anciennes que des nouvelles Jurisdictions, ni lesdits premiers Huissiers & Huissiers-Audienciers présentement créés, sujets à l'avenir à aucune taxe, soit par confirmation de leurs droits & émolumens, gages, augmentations de gages, supplément de finance ou autrement, en quelque sorte & maniere que ce soit, dont Nous les avons déchargés & déchargeons pour toujours. Les déchargeons pareillement de la compatibilité portée par nôtre Edit du mois de Mars 1709, à cause de la réunion que Nous faisons par le présent Edit, desdits Offices de Greffiers en Chef, avec ceux de Commis, Clercs, Controlleurs, Gardes-Scels & Greffiers des Présentations & Affirmations, comme ne faisant qu'un seul & même corps d'Office, quand bien même ceux qui les acquereront & lesdits Offices d'Huissiers, posséderoient d'autres Offices de Judicature ou autres, que Nous déclarons compatibles avec lesdits Offices de Greffiers en Chef & d'Huissiers. Il ne pourra à l'avenir être établi dans lesdites Jurisdictions Consulaires, tant anciennes que nouvelles, d'autres Greffiers & Huissiers que ceux créés par le présent Edit, ni leur être créé aucun Syndic, ni aucuns autres Officiers tels qu'ils puissent être, dont Nous les déchargeons pour toujours; comme aussi des taxes qui sont actuellement demandées aux Greffiers & Huissiers des anciennes Jurisdictions Consulaires, soit pour la bourse commune, paraphes de leurs Registres ou autrement, en quelque sorte & maniere que ce soit, dont Nous les avons déchargés pour toujours. Pourront toutes sortes de personnes posséder & acquerir lesdits Offices de Greffiers en Chef & Huissiers, pourvû qu'elles ayent atteint l'âge de vingt-deux ans: pour en jouir sur les quittances de finance qui leur en seront délivrées par le Trésorier de nos Revenus Casuels, & les provisions qui en seront expédiées en notre grande Chancellerie. Voulons encore qu'il soit fourni par les Villes ci-dessus dénommées, dans lesquelles lesdites vingt nouvelles Jurisdictions doivent être établies, & aux dépens desdites Villes, une maison convenable & commode pour y établir lesdites Jurisdictions & Greffes, & y loger lesdits Greffiers en Chef, ce que lesdites Villes seront tenues de faire huitaine après l'enregistrement du présent Edit, sinon il y sera pourvû par nos Intendans & Commissaires départis dans les Provinces & Généralités du Ressort desdites Villes, & les Ordonnances qui seront par eux rendues à cet effet, seront exécutées nonobstant toutes oppositions, appellations ou autres empêchemens quelconques. Permettons à ceux qui se feront pourvoir desdits Offices de Greffiers en Chef & d'Huissiers, d'emprunter les deniers nécessaires pour en faire l'acquisition. Voulons que ceux qui leur en feront le prêt ayent une hypoteque & privilege spécial sur les gages & augmentations de gages, droits & émolumens y attribués, par préférence à tous autres Créanciers, en vertu des obligations qui en seront passées, sans qu'il soit besoin d'en faire mention dans les quittances de finance; & ne pourront lesdits gages, augmentations de gages, droits & émolumens être saisis par d'autres Créanciers que par ceux qui auront prêté leurs deniers pour l'acquisition desdits Offices, & si aucunes étoient faites, Nous avons fait & faisons main-levée par le présent Edit. Voulons qu'en attendant la vente desdits Offices de Greffiers en Chef, de premiers Huissiers & d'Huissiers Audienciers, le Préposé pour l'exécution du présent Edit puisse y commettre sur ses simples précautions & nominations, sur lesquelles il sera expédié des Commissions en la Grande Chancellerie, dont Nous avons fixé le coût à six livres pour celles des Greffiers, & à trois livres pour celles des Huissiers, à la charge d'en demeurer civilement responsable, & qu'il jouisse des gages & augmentations de gages, & des droits & émolumens attribués ausdits Offices, lesquels gages, augmentations de gages, droits & émolumens il pourra pareillement recevoir sur ses simples quittances en vertu du présent Edit, sans être obligé à aucun enregistrement, ni à obtenir aucunes Lettres Patentes ni de validation, dont Nous l'avons expressément déchargé. Seront les Juge & Consuls qui seront nommés & élûs pour les vingt nouvelles, Jurisdictions créées par le présent Edit, ensemble ceux qui acquereront lesdits Offices de Greffiers en Chef, de premiers Huissiers, & d'Huissiers-Audianciers, ou qui les exerceront en attendant la vente, reçûs & installés en la même maniere que les Juge & Consuls, Greffiers & Huissiers des autres Jurisdictions Consulaires ci-devant établies, ont été reçus, en prêtant le serment pardevant les

les Juges & Officiers qui ont accoutumé de recevoir les pareils Officiers, sçavoir, lesdits Juge & Consuls sans frais, lesdits Greffiers en payant chacun dix livres, & lesdits premiers Huissiers 6 liv. lesdits Huissiers-Audianciers trois livres, & ceux qui exerceront par commission lesdits Offices de Greffiers aussi trois livres, & ceux d'Huissiers trente sols, pour tous droits, y compris ceux du Greffe. Les Offices présentement créés seront possedés à titre de survivance, comme il est ordonné par notre Edit du mois de Décembre dernier, & tenus de Nous payer aux mutations le huitiéme du quart de leur Finance. Dispensons ceux qui seront pourvûs desdits Offices de Nous payer pour la premiere fois seulement aucun droit de survivance, dont Nous les avons déchargés & déchargeons. Ne pourront lesdits Greffiers & Huissiers créés par le présent Edit être augmentés à la Capitation sous prétexte de l'acquisition qu'ils feront desdits Offices, & demeureront fixés à celle à laquelle ils se trouveront imposés au jour de leur acquisition... SI DONNONS EN MANDEMENT, à nos amés & féaux Conseillers les Gens tenans notre Cour de Parlement, Chambre des Comptes & Cour des Aydes à Paris, que notre présent Edit ils ayent à faire lire, publier & regiſtrer, & le contenu en icelui, garder & observer selon sa forme & teneur, nonobstant tous Edits, Déclarations, Reglemens & autres choses à ce contraires, ausquelles Nous avons dérogé & dérogeons par le présent Edit; aux copies duquel collationnées par l'un de nos amés & féaux Conseillers-Secretaires, Voulons que foi soit ajoutée comme à l'Original : CAR tel est notre plaisir; & afin que ce soit chose ferme & stable à toujours, Nous y avons fait mettre notre Scel. DONNÉ à Versailles au mois de Mars, l'an de grace mil sept cent dix, & de notre Regne le soixante-septiéme. *Signé*, LOUIS, *Et plus bas*, Par le Roi, PHELYPEAUX. Vû au Conseil, DESMARETZ. Et scellé du grand Sceau de cire verte en lacs de soye rouge & verte.

Registré, oüi & ce requerant le Procureur Général du Roi, pour être exécuté selon sa forme & teneur, & copies collationnées envoyées aux Sénéchaussées du Mans & Angoulême, & aux Bailliages de Chaumont en Bassigny, Saint Pierre le Moûtier & Saint Quentin, pour y être lûes, publiées & registrées. Enjoint aux Substituts du Procureur Général du Roi d'y tenir la main, & d'en certifier la Cour dans un mois, suivant l'Arrêt de ce jour. A Paris en Parlement, le neuf May mil sept cent dix. Signé, DONGOIS.

De quelles matieres connoissent les Juge & Consuls.

ARTICLE II.

LEs Juge & Consuls connoîtront *de tous Billets de Change faits entre Négocians & Marchands*, ou dont ils devront la valeur; & *entre toutes personnes*, *pour Lettres de Change ou remises* d'argent faites de place en place.

De tous Billets de Change faits entre Négocians & Marchands.] Par l'Edit du mois de Novembre 1563, article 3, qui regle les matieres dont les Juge & Consuls peuvent connoître; il est porté, *qu'ils connoîtront de tous procès & differends entre Marchands pour fait de marchandise seulement, soit que ces differends procedent d'obligations, cédules, récepissés, lettres de change ou crédit, réponses, assurances, transports de dettes & novations d'icelles, comptes, calcul ou erreur en iceux*, *compagnies, societés ou associations*: Et par la Déclaration en interprétation dudit Edit, il leur est donné pouvoir *de connoître de ce qui est passé entre Marchands, sous le Scel du Châtelet de Paris, quoiqu'il soit attributif de Jurisdiction.* Il est vrai, que le feu Roi par ses Lettres de Déclaration du mois d'Octobre 1610, *restraignit leur Jurisdiction aux differends entre Marchands, & pour fait de marchandise seulement*; mais ensuite en interprétant cette Déclaration par une autre du 4 Octobre 1611, il ordonna, *qu'ils connoîtroient des causes & differends entre Marchands même pour argent prêté & baillé à recouvrer l'un à l'autre par obligations, cédules & missives & Lettres de change pour cause de marchandise seulement.* La raison est, d'autant que la fin principale de la création de ces Offices, a été pour terminer sommairement les Procès qui surviennent entre Marchands. C'est pour cela qu'on les choisit du Corps & de la Compagnie des Marchands à cause du long usage & de l'experience qu'ils ont aux affaires concernant la marchandise. Il faut encore remarquer, que par l'Edit fait à Bordeaux, le 28 Avril 1565, vérifié en Juillet, *la connoissance est interdite à tous Juges ordinaires des differends concernant la Jurisdiction des Consuls, même entre personnes privilegiées, si elles font trafic de marchandise en gros ou en détail*, & que par les Arrêts rapportés dans l'instruction générale sur la Jurisdiction Consulaire, les Consuls doivent connoître non-seulement des differends de Marchand à Marchand, mais encore de Marchand à Artisan, & d'Artisan à Marchand, pour le fait des marchandises par eux achetées des Marchands pour employer aux ouvrages qu'ils revendront: ce qui est confirmé par l'article 4 de ce titre.

Entre toutes personnes.] L'usage des Lettres de change n'a été introduit au commencement que parmi les Marchands pour la commodité du Commerce, afin de remettre leur argent d'une place en une autre. Ensuite il s'est introduit parmi les Receveurs des Tailles, & les Receveurs Généraux des Finances, pour retirer des Provinces les deniers de leur recette & n'avoir pas la peine de les faire voiturer; enfin cet usage s'est étendu à d'autres personnes de différente condition & profession, qui font valoir leur argent par le moyen du Commerce de ces Lettres de change; ces sortes de personnes sont sujettes à la Jurisdiction Consulaire, pour ce qui regarde seulement les Lettres & Billets de change; même aux contraintes portées par l'article quatre du titre trente-quatre de la décharge des contraintes par corps de l'Ordonnance de 1667, & l'article deux du titre sept des Contraintes par corps, contre les Tireurs, Endosseurs & Accepteurs.

Pour Lettres de Change ou remises.] Les Juge & Consuls peuvent aussi connoître des Lettres de Change ou remises d'argent faites de place en place par toutes personnes, quoiqu'ils ne soient ni Négocians ni Marchands, & que les Lettres de change ne procedent pas du fait de marchandise. C'est la forme & la qualité de ces Lettres, qui établit leur pouvoir & Jurisdiction, à cause du bien public & de l'interêt du Commerce, qui veulent qu'on ait recours à leur Jurisdiction plutôt qu'à une autre, parce qu'on y juge sommairement & sans frais, *ex bono & aequo*, & sans s'astraindre aux subtilités du Droit, les procès & différends qui surviennent pour le fait des Lettres de change, & qui se rendroient immortels dans les autres Jurisdictions par les formalités & les procedures dont on use, & par les fuites & les délais qu'on a accoutumé d'y pratiquer. C'est pour cela que par les Ordonnances de François I. 1535, Charles IX. 1563, article 3, & 1565 & 1566, *ils connoissent généralement de tous procès mûs pour marchandises, change, assurances, comptes & autres choses, de Banquier à Ban-*

quier, ce qui a lieu si le differend procede des Lettres de change, bien que ce soit entre Ecclesiastiques & Gentilshommes, d'autant que par la nature de la dette ils ont dérogé à leur qualité, & que les Lettres de change sont une espece de commerce & de trafic, comme il a été reconnu par le défunt Roi Henry le Grand, par son Edit de Réduction des Rentes de l'an 1601, par lequel il est porté, *qu'à raison des Lettres & Billets de change & marchandise de saline, ils condamneront par corps à quelques sommes qu'elles puissent monter, suivant l'Edit de leur création & les Arrêts* : & par un Arrêt de Reglement donné *consultis Classibus* le 29 Janvier 1658, il a été arrêté que les Sentences des Juge & Consuls seront exécutées, nonobstant l'appel, à quelques sommes qu'elles se puissent monter, & que contre icelles ne seront données aucunes défenses particulieres.

☞ Entre plusieurs articles de ce Titre, qui reglent & déterminent les matieres lesquelles doivent être de la compétence des Juge-Consuls, celui-ci étant le premier qui en fasse mention, il a paru plus naturel d'y rapporter quelques Reglemens intervenus entre les Juges ordinaires & les Juge & Consuls.

Un des plus solemnels est celui du 7 Août 1698, donné par le Parlement, sur le réquisitoire de Messieurs les Gens du Roi, & qui porte :

CE jour, les Gens du Roi sont entrés, & Maître Henry-François d'Aguesseau, Avocat dudit Seigneur Roi, portant la parole, ont dit : Que les obligations de leur ministere ne leur permettoient pas de demeurer plus long-tems dans le silence, sur les contestations trop publiques, que l'interêt de la Jurisdiction a fait naître depuis quelque tems entre les Officiers du Châtelet, & les Juge & Consuls.

Que quelque soin que l'Ordonnance de 1673 ait pris, de marquer des bornes justes & certaines entre la Jurisdiction des Juges ordinaires, & celle des Juge & Consuls ; il faut avouer néanmoins que l'affectation des Plaideurs a excité depuis long-tems une infinité de conflits, dans lesquels on s'est efforcé de confondre ce que l'Ordonnance & les Arrêts de Reglement de la Cour avoient si sagement, & si exactement distingué.

Que jusqu'à présent ces conflits se passoient entre les Parties, les Juges ne paroissoient point y prendre aucune part, & quelques inconvéniens particuliers ne sembloient pas demander un remede général. Mais qu'aujourd'hui les choses ne sont plus en cet état, on a vû afficher dans Paris d'un côté une Ordonnance des Juge & Consuls, de l'autre une Ordonnance du Prevôt de Paris, pour soutenir les interêts opposés de leur Jurisdiction ; les Parties menacées de condamnations d'amende, incertaines sur le choix du Tribunal où elles doivent porter leurs contestations, attendent avec impatience que la Cour supérieure en lumieres comme en autorité, leur donne des Juges certains, & rende l'accès des Tribunaux inférieurs aussi facile & aussi sûr, qu'il paroît à présent & difficile & douteux.

Que s'il s'agissoit de prononcer définitivement sur l'appel de ces prétendus Reglemens, il ne seroit peut-être que trop aisé de faire voir que l'un & l'autre renferment des nullités essentielles, & des défauts presque également importans.

Que d'un côté quelque favorable que soit la Jurisdiction Consulaire, elle ne peut pourtant s'attribuer l'autorité de faire des Reglemens, on n'y trouve ni un Office & un Ministere public qui puisse les requerir, ni des Juges revêtus d'un caractere assez élevé pour pouvoir les ordonner, ni un territoire dans lequel ils puissent les faire exécuter.

Que d'ailleurs, l'Ordonnance que les Juge & Consuls ont fait publier, n'est qu'une simple & inutile répetition de l'Ordonnance de 1673, qui n'en contient que les termes sans en avoir l'autorité.

Que d'un autre côté le Reglement contraire qui a été affiché en vertu d'une Ordonnance du Prevôt de Paris, paroît d'abord plus favorable, non-seulement par les prérogatives éminentes qui distinguent sa Jurisdiction de celle des Juge & Consuls, mais encore parce que les Officiers du Châtelet trouvent leur excuse dans la conduite des Juges qu'ils regardent comme leurs Parties; ils n'ont point à se reprocher comme eux d'avoir fait éclater les premiers une division & un combat de sentiment souvent contraire à l'honneur des Juges, & toujours au bien public, ils n'ont fait que défendre leur compétence, & soutenir leur Jurisdiction attaquée par l'Ordonnance des Juge & Consuls.

Mais si la forme extérieure de cette derniere Ordonnance paroît plus réguliere que celle de la premiere, on est forcé néanmoins de reconnoître dans la substance même, & dans la disposition de ce Reglement, des défauts importans qui ne permettent pas que l'on en tolere l'exécution.

Qu'on y trouve d'abord cet exposé injurieux aux Juge & Consuls, (que les Marchands banqueroutiers pour être favorisés, & éviter la peine de mort prononcée par les Ordonnances pour le crime de Banqueroute, s'adressent à leurs Confreres qui homologuent très facilement les contrats faits avec des créanciers supposés,) comme s'il étoit permis à des Juges dans une Ordonnance publique d'accuser d'autres Juges de connivence, & presque de collusion avec les criminels, pour étouffer la connoissance d'un crime, & le dérober à la vengeance publique.

Qu'on suppose ensuite dans cette Ordonnance, que les Juge & Consuls n'ont point de Sceau, & qu'ils doivent emprunter celui du Châtelet, quoiqu'ils soient dans une possession immémoriale d'avoir un Sceau particulier; & que même dans ces derniers tems le Roi ait érigé en titre d'Office un Garde-Scel de la Jurisdiction Consulaire.

Qu'on y insinue que le Sceau du Châtelet peut lui attribuer Jurisdiction, même en matiere Consulaire : que l'homologation des contrats passés entre un débiteur & ses créanciers, appartient indistinctement & dans tous les cas, au Prevôt de Paris : qu'il a droit de connoître de toutes les Lettres de change entre toutes sortes de personnes, si ce n'est entre Négocians. Et l'on y avance plusieurs autres propositions, dont les unes paroissent directement contraires à la disposition des Ordonnances, & les autres ne peuvent être admises qu'avec distinction.

Mais ce qui leur paroît encore plus important, c'est que l'on s'éloigne dans ce Reglement, de l'esprit & de la sage disposition de l'Ordonnance de 1673. Cette Loi a supposé que les Sergens & les autres Ministres inférieurs de la Justice, étant tous dans la dépendance des Juges ordinaires, il étoit inutile de leur faire des défenses rigoureuses de porter pardevant les Consuls, les causes dont la connoissance appartient à la Justice ordinaire : On a cru au contraire, que toujours attentifs à soutenir la Jurisdiction de leurs Superieurs, ils seroient plus capables de priver les Consuls de ce qui leur appartient, que de leur déferer ce qui ne leur appartient pas. C'est pour cela que si l'Ordonnance prononce des condamnations d'amende, & contre les Parties & contre les Officiers qui leur auront prêté leur ministere, c'est uniquement contre ceux qui auront voulu dépouiller les Consuls d'une partie de leur Jurisdiction. Cependant contre l'intention & les termes de l'Ordonnance, le nouveau Reglement du Châtelet impose des peines séveres à ceux qui portent dans le Tribunal des Juge & Consuls, des Causes qui sont de la Jurisdiction ordinaire. La crainte de ces peines réduit souvent les Parties dans l'impossibilité de trouver des Sergens qui veuillent se charger de leurs assignations, & le moindre inconvénient auquel cette nouveauté puisse donner lieu, est le retardement de l'expédition, qui dans ces sortes de matieres, encore plus que dans les autres, fait une partie si considerable de la Justice.

Qu'au milieu de tant de moyens par lesquels on pourroit combattre ces deux Ordonnances contraires, ils voyent avec plaisir que les Officiers de l'une & de l'autre Jurisdiction n'en ont point interjetté d'appellations respectives ; ils ont conservé le caractere de Juges, & n'ont point voulu prendre celui de Parties ; & sans quitter les fonctions importantes qu'ils remplissent avec l'approbation du Public, pour venir dans ce Tribunal défendre les droits de leurs Siéges, ils se sont contentés de remettre leurs Mémoires entre leurs mains, pour attendre ensuite avec tout le Public, le Reglement qu'il plaira à la Cour de prononcer.

Qu'ils oseront prendre la liberté de lui dire, que le meilleur de tous les Reglemens sera le plus simple, c'est-à-dire, celui qui en défendant également l'exécution des deux nouvelles Ordonnances que leur contrarieté rend également inutiles & illusoires, remettra les choses dans le même état où elles étoient avant ces prétendus Reglemens, & ordonnera purement & simplement l'observation de la Loi commune de l'une & de l'autre Jurisdiction, c'est-à-dire, l'Ordonnance de 1673.

Mais que pour le faire d'une maniere plus précise, qui prévienne & qui termine dans le principe toutes les contestations générales ou particulieres qui pourroient naître à l'avenir ; ils croyent devoir observer ici que les plaintes des Juge & Consuls contre les entreprises des Officiers du Châtelet se réduisent à deux chefs principaux.

Le premier regarde les révocations des assignations données pardevant les Juge & Consuls.

Le second concerne l'élargissement des prisonniers arrêtés en vertu de Jugemens rendus en la Jurisdiction Consulaire.

L'Ordonnance de 1673 sembloit avoir suffisamment pourvû à l'un & à l'autre de ces chefs, en défendant à tous Juges ordinaires de révoquer les assignations données pardevant les Consuls, & de suspendre ou d'empêcher l'exécution de leurs Ordonnances.

Qu'on a éludé la premiere partie de cette disposition par la facilité que l'on a trouvée au Châtelet de révoquer les assignations données pardevant les Juge & Consuls, non pas à la verité sous le nom des Parties (ce seroit une contravention grossiere à l'Ordonnance), mais sous le nom de la Partie publique & à la réquisition des Gens du Roi : & comme ces sortes de réquisitions ne se refusent jamais, la sage disposition de l'Ordonnance est devenue inutile, les conflits se sont multipliés par l'assurance de l'impunité.

Qu'à l'égard de l'autre partie de l'Ordonnance, il paroît qu'elle n'a pas toujours été régulierement observée au Châtelet, & que l'on y a quelquefois surpris des Sentences portant permission d'élargir les prisonniers arrêtés pour des condamnations prononcées par les Consuls,

Que pour opposer un remede aussi prompt qu'efficace, à ces deux inconvéniens, ils ne proposeront à la Cour que ce qu'ils trouvent écrit dans quelques-uns de ses Arrêts de Reglement, & entr'autres dans des Arrêts rendus en 1611, 1615, 1648, 1650, pour les Consuls de Paris, & dans un Arrêt de 1665 donné en faveur des Consuls d'Orleans.

Qu'il a été défendu par ces Arrêts, tant aux Parties qu'aux Substituts de Monsieur le Procureur Général, de faire révoquer, casser & annuller les assignations données pardevant les Juge & Consuls, & de requerir aucune condamnation d'amende contre ceux qui se seroient pourvûs en ce Tribunal. Que les mêmes Reglemens défendent à tous Juges de surseoir, arrêter ou empêcher l'exécution des Sentences rendues par les Juge & Consuls, sauf aux Parties à avoir recours à l'autorité de la Cour pour leur être pourvû.

Qu'ainsi la raison & l'autorité, le bien public & particulier, l'interêt des Juges & celui des Parties, tout concourt à les déterminer à demander à la Cour qu'il lui plaise de suivre ici ses propres exemples (ils ne peuvent lui en proposer de plus grands,) de prévenir par des défenses respectives les inconvéniens dans lesquels deux Reglemens contraires peuvent jetter les Parties; d'ordonner ensuite l'exécution pure & simple de l'Ordonnance; de condamner les voyes indirectes par lesquelles l'artifice des Parties a trouvé depuis quelque tems les moyens de l'éluder, & de faire ensorte que l'attention des Juges qui sont soumis à l'autorité de la Cour, n'étant plus partagée par des conflits de Jurisdiction si peu dignes de les occuper, se réunisse désormais, & se consacre tout entier au service du Public dans la portion de Jurisdiction que la bonté du Roi veut bien leur confier.

C'est par toutes ces raisons, qu'ils requierent qu'il plaise à la Cour recevoir Monsieur le Procureur Général Appelant desdites Sentences en forme de Reglement, rendues l'une par les Juge & Consuls le 17 Mars 1698, l'autre par le Prevôt de Paris ou son Lieutenant le 23 Avril suivant; faire défenses de les exécuter, jusqu'à ce que par la Cour en ait été autrement ordonné. Cependant que les Edits & Déclarations & Arrêts de Reglement, concernant la Jurisdiction Consulaire, notamment l'article XV. du Titre XII. de l'Ordonnance de 1673, seront exécutés selon leur forme & teneur; ce faisant, faire défenses au Prevôt de Paris & à tous autres Juges de révoquer, même sur la réquisition du Substitut de Monsieur le Procureur Général, les assignations données pardevant les Juge & Consuls, de casser & annuller les Sentences par eux rendues, de prononcer aucunes condamnations d'amende pour distraction de Jurisdiction, contre les Parties qui auront fait donner, ou contre les Sergens qui auront donné des assignations pardevant les Juge & Consuls, sauf aux Parties à se pourvoir en la Cour pour leur être fait droit, & au Substitut de Monsieur le Procureur Général à intervenir si bon lui semble, même à interjetter appel en cas de collusion ou de négligence des Parties, pour l'interêt de la Jurisdiction du Prevôt de Paris: Faire pareilles inhibitions & défenses au Prevôt de Paris, & à tous autres Juges de surseoir, arrêter ou empêcher en quelque maniere que ce puisse être l'exécution des Sentences émanées de la Jurisdiction Consulaire, & de faire élargir les prisonniers arrêtés ou recommandés en vertu des Sentences des Consuls. Comme aussi faire défenses aux Juge & Consuls d'entreprendre de connoître des matieres qui sont de la compétence des Juges ordinaires: Enjoint à eux de déferer au renvoi requis par les Parties dans les cas qui ne sont point de leur compétence, suivant l'Ordonnance; & que l'Arrêt qui interviendra sur leurs Conclusions, sera lû & publié, tant à l'Audience du Châtelet, qu'à celle des Juge & Consuls, & affichée partout où besoin sera.

Les Gens du Roi retirés, vû lesdites Sentences en forme de Reglement, desdits jours 17 Mars & 23 Avril derniers, la matiere mise en déliberation:

LA COUR a reçu le Procureur Général du Roi Appelant desdites Sentences en forme de Reglement, lui permet de faire intimer qui bon lui semblera pour proceder sur ledit appel sur lequel il sera fait droit, ainsi que de raison. Cependant fait défenses respectives de les exécuter. Ordonne que les Edits & Déclarations du Roi, & les Arrêts & Reglemens de la Cour concernant la Jurisdiction Consulaire, & nommément l'article XV. du Titre XII. de l'Ordonnance de 1673, seront exécutés selon leur forme & teneur, & en conséquence fait défenses au Prevôt de Paris & à tous autres Juges de révoquer, même sur la réquisition des Substituts du Procureur Général, les assignations donnees pardevant les Juge-Consuls, de casser & annuller leurs Sentences, d'en surseoir, arrêter ou empêcher en quelque maniere que ce soit l'exécution, de faire élargir les prisonniers arrêtés ou recommandés en vertu de leurs Jugemens, & de prononcer aucunes condamnations d'amende pour distraction de Jurisdiction, tant contre les Parties que contre les Huissiers, Sergens, & tous autres qui auront donné ou fait donner des assignations pardevant lesdits Juge & Consuls, sans préjudice aux Parties de se pourvoir en la Cour par appel, pour leur être fait droit sur le renvoi par elles requis, & au Substitut du Procureur Général du Roi d'y intervenir, ou même d'interjetter appel de son chef pour la conservation de la Jurisdiction, ainsi qu'il verra bon être.

Comme aussi fait inhibitions & défenses aux Juge & Consuls de connoître des matieres qui ne sont de leur compétence. Leur enjoint en ces cas de déférer aux renvois dont ils seront requis par les Parties. Ordonne que le présent Arrêt sera lû & publié à l'Audience du Parc Civil du Châtelet, & à celle des Juge & Consuls de cette Ville de Paris, & affiché partout où besoin sera. Fait en Parlement le septiéme Août mil six cent quatre-vingt-dix-huit. *Signé*, DONGOIS.

Un Arrêt du 7 Juillet 1699, prononce défenses aux Officiers du Bailliage de Creil & à tous autres de connoître à l'avenir des matieres Consulaires, sous les peines portées par les Reglemens.

ENTRE Antoine Duchesnay Marchand à Compiegne, Appelant comme de Juge incompétent de deux Sentences rendues par les Officiers du Bailliage de Creil, le septiéme Mars 1699, & Demandeur en Requête inserée dans l'Arrêt de la Cour du treiziéme dudit mois de Mars; & Exploit d'assignation donné en conséquence le vingtiéme, tendant à ce qu'il plût à la Cour lui permettre de prendre les Officiers de Creil à partie; ce faisant, qu'ils seront déclarés bien pris à partie pour avoir rendu lesdites deux Sentences, condamnés en tous les dommages & intérêts de l'Appelant, en tous les dépens, d'une part; & les Officiers du Bailliage Royal & Châtellenie de Creil, Intimés, & pris à partie, & Défendeurs: Et entre Robert Bullot, Antoine de France, & Jacques Lieurard Juge-Consuls de la Ville de Compiegne, & Charles Blondeau Greffier en chef de la Jurisdiction Consulaire de Compiegne, Demandeurs en Requête du trente Avril dernier, à ce qu'ils fussent reçus Parties intervenantes en l'Instance d'entre les Défendeurs ; & acte de ce que pour moyens d'intervention ils employent le contenu en leur Requête & les pieces y énoncées ; faisant droit sur l'intervention, adjugeant à Duchesnay les conclusions qu'il a prises contre les Officiers de Creil, ordonner que l'article 15 du titre douze de l'Ordonnance de 1673, les Arrêts & Reglemens de la Cour, notamment l'Arrêt du septiéme Août 1698, seront exécutés selon leur forme & teneur : ce faisant, que défenses seront faites aux Officiers de Creil & à tous autres, de connoître à l'avenir d'aucunes matieres Consulaires entre Marchands & pour fait de marchandises, à peine de nullité, cassation de procédure, & mille livres d'amende, qui demeurera encourue contr'eux, & sous les autres peines portées par les Reglemens ; & pour y avoir contrevenu les condamner aux dommages & interêts des Demandeurs, & en tous les dépens ; & que l'Arrêt qui interviendra sera lû & publié en la maniere accoutumée, d'une part ; & ledit Duchesnay & les Officiers de la Justice & Châtellenie Royale de Creil, Défendeurs, d'autre. Après que Macé Avocat de Duchesnay ; de la Vigne Avocat des Consuls & Greffier en Chef desdits Consuls, & Gueau Avocat des Officiers de Creil, ont dit qu'en communiquant au Parquet des Gens du Roi, ils sont demeurés d'accord de l'appointement signé d'eux, & paraphé de Portail pour le Procureur Général du Roi : La Cour ordonne que l'appointement sera reçu ; & suivant icelui, reçoit les Parties de la Vigne, Parties intervenantes en l'Instance ; faisant droit au principal, a mis & met les appellations & ce dont a été appellé, au néant ; émendant, déclare la procedure faite en la Justice de Creil, nulle ; ordonne que les Parties procederont sur les demandes de la Partie de Macé pardevant les Juge & Consuls de Compiegne ; que l'Ordonnance de 1673 & Arrêts, notamment celui en forme de Reglement du 7 Août 1698, seront exécutés selon leur forme & teneur : fait défenses aux Officiers de Creil & à tous autres d'y contrevenir, ni de connoître à l'avenir des matieres Consulaires, sous les peines portées par les Ordonnances & Arrêts ; condamne les Parties de Gueau, pour tous dommages & interêts, aux dépens envers les Parties de Macé & de la Vigne ; & néanmoins sur la prise à partie desdits Officiers de Creil, a mis les Parties hors de Cour & de Procès. Fait en Parlement le dix-septiéme Juillet 1699. *Signé*, Le Mercier. Collationné & scellé le vingt-deuxiéme dudit mois.

Par Arrêt du 27 Mars 1702, il a été fait défenses aux Juge & Consuls de connoître de l'homologation des contrats d'attermoyement.

Entre Pierre Langlois, se disant avoir droit de Charles de la Cour de Beauval, Interessé dans les Fermes du Roi, Appelant des Sentences rendues aux Consuls de Paris, les vingt-sept Janvier dernier & vingt Mars présent mois, d'une part ; & Gabriel Châtelain, Bourgeois de Paris, Intimé, d'autre. Après que Lombreuil, Avocat de l'Appelant, & Moreau Avocat de l'Intimé, ont été oüis. La Cour a mis & met l'appellation, & ce dont a été appellé au néant : émendant, ordonne que sur la demande en homologation du contrat fait par la Partie de Moreau avec ses prétendus créanciers, les Parties procederont au Châtelet : Fait défenses aux Juge-Consuls de connoître de l'homologation des contrats d'attermoyement. Fait en Parlement le vingt-septiéme Mars mil sept cent deux. Collationné. *Signé*, Dongois.

Dans les occasions qui se sont présentées, & sur lesquelles il y a eu des différends portés au Parlement entre les Juge & Consuls établis dans l'étendue d'un Bailliage ou Sénéchaussée, & les Officiers des Bailliages & Sénéchaussées

ou

ou Prévôtés voisines dans lesquels il n'y avoit point de Jurisdictions Consulaires établies, on a fait défenses aux Juge & Consuls de connoître des Causes d'entre Marchands, qui n'étoient point demeurans dans l'étendue du Bailliage, où ils étoient établis : l'Arrêt est du quatorziéme Février 1703.

LOUIS, par la grace de Dieu, Roy de France & de Navarre : Au premier notre Huissier ou Sergent sur ce requis, Salut. Sçavoir faisons : Qu'entre Maître Antoine de S. Fussin, Prévôt Royal de Mondidier, Demandeur aux fins de la Commission par lui obtenue en Chancellerie le 15 Décembre 1700, d'une part ; & Antoine de France, Jacques Lieverart & autres, Juge & Consuls de Compiegne, Défendeurs, d'autre : & entre lesdits Juge & Consuls, Demandeurs aux fins de deux Requêtes des 14 & 17 Janvier 1702, d'une part : Et ledit de Saint Fussin, Défendeur, d'autre : & contre ledit de Saint Fussin. Demandeur en Requête du 8 Janvier 1703, d'une part, & lesdits Juge & Consuls de Compiegne, Défendeurs d'autre. Vû par la Cour ladite Commission obtenue en la Chancellerie le 15 Décembre 1700, par ledit Maître Antoine de Saint Fussin aux fins de faire assigner en la Cour les Juge & Consuls de Compiegne, d'Amiens, & de tous autres qu'il appartiendroit, pour voir déclarer commun avec eux l'Arrêt qui interviendroit sur l'appel interjetté par François Thierry, Marchand de Chevaux à Royée, & Pierre Massé, de la Sentence de la Prévôté de Mondidier du 27 Avril 1700. Ce faisant, voir dire & ordonner que les Arrêts & Réglemens seront exécutés selon leur forme & teneur : Que défenses fussent faites ausdits Juge & Consuls d'y contrevenir, & de connoître des Causes d'entre Marchands qui ne sont pas demeurans dans l'étendue des Bailliages où ils sont établis ; & pour la contravention, ils fussent condamnés aux dommages & intérêts dudit de Saint Fussin, & aux dépens : l'Exploit d'Assignation donné en la Cour le 30 Décembre 1700, à la requête dudit de Saint Fussin ausdits Juge & Consuls de ladite Ville de Compiegne pour reprendre & proceder aux fins de ladite Commission. Défenses desdits Juge & Consuls du 13 Juin 1701, à la demande dudit de Saint Fussin, portée par lesdits Commission & Exploit. Arrêt du 22 Juin audit an 1701, entre ledit Thierry & Massé, Appellans, tant comme de Juge incompétent qu'autrement, des Sentences de la Prévôté de Mondidier des 27 Avril, 22 May 1700 & ledit de Saint Fussin, Intimé & Demandeur aux fins de ladite Commission du 15 Décembre 1700, & lesdits Consuls de Compiégne, Défendeurs, par lequel l'appellation auroit été mise au néant ; ordonné que ce dont avoit été appellé sortiroit effet, & lesdits Thierry & Massé condamnés en l'amende & aux dépens ; & sur la demande dudit de Saint Fussin concernant le Réglement entre lesdits Officiers de Mondidier & lesdits Consuls de Compiégne, auroit été ordonné que les Parties en viendroient au premier jour avec les Gens du Roy, ausquels la taxe de dépens faite par lesdits Consuls, montant à 140 liv. seroit communiquée. Ladite Requête & demande desdits Juge & Consuls de la Ville de Compiegne du 14 Janvier 1702, à ce qu'il leur fût donné acte de ce que pour amples exceptions & défenses contre la demande dudit de Saint Fussin portée par la Commission du 15 Décembre 1700, ils employoient le contenu en icelle ; ce faisant, qu'en déboutant ledit de Saint Fussin de ses demandes, les conclusions prises par leur Requête du 22 Juillet 1701, afin que venant plaider sur la demande formée par ledit Prévôt de Mondidier, du 15 Décembre 1700, & le déboutant d'icelle avec dépens, il fût ordonné que les Edits & Arrêts de Réglemens rendus sur le fait de la Jurisdiction Consulaire, seroient exécutés ; ce faisant, ils fussent maintenus en la possession en laquelle ils sont de connoître de toutes les matieres Consulaires entre Marchands & pour fait de marchandises dans l'étendue du Bailliage de Mondidier : Que défenses fussent faites audit Prévôt de Mondidier, & tous autres d'en prendre connoissance ; & aux Parties de se pourvoir ailleurs, que devant eux, à peine de mille livres d'amende, & de tous dépens, dommages & intérêts, & aux dépens : Que défenses fussent faites pareillement audit de Saint Fussin de révoquer à l'avenir les assignations données pardevant lesdits Juge & Consuls, en décharger les assignés, condamner les Parties & les Sergens en l'amende, sur peine d'interdiction, & pour l'avoir fait, ledit sieur de Saint Fussin fût condamné en l'amende, & en tous dépens, dommages & intérêts. Ladite Requête & demande desdits Juge & Consuls de ladite Ville de Compiégne, du 17 Janvier 1702, à ce qu'en venant plaider sur la demande formée par ledit de Saint Fussin par sadite Commission du 15 Décembre 1700, & le déboutant d'icelle avec dépens, il fût ordonné que les Edits & Arrêts de Réglement rendus sur le fait de la Jurisdiction Consulaire seroient éxécutés ; ce faisant, ils fussent maintenus dans la possession en laquelle ils sont de connoître de toutes les matieres Consulaires entre Marchands, & pour fait de marchandises, dans l'étendue du Bailliage de Mondidier, comme plus prochains de Mondidier ; défenses fussent faites audit Prévôt de Mondidier, & tous autres de prendre connoissance, & aux Parties de se pourvoir ailleurs que devant eux, à peine de mille livres d'amende, & de tous dépens, dommages & intérêts. Arrêt d'appointé des Parties du 6 Février 1702. Avertissement des Parties des 5 Décembre 1702, & 3 Janvier 1703 ; Production nouvelle desdits Juge & Consuls de la Ville de Compiégne faite par Requête du 29 Décembre 1702. Requête dudit Saint Fussin du 8 Février présent mois, employée pour contredits, contenant production nouvelle, servant de salvations à l'emploi de contredits. Salvation dudit de Saint Fussin du 14 du présent mois de Février aux contredits desdits Juge & Consuls des 3 Janvier 1703, & 10 du présent mois de Février. Ladite Requête & demande dudit de Saint Fussin du 8 Janvier 1703, en ce qu'en procédant au Jugement de l'Instance, lui adjugeant les fins & conclusions qu'il y avoit prises avec dommages, intérêts & dépens, il fût ordonné que lesdits Juge & Consuls de Compiégne seroient tenus de se conformer à l'Ordonnance de 1673, article 14, titre 12, & suivant icelle, ils fussent condamnés de faire les renvois des causes qui ne seroient pas de leur compétence, sans qu'ils en soient requis, d'y déférer, & au déclinatoire, à l'appel d'incompétence & à la prise à partie, à peine de telle amende qu'il plairoit à la Cour pour chacune contravention, & des dépens, dommages & intérêts des Parties, faute par lesdits Consuls d'avoir satisfait à l'Arrêt contradictoire de la Cour du 22 Juin 1701, & suivant icelui d'avoir communiqué leur taxe de dépens de 140 liv. les condamner à rendre & restituer ce qu'ils avoient de trop taxé au profit du nommé Pochenet justiciable dudit de S. Fussin, avec dommages & intérêts, & que lesdits Consuls fussent condamnés en tous dépens, sauf à Monsieur le Procureur Général à prendre telles autres conclusions qu'il aviseroit pour la contravention, restitution du quadruple & l'intérêt du Public. Ladite Requête employée pour écritures & productions sur ladite demande, au bas de laquelle Requête signifiée est l'Ordonnance de la Cour, portant appointé en droit & joint, & acte de l'emploi. Requête desdits Juge & Consuls de ladite Ville de Compiégne du 12 Janvier 1703, employée pour défenses à ladite demande, écritures, producctions, suivant l'Ordonnance étant au bas d'icelle, même pour contredits contre l'emploi de production dudit de Saint Fussin. Sommation de satisfaire à tous les Réglemens. Conclusions du Procureur Général du Roy : tout joint & considéré: LA COUR faisant droit sur le tout, sans avoir égard aux demandes desdits Juge & Consuls de la Ville de Compiégne, portées par leurs Requêtes des 14 & 17 Janvier 1702, dont elle les déboute: Ordonne que les Arrêts & Réglemens seront exécutés selon leur forme & teneur : fait défenses ausdits Juge & Consuls d'y contrevenir & de connoître des causes d'entre Marchands qui ne sont pas demeurans dans l'étendue du Bailliage de Compiégne, où ils sont établis; leur enjoint de se conformer à l'Ordonnance de 1673, pour le renvoi des causes qui ne sont pas de leur compétence; & sur le surplus des demandes, fins & conclusions des Parties, hors de Cour: condamne lesdits Juge & Consuls en tous les dépens. SI mandons au premier notre Huissier ou Sergent sur ce requis, mettre le présent Arrêt en exécution, de ce faire lui donnons pouvoir. FAIT en Parlement, le quatorziéme Février mil sept cent trois, & de notre Regne, le soixante-un. Collationné. *Signé*, DU TILLET. Et scellé.

On trouvera sur l'article premier du Titre 5 de cette même Ordonnance, la Déclaration du 15 Mai 1703, par laquelle le Roy a expliqué n'avoir entendu comprendre les Jurisdictions Consulaires dans l'exécution de l'Edit du mois de Décembre 1684, au sujet de la reconnoissance [illegible] Promesses, Billets & autres Actes sous signature privée.

Nous avons encore rapporté sur ce même article du Titre 5 de la présente Ordonnance, l'Edit du mois d'Octobre 1705, qui dispense du Controlle les Lettres de Change & Billets à ordre des Marchands, Négocians & Gens d'Affaires: mais par un Arrêt du Conseil d'Etat du 30 Mars 1706, le Roy a déclaré encore plus positivement n'avoir entendu que l'Edit du mois d'Octobre 1705, eût aucune exécution dans les Jurisdictions Consulaires; ce qu'un autre Arrêt du 12 Octobre 1706, restraint aux matieres & causes qui seront de la compétence des Juge & Consuls.

Voici ces deux Arrêts du Conseil d'Etat.

LE ROY s'étant fait représenter en son Conseil l'Edit du mois d'Octobre 1705, par lequel Sa Majesté avoit ordonné qu'à commencer du premier Janvier 1706, tous les Actes qui seront passés sous signatures privées, seroient controllés avant que d'en faire aucune demande en Justice, à peine de nullité, à l'exception des Lettres de Change & Billets à ordre au Porteur, des Marchands, Négocians & Gens d'Affaires: Et Sa Majesté étant informée qu'il y a d'autres écritures privées entre Marchands & Artisans qui ne peuvent être sujettes au Controlle, sans donner lieu à des frais de procédures & à des longueurs qui peuvent intéresser le Commerce, tels que sont les Livres des Marchands, qui sont leurs titres pour se pourvoir en Justice contre d'autres Marchands, les arrêtés de comptes de Marchand à Marchand, faits sur les Livres ou séparés des Livres; les Marchés faits entre Marchands ou Artisans pour ouvrages ou marchandises, les Billets entre Marchands pour marchandises, non payables à ordre ni au Porteur: toutes lesquelles écritures privées Sa Majesté a précisément exceptées de l'exécution de l'Edit du Controlle par la Déclaration du 15 Mai 1703, & cela pour éviter la multiplicité des frais & accélerer les Jugemens de condamnation, dont le retardement cause un grand préjudice au Commerce & aux Négocians. A quoi Sa Majesté desirant pourvoir & traiter favorablement les Jurisdictions Consulaires: Oui le rapport du sieur Chamillart, Conseiller ordinaire au Conseil Royal, Controlleur Général des Finances : SA MAJESTE' EN SON CONSEIL, a déclaré & déclare n'avoir entendu que ledit Edit du mois d'Octobre dernier, eût aucune exécution dans les Justices Consulaires. Veut Sa Majesté que les Juge-Consuls puissent prononcer comme avant ledit Edit toutes condamnations pour Billets de Change, à ordre ou au Porteur, & généralement pour toutes matieres de leur compétence, qui seront portées pardevant eux, sans que les actes en vertu desquels les demandes seront faites, soient controllés. Fait Sa Majesté défenses à Etienne Chapelet chargé de l'exécution dudit Edit du mois d'Octobre 1705, de faire pour raison de ce aucunes poursuites, à peine de nullité, cassation, dépens, dommages & intérêts. Fait au Conseil d'Etat du Roy, tenu à Versailles, le trentiéme jour de Mars 1706. Collationné. *Signé*, GOUJON, avec paraphe.

LE ROY s'étant fait représenter en son Conseil le nouveau-Tarif arrêté au Conseil le 24 Août dernier, en conséquence de l'Edit du même mois, qui regle les Droits de Controlle des Contrats & Actes des Notaires Royaux & Seigneuriaux, par le CXXXVII. Article duquel Tarif les Actes sous signatures privées qui y sont expliqués & assujettis au Controlle par l'Edit du mois d'Octobre 1705, sont renvoyés au premier Article dudit Tarif pour le payement qui sera fait à l'avenir des Droits de Controlle desdits Billets. Et comme l'intention de Sa Majesté n'a pas été de changer lesdits Droits de Controlle à l'égard des Billets & Actes sous signatures privées, ni de les assujettir à un plus fort droit de Controlle que celui arrêté par l'ancien Tarif; & ayant été aussi informée que pour éluder le payement du Controlle desdits Actes, les particuliers Porteurs desdits Billets & Actes sous seings privés, forment en contravention du Titre XII. de l'Ordonnance du mois de Mars 1673, leurs demandes devant les Juge-Consuls, sous prétexte de l'exception portée par l'Arrêt du Conseil du 30 Mars dernier, rendu en faveur des Marchands, Négocians & Gens d'Affaires, quoiqu'ils ne soient pas dans le même cas, & soient hors de la connoissance des Juge-Consuls; ce qui cause la ruine des Jurisdictions ordinaires, ausquelles Sa Majesté n'a pas entendu causer aucun préjudice. A quoi désirant pourvoir; Oui le rapport du sieur Fleuriau d'Armenonville, Conseiller ordinaire au Conseil Royal, Directeur des Finances: SA MAJESTE' EN SON CONSEIL, a déclaré & déclare n'avoir entendu rien changer, ni innover à ce qui s'est ci-devant pratiqué pour le payement du Droit de Controlle des Actes sous seings privés. Veut Sa Majesté que lesdits Droits en soient payés sur le pied du Tarif porté par la Déclaration du 14 Juillet 1699, & les deux sols pour livre, suivant la Déclaration du 18 Septembre dernier. Et pour empêcher les contraventions qui arrivent journellement au payement des Droits du Controlle desdits Actes sous signatures privées, par les assignations données devant les Juge-Consuls, quoique les causes ne soient point de leur compétence, Sa Majesté a déclaré nulles les Assignations qui seront données, & Jugemens qui seront rendus par lesdits Juges pour les causes qui seront portées devant eux, autres que celles dont la connoissance leur est attribuée par le Titre XII. de l'Ordonnance du mois de Mars 1673, & sous les peines portées par les Arrêts du Conseil donnés à ce sujet. Enjoint Sa Majesté au sieur Lieutenant Civil au Châtelet de Paris & aux sieurs Intendans & Commissaires départis dans les Provinces & Généralités du Royaume, de tenir la main à ce que le présent Arrêt soit exécuté selon sa forme & teneur. Fait au Conseil d'Etat du Roy tenu à Versailles, le douziéme Octobre mil sept cent six. *Signé*, DE LAISTRE.

LOUIS, par la grace de Dieu, Roy de France & de Navarre, Dauphin de Viennois, Comte de Valentinois, Diois, Provence, Forcalquier & Terres adjacentes : A nos amés & féaux Conseillers en nos Conseils, le sieur Lieutenant Civil au Châtelet de Paris, & les sieurs Intendans & Commissaires départis dans les Provinces & Généralités de notre Royaume, Salut. Nous vous mandons & enjoignons de tenir la main à l'exécution de l'Arrêt dont l'extrait est ci-attaché sous le contre-scel de notre Chancellerie, cejourd'hui donné en notre Conseil d'Etat pour les causes y contenues. Commandons au premier notre Huissier ou Sergent sur ce requis, de faire en conséquence dudit Arrêt toutes significations, commandemens & autres Actes & Exploits nécessaires, sans autre permission, nonobstant clameur de Haro, Charte Normande, & Lettres à ce contraires. Voulons qu'aux copies d'icelui & des Présentes collationnées par l'un de nos amés & féaux Conseillers-Sécrétaires, foi soit ajoutée comme aux Originaux : CAR tel est notre plaisir. DONNE' à Versailles, le douziéme jour d'Octobre, l'an de grace mil sept cent six, & de notre Regne, le soixante-quatriéme. Par le Roy Dauphin, Comte de Provence, en son Conseil. *Signé*, DE LAISTRE.]

ARTICLE III.

L*EUR défendons néanmoins de connoître des Billets de Change entre Particuliers*, autres que Négocians & Marchands, *ou dont ils ne devront point la valeur.* Voulons que les Parties *se pourvoient devant les Juges ordinaires*, ainsi que pour de simples promesses.

¶ *Leur défendons néanmoins de connoître.*] Par Arrêt rapporté au Journal des Audiences dans l'ordre de sa datte du 8 Août 1702, rendu en forme de Réglement, il a été fait défenses aux Juge & Consuls d'Amiens de connoître des Affaires criminelles, ni de commettre aucun desdits Juges pour faire la fonction de Substitut de Monsieur le Procureur Général : Enjoint auxdits Consuls dans lesdits cas & autres qui ne seront de leur compétence, de laisser les Parties à se pourvoir pardevant les Juges qui en doivent connoître.]

Des Billets de Change entre Particuliers.] Il y a souvent des contestations entre les Juges ordinaires & les Juge-Consuls, si bien que pour éviter les conflits de Jurisdiction, & que les uns n'entreprennent sur la Jurisdiction des autres, il fut proposé lors de la lecture du premier article du Titre des Juge-Consuls, par Monsieur le premier Président dans les Conférences tenues par ordre du Roy, une chose qui seroit très juste, très-nécessaire & très-utile, qui est, que comme les Edits & Déclarations limitent leur pouvoir, & que les Parlemens à cause que c'est une Jurisdiction sommaire & gratuite, l'ont même étendu au delà des bornes de la Jurisdiction naturelle, par les renvois qu'ils leur ont fait de diverses causes, quoique leur établissement ne les rendît compétens que des causes de Marchand à Marchand, & pour fait de marchandise : Il faudroit qu'ils ne se contentassent pas de dire dans leurs Jugemens, Parties ouies, comme ils font en tous les cas, mais qu'ils fissent mention des déclinatoires proposés par les Parties, pour voir si elles avoient procédé volontairement, & s'ils avoient connu des causes qui ne soient pas de leur compétence. Il fut dit encore lors de la lecture de cet article, que le Parlement de Paris avoit accoutumé de leur renvoyer par faveur la connoissance de toutes les Lettres de Change, de quelque qualité que soient les tireurs, parce qu'il semble que c'est faire un acte de Marchand, que de tirer une Lettre de change, & que l'on étend même le pouvoir de leur Jurisdiction aux Billets qui sont conçus pour valeur reçue, quoiqu'ils ne soient pas absolument des Lettres de Change.

Ou dont ils ne devront point la valeur.] Cet article établit la différence qu'il y a entre les Billets de Change faits entre Négocians & Marchands, & les Billets de Change entre Particuliers autres que Négocians & Marchands, à l'égard de la Jurisdiction des Consuls, en ce qu'ils peuvent connoître des premiers & non pas des autres, [ou dont il ne sera pas dû la valeur.] La raison est, parce que ces Billets de Change dont on ne doit pas la valeur, ne sont pas réputés Billets de Change, mais de simples Promesses; & comme il n'y a que la nature & la qualité des Lettres de Change, qui attribue le droit & le pouvoir aux Juge & Consuls [d'en connoître entre Particuliers autres que Négocians & Marchands] il faut aussi que ces Billets de Change à l'égard des Particuliers soient accompagnés de toutes les circonstances qui leur font prendre la nature des Lettres de Change, dont la plus essentielle est qu'ils fassent mention du nom de ceux ausquels le contenu ès Lettres de Change doit être payé, & de celui qui en a donné la valeur. Il y a encore différence entre ces Billets pour raison de la contrainte par corps; car à l'égard des Billets de Change entre Particuliers autres que Négocians & Marchands, & de ceux payables au Porteur ou à ordre, pour valeur reçue en deniers comptans & autres effets, faits entre personnes qui ne sont point de profession mercantille, la contrainte par corps n'a pas lieu, parce qu'ils ne sont considérés que comme de simples Promesses pour lesquelles l'usage des contraintes par corps est abrogé, suivant l'article premier du Titre XIV. de l'Ordonnance de 1669.

Toubeau, dans le Livre premier de ses Institutes du Droit Consulaire, titre 17, chapitre 2, est d'un sentiment contraire, & il dit, que ces mots *dont ils ne devront point la valeur*, n'établissent pas la différence qu'il y a entre les Billets de Change faits entre Négocians & Marchands, & les Billets de Change faits entre Particuliers qui sont de la Jurisdiction ordinaire; que suivant la véritable construction, ces mots se doivent rapporter à ceux qui sont les derniers & les plus prochains, sçavoir, Négocians & Marchands; & que ce troisiéme article ne fait qu'éclaircir & confirmer le précédent, qui porte, que les Juge-Consuls connoîtront de tous Billets de Change entre Négocians ou Marchands, ou dont ils devront la valeur, & entre toutes personnes pour Lettres de Change, ou remises d'argent faites de place en place. Comme je ne prétens pas prendre l'affirmative contre un Auteur qui a une expérience si consommée en ces matieres, qui a fait plus d'honneur à mon ouvrage qu'il ne mérite, je me contente de rapporter son opinion sans la combattre, & même sans prétendre que la mienne prévale.

Se pourvoient devant les Juges ordinaires.] Les Parties sont pareillement obligées de se retirer devant le Juge ordinaire, après avoir fait saisir pour les condamnations obtenues d'autorité de la Bourse, suivant l'Ordonnance de Charles IX. de 1563, d'autant que les Prieur & Consuls de la Bourse peuvent bien condamner & absoudre, mais non pas *addicere*: Néanmoins s'il n'y a aucun opposant à la saisie, le décret adjugé d'autorité de la Bourse est valable.

ARTICLE IV.

LEs Juge & Consuls connoîtront des différends *pour ventes faites par des Marchands*, *Artisans & gens de métier*, afin de revendre ou de travailler de leur profession, comme Tailleurs d'habits, pour étoffes, passemens, & autres fournitures; Boulangers & Pâtissiers pour bled & farine; Maçons, pour pierre, moëlon & plâtre; Charpentiers, Menuisiers, Charons, Tonneliers & Tourneurs, pour bois; Serruriers, Maréchaux, Taillandiers, Armuriers, pour fer; Plombiers & Fontainiers, pour plomb, & autres semblables.

Pour ventes faites par des Marchands.] Cela est conforme à la premiere Déclaration & interprétation de l'Edit de 1563, faite à Bordeaux en 1565, par laquelle il est porté, *que les Juge & Consuls établis à Paris, connoîtront en premiere Instance de tous différends entre Marchands de Paris, pour marchandise vendue, achetée, ou promise livrer, & payement pour icelle destiné à faire en ladite Ville par les Marchands en gros & en détail, sans que la Cour de Parlement de Paris, ni autres Juges Royaux en puissent prendre connoissance par appel ou autrement, sinon ès cas qui excéderont la somme de cinq cens liv. tournois.* Il faut pourtant remarquer, que cela s'entend pour le fait de la marchandise dont les Marchands trafiquent, qu'ils vendent en gros ou en détail, & qu'ils ont achetée ou vendue à cet effet, parce que leur négoce entre dans le commerce, & non pour l'usage de l'acheteur, ou de sa famille. Par exemple, si un Apoticaire, ou un autre Marchand avoit acheté des draps à crédit pour s'habiller ou sa famille, il ne pourroit pas être convenu devant les Juge & Consuls des Marchands, comme il fut jugé par Arrêt du [illegible] Avril 1593, recueilli des Mémoires de Bergeron, & par autre Arrêt en faveur d'un Marchand Libraire de Paris, qui avoit été assigné pardevant les Juge & Consuls de Paris, pour partie de draperie; par Arrêt du 4 May 1574, rapporté par Chenu en son Recueil de Réglemens, titre 22 de la Jurisdiction des Juge & Consuls, chapitre 122, & comme il a été jugé par divers Arrêts rapportés dans l'Instruction générale, touchant la Jurisdiction des Consuls. La raison est, d'autant que si l'Edit ne s'entendoit que des personnes de même qualité, comme de Drapier à Drapier, d'Epicier à Epicier, la Jurisdiction des Consuls seroit de très-petite étendue, & l'Edit de leur création inutile; d'autant que les personnes d'une même profession & vacation n'ont pas souvent affaire ensemble. En second lieu, il faut remarquer, que par Arrêt du Parlement de Paris, du 18 Mars 1659, rapporté dans le second Tome du Journal des Audiences, liv. 2, chap. 14, il a été jugé conformément à de précédens Arrêts de 1577, & 1591, que les Juge & Consuls ne peuvent connoître des causes pour fait de marchandise, que dans leur détroit & ressort, quoiqu'ils prétendent que leur établissement a été fait pour connoître des différends de Marchand à Marchand indéfiniment. Néanmoins Toubeau, dans ses Institutes, livre 1, titre 13, chapitre 4, a rapporté des Déclarations de l'année 1566, & 1567, & divers Arrêts du Conseil & des Parlemens de Pau & de Toulouse, par lesquels il a été jugé que les Juge-Consuls peuvent connoître de toutes causes pour fait de marchandises entre tous Marchands du Royaume non résidans dans les Villes de leur établissement, qui auront acheté des marchandises, ou qui leur auront été envoyées, suivant leur mandement, ou de celles qu'ils auront vendues aux Marchands desdites Villes.

Artisans & gens de métier.] Cela s'entend aussi des ventes par eux faites, afin de revendre ou de travailler de leur métier. Ce fut sur ce fondement que par Arrêt du 12 May 1657, en l'Audience de la Grand'Chambre, rapporté par J. Ricard dans le Recueil d'Arrêts, Arrêt 2, il fut jugé que deux Cordonniers de la Ville de Châlons ayant acheté du cuir d'un Tanneur, étoient de la Jurisdiction des Juge & Consuls dudit lieu, & qu'ils y devoient être poursuivis afin de payement, & non pas devant le Prévôt de Châlons, nonobstant l'intervention de Monsieur l'Evêque de Châlons, prenant le fait & cause du Prévôt son Juge: ce qui avoit été auparavant jugé par Arret rendu entre Monsieur de Vendôme, prenant le fait & cause de ses Officiers; & les Juge & Consuls de la Ville de Tours, du 28 Mars 1620. Il faut pourtant remarquer, qu'un Maçon qui auroit travaillé pour un Bourgeois de Paris, ne pourroit pas le convenir, pour raison de son travail, devant les Juge & Consuls de Paris; de même qu'un Marchand Drapier ne peut pas poursuivre le Payeur d'une Compagnie d'hommes d'armes, ou bien un Bourgeois de Paris, pardevant lesdits Juge & Consuls, comme il a été jugé par des Arrêts rapportés par Bacquet, en son Traité des Droits de Justice, chap. 8, nombre 17.

ARTICLE V.

CONNOITRONT *aussi des gages, salaires & pensions* des Commissionnaires, Facteurs ou Serviteurs des Marchands, pour le fait de leur trafic seulement.

Connoîtront aussi des gages, salaires & pensions.] Cet article attribue seulement la Jurisdiction aux Juge & Consuls, des salaires, gages & pensions des Commissionnaires, Facteurs ou Serviteurs des Marchands, pour le fait du négoce ou trafic: car pour ce qui est des gages & salaires des Serviteurs & Servantes, peines & salaires ou marchés des gens de métier, pour leurs ouvrages, quoiqu'ils employent des materiaux, il leur est défendu d'en connoître, à peine d'être pris à partie, comme il est porté par la quatriéme Déclaration du feu Roy sur la Jurisdiction des Juge & Consuls, de l'an 1610, & comme il a été jugé par Arrêt de Réglement, recueilli des Mémoires de Bergeron; & par autre Arrêt du mois de Mars 1574, rapporté par Néron, sur l'article 3 de l'Edit des Juge & Consuls, de l'an 1563.

ARTICLE VI.

Limitation de l'Article précédent.

NE pourront les Juge & Consuls connoître des contestations pour nourritures, entretiens & emmeublemens, même entre Marchands, si ce n'est qu'*ils en fassent profession.*

Qu'ils en fassent profession.] La raison est, parce que la Jurisdiction des Juge & Consuls est de connoître tant seulement du fait de la marchandise, & entre Marchands, & que les contestations pour nourritures, entretiens & emmeublemens,

meublemens, même entre Marchands, *sunt extra negotium mercaturæ*, à moins que ceux qui la demandent n'en fassent profession : autrement ce seroit étendre leur Jurisdiction au-delà des bornes de l'Edit de leur création, & en dépouiller les Juges ordinaires à qui la connoissance en appartient, hors de la concurrence de ces deux cas, sçavoir entre Marchands, & pour fait de marchandise.

ARTICLE VII.

LES Juge & Consuls *connoîtront des differends à cause des assurances, grosses avantures*, promesses, obligations & contrats *concernant le Commerce de la mer*, le fret & naulage des vaisseaux.

Connoîtront des differends à cause des assurances.] Assurance est un contrat, par lequel on promet indemnité des choses qui sont transportées d'un Pays en un autre, & principalement par mer, moyennant un prix convenu à tant pour cent, entre l'Assuré qui fait ou fait faire le transport, & l'Assureur qui promet l'indemnité, qui prend tout le peril sur soi, & se charge de l'évenement. Ce contrat a pris son origine des Juifs, comme les Lettres de change ; car après leur exil de la France & la confiscation de leurs biens, pour avoir le moyen de retirer à la Juive, (c'est-à-dire, aux périls & aux risques de ceux qui leur prêtoient cet office) les meubles, marchandises & autres effets qu'ils avoient recelés, la défiance dans laquelle ils étoient, leur suggera l'invention des brevets ou polices d'assurance, par lesquelles tous les risques du voyage tomboient sur ceux qui les avoient assurés, moyennant un présent ou prix moderé, qu'on nommoit primeur ou prime, de ce que *primùm solvi deberet antequam sponsio signaretur.* Pour ce qui est des Juges qui peuvent connoître des differends à cause des assurances, les Prieur & Consuls de Rouen obtinrent Arrêt d'expédient, du consentement de Monsieur de Joyeuse, pour lors Amiral de France, du dix-septiéme Avril 1584, par lequel la connoissance des polices d'assurance leur fut attribuée, à la charge d'avertir les Officiers de l'Amirauté des malversations. Il est vrai qu'il y avoit des Arrêts contraires en faveur des Officiers de l'Amirauté, & entr'autres un Arrêt contradictoire du Conseil, contre les Juges de la Bourse de Guyenne, du vingt-quatriéme Janvier 1619 ; mais l'Ordonnance fait cesser à présent toutes ces contestations. On peut assurer non seulement les denrées & les marchandises, mais encore les navires, le corps, la liberté, & même la vie des personnes, comme remarque *Scacc. tract. de commerc.* §. 3, *Gl.* 3, *num.* 52, où il propose l'espece d'une personne nommée à un Evêché, qui pour l'expédition de ses Bulles est obligé d'emprunter de l'argent : le créancier de qui il emprunte craignant que s'il venoit à mourir avant que d'avoir pris possession de l'Evêché, son argent ne fût perdu, ne veut pas s'engager de lui prêter, qu'un tiers ne lui assure que celui qui a été nommé à l'Evêché vivra quatre ou cinq ans après en avoir pris possession, afin qu'il ait moyen de se payer sur son revenu : & il décide que cette assurance de la vie est un contrat licite, qui doit être exécuté. Il y a plusieurs autres belles Questions touchant les assurances, mais c'est une matiere qui demanderoit un Traité entier. Il suffit de remarquer, que si le navire ou les marchandises qui ont été assurés, viennent à se perdre, le Chargeur doit faire le délai, ou délaissement à ses assurances par le Greffier, Notaire ou Sergent Royal; & le délaissement n'est autre chose que la dénonciation ou notification que l'Assuré fait par acte à ses Assureurs, de la perte du navire, ou des marchandises, & du délaissement d'icelles, avec sommation de payer les sommes assurées dans le délai limité par la police d'assurance, de la forme & de l'effet duquel acte il est amplement traité dans les contrats maritimes, chap. 7.

Par Arrêt contradictoire du Conseil d'Etat du 13 Avril 1679, rendu entre feu M. le Duc de Vermandois Amiral de France, & les Officiers Généraux & Particuliers des Amirautés du Royaume, & les Juge-Consuls de Paris, Marseille, Bordeaux, & autres Villes, le Roi a maintenu & gardé définitivement les Juges de l'Amirauté au droit & possession de connoître des differends provenans des assurances, grosses avantures, promesses, contrats & obligations touchant le commerce de la mer, le fret & naulage des vaisseaux, comme ils auroient pû faire avant l'article 7 du titre 12 de l'Ordonnance du mois de Mars 1673.

Et par l'Ordonnance du mois d'Août 1681 touchant la Marine, tit. 2, art. 2, Sa Majesté a déclaré de la compétence des Juges de l'Amirauté toutes actions qui procedent de chartes-parties, affretemens ou naulissemens, connoissemens ou police, déchargemens, fret ou naulis, engagement & loyer de Matelots, & des victuailles qui leur seront fournis pour leur nourriture par ordre du Maître, pendant l'équipement des vaisseaux, ensemble des polices d'assurances, obligations à la grosse avanture ou à retour de voyage, & généralement de tous contrats concernant le Commerce de la mer, nonobstant toutes soumissions & privileges à ce contraires.

Grosses avantures.] Voyez ce que j'ai ci-devant remarqué sur l'article 2 du tit. 7 des Contraintes par corps.

Concernant le Commerce de la mer.] L'article 38 de l'Edit de Sa Majesté du mois de May 1664, pour l'établissement de la Compagnie des Indes Occidentales, vérifié en Parlement, le 11 Juillet 1664, porte par exprès, *qu'à l'égard des procès & differends qui pourront naître entre les Directeurs de cette Compagnie & les Particuliers non interessés, pour raison des affaires d'icelle, seront jugés & terminés par les Juge & Consuls; & que leurs Sentences & Jugemens s'exécuteront souverainement jusqu'à la somme de mille livres, & au-dessus de cette somme par provision, sauf l'appel pardevant les Juges qui en doivent connoître.* Il est vrai, que par la vérification il est dit, *que les appellations des Juge & Consuls pour les sommes qui excedent mille livres, ne pourront être relevées qu'au Parlement.*

ARTICLE VIII.

CONNOITRONT aussi du Commerce fait *pendant les Foires tenues aux lieux de leur établissement*, si l'attribution n'en est faite aux Juges *Conservateurs du privilege des Foires.*

Pendant les Foires tenues aux lieux de leur établissement.] L'Ordonnance restraint fort justement la connoissance qu'elle attribue aux Juge & Consuls du Commerce fait pendant les Foires, *à celles qui sont tenues aux lieux de leur établissement, & dont l'attribution n'en est faite aux Juges Conservateurs du Privilege des Foires;* parce qu'autrement ce seroit transferer aux Consuls ce qui a été de tout tems de l'autorité & Jurisdiction du Juge Conservateur des Foires; elle s'étend contre tous les débiteurs des Foires, bien qu'ils soient Marchands demeurans en autres lieux & Villes, pourvû que le créancier Marchand rencontre dans la Foire son débiteur Marchand, comme il a été jugé contre un Marchand de Troyes, en faveur du Conservateur des Foires de Lyon, par Arrêt de l'an 1585. Mais pour en avoir l'attribution, il faut que ces trois choses concourent ensemble; sçavoir, que la marchandise soit prise en Foire, le payement destiné en Foire, & que les Parties soient Marchands fréquentans les Foires, suivant les Ordonnances de 1462, 1464 & 1553, qui reglent cette Jurisdiction, & en font les établissemens pour les Foires de Lyon. Et si dans les lieux où se tiennent les Foires il n'y a point de Juge Conservateur, les Marchands fréquentans les Foires pourront se pourvoir pardevant les Juge & Consuls des lieux, comme il a été jugé par les Arrêts du 13 Juillet 1543, rapportés par Papon, en son Recueil, liv. 10, titre 7; du 22 Mars 1564, par Bacquet, des Droits de Justice, chap. 8, nomb. 27; & par autre Arrêt du Parlement d'Aix, en la Grand'Chambre, du 15 Mars 1640, rapporté par Boniface, tom. 1, liv. 2, tit. 6.

Conservateurs du Privilege des Foires.] Lorsque le differend des Parties procede d'une négociation faite pendant les Foires de Lyon, ou pour lesdites Foires, la connoissance en appartient à la Conservation de Lyon, pour y être jugé par le Juge en qualité de Juge Conservateur, & non pas à la Jurisdiction Consulaire de Lyon, qui est jointe & unie à la Conservation; & les appellations de ces Jugemens ressortissent au Parlement de Paris. Il faut aussi observer, que par le Reglement fait par Sa Majesté le 3 Août 1669, il porte par l'art. 1, Que *les Prevôt des Marchands & Echevins de Lyon, Juge-Conservateur des Foires de ladite Ville, connoîtront privativement à tous autres Juges, de tous procès mûs & à mouvoir pour le fait de négoce & commerce de marchandises, circonstances & dépendances, soit en tems de Foires ou hors de Foires, en matiere civile & criminelle: de toutes négociations faites pour raison desdites Foires & marchandises, circonstances & dépendances: de toutes Societés, Commissions, Trois, Charges, Recharges, virement des Parties, Courtages, Promesses, Obligations, Lettres de Change, & de toutes autres affaires entre Marchands & Négocians en gros & en détail; Manufactures des choses servant au négoce & autres de quelque qualité & condition qu'elles soient, pourvû que l'une des Parties soit Marchand ou Négociant, & que ce soit pour fait de négoce, marchandise ou manufacture. Et que tous ceux qui achetent des marchandises pour les revendre, ou qui portent Bilan, & tiennent Livres de Marchands, ou qui stipulent des payemens en tems des Foires, soient justiciables desdits Juges ou Conservateurs.*

ARTICLE IX.

CONNOITRONT pareillement de l'exécution de nos Lettres, *lorsqu'elles sont incidentes aux affaires de leur compétence*, pourvû qu'il ne s'agisse pas de l'état ou qualité des personnes.

Lorsqu'elles sont incidentes aux affaires de leur compétence.] Cela est conforme à la disposition du Droit en la Loi 1, *C. de Judic.* & en la Loi 1 & 3, *C. de ord. Judic.* Il a été même jugé par Arrêt attesté par du Fresne, dans le Journal des Audiences, liv. 2, chap. 45, qu'un Juge qui est compétent de la cause principale, s'il survient un incident dont il n'est pas compétent, il ne laisse pas d'en connoître. Les Juge-Consuls peuvent connoître des procès pour dépendances à cause de marchandise ; comme par exemple, de la peine apposée en un contrat pour marchandise. *Paul. Castr. ex. l. quicumque*, §. *si ei quem*, *ff. de institor. act. & Cod. ubi caus. fisc.* Ils peuvent encore prendre connoissance d'un incident criminel, comme si en la cause pendante devant eux on s'inscrit en faux contre quelque piéce produite, quoique naturellement ils ne puissent prendre connoissance des causes criminelles, n'ayant pas de Procureur du Roi, *Arg. l.* 1, *ff. de Offic. ejus cui mand. est jurisd Innocent. ad cap. cùm contingat de for. compt.* non pas même du vol & larcin de marchandise fait aux Voituriers, comme il a été jugé par Arrêt du Parlement de Toulouse, du 22 Juin 1576, rapporté par la Roche en ses Arrêts, 2e. part. chap. 3, Arrêt 2. Il est vrai, qu'il y en a qui voudroient induire des termes de la Loi *fin. D. de jurisd. omn. jud.* que la connoissance des causes criminelles leur appartient, lorsque le Jurisconsulte dit, *Talibus Judicibus tam in publicis, quàm privatis causis obedire compelli ;* mais le mot *publicis* s'entend dans cette Loi, *de negotiis seu actionibus plurium, aut ad plures pertinentibus, putà collegii, aut societatis*, auxquels cas il est vrai qu'une Societé & Compagnie de Marchands peut plaider contre d'autres Marchands pour fait de marchandise devant les Juge-Consuls.

Article X.

Les Gens d'Eglise, Gentilshommes & Bourgeois, Laboureurs, Vignerons, & autres, pourront faire assigner pour ventes de bleds, vins, bestiaux & *autres denrées procedant de leur crû*, ou pardevant les Juges ordinaires, ou pardevant les Juge & Consuls, si les ventes ont été faites à des Marchands, ou Artisans faisant profession de vendre.

Et autres denrées procédant de leur crû.] Par la quatriéme Déclaration du feu Roi d'heureuse mémoire, sur la Jurisdiction des Juge & Consuls, du 2 Octobre 1610, *il leur est fait expresses défenses de prendre connoissance des ventes de bleds, vins & autres denrées, faites par Bourgeois, Laboureurs & Vignerons, étant de leur crû & revenu.* Et par cette Ordonnance *il est au choix des Demandeurs, si les ventes ont été faites à des Marchands ou Artisans faisant profession de revendre, de se pourvoir, ou devant les Juge-Consuls, ou pardevant les Juges ordinaires*, devant lesquels si le Demandeur s'est pourvû, le Défendeur n'en peut décliner, *Cyn. ad l. fin. De jurisd omn. jud. l.* 1, *C. de Offic. Praf. urb. Dec. Consil.* 3. Il a été jugé par Arrêt du 7 Février 1611, rapporté par Joly, livre 3, chap. 15, que les Juge & Consuls ne pouvoient connoître d'une vente d'échalats faite par un Marchand à un Vigneron.

A l'égard des autres matieres qui sont de la Jurisdiction des Consuls, comme Lettre de change, trafic ou commerce, les Gens d'Eglise & les Gentilshommes ne peuvent pas se prévaloir de l'option qui leur est donnée par cet article ; au contraire l'option étant restrainte aux denrées qui procedent de leur crû, l'Ordonnance ne la leur donne pas pour d'autres marchandises, en cas qu'ils en fassent commerce.

En quel cas peuvent être établis des Procureurs, Syndics, ou autres Officiers dans la Jurisdiction Consulaire.

ARTICLE XI.

NE sera établi dans la Jurisdiction Consulaire, aucun Procureur, Syndic, ni autre Officier, s'il n'est ordonné par l'Edit de création du Siége, ou autre Edit dûement registré.

Des formalités qui doivent être observées dans les procédures de la Jurisdiction Consulaire.

ARTICLE XII.

LEs procédures de la Jurisdiction Consulaire seront faites, *suivant les formes prescrites* par le Titre VI. de notre Ordonnance du mois d'Avril 1667.

Suivant les formes prescrites.]. Il faut pourtant remarquer, que par Arrêt rendu au Conseil le 24 Décembre 1668, il est permis aux Juge & Consuls, d'ordonner que ceux qui n'auront point comparu seront réassignés, lorsque la matiere n'est pas disposée à pouvoir être jugée sur la premiere assignation, & ce sans tirer à conséquence à l'égard des autres Jurisdictions.

Du pouvoir qui est donné aux Juge & Consuls de juger nonobstant tout déclinatoire, appel d'incompétence, prise à partie, & renvoi requis.

ARTICLE XIII.

LEs Juge & Consuls dans les matieres de leur compétence, pourront juger *nonobstant tout déclinatoire*, appel d'incompétence, prise à partie, renvoi requis & signifié, même en vertu de nos Lettres de *Committimus* aux Requêtes de notre Hôtel ou du Palais, le Privilege des Universités, des Lettres de Garde-Gardienne & tous autres.

Nonobstant tout déclinatoire.] Cet article est conforme à la premiere Déclaration & interprétation de l'Edit de 1563, qui porte, *qu'aucun Marchand ou Officier du Roi faisant trafic de marchandise, ne pourra en vertu de Lettres de* Committimus, *sous prétexte de leur privilege, décliner la Jurisdiction des Consuls, demeurant leurs privileges en leur entier en autres choses, ausquels il n'est dérogé qu'en tant qu'ils sont Marchands, ou qu'ils font trafic de marchandise; & il est permis aux Juge & Consuls de passer outre, nonobstant l'incompétence & leur prétendu privilege, même celui des Universités & des Marchands privilegiés suivant la Cour;* comme il a été jugé par Sentence des Juge & Consuls, contre Michel Hazon, qui porte condamnation d'amende, pour avoir procedé pardevant le Prevôt de l'Hôtel, confirmée par Arrêt du Grand Conseil du 24 Juillet 1645, rapporté dans le Recueil des Arrêts, concernant la Jurisdiction Consulaire, & autres personnes privilegiées, comme il a été aussi jugé contre un Trésorier de l'Extraordinaire des Guerres, par autre Arrêt du 18 Décembre 1666, rapporté dans ledit Recueil; mais les Juge & Consuls ne peuvent pas évoquer des Juges ordinaires, comme il a été jugé par Arrêt du 27 Février 1564, rapporté par Chenu dans ses Reglemens, chap. 122, quoiqu'ils le prétendent & le pratiquent ainsi, se fondant sur ce que par l'Edit de création, défenses sont faites de se pourvoir ailleurs.

Les Juge-Consuls ne doivent pourtant pas abuser du pouvoir qui leur est donné par cet article, en retenant des causes qui ne sont pas de leur connoissance, quoique les Parties n'en demandent pas le renvoi, comme il a été jugé par divers Arrêts rapportés par Chenu & par Manalet, à peine de quatre mille livres d'amende pour chacune contravention, par Arrêt du 28 Avril 1575, donné pour Angers; & comme il leur est enjoint par l'article suivant, c'est pour cette raison que par la Déclaration du Roi du 20 Juillet 1566, art. 10, donné sur les remontrances des Maîtres & Gardes des Corps des Marchands & les Jurés des états des Métiers, le Roi pour lors regnant y apporta une modification pour les retenir dans les bornes de leur Jurisdiction, toute pleine de Justice, *qui ne leur donnoit cette faculté de passer outre nonobstant tout déclinatoire & appel d'incompétence, qu'aux périls & hazards de la Partie qui se seroit retirée devant les Juge & Consuls.*

ARTICLE XIV.

Exception du précedent Article.

SERONT tenus néanmoins, si la connoissance ne leur appartient pas, *de déferer au déclinatoire*, à l'appel d'incompétence, à la prise à partie & au renvoi.

De déferer au déclinatoire.] La Jurisdiction des Juge & Consuls est si fort restrainte par les Ordonnances Royaux, qu'ils n'ont qu'une Jurisdiction déleguée pour connoître de certaines causes & matieres; que si d'autres Parties se présentent devant eux, ils doivent ordonner que les Parties se pourvoiront devant leurs Juges, bien que le renvoi ne soit pas requis par aucune d'elles, qu'elles donnent leur consentement de proceder devant eux, & qu'elles fassent leurs soumissions. La raison est, parce que leur Jurisdiction est improrogeable, comme il a été jugé par des Arrêts du Parlement de Paris, des 14, 15 & 22 Mars 1546, 15 Octobre 1569, & 15 Juin 1570, rapportés par Jovet dans sa Biblioteque d'Arrêts, part. 1, sous le mot *Juges*, nombre 132. C'est pour cette raison *que si l'on propose des déclinatoires, les Juge & Consuls en doivent faire mention dans leurs Sentences*, suivant l'article 10 du tit. 16 de l'Ordonnance de 1667; & par l'Ordonnance de Charles IX. à Moulins 1566, & de Henry III. *il leur est enjoint de déferer aux appellations qui seront interjettées d'eux comme de Juges incompétens, ni d'user de comminations, mulctes & amendes contre ceux qui déclineront leur Jurisdiction ou appelleront d'eux.*

Défenses à tous Juges de casser ou surseoir les procédures & poursuites en exécution des Sentences des Juge & Consuls, & de les inhiber.

ARTICLE XV.

DÉCLARONS nulles toutes Ordonnances, Commissions, Mandemens pour faire assigner, & les assignations données en conséquence pardevant nos Juges, & ceux des Seigneurs, en révocation de celles qui auront été données pardevant les Juge & Consuls. Défendons à peine de nullité, *de casser ou surseoir les procédures* & poursuites en exécution de leurs Sentences, ni faire défenses de proceder pardevant eux. Voulons qu'en vertu de notre présente Ordonnance elles *soient exécutées*, & que les Parties qui auront présenté leurs Requêtes pour faire casser, révoquer, surseoir ou défendre l'exécution de leurs Jugemens, les Procureurs qui les auront signées, & les Huissiers ou Sergens qui les auront signifiées, soient condamnés chacun en cinquante livres d'amende, moitié au profit de la Partie, & moitié au profit des Pauvres, qui ne pourront être remises ni moderées: au payement desquelles la Partie, les Procureurs & les Sergens seront contraints solidairement.

De casser ou surseoir les procédures.] Cet article est conforme audit Edit de l'an 1563, & à la Déclaration du feu Roi, du 4 Octobre 1611, *qui contient les mêmes défenses: à peine par les Juges ordinaires, qui entreprendront sur la Jurisdiction Consulaire, d'être responsables en leur propre & privé nom, des dépens, dommages & intérêts des Parties*, comme il a été jugé par divers Arrêts, & entr'autres du 14 Mars 1611 & 5 Mars 1615, rapportés par l'instruction générale sur la Jurisdiction Consulaire, & par les Ordonnances de 1573 & 1586. *Les autres Juges quoique Royaux, ne peuvent pas connoître des oppositions ou appellations des Jugemens des Consuls, ni en empêcher l'exécution, bien que notoirement ils ayent entrepris sur leur Jurisdiction, ni élargir les prisonniers en vertu de l'Ordonnance & des Sentences, Jugemens & Commissions des Juge & Consuls*, suivant l'Ordonnance de Moulins de 1566, & de Henry III. 1580: & par Arrêt de la Cour du Parlement, séant au Châtelet, du 8 Avril 1659, la Cour renvoya pardevant les Juge & Consuls les Prisonniers détenus en vertu de leurs Sentences, & ordonna qu'elles seroient exécutées nonobstant oppositions ou appellations quelconques; mais il faut que les Parties se pourvoyent par appel au Parlement, qui est Souverain sur les uns & sur les autres, comme il fut jugé par Arrêt du 11 Juin 1573. La raison est, parce que bien que les Juges Royaux soient plus anciens que les Consuls, & qu'ils jugent sous l'autorité du Roi, les Juges-Consuls participent de la même autorité dans les cas qui leur sont attribués par leur institution, & par les Edits de leur création. Il faut pourtant remarquer, que par l'article 12 dudit Edit de 1563, *les saisies & établissemens de Commissaires, ventes de biens ou fruits seront faites en vertu des Sentences des Juges-Consuls; & que s'il faut passer outre, les criées & interpositions de Décret se feront de l'autorité des Juges ordinaires des lieux*, comme il fut jugé par Arrêt du Parlement de Toulouse du 19 Avril 1589, rapporté par la Roche, dans ses Arrêts, en sa seconde partie, chap. 3, Arrêt 1, où il remarque que les Prieur & Consuls de la Bourse ne peuvent adjuger par Décret, s'il y a quelque opposition, & que s'il n'y en a point comme en l'espece de l'Arrêt, le Décret est valable ; mais à l'égard des Sentences des Juge & Consuls, qui portent seulement condamnation par provision, l'on ne peut saisir & vendre que des meubles ; & pour saisir réellement des Maisons, Terres, Rentes & Offices, il faut obtenir une Sentence définitive.

☞ On peut avoir recours aux Reglemens rapportés sur l'article 2 de ce Titre, qui appartiennent aussi en partie au présent article.]

Soient exécutées.] Par l'Edit de Novembre 1563, *l'appel n'est point reçu des Mandemens, Sentences ou Jugemens des Consuls, pourvû que la demande & condamnation n'excede cinq cens livres pour une fois payer ; mais lorsqu'elle excede cette somme, il est passé outre à l'entiere exécution d'icelle, nonobstant oppositions ou appellations quelconques, & sans préjudice d'icelles qui doivent être relevées aux Cours où elles ressortissent, & non ailleurs.*

De la Jurisdiction que les Juge & Consuls ont sur les veuves des Marchands & autres qui ont été en Communauté ; & sur les héritiers dont la qualité n'est point contestée.

ARTICLE XVI.

LES *veuves & héritiers des Marchands*, Négocians & autres, contre lesquels on pourroit se pourvoir pardevant les Juge & Consuls, y seront assignés, ou en reprise ou par nouvelle action. Et en cas que la qualité, ou de commune, ou d'héritier pur & simple, ou par bénéfice d'inventaire, soit contestée, ou qu'il s'agisse de douaire ou de legs universel ou particulier, les Parties seront renvoyées pardevant les Juges ordinaires pour les regler : & après le Jugement de la qualité, douaire ou legs, elles seront renvoyées pardevant les Juge & Consuls.

Les veuves & héritiers des Marchands.] Cet article est conforme à l'Edit d'établissement de cette Jurisdiction, qui porte, *que les Juge & Consuls connoîtront des differends de Marchand à Marchand, leurs veuves & héritiers* : Mais il faut entendre ainsi cette clause, pourvû que les veuves & héritiers continuent le train & le trafic de marchandise, autrement ils ne seront pas sujets à cette Jurisdiction, comme il a été jugé par des Arrêts du 20 Avril 1573 & 15 Mars 1574, * & pourvû que l'action soit dirigée & intentée principalement contr'eux ; car si le défunt Marchand avoit été condamné par Sentence à payer quelque somme dûe, pour fait de marchandise, sa veuve & héritiers seroient bien convenus pardevant les mêmes Juges, pour voir déclarer la Sentence obtenue contre le défunt, exécutoire contre la femme comme commune, & contre l'héritier en cette qualité, comme il a été jugé par Arrêt du dix-neuviéme Mars mil cinq cent soixante-sept. Il est vrai, que *Scacc. tract. Quom. in caus. mercat. proced sit, num. 45*, dit, que si l'héritier du Marchand étoit Clerc, s'il ne seroit pas tenu de subir la Jurisdiction des Juge & Consuls. Et la raison qu'il en rend est, que le Clerc,

* ☞ *Voir Néron sur l'art. 3 de l'Edit d'érection des Juge & Consuls de 1563, il y fait mention de cet Arrêt du mois de Mars 1574.*

Clerc, pourvû qu'il soit constitué aux Ordres sacrés, est privilegié de droit public ; & que par un privilege spécial accordé à l'excellence de l'Ordre Clerical & à son caractere, la succession aux biens d'un Laïc ne peut lui faire perdre son privilege, *Jas. in Auth. quas actiones, num.* 39, *C. de sacros. Eccles. Nec enim privilegium fori perdit Clericus si Laïco succedat, quia concessum est favore publico & ratione totius Clericalis Ordinis*, ce qui est contraire à la Loi 19, *hæres absens, ff. de Judic.* en ces termes : *Hæres absens tibi defendendus est, ubi defunctus debuit, & conveniendus si ibi inveniatur, nulloque suo proprio privilegio excusatur.* Il faut encore remarquer, que les exécutions commencées contre les condamnés par les Juge-Consuls, seront parachevées contre leurs héritiers, & sur les biens seulement des condamnés.

Cela a été ainsi jugé par un Arrêt du Conseil du 15 Septembre 1642, rendu entre le Syndic de la Province de Languedoc, & le Conservateur des Privileges des Foires de Lyon. Et par le Reglement du 3 Janvier 1613 fait par les Juge & Consuls de Paris, il est dit : *Que le Greffier ne pourra signer aucune Sentence contre des veuves ou héritiers d'un débiteur, où il y ait contrainte par corps, mais pour être exécutée sur les biens seulement, & contre Tuteurs subrogés ou Curateurs aux biens vacans que jusqu'à concurrence des biens qu'ils auront entre leurs mains.* Il est encore de la justice & de l'équité de discuter les biens délaissés par les défunts, avant que de s'en prendre à ceux des communes, & des héritiers.

En quel lieu l'Assignation doit être donnée dans les matieres attribuées aux Juge-Consuls.

Article XVII.

Dans les matieres attribuées aux Juge & Consuls, le créancier pourra *donner l'assignation à son choix, ou au lieu du domicile du debiteur*, ou au lieu auquel la promesse a été faite, *& la marchandise fournie*, ou au lieu *auquel le payement doit être fait.*

Donner l'assignation à son choix.] Cela ne se doit entendre que pour le fait de marchandise, non pas pour celui de la Banque & du Change ; en ce dernier cas il faut que le Porteur d'une Lettre de change fasse assigner l'Accepteur pardevant les Juge & Consuls des lieux où il est domicilié, où la Lettre a été tirée, & non pas pardevant les Juge & Consuls du lieu où le Porteur est demeurant, & d'où les Lettres ont été tirées.

Ou au lieu du domicile du débiteur.] En France on ne regarde pas dans les autres actions le lieu où l'on a promis payer, ni le lieu où l'on a contracté ou livré la marchandise ; on considere seulement le lieu du domicile du débiteur, suivant ladite Loi, *hæres absens* 19, *ff. de Judic.* & la Loi *exigere* 65, *ff. eod. exigere dotem mulier debet illic, ubi maritus domicilium habuit, non ubi instrumentum dotale conscriptum est.* C'est pour cela qu'on dit ordinairement, *fidem ejus secutus es, ergo domicilium sequi debes* ; & que les Juge-Consuls des Marchands de la Ville de Paris, Orleans & plusieurs autres obtinrent des Lettres vérifiées en la Cour du Parlement de Paris, pour avoir connoissance des marchandises vendues & livrées en leur Ville, ou desquelles le payement est destiné en leur Ville, comme remarque Bacquet en son Traité des Droits de Justice, chap. 8, nomb. 27. Il ne s'agit pas ici de sçavoir si le débiteur doit être convenu devant les Juge-Consuls, puisque cet article traite des matieres qui leur sont attribuées, mais seulement du lieu où le créancier le doit faire assigner; & l'Ordonnance laisse à son choix *d'assigner ou au domicile du débiteur, ou au lieu auquel la promesse a été faite, & la marchandise fournie, ou au lieu auquel le payement doit être fait.*

Et la marchandise fournie.] Cela est conforme à la disposition du Droit, suivant laquelle *locus rei traditionis est inspiciendus, l. si longius, §. fin. de Judic.* C'est pour cela *que le Marchand forain peut être convenu devant les Juge-Consuls, si le payement ou délivrance de la marchandise a été destiné à faire dans la Ville où les Juge-Consuls sont établis*, suivant l'article 11 de la premiere Déclaration du Roi Charles IX. sur l'interprétation de l'Edit d'érection des Juge & Consuls, article 2. Il faut pourtant, pour établir la Jurisdiction sur les Marchands forains, qui n'ont point de Boutiques dans les Villes, où les Juges-Consuls sont établis, que ces trois choses se rencontrent; sçavoir, que la marchandise soit livrée au lieu de l'établissement des Consuls; que la cédule ou obligation y soit passée, & le payement destiné, suivant les conclusions de Monsieur le Procureur Général Brisson, rapportées dans l'Arrêt rendu au profit de Noublet contre Petit-Pié, dans le Recueil des Edits & Arrêts, concernant la Jurisdiction Consulaire. Il est vrai, que si les marchandises ont été vendues pour être payées ou délivrées promptement, on peut en ce cas poursuivre devant les Juge & Consuls, parce que le Marchand peut s'en aller d'heure à autre; *l. si longius, ff. de Judic. l. ait Prætor, l. si debitorem, ff. de his quæ in fraud. credit.* mais si l'on a vendu à credit, *habitâ fide de pretio*, ou payé par avance, *habitâ fide de re*, en ce cas le Marchand ne peut être convenu hors de la Jurisdiction de son domicile, *d. l. hæres absens, §. perire, de Judic. Scacc. tract. Quam in caus. mercat. procedet. si num.* 20.

Toubeau, dans ses Institutes du Droit Consulaire, livre 1, tit. 15, chap. 14, a remarqué au contraire, qu'il n'est pas besoin que ces trois choses concourent; que Monsieur Brisson s'étoit servi dans les conclusions qu'il prit, de la particule disjonctive *ou*; & que par l'Arrêt qui intervint, Petit-Pié Marchand à Troyes, & Forain au regard des Juge & Consuls de Paris, perdit son procès, & fut renvoyé devant eux; & que long-tems avant l'érection des Jurisdictions Consulaires, & sous le regne de Saint Louis, la même Jurisprudence étoit en usage entre Marchands; & sous celui de François I. suivant son Ordonnance de l'an 1535, concernant le Conservateur des Privileges des Foires.

Auquel le payement doit être fait.] Le lieu du payement fait partie de l'obligation, en telle sorte que le débiteur peut être convenu au lieu auquel le payement a été destiné, quoique ce ne soit pas le lieu de son domicile; comme il a été décidé par la Loi premiere & derniere, *ff. de eo quod certo;* & par la Loi unique, *C. ubi conven. & certo loco.* La raison est, parce que le contrat est censé fait au lieu où le payement doit être fait, suivant ce qui est dit expressément dans la Loi 3, *ff. de reb. auctor. Jud. possid. contractum autem non utique eo loco intelligimus quo negotium gestum sit, sed quo solvenda est pecunia, Covarr. Practicar. quæst. cap.* 10, *num.* 6. *Rota Genuæ decis.* 105 *&* 161, *num.* 7. *Peregr. de fideicom. art.* 53, *num.* 4. *Anton. Fab. in Cod. lib.* 3, *tit.* 15, *defin.* 4. *Paul. Castr. in l.* 1, *num.* 3, *ff. de eo quod certo, & Scacc. de Commerc. §.* 2, *Gloss. v.*

ARTICLE XVIII.

Limitation du précedent Article.

LES assignations pour le Commerce maritime seront données pardevant les Juge & Consuls *du lieu où le contrat aura été passé.* Déclarons nulles celles qui seront données pardevant les Juge & Consuls du lieu d'où le vaisseau sera parti, ou de celui où il aura fait naufrage.

Du lieu où le contrat aura été passé] Cela est fondé sur deux raisons : La premiere, que par la disposition du Droit Civil & Canonique, tous Contrats, Obligations, ou Promesses obligatoires sont attributives de Jurisdiction au Juge dans la Jurisdiction duquel les contrats sont passés ou les promesses faites ; en telle sorte que le débiteur peut être convenu *ubi contraxit, vel se obligavit, d. l. hæres absens.* §. *proinde, l. omnem obligationem, ff. de Judic. cap. Romana,* §. *contrahentes, de foro compet. in sexto.* Et la seconde, que les Parties qui contractent sous le scel Royal, font pour l'ordinaire leur soumission à la Justice, Jurisdiction & contrainte du Juge Royal, sous le sceau duquel le contrat est passé ; par le moyen de laquelle soumission, consentement prêté par les Contractans, la Jurisdiction du Juge Royal est prorogée, & les Contractans qui s'y sont soumis ne peuvent la décliner, *l.* 1, *l. contraxisse, ff. de Jud. l. privatorum consensus, C. de Jurisd. omn. Judic.*

Voulons que notre présent Edit *soit ponctuellement gardé & observé* dans tout notre Royaume, Terres & Païs de notre obéïssance, à commencer au premier jour du mois de Juillet de la présente année, nonobstant toutes Ordonnances, Loix, Coutumes ou Statuts, & Reglemens, Stiles, Usages differens ou contraires aux dispositions y contenues, qui demeureront abrogées.

☞ *Soit ponctuellement gardé & observé.*] On ne l'observe point au Parlement de Flandres, en Artois, ni en Alsace, mais quoiqu'il n'ait point été registré au Conseil Superieur de Roussillon, il s'y observe cependant quoique d'une maniere imparfaite.

Si donnons en Mandement, à nos amés & féaux Conseillers, les Gens tenans nos Cours de Parlement, Chambres des Comptes, Cour des Aydes, Baillifs, Sénéchaux, & tous autres nos Officiers, que ces Présentes ils gardent, observent & entretiennent, fassent garder, observer & entretenir : Et pour les rendre notoires à nos Sujets, les fassent lire, publier & registrer. Car tel est notre plaisir. Et afin que ce soit chose ferme & stable à toujours, Nous y avons fait mettre notre Scel. Donné à Versailles, au mois de Mars l'an de grace mil six cent soixante-treize, & de notre Regne le trentiéme. *Signé*, LOUIS : *Et plus bas*, Par le Roi, Colbert. *Et à côté est écrit*, *Visa*, Daligre. *Edit pour le Commerce.* Et scellé du grand Sceau de cire verte sur lacs de soye rouge & verte.

Lû, publié & registré, oüi, & ce requerant le Procureur Général du Roi, pour être exécuté selon sa forme & teneur. A Paris en Par-

lement, le Roi y séant en son Lit de Justice, le vingt-troisiéme Mars mil six cent soixante-treize. Signé, DU TILLET.

Lû, publié & registré en la Chambre des Comptes, oüi, & ce consentant le Procureur Général du Roi, du très-exprès commandement de Sa Majesté porté par Monsieur le Duc d'Orleans son Frere unique, venu exprès en ladite Chambre, assisté du sieur du Plessis-Praslin, Marêchal, Duc & Pair de France, & des sieurs Pussort, & Bernard-René, Conseillers d'Etat ordinaires, le vingt-troisiéme Mars mil six cent soixante-treize. Signé, RICHER.

Lû, publié, & registré du très-exprès commandement du Roi, porté par Monsieur le Prince de Condé, Premier Prince du Sang, assisté du sieur de Grancé de Medavi, Marêchal de France, & des sieurs Voisins & de Fieubet, Conseillers ordinaires du Roi, oüi, ce requerant & consentant son Procureur Général, pour être exécuté selon sa forme & teneur, & ordonné que Copies collationnées seront envoyées ès Siéges des Elections, Greniers à Sel, & autres Jurisdictions du Ressort de la Cour, pour y être pareillement lûes, publiées & enregistrées. Enjoint aux Substituts dudit Procureur Général du Roi esdits Siéges, d'en certifier la Cour au mois. A Paris, en la Cour des Aydes, les Chambres assemblées, le vingt-troisiéme Mars mil six cent soixante-treize. Signé, BOUCHER.

DÉCLARATION DU ROY,

PORTANT QUE LES JUGE ET CONSULS en Charge auront seuls la connoissance, la décision & le Jugement des procès & differends de leur compétence.

Et fait défenses aux Juge & Consuls anciens de s'y immiscer, s'ils n'y sont expressement appellés par les Juge & Consuls qui seront en Charge.

Donnée à Versailles le 15. Décembre 1722.

LOUIS, PAR LA GRACE DE DIEU, ROI DE FRANCE ET DE NAVARRE: A tous ceux qui ces présentes Lettres verront, SALUT. Nous étant fait répresenter l'Edit du mois de Novembre 1563, portant établissement d'une Jurisdiction Consulaire en notre bonne Ville de Paris, par lequel il a été ordonné que la Charge des Juge & quatre Consuls ne dureroit qu'un an, sans que pour quelque cause ou occasion que ce fût, l'un d'eux pût être continué, & que lesdits Juge & Consuls, ou trois d'eux auroient la connoissance, le jugement & la décision des matieres & differends de leur compétence, sauf à appeller avec eux, si la matiere y étoit sujette, & s'ils en étoient requis par les Parties, tel nombre de personnes de Conseils qu'ils aviseroient; Nous sommes informés que, quoique les Jurisdictions Consulaires qui sont dans les autres Villes de notre Royaume, ayent été établies à l'*instar* de celle de Paris, & doivent se conformer à ce qui a été prescrit par l'Edit du mois de Novembre 1563, les anciens Juges & Consuls des Jurisdictions Consulaires de Toulouse & Montpellier, & quelques autres Villes, prétendent être en droit de s'immiscer conjointement avec ceux qui sont en Charge, dans la connoissance & le jugement des Procès, quoiqu'ils n'y ayent point été appellés; ce qui cause plusieurs brigues & cabales très-contraires au bien de la Justice, & fournit occasion aux Parties d'en faire des plaintes légitimes. Et voulant arrêter le cours de cet abus, & rétablir une regle uniforme dans toutes les Jurisdictions Consulaires de notre Royaume: A CES CAUSES, de l'avis de notre très-cher & très-amé oncle le Duc d'Orleans petit-Fils de France, Régent; de notre très-cher & très-amé oncle le Duc de Chartres premier Prince de notre Sang; de notre très-cher & très-amé cousin le Duc de Bourbon; de notre très-cher & très-amé cousin le Comte de Charolois; de notre très-cher & très-amé cousin le Prince de Conty, Princes de notre Sang; de notre très-cher & très-amé oncle le Comte de Toulouse, Prince légitimé, & autres grands & notables Personnages de notre Royaume, & de notre certaine science, pleine puissance & autorité Royale, Nous avons dit, déclaré & ordonné, & par ces Présentes signées de notre main, disons, ordonnons & déclarons, voulons & nous plaît : Que les Juge & Consuls en Charge, ayent seuls la connoissance, la décision & le jugement des procès & differends de leur compétence; faisons très-expresses inhibitions & défenses aux Juges & Consuls anciens de s'y immiscer, s'ils n'y sont expressement & nommément appellés par les Juge & Consuls qui seront en Charge, lorsque la matiere y sera sujette, & que les Parties l'auront requis. SI DONNONS EN MANDEMENT, à nos amés féaux Conseillers, les Gens tenans notre Cour de Parlement à Paris, que ces Présentes ils ayent à faire lire, publier & enregistrer, & le contenu en icelles garder & observer selon leur forme & teneur : CAR tel est notre plaisir. En témoin de quoi Nous avons fait mettre notre Scel à cesdites Présentes. DONNE' à Versailles le quinziéme jour de Décembre, l'an de grace mil sept cent vingt-deux, & de notre Regne le huitiéme. *Signé*, LOUIS; *Et plus bas*, Par le Roi, LE DUC D'ORLEANS Régent, présent. PHELYPEAUX. Vû au Conseil, DODUN. Et scellé du grand Sceau de cire jaune.

Registrées, oüi & ce requerant le Procureur Général du Roi, pour être exécutées selon leur forme & teneur, & copies collationnées envoyées aux Bailliages & Sénéchaussées du Ressort, pour y être lûes, publiées & registrées : Enjoint aux Substituts du Procureur Général du Roi d'y tenir la main, & d'en certifier la Cour dans un mois, suivant l'Arrêt de ce jour. A Paris en Parlement, le douze Février mil sept cent vingt-trois. Signé, GILBERT.

DE'CLARATION DU ROY,

CONCERNANT L'ELECTION DES JUGE & Consuls de la Ville de Paris.

Donnée à Versailles le 18 Mars 1728.

LOUIS, PAR LA GRACE DE DIEU, ROI DE FRANCE ET DE NAVARRE: A tous ceux qui ces présentes Lettres verront, SALUT. L'élection des Juge & Consuls des Marchands de notre bonne Ville de Paris, faite en l'année 1727, ayant donné lieu à une contestation portée en notre Cour de Parlement, sur l'opposition formée à cette élection par les Libraires & Imprimeurs, & par les Marchands de Vin; les Parties intéressées ont renouvellé à cette occasion plusieurs difficultés qui avoient déja été agitées, tant au sujet du nombre & de la qualité des Sujets qu'il seroit convenable d'élire pour Juge & Consuls, que pour la durée de leur exercice & pour la forme des élections : ces difficultés ayant donné lieux à deux Arrêts de notredite Cour, des 3 & 5 Février 1727, dont le premier a sursis la prestation de serment des nouveaux Juge & Consuls élus, & dont le second a ordonné que les six Corps des Marchands remettroient entre les mains de notre Procureur Général, leurs Mémoires sur la maniere dont il convenoit de proceder à l'élection ; notredite Cour par un dernier Arrêt du 17 Mars 1727, a ordonné qu'avant faire droit sur le tout, Nous serions très-humblement suppliés d'expliquer nos intentions par une Déclaration, s'il Nous plaisoit en envoyer une à notredite Cour ; & cependant que par provision, & sans préjudice des droits des Parties au principal, les Juge & Consuls nouvellement élûs prêteroient serment, & exerceroient leurs fonctions jusqu'à ce que autrement en eût été ordonné ; & Nous étant fait rendre compte des Requêtes, Mémoires & piéces présentées de la part de toutes les Parties, comme aussi des Mémoires qui ont été donnés par les six Corps, en exécution de l'Arrêt de notredite Cour du 5 Février, nous avons reconnu dans les differentes vûes que chacun de ces Corps a crû devoir proposer sur ce sujet, le même zéle pour le service du Public ; & dans le partage de leurs sentimens, Nous n'en avons trouvé aucun sur le desir de procurer la Justice la plus exacte & l'expédition la plus prompte ; Nous aurions desiré qu'il eût été possible de placer dans le Consulat des Sujets tirés de tous les Corps des Négocians pour y réunir en même tems des personnes également instruites des differentes parties du Commerce, qui font tout le sujet ordinaire des contestations dont la connoissance appartient aux Juge & Consuls ; mais la difficulté de concilier la promptitude de l'expedition qui est un des principaux objets de la Jurisdiction Consulaire, avec le nombre des Consuls qu'il auroit fallu établir, pour y faire entrer tous les ans des Sujets choisis dans chaque Corps de Commerçans, Nous a déterminé à nous contenter de suivre cette vûe, autant qu'il est possible, sans augmenter l'ancien nombre des Juge & Consuls, en n'y admettant dans chaque élection que des Sujets qui se soient formés dans differentes especes de Commerce, & qui par cette raison ne soient jamais tirés du même Corps : Nous avons aussi consideré que dans une Jurisdiction dont les Juges se renouvellent toutes les années, il étoit nécessaire d'établir un ordre fixe, qui conservant toujours une partie des Juges actuellement en place, avec ceux qui sont choisis de nouveau pour remplir les mêmes fonctions, mît ces derniers en état de profiter des lumieres & de l'experience des premiers ; en sorte que le même esprit & la même Jurisprudence se perpétuant ainsi plus facilement dans la Jurisdiction Consulaire, le Public fût encore plus assuré d'en recevoir toute l'utilité qu'il en doit attendre. Nous avons crû enfin devoir expliquer nos intentions sur ce qui regarde la forme des élections, & encore plus sur la qualité de ceux qui doivent y être appellés, sur laquelle l'Edit de 1563 n'avoit rien déterminé dans un tems, où en jettant les premiers fondemens de la Jurisdiction Consulaire, on n'avoit pû encore connoître & le bien qu'on en pouvoit attendre, & les abus qu'on en pouvoit craindre. A CES CAUSES, & autres à ce Nous mouvans, de l'avis de notre Conseil, & de notre certaine science, pleine puissance, & autorité Royale, nous avons dit, déclaré, statué & ordonné, & par ces Présentes signées de notre main, disons, déclarons, statuons & ordonnons, voulons & Nous plaît ce qui suit :

ARTICLE PREMIER.

Le nombre des Juge & Consuls des Marchands de notre bonne Ville de

Paris, demeurera fixé à cinq ; sçavoir, un Juge & quatre Consuls, comme il l'a été jusqu'à présent.

II. Voulons que conformément à l'Edit du mois de Novembre 1563, les Juge & Consuls en exercice, soient tenus, trois jours avant la fin de leur année, d'appeller & assembler jusqu'au nombre de soixante Marchands Bourgeois de notre bonne Ville de Paris, sans qu'il puisse en être appellé plus de cinq de chacun des six Corps des Drapiers, Apoticaires-Epiciers, Merciers, Pelletiers, Bonnetiers & Orfévres ; ensemble de chacun des Libraires-Imprimeurs, & des Marchands de Vin, entre lesquels les Maîtres & Gardes, Syndics & Adjoints, seront préferablement admis, & sans qu'il puisse en être appellé un plus grand nombre d'un desdits Corps que de l'autre, lesquels seront tous appellés par commission des Juge & Consuls : & à l'égard de ceux qui seront nécessaires pour achever de remplir le nombre de soixante, seront appellés aussi par lesdits Juge & Consuls, des Marchands ou Négocians, ou autres notables Bourgeois de notre bonne Ville de Paris, versés au fait du Commerce, jusqu'au nombre de vingt, lesquels soixante, ensemble les cinq Juge & Consuls en exercice, & non autres, en éliront trente d'entr'eux, qui sans partir du lieu & sans discontinuer, procederont avec lesdits Juge & Consuls à l'instant & le jour même, à peine de nullité ; premierement, à l'élection d'un nouveau Juge pour entrer en exercice, & ensuite à celle des quatre Consuls, dont deux seront élûs pour entrer aussi en exercice avec deux qui resteront de la précedente élection, & les deux autres pour entrer en fonction après six mois révolus à compter du jour de ladite élection, auquel jour les deux qui seront restés de la précedente élection, sortiront de Charge, sans que les uns ni les autres puissent commencer leur exercice, qu'après avoir prêté le serment en la Grand'Chambre de notre Parlement en la maniere accoutumée.

III. Le Juge sera toujours choisi suivant l'usage ordinaire entre les anciens Consuls, & tant ledit Juge que les quatre Consuls qui devront être en exercice dans le même tems, seront toujours de Corps & de Commerce differens, sans qu'il en puisse être choisi aucun qui soit du même Corps, que ceux qui seront élus en même tems que lui, où avec lesquels il exercera ses fonctions pendant le tems & espace de six mois, suivant ce qui est porté par l'article précedent.

IV. Voulons en conséquence pour commencer à établir l'ordre ci-dessus prescrit, qu'aussitôt après l'enregistrement des Présentes en notre Cour de Parlement, les Juge & Consuls actuellement en place fassent appeller & assembler jusqu'au nombre de soixante Marchands Bourgeois de ladite Ville en la forme ci-dessus prescrite, à l'effet d'en élire pareillement trente d'entr'eux qui procederont sur le champ à l'élection, tant d'un nouveau Juge que de quatre Consuls, lequel nouveau Juge exercera ses fonctions jusqu'au dernier Janvier de l'année 1729 ; & à l'égard desdits quatre Consuls nouvellement élus, deux entreront en exercice aussi-tôt après leur élection, avec les deux anciens des quatre Consuls actuellement en place, ou au refus desdits anciens, avec les deux derniers, & les deux autres n'entreront en exercice qu'au mois d'Août de la présente année avec les deux qui auront été choisis dans ladite prochaine élection, auquel jour les deux qui seront restés de l'élection de 1727, sortiront d'exercice, lesquels deux Consuls qui entreront au mois d'Août prochain demeureront en place jusqu'au mois d'Août de l'année 1729, le tout après le serment par eux prêté, comme dit est, en la maniere accoutumée ; au moyen de quoi, lors de l'élection qui sera faite au mois de Janvier 1729, seront élus suivant la forme ci-dessus prescrite ; un Juge & quatre Consuls aussi de differens Corps & Commerces,

merces, pour par le Juge exercer une année entiere; & à l'égard de deux desdits Consuls élûs, pour entrer en exercice aussi-tôt après leur élection, avec les deux Consuls qui y seront entrés au premier Août précédent, & les deux autres pour y entrer au premier Août 1729, avec ceux qui auront commencé leur exercice aussi-tôt après leur élection, laquelle forme sera gardée & observée à l'avenir dans toutes les élections. Enjoignons à nôtre Cour de Parlement d'y tenir la main: SI DONNONS EN MANDEMENT à nos amés & féaux Conseillers les Gens tenans notre Cour de Parlement à Paris, que ces Présentes ils ayent à faire regiſtrer, & leur contenu garder & observer de point en point selon sa forme & teneur: CAR tel est notre plaisir: En témoin de quoi Nous avons fait mettre notre Scel à cesdites Présentes. DONNÉ à Versailles, le dix-huitiéme jour de Mars, l'an de grace mil sept cent vingt-huit, & de notre Regne le treiziéme. *Signé*, LOUIS. *Et plus bas*, Par le Roy, PHELYPEAUX. Et scellé du grand Sceau de cire jaune.

Registrées, oüi & ce requerant le Procureur Général du Roi, pour être exécutées selon leur forme & teneur, suivant l'Arrêt de ce jour. A Paris en Parlement, le vingt-trois Mars mil sept cent vingt-huit. Signé, DU FRANC.

DÉCLARATION DU ROY,

CONCERNANT LES MARCHANDISES des Colonies Françoises.

Donnée à Paris, le 14 Mars 1722.

LOUIS, PAR LA GRACE DE DIEU, ROY DE FRANCE ET DE NAVARRE: A tous ceux qui ces présentes Lettres verront, SALUT. Par l'Article XXVI. de nos Lettres Patentes du mois d'Avril 1717, portant Réglement pour le Commerce des Isles & Colonies Françoises, Nous avons très-expressément défendu aux Habitans desdites Isles & Colonies, & aux Négocians de notre Royaume, de transporter dans les Pays étrangers ou dans les Isles étrangeres voisines desdites Colonies, par des Vaisseaux François ou étrangers, aucunes marchandises du crû des Isles Françoises, à peine de confiscation des Vaisseaux & marchandises, & de mille livres d'amende, & encore à peine contre les Capitaines & Maîtres des Bâtimens de répondre en leur propre & privé nom desdites confiscation & amende, de prison pendant un an, & d'être déclarés incapables de commander ni de servir en qualité d'Officiers sur aucun bâtiment; à l'effet de quoi les Capitaines seront tenus de représenter à leur arrivée en France un état signé des Commis du Domaine d'Occident, des Marchandises qu'ils ont chargées ausdites Isles & Colonies. Quoique la derniere disposition dudit Article soit essentielle & la plus grande sûreté qui puisse être prise contre le commerce étranger, par la vérification qui doit être faite des marchandises à l'arrivée des Vaisseaux en France, sur l'état du chargement fait aux Isles; cependant Nous sommes informés que la plupart des Maîtres des Bâtimens revenans des Isles, se sont dispensés de rapporter aucun état de chargement dans la forme prescrite, & que les Commis de nos Fermes dans les Ports de France ne peuvent les y assujettir ni proceder sûrement contr'eux, dans la crainte que les Juges n'y ayent aucun égard, sous prétexte que ledit Article XXVI. du Réglement de 1717, ne prononce aucune peine contre ceux qui seront en défaut de rapporter ledit état signé des Commis du Domaine d'Occident aux Isles & Colonies Françoises, mais seulement contre ceux qui font le Commerce étranger, ce qui rend les défenses de ce Commerce illusoires par l'impossibilité de reconnoître en France si toutes les marchandises qui ont été chargées aux Isles sont fidelement rapportées dans les Ports du retour, & s'il n'en a point été déchargé dans les Pays étrangers; c'est à quoi Nous avons estimé nécessaire de remédier par une disposition qui déclare les peines prononcées par ledit Réglement de 1717, contre les Maîtres des Bâtimens qui feroient le Commerce étranger, également encourues par ceux qui seroient en défaut de rapporter leur état de chargement signé des Commis des Isles & Colonies Françoises, avec d'autant plus de justice, que cette regle étant de facile exécution, & d'ailleurs nécessaire pour assurer la perception de nos Droits, tant aux Isles qu'en France, les Maîtres des Bâtimens n'ont pû s'en écarter que dans la vûe de faire un Commerce très préjudiciable au bien de notre Etat, de frauder en même tems nos Droits, & de se soustraire aux peines qu'ils auroient méritées par une double contravention. A CES CAUSES, de l'avis de notre très-cher & très-amé Oncle le Duc d'Orleans, Petit-Fils de France, Régent; de notre très-cher & très-amé Oncle le Duc de Chartres, premier Prince de notre Sang; de notre très-cher & très-amé Cousin le Duc de Bourbon; de notre très-cher & très-amé Cousin le Comte de Charolois; de notre très-cher & très amé Cousin le Prince de Conty, Princes de notre Sang; de notre très-cher & très-amé Oncle le Comte de Toulouse, Prince légitimé, & autres grands & notables Personnages de notre Royaume, & de notre certaine science, pleine puissance & autorité Royale, Nous avons par ces Présentes, signées de notre main, dit, statué & ordonné, disons, statuons & ordonnons, voulons & nous plaît, que l'Article XXVI. de nos Lettres Patentes du mois d'Avril 1717, soit exécuté selon sa forme & teneur, & en conséquence, que les Maîtres des Bâtimens revenans des Isles & Colonies Françoises, soient tenus de représenter à leur arrivée en France un état signé & certifié des Commis du Domaine d'Occident, des marchandises qu'ils auront chargées ausdites Isles & Colonies. Ordonnons que faute par lesdits Maîtres de remettre dans les vingt-quatre heures de leur arrivée dans les Ports de France aux Commis des Bureaux de nos Fermes ledit état de chargement, ou faute de rapporter les marchandises conformes audit état, suivant la vérification qui en sera faite par lesdits Commis, ils soient réputés avoir fait commerce des marchandises desdites Isles avec l'Etranger, & en conséquence que les Vaisseaux & marchandises soient confisqués, les Propriétaires desdites marchandises & les Capitaines & Maîtres desdits Bâtimens condamnés solidairement en l'amende de mille livres, & autres peines portées par ledit Article XXVI. de nos Lettres Patentes du mois d'Avril 1717. SI DONNONS EN MANDEMENT, à nos amés & féaux

Conseillers les Gens tenans nos Cours de Parlement & des Aydes à Paris, que ces Présentes ils ayent à faire lire, publier & registrer, & le contenu en icelles garder, observer & exécuter selon leur forme & teneur, nonobstant tous Edits, Déclarations, Réglemens, Arrêts, ou autres choses à ce contraires, ausquelles Nous avons dérogé & dérogeons par ces Présentes; aux copies desquelles collationnées par l'un de nos amés & féaux Conseillers-Sécrétaires voulons que foi soit ajoutée comme à l'original : CAR tel est notre plaisir; En témoin de quoi Nous avons fait mettre notre Scel à cesdites Présentes. DONNÉ à Paris le quatorziéme jour de Mars, l'an de grace mil sept cent vingt-deux, & de notre Regne le septiéme. *Signé*, LOUIS; *Et plus bas*, Par le Roy, LE DUC D'ORLEANS Régent, présent, PHELYPEAUX. Vû au Conseil, LE PELLETIER DE LA HOUSSAYE. Et scellé du grand Sceau de cire jaune.

Registrées, oui & ce requerant le Procureur Général du Roi, pour être exécutées selon leur forme & teneur, & copies collationnées envoyées aux Bailliages & Sénéchaussées du Ressort, pour y être lûes, publiées & registrées : Enjoint aux Substituts du Procureur Général du Roy, d'y tenir la main, & d'en certifier la Cour dans un mois, suivant l'Arrêt de ce jour. A Paris, en Parlement, le trente Mars mil sept cent vingt-deux. Signé, GILBERT.

Les Edits & les Déclarations qui suivent ont leur relation au titre second de l'Ordonnance de 1673; on avoit obmis de les y insérer.

EDIT DU ROY,

PORTANT SUPPRESSION DES VINGT OFFICES d'Agens de Change à Paris, créés par Edit du mois de Décembre mil sept cent cinq, & création de quarante autres pareils Offices pour ladite Ville.

Donné à Fontainebleau au mois d'Août 1708.

LOUIS, par la grace de Dieu, Roi de France & de Navarre: A tous présens & à venir, Salut. Par notre Edit du mois de Décembre 1705, Nous avons créé en titre d'Offices vingt de nos Conseillers Agens de Banque, Change, Commerce & Finances, pour être établis en notre bonne Ville de Paris: mais Nous ayant été représenté qu'il est difficile que ces vingt Agens de Change fassent toutes les négociations qui se présentent dans la Banque, le Commerce & les

Finances, & que d'ailleurs le prix en est fixé sur un pied si considérable, que ceux qui sont les plus capables de les remplir, ne sont pas en état de les acquerir; & comme Nous ne désirons rien tant que de contribuer de notre part à rendre le Commerce d'argent libre & à l'augmenter s'il est possible, Nous avons résolu de supprimer lesdits vingt Agens de Change, Banque, Commerce & Finances, & d'en établir jusqu'au nombre de quarante, afin que ceux qui sont élevés dans ces fonctions, & qui par leur exactitude ont mérité & meriteront la confiance publique, puissent parvenir à se faire pourvoir desdits Offices. A CES CAUSES, & autres à ce Nous mouvans, de l'avis de notre Conseil, de notre certaine science, pleine puissance & autorité Royale, Nous avons éteint & supprimé, éteignons & supprimons les vingt Offices de nos Conseillers Agens de Change, Commerce & Finances, créés dans notre bonne Ville de Paris par notre Edit du mois de Décembre 1705, ensemble les gages & droits qui leur étoient attribués, ausquels Agens de Change supprimés Nous défendons expressément d'en faire aucunes fonctions à l'avenir, à commencer du jour de l'enregistrement qui sera fait du présent Edit, à peine de trois mille livres d'amende pour la premiere fois & de plus grande peine en cas de récidive. Voulons que les proprietaires desdits Offices remettent incessamment entre les mains du sieur Desmarets, Conseiller en notre Conseil Royal, Controlleur Général de nos Finances, leurs Quittances de Finances, Lettres de provisions, Contrats d'acquisition & autres titres de propriété, pour être procédé à la liquidation desdits Offices; & de la même autorité que dessus, Nous avons créé, érigé & établi, créons, érigeons & établissons en titre d'Office formé & héréditaire quarante nos Conseillers Agens de Change, Banque, Commerce & Finance en notre bonne Ville & Fauxbourgs de Paris, ausquels Nous avons attribué & attribuons quarante mille livres de gages effectifs à répartir entr'eux, dont le fonds sera fait annuellement dans les états de nos Finances, sans qu'ils puissent à l'avenir être diminués ni retranchés pour quelque cause & occasion que ce soit. *Jouiront lesdits Officiers pour les négociations qu'ils feront en deniers comptans, Billets & Lettres de Change, de cinquante sols par mille livres, payables, sçavoir, vingt-cinq sols par le prêteur, & vingt-cinq sols par l'emprunteur, ainsi qu'il est d'usage; & à l'égard des Négocians pour fait de marchandises, ils seront payés sur le pied de demi pour cent de la valeur des marchandises. Permettons ausd. Agens de Banque, Change, Commerce & Finances de tenir un Bureau ouvert & une Caisse chez eux pour la commodité & facilité de ceux qui auront des négociations à faire de leur fait, nonobstant ce qui est porté par les Articles premier & deux du titre deuxiéme de notre Edit du mois de Mars mil six cent soixante-treize, servant de Réglement pour le Commerce des Négocians & Marchands, ausquels Nous avons dérogé & dérogeons pour ce regard seulement.* Défendons à toutes personnes de s'immiscer dans les fonctions d'Agens de Change, prendre ni percevoir les droits qui leur sont attribués par notre présent Edit, s'ils ne sont pourvûs d'un des Offices créés par icelui, à peine de trois mille livres d'amende. N'entendons néanmoins assujettir aucuns de nos Trésoriers chargés de quelque maniement que ce soit dans notre Royaume, des Receveurs Généraux de nos Finances & autres Receveurs chargés de recettes pour lesquelles ils sont obligés de Nous faire des prêts & avances de nos Fermiers, Traitans & Gens d'Affaires, à se servir de l'entremise desdits Agens de Change pour les emprunts qu'ils sont obligés de faire pour soutenir leurs Offices, Fermes & Traités, qu'autant qu'ils le jugeront à propos, quand bien même pour aider à leur crédit, ils se serviroient de leurs Commis,

Caissiers ou autres personnes pour signer, endosser ou négocier leurs billets d'emprunts; à la charge néanmoins qu'ils ne payeront pour raison des négociations qui seront ainsi faites, aucuns droits, lesquels ne pourront être reçus que par les Agens de Change dans les négociations qui passeront par leurs mains; & pour marquer l'estime que Nous faisons du titre des Offices & des fonctions desdits Agens de Change, Banque, Commerce & Finances, Nous avons déclaré & déclarons qu'ils peuvent être possédés & exercés sans aucune dérogeance à Noblesse, & en conséquence avons permis & permettons à ceux qui seront pourvûs de ces Offices, de les posséder conjointement avec des Charges de nos Conseillers-Secretaires, tant en notre grande Chancellerie que dans les autres Chancelleries de notre Royaume, & d'en faire les fonctions, sans qu'il leur soit besoin d'Arrêt ni de Lettres de compatibilité dont Nous les avons dispensés & déchargés. Avons accordé & accordons un minot de franc-salé à chacun desdits quarante Officiers créés par le présent Edit, à prendre dans le Grenier à Sel de notre bonne Ville de Paris, dont il sera tenu compte à l'Adjudicataire de nos Gabelles. Voulons qu'ils jouissent du droit de Committimus en notre présente Chancellerie, & de l'exemption de tutelle, curatelle, de toutes autres Charges de Ville & de Police, & de tous les autres privileges dont jouissent les Bourgeois de notre bonne Ville de Paris, sans être obligés d'obtenir aucunes Lettres. Ne pourront lesdits Agens de Change, Banque, Commerce & Finances être à l'avenir taxés pour raison desdits Offices, soit pour confirmation de leurs gages & droits, supplément de Finance ni autrement, ni être tenus de prendre aucune augmentation de gages, dont Nous les avons déchargés & déchargeons pour toujours. Seront lesdits Officiers reçus pardevant le Prévôt de Paris ou ses Lieutenans en la maniere accoutumée, en payant vingt livres pour tous droits, y compris ceux de notre Procureur & du Greffier; voulant néanmoins que ceux qui sont pourvûs desdits Offices créés par l'Edit du mois de Décembre mil sept cent cinq, & qui acquéreront de ceux créés par le présent, soient dispensés de prêter un nouveau serment, en faisant par eux enregistrer leurs provisions au Grefle du Châtelet sans frais. Voulons aussi que ceux qui prêteront les deniers pour l'acquisition desdits Offices, ayent privilege & hypoteque spéciale sur iceux sur les gages qui y sont attribués, par préférence à tous autres Créanciers, sans qu'il soit besoin d'en faire mention dans les quittances de Finance, mais seulement dans les Contrats & Obligations qui seront faits pour raison desdits emprunts, & que les droits de Sceau des provisions & de marc d'or soient reglés sur le pied des modérations portées par les Tarifs des mois d'Avril & d'Octobre mil sept cent quatre, & qu'il ne soit payé pour le droit du Garde des Rolles que le tiers des droits ordinaires, & ce pour les premiers pourvûs seulement. SI DONNONS EN MANDEMENT à nos amés & féaux Conseillers les Gens tenans notre Cour de Parlement, Chambre des Comptes & Cour des Aydes à Paris, que notre présent Edit ils ayent à faire lire, publier & registrer, même en tems de vacations, & le contenu en icelui faire exécuter de point en point selon sa forme & teneur, sans permettre qu'il y soit contrevenu en quelque sorte & maniere que ce soit, nonobstant tous Edits, Déclarations, Réglemens & autres choses à ce contraires ausquels Nous avons dérogé & dérogeons par le présent Edit: CAR tel est notre plaisir: Et afin que ce soit chose ferme & stable à toujours, Nous y avons fait mettre notre Scel. DONNÉ à Fontainebleau au mois d'Août, l'an de grace mil sept cent huit, & de notre Regne le soixante-sixiéme. *Signé*, LOUIS. *Et plus bas*,

Par le Roy, PHELYPEAUX. *Visa*, PHELYPEAUX. Vû au Conseil, DESMARETZ. Et scellé du grand Sceau de cire verte en lacs de soye rouge & verte.

Registré, oui & ce requerant le Procureur Général du Roy, pour être exécuté selon sa forme & teneur, suivant l'Arrêt de ce jour. A Paris en Parlement en Vacations le vingt-cinq Septembre mil sept cent huit. Signé, DONGOIS.

DECLARATION DU ROY,

QUI FAIT DEFENSES A TOUTES PERSONNES de faire aucunes fonctions attribuées aux Agens de Change.

Donnée à Versailles le 3 Septembre 1709.

LOUIS, par la grace de Dieu, Roy de France & de Navarre: A tous ceux qui ces présentes Lettres verront, Salut. Tous les établissemens de Courtiers & Agens de Change & Banque, qui ont été faits dans notre bonne Ville & Fauxbourgs de Paris, l'ont été à la charge que nul ne pourroit entreprendre d'en faire les fonctions, s'il n'avoit auparavant obtenu de Nous des provisions en notre grande Chancellerie. Les contraventions survenues au préjudice des défenses prononcées à cet égard, Nous auroient porté à les supprimer par notre Edit du mois de Décembre mil sept cent cinq, par lequel & pour les causes y contenues, Nous aurions créé vingt Offices d'Agens de Change, pour faire par ceux qui en seroient pourvûs les fonctions portées par icelui, & Nous aurions attribué à ces Offices la qualité de nos Conseillers, avec des titres & facultés qui Nous avoient paru convenables, pour engager des personnes de distinction à s'en faire pourvoir: Mais comme Nous en aurions fixé le prix à soixante mille livres de finance, il Nous fut lors représenté que peu de personnes pouvoient trouver un aussi gros fonds, outre qu'il falloit pour remplir ces Offices des Sujets connus de ceux qui sont dans l'usage de négocier sur la place, ou des Marchands & Commerçans; que les Particuliers de cette qualité n'étant point en état de disposer d'une si grosse somme, & que des Etrangers qui ne seroient point instruits dans les fonctions de ces Offices, n'étoient point en état de les exercer sans porter un notable préjudice au commerce; qu'ainsi il falloit proportionner le prix d'iceux aux facultés des Particuliers à qui ils pouvoient convenir. Ces considérations Nous obligerent de faire expédier notre Edit du mois d'Août mil sept cent dix-huit, par lequel Nous les aurions supprimés, & créé en leur lieu & place quarante Offices de nos Conseillers Agens de Change, Banque, Commerce & Finance en notre bonne Ville & Fauxbourgs de Paris, pour faire les fonctions reglées par ledit Edit, & jouir par ceux qui en seroient pourvûs, des gages, droits, honneurs, privileges & exemptions à eux attribués par icelui, & Nous aurions fait fixer le prix desdits Offices chacun à vingt mille livres de finance principale, & les deux sols pour livre. Depuis Nous avons été informés que peu de ces Offices avoient été vendus, parce que les Particuliers qui avoient possédé les Offices supprimés par notre Edit du mois de Décembre mil sept cent cinq, aussi bien que les Particuliers qui en faisoient les fonctions avant ledit Edit, sans titre ni faculté, en ayant conservé l'usage & entretenu les habitudes qu'ils avoient avec les Prêteurs & les Négocians, continuoient au préjudice des défenses portées par nosdits Edits, & faisoient abusivement les fonctions desdits Offices, & en percevoient les droits sous differens prétextes, & entr'autres sous ceux de bénéfice, récompense de leurs peines ou gratifications, ce qui se trouvant absolument contraire ausdits Edits & au bien du Commerce des habitans de notre bonne Ville & Fauxbourg de Paris, Nous avons estimé devoir y remedier, & que le moyen le plus certain étoit de renouveller les défenses portées par nosdits Edits, & d'obliger les Particuliers qui ont perçu sans titre les droits attribués à ces Offices, d'en faire la restitution, afin qu'ils en soient détournés à l'avenir, ou qu'ils se fassent pourvoir desdits Offices. A CES CAUSES, & autres à ce Nous mouvans, de notre certaine science, pleine puissance & autorité Royale, Nous avons par ces Présentes signées de notre main, dit, statué, ordonné & déclaré, disons, statuons, ordonnons & déclarons, Voulons & Nous plaît, que notre Edit du mois d'Août mil sept cent huit, soit exécuté selon sa forme & teneur, & en conséquence, faisons itératives défenses à toutes sortes de personnes, de quelque titre, qualité, commerce & profession qu'elles soient, de faire à l'avenir aucunes des fonctions attribuées aux Offices de nos Conseillers-Agens de Change, Banque & Finance, soit pour fait de Commerce, d'argent, marchandises, meubles, denrées, Lettres de Change, Billets solidaires ou particuliers au porteur ou autrement, en quelque sorte & maniere que ce soit, ni de percevoir les droits desdits Offices sous aucun prétexte, soit de bénéfice, récompense, gratifications ou autrement, le tout à peine de restitution du quadruple des sommes par eux reçues, & de mille livres d'amende pour chacune contravention, applicable un tiers au dénonciateur, un tiers au profit de l'Hôtel Dieu de Paris, & l'autre à celui de la Compagnie desdits Agens de Change, sans que cette peine puisse être ci-après remise, moderée ni réputée comminatoire. Voulons au surplus que tous les Particuliers, autres que les pourvûs desdits Offices, qui se sont ci-devant immiscés de faire les fonctions desdits Agens de Change, Banque & Finance, en s'intriguant dans les négociations publiques & particulieres, sous prétexte de les faciliter ou autrement, depuis & avant notre Edit du mois de Décembre mil sept cent cinq, soient tenus pour être déchargés des peines & amendes par eux encourues, & de la restitution des droits qu'ils ont induement perçus, de payer au Préposé pour le recouvrement de la finance desdits Offices, les sommes pour lesquelles ils seront employés dans les Rôles qui seront arrêtés à cet effet en notre Conseil, avec les deux sols pour livre d'icelles, un mois après la signification desdits Rôles; autrement & à faute dequoi ils y seront contraints par les voyes ordinaires & accoûtumées pour le recouvrement de nos deniers, à la diligence dudit Préposé, ses Procureurs ou Commis, sur leurs récépissés, portant promesse de leur rapporter les quittances du Garde de notre Trésor Royal pour les sommes principales, & celles dudit Préposé pour les deux sols pour livre, du payement desquelles sommes seront & demeureront dispensés & déchargés ceux qui acquereront lesdits Offices d'Agens de Change, Banque & Finance, sans qu'en ce cas ils puissent être ci-après recherchés ou inquiétés, pour raison de ce, dont Nous les avons déchargés & dispensés, déchargeons & dispensons par ces Présentes, leur permettons d'emprunter les sommes dont ils auront besoin pour faire l'acquisition desdits Offices, & de les affecter & hypotéquer avec les gages & droits y attribués pour sûreté desdits emprunts, à l'effet de quoi il en sera fait mention dans les quittances du Trésorier de nos revenus casuels, & dans celles desdits deux sols pour livre. SI DONNONS EN MANDEMENT, à nos amés & féaux Conseillers les

Gens tenans notre Cour de Parlement, Chambre de nos Comptes & Cour des Aydes à Paris, que ces Présentes ils ayent à faire lire, publier & regiſtrer, même en Vacations, & le contenu en icelles garder, obſerver & exécuter ſelon leur forme & teneur, nonobſtant tous Edits, Déclarations, Arrêts & Réglemens & autres choſes contraires, auſquelles Nous avons dérogé & dérogeons par ces Préſentes; aux copies deſquelles collationnées par l'un de nos amés & féaux Conſeillers-Sécrétaires, voulons que foi ſoit ajoutée comme à l'original: CAR tel eſt notre plaiſir; en témoin de quoi Nous avons fait mettre notre Scel à ceſdites Préſentes. DONNÉ à Verſailles, le troiſiéme jour de Septembre, l'an de grace mil ſept cent neuf, & de notre Regne le ſoixante-ſeptiéme. *Signé*, LOUIS; *Et plus bas*, Par le Roy, PHELYPEAUX. Vû au Conſeil, DESMARETZ. Et ſcellé du grand Sceau de cire jaune.

Regiſtrées, oui & ce requerant le Procureur Général du Roi, pour être exécutées ſelon leur forme & teneur, ſuivant l'Arrêt de ce jour. A Paris en Parlement en Vacations le douziéme Septembre 1709. Signé, GUIHOU.

DECLARATION DU ROY,

QUI ACCORDE AUX QUARANTE OFFICES d'Agens de Change à Paris, l'exemption de Taille, Uſtencile & autres Charges.

Donnée à Verſailles, le 7 Décembre 1709.

LOUIS, par la grace de Dieu, Roi de France & de Navarre: A tous ceux qui ces préſentes Lettres verront, Salut. Par notre Edit du mois de Décembre mil ſept cent cinq, Nous avons créé entr'autres choſes, vingt Offices d'Agens de Banque, Change, Commerce & Finances, pour être établis à Paris, auſquels Nous avons attribué l'exemption des Tailles, Uſtenciles & autres charges, de Tutelle, Curatelle, de nomination de charges publiques, & de logement de Gens de guerre, enſemble les autres exemptions & privileges dont jouiſſent les anciens Offices d'Agens de Change, le nombre deſquels Offices n'ayant pas paru ſuffiſant pour faire toutes les négociations qui ſe préſentent dans la Banque, le Commerce & les Finances, Nous avons jugé à propos de les ſupprimer par autre notre Edit du mois d'Août mil ſept cent huit, & de créer en leur lieu & place quarante pareils Offices, aux mêmes fonctions, gages & droits; & quoique notre intention n'ait pas été de mettre aucune différence entre ces Offices, & que ce changement n'ait eu d'autre principe que d'augmenter le nombre de ces Offices ſeulement pour la facilité du Commerce, néanmoins l'exemption de Taille, Uſtencile & autres impoſitions, qui avoit été accordée aux premiers, n'ayant pas été nommément expliquée par notredit Edit du mois d'Août mil ſept cent huit, Nous avons été informés que les Particuliers à qui ces Offices pourroient convenir, appréhendent de ne pas jouir paiſiblement de ces exemptions par ce défaut d'énonciation; à quoi voulant pourvoir: A CES CAUSES, & autres à ce Nous mouvans, de notre certaine ſcience, pleine puiſſance & autorité Royale, Nous avons par ces Préſentes ſignées de notre main, dit,

dit, déclaré & ordonné, disons, déclarons & ordonnons, voulons & Nous plaît, que ceux qui sont ou seront pourvûs des quarante Offices d'Agens de Change, Banque, Commerce & Finance, créés par notredit Edit du mois d'Août mil sept cent huit, jouissent de l'exemption de la Taille, Ustencile & autres Charges de Tutelle, Curatelle, de nomination aux Charges publiques & de Logement de Gens de Guerre, ensemble de tous les autres privileges qui ont été ci-devant accordés aux anciens Offices d'Agens de Change, Banque, Finance & Marchandise, tous lesquels privileges Nous leur avons attribués & attribuons, en tant que besoin, par ces Présentes; faisons très-expresses défenses à toutes personnes de les y troubler : Enjoignons aux Sieurs Intendans & Commissaires départis pour l'exécution de nos Ordres, & à tous autres Officiers qu'il appartiendra, d'y tenir la main. SI DONNONS EN MANDEMENT, à nos amés & féaux Conseillers, les Gens tenans notre Cour de Parlement, Chambre des Comptes & Cour des Aydes à Paris, que ces Présentes ils ayent à faire lire, publier & regiſtrer, & le contenu en icelles faire exécuter selon leur forme & teneur, nonobstant tous Edits, Déclarations, Arrêts, Reglemens & autres choses à ce contraires, ausquelles Nous avons dérogé & dérogeons par ces Présentes, aux copies desquelles collationnées par l'un de nos amés & féaux Conseillers Secretaires, Voulons que foi soit ajoutée comme à l'Original : CAR tel est notre plaisir; en témoin de quoi Nous avons fait mettre notre Scel à cesdites Présentes. DONNÉ à Versailles le septiéme jour de Décembre l'an de grace mil sept cent neuf, & de notre Regne le soixante septiéme. *Signé*, LOUIS : *Et plus bas*, Par le Roi, PHELYPEAUX. Vû au Conseil, DESMARETZ. Et scellé du grand Sceau de cire jaune.

Registrées, oüi & ce requerant le Procureur Général du Roi, pour être exécutées selon leur forme & teneur, & copies collationnées envoyées aux Bailliages & Sénéchaussées du Ressort, pour y être lûes, publiées & registrées : Enjoint aux Substituts du Procureur Général du Roi d'y tenir la main, & d'en certifier la Cour dans un mois, suivant l'Arrêt de ce jour. A Paris en Parlement, le onze Mars mil sept cent dix. Signé, DONGOIS.

EDIT DU ROY,

PORTANT SUPPRESSION DE TOUS LES OFFICES d'Agens de Change établis à Paris,

Et création de soixante nouveaux Offices d'Agens de Change, Banque & Commerce dans ladite Ville.

Donné à Versailles au mois de Janvier 1723.

LOUIS, par la grace de Dieu, Roi de France & de Navarre : A tous ceux qui ces présentes Lettres verront, Salut. Le feu Roi de glorieuse mémoire, notre très-honoré Seigneur & Bisayeul, avoit jugé nécessaire de créer par ses Edits des mois d'Août 1708 & Novembre 1714, soixante Offices d'Agens de Change, Banque & Commerce dans la Ville de Paris; mais les differens changemens survenus dans ces Offices pour les suppressions & les rétablissemens qui en ont été ordonnés, rendant leur état entierement incertain, Nous avons jugé nécessaire d'y pourvoir en supprimant tous lesdits Offices créés & établis jusqu'à présent dans notre bonne Ville de Paris, à quelque titre & sous quelque dénomination qu'ils ayent été créés, & en créant en leur lieu & place soixante nouveaux Offices de nos Conseillers Agens de Change, Banque & Commerce, pour jouir par eux des mêmes fonctions, prérogatives & droits sur les Négociations qui seront par eux faites, qui étoient attribués aux Agens de Change, Banque & Commerce, par les Edits des mois d'Août 1708 & Novembre 1714, sans aucuns autres droits, privileges ou immunités, & sans aucuns gages. Et pour accélerer autant qu'il Nous sera possible le remboursement des dettes de l'État, Nous ferons recevoir le payement de la Finance desdits Offices, en contrats de rentes sur la Ville, Rentes Provinciales, Liquidations d'Offices supprimés, & autres dettes de l'État liquides. A CES CAUSES, & autres à ce Nous mouvans, de l'avis de notre très-cher & très-amé oncle le Duc d'Orleans petit-Fils de France, Régent; de notre très-cher & très-amé oncle le Duc de Chartres premier Prince de notre Sang; de notre très-cher & très-amé cousin le Duc de Bourbon; de notre très-cher & très-amé cousin le Comte de Charollois; de notre très cher & très-amé cousin le Prince de Conty, Prince de notre Sang; de notre très-cher & très-amé oncle le Comte de Toulouse, Prince légitimé, & autres grands & notables Personnages de notre Royaume, & de notre certaine science, pleine puissance & autorité Royale, Nous avons par le present Edit, éteint & supprimé tous les Offices d'Agens de Change, Banque & Commerce établis jusqu'à present dans notre bonne Ville de Paris, en quelque nombre, à quelque titre, & sous quelque dénomination qu'ils ayent été créés & établis, & de la même autorité que dessus, Nous avons créé & établi, créons & établissons soixante nouveaux Offices de nos Conseillers Agens de Change, Banque & Commerce dans notre bonne Ville de Paris, pour exercer par eux les mêmes fonctions, jouir des mêmes prérogatives & mêmes droits sur les négociations qui seront par eux faites, dont jouissoient les Agens de Change, Banque & Commerce, créés par lesdits Edits des mois d'Août 1708 & Novembre 1714, sans néanmoins qu'ils puissent prendre aucunes des exemptions de Tailles, Ustenciles, & autres charges qui étoient attribuées ausdits Offices & sans aucuns gages ni franc-salé; & pour accelerer autant qu'il Nous sera possible le remboursement des dettes de l'Etat, & donner plus de facilité aux Particuliers qui voudront acquerir lesdits Offices, voulons & ordonnons que la Finance qui sera par nous reglée pour lesdits Offices, suivant le Rôle qui en sera arrêté en notre Conseil, ensemble les deux sols pour livre de ladite Finance, soit payée par les Acquereurs desdits Offices, en contrats de Rentes sur la Ville, Rentes Provinciales, Finances d'Offices supprimés, & autres créances de l'Etat liquidées; desquelles ils fourniront les quittances de remboursement, & tous autres actes nécessaires pour l'extinction & suppression entiere desdits contrats; le Droit annuel desdits Offices sera réduit à moitié de ce qu'ils en devroient payer sur le pied de la Finance desdits Offices, & les Acquereurs y seront reçus en la même maniere que les précedens Titulaires, en vertu des provisions qui leur seront scellées en notre grande Chancellerie, en payant moitié des droits ordinaires de Marc d'or, d'enregistrement & de Sceau. Défendons aux Agens de Change supprimés par le present Edit, & à toutes personnes autres que ceux qui auront acquis lesdits Offices, de s'immiscer dans les fonctions d'Agens de Change, prendre ni percevoir les droits qui leur font attribués, à peine de trois mille livres d'amende. Voulons au surplus que ce qui est ordonné par les Edits des mois d'Août 1708 & Novembre 1714, & par les Déclarations intervenues en conséquence concernant les fonctions & droits desdits Agens de Change, soit exécuté selon sa forme & teneur, en ce qui n'y est point dérogé par le présent Edit. SI DONNONS EN MANDEMENT, à nos amés & féaux Conseillers, les Gens tenans notre Cour de Parlement à Paris, que notre présent Edit ils ayent à faire lire, publier & registrer, & le contenu en icelui garder, observer & exécuter, selon sa forme & teneur, nonobstant tous Edits, Déclarations, & autres choses à ce contraires, ausquelles Nous avons dérogé & dérogeons par notredit présent Edit : CAR tel est notre plaisir. Et afin que ce soit chose ferme & stable à toujours, Nous y avons fait mettre notre Scel. DONNE' à Versailles au mois de Janvier, l'an de grace mil sept cent vingt-trois, & de notre Regne le huitiéme. *Signé*, LOUIS ; *Et plus bas*, Par le Roi, LE DUC D'ORLEANS Régent, présent. PHELYPEAUX. *Visa*, FLEURIAU. Vû au Conseil, DODUN. Et scellé du grand Sceau de cire verte, en lacs de soye rouge & verte.

Registré, oüi, ce requerant le Procureur Général du Roi, pour être exécuté selon sa forme & teneur, sans approbation des suppressions ou rétablissemens qui n'auroient été faits par Edits enregistrés en la Cour, suivant l'Arrêt de ce jour. A Paris en Parlement, le douze Février mil sept cent vingt-trois. Signé, GILBERT.

ARREST DU CONSEIL D'ETAT DU ROY.

QUI COMMET SOIXANTE AGENS DE CHANGE pour faire les Négociations de toutes Lettres de Change de place en place, & autres effets.

Du 14 Octobre 1724.

Extrait des Registres du Conseil d'Etat.

LE ROI ayant par Arrêt de son Conseil du 24 du mois dernier, ordonné qu'il seroit commis soixante Agens de Change, pour faire les négociations de toutes Lettres de Change de place en place & sur les Pays étrangers, Billets au porteur ou à ordre, & autres papiers commerçables, & des marchandises & effets : Et Sa Majesté ayant aussi ordonné par ledit Arrêt, que ceux qui voudroient être pourvûs desdites Commissions d'Agens de Change, seroient examinés par dix notables Bourgeois & Négocians de la Ville de Paris, lesquels après avoir jugé de la capacité de ceux qui se seroient présentés, leur donneroient leurs certificats. Vû lesdits certificats délivrés par lesdits notables Bourgeois & Négocians de ladite Ville de Paris : Oüi le Rapport du sieur Dodun Conseiller ordinaire au Conseil Royal, Contrôleur Général des Finances : SA MAJESTE' E'TANT EN SON CONSEIL, a commis & commet pour remplir les soixante Commissions d'Agens de Change, les Sieurs Pierre Matthieu Bouchu, Joseph Brillon, Pierre-Josse Dallée l'aîné, Claude Antoine Dallée le jeune, Jean-Baptiste Delavau, Antoine Duris, Jean-Pierre Mallet, Noizette des Marronniers, Edme Pignard, Henry-Joseph Rabusseau, Charles

Regnouſt, Jean-Baptiſte Tillet, Pierre Valmalette, Jacques Avril, Charles Amiot du Meſni, Claude Belu, Charles Berthon, Pierre Bordier, Etienne Boulard, Pierre-Antoine Bozonal, Thomas Brulé, Jean-Baptiſte Chabert, Martin-Pierre Champion, Etienne Cleret, Jean Daché, Alexandre Dhaon, Pierre-Louis de Marine, Jean Duris, Abraham Duval, Paul Eſtrang, Nicolas Ferlet, Mathurin Fertiner, Scipion Folchier, Jacques-Charles Gaſtebois, Jean-Baptiſte Geneſtet, Pierre Giraudeau oncle, Jean Guinois, Denis Langlois, Saint Laurent, Guillaume Devin, Jacques Leſcalier, Jacques May, Jean Matthieu Moret, Denis-François Poictevin, Pierre Poujet, Denis-Guillaume Prevôt, Gaſton Prou, Claude Tour n, François Bailly, de Farcy, Bernard de la Baſſe, Jean-Baptiſte de Laire, Jacques des Fourniel, Jean-Jacques Defour Inſpecteur à l'Orient, Etienne le Jay, Jean Marion, Jacques Raymond, natif de Lyon, Jean-Nicolas Wilfelsheim, Boutteille & Jean Fleury Page, pour en ladite qualité faire les négociations de toutes Lettres de Change de place en place & ſur les Pays étrangers, Billets au porteur ou à ordre, & autres papiers commerçables, & des marchandiſes & effets ; à la charge par leſdits ſoixante Agens de Change ci-deſſus nommés, de prêter ſerment pardevant le Lieutenant Général Civil de la Ville de Paris, que Sa Majeſté a commis à cet effet. Fait au Conſeil d'Etat du Roi, Sa Majeſté y étant, tenu à Fontainebleau le quatorziéme jour d'Octobre mil ſept cent vingt-quatre.

Signé, PHELYPEAUX.

On a auſſi obmis de placer ſous le Titre des Lettres & Billets, l'Arrêt du Conſeil d'Etat du Roi, qui regle la forme de la procédure que l'on doit obſerver pour le payement des Billets ſolidaires : En voici la teneur.

LE ROI ayant par ſon Edit du mois de May dernier, ordonné que les eſpeces d'or & d'argent ſeroient portées dans les Hôtels des Monnoyes, pour y être converties en eſpeces nouvelles, dont la fabrication eſt ordonnée par ledit Edit : Et Sa Majeſté étant informée que comme un travail auſſi grand que celui de ladite converſion n'a pû encore operer aſſez de nouvelles eſpeces pour rembourſer tous les Particuliers qui ſe ſont empreſſés à porter les anciennes aux Hôtels des Monnoyes, ce qui a apporté quelque retardement dans le Commerce courant ſur la place par le défaut des eſpeces nouvelles, lequel a donné lieu à pluſieurs pourſuites faites de la part de ceux qui ont prêté leurs deniers à l'encontre de leurs débiteurs, & particulierement à l'occaſion des Billets ſolidaires des Gens d'affaires chargés des recouvremens des deniers de Sa Majeſté, leſquels par la raiſon ci-deſſus, ne pouvant s'acquitter avec la même exactitude que par le paſſé, les Porteurs les auroient remis entre les mains des Huiſſiers ou Sergens pour en pourſuivre le payement, leſquels abuſant de leurs fonctions & dans la vûe de faire des profits illicites, ſe ſont aviſés d'introduire la maniere de donner autant d'aſſignations qu'il y a de Particuliers qui ont ſigné leſdits Billets ſolidaires, & ce contre l'uſage établi de tout tems, ſuivant lequel l'on aſſignoit tous ceux qui avoient ſigné ou endoſſé des Billets ſolidaires, au domicile de l'un d'entr'eux, pour être tous condamnés ſolidairement au payement d'icelui ; enſorte que s'il n'étoit remedié à cet abus, le défaut de payement d'un Billet ſolidaire ſigné de vingt perſonnes, pourroit operer vingt aſſignations differentes, autant de défauts, suivis d'autant de significations de Sentences de réceptions de Cautions, de significations d'icelles, premiers Commandemens, itératifs, saisies de meubles & de rentes, dénonciations, saisies réelles & d'immeubles, & de même de toutes autres sortes de procedures, lesquelles ainsi accumulées les unes sur les autres, se trouveroient souvent porter les frais aussi haut que le principal, augmentant à la charge du débiteur la dette sans utilité pour le créancier : Et comme il est de l'interêt de Sa Majesté & du Public, d'empêcher les suites d'une pareille procédure, ce qui se peut d'autant plus facilement qu'il y a tout lieu de croire que ceux qui sont Porteurs des Billets solidaires n'ont jamais entendu donner lieu à des frais si exorbitans & qui pourroient en rendant les débiteurs insolvables, mettre le créancier en risque de perdre le tout ou partie de la somme qui lui est dûe, à quoi Sa Majesté jugeant à propos de pourvoir : Oüi le rapport du Sieur Desmaretz, Conseiller ordinaire au Conseil Royal, Contrôleur Général des Finances; SA MAJESTE' en son Conseil, a ordonné & ordonne que les assignations pour parvenir à l'obtention des Sentences faute de payement des Billets solidaires, ne pourront être données qu'à la personne ou domicile d'un de ceux qui auront signé lesdits Billets solidaires, tant pour lui que pour ceux qui auront signé avec lui ou endossé lesdits Billets & toutes les autres procedures de même, sans que sous quelque prétexte que ce soit, il en puisse être usé autrement par les Huissiers & Sergens qui se trouveront chargés de faire lesdites poursuites : leur fait Sa Majesté défenses de prendre ni exiger leurs frais & salaires, que sur le pied d'une seule assignation, quelque nombre d'Exploits que lesdits Huissiers & Sergens donnent ci-après, à peine de concussion & de cinq cens livres d'amende; & à tous Juges & autres qu'il appartiendra, de leur allouer en taxe leurs frais & salaires, que sur ce pied, à peine de nullité : Ordonne Sa Majesté que les Sentences qui seront ainsi prononcées, seront exécutoires contre tous les Particuliers qui auront signé ou endossé lesdits Billets, après que le Commandement leur en aura été fait chacun en particulier en conséquence desdites Sentences; & au pied de copie d'icelles : & sera le présent Arrêt executé selon sa forme & teneur, nonobstant oppositions, appellations & autres empêchemens quelconques, pour lesquels ne sera differé. Fait au Conseil d'Etat du Roi, tenu à Versailles, le treiziéme jour de Juillet mil sept cent neuf. Collationné. *Signé*, RANCHIN.

ARREST DU CONSEIL D'ETAT DU ROY,

PORTANT ETABLISSEMENT D'UN CONSEIL de Commerce.

Du 29 Juillet 1700.

LE ROI ayant connu dans tous les tems de quelle importance il étoit au bien de l'Etat de favoriser & de proteger le Commerce de ses Sujets, tant au dedans qu'au dehors du Royaume, Sa Majesté auroit diverses fois donné plusieurs Edits, Ordonnances, Déclarations & Arrêts, & fait plusieurs Reglemens utiles sur cette matiere. Mais les Guerres qui sont survenues, & la multitude de soins indispensables dont Sa Majesté a été occupée jusqu'à la conclusion de la derniere paix, ne lui ayant pas permis de continuer cette même application : Et Sa Majesté voulant plus que jamais accorder une protection particuliere au Commerce, marquer l'estime qu'elle fait des bons Marchands & Négocians de son Royaume, leur faciliter les moyens de faire fleurir & d'étendre le Commerce, Sa Majesté a crû que rien ne seroit plus capable de produire cet effet que de former un Conseil de Commerce, uniquement attentif à connoître & à procurer tout ce qui pourroit être de plus avantageux au Commerce & aux Manufactures du Royaume. A quoi Sa Majesté desirant pourvoir: Oüi le Rapport du Sieur Chamillart, Conseiller ordinaire au Conseil Royal, Contrôleur Général des Finances : LE ROY E'TANT EN SON CONSEIL, a ordonné & ordonne, qu'il sera tenu à l'avenir un Conseil de Commerce une fois au moins dans chaque semaine, lequel sera composé du Sieur d'Aguesseau, Conseiller d'Etat ordinaire & au Conseil Royal des Finances; du Sieur Chamillart, Conseiller audit Conseil Royal & Contrôleur Général des Finances; du Sieur Comte de Pontchartrain, Conseiller du Roi en tous ses Conseils, Secretaire d'Etat & des Commandemens de Sa Majesté; & du Sieur Amelot, Conseiller d'Etat; des Sieurs d'Hernothon & Bauyn d'Angervilliers, Conseillers de Sa Majesté en ses Conseils, Maîtres des Requêtes ordinaires de son Hôtel, & de douze des principaux Marchands & Négocians du Royaume, ou qui auront fait long-tems le commerce. Que dans ce nombre de douze Marchands & Négocians, il y en aura toujours deux de la Ville de Paris, & que chacun des dix autres sera pris des Villes de Rouen, Bordeaux, Lyon, Marseille, la Rochelle, Nantes, Saint-Malo, Lille, Bayonne & Dunkerque. Que dans ledit Conseil de Commerce, seront discutées & examinées toutes les Propositions & Mémoires qui y seront envoyés, ensemble les affaires & difficultés qui y surviendront concernant le Commerce tant de terre que de mer, au dedans & au dehors du Royaume, & concernant les Fabriques & Manufactures; pour sur le Rapport qui sera fait à Sa Majesté des Déliberations qui auront été prises dans ledit Conseil de Commerce, y être par elle pourvû, ainsi qu'il appartiendra. Veut & entend Sa Majesté que le choix & nomination desdits Marchands Négocians qui devront entrer dans ledit Conseil de Commerce, se fasse librement & sans brigue, par le Corps de Ville & par les Marchands Négocians en chacune desdites Villes. Que ceux qui seront choisis pour être dudit Conseil de Commerce, soient Gens d'une probité reconnue, & de capacité & experience au fait du Commerce, & qu'à cet effet le Corps de Ville & les Marchands Négocians des Villes ci-dessus marquées, s'assembleront dans le mois de Juillet prochain, dans les Hôtels de chacune desdites Villes, pour proceder à ladite élection, ensorte que les Marchands Négocians ainsi élûs & nommés, se puissent mettre en état d'arriver à Paris ou à la suite de la Cour, à la fin du mois de Septembre suivant, pour commencer leurs fonctions au premier jour d'Octobre. Que lesdites Elections seront faites pour une année seulement, & seront renouvellées d'année en année dans la forme ci-dessus marquée, sauf à prolonger le tems du Service dans ledit Conseil, s'il est ainsi jugé à propos. Ordonne Sa Majesté qu'il sera nommé par le Sieur Contrôleur Général des Finances, deux Interessés aux Fermes de Sa Majesté, pour être appellés audit Conseil lorsque la nature des affaires le demandera. Et pour Secretaire dudit Conseil de Commerce, Sa Majesté a nommé le Sieur Cruau de la Boulaye, Conseiller du Roi, Correcteur ordinaire en la Chambre des Comptes, lequel aura soin de tenir un Registre exact de toutes les Propositions, Mémoires & Affaires qui seront portées audit Conſeil, enſemble les Déliberations qui y ſeront priſes, deſquelles il délivrera les Expeditions ſuivant qu'il ſera ordonné par ledit Conſeil. Fait au Conſeil d'Etat du Roi, Sa Majeſté y étant, tenu à Verſailles le vingt-neuviéme jour de Juin mil ſept cent. *Signé*, PHELYPEAUX. Et ſcellé.

EDIT DU ROY LOUIS XV.

PORTANT CREATION DE QUATRE INTENDANS du Commerce.

Donné à Verſailles au mois de Juin 1724.

LOUIS, par la grace de Dieu, Roi de France & de Navarre : A tous préſens & à venir, Salut. L'attention que le feu Roi notre très-honoré Seigneur & Biſayeul avoit pour ce qui pouvoit favoriſer & augmenter le Commerce du Royaume l'avoit déterminé à former une Aſſemblée où les matieres concernant le Commerce puſſent être diſcutées & examinées à fond, & à la compoſer de Conſeillers d'Etat, Maîtres des Requêtes & autres Commiſſaires de Conſeil, & de douze Députés choiſis entre les principaux Négocians des Villes du Royaume où le Commerce eſt le plus conſiderable & le plus floriſſant : les ſuccès de ce premier établiſſement l'ayant engagé à rechercher ce qui pourroit le perfectionner encore davantage, il lui parut que pour remplir entierement ſes vûes, il étoit néceſſaire d'établir des Officiers, qui étant chargés du détail des differentes parties du Commerce, en fiſſent une étude particuliere pour acquerir les connoiſſances néceſſaires à un objet auſſi important & auſſi étendu, faire le rapport des affaires à l'Aſſemblée pour en avoir ſon avis, & les rapporter enſuite avec l'avis formé dans l'Aſſemblée, au Contrôleur Général des Finances, & au Secretaire d'Etat de la Marine, chacun pour la partie de Commerce qui eſt dépendante de leur miniſtere. Ces motifs le déterminerent à créer ſix Intendans du Commerce par l'Edit du mois de May mil ſept cent huit, en la forme & maniere portée audit Edit : Et comme ces Offices n'ont été par Nous ſupprimés lors de notre avenement à la Couronne, que par rapport au changement que Nous avons jugé à propos de faire dans les differentes parties du Gouvernement, ces mêmes raiſons ne ſubſiſtant plus aujourd'hui, & le Bureau du Commerce ayant été par Nous établi à l'inſtar de celui formé précedemment, il ne Nous reſte plus pour mettre la derniere main à cet ouvrage, que de rétablir des Intendans du Commerce que Nous érigerons en titre d'Office, & au nombre de quatre ſeulement, ce nombre nous ayant paru néceſſaire & ſuffiſant pour remplir les fonctions qui leur ſont attribuées. A CES CAUSES, & autres à ce Nous mouvans, de l'avis de notre Conſeil, & de notre certaine ſcience, pleine puiſſance & autorité Royale, Nous avons par notre préſent Edit perpetuel & irrévocable, créé & érigé, créons & érigeons quatre Offices de Conſeillers en nos Conſeils, Intendans du Commerce, à la finance & aux gages qui ſeront par Nous reglés par le Rôle que Nous en ferons arrêter en notre Conſeil, pour par les pourvûs deſdits Offices les exercer aux mêmes fonctions qui étoient attribuées aux Intendans du Commerce créés par l'Edit du mois de May 1708, dans leſquelles fonctions ils ſeront reçus & inſtallés après la prestation de serment par eux faite en la forme prescrite par ledit Edit : Voulons que lesdits quatre Offices créés par notre présent Edit, soient du corps de notre Conseil, & qu'ils jouissent des mêmes rangs, honneurs, prérogatives, privileges, exemptions, droit de *Committimus* au grand Sceau & Franc-salé dont jouissent les Maîtres des Requêtes de notre Hôtel : Ordonnons que les pourvûs desdits Offices posséderont leurs Charges à titre de survivance, ainsi que les autres Officiers de notre Conseil & de nos Cours, qui ont été exceptés du rétablissement de l'annuel par notre Déclaration du 9 Août 1722, lequel droit de survivance, ensemble celui du Marc d'Or dans les cas où ils sont dûs, sera reglé pour lesdits Offices sur le même pied qu'il est à présent reglé pour les Maîtres des Requêtes ordinaires de notre Hôtel. Dispensons les premiers pourvûs desdits Offices du payement du droit de survivance pour cette premiere fois seulement ; & pour être plus en état de choisir les Sujets que Nous trouverons les plus propres à remplir lesdites places, Voulons & ordonnons qu'elles puissent être possedées & exercées sans incompatibilité avec tous autres Offices de Magistrature.

Si donnons en Mandement, à nos amés & féaux Conseillers, les Gens tenans notre Cour de Parlement, Chambre des Comptes & Cour des Aydes à Paris, que notre présent Edit ils ayent à faire lire, publier & registrer, & le contenu en icelui garder, observer & exécuter selon sa forme & teneur, nonobstant tous Edits, Déclarations & autres choses à ce contraires, ausquels Nous avons dérogé & dérogeons par ledit présent Edit. CAR tel est notre plaisir : Et afin que ce soit chose ferme & stable à toujours, Nous y avons fait mettre notre Scel. Donné à Versailles au mois de Juin, l'an de grace mil sept cent vingt-quatre, & de notre Regne le neuviéme. *Signé*, LOUIS : *Et plus bas*, Par le Roi, PHELYPEAUX. *Visa*, FLEURIAU. Vû au Conseil, DODUN. Et scellé du grand Sceau de cire verte.

Registré, oüi, & ce requerant le Procureur Général du Roi, pour être exécuté selon sa forme & teneur, suivant l'Arrêt de ce jour. A Paris en Parlement, le seiziéme jour de Juin mil sept cent vingt-quatre. Signé, DUFRANC.

En exécution de l'Edit ci-dessus, Sa Majesté a nommé les quatre Intendans dont les noms sont ci-après, avec leur Département à chacun.

DE'PARTEMENS

Pour Messieurs les Intendans du Commerce.

Pour le Commerce de l'interieur du Royaume & extérieur par Terre.

PRESENTEMENT.

M. ORRY, Conseiller d'Etat, & au Conseil Royal, Contrôleur Général des Finances.

M. ROUILLE'.
La Flandre.
Le Haynaut.

Le

Le Lyonnois, Foreſt & Beaujolois.
Le Rouſſillon.
Le Languedoc.
La Provence.
Le Dauphiné.
Le Commerce de Savoye & du Piedmont.
Le Commerce d'Italie & le Commerce d'Eſpagne.

M. DOUBLET DE PERSAN.

La Généralité d'Orleans.
La Généralité de Bourges.
La Généralité de Moulins, & le Bourbonnois.
La Généralité de Limoges.
L'Auvergne.
La Bourgogne, Duché & Comté.
La Breſſe.
L'Alſace.
Les Trois Evêchés.
Le Commerce de Geneve & de Suiſſe.

M. ANISSON DE HAUTEROCHE.

La Généralité de Paris, à l'exception de la Ville.
La Province de Normandie, qui contient les Généralités de Rouen, Caën & Alençon.
La Bretagne.
La Picardie & l'Artois.
La Généralité de Soiſſons.
La Champagne.
La Province du Maine.

M. MEYRET DE SERILLY.

La Généralité de Tours.
Le Poitou.
La Généralité de la Rochelle.
La Généralité de Bordeaux.
La Généralité de Montauban.
La Généralité d'Auſch.
Le Bearn.
Le Commerce d'Allemagne.
Le Commerce de Lorraine, & des Pays de Cologne, Treves & Mayence,
Le Commerce de la Flandre Eſpagnole & du Païs de Liege.

Pour le Commerce extérieur & Maritime.

M. le Comte de MAUREPAS, Sécrétaire d'Etat, ayant le Département de la Marine.

Les Iſles Françoiſes de l'Amérique, & tout ce qui regarde l'Amérique.
La Pêche de la Molue.
Le Commerce de la Hollande, le Commerce d'Angleterre, Ecoſſe & Irlande.
La Pêche du Harang.
Le Commerce de la Mer Méditerranée; ce qui comprend les Echelles du Levant & tous les Etats du Grand Seigneur; la Barbarie, les Côtes d'Italie, & les Côtes d'Eſpagne dans la Mer Méditerranée.
Le Commerce de Suede, Danemarck, Hambourg, Dantzick & autres Pays du Nord dans la Mer Baltique.
La Pêche de la Baleine.
Le Commerce de Ruſſie.

ARREST DU CONSEIL D'ETAT DU ROY,

PORTANT ETABLISSEMENT D'UNE BOURSE dans la Ville de Paris, pour les Négociations de Lettres de Change, Billets au Porteur & à ordre, & autres Papiers commerçables, & des Marchandises & Effets ; Et pour y traiter des affaires de Commerce, tant de l'interieur que de l'extérieur du Royaume.

Du 24 Septembre 1724.

LE ROY s'étant fait rendre compte de la maniere dont se font à Paris les Négociations de Lettres de Change, Billets au Porteur ou à ordre, & autres papiers commerçables, & des marchandises & effets, a jugé qu'il seroit non-seulement avantageux au Commerce, mais encore très-nécessaire pour y maintenir la bonne foi, & la sûreté convenable, d'établir dans la Ville de Paris une Place où les Négocians puissent s'assembler tous les jours à certaine heure, pour y traiter des affaires de Commerce, tant de l'intérieur que de l'extérieur du Royaume, & où les Négociations de toutes Lettres de Change de place en place & sur les Pays étrangers, Billets au Porteur ou à ordre, & autres Papiers commerçables, & des marchandises & effets, puissent être faites, à l'exclusion de tous autres lieux, entre Gens connus, ou par le ministere de personnes que Sa Majesté commettra pour faire les fonctions de soixante Agens de Change créés par Edit du mois de Janvier 1723, dont les Offices n'ont pas été levés ; à quoi Sa Majesté voulant pourvoir : Oui le Rapport du sieur Dodun, Conseiller ordinaire au Conseil Royal, Controlleur Général des Finances. LE ROY ÉTANT EN SON CONSEIL, a ordonné & ordonne ce qui suit :

ARTICLE PREMIER.

Il sera incessamment établi dans la Ville de Paris une Place appellée la Bourse, dont l'entrée principale sera rue Vivienne, & dont l'ouverture sera indiquée, & faite par le sieur Lieutenant de Police, que Sa Majesté a commis & commet pour avoir Jurisdiction sur la Police d'icelle, & dont les Jugemens seront exécutés provisoirement, nonobstant oppositions ou appellations quelconques.

II.

La Bourse sera ouverte tous les jours, excepté les jours de Dimanches & Fêtes, depuis dix heures du matin jusqu'à une heure après midi, après laquelle heure l'entrée en sera refusée à ceux qui s'y présenteront, de quelque état & condition qu'ils puissent être.

III.

Il sera établi à la porte de la Bourse une Garde commandée par un Exempt, & composée du nombre d'Archers que le sieur Lieutenant Général de Police jugera à propos, pour empêcher les désordres.

IV.

L'entrée de la Bourse sera permise aux Négocians, Marchands, Banquiers,

Financiers, Agens de Change & de Commerce, Bourgeois & autres perſonnes connues & domiciliées dans la Ville de Paris; comme auſſi aux Forains & Etrangers, pourvû que ces derniers ſoient connus d'un Négociant, Marchand ou Agent de Change & de Commerce, domiciliés à Paris.

V.

Pour empêcher qu'il ne s'introduiſe à la Bourſe d'autres perſonnes que celles qui auront droit d'y entrer, Veut Sa Majeſté qu'il ſoit diſtribué par le ſieur Lieutenant Général de Police, ou celui qu'il commettra à cet effet, une marque à chacun de ceux qui ſeront dans le cas de l'article précédent, & ſur la requiſition qu'ils en feront: leſquelles marques ſeront repréſentées à l'entrée de la Bourſe, ſans être obligé de les laiſſer, par celui au nom duquel elles auront été délivrées, & non autrement : Et ſi aucune deſdites marques étoit repréſentée par un autre, elle ſera arrêtée, ainſi que celui qui en ſera porteur.

VI.

Ceux qui ſeront porteurs deſdites marques, les ayant perdues, en avertiront celui qui ſera prépoſé pour cette diſtribution par le ſieur Lieutenant Général de Police, & il leur en ſera délivré de nouvelles. Et à l'égard de ceux qui ceſſeront de vouloir faire uſage de celles qui leur auront été diſtribuées, ils ſeront tenus de les rapporter audit Prépoſé; & dans l'un & l'autre cas il en ſera fait mention ſur le Rôle de diſtribution deſdites marques.

VII.

Il ne ſera délivré des marques aux Forains & Etrangers, pour avoir entrée à la Bourſe, que ſur le Certificat d'un Négociant, Marchand, Banquier ou Agent de Change & de Commerce, domiciliés à Paris.

VIII.

Si d'autres Particuliers trouvent le moyen d'entrer à la Bourſe ſans avoir repréſenté une marque à leur nom, Veut Sa Majeſté qu'ils ſoient arrêtés, & en ſoient mis hors pour la premiere fois, avec défenſes de s'y repréſenter; & en cas de récidive, à peine de priſon & de mille livres d'amende au profit de l'Hôpital Général de Paris, & payable avant d'être élargi.

IX.

Si un Particulier ſe ſert du nom qui ſera inſcrit ſur le Billet dont il ſera porteur pour entrer à la Bourſe, & qu'il y ſoit arrêté, pour contravention à aucun des articles du préſent Reglement, Ordonne Sa Majeſté que, où il y aura preuve du prêt dudit Billet, celui qui l'aura prêté ſera condamné en quinze cens livres d'amende payable par corps, & applicable à l'Hôpital Général, ſans que cette peine puiſſe être remiſe ni modérée, & il pourra rentrer à la Bourſe où ſon nom ſera inſcrit.

X.

Si l'Exempt ou les Gardes à la porte de la Bourſe y font entrer quelqu'un ſans marque, ils ſeront deſtitués de leurs emplois, & ſeront en outre les Gardes condamnés à un mois de priſon.

XI.

Les femmes ne pourront entrer à la Bourſe, pour quelque cauſe ou prétexte que ce ſoit.

XII.

Toutes les négociations de Lettres de Change, Billets au porteur ou à ordre, marchandiſes, papiers commerçables & autres effets, ſe feront à la Bourſe, de la maniere & ainſi qu'il ſera ci-après expliqué. Défend Sa Majeſté à tous Particuliers de quelque état & condition qu'ils soient, de faire aucune assemblée, & de tenir aucun Bureau pour y traiter de négociations, soit en maisons Bourgeoises, Hôtels garnis, Chambres garnies, Caffés & Limonadiers, Cabaretiers, & partout ailleurs, à peine de prison, & de six mille livres d'amende contre les contrevenans, payable avant de pouvoir être élargis, & applicable moitié au dénonciateur, & l'autre moitié à l'Hôpital Général: Et seront tenus les Propriétaires, en cas qu'ils occupent leurs maisons, ou les principaux locataires, aussitôt qu'ils auront connoissance de l'usage qui en sera fait en contravention au présent article, d'en faire déclaration au Commissaire du quartier, & d'en requerir Acte; faute de quoi ils seront condamnés par corps en pareille amende de six mille livres, applicable comme ci-dessus.

XIII.

Défend très-expressément Sa Majesté aucuns attroupemens dans les rues aux environs de la Bourse, & dans toutes les autres rues de la Ville & Fauxbourgs de Paris, pour y faire aucunes négociations, & sous quelque cause ou prétexte que ce soit: Enjoint Sa Majesté au Sieur Lieutenant Général de Police, de faire arrêter les contrevenans, & de les constituer prisonniers.

XIV.

N'entend Sa Majesté comprendre dans les défenses portées par les deux précédens articles, les Traités ou Négociations pour les marchandises seulement, qui, outre la Bourse, pourront continuer de se faire dans les Foires, Halles ou Marchés à ce destinés, & sans néanmoins qu'il y puisse être fait aucune négociation d'autres effets.

XV.

Afin d'établir l'ordre & la tranquillité à la Bourse, & que chacun y puisse traiter de ses affaires sans être interrompu, Sa Majesté défend d'y annoncer le prix d'aucun effet à voix haute, & de faire aucun signal ou autre manœuvre pour en faire hausser ou baisser le prix: à peine contre les contrevenans d'être privés d'entrer pour toujours à la Bourse, & condamnés par corps en six mille livres d'amende, applicable moitié au dénonciateur, & l'autre moitié à l'Hôpital Général.

XVI.

S'il arrive à la Bourse des contestations entre les Particuliers, suivies de menaces & de voyes de fait, celui qui aura levé la main pour frapper, sera sur le champ arrêté & constitué prisonnier, pour être jugé suivant les Ordonnances: Et pour s'assurer des coupables, on sonnera une cloche au premier avertissement qui en sera donné, & les portes seront à l'instant fermées, sans que qui que ce soit puisse exiger qu'elles soient ouvertes, jusqu'à ce que les Auteurs du désordre soient arrêtés, à peine contre ceux qui par violence ou autrement voudroient faire ouvrir lesdites portes, d'être traités comme complices du désordre.

XVII.

Sa Majesté permet à tous Marchands, Négocians, Banquiers & autres qui seront admis à la Bourse, de négocier entr'eux les Lettres de Change, Billets au Porteur ou à ordre, ainsi que les marchandises, sans l'entremise des Agens de Change. Et à l'égard de tous les autres effets & papiers commerçables, pour en détruire les ventes simulées qui en ont causé jusqu'à présent le discrédit, ils ne pourront être négociés que par l'entremise des Agens de Change, de la manière & ainsi qu'il sera ci-après expliqué, à peine de prison contre ceux qui en feront le commerce, & de fix mille livres d'amende payable par corps, dont la moitié appartiendra au dénonciateur, & l'autre à l'Hôpital Général, laquelle ne pourra être remife ni modérée.

XVIII.

Toutes négociations de papiers commerçables & effets, faites fans le miniftere d'un Agent de Change, feront déclarées nulles en cas de conteftation; faifant Sa Majefté défenfes à tous Huiffiers & Sergens de donner aucune affignation fur icelles, à peine d'interdiction & de trois cens livres d'amende; & à tous Juges de prononcer aucun Jugement, à peine de nullité defdits Jugemens.

XIX.

Les foixante Offices d'Agens de Change, Banque & Commerce, créés par Edit du mois de Janvier 1723, n'ayant pas été levés, Sa Majefté ordonne qu'il fera commis à l'exercice defdits Offices pour les exercer en la forme qui fera prefcrite par le préfent Réglement.

XX.

Il fera fait choix de dix notables Bourgeois & Négocians de la Ville de Paris, lefquels examineront la capacité de ceux qui fe préfenteront pour être pourvûs des foixante Commiffions d'Agens de Change, Banque & Commerce; & fur l'avis defdits Notables & Négocians, Sa Majefté leur fera délivrer des Lettres en la Grande Chancellerie, pour exercer lefdites Commiffions.

XXI.

Les Agens de Change feront tous de la Religion Catholique, Apoftolique & Romaine, & François, ou Regnicoles au moins naturalifés, ayant atteint l'âge de vingt-cinq ans accomplis, & d'une réputation fans tache; ceux qui auront obtenu des Lettres de Répy, fait faillite ou Contrat d'attermoyement, ne pourront être Agens de Change.

XXII.

Les Agens de Change prêteront ferment de s'acquitter fidelement de leurs Commiffions entre les mains du Sieur Lieutenant Général Civil de Paris, après information par lui faite de leurs vies & mœurs, & ils ne payeront aucun droit de ferment ni de réception.

XXIII.

Les Commiffions d'Agens de Change pourront être exercées fans aucune dérogeance à Nobleffe, Sa Majefté permettant à ceux qui en feront pourvûs, de les exercer conjointement avec les Offices de Confeiller-Secrétaire du Roy, tant en la Grande Chancellerie du Royaume, fans qu'il leur foit befoin d'Arrêt ni de Lettres de compatibilité, dont Sa Majefté les a difpenfés & déchargés.

XXIV.

Arrivant un changement par mort ou autrement, dans le nombre des foixante Agens de Change qui auront été nommés pour exercer lefdites Commiffions, l'examen de ceux qui leur fuccéderont fera renvoyé aux Syndics des Agens de Change en place; fur l'avis defquels il leur fera expédié de nouvelles Commiffions.

XXV.

Les Agens de Change feront tenus de fe trouver tous les jours à la Bourfe, depuis dix heures du matin jufqu'à une heure après midi, à l'exception des Dimanches & Fêtes, fans qu'ils puiffent s'en difpenfer pour quelque caufe que ce foit, fi ce n'eft en cas de maladie.

XXVI.

Ils tiendront chacun un Regiſtre-Journal qui ſera cotté & paraphé par les Juge & Conſuls de la Ville de Paris, ſur lequel Sa Majeſté leur enjoint de garder une notte exacte des Lettres de Change, Billets & autres papiers commerçables, & des marchandiſes & effets qui ſeront par eux négociés, ſans y enregiſtrer aucuns noms, mais en diſtinguant chaque partie par une ſuite de numéro, & de délivrer à ceux qui les employeront, un Certificat ſigné d'eux de chaque Négociation qu'ils feront, lequel Certificat portera le même numéro, & ſera timbré du folio où la partie aura été inſcrite ſur leur Regiſtre.

XXVII.

Les Agens de Change auront foi & ſerment devant tous Juges, pour les Négociations qu'ils auront faites; auſquels Juges, ainſi qu'aux Arbitres qui pourront être nommés, ils ſeront tenus, lorſqu'ils en ſeront requis, d'exhiber l'article de leur Regiſtre, qui fera le ſujet de la conteſtation.

XXVIII.

Lorſque les Négociations de Lettres de Change, Billets au Porteur ou à ordre, & des marchandiſes, ſeront faites à la Bourſe par le miniſtere des Agens de Change, le même Agent pourra ſervir au tireur & au preneur des Lettres ou Billets, & au vendeur & à l'acheteur des marchandiſes.

XXIX.

A l'égard des Négociations de papiers commerçables & autres effets, elles ſeront toujours faites par le miniſtere de deux Agens de Change; à l'effet de quoi les Particuliers qui voudront acheter ou vendre des papiers commerçables & autres effets, remettront l'argent ou les effets aux Agens de Change, avant l'heure de la Bourſe, ſur leurs reconnoiſſances portant promeſſe de leur en rendre compte dans le jour: Et ne pourront néanmoins leſdits Agens de Change porter ni recevoir aucuns effets ni argent à la Bourſe, ni faire leurs Négociations autrement qu'en la forme ci-après marquée; le tout à peine contre les Agens de Change, qui contreviendront au contenu au préſent article, de deſtitution & de trois mille livres d'amende, payable par corps, dont la moitié appartiendra au dénonciateur, & l'autre moitié à l'Hôpital Général.

XXX.

Lorſque deux Agens ſeront d'accord à la Bourſe d'une Négociation, ils ſe donneront réciproquement leurs Billets portant promeſſe de ſe fournir dans le jour, ſçavoir, par l'un les Effets négociés, & par l'autre le prix deſdits Effets, & non-ſeulement chaque Billet ſera timbré du même numéro ſous lequel la Négociation ſera inſcrite ſur le Regiſtre de l'Agent de Change, qui fera le Billet, mais encore il rappellera le numéro du Billet fourni par l'autre Agent de Change, afin que l'un ſerve de renſeignement & de controlle à l'autre; leſquels Billets ſeront régulierement acquittés de part & d'autre dans le jour, à peine d'y être contraints par corps, même pourſuivis extraordinairement en cas de divertiſſement de deniers ou effets.

XXXI.

Les Agens de Change ſeront pareillement tenus, en conſommant leurs Négociations avec ceux qui les auront employés, de leur repréſenter le Billet au dos duquel ſera l'acquit de l'Agent de Change avec qui la Négociation aura été faite, & de rappeller dans le Certificat qu'ils en délivreront conformément à l'Article XXVI. le nom dudit Agent de Change & les deux numéros du Billet, auſſi bien que la nature & la quantité des Effets vendus ou achetés, & le prix deſdits Effets.

XXXII.

Sa Majeſté fait très-expreſſes défenſes aux Agens de Change, de faire aucune Société entr'eux, ſous quelque prétexte que ce puiſſe être, ni avec aucun Négociant ou Marchand, ſoit en commandite ou autrement, même de faire aucune commiſſion pour le compte des Forains ou des Etrangers, à moins qu'ils ne ſoient à Paris, lors de la Négociation, ſous les peines portées par l'Article XXIX.

XXXIII.

Sa Majeſté leur défend de ſe ſervir, ſous quelque prétexte que ce ſoit, d'aucun Commis, Facteur ou Entremetteur, même de leurs Enfans, pour aucunes Négociations de quelque nature qu'elles puiſſent être, ſi ce n'eſt qu'en cas de maladie, & ſeulement pour achever les Négociations qu'ils auront commencées, ſans qu'ils puiſſent en faire de nouvelles, ſous les peines portées par l'Article XXIX.

XXXIV.

Leſdits Agens de Change ne pourront ſous les mêmes peines faire aucun Commerce directement ni indirectement, des Lettres, Billets, Marchandiſes, Papiers commerçables & autres Effets, pour leur compte.

XXXV.

Nul ne pourra être Agent de Change, s'il tient les Livres ou s'il eſt Caiſſier d'un Négociant ou autre.

XXXVI.

Les Agens de Change ne pourront nommer dans aucun cas les perſonnes qui les auront chargés de Négociations, auſquels ils ſeront tenus de garder un ſecret inviolable, & de les ſervir avec fidélité dans toutes les circonſtances de leurs Négociations, ſoit pour la nature & qualité des effets, ou pour le prix d'iceux; & ceux qui ſeront convaincus de prévarication, ſeront condamnés de réparer le tort qu'ils auront fait, & en outre aux peines portées par l'Article XXIX.

XXXVII.

Défend Sa Majeſté auſdits Agens de Change, de négocier aucunes Lettres de Change, Billets, Marchandiſes, Papiers & autres Effets, appartenant à des gens dont la faillite ſera connue, ſous les peines portées par l'Article XXIX.

XXXVIII.

Leur défend Sa Majeſté, ſous les mêmes peines, d'endoſſer aucunes Lettres de Change, Billets au Porteur ou à ordre, ni d'en donner leur aval; mais ſeulement pourront, quand ils en ſeront requis, certifier les ſignatures des tireurs, accepteurs ou endoſſeurs des Lettres, & de ceux qui auront fait les Billets.

XXXIX.

Leur défend pareillement Sa Majeſté, ſous les mêmes peines, de faire ailleurs qu'à la Bourſe aucune Négociation de Lettres, Billets, Marchandiſes, Papiers commerçables & autres Effets.

XL.

Il ſera atribué auſdits Agens de Change, pour les Négociations en deniers comptans, Lettres de Change, Billets au Porteur ou à ordre, & autres Papiers commerçables, cinquante ſols par mille livres, payables, ſçavoir, vingt-cinq ſols par l'acheteur, & vingt-cinq ſols par le vendeur, ainſi qu'il eſt d'uſage, Et à l'égard des Négociations pour fait de Marchandiſe, ils en ſeront payés ſur le pied de demi pour cent de la valeur d'icelle, dont un quart pour cent par l'acheteur, & un quart pour cent par le vendeur, ſans que ſous aucun prétexte ils puiſſent exiger aucun autre ni plus grand droit, a peine de concuſſiou.

XLI.

Les noms des Agens de Change qui tomberont en contravention, & qui auront été deſtitués, ſeront inſcrits à la Bourſe dans un tableau, afin que le Public ſoit informé de ne plus ſe ſervir de leur miniſtere.

Et ſera le préſent Arrêt lû, publié & affiché partout où beſoin ſera, à ce que perſonne n'en ignore : Et pour l'exécution d'icelui, toutes Lettres néceſſaires ſeront expédiées. FAIT au Conſeil d'Etat du Roy, Sa Majeſté y étant, tenu à Fontainebleau, le vingt-quatriéme jour de Septembre mil ſept cent vingt-quatre. *Signé*, PHELYPEAUX.

REGLEMENS
CONCERNANT
LA PROCEDURE
DU CONSEIL.

REGLEMENT
POUR
L'ETABLISSEMENT
D'UN CONSEIL ROYAL DE FINANCE.

Fait par Sa Majesté à Fontainebleau le quinziéme Septembre 1661.

LE ROY ayant mûrement consideré depuis qu'il a plû à Dieu de donner la paix à ses Peuples, le mauvais état des affaires des Finances de son Royaume, & toutes les causes dont il est provenu, Sa Majesté voulant y remedier à l'avenir, a résolu le présent Reglement & Déclaration de ses volontés.

PREMIEREMENT.

Sa Majesté a supprimé pour toujours la Commission de Sur-Intendant de ses Finances, & toutes les fonctions qui y sont attachées.

Sadite Majesté connoissant bien qu'elle ne peut donner des marques plus grandes de son amour pour ses Peuples, que de prendre elle-même le soin de l'administration de ses Finances : Pour retrancher tous les abus qui s'y sont glissés jusqu'à présent, Sadite Majesté a résolu d'appeller près de soi, un Conseil composé de personnes de capacité & probité connues, par l'avis duquel elle agira dans ladite administration pour toutes les affaires qui étoient résolues & exécutées par le Sur-Intendant seul.

Ledit Conseil sera appellé *le Conseil Royal des Finances*, & sera composé d'un Chef, sous l'autorité & en la présence de Sa Majesté, lorsque Monsieur le Chancelier ne sera pas audit Conseil, & de trois Conseillers, dont l'un sera Intendant des Finances, se réservant Sa Majesté d'appeller en icelui Monsieur le Chancelier lorsqu'elle jugera à propos, auquel cas il tiendra le rang, & la préséance dûe à sa dignité, comme Chef de tous les Conseils du Roi.

Sadite Majesté se reserve à elle seule la signature de toutes les Ordonnances concernant les dépenses comptables, & les comptans, tant pour dépenses secretes que pour remises, interêts, & autres de toute nature.

Les Etats de distribution des Finances, tant pour les Recettes générales que pour les Fermes, Bois, Domaines, & autres deniers de toutes natures, seront remis par l'Intendant des Finances qui en aura le département, avec ses avis & raisons sur les changemens à y faire, entre les mains de celui dudit Conseil Royal, qui sera ordonné par Sa Majesté, pour en être fait rapport, recevoir les ordres de Sadite Majesté : Et ensuite être lesdits Etats (expediés & signés par ledit Intendant), remis entre les mains de celui qui en aura fait le rapport, pour être signés par Sa Majesté & par ceux dudit Conseil, en la place & ordre que Sa Majesté ordonnera.

L'Intendant des Finances qui aura l'honneur d'être dudit Conseil Royal, aura l'Epargne dans son Département, & en conséquence tiendra le Registre de toute la recette & dépense qui sera faite, dont il ne donnera communication à aucune personne, sans ordre exprès de Sadite Majesté.

Toutes les Ordonnances seront remises entre ses mains, pour être rapportées à Sa Majesté, enregistrées & paraphées par lui, & ensuite expediées par les Trésoriers de l'Epargne, chacun en l'année de son exercice.

Ledit Intendant fera rendre tous les comptes des Fermes, Recettes générales, Bois, Domaines, affaires extraordinaires, & autres Recettes de toutes natures, pour en être par lui fait rapport audit Conseil Royal, & être lesdits comptes arrêtés & signés par Sa Majesté, & ensuite par ceux dudit Conseil Royal.

Toutes les demandes d'emploi de nouvelles Charges dans les Etats de Sa Majesté, seront rapportées & résolues dans ledit Conseil Royal.

Et pour toutes les affaires qui étoient traitées & résolues dans le Conseil des Finances, ou qui étoient signées par Monsieur le Chancelier, Sadite Majesté tiendra ledit Conseil tel jour qu'il lui plaira ordonner, auquel Monsieur le Chancelier assistera, pour y être lesdites affaires examinées & résolues. Sçavoir,

Les Brevets de la Taille qui seront ensuite signés par Sa Majesté, & par tous ceux qui auront l'honneur d'assister audit Conseil.

Tous les Arrêts portant imposition sur les Peuples, de quelque nature & qualité qu'ils puissent être, seront rapportés dans ledit Conseil avant que de pouvoir être expediés.

Les affiches contenant les conditions des baux des Fermes seront examinées & résolues dans ledit Conseil Royal, & ensuite les Fermes publiées, les encheres reçues, & lesdites Fermes adjugées dans le Conseil ordinaire des Finances.

Tous les traités pour affaires extraordinaires, Arrêts de prêts, & autres de pareille nature, seront rapportés, examinés & résolus dans ledit Conseil Royal, & ensuite signés & expediés en la même forme qui s'est pratiquée jusqu'à présent.

Les Rôles de l'Epargne, tant des dépenses comptables que des comptans, seront examinés & arrêtés dans ledit Conseil Royal, auquel seront présens alors les mêmes personnes qui avoient accoutumé d'y assister, signés par Sa Majesté, & ensuite par tous ceux qui y seront présens.

Nulle diminution ne pourra être accordée sur les Fermes, Recettes générales, & affaires extraordinaires, de quelque nature qu'elles puissent être, qu'en présence de Sa Majesté dans ledit Conseil Royal.

Toutes lesquelles affaires seront examinées & résolues dans ledit Conseil Royal, composé comme il est dit ci-dessus, de Monsieur le Chancelier, du Chef & de trois Conseillers audit Conseil.

Sa Majesté veut & entend que toutes les semaines une fois, le Chef dudit Conseil assemble tous ceux qui auront l'honneur d'en être avec les autres Directeurs & Contrôleurs Généraux, & Intendans des Finances, pour examiner toutes affaires de Finances ainsi que l'on avoit accoutumé de faire dans les petites Directions chez les Sur-Intendans, à l'exception toutefois de celles ci-dessus réservées au Conseil Royal, particulierement pour examiner tous les moyens d'augmenter les revenus ordinaires de Sa Majesté, diminuer & ôter, s'il se peut, toutes les causes des diminutions des Fermes & des Non-valeurs des Recettes générales, & pour tenir soigneusement la main à ce que le recouvrement desdites impositions soit fait dans les tems prescrits par les Ordonnances: En sorte que les dépenses que Sa Majesté assignera sur lesdites impositions, soient actuellement payées & acquittées.

Toutes les affaires qui seront examinées dans les petites Directions, seront ensuite rapportées dans les grandes Directions, pour y être résolues en la forme accoutumée, & qui a été observée jusqu'à présent.

Les Conseils des Finances & grandes Directions, se tiendront ainsi qu'il est accoutumé, sans toutefois que l'on y puisse traiter d'aucunes des matieres ci-dessus reservées au Conseil Royal des Finances.

En tous les Conseils, le Chef dudit Conseil prendra la place que les Sur-Intendans des Finances avoient acccoutumé de prendre; & à l'égard des autres Conseillers audit Conseil Royal, ils auront leur rang du jour de leurs Brevets de Conseillers d'Etat.

Tous les Arrêts & autres Expéditions du Conseil des Finances, seront signés par lesdits Chefs & les trois Conseillers audit Conseil Royal.

Sa Majesté veut qu'à l'ouverture de toutes les Séances de son Conseil Royal, il soit toujours fait rapport de l'état d'une Ferme ou d'une Recette générale, pour examiner tous les empêchemens que ses Fermiers reçoivent en la perception des droits de leurs Fermes, & les moyens justes & raisonnables pour les augmenter, afin d'interposer son autorité Royale pour les faire valoir.

Sadite Majesté se réserve de changer, augmenter ou diminuer au présent Reglement, selon que la nécessité de son service le pourra requerir. Fait à Fontainebleau le quinziéme jour de Septembre 1661. *Signé*, LOUIS: *Et plus bas*, DE GUENEGAUD.

EXTRAIT DU REGLEMENT QUE LE ROI veut être observé en son Conseil d'Etat.

Du 3 Janvier 1673.

Article Premier.

LE Conseil d'Etat sera composé de Monsieur le Chancelier, ou Garde des Sceaux, de vingt Conseillers d'Etat ordinaires, dont trois seront d'Eglise, trois d'Epée, le Contrôleur Général des Finances, & deux Intendans, & de douze Conseillers d'Etat qui serviront par semestre, sans que les uns ni les autres puissent se dispenser d'y assister sans permission expresse de Monsieur le Chancelier, qui ne pourra leur être accordée que pour cause de maladie, ou autre emploi pour le service du Roi.

II.

Les Secretaires d'Etat auront entrée, séance & voix déliberative en tous les Conseils.

III.

Le Doyen des Maîtres des Requêtes aura séance & voix déliberative au Conseil, comme Conseiller d'Etat ordinaire, & pourra rapporter assis & couvert.

IV.

Les Maîtres des Requêtes, Doyens des Quartiers, auront entrée, séance & voix déliberative au Conseil, durant les trois mois immédiatement suivant leur Quartier, sans néanmoins qu'ils puissent rapporter que debout & découverts, & ne pourront prendre place ès jours esquels ils auront à rapporter.

V.

Défend Sa Majesté à tous autres de quelque qualité qu'ils soient, de prendre ladite qualité de Conseillers d'Etat, ou Conseillers du Roi en ses Conseils, à peine d'être déclarés usurpateurs du titre de Conseillers d'Etat, & condamnés en trois mille livres d'amende.

VI.

Sa Majesté n'entend néanmoins comprendre en la prohibition ci-dessus, les Officiers de la Couronne, les grands Officiers de la Maison de Sa Majesté, les Chevaliers de l'Ordre, les Gouverneurs & Lieutenans Généraux des Provinces, les Secretaires de son cabinet, & son premier Medecin, qui pourront continuer de prendre la qualité de Conseillers ordinaires de Sa Majesté en ses Conseils.

VII.

Pourront aussi les premiers Présidens des Parlemens, les Présidens, & Gens du Roi du Parlement de Paris, & le premier Président de la Chambre des Comptes de Paris, prendre la qualité de Conseillers ordinaires de Sa Majesté en ses Conseils.

VIII.

Ceux des Archevêques, Evêques, Maîtres des Requêtes que Sa Majesté a gratifiés des Lettres de Conseillers d'Etat, pourront en prendre aussi la qualité.

IX.

Les Conseillers d'Etat, soit qu'ils soient Prélats, Gens d'Epée ou de Judicature, Doyens des Maîtres des Requêtes ou des Quartiers, n'auront rang & séance que du jour qu'ils y seront appellés, & serviront actuellement nonobstant l'ancienneté de leurs Brevets, & qu'ils eussent même prêté le serment, à la réserve néanmoins des Princes du Sang, des Cardinaux, & des Officiers de la Couronne qui précederont les autres Conseillers d'Etat.

X.

Veut Sa Majesté que les Doyens des Quartiers qui ont pris place ci-devant au Conseil du jour de leurs Brevets & prestations de serment, soient tenus de la quitter & n'y puissent prendre place que du jour qu'ils y sont entrés comme Doyens de leurs Quartiers.

XI.

Les Conseillers d'Etat précederont en toutes Assemblées publiques & particulieres les Maîtres des Requêtes, Veterans ou Titulaires, nonobstant l'ancienneté de leurs Brevets, & prestation de serment.

XII.

Les Conseillers d'Etat qui seront pourvûs d'Offices de Judicature, seront tenus de s'en défaire avant qu'ils puissent être admis à prêter serment ni avoir entrée au Conseil.

XIII.

Les Conseillers d'Etat n'entreront au Conseil qu'en robe de soye, à collet quarré & manches pendantes, si ce n'étoit qu'ils fussent en deuil, auquel cas ils pourront porter la robe d'étoffe de laine, néanmoins avec le collet carré & les manches pendantes.

XIV.

Les Maîtres des Requêtes n'entreront pareillement au Conseil qu'en robe de soye à grandes manches, si ce n'est lorsqu'ils seront en deuil, auquel cas ils pourront porter la robe de laine à grandes manches.

XV.

Les Maîtres des Requêtes auront entrée & voix déliberative au Conseil, aussi-tôt qu'ils auront fait le serment entre les mains de Monsieur le Chancelier, sans attendre leur réception au Parlement.

XVI.

Les Conseillers d'Etat semestres, n'auront entrée au Conseil hors de leurs semestres, s'ils ne sont mandés par Monsieur le Chancelier.

XVII.

Les Maîtres des Requêtes titulaires n'auront entrée au Conseil hors de leur Quartier, ni les Maîtres des Requêtes Veterans hors des Quartiers dans lesquels ils auront servi étant titulaires; si ce n'est à l'égard des Maîtres des Requêtes titulaires, qu'ils ayent été mandés par Monsieur le Chancelier, pour rendre raison des Arrêts rendus à leur rapport, ou pour faire rapport des Instances ausquelles ils auroient été constitués Rapporteurs; ausquels cas, après que les affaires pour lesquelles ils auront été mandés, auront été terminées, ils pourront demeurer au Conseil, sans que pendant qu'ils seront présens au Conseil de leur Quartier, ainsi que dit est, ils puissent opiner en aucune autre affaire qu'en celle dont ils seront Rapporteurs.

XVIII.

Le Greffier du Conseil, qui sera en quartier, entrera seul au Conseil, & non aucun de ses Commis, ni aucuns des autres Greffiers du Conseil, ou leurs Commis.

XIX.

Défend Sa Majesté aux Huissiers du Conseil d'y admettre ni laisser entrer aucun autre, de quelque qualité qu'ils soient, que ceux ci-dessus, s'ils ne sont mandés par Monsieur le Chancelier, à peine de privation de leurs Offices.

XX.

Les Huissiers demeureront hors de la porte du lieu où se tiendra le Conseil, sans qu'ils y puissent entrer qu'ils n'y soient mandés par Monsieur le Chancelier, & en sortiront incontinent, à l'exception néanmoins de l'un d'entr'eux alternativement, qui demeurera dans la Chambre du Conseil, & n'en pourra sortir sans ordre de Monsieur le Chancelier.

XXI.

Ceux qui seront sortis du Conseil, & entrés dans la salle où sont les Parties, n'y pourront rentrer.

XXII.

Le Conseil se tiendra toujours dans la Maison du Roi, & au lieu le plus proche de son appartement; si ce n'étoit qu'il plût au Roi d'en ordonner autrement.

XXIII.

Les Conseillers d'Etat, les Maîtres des Requêtes, Greffiers & Huissiers du Conseil seront tenus de se rendre & demeurer à la suite du Roi & de Monsieur le Chancelier, & d'assister assiduement aux Conseils; & n'en pourront partir sans permission de Sa Majesté, ou de Monsieur le Chancelier, à peine de radiation de leurs gages.

XXIV.

Le Conseil d'Etat sera tenu deux fois la semaine, pour les affaires des Particuliers, ès jours qui seront indiqués par Monsieur le Chancelier.

XXV.

Les Maîtres des Requêtes seront debout derriere les chaises, & rapporteront seuls au Conseil des Parties dans l'ordre qui leur sera donné par Monsieur le Chancelier.

XXVI.

Ils opineront debout & découverts.

XXVII.

Le Rapporteur sera derriere la chaise du Roi, & fera son rapport debout aussi & découvert.

XXVIII.

Aucun des Conseillers d'Etat ou Maîtres des Requêtes ne prendra la parole, ni interrompra le Rapporteur ou ceux qui opineront, que par la permission de Monsieur le Chancelier.

XXIX.

Sa Majesté défend à tous ceux qui ont l'entrée au Conseil, de reveler les opinions, ni les choses qui auront été résolues, à peine pour la premiere fois, d'être privé pour un an de l'entrée du Conseil, & la seconde pour toujours, dont Sa Majesté charge Monsieur le Chancelier de l'avertir.

XXX.

Aucun n'opinera ni demeurera au Conseil quand il sera traité d'affaires qui le le concerneront, ou ausquelles il aura été récusé pour cause jugée valable par le Conseil.

XXXI.

Il suffira que les avis passent d'une voix pour faire Arrêt.

XXXII.

Il n'y aura aucun partage au Conseil; mais quand il y aura égalité de suffrages, l'Arrêt sera conclu suivant l'avis de Monsieur le Chancelier.

XXXIII.

Le Conseil ne connoîtra d'aucune affaire qui sera de la compétence des Cours, pour les juger au fond, si ce n'est par ordre exprès de Sa Majesté; ni des affaires concernant l'exécution des Edits, Déclarations & Lettres Patentes, encore qu'elles n'ayent été enregistrées aux Compagnies qui en sont compétentes, à la reserve néanmoins des affaires des Finances, dans lesquelles Sa Majesté aura intérêt, lesquelles pourront, s'il est jugé à propos, être retenues au Conseil. Mais à l'égard des autres, ausquelles les Particuliers seulement seront intéressés, encore qu'elles concernassent les Finances, & procédassent de l'exécution des Edits, elles seront renvoyées aux Compagnies qui en seront compétentes, à la charge néanmoins de les juger conformément aux Edits, Déclarations & Lettres Patentes.

XXXIV.

Les Instances de la qualité ci-dessus, qui sont pendantes au Conseil, seront incessamment renvoyées aux Compagnies qui en sont compétentes.

XXXV.

Sa Majesté défend aux Avocats au Conseil d'en introduire aucune de la qualité ci-dessus, à peine d'interdiction & des dépens, dommages & intérêts des Parties.

XXXVI.

Sa Majesté déclare aussi les Offices d'Avocats au Conseil incompatibles avec ceux des Sécretaires du Roy: ce faisant, ordonne que ceux qui sont présentement pourvûs des deux Offices, seront tenus d'en faire l'option au Greffe du Conseil, quinzaine après la publication du présent Réglement; autrement & à faute de faire l'option dans la quinzaine, demeureront interdits de la fonction de leurs Offices d'Avocats, & à eux enjoint de s'en défaire, trois mois après; & à faute d'y satisfaire, il y sera pourvû par Sa Majesté.

XXXVII.

Sa Majesté veut que le présent Réglement soit ponctuellement observé, à commencer au premier jour de Février prochain, & qu'il soit lû le premier jour du Conseil de chacun quartier, auparavant qu'on puisse parler d'aucune autre affaire.

Fait & arrêté au Conseil Royal des Finances, tenu Sa Majesté y étant, à Saint Germain en Laye, le troisiéme jour de Janvier mil six cent soixante-treize. *Signé*, LOUIS, *Et plus bas*, COLBERT.

Lû, publié, le Conseil d'Etat tenant, de l'Ordonnance de Monseigneur d'Aligre, Chevalier, Garde des Sceaux de France, & registré dans les Registres dudit Conseil, par moi Conseiller Sécretaire du Roy, Maison, Couronne de France, & de ses Finances, Greffier ordinaire dudit Conseil, soussigné, au Château de Saint Germain en Laye, Sa Majesté y étant, le dixiéme jour de Janvier mil six cent soixante-treize. Signé, LE FOUIN.

☞ Voyez la Note sur ce Réglement, à la fin de ce Volume.

REGLEMENT QUE LE ROY VEUT être observé en son Conseil d'Etat, en conséquence de celui du 3 Janvier 1673.

ARTICLE PREMIER.

LEs Intendans des Finances auront en cette qualité comme Conseillers d'Etat ordinaires, & conformément à l'Article IX. du Réglement du 3 Janvier 1673, rang & séance en tous les Conseils d'Etat & Privé, & Direction des Finances, du jour & date de leur réception, & prestation de serment en ladite Charge d'Intendant des Finances.

II.

Les Intendans des Finances, dont Sa Majesté fera choix ensuite pour être Conseillers d'Etat sémestres ou ordinaires, conserveront toujours leur premier & ancien rang d'Intendans des Finances en tous lesdits Conseils & Direction des Finances, soit qu'ils gardent leurs Charges d'Intendans des Finances, soit qu'ils s'en défassent.

III.

Si néanmoins il y avoit quelque interruption & quelque intervalle entre les deux services, ensorte que l'Intendant des Finances que Sa Majesté avoit nommé Conseiller d'Etat sémestre ou ordinaire, se fût défait de sa Charge d'Intendant des Finances, avant d'avoir été fait Conseiller d'Etat, il n'aura pour lors rang & séance esdits Conseils, que du jour & date de sa prestation de serment, & de reception en sa Commission de Conseiller d'Etat.

Fait & arrêté au Conseil Royal des Finances, tenu à Marly le quatorziéme jour de May mil six cent quatre-vingt-dix-sept. *Signé*, LOUIS. *Et plus bas*, BOUCHERAT, DE BEAUVILLIERS, LE PELLETIER, DE POMEREU, D'AGUESSEAU, & PHELYPEAUX.

REGLEMENT FAIT PAR LE ROY pour les Maîtres des Requêtes de son Hôtel.

Du 27 Octobre 1674.

LE ROY s'étant fait représenter le Réglement fait par Sa Majesté le troisiéme Janvier 1673, pour être observé en son Conseil, sa Déclaration pour le renouvellement du Droit annuel, & pour la fixation des Charges de l'année 1665, ensemble les Mémoires présentés par les sieurs Maîtres des Requêtes de son Hôtel sur le sujet desdits Réglemens & fixation de leurs Charges; & Sa Majesté voulant leur donner des marques de la satisfaction qu'elle a des services qu'ils lui ont rendus, & qu'ils continuent de lui rendre en toutes occasions, même en considération du secours que Sa Majesté a reçu, tant par la création de huit Charges de Maîtres des Requêtes, que par les augmentations des gages que le plus grand nombre desdits sieurs Maîtres des Requêtes ont pris volontairement, & le dessein que tous les autres ont témoigné d'en prendre, Sa Majesté a bien voulu en dérogeant ausdits Réglement & Déclaration, leur accorder les points qui ensuivent.

ARTICLE PREMIER.

Sa Majesté accorde ausdits sieurs Maîtres des Requêtes la faculté de pouvoir payer le Droit annuel de leurs Charges pour les neuf années suivantes & consécutives, qui commenceront au premier Janvier de l'année prochaine 1675, sans prêt, finance, ni avance pour quelque cause que ce soit.

II.

Sadite Majesté accorde pareillement l'augmentation de la fixation du prix desdites Charges de Maîtres des Requêtes qui auroient 1500 livres d'augmentation de gages nouvelles, à la somme de 200000 livres.

III.

Lesdits sieurs Maîtres des Requêtes seront envoyés dans toutes les Provinces & Armées, & rapporteront à l'exclusion de tous autres à la personne de Sa Majesté les Requêtes & Affaires de Justice, à moins que Sa Majesté pour des causes importantes au bien de son service n'en ordonne autrement.

IV.

Ils auront leur entrée & voix délibérative dans les Conseils, tant en quartier, que dehors de quartier.

V.

Sa Majesté fera payer par chacun an au Doyen desdits sieurs Maîtres des Requêtes les appointemens du Conseil montans à trois mille trois cens livres, & aux Doyens des quatre quartiers lesdits appointemens à quinze cens livres.

VI.

Lesdits sieurs Maîtres des Requêtes procéderont à l'avenir, ainsi qu'ils ont fait par le passé, & auparavant ledit Réglement, à l'examen & visites des Instances, tant au Conseil que des Requêtes de l'Hôtel.

VII.

Ils connoîtront de l'exécution des Arrêts du Conseil & des Affaires des Commensaux des Maisons Royales, ainsi qu'ils ont fait du passé.

VIII.

Sa Majesté décharge les Particuliers qui voudront évoquer, récuser ou se pourvoir en cassation d'Arrêts du Conseil & des Cours, des Consignations ordonnées par ledit Réglement du mois de Janvier 1673. Enjoint Sadite Majesté ausdits sieurs Maîtres des Requêtes de l'Hôtel, qui rapporteront des Requêtes & Instances pour raison de ce, d'employer dans les dispositifs des Arrêts les condamnations desdites amendes au terme des Réglemens, contre ceux qui succomberont, & aux Avocats desdits Conseils d'employer dans les Requêtes & Instances qu'ils instruiront, les noms, surnoms, qualités & demeures de leurs Parties, à peine d'interdiction & du double desdites amendes de consignation, sans que lesdites amendes puissent être remises ni moderées pour quelque cause & sous quelque prétexte que ce puisse être.

IX.

Sadite Majesté veut que toutes les Déclarations & Lettres Patentes soient expediées conformément au présent Réglement, nonobstant & sans avoir égard audit Réglement du 3 Janvier 1673, & Déclaration de 1605, ausquels Sa Majesté a dérogé & déroge pour ce regard, sans tirer à conséquence, voulant au surplus qu'ils soient exécutés selon leur forme & teneur.

Fait & arrêté au Conseil Royal des Finances, tenu par Sa Majesté à Saint Germain en Laye, le 27 Octobre 1674. *Signé*, LOUIS. *Et plus bas* COLBERT.

ARREST DU CONSEIL D'ESTAT DU ROY, concernant les amendes du Conseil.

Du mois d'Août 1684.

Extrait des Registres du Conseil d'Etat du Roy.

VU par le Roy étant en son Conseil, l'Arrêt rendu en icelui le 12 Mars de l'année 1683, par lequel pour faciliter le recouvrement des amendes adjugées ès Conseils de Sa Majesté, il est ordonné qu'il sera déposé des Registres ès Greffes de ses Conseils, sur lesquels les Avocats au Conseil seront tenus de cotter les véritables noms, qualités & domiciles de leurs Parties, tant des demandeurs que des défendeurs ès Instances où il sera question de cassation d'Arrêts, d'évocations, récusations, inscriptions de faux, secondes Requêtes au lieu de Requêtes refusées, & appellations. Et Sa Majesté étant informée que ledit Arrêt a eu peu d'effet jusques à présent, tant parce que lesdits Avocats n'ont pas eu tout le soin qui leur étoit prescrit, que parce que les sommes que les condamnés aux amendes ont dû payer pour icelles n'ont pas été exprimées dans les dispositifs des Arrêts; ce qui fait que le Commis du Fermier du Domaine n'a sçu quelles sommes demander. A quoi étant nécessaire de pourvoir autant que le bien de son service le peut requerir: SA MAJESTÉ EN SON CONSEIL, a ordonné & ordonne que l'Arrêt du Conseil dudit jour 12 Mars 1683, sera exécuté selon sa forme & teneur; & ce faisant, ordonne qu'ès Arrêts du Conseil dans lesquels les sommes que les condamnés aux amendes seront tenus de payer, ne seront pas exprimées, les redevables seront contraints au payement desdites amendes sur le pied de ce qui est porté par l'Ordonnance; sçavoir, les demandeurs en cassation d'Arrêts contradictoires, trois cens livres envers Sa Majesté, & cent cinquante livres envers la Partie; les Demandeurs en cassation d'Arrêts par défaut, cent cinquante livres envers Sa Majesté, & soixante-quinze livres envers la Partie; les tiers opposans, deux cens livres envers Sa Majesté, & cent livres envers la Partie; les Evoquans, cent cinquante livres envers Sa Majesté, & cent cinquante livres envers la Partie; les Recusans, cent livres envers le Roy, & cent livres envers la Partie; les Appellans, douze livres pour l'amende ordinaire, ou soixante-quinze livres quand ils n'auront pas fourni des moyens d'appel; les Demandeurs en faux, cent livres; & les Demandeurs en seconde Requête, après la premiere refusée pour le même fait, trois cens livres, moitié contre les Demandeurs, & moitié contre les Avocats. Et sera le présent Arrêt lû en la Communauté des Avocats au Conseil. Fait au Conseil d'Etat du Roy, Sa Majesté y étant, tenu à Versailles au mois d'Août mil six cent quatre-vingt-quatre. *Signé*, COLBERT.

ARREST DU CONSEIL D'ESTAT PRIVE', portant que les Demandeurs en Evocation, Cassation d'Arrêts, Inscription de faux, Oppositions & Appellations au Conseil, qui n'obtiendront pas à leurs fins & conclusions, seront tenus de payer les amendes portées par les Ordonnances & Réglemens, quoique non prononcées, à moins que les Arrêts ne les en déchargent.

Du 3 Septembre 1698.

Extrait des Registres du Conseil d'Etat Privé du Roy.

SUR ce qui a été représenté au Roy en son Conseil, qu'encore que pour le bien de la Justice, & pour détourner davantage les mauvais Plaideurs de faire des Procès, & de fatiguer les familles par des chicanes, Sa Majesté ait ordonné par sa Déclaration du 21 Mars 1671, portant Réglement sur le fait des amendes, que ceux qui succomberont dans leurs Requêtes Civiles, Inscriptions de faux ou Oppositions, de quelque maniere qu'il soit prononcé contre eux, soit par débouté, ou sans avoir égard, sans s'arrêter, ou hors de Cour, & même en cas d'acquiescement ou de désistement, ils seront tenus de payer les amendes portées par les Réglemens, lesquelles seront acquises deslors à Sa Majesté, comme si elles avoient été expressément prononcées: Et quoiqu'il ne soit pas moins important d'user de sévérité à l'égard des Demandeurs en Evocation ou en cassation d'Arrêt des Cours Supérieures, puisqu'ils ne causent pas moins de véxation, & ne sont pas moins odieux que les Demandeurs en Requête Civile, Inscription de faux ou Opposition, plusieurs prétendent toutefois que lorsqu'ils ne sont pas nommément condamnés à l'amende, ils ne la doivent point, sous prétexte que cette Déclaration du 21 Mars mil six cent soixante onze ne parle point d'Evocation ni de Cassation; ensorte qu'il se fait encore beaucoup de mauvais Procès par ces sortes de voyes, dans l'espérance de l'impunité. Cependant si cette Déclaration n'a pas fait mention précise des Evocations & des Cassations, c'est seulement parce qu'elle n'a été faite que pour les Compagnies Supérieures, mais les motifs sont les mêmes dans tous ces cas-là: Et on peut dire, qu'il y a plus de lieu de condamner à l'amende ceux qui intentent de mauvaises demandes en Evocation ou en Cassation, parce qu'ils abusent, pour ainsi dire, de l'autorité du Conseil du Roy, où ces sortes de demandes sont portées, que les frais qu'ils causent aux Parties sont plus grands, & qu'ils interrompent bien davantage le cours de la Justice, & surtout les Cédules évocatoires, lesquelles dès l'instant de leur Signification, lient les mains aux Juges & aux Parties; aussi les amendes en matiere d'Evocation ou de Cassation, sont égales à celles des Requêtes Civiles. Et par le Réglement du Conseil du trois Janvier mil six cent soixante-treize, elles doivent être consignées avant la signification des Cédules évocatoires, & des Requêtes en Cassation. Que si dans la suite cette Consignation a été ôtée, parce qu'il a été jugé qu'il falloit laisser la liberté à tous les Sujets du Roy, de s'approcher de son Trône, c'eſt-à-dire, de recourir à la Juſtice & à l'autorité de ſon Conſeil, les amendes n'en ſont pas moins acquiſes au Roy, dès le moment que ces demandes en Evocation ou en Caſſation ne réuſſiſſent pas, & que les Parties s'en deſiſtent, & c'eſt pourquoi ce même Réglement porte qu'elles ne pourront être remiſes ni moderées. Et les Articles XXXIV. & XLII. du dernier Réglement du Conſeil, ont ſtatué expreſſément que les Demandeurs en Evocation ou en Caſſation qui ſuccomberont, ſeront condamnés à l'amende; ce qui eſt cauſe que quand par quelques conſidérations particulieres on trouve à propos de les décharger de l'amende, les Arrêts le prononcent poſitivement, parce que ſans cette prononciation expreſſe, l'amende ſeroit dûe de droit, & la Partie condamnée ſeroit tenue indiſpenſablement de la payer, quoique l'Arrêt ne le prononçât pas poſitivement, parce que ce défaut de prononciation ne peut jamais paſſer que pour obmiſſion, & non point pour une contravention aux intentions ſi clairement expliquées par les Ordonnances, les Déclarations & les Réglemens. C'eſt auſſi l'eſprit de l'Arrêt du Conſeil du ſept Août mil ſix cent quatre-vingt-quatre, qui a ordonné qu'ès Arrêts du Conſeil dans leſquels les ſommes que les condamnés aux amendes ſeroient tenus de payer, ne ſeroient pas exprimées, les redevables ſeront contraints au payement deſdites amendes, ſur le pied de ce qui eſt porté par l'Ordonnance: ſçavoir, les Demandeurs en caſſation d'Arrêt contradictoire, en trois cens livres envers Sa Majeſté, & cent-cinquante livres envers la Partie: les Demandeurs en caſſation d'Arrêt par défaut, en cent-cinquante livres envers Sa Majeſté, & ſoixante-quinze livres envers la Partie: les Evoquans, en trois cens livres envers Sa Majeſté, & cent-cinquante livres envers la Partie: les Tiers-Oppoſans, en deux cens livres envers le Roy, & cent livres envers la Partie; & enfin les Appellans, en douze livres pour l'amende ordinaire; & ſoixante-quinze livres, lorſqu'ils n'ont pas fourni de moyens d'appel; par le moyen duquel Arrêt il a été pourvû à l'obmiſſion de la fixation des ſommes dûes pour les amendes, & il ne reſte ſuivant le même eſprit, par les mêmes conſidérations du bien de la Juſtice, & de l'extinction de la chicane, qu'à confirmer les Ordonnances & les Réglemens en cas d'obmiſſion de prononciation; à quoi étant néceſſaire de pourvoir: Vû leſdites Ordonnances, Arrêts & Réglemens: Oui le rapport du Sieur le Blanc, Conſeiller du Roy en ſes Conſeils, Maître des Requêtes ordinaire de ſon Hôtel, Commiſſaire à ce député; & tout conſidéré: LE ROY EN SON CONSEIL, conformément auſdites Ordonnances, Réglemens & Arrêts, a ordonné que lorſque les Demandeurs en Evocation, Caſſation d'Arrêt, Inſcription de faux, Oppoſition & Appellation au Conſeil, n'obtiendront pas leurs fins & concluſions, ils ſeront tenus de payer les amendes portées par les Ordonnances & Réglemens, quoique non prononcées; à quoi faire ils ſeront contraints par les voyes accoutumées, à la reſerve toutefois des Arrêts qui interviendront au Conſeil, portant la clauſe [néanmoins ſans amende] ce qui ſera exécuté nonobſtant oppoſitions ou empêchemens quelconques. Fait au Conſeil d'Etat Privé du Roy, tenu à Paris, le troiſiéme Septembre 1698. Collationné. *Signé*, DESVIEUX.

Le préſent Arrêt a été par moi Huiſſier ordinaire du Roy, montré, ſignifié, & baillé copie aux fins y contenues, à la Communauté de Meſſieurs les Avocats du Conſeil de Sa Majeſté, en parlant à M. Bouret leur Greffier, en ſon domicile à Paris, à ce que du contenu en icelui ils n'en prétendent cauſe d'ignorance, le 16 Septembre 1698. Signé, JARY.

ORDONNANCE
DE LOUIS XV.
ROY DE FRANCE ET DE NAVARRE.

Concernant les Evocations & les Réglemens de Juges.

Donnée à Versailles au mois d'Août 1737.

Registrée en Parlement le 11 *Décembre* 1737.

LOUIS, par la grace de Dieu, Roy de France & de Navarre : A tous présens & à venir, SALUT. La forme de procéder sur les demandes en évocation ou en réglement de Juges, soit en matiere civile, ou en matiere criminelle, avoit été reglée si exactement par le feu Roy notre très honoré Seigneur & bisayeul, dans les trois premiers titres de son Ordonnance du mois d'Août 1669, qu'il ne sembloit pas qu'on pût désirer une nouvelle Loi sur ces matieres : Mais la mauvaise foi, ou l'artifice des Plaideurs, ayant inventé de nouveaux détours, pour éluder l'exécution de cette Ordonnance, il a fallu y opposer de nouvelles précautions, par des Déclarations postérieures. Et ayant jugé à propos de les faire revoir dans notre Conseil, Nous avons reconnu que pour le bien commun de nos Sujets, & pour la conservation de l'ordre des Jurisdictions, il étoit nécessaire, non-seulement de réunir les dispositions de ces Déclarations à celles de l'Ordonnance de 1669, pour ne former qu'une seule Loi, mais d'y suppléer tout ce qui pouvoit y avoir été obmis, & d'y éclaircir tout ce qui avoit paru mériter une plus grande explication ; afin que rien ne manquât à la perfection & à l'utilité d'une Loi, qui n'ayant pour objet que des contestations préliminaires, où il ne s'agit que de donner ou de conserver des Juges certains aux Parties, ne sçauroit être trop simple & trop facile à entendre & à observer. A CES CAUSES, de l'avis de notre Conseil, & de notre certaine science, pleine puissance & autorité royale, Nous avons dit, déclaré & ordonné, disons, déclarons & ordonnons, voulons & Nous plaît, ce qui suit.

TITRE PREMIER.

Des Evocations.

ARTICLE PREMIER.

Aucune Evocation générale ne sera accordée à l'avenir, si ce n'est pour detres-grandes & importantes considérations, qui auront été jugées telles par Nous en notre Conseil.

II.*

On pourra évoquer du chef des parens ou alliés en ligne directe, ascendante ou descendante, même en collaterale, à l'égard de ceux qui représentent les parens ou alliés en ligne directe, comme Oncles, grands-Oncles, neveux & petits-neveux : le tout, en quelque dégré qu'ils soient.

III.

Il sera pareillement permis d'évoquer du chef des parens & alliés en ligne collatérale, jusqu'au troisiéme degré inclusivement : & seront en ce cas, les degrés comptés en ligne transversale, sçavoir, les freres & sœurs, beaux-freres & belles-soeurs, pour le premier degré ; les cousins germains, pour le second ; & les issus de germains, pour le troisiéme.

IV.

Et où il se trouveroit des parentés ou alliances d'un degré plus proche à un degré plus éloigné, elle seront comptées sur le pied du degré le plus éloigné.

V.

Les alliés ne pourront être comptés au nombre de ceux du chef desquels il sera permis d'évoquer, lorsque le mariage qui avoit produit l'alliance, ne subsistera plus, & qu'il n'y en aura point d'enfans existans lors de l'évocation.

VI.

Lorsque l'évoqué, & l'Officier du chef duquel l'évocation sera demandée, se trouveront avoir épousé les deux sœurs, ledit Officier ne pourra être compté au nombre des alliés de l'évoqué, qu'en cas que les deux mariages subsistent dans le tems de l'évocation, ou qu'il y ait des enfans de l'un desdits deux mariages, qui soient vivans audit tems, encore que les deux soeurs soient décedées, ou l'une d'elles.

VII.

Lorsque la Partie évoquée sera du corps du Parlement dont l'évocation sera demandée, le nombre des parens & alliés aux degrés ci-dessus marqués, du chef desquels on pourra évoquer, sera & demeurera fixé à l'avenir, sçavoir :

Pour le Parlement de Paris, au nombre de dix.

Pour les Parlemens de Toulouse, Bordeaux, Rouen & Bretagne, au nombre de six.

Pour les Parlemens de Dijon, Grenoble, Aix, Pau, Metz & Besançon, au nombre de cinq.

Et lorsque la Partie évoquée ne sera pas du corps dont l'évocation sera demandée, le nombre desdits parens & alliés sera fixé.

Pour le Parlement de Paris, à celui de douze.

Pour ceux de Toulouse, Bordeaux, Rouen & Bretagne, au nombre de huit.

Et pour les Parlemens de Grenoble, Aix, Dijon, Pau, Metz & Besançon, au nombre de six.

VIII.

Le nombre des parens & alliés aux degrés ci-dessus marqués, du chef desquels on pourra évoquer de notre Grand-Conseil, demeurera fixé à quatre, pour ceux qui seront du corps, & à six, pour ceux qui n'en seront pas.

IX.

Les Procès différens pendans en la Cour des Aydes de Paris, ne pourront en être évoqués que lorsque l'une des Parties, étant du corps, y aura quatre parens

parens & alliés aux dégrés ci-dessus marqués, ou que n'étant pas du corps, elle en aura six.

X.

Quant aux autres Cours des Aydes, l'évocation ne pourra avoir lieu que lorsque l'une des Parties sera du corps, & qu'elle y aura trois parens ou alliés aux dégrés ci-dessus marqués, ou que n'étant pas du corps, elle en aura quatre; & le renvoy de l'affaire évoquée sera fait, dans le cas du présent article & du précedent, en une autre Cour des Aydes la plus proche, & non suspecte, ainsi qu'il sera marqué par l'article XXXV. ci-dessous.

XI.

N'entendons comprendre dans les articles précedens, sous le nom d'Officiers du corps de nos Cours ou autres Compagnies, que ceux qui y auront séance & voix déliberative, ensemble nos Avocats & Procureurs généraux : ce qui sera pareillement observé par rapport aux Officiers du chef desquels l'évocation sera demandée, & sans qu'elle puisse avoir lieu, sous prétexte de parenté ou alliance avec d'autres Officiers que ceux qui sont ci-dessus mentionnés, encore qu'ils eussent le privilege d'être réputés Officiers du corps, dans d'autres matieres.

XII.

Les procès ou contestations ne pourront être évoqués, si dans le nombre de ceux dont les parentés ou alliances seront articulées, il n'y en a au moins les deux tiers qui soient titulaires, pourvûs & revêtus de leurs offices.

XIII.

Les Ducs & Pairs, les Conseillers d'honneur, & les Officiers honoraires ou véterans, en quelque nombre qu'ils soient, ne seront comptés que pour un tiers des parens nécessaires pour l'évocation, c'est-à-dire, pour un seul parent dans les Cours où il en faut trois, quatre ou cinq pour évoquer; pour deux dans celles où il en faut six, ou huit; pour trois, quand il en faut dix; & pour quatre quand il en faut douze.

XIV.

Ne pourront les parentés & alliances des Ducs & Pairs, Conseillers d'honneur, & autres Officiers qui, en vertu du même titre, ont séance non-seulement en notre Parlement de Paris, mais en d'autres Compagnies, être articulées ni reçues pour évoquer d'aucune desdites Cours, si ce n'est de notre Parlement de Paris.

XV.

Les parentés & alliances des Maîtres des Requêtes ordinaires de notre Hôtel, ne pourront être articulées ni reçues pour évoquer d'aucune autre Cour, que de notre Parlement de Paris, & de notre Grand Conseil.

XVI.

Il ne sera permis à aucune des Parties d'évoquer du chef de ses parens ou alliés, lorsqu'ils ne le seront pas aussi des autres Parties, ou de l'une d'elles; auquel cas, sera observé ce qui est porté par l'article suivant.

XVII.

Les parentés ou alliances communes aux Parties, ne pourront donner lieu à l'évocation, lorsqu'elles seront en égal dégré, ou lorsque les parens ou alliés du chef desquels l'évocation sera demandée, le seront dans un dégré plus proche de celui qui évoque, que des autres Parties; sans qu'en aucun cas il puisse être fait aucune difference à cet égard, entre l'alliance & la parenté.

XVIII.

En jugeant les évocations, on n'aura aucun égard aux parentés & alliances des Officiers qui seront décedés, ou qui se seront démis de leur office, ou dont l'interêt aura cessé depuis l'évocation demandée, pourvû que la preuve en ait été rapportée avant le Jugement, sans néanmoins qu'en ce cas l'évoquant puisse être condamné à aucune amende, ni aux dépens.

XIX.

Voulons néanmoins que dans les cas où, indépendamment du décès, de la démission, ou de la cessation d'intérêt des Officiers du chef desquels l'évocation avoit été demandée, il sera jugé que l'affaire, par sa nature, ou par l'état de la contestation, n'étoit pas sujette à l'évocation, comme aussi quand il se trouvera que l'Officier décedé, ou qui se sera démis, ou dont l'interêt aura cessé, n'étoit ni parent ni allié de l'évoqué, ou qu'il ne l'étoit pas à un des dégrés ci-dessus marqués, l'évoquant soit condamné en l'amende, & aux dépens.

XX.

Aucune évocation ne sera accordée sur les parentés & alliances des Syndics, ou Directeurs, Tuteurs ou Curateurs, ou autres Administrateurs, ni pareillement sur celles des membres des Corps ou Communautés; pourvû que dans la contestation dont l'évocation sera demandée, les uns ni les autres ne soient Parties en leur nom, indépendamment de leurs qualités ci-dessus marquées, & pour un interêt personnel, distinct & séparé de celui des personnes qui sont sous leur direction ou administration, ou desdits Corps & Communautés : auquel cas l'évocation ne pourra avoir lieu que pour les demandes & contestations qui concerneront leurdit intérêt personnel seulement, & non celui desdites personnes, Corps ou Communautés.

XXI.

Les causes ou procès, tant civils que criminels, pendans en nos Cours des Aydes, qui concerneront les Droits de nos Fermes, & l'exécution des baux, circonstances & dépendances, même tous procès de nos Fermiers en nom collectif, ou des Adjudicataires de nos Fermes contre leurs Commis, en matiere civile ou criminelle, ne pourront être évoqués sur les parentés & alliances des Officiers de nos Cours des Aydes, avec aucuns des interessés en nosdites Fermes, en quelque dégré que ce soit : le tout, sans préjudice des évocations du chef de ceux desdits interessés, ou de leurs Commis, qui seroient Parties en leur propre & privé nom, & pour un interêt personnel, autre que celui de nos Fermes.

XXII.

Les affaires concernant notre Domaine, ne pourront être évoquées, ni pareillement celles des Pairies, où il s'agira du titre ou de la proprieté de la Pairie, ou des droits qui en dépendent, quand le fond desdits droits sera contesté.

XXIII.

Aucune évocation ne pourra être demandée du chef des parens & alliés de nos Procureurs Généraux, lorsqu'ils ne seront Parties que comme exerçant le Ministere public.

XXIV.

Ne pourront pareillement être évoqués les causes & procès dont la connoissance appartient à nos Chambres des Eaux & Forêts, ou Tables de marbre, établies auprès de nos Cours de Parlement ; & ce, de quelque nature que soient lesdites affaires, & de quelque maniere que lesdites Chambres se trouvent composées.

XXV.

Les décrets, les pourſuites de criées, & les ordres, ne pourront être évoqués, ni pareillement les oppoſitions aux ſaiſies réelles, de quelque nature qu'elles puiſſent être, ni aucunes des conteſtations qui pourront ſurvenir, ſoit à l'occaſion des contrats d'union, de direction, ou autres ſemblables entre les créanciers & leurs débiteurs, ſoit au ſujet deſdits décrets & ordres.

XXVI.

Voulons que s'il étoit ſignifié aucunes cédules évocatoires dans les cas portés par les quatre articles précedens, il ſoit paſſé outre par nos Cours à l'inſtruction & au Jugement des cauſes, inſtances ou procès, ſans avoir égard auſdites cédules évocatoires, qui ſeront regardées comme nulles, & de nul effet.

XXVII.

Les cauſes & inſtances où il s'agira de l'entherinement de Lettres de Requête civile, ou de reviſion, ou de demandes en exécution d'Arrêts ou Jugemens en dernier reſſort, ne pourront être évoquées par ceux qui auront été Parties aux procès ou conteſtations ſur leſquels leſdits Arrêts ou Jugemens auront été rendus; ſi ce n'eſt que depuis il ait été contracté quelque alliance, ou qu'il ſoit ſurvenu quelque autre fait qui puiſſe donner lieu à l'évocation.

XXVIII.

Les cauſes & les procès dont la plaidoyrie ou le rapport auront été commencés, ne pourront être évoqués, ſous prétexte de parentés ou alliances, & lorſque l'affaire ſera en cet état lors de l'évocation, l'évoqué rapportera pour le juſtifier, ſçavoir, à l'égard des cauſes d'Audience, un certificat du Greffier, portant que la plaidoyrie a été commencée; & pour les procès par écrit, un Arrêt ſur Requête, qui ſera rendu par la Chambre où le procès ſera pendant, lequel portera que le rapport du procès a été commencé: & en conſéquence, ſur la ſimple Requête de l'évoqué, à laquelle ledit certificat ou ledit Arrêt ſera attaché, il ſera ordonné en notre Conſeil, qu'il ſera paſſé outre au Jugement de la cauſe ou du procès, & l'évoquant condamné à l'amende & aux dépens.

XXIX.

L'évocation ne pourra être demandée par celui qui aura été reçu Partie intervenante en cauſe d'appel ſeulement, ni de ſon chef ou de celui de ſes parens & alliés, ſi ce n'eſt que ſes droits n'euſſent pas encore été ouverts, & que lui ou ſes auteurs n'euſſent pû agir avant le Jugement rendu en cauſe principale.

XXX.

L'évocation de la demande principale ne pourra être demandée par celui ou du chef de celui qui aura été aſſigné en garantie, ou pour voir déclarer l'Arrêt commun, ni pareillement du chef de ſes parens & alliés, qu'en cas que la cauſe, ſi l'affaire eſt à l'Audience, ait été miſe au Rôle avec l'aſſigné en garantie, ou pour voir déclarer l'Arrêt commun, & les autres Parties, ou que le premier acte pour venir plaider avec toutes les Parties, lui ait été ſignifié lorſque l'Audience ſera pourſuivie par placet. Et ſi la demande principale a été appointée, l'évocation ne pourra avoir lieu qu'en cas que ladite demande en garantie, ou pour voir déclarer l'Arrêt commun, ait été reglée par le même Arrêt, ou par un Arrêt de jonction: ſauf au Demandeur en garantie, à évoquer la conteſtation ſur la garantie ſeulement, auquel cas il pourra être paſſé outre au Jugement de la demande principale.

XXXI.

Ne pourra néanmoins l'évocation de la demande principale être admiſe, même dans les cas où elle peut avoir lieu suivant l'article précedent, si la cedule évocatoire n'a été signifiée dans six semaines à compter du jour que la cause aura été mise au Rôle avec l'assigné en garantie, ou pour voir déclarer l'Arrêt commun, & les autres Parties, ou que le premier acte pour venir plaider avec toutes les Parties, lui aura été signifié, ou du jour de la signification de l'Arrêt qui aura joint au principal la demande en garantie, ou pour voir déclarer l'Arrêt commun; après lesquels délais, ladite évocation ne sera plus reçue. Voulons qu'en justifiant par la Partie évoquée, que lesdits délais étoient expirés le jour de la signification de la cedule évocatoire, il soit, sur sa simple Requête, rendu Arrêt en notre Conseil, portant qu'il sera passé outre au Jugement de la cause ou du procès, comme on auroit pû faire avant la signification de ladite cedule évocatoire.

XXXII.

Si dans ledit délai de six semaines, l'assigné en garantie, ou pour voir déclarer l'Arrêt commun, étoit mis hors de cause, ou si le Demandeur étoit débouté de sa demande en jonction desdites demandes au procès principal, ou qu'après avoir été jointes, elles eussent été disjointes par Arrêt contradictoire avant la signification de la cedule évocatoire, l'évocation ne pourra être demandée: Voulons que si, au préjudice de la présente disposition, il étoit signifié une cedule évocatoire, il soit accordé au Défendeur un Arrêt de notre Conseil, suivant ce qui est porté par l'article précedent.

XXXIII.

Dans les cas où il y aura lieu à l'évocation d'un Parlement à un autre, le renvoi sera fait dans l'ordre suivant, sçavoir,

De notre Parlement de Paris, à notre Grand Conseil, ou au Parlement de Rouen.

De notre Parlement de Rouen, à celui de Bretagne.

De notre Parlement de Bretagne, à celui de Bordeaux.

De notre Parlement de Bordeaux, à celui de Toulouse.

De notre Parlement de Pau, à celui de Bordeaux.

De notre Parlement de Toulouse, à celui de Pau ou à celui d'Aix.

De notre Parlement d'Aix, à celui de Grenoble.

De notre Parlement de Grenoble, à celui de Dijon.

De notre Parlement de Dijon, à celui de Besançon.

De notre Parlement de Besançon, à celui de Metz.

Et de notre Parlement de Metz, à celui de Paris.

Et à l'égard des causes & procès qui seront évoqués de notre Grand Conseil, le renvoy en sera fait en notredit Parlement de Paris.

XXXIV.

Les procès qui seront évoqués de nos Parlemens, pourront être renvoyés en notre Grand Conseil, quand les Parlemens plus proches seront valablement exceptés.

XXXV.

Dans les cas où il y aura lieu à l'évocation d'une Cour des Aydes, ou d'un Parlement, ou autre Cour exerçant la même Jurisdiction, en une autre Cour semblable, le renvoy en sera fait dans l'ordre suivant, sçavoir:

De notre Cour des Aydes de Paris, à celle de Rouen ou de Clermont.

De celle de Rouen, au Parlement de Bretagne.

De celle de Clermont, à celle de Paris.

Du Parlement de Bretagne, à la Cour des Aydes de Bordeaux.
De celle de Bordeaux, à celle de Montauban.
De celle de Montauban, à celle de Montpellier.
Du Parlement de Pau, à la Cour des Aydes de Montpellier.
De celle de Montpellier, à celle d'Aix.
De celle d'Aix, au Parlement de Grenoble.
Du Parlement de Grenoble, au Parlement de Dijon.
Du Parlement de Dijon, à la Cour des Aydes de Dole.
De celle de Dole, au Parlement de Metz.
Et du Parlement de Metz, à la Cour des Aydes de Paris.

XXXVI.

N'entendons préjudicier par les trois articles précedens, aux exceptions particulieres qui pourroient être proposées par les Parties, contre celles desdites Cours ausquelles le renvoy doit être fait suivant lesdits articles : & en cas que lesdites exceptions soient jugées valables, Nous nous réservons d'ordonner dans nôtre Conseil, le renvoy à une autre Cour non suspecte, ainsi qu'il appartiendra.

XXXVII.

Les Parties qui prétendront évoquer sur parentés & alliances, seront tenues de faire signifier au domicile du Procureur de la Partie évoquée, une cédule évocatoire, contenant la qualité & l'état du Procès, les noms & surnoms des parens & alliés, & leur dégré de parenté & alliance, avec sommation de les reconnoître, & de consentir à l'évocation & au renvoi à celles des Cours qui sont marquées par les articles XXXIII. XXXIV. & XXXV. ci-dessus : & en cas d'exception de ladite Cour, de la part de l'évoquant, il sera tenu d'en marquer les causes & moyens dans la cédule évocatoire, à peine de nullité.

XXXVIII.

Défendons à tous Procureurs, de faire signifier aucunes cédules évocatoires pour raison de parentés & alliances, sans avoir une procuration spéciale, passée à cet effet pardevant Notaires, & de laquelle il restera minute, dont ils seront tenus de joindre la copie à la signification desdites cédules évocatoires : ce qui sera observé, à peine de nullité, soixante livres d'amende, dépens, dommages & interêts, à quoi lesdits Procureurs seront condamnés en leur nom, sans néanmoins que ladite procuration spéciale soit nécessaire lorsque leurs Parties seront présentes, & signeront avec eux l'original & la copie de la cédule évocatoire.

XXXIX.

Voulons que faute d'avoir satisfait aux formalités prescrites par l'article précedent, il soit passé outre par nos Cours, à l'instruction & au jugement des causes & procès qui y sont pendans, nonobstant les cédules évocatoires qui auroient été signifiées.

XL.

On ne pourra faire signifier aucunes cédules évocatoires, quinzaine avant la fin des séances de nos Cours, & de celles des semestres, pour les Compagnies qui servent par semestre ; & si aucunes cédules évocatoires étoient signifiées dans le cours de ladite quinzaine, il sera pareillement passé outre, sans s'y arrêter, à l'instruction & au jugement des causes & procès.

XLI.

Le Défendeur en évocation sera tenu, quinzaine après la signification de la cédule évocatoire, de reconnoître, ou dénier précisement les parentés & alliances qui auront été articulées : & en cas que la Cour en laquelle le renvoi doit être fait suivant les articles XXXIII. XXXIV. & XXXV. ci-dessus, ou celle qui aura été indiquée par la cédule évocatoire, lui soient suspectes, il sera aussi tenu de déclarer ses causes & moyens d'exception, & sera la réponse dudit Défendeur pareillement signifiée au domicile du Procureur du Demandeur en évocation ; le tout, sans préjudice audit Défendeur, d'alleguer tels autres moyens de droit ou de fait contre l'évocation, qu'il avisera bon être.

XLII.

Si le Demandeur en évocation ne fait pas signifier sa réponse dans le terme porté par l'article précedent, la signification de la cédule évocatoire lui sera réiterée dans la forme prescrite par les articles XXXVII. & XXXVIII. de la présente Ordonnance; & faute d'y répondre quinzaine après la seconde signification, les faits seront tenus pour averés ou reconnus; & en conséquence, les évocations seront accordées pour celle de nos Cours à laquelle le renvoi doit être fait suivant les articles XXXIII. XXXIV. & XXXV. ci-dessus, sans que ledit Défendeur puisse être reçu après ledit délai, à contester lesdites évocations en aucun cas & sous quelque prétexte que ce soit.

XLIII.

Et où ledit Défendeur auroit employé dans sa réponse à la cédule évocatoire, des moyens indépendans des parentés & alliances articulées, sans avoir précisement dénié lesdites parentés & alliances par ladite réponse & dans lesdits délais, elles seront regardées comme reconnues, & il ne sera plus reçu à les contester, sous quelque prétexte que ce puisse être; sans préjudice néanmoins de ses autres moyens contre ladite évocation, sur lesquels il sera statué en notre Conseil ainsi qu'il appartiendra.

XLIV.

L'évocation sera accordée, si toutes les Parties consentent par écrit, tant à ladite évocation qu'au renvoi dans la même Cour.

XLV.

Dans tous les cas où l'évocation doit avoir lieu suivant les articles ci-dessus, soit par la reconnoissance ou le silence du Défendeur, soit par le consentement par écrit de toutes les Parties, l'évoquant se pourvoira en notre grande Chancellerie, pour obtenir des Lettres d'évocation consentie, avec attribution de Jurisdiction à la Cour à laquelle le renvoi devra être fait, ou aura été consenti; ce que ledit évoquant sera tenu de faire dans deux mois, pour les affaires pendantes aux Parlemens & autres Cours de Languedoc, Guyenne, Grenoble, Aix, Pau, Besançon & Rennes; & dans un mois, pour les affaires pendantes aux Parlemens & autres Cours de Paris, Rouen, Dijon & Metz; le tout, à compter du jour de la reconnoissance des parentés & alliances, ou de l'expiration du terme dans lequel elles doivent être reconnues ou déniées, suivant ce qui est porté ci-dessus, ou du consentement donné par écrit à l'évocation & au renvoi : & seront lesdites lettres d'évocation consentie, expediées, en rapportant préalablement la cédule évocatoire, la réponse à ladite cédule, si aucune y a été faite, ou le consentement par écrit des Parties, ou les significations dont les dates justifieront que les délais ci-dessus prescrits seront expirés, lesquelles pièces demeureront attachées sous le contre-scel desdites Lettres.

XLVI.

Faute par l'évoquant d'avoir satisfait à l'article précedent, dans l'un ou l'autre des délais qui y sont marqués, il sera loisible à l'évoqué d'obtenir, aux frais de l'évoquant, des Lettres d'évocation consentie; lesquelles ausdits cas, contiendront une clause en forme d'exécutoire, pour la somme qui sera reglée par lesdites Lettres.

XLVII.

Lorsque l'évoqué aura contesté en tout, ou en partie, le nombre & les dégrés des parentés & alliances articulés, l'évoquant sera tenu, trois jours après la signification de la réponse du Défendeur, contenant sa dénégation, de presenter Requête au premier Maître des Requêtes ordinaires de notre Hôtel, trouvé sur les lieux; sinon au premier, ou en son absence, au plus ancien Officier du Bailliage ou de la Sénéchaussée du lieu où la Cour dont on voudra évoquer sera établie, aux fins de faire enquête desdites parentés & alliances, à laquelle Requête seront attachées la cédule évocatoire, la signification qui en aura été faite, & la réponse du Défendeur.

XLVIII.

Ne sera fait preuve que des parentés & alliances qui auront été déniées, & les autres demeureront pour reconnues, sans qu'il soit besoin d'aucune autre preuve.

XLIX.

L'évoqué pourra faire faire de sa part une contre-enquête, & seront observées dans la confection des Enquêtes & Contre-enquêtes, les formalités prescrites par l'Ordonnance de 1667 au titre des Enquêtes.

L.

Pourront aussi les Parties se faire interroger respectivement sur faits & articles communiqués, & ce pardevant le Commissaire ci-dessus nommé; le tout, sans retardation de la procedure, & à la charge de se conformer, pour ce qui concerne lesdits interrogatoires, à ce qui est prescrit par le titre X. de l'Ordonnance de 1667, à l'exception néanmoins de ce qui regarde l'assignation pour répondre sur faits & articles; laquelle sera donnée, dans le cas du present article, au domicile du Procureur, sauf en cas d'absence de la Partie. [illegible] ui être accordé, s'il y échet, par le Commissaire ci-dessus nommé, [illegible] délai co[illegible]pétent pour répondre pardevant lui, ou autre Juge par lui commis, sur lesdits faits & articles.

LI.

Les Enquêtes, contre-Enquêtes & Interrogatoires, seront faits dans quinzaine, à compter du jour que la réponse du Défendeur, contenant sa dénégation des parentés & alliances, aura été signifiée, sans qu'après ce délai expiré, il puisse être accordé aux Parties, qu'un seul renouvellement de délai, qui ne pourra être que de quinzaine, ni que pour proceder aux Enquêtes, contre Enquêtes, interrogatoires sur faits & articles, il soit besoin d'obtenir Lettres, Arrêts, ou autre permission que celle qui sera accordée par le Commissaire.

LII.

Défendons aux Parties de faire à l'occasion des cédules évocatoires, aucunes procedures, autres que celles qui sont ci-dessus marquées, & aux Juges mentionnés dans l'article XLVII. de dreſſer à cette occaſion aucun Procès-verbal des dires & conteſtations des Parties, à peine de nullité & de tous dépens, dommages & interêts, dérogeant à cet effet à tous uſages contraires.

LIII.

Soit que le Défendeur à l'évocation ait dénié les parentés & alliances, ainſi qu'il a été dit ci-deſſus, ſoit qu'en les conteſtant, ou même ſans les conteſter, il ait ſoutenu dans ſa réponſe à la cédule évocatoire, que l'affaire n'eſt pas ſujette à l'évocation, la Partie la plus diligente pourra faire donner aſſignation à l'autre Partie en notre Conſeil, dans les délais portés par l'article XLV. ſans attendre qu'il ait été procedé à l'Enquête ou à la contre-Enquête, dans les cas où il écherra d'en faire, & ſera ladite aſſignation donnée au domicile du Procureur de la Partie aſſignée, par exploit libellé, qui ſera mis au bas de la copie de la cédule évocatoire, ſans qu'il ſoit beſoin d'Arrêt, Lettres, ni autres commiſſions ou permiſſions à cet effet; & ce, nonobſtant la diſpoſition de l'article VIII. du titre des Adjournemens de l'Ordonnance de 1667.

LIV.

Si le Défendeur n'a point ſoutenu que l'affaire n'eſt pas ſujette à l'évocation, ni que les parentés & alliances ayent été mal articulées, & qu'il ſe ſoit réduit à propoſer des exceptions contre la Cour où le renvoi eſt requis par la cédule évocatoire, ou contre celle où le renvoi doit être fait ſuivant les articles XXXIII. XXXIV. & XXXV. ci-deſſus; il ſera pareillement donné aſſignation en notre Conſeil, ainſi qu'il eſt porté par l'article précedent, pour y être ſtatué ſur leſdites exceptions ſeulement, & ſans qu'en ce cas ledit Défendeur puiſſe être reçu à propoſer d'autres moyens ſur le fond de l'évocation.

LV.

Dans les cas où il y aura lieu de faire des Enquêtes ou contre-Enquêtes, & après l'expiration des termes preſcrits pour y proceder, voulons que ſans attendre que les aſſignations mentionnées dans l'article précedent, ſoient données ou échues, les évoquans ſoient tenus de faire apporter au Greffe du Conſeil, les Enquêtes & autres Procedures faites à leur requête, ſuivant ce qui a été dit ci-deſſus, & ce dans un mois au plus tard, à compter du jour que le délai donné pour faire leſdites Enquêtes & Procedures aura été expiré.

LVI.

Faute par les évoquans d'avoir fait apporter dans leſdits délais, leurs Enquêtes au Greffe du Conſeil, les évoqués pourront, huit jours après, obtenir la levée des défenſes, & faire débouter les évoquans de leur évocation, par Arrêt ſur Requête, en rapportant un certificat du Greffier, portant qu'il n'a été remis au Greffe du Conſeil, aucune Enquête ou autre Procedure; & en conſéquence dudit Arrêt, toutes les aſſignations, ſi aucunes ont été données par l'évoquant, demeureront nulles & de nul effet.

LVII.

Les évoquans ne ſeront reçus à ſe pourvoir par voye d'oppoſition ni de reſtitution, contre les Arrêts ainſi rendus.

LVIII.

Après l'expiration des délais des aſſignations, s'il y a lieu d'inſtruire le Procès en notre Conſeil, l'inſtruction ſera faite ſommairement, dans les formes preſcrites par les Reglemens de notredit Conſeil, & les Parties qui auront laiſſé juger leſdits Procès par défaut ou congé, ne ſeront reçues à ſe pourvoir par

oppoſition

opposition ou restitution contre lesdits Arrêts, sauf à les attaquer par la voye de la cassation, s'il y échet, dans les formes prescrites par ledit Réglement ; & sans qu'elles puissent alléguer pour moyens de cassation, que lesdits Arrêts ont été rendus par défaut ou par congé.

LIX.

Les regles & formalités ci-dessus établies pour les évocations des affaires civiles, auront lieu pareillement pour celles qui seront demandées en matiere criminelle, lorsqu'il y aura une Partie civile, à l'exception néanmoins de ce qui sera dit dans les articles suivans.

LX.

Les accusés, contre lesquels il y aura un décret de prise de corps subsistant & non purgé, ne pourront signifier aucune cédule évocatoire, ni s'en servir sur quelque prétexte que ce soit, s'ils ne sont actuellement en état dans les prisons des Juges dont le décret est émané, ou dans celles de la Cour dont ils veulent évoquer ; & il en sera fait mention dans les cédules évocatoires, avec lesquelles il sera donné copie de l'écrou, qui sera attesté par le Juge ordinaire des lieux, quand l'accusé se sera remis dans d'autres prisons que celles de la Cour d'où il prétend évoquer : seront pareillement tenus, lesdits accusés, de faire apparoir dudit écrou au Juge qui fera l'enquête, en cas qu'il y soit procedé. Voulons que jusqu'à ce qu'ils ayent satisfait au contenu dans le présent article, il ne puisse être procédé à aucunes poursuites ni procédures sur l'évocation, & qu'il soit passé outre à l'instruction & au Jugement des procès criminels ; sans que les accusés puissent se pourvoir en notre Conseil, par voye de cassation ou autrement, contre les Arrets même définitifs, qui seroient intervenus sur lesdits procès, lesquels, audit cas, ne pourront être reputés attentatoires.

LXI.

Les procès criminels ne pourront être évoqués du chef des parens & alliés de nos Procureurs Généraux, lorsqu'ils ne seront Parties que comme exerçant le Ministere public.

LXII.

Aucun accusé ne pourra évoquer du chef des parens ou alliés de ceux qui ne seront point Parties au procès : encore qu'ils fussent intéressés à la punition du crime ou du délit.

LXIII.

Ne pourront pareillement les accusés évoquer du chef des parens ou alliés de leurs complices, ni du chef des parens & alliés des cessionnaires des interêts civils.

LXIV.

Déclarons nulles & de nul effet, toutes les cédules évocatoires qui seroient signifiées dans quelqu'un des cas portés par les trois articles précédens ; Voulant que sans y avoir égard, il soit passé outre par nos Cours, à l'instruction & au Jugement des procès criminels, comme avant la signification desdites cédules évocatoires.

LXV.

Dans les procès criminels qui pourront être sujets à évocation, à cause des parentés & alliances de la Partie civile, les évoquans seront tenus de faire signifier à nos Procureurs Généraux, dans les Cours dont l'évocation sera demandée, leurs cédules évocatoires ; comme aussi de leur faire faire une sommation d'assister à l'enquête, en cas qu'il y soit procédé, & de leur faire signifier ladite enquête dès qu'elle sera faite, le tout, à peine de nullité desdites cédules évocatoires : Enjoignons à nos Procureurs Généraux d'envoyer à notre Chancelier, dans quinzaine du jour de la signification desdites enquêtes, ou desdites cédules évocatoires, dans les cas où il n'auroit été procedé à l'enquête, leur consentement ausdites évocations, ou leurs moyens pour les empêcher ; le tout par forme d'avis, & sans qu'ils puissent être assignés & rendus Parties dans lesdites instances d'évocation : & faute par eux d'envoyer ledit avis dans ledit délai, il y sera pourvû par notre Conseil, ainsi qu'il appartiendra.

LXVI.

Les Lettres d'évocation consentie, ne pourront pareillement être expédiées, nonobstant l'acquiescement par écrit des accusés & des Parties civiles, que sur le vû du consentement aussi donné par écrit, de nos Procureurs Généraux, ou de leur avis, suivant ce qui est porté par l'article précédent.

LXVII.

L'instruction des procès criminels, dans les cas mêmes où ils peuvent être sujets à l'évocation, sera continuée jusqu'au Jugement définitif exclusivement, nonobstant toutes cédules évocatoires signifiées ; ce qui aura lieu pareillement pendant le cours de l'instance d'évocation, sans que ladite instruction puisse être suspendue ni retardée, ni que les procès criminels puissent être civilisés avant qu'il ait été statué sur l'évocation.

LXVIII.

Aucun Officier de nos Cours, étant du nombre de ceux qui sont mentionnés en l'article XI de la présente Ordonnance, ne pourra être reputé avoir fait son fait propre d'une cause ou d'un procès qui y sera pendant, s'il n'a sollicité les Juges de la Compagnie en personne, consulté & fourni aux frais de ladite cause audit procès. Voulons que la Partie qui demandera à en faire la preuve, pour évoquer sur ce fondement, du chef dudit Officier, ne puisse y être admise, si elle n'articule en même-tems lesdites trois circonstances dans sa requête ; & que ledit Officier ne puisse être jugé avoir fait son fait propre de ladite affaire, si preuve desdites trois circonstances n'est rapportée lors du Jugement de l'instance d'évocation.

LXIX.

La demande à fin d'être reçu à faire la preuve du fait propre ne pourra être admise que par Arrêt rendu sur requête délibérée en notre Conseil, sans que nos Cours, où le procès sera pendant, puissent, sous quelque prétexte que ce soit, accorder aucun délai pour obtenir cet Arrêt ; ni que sur la simple allegation du fait propre, il puisse être signifié aucune cédule évocatoire du chef dudit Officier, avant que ledit Arrêt ait été obtenu, s'il y échet.

LXX.

Seront énoncés dans ledit Arrêt, lorsqu'il y aura lieu de l'accorder, tous les faits articulés pour établir le fait propre, notamment les trois circonstances marquées par l'article LXVIII, & jusqu'à ce que ledit Arrêt ait été rendu & signifié avec ladite cédule évocatoire, nos Cours pourront passer outre à l'instruction & au Jugement du procès.

LXXI.

Lorsqu'il y aura lieu de recevoir l'allégation du fait propre, la preuve par témoins en sera ordonnée ; & par le même Arrêt qui interviendra à cet effet, il sera permis aux Parties qui ont intérêt d'empêcher l'évocation du chef de l'Officier contre lequel le fait propre est allegué, de faire la preuve du contraire, si bon leur semble ; laquelle preuve pourra aussi être admise en faveur dudit Officier, pourvû qu'il présente sa requête à notre Conseil, dans le mois du jour de la signification faite à la Partie, de l'Arrêt qui aura ordonné la preuve dudit fait propre.

LXXII.

Après la signification dudit Arrêt, ensemble de la cédule évocatoire du chef dudit Officier, qui sera signifiée en même-tems, à peine de nullité, toutes poursuites & procédures cesseront dans la Cour où le procès sera pendant, si ce n'est dans les cas ci dessus marqués, où nos Cours peuvent passer outre à l'instruction & au Jugement du procès, nonobstant toutes cédules évocatoires.

LXXIII.

Voulons que celui qui aura été admis à la preuve du fait propre, soit tenu de la rapporter, quand même sa Partie adverse garderoit le silence, & ne dénieroit point les faits articulés par le Demandeur ; lequel ne pourra être dispensé d'en faire la preuve, qu'en cas que le Défendeur reconnoisse expressément par écrit la vérité desdits faits.

LXXIV.

Lorsque le fait propre aura été prouvé, les mêmes regles & formalités qui ont été établies sur les évocations du chef d'une Partie qui seroit Officier à la Cour dont l'évocation est demandée, & de ses parens & alliés, seront observées par rapport à l'évocation du chef de celui dont le fait propre aura été prouvé, & de ses parens & alliés.

LXXV.

Dans tous les cas, autres que ceux où il est permis de passer outre à l'instruction & au Jugement, nonobstant toutes significations de cédules évocatoires, suivant ce qui est porté par les articles XXVI. XXXIX. XL. LX. LXIV. & LXX. ci-dessus, & par les articles LXXVII. LXXVIII. & LXXX. ci-après, si les procédures étoient continuées en matiere civile, ou le procès jugé définitivement en matiere criminelle, au préjudice de la cédule évocatoire dûement signifiée, il y sera pourvû en notredit Conseil, dans les formes ordinaires.

LXXVI.

Lorsque l'évocation aura été demandée & acceptée par écrit de la part de toutes les Parties, aussi-bien que le renvoi en une autre Cour, il ne leur sera plus permis de varier, & elles seront tenues de procéder en celle de nos Cours dont elles seront convenues.

LXXVII.

Ceux qui auront été déboutés de leur demande en évocation, par Arrêt de notre Conseil, ou qui ayant seulement fait signifier une cédule évocatoire, se trouveront dans un des cas ci-dessus marqués, où il y a lieu de passer outre, nonobstant toutes cédules évocatoires, ne pourront en faire signifier aucune autre dans la même affaire, & entre les mêmes Parties : faisons défenses à nos Cours d'avoir égard ausdites nouvelles cédules évocatoires, que Nous déclarons nulles & de nul effet, voulant qu'il y soit passé outre à l'instruction & au Jugement, ainsi que nosdites Cours l'auroient pû faire avant la signification desdites nouvelles cédules évocatoires ; pour raison de quoi elles pourront condamner les évoquans en l'amende telle qu'elle sera reglée ci-après, & en tous les dépens, dommages & intérêts.

LXXVIII.

N'entendons néanmoins empêcher, que si dans les affaires susceptibles d'évocation, il étoit survenu de nouvelles parentés & alliances à l'égard des mêmes Parties, ou de celles qui auroient été depuis reçues Parties intervenantes, il ne puisse être signifié une nouvelle cédule évocatoire, même de la part de la Partie qui aura succombé dans la premiere évocation : & seront nos Cours tenues d'y déferer, pourvû que la nouvelle cédule évocatoire fasse mention expresse des nouvelles parentés & alliances; faute de quoi nosdites Cours pourront passer outre à l'instruction & au Jugement, ainsi qu'il a été dit ci-dessus.

LXXIX.

L'évoquant qui succombera en matiere civile ou criminelle, de quelque maniere ou en quelques termes que la prononciation soit conçue, pareillement celui qui se désistera de son évocation, sans qu'il soit survenu de nouveau aucune des causes portées en l'article XVIII. de la présente Ordonnance, seront condamnés en tous les dépens, en trois cens livres d'amende envers Nous, & en cent cinquante livres envers la Partie, lesquelles amendes ne pourront être remises ni moderées.

LXXX.

Lorsque le désistement porté par l'article précédent aura été signifié, avant qu'il y ait eu aucune assignation donnée en notre Conseil, en conséquence de la cédule évocatoire, les dépens qui auront été faits à cette occasion, seront taxés par la Cour où le procès sera pendant; & l'amende portée par ledit article sera censée encourue en vertu de la présente Ordonnance, sans qu'il soit rendu aucun Jugement; & en conséquence, elle sera employée dans ladite taxe, & il sera, audit cas, passé outre à l'instruction & au Jugement dudit procès en ladite Cour, sans qu'il soit besoin d'obtenir aucunes Lettres ni Arrêt.

LXXXI.

En cas que ledit désistement n'ait été signifié que depuis les assignations données en notre Conseil sur l'évocation, lesdits dépens seront liquidés par Arrêt de notredit Conseil, qui, en conséquence du désistement, renvoyera les Parties en la Cour où le procès sera pendant, pour y procéder comme avant la cédule évocatoire; lequel Arrêt condamnera en outre l'évoquant, en l'amende portée par l'article LXXIX.

LXXXII.

Ceux qui voudront articuler le fait propre d'un des Officiers de nos Cours, ainsi qu'il a été dit ci-dessus, seront tenus de consigner préalablement la somme de cent-cinquante livres, & d'en joindre la quittance à leur requête; défendons à tous Avocats au Conseil, à peine d'être condamnés en cent livres d'amende, de signer de pareilles requêtes, à moins que ladite quittance n'y soit attachée: & en cas que la preuve du fait propre ne soit pas admise, ou qu'elle ne soit pas rapportée, ou qu'elle soit jugée insuffisante, le Demandeur sera condamné en quatre cens cinquante livres d'amende, y compris les cent-cinquante livres consignées; le tout applicable suivant l'article LXXIX, & à tous les dépens, même en telles réparations & dommages & intérêts qu'il sera jugé nécessaire, soit envers la Partie, ou à l'égard de l'Officier dont le fait propre aura été allegué sans fondement.

LXXXIII.

Voulons que les condamnations d'amende qui seront prononcées en notre Conseil, puissent être augmentées, notamment dans les cas de l'article précédent, lorsque les évoquans paroîtront mériter une condamnation plus rigoureuse pour indue vexation.

LXXXIV.

Le Receveur des amendes ou du Domaine se chargera, comme dépositaire, & sans aucuns droits ni frais, de celles qui auront été consignées, sans qu'il puisse les employer en recette, jusqu'au Jugement définitif, après lequel elles seront rendues ou délivrées à qui il appartiendra.

LXXXV.

Lorsque dans les Compagnies Sémestres, ou dans nos Parlemens ou Cours des Aydes, qui sont composées de plusieurs Chambres, un de ceux qui ont une Cause ou un Procès pendant en l'un des Sémestres ou en l'une des Chambres, y sera Président ou Conseiller, ou que sans être Officier dans ledit Semestre ou dans ladite Chambre, il y aura son pere, beau-pere, fils, gendre, beau-fils, frere, beau-frere, oncle, neveu ou cousin germain, soit Présidens ou Conseillers, lesdites Causes ou Procès seront renvoyés en un autre Semestre, ou en une autre Chambre de la même Cour, sur la simple Requête qui sera présentée à ladite Cour par le Demandeur en renvoi, après que la communication en aura été donnée à l'autre Partie, pour y répondre dans trois jours; & sur la réponse qui y sera faite, ou faute de la faire, il sera statué sur le renvoi dans les trois jours suivans; ce qui aura lieu pareillement lorsque dans le même Semestre ou dans la même Chambre, une des Parties aura deux parens au troisiéme degré, ou trois, jusqu'au quatriéme inclusivement.

LXXXVI.

Les dispositions de la présente Ordonnance, au sujet des parens qui peuvent donner lieu à l'évocation de nos Cours, & des cas où il y aura lieu à l'évocation, seront pareillement observées pour les renvois d'un Semestre à un autre Semestre, ou d'une Chambre à une autre Chambre de la même Cour.

LXXXVII.

On ne pourra évoquer des Présidiaux, que dans les cas seulement où les Ordonnances les autorisent à juger en dernier ressort; ausquels cas l'évocation pourra être demandée, si l'une des Parties est Officier dans le Présidial, ou si elle y a son pere, son fils, ou son frere, sans qu'aucun des alliés ni aucun autre parent puissent donner lieu à ladite évocation.

LXXXVIII.

Ladite évocation sera demandée par une simple Requête, qui sera signifiée à l'autre Partie, pour y être ensuite statué sans autre formalité, sauf l'appel au Parlement du ressort: & si ladite évocation se trouve bien fondée, la contestation sera renvoyée au plus prochain Présidial non suspect.

LXXXIX.

Seront au surplus suivies & exécutées pour lesdites évocations des Présidiaux, toutes les regles prescrites par la présente Ordonnance, soit sur ceux qui ne peuvent donner lieu à l'évocation, soit sur la nature des affaires qui se peuvent évoquer, soit sur les différens cas où les évocations ne peuvent être admises.

XC.

A l'égard des affaires qui ne sont pas de nature à être jugées en dernier ressort par les Présidiaux où elles auroient été portées, ou qui seroient pendantes dans un simple Bailliage ou Sénéchaussée, ou Prévôté, & autre Siége inférieur, n'entendons empêcher que le renvoi n'en puisse être fait par nos Cours dans d'autres Jurisdictions, lorsque, par le nombre des parens & alliés de l'une des Parties, ou par d'autres circonstances, il y aura des suspicions qui seront jugées suffisantes, ce que nous laissons à la prudence de nosdites Cours.

XCI.

Lorsqu'à cause des partages des opinions, ou à cause des récusations, il ne restera pas dans les Compagnies semestres un nombre suffisant de Juges, pour vuider le partage, ou pour juger le procès, ledit partage ou le Jugement seront dévolus de plein droit au Sémestre qui n'en aura pas connu; lequel pourra s'assembler, même hors du tems ordinaire de son service, sans qu'il soit besoin d'obtenir nos Lettres à cet effet.

XCII.

Les causes & procès évoqués seront jugés par les Cours ausquelles le renvoi en aura été fait, suivant les Loix, Coutumes & usages des lieux d'où ils auront été évoqués, à peine de nullité des Jugemens & Arrêts qui seroient rendus au contraire; pour raison de quoi, les Parties pourront se pourvoir pardevers Nous en notre Conseil.

TITRE II.

Des Réglemens de Juges en matiere Civile.

Article Premier.

Lorsque deux de nos Cours, ou deux Jurisdictions inférieures, indépendantes l'une de l'autre, & non ressortissantes en même Cour, seront saisies d'un même différend, les Parties pourront se pourvoir en Réglement de Juges; & sur le vû des Exploits qui leur auront été donnés dans lesdites Cours ou Jurisdictions, il leur sera expédié des Lettres en notre Chancellerie, portant permission de faire assigner les autres Parties en notre Conseil, ou accordé un Arrêt sur leur Requête, par lequel il sera ordonné que ladite Requête sera communiquée ausdites Parties, pour être statué sur le Réglement de Juges, ainsi qu'il appartiendra.

II.

Lesdites Lettres, ou ledit Arrêt, pourront être accordés, encore que celui qui les demande ne rapporte point l'Arrêt qui le décharge de l'Assignation à lui donnée dans la Cour ou Jurisdiction qu'il décline.

III.

Si néanmoins les délais de l'Assignation donnée par ledit Demandeur en la Cour ou Jurisdiction qu'il prétend être compétente, n'étoient pas encore expirés, lorsqu'il a obtenu & fait signifier lesdites Lettres ou ledit Arrêt, & que la Partie assignée déclare avant ladite signification, ou lors d'icelle, qu'elle consent de procéder en ladite Cour ou Jurisdiction; ledit Demandeur ne pourra répéter contr'elle les frais de l'obtention & signification desdites Lettres, ou dudit Arrêt.

IV.

Lorsque la même Partie aura été assignée à la requête de deux autres Parties, dans deux différentes Cours, ou dans deux Jurisdictions de différens ressorts, pour la même contestation, elle ne pourra se pourvoir en Reglement de

Juges qu'après avoir dénoncé aufdites Parties les pourfuites faites contre elle en différens Tribunaux, avec fommation de les réunir dans un feul, au moyen de laquelle dénonciation, & un mois après qu'elle aura été faite, elle pourra obtenir des Lettres ou un Arrêt, pour former le Réglement de Juges.

V.

Les Lettres feront rapportées au Sceau par les Maîtres des Requêtes ordinaires de notre Hôtel, ou par les grands Rapporteurs; & il y fera fait mention du nom de celui qui les aura rapportées, lequel les fignera en queue, après qu'elles auront été accordées.

VI.

Faifons défenfes à nos Sécretaires de figner aucunes Lettres de Réglement de Juges, & de les préfenter au Sceau, fi elles ne contiennent élection de domicile en la perfonne de l'un des Avocats en nos Confeils, qui fera chargé d'occuper pour l'Impétrant, à peine de nullité des Lettres, & d'être nofdits Sécretaires refponfables en leur nom, de tous les dépens, dommages & intérêts des Parties; laquelle élection de domicile fera pareillement faite dans les Requêtes préfentées pour former le Réglement de Juges par Arrêt, & feront lefdites Requêtes fignées de l'Avocat qui fe conftituera, le tout à peine de nullité.

VII.

Les Lettres ou Arrêt qui introduiront le Réglement de Juges, feront mention des Affignations, ou des Jugemens fur lefquels le conflict aura été formé: & feront lefdites piéces attachées fous le contre-fcel defdites Lettres ou de la Commiffion prife fur ledit Arrêt, pour en être laiffé copie à la Partie; le tout, à peine de nullité.

VIII.

Les Lettres, ou l'Arrêt, porteront claufe de furféance à toutes pourfuites & procédures, dans les Jurifdictions faifies du différend des Parties.

IX.

Lefdites Lettres, ou ledit Arrêt, feront fignifiés dans les délais ci-après marqués, fçavoir, de deux mois à l'égard des Parties domiciliées dans le reffort de nos Parlemens ou autres Cours de Languedoc, Pau, Guyenne, Aix, Grenoble, Befançon, Metz & Bretagne, ou Confeils Supérieurs de Rouffillon & d'Alface; & d'un mois pour les Parties domiciliées dans les Refforts des Parlemens & autres Cours de Paris, Roüen, Dijon, Doüay, & Confeil Provincial d'Artois, en ce qui concerne la Jurifdiction Criminelle dans les cas où il a droit de connoître en dernier Reffort; à la réferve toutefois des Parties domiciliées dans l'étenduë de la Ville de Paris, ou dans les dix lieuës à la ronde, à l'égard defquelles le délai de l'affignation ne fera que de quinzaine.

X.

Tous les délais marqués par l'Article précédent, courront du jour & date des Lettres ou de l'Arrêt.

XI.

En procédant à la fignification des Lettres en Réglement de Juges, celui qui les aura obtenues, fera tenu de faire donner Affignation en notre Confeil par le même Exploit, & il en fera inferé une claufe expreffe dans lefdites Lettres; le tout à peine de nullité.

XII.

Lorque le Réglement de Juges aura été formé par Arrêt, la fignification qui fera faite dudit Arrêt dans les délais ci-deffus marqués, tiendra lieu d'Afſignation en notre Conſeil ; & en conſéquence les Parties ſeront tenues d'y proceder en la maniere accoutumée.

XIII.

Faute par le Demandeur d'avoir ſatisfait à ce qui eſt porté par les quatre Articles précédens, il demeurera déchu de plein droit deſdites Lettres, ou dudit Arrêt, qui ſeront regardés comme non advenus; & les Parties contre leſquelles ils auront été obtenus, pourront continuer leurs pourſuites dans le Tribunal qu'elles avoient ſaiſi de leur conteſtation, ainſi qu'elles l'auroient pû faire avant leſdites Lettres ou ledit Arrêt, ſans qu'il ſoit beſoin de le faire ordonner ainſi par Arrêt de notre Conſeil.

XIV.

Lorſque le Demandeur ſe ſera conformé à la diſpoſition deſdits Articles IX. X. XI. & XII. toutes pourſuites demeureront ſurſiſes dans toutes les Juriſdictions qui ſeront ſaiſies des différends des Parties, à compter du jour de la ſignification des Lettres ou de l'Arrêt dans la forme ci-deſſus marquée ; & ladite ſurſéance aura lieu, à peine de nullité, caſſation des Procédures, ſoixante & quinze livres d'amende envers la Partie, & de tous dépens, dommages & intérêts.

XV.

En cas que le Demandeur en Réglement de Juges, ſe trouve avoir fait quelques pourſuites ou procédures depuis la date des Lettres ou de l'Arrêt par lui obtenu pour l'introduire, & avant la ſignification deſdites Lettres ou dudit Arrêt, le Défendeur pourra, en tout état de cauſe, ſe pourvoir en notre Conſeil, pour en demander la nullité, & il y ſera ſtatué ſur ſa Requête, ainſi qu'il appartiendra.

XVI.

N'entendons comprendre ſous le nom des pourſuites & procédures mentionnées dans les deux Articles précédens, les actes ou procédures purement conſervatoires, tels que les repriſes d'Inſtance, les ſaiſies en vertu de titres exécutoires, oppoſitions aux décrets, ſcellés ou autres actes de pareille nature & qualité, qui pourront être faits nonobſtant la ſignification des Lettres ou de l'Arrêt qui auront introduit le Réglement de Juges; même pendant l'inſtruction de l'Inſtance en notre Conſeil, ſans que la caſſation en puiſſe être demandée comme de procédures attentatoires.

XVII.

Les Défendeurs en Réglement de Juges pourront ſe préſenter ſans attendre l'échéance des délais, & procéder avec l'Avocat au Conſeil nommé dans les Lettres, ou dans l'Arrêt, qui ſera tenu d'occuper; & le préſent Article ſera obſervé tant en matiere civile, qu'en matiere criminelle.

XVIII.

Les Reglemens de Juges ſeront inſtruits & jugés ſommairement, en la forme preſcrite par les Réglemens, ſur les procédures qui ſe font en notre Conſeil.

XIX.

La Partie qui aura été déboutée du déclinatoire par elle propoſé dans la Cour ou dans la Juriſdiction qu'elle prétendra être incompétente, & de ſa demande en renvoi dans une autre Cour ou dans une Juriſdiction d'un autre Reſſort, pourra ſe pourvoir en notre Grande Chancellerie ou en notre Conſeil, en rapportant le Jugement rendu contre elle, & les piéces juſtificatives de ſon déclinatoire; moyennant quoi il lui ſera accordé des Lettres ou un Arrêt, ainſi qu'il a été dit ci-deſſus.

XX.

XX.

La disposition de l'article précedent aura lieu; encore que sur l'appel interjetté par le Demandeur en déclinatoire de la Sentence qui l'en a débouté, ladite Sentence eût été confirmée par Arrêt.

XXI.

Lorsque sur le déclinatoire proposé par l'une des Parties, les premiers Juges se seront dépouillés de la connoissance de la contestation, le Défendeur au déclinatoire ne pourra être reçu à se pourvoir en notre Conseil pour être reglé de Juges, sauf à lui à interjetter appel de la Sentence qui aura eu égard au déclinatoire, ou à se pourvoir en notre Conseil contre l'Arrêt qui l'aura confirmée, Voulons que l'appel de toutes Sentences rendues sur déclinatoire, soit porté immédiatement dans nos Cours, chacune dans son ressort.

XXII.

Les dispositions des articles V. VI. VII. VIII. IX. X. XI. XII. XIII. XIV. XV. XVI. XVII. & XVIII. du present titre, seront pareillement observées à l'égard des Lettres ou Arrêts obtenus dans le cas de l'article XIX. ensemble des poursuites, procedures & instructions qui se feront en conséquence.

XXIII.

Pour regler les conflits de Jurisdiction qui se formeront entre nos Cours de Parlement & nos Cours des Aydes qui seront établies dans la même Ville, nos Avocats & nos Procureurs Généraux dans chacune desdites Cours, s'assembleront au Parquet de nosdites Cours de Parlement, tous les mois à jours certains, ou plus souvent s'ils en sont requis, pour conferer & convenir sur la compéterce de l'une ou de l'autre Cour; & en conséquence des resolutions qui seront prises entr'eux, sera donné Arrêt dans la Cour qui sera jugée incompétente, sur l'avis de nos Avocats & Procureurs Généraux en ladite Cour, portant renvoi de la contestation en la Cour qui sera jugée compétente : & en cas de diversité, ils délivreront leur avis avec les motifs aux Parties, pour leur être fait droit sur le tout en notre Conseil, en la forme ordinaire; ce qui sera pareillement observé en matiere criminelle.

XXIV.

Les conflits de Jurisdiction qui se formeront entre des Cours qui ne sont pas établies dans la même Ville, ne pouvant se terminer par voye de conference entre nos Avocats & Procureurs Généraux des deux Compagnies, il y sera pourvû en notre Conseil; à l'effet de quoi les Parties qui y seront interessées, pourront obtenir des Lettres ou un Arrêt, pour y porter & y faire instruire & juger leurs demandes en reglement de Juges, ainsi & de la même maniere qu'il a été reglé par les dix-neuf premiers articles du present titre.

XXV.

Entendons néanmoins que dans tous les conflits de Jurisdiction où il n'y aura point d'autres Parties que nos Procureurs Généraux, ils puissent envoyer, chacun de leur côté, un Mémoire à notre Chancelier, avec les pieces qu'ils jugeront à propos d'y joindre, pour soutenir la compétence de leurs Compagnies, sans être tenus d'obtenir des Lettres ou un Arrêt pour introduire l'Instance de Reglement de Juges en notre Conseil, ni de la poursuivre dans les formes ordinaires. Voulons qu'après que les Mémoires par eux envoyés, & les piéces qui y seront jointes, auront été communiqués à chacun de nosdits Procureurs Généraux, & sur la réponse qu'ils y auront faite de part & d'autre, il soit rendu sans autre instruction, un Arrêt en notre Conseil, par lequel l'affaire qui aura fait naître le conflit de Jurisdiction, sera renvoyée dans le Tribunal qui sera jugé compétent pour en connoître.

XXVI.

Les conflits de Jurisdiction qui naîtront entre nos Cours de Parlement & les Siéges Présidiaux de leur ressort, pour raison des cas que lesdits Siéges jugent sans appel suivant l'Edit de leur création, seront jugés & reglés en notre Grand Conseil; sans que, pour raison de ce, il puisse être formé aucun Reglement de Juges entre nos Parlemens & notre Grand Conseil, ni que nosdits Parlemens puissent, au préjudice des Commissions qui auront été décernées par notre Grand Conseil, prendre connoissance du differend des Parties, ni contrevenir aux Arrêts rendus pour raison de ce par le même Tribunal, à peine de nullité & cassation des procedures. Faisons défenses aux Parties de faire audit cas, aucunes poursuites en nos Parlemens, ni de se servir des Arrêts qui y seront intervenus à cet égard, à peine de trois cens livres d'amende applicable moitié à Nous, & l'autre moitié à la Partie.

XXVII.

Les conflits de Jurisdiction qui se formeront en matiere civile ou criminelle, entre les premiers Juges ressortissans en la même Cour, y seront reglés & jugés par voye d'appel, & sur les Conclusions de notre Procureur Général en ladite Cour, ou sur la réquisition qu'il pourra faire, lors même qu'il n'y aura point d'appel interjetté par les Parties; le tout, en observant les regles & les formalités en tel cas requises & accoutumées.

XXVIII.

Faisons au surplus très-expresses inhibitions & défenses à toutes nos Cours, de prononcer, ni faire exécuter aucunes condamnations d'amende, pour distraction ou transport de Jurisdiction, ni de souffrir qu'il en soit prononcé aucune par les Juges qui leur sont subordonnés; le tout, à peine de nullité desdites condamnations, contraintes & procedures faites en conséquence.

XXIX.

Desirant néanmoins empêcher l'abus que plusieurs Parties font des instances de reglement de Juges qu'elles introduisent en notre Conseil, ou ausquelles elles donnent lieu, dans la seule vûe d'éloigner le Jugement du fond de leur contestation, Voulons que ceux qui succomberont dans lesdites instances, puissent être condamnés en notre Conseil, s'il y échet, en la même amende & applicable de la même maniere, que les évoquans qui succombent dans leurs demandes, suivant ce qui est porté par l'article LXXIX. de notre présente Ordonnance, au titre des Evocations, & en outre aux dépens, dommages & interêts de leurs Parties, laquelle amende pourra même être augmentée dans les cas qui le mériteront, ainsi qu'il sera jugé à propos en notre Conseil.

TITRE III.

Des Réglemens de Juges en matiere Criminelle.

ARTICLE PREMIER.

Le Reglement de Juges aura lieu en matiere criminelle, lorsque deux de nos Cours ou deux Jurisdictions indépendantes l'une de l'autre, & non ressortissantes en la même Cour, auront informé & décreté pour raison du même fait, contre les mêmes Parties.

I I.

Les Lettres ou Arrêts de Reglement de Juges, porteront que l'instruction sera continuée en la Jurisdiction qui sera commise par lesdites Lettres ou Arrêts, jusqu'à Jugement définitif exclusivement, en attendant que le Reglement de Juges ait été terminé & jugé : seront au surplus lesdites Lettres & Arrêts expédiés en la même forme & maniere, & avec les mêmes clauses qu'en matiere civile.

I I I.

Ne pourront néanmoins les accusés qui auront été déboutés des déclinatoires par eux proposés, se pourvoir en Reglement de Juges, si ce n'est qu'il ait été informé & décreté pour le même fait, par une autre Cour ou Jurisdiction d'un autre ressort ; le tout, sans préjudice ausdits accusés, de se pourvoir par les voyes de droit, contre les Arrêts ou Jugemens rendus en dernier ressort, qui les auront déboutés de leur déclinatoire ; ce qu'ils pourront faire lors même qu'aucune autre Jurisdiction n'aura informé & décreté contr'eux pour le même fait.

I V.

Aucunes Lettres ou Arrêts de Reglement de Juges ne seront accordés en matiere criminelle, aux accusés contre lesquels il y aura un Décret de prise de corps subsistant, s'ils ne sont actuellement Prisonniers dans les Prisons des Juges qui auront rendu les Décrets, ou des Cours supérieures ausdits Juges, & s'ils n'en rapportent l'écrou en bonne forme, & attesté par le Juge ordinaire des lieux, en cas que l'accusé se soit remis dans d'autres Prisons que celles desdites Cours ; lequel écrou sera signifié aux Parties civiles, si aucunes y a, ou à leurs Procureurs, & à nos Procureurs Généraux ou à leurs Substituts dans les Jurisdictions Royales dans lesquelles le Procès sera pendant, ou aux Procureurs des Hauts-Justiciers, dans la Justice desquels ils seront poursuivis ; le tout, à peine de nullité.

V.

Ledit acte d'écrou sera attaché sous le contre-scel des Lettres en Reglement de Juges, ou de la Commission expédiée sur l'Arrêt, faute de quoi l'Accusé demeurera déchu de plein droit desdites Lettres ou Arrêt, qui seront regardés comme non avenus, & il sera passé outre à l'instruction & au jugement du Procès, comme avant icelles, sans qu'il soit besoin de le faire ordonner ainsi par Arrêt de notre Conseil.

V I.

La connoissance des conflits de Jurisdiction qui naîtront entre les Lieutenans Criminels & les Prevôts des Maréchaux, pour sçavoir auquel desdits Officiers la connoissance d'un crime qui doit être jugé Présidialement ou Prevôtalement, sera renvoyée pour être jugée en dernier ressort, appartiendra à notre Grand Conseil, auquel Nous faisons défenses de faire expédier aucunes commissions, ni de donner audience aux Accusés contre lesquels il y aura un Décret de prise de corps subsistant, à moins qu'ils ne soient actuellement en état, soit dans les Prisons des Juges qui les auront décretés, ou dans celles dudit Grand Conseil, & qu'il ne lui en ait apparu par des extraits tirés du Registre de la Geole, en bonne forme, attestés & signifiés, ainsi qu'il a été dit ci-dessus dans l'article IV. le tout à peine de nullité.

VII.

Les dispositions des articles XVII. XVIII. XXIII. XXIV. XXV. XXVIII. & XXIX. du titre précedent, seront pareillement observées à l'égard des Reglemens de Juges, qui se formeront en matiere criminelle, & ils seront instruits & jugés en notre Conseil, en la même forme & maniere que le Reglement de Juges en matiere civile.

Voulons que la presente Ordonnance, à compter du jour de la publication qui en sera faite, soit gardée & observée dans toute l'étendue de notre Royaume, Terres & Pays de notre obéïssance, pour y tenir lieu à l'avenir des dispositions contenues dans les Titres I. II. & III. de l'Ordonnance du mois d'Août 1669, ausquels à cet effet Nous avons dérogé & dérogeons, en tant que besoin seroit. Abrogeons pareillement toutes Ordonnances, Loix, Coutumes, Statuts, Reglemens, stiles & usages differens, & qui seroient contraires à notre presente Ordonnance : sans néanmoins que les procedures qui auroient été faites avant sa publication, suivant les regles établies par lesdits Titres de l'Ordonnance du mois d'Août 1669, puissent être déclarées nulles, sous prétexte qu'elles ne seroient pas conformes aux dispositions nouvelles des Présentes.

Si donnons en Mandement, à nos amés & féaux les Gens tenans nos Cours de Parlement, Grand Conseil, Chambres des Comptes, Cours des Aydes, Baillifs, Sénéchaux, & tous autres nos Officiers, que ces Presentes ils gardent, observent, entretiennent, fassent garder, observer & entretenir ; & pour les rendre notoires à nos Sujets, les fassent lire, publier & registrer : Car tel est notre plaisir. Et afin que ce soit chose ferme & stable à toujours, Nous y avons fait mettre notre Scel. Donné à Versailles au mois d'Août, l'an de grace mil sept cent trente-sept, & de notre regne le vingt-deuxiéme. *Signé*, LOUIS ; *Et plus bas*, Par le Roi, Phelypeaux. *Visa* d'Aguesseau. Et scellé du grand Sceau de cire verte, en lacs de soye rouge & verte.

Registrée, oüi, & ce requerant le Procureur Général du Roi, pour être exécutée selon sa forme & teneur, & copies collationnées envoyées aux Bailliages & Sénéchaussées du Ressort, pour y être lûes, publiées & registrées : Enjoint aux Substituts du Procureur Général du Roi d'y tenir la main & d'en certifier la Cour dans un mois, suivant l'Arrêt de ce jour. A Paris en Parlement, le onziéme Décembre mil sept cent trente-sept. Signé, Dufranc.

Enregistrée au Parlement d'Aix, le vingt Février mil sept cent trente-huit.

Enregistrée au Parlement de Toulouse, le vingt-six Février mil sept cent trente-huit.

Enregistrée au Parlement de Dijon, le premier Mars mil sept cent trente-huit.

Enregistrée au Parlement de Pau, le premier Mars mil sept cent trente huit.

Enregistrée au Parlement de Rennes, le sept Mars mil sept cent trente huit.

Enregistrée au Parlement de Metz, le treize Mars mil sept cent trente-huit.

Enregistrée au Conseil Superieur de Colmar, le quatorze Mars mil sept cent trente huit.

Enregistrée au Conseil Superieur de Perpignan, le Mars mil sept cent trente-huit.

Enregistrée au Parlement de Flandres, le Mars mil sept cent trente-huit.

Enregistrée au Parlement de Rouen, le dix-huit Mars mil sept cent trente-huit.

Enregistrée au Parlement de Grenoble, le vingt-sept Mars mil sept cent trente-huit.

Enregistrée au Parlement de Bordeaux, le vingt-quatre Avril mil sept cent trente-huit.

Enregistrée au Parlement de Besançon, le quatorze Juillet mil sept cent trente-huit. *

* *Nota.* Dans le Duplicata de l'Ordonnance ci-dessus adressée audit Parlement, il y a un article de plus, qui est le XCIII. du Titre premier, ainsi qu'il suit.

XCIII.

N'entendons au surplus déroger par la presente Ordonnance, au Privilege qu'ont nos Sujets du Comté de Bourgogne, de ne pouvoir être traduits, même sous prétexte d'évocation générale, dans nos Tribunaux établis hors ladite Province; duquel Privilege voulons & entendons que nosdits Sujets continuent de jouir, ainsi qu'ils ont fait jusqu'à présent, en exécution de l'article premier du Titre VI. de l'Ordonnance du mois de Mars 1684, enregistrée dans notre Parlement de Besançon, le vingt Avril suivant.

DÉCLARATION DU ROY,

Concernant les Evocations par rapport aux affaires du Domaine.

Donnée à Versailles le 3 Février 1739.

Registrée au Parlement de Navarre.

LOUIS, PAR LA GRACE DE DIEU, ROI DE FRANCE ET DE NAVARRE: A tous ceux qui ces présentes Lettres verront, SALUT. Notre Cour de Parlement, Comptes, Aydes & Finances de Navarre, Nous a répresenté, que quoique Nous ayons déclaré par l'article XXII. du titre premier de notre Ordonnance du mois d'Août 1737, que les affaires concernant notre Domaine ne pourroient être évoquées sur parentés & alliances; cette disposition générale, qui est suffisante pour les autres Cours de notre Royaume, demandoit une plus grande explication par rapport à la constitution particuliere de notredite Cour: Que comme dans les affaires de notre Domaine, elle réunit aux fonctions ordinaires des autres Chambres des Comptes, celles qui sont attribuées aux Bureaux des Finances, elle a seule le droit de connoître immédiatement en premiere & derniere instance, des oppositions formées à la réception des aveux & dénombremens; mais que ceux qui les presentent, & qui craignent souvent qu'on ne découvre les usurpations qu'ils ont faites sur notre Domaine, affectent, dans cette vûe, de susciter des oppositions vagues & indéterminées, afin d'avoir un prétexte pour empêcher la vérification de leurs aveux, en faisant signifier de leur chef, ou sous le nom des opposans, des cédules évocatoires, qui mettent notredite Cour hors d'état de pourvoir à la conservation de nos droits, avec la diligence & les connoissances nécessaires pour le bien de notre service; & qu'ainsi l'abus qu'on faisoit de la voye de l'évocation en cette matiere, ne pouvant avoir lieu que dans notredite Cour, il étoit juste de le réprimer par une Loi particuliere, qui ajoutât aux dispositions de nos Ordonnances générales, les précautions que nous jugerions les plus propres à le faire cesser. Et comme des représentations si importantes, Nous ont paru dignes de notre attention, Nous avons jugé à propos d'expliquer si clairement nos intentions sur les justes bornes dans lesquelles la faculté d'évoquer les oppositions formées en notredite Cour, à la réception des aveux & dénombremens, doit être renfermée, qu'il ne soit plus possible d'en abuser. Nous aurons en même tems la satisfaction de mettre cette Compagnie encore plus en état de Nous donner de nouvelles preuves de son attachement à notre service, & de son zele pour la conservation des droits sacrés de notre Couronne. A CES CAUSES, & autres à ce Nous mouvantes, de l'avis de notre Conseil, & de notre certaine science, pleine puissance & autorité Royale, Nous avons dit & déclaré, statué & ordonné, & par ces Présentes signées de notre main, disons, déclarons, statuons & ordonnons, voulons & Nous plaît ce qui suit:

ARTICLE PREMIER.

L'article XXII. de notre Ordonnance du mois d'Août 1737, par lequel Nous avons ordonné que les affaires qui concernent notre Domaine, ne pourroient être évoquées, sera exécuté selon sa forme & teneur; & en conséquence, les oppositions formées en notredite Cour, à la réception des aveux & dénombremens, dans lesquelles les droits de notre Domaine seront interessés, ne pourront être évoquées sous prétexte de parentés ou alliances d'aucune des Parties.

II.

N'entendons empêcher que, lorsqu'il ne s'agira dans lesdites oppositions, que de l'interêt particulier des Opposans, ou autres Parties, l'évocation sur parentés & alliances ne puisse avoir lieu, pourvû qu'au sujet desdites oppositions notre Procureur Général n'ait fait aucune réquisition, soit par une Requête ou par ses conclusions, pour la conservation des droits de notre Domaine; & en outre, à la charge d'observer les formes qui seront ci-après marquées.

III.

Lesdites oppositions ne pourront être formées que par une Requête, où les articles qui y donnent lieu, seront indiqués, & qui contiendra sommairement les moyens d'opposition, laquelle Requête sera signifiée tant à notredit Procureur Général, qu'à ceux qui auront presenté lesdits aveux & dénombremens: Voulons que, sans avoir égard à toutes les oppositions qui n'auroient été formées que par un simple acte, & nonobstant la signification qui en auroit été faite, il soit passé outre à la verification & réception desdits aveux & dénombremens, comme si lesdits actes n'avoient pas été signifiés.

IV.

Tous ceux qui prétendront être dans le cas de pouvoir évoquer lesdites oppositions, & les contestations qui en dépendent, seront tenus de faire signifier leur cédule évocatoire, tant à notre Procureur Général, qu'aux autres Parties interessées; sans néanmoins qu'ils puissent le faire, si ce n'est un mois après la signification de la Requête à fin d'opposition, qui aura été faite, suivant l'article précedent, à notredit Procureur Général & ausdites Parties; pendant lequel tems d'un mois, il sera sursis au Jugement desdites oppositions & contestations : & seront les dispositions du present article executées à peine de nullité.

V.

Les évoquans ne pourront comprendre dans leurs cédules évocatoires, que les contestations nées à l'occasion des oppositions qui donneront lieu à l'évocation, ni faire signifier lesdites cedules évocatoires à d'autres Parties qu'à celles qui procederont avec elles sur lesdites contestations; sans que, sous prétexte des parentés ou alliances qui donnent lieu à l'évocation, la réception de l'aveu & dénombrement, ni les oppositions formées par d'autres Parties, puissent être évoquées, ce qui sera pareillement observé à peine de nullité.

VI.

Voulons que dans tous les cas où il auroit été signifié des cedules évocatoires contre les dispositions portées par les articles précedens, ou sans observer les formalités qui y sont prescrites, il soit passé outre en notredite Cour de Parlement, à l'instruction & au jugement des causes & instances comprises dans lesdites cedules évocatoires; & ce, nonobstant lesdites cedules qui seront regardées comme nulles & de nul effet, sans qu'il soit besoin d'obtenir aucun Arrêt en notre Conseil à ce sujet.

Si donnons en Mandement, à nos amés & féaux les Gens tenans notre Cour de Parlement, Comptes, Aydes & Finances de Navarre, qu'ils ayent à faire lire, publier & enregistrer ces Presentes, & le contenu en icelles garder & faire observer suivant leur forme & teneur, sans y contrevenir, ni souffrir qu'il y soit contrevenu en quelque sorte & maniere que ce puisse être : Car tel est notre plaisir. En témoin de quoi Nous avons fait mettre notre Scel à cesdites Presentes. Donné à Versailles, le troisiéme jour de Février, l'an de grace mil sept cent trente-neuf, & de notre Regne le vingt-quatriéme. *Signé*, LOUIS: *Et plus bas*, Par le Roi. *Signé*, Phelypeaux.

Registrée, oüi & ce requerant le Procureur Général du Roi, pour être exécutée selon sa forme & teneur, & copies collationnées envoyées aux Bailliages & Sénéchaussées du Ressort, pour y être lües, publiées & registrées: Enjoint aux Substituts du Procureur Général du Roi d'y tenir la main, & d'en certifier la Cour dans le mois, suivant l'Arrêt de ce jour. A Pau en Parlement, le quatre Mars mil sept cent trente-neuf. Collationé. *Signé*, Tonon.

DECLARATION DU ROY,

Concernant les oppositions au Titre des Offices.

Donnée à Marly le 29 Avril 1738.

Registrée ès Registres de l'Audience de France.

LOUIS, PAR LA GRACE DE DIEU, ROI DE FRANCE ET DE NAVARRE: A tous ceux qui ces présentes Lettres verront, SALUT. Depuis que la venalité des Offices & l'hérédité que les Rois nos Prédecesseurs ont bien voulu y attacher, sous certaines conditions, ont donné lieu d'y distinguer le titre & la proprieté; deux sortes de personnes ont eu interêt d'empêcher qu'ils ne puissent être aliénés à leur préjudice ; les uns, pour conserver les droits qu'ils pouvoient avoir sur cette proprieté même, ou sur les attributs & prérogatives de l'Office vendu; les autres, pour s'assurer l'effet de leurs créances sur le prix de cet Office; sans quoi toutes les charges ausquelles il étoit sujet entre les mains du Vendeur, étant purgées par le sceau, la perte que les uns ou les autres auroient soufferte par des mutations fréquentes dans cette espece de biens, auroit été irréparable. C'est pour prévenir cet inconvenient, que l'usage a introduit deux sortes d'oppositions, dont l'une a été appellée opposition au titre, parce qu'elle tend à empêcher absolument l'expedition des provisions; & l'autre a été nommée opposition pour deniers, parce qu'elle n'a pour but que de conserver à ceux qui la forment, les mêmes droits sur le prix de l'Office, qu'ils avoient sur l'Office même. De ces deux genres d'oppositions, le dernier, qui est le plus commun, ayant paru mériter principalement l'attention du feu Roi notre très-honoré Seigneur & Bisayeul, il y pourvut par deux Loix differentes, l'une de 1683, & l'autre de 1703, qui ont eu tout le succès qu'on pouvoit attendre de la sagesse des regles qu'elles ont établies : Mais l'experience ayant fait connoître, que les oppositions au titre ne demandoient pas moins un Reglement semblable, pour faire cesser toutes les difficultés qui se sont élevées, soit sur les cas où ces oppositions peuvent avoir lieu, soit sur la maniere de les former, ou enfin sur l'ordre de la procedure qu'on doit observer pour y faire statuer, Nous avons jugé à propos de fixer la Jurisprudence sur ces differens points, en affermissant par l'autorité d'une Loi générale, les maximes que les décisions particulieres de notre Conseil ont établies dans cette matiere. Si Nous avons cru devoir y autoriser l'usage qui, pour prévenir les fraudes dans la vente des Offices, a étendu jusqu'aux créanciers du Vendeur la faculté de former dans certains cas des oppositions au titre, Nous avons pris en même tems toutes les précautions nécessaires pour empêcher

empêcher l'abus qu'ils pourroient faire de cette faculté, dans la vue de fatiguer leur Débiteur, & de suspendre le Sceau des provisions au préjudice d'un Acquereur légitime; & l'objet principal de cette Loi ayant été de concilier, autant qu'il est possible, les droits des vendeurs & des acquereurs, avec la sûreté de ceux qui sont interessés à la vente des Offices, Nous espérons que la disposition en deviendra plus facile, & qu'il en résultera un avantage considérable pour les possesseurs d'une nature de biens qui sont à présent une partie si importante de la fortune de nos Sujets. A ces causes, de l'avis de notre Conseil, & de notre certaine science, pleine puissance & autorité Royale, Nous avons par ces Présentes signées de notre main, dit, déclaré & ordonné, disons, déclarons & ordonnons, voulons & Nous plaît ce qui suit.

ARTICLE PREMIER.

Les oppositions au titre des Offices, pourront être formées par tous ceux à qui la propriété de l'Office appartiendra, en tout ou en partie, ou qui auront droit d'obliger le titulaire ou le proprietaire à leur céder ladite propriété, ou d'empêcher qu'il n'en soit disposé au profit d'un autre; ce qui aura lieu, quoique ledit droit ne fût pas encore ouvert & échu dans le tems de l'opposition.

II. Lesdites oppositions pourront pareillement être formées par ceux qui auront obtenu & fait signifier des Lettres de restitution contre le traité de vente d'un Office, ou qui auront formé une demande pour rentrer à titre de regrès, ou autrement, dans un Office par eux vendu; le tout à la charge de joindre à l'acte d'opposition, la copie de la signification desdites Lettres, ou de ladite demande: ce qui sera observé, à peine de nullité de ladite opposition.

III. La voye de l'opposition au titre, sera aussi ouverte à ceux qui auront intérêt d'empêcher que l'acquereur d'un Office ne fasse insérer dans ses provisions, à leur préjudice, des titres ou qualités, droits ou fonctions qui n'appartiennent pas à l'Office par lui acquis, ou ne se fasse pourvoir d'un Office supprimé ou réuni à d'autres Offices, ou qui n'auroit jamais été créé.

IV. Les Engagistes de nos Domaines, ausquels la faculté de nommer aux Offices qui en dépendent, aura été accordée par le Contrat d'Engagement, pourront pareillement former opposition au titre, à l'effet d'empêcher que les Provisions desdits Offices soient scellées sans leur nomination.

V. La disposition de l'article précédent aura lieu à l'égard des Apanagistes, en ce qui concerne les Offices dont les provisions ne s'expédient pas en leur nom, & dont ils n'ont que la nomination.

VI. Lorsqu'un Office aura été saisi réellement, ou abandonné à des Créanciers, séparément ou conjointement avec d'autres biens de leur Débiteur, lesdits Créanciers ou ceux d'entre eux qui auront été nommés Syndics ou Directeurs, pourront former opposition au titre dudit Office, pour empêcher qu'il ne soit vendu à leur préjudice, & sans leur consentement.

VII. La disposition de l'article précédent, aura lieu pareillement dans des cas où le titulaire, ou le proprietaire d'un Office auroit fait faillite ou banqueroute, ou lorsqu'il auroit passé un Contrat d'atermoyement avec ses Créanciers, ou obtenu & fait signifier des Lettres de répy.

VIII. Les Créanciers, même privilegiés, qui ne seront dans aucun des cas portés par les deux articles précédens, ne pourront prendre la voye de l'opposition au titre, si ce n'est pour prévenir l'effet des ventes de l'Office, qui seroient faites à vil prix, au préjudice de leurs créances, auquel cas ils pourront à leurs risques, périls & fortunes, former ladite opposition, à l'effet seulement d'avoir communication du Contrat de vente de l'Office, pour le porter à un plus haut prix que celui qui aura été convenu par le Contrat: le tout aux charges & conditions portées par les articles suivans.

IX. Celui qui voudra obtenir main-levée de ladite opposition, fera sommer l'opposant de prendre communication du Contrat de vente, dans le délai qui sera réglé ci-après; laquelle sommation sera signée d'un Avocat en nos Conseils, & contiendra élection de domicile en sa personne, à peine de nullité.

X. Le Demandeur en main-levée ne sera point obligé de faire signifier le Contrat de vente à l'opposant, ni tenu de lui en donner communication ailleurs que chez l'Avocat constitué par ladite sommation; à l'effet de quoi, le Demandeur sera tenu de remettre audit Avocat une expédition dudit Contrat; sans que pour raison de ladite communication, il puisse être fait aucuns frais, ni aucune procédure: ce qui sera observé à peine de nullité.

XI. Dans quinzaine pour tout délai, à compter du jour de ladite sommation, l'opposant sera tenu de faire des offres à celui qui la lui aura fait signifier, de porter le prix de l'Office au moins à un dixiéme en sus du prix convenu par le Contrat.

XII. N'entendons néanmoins que lesdites offres puissent avoir lieu à l'égard des Offices dont le prix a été fixé par des Edits de création, ou par des Déclarations postérieures, si ce n'est lorsque la somme pour laquelle ils auront été vendus, sera inférieure audit prix; auquel cas seulement, lesdites offres pourront être faites, ainsi qu'il est porté par l'article précedent: Voulons même qu'elles soient réputées suffisantes, encore qu'elles n'aillent pas jusqu'au dixiéme en sus du prix porté par le Contrat, pourvû qu'elles égalent celui de la fixation.

XIII. Les offres portées par les deux articles précédens, seront faites par acte signé de l'opposant même, ou du porteur de sa procuration spéciale, de laquelle il restera minute, & dont l'expédition sera annexée audit acte, qui sera signifié dans le délai porté par l'article XI. au Demandeur en main-levée, au domicile qu'il aura élu par la sommation.

XIV. Faute par l'opposant de faire signifier lesdites offres, en la forme & dans le délai prescrit par les articles XI. & XIII. le Demandeur en main-levée pourra sur la Requête faire ordonner par Arrêt de notre Conseil, qu'il sera passé outre au Sceau des provisions, nonobstant l'opposition au titre, laquelle demeurera convertie en opposition pour deniers; & par le même Arrêt, l'opposant sera condamné, s'il y échet, en tels dépens, dommages & intérêts qu'il appartiendra.

XV. En cas que lesdites offres ayent été faites & acceptées, il sera ordonné, si le Demandeur en main-levée le requiert, que la totalité du prix porté par le Contrat, ensemble la somme offerte au-delà dudit prix, seront déposées entre les mains d'un Notaire, dans huitaine pour tout délai, & que faute d'y satisfaire, il sera passé outre au Sceau des provisions: au moyen de quoi, l'opposition au titre demeurera convertie en opposition pour deniers, ainsi qu'il est porté par l'article précédent.

XVI. En cas que celui qui aura fait les offres, forme opposition à l'Arrêt rendu dans le cas de l'article précédent, il ne pourra y être reçu, s'il ne joint à sa Requête d'opposition, l'acte de dépôt des sommes portées par ledit Arrêt;

& le délai fixé par ledit article, ne pourra être prorogé ſous quelque prétexte que ce puiſſe être.

XVII. N'entendons comprendre dans les neuf articles précédens, les oppoſitions qui ſeroient formées par des Créanciers dans les cas portés par les articles VI. & VII. à l'égard deſquels les Regles preſcrites par les articles XX. & ſuivans de notre préſente Déclaration, ſeront obſervées.

XVIII. Celui qui ſera appellé à la ſubſtitution de la proprieté d'un Office pourra former oppoſition au titre dudit Office, pour empêcher qu'il ne ſoit vendu à vil prix, au préjudice de ladite ſubſtitution; à la charge de ſe conformer aux diſpoſitions contenuës dans les articles VIII. IX. X. XI. XII. XIII. XIV. XV. & XVI. ci deſſus; ce qui aura lieu à l'égard du tuteur ou curateur à ladite ſubſtitution, lorſqu'il y en aura eu un de nommé.

XIX. Faiſons au ſurplus très-expreſſes inhibitions & défenſes a tous Officiers & autres perſonnes ſans exception, de former oppoſition au titre des Offices, pour d'autres cauſes que celles qui ont été ci-deſſus exprimées, notamment ſous prétexte d'incapacité, ou même d'indignité de celui qui préſentera ces proviſions; ſauf à en donner avis à notre très-cher & féal Chancelier de France, pour y être par Nous pourvu ainſi qu'il appartiendra, ſur le compte qui Nous en ſera par lui rendu.

XX. Les oppoſitions au titre ſeront formées par un acte qui ſera ſigné d'un Avocat en nos Conſeils, & contiendra élection de domicile en ſa perſonne, à peine de nullité. Défendons aux Gardes des rolles des Offices de France, de recevoir ni enregiſtrer leſdites oppoſitions, ſi elles ne ſont dans ladite forme, à peine de répondre des dépens, dommages & interêts des Parties.

XXI. L'oppoſition au titre n'aura effet que pendant ſix mois, après leſquels il ſera paſſé outre au Sceau des proviſions de l'Office, nonobſtant ladite oppoſition, ſans qu'il ſoit néceſſaire d'en faire prononcer ou d'en rapporter main-levée, ſi ce n'eſt toutefois qu'il en eût été formé une nouvelle.

XXII. En cas que l'inſtance en main-levée de ladite oppoſition ait été introduite avant l'expiration des ſix mois portés par l'article précédent, l'oppoſition au titre aura ſon plein & entier effet, juſqu'à ce que ladite Inſtance ait été jugée définitivement, ſans qu'il ſoit néceſſaire de la renouveller, pourvû toutefois que la demande en main-levée de ladite oppoſition ait été dénoncée aux Gardes des rolles avant l'expiration deſdits mois.

XXIII. L'oppoſant qui voudra ſe déſiſter de ſon oppoſition, ſera tenu de faire ſignifier auſdits Gardes des rolles un acte portant main-levée pure & ſimple de ladite oppoſition: & ſera ledit acte ſigné, tant de l'Avocat conſtitué par l'acte d'oppoſition, que de l'oppoſant ou du porteur de ſa procuration ſpéciale, paſſée devant Notaires, dont il reſtera minute, & l'expédition de ladite procuration ſera annexée audit cas, à l'acte de main-levée, & ſignifiée avec ledit acte, à peine de nullité de la ſignification.

XXIV. En cas que l'acte de main-levée ait été ſignifiée en la forme preſcrite par l'article précédent, avant que la demande en main-levée ait été introduite en notre Conſeil, il ſera paſſé outre au Sceau des proviſions de l'Office, ſans qu'il ſoit beſoin d'obtenir aucun Arrêt à cet effet.

XXV. Lorſque l'Inſtance en main-levée aura été introduite & dénoncée aux Gardes des rolles, les proviſions ne pourront être ſcellées, même en cas de déſiſtement de la part de l'oppoſant, que ladite main-levée n'ait été prononcée par Arrêt rendu en notre Conſeil.

LLIII ij

XXVI. Les demandes en main-levée des oppositions au titre, ne pourront être portées qu'en notre Conseil, & elles y seront instruites sommairement en la forme prescrite par les Réglemens qui y sont observés, sauf à être ordonné avant faire droit, s'il y échet, que les Parties se pourvoiront devant les Juges qui en doivent connoître, pour faire juger les contestations qui auront donné lieu ausdites oppositions, pour être ensuite statué sur icelles en notredit Conseil, ainsi qu'il appartiendra.

XXVII. Les oppositions au titre ne pourront être signifiées que par les Huissiers en nos Conseils ou en notre grande Chancellerie; ce qui aura lieu pareillement à l'égard de toutes les significations qui seront faites aux Gardes des rolles, des actes ou Arrêts qui concerneront lesdites oppositions: le tout à peine de trois cens livres d'amende contre les autres Huissiers qui auroient fait lesdites significations, même d'interdiction s'il y échet. SI DONNONS EN MANDEMENT à notre très-cher & féal Chevalier Chancelier de France, le sieur d'Aguesseau, Commandeur de nos Ordres, que ces Présentes il fait à faire lire, publier, le Sceau tenant, & registrer ès Registres de l'Audience de France, & le contenu en icelles garder & observer selon sa forme & teneur. CAR tel est notre plaisir: En témoin de quoi Nous avons fait mettre notre Scel à cesdites Présentes. DONNÉ à Marly, le vingt-neuviéme jour d'Avril, l'an de grace mil sept cent trente-huit, & de notre Regne le vingt-troisiéme. *Signé*, LOUIS. *Et plus bas*, PHELYPEAUX.

Lûe, publiée, le Sceau tenant à Paris, le neuf Mai mil sept cent trente-huit, de l'Ordonnance de Monseigneur d'Aguesseau, Chevalier, Chancelier de France, Commandeur des Ordres de Sa Majesté, & enregistrée ès Registres de l'Audience de France, par nous Conseiller du Roi en ses Conseils, Grand Audiencier de France. Signé, MORON.

DE'CLARATION DU ROY,

Concernant les Oppositions au Sceau des Offices.

Donnée à Versailles le 15 Mars 1741.

Registrée en Parlement.

LOUIS, par la grace de Dieu, Roy de France & de Navarre: A tous ceux qui ces présentes Lettres verront, Salut. L'Edit que le feu Roy, notre très-honoré Seigneur & Bisayeul, jugea à propos de donner au mois de Février 1683, n'avoit eu pour principal objet, que de régler l'effet des oppositions au Sceau des Offices, pour la sûreté des Créanciers qui prennent cette voye, afin de conserver leurs droits sur le prix desdits Offices. Mais comme par cet Edit il n'a pas été statué sur la main-levée & la radiation desdites oppositions, ni sur les formes qui doivent être observées pour la décharge des Gardes des rolles des Offices de France, il s'est souvent formé des difficultés à cette occasion, surtout dans les cas où les main-levées n'étant prononcées que par des Arrêts ou Jugemens rendus par défaut, ou par des Sentences ou Jugemens sujets à l'appel, ces Officiers ne se croyoient pas suffisamment autorisés à faire la radiation des oppositions au Sceau, & craignoient de s'exposer au danger d'en demeurer garants envers les opposans: C'est ce qui Nous a donné lieu de considérer, que si les voyes de droit établies par nos Ordonnances doivent être toujours ouvertes, il n'est pas moins juste de renfermer dans des bornes légitimes la faculté d'en user, & principalement lorsqu'il s'agit d'assurer l'état des acquereurs des Offices, ou celui des vendeurs sur lesquels les oppositions au Sceau ont été formées, afin que les uns & les autres ne soient pas trop long-tems exposés à une incertitude aussi préjudiciable à leurs affaires, que contraire au bien du commerce. Nous avons donc jugé à propos de prévenir un si grand inconvénient, en expliquant tellement nos intentions sur cette matiere, que d'un côté les Créanciers du vendeur d'un Office conservent tout l'avantage que la Loi a voulu leur procurer par la voye de l'opposition au Sceau; & que d'un autre côté cette voye ne devienne pas une ressource à la chicane & à la mauvaise foi, pour fatiguer & inquieter ceux qui ne cherchent qu'une libération, à laquelle il est juste qu'ils puissent parvenir par des voyes simples & faciles, en y joignant les précautions nécessaires pour faire en sorte que des Officiers publics, tels que les Gardes des rolles, soient en sureté & à couvert de toutes sortes de recherches au sujet de la radiation des oppositions au Sceau. A ces Causes, de l'avis de notre Conseil, & de notre certaine science, pleine puissance & autorité Royale, Nous avons par ces Présentes, signées de notre main, dit, déclaré & ordonné, disons, déclarons & ordonnons, voulons & Nous plaît ce qui suit:

ARTICLE PREMIER.

Les oppositions au Sceau ne pourront être rayées que du consentement de ceux qui les auront formées, ou en vertu de main-levées obtenues en Justice.

II.

Ledit consentement ne pourra être donné que par des actes passés en bonne forme par les opposans, leurs héritiers, successeurs, ou ayans cause, leurs Tuteurs ou Curateurs s'ils sont mineurs ou interdits, ou par ceux qui seront chargés de la procuration des personnes ci-dessus marquées; laquelle procuration ne pourra valoir, si elle n'est passée pardevant Notaires, avec pouvoir général ou spécial de donner main-levée des oppositions.

III.

Les oppositions dont la main-levée aura été ainsi accordée, ne pourront être rayées, si les actes mentionnés dans l'article précédent n'ont été préalablement dénoncés aux Gardes des rolles des Offices de France, & s'il ne leur est justifié des qualités de ceux qui les auront passés, lorsqu'ils les auront signés comme représentans lesdits opposans, ou comme chargés de leur procuration.

IV.

A l'égard des main-levées qui auront été obtenues en Juſtice, voulons que ſi elles ont été prononcées par Arrêt ou par Jugement rendu en dernier reſſort avec l'oppoſant ou ſes repréſentans, ledit Arrêt ou ledit Jugement ſoit ſignifié à l'oppoſant, au domicile élu par l'acte d'oppoſition, & que ladite ſignification ſoit dénoncée aux Gardes des rolles, avant que l'oppoſition puiſſe être rayée.

V.

Si leſdits Arrêts ou Jugemens n'ont été rendus que par défaut, celui qui voudra faire rayer l'oppoſition, ſera tenu de joindre aux actes de ſignification & de dénonciation preſcrits par l'article précédent, un certificat du Procureur qui aura occupé pour le Demandeur en main-levée, portant que dans le delai fixé par l'Ordonnance, il ne lui a été ſignifié aucune oppoſition audit Arrêt ou audit Jugement, & que depuis ce délai il n'en eſt ſurvenu aucune, ſinon l'oppoſition ne pourra être rayée.

VI.

Les ſignifications, dénonciations & autres formalités portées par les deux articles précédens, à l'égard des Arrêts ou Jugemens en dernier reſſort, auront lieu pareillement lorſque la main-levée des oppoſitions aura été prononcée par défaut, ou contradictoirement, par des Sentences ou Jugemens ſujets à l'appel.

VII.

Voulons en outre que dans ledit cas, après la dénonciation qui aura été faite deſdites Sentences ou Jugemens aux Gardes des rolles, il ſoit ſurſis pendant trois mois, à compter du jour de ladite dénonciation, à la radiation des oppoſitions; après l'expiration duquel délai, elles ſeront rayées purement & ſimplement, s'il n'a été dénoncé aux Gardes des rolles aucun acte d'appel deſdites Sentences ou deſdits Jugemens.

VIII.

Les Gardes des rolles ſeront tenus de rayer les oppoſitions au Sceau, toutes les fois que les regles & formalités preſcrites par les articles précédens auront été bien & dûement obſervées, ſans qu'il puiſſe être fait à ce ſujet aucune autre procédure; au moyen de quoi ils en demeureront valablement déchargés, & ne pourront être recherchés pour raiſon de ladite radiation, de quelque maniere & ſous quelque prétexte que ce ſoit: ſauf aux oppoſans à ſe pourvoir par les voyes de droit, s'il y échet, contre ceux qui auront fait faire ladite radiation, pour être ſtatué ſur leurs demandes, ainſi qu'il appartiendra.

IX.

Aucune des ſignifications & dénonciations mentionnées dans la préſente Déclaration, ne pourra être faite que par le miniſtere des Huiſſiers de notre Conſeil, ou de notre grande Chancellerie, ce qui ſera obſervé à peine de nullité. SI DONNONS EN MANDEMENT à nos amés & féaux Conſeillers les Gens tenans nos Cour de Parlement, Chambre des Comptes & Cour des Aydes à Paris, que ces Préſentes ils ayent à faire regiſtrer, garder & obſerver ſelon leur forme & teneur: CAR tel eſt notre plaiſir. En témoin de quoi, Nous avons fait mettre notre Scel à ceſdites Préſentes. DONNÉ à Verſailles, le quinzième jour de Mars, l'an de grace mil ſept cent quarante-un, & de notre Regne le vingt-ſixième. *Signé*, LOUIS. *Et plus bas*; Par le Roy, PHELYPEAUX. Et ſcellé du grand Sceau de cire jaune.

Lûë, publiée, le Sceau tenant à Paris le vingt-quatrième jour de Mars mil sept cent quarante-un, de l'Ordonnance de Monseigneur d'Aguesseau, Chevalier, Chancelier de France, Commandeur des Ordres de Sa Majesté, par Nous Conseiller du Roi en ses Conseils, Grand-Audiencier de France, & enregistrée ès registres de l'Audience de France, les jour & an susdits.

Signé, HALMA DE BELMONT.

Registrée, oüi & ce requerant le Procureur Général du Roi, pour être exécutée selon sa forme & teneur, & copies collationnées envoyées aux Bailliages & Sénéchaussées du Ressort, pour y être lûe, publiée & registrée. Enjoint aux Substituts du Procureur Général du Roy d'y tenir la main, & d'en certifier la Cour dans le mois, suivant l'Arrêt de ce jour. A Paris en Parlement, le quinze Avril mil sept cent quarante-un. Signé, YSABEAU.

ARREST DU CONSEIL D'ETAT DU ROY,

Portant Réglement sur les Oppositions au Titre ou au Sceau des Offices dépendans des Ordres du Roi.

Du 2 Octobre 1742.

Extrait des Registres du Conseil d'Etat.

LE ROI étant informé que quoique le Chancelier Garde des Sceaux des Ordres de Sa Majesté, soit en possession depuis long-tems de recevoir les oppositions qui se forment au Titre ou au Sceau des provisions des Offices desdits Ordres, qui sont susceptibles d'hypoteque; cependant l'usage établi sur ce point, n'ayant pas été autorisé jusqu'à présent par une décision expresse & précise de Sa Majesté, il arrive souvent que ceux qui ont des droits à exercer sur lesdits Offices, forment leurs oppositions entre les mains des Gardes des Rôles des Offices de France, pendant que d'autres ne font notifier leurs oppositions qu'au Chancelier Garde des Sceaux desdits Ordres, ce qui pourroit donner lieu à des contestations sur la validité desdites oppositions, & sur la préférence des unes ou des autres: le Roi auroit consideré qu'il étoit non-seulement de la dignité des Ordres dont il est le Chef, d'assurer l'effet que doit produire le Sceau apposé aux provisions des Offices qui en dépendent, mais même du bien public, pour la sureté de ceux qui ont des droits à exercer sur lesdits Offices, d'établir une regle uniforme sur la maniere de veiller à la conservation de ces droits, en cas de mutation des Titulaires des mêmes Offices; à quoi voulant pourvoir: LE ROY ÉTANT EN SON CONSEIL, a ordonné & ordonne que les oppositions au Titre ou au Sceau des provisions des Offices dépendans des Ordres de Sa Majesté, ne pourront être formées qu'entre les mains du Chancelier Garde des Sceaux desdits Ordres, & ce, par le ministere des Huissiers du Conseil ou de la Grande Chancellerie, qui ont seuls le droit de signifier les oppositions au Titre ou au Sceau des autres Offices: Fait Sa Majesté très-expresses inhibitions & défenses à tous ceux qui prétendent avoir des droits de propriété ou de créance sur les Offices dépendans desdits Ordres, de former à l'avenir aucunes oppositions par rapport ausdits Offices, entre les mains des

Gardes des rolles des Offices de France ; & à tous Huissiers du Conseil ou de la Grande Chancellerie, de signifier de pareilles oppositions ; le tout à peine de nullité desdites oppositions & significations. Ordonne au surplus Sa Majesté, que les dispositions portées par la Déclaration du 29 Avril 1738, concernant les oppositions au Titre, l'Edit du mois de Février 1683, & la Déclaration du 15 Mars 1741, soient exécutés par rapport aux oppositions au Titre ou au Sceau des Offices dépendans desdits Ordres, ainsi & de la même maniere qu'à l'égard des oppositions formées au Titre ou au Sceau des autres Offices. Veut & entend Sa Majesté, que les contestations qui pourroient survenir en exécution du présent Arrêt, ne puissent être portées ailleurs qu'en son Conseil, s'en réservant expressément la connoissance, & l'interdisant à toutes ses Cours & autres Juges. Et sera le présent Arrêt, lû, publié & affiché par-tout où besoin sera. FAIT au Conseil d'Etat du Roi, Sa Majesté y étant, tenu à Versailles le deuxiéme Octobre mil sept cent quarante-deux. *Signé*, PHELYPEAUX.

REGLEMENT

REGLEMENT

Concernant la Procedure que Sa Majesté veut être observée en son Conseil.

Du 28 Juin 1738.

LE ROI s'étant fait répresenter les Reglemens généraux faits en 1660, 1673 & 1687, & autres Reglemens particuliers donnés en conséquence, au sujet des procedures qui doivent être faites en son Conseil, pour l'instruction & le Jugement des affaires qui y sont portées, Sa Majesté auroit jugé à propos de réunir dans un seul Reglement général tout ce qui lui a paru devoir être conservé dans les dispositions des Reglemens précedens, & tout ce qu'elle a cru devoir y ajouter, pour rendre la forme de proceder plus simple ou plus facile, & l'expédition des affaires plus prompte & moins onéreuse à ses Sujets; à quoi voulant pourvoir, Sa Majesté étant en son Conseil, a ordonné & ordonne ce qui suit:

PREMIERE PARTIE.

De la maniere d'introduire les differentes especes d'affaires qui sont portées au Conseil, & des regles qui sont propres à chacune desdites affaires.

TITRE PREMIER.

Des Evocations sur parentés & alliances, & des Reglemens de Juges en matiere civile & criminelle.

ARTICLE PREMIER.

Les instances d'évocation sur parentés & alliances, seront introduites au Conseil par une simple assignation donnée en vertu de la cedule évocatoire, sans qu'il soit besoin de Lettres ni d'Arrêts, le tout ainsi qu'il est porté par les articles LIII. & LIV. de l'Ordonnance du mois d'Août 1737 au Titre des Evocations.

II.

Les demandes en évocation du chef de l'Officier qu'on prétendroit avoir fait son fait propre de l'affaire des Parties, ne pourront néanmoins être introduites qu'en vertu d'Arrêt du Conseil : & seront observées à cet égard les dispositions des articles LXIX. LXX. & LXXI. du même Titre de ladite Ordonnance.

III.

Les instances en reglement de Juges, en matiere civile ou criminelle, ne pourront être introduites que par Lettres du grand Sceau, ou par Arrêt du Conseil, ainsi qu'il est prescrit par les articles I. & XIX. du Titre des Reglemens de Juges en matiere civile, & par l'article II. du Titre des Reglemens de Juges en matiere criminelle de la même Ordonnance.

TITRE II.

Des Oppositions au Titre.

ARTICLE PREMIER.

Les Avocats qui auront été constitués par les actes d'opposition au Titre, suivant l'article XX. de la Déclaration du 29 Avril 1738, seront tenus d'occuper sur toutes les contestations qui pourront survenir au sujet desdites oppositions.

II.

Lorsque le Vendeur ou l'Acquereur de l'Office, ou autres Parties interessées à faire cesser l'opposition au titre, voudront se pourvoir pour en demander la main-levée, sans attendre que les provisions dudit Office soient presentées au Sceau, ils pourront lever un extrait de l'acte d'opposition, & presenter une Requête contenant leur demande en main-levée, & les moyens sur lesquels elle sera fondée.

III.

Le Demandeur en main-levée remettra au Greffier du Conseil ladite Requête, à laquelle l'acte d'opposition sera joint, avec une Requête séparée pour faire commettre un Rapporteur, lequel ne pourra être commis qu'après que ledit Demandeur aura fait signifier à l'Avocat constitué par l'acte d'opposition, qu'il s'est pourvû pour faire nommer un Rapporteur sur sa demande en main-levée de ladite opposition.

IV.

Lorsque le Rapporteur aura été commis, le Greffier lui remettra l'Ordonnance qui l'aura nommé, avec la Requête en main-levée de l'opposition, pour être répondue d'une Ordonnance de soit communiqué à l'opposant, au domicile de l'Avocat constitué par l'acte d'opposition, à l'effet d'y fournir de réponse dans les délais du Reglement; après quoi ladite instance sera instruite & jugée en la forme prescrite pour les instances introduites par Arrêt de soit communiqué.

V.

Lorsqu'il n'y aura point eu de Rapporteur commis, dans le tems que l'Acquereur de l'Office presentera ses provisions au Sceau, il en sera nommé un sur le repli desdites provisions, ce qui sera dénoncé dans huitaine à l'Avocat de l'opposant, par un acte qui sera signifié avec copie de l'opposition, le tout à peine de nullité.

VI.

Le Demandeur en main-levée remettra audit Rapporteur sa Requête contenant ladite demande & les moyens sur lesquels elle sera fondée, pour être ladite Requête répondue, & l'instance instruite & jugée ainsi qu'il est porté par l'article IV. ci-dessus.

VII.

En cas que l'Avocat constitué par l'acte d'opposition, soit décedé avant que la demande en main-levée ait été formée, elle ne pourra l'être que par une Requête en forme de vû d'Arrêt, qui sera remise au sieur Rapporteur, s'il y en a un de nommé, sinon à un des sieurs Maîtres des Requêtes, pour être à son rapport, ordonné par Arrêt, que ladite demande sera communiquée à l'opposant en son domicile, pour y répondre dans les délais du Reglement, faute de quoi il y sera fait droit ainsi qu'il appartiendra.

VIII.

L'Acquereur qui voudra mettre son Vendeur ou ses garants en cause, sera tenu de former sa demande contr'eux, par une Requête en forme de vû d'Arrêt, sur laquelle il sera rendu Arrêt de soit communiqué ausdites Parties en leur domicile, pour y répondre dans les délais du Reglement; & faute par ledit Acquereur d'avoir obtenu ledit Arrêt dans quinzaine, à compter du jour de la signification portée par les articles III. & V. ci-dessus, il ne sera plus reçu à les mettre en cause au Conseil, sauf à exercer son recours contr'eux devant les Juges qui en doivent connoître, après le Jugement de l'instance d'opposition, si ce n'est qu'en procedant au Jugement de ladite instance il en ait été autrement ordonné.

TITRE III.

Des demandes en rapport de Provisions, ou Lettres de Justice expediées en Chancellerie.

ARTICLE PREMIER.

Ceux qui voudront se pourvoir en rapport de Provisions, ou Lettres de Justice expediées en Chancellerie, seront tenus d'obtenir à cet effet des Lettres du grand Sceau, ou un Arrêt de soit communiqué aux Parties interessées.

II.

Lesdites demandes seront introduites, en vertu desdites Lettres ou Arrêt; par voye d'assignation dans le premier cas, ou en faisant signifier l'Arrêt dans le second.

TITRE IV.

Des demandes en cassation d'Arrêts ou de Jugemens rendus en dernier ressort.

ARTICLE PREMIER.

Les demandes en cassation d'Arrêts ou de Jugemens rendus en dernier refſort, ſeront formées par une Requête en forme de vû d'Arrêt, qui contiendra les moyens de caſſation.

II.

Ladite Requête ſera ſignée de l'Avocat du Demandeur, & en outre, de deux anciens Avocats au Conſeil, du nombre de ceux qui ſeront Syndics en charge, ou des trente plus anciens, ſinon ladite Requête ne pourra être reçue; & à cet effet le tableau du nom des Avocats au Conſeil, ſigné de leur Greffier, ſera remis tous les ans au Greffe du Conſeil & en celui des Requêtes de l'Hôtel.

III.

Les deux anciens Avocats qui ſigneront ladite Requête, ſeront tenus de ſe faire répreſenter les preuves des faits ſur leſquels les moyens ſeront fondés, pour être en état de rendre compte de leur avis, lorſqu'ils ſeront mandés à cet effet.

IV.

Le Demandeur en caſſation ſera tenu de joindre à ſa Requête la copie qui lui aura été ſignifiée de l'Arrêt ou Jugement en dernier reſſort, ou une expedition en forme dudit Arrêt ou Jugement, s'ils ne lui ont pas été ſignifiés, ſinon la Requête ne pourra être reçue.

V.

Le Demandeur en caſſation ſera tenu de conſigner la ſomme de cent cinquante livres pour l'amende envers Sa Majeſté, lorſqu'il s'agira d'un Arrêt ou Jugement contradictoire, & celle de ſoixante-quinze livres, s'il ne s'agit que d'un Arrêt ou Jugement par défaut ou par forcluſion; deſquelles ſommes le Receveur des amendes ſe chargera ſans droits ni frais: & ſera la quittance de conſignation jointe à la Requête en caſſation, ſinon ladite Requête ne pourra être reçue.

VI.

Les Accuſés qui auront été décretés de priſe de corps, ne ſeront reçus à demander la caſſation des Arrêts ou Jugemens en dernier reſſort, qui les auront décretés, ou d'autres Arrêts ou Jugemens préparatoires ou interlocutoires, s'ils ne ſont actuellement en état dans les priſons des Juges qui auront rendu deſdits Arrêts ou Jugemens, ou dans celles du lieu où ſe tient le Conſeil: Et à l'égard de ceux qui ſe pourvoiront en caſſation contre des Arrêts ou Jugemens définitifs rendus contr'eux, ils ne pourront y être reçus, qu'après s'être mis en état dans les priſons du lieu où ſe tient ledit Conſeil, lorſque leſdits Arrêts ou Jugemens auront prononcé contr'eux des peines afflictives ou infamantes; & dans tous leſdits cas, l'acte de leur écrou en bonne & dûe forme, ſera joint à la Requête en caſſation, & viſé dans l'Arrêt qui interviendra ſur icelle, à peine de nullité.

VII.

La Requête en caſſation, avec l'Arrêt ou Jugement en dernier reſſort, & la quittance de conſignation de l'amende, ſera remiſe au Greffier du Conſeil, & le Demandeur y joindra une Requête pour faire commettre un Rapporteur en la forme ordinaire.

VIII.

Aucune Requête en caſſation ne pourra être reçue, ſi elle n'a été preſentée, & le Rapporteur commis dans le délai qui ſera marqué par les articles ſuivans, & ce, ſoit en matiere civile ou criminelle.

IX.

Ledit délai sera d'un an pour l'Eglise, les Hôpitaux, les Corps & Communautés Ecclesiastiques, Seculiers ou Reguliers, & les Corps & Communautés Laïcs; & ce, à compter du jour de la signification de l'Arrêt ou du Jugement, au lieu ordinaire des Bénéfices, aux Bureaux des Hôpitaux, & aux Syndics ou autres personnes chargées d'administrer les affaires des Corps ou Communautés.

X.

Celui qui pendant l'année mentionnée dans l'article précedent, aura succedé à un Bénéfice, autrement néanmoins que par resignation, aura un an pour se pourvoir en cassation, à compter du jour de la signification qui lui sera faite de l'Arrêt ou du Jugement, ainsi qu'il est porté par l'article précedent.

XI.

Le délai d'un an aura lieu, en outre, à l'égard de ceux qui seront absens du Royaume pour cause publique, à compter du jour de la signification de l'Arrêt ou du Jugement à leur dernier domicile.

XII.

A l'égard des Parties qui seront domiciliées dans les Colonies Françoises; le délai pour se pourvoir en cassation contre les Arrêts ou Jugemens qui auront été signifiés à leur domicile dans lesdites Colonies, sera d'un an pour celles qui demeureront dans l'étendue des ressorts des Conseils Superieurs des Isles de Saint-Domingue, de la Martinique, de la Guadeloupe, du Canada, & de l'Isle Royale; & de deux ans pour celles qui seront domiciliées dans l'étendue des ressorts des Conseils Superieurs de Pondichery, & des Isles de Bourbon & de France; sauf, en cas d'insuffisance desdits délais, eu égard aux circonstances particulieres, à être lesdites Parties relevées du laps de tems, ainsi qu'il appartiendra.

XIII.

Et à l'égard de toutes autres personnes, même des Ecclesiastiques, lorsqu'il ne s'agira point des droits de leurs Bénéfices ou dignités, ou de leurs fonctions Ecclesiastiques, le délai sera seulement de six mois; à compter, pour les majeurs, du jour de la signification de l'Arrêt ou du Jugement à leur personne ou domicile, & à l'égard des mineurs, du jour de la signification qui sera pareillement faite à leur personne ou domicile, depuis qu'ils auront atteint la majorité.

XIV.

Les héritiers, successeurs, ou ayans cause de ceux qui seront décedés dans les six mois mentionnés dans l'article précedent, auront encore six mois, à compter, pour ceux qui seront majeurs, du jour de la signification de l'Arrêt ou du Jugement, qui en sera faite à leur personne ou domicile, & s'ils sont mineurs, du jour de la signification qui sera pareillement faite à leur personne ou domicile, depuis qu'ils auront atteint la majorité.

XV.

Aucune Requête en cassation ne pourra être reçue, si elle n'est presentée dans les délais ci-dessus marqués, suivant les differentes qualités ou demeures des Demandeurs, après lesquels délais il ne pourra leur être accordé aucun relief de laps de tems, si ce n'est pour grandes & importantes considerations, & sur une Requête séparée; sur laquelle il sera statué par Arrêt déliberé au Conseil, après qu'il en aura été préalablement communiqué aux sieurs Commissaires nommés pour l'examen des Requêtes en cassation.

XVI.

Ne feront comprifes dans les articles ci-deffus, les Requêtes en caffation prefentées en matiere domaniale, foit par les Procureurs Généraux de Sa Majefté, foit par les Infpecteurs Généraux du Domaine, ou aufquelles ils fe feront joints; & pourront lefdites Requêtes être admifes fans être fignées de deux anciens Avocats, fans confignation d'amende, & même au-delà du délai fixé par lefdits articles.

XVII.

La difpofition de l'article précedent aura lieu pareillement pour les Requêtes en caffation prefentées par lefdits Procureurs Généraux, contre les Arrêts dans lefquels ils auroient été Parties, ou formé des réquifitoires, pour l'interêt public.

XVIII.

Dans les autres matieres où il ne s'agira que de foutenir la Jurifdiction ou les prérogatives de leurs Compagnies, ou celles de leurs charges, lefdites Requêtes pourront être prefentées fans être fignées d'anciens Avocats, & fans confignation d'amende; mais ne pourront être admifes, fi elles n'ont été données dans le délai d'un an, à compter du jour de la fignification qui aura été faite defdits Arrêts aufdits Procureurs Généraux.

XIX.

Les Requêtes en caffation des Arrêts par lefquels l'appel des Jugemens rendus par les Juge & Confuls, ou autres Juges, auroit été reçu dans les cas où lefdits Jugemens ne font pas fujets à l'appel, pourront être prefentées fans confultation d'Avocat & fans confignation d'amende: feront lefdites Requêtes remifes à un des fieurs Maîtres des Requêtes, fans qu'il foit befoin de le faire commettre pour y être ftatué à fon rapport, ainfi qu'il appartiendra, après en avoir communiqué aux fieurs Commiffaires nommés pour l'examen des demandes en caffation; & lorfqu'il y aura lieu de caffer lefdits Arrêts, il fera ordonné en même tems, que les Jugemens dont l'appel avoit été reçu, feront executés, avec condamnation de dépens contre la Partie qui l'avoit fait recevoir.

XX.

Dans tous les cas où il aura été nommé un Rapporteur, l'Ordonnance qui l'aura commis & la Requête en caffation lui feront remifes incontinent par le Greffier, avec les pieces qui auront été jointes.

XXI.

Aucune Requête en caffation ne pourra être portée au Confeil, fans avoir été préalablement communiquée aux fieurs Commiffaires nommés en général pour l'examen des demandes en caffation; ou lorfqu'il s'agira du Domaine, des Aydes & Gabelles, ou de matieres Ecclefiaftiques, aux fieurs Commiffaires nommés pour l'examen defdites matieres: & feront lefdites Requêtes rapportées au premier Confeil qui fera tenu après la communication aufdits fieurs Commiffaires, à l'effet de quoi Monfieur le Chancelier donnera la parole aux fieurs Rapporteurs defdites Requêtes, par préference à tous autres.

XXII.

Toute Requête en caffation qui n'aura pas été communiquée aux fieurs Commiffaires nommés par l'article précedent, dans trois mois du jour que le Rapporteur aura été commis, fera regardée comme non avenue, & la fomme confignée pour l'amende fera acquife à Sa Majefté en vertu du prefent Reglement, & fans qu'il foit befoin de rendre aucun Arrêt.

XXIII.

Les Requêtes en caſſation d'Arrêts du Conſeil ou de Jugemens en dernier reſſort donnés par des Commiſſaires choiſis dans le Conſeil, ou rendus aux Requêtes de l'Hôtel, ſeront communiquées au Rapporteur de l'inſtance ſur laquelle ledit Arrêt ou Jugement aura été rendu, & en cas que le Jugement ait été rendu à l'Audience deſdites Requêtes de l'Hôtel, à celui qui y aura preſidé, pour recevoir d'eux les éclairciſſemens néceſſaires ſur les circonſtances & les raiſons qui auront donné lieu auſdits Arrêts ou Jugemens, le tout avant que la Requête ſoit rapportée au Conſeil.

XXIV.

En procedant au Jugement des demandes en caſſation formées contre des Arrêts du Conſeil, on aura égard aux moyens de Requêtes civiles, s'il y échet; leſquels, audit cas ſeulement, pourront être propoſés pour moyens de caſſation, ſans que les Parties puiſſent prendre la voye de la Requête civile contre leſdits Arrêts.

XXV.

En cas que, ſur le rapport de la Requête en caſſation, le Demandeur ſe trouve non-recevable ou mal fondé dans ſa demande, il ſera rendu Arrêt par lequel ledit Demandeur ſera débouté de ſa demande, ou déclaré non-recevable, s'il y échet; & dans l'un & l'autre cas, il ſera condamné par le même Arrêt, en l'amende de cent cinquante livres, ou de ſoixante-quinze livres, ſuivant la diſtinction portée par l'article V. ci-deſſus.

XXVI.

Lorſque ſur le rapport fait au Conſeil, de la Requête en caſſation, il aura été jugé à propos de demander les motifs de l'Arrêt ou du Jugement contre lequel ladite Requête ſera preſentée, leſdits motifs ſeront envoyés au Greffe du Conſeil par le Procureur Général, ou par les Juges qui auront rendu ledit Arrêt ou ledit Jugement, ſi c'eſt le Procureur Général même qui en demande la caſſation; à quoi il ſera ſatisfait dans le délai qui aura été preſcrit par l'Arrêt rendu au Conſeil à cet effet, & ce, à compter du jour que ledit Arrêt aura été ſignifié; ſauf, en cas de retardement, à y être pourvû ainſi qu'il appartiendra.

XXVII.

Les motifs ſeront envoyés cachetés, & remis en cet état au ſieur Rapporteur de la Requête en caſſation. Défenſes ſont faites aux Greffiers du Conſeil de les décacheter, & ce, ſous telles peines qu'il appartiendra.

XXVIII.

Lorſque le Conſeil, ſoit en ordonnant l'envoi des motifs, ou après les avoir vûs, jugera que la demande en caſſation mérite d'être inſtruite contradictoirement avec toutes les Parties intereſſées, l'Arrêt qui interviendra, ordonnera ſeulement que la Requête en caſſation leur ſera communiquée, pour y répondre dans les délais du Reglement, faute de quoi il y ſera fait droit, ainſi qu'il appartiendra.

XXIX.

Les demandes en caſſation, ni même les Arrêts qui interviendront pour demander les motifs, ou pour ordonner que la Requête ſera communiquée à la Partie, ne pourront empêcher l'execution des Arrêts ou Jugemens en dernier reſſort dont la caſſation ſera demandée; & ne ſeront données aucunes défenſes ni ſurſéance en aucun cas, ſi ce n'eſt par ordre exprès de Sa Majeſté.

XXX.

Dans le cas porté par l'article XXVIII. ci-dessus, l'Arrêt par lequel il aura été ordonné que la Requête en cassation sera communiquée à la Partie qui a obtenu l'Arrêt ou Jugement en dernier ressort, sera signifié à sa personne ou domicile, & ce, dans trois mois au plus tard, à compter du jour dudit Arrêt; ou en cas que ladite Partie soit domiciliée dans les Colonies Françoises, dans les délais portés par l'article XII. ci-dessus; & faute par le Demandeur en cassation de l'avoir fait signifier dans ledit tems, il demeurera déchu de sa demande en cassation, sans qu'on puisse y avoir égard dans la suite, sous quelque prétexte que ce soit.

XXXI.

Lorsque l'Arrêt ou le Jugement dont on demandera la cassation, aura été rendu au Conseil, ou par des Commissaires du Conseil, les Avocats qui auront occupé dans l'instance jugée par ledit Arrêt ou Jugement, seront tenus d'occuper pareillement dans l'instance sur la cassation, en conséquence de l'Arrêt de soit communiqué; pourvû néanmoins que ledit Arrêt de soit communiqué, ait été signifié dans les délais portés par l'article précedent.

XXXII.

Il ne pourra être donné aucune Requête ni Mémoire pour répondre aux demandes en cassation, lorsqu'il n'y aura pas eu d'Arrêt de soit communiqué, ou que, s'il y en a eu, il n'aura pas été signifié. Défenses sont faites aux Avocats de signer de pareilles Requêtes ou Mémoires, sous telles peines qu'il appartiendra: & ne pourront, en aucun cas, lesdites Requêtes en cassation être communiquées avant ledit Arrêt par les Greffiers du Conseil ou leurs Commis, ou par les Clercs des sieurs Rapporteurs; ce qui sera executé à peine de deux cens livres d'aumône applicable à l'Hôpital Général, sauf à être prononcé de plus grandes peines, s'il y échet.

XXXIII.

Les Requêtes en cassation qui seront presentées incidemment à des instances pendantes au Conseil, seront remises au sieur Rapporteur de l'instance à laquelle on prétendra que lesdites Requêtes seront incidentes, lequel en communiquera aux sieurs Commissaires mentionnés en l'article XXI. ci-dessus, sans qu'il soit besoin de le faire commettre sur icelles: & seront au surplus observées les Regles ci-dessus prescrites pour les autres demandes en cassation, sans que lesdites Requêtes puissent être jointes à l'instance principale autrement que par Arrêt, & après qu'elles auront été préalablement communiquées ausdits sieurs Commissaires, le tout à peine de nullité & autres qu'il appartiendra.

XXXIV.

Ne seront néanmoins comprises dans la disposition de l'article précedent, les demandes en cassation des procedures ou Arrêts attentatoires à l'autorité du Conseil, lesquelles seront formées & instruites ainsi qu'il sera reglé ci-après au Titre des Incidens, sans être sujettes à aucunes des regles prescrites par le present Titre pour les autres demandes en cassation.

XXXV.

Le Demandeur en cassation qui succombera en sa demande, après un Arrêt de soit communiqué, sera condamné en trois cens livres d'amende envers Sa Majesté, & en cent cinquante livres envers la Partie, si l'Arrêt ou Jugement dont la cassation étoit demandée, a été rendu contradictoirement; & en la

moitié

moitié seulement desdites sommes, si l'Arrêt ou le Jugement a été rendu par défaut ou par forclusion, dans lesquelles sommes sera comprise celle qui aura été signifiée par le Demandeur en cassation, suivant l'article V. ci-dessus.

XXXVI.

L'amende portée par l'article précedent, ne pourra être remise ni moderée, sous quelque prétexte que ce soit; mais elle pourra être augmentée, s'il est ainsi ordonné, en statuant sur ladite demande en cassation.

XXXVII.

L'amende sera acquise de plein droit, quand même il auroit été obmis d'y prononcer, & en quelques termes que l'Arrêt qui rejettera la demande en cassation soit conçu, ce qui aura lieu pareillement dans le cas porté par l'article XXV. ci-dessus.

XXXVIII.

Lorsque le Demandeur aura obtenu la cassation par lui demandée, l'amende consignée lui sera rendue sans aucun délai, en quelques termes que l'Arrêt qui aura égard à ladite demande, soit conçu, & quand même il auroit été obmis d'ordonner que ladite amende seroit rendue.

XXXIX.

Après qu'une demande en cassation d'un Arrêt ou Jugement aura été rejettée par Arrêt sur Requête ou contradictoire, la Partie qui l'aura formée ne pourra plus se pourvoir en cassation contre le même Arrêt ou Jugement, encore qu'elle prétendît avoir de nouveaux moyens, ni pareillement contre l'Arrêt qui aura rejetté ladite demande; ce qui sera observé à peine de nullité, même sous telle autre peine qu'il appartiendra, notamment contre les Avocats qui, après avoir signé la premiere Requête en cassation, auroient aussi signé la seconde.

XL.

Défenses très-expresses sont faites aux Avocats, sous telle peine qu'il appartiendra, même d'interdiction s'il y échet, de faire aucunes procedures pour introduire au Conseil des demandes en cassation d'Arrêts ou Jugemens en dernier ressort, par autres voyes & en autres formes que celles qui sont établies par les dispositions du present Titre; ce qui aura lieu, même dans le cas où la Requête en cassation ayant été d'abord rapportée à Sa Majesté, elle auroit ordonné qu'il y seroit pourvû en son Conseil.

TITRE V.

Des demandes en cassation des Jugemens de compétence rendus en faveur des Prevôts des Maréchaux, ou des Siéges Presidiaux.

ARTICLE PREMIER.

Les Requêtes en cassation des Jugemens de compétence & des autres procedures faites en conséquence, seront signées seulement de l'Avocat de la Partie qui presentera ladite Requête, sans qu'il soit nécessaire qu'elle soit signée de deux anciens Avocats au Conseil, comme aussi sans consignation d'amende;

à laquelle le Demandeur ne sera point condamné, quand même sa Requête seroit rejettée.

II.

Les Accusés qui se pourvoiront en cassation contre des Jugemens de compétence, & des Procedures faites en conséquence, ne pourront y être admis, si le Jugement a été rendu par défaut contr'eux, sauf à se répresenter, pour purger la contumace, auquel cas, ou s'ils sont arrêtés dans la suite, il sera procedé de nouveau au Jugement de compétence suivant l'Edit du mois de Décembre 1680, contre lequel Jugement seul lesdits Accusés pourront se pourvoir en cassation, s'il y échet.

III.

Ne pourra pareillement aucune Requête en cassation être admise, si l'Accusé n'est actuellement prisonnier dans les Prisons des Prevôts des Maréchaux, ou des Présidiaux, ou autres Siéges où le Procès criminel sera pendant : & sera tenu ledit Accusé de rapporter & joindre à sa Requête son écroue en bonne forme, attesté par le Juge ordinaire du lieu où il sera détenu, & signifié au Procureur du Roi en la Maréchaussée, ou au Siége Présidial dont la compétence sera attaquée, même à la Partie civile, si aucune y a, ou à son Procureur; & sera fait mention dudit écroue dans l'Arrêt qui ordonnera l'apport des charges & informations, à peine de nullité.

IV.

Seront tenus les Accusés de joindre à leur Requête les copies qui leur auront été signifiées des Jugemens de compétence dont ils demanderont la cassation.

V.

La Requête en cassation avec l'écroue de l'Accusé & la copie à lui signifiée du Jugement de compétence, seront remises entre les mains de l'un des sieurs Maîtres des Requêtes, du nombre de ceux qui auront été nommés à cet effet, chaque année, par Monsieur le Chancelier, sans qu'il soit nécessaire d'en commettre un dans la forme ordinaire sur chaque Requête particuliere.

VI.

Sur le rapport qui en sera fait par ledit sieur Maître des Requêtes, il sera rendu Arrêt, portant qu'avant faire droit, les charges & informations, & autres procedures faites par les Prevôts des Maréchaux, ou par les Présidiaux, même par d'autres Juges, concernant la même accusation, seront apportées au Greffe du Conseil, & ce, dans le délai qui sera prescrit par lesdits Arrêts.

VII.

Lesdits Arrêts porteront que la signification qui en sera faite, ne pourra empêcher que la Procedure ne soit continuée jusqu'à Jugement définitif exclusivement, par le Juge qui aura été déclaré compétent par la Sentence dont on demandera la cassation.

VIII.

Lesdits Arrêts seront signifiés au Procureur du Roi en la Maréchaussée, ou au Siége Présidial dont la compétence sera contestée, en même tems qu'au Greffier, à qui il sera fait commandement d'apporter ou d'envoyer les charges & procedures, sans néanmoins qu'il soit donné à ce sujet aucune assignation audit Procureur du Roi : & lesdites significations seront faites dans le même délai que celui qui aura été prescrit pour l'apport desdites charges & procedures; faute de quoi, les défenses de passer outre au Jugement définitif, seront levées de plein droit, sans qu'il soit besoin d'un autre Arrêt.

IX.

Après que les charges & procedures auront été apportées au Greffe du Conseil, elles seront communiquées avec la Requête en cassation, à celui des Sieurs Maîtres des Requêtes qui aura été commis par Sa Majesté pour défendre comme Procureur Général aux demandes en cassation, au lieu & place desdits Procureurs du Roi aux Maréchaussées ou Siéges Présidiaux, à l'effet de prendre telles conclusions, & faire telles réquisitions qu'il jugera à propos.

X.

S'il y a une Partie civile, il sera ordonné par ledit Arrêt, que la Requête en cassation lui sera communiquée, pour y répondre dans le délai qui sera fixé par le même Arrêt.

XI.

Les Procureurs du Roi dans les Maréchaussées ou Siéges Présidiaux, seront tenus, à peine d'interdiction, d'informer ledit sieur Procureur Général, de tous les Jugemens de compétence qui seront intervenus sur leurs poursuites, aussi-tôt que lesdits Jugemens auront été rendus, & lui enverront en même tems un Mémoire contenant les raisons qui peuvent servir à faire confirmer lesdits Jugemens, en cas qu'ils soient attaqués.

XII.

Si le Demandeur en cassation croit devoir ajouter de nouveaux moyens à ceux qu'il aura proposés par sa Requête, il ne pourra le faire que par de simples Mémoires, sans aucune autre forme d'instruction; & lorsqu'il aura des piéces à joindre, il les fera remettre au Greffe du Conseil, ou le sieur Rapporteur s'en chargera, pour après que le tout aura été communiqué audit sieur Procureur Général, être statué par le Conseil sur la demande en cassation, ainsi qu'il appartiendra.

XIII.

S'il y a lieu de casser le Jugement de compétence, le Procès sera renvoyé pardevant le Juge auquel la connoissance du crime doit appartenir suivant les regles établies par les Ordonnances, pour y être instruit & jugé, à la charge de l'appel au Parlement du ressort; si ce n'est que, soit par la nature du crime, ou pour cause de suspicion & autres raisons de droit ou de fait, il ne soit jugé à propos d'ordonner que ledit Procès sera poursuivi & jugé dans un autre Siége Royal prochain, à la charge pareillement de l'appel au même Parlement.

XIV.

Lorsque le cas sera reconnu Prevôtal ou Présidial, & que cependant il se trouvera des défauts dans les Procedures faites par le Prevôt des Maréchaux, ou au Présidial, qui donneront lieu de les déclarer nulles, le Procès sera renvoyé pardevant tel autre Prevôt des Maréchaux, ou tel autre Présidial qu'il appartiendra, pour y être instruit & jugé en dernier ressort.

XV.

Les Arrêts par lesquels les Jugemens de compétence auront été cassés & annullés, seront délivrés en la maniere accoutumée, à l'Avocat de celui qui les aura obtenus; & à l'égard de ceux par lesquels l'exécution desdits Jugemens aura été ordonnée, ils seront délivrés audit Sieur Procureur Général, pour être par lui incessamment envoyés au Procureur du Roi en la Maréchaussée ou au Siége Presidial, dont la compétence aura été confirmée.

XVI.

Et en ce qui concerne les demandes en caſſation qui pourront être formées contre les Jugemens rendus en dernier Reſſort par les Prevôts des Maréchaux, ou par les Juges Préſidiaux, autres néanmoins que les Jugemens de compétence, les Demandeurs ſeront tenus de ſuivre les regles & formes preſcrites par le Titre IV. ci-deſſus, pour les autres demandes en caſſation.

TITRE VI.

Des demandes en contrarieté d'Arrêts, autres que celles dont la connoiſſance eſt attribuée au Grand Conſeil.

ARTICLE PREMIER.

Lorſqu'une Partie prétendra qu'il y aura contrarieté d'Arrêts entre un Arrêt d'une des Cours de Parlement, ou autres, & un Arrêt du Grand Conſeil, elle ne pourra ſe pourvoir qu'au Conſeil; ce qui aura lieu pareillement, lorſque l'Arrêt ou le Jugement en dernier Reſſort, auquel on prétendra qu'un autre Arrêt ou Jugement en dernier Reſſort eſt contraire, ſera émané du Conſeil, ou rendu par des Commiſſaires dudit Conſeil, ou par les Sieurs Maîtres des Requêtes ordinaires de l'Hôtel.

II.

Les Demandeurs en contrarieté d'Arrêts ou Jugemens, ne ſeront aſſujettis ni aux délais, ni à la conſignation d'amende, ni aux autres formalités preſcrites pour les demandes en caſſation d'Arrêts.

III.

La demande en contrarieté ſera formée par une Requête en forme de vû d'Arrêt, à laquelle le Demandeur ſera tenu de joindre les copies à lui ſignifiées ou des expeditions en forme, des Arrêts qu'il ſoutiendra être contraires, ſinon elle ne pourra être reçue.

IV.

Les diſpoſitions des articles VII. XX. & XXI. du Titre IV. ci-deſſus, ſoit ſur la forme de commettre un Rapporteur, ſoit ſur la communication aux Sieurs Commiſſaires dénommés dans ledit article XXI. ſeront pareillement obſervées à l'égard deſdites Requêtes, après laquelle communication il en ſera fait rapport au Conſeil par ledit Sieur Rapporteur, pour y être ſtatué ainſi qu'il appartiendra.

V.

Lorſqu'il ne ſe trouvera aucune contrarieté entre les deux Arrêts ou Jugemens dont il s'agira, ledit Demandeur ſera débouté de ſa demande, ou déclaré non-recevable, s'il y échet: & ſi ladite demande paroît mériter une plus grande inſtruction, il ſera ordonné qu'elle ſera communiquée aux Parties qui y ſeront intereſſées, pour y répondre dans les délais du Reglement.

VI.

En cas que ſur le rapport de l'Inſtance introduite par ledit Arrêt de ſoit communiqué, il ſoit jugé qu'il y a contrarieté entre les deux Arrêts ou Jugemens, il ſera ordonné que, ſans s'arrêter au dernier, le premier ſera exécuté ſelon ſa forme & teneur : & ſi le Demandeur ſuccombe en ſa demande, il pourra être condamné en tels dommages & interêts qu'il appartiendra envers ſa Partie, même en telle amende qu'il plaira au Conſeil d'arbitrer.

TITRE VII.

Des Requêtes en réviſion en matiere criminelle.

ARTICLE PREMIER.

Les demandes en réviſion ſeront formées par Requête en forme de vû d'Arrêt, à laquelle ſera jointe la copie ſignifiée, ou une expedition en forme de l'Arrêt ou du Jugement rendu en dernier reſſort, qui donnera lieu à ladite demande, ſinon elle ne pourra être reçue.

II.

Ladite Requête ſera ſignée d'un Avocat au Conſeil, ſans que le Demandeur ſoit tenu de la faire ſigner par deux anciens Avocats, ni aſſujetti à la conſignation ou condamnation d'amende, ni même aux délais preſcrits pour les demandes en caſſation : ſi ce n'eſt toutesfois qu'il eût conclu, par la même Requête, à la caſſation des Arrêts ou Jugemens rendus en dernier reſſort dans le Procès dont il demandera la réviſion, auquel cas, toutes les regles établies par le Titre IV. au ſujet des demandes en caſſation, ſeront obſervées.

III.

Les diſpoſitions des articles VII. XX. & XXI. dudit Titre, au ſujet de la nomination des Rapporteurs pour les Requêtes en caſſation, & de la communication deſdites Requêtes, ſeront pareillement obſervées à l'égard des Requêtes en réviſion.

IV.

Lorſque ſur le rapport qui ſera fait de ladite Requête au Conſeil, elle paroîtra mériter un plus grand examen, il ſera ordonné que les charges & procedures du Procès dont la réviſion eſt demandée, ſeront apportées au Greffe des Requêtes de l'Hôtel, pour ladite Requête & leſdites charges, informations & procedures communiquées auſdits Sieurs Maîtres des Requêtes étant en quartier aux Requêtes de l'Hôtel, être par eux, ſur le rapport de celui qui aura été commis ſur la Requête en réviſion, donné leur avis, ſur la demande portée par ladite Requête ; ainſi qu'il appartiendra.

V.

Ledit avis ſera remis au Sieur Rapporteur, ſigné deſdits Sieurs Maîtres des Requêtes, & il en ſera par lui rendu compte au Conſeil, pour y être ſtatué ainſi qu'il appartiendra, ſoit en déboutant le Demandeur de ſa demande, ſoit en ordonnant qu'il ſera procedé à la réviſion du Procès criminel ; à l'effet de quoi les Lettres à ce néceſſaires ſeront expediées en la forme ordinaire.

TITRE VIII.

Des appels des Ordonnances ou Jugemens des Sieurs Intendans & Commiſſaires départis, ou autres Juges commis par le Conſeil, & des Capitaineries Royales.

Article Premier.

Les appels des Ordonnances ou Jugemens des Sieurs Intendans & Commiſſaires départis, ou autres Commiſſaires du Conſeil, députés pour juger à la charge de l'appel, ne pourront être relevés au Conſeil que par Lettres, ou par Arrêt de ſoit communiqué.

II.

Leſdites Ordonnances ou Jugemens ſeront exécutés par proviſion, nonobſtant l'appel, & il en ſera inſeré une clauſe expreſſe dans les Lettres ou dans l'Arrêt qui recevra la Partie Appelante ; ce qui ſera obſervé, à peine de nullité.

III.

Il ne ſera reçu aucun appel des Ordonnances rendues par les Subdélegués ſur les renvois à eux faits par les ſieurs Intendans ou Commiſſaires départis, ſauf aux Parties à s'adreſſer auſdits ſieurs Intendans ou Commiſſaires départis, pour y être pourvû par eux ainſi qu'il appartiendra.

IV.

Les articles I. & II. ci-deſſus ſeront exécutés à l'égard des appels des Jugemens rendus dans les Capitaineries Royales, ſauf à être leſdits appels renvoyés aux Requêtes de l'Hôtel, lorſqu'il écherra de faire quelque inſtruction criminelle incidemment audit appel, ou de rendre un Jugement après avoir entendu les Accuſés ſur la ſellette ou derriere le Barreau ; auquel cas il ſera ſtatué ſur leſdits appels par leſdits ſieurs Maîtres des Requêtes, au rapport de celui qui aura été commis par l'Arrêt de renvoi, en la forme ordinaire, & ſur les concluſions du Procureur Général auſdites Requêtes de l'Hôtel, s'il y échet.

V.

Il ne pourra être accordé aux Accuſés qui ſeront Appelans des Décrets de priſe de corps décernés contr'eux, aucunes défenſes ni ſurſéances d'exécuter leſdits Décrets, que ſur le vû des charges & informations apportées au Greffe du Conſeil, en vertu de l'Arrêt qui aura été rendu à cet effet ; & où il en auroit été ſurpris au préjudice du préſent article, elles ſeront regardées comme nulles & non avenuës, & ne pourront empêcher l'Inſtruction & le Jugement du Procès : & ſera au ſurplus obſervé, pour ce qui concerne les appellations, ſoit des Décrets ou des Jugemens interlocutoires ou définitifs, rendus par des Commiſſaires de notre Conſeil, ou par les Officiers des Capitaineries Royales, tout ce qui eſt preſcrit par le Titre XXVI. de l'Ordonnance du mois d'Août 1670.

TITRE IX.

Des autres matieres non comprises dans les Titres précedens.

ARTICLE PREMIER.

Lorsqu'une Partie sera dans le cas de se pourvoir au Conseil, dans d'autres matieres que celles qui sont mentionnées aux titres précedens, elle ne pourra le faire que par une Requête en forme de vû d'Arrêt, contenant sa demande & ses moyens, & elle sera tenue d'y joindre les pieces sur lesquelles ladite demande sera fondée.

II.

Ladite Requête sera signée d'un Avocat au Conseil, dont la signature vaudra élection de domicile pour le Demandeur, en la personne dudit Avocat; & ladite Requête contiendra les moyens & les conclusions du Demandeur, avec l'énonciation sommaire des piéces dont il entendra se servir, sinon elle ne pourra être reçue.

III.

Le Demandeur remettra ladite Requête & les piéces y jointes, à l'un des sieurs Maîtres des Requêtes, si ce n'est toutesfois qu'elle fût incidente à une instance dans laquelle il y auroit eu un Rapporteur commis; auquel cas, aucun autre des sieurs Maîtres des Requêtes ne pourra s'en charger, & il y sera statué au premier Conseil par un Arrêt qui sera écrit au pied d'icelle. Défenses sont faites aux Parties, à peine de nullité & de tous dépens, dommages & interêts, de se servir des Arrêts qui auroient été rendus sur pareilles Requêtes, dans une autre forme que celle prescrite par le present article & par le précedent, qui seront observés dans tous les cas où suivant le present Reglement les Parties doivent se pourvoir par Requête en forme de vû d'Arrêts.

IV.

Lorsque la demande portée par ladite Requête se trouvera suffisamment justifiée, elle pourra être adjugée sur le champ par ledit Arrêt, sinon il sera ordonné qu'elle sera communiquée aux Parties dénommées dans la Requête; & en cas que le Demandeur se trouve non-recevable ou mal fondé dans ladite demande, il en sera débouté, ou déclaré non-recevable, s'il y échet.

V.

Après qu'il aura été statué par Arrêt sur une Requête, il ne pourra plus en être presenté aucune autre tendante à mêmes fins, à peine de nullité, même s'il y échet, de telle aumône qu'il appartiendra contre la Partie, & contre l'Avocat qui, après avoir signé la premiere Requête, auroit aussi signé la seconde, & sera ladite aumône appliquée à l'Hôpital Général.

VI.

Dans les cas où incidemment à une instance d'évocation, de Reglement de Juges, ou autre, il aura été ordonné que les Parties écriront & produiront sur le fond de leurs contestations, le Rapporteur pardevant lequel ladite instruction sera faite, sera commis par le même Arrêt, lequel sera signifié aux Parties, au domicile de leurs Avocats, dans les délais qui seront reglés par ledit Arrêt; & l'instance sera instruite sans nouvelles assignations, & sans autre procedure, en la forme prescrite pour les instances dans lesquelles les Parties ont constitué Avocat.

VII.

Lorsque sur une affaire dont il aura été rendu compte à la personne même de Sa Majesté, elle aura ordonné que les Parties procederont en son Conseil, ou en la Direction des Finances, l'Arrêt qui l'aura ainsi ordonné, sera signifié aux Avocats des Parties, si les Requêtes ou Mémoires qui ont été donnés auparavant, ont été signés par des Avocats au Conseil, sinon au domicile desdites Parties; & ladite signification, dans l'un & l'autre cas, vaudra sommation de défendre aux demandes dans les délais du Reglement, sans que pour raison de ce il puisse être donné aucune assignation, ni être fait aucune sommation, ni autre signification pour introduire l'instance; ce qui sera observé, à peine de nullité, sans préjudice néanmoins de ce qui a été ci-dessus reglé par l'article XL. du Titre IV. au sujet des demandes en cassation.

TITRE X.

Des oppositions aux Arrêts du Conseil.

ARTICLE PREMIER.

Ceux qui voudront s'opposer à des Arrêts du Conseil, qui auront été rendus sur Requête, ou dans lesquels ils n'auront pas été Parties ou dûement appellés, ne pourront former leur opposition que par une Requête contenant leurs moyens, leurs conclusions, & l'énonciation sommaire des pieces qu'ils y voudront joindre, sans que ladite opposition puisse être formée par un simple acte.

II.

Les actes par lesquels les Parties auroient déclaré qu'elles forment opposition aux Arrêts qui leur auront été signifiés dans le cas de l'article précedent, ne seront regardés que comme une simple protestation, & ne pourront empêcher que lesdits Arrêts ne soient exécutés aux risques, perils & fortune de ceux qui les auront obtenus; & sauf à être prononcé contr'eux, s'il y échet, telles condamnations de dommages & interêts qu'il appartiendra.

III.

En cas que l'opposition soit formée dans l'année, à compter du jour de l'obtention de l'Arrêt, la Requête pour former ladite opposition sera remise au Greffier du Conseil, avec une Requête séparée pour faire commettre un Rapporteur; à quoi il ne pourra être procedé, qu'après que l'Opposant aura déclaré à l'Avocat qui occupoit pour la Partie lorsqu'elle a obtenu ledit Arrêt, qu'il s'est pourvû pour faire nommer un Rapporteur; & sera ledit Avocat tenu d'occuper sur ladite opposition, sans qu'il ait besoin d'un nouveau pouvoir.

IV.

Lorsque le Rapporteur aura été commis, ledit Greffier sera tenu de lui remettre l'Ordonnance qui l'aura nommé, avec la Requête d'opposition, qui sera répondue d'une Ordonnance de soit communiqué au Défendeur, au domicile dudit Avocat, pour y fournir de Réponses dans les délais du Reglement; après quoi l'instance d'opposition sera instruite & jugée en la forme prescrite pour les instances introduites par Arrêt de soit communiqué.

V.

Après le terme marqué par l'article III. ci-dessus, ou en cas que ledit Avocat

Avocat fût décedé, l'opposant ne pourra former son opposition que par une Requête en forme de vû d'Arrêt, qu'il remettra à un des sieurs Maîtres des Requêtes, pour être ordonné, à son rapport, qu'elle sera communiquée aux Parties y dénommées, pour y répondre dans les délais du Réglement.

VI.

Lorsque lesdites oppositions seront formées incidemment à une Instance pendante au Conseil, elles seront introduites & instruites ainsi qu'il sera reglé ci-après au Titre VII. de la seconde Partie.

VII.

Les tiers Opposans qui succomberont dans leurs oppositions, seront condamnés en cent cinquante livres d'amende, moitié envers Sa Majesté, & moitié envers la Partie; laquelle amende pourra même être augmentée, lorsque le Conseil le jugera à propos.

SECONDE PARTIE.

De la maniere de procéder à l'Instruction des affaires portées au Conseil, & des regles qui sont communes à ladite Instruction.

TITRE PREMIER.

De la forme & des Délais des Assignations & autres Actes ou Exploits introductifs d'Instance, & des Présentations.

ARTICLE PREMIER.

Toutes Assignations seront données, & tous Actes introductifs d'Instance seront signifiés au domicile des Parties, à l'exception des cas portés par les Articles LIII. LIX. & LXIX. de l'Ordonnance du mois d'Août 1737, au titre des évocations : comme aussi par les Articles IV. & VI. du Titre II. & par l'Article IV. du Titre X. de la premiere Partie du présent Réglement.

II.

Tous Exploits d'Assignation, ou Actes introductifs d'Instance, de quelque qualité qu'ils soient, même les significations des Requêtes d'Opposition à des Arrêts du Conseil, contiendront le nom de l'Avocat dont la Partie entend se servir; à peine de nullité desdits Exploits ou Actes, & de vingt livres d'amende contre les Huissiers ou Sergens qui les auroient signifiés.

III.

Les délais des Assignations au Conseil, seront de deux mois pour les Ressorts des Parlemens, & autres Cours de Languedoc, Guyenne, Grenoble, Aix, Pau, Besançon & Bretagne, & des Conseils Supérieurs d'Alsace & de Roussillon; & d'un mois pour les Ressorts des Parlemens & autres Cours de Paris, Rouen, Dijon, Metz & Flandre, & du Conseil d'Artois, en ce qui concerne la Jurisdiction Criminelle en dernier Ressort, à la réserve toutefois des Assignations qui seront données dans l'étendue de la Ville de Paris, & de dix lieues à la ronde, lesquelles ne seront que de quinzaine.

IV.

Lesdits délais seront d'un an pour les Ressorts des Conseils Supérieurs des Isles de Saint-Domingue, de la Martinique & de la Guadeloupe; & à l'égard des Ressorts des Conseils Supérieurs de Canada, de l'Isle-Royale, de l'Isle de Bourbon, de l'Isle de France, & de Pondichery, le délai de l'Assignation sera réglé, ainsi qu'il appartiendra, par les Lettres ou par les Arrêts portant permission d'assigner.

V.

Dans tous les délais ci-dessus marqués, les jours de l'Assignation ou de la signification, & celui de l'échéance, ne seront point comptés; ce qui sera pareillement observé dans tous les délais marqués par le présent Réglement.

VI.

Lorsque les Instances auront été introduites par Arrêts de soit communiqué, la signification desdits Arrêts emportera de droit sommation d'y satisfaire & de se présenter au Conseil dans les délais ci-dessus prescrits; sans qu'il puisse être donné aucune Assignation, ni être fait aucune sommation ni autre signification, à peine de nullité desdites Assignations, sommations ou significations.

VII.

Dans les Lettres portant permission d'assigner au Conseil, seront nommés & désignés distinctement tous ceux qui doivent y être assignés, sans qu'on puisse user des termes, *& autres qu'il appartiendra* : Et toutes Assignations données à autres qu'à ceux qui sont nommés ou désignés dans lesdites Lettres, seront réputées nulles, sauf, en cas qu'il y ait d'autres Parties dont la présence paroisse nécessaire dans la suite, à y être pourvû par Arrêt portant permission de les mettre en cause; auquel cas, il pourra être ordonné, s'il y échet, que l'Instance sera instruite avec lesdites nouvelles Parties, aux frais & dépens de celle qui aura négligé de les faire comprendre dans lesdites Lettres, & qu'elle ne pourra répéter lesdits frais, quand même par l'Arrêt définitif elle obtiendroit une condamnation de dépens contre toutes les Parties.

VIII.

L'Avocat constitué par lesdites Lettres, sera tenu, à la premiere sommation qui lui sera faite par l'Avocat qui se sera constitué pour une desdites Parties, de justifier des Assignations qui auront été données aux autres Parties dénommées dans les Lettres, sinon il demeurera responsable en son nom, de tous les dépens, dommages & intérêts de la Partie.

IX.

En cas qu'il se trouve qu'une ou plusieurs des Parties comprises dans lesdites Lettres, n'ait pas été assignée avant ladite sommation, la Partie assignée en conséquence desdites Lettres, pourra obtenir un Arrêt pour lui permettre de faire assigner les Parties qui ne l'auroient pas été, & ce, dans le délai qui sera prescrit par ledit Arrêt: le tout aux frais de celui qui aura obtenu lesdites Lettres, & sans qu'il puisse les répéter, quand même par l'Arrêt définitif il obtiendroit une condamnation de dépens.

X.

Les dispositions des trois Articles précédens, seront observées à l'égard des Arrêts de soit communiqué, & des significations desdits Arrêts.

XI.

L'Avocat cotté par les Lettres, Arrêts, Exploits, ou Actes introductifs d'Instance, sera tenu d'occuper pour le Demandeur, lors même qu'il n'aura point d'autre pouvoir, & sans qu'il soit reçu à déclarer qu'il n'a point de charge, ou que c'est à son insçu & sans son aveu qu'il a été cotté par lesdites Lettres, Arrêts, Exploits ou Actes.

XII.

La simple remise faite à un Avocat, de la copie signifiée desdites Lettres, Arrêts, Exploits, ou autres Actes introductifs d'Instance, lui tiendra lieu de pouvoir suffisant pour occuper pour le Défendeur; sans qu'il ait besoin d'en avoir aucun autre.

XIII.

Tout Avocat qui aura charge d'occuper pour le Demandeur ou pour le Défendeur, en conséquence d'une Assignation, sera tenu de faire un Acte de présentation au Greffe.

XIV.

L'Avocat du Défendeur ou de l'Intimé, sera tenu de faire signifier ledit Acte de présentation à l'Avocat du Demandeur ou de l'Appellant, dans les trois jours de l'enregistrement de ladite présentation au Greffe, sinon il demeurera responsable en son nom, des frais qui auroient été faits, faute de ladite signification, pour obtenir un défaut.

XV.

Dans les Instances qui seront introduites par Arrêt de soit communiqué, le premier Acte signifié de la part de l'Avocat pour le Défendeur, tiendra lieu de présentation, & vaudra constitution, sans qu'il soit besoin d'en faire signifier d'autre.

XVI.

Il sera permis au Défendeur ou à l'Intimé, d'anticiper le délai porté par l'Assignation ou par la signification de l'Arrêt de soit communiqué, auquel cas, l'Avocat du Demandeur ou de l'Appellant sera tenu d'occuper.

XVII.

Les Avocats seront tenus de signer les originaux & les copies de tous les Actes, Requêtes ou autres Procédures qui seront signifiés pendant le cours des Instances, ce qui sera observé à peine de nullité de ladite signification : Défenses sont faites aux Greffiers du Conseil & à leurs Commis, de délivrer aucunes expéditions sur les cédules non signées, & aux Huissiers dudit Conseil de signifier aucunes Ecritures ou Actes, soit d'instruction ou autres, s'ils ne sont signés desdits Avocats; à peine de nullité & de deux cens livres d'amende.

XVIII.

Défenses sont faites, sous les mêmes peines, ausdits Huissiers, de signifier aucunes Requêtes, si elles ne sont répondues d'une Ordonnance du Rapporteur: & seront tenus de faire en personnes toutes les significations dont ils seront chargés, comme aussi de recevoir les réponses, si aucunes sont faites par les Avocats des Parties, & les leur faire signer: ce qui sera observé à peine de vingt livres d'amende.

TITRE II.

Des Défauts, des Arrêts sur lesdits Défauts, & de la restitution contre lesdits Arrêts.

Article Premier.

En cas que le Défendeur ou l'Intimé qui aura été assigné au Conseil, ne se soit pas présenté dans les délais marqués au Titre précédent, ou qu'il n'ait pas fait signifier son Acte de présentation conformément à ce qui est porté par l'Article XIV. dudit Titre, le Demandeur pourra, huitaine après l'échéance de l'assignation, lever un défaut au Greffe contre ledit Défendeur.

II.

Lorsqu'il y aura eu plusieurs Parties assignées, en vertu des mêmes Lettres, à pareils ou différens délais, l'Avocat du Demandeur ou de l'Appellant ne pourra prendre un défaut contre aucunes desdites Parties, qu'après l'échéance de toutes les assignations & l'expiration du tems prescrit pour le défaut.

III.

L'Avocat du Demandeur, qui voudra lever un défaut, sera tenu d'y comprendre toutes les Parties assignées qui n'auront pas comparu, faute de quoi, celles desdites Parties qui se seront présentées, pourront obtenir un Arrêt portant permission de lever ledit défaut; le tout aux frais dudit Demandeur, & sauf à être prononcé contre lui, ou contre son Avocat, s'il y échet, telle condamnation de dommages-intérêts qu'il appartiendra.

IV.

En cas que le Demandeur ait laissé passer une année entiere depuis l'assignation donnée, sans faire aucune poursuite, il ne pourra lever un défaut sur ladite assignation, à peine de nullité, si ce n'est toutesfois que l'un des Défendeurs se fût présenté; auquel cas il pourra être pris, même après l'année de l'assignation, un défaut contre les autres Défendeurs défaillans: & ne pourra la surannation être opposée au Défendeur par le Demandeur, en aucun cas.

V.

Lorsque le défaut aura été levé, il sera remis à l'un des sieurs Maîtres des Requêtes, avec une Requête pour en demander le profit, à laquelle seront jointes les piéces justificatives de la demande; & ne pourra ladite Requête exceder quatre rolles.

VI.

Le défaut sera jugé sans autre procédure ni formalité, après qu'il en aura été communiqué aux sieurs Maîtres des Requêtes étant en quartier au Conseil, en leur assemblée, sans néanmoins que l'Arrêt puisse être rendu que trois jours après la datte dudit défaut.

VII.

Le défaut sur une assignation en reprise d'instance ou en constitution de nouvel Avocat, comme aussi tout défaut levé contre des Parties défaillantes, lorsque d'autres Parties auront comparu, demeurera joint de droit au principal, sans qu'il soit rendu aucun Arrêt à cet effet, & sera jugé avec l'instance par un seul & même Arrêt.

VIII.

Dans les inſtances introduites par Arrêt de ſoit communiqué, faute par la Partie de conſtituer Avocat à l'échéance du délai porté par ledit Arrêt, l'Avocat du Demandeur pourra, huitaine après l'expiration dudit délai, remettre ledit Arrêt dûement ſignifié, avec les piéces qui y auront été viſées, au ſieur Maître des Requêtes au rapport duquel l'Arrêt de ſoit communiqué ſera intervenu, ou, en ſon abſence ou légitime empêchement, à celui des ſieurs Maîtres des Requêtes qui aura été commis à ſa place en la forme ordinaire, pour être ſtatué ainſi qu'il appartiendra, au premier Conſeil, ſur la Requête inſerée audit Arrêt, ſans ſommation, & ſans autres procédures ni formalités, après néanmoins qu'il en aura été communiqué aux ſieurs Maîtres des Requêtes, ainſi qu'il eſt porté par l'Article VI. ci-deſſus.

IX.

Les Parties défaillantes ne pourront être reſtituées contre les Arrêts par défaut, que par Lettres du grand Sceau, ou par Arrêt du Conſeil.

X.

La Partie qui voudra ſe pourvoir par cette voye, ſera tenue avant toutes choſes, d'offrir à l'Avocat qui aura obtenu l'Arrêt par défaut, la ſomme de cent livres pour la refuſion des frais, juſqu'au jour des offres; & faute par ledit Avocat de recevoir ladite ſomme, les deniers demeureront conſignés entre les mains de l'Huiſſier qui en aura fait l'offre, aux riſques, perils & fortunes de l'Avocat qui l'aura refuſée, ſans que pour raiſon de ce ledit Huiſſier puiſſe prétendre aucun droit de conſignation.

XI.

En rapportant la quittance de l'Avocat, ou l'acte d'offre portant conſignation, ladite Partie ſera reſtituée par Lettres ou par Arrêt, qu'elle ſera tenue d'obtenir, & même de faire ſignifier à l'Avocat de l'autre Partie, dans les délais ſuivans, à compter du jour de la ſignification de l'Arrêt par défaut, faite à la perſonne ou domicile du défaillant; ſçavoir, de trois mois quand l'aſſignation aura été donnée à deux mois, de deux mois quand elle aura été donnée à un mois, & d'un mois quand elle aura été donnée à quinzaine: le tout ſuivant la diſtinction portée par l'article III. du Titre des Aſſignations: Et à l'égard des Parties domiciliées dans les reſſorts des Conſeils ſupérieurs, mentionnés en l'article IV. dudit Titre, outre les délais des aſſignations dont il y eſt fait mention, il ſera accordé ſix mois de plus pour obtenir & faire ſignifier ledit Arrêt de reſtitution.

XII.

Après les délais marqués par l'article précedent, ledit défaillant ne ſera plus reçu à ſe pourvoir contre ledit Arrêt, par aucune autre voye que celle de la demande en caſſation; & l'Avocat de la Partie qui aura obtenu l'Arrêt par défaut, pourra rendre les piéces qu'elle lui avoit remiſes, dont il demeurera bien & valablement déchargé.

XIII.

En matiere d'évocation & de Réglement de Juges, la voye de reſtitution contre les Arrêts rendus par défaut, ne pourra être admiſe ou avoir ſon effet, ſi, après la ſignification deſdits Arrêts, & avant celle des Lettres ou Arrêts de reſtitution, il eſt intervenu Sentence ou Arrêt définitif ſur la conteſtation principale dans le Tribunal où l'affaire aura été renvoyée; & les Lettres ou Arrêts de reſtitution, ſi aucuns avoient été obtenus dans ledit cas, ſeront reputés nuls

& de nul effet, sans qu'il soit besoin de le faire déclarer; à l'effet de quoi il en sera inseré une clause expresse dans lesdites Lettres ou Arrêts, le tout à peine de nullité.

XIV.

Il ne sera pareillement accordé aucune restitution contre les Arrêts donnés par défaut, contre quelques-unes des Parties de l'instance, lorsqu'ils auront été rendus contradictoirement avec d'autres Parties qui avoient le même intérêt que les Parties défaillantes, à l'égard desquelles ils seront reputés contradictoires, & ne pourront être attaqués que par la voye de la demande en cassation.

XV.

Les sommes payées pour la refusion des frais ci-dessus marqués, même pour ceux qui auront été faits à l'occasion de la restitution demandée, ne pourront être repetées par le Demandeur en restitution, quand même il lui auroit été adjugé des dépens par l'Arrêt définitif, si ce n'est seulement lorsque la procédure sur laquelle le défaut auroit été obtenu, sera déclarée nulle; auquel cas ladite somme sera rendue au Demandeur en restitution; & si elle étoit demeurée entre les mains de l'Huissier, suivant ce qui a été dit ci-dessus, il sera tenu de la remettre au Demandeur, ou à son Avocat; à quoi faire il sera contraint par toutes voyes de droit, même par corps.

XVI.

Les dispositions des articles précedens, à l'égard des restitutions contre les Arrêts par défaut, seront pareillement observées à l'égard des Arrêts rendus faute d'avoir répondu aux Requêtes inserées dans les Arrêts de soit communiqué dûement signifiés.

TITRE III.

De la nomination & subrogation des Rapporteurs, ou des Commissaires pour la communication des Instances.

ARTICLE PREMIER.

Après la présentation ou la constitution de l'Avocat de la part du Défendeur, suivant ce qui a été dit au Titre des Assignations, il sera commis un Rapporteur par Monsieur le Chancelier, en la forme ci-après marquée, sans qu'aucun autre que celui des sieurs Maitres des Requêtes qui aura été commis, puisse se charger des Requêtes & productions des Parties, quand même elles y auroient consenti par écrit; & à l'égard de celui desdits sieurs Maîtres des Requêtes, au rapport duquel un Arrêt de soit communiqué aura été rendu, il ne pourra être Rapporteur de l'Instance, à moins que Monsieur le Chancelier ne juge à propos de le commettre, du consentement par écrit de toutes les Parties.

II.

L'Avocat qui voudra faire commettre un Rapporteur, suivant l'article précédent, sera tenu de le déclarer auparavant aux Avocats des autres Parties de l'instance, par un acte qui contiendra les noms & qualités de toutes les Parties, lequel acte sera signifié aux Avocats un jour au moins avant que le Rapporteur puisse être nommé; le tout à peine de nullité.

III.

Après la signification dudit acte, l'Avocat remettra entre les mains du Greffier une Requête sommaire, tendante à ce qu'il soit commis un des sieurs Maîtres des Requêtes, pour instruire & faire le rapport de l'affaire; dans laquelle Requête seront exprimés les noms & qualités des Parties, soit de Demandeur, Défendeur, Appellant, Intimé, Intervenant, prenant le fait & cause, ou appellé en garantie, ou en assistance de cause, sans que les termes d'*autres* ou de *consorts* puissent y être employés; & sera pareillement fait mention sommaire de la nature & de l'objet des affaires dont il s'agira, & ne pourra y être fait aucune rature ni interligne; le tout à peine de nullité.

IV.

Les Parties pourront remettre au Greffier, avec ladite Requête, un mémoire contenant les noms de ceux des sieurs Maîtres des Requêtes qui leur seront suspects, jusqu'au nombre de trois seulement, pour y avoir par Monsieur le Chancelier, tel égard que de raison.

V.

Il sera commis sur ladite Requête par Monsieur le Chancelier, tel des Sieurs Maîtres des Requêtes étant en quartier au Conseil, qu'il voudra nommer Rapporteur de l'affaire; à l'exception néanmoins des Requêtes en cassation, en contrariété, ou en revision, pour le rapport desquelles tous les Sieurs Maîtres des Requêtes pourront être commis sans distinction de quartier.

VI.

L'Ordonnance qui aura commis le Rapporteur, sera signifiée à tous les Avocats de l'instance, dans la huitaine du jour de sa date, sinon ladite Ordonnance sera regardée comme non avenue, & l'Avocat qui l'aura obtenue, ne pourra en repeter les frais contre sa Partie.

VII.

Le Rapporteur qui aura été commis en la forme ci-dessus prescrite, ne pourra être changé dans le même quartier, qu'en cas de récusation jugée bonne & valable, ou d'absence, ou autre empêchement légitime & suffisant, ou par subrogation après la fin du quartier; hors desquels cas, il pourra exercer la fonction de Rapporteur, même après ledit quartier expiré, sans qu'il soit besoin d'en obtenir la continuation.

VIII.

Défenses très-expresses sont faites aux Avocats, de faire commettre deux fois sur une même Requête, ou sur une même instance, ou sur les demandes incidentes ou autres qui en peuvent dépendre; comme aussi de faire commettre un Rapporteur, lorsque l'Avocat d'une autre Partie en aura fait commettre un; le tout à peine de nullité, & autres qu'il appartiendra, suivant l'exigence des cas.

IX.

S'il arrive néanmoins, par erreur ou autrement, que les Parties ayent fait commettre deux Rapporteurs dans la même affaire, celui qui aura été nommé le premier, demeurera Rapporteur, sans qu'il soit besoin de le faire commettre de nouveau; & l'Ordonnance qui aura commis le second, sera regardée comme non avenue.

X.

Le contenu aux articles précédens, sera observé lorsqu'il y aura lieu de faire subroger un Rapporteur à celui qui avoit été d'abord commis en la forme ordinaire, ou même par Arrêt; & le Rapporteur qui sera subrogé, pourra être choisi entre tous les Sieurs Maîtres des Requêtes, sans distinction de quartier.

XI.

Les instances ne pourront être rapportées par celui qui aura été subrogé, que trois jours au moins après la signification de l'Ordonnance qui l'aura subrogé.

XII.

Lorsqu'une des Parties demandera la jonction des deux instances distribuées à des Rapporteurs différens, elle sera tenue de remettre sa Requête au Rapporteur de l'instance dont la jonction sera demandée; & en cas que ladite jonction soit ordonnée, celui des Sieurs Maîtres des Requêtes qui avoit été commis sur l'instance à laquelle l'autre aura été jointe, demeurera seul Rapporteur des deux instances.

XIII.

Les dispositions des articles précédens sur la nomination des Rapporteurs, seront observées dans tous les cas où il écherra de faire nommer des Commissaires de la communication des instances.

XIV.

Le Greffier tiendra deux registres pour les distributions des affaires pendantes au Conseil, dont l'un sera remis à Monsieur le Chancelier, & l'autre demeurera entre les mains dudit Greffier; ce qui sera pareillement observé à l'égard des registres qui seront tenus pour la nomination des Sieurs Commissaires à qui les instances devront être communiquées.

TITRE IV.

Des Requêtes & Productions.

ARTICLE PREMIER.

Dans les instances qui auront été introduites par assignation, la Partie qui en poursuivra l'instruction, sera tenue, aussi-tôt après la nomination du Rapporteur, de lui remettre une Requête contenant le recit du fait, ses moyens, l'énonciation sommaire de ses piéces, & ses conclusions; lesquelles requêtes & piéces seront employées pour fins de non-recevoir, défenses au fond, écritures & productions.

II.

Ladite Requête sera répondue par le Sieur Rapporteur, d'une Ordonnance portant ait acte de l'emploi & au surplus en jugeant; & sera ladite Requête signifiée à l'Avocat de l'autre Partie, dans la huitaine au plûtard, à compter du jour de ladite Ordonnance.

III.

Ladite Requête ainsi répondue & signifiée, sera remise au Greffe du Conseil avec les piéces qui y seront produites, pour être ensuite donnée au Sieur Rapporteur; & le Greffier ne pourra la recevoir, si toutes lesdites piéces n'y sont jointes, à peine de répondre en son propre & privé nom, des dommages & intérêts des Parties.

IV.

IV.

Dans les inftances introduites par Arrêt de foit communiqué, comme auffi dans les inftances d'oppofition au titre, ou à un Arrêt du Confeil, la Requête inferée en l'Arrêt de foit communiqué, ou la Requête en main-levée de l'oppofition au titre, ou celle d'oppofition à l'Arrêt, tiendront lieu de la Requête mentionnée dans l'article I. ci-deffus; comme auffi d'écritures & productions de la part de celui qui aura obtenu ledit Arrêt, ou demandé la main-levée de l'oppofition au titre, ou formé oppofition à l'Arrêt; & il fera tenu de remettre au Greffe ledit Arrêt ou lefdites Requêtes, enfemble les piéces qu'il y aura jointes.

V.

L'Avocat qui aura remis fa Requête au Greffe, conformément à l'article précédent & audit article I. fera tenu de le déclarer aux autres Avocats de l'inftance, par acte au pied duquel le Greffier cottera fans frais le jour de la remife de ladite Requête.

VI.

Le même acte contiendra fommation de produire à l'égard des Avocats qui ne l'auront pas fait, fans qu'il foit permis de faire ladite fommation par un Acte féparé, ou d'en faire plus d'une, le tout à peine de nullité.

VII.

L'Avocat à qui ledit Acte contenant fommation de produire, aura été fignifié, fera tenu de remettre au Sieur Rapporteur, dans deux mois au plûtard, à compter du jour de ladite fignification, fa Requête en réponfe à celle qui lui aura été fignifiée; & à l'égard de ladite Requête en réponfe, feront obfervées les difpofitions des articles I. II. III. & V. ci-deffus, fur ce qui concerne la Requête du Demandeur.

VIII.

L'Avocat qui aura produit le premier, pourra, dans le délai qui fera ci-après marqué, répondre à ladite Requête & production, par une feconde Requête, à laquelle il lui fera permis de joindre telles piéces qu'il avifera bon être, defquelles il fera tenu de faire une énonciation fommaire dans ladite Requête, qui fera fignifiée à l'Avocat de l'autre Partie, pour y répondre, fi elle le juge à propos, par une pareille Requête.

IX.

Lefdites fecondes Requêtes feront employées réciproquement pour réponfes aux précédentes, & répondues d'une Ordonnance d'ait Acte & foit fignifié; & en cas qu'elles continffent de plus amples conclufions, ladite Ordonnance portera en outre, qu'en jugeant il y fera fait droit.

X.

Les Parties remettront entre les mains du Sieur Rapporteur lefdites fecondes Requêtes, fans autre formalité, & fans qu'il foit néceffaire de les produire au Greffe; & ne pourront lefdites Parties faire répondre aucune Requête, fi les piéces qui y font produites, n'y font énoncées & jointes.

XI.

Les Requêtes mentionnées dans les trois articles précédens, feront fignifiées dans un mois pour tout délai, à compter du jour de la fignification de celle à laquelle elles ferviront de réponfe, finon il fera paffé outre au Jugement de l'inftance, fans qu'il foit néceffaire de faire aucune fommation de les fournir, ni aucune procédure.

XII.

Dans les inſtances d'évocation, de Réglement de Juges, d'oppoſition au titre, & autres dont le fond ne doit pas être jugé au Conſeil, chacune deſdites Requêtes ne pourra excéder le nombre de trente rolles, & dans les autres inſtances celui de ſoixante; & celles deſdites Requêtes qui en contiendroient un plus grand nombre, ne pourront entrer en taxe que pour trente ou ſoixante rolles, & l'Avocat qui aura excédé ledit nombre, ne pourra repéter contre ſa Partie les frais & honoraires deſdites Requêtes, ſi ce n'eſt qu'il eût obtenu de Monſieur le Chancelier une permiſſion par écrit d'excéder le nombre de rolles ci-deſſus preſcrit, laquelle permiſſion pourra être demandée dans tous les cas où le nombre des rolles aura été fixé par le préſent Réglement.

XIII.

Pourront néanmoins les Requêtes portées par l'article précédent, être réduites, lors de la liquidation des dépens, à un moindre nombre de rolles que celui qui eſt porté par ledit article, s'il paroît par la nature de l'affaire & l'objet deſdites Requêtes, qu'elles n'exigeoient pas ledit nombre, ce qui aura lieu pareillement à l'égard de toutes les Requêtes qui ſeront données par les Parties pendant le cours de l'inſtance.

XIV.

En cas que depuis les deux Requêtes qui pourront être données de part & d'autre, ſuivant les articles précédens, les Parties ayent recouvré de nouvelles piéces, il leur ſera permis de les produire par une nouvelle Requête, qui ſera répondue d'une Ordonnance, portant que les piéces ſeront jointes à l'inſtance, ſans que ladite Ordonnance puiſſe être accordée, ſi leſdites piéces ne ſont remiſes en même-tems au Sieur Rapporteur.

XV.

Ladite Requête ainſi répondue, ſera ſignifiée dans les trois jours de la date de ladite Ordonnance, & remiſe entre les mains du Sieur Rapporteur, ſans qu'il ſoit beſoin de la produire au Greffe, ſinon, il ſera paſſé outre au Jugement de l'inſtance.

XVI.

La Partie à laquelle ladite Requête aura été ſignifiée, ſera tenue d'y répondre dans la huitaine du jour de ladite ſignification, & de joindre ſa Requête entre les mains du Sieur Rapporteur, ſans qu'il ſoit beſoin d'aucune ſommation; ſinon il ſera paſſé outre au Jugement de l'Inſtance.

XVII.

Les Requêtes de production nouvelle, ou de réponſes à icelles, n'entreront en taxe que pour ſix rolles au plus, dans les inſtances d'évocation de Réglement de Juges, d'oppoſition au titre, & autres affaires dont le fond ne doit pas être jugé au Conſeil; & pour douze rolles au plus, dans les autres inſtances: & ne pourra être ſignifié aucune autre Requête ou Dire, au ſujet deſdites productions nouvelles, à peine de nullité.

XVIII.

Lorſque l'inſtance aura été communiquée aux Commiſſaires à ce députés, ou à l'aſſemblée des Sieurs Maîtres des Requêtes de quartier au Conſeil, il ne pourra être répondu aucune Requête de production nouvelle, que de l'avis deſdits Sieurs Commiſſaires, deſdits Sieurs Maîtres des Requêtes.

XIX.

Dans les inſtances d'évocation, de réglement de Juges, d'oppoſition au titre, & autres affaires dont le fond ne doit pas être jugé au Conseil, ou dans les instances d'opposition à des Arrêts au Conseil, rendus dans lesdites matieres, il n'entrera en taxe qu'une seule production nouvelle de la part de chacune des Parties, si ce n'est qu'il en fût autrement ordonné par l'Arrêt qui interviendra sur lesdites instances.

XX.

Les Parties qui auront négligé de produire leurs piéces par les Requêtes ci-dessus marquées, ou qui auront affecté de les produire dans la suite, pour éloigner le Jugement de l'instance, seront condamnées, lors du Jugement d'icelle, à tels dommages & intérêts qu'il appartiendra, envers les autres Parties, & en telle amende que le Conseil jugera à propos, laquelle pourra même être prononcée d'Office; ce qui aura lieu dans toutes les instances sans exception.

XXI.

Après les deux Requêtes principales, & celles de production nouvelle, ou de réponses à icelles, les Parties ne pourront être reçues à présenter d'autres Requêtes, ni à faire signifier d'autres écritures, sous quelque prétexte que ce puisse être, & ce, sous telles peines qu'il appartiendra; sans préjudice néanmoins de ce qui sera réglé au Titre VII. au sujet des Incidens.

XXII.

Lorsque les Parties n'auront rien à écrire ni à produire, ou lorsque dans une instance retenue au Conseil, elles voudront employer pour écritures & production ce qu'elles auront dit & produit avant l'Arrêt de retention, elles seront tenues de le déclarer par un simple Acte d'emploi, qui sera signifié aux autres Avocats de l'instance, & remis entre les mains du Sieur Rapporteur, sans qu'il soit nécessaire de le produire au Greffe, lequel Acte tiendra lieu de production de leur part.

XXIII.

Si lesdites Parties jugent à propos de faire signifier des Mémoires imprimés, contenant le précis de l'instance, ou de nouveaux moyens, elles pourront le faire, sans retardation néanmoins du Jugement de ladite instance; auquel cas il ne pourra entrer en taxe qu'un seul desdits Mémoires de la part de chaque Partie, & il n'y entrera, dans les instances d'évocation, Réglement de Juges, oppositions au titre, & autres matieres dont le fond ne doit pas être jugé au Conseil, que pour deux feuilles ou quatre rolles d'impression: à l'égard des autres affaires, ledit Mémoire sera taxé & réglé suivant leur importance, sans qu'en aucun cas il puisse entrer en taxe lorsqu'il ne contiendra que la copie des Requêtes signifiées en l'instance.

XXIV.

Les Requêtes, piéces & mémoires ci-dessus mentionnés, ne pourront être signifiés dans les instances où il y aura plusieurs Parties, qu'à celles qui auront un intérêt opposé à celui de la Partie à la requête de laquelle la signification sera faite, & non à celles qui n'auront que le même intérêt que ladite Partie, ce qui sera observé, à peine de nullité desdites significations.

XXV.

Toutes les Requêtes qui seront présentées au Conseil, seront écrites correctement & lisiblement, & les conclusions que les Parties prendront par icelles, seront transcrites de suite, sans aucun blanc ni interligne, & les renvois, si aucuns y a, ne pourront être écrits qu'à la suite & après les derniers mots desdites conclusions, sinon, il ne pourra être statué sur ce qui sera porté par lesdits renvois, qui seront reputés nuls & de nul effet.

XXVI.

Lesdites Requêtes seront écrites en demi-grosse seulement, & chaque rolle contiendra au moins cinquante lignes, & chaque ligne douze syllabes au moins; sinon, chaque rolle où il se trouvera moins de lignes & de syllabes, sera rayé en entier: & si lesdits rolles ont été payés par la Partie, elle pourra repeter contre son Avocat ce qu'il aura reçu.

XXVII.

Défenses sont faites aux Avocats de faire dans leurs écritures, des digressions & répétitions inutiles, ou d'y transcrire en entier les piéces & les moyens ausquels ils répondront, à peine de réduction ou de radiation desdites écritures.

XXVIII.

Lesdits Avocats s'abstiendront pareillement avec soin, d'user de termes injurieux contre leurs Parties ou contre leurs confreres, à peine de radiation desdits termes, & de suppression des écritures qui les contiendroient, comme aussi de telles réparations, & dommages & intérêts, qu'il sera jugé à propos, même d'amende & d'interdiction, suivant l'exigence des cas.

XXIX.

Les copies signifiées des Requêtes, comme aussi les autres Actes & procédures d'instruction, seront écrites lisiblement & correctement, en petite demi-grosse seulement; & seront lesdites copies conformes aux originaux, de quoi l'Avocat demeurera responsable en son propre & privé nom.

XXX.

Il ne sera fait dans les instances pendantes au Conseil, aucunes autres procédures ou écritures, que celles qui sont prescrites par le présent Réglement; à l'effet de quoi, l'usage des appointemens, requêtes verbales, procès-verbaux de referé, & autres concernant lesdits appointemens, des avertissemens, inventaires de production, contredits, salvations, dires, & autres écritures ou procédures ci-devant pratiquées, demeurera entierement abrogé; & toutes procédures à ce contraires seront regardées comme nulles & de nul effet, sauf à être prononcé telles peines qu'il appartiendra, en cas de contravention.

TITRE V.

Des Forclusions.

ARTICLE PREMIER.

La Partie qui n'aura pas remis sa production au Greffe dans deux mois, à compter du jour de la signification de l'Acte de produit de l'autre Partie, contenant sommation de produire, demeurera de plein droit forclose de produire, en vertu de ladite sommation seulement, & sans qu'il puisse être fait aucune autre sommation ni procédure, à peine de nullité.

II.

La Partie qui aura acquis ladite forclusion, remettra au Sieur Rapporteur un certificat du Greffier, portant qu'il n'a été remis au Greffe pendant lesdits deux mois, aucune production de la part de l'autre Partie; huitaine après l'expiration du délai, elle pourra obtenir un Arrêt par forclusion, qui sera rendu sur le vû de sa seule production, & dudit certificat, sans qu'il puisse être fait aucune autre écriture, ou procédure, le tout à peine de nullité.

III.

Les instances qui seront jugées par forclusion, seront rapportées au Conseil; & ce, après avoir été préalablement communiquées à l'assemblée des Sieurs Maîtres des Requêtes étant en quartier audit Conseil.

IV.

Lorsque de plusieurs Parties, contre lesquelles le Jugement d'une instance sera poursuivi, les unes auront produit, sans que les autres l'ayent fait, l'instance ne pourra être jugée contre celles qui n'auront pas produit, que par l'Arrêt qui sera rendu contradictoirement avec la Partie qui aura produit.

V.

Les Arrêts rendus par forclusion, auront le même effet que s'ils avoient été rendus contradictoirement, & les Parties forcloses ne pourront être reçues à se pourvoir contre leurs dispositions, par voye de restitution ou disposition, ni autrement que par la voye de la demande en cassation.

TITRE VI.

Des Communications des Productions ou des Instances.

ARTICLE PREMIER.

Il ne sera donné aucune communication des piéces dont les Parties voudront se servir, avant qu'elles ayent donné leur Requête, ou fait leur production, conformément à ce qui est prescrit dans le Titre IV. ci-dessus; & l'usage de communiquer auparavant lesdites piéces par originaux ou par copies, demeurera entierement abrogé à l'avenir; ce qui sera observé, à peine de nullité de toutes les procédures qui pourroient être faites pour raison de ladite communication.

II.

Lorsque les Parties auront produit ou déclaré par acte qu'elles n'ont rien à produire, leurs Avocats pourront, toutes les fois qu'ils aviseront bon être, prendre communication des productions de l'instance, tant principales que nouvelles, entre les mains du Sieur Rapporteur; même extraire ou transcrire telles piéces qu'ils jugeront à propos: le tout, sans déplacer, sans droits ni frais, & sans retardation du Jugement de l'instance.

III.

En cas que lesdits Avocats ayent besoin de prendre chez eux en communication lesdites productions, ou même l'instance entiere, les piéces ne pourront leur être remises que sous un récépissé signé d'eux, contenant le jour auquel elles leur auront été confiées, & celui auquel ils s'engageront de les rendre; sinon, ladite communication ne pourra leur être accordée, sous quelque prétexte que ce puisse être.

IV.

Le terme dans lequel ladite instance ou ladite production devra être rendue, sera reglé par le Sieur Rapporteur, suivant la nature & les circonstances de l'affaire; sans néanmoins qu'il puisse excéder deux mois au plus pour l'instance entiere, & quinze jours pour une production nouvelle, qui auroit été faite depuis la communication de ladite instance; & où par erreur ou autrement, il auroit été obmis de fixer ledit terme, il ne pourra être réputé que d'un mois pour l'instance entiere, & de huitaine pour ladite production nouvelle.

V.

Faute par l'Avocat de rendre ladite instance ou ladite production, dans le tems porté par l'article précédent, il lui sera fait une sommation de la restituer dans le jour; & en cas qu'il n'y défere pas, il sera donné copie de ladite sommation au Greffier des Avocats au Conseil, par acte signifié à la requête de la Partie; ce qui sera par elle dénoncé audit Avocat, à ce qu'il n'en ignore, & ledit Greffier sera tenu de remettre ladite signification aux Syndics en charge desdits Avocats, dans le jour même qu'elle lui aura été faite.

VI.

Lesdits Syndics pourront prendre, au nombre de trois au moins, telle délibération qu'ils jugeront nécessaire pour faire restituer les piéces communiquées, dans les vingt-quatre heures, ou dans tel autre bref délai & sous telles peines qu'ils aviseront bon être, laquelle délibération ne pourra être attaquée par opposition, ni par appel.

VII.

Faute par l'Avocat de remettre lesdites piéces dans quinzaine, à compter du jour de la dénonciation portée par l'article V. ci-dessus, il pourra y être contraint, comme dépositaire de Justice; & ce, en vertu du présent Réglement, & après un simple commandement, sans qu'il soit besoin d'Ordonnance ni d'Arrêt.

VIII.

Les Huissiers du Conseil seront tenus, à la premiere réquisition qui leur en sera faite par la Partie, ou par le Porteur de sa procuration, de faire les sommations, dénonciations, significations, commandemens & contraintes portés par les articles précédens, encore que lesdits actes ne fussent signés d'aucun Avocat, pourvû toutefois qu'ils le soient, tant en l'original qu'en la copie, par ladite Partie, ou par le Porteur de sa procuration: le tout à peine de cent cinquante livres d'amende envers Sa Majesté, & de cent cinquante livres envers la Partie, même d'interdiction, s'il y échet.

IX.

L'instance, ou les productions dont elle sera composée, ne pourront être données aux Avocats qu'une seule fois en communication; & le Sieur Rapporteur pourra même la leur refuser, lorsqu'ils auront négligé de la demander dans un tems convenable, & que ladite instance se trouvera en état d'être jugée, sauf à eux à prendre ladite communication, ainsi qu'il est porté par l'article II. ci-dessus.

X.

Il ne sera donné aucune communication des procédures criminelles, dont l'apport aura été ordonné incidemment à une instance ou à une Requête en cassation, ou en révision.

TITRE VII.

De la maniere de pourvoir aux Incidens qui peuvent ſurvenir pendant le cours d'une Inſtance.

ARTICLE PREMIER.

Il ne ſera formé aucune demande incidente ſur les qualités générales & perſonnelles des Parties, comme celle d'Ecuyer, ou autres ſemblables, ni pareillement ſur celles qui n'auront rapport qu'au fond de la conteſtation pendante devant les Cours & autres Juges, mais ſeront toutes leſdites qualités cenſé priſes, ſans préjudice des droits reſpectifs des Parties : & ſera la préſente diſpoſition obſervée, à peine de nullité de toutes les procédures qui ſeroient faites pour raiſon deſdites qualités.

II.

Il ne ſera pareillement formé aucune demande en payement des frais préjudiciaux pour des défauts non jugés, leſquels frais ſeront payés ſur une ſimple ſommation faite par l'Avocat qui aura obtenu ledit défaut, & ce, ſur le pied ſeulement de neuf livres, y compris les frais de ladite ſommation : & faute de payement de ladite ſomme, il en ſera délivré exécutoire, en vertu du préſent Réglement, ſans autre procédure, & ſans qu'il ſoit beſoin d'Ordonnance ni d'Arrêt.

III.

Les demandes incidentes qui naîtront au ſujet des qualités priſes relativement à l'inſtance qu'il s'agira d'inſtruire, ou ſur des demandes en décharge d'aſſignation, ou afin d'obliger une Partie à donner caution, ou à ſe mettre en état, & autres de pareille qualité, ſur leſquelles il ſera néceſſaire de ſtatuer préalablement, ſeront formées par une Requête ſommaire, qui ſera remiſe au Sieur Rapporteur de l'inſtance, pour être par lui répondue d'une Ordonnance de ſoit communiqué à la Partie, au domicile de ſon Avocat, pour y répondre dans trois jours pour tout délai.

IV.

Le Défendeur ſera tenu de répondre à ladite Requête, dans les trois jours de la ſignification qui lui en aura été faite, ſinon il ſera paſſé outre au Jugement de l'incident, ſans ſommation ni autre procédure, & ſans qu'il puiſſe être accordé aucun nouveau délai.

V.

Chacune deſdites Requêtes ne pourra contenir plus de ſix rolles, & les Parties ne pourront faire répondre, ni ſignifier aucune autre Requête ou écriture ſur ledit incident, à peine de nullité.

VI.

Leſdites Requêtes, & les piéces y jointes, ſeront remiſes au Sieur Rapporteur, ſans qu'il ſoit néceſſaire de les produire au Greffe ; & trois jours après que leſdites Requêtes auront été ſignifiées, il ſera ſtatué par Arrêt ſur ledit incident, ſans aucune autre procédure ; après néanmoins qu'il en aura été communiqué aux Sieurs Maîtres des Requêtes étant en quartier au Conſeil, à leur aſſemblée.

VII.

La Partie qui aura défendu au fond, en prenant des conclusions sur la demande principale, ne pourra plus être reçue à former une demande en décharge d'assignation.

VIII.

Les demandes à fin d'apport de procédures, charges & informations, & autres piéces étant entre les mains de Greffiers ou Dépositaires publics, seront formées par Requêtes en forme de vû d'Arrêt, qui sera remise au Sieur Rapporteur de l'instance, ou à l'un des Maîtres des Requêtes, en cas qu'il n'y ait pas encore eu de Rapporteur commis, pour être, à son rapport, statué sur lesdites demandes au premier Conseil, ainsi qu'il appartiendra.

IX.

Toute demande incidente dirigée contre une Partie qui n'aura pas encore constitué Avocat sur l'instance principale, ne pourra être formée que par une Requête en forme de vû d'Arrêt, qui sera remise à l'un des Sieurs Maîtres des Requêtes, pour être, à son rapport, statué au premier Conseil sur ladite demande, ainsi qu'il appartiendra, ou être ordonné qu'elle sera jointe à la demande principale.

X.

Les demandes en assistance de cause, en garantie, ou pour voir déclarer un Arrêt commun, seront comprises dans les Lettres ou Arrêts introductifs de l'instance à laquelle elles seront incidentes, lorsque ce sera l'Impétrant qui formera lesdites demandes; & en cas qu'il ait négligé de le faire, il ne pourra plus y suppléer, que par une Requête en forme de vû d'Arrêt; & l'Arrêt qui sera rendu sur ladite Requête, ne sera accordé qu'avec la clause, *sans retardation du Jugement de l'instance principale*, même, s'il y échet, qu'à la charge que les frais dudit incident ne pourront être repetés par la Partie qui aura obtenu ledit Arrêt, quand elle obtiendroit par la suite une condamnation de dépens dans l'instance principale.

XI.

Lorsque ce sera la Partie assignée en vertu desdites Lettres, ou à qui lesdits Arrêts auront été signifiés, qui voudra former les demandes portées par l'article précédent, elle ne le pourra faire qu'en vertu de Lettres ou d'Arrêts, lesquels contiendront pareillement ladite clause, *sans retardation du Jugement de l'instance principale.*

XII.

Celui qui aura obtenu les Lettres ou Arrêts mentionnés dans les trois articles précédens, sera tenu de les dénoncer aux autres Avocats de l'instance, avec les assignations données, ou les significations faites en conséquence; & ce, dans quinze jours au plutard, à compter du jour de la derniere desdites assignations ou significations, même de leur déclarer le nom de l'Avocat des Parties nouvellement appellées, s'il s'en est présenté pour défendre à ladite demande.

XIII.

Lorsque les Défendeurs ausdites demandes se seront présentés, l'instruction & la procédure se feront à leur égard, ainsi qu'il a été reglé à l'égard des Parties de l'instance.

XIV.

Lorsqu'une Partie voudra former incidemment opposition à un Arrêt du Conseil, ou d'une Cour supérieure, ou à un Jugement rendu en dernier ressort,

ſort, dont on prétendra ſe ſervir contre elle ; elle ſera tenue de la former, & de l'inſtruire par les mêmes requêtes qu'elle préſentera pour l'inſtruction de l'inſtance principale, & non par une requête particuliere ; ſi ce n'eſt lorſque leſdits Arrêts ou Jugemens n'auront été produits ou alleguez que depuis leſdites requêtes ſignifiées ; auquel cas, l'oppoſition ſera formée par une requête en forme de vû d'Arrêt, qui ſera remiſe au Sieur Rapporteur de l'inſtance, pour y être fait droit au premier Conſeil, ſoit par jonction de l'oppoſition à ladite inſtance, ſoit par renvoi devant les Juges qui doivent connoître de ladite oppoſition, ou autrement, ainſi qu'il appartiendra.

XV.

En cas que la jonction à l'inſtance principale ait été ordonnée par ledit Arrêt, le défendeur à l'oppoſition pourra donner une requête pour y défendre ; & en cas que l'oppoſant y ait répondu par une autre requête, il ſera permis audit défendeur d'en donner une ſeconde de ſa part : le tout ſans retardation du Jugement de l'inſtance, & ſans qu'il puiſſe être fait aucune autre procédure pour raiſon dudit incident, à peine de nullité ; & chacune deſdites requêtes ne pourra entrer en taxe pour plus de dix rolles.

XVI.

Les diſpoſitions des deux articles précédens auront pareillement lieu à l'égard des demandes en caſſation de procédures attentatoires à l'autorité du Conſeil, qui ſeroient formées dans le cours d'une inſtance. Et ne pourront être compris dans leſdites demandes d'autres Arrêts ou Jugemens, que ceux qui auroient été rendus au préjudice de défenſes faites par le Conſeil, ni pareillement des procédures qui ne ſeroient que purement conſervatoires, telles que de ſimples ſaiſies ou oppoſitions pour deniers, des actes de repriſe d'inſtance, ou autres de ſemblable nature & qualité.

XVII.

Les demandes incidentes mentionnées dans les articles X. XIV. & XVI. ci-deſſus, lorſqu'il n'écherra pas d'en ordonner la jonction par Arrêt, ſuivant ce qui eſt porté par leſdits articles, demeureront jointes de plein droit à l'inſtance principale, pour y être ſtatué lors du Jugement de ladite inſtance, ainſi qu'il appartiendra, ſans qu'il ſoit beſoin d'Ordonnance ou d'Arrêt de jonction, & ſans que pour raiſon deſdites demandes incidentes, il puiſſe être donné, répondu ou ſignifié aucunes autres requêtes ou écritures, ni fait aucunes autres procédures que celles ci-deſſus mentionnées : le tout à peine de nullité.

XVIII.

Les demandes en jonction ou disjonction de deux ou de pluſieurs inſtances, ſeront formées, inſtruites & jugées, ainſi qu'il a été ci-deſſus réglé par les articles III. IV. V. & VI. pour les incidens qui doivent être jugez préalablement, ce qui aura lieu pareillement à l'égard des demandes en disjonction de demandes incidentes, jointes de droit ou par Arrêt à l'inſtance principale.

XIX.

Les Parties ne pourront être aſſignées en repriſe d'inſtance qu'en vertu de Lettres ou d'Arrêts obtenus à cet effet.

XX.

La Partie aſſignée en vertu deſdites Lettres ou Arrêts, ſera tenue de reprendre l'inſtance dans les délais qui y ſeront preſcrits, ſinon il ſera paſſé outre au Jugement d'icelle par défaut contre ladite Partie, en cas que celui qu'elle repréſente n'eût pas produit ni fait ſignifier ſa premiere requête avant ſon décès ; & en cas qu'il eût produit ou fait signifier ladite requête, ladite instance sera jugée sur la simple remise de l'assignation au Sieur Rapporteur, sans autre procédure ni formalité, & l'Arrêt qui interviendra ne pourra être attaqué que par la voye de la demande en cassation.

XXI.

L'Instance sera tenue pour reprise avec la Partie qui aura été assignée pour la reprendre, en vertu du premier acte qu'elle aura fait signifier dans ladite instance, sans qu'il soit nécessaire d'une reprise plus expresse ; & en cas de contestation sur ce sujet, il y sera pourvû dans la forme prescrite par les articles III. IV. V. & VI. ci-dessus.

XXII.

La Partie qui voudra reprendre une instance, sans attendre qu'elle soit assignée à cet effet, sera tenue de le déclarer aux autres Parties de l'instance par un simple acte qui vaudra reprise, après quoi elle procédera sur ladite instance suivant les derniers erremens.

XXIII.

En cas que le demandeur soit décédé avant que le défendeur ait comparu ; les héritiers, successeurs ou ayans cause dudit demandeur, pourront obtenir un Arrêt par défaut contre ledit défendeur, en faisant préalablement au Greffe un acte de repri se de la demande formée par celui qu'ils représenteront, sans qu'il soit besoin audit cas, de Lettres ou Arrêt, ni d'aucune autre procédure ou formalité.

XXIV.

Et où il se trouveroit que toutes les Parties qui se sont présentées dans l'instance, seroient décédées, ceux qui voudront la reprendre, seront censés l'avoir reprise, sans aucun autre acte ni procédure, en obtenant des Lettres ou un Arrêt pour obliger les héritiers des autres Parties de l'instance à la reprendre.

XXV.

Les demandes en constitution de nouvel Avocat, ne pourront être formées que par Lettres ou par Arrêt ; & la Partie qui aura été assignée en vertu desdites Lettres ou Arrêt, sera tenuë de constituer Avocat dans les délais qui y sont portés, sinon il sera passé outre au Jugement de l'instance sur la simple remise de ladite assignation au Sieur Rapporteur, & l'Arrêt qui interviendra sera réputé contradictoire, en cas que la Partie eût produit ou fait signifier sa premiere requête avant le décès de son Avocat, sinon, ledit Arrêt ne pourra être rendu que par défaut contre elle.

XXVI.

S'il survient quelque difficulté sur ladite constitution de nouvel Avocat, la contestation sera instruite & jugée comme les autres incidens préliminaires, ainsi qu'il a été ci-dessus réglé par les articles III. IV. V. & VI.

XXVII.

En cas que pendant le cours d'une instance il ait été ordonné qu'il sera procédé à des enquêtes, ou qu'une Partie sera tenuë de donner caution ou de faire une affirmation, comme aussi lorsqu'une Partie voudra en faire interroger une autre sur faits & articles, ou faire procéder à la vérification ou collation de piéces, ou à d'autres actes de procédures de pareille nature & qualité, l'Avocat qui poursuivra, prendra une Ordonnance du Rapporteur, à l'effet de faire assigner les Parties intéressées, au domicile de leur Avocat, pour comparoître devant ledit sieur Rapporteur, dans le délai qui sera par lui prescrit, & être procédé aux fins de ladite Ordonnance.

XXVIII.

Si en procedant aux enquêtes, interrogatoires ou autres actes mentionnés en l'article précedent, il survient quelque contestation à l'occasion des assignations & procedures, il en sera par ledit Rapporteur dressé procès-verbal, au pied duquel il les reglera sur le champ par son Ordonnance, ainsi qu'il appartiendra, si ce n'est qu'il juge à propos d'ordonner qu'il en sera par lui referé au premier Conseil, auquel cas, après qu'il en aura été communiqué à l'assemblée des Sieurs Maîtres des Requêtes, le rapport en sera fait sur le contenu audit procès-verbal seulement, sans qu'il puisse être fait aucunes instructions, écritures ou procédures à l'occasion dudit referé; le tout à peine de nulllté.

XXIX.

Les procès-verbaux, enquêtes, interrogatoires, ou autres actes de pareille nature, qui seront faits dans les cas portés par les deux articles précedens, seront écrits lisiblement, & chaque rôle contiendra cinquante lignes, & chaque ligne douze syllabes: à peine de radiation, & de privation des droits fixés par le tarif porté au Titre XVI. ci-dessous, pour les Clercs des Sieurs Rapporteurs.

XXX.

Lorsque par des Arrêts rendus contradictoirement sur la contestation principale, il aura été statué par défaut sur les demandes incidentes, lesdites demandes seront réputées jugées contradictoirement, sans que les Parties soient reçues à se pourvoir par opposition contre lesdits Arrêts, sous prétexte qu'elles n'ont pas défendu à la demande incidente; ce qui sera observé à peine de nullité.

XXXI.

En cas que les Parties veuillent former pendant le cours d'une instance, & incidemment à icelle, d'autres demandes que celles dont il a été fait mention dans le present Titre, elles ne pourront se pourvoir que par requête en forme de vû d'Arrêt, qui sera remise au Sieur Rapporteur de ladite instance, pour y être, à son rapport, statué par Arrêt, ainsi qu'il appartiendra.

TITRE VIII.

Des Interventions.

ARTICLE PREMIER.

Ceux qui voudront intervenir dans une instance, ne pourront se pourvoir que par une requête en forme de vû d'Arrêt, qui contiendra les conclusions qu'ils entendent prendre en ladite instance, sans qu'ils puissent se réserver de les prendre après qu'ils auront eu communication de ladite instance; & ladite requête sera employée avec les piéces y jointes, pour écritures & productions.

II.

La requête d'intervention sera remise au Sieur Rapporteur de l'instance, s'il y en a un, sinon à un des Sieurs Maîtres des Requêtes, pour y être à son rapport pourvu par Arrêt, ainsi qu'il appartiendra.

III.

Lorsque l'instance principale se trouvera avoir déja été communiquée à des

Commiſſaires du Conſeil, ou à l'Aſſemblée des Sieurs Maîtres des Requêtes étant en quartier au Conſeil, dans le tems que la requête d'intervention ſera remiſe au Sieur Rapporteur, il ne pourra y etre ſtatué qu'après que ladite requête aura été communiquée auſdits Sieurs Commiſſaires, ou auſdits Sieurs Maîtres des Requêtes.

I V.

En cas qu'il y ait lieu d'avoir égard à l'intervention, il ſera ordonné par l'Arrêt qui recevra la Partie intervenante, qu'il ſera fait droit ſur le ſurplus de ſa demande, ainſi qu'il appartiendra, en jugeant l'inſtance principale.

V.

Ledit Arrêt ſera ſignifié aux Avocats de toutes les Parties de l'inſtance, & remis au Greffe, avec les piéces y jointes, trois jours après ladite ſignification, ſinon, ledit Arrêt ſera regardé comme non-avenu, & il ſera paſſé outre au jugement de ladite inſtance.

V I.

En cas que l'une des Parties de l'inſtance forme oppoſition audit Arrêt, & prétende qu'il n'y a pas lieu de recevoir l'intervention, ledit incident ſera inſtruit ainſi qu'il a été réglé par les articles III. IV. V. & VI. du Titre VII. pour les incidens préliminaires.

V I I.

Lorſqu'il n'y aura pas de conteſtation ſur l'Arrêt qui aura reçu l'intervention, l'inſtruction ſera faite à l'égard de la Partie intervenante, ſuivant ce qui a été réglé dans le titre IV. ci-deſſus, à l'égard des autres Parties de l'inſtance, ſi ce n'eſt que leſdites Parties n'euſſent aucun moyen particulier à ajouter à ceux dont elles ſe ſont ſervies dans l'inſtance principale : auquel cas, elles ne pourront donner aucunes requêtes particulieres, au ſujet de ladite intervention, ſauf à employer, pour y défendre, ce qu'elles ont écrit ou produit en ladite inſtance, par les requêtes qu'elles y ont données, leſquelles ne pourront être ſignifiées à l'intervenant, en aucun cas; ſauf à lui à en prendre communication entre les mains du Sieur Rapporteur, le tout à peine de nullité deſdites requêtes & ſignifications.

TITRE IX.

Des Deſaveux.

ARTICLE PREMIER.

La Partie qui voudra former un deſaveu au Conſeil, ſera tenue de conſigner préalablement, pour ſureté des dommages & interêts des autres Parties, la ſomme de cent cinquante livres, entre les mains du Greffier du Conſeil, qui s'en chargera ſans droits ni frais, pour être, après le jugement du deſaveu, ladite ſomme délivrée, auſſi ſans frais, à qui il appartiendra.

I I.

La permiſſion de former ledit deſaveu ſera demandée par une requête en forme de vû d'Arrêt, ſignée de l'Avocat & de la Partie même, ou du porteur de ſa procuration ſpéciale, paſſée devant Notaires, dont il reſtera minute, à laquelle requête ſeront jointes la quittance de conſignation & une expédition de ladite procuration; le tout à peine de nullité.

III.

Ladite requête & les piéces y jointes seront remises au Sieur Rapporteur de l'instance, pour y être, à son rapport, statué par Arrêt au premier Conseil, ainsi qu'il appartiendra.

IV.

S'il n'y a pas lieu d'accorder la permission de former le desaveu, il sera ordonné, que sans s'arrêter à ladite requête, il sera passé outre au jugement de l'instance, & que la somme de cent cinquante livres consignée par le demandeur, sera remise & délivrée aux autres Parties par le Greffier, entre les mains duquel ladite somme aura été consignée; ce qui sera exécuté, quand même il auroit été obmis d'y prononcer.

V.

Pourra néanmoins être ordonné, s'il y échet, que ladite requête demeurera jointe à l'instance, pour y être fait droit lors du jugement d'icelle; auquel cas, il ne pourra être fait aucunes écritures ni procédures sur le desaveu jusqu'audit jugement.

VI.

En cas que le desaveu paroisse mériter d'être instruit, il sera ordonné que le demandeur sera tenu de le former dans les vingt-quatre heures, ainsi qu'il sera prescrit ci-après, sinon, qu'il sera passé outre au jugement de l'instance.

VII.

Dans les cas où le desaveu concernera des procédures faites ailleurs qu'au Conseil, l'instruction en pourra être renvoyée, s'il y échet, devant les Juges ordinaires, pour y être statué dans le délai qui sera prescrit, après lequel, sur le vû dudit jugement, ou faute de le rapporter, il sera passé outre au jugement de l'instance pendante au Conseil, ainsi qu'il appartiendra.

VIII.

Lorsque la permission de former le desaveu au Conseil, aura été accordée, ledit desaveu sera fait au Greffe, par un acte signé de la Partie même, ou du porteur de sa procuration, & ce, dans trois jours à compter de la date de l'Arrêt qui en aura accordé la permission; sinon ledit desaveu ne pourra plus être formé, & la somme de cent cinquante livres demeurera acquise à la Partie, ainsi qu'il a été dit ci-dessus.

IX.

L'Arrêt qui aura accordé la permission de former le desaveu, sera signifié à la personne désavouée, à son domicile, & ladite signification vaudra sommation de défendre audit désaveu; sans qu'il puisse être donné aucune assignation, ni fait aucune sommation ni autre procédure: & copie sera donnée par le même exploit, de l'acte de désaveu, & de la procuration, s'il a été signé par Procureur; sinon il sera passé outre au jugement de l'instance, comme si le désaveu n'avoit pas été formé, & la somme consignée demeurera acquise à la Partie, ainsi qu'il a été ci-dessus reglé.

X.

La signification portée par l'article précédent, sera faite dans la quinzaine, à compter du jour de la date de l'Arrêt, si la personne désavouée est domiciliée dans le lieu où se fera la procédure du Conseil, ou dans les délais marqués au Titre des assignations, si elle est domiciliée hors dudit lieu; sinon il sera passé outre au jugement de ladite instance, comme si le désaveu n'avoit pas été formé: & faute par le demandeur de justifier desdites significations, à la premiere requisition qui lui en sera faite par les autres Parties de l'instance, il ne sera plus recevable à poursuivre le Jugement de désaveu, & la somme par lui consignée demeurera acquise à la Partie dans l'un & l'autre cas, ainsi qu'il a été dit ci-dessus.

XI.

Ledit Arrêt sera pareillement signifié aux autres Parties de l'instance, au domicile de leurs Avocats, dans ledit délai de quinzaine, & dans la forme portée par l'article IX. ci-dessus; le tout sous les peines prescrites par l'article précédent.

XII.

La personne désavouée sera tenue de fournir de défenses au désaveu, dans huitaine pour tout délai, à compter du jour de la signification à elle faite dudit Arrêt, si elle est domiciliée dans le lieu où se fera la procédure du Conseil, ou du jour de l'expiration des délais marqués au titre des assignations, si elle est domiciliée ailleurs.

XIII.

Et à l'égard des Parties de l'instance ausquelles ledit Arrêt aura été signifié, elles seront pareillement tenues de défendre audit desaveu, dans ledit délai de huitaine, à compter du jour de ladite signification.

XIV.

Les défenses de chacune des Parties mentionnées dans les deux articles précédens, seront contenues dans une seule requête, qui sera remise au Sieur Rapporteur de l'instance, avec les piéces y jointes, pour être par lui répondue d'une Ordonnance en jugeant & soit signifié au demandeur au domicile de son Avocat, pour y répondre dans trois jours pour tout délai; & lesdites requête & Ordonnance seront signifiées dans les délais prescrits par lesdits deux articles précédens, sinon il sera passé outre au Jugement du desaveu, sans sommation ni autre procédure.

XV.

Le demandeur en desaveu pourra répondre ausdites requêtes par une seule requête, qui sera signifiée ausdites Parties dans trois jours au plûtard, à compter du jour de la signification de leurs requêtes, sinon il sera passé outre au Jugement du desaveu, sans sommation ni autre procédure.

XVI.

Les requêtes données par les Parties pour l'instruction du desaveu, ne pourront excéder six rolles; & il ne sera fait, pour raison dudit incident, aucunes autres écritures ni procédures que celles ci-dessus prescrites, à peine de nullité.

XVII.

Le demandeur en désaveu, qui succombera en définitive, sera condamné en trois cens livres de dommages & intérêts, y compris les cent-cinquante livres consignées, sçavoir, cent-cinquante livres envers la personne desavouée, & cent-cinquante livres envers les autres Parties de l'instance; sauf à augmenter ladite condamnation, s'il y échet.

TITRE X.

Du faux Incident aux instances pendantes au Conseil.

ARTICLE PREMIER.

La Partie qui voudra obtenir la permission de s'inscrire en faux contre une piéce produite dans une instance, sera tenue de présenter à cet effet une Requête en forme de vû d'Arrêt, & de consigner préalablement l'amende de cent livres, en se conformant au surplus à ce qui est prescrit par les articles III. VI. & VII. du Titre du faux incident de l'Ordonnance du mois de Juillet 1737. & sera ladite requête remise au Sieur Rapporteur de ladite instance, avec la quittance de consignation de ladite amende, pour en être fait rapport au premier Conseil.

II.

La permission de s'inscrire en faux, ne pourra être accordée que par Arrêt délibéré au Conseil; & lorsqu'elle l'aura été, le Demandeur sera tenu d'observer tout ce qui est porté par les articles VIII. IX. X. & XI. dudit Titre de ladite Ordonnance; notamment par rapport à la sommation qui doit être faite au défendeur, de déclarer s'il entend se servir de la piéce arguée de faux, laquelle sommation lui sera faite au domicile de son Avocat au Conseil.

III.

En cas que le défendeur déclare qu'il n'entend pas se servir de ladite piéce, ou faute par lui de faire sa déclaration ainsi qu'il est porté par ledit article XI. le demandeur en faux pourra se pourvoir par requête en forme de vû d'Arrêt, à l'effet de faire ordonner que la piéce maintenue fausse, sera rejettée de l'instance par rapport au défendeur; sauf s'il y a lieu de procéder par voye d'accusation de faux principal, à être pourvû, ainsi qu'il appartiendra; auquel cas, le Jugement de ladite instance ne pourra être différé, si ce n'est que le Conseil en eût ordonné autrement; le tout ainsi qu'il est prescrit par les articles XII. XIII. & XIX. dudit Titre.

IV.

Si le défendeur déclare qu'il veut se servir de ladite piéce, il sera rendu Arrêt sur sa requête ou sur celle du demandeur, portant que les Parties se pourvoiront aux Requêtes de l'Hôtel, pour y être ladite piéce arguée de faux, déposée au Greffe dans les vingt-quatre heures, à compter du jour de la signification dudit Arrêt, & être au surplus l'inscription de faux formée, & ledit incident instruit & jugé dans la forme prescrite par ladite Ordonnance du mois de Juillet 1737. Après quoi, & le Jugement dudit incident rapporté, il sera passé outre au Conseil, au Jugement de l'instance principale.

V.

N'entend néanmoins Sa Majesté empêcher que dans les instances d'évocation ou de réglement de Juges, où la piéce arguée de faux, dont le défendeur aura déclaré vouloir se servir, se trouveroit entierement inutile au Jugement desdites instances, il ne puisse être ordonné qu'il sera passé outre au Jugement d'icelles; sans préjudice au demandeur en faux, d'en poursuivre, si bon lui semble, l'instruction & le Jugement en tel Tribunal qu'il appartiendra, à l'effet de quoi les Parties y seront renvoyées.

VI.

Le demandeur en faux, qui ſuccombera, ſera condamné en trois cens livres d'amende, y compris les cent livres conſignées; laquelle amende ſera appliquée & réglée conformément à ce qui eſt preſcrit par les Articles XLIX. L. & LI. du Titre du Faux incident de ladite Ordonnance du mois de Juillet 1737.

TITRE XI.

Des Récuſations.

ARTICLE PREMIER.

Les récuſations ne pourront être formées au Conſeil, que par une requête en forme de vû d'Arrêt: défenſes ſont faites aux Parties, de former leſdites récuſations par aucun Acte particulier, à peine de cinq cens livres d'amende, même de telle réparation ou condamnation de dommages & intérêts qu'il appartiendra, ſuivant l'exigence des cas.

II.

Ladite requête ſera remiſe à Monſieur le Chancelier, qui en chargera celui des ſieurs Maîtres des Requêtes qu'il jugera à propos de choiſir, pour en faire le rapport au Conſeil.

III.

Il ne ſera fait aucune ſignification de ladite requête, mais elle ſera ſeulement communiquée par le ſieur Rapporteur à celui qui aura été récuſé, pour être par lui fait ſa déclaration ſur les moyens de récuſation; à l'effet de quoi, il ſera entendu au Conſeil avant le jugement de la récuſation, ſans autre formalité, & ſans qu'il puiſſe être fait à ce ſujet aucune procédure, à peine de nullité.

IV.

Celui dont les récuſations auront été déclarées impertinentes & inadmiſſibles, ou qui en aura été débouté faute de preuve, ſera condamné en deux cens livres d'amende, moitié envers Sa Majeſté, & moitié envers les Parties de l'Inſtance: & ſera ladite amende acquiſe de plein droit, en quelques termes que l'Arrêt ſoit conçû, & quand même il auroit été obmis d'y prononcer, ſans qu'en aucun cas, elle puiſſe être remiſe ni moderée, & ſauf à l'augmenter, s'il y échet.

V.

Les diſpoſitions du Titre XXIV. de l'Ordonnance du mois d'Avril 1667. ſeront au ſurplus obſervées au Conſeil, ſelon leur forme & teneur, à l'égard des récuſations qui y ſont formées.

TITRE XII.

Des Appels des Ordonnances des Sieurs Rapporteurs.

ARTICLE PREMIER.

Les Appellations des Ordonnances des ſieurs Rapporteurs ſeront portées devant

devant les sieurs Maîtres des Requêtes étant en quartier aux Requêtes de l'Hôtel; & elles ne pourront être reçues, si elles n'ont été interjettées dans la huitaine du jour de la signification desdites Ordonnances à l'Avocat de l'Appelant: Défenses sont faites audit Avocat, de signer aucun acte d'appel desdites Ordonnances, après ledit délai, à peine de nullité dudit appel, & des procedures qui seroient faites en conséquence.

II.

Lesdites appellations seront interjettées par de simples actes, sans qu'il soit besoin de les relever par Lettres ou par Jugement desdits sieurs Maîtres des Requêtes; & seront lesdits actes signés, tant sur l'original que sur la copie, par l'Avocat de l'Appelant: défenses sont faites aux Huissiers d'en signifier aucuns, ou d'en laisser copie, sans ladite signature, à peine de nullité de la signification, & de cent livres d'amende.

III.

Lesdits actes ne pourront être signifiés, si l'Appelant n'a préalablement consigné la somme de douze livres, pour l'amende envers Sa Majesté; & sera à cet effet, la quittance de consignation, attachée à l'acte d'appel, & signifiée avec ledit acte, à peine de nullité: défenses sont faites aux Huissiers d'en signifier aucun sans ladite quittance, à peine de vingt livres d'amende.

IV.

Sur la Requête qui sera présentée par l'Appelant ou par l'Intimé, lesdites appellations seront plaidées à l'Audience desdits sieurs Maîtres des Requêtes, en la maniere accoutumée; si ce n'est, lorsque le Conseil se tiendra ailleurs qu'à Paris ou à Versailles, dans d'autres lieux où Sa Majesté fera son séjour: auquel cas, elles seront plaidées pardevant les sieurs Maîtres des Requêtes qui se trouveront alors à la suite du Conseil, en nombre suffisant pour y statuer.

V.

L'Appelant qui succombera dans son appel, de quelque maniere que la prononciation soit conçue, sera condamné en l'amende de soixante-quinze livres envers Sa Majesté, si ce n'est que les sieurs Maîtres des Requêtes, pour de bonnes considérations, jugeassent à propos de la moderer; sans néanmoins qu'audit cas, elle puisse être réduite au dessous de douze livres: & si ledit Appelant se désiste de son appel, l'amende par lui consignée demeurera acquise au profit de Sa Majesté.

TITRE XIII.

De la maniere de proceder aux Jugemens, & de l'expédition des Arrêts.

ARTICLE PREMIER.

Le Jugement de l'instance qui sera instruite & en état d'être jugée, ne pourra être differé par la mort des Parties ou de leurs Avocats, ou sous prétexte de constitution d'un nouvel Avocat: & seront au surplus observées au Conseil les dispositions des articles II. III. & IV. du Titre XXVI. de l'Ordonnance du mois d'Avril 1667.

II.

Les Arrêts seront rédigés par les sieurs Rapporteurs, aussi-tôt qu'ils auront été rendus, pour être signés & remis au Greffe le jour du Conseil suivant.

III.

Le vû de l'Arrêt contiendra les noms & les qualités prises par les Parties dans les actes & exploits introductifs de l'instance, les demandes & conclusions portées par leurs Requêtes, avec un Extrait sommaire des piéces y jointes : & ne pourront les sieurs Rapporteurs recevoir lesdites qualités & vûs d'Arrêts, des mains des Parties, ou de leurs Avocats, mais seront tenus de les faire faire par leurs Clercs, & de les revoir exactement.

IV.

Le dispositif de l'Arrêt sera écrit en entier, de la main du sieur Rapporteur, & l'Arrêt sera signé par Monsieur le Chancelier & par ledit sieur Rapporteur.

V.

Lorsque l'affaire jugée aura été examinée avant le rapport au Conseil, par des Commissaires, ou par les sieurs Maîtres des Requêtes, à leur assemblée, le sieur Rapporteur sera tenu de leur communiquer l'Arrêt qu'il aura rédigé, pour être ensuite signé par ceux d'entr'eux qui auront assisté au rapport de l'affaire au Conseil, avant qu'il soit presenté à Monsieur le Chancelier pour le signer.

VI.

La minute de l'Arrêt sera remise par le sieur Rapporteur au Greffier du Conseil, pour être ledit Arrêt expedié à la premiere réquisition des Parties : & ne pourra ledit Greffier se désaisir de ladite minute, à peine d'interdiction, & de demeurer responsable des dommages & interêts des Parties.

VII.

Les expeditions des Arrêts seront écrites en demi-grosse, lisiblement & correctement, & chaque rôle contiendra au moins cinquante lignes, & chaque ligne douze syllabes, à peine de privation des droits dûs pour ladite expedition, même de plus grande peine, s'il y échet. Défenses sont faites aux Commis du Greffe, de contrevenir à la presente disposition, comme aussi d'exiger d'autres ni plus grands droits que ceux qui sont bien & dûement établis, & dont il sera fait incessamment un nouveau tarif: ce qui sera observé, à peine de restitution du quadruple, & de telle autre condamnation qu'il appartiendra, suivant l'exigence des cas.

VIII.

Le Greffier sera tenu d'apporter à Monsieur le Chancelier, le lendemain de chaque Conseil, un extrait de son plumitif, signé de lui, qui contiendra les instances qui auront été rapportées audit Conseil, les noms des Parties & de leurs Avocats, ceux des Rapporteurs, & ce qui aura été décidé sur chaque affaire.

IX.

Aucun Arrêt du Conseil ne pourra être mis à exécution contre une Partie, s'il n'a été préalablement signifié à l'Avocat au Conseil qui aura occupé pour elle en l'instance jugée par ledit Arrêt; & ce, quand même il auroit été signifié à ladite Partie, à personne ou domicile : ce qui aura lieu, à peine de nullité de toutes les procedures & exécutions qui pourroient être faites avant la signification de l'Arrêt audit Avocat.

X.

En cas néanmoins que ledit Avocat fût décedé, avant que l'Arrêt eût été mis a exécution, celui qui l'aura obtenu, pourra le faire exécuter, en conséquence de la ſeule ſignification faite à la Partie, à ſon domicile, ſans qu'il ſoit néceſſaire d'attendre que ladite Partie ait conſtitué un nouvel Avocat, ou de faire aucunes pourſuites pour l'obliger à en conſtituer.

TITRE XIV.

De la remiſe des productions au Greffe.

ARTICLE PREMIER.

Dans toutes les affaires qui ſeront portées au Conſeil, lorſque l'inſtance aura été jugée, & l'Arrêt ſigné, les Clercs des ſieurs Rapporteurs ſeront tenus de remettre au Greffe dans huitaine pour tout délai, ſans en être requis, & ſans frais, ni autres droits que ceux qui ſeront ci-après reglés, toutes les Requêtes, Piéces & Productions, tant principales que nouvelles de l'inſtance, deſquelles le Greffier ſera tenu de leur donner une décharge valable; le tout ſans droits ni frais.

II.

Faute par leſdits Clercs de remettre leſdites Requêtes, Piéces & Productions, dans ledit délai, ils pourront y être contraints, même par corps, à la requête des Parties, après une ſimple ſommation; & ils demeureront en outre, eux, leurs héritiers, ou ayans cauſes, garans & reſponſables envers leſdits Avocats, pendant trente ans, de la perte deſdites Requêtes, Piéces & Productions, & des dommages & interêts qui en pourroient réſulter.

III.

En cas que les Avocats des Parties n'ayent fait les diligences néceſſaires pour obliger leſdits Clercs des ſieurs Rapporteurs, à remettre au Greffe leſdites Requêtes, Piéces & Productions, ils demeureront, eux, leurs héritiers, ou ayans cauſe, garans & reſponſables en leur propre & privé nom, envers leurs Parties, pendant trente ans, de la perte deſdites Requêtes, Piéces & Productions, & des dommages & interêts qui en pourroient reſulter.

IV.

Les Avocats qui auront retiré du Greffe les Productions faites par leurs Parties, dans les inſtances jugées, en demeureront déchargés envers leſdites Parties, après cinq ans, à compter du jour qu'ils auront retiré leſdites Productions du Greffe; ſans qu'après ledit délai leurs veuves, héritiers, ou ayans cauſe, puiſſent être recherchés à ce ſujet, ſous quelque prétexte que ce puiſſe être.

V.

Dans les cas où il y aura changement de Rapporteur, les diſpoſitions des trois premiers articles du preſent Titre ſeront obſervées pour la remiſe des Requêtes, Piéces & Productions des inſtances qui n'auront pas été jugées; ſans néanmoins que les Clercs des ſieurs Rapporteurs, auſquels il en aura été ſubrogé de nouveaux, puiſſent exiger, en ce cas, aucuns droits ni frais, pour remettre leſdites Requêtes, Piéces & Productions au Greffe.

TITRE XV.

Des Voyages, Séjours, & Retours.

ARTICLE PREMIER.

La Partie qui aura obtenu une condamnation de dépens, pourra, lors de la liquidation d'iceux, faire taxer à son profit, les sommes qui seront reglées ci-après pour les voyages, séjours & retours qu'elle aura faits à la suite du Conseil pour la poursuite du Jugement de l'instance.

II.

Lorsque la Partie n'ayant pû venir à la suite du Conseil, y aura envoyé sa femme, ou un de ses enfans, pour y solliciter le Jugement de l'instance, leurs voyages, séjours & retours, pourront pareillement entrer en taxe au profit de ladite Partie, sans que, pour raison de ce, ils ayent besoin d'aucune procuration.

III.

Entreront pareillement en taxe, les voyages, séjours & retours que tout autre Particulier envoyé par la Partie, aura faits pour raison de ladite instance; pourvû toutesfois qu'il rapporte une procuration spéciale de ladite Partie, passée devant Notaire, contenant le nom, la qualité & la demeure dudit Procureur, la cause & le sujet de son voyage & séjour, si c'est à l'occasion d'une ou plusieurs affaires, le nombre & la nature desdites affaires: autrement les voyages, séjours, & retours desdits Particuliers ne pourront être employés en taxe.

IV.

Ne seront néanmoins obligés les Députés des Chapitres, ou Corps ou Communautés Ecclesiastiques ou séculieres, dans le cas de l'article précedent, de rapporter une Procuration passée devant Notaire, pourvû qu'ils soient suffisamment autorisés par une déliberation de leur Chapitre, Corps ou Communauté, qui contienne ce qui est porté par ledit article.

V.

Celui qui voudra être remboursé des frais d'un voyage, séjour & retour, sera tenu de dénoncer son arrivée aux autres Avocats de l'instance, par un acte signé de lui & de son Avocat, tant sur l'original que sur chacune des copies de l'acte; ce qui sera pareillement exécuté par celui qu'il aura envoyé à sa place, lequel sera tenu de donner en même tems copie de la Procuration ou déliberation mentionnée dans les deux articles précedens, le tout à peine de nullité: & n'entrera aucun séjour en taxe, s'il n'en a été fait un acte de dénonciation en la forme reglée par le present article.

VI.

Si depuis la dénonciation du séjour, la Partie, ou celui qu'elle aura envoyé, quittent la suite du Conseil avant le Jugement de l'instance, leur départ sera déclaré par un nouvel acte, à peine de privation du séjour fait auparavant; & en cas de retour, il en sera fait une nouvelle dénonciation, sinon, le second séjour ne pourra entrer en taxe: & seront lesdits actes de départ & de retour, faits & signifiés en la forme prescrite par l'article précedent.

VII.

Lorsqu'il sera procedé à la taxe, celui qui aura fait le séjour, sera tenu d'affirmer en personne pardevant le sieur Rapporteur, tout ce qui aura été employé dans les actes de séjour, Procurations & Déliberations ci-dessus mentionnés, en faisant seulement sommer préalablement l'Avocat de sa Partie, de se trouver du jour au lendemain devant le sieur Rapporteur de l'instance jugée, pour voir faire ladite affirmation, de laquelle il lui sera donné acte au pied de ladite sommation, sans qu'il soit besoin de faire commettre de nouveau ledit sieur Rapporteur, ni de prendre son Ordonnance.

VIII.

Lorsque l'instance sera jugée, la Partie, ou celui qu'elle aura envoyé, qui voudront s'en retourner avant la taxe des dépens, seront tenus de faire, avant leur départ, leur affirmation en la forme prescrite par l'article précedent : & en cas qu'ils s'en fussent retournés avant le Jugement de l'instance, ils enverront une Procuration passée devant Notaire, pour faire ladite affirmation à leur place, avant que les dépens soient taxés; le tout à peine de privation desdits voyages, séjour & retour.

IX.

S'il est prouvé avant l'affirmation, que la Partie, ou celui qu'elle aura envoyé, soient venus pour la poursuite de plusieurs affaires, soit au Conseil, ou en autre Jurisdiction, la taxe du voyage & du séjour sera réduite suivant le nombre des affaires & le tems qu'elles auront duré.

X.

En cas qu'il soit justifié suffisamment que le contenu en l'acte de séjour, Procuration ou Déliberation ci-dessus mentionnés, & dans l'acte d'affirmation, ne soit pas véritable en tout, ou même en partie, ladite Partie, ou celui qu'elle aura envoyé, seront privés de tout voyage, séjour & retour; & il sera ordonné par le sieur Maître des Requêtes qui fera ladite taxe, qu'il en sera par lui referé au Conseil; & ledit Demandeur y sera condamné, s'il y échet, en trois cens livres d'amende envers Sa Majesté, & en tels dommages & interêts qu'il appartiendra envers la Partie, même en plus grande peine, selon l'exigence des cas; & ce, sur le vû du Procès-verbal dudit sieur Rapporteur, sans autres écritures ni procedures au sujet dudit réfere.

XI.

Il ne pourra être taxé plus de trois mois de séjour pour chaque instance, si ce n'est qu'il fût intervenu en icelle, des Arrêts interlocutoires, ou de rétention du fond; auquel cas, il pourra être taxé un second séjour de trois mois, à compter du jour desdits Arrêts : & ne seront compris, en aucun cas, dans lesdits séjours, le tems du voyage ni celui du retour.

XII.

Dans les instances qui auront été introduites par assignation, le séjour pourra commencer à courir du jour de la signification de l'acte de presentation de l'Avocat du Défendeur; dans celles qui auront été introduites par Arrêt de soit communiqué, du jour du premier acte signifié par l'Avocat du Défendeur; & dans les instances d'opposition au titre, ou à des Arrêts du Conseil, qui auront été introduites par simples Requêtes, du jour de la signification desdites Requêtes, sans néanmoins qu'il puisse être accordé aucun séjour avant l'acte de dénonciation, porté par l'article V. ci-dessus.

XIII.

Il ne sera taxé à la Partie, aucun voyage, séjour ni retour, pour être venue ou avoir envoyé à la ſuite du Conſeil, depuis l'Arrêt adjudicatif des dépens, à l'effet de proceder à ladite taxe.

XIV.

Il ne pourra être fait, au ſujet deſdits voyages, ſéjours & retours, ni de la taxe d'iceux, aucune autre procedure que celle qui a été ci-deſſus preſcrite, à peine de nullité.

XV.

Les voyages & ſéjours ſeront taxés ſelon les qualités des Parties, ainſi qu'il ſuit, ſçavoir :

A un Archevêque, quinze livres, ci. . . . . . 15 l.

A un Evêque, douze livres, ci. 12

A un Abbé Commendataire ou Régulier, ſept livres dix ſols, ci. . . . . 7 10 ſ.

A un Doyen, Prevôt, Archidiacre, ou autre Dignitaire d'une Egliſe Cathédrale, ſix livres, ci. 6

A un Chanoine d'Egliſe Cathédrale, & à un Doyen ou autre Dignitaire d'Egliſe Collégiale, cinq livres, ci. 5

A un Chanoine de Collégiale, à un Prieur ou Religieux, & à un Curé de Ville murée, quatre livres, ci. 4

Aux Curés des autres lieux, & autres Prêtres, trois livres, ci. 3

Aux Princes, Ducs & Pairs, & Maréchaux de France, ne ſera taxé que pour le voyage d'un Ecuyer, à ſix livres par jour, pour apporter les Piéces ſelon la diſtance des lieux, lorſqu'il s'agira des droits de leurs Terres, ſix livres, ci. 6

A un Chevalier des deux Ordres du Roi, quinze livres, ci. 15

A un Marquis, Comte ou Baron, ayant Lettres d'érection de Terre enregiſtrées, dix livres, ci. 10

A un Lieutenant Général des Armées du Roi, dix livres, ci. 10

A tous autres Officiers de Cavalerie, d'Infanterie ou de Marine, & à un Chevalier de l'Ordre de Saint Louis, ſix livres, ci. 6

A un Capitaine, Lieutenant ou Enſeigne réformés, & un Chevalier des Ordres de Saint Michel ou de Saint Lazare, quatre livres, ci. 4

A un Gentilhomme, ſix livres, ci. 6

A un Préſident de Cour Superieure, douze livres, ci. . . 12

A un Conſeiller, Avocat ou Procureur Général de Cour Supérieure, dix livres, ci. 10

A un Greffier en Chef de Cour Superieure, ſix livres, ci. . 6

A un Commis du Greffe en Charge, à un Huiſſier & à un Procureur de Cour Superieure, trois livres, ci. . . . 3

A un Avocat de Cour Supérieure, plaidant ou Conſultant actuellement, quatre livres, ci. 4

Aux autres Avocats, trois livres, ci. 3

A un Préſident de Préſidial, ou Lieutenant Général des Siéges reſſortiſſant nuement ès Cours, ſix livres, ci. 6

A un Conſeiller, à un Avocat, & à un Procureur du Roi

desdits Siéges, quatre livres, ci.	4 l.	
A un Greffier, Notaire, Procureur ou Huissier desdits Siéges, deux livres dix sols, ci.	2	10 s.
A un Lieutenant, Assesseur, Avocat ou Procureur du Roi des Siéges particuliers, trois livres, ci.	3	
A un Greffier, Procureur ou Huissier desdits Siéges, deux livres, ci.	2	
A un Juge ou Procureur Fiscal de Seigneurie, deux livres dix sols, ci.	2	10
A un Greffier, Notaire, Huissier ou Procureur desdites Seigneuries, deux livres, ci.	2	
A un Receveur Général des Finances, ou à un Trésorier d'Etats, six livres, ci.	6	
A tous autres Officiers comptables, trois livres, ci. . .	3	
A un Médecin, Chirurgien ou Apoticaire de Ville Capitale, trois livres, ci.	3	
A un Médecin, Chirurgien ou Apoticaire d'une autre Ville, ou de Campagne, deux livres, ci.	2	
A un Marchand de Ville Capitale de Province, ou autre où il y a Jurande, deux livres dix sols, ci. . . .	2	10
A un Curateur aux causes ou à des biens vacans, à un Collecteur, Laboureur, Artisan, ou autre personne non designée par le présent tarif, une livre dix sols, ci. . . .	1	10

XVI.

Les voyages & séjours des femmes, seront taxés suivant la qualité de leurs maris, & ceux des enfans, suivant leur qualité personnelle ; pourvû néanmoins que ladite taxe n'excede pas celle qui seroit accordée à la Partie qui les a envoyés.

XVII.

Le voyage & séjour de toute autre personne, de quelque qualité qu'elle soit, qui aura été envoyée par la Partie, ne sera taxé qu'à raison de deux livres dix sols par jour, pourvû que ladite taxe n'excede pas celle qui a été reglée pour la Partie qui l'a envoyée.

TITRE XVI.

De la liquidation ou de la taxe des dépens, & de la maniere de se pourvoir contre ladite taxe.

ARTICLE PREMIER.

La Partie qui succombera dans sa demande, sera condamnée aux dépens; & s'il y échet, aux dommages & interêts des Parties qui en auront demandé, même en cas de contestation téméraire, en telle amende qu'il appartiendra, envers Sa Majesté & envers la Partie ; laquelle amende pourra être prononcée d'office, quand les Parties n'y auroient pas conclu.

II.

Les dépens qui seront adjugés par les Arrêts rendus par défaut ou par forclusion, & les frais & coûts des Arrêts sur Requête, lorsque la condamnation aura été prononcée, seront liquidés par lesdits Arrêts; & ce, sur un simple Mémoire des frais faits par la Partie qui obtiendra lesdits Arrêts, lequel sera signé de son Avocat, & remis au sieur Rapporteur avant son rapport.

III.

Lorsque l'instance aura été jugée contradictoirement, & qu'une des Parties aura été condamnée aux dépens, ils seront taxés en la forme ci-après reglée, si ce n'est que le Conseil eût jugé à propos de les liquider, en statuant sur ladite instance.

IV.

L'Avocat qui voudra faire proceder à ladite taxe, sera tenu de dresser une Déclaration ou Mémoire, qui contiendra, par articles séparés, tous les frais & dépens faits par sa Partie, pour l'instruction & le jugement de l'instance, y compris ceux de la taxe desdits dépens.

V.

Lesdites déclarations de dépens seront écrites en demi-grosse seulement, & chaque rôle contiendra cinquante lignes, & chaque ligne douze syllabes.

VI.

Les qualités, le narré du fait, & l'arrêté de la déclaration, n'entreront en taxe que pour quatre rôles, & pour trois articles seulement; & chaque rôle du surplus de ladite déclaration contiendra au moins quatre articles.

VII.

Il ne pourra être mis dans lesdites déclarations de dépens, aucun article pour les expeditions qui n'auront point été levées, pour droits non payés, si ce n'est que le Demandeur en taxe en fût exempt par privilege, ni pour plus grandes sommes que celles qui auront été déboursées : & ne sera pris aucun droit pour articles rayés ou tirés à néant, lesquels ne pourront faire nombre dans le calcul.

VIII.

Il ne pourra être fait dans lesdites déclarations de dépens, plusieurs articles d'une seule piéce, ou d'une seule expedition du Greffe ou du Sceau ; mais seront compris en un seul & même article, tous les droits sans exception, qui peuvent concerner ladite piéce ou ladite expedition, sinon lesdits articles seront rayés, & il sera déduit à l'Avocat du Demandeur, autant de ses droits pour chaque article qui aura passé en taxe, qu'il s'en trouvera de rayés concernant la même expedition du Greffe ou du Sceau.

IX.

Il sera fait un article séparé pour tout le papier timbré qui aura été employé, tant en la production du Demandeur en taxe, qu'en la déclaration de dépens, & pour la signification de l'Arrêt & de la Commission.

X.

La déclaration de dépens sera signifiée à l'Avocat de la Partie qui y aura été condamnée, & ne pourra ladite signification être réputée valable, si l'Arrêt qui a adjugé les dépens, n'a été signifié préalablement, ou en même tems audit Avocat, lequel sera tenu d'occuper sur ladite taxe.

XI.

Ledit Avocat pourra prendre communication par les mains de l'Avocat du Demandeur en taxe, & sans déplacer, des piéces justificatives des articles dont la déclaration de dépens sera composée, & ce, dans huitaine pour tout délai, à à compter du jour de la signification de ladite déclaration, sans qu'il soit fait aucune sommation à ce sujet, sinon, il ne sera plus reçu à demander ladite communication.

XII.

Trois jours après ladite communication, il lui sera permis de faire signifier audit Avocat, par un Huissier du Conseil, des offres de la somme qu'il voudra payer pour lesdits dépens, avec protestation de n'être tenu des frais qui seroient faits au préjudice desdites offres.

XIII.

En cas que lesdites offres soient acceptées, & que la somme offerte n'ait pas été payée, il sera, sur le vû de l'acte d'offres & d'acceptation d'icelles, délivré par le Greffier du Conseil, exécutoire de la somme y contenue, en la forme ordinaire, sans autre procedure ni formalité, & sans qu'il puisse être fait audit cas, aucune taxe de dépens.

XIV.

En cas qu'il n'y ait point eu d'offres dans ledit délai, ou que l'Avocat du Demandeur en taxe ne les ait pas acceptées trois jours après qu'elles auront été signifiées, celui qui voudra faire taxer les dépens, obtiendra du sieur Rapporteur de l'instance, ou de celui des sieurs Maîtres des Requêtes, qui, en son absence ou légitime empêchement, aura été commis par Monsieur le Chancelier, une Ordonnance pour faire assigner l'autre Avocat de se rendre chez ledit sieur Rapporteur aux jour & heure qui y seront indiqués, pour être lesdits dépens par lui taxés, ainsi qu'il appartiendra.

XV.

Aux jour & heure marqués par ladite Ordonnance, il sera, soit en la présence ou en l'absence de l'Avocat assigné, procedé définitivement à la taxe desdits dépens; à l'effet de quoi, le sieur Rapporteur mettra ses arrêtés à côté de chaque article de la déclaration de dépens, & le calcul sera par lui fait & signé à la fin de ladite déclaration, avec son Ordonnance, portant qu'il sera délivré exécutoire de la somme contenue audit calcul.

XVI.

La déclaration de dépens ainsi reglée & signée du sieur Rapporteur, sera remise au Greffier du Conseil, à l'effet d'être par lui expedié & délivré sur le champ, & sans autre procedure ni formalité, un exécutoire desdits dépens en la forme ordinaire.

XVII.

Dans les cas où il aura été fait des offres par le Défendeur à la taxe des dépens, & où elles n'auront pas été acceptées par le Demandeur, si les dépens taxés, non compris les frais de la taxe, n'excedent pas lesdites offres, les frais de ladite taxe seront à la charge du Demandeur seul, & ne pourront être compris dans l'exécutoire.

XVIII.

L'Avocat qui voudra obtenir la distraction des dépens adjugés à sa Partie, sera tenu de le déclarer à l'Avocat de l'autre Partie, par un acte qui lui sera signifié en même tems que la déclaration de dépens; auquel cas, en remettant au sieur Maître des Requêtes qui en fera la taxe, ledit acte dûement signifié, ils pourront être taxés à son profit, & l'exécutoire délivré en son nom; sinon, & faute de faire faire ladite signification dans le tems ci-dessus marqué, il ne sera plus reçu à demander ladite distraction de dépens.

XIX.

Lorsque la Partie condamnée aux dépens, ou son Avocat, seront décedés; & que le décès de ladite Partie aura été dénoncé avant la taxe d'iceux, celui qui voudra y faire proceder, sera tenu de prendre une Commission ou un Arrêt, pour faire assigner au Conseil ladite Partie ou ses héritiers, à l'effet de constituer Avocat, pour voir proceder à ladite taxe.

XX.

Si la Partie ainsi assignée constitue Avocat, il sera procedé à ladite taxe, en la forme ci dessus prescrite; sinon, il sera, sur la réquisition de l'Avocat du Demandeur, passé outre à la taxe des dépens, sur le simple certificat qui aura été délivré par le Greffier du Conseil, portant qu'il ne s'est présenté aucun Avocat sur ladite assignation, sans autre procedure ni formalité.

XXI.

En cas de décès ou d'absence, ou autre empêchement légitime du sieur Rapporteur de l'instance jugée, il ne pourra être procedé à la taxe des dépens, que par celui des sieurs Maîtres des Requêtes qui lui aura été subrogé en la maniere accoutumée.

XXII.

La liquidation des dépens sera faite conformément & sur le pied reglé par le tarif suivant, sçavoir:

Pour le vin de Messager, dans toutes les instances sans exception, lorsque le délai pour se presenter au Conseil sera de quinzaine, cinq livres, ci.	5 l.		
Lorsqu'il sera d'un mois, ou plus, dix livres, ci. .	10		
Lorsqu'il sera de deux mois, ou plus, quinze livres, ci.	15		
Pour les Lettres du Sceau, introductives d'instances, de quelque nature qu'elles soient, non compris les droits du Sceau, sept livres dix sols, ci. . . .	7	10 s.	
Pour l'exploit d'assignation à domicile, ou pour la signification à domicile, d'un Arrêt introductif d'instance, sauf à augmenter ledit droit de vingt sols par lieuë, quand l'Huissier aura été obligé de se transporter hors du lieu de la résidence, une livre dix sols, ci. . . .	1	10	
Pour le droit de Consultation dans les affaires jugées par Arrêt sur Requête, cinq livres, ci. . .	5		
Pour ledit droit dans toutes les autres affaires sans exception, dix livres, ci.	10		
Pour le droit de presentation, six livres, ci. . .	6		
Pour l'acte de presentation, non compris le droit du Greffe pour l'enregistrement dudit acte, quinze sols, ci.		15	
Pour une cédule de défaut, non compris le droit de l'expedition du Greffe, une livre dix sols, ci. . .	1	10	
Pour une Requête pour faire commettre ou subroger un Rapporteur ou des Commissaires, non compris le droit d'enregistrement de ladite Requête au Greffe, une livre dix sols, ci.	1	10	
Pour la copie de ladite Requête, sept sols six deniers, ci.		7	6 d.

Pour toutes les Requêtes presentées au Conseil sans distinction, même pour les Requêtes en vû d'Arrêt, par chaque rôle, deux livres, ci. . . . . 2 l.

Pour le mis au net de chaque rôle des Requêtes au Conseil, dix sols, ci. . . . . . 10 s.

Pour la copie desdites Requêtes, par chaque rôle, cinq sols, ci. 5

Pour les Mémoires imprimés, y compris les frais de l'impression, par chaque feuille, trente-six livres, ci. . 36

Pour la comparution d'un Avocat à un Procès-verbal d'interrogatoire, d'Enquête, de collation de piéces, & autres qui peuvent être faits dans le cours d'une instance, trois livres, ci. 3

Pour le Clerc du sieur Rapporteur, lorsque ledit Procès-verbal n'excedera pas six rôles, trois liv. ci . . . 3

Et lorsqu'il excedera six rôles, par chaque rôle, dix sols, ci. 10

Pour les copies dudit Procès-verbal, le quart desdits droits de l'expedition d'icelui seulement.

Pour la copie d'un Arrêt signifié aux Avocats dans l'instance, par chaque rôle de l'expedition dudit Arrêt, dix sols, ci. 10

Pour ladite copie, quand l'Arrêt a été signifié à domicile, par chaque rôle de l'expedition, deux sols six deniers, ci. . . . . . . 2 6 d.

Pour chaque acte de sommation, protestation, ou autres, signifiés pendant le cours d'une instance, pour l'Avocat, quinze sols, ci. 15

Pour chaque signification de Requête ou d'Arrêt, pendant le cours d'une instance, une livre, ci. . . 1

Pour chaque signification des autres actes, dix sols, ci. 10

Pour la communication de productions ou d'une instance, trois livres, ci. 3

Pour le retrait du Greffe des productions de l'instance après le Jugement d'icelle, trois livres, ci. . . 3

Pour les droits du Clerc du sieur Rapporteur, sçavoir:

Pour l'entrée des productions de chaque Partie, trois livres, ci. 3

Pour chaque communication desdites productions ou de l'instance, trois livres, ci. 3

Pour le vû d'un Arrêt sur Requête ou par défaut, trois livres, ci. 3

Pour le vû d'un Arrêt par forclusion, six livres, ci. 6

Pour le vû d'un Arrêt contradictoire, douze livres, ci. 12

Pour la remise au Greffe des productions de chaque Partie après le Jugement de l'instance, trois livres, ci.. 3

Pour la déclaration de dépens au Clerc de l'Avocat, par chaque rôle, dix sols, ci. 10

Pour la copie de ladite déclaration, par chaque rôle,

cinq sols; ci. . . . . 5 s.

Pour chaque article passé, les articles accolés n'étant comptés que pour un seul article, à l'Avocat au Conseil, pour les avoir dressés, cinq sols, ci. 5

Pour la vacation du sieur Rapporteur, ce qu'il lui plaira taxer, selon la qualité de l'affaire.

Pour le droit d'assistance des Avocats, les deux tiers de la vacation dudit sieur Rapporteur.

En cas qu'il y ait plusieurs Parties condamnées aux dépens, il ne sera taxé de droit d'assistance à chaque Avocat, que pour les articles qui concerneront sa Partie en particulier.

Pour le droit d'assistance & de calcul au Clerc du sieur Rapporteur, par chacun desdits articles passés en taxe, deux sols six deniers, ci. . . . . 2 6 d.

Pour l'exécutoire, ce qui sera payé pour les droits du Greffe & du Sceau.

Pour le premier commandement, une livre dix sols, ci. 1 10.

Sauf à augmenter ledit droit de vingt sols par lieuë, quand il sera nécessaire de faire transporter un Huissier hors du lieu de sa résidence.

XXIII.

Si pendant le cours d'une instance, il survient quelque nouvelle demande introduite par Lettres ou Arrêts, il pourra être taxé un second vin de Messager pareil au premier, sans qu'il puisse en être taxé plus de deux dans une même instance.

XXIV.

Les Requêtes en vû d'Arrêt seront taxées, eu égard au nombre des rôles de l'expédition des Arrêts intervenus sur icelles.

XXV.

Il ne sera taxé en une même instance, qu'un seul droit de presentation au profit du même Avocat, & n'en sera dû aucun pour les affaires jugées par Arrêt sur Requête.

XXVI.

Il ne pourra être taxé deux differens droits pour une même signification, encore qu'elle contienne sommation ou protestation.

XXVII.

Les droits du Greffe seront taxés suivant le tarif qui sera arrêté par Sa Majesté, de l'avis des sieurs Commissaires à ce députés par Arrêt de ce jour, & en attendant la publication dudit tarif, suivant ce qui a été observé jusques ici pour la taxe desdits droits, & ce, par forme de provision seulement.

XXVIII.

Les droits du Sceau seront pareillement taxés suivant les tarifs qui ont été cidevant autorisés, ou qui le seront dans la suite par Sa Majesté.

XXIX.

Les Avocats au Conseil ne pourront employer dans les déclarations de dépens, ni dans les mémoires de frais, les voyages qu'ils auront faits pour leurs Parties à la suite du Conseil, & s'ils y étoient employés, ils seront rayés.

XXX.

Les frais qui auroient été faits pour des procedures contraires au present Reglement, ne pourront être employés dans les déclarations de dépens, si ce n'est de la part de celui qui auroit fait déclarer lesdites procedures nulles, & les Avocats qui les auroient faites ne pourront, en aucun cas, en répeter les frais, même contre leurs Parties, à peine de restitution du double des sommes qu'ils en auroient exigées; & en cas de contravention, lesdites Parties pourront en porter leurs plaintes aux Doyen & Syndics desdits Avocats, même se retirer pardevers Monsieur le Chancelier, pour y être pourvû ainsi qu'il appartiendra.

XXXI.

Et à l'égard des procedures qui seront conformes au présent Reglement, défenses très-expresses sont faites ausdits Avocats, d'exiger de leurs Parties d'autres ni plus grands droits que ceux qui sont reglés par le tarif ci-dessus, ni plus grandes sommes que celles qui seront portées par les Arrêts, pour les frais & dépens qui y auront été liquidés, ou celles qui auront été taxées par le sieur Rapporteur; le tout sous telles peines qu'il appartiendra, suivant l'exigence des cas.

XXXII.

Toute action en payement de frais, honoraires & déboursés faits par les Avocats au Conseil, demeurera prescrite par le tems & espace de cinq années, à compter du jour de la révocation desdits Avocats, ou du décès de la Partie, ou du jour du Jugement de l'instance.

XXXIII.

Les Clercs des sieurs Rapporteurs ne pourront exiger d'autres ni plus grands droits que ceux qui sont compris dans le tarif ci dessus, à peine de restitution du quadruple, ou autres qu'il appartiendra.

XXXIV.

La taxe des dépens, soit qu'elle ait été faite contradictoirement, ou que l'Avocat du Défendeur n'y ait pas assisté, ne pourra être attaquée par opposition ni par appel; & sera seulement permis à la Partie qui prétendra avoir été lésée par ladite taxe, d'en demander la révision, à l'effet de quoi elle pourra presenter sa Requête au Conseil, tendante à ce qu'il plaise à Sa Majesté commettre tel des sieurs Maîtres des Requêtes qu'il lui plaira, pour examiner ladite taxe & la réformer, s'il y échet.

XXXV.

Les articles dont la réformation sera demandée, & les moyens sur lesquels elle sera fondée, seront énoncés sommairement dans ladite Requête, laquelle sera signée d'un Avocat au Conseil, & la signification qui en sera faite, contiendra élection de domicile en la personne dudit Avocat, le tout à peine de nullité.

XXXVI.

Le Demandeur en révision de taxe remettra sa Requête à l'un des sieurs Maîtres des Requêtes, pour être à son rapport rendu Arrêt, qui commettra tel nombre des sieurs Maîtres des Requêtes étant en quartier aux Requêtes de l'Hôtel, qu'il sera jugé à propos, selon la nature de l'affaire, à l'effet de revoir ladite taxe, & de statuer définitivement & en dernier ressort, comme Commissaires du Conseil, sur la demande en réformation d'icelle.

XXXVII.

Ledit Arrêt sera obtenu & signifié dans trois mois au plus tard, à compter du jour de la signification de l'exécutoire de dépens, sinon la demande en révision de taxe ne pourra être reçue, sous quelque prétexte que ce puisse être.

XXXVIII.

La signification dudit Arrêt sera faite à l'Avocat qui aura occupé dans l'instance pour la Partie qui aura fait taxer les dépens, lequel sera tenu pareillement d'occuper sur la révision, sans qu'il ait besoin de nouveau pouvoir.

XXXIX.

En cas que ledit Avocat soit décédé lors de l'obtention dudit Arrêt, il sera signifié à la Partie même, à son domicile, avec sommation de constituer un nouvel Avocat dans les délais prescrits au Titre I. de la seconde Partie du present Reglement; & faute d'y satisfaire dans lesdits délais, il sera statué sur la demande en révision de taxe, en la forme ci-après prescrite, & le Jugement qui interviendra, ne pourra être attaqué par aucune autre voye que celle de la demande en cassation.

XL.

Il ne pourra être accordé par ledit Arrêt, aucune surséance à l'exécutoire de dépens, sous prétexte de la demande en révision, qu'à la charge de consigner par le Demandeur, la moitié au moins des sommes ausquelles monteront les articles contestés; & sauf au Défendeur à ladite révision, à continuer ses poursuites ainsi qu'il avisera bon être, pour raison des articles non contestés.

XLI.

L'Avocat qui voudra poursuivre le Jugement de ladite demande, sera tenu de retirer du Greffe la déclaration de dépens, & de la remettre entre les mains du dernier des sieurs Commissaires nommés, pour statuer sur ladite révision de taxe.

XLII.

L'Avocat du Défendeur à ladite révision, sera tenu de remettre au sieur Commissaire les piéces justificatives des articles contestés, ausquelles il pourra joindre une seule Requête, qui n'entrera en taxe que pour dix rôles.

XLIII.

Ladite Requête sera répondue par ledit sieur Commissaire, & signifiée à l'Avocat du Demandeur, dans quinzaine pour tout délai, à compter du jour de la signification de l'Arrêt mentionné dans l'article XXXVI. ci-dessus, ou du jour que l'Avocat dudit Défendeur se sera constitué dans le cas de l'article XXXIX. sans qu'il puisse être fait aucune autre Requête, Ecritures ou Procedures au sujet de ladite demande, à peine de nullité.

XLIV.

L'Avocat qui voudra poursuivre le Jugement de ladite révision, prendra une Ordonnance dudit sieur Commissaire, pour faire assigner l'Avocat de l'autre Partie, à l'effet de se rendre aux Requêtes de l'Hôtel devant lesdits sieurs Commissaires, aux jour & heure qui auront été indiqués par ladite Ordonnance, pour y déduire sommairement ses moyens.

XLV.

Faute par l'Avocat du Défendeur de satisfaire à ce qui est porté par les articles XLI. XLII. & XLIII. ci-dessus, ou faute par l'un des Avocats des Parties, de se rendre à l'assemblée des sieurs Commissaires, aux jour & heure qui leur auront été indiqués, il sera statué définitivement par lesdits Sieurs Commissaires sur la demande en révision de taxe, sur ce qui leur aura été remis, sans qu'il puisse être accordé aucun délai au défaillant; & leur Jugement ne pourra être attaqué par aucune autre voye que celle de la demande en cassation.

XLVI.

Ledit Jugement contiendra la liquidation des dépens faits au sujet de la contestation, & le Demandeur qui succombera dans tous les articles dont il aura demandé la révision, sera condamné en cent livres d'amende, moitié envers Sa Majesté, & moitié envers la Partie, même s'il y échet, en tels dommages & interêts qu'il appartiendra envers ladite Partie.

TITRE XVII.

De la discipline qui doit être observée par les Avocats au Conseil.

ARTICLE PREMIER.

Aucun ne pourra être pourvû d'un Office d'Avocat aux Conseils du Roi, s'il n'a été reçu Avocat en Parlement.

II.

Les Secretaires, Clercs ou Commis de ceux qui ont entrée, séance & voix déliberative au Conseil, ne pourront être pourvûs d'Offices d'Avocats au Conseil, tant qu'ils demeureront en cet état : Et à l'égard des Clercs des Avocats au Conseil, ils ne pourront pareillement être pourvûs desdits Offices, si après avoir cessé d'être Clercs, ils n'ont fréquenté le Barreau pendant deux ans au moins, en qualité d'Avocats au Parlement, dont ils seront tenus de rapporter des preuves en bonne forme.

III.

Après que celui qui poursuivra sa réception en l'Office d'Avocat au Conseil, aura été agréé par Monsieur le Chancelier, & en aura obtenu le *soit montré* aux Doyen & Syndics desdits Avocats, il se presentera à l'assemblée desdits Avocats, & s'ils trouvent qu'il ait les qualités requises, ils en rendront compte à Monsieur le Chancelier, & en conséquence il sera fait information de ses vie & mœurs, & religion, par un des sieurs Maîtres des Requêtes qui sera commis à cet effet.

IV.

Défenses sont faites aux Clercs, Solliciteurs, & à tous autres qu'aux Avocats au Conseil, de signer aucuns actes de procedure, soit d'instruction ou autres, ni même de les cotter du nom desdits Avocats, à peine de faux : & ne pourront lesdits Avocats leur prêter leur ministere directement ou indirectement, ni signer pour eux aucunes écritures ou expéditions, à peine d'interdiction pour la premiere fois, & de privation de leurs Charges pour la seconde.

V.

Ne pourront pareillement lesdits Avocats occuper pour leurs Confreres, ou leur prêter leur nom, directement ou indirectement, en quelques affaires que ce puisse être, quand même ce seroit pour des Parties qui n'auroient pas des interêts opposés; & ce, sous telles peines qu'il appartiendra, sauf aux Parties qui auroient un même interêt, à constituer le même Avocat.

VI.

Aucun Avocat au Conseil ne pourra faire fonction de Secretaire, Clerc, ou Commis de ceux qui ont entrée, séance & voix déliberative au Conseil, ni pareillement d'Intendant ou Agent de quelque personne que ce puisse être; ce qui sera observé, à peine de destitution de son Office : à l'effet de quoi les Doyen & Syndics desdits Avocats seront tenus de se retirer pardevers Monsieur le Chancelier, pour y être par lui pourvû.

VII.

Les Avocats au Conseil tiendront une fois la semaine une assemblée, composée des Doyen, Syndics, Greffier, & de ceux d'entr'eux qui seront députés par chacun mois; à laquelle assemblée les autres Avocats pourront se trouver, si bon leur semble.

VIII.

Les Députés seront tenus, dans le mois de leur députation, & les Avocats nouvellement reçus, dans les trois premieres années de leur réception, de se trouver à toutes lesdites assembles, à peine de trois livres d'aumône pour chaque contravention, s'ils n'en sont excusés par les Syndics pour causes justes & légitimes.

IX.

Dans lesdites assemblées seront examinées les plaintes touchant la discipline desdits Avocats, l'irrégularité des procedures, & en général l'inobservation des Reglemens, notamment en ce qui concerne les termes injurieux dont aucuns desdits Avocats se plaindront contre leurs Confreres; sur quoi l'assemblée pourra mulcter les Contrevenans de telle aumône qui sera jugée convenable, jusqu'à la somme de cent livres, applicable à l'Hôpital général.

X.

Ne pourra néanmoins ladite assemblée prendre connoissance de la révocation qui auroit été faite d'un Avocat par sa Partie, & l'Avocat que ladite Partie aura constitué à la place du premier, ne pourra se dispenser d'occuper pour elle, sous prétexte de vouloir y être autorisé par l'avis de ladite assemblée, pardevant laquelle, ou pardevant lesdits Syndics en charge, les Parties ou leurs Avocats ne pourront être obligés de se pourvoir au sujet de ladite révocation.

XI.

Les déliberations qui auront été prises dans lesdites assemblées, ne pourront être attaquées par opposition ni par appel, sauf à ceux qui auront à s'en plaindre, à se retirer pardevers Monsieur le Chancelier, pour être pourvû, ainsi qu'il appartiendra.

XII.

Les Doyen & Syndics desdits Avocats seront tenus de remettre tous les mois à Monsieur le Chancelier, un extrait des déliberations prises en ladite assemblée sur tous les points contenus en l'article IX. ci-dessus, concernant la discipline des Avocats aux Conseils.

Le présent Reglement sera ponctuellement observé dans toutes les affaires, sans exception, à commencer au quinziéme Juillet prochain, & ce, nonobstant tous Reglemens précedemment faits sur la procedure du Conseil, qui demeureront entierement abrogés, comme aussi nonobstant tous usages à ce contraires. Sera néanmoins permis aux Avocats au Conseil, de continuer leurs procedures conformément aux Reglemens & usages ci-devant observés pour l'instruction des affaires reglées par appointement avant ledit jour, & pareillement pour celle des instances de Requêtes respectives formées avant le même jour; à l'exception toutesfois de ce qui concerne les incidens, la communica-

tion

tion des instances, & la forme de procéder à la liquidation & taxe des dépens, ou de se pourvoir contre ladite taxe; pour raison de quoi lesdits Avocats seront tenus, même dans lesdites affaires commencées, de se conformer exactement aux dispositions du présent Réglement. Fait & arrêté au Conseil d'Etat du Roy, Sa Majesté y étant, tenu à Versailles le vingt-huitiéme jour de Juin mil sept cent trente-huit. *Signé*, PHELYPEAUX.

REGLEMENT

Concernant la Procédure que Sa Majesté veut être observée pour l'instruction des affaires renvoyées devant des Commissaires nommés par Arrêt de son Conseil.

Du 28 Juin 1738.

LE ROY ayant pourvû cejourd'hui, par un Réglement général, à l'ordre de la procédure qui doit être faite en son Conseil, Sa Majesté n'a pas cru devoir y comprendre ce qui regarde les affaires dont la connoissance est renvoyée par des Arrêts particuliers, pardevant des Commissaires dudit Conseil; attendu que ces attributions passageres, & dont Elle a déja revoqué une grande partie, ne doivent pas être l'objet d'un Réglement perpétuel: Mais comme il en subsiste encore plusieurs, & qu'il est important de faire observer des regles fixes & uniformes, sur la procédure qui est propre à ces sortes d'affaires, Sa Majesté a jugé à propos d'expliquer séparement ses intentions sur ce sujet; à quoi voulant pourvoir, Sa Majesté étant en son Conseil, a ordonné & ordonne ce qui suit:

ARTICLE PREMIER.

Les dispositions contenues dans le Réglement géneral de ce jour, seront observées pour l'instruction & le Jugement des affaires dont la connoissance aura été attribuée par Sa Majesté à des Commissaires de son Conseil; à l'exception seulement de ce qui sera ci-après reglé.

II.

Lorsque l'instance n'aura pas été introduite par l'Arrêt de renvoi, elle ne pourra l'être que par Ordonnance de soit communiqué aux Parties dénommées dans la Requête du Demandeur, pour y répondre dans les délais portés par le Réglement géneral; laquelle Ordonnance, après avoir été délibérée par les Sieurs Commissaires, sera mise par le Sieur Rapporteur au bas de ladite Requête, si ce n'est qu'ils jugeassent à propos de rendre un Jugement pour en ordonner la communication: seront au surplus lesdites instances instruites & jugées en la forme prescrite par ledit Réglement, pour celles qui sont introduites par Arrêt de soit communiqué.

III.

Lorſque par l'Arrêt d'établiſſement de la Commiſſion, il aura été nommé un Rapporteur, il ne pourra en être ſubrogé un autre, que par Arrêt du Conſeil; & en cas qu'il n'y ait point eu de Rapporteur nommé par ledit Arrêt, le plus ancien des Sieurs Commiſſaires en choiſira un entre les autres; ce qui ſera inſcrit ſur un Regiſtre tenu à cet effet par le Greffier de la Commiſſion, lequel en fera mention ſignée de lui, à la marge de la premiere Requête préſentée par la Partie la plus diligente; le tout ſans Requête, ſignification, ni procédures, & ſans frais: ce qui ſera pareillement obſervé, lorſqu'il ſera néceſſaire de ſubſtituer un autre Rapporteur à celui qui avoit été ainſi nommé; auquel cas, l'Avocat de la Partie qui aura fait ſes diligences à cet effet, ſera ſeulement tenu d'en dénoncer la nomination par un ſimple acte, aux Avocats des autres Parties de l'inſtance.

IV.

Faute par les Parties de conſtituer Avocat dans le délai porté par l'Arrêt de renvoi, ou par le Jugement ou l'Ordonnance de ſoit communiqué, le Demandeur pourra obtenir un Jugement par défaut, auquel le Défendeur ne pourra demander d'être reçu oppoſant, qu'en propoſant des défenſes au fond dans ſa Requête d'oppoſition, & en refondant préalablement les dépens liquidés par défaut; auquel cas, il ſera ſtatué ſur ladite oppoſition, par les Sieurs Commiſſaires, ſans qu'il ſoit beſoin d'obtenir des Lettres de reſtitution: & ſeront au ſurplus obſervées les diſpoſitions du Titre II. de la ſeconde Partie du Réglement général.

V.

Les Parties ne ſeront point obligées de produire au Greffe les Requêtes qu'elles donneront pour introduire ou pour inſtruire les inſtances, ni pareillement les piéces énoncées dans leſdites Requêtes, ſi ce n'eſt toutesfois, qu'elles le jugeaſſent néceſſaire pour la conſervation de leurs titres.

VI.

En cas que le Défendeur ayant conſtitué Avocat, n'ait fourni aucune réponſe à la Requête du Demandeur; après la ſignification faite audit Avocat, d'un ſimple acte portant que le Demandeur a remis ſa Requête & ſes piéces entre les mains du Sieur Rapporteur, avec ſommation d'en faire autant, il ſera rendu un Jugement par forcluſion, ſuivant ce qui eſt preſcrit par le Titre V. de la ſeconde Partie du Réglement général, qui ſera obſervé en tout ce qui concerne leſdites forcluſions.

VII.

Les incidens qui pourront ſurvenir pendant le cours de l'inſtance, ſeront inſtruits & jugés ainſi qu'il eſt preſcrit par ledit Réglement général; à l'exception ſeulement, que les demandes formées à cette occaſion, ſeront introduites conformément à ce qui eſt porté par l'article II. du préſent Réglement par Jugement ou Ordonnance de ſoit communiqué, pour y répondre dans tel délai qu'il ſera jugé convenable.

VIII.

La Partie qui prétendra avoir des cauſes de récuſation contre aucuns des Sieurs Commiſſaires, ne pourra ſe pourvoir qu'au Conſeil, en la forme preſcrite par le Titre XI. de la ſeconde Partie du Réglement général.

IX.

Les diſpoſitions du Titre X. de la ſeconde Partie du Réglement général, au ſujet des inſcriptions de faux, ſeront obſervées devant les Sieurs Commiſſaires, & ce, juſqu'à ce que le Défendeur ait déclaré qu'il entend ſe ſervir de la piéce arguée de faux ; auquel cas, il ſera ordonné par leſdits Sieurs Commiſſaires, que les Parties ſe retireront au Conſeil, où il ſera rendu Arrêt ſur la Requête de l'une d'elles, portant qu'elles ſe pourvoyront aux Requêtes de l'Hôtel, ainſi qu'il eſt preſcrit par l'article IV. dudit Titre.

X.

Les dépens faits dans les inſtances jugées par leſdits Sieurs Commiſſaires, ſeront liquidés par les Jugemens qui les adjugeront, & ce, en la forme preſcrite par l'article II. du Titre XVI. de la ſeconde Partie du Réglement général, & conformément au tarif porté par l'article XXII. dudit Titre, à l'exception ſeulement de ce qui ſera dit ci-après.

XI.

Il ne ſera employé dans ladite liquidation, aucun droit de Meſſager, ni de préſentation, ni aucuns frais de voyage, ſéjour ou retour, & les écritures ſeront réduites au nombre de rolles qui ſera réputé ſuffiſant pour l'inſtruction de l'inſtance.

XII.

Lorſqu'il ſera néceſſaire de procéder à un ordre ou à une diſtribution de deniers entre des Créanciers, les frais de l'Avocat plus ancien ſeront liquidés par le Jugement d'ordre ou de diſtribution ; & à l'égard des frais de pourſuite, l'Avocat du Pourſuivant ſera tenu de remettre au Sieur Rapporteur, après ledit Jugement, un mémoire deſdits frais, ſigné de lui, & de faire, en même tems, une ſommation par un ſimple acte, à l'Avocat plus ancien, & à celui du débiteur, de prendre communication dudit mémoire, ſans déplacer, & de fournir leurs obſervations ſur icelui audit Sieur Rapporteur, dans trois jours pour tout délai ; après quoi, leſdits frais ſeront liquidés par Jugement des Sieurs Commiſſaires, à la minute duquel leſdits mémoires & obſervations demeureront annexés, le tout ſans autres procédures : & ne pourra ledit Jugement être attaqué autrement que par la voye de la demande en caſſation.

XIII.

Lorſqu'il y aura lieu de ſubroger à la pourſuite, les frais du Pourſuivant ſeront liquidés, s'il ſe peut, par le Jugement même qui ordonnera la ſubrogation, ſinon, par un Jugement ſubſéquent, à l'égard duquel les diſpoſitions de l'article précédent ſeront obſervées.

XIV.

Il ne ſera accordé par ladite liquidation, qu'un ſeul droit de conſultation en faveur de l'Avocat du Pourſuivant, pour raiſon de l'inſtance d'ordre ou de diſtribution ; & il ne pourra y être alloué aucunes autres ſignifications du Jugement d'ordre ou de diſtribution, que celles qui auront été faites à l'Avocat du Débiteur, à l'Avocat plus ancien, & au Séqueſtre ; comme auſſi à l'Avocat des Syndics & Directeurs des Créanciers, en cas qu'il y en ait, & qu'ils n'ayent pas eu la pourſuite : & ſera tenu l'Avocat dudit Pourſuivant, de remettre à chaque Créancier, à ſa premiere réquiſition, une copie imprimée dudit Jugement, ſignée dudit Avocat ; le tout, ſans ſignification & ſans autres frais que ceux de l'impreſſion, qui lui ſeront alloués ſur la quittance de l'Imprimeur ; & faute d'y ſatisfaire, le Pourſuivant pourra être contraint, à la requête deſdits Créanciers, de leur délivrer une expédition en forme dudit Jugement, dont il ne pourra répeter les frais.

TTttt ij

XV.

Il ne ſera adjugé aucun droit aux Notaires, pour le ſimple dépôt d'argent qui aura été fait entre leurs mains, de l'autorité des Sieurs Commiſſaires ; & à l'égard des autres Séqueſtres établis par Arrêts du Conſeil, ou par Jugement deſdits Sieurs Commiſſaires, il ne leur ſera paſſé que deux deniers pour livre des ſommes qui leur auront été remiſes, & ce, de quelque qualité qu'ils puiſſent être ; ſauf, en cas qu'ils ayent été chargés de la garde & conſervation des titres & papiers, à leur être accordé telle ſomme modique qui ſera réglée par leſdits Sieurs Commiſſaires, ſuivant les circonſtances.

XVI.

A l'égard des droits du Greffe, ils ſeront liquidés conformément au tarif qui en ſera fait & arrêté par Sa Majeſté, ſuivant l'Arrêt de ce jour.

XVII.

Après le Jugement des inſtances, les Requêtes & piéces des Parties ſeront remiſes directement par les Clercs des Sieurs Rapporteurs, aux Avocats deſdites Parties, leſquels leur en donneront leur reçu, moyennant quoi, leſdits Clercs en ſeront bien & valablement déchargés, ſans qu'il ſoit néceſſaire de faire paſſer leſdites Requêtes & piéces par le Greffe, ſi ce n'eſt lorſque leſdites Parties auront jugé à propos de les y produire, ſuivant ce qui eſt porté par l'Art. V. ci-deſſus, ou en cas de changement de Rapporteur : Et ſeront au ſurplus obſervées, au ſujet de ladite remiſe, les diſpoſitions du Titre XIV. de la ſeconde Partie du Réglement général.

XVIII.

L'Avocat du Pourſuivant ne pourra occuper pour aucun autre Créancier, à peine de nullité des procédures qui ſeroient faites par ledit Avocat, même d'être prononcé contre lui telle condamnation qu'il appartiendra ; le tout, ſans préjudice de l'article V. du Titre XVII. du Réglement général.

Le préſent Réglement ſera éxécuté dans toutes les Commiſſions du Conſeil, à commencer au quinziéme jour du mois de Juillet prochain, même pour les inſtructions à faire dans les inſtances introduites avant ledit jour. Fait & arrêté au Conſeil d'Etat du Roy, Sa Majeſté y étant, tenu à Verſailles le vingt-huitiéme jour du mois de Juin mil ſept cent trente-huit. *Signé*, PHELYPEAUX.

TABLE DES TITRES.

Fin de la Table des Titres.

ARREST
DU CONSEIL D'ETAT DU ROY,

PORTANT Réglement sur la forme de procéder aux ventes & adjudications qui se poursuivent au Sceau, ou en la grande Direction, ou pardevant des Commissaires nommés par Arrêt du Conseil de Sa Majesté.

Du 3 Février 1739.

Extrait des Registres du Conseil d'Etat.

LE ROY étant informé que dans les ventes ou adjudications d'Offices ou autres biens, qui se poursuivent, soit au Sceau, ou en la Direction des Finances, soit dans les Commissions extraordinaires du Conseil, il s'est introduit des usages différens, qui donnent souvent lieu à des procédures longues, inutiles, & dont les frais n'ont pas toujours été renfermés dans de justes bornes, faute d'une regle fixe & uniforme; Sa Majesté auroit jugé à propos de se faire rendre compte, tant de ce qui a été observé jusqu'à présent à cet égard, que des moyens les plus propres à abreger les procédures, & à retrancher les frais superflus : Et, après avoir pris l'avis de ceux de son Conseil, qui ont le plus d'expérience en cette matiere, Elle a résolu d'expliquer ses intentions sur l'ordre qui sera observé à l'avenir, soit lorsque les ventes & adjudications seront poursuivies à la requête du Controlleur général des restes & bons d'états du Conseil, soit lorsqu'elles le seront à la requête d'autres Parties ; afin que l'expédition devenant plus prompte & moins onéreuse aux Débiteurs & aux Créanciers, Sa Majesté remplisse un des principaux objets qu'Elle se propose, lorsqu'Elle se reserve, & à son Conseil, la connoissance de certaines affaires. A quoi voulant pourvoir : Oui le rapport du Sieur Orry, Conseiller d'Etat, & ordinaire au Conseil Royal, Controlleur général des Finances, le Roy étant en son Conseil, a ordonné & ordonne ce qui suit.

ARTICLE PREMIER.

Dans toutes les poursuites qui se feront, soit au Conseil, ou en Direction des Finances, ou dans les Commissions extraordinaires du Conseil, pour parvenir à la vente & adjudication d'Offices ou autres immeubles, l'Arrêt ou Jugement par lequel ladite vente & adjudication aura été ordonnée, ne sera signifié qu'à la Partie sur laquelle la vente est poursuivie.

II. Après la signification portée par l'article précédent, l'Avocat du Poursuivant, ou le Controlleur général des restes & bons d'états du Conseil, lorsqu'il aura la poursuite, dressera une seule affiche pour tous les biens compris dans ledit Arrêt ou Jugement, autres néanmoins que les Offices, à la vente desquels il sera procédé sur une affiche particuliere, & séparément, ainsi qu'il est réglé par l'article VI. de la Déclaration du 17 Juin 1703.

III. L'affiche contiendra le nom & élection de domicile de celui qui aura la poursuite, la date de l'Arrêt ou Jugement qui aura ordonné la vente, le nom du débiteur, la qualité, la consistance & situation des biens qui doivent être vendus, les charges ausquelles l'adjudication doit en être faite, le lieu, le jour & l'heure ausquels les premieres encheres seront reçues, soit conjointement ou séparément ; & sera ladite affiche signée seulement du Controlleur Général des restes & bons d'états du Conseil, lorsqu'il aura la poursuite, ou, s'il ne l'a pas, de l'Avocat du Poursuivant.

IV. Avant qu'il soit procédé à aucune apposition & publication de ladite affiche, celui qui aura la poursuite, sera tenu de la faire signifier à l'Avocat du Débiteur ; & en cas qu'il n'en ait pas constitué, la signification de l'affiche sera faite à sa personne ou domicile, avec sommation de constituer Avocat, avant le jour indiqué dans ladite affiche pour la reception des premieres encheres ; laquelle sommation portera, que, faute par lui d'y satisfaire dans ledit tems, il sera passé outre à la vente & adjudication : ce qui sera exécuté, sans qu'il lui soit fait d'autre sommation, ni aucune signification ou dénonciation de Jugemens rendus, ou de procédures faites pour parvenir à ladite adjudication ; le tout, jusqu'à ce qu'il ait constitué un Avocat.

V. Ladite affiche sera pareillement signifiée à chacun des Créanciers, dans le tems porté par l'article précédent, sans néanmoins qu'elle puisse l'être qu'à ceux qui auront formé des oppositions ou des demandes, ou qui auront produit leurs titres ; & ladite signification sera faite à l'Avocat par eux constitué, ou s'ils n'en ont pas encore constitué, au domicile élû par lesdites oppositions.

VI. Celui qui aura la pourſuite, ſera tenu, avant le jour indiqué pour la reception des encheres, de faire appoſer ladite affiche, & de la faire publier par trois jours de Dimanche, de quinzaine en quinzaine conſécutives; le tout, en la maniere ordinaire, & aux jours & lieux requis & accoutumés.

VII. En cas que dans la ſuite la réformation de l'affiche ſoit ordonnée, l'affiche réformée ſera ſignifiée aux Créanciers, conformément à ce qui eſt preſcrit par l'article V. ci-deſſus, comme auſſi à l'Avocat du Débiteur, s'il en a conſtitué un, ſinon, il ne lui en ſera fait aucune ſignification, ſuivant ce qui eſt porté par l'article IV.

VIII. L'affiche réformée ſera appoſée & publiée aux lieux requis & accoûtumés, une fois ſeulement, avant qu'il puiſſe être procédé à l'adjudication définitive: & ſera fait mention dans ladite affiche, de l'Arrêt ou Jugement qui en aura ordonné la réformation, lequel, au moyen de ce, ne pourra être ſignifié au Débiteur, ni aux Créanciers.

IX. En cas qu'il n'ait pû être procédé à l'adjudication définitive, dans les ſix mois échus depuis le dernier Procès-verbal d'appoſition de l'affiche, & qu'il ſoit jugé néceſſaire d'accorder encore une remiſe, il pourra être ordonné, s'il y échet, par l'Arrêt ou Jugement qui prononcera ladite remiſe, que ladite affiche ſera appoſée dans les lieux requis & accoutumés, une fois ſeulement, avant qu'il ſoit procédé à ladite adjudication; ſans néanmoins que, ſous ce prétexte, l'affiche puiſſe être de nouveau ſignifiée au Débiteur, ni aux Créanciers.

X. Il ne ſera fait aucunes autres appoſitions, publications, ni ſignifications d'affiches, que celles qui ont été ci-deſſus marquées.

XI. Après que l'affiche aura été ſignifiée, appoſée & publiée, conformément à ce qui a été ordonné par les articles IV. VI. VII. VIII. & IX. il en ſera dépoſé au Greffe une copie, ſignée du Controlleur Général des reſtes & bons d'états du Conſeil, lorſqu'il aura la pourſuite, ou, s'il ne l'a pas, de l'Avocat du Pourſuivant; & les encheres des biens contenus dans ladite affiche, ſeront reçues en la forme ordinaire, au jour qui y aura été indiqué; & ce, conjointement ou ſéparément, ſuivant ce qui ſera jugé plus avantageux aux Parties intéreſſées.

XII. Les remiſes qu'il y aura lieu d'accorder, ſeront ordonnées par Arrêt ou Jugement ſommaire, lequel ne ſera ſignifié qu'au Débiteur, &c. ſeulement lorſqu'il aura conſtitué un Avocat, auquel, en ce cas, la ſignification ſera faite; & il ne ſera ſignifié aux Créanciers qu'un ſimple acte, portant que par ledit Arrêt ou Jugement, l'adjudication a été remiſe aux jour & heure qui y ſont marqués, en ſe conformant au ſurplus à ce qui eſt porté par l'article V. & ſera fait pareille ſignification dudit Acte à l'Avocat du dernier encheriſſeur.

XIII. En cas que pluſieurs Créanciers ayent conſtitué le même Avocat, les ſignifications qui ſeront faites au domicile dudit Avocat, vaudront pour chacun deſdits Créanciers, ſans qu'il puiſſe être fait autant de ſignifications qu'il y aura de Parties pour leſquelles ledit Avocat aura charge d'occuper.

XIV. Lorſque les Créanciers ſe ſeront unis & ſyndiqués par Acte dûement homologué, il ne pourra être fait aucunes ſignifications, qu'à leurs Syndics ou Directeurs, ou qu'à l'Avocat plus ancien des Créanciers, ſi leſdits Syndics ou Directeurs ont la pourſuite; ſans qu'en aucun deſdits cas, il puiſſe être fait aucune ſignification particuliere à chacun des Créanciers compris dans ledit Acte, ou avec leſquels il auroit été homologué.

XV. Les frais des publications d'affiches, de remises & d'adjudication, seront à la charge de l'Adjudicataire, qui sera tenu de les rembourser au poursuivant, sur le pied qui suit, sçavoir, pour la rédaction de l'affiche, à l'Avocat du poursuivant, quinze livres, sans que ledit droit puisse être répeté à chaque nouvelle apposition ou publication d'affiche.

Pour l'appofition & publication de ladite affiche.

Par chacune des affiches comprises dans le Procès-verbal d'apposition ou de publication.

A l'Avocat du Poursuivant, une livre, ci . . . 1 liv.

A l'Huissier, une livre, ci . . . . . . 1 liv.

Sauf à augmenter le droit de l'Huissier, de vingt sols par lieuë, lorsqu'il aura été obligé de se transporter hors du lieu de sa résidence, sans que lesdits deux droits puissent entrer dans la liquidation, pour plus de vingt-cinq affiches pour la Ville de Paris; & à l'égard des autres lieux, pour plus grand nombre que celui qui sera jugé nécessaire lors de la liquidation.

Pour chaque copie signifiée de ladite affiche.

A l'Avocat du Poursuivant, une livre, ci . . . 1 l.

A l'Huissier, si la signification a été faite à domicile, une livre dix sols, ci . . . . 1 10 f.

Si elle a été faite à Avocat, une livre, ci . . . 1

Sauf à augmenter le droit de l'Huissier, de vingt sols par lieue, lorsqu'il aura été obligé de se transporter hors du lieu de sa résidence.

Pour les vacations, à chaque publication, lors de la réception des encheres ou de l'adjudication, & ce, en quelque lieu qu'il y ait été procedé.

A l'Avocat du Poursuivant, huit livres, ci . . . 8 l.

A l'Huissier du Conseil, dix livres, ci . . . . 10 l.

Et à l'égard des Requêtes présentées par le Poursuivant, même des Requêtes en vû d'Arrêt ou de Jugement, des expéditions & copies d'Arrêts ou Jugemens, signification d'iceux, des actes de dénonciation, ou autres semblables, les droits en seront payés conformément à ce qui est porté par le titre XVI. de la seconde partie du Reglement du Conseil, dont les dispositions seront suivies pour tous les droits qui ne sont pas reglés par le present article: sans qu'il puisse être exigé d'autres ni plus grands droits, que ceux ci-dessus mentionnés, qui seront pareillement remboursés au Contrôleur Général des restes & bons d'états du Conseil, lorsque la poursuite aura été faite à sa requête, si ce n'est seulement en ce qui concerne ses vacations, qui lui seront payées sur le pied de douze livres.

ARREST

DU CONSEIL D'ETAT DU ROY,

Portant Reglement sur les droits des Secretaires-Greffiers du Conseil, Greffiers Gardes-sacs, Commis du Greffe, & Greffiers des Commissions extraordinaires.

Du 12 Septembre 1739.

Extrait des Registres du Conseil d'Etat.

VU par le Roi, étant en son Conseil, l'Arrêt rendu en icelui le 28 Juin 1738, par lequel Sa Majesté a ordonné que dans deux mois pour tout délai, les Secretaires-Greffiers du Conseil, les Greffiers Gardes-sacs, les Commis du Greffe, & les Greffiers des Commissions extraordinaires dudit Conseil, seroient tenus de répresenter pardevant les sieurs Commissaires y dénommés, les Edits & Déclarations, quittances de finance, & autres titres attributifs des droits par eux prétendus pour les expéditions du Greffe, remise & contrôle des productions, & autres sans exception; pour être par lesdits sieurs Commissaires dressé, au sujet desdits droits, tel projet de Reglement & Tarif qu'ils aviseroient bon être, à l'effet d'y être pourvû par Sa Majesté ainsi qu'il appartiendroit. Titres produits en conséquence, sçavoir, par les quatre Secretaires-Greffiers ordinaires du Conseil : Arrêt du Conseil du 20 Août 1709, contradictoire entre lesdits Greffiers & les quatre Commis en chef dudit Greffe, d'une part, & le College des Avocats au Conseil, d'autre, par lequel Sa Majesté a ordonné l'exécution de l'Edit de l'année 1597, de création des Offices de Greffiers du Conseil, & des autres Edits & Reglemens y énoncés; en conséquence, que lesdits Greffiers & Commis jouiront des droits de présentations, attribués à leursdits Offices, tant pour les Demandeurs que pour les Défendeurs, & à cet effet, que les Avocats au Conseil de Sa Majesté seront tenus de se présenter au Greffe sur toutes les assignations, & de payer ausdits Greffiers & Commis, trois livres pour chacun des enregistremens des cédules des Demandeurs & des actes de constitution des Défendeurs; ordonne que ceux à qui il aura été accordé des frais de voyage, seront tenus de payer au Greffe, pour les affirmations de leurs voyages, séjour & retour, les huit livres accoutumées être payées pour raison de ce, lorsqu'ils voudront faire allouer leurs voyages, séjour & retour, dans les taxes de dépens : Edit du mois de Septembre de ladite année 1709, qui ordonne que conformément à l'Arrêt dudit jour 20 Août, les Avocats au Conseil seront tenus de se présenter au Greffe sur toutes les assignations, & de payer au Greffier & Commis trois livres pour chacune; dispense les Parties ou leurs envoyés, de faire au Greffe leurs affirmations de voyage, séjour & retour, mais ordonne qu'ils seront tenus de payer les huit livres accoutumées pour raison de ce, lorsqu'ils voudront faire allouer lesdits voyages en taxe; veut que les Greffiers tiennent les Registres de *committitur* & de *subrogatur* de Maîtres des Requêtes, pour chacun desquels il leur sera payé à l'ordinaire trois livres, & celui des Requêtes des Commissaires des Conseillers d'Etat, pour chacune desquelles Requêtes il leur sera payé à l'ordinaire neuf livres; qu'ils signent tous les Arrêts d'instruction, les commissions sur iceux, & les exécutoires de dépens; pour chacun desquels il sera payé à l'ordinaire douze livres, sçavoir, sept livres dix sols au Greffier, & quatre livres dix sols au premier Commis en chef; qu'ils signent les Arrêts des Commissions extraordinaires, & actes de reprise d'instances, pour chacun desquels actes de reprise, au lieu de treize livres qui se payoient alors, il ne sera payé à l'avenir que neuf livres; qu'à l'égard des actes de soumission de caution, de desaveu, inscription de faux, de comparution personnelle, & autres actes, il en sera payé à l'ordinaire treize livres, pour chacun défaut de congé cinq livres; ordonne que les Arrêts en commandement pour les Parties, seront à l'ordinaire mis en parchemin audit Greffe, & que les droits en seront payés ainsi qu'il s'étoit pratiqué jusqu'alors; que lesdits quatre Greffiers du Conseil seront tenus à l'avenir de garder les minutes des Arrêts du Conseil, à l'effet de quoi Sa Majesté les a créé, en tant que de besoin, Gardes-minutes desdits Arrêts; crée dans chaque quartier un Commis pour écrire les Arrêts & autres expéditions dudit Greffe, ausquels Sa Majesté attribue dix sols par rôle; & lesquels Offices de Commis, & les droits y attribués, Sa Majesté réunit à ceux de Secretaires de ses Finances, Greffiers du Conseil, pour les faire exercer par qui bon leur semblera, avec faculté de les desunir & vendre. Etat & Tarif de ce qui se paye audit Greffe, sçavoir, pour chaque présentation trois livres, dont deux livres pour le Greffier, & une livre pour les premiers Commis du Greffe; pour chaque affirmation de voyage huit livres, dont quatre livres dix-sept sols pour le Greffier, & trois livres trois sols pour lesdits premiers Commis; pour chaque Requête de *committitur*, au Greffier seul, trois livres; pour celles des Commissaires, au Greffier seul, neuf livres; pour la signature d'un Arret du Conseil, pour celle d'un Arrêt des Commissions extraordinaires entre Parties, & pour celle des Arrêts en commandement entre Parties, douze livres, dont sept livres dix sols pour le Greffier, & quatre livres dix sols pour le premier Commis; pour la signature des commissions sur lesdits Arrêts, douze livres partageables comme dessus; pour celle des exécutoires de dépens, douze livres, aussi partageables comme dessus; pour chaque acte de reprise d'instance, neuf livres, dont six livres pour le Greffier, & trois livres pour le premier Commis; pour chaque acte de soumission de caution, de desaveu, d'inscription de faux, de comparution personnelle, & autres actes, treize livres, dont sept livres quinze sols pour le Greffier, & cinq livres cinq sols pour le premier Commis; pour chaque défaut cinq livres, dont deux livres dix-huit sols deux deniers pour le Greffier, & deux livres un sol dix deniers pour le premier Commis; pour la recherche d'un Arrêt d'une année antérieure à la courante, trois livres; pour pareille recherche d'une déclaration de dépens, trois livres, & pour la remise d'une déclaration de dépens, trois livres. De la part des premiers Commis dudit Greffe du Conseil, l'Arrêt du Conseil dudit jour 20 Août 1709, l'Edit du mois de Septembre suivant, & un état de leurs droits, tels qu'ils sont énoncés dans celui remis par lesdits Greffiers du Conseil. De la part des Greffiers, Gardes-sacs & Contrôleur des pieces & productions aux Conseils de Sa Majesté, Edit du mois de Juillet 1578 de création d'un Greffier Garde-sacs, aux droits, profits & émolumens dont avoient ci-devant joüi les quatre Secretaires-Greffiers du Conseil : Autre Edit du mois de Février 1624, de création de trois autres Offices de Greffiers Gardes-sacs, aux mêmes droits & émolumens que l'ancien : Autre Edit du mois de Mars 1631, de création d'un Office de Contrôleur des productions & de tous les actes du Greffe, & Gardes-sacs des Conseils de Sa Majesté, avec faculté de percevoir le tiers des droits & émolumens concedés & payés aux Greffiers Gardes-sacs, & deux sols pour chaque rôle des inventaires, avertissemens & écritures des Parties : Autre Edit du mois d'Avril 1645, de création de trois autres Offices des Contrôleurs des Greffes, Gardes-sacs des productions & actes du Conseil, pour, avec celui créé par l'Edit de Mars 1631, faire le nombre de quatre, & servir par quartier, aux droits, pour lesdits quatre Offices, de trente-un sols pour chacune production, au lieu de quinze sols six deniers, & de quatre sols par rôle des inventaires, avertissemens & écritures, au lieu de deux sols attribués à l'ancien par ledit Edit de Mars 1631. Etat contenant qu'en conséquence des susdits Edits, lesdits Greffiers Gardes-sacs & Contrôleurs perçoivent depuis près de cent ans quatre livres, tant pour l'enregistrement que pour le retrait de chaque production, quatre livres pour l'expédition de chaque acte qui se délivre dans leur Greffe, & quatre sols par rôle pour le droit de contrôle de toutes les Requêtes, inventaires, avertissemens & autres écritures des Parties. De la part des Greffiers Portes-sacs, l'Edit de Février 1624 de création des Offices de Greffiers Gardes-sacs, & d'un Commis sous eux, aux droits qu'ils lui voudroient attribuer du leur, & ledit Edit du mois d'Avril 1654, portant création de trois autres Commis Portes-sacs, avec attribution de vingt sols pour chaque production, tant à l'entrée qu'à la sortie. De la part des quatre Commis pour écrire les expéditions du Conseil, l'Edit du mois de Septembre 1709, portant création dans chaque quartier, d'un Commis pour écrire les Arrêts & autres expéditions du Greffe du Conseil, au lieu de ceux qui l'étoient alors par commission, ausquels Commis Sa Majesté attribue les mêmes dix sols par rôle qui se payoient aux Commis qui écrivoient les Arrêts & autres expéditions du Greffe. Et de la part des Greffiers des Commissions extraordinaires du Conseil, l'Edit du mois d'Octobre 1613, portant création de cent Offices de Secretaires de la Chambre de Sa Majesté, lesquels seroient employés privativement à tous autres, pour Greffiers en toutes les exécutions des Commissions extraordinaires, aux droits y appartenans : Autre Edit du mois de Décembre 1625, de suppression desdits cent Offices de Secretaires de la Chambre de Sa Majesté, & création de trente-deux Charges de Greffiers des Commissions extraordinaires, avec attribution de mille livres de gages à chacun, & faculté de percevoir les mêmes droits & émolumens dont avoient joüi ceux qui avoient exercé & exerçoient encore alors les Greffes des Commissions extraordinaires, pour leurs vacations, voyages, écritures & expéditions de contrats, actes d'adjudications, Ordonnances de remboursement, & autres actes, dont ils seroient payés suivant les Reglemens du Conseil : Autre Edit du mois de May 1657, de création de huit Offices de Greffiers des Commissions extraordinaires, aux mêmes gages & droits que les trente-deux créés par ledit Edit de Décembre 1625 : Autre Edit du mois d'Août 1669, portant suppression de trente-quatre des quarante Offices de Greffiers des Commissions extraordinaires du Conseil : Arrêt du Conseil du 23 Juillet 1709, portant reglement pou les droits de Greffe de la Commission de l'aliénation des Domaines, ordonnée par Edit du mois d'Août 1708, contenant qu'il sera payé pour chacune enchere faite au Greffe, expédition, feuille & affiche, cinquante sols ; pareil droit pour l'enregistrement de chacun acte d'opposition & expédition ; pour chacune production sur opposition, port de sac au Rapporteur, quarante sols ; pour la remise des pieces aux Parties, vingt sols ; pour la minute, signature & expédition de chacun des Jugemens des sieurs Commissaires, quarante sols ; pour la minute, expédition & signature de chacun extrait d'adjudication pour servir au Trésor Royal, & expédier les quittances du prix des adjudications, vingt sols ; pour chacun tiercement & doublement, une livre dix sols ; pour la minute, signature & expédition des contrats de cinq cens livres & au-dessous, huit livres ; pour les contrats depuis cinq cens livres jusqu'à mille livres, douze livres ; pour ceux depuis mille livres jusqu'à trois mille livres, seize livres ; pour ceux de trois mille livres jusqu'à cinq mille livres, vingt livres ; pour ceux depuis cinq mille livres jusqu'à dix mille livres, trente livres ; & pour les contrats excedans dix mille livres, à quelque somme qu'ils puissent monter, cinquante livres : Etat ou Tarif des droits prétendus par lesdits Greffiers des Commissions extraordinaires du Conseil, outre ceux à eux attribués par l'Arrêt dudit jour 23 Juillet 1709, sçavoir, pour l'enregistrement de chacune Requête à fin de faire commettre ou subroger un Rapporteur, quarante sols ; pour l'enregistrement de chacune production faite au Greffe, & pour le port de ladite production chez le Secretaire du Rapporteur, quarante sols ; pour le retrait ou décharge de chaque production, vingt sols ; pour la signature de chaque Jugement, ou acte fait au Greffe, quatre livres ; pour l'expédition desdits Jugemens & actes, dix sols par rôle ; pour la minute & expédition de chacun Procès-verbal d'adjudication de biens de dix mille livres & au-dessous, cinquante livres ; pour ceux au-dessus de dix mille livres, à quelque somme qu'ils puissent monter, cent livres ; pour chaque vacation aux publications pour les adjudications, huit livres ; pour l'expédition & signature de chacune affiche pour lesdites adjudications, cinq livres dix sols ; pour chaque vacation aux scellés & inventaires dans Paris, huit livres, & hors de Paris, seize livres ; pour l'expédition des Procès-verbaux d'inventaires, dix sols par rôle, & quatre livres de signature ; pour chaque vacation aux Procès-verbaux de dépôt, remise de papiers au Greffe, & communication d'iceux aux Parties, huit livres ; & pour l'enregistrement de chaque opposition au Greffe, deux livres dix sols : Et tout ce qui a été remis pardevers lesdits sieurs Commissaires. Oüi le rapport, LE ROY ÉTANT EN SON CONSEIL, a ordonné & ordonne ce qui suit :

ARTICLE PREMIER.

Les actes & expéditions qui seront faites & délivrées au Greffe du Conseil des Parties, seront payées aux Greffiers dudit Conseil, au premier Commis du Greffe, aux Commis pour écrire les Arrêts & autres expéditions du Greffe, aux Greffiers Gardes-sacs, & Contrôleurs des pieces & productions du Conseil, & aux Commis Portes-sacs, sur le pied reglé par le Tarif suivant :

SÇAVOIR,

Pour chaque acte de présentation au Greffe, trois livres,

dont deux livres au Greffier, & une livre au premier Commis ; ci . . . . 3 liv.

Pour l'expédition d'une Ordonnance de *committitur* d'un Rapporteur, au Greffier trois livres, ci 3

Pour l'expédition d'une Ordonnance portant nomination de Commissaires pour la visite d'une Instance, au Greffier neuf livres, ci 9

Pour un défaut levé au Greffe, cinq livres, dont deux livres dix-huit sols deux deniers au Greffier, & deux livres un sol dix deniers au premier Commis, ci 5

Pour un acte de reprise d'Instance, dans le cas où ladite reprise doit être faite au Greffe, neuf livres, dont six livres au Greffier, & trois livres au premier Commis, ci 9

Pour la signature d'un acte de désaveu d'inscription de faux, de soumission de caution, de comparution personnelle, & autres de pareille nature non compris dans les articles précedens, treize livres, dont sept livres quinze sols au Greffier, & cinq livres cinq sols au premier Commis, ci 13

Pour la signature de l'expédition d'un Arrêt du Conseil, de quelque nature qu'il soit, douze livres, dont sept livres dix sols au Greffier, & quatre livres dix sols au premier Commis, ci . . 12

Pour un Arrêt en commandement entre Parties, douze livres, dont sept livres dix sols au Greffier, & quatre livres dix sols au premier Commis, ci 12

Pour la signature de l'expédition d'une commission sur Arrêt, douze livres, dont sept livres dix sols au Greffier, & quatre livres dix sols au premier Commis, ci 12

Pour le certificat mentionné en l'article XX. du Titre XVI. de la seconde Partie du Reglement du Conseil, portant qu'il ne s'est presenté aucun Avocat sur l'assignation donnée pour la taxe de dépens, au Greffier quatre livres, ci 4

Pour la signature d'un exécutoire de dépens, lorsqu'il y a eu séjour ou voyage passé dans la déclaration de dépens, vingt livres, dont douze livres sept sols au Greffier, & sept livres treize sols au premier Commis, ci 20

Et lorsqu'il n'y a eu ni séjour, ni voyage passé dans ladite déclaration de dépens, douze livres, dont sept livres dix sols au Greffier, & quatre livres dix sols au premier Commis, ci . . 12

Pour le droit de recherche d'un Arrêt ou d'une déclaration de dépens, d'une année antérieure à la courante, au Greffier trois livres, ci 3

Pour la remise d'une déclaration de dépens, à la Partie qui se pourvoit en révision de la taxe desdits dépens, au Greffier trois livres, ci 3

Au Commis, pour écrire les Arrêts & autres expéditions du Greffe, par chaque rôle des Arrêts, commissions, actes de reprise d'instance, & autres expéditions du Greffe, de quelque nature qu'elles soient, dix sols, ci . . . . . . 10 sols.
sans qu'il puisse, en aucun cas, être exigé un plus grand nombre

de rôles qu'il n'y en a réellement dans lesdites expéditions.

Pour l'enregistrement de chaque production remise au Greffe, au Greffier Garde-sacs, quatre livres, ci . . . 4 liv.

Pour le retrait de chacune desdites productions, après le Jugement de l'instance, audit Greffier quatre livres, ci . . 4

Pour le contrôle de chaque Requête qui doit être produite au Greffe, audit Greffier par chaque rôle desdites Requêtes, quatre sols, ci . . . . 4 sols.

Pour un certificat de non-produit, ou autres qui se délivrent par ledit Greffier, audit Greffier quatre livres, ci . . . 4

Pour le port des productions faites au Greffe, chez le Rapporteur qui aura été commis ou subrogé, au Commis porte-sacs pour chacune desdites productions, une livre, ci . . . 1

II.

Les actes & les expéditions qui se feront & se délivreront au Greffe des Commissions extraordinaires du Conseil, seront payés aux Greffiers desdites Commissions, sur le pied reglé par le tarif suivant.

SÇAVOIR:

Pour l'enregistrement des productions au Greffe, lorsque les Parties jugeront à propos de les y remettre, & pour le port desdites productions chez le Rapporteur de l'instance, deux livres, ci . . . . 2 liv.

Pour le retrait desdites productions, après le Jugement de l'instance, une livre, ci 1

Pour la minute d'un Jugement de remise d'une adjudication, trois livres, ci 3

Pour la minute d'un Jugement d'adjudication, vingt-quatre livres, ci 24

Pour chaque acte d'opposition, de soumission de caution, de dépôt de piéces ou d'affiches, de déclaration de l'Avocat au profit d'un Adjudicataire, d'acceptation de l'adjudication lorsqu'elle est faite séparement de ladite déclaration, de desaveu, d'inscription de faux, ou autres actes de pareille nature & qualité, y compris le droit de signature, quatre livres, ci . . . 4

Pour la signature d'un Jugement, de quelque nature qu'il puisse être, quatre livres, ci 4

Pour l'expédition desdits Actes & Jugemens, pour chaque rôle, dix sols, ci . . . . 10 sols.
sans qu'en aucun cas il puisse être exigé un plus grand nombre de rôles, qu'il ne s'en trouvera réellement dans l'expédition desdits Jugemens & Actes.

Pour l'assistance à un Procès-verbal de scellé, d'inventaire, ou autres, lorsque le sieur Commissaire aura jugé à propos d'y appeller un des Greffiers, au lieu & place de son Secretaire, les mêmes droits que ceux qui seroient dûs audit Secretaire, suivant le Reglement du Conseil,

SÇAVOIR:

Pour le Procès-verbal, lorsqu'il n'excedera pas six rôles, trois livres, ci . . . . . . 3 liv.

Lorsqu'il excedera six rôles, par chaque rôle, dix sols, ci . 10 f.

Et en cas que ledit Procès-verbal ait été déposé audit Greffier, par chaque expédition qui en sera délivrée, sçavoir, pour le droit de signature, quatre livres, ci . . . . 4 l.

Et pour chaque rôle, dix sols, ci 10

III.

Le Papier & Parchemin timbrés, qui auront été fournis pour les minutes & expéditions mentionnées dans les articles précedens, seront remboursés outre & par-dessus les droits qui y sont reglés, & ce sur le pied porté par le timbre.

IV.

Les dispositions contenues en l'article VII. du titre XIII. de la seconde partie du Reglement du Conseil, seront observées selon leur forme & teneur, tant à l'égard des expéditions, des Arrêts ou Jugemens qui seront expediés & délivrés dans les Greffes du Conseil ou des Commissions extraordinaires, que pour ce qui concerne toutes autres expéditions desdits Greffes, de quelque nature qu'elles puissent être, lesquelles seront payées sur le pied d'un rôle, encore qu'elles ne le continssent en entier, le tout, sous les peines portées par ledit article. Fait Sa Majesté très-expresses inhibitions & défenses à tous Greffiers du Conseil, & à leurs Commis, & aux Greffiers desdites Commissions, d'exiger d'autres ni plus grands droits que ceux portés par le present Arrêt, à peine de restitution du quadruple, & de telle autre condamnation qu'il appartiendra suivant l'exigence des cas. Fait au Conseil d'Etat du Roi, Sa Majesté y étant, tenu à Marly le douze Septembre mil sept trente-neuf.

Signé, PHELYPEAUX.

ARREST

DU CONSEIL D'ÉTAT DU ROY,

Au sujet des Mémoires sans nom d'Avocat ni d'Imprimeur.

Du 27 Février 1740.

Extrait des Registres du Conseil d'Etat.

VU par le Roi, étant en son Conseil, la Requête presentée par les Doyen, Syndics & Greffier des Avocats en ses Conseils; contenant qu'ils ont appris que dans differentes affaires portées au Conseil, on a répandu des Mémoires imprimés, non signés d'aucun Avocat aux Conseils, & sans nom d'Imprimeur; qu'il semble même qu'on veuille introduire une nouvelle maniere de tourner ces sortes de Mémoires, en y faisant parler la Partie en son nom, comme si elle étoit réduite à s'expliquer elle-même, & qu'elle n'eût point de Défenseur, quoiqu'elle ait en même tems un Avocat qui signe ses Requêtes : Que c'est dans cette forme qu'il a été fait deux Mémoires qui ont été distribués, au sujet d'une Requête en cassation, sur laquelle il a été statué par Arrêt du Conseil

seil du 8 Février dernier, qui déboute de ladite Requête : Qu'il est facile de reconnoître que par cette voye indirecte, des gens sans caractere parviendroient à travailler secretement dans les affaires du Conseil, & empêcheroient les Parties de se servir utilement du ministere d'un Avocat aux Conseils, qui ne seroit plus constitué que pour la forme; & que cet abus seroit d'autant plus dangereux, que ceux qui composeroient ces sortes d'ouvrages, croiroient pouvoir y hazarder les traits les plus injurieux, sous prétexte que c'est la Partie même qui les avance, & qu'on ne peut en rendre responsable, ni celui qui lui prête sa plume, ni l'Imprimeur qui rend ces Mémoires publics, puisqu'on ignore également le nom de l'un & de l'autre : Que quoiqu'on ne trouve rien de semblable dans les deux Mémoires dont il s'agit, il n'est pas moins nécessaire de prévenir les suites d'un exemple dont il seroit si facile d'abuser ; & qu'ainsi lesdits Doyen, Syndics & Greffier se croyoient obligés de requérir qu'il plût à Sa Majesté, en ordonnant la suppression de ces deux Mémoires, faire défenses d'imprimer & distribuer aucuns Mémoires au sujet des demandes en cassation, ou autres affaires sur lesquelles les Parties procedent au Conseil, sans la signature d'un desdits Avocats aux Conseils, & sans y marquer le nom & la demeure de l'Imprimeur ; ladite Requête signée Clavyer, Durand, Bidard, Bonhomme & Boilleau. Vû aussi les Mémoires énoncés en ladite Requête, lesdits deux Mémoires imprimés sans nom d'Avocat ni d'Imprimeur, LE ROY ÉTANT EN SON CONSEIL, de l'avis de M. le Chancelier, a ordonné & ordonne que les Réglemens publiés sur le fait de l'Imprimerie & de la Librairie, seront exécutés sous les peines y portées; & en conséquence, ordonne que les deux Imprimés, l'un sous le titre de *Mémoire*, & l'autre sous celui de *Précis*, faits au sujet de la Requête en cassation présentée contre ledit Arrêt de son Parlement de Paris du 6 May 1739, seront & demeureront supprimés. Fait très-expresses inhibitions & défenses à tous Imprimeurs, d'imprimer, sous quelque titre que ce puisse être, & à tous Libraires, Colporteurs ou autres, de vendre, débiter, ou autrement distribuer aucuns Mémoires au sujet des Demandes en cassation, ou d'autres affaires sur lesquelles les Parties procedent au Conseil, sans qu'ils soient signés d'un des Avocats en ses Conseils, & sans que le nom & la demeure de l'Imprimeur y soient marqués, à peine d'être procédé contre les contrevenans, suivant la disposition desdits Réglemens. Ordonne que le présent Arrêt sera lû en l'Assemblée desdits Avocats aux Conseils, & transcrit, tant sur le Registre desdits Avocats, que sur celui des Syndic & Adjoints de la Communauté des Imprimeurs & Libraires de la Ville de Paris, ausquels Sa Majesté enjoint d'y tenir la main exactement. FAIT au Conseil d'Etat du Roi, Sa Majesté y étant, tenu à Versailles le vingt-sept Février mil sept cent quarante.

Signé, PHELYPEAUX.

ARREST

DU CONSEIL D'ETAT PRIVE' DU ROY,

Qui fait défenses ; à peine de 500 liv. d'amende, d'imprimer sans nom d'Avocat aux Conseils du Roy, aucuns Mémoires pour les Affaires portées dans les Conseils de Sa Majesté & dans les Commissions qui en sont émanées.

Du 17 Octobre 1740.

SUR la Requête présentée au Roy en son Conseil par les Doyen, Syndics & College des Avocats aux Conseils de Sa Majesté, contenant, que, quoique Sa Majesté ait bien voulu, sur leurs très-humbles représentations, renouveller par Arrêt de son Conseil du 27 Février dernier, les défenses faites par les anciennes Ordonnances & par les Réglemens publiés sur le fait de l'Imprimerie & de la Librairie, à tous Imprimeurs d'imprimer aucuns Mémoires au sujet des affaires, sur lesquelles les Parties procedent au Conseil, sans qu'ils soient signés des Avocats en ses Conseils, & sans que le nom & la demeure de l'Imprimeur y soient marqués, à peine d'être procédé contre les contrevenans, suivant la disposition précise dudit Arrêt, & des Réglemens qui y sont rappellés. Entre plusieurs de cette espece qui y ont été distribués depuis peu, il leur en est tombé trois entre les mains qui ont paru mériter le plus d'attention. L'un est une *Réponse imprimée sous le nom de Me. Dupin, se disant Avocat au Parlement de Bordeaux, avec des conclusions qui prouvent bien que l'affaire qui y est traitée est pendante au Conseil*, & que c'est l'ouvrage d'un Solliciteur, puisqu'il se trouve dans une forme proscrite par les Réglemens du Conseil : & c'est sans doute par cette raison qu'aucun des Avocats aux Conseils n'a voulu le signer, & que l'Imprimeur n'a osé y mettre son nom ni sa demeure. L'autre est un *Mémoire dans une Instance d'opposition au titre, pendante au Conseil des Parties, qui n'est signé d'aucun Avocat aux Conseils*, & qui se trouve pareillement sans nom ni demeure d'Imprimeur. Le troisiéme enfin est un *Sommaire fait dans une affaire pendante dans une Commission émanée du Conseil, qui n'est signé que de la Partie intéressée*, sans aucune signature d'Avocat aux Conseils; mais au pied duquel l'Imprimeur n'a pas laissé de mettre son nom & sa demeure. Ces trois Mémoires se trouvent renfermer des contraventions précises à l'Arrêt du 27 Février dernier. Les Supplians auroient cru manquer à leur devoir, s'ils n'avoient supplié Sa Majesté de vouloir bien leur procurer l'exécution des Réglemens, en prononçant contre les auteurs de ces contraventions les peines qu'ils ont si visiblement encourues, presque dans le moment du renouvellement des anciens Réglemens. Les moyens contre l'Imprimeur qui a imprimé le dernier Mémoire, se présentent d'eux-mêmes, ou plutôt se trouvent écrits dans l'Arrêt dont les Supplians demandent l'exécution, de sorte qu'il seroit inutile de les rappeller. A l'égard des deux premiers, quoique les Supplians ne soient pas en état de prendre des conclusions, contre les Imprimeurs qui les ont imprimés, faute d'en pouvoir rapporter contr'eux une preuve judiciaire, par la précaution qu'ils ont prise de ne pas mettre leurs noms au pied de ces Mémoires ; ils seroient cependant en droit de demander la condamnation des peines portées par les Réglemens contre les Parties qui les ont fait imprimer & distribuer, puisqu'il est évident qu'elles sont complices de la fraude & de la contravention aux Réglemens. Mais comme Sa Majesté pourroit y faire quelque difficulté, ils la supplieront du moins de vouloir bien, en ordonnant la suppression de ces Mémoires, conformément à l'Arrêt du 27 Février dernier, étendre aux Parties les défenses & les peines qui y sont portées contre les Imprimeurs, sans quoi toutes les sages précautions qui ont été prises, deviendroient inutiles par la facilité que les Imprimeurs auroient de les éluder, en supprimant leurs noms, de concert avec les Parties. Les Supplians n'ont pas besoin de relever ici toutes les conséquences de pareilles entreprises. Elles sont dans l'Arrêt du 17 Février; indépendamment des suites d'une telle licence pour le Public, les Supplians perdroient une des principales prérogatives de leurs Offices. Les Solliciteurs de Procès trouveroient, par la facilité de l'Impression anonyme, un moyen sûr & facile d'usurper leurs fonctions. C'est par toutes ces considérations que les Ordonnances & les Réglemens ont été jusqu'à prononcer les peines d'interdiction, de privation de Maîtrise, de Prison, & même de punition corporelle, contre ceux qui imprimeroient sans permission, c'est-à-dire, en cette matiere, sans la signature d'un Avocat aux Conseils, qui vaut permission pour l'Imprimeur, & qui fait sa décharge. Pour justifier de ce que dessus, ils joindront à leur Requête les Piéces suivantes : Sçavoir, 1°. L'Imprimé intitulé, *Réponse pour Me. Pierre Dupin*, Avocat, sans signature d'Avocat aux Conseils, sans nom ni demeure d'Imprimeur ; 2°. un *Mémoire pour Pierre Helie, Ecuyer, Sieur de Cerny, Lieutenant Général au Bailliage de Falaise, Défendeur en opposition au titre, contre Louis-Alphonse-Hypolite Helie de Cerny, Ecuyer, son fils, opposant au titre, en présence de Dominique-Michel Helie, Ecuyer, Sieur de Grandmeny, son second fils, Défendeur en opposition au titre*, imprimé sans nom d'Avocat ni d'Imprimeur. 3°. Un Imprimé intitulé, *Sommaire servant à prouver la justice & la nécessité de la Collocation du sieur de Barras par addition à l'ordre des biens du sieur Marquis de Nesle*, sans signature d'Avocat aux Conseils, & à la fin duquel se trouvent ces mots, *de l'Imprimerie de Mesnier, rue Saint Severin, au Soleil d'Or*, 1740. A CES CAUSES, requeroient les Supplians qu'il plût à Sa Majesté ordonner que les Arrêts & Réglemens concernant l'Imprimerie & la Librairie, & notamment celui du 27 Février dernier, seront exécutés selon leur forme & teneur ; en conséquence que les trois Imprimés joints à la Requête, seront & demeureront supprimés ; condamner Mesnier, Imprimeur à Paris, qui a imprimé un desdits Mémoires, sans nom d'Avocat aux Conseils, en cinq cens livres d'amende applicable aux dépenses communes des Avocats aux Conseils de Sa Majesté ; en outre faire très-expresses inhibitions & défenses à tous Imprimeurs, d'imprimer aucuns Mémoires, sous quelque titre que ce puisse être, dans les affaires qui sont portées dans les Conseils de Sa Majesté, & dans les Commissions qui en sont émanées, sans que lesdits Mémoires soient signés d'un des Avocats aux Conseils, quand même ils le seroient de la Partie ou de telle autre personne que ce soit, & sans que le nom de l'Avocat aux Conseils qui en aura signé la minute, ensemble le nom de l'Imprimeur, sa demeure, &

la datte de l'année, y soient marqués. Faire pareilles défenses à toutes personnes, de quelque qualité qu'elles soient, de faire imprimer ou distribuer lesdits Mémoires, & à tous Libraires, Colporteurs, & autres, de les vendre & distribuer; comme aussi à tous Huissiers de les signifier, sans que les regles qui sont prescrites ayent été observées, le tout à peine contre chacun des contrevenans de cinq cens liv. d'amende applicable aux dépenses communes des Avocats aux Conseils, & de telle autre qu'il plaira à Sa Majesté d'ordonner: Et pour que personne ne prétende cause d'ignorance de l'Arrêt qui interviendra, ordonner qu'il sera enregistré, lû, publié & affiché partout où il conviendra. Vû ladite Requête, signée de Clavyer, Durand, Bidar, Lortemar & Bonhomme, ensemble les piéces y énoncées & jointes: Oui le Rapport du sieur Maboul, Conseiller du Roi en ses Conseils, Maître des Requêtes ordinaire de son Hôtel, Commissaire à ce député, qui en a communiqué aux sieurs Commissaires du Bureau des affaires de Chancellerie & Librairie; & tout considéré: LE ROY EN SON CONSEIL, de l'avis de Monsieur le Chancelier, a ordonné & ordonne que les Arrêts & Réglemens publiés sur le fait de l'Imprimerie & de la Librairie, & notamment du 27 Février dernier, seront exécutés selon leur forme & teneur; en conséquence que les trois Imprimés; le premier intitulé: *Réponse pour Me. Pierre Dupin, Avocat au Parlement de Bordeaux*; le second, *Mémoire pour le sieur de Cerny*, & le troisiéme, *Sommaire pour le sieur de Barras*, seront & demeureront supprimés; condamne Mesnier, Imprimeur à Paris, qui a imprimé un desdits Mémoires *sans mention* du nom de l'un des Avocats aux Conseils, en l'amende moderée à cent livres, applicable aux dépenses communes des Avocats aux Conseils; au payement de laquelle somme il sera contraint à la poursuite des Syndics desdits Avocats en vertu du présent Arrêt, & sans qu'il en soit besoin d'autre; fait Sa Majesté très-expresses inhibitions & défenses à tous Imprimeurs d'imprimer aucun Mémoire, sous quelque titre & dénomination que ce soit, dans les affaires qui sont portées dans les Conseils de Sa Majesté, & dans les Commissions qui en sont émanées, sans que lesdits Mémoires soient signés de l'un des Avocats aux Conseils, quand même ils le seroient de la Partie, ou de telle autre personne que ce puisse être, & sans que le nom de l'Avocat aux Conseils qui en aura signé la minute, ensemble le nom de l'Imprimeur, sa demeure & la date, y soient marqués: fait aussi pareille inhibition & défenses à toutes personnes de quelque état & qualité qu'elles soient, de faire imprimer ou distribuer lesdits Mémoires, & à tous Libraires, Colporteurs & autres de les vendre & autrement distribuer, comme aussi à tous Huissiers de les signifier; le tout à peine contre chacun des contrevenans de cinq cens livres d'amende applicable aux dépenses communes des Avocats aux Conseils, même de plus grande peine s'il y échet; ordonne que le présent Arrêt sera lû en l'Assemblée des Avocats aux Conseils, & transcrit tant sur leurs Registres, que sur ceux des Syndic & Adjoints de la Communauté des Libraires & Imprimeurs de Paris. Enjoint Sa Majesté ausdits Syndic & Adjoints de tenir la main à l'observation des regles prescrites par le présent Arrêt, lequel sera exécuté nonobstant toutes oppositions ou empêchemens quelconques; & sera en outre publié & affiché partout où besoin sera. FAIT au Conseil d'Etat Privé du Roy, tenu à Fontainebleau le dix-sept Octobre mil sept cent quarante.

Signé, HATTE, avec paraphe. Collationné avec paraphe.

ARREST
DU CONSEIL D'ETAT DU ROY;

Au sujet des Fonctions des Avocats aux Conseils, dans les Instructions qui se font aux Requêtes de l'Hôtel.

Du 18 Décembre 1740.

Extrait des Registres du Conseil d'Etat.

LE Roi étant informé qu'il s'est élevé plusieurs difficultés sur les fonctions des Avocats en ses Conseils, & principalement sur la nature des affaires qui doivent être instruites par leur ministere, à l'exclusion de tous autres, lorsqu'elles sont portées aux Requêtes de l'Hôtel, pour y être jugées en dernier Ressort: Et Sa Majesté voulant faire cesser promptement ces difficultés, pour prévenir tous les incidens qui pourroient naître à ce sujet, & retarder l'expédition de la Justice, Elle auroit résolu d'expliquer dès-à-présent ses intentions sur les droits qui appartiennent le plus incontestablement ausdits Avocats, dans l'instruction desdites affaires, en attendant qu'il plaise à Sa Majesté de pourvoir ainsi qu'Elle jugera à propos, au surplus des difficultés qui sont à régler par rapport aux fonctions desdits Avocats, & qui ne seront point énoncées dans le présent Arrêt; à quoi voulant pourvoir. Oui le rapport & tout considéré: LE ROY ÉTANT EN SON CONSEIL, de l'avis de Monsieur le Chancelier, a ordonné & ordonne que dans tous les cas où, incidemment à une instance dont l'instruction se fera aux Conseils de Sa Majesté, ou dans les Commissions qui en sont émanées, il aura été porté ou renvoyé aux Requêtes de l'Hôtel, une Inscription de faux ou autre demande incidente, pour y être jugée en dernier Ressort, les procédures qui seront à faire pour l'instruction dudit incident, ou même pour la taxe des dépens ausquels il aura donné lieu, ne pourront être faites que par le ministere des Avocats en ses Conseils: Ordonne pareillement que lesdits Avocats feront seuls, à l'exclusion de tous autres, l'instruction & toutes les procédures qui seront à faire aux Requêtes de l'Hôtel, soit sur les appels des Ordonnances rendues par les sieurs Rapporteurs des instances pendantes dans les Conseils de Sa Majesté, & sur les révisions de taxes de dépens par eux faites dans lesdites instances, soit sur les procès & différends qui naîtront au sujet des frais & honoraires desdits Avocats; même sur les contestations qui pourroient survenir à l'occasion de la discipline qui doit être observée parmi eux, dans les cas où il auroit plû à Sa Majesté d'en renvoyer la connoissance ausdites Requêtes de l'Hôtel. Veut Sa Majesté que dans toutes les affaires pour lesquelles le ministere desdits Avocats est requis à l'exclusion de tous autres, les Requêtes, procédures, actes ou mémoires qui ne seroient pas signés de l'un d'eux, soient reputés nuls & de nul effet: fait défenses à tous Huissiers de les signifier, & à tous Imprimeurs d'imprimer, dans ledit cas, aucuns mémoires, sans ladite signature; le tout, sous les peines portées par le Réglement du Conseil du 28 Juin 1738, & autres faits en conséquence. Et sera le présent Arrêt enregistré aux Requêtes de l'Hôtel, lû en l'assemblée des Avocats en ses Conseils, & publié partout où besoin sera, pour être exécuté sélon sa forme & teneur; nonobstant toutes oppositions ou autres empêchemens quelconques. Fait au Conseil d'Etat du Roi, Sa Majesté y étant, tenu à Versailles le 18 Décembre mil sept cent quarante. *Signé*, PHELYPEAUX.

ARREST

DU CONSEIL D'ETAT DU ROY,

Qui confirme les Avocats en ses Conseils, dans le droit de Committimus, *& autres Privileges accordés aux Commensaux de la Maison de S. M.*

Du 18 Décembre 1740.

Extrait des Registres du Conseil d'Etat.

SUR la Requête présentée au Roy, étant en son Conseil, par les Doyen, Syndics & Greffier des Avocats en ses Conseils, contenant que Sa Majesté auroit bien voulu attribuer aux Offices d'Avocats en ses Conseils, créés par l'Edit du mois de Septembre 1738, tous les droits, privileges & prérogatives qui avoient été accordés par les Edits du mois de Septembre 1643, & Janvier 1644, aux Offices supprimés par le même Edit; mais que le droit de *Committimus* au Grand-Sceau n'ayant pas été nommément exprimé dans cet Edit, où l'on n'a pas rappellé non plus l'Arrêt du Conseil du 26 Octobre 1671, par lequel lesdits Avocats aux Conseils avoient tous été solemnellement confirmés dans la possession du droit de *Committimus*, ils pourroient se voir exposés à être inquiétés sur ce sujet, s'il n'y étoit spécialement pourvû par l'explication plus expresse des intentions de Sa Majesté: Requeroient, à ces causes, les Supplians, qu'il plût à Sa Majesté maintenir lesdits Avocats en ses Conseils, dans tous les droits, fonctions, privileges & prérogatives attribués par les Edits des mois de Septembre 1643, & de Janvier 1644, & par l'Arrêt du 26 Octobre 1671, aux Offices d'Avocats aux Conseils, & notamment dans le droit de *Committimus* au Grand-Sceau, pour toutes les affaires personnelles, possessoires ou mixtes, que chacun d'eux pourroit avoir, & dans tous autres privileges accordés aux Commensaux de sa Maison. Vû ladite Requête, ensemble les Edits des mois de Septembre 1643, & Janvier 1644, l'Arrêt du 26 Octobre 1671, & l'Edit du mois de Septembre 1738. Oui le Rapport, & tout considéré, le Roi étant en son Conseil, de l'avis de M. le Chancelier, a ordonné & ordonne que l'Edit du mois de Septembre 1738, sera exécuté selon sa forme & teneur; en conséquence, a maintenu & maintient lesd. soixante-dix Avocats en ses Conseils, dans tous lesdits droits, privileges, fonctions & prérogatives attribues par les Edits, Lettres Patentes & Arrêts, aux Offices d'Avocats en ses Conseils : Veut & entend Sa Majesté qu'ils en jouissent pleinement & paisiblement, & notamment du droit de *Committimus* au Grand-Sceau, en toutes affaires personnelles, possessoires & mixtes, entieres & non contestées, qui pourront concerner chacun d'eux, & de tous autres privileges accordés aux Commensaux de sa Maison. Fait défenses à toutes personnes de les troubler dans lesdits droits, franchises, privileges & prérogatives, & d'entreprendre sur leurs fonctions, sous telles peines qu'il appartiendra. Fait au Conseil d'Etat du Roy, Sa Majesté y étant, tenu à Versailles le dix-huit Décembre mil sept cent quarante.

Signé, PHELYPEAUX.

ARREST

DU CONSEIL D'ETAT DU ROY,

Qui regle la forme dans laquelle il sera pourvû dorénavant aux places de Doyen, Syndics & Greffiers des Avocats aux Conseils de Sa Majesté.

Du 27 Décembre 1740.

Extrait des Registres du Conseil d'Etat.

VU par le Roi, étant en son Conseil, l'Arrêt rendu en icelui le 31 Décembre 1739, par lequel il auroit été ordonné que les Sieurs Durant, Bidart, Lortemar, Bonhomme & Boileau, qui avoient été nommés Syndics & Greffier des Avocats en ses Conseils, par un autre Arrêt du 31 Décembre 1738, continueroient de remplir lesdites places pendant l'année 1740, & jusqu'au 4 Janvier 1741, & Sa Majesté désirant régler d'une maniere invariable, la forme dans laquelle les Officiers des Avocats en ses Conseils seront nommés, de telle sorte que le choix tombe toujours sur les sujets les plus propres à en remplir dignement les fonctions, pour le maintien de la discipline, l'honneur & l'avantage desdits Avocats, Elle auroit jugé à propos d'expliquer ses intentions à ce sujet, en même-tems qu'Elle nommera encore pour cette fois, ceux qui rempliront les fonctions de Syndics & de Greffier, au 4 Janvier prochain; à quoi voulant pourvoir. Oui le rapport, & tout consideré : Le Roy étant en son Conseil, de l'avis de Monsieur le Chancelier, a ordonné & ordonne ce qui suit.

ARTICLE PREMIER.

Le nombre des Officiers des Avocats aux Conseils demeurera fixé comme par le passé, à celui de six, sçavoir, un Doyen, quatre Syndics & un Greffier, lesquels continueront de jouir de tous les droits, honneurs, prérogatives & émolumens dont ceux qui ont rempli lesdites fonctions ont été en possession jusqu'à présent.

II.

Les fonctions du Doyen ne seront limitées à aucun tems fixe & certain; & il les remplira pendant le cours de sa vie, à moins qu'il ne vînt à se démettre de son Office d'Avocat aux Conseils: A l'égard des Syndics, ils serviront seulement pendant deux années consécutives, en sorte néanmoins que des quatre il n'en soit nommé que deux chaque année, afin qu'il y en ait toujours deux qui ayent fait pendant un an les fonctions du Syndicat, & deux qui entrent dans ladite place; & le service du Greffier sera pareillement fixé à deux ans.

III.

Lorsque la place du Doyen viendra à vaquer, les Syndics seront tenus de convoquer dans la huitaine au plutard, une assemblée génerale desdits Avocats, pour nommer à la pluralité des voix, trois sujets qui seront pris entre les plus anciens d'entr'eux, & les présenter à Monsieur le Chancelier, pour être par lui fait choix de celui des trois qu'il jugera le plus digne de remplir ladite place de Doyen; à l'effet de quoi la délibération prise dans ladite assemblée, sera remise trois jours après à Monsieur le Chancelier, & son choix notifié ausdits Avocats, dans une autre assemblée générale, en laquelle ledit Doyen sera installé.

IV.

Et à l'égard des Syndics, il sera convoqué tous les ans dans les premiers jours du mois de Décembre, une pareille assemblée desdits Avocats, pour y être nommé, en la forme ci-dessus prescrite, six d'entr'eux qu'ils estimeront les plus capables, sans qu'il soit nécessaire de suivre l'ordre de l'ancienneté de reception en leur Office, pourvû toutesfois qu'ils ayent au moins trois années d'exercice de leurs fonctions, lesquels seront présentés à Monsieur le Chancelier, pour être par lui choisi entr'eux les deux sujets qu'il jugera mériter la préférence pour remplir les places des deux Syndics dont le tems de service expirera au mois de Janvier suivant.

V.

Les dispositions de l'article précédent auront lieu pareillement, lorsqu'il s'agira de remplir la place de Greffier, à l'exception seulement qu'il ne sera présenté à Monsieur le Chancelier, que trois desdits Avocats, entre lesquels il choisira celui qu'il estimera le plus propre à exercer les fonctions de Greffier.

VI.

Dans les années où le tems de service du Greffier expirera, il sera toujours mis au nombre des six Avocats qui seront présentés à Monsieur le Chancelier, pour choisir ceux qui devront remplir les deux places de Syndics ausquelles il s'agira de pourvoir.

VII.

La délibération prise par lesdits Avocats dans les premiers jours du mois de Décembre

Décembre, pour nommer les sujets qui seront présentés à Monsieur le Chancelier, suivant les trois articles précédens, lui sera remise par les Syndics actuellement en place, le 15 dudit mois au plus tard, afin qu'il puisse leur faire sçavoir avant le premier Janvier suivant, le choix qu'il aura jugé à propos de faire.

VIII.

Le choix fait par Monsieur le Chancelier, sera notifié par les Syndics auxdits Avocats, dans une assemblée générale qui sera convoquée à cet effet le 4 Janvier de l'année suivante, selon l'usage ordinaire, pour en être fait mention sur leurs registres, & être procédé sur le champ à l'installation des nouveaux Officiers.

IX.

En cas que quelqu'un desdits Officiers vienne à décéder, ou à se démettre de son Office d'Avocat aux Conseils, avant que le tems de son service soit expiré, sa place sera remplie dans le tems, & en la forme prescrite par l'article III. ci-dessus, & en observant, au surplus, ce qui a été réglé par les articles III. & IV. sur les qualités de celui qui devra être nommé Syndic ou Greffier.

X.

Le Doyen aura toujours le premier rang entre tous les Officiers desdits Avocats; & à l'égard des Syndics, la séance sera réglée entre eux, suivant l'ordre de leur reception dans l'Office d'Avocat aux Conseils, sans que ceux qui auront servi pendant une année dans le Syndicat, puissent prétendre aucune préséance, à titre d'anciens Syndics, sur ceux qui entreront en place avec eux: & à l'égard du Greffier, il n'aura séance en ladite qualité, pendant le tems de son service, qu'après tous les Syndics, quand il seroit plus ancien qu'eux en ordre de réception dans l'Office d'Avocat aux Conseils.

XI.

Et attendu que les deux années de service des Syndics & du Greffier qui sont actuellement en place, expirent au 4 Janvier prochain, & qu'il est nécessaire de pourvoir à ce que lesdites places soient remplies; en attendant que lesdits Officiers puissent être choisis en la forme ci-dessus prescrite, Sa Majesté a nommé & nomme les sieurs Durand, Bonhomme, Dufour & Boileau Avocats en ses Conseils, pour remplir les fonctions de Syndics desdits Avocats, à commencer au 3 Janvier prochain, jusqu'au 4 Janvier 1742, à l'égard des deux premiers; & jusqu'au 4 Janvier 1743 à l'égard des deux autres: Ordonne qu'au mois de Décembre de l'année prochaine, il sera choisi deux Syndics, à la place desdits sieurs Durand & Bonhomme, suivant ce qui est réglé par les articles précédens, & ainsi successivement d'année en année. Et pareillement Sa Majesté a nommé & nomme le sieur Bocquet de Tilliere, Avocat en ses Conseils, pour remplir la place de Greffier desdits Avocats, à commencer au 4 Janvier prochain, & jusqu'au 4 Janvier 1743; auquel tems il en sera choisi un autre, suivant l'ordre prescrit par lesdits articles, en ce qui concerne le Greffier; lequel ordre sera observé à l'avenir, lorsqu'il s'agira de pourvoir à ladite place de Greffier.

XII.

Enjoint au surplus Sa Majesté aux Doyen, Syndics & Greffier desdits Avocats, de tenir exactement la main à l'observation de tout ce qui concerne l'ordre & la discipline desdits Avocats, & d'informer Monsieur le Chancelier, de ce qu'ils estimeront convenable pour le maintien de ladite discipline, & pour la réformation des abus qui pourroient survenir. Et sera le présent Arrêt lû en l'Assemblée générale desdits Avocats, & inséré dans leurs registres, pour être exécuté selon sa forme & teneur, nonobstant tous réglemens ou usages à ce contraires, ausquels Sa Majesté a dérogé & déroge en tant que besoin seroit. Fait au Conseil d'Etat du Roy, Sa Majesté y étant, tenu à Versailles le vingt-sept Décembre mil sept cent quarante. *Signé*, PHELYPEAUX.

ARREST
DU CONSEIL D'ETAT DU ROY,

Qui renouvelle les défenses aux Clercs Solliciteurs & à tous autres que les Avocats aux Conseils, & notamment aux Avocats dont les Offices ont été supprimés, de s'immiscer dans les fonctions attribuées aux Avocats aux Conseils, & ausdits Avocats de leur prêter leur ministere; comme aussi à tous les Sujets de Sa Majesté qui auront des Procès en son Conseil, de se servir du ministere d'autres personnes que des Avocats aux Conseils, le tout sous les peines y portées.

Du 3 Juillet 1741.

Extrait des Registres du Conseil d'Etat.

SUR la Requête présentée au Roy, étant en son Conseil, par les Doyen, Syndics & College des Avocats aux Conseils: contenant, qu'ils sont encore obligés de recourir à la bonté & à la justice de Sa Majesté, pour la supplier de les mettre en état de jouir des prérogatives de leurs Charges, & d'empêcher que leurs fonctions ne soient usurpées par ceux dont Elle a jugé à propos de supprimer les Offices; que les défenses les plus expresses que Sa Majesté leur a faites sous les peines les plus séveres, par les différens Edits & Réglemens, de s'immiscer directement ou indirectement dans les fonctions d'Avocat en ses Conseils, ne les empêchent pas même, depuis que Sa Majesté a bien voulu les rembourser en argent comptant, de travailler journellement pour les affaires du Conseil, & non-seulement de continuer l'instruction de celles dont ils étoient chargés avant la suppression, mais même d'en commencer de nouvelles, & d'employer toutes sortes d'artifices, soit pour abuser le Public, en distribuant, sur tout dans les Provinces, qu'ils sont toujours en état & même les seuls capables de conduire les affaires de ceux qui ont des demandes à former au Conseil, soit pour engager les Avocats Titulaires à leur prêter leurs noms & leur ministere, nonobstant les défenses précises portées par les Réglemens. Que ces faits si contraires aux intentions de Sa Majesté ne sont que trop prouvés par les différentes Procédures que les Supplians ont été obligés de faire depuis peu contre un des Avocats supprimés qu'ils ont trouvé saisi de toutes les Requêtes, piéces & procédures de plusieurs instances dans lesquelles il travailloit actuellement sous le nom d'un de leurs Confreres, même de quantité de Lettres de Change & d'autres Titres originaux des Parties contre lesquelles il occupoit, sans qu'il en eût été donné aucun Récepissé, ni même que ces piéces si importantes eussent été paraphées suivant la regle ordinaire, ensorte qu'il dépendoit de lui de les supprimer en entier ou en partie; & quoique Sa Majesté ait marqué son indignation contre l'un & l'autre, en les condamnant aux peines qu'ils avoient si justement méritées, cependant les Supplians croiroient manquer à leur devoir, si instruits par les exemples qui leur ont été donnés en pareille occasion, ils ne supplioient pas Sa Majesté de vouloir bien leur accorder la même grace qui fut faite à leurs Prédécesseurs par deux Arrêts du Conseil des 2 Mars & 17 Septembre 1660, par lesquels il leur fut permis de faire publier partout le Royaume la Liste des Avocats auxquels seuls les Parties devoient s'adresser, avec des défenses à elles de s'adresser à tous autres, afin que leurs fonctions les plus importantes ne se trouvant plus exercées par des hommes sans qualités & sans caractere, les Parties ne soient plus exposées à la perte de leurs Piéces & Titres, à de doubles frais, & à tant d'autres inconvéniens qui résultent de ces abus & qui deshonorent la Justice. A ces Causes, requeroient les Supplians qu'il plût à Sa Majesté ordonner que l'Edit du mois de Septembre 1738, l'Article IV. du Titre XVII. de la seconde Partie du Réglement du Conseil, ensemble l'Arrêt du 23 Février 1739, & tous autres concernant les Solliciteurs de procès & les Avocats qui leur prêteroient leur nom, seront exécutés selon leur forme & teneur; en conséquence, faire très-expresses inhibitions & défenses aux Clercs, Solliciteurs, & à tous autres qu'aux Avocats aux Conseils, & notamment aux Avocats, dont les Offices ont été supprimés par ledit Edit du mois de Septembre 1738, de s'immiscer directement ni indirectement, dans les fonctions attribuées aux Avocats aux Conseils, à peine de cinq cens livres d'amende, même de punition exemplaire, s'il y écheoit, & de signer aucun acte de procedure ni d'instruction ou autres, ni même de les cotter du nom des Avocats aux Conseils, à peine de faux, outre celles ci-dessus prononcées; faire pareilles inhibitions & défenses aux Avocats aux Conseils de prêter leur ministere directement ni indirectement, ausdits Solliciteurs ou autres, notamment aux Avocats dont les Offices ont été supprimés, & de signer pour eux aucunes Ecritures ou Expéditions, à peine de cinq cens livres d'amende, & d'interdiction pour la premiere fois, & de destitution & privation de leur Charge pour la seconde; faire pareillement défense expresse à tous ceux qui auront des affaires aux Conseils de Sa Majesté, de s'adresser à d'autres qu'aux Avocats aux mêmes Conseils, pour les y introduire & faire juger: Et afin que personne n'ignore les dispositions ci-dessus, ordonner que l'Arrêt qui interviendra sur la présente Requête, ensemble la Liste y annexée seront imprimés, lûs, publiés & affichés dans toutes les Villes, Bourgs & principaux lieux du Royaume; & à cet effet, enjoindre aux Sieurs Intendans & Commissaires départis de tenir la main à l'exécution du présent Arrêt & d'en informer M. le Chancelier dans un mois. Vû ladite Requête signée Clavier, Durand, Bonhomme, Dufour & Boileau, ensemble les Edits, Réglemens & Arrêts y énoncés, & tout considéré: LE ROY EN SON CONSEIL, de l'avis de M. le Chancelier, a ordonné & ordonne que l'Edit du mois de Septembre 1738, l'Article IV. du Titre XVII. de la seconde Partie du Réglement du Conseil, l'Arrêt du 23 Février 1730, ensemble les anciens Arrêts & Réglemens concernant les Solliciteurs de Procès & les Avocats aux Conseils qui leur prêteroient leur nom, seront exécutés selon leur forme & teneur; en conséquence, fait Sa Majesté très-expresses inhibitions & défenses aux Clercs, Solliciteurs, & à tous autres qu'aux Avocats aux Conseils, & notamment aux Avocats, dont les Offices ont été supprimés par ledit Edit du mois de Septembre 1738, de s'immiscer directement ni indirectement dans les fonctions attribuées aux Avocats aux Conseils, à peine de cinq cens livres d'amende, même de punition exemplaire, & de signer aucun Acte de procedure ni d'instruction ou autre, ni même de les cotter du nom des Avocats aux Conseils, à peine de faux, outre celles ci-dessus prononcées; fait pareillement Sa Majesté défenses aux Avocats aux Conseils de prêter leur ministere directement ni indirectement, ausdits Solliciteurs ou autres, & notamment aux Avocats dont les Offices ont été supprimés, & de signer pour eux aucunes Ecritures ou Expéditions, à peine de cinq cens livres d'amende & d'interdiction pour la premiere fois, & de destitution & de privation de leur Charge pour la seconde; fait Sa Majesté défenses à tous ses Sujets qui ont des Procès au Conseil, de se servir du ministere d'autres personnes que des Avocats aux Conseils compris en la Liste annexée à la minute du présent Arrêt, à peine de nullité des procedures; ordonne Sa Majesté que le présent Arrêt, ensemble ladite Liste des Avocats aux Conseils y annexée, seront imprimés, lûs, publiés & affichés dans toutes les Villes & Bourgs du Royaume; enjoint aux Sieurs Intendans & Commissaires départis de tenir la main à l'exécution du présent Arrêt, & d'en certifier M. le Chancelier dans un mois. Fait au Conseil d'Etat Privé du Roy, tenu à Paris le 3 Juillet mil sept cent quarante-un. *Signé*, COGORDE.

ARREST

DU CONSEIL D'ETAT DU ROY,

Au sujet des fonctions des Huissiers des Conseils de Sa Majesté, & de sa Grande Chancellerie.

Du 14 May 1740.

Extrait des Registres du Conseil d'Etat.

LE ROY étant informé qu'au préjudice des Edits, Arrêts & Réglemens concernant les Huissiers de ses Conseils & de sa Grande Chancellerie, les autres Huissiers & Sergens entreprennent journellement d'en exercer les fonctions, & voulant y pourvoir: Vû l'Edit du mois d'Août 1556, les Arrêts du Conseil des 18 Juin 1567, premier Mars 1583, 17 Février 1589, 28 Octobre 1596, la Déclaration du 11 Juillet 1622, celle du 7 Septembre 1640, les Arrets du Conseil des 10 Juin 1653, 19 Juin 1655, 5 Janvier 1658,

23 Mars & 14 May 1660, 26 Octobre 1662, 5 Août 1673, 12 Juillet, 24 Août & 9 Novembre 1675, les Lettres Patentes du 3 May 1675, les Arrêts du Conseil des 28 Mars 1676, 26 Septembre 1695, & 24 Décembre 1697; l'Edit du mois de May 1704, les Arrêts du Conseil des 24 Juillet, 28 Août & 4 Décembre 1713, & l'Edit du mois de Juin 1715. Oui le Rapport, & tout consideré: LE ROY ÉTANT EN SON CONSEIL, de l'avis de Monsieur le Chancelier, a ordonné & ordonne ce qui suit:

ARTICLE PREMIER.

Dans toutes les affaires qui seront portées aux Conseils de Sa Majesté, il ne pourra être fait aucune signification de Requête d'instruction, Mémoires imprimés, Actes de procédures, de quelque nature qu'elles soient, que par le ministere des Huissiers des Conseils du Roy, ou de ceux de sa Grande Chancellerie.

II.

Toutes significations d'Arrêts desdits Conseils, qui se feront aux Avocats aux Conseils de Sa Majesté, ne pourront être faites que par lesdits Huissiers.

III.

Lesdits Huissiers feront pareillement, seuls, les significations desdits Arrêts, aux Parties qui seront domiciliées dans le lieu où se fait l'instruction des Affaires qui sont portées aux Conseils de Sa Majesté, ce qui aura lieu, même à l'égard des Parties qui auront leur domicile ailleurs, lorsqu'il n'aura pas été expédié de Commission du Grand Sceau sur lesdits Arrêts.

IV.

Lesdits Huissiers pourront en outre faire seuls, dans le lieu où se fera ladite Instruction, tous Commandemens, Saisies & autres Actes requis & nécessaires pour l'exécution desdits Arrêts, même les Saisies réelles & les Ventes de meubles; sans que les Exploits, ou procedures qui seront à faire après l'enregistrement desdites Saisies réelles, ou à l'occasion des empêchemens qui auroient été formés ausdites ventes, soient censés compris dans ladite attribution.

V.

Les dispositions des articles précédens seront pareillement exécutées à l'égard des significations ou autres Actes qui seront à faire par le ministere d'Huissier, dans toutes les affaires qui seront portées dans les Commissions établies par Arrêts du Conseil de Sa Majesté, lorsque lesdites Commissions s'exécuteront dans le lieu où se fait l'instruction des affaires portées aux Conseils de Sa Majesté. Fait défenses aux Parties & à leurs Avocats, de se servir du ministere d'aucun autre Huissier pour lesdites significations & procédures.

VI.

Toutes significations d'Arrêts du Conseil sur lesquels il aura été expédié des Commissions du Grand Sceau, & les procédures mentionnées en l'Article IV. ci-dessus, qui se feront hors le lieu où se fait l'instruction des affaires qui sont portées dans les Conseils de Sa Majesté, pourront être faites, soit par le ministere desdits Huissiers, soit par celui de tels autres ayant droit d'exploiter, que les Parties jugeront à propos de choisir.

VII.

Tous Actes d'oppositions formées entre les mains des Gardes des Rolles des Offices de France, soit au titre des Offices, soit pour deniers, ou entre les mains des Conſervateurs des Hypotéques, ou des Conſervateurs des Saiſies ou oppoſitions qui ſe font ès mains du Garde du Tréſor Royal, comme auſſi tous Actes de main-levée deſdites oppoſitions ou Sentences, Jugemens & Arrêts portant main-levée d'icelles, ne pourront être ſignifiés auſdits Gardes des Rolles, Conſervateurs des Hypotéques, & Conſervateurs des Oppoſitions ſur le Tréſor Royal, que par le miniſtere deſdits Huiſſiers.

VIII.

Fait, Sa Majeſté, très-expreſſes inhibitions & défenſes à tous autres Huiſſiers & Sergens, ſans exception, d'entreprendre ſur les fonctions deſdits Huiſſiers de ſes Conſeils & de ſa Grande Chancellerie, & de contrevenir aux diſpoſitions du préſent Arrêt, à peine de nullité de toutes ſignifications & procedures qui auroient été faites par leur miniſtere, & de cinq cens livres d'amende; même de répondre des dommages & intérêts des Parties. FAIT au Conſeil d'État du Roy, Sa Majeſté y étant, tenu à Verſailles le quatorze May mil ſept cent quarante. *Signé*, PHELYPEAUX.

L'Arrêt du Conſeil d'Etat ci-deſſus a été envoyé de l'ordre de Monſeigneur le Chancelier à Meſſieurs les Doyen, Syndics & Greffiers du College de Meſſieurs les Avocats aux Conſeils pour être lû en leur Aſſemblée, & enregiſtré ès Regiſtres dudit College; ce qui a été exécuté ainſi qu'il réſulte de la Délibération du 26 Juin 1740.

Un imprimé du même Arrêt a été remis à Meſſieurs les Gardes des Rolles, Conſervateurs des Hypotéques, & Conſervateurs des Saiſies ou Oppoſitions qui ſe font ès mains de Meſſieurs les Gardes du Tréſor Royal, & ſignifié aux Communautés des Procureurs & Huiſſiers des Cours & Juriſdictions de la Ville de Paris le premier Juillet 1740, *aux Greffiers des Priſons des Commiſſions ordinaires & extraordinaires du Conſeil, & Greffier des Priſons de cette Ville le deux du même mois, & aux Receveurs des Conſignations & Commiſſaires aux Saiſies Réelles le* 8 *du même mois, par Debrye, Huiſſier ordinaire ès Conſeils du Roi, à ce commis par Monſeigneur le Chancelier.*

Outre ces Significations, il a été remis un Exemplaire imprimé dudit Arrêt à chacun de Meſſieurs les Avocats aux Conſeils, Procureurs au Parlement, Grand Conſeil, du Châtelet, & autres Juriſdictions, & à chacun de Meſſieurs les Notaires du Châtelet de Paris.

ARREST

DU CONSEIL D'ETAT PRIVE' DU ROY.

QUI ordonne l'exécution des Edits, Déclarations, Arrêts & Réglemens, concernant les Droits & Fonctions des Huissiers du Conseil & de la Grande Chancellerie; en conséquence, que dans toutes les Affaires qui seront portées au Conseil ou dans les Commissions qui en sont émanées, il ne pourra être donné aucune assignation ni être fait aucune signification aux Parties domiciliées dans le lieu de l'instruction, que par le ministere desdits Huissiers, à peine de nullité desdites assignations & significations, & contre les autres Huissiers qui auroient contrevenu ausdits Réglemens, de 500 livres d'amende, même d'interdiction.

Fait défenses aux AVOCATS E'S CONSEILS, de charger d'autres Huissiers que ceux du Conseil & de la Grande Chancellerie, de donner lesdites assignations, & de faire lesdites significations.

Comme aussi d'occuper dans le même cas sur lesdites assignations & significations qui auroient été faites par d'autres, SINON A L'EFFET DE LES FAIRE DÉCLARER NULLES, à peine de nullité de toutes les Procedures.

Enjoint tant AUX GREFFIERS DU CONSEIL qu'à CEUX DES COMMISSIONS EXTRAORDINAIRES DU CONSEIL, de n'expédier aucuns Arrêts ni Jugemens, qu'il ne soit fait mention dans le vû d'iceux, du nom & de la qualité des Huissiers, par le ministere desquels les assignations auront été données, & les significations auront été faites.

Et ordonne que le présent Arrêt sera lû en l'Assemblée des Avocats aux Conseils, publié & affiché partout où besoin sera, pour être exécuté selon sa forme & teneur.

Du 4 Avril 1742.

Extrait des Registres du Conseil d'Etat Privé du Roy.

LE ROY, s'étant fait représenter en son Conseil les Edits, Déclarations, Arrêts & Réglemens concernant les Droits & Fonctions attachés aux Offices des Huissiers de ses Conseils & de sa Grande Chancellerie, & principalement *l'Arrêt du Conseil* du 18 Juin 1567, par lequel Sa Majesté auroit ordonné que conformément à l'Edit du mois d'Août quinze cent cinquante-six, toutes significations des Arrêts, Commissions, Requêtes, Appointemens, Congés, Défauts, & d'autres Mandemens & Ordonnances du Conseil, seroient faites par les Huissiers du Conseil, exclusivement à tous autres; avec *défenses aux Avocats au Conseil*, d'accepter aucunes desdites significations qui seroient faites par d'autres Huissiers ou Sergens, que par les Huissiers du Conseil, à peine de nullité. *Autre Arrêt du Conseil* du premier Mars 1583, par lequel entr'autres dispositions, il auroit été fait *défenses aux Avocats* qui sont à la suite du Conseil, d'accepter aucunes significations de Requêtes, Ordonnances, & autres Actes qui seroient faites par autres que par les Huissiers du Conseil ou de sa Grande Chancellerie, & *aux Greffiers d'expédier aucuns Congés ou Défauts*, qu'il ne leur fût apparu de l'Exploit ou Certificat de l'un desdits Huissiers. *Autre Arrêt* du 17 Février 1589, par lequel Sa Majesté auroit ordonné que les Arrêts, Commissions, Ordonnances, Congés, Défauts, Requêtes, Forclusions, Commandemens, & autres Expéditions qui seroient émanées du Conseil, seroient signifiées & exécutées par les Huissiers de son Conseil & de sa Grande Chancellerie seulement; & auroit fait défenses à tous autres Huissiers ou Sergens, de ne plus à l'avenir faire aucunes significations, Expéditions & Commandemens à la suite de sa Cour & de son Conseil, & *aux Avocats de son Conseil d'accepter lesdites significations*, & d'obéir aux Commandemens qui leur pourroient être faits par autres que par les Huissiers de son Conseil, à peine de nullité & d'amende arbitraire. *Lettres Patentes* données à Versailles le 3 Mai 1675, sur *un Arrêt* du 22 Septembre 1674, lesdites Lettres portant que les significations de tous les Actes & Expéditions concernant les affaires qui se traitent au Conseil, ou dans les Commissions qui s'exécutent à la suite du Conseil, ne pourroient être faites que par les Huissiers du Conseil seuls, à l'exclusion de tous autres; avec *défenses aux Huissiers des Requêtes de l'Hôtel & du Grand Conseil*, d'entreprendre de faire aucunes desdites significations, à peine de 300 livres d'amende, au payement de laquelle ils seroient contraints par corps; pareilles *défenses aux Avocats au Conseil*, de faire signifier ni bailler copie par Acte ou autre voye indirecte, accepter ni recevoir aucunes significations d'Arrêts, Requêtes, Actes, & autres Expéditions du Conseil, qu'elles ne soient signées de l'un des Huissiers du Conseil, sous pareille peine d'amende, *nullité*, *cassation de Procédures*, & de tous dépens, dommages & intérêts des Parties. *L'Arrêt du Conseil* du 4 Décembre 1713, par lequel Sa Majesté entr'autres dispositions auroit fait défenses à tous Huissiers & Sergens de signifier aucuns Actes, Requêtes, Sommations ni Procédures concernant les affaires qui se traitent au Conseil & dans les Commissions du Conseil, les Arrêts dudit Conseil, ni les Jugemens desdits Commissaires. *Fait défenses aux Parties* de les bailler à signifier à autres qu'aux Huissiers du Conseil & de la Grande Chancellerie, même sous prétexte de dénonciation, par Acte ou autrement. Fait en outre *défenses aux Greffiers* d'expédier ni signer aucun Arrêt, Jugement ou Ordonnance, *que dans le Vû des Pièces il ne soit fait mention du nom de l'Huissier du Conseil* ou de la Grande Chancellerie, *qui les aura signifiés*, le tout à peine de *nullité*, *d'interdiction de l'Huissier* & Sergent *pendant six mois*, & de trois cens livres d'amende, tant contre eux que contre les Parties, & autres contrevenans. *L'Arrêt de Règlement* du 14 May 1740, & autres: Et Sa Majesté voulant que les Huissiers de ses Conseils & de sa Grande Chancellerie, jouissent de tous les Droits attachés à leurs Offices, & arrêter le cours des contraventions

tions des autres Huissiers qui entreprennent journellement sur les fonctions desdits Huissiers aux Conseils & en la Grande Chancellerie. OUI le rapport, & tout considéré: LE ROI EN SON CONSEIL, de l'avis de Monsieur le Chancelier, a ordonné & ordonne. que les Edits, Déclarations, Arrêts & Réglemens concernant les Droits & Fonctions des Huissiers en ses Conseils & en sa Grande Chancellerie, seront exécutés selon leur forme & teneur; en conséquence, que dans toutes les affaires qui seront portées au Conseil ou dans les Commissions qui en sont émanées, il ne pourra être donné, ainsi qu'il est porté par le Réglement du 14 Mai 1740, aucune assignation, ni être fait aucune signification aux Parties domiciliées dans le lieu où se fait l'instruction des affaires qui sont portées au Conseil, par le ministere d'autres Huissiers, que de ceux du Conseil ou de la Grande Chancellerie, à peine de *nullité* desdites assignations & significations, & contre les Huissiers qui auroient contrevenu auxdits Réglemens, de 500 livres d'amende, *même d'interdiction*. FAIT SA MAJESTÉ DÉFENSES audit cas, *aux Avocats en ses Conseils*, de charger d'autres Huissiers que ceux du Conseil & de la Grande Chancellerie, de donner lesdites assignations, & de faire lesdites significations; comme aussi *d'occuper* dans le même cas, *sur les assignations*, & de proceder en vertu des significations qui auroient été faites par d'autres Huissiers que ceux du Conseil & de la Chancellerie, *sinon à l'effet de faire déclarer nulles* lesdites assignations & significations, ce qui sera exécuté *à peine de nullité des présentations, constitutions*, actes d'occuper, & de toutes les procedures qui s'en seroient ensuivies. ENJOINT, conformément ausdits Réglemens, *tant aux Greffiers du Conseil qu'à ceux des Commissions extraordinaires du Conseil*, de n'expédier aucuns Arrêts ou Jugemens, qu'il ne soit fait mention dans le vû d'iceux *du nom & de la qualité des Huissiers*, par le ministere desquels *les assignations* auront été données & *les significations* auront été faites. ORDONNE SA MAJESTÉ que le présent Arrêt sera lû en l'Assemblée des Avocats de son Conseil, publié & affiché partout où besoin sera, pour être exécuté selon sa forme & teneur. FAIT au Conseil d'Etat Privé du Roi, tenu à Paris le quatre Avril mil sept cent quarante-deux. Collationné.

Signé, HATTE, avec paraphe.

Note pour la page 785, Article XVII. voyez l'Article IV. du Réglement du 27 Octobre 1674, page 786.

Les autres Articles de ce Réglement ont été ou renouvellés ou abregés par le Réglement du 28 Juin 1738. A l'Article VIII. du 27 Octobre 1674, *il faut ajouter*; la disposition de cet Article a été changée par les Réglemens postérieurs, qui sont ci-dessus dans la procédure du Conseil.

Fin du Tome second.

TABLE ALPHABETIQUE DES PRINCIPALES MATIERES CONTENUES DANS L'ORDONNANCE *Pour les Matieres Criminelles, & pour le Commerce.*

A

En

C

Comment

G

H.

M.

P.

Q

R

S.

V.

Fin de la Table des Matieres du second Tome.

[Les Articles précédez d'une étoile (*) sont l'extrait de la matiere des augmentations faites dans cette Edition.]

www.ingramcontent.com/pod-product-compliance
Lightning Source LLC
LaVergne TN
LVHW020952300926
849160LV00007B/128